Schriften zur Grenzüberschreitenden Zusammenarbeit

Herausgegeben von

Dr. iur. Hans Martin Tschudi
ehem. Regierungsrat des Kantons Basel-Stadt, Gast-Professor an der
Fachhochschule Nordwestschweiz FHNW, Lehrbeauftragter em.
für Grenzüberschreitende Zusammenarbeit, Universität St. Gallen
TSCHUDI. Rechts- & Unternehmensberatung
St. Alban-Anlage 44, CH-4010 Basel
E-Mail: tschudi@tschudi-law.ch

Prof. Dr. iur. Benjamin Schindler
Lehrstuhl für Öffentliches Recht, Universität St. Gallen
Tigerbergstrasse 21, CH-9000 St. Gallen
E-Mail: benjamin.schindler@unisg.ch

Prof. Dr. iur. Christoph Errass
Titularprofessor für Öffentliches Recht, Universität St. Gallen
Richter am Bundesverwaltungsgericht, CH-9000 St. Gallen
E-Mail: christoph.errass@unisg.ch

Prof. Dr. jur. Michael Frey
Mag. rer. publ., Professor an der Fakultät I, Rechts- und
Kommunalwissenschaften, Hochschule Kehl
Kinzigallee 1, D-77694 Kehl
E-Mail: frey@hs-kehl.de

Begründet von
Prof. Dr. iur. Kerstin von der Decken (vorm. Odendahl)
Ehemalige Direktorin des Walther-Schücking-Instituts
für Internationales Recht an der Christian-Albrechts-Universität zu Kiel
Dr. iur. Hans Martin Tschudi

Schriften zur Grenzüberschreitenden Zusammenarbeit

Band 19   Wissenschaft

Grenzüberschreitende Infrastrukturen

Christoph Errass / Manuel Friesecke (Hrsg.)

Bibliografische Information der Deutschen Nationalbibliothek
Die Deutsche Nationalbibliothek verzeichnet diese Publikation in der Deutschen Nationalbibliografie; detaillierte bibliografische Daten sind im Internet über http://dnb.dnb.de abrufbar.

Alle Rechte vorbehalten. Dieses Werk ist weltweit urheberrechtlich geschützt. Insbesondere das Recht, das Werk mittels irgendeines Mediums (grafisch, technisch, elektronisch und/oder digital, einschliesslich Fotokopie und Downloading) teilweise oder ganz zu vervielfältigen, vorzutragen, zu verbreiten, zu bearbeiten, zu übersetzen, zu übertragen oder zu speichern, liegt ausschliesslich beim Verlag. Jede Verwertung in den genannten oder in anderen als den gesetzlich zugelassenen Fällen bedarf deshalb der vorherigen schriftlichen Einwilligung des Verlags.

© 2023 Dike Verlag AG, Zürich/St. Gallen
ISBN 978-3-03891-528-7

www.dike.ch

Vorwort

Im Frühjahrssemester 2022 führten Prof. Dr. Christoph Errass, Prof. Dr. Michael Frey und Dr. Manuel Friesecke an der Universität St. Gallen ein Seminar zum Thema «grenzüberschreitende Infrastrukturen» durch. Die Master-Studierenden konnten dabei ihre theoretischen Kenntnisse vertiefen und auf einen komplexen Sachverhalt aus der Praxis anwenden.

Die Studierenden befassten sich in Gruppen von zwei bis drei Personen mit aktuellen Fragen grenzüberschreitender Infrastrukturen in den Bereichen Governance, Gesundheit, Verkehr, Energie, Zoll und Telekommunikation. Neben der Aufarbeitung der rechtlichen Problemstellungen war es auch die Aufgabe, konkrete Lösungsvorschläge und Perspektiven zu entwickeln und diese vor Expertinnen und Experten aus der Praxis zu präsentieren. Die Studierenden erhielten somit die Möglichkeit, ihre Analyse und ihre Erkenntnisse auf die Praxistauglichkeit und die entsprechende Relevanz überprüfen zu lassen.

Die Seminararbeiten wurden mit Blick auf die Publikation inhaltlich und formal nochmals überarbeitet. Wir bedanken uns bei den Studierenden und vor allem bei den folgenden Expertinnen und Experten, welche zum guten Gelingen des Seminars beigetragen haben:

- Anne Dussap, Projektleiterin TRISAN, Kehl
- Emanuel Gyger, Leiter Koordinationsstelle für Aussenbeziehungen, Kanton Schaffhausen
- Dr. Patrick Leypoldt, Geschäftsführer AggloBasel, Liestal
- Peter Majer, Unternehmensentwicklung, Leiter Innovation, badenova
- Hauptmann Thomas Mangold, Stab Zoll Nord, Bundesamt für Zoll und Grenzsicherheit
- Dr. Nobert Reuter, Geschäftsführer Stadtwerke Konstanz
- Klaus-Dieter Schnell, Geschäftsführer, Internationale Bodensee-Konferenz
- Stefan Thalmann, Departement für Inneres und Volkswirtschaft, Abteilungsleiter Öffentlicher Verkehr, Kanton Thurgau
- Prof. Dr. Hans Martin Tschudi, Dozent für Grenzüberschreitende Zusammenarbeit, IBM, Fachhochschule Nordwestschweiz, FHNW

- Maria-Lena Weiss, Mitglied des Deutschen Bundestages
- Dr. Sebastian Wilske, Verbandsdirektor Regionalverband Hochrhein-Bodensee

Wir wünschen Ihnen eine interessante und anregende Lektüre.

St. Gallen/Kehl/Basel im Juli 2023

Prof. Dr. Christoph Errass, Prof. Dr. Michael Frey, Dr. Manuel Friesecke

Einleitung

In Grenzregionen treffen kulturell, wirtschaftlich, politisch und rechtlich differenzierte Regionen zusammen. Grenzübergreifende Zusammenarbeit hilft, die Nachteile der nationalen Randlage der Grenzgebiete zu überwinden und die Lebensbedingungen der Bevölkerung zu verbessern. Sie umfasst alle kulturellen, sozialen, wirtschaftlichen und infrastrukturellen Lebensbereiche. Die Vielfalt der Probleme und Chancen beiderseits der Grenzen macht eine grenzübergreifende Information, Koordination und Zusammenarbeit unverzichtbar.

Die grenzübergreifende Zusammenarbeit der Schweizer Grenzräume mit den unmittelbar benachbarten Grenzregionen besitzt bereits eine lange Tradition. 15 der 26 Kantone grenzen an eines oder mehrere der Nachbarländer an. Mehr als die Hälfte der Schweizer Bevölkerung lebt in Grenzregionen. Eine wichtige Rolle in der grenzüberschreitenden Zusammenarbeit spielen auf Schweizer Seite aufgrund der staatsrechtlichen Vorgaben die Kantone. In den letzten Jahren sind in den Grenzregionen dabei Tendenzen festzustellen, grenzübergreifende Projekte mit langfristigen strategischen Zielsetzungen und Förderinstrumenten zu bearbeiten.

Öffentliche Infrastrukturen, wie grenzüberschreitende Tram- oder Bahnverbindungen, Brücken, Windparks oder Spitäler, sind die Grundlage, auf der sich das gesellschaftliche Leben entfalten kann. Sie eröffnen Teilhabechancen für alle Bürgerinnen und Bürger und sind der Schlüssel für die ökologische und soziale Entwicklung von Wirtschaft und Gesellschaft. Im Zuge der Covid-19-Pandemie und des Ukraine-Kriegs ist plötzlich für alle ersichtlich, wie sehr wir uns im privaten und öffentlichen Leben auf Infrastrukturen verlassen. Heute steht die Frage im Raum, ob sich gerade die kritischen Infrastrukturen bewähren, etwa das Gesundheitswesen, der öffentliche Verkehr, die digitalen Kommunikationsnetze, aber auch die Versorgung mit Wasser und Strom. Entsprechend sind Infrastrukturen auch grenzüberschreitend politisch ein bedeutsames Thema. Vor allem spielen sie eine positive Rolle bei der Schaffung neuer Arbeitsplätze und der Entwicklung und Ansiedlung von Unternehmen. Gefordert werden von Seiten der Bevölkerung und Wirtschaft eine sichere und preiswerte Energieversorgung, engmaschige und gut funktionierende Verkehrsverbindungen und nicht zuletzt auch eine hervorragende Ausstattung mit modernen Kommunikationswegen. Zugleich werden in Zukunft die Anforderungen an Infrastrukturen zunehmen, und zwar sowohl in quantitativer (Kapazität) als auch in qualitativer Hinsicht (Geschwindigkeit, Sicherheit, Benutzerfreundlichkeit etc.).

Die erfolgreiche Umsetzung der Energiewende stellt eine der grössten Herausforderungen für die Politik des 21. Jahrhunderts dar. Grenzregionen können in diesem Kontext einen wichtigen Beitrag zur gesamteuropäischen Energiewende leisten. Gerade der Erfahrungsaustausch und die Identifikation gemeinsamer Handlungsansätze mit den Nachbarländern sind von besonderer Bedeutung und bieten enorme Chancen. Für die Zukunft braucht es daher über Landesgrenzen hinweg eine engere Koordination bei Ausbau und Förderung der erneuerbaren Energien. Wichtig sind hier gemeinsame Leuchtturmprojekte im Bereich der erneuerbaren Energien, z.B. bei Solarthermie, Photovoltaik, Geothermie, Windkraft, Biomasse und Wasserkraft. Zudem sind die Potentale der Energiespeicherung zu analysieren. Sinnvoll wären beispielsweise, angesichts der aktuellen Diskussion zur Energieversorgung, grenzüberschreitende Massnahmen zur Flexibilisierung des Verbrauchs und für die Entwicklung intelligenter Stromnetze.

In Grenzregionen bietet es sich, wie aufgezeigt, an, die Infrastrukturen, gemeinsam und komplementär zu entwickeln und zu nutzen. Die Regio Basiliensis plädierte bereits sehr früh für die Entwicklung gemeinsamer Infrastrukturen wie zum Beispiel für die Schaffung der 1997 in Betrieb genommenen Regio S-Bahn. Heute engagiert sie sich für den Erhalt, den Ausbau und die Optimierung der Infrastrukturen am deutsch-französisch-schweizerischen Oberrhein. Auch die gesetzlichen Grundlagen müssen diesem Anspruch genügen und die Möglichkeit bieten, grenzüberschreitend zusammenzuarbeiten. Gleichzeitig sind die Energiewende und die Infrastrukturentwicklung ohne die breite Unterstützung der Bevölkerung nicht umsetzbar. Sie ist der Schlüssel für eine nachhaltige Entwicklung und Zukunft.

Im Zuge des politischen Integrationsprozesses innerhalb der Europäischen Union und der Schweiz haben Grenzräume an Bedeutung gewonnen. Grenzen werden immer weniger als Barriere wahrgenommen. Durch grenzüberschreitende Zusammenarbeit können Grenzräume ihre wirtschaftliche und politische Rolle zunehmend selbst bestimmen und strukturelle Probleme gemeinsam lösen.

Herausforderungen für grenzüberschreitende Infrastrukturen ergeben sich insbesondere im Bereich der grenzüberschreitenden Infrastrukturen bei den rechtlichen Fragestellungen und den verfahrensrechtlichen Abläufen. In Grenzregionen treffen zudem häufig unterschiedliche Planungskulturen und Planungstraditionen aufeinander und der angrenzende Grenzraum wird in Plänen und Konzepten gar nicht dargestellt, bzw. nicht ausreichend beachtet. Stattdessen dominieren lokale, regionale und nationale Strategien, die keinen Grenzbezug haben. Entsprechend ist oft eine mangelnde politische Koordination festzustellen und das grenzüberschreitende Zusammenspiel von Politik, staatlichen Unternehmen und Infrastrukturbetreibern gestaltet sich schwierig. Zudem besteht häufig gerade bei zwischenstaatlichen bzw. grenzüberschreitenden Projekten ein mangelndes Knowhow oder fehlende Ressourcen. Auch beeinträchtigen regelmässig sprachliche und interkulturelle Barrieren die Qualität der Kooperation.

Bei grenzüberschreitenden Infrastrukturen im Verhältnis Deutschland-Schweiz ist auch das europäische Recht zu berücksichtigen. Seit der Schaffung umfassender Umweltkompetenzen im Vertrag zur Gründung der Europäischen Gemeinschaft im Jahr 1992, ist das entsprechende deutsche Recht in hohem Masse durch gemeinschaftsrechtliche Vorgaben überlagert. Auch das Planungs- und Infrastrukturrecht beschränkt sich nicht auf das nationale Recht, sondern umfasst durchwegs gemeinschaftsrechtliche Bezüge. Auch das Ausschreibungsrecht für Infrastrukturen ist von EU-Recht überlagert. Das Abkommen von 1999 über das öffentliche Beschaffungswesen zwischen der Schweiz und der Europäischen Union weitet den Anwendungsbereich des WTO-Übereinkommens über das öffentliche Beschaffungswesen aus. Unternehmen aus den beiden Vertragsparteien erhalten so gegenseitig Zugang zu zusätzlichen Beschaffungsmärkten.

Umwelt-, Wirtschafts- und Infrastrukturrecht sind schliesslich allesamt Rechtsgebiete, die spezifische und oft divergierende Ansprüche an die Nutzung des Raums formulieren. Das Planungsrecht, als Summe der Normen über die hoheitlich autorisierte Nutzung des Raums, hat diese Ansprüche in einen gerechten Ausgleich zu bringen und beinhaltet Rechtsgrundlagen für die fachplanerische Zulassung von Infrastruktur oder bestimmter Industrieanlagen und -standorte. Es umfasst die Bereiche des Raumordnungs-, Bauplanungs- und des Fachplanungsrechts und überschneidet sich mit den raumbezogenen Ausschnitten des Umweltrechts.

Entsprechend wichtig sind die Gefässe und Institutionen der grenzüberschreitenden Zusammenarbeit. Hier werden Netzwerke und Prozesse für die Verständigung und den Austausch geschaffen. In diesem Rahmen können Unklarheiten bei grenzüberschreitenden Infrastrukturprojekten geklärt werden. Dabei braucht es aber rechtliche und strategische Grundlagen für grenzüberschreitende Projekte und Massnahmen. Die Institutionalisierung der grenzüberschreitenden Zusammenarbeit hat zudem den Vorteil, dass gemeinsame Interessen leichter auf europäischer oder nationalstaatlicher Ebene vertreten werden können und die Kooperation eine höhere Sichtbarkeit erlangt. Ziel der Zusammenarbeit in Grenz- und grenzübergreifenden Regionen ist aber nicht die Schaffung einer neuen Verwaltungsebene, sondern die Entwicklung von Koordinations- und Kooperationsstrukturen sowie von Verfahren und Instrumenten, die den Abbau von Hemmnissen und trennenden Faktoren ermöglichen.

Ein wichtiger Aspekt sind zudem die Mitwirkungs- und Beteiligungsverfahren bei der Planung und Realisierung von grenzüberschreitenden Infrastrukturen. Nur dadurch kann deren Akzeptanz gewährleistet werden. Hinzu kommen immer grössere Anforderungen durch das Natur- und Umweltrecht. Entsprechend gibt es kaum Projekte, gegen die nicht geklagt wird – ganz gleich, ob es um Strassen, Schienenwege, Energieleitungen oder Gesundheitseinrichtungen geht.

Der vorliegende Sammelband ist das Resultat der wissenschaftlichen Arbeiten der Master-Studierenden der Universität St. Gallen zu Fragen der grenzüberschreitenden Infrastrukturen. Mein Dank gilt den Studierenden, die mit ihren Seminararbeiten einen wesentlichen Beitrag zur wissenschaftlichen Analyse und Darstellung der entsprechenden Rechtsfragen im Verhältnis Deutschland-Schweiz-EU leisten. Ebenfalls bedanken möchte ich mich bei den Expertinnen und Experten für ihre wertvollen Beiträge aus der Praxis sowie bei Prof. Dr. Christoph Errass und Prof. Dr. Michael Frey, die sich für das Gelingen und die Durchführung des Seminars stark eingesetzt und engagiert haben.

Dr. Manuel Friesecke
Lehrbeauftragter Universität St. Gallen
Geschäftsführer der Regio Basiliensis

Inhaltsübersicht

Vorwort	V
Einleitung	VII

Grenzüberschreitende Governance bei Infrastrukturprojekten — 1
Svea Dietrich/Severin Fässler/Larissa Sibold

Ein grenzüberschreitendes Spital — 51
Istenc Acikalin/Norina Frey/Luise Locher

Arztniederlassung in Lörrach — 127
Joey Isenring/Nick Wagner/Kerim Katirci

Gesundheitskooperation Landkreis Lörrach mit den Kantonen Basel-Stadt und Basel-Landschaft — 187
Rudolf Jaeger/Dario Zimmermann

Die Bedeutung von Gemeinschaftszollanlagen — 225
Miranda Ismaili/Zoé Mussak/Nadine Forter

Motorisierte Brücke über Landesgrenzen hinweg — 281
Noel Weber/Céline Wyss

Grenzüberschreitende Strassenverbindungen — 315
Marko Stevanovic/Pranvera Rasaj/Soraya Guerreri

Bau einer grenzüberschreitenden Tramverbindung — 373
Kim Fankhauser/Sina Gmünder/Levi Schöb

Der Betrieb von grenzüberschreitenden Bus- und Tramlinien — 455
Nico Imwinkelried/Yannis Tobler

Grenzüberschreitende Bahnverbindungen und gemeinsames Rollmaterial — 501
Vera Costantini/Fabienne Gmünder

Grenzüberschreitende Agglomerationsprogramme — 545
Lea Amort/Livia Lüdin/Alessandro Massaro

Grenzüberschreitende Zusammenarbeit in Hafenkooperationen — 593
Jana Gesine Wildberger/Yannick Wohlhauser/Serge von Steiger

Grenzüberschreitende Übertragungsnetze — 647
Myrjam Rufener/Raphaela Roth/Fabio Capuano

Grenzüberschreitende Herstellung und Nutzung von Wasserstoff 715
Fabio Cavelti/Pascal Käser

Windparks in Grenzregionen 763
Simona De Santis/Fiona Lustenberger

Grenzüberschreitende geothermische Wärmenetze 801
Jasmina Reiser/Viviane Dubacher

Grenzüberschreitende Telekommunikation 859
Susanne Fricker/Veronika Vukojevic

Abkürzungsverzeichnis 907

Grenzüberschreitende Governance bei Infrastrukturprojekten

Svea Dietrich / Severin Fässler / Larissa Sibold

Inhaltsübersicht

I.	Einleitung	2
II.	Definition «Governance»	4
	A. Einordnung des Begriffs	4
	B. Governance-Forschung	5
	C. Grenzüberschreitendes Element	7
III.	Ansätze grenzüberschreitender Governance	8
	A. Territoriale Governance	9
	B. Funktionale Governance	10
	C. Mischformen	10
IV.	Regional Governance	11
	A. Beteiligung	11
	B. Charakteristika	12
	C. Einordnung in funktional und territorial	13
V.	Grenzüberschreitende Governance als Meta-Governance	13
VI.	Grenzüberschreitende Governance am Beispiel Lörrach-Basel	14
	A. Cross border	15
	B. Multi level	16
	C. Multi sector	16
VII.	Kooperation am Oberrhein	17
	A. Entwicklung	17
	B. Heutiger Stand	18
VIII.	Gestaltung grenzüberschreitender Governance	19
	A. Stakeholder-Management	19
	B. Personelle und strukturelle Verankerung öffentlicher Arbeit	20
	1. Überwindung des Beteiligungsparadoxons	22
	2. Formen der Öffentlichkeitsbeteiligung	23
	3. Aufbau von Strukturen und Kompetenzen	23

	4. Strukturierte Beteiligung der Öffentlichkeit	23
	5. Begleitung während der Bau- und Umsetzungsphase	24
	C. Vision internationaler Zusammenarbeit	24
	D. Management, Steuerung und Koordination	26
	1. Schwache Konfliktregelungskapazität	27
	2. Institutionalisierungszwang	27
	3. Legitimationsfrage	28
	4. Konsens vs. Innovationsfähigkeit	28
	E. Kommunikation und Organisation	29
	1. Bürgerbeteiligung	29
	2. Herausforderung der Bürgerbeteiligung	29
	3. Rolle der Medien in der Gesellschaft	29
IX.	Das geplante Infrastrukturprojekt	30
X.	Möglichkeit der Gründung eines EVTZ	30
	A. Rechtliche Grundlagen eines EVTZ	31
	B. Ausgestaltung beim Infrastrukturprojekt «LöBa»	34
XI.	Das Karlsruher Übereinkommen	35
	A. Die Kooperationsvereinbarung	36
	B. Möglichkeit der Gründung eines Vereins	36
	1. Rechtliche Grundlagen des Vereins im Schweizer Recht	37
	2. Ausgestaltung beim Infrastrukturprojekt «LöBa»	40
	C. Möglichkeit der Gründung eines grenzüberschreitenden örtlichen Zweckverbands	41
	1. Rechtliche Grundlagen des grenzüberschreitenden örtlichen Zweckverbands	41
	2. Ausgestaltung beim Infrastrukturprojekt «LöBa»	44
XII.	Handlungsempfehlung	44
XIII.	Schlusswort	45
Literaturverzeichnis		47

I. Einleitung

Wenn man sich internationale Infrastrukturprojekte vorstellt, dann denkt man an sehr hohe Kosten und Terminüberschreitungen, an politische und planerische Inkompetenz, an falsche Versprechen gegenüber der Bevölkerung, fehlende Bürgerbeteiligung, verbunden mit schlechter Kommunikation und extreme Eingriffe in die Umwelt und in die Natur. Doch zahlreiche Beispiele in den Grenzregionen der Schweiz zeigen, dass grenzüberschreitende Zusammenarbeit trotz kritischer Stimmen auch viele entscheidende Vorteile für alle Betroffenen haben kann.

Im Norden der Schweiz an der Grenze zu Deutschland prägt der Rhein den gemeinsamen Lebensraum der dortigen Bevölkerung seit Jahrhunderten. Er vereint sowohl eine trennende und zugleich eine verbindende Wirkung in sich. Die Region verbindet eine zentrale Lage in Europa, eine gemeinsame Kulturgeschichte, tägliche Pendlerströme über die Grenze und die alemannische Sprache.[1]

Doch gibt es auch zahlreiche Gründe, welche Deutschland und die Schweiz trennen, und so die internationale Zusammenarbeit erschweren. Ein Beispiel sind die politischen Staatsgrenzen zwischen der Schweiz und Deutschland und folglich auch zwischen der Schweiz und der EU. Diese Trennung wird besonders durch die Zollgebäude und Grenzkontrollen sichtbar.

Trotz früher grenzüberschreitender Beziehungen in den 1960er-Jahren, entwickelte sich das Thema «grenzüberschreitende Zusammenarbeit» erst in den letzten Jahren zu einem zentralen Bestandteil der wissenschaftlichen Forschung.[2] Besondere Bedeutung erhielt dieses Thema jüngst wieder in Verbindung mit den andauernden und mittlerweile gescheiterten Vertragsverhandlungen zwischen der Schweiz und der EU.

Die vorliegende Arbeit beschäftigt sich daher mit der Frage, welche Governance-Instrumente sich für die Zusammenarbeit zwischen dem Landkreis Lörrach und den Kantonen Basel-Landschaft sowie Basel-Stadt in Bezug auf die grenzüberschreitende Planung und Errichtung von Wasserkraftwerken auf dem Rhein eignen, damit eine effiziente und ergebnisorientierte internationale Zusammenarbeit gewährleistet werden kann.

Als Erstes wird der Begriff der grenzüberschreitenden Governance und deren verschiedene Ansätze untersucht. Anschliessend wird in einem zweiten Schritt auf die genauere Bedeutung der grenzüberschreitenden Governance bei internationalen Infrastrukturprojekten eingegangen. Dabei werden die verschiedenen Stufen des Projekts von der Vision und strategischen Planung über das aktive Management, die Koordination und Kommunikation bis hin zur Gestaltung von Risk und Compliance Themen beleuchtet. Im letzten Schritt werden die untersuchten Gebiete zusammen auf das ausgewählte Fallbeispiel angewendet. Der Fokus liegt dabei auf den Rechtsgrundlagen und auf der Untersuchung der geeigneten

---

[1] ZOLLER SCHEPERS, 3.
[2] ZOLLER SCHEPERS, 25.

Rechtsinstrumente, von welchen sich schlussendlich die konkrete Ausgestaltung eines grenzüberschreitenden Infrastrukturprojekts ableiten lässt.

II. Definition «Governance»

Governance ist in der Literatur nicht eindeutig definiert, da sie unterschiedlichen Begriffsverständnissen unterliegt. Je nach Standort und den damit verbundenen Realitäten wird Governance verschieden definiert. So gibt es bspw. bei der Definition des Staatsbegriffs verschiedene Ansätze, auf welchen schlussendlich Governance-Strukturen basieren können.

Weiter ist anzumerken, dass sich Governance nicht auf eine wissenschaftliche Disziplin bezieht, sondern interdisziplinären Ursprungs ist. Themengebiete wie Wirtschaft, Soziologie, Recht, Geschichte, Politik etc. haben unmittelbaren Einfluss auf die Gestaltung von Governance.[3]

Der Zugang zum Themengebiet Governance ist demnach sehr unterschiedlich und bietet deshalb einen grossen Definitionsspielraum. Um sich einer Definition von Governance überhaupt annähern zu können, ist ein problemzentrierter Ansatz zielführend. Die Zielsetzung besteht grundsätzlich immer darin, ein bestehendes Problem zu lösen. Als Beispiel kann eine unzureichende Energieversorgung einer grenzüberschreitenden Metropolregion betrachtet werden. Stromengpässe und mangelnde Verteilungsnetzwerke stellen ein Problem dar, welches angegangen werden muss. In diesem Sinne geht es folglich um kollektives Handeln, welches durch Prozesse und Strukturen koordiniert wird und durch deren Zusammenspiel vorhandene Herausforderungen angegangen werden können. Gemäss Fürst ist diese Definition jedoch wissenschaftlich wertlos, weil darin zu unterschiedliche Aspekte vereinigt werden. Eine Eingrenzung des Begriffs ist demnach angezeigt.[4]

A. Einordnung des Begriffs

Governance wird in der Betriebswirtschaft primär als die Grundsätze der guten Unternehmensführung verstanden. Es handelt sich hierbei um «Corporate Governance», welche die Rahmenbedingungen regelt, wie ein Unternehmen geführt und überwacht werden soll. Der Fokus richtet sich demnach auf die Anspruchs-

---

[3] WASSENBERG, 38.
[4] FÜRST, 89 f.

gruppen des Unternehmens, welche durch Regelwerke, Vorschriften und Grundsätze, aber auch ethisch-moralische Werte in ihren Interessen geschützt werden sollen. Das Unternehmen ist also insoweit von der Corporate Governance betroffen, als dass es zum Wohlwollen seiner Stakeholder diese guten Grundsätze der Unternehmensführung beachten muss. Es handelt sich demnach um eine verantwortungsvolle Unternehmensführung und -kontrolle. Dies im Gegensatz zur eigentlichen operativen Führung des Unternehmens, welche sich im Begriff Management niederschlägt.[5]

Von dieser betriebswirtschaftlichen Einordnung wird im Folgenden Abstand genommen und Governance als Strukturen von politisch-gesellschaftlichen Einheiten betrachtet. Im Gegensatz zum unternehmerischen Ansatz handelt es sich hierbei nicht um rein hierarchisch aufbauende Organisationsstrukturen. Massgebend sind die Prozesse und die Kooperation der verschiedenen Akteure. Diese Einordnung der Governance erlaubt eine Anwendung auf Willenskooperationen verschiedenster Mitglieder. Der Fokus richtet sich demnach direkt auf die Akteure selbst, die sich durch ihr gezielt strukturiertes Zusammenwirken Herausforderungen stellen wollen.[6]

Diese Einordnung der Governance bestärkt wiederum den erwähnten interdisziplinären Ansatz. Sowohl staatswissenschaftliche, juristische und politische als auch soziologische, historische und ethisch-kulturelle Komponenten vereinen sich in diesem Definitionsansatz der Governance.[7]

Aufgrund dieses sehr breiten Verständnisses ist auch die Ausgestaltung dieser Governance beinahe unbeschränkt möglich. Einzigartige Governance-Systeme sind die Regel und lassen gleichzeitig den erforderlichen Spielraum, um internationalen, nationalen, regionalen oder gar lokalen Besonderheiten gebührend Rechnung zu tragen.

B. Governance-Forschung

Mit der genaueren Analyse der Governance-Forschung können definitorische Sackgassen umgangen werden. Dadurch entsteht ein exakteres Bild der Governance an sich sowie der damit verbundenen Themengebiete. Mit diesem Zugang

---

[5] S. https://wirtschaftslexikon.gabler.de/definition/corporate-governance-28617 (Abruf 19.5.2022).
[6] Fürst, 90 f.
[7] Wassenberg, 38.

zur Governance direkt aus der Forschung kann man sowohl dem interdisziplinären Ansatz als auch aktuellen Entwicklungen gerecht werden.

Die Governance-Forschung zeigt sich als ein boomendes Forschungsgebiet von unglaublicher Weite und Vielfalt. Allen Ausprägungen dieser Forschung ist ein Interesse für enthierarchisierte Formen und Mechanismen und dabei für die Regeln, Normen und Werte, die diese Koordination funktionsfähig machen, gemein.[8] Governance zu einem allumfassenden Megakonzept aufzublähen scheint indes überstürzt.[9]

Der Governance kommt eine wichtige Brückenfunktion zu. Sie ermöglicht eine «problemorientierte Kommunikation zwischen unterschiedlichen Subdisziplinen der Politikwissenschaft sowie zwischen wissenschaftlichen Disziplinen».[10] Weiter soll der analytische und normative Charakter von Governance auseinandergehalten werden. Während vorfindbare Governance-Strukturen in einem ersten Schritt einer Analyse unterzogen werden, soll erst in einem zweiten Schritt eine normative Prüfung stattfinden.[11]

Pluralität von Governance-Akteuren (staatlich oder nicht-staatlich) sollen koordiniert werden.[12]

Dies lässt sich ideal an marktlicher Koordination veranschaulichen, wo die Bereitstellung von Regelungsstrukturen (wettbewerbsrechtliche Einschränkungen oder kapitalmarktrechtliche Auflagen), welche das Verhalten der Akteure rahmenhaft steuern, die Essenz einer funktionierenden Umsetzung der Governance bildet.[13] Ferner stellt auch die Staatsorganisation eine kollektive Regelung gesellschaftlicher Sachverhalte dar. Das Zusammenwirken staatlicher und privater Akteure bis zu hoheitlichem Handeln staatlicher Akteure lässt sich ebenfalls unter dem Begriff Governance subsumieren.[14]

Weiter wird Governance als Regelungsstrukturen verstanden. Das Ziel hierbei ist die Schaffung eines analytischen Rahmens, anhand welchem Zusammenhänge und Verhältnisse zwischen Handlungsmassstäben, Akteuren und Instrumenten thematisiert werden können. Gemeint sind hierbei nicht konkrete Rechtssätze, sondern Regelungsstrukturen als «aufgabenbezogene institutionelle Arrange-

---

[8] FÜRST, 89.
[9] SCHUPPERT, Governance Forschung, 275.
[10] BENZ et al., 16.
[11] ZÜRN, 560.
[12] BENZ et al., 16.
[13] SCHUPPERT, Governance Forschung, 278.
[14] MAYNTZ, 14.

ments», welche für die Regelung einer konkreten Sachlage einen Rahmen mittels Regelungsinstanzen, Massstäben, Formen und Instrumenten bilden.[15]

Regelungsstrukturen werden nicht als einseitig diktierte Handlungsspielräume verstanden, sondern erfahren ihre Gestaltung und Umsetzung durch das Handeln der an der Governance beteiligten Akteure.[16]

Obwohl die aufgeführten Konsenspositionen der Governance-Forschung darauf schliessen lassen, dass sich diese in einer Governance-Theorie niederschlagen könnten, ist dies nicht haltbar. Die Differenzen in den jeweiligen disziplinären Herangehensweisen sind zu gross. Was bleibt, sind systematische Zusammenhänge, die zwar einerseits nur generalisierende Aussagen zur Koordination ermöglichen, aber andererseits die Möglichkeit eines Theorienpluralismus eröffnen.[17]

C. Grenzüberschreitendes Element

Bei der grenzüberschreitenden Governance kommt per Definition das Element der (Landes-)Grenze hinzu. Diese hat nicht nur die Funktion der Abgrenzung eines Territoriums, sondern geht mit einer Reihe von Funktionen, aber auch Herausforderungen einher.

Die Funktionen der Grenze sind nach Beck multidimensional:[18]

- Die geographische Dimension bezieht sich auf die physischen, raumbezogenen Elemente der Grenze.
- Die politische Dimension erfasst die unterschiedlichen nationalen Staatssphären und die damit verbundenen Souveränitätsbereiche dies- und jenseits der Grenze.
- Die rechtliche Dimension der Grenze weist auf die verschiedenen nationalen Rechtssysteme hin.
- Die wirtschaftliche Dimension richtet den Blick auf Entwicklungsdisparitäten und -potenziale in den Grenzgebieten.
- Die sozio-kulturelle Dimension weist auf das Zusammentreffen unterschiedlicher Gesellschaften und Kulturen hin.

---

[15] TRUTE et al., 173 ff.
[16] Vgl. SCHUPPERT, Governance und Rechtsetzung.
[17] BENZ et al., 16.
[18] BECK, 21 ff.

– Die historische Dimension hält die Grenzziehung und deren Verschiebungen im Laufe der Zeit fest. Zusätzlich überschneidet sich die historische Dimension stark mit den anderen Dimensionen und eignet sich für die Erklärungen des wie und warum der jetzigen Zustände.

Die Grenze stellt sich demnach als ein vielschichtiges und komplexes Phänomen dar, das einer fundierten Analyse bedarf. Der interdisziplinäre Ansatz ist hier unausweichlich. Die Funktionen einer Grenze bzw. der ganzen Grenzregion sind mittels unterschiedlicher Fachdisziplinen zu untersuchen und zu erläutern.[19]

Der Mehrwert einer solchen Analyse ist nicht nur das Nachvollziehen der bestehenden Strukturen der grenzüberschreitenden Zusammenarbeit bzw. deren Governance, sondern auch die Aufstellung von Thesen und Modellen. Diese führen im Idealfall zu einer effizienteren Ausgestaltung der Governance.[20]

III. Ansätze grenzüberschreitender Governance

Die grenzüberschreitende Zusammenarbeit und die interregionale Kooperation zwischen Nachbarregionen und Grenzgebieten erfahren schon seit der Gründung des Europarats eine institutionelle europäische Förderung. Mittels durchdachter Rechtsinstrumente wird die praktische Umsetzung von interregionalen Kooperationen vorangetrieben und die Zusammenarbeit unabhängig von politischen Mehrheitsänderungen längerfristig gesichert.[21] Die Ausgangslage bei der Konzeption eines Ansatzes von grenzüberschreitender Governance ist dieselbe. Durch ein Zusammenspiel von verschiedenen staatlichen und privaten Akteuren sollen Probleme bearbeitet werden und gemeinsame Interessen verfolgt und umgesetzt werden.[22] Der gemeinsame Nenner liegt demnach in dem Willen, Nachteile der Grenzlage zu überwinden und Probleme zu lösen, die über die Grenzlinie hinweg reichen.[23] Darunter lässt sich nicht nur die Koordination im Sinne der Wirtschaft, sondern in allen gesellschaftlich relevanten Gebieten verstehen.

Unterschiedliche Ansätze grenzüberschreitender Governance zeichnen sich generell darin aus, wie die Rolle des Staates definiert wird, und ob bzw. inwieweit sich eine staatlich implementierte Hierarchiestruktur auf die Governance auswirkt. Es lässt sich somit ein Spektrum von einem territorialen Governance-Typ bis hin zu

---

[19] WASSENBERG, 35.
[20] WASSENBERG, 33 f.
[21] BOHNER, 57 f.
[22] FÜRST, 89.
[23] FRICKE, 68.

einem funktionalen Governance-Typen erkennen. Die darin angewandten Steuerungsformen unterscheiden sich voneinander grundlegend. Als neuerer übergreifender Ansatz gewinnt die «regional Governance» an Wichtigkeit.

A. Territoriale Governance

Von einem Ansatz des Regierens in Mehrebenen-Systemen wird ausgegangen, dass die politische Steuerung in verschiedenen Formen auf mehreren interdependenten Ebenen stattfindet. Zentral ist hierbei der Begriff der Gebietskörperschaften, die politisch-administrativ und territorial definiert sind und in einem Gebiet über die Entscheidungshoheit verfügen.[24]

Diese Gebietskörperschaften sind insbesondere aufgrund ihrer territorialen Zugehörigkeit zu föderalen Staaten in deren Hierarchiestrukturen eingebunden. Es handelt sich also um einen territorialen Ansatz der grenzüberschreitenden Governance, welche in einem hierarchischen System die politische Steuerung umfasst.[25]

Bei territorialer Governance findet die Kooperation v.a. in hierarchischen Formen statt, bzw. die Mitglieder der Kooperationsverhandlungen sind hierarchisch organisiert. Es handelt sich also um Akteure des öffentlichen Rechts, welche in einer vertikalen Hierarchiestruktur den territorialen Ansatz der Governance statuieren. Resultat sind schlussendlich politische Organisationsformen, welche eine komplexe Organisationsstruktur haben. Entscheidungsmodi stellen Konsens, Quoren und Vetos dar, während die Mitgliedschaft (gemeint ist der Eintritt, aber auch der Austritt) geschlossen oder sehr begrenzt ist. Die funktionale Ausrichtung solcher Organisationsformen gestaltet sich beinahe allumfassend. Es wird eine grosse thematische Bandbreite von verschiedenen Sektoren in ihrem Aufgabenkatalog aufgeführt.[26]

Die Territorialität bestimmt sich über die politische Organisation selbst. Einerseits umfasst das ihr Mandatsgebiet, andererseits ergibt sich diese auch über die Territorien der ihr zugehörigen Mitglieder. So kann das Territorium dieses Governance-Ansatzes abschliessend umfasst und bestimmt werden.[27]

---

[24] MARKS, 392.
[25] FRICKE, 67.
[26] FRICKE, 68.
[27] Vgl. CHILLA et al., 964.

B. Funktionale Governance

Im Gegensatz zum territorialen Typ löst sich die funktionale Governance von staatlichen vertikalen Hierarchiestrukturen und von einer territorialen Gebundenheit. Sie findet ihre Ausgestaltung häufig in Zweckverbänden, welche sich funktional ausrichten. Wortgebend steht die funktionale Begrenzung auf bestimmte Politik- und Themenfelder im Zentrum. Die Ausrichtung ist somit auf spezifische Sektoren begrenzt.[28]

Auch die Beteiligung der Akteure unterliegt einem anderen Verständnis. Sowohl öffentlich-rechtliche als vor allem aber auch private Akteure befinden sich in Kooperationsbeziehungen. Diese Zusammenarbeit ist vorwiegend privatrechtlicher Natur (bspw. Verein), kann aber auch öffentlich-rechtlich ausgestaltet sein (bspw. Zweckverband). Dennoch ist die Loslösung von den staatlichen Hierarchieverständnissen der Gebietskörperschaften deutlich erkennbar. Diese äussert sich neben flexiblen Mitgliedschaftsverhältnissen in einfachen Entscheidungsmodi wie der Einstimmigkeit. Die beteiligten Akteure können so unmittelbaren Einfluss auf die Ausgestaltung der Regelungsstrukturen sowie die inhaltliche Ausrichtung nehmen. Zusätzlich bleibt die Organisationsstruktur eher einfach. So ist die Anzahl verschiedener interner Organe gering und die direkte Mitwirkung der Akteure bleibt zentral.[29]

Die Frage nach der räumlichen Reichweite dieses Governance-Typs gestaltet sich komplex. Die funktionale Governance bestimmt sich nicht über Gebietskörperschaften, sondern über die anhand ihrer sektoriellen Ausrichtung teilnehmenden öffentlich-rechtlichen und privaten Akteure. Ein Bezug ist somit nicht oder nur sehr schwierig auf Territorien herstellbar. Innerhalb der Governance bzw. der Organisation steht eine räumliche Eingrenzung zur Verfügung. Eine genaue territoriale Eingrenzung kann aber aufgrund der funktionalen Fokussierung nicht vorgenommen werden.[30]

C. Mischformen

Eine scharfe Grenzziehung zwischen dem funktionalen oder dem territorialen Typ gestaltet sich schwierig. So können in der Praxis Governance-Strukturen vielfältig ausgestaltet sein und sowohl funktionale als auch territoriale Kriterien in sich ver-

---

[28] FRICKE, 68.
[29] FRICKE, 68.
[30] FÜRST, 92.

einen. Prägendstes Beispiel für eine solche Mischform ist der Trinationale Eurodistrict Basel.[31]

Das Beispiel und die Praxis zeigen, dass nicht Governance die Erscheinungsformen der Kooperation bestimmt, sondern genau umgekehrt. Governance richtet sich nach dem Zweck, zu dem sie eingeführt wird. Die Pluralität ihrer Ausgestaltung findet sich in all ihren Anwendungsbereichen wieder. Dies ermöglicht individuelle Herangehensweisen an unterschiedliche Problemkonstellationen und spricht für eine Vielzahl von Ansätzen, wie sich Governance konkret ausgestalten kann.[32]

IV. Regional Governance

Die «Regional Governance» stellt die Regionalentwicklung in den Vordergrund. Es sieht den Staat wie bei der funktionalen Governance in einer veränderten Rolle. Staatliche, wirtschaftliche und zivilgesellschaftliche Akteure wirken in netzwerkartigen, jedoch schwach institutionalisierten Steuerungsformen zusammen.[33] Es handelt sich hierbei um «netzwerkartige intermediäre Formen der regionalen Selbststeuerung in Reaktion auf Defizite sowie als Ergänzung der marktlichen und der staatlichen Steuerung».[34]

A. Beteiligung

Bei der «Regional Governance» gibt es keinen zentralen Akteur, sondern nur das handelnde Kollektiv, welches in Verhandlung und Diskurs miteinander netzwerkartig verbunden ist.[35]

Dabei ist die Kooperation freiwillig, nicht förmlich verfasst eingebettet und besitzt kaum administrative Kapazität. Der funktionale Anspruch ist allumfassend und nicht auf einzelne Teilsysteme begrenzt. Grenzen jeglicher Art (territorial oder auch institutionell) sollen hierbei überschritten werden.[36]

---

[31] Vereinssatzung sowie Geschäftsordnung Trinationaler Eurodistrict Basel, http://www.eurodistrictbasel.eu (Abruf 19.5.2022).
[32] Vgl. FÜRST, 92.
[33] S. https://wirtschaftslexikon.gabler.de/definition/regional-governance-45683 (Abruf 19.05.2022).
[34] FÜRST, 89.
[35] FÜRST, 90.
[36] FÜRST, 90.

Die beteiligten Akteure sind jedoch häufig an ihre Organisationen zurückgebunden. So handelt es sich vorwiegend um Repräsentant*innen, deren Zustimmung von ihrer Organisation abhängig ist. Nicht organisierte Akteure sind aufgrund einer niedrigen Gewichtung und eines niedrigen Beitrags zur konkreten Problemlösung eher selten anzutreffen. Das Ziel ist somit die Konsensfindung auf mehreren Ebenen.[37]

Im Sinne einer «multi-level Governance» sind die Akteure in mehrere Ebenen eingebettet, die miteinander direkt oder indirekt im Einfluss stehen. Einerseits muss auf der Ebene der «Regional Governance» Konsens hergestellt werden. Um diesen jedoch zu erreichen, müssen alle Akteure in ihrer individuellen Organisation einen Konsens finden. Diese Organisationen unterliegen wiederum eigenen Interaktionsebenen mit weiteren Akteuren. Benz bezeichnet diese Konstellationen als Interaktionsprozesse im Mehrebenenspiel.[38]

B. Charakteristika

Die «Regional Governance» zeichnet sich durch gewisse Charakteristika aus, jedoch ist die konkrete Ausgestaltung so vielfältig wie die Akteure, Issues und Rahmenbedingungen. Allen gemeinsam ist das Zusammenspiel von Akteuren verschiedener Handlungslogiken auf der Basis von wechselseitigen Abhängigkeiten. Zentral ist eine kollektive Verantwortlichkeit und nicht einzelne Verantwortlichkeiten und Grenzziehungen. «Regional Governance» ist demnach eine Ergänzung zu Government-Strukturen und schafft so Möglichkeiten flexibler Strukturen zur Problemlösung.[39]

Da es sich um selbstorganisierte netzwerkartige Koordinationssysteme handelt, entwickelt sich Führung aus dem Netzwerk heraus. Es besteht keine Hierarchie im klassischen Verständnis. Der Konsens entsteht durch Argumentieren und Verhandeln, wobei sich die Akteure in einem vertrauensvollen und solidarischen Verhältnis befinden. Ergebnisse werden schlussendlich durch vertragliche Regelungen gesichert.[40]

Das regionale Element der «Regional Governance» zeichnet sich dadurch aus, dass diese Governance Strukturen nicht auf individuelle Problemstellungen fokussiert sind. Es geht demnach um eine breite, längerfristige Umsetzung der

---

[37] Fürst, 91.
[38] Benz, 297 ff.
[39] Fürst, 91.
[40] Fürst, 91.

Kooperation und Koordination. Es ist möglich und in der Praxis auch der Fall, dass «Regional Governance» auf einzelne Projekte bezogen sein kann. Das schliesst aber insbesondere eine Querkoordination zwischen Projekten mit ein. Der Regionsbezug muss hierbei jedoch immer vorhanden sein, sodass das kollektive Handeln durch diesen Zusammenhalt wesentlich gestärkt wird. Je häufiger dieser Regionsbezug auch sozial rekonstruiert wird, desto bewusster wird den Akteuren dieser Bezug. Die Gesamtorientierung und Legitimation der «Regional Governance» legt somit den Fokus auf ein gesellschaftlich zufriedenstellendes Ergebnis und nicht auf eine institutionelle Festigung demokratischer Strukturen.[41]

C. Einordnung in funktional und territorial

Da sich die «Regional Governance» in ihrer Ausgestaltung hauptsächlich um Issues formt und dabei sehr schwach institutionalisierte Steuerungsformen implementiert, ist die Ausrichtung zunächst nur funktional. Es können sich somit in einer Region mehrere Kooperationsformen überlagern. Die «Regional Governance» hat jedoch zwangsläufig in ihrer regionalen Selbststeuerung einen Konnex zum territorialen Ansatz.[42]

Die beteiligten Akteure sind in unterschiedlichen regionsrelevanten Netzwerken miteinander verbunden. Es besteht also eine territoriale Verflechtung mit der Region in einem funktionalen Umfang. Das heisst, dass nicht Landesgrenzen oder Mandatsgebiete eine direkte territoriale Einordnung erlauben, sondern dass sich aus dem Regionsbezug der Akteure und aus gemeinsam adressierten Problemstellungen ein territorialer Bezug ergeben kann. Hierbei handelt es sich nicht um klar trennbare regionale Gebilde, sondern um mehrere Ebenen verschiedener Handlungsakteure, die in ihrer Summe eine regionale Zugehörigkeit erwecken.[43]

V. Grenzüberschreitende Governance als Meta-Governance

Grenzüberschreitende Governance in den Ausprägungen, wie sie hier aufgeführt werden, kann man als eine Meta-Governance bezeichnen. Sie steht somit auf einer höheren, wenn nicht gar der höchsten Ebene grenzüberschreitender Gover-

---

[41] Fürst, 92 f.; vgl. Crouch, 75 ff.
[42] Fürst, 92.
[43] Fürst, 93.

nance. Die tiefste Ebene stellt die Governance auf der Höhe der Akteure dar. Es handelt sich hierbei um organisationsinterne Governance (vgl. auch Corporate Governance auf Stufe von Unternehmen).[44]

Auf einer höheren Stufe sind es wiederum die Akteure, die zueinander schon in Beziehungen stehen. Diese können sich bereits aus bestehenden Kooperationen, Verpflichtungen oder auch einfach in der praktischen Zusammenarbeit ergeben. Dabei sind sie nicht zwangsläufig auf einer Ebene zusammenzufassen, sondern können sich gegenseitig überlappen und stehen so auf mehreren Ebenen in Wechselseitigkeit (multi-level Governance).[45]

Als übergreifendes Dach für die Governance-Strukturen der unteren Ebenen dient die «Regional Governance». Durch ihren allumfassenden Anspruch und ihre netzwerkartige Verflechtung ist sie ein Bindeglied für die verschiedenen Akteure, welche bereits selbst in Kooperationen zueinanderstehen. Verschiedene Handlungslogiken werden darunter vereint und koordiniert.[46]

Was bei der grenzüberschreitenden Governance nie ausser Acht gelassen werden darf, ist, dass es sich bei dieser Form der Zusammenarbeit um eine Willenskooperation handelt. Die Mitwirkung bleibt stets freiwillig. Jedem Akteur steht es frei, seine Kooperationsbereitschaft zurückzuziehen und einen eigenen Weg zu beschreiten. Aus dem resultiert auch die häufig angewandte Einstimmigkeitsvoraussetzung bei Entscheiden. Sollte ein Mitglied gegen einen Beschluss sein, wäre eine selbständige Umsetzung seiner Interessen durchaus möglich. Der Governance-Verbund ist also Plattform für Argumentieren und Verhandeln, sodass einstimmige Lösungsansätze realisiert werden können. Eine offene Machtausübung eines Mitglieds würde hingegen dazu führen, dass andere Mitglieder von ihrer «exit option» Gebrauch machen könnten.[47]

VI. Grenzüberschreitende Governance am Beispiel Lörrach-Basel

Die grenzüberschreitende Zusammenarbeit am Oberrhein zeichnet sich v.a. dadurch aus, dass neben den erwähnten Ansätzen der «Regional Governance» das Element der (Landes-)Grenze hinzukommt. Damit einher gehen nicht nur juristi-

---

[44] Zöllner, 4.
[45] Benz, 300 f.
[46] Fürst, 91.
[47] Fürst, 96.

sche und politische Fragestellungen, sondern insgesamt unterschiedliche Handlungslogiken und Verständnisse von Governance. Die Grenze stellt dabei einen entscheidenden Faktor dar, welcher die vorhandenen Differenzen multipliziert und somit die Implementierung einer Governance herausfordernder, aber auch notwendiger macht.

Im Rahmen der immer mehr vernetzten Entwicklung sind auch immer mehr integrierte Formen von Kooperation anzutreffen. Im Grundsatz sind zwei Kooperationsformen zu unterscheiden: eine Kooperation der Problemlösung sowie eine Kooperation der Chancenwahrnehmung. Insbesondere längerfristige Entwicklungsstrategien sind hierbei erstrebenswert.[48]

Die Governance am Oberrhein, hier insbesondere zwischen Basel und Lörrach, zeichnet sich durch drei Charakteristika aus, die in ihrem Zusammenspiel die Gestaltung einer grenzüberschreitenden Governance aufzeigen.

A. Cross border

Die Grenze als interdisziplinäres Phänomen zeichnet sich in erster Linie als die Landesgrenze zwischen der Schweiz und Deutschland bzw. dem Landkreis Lörrach und den Kantonen Basel-Landschaft sowie Basel-Stadt ab. Damit gehen zwei unterschiedliche Territorien mit unterschiedlichen Rechtssystemen, politischen Strukturen und Verwaltungskulturen einher. Was aber im Vergleich zu anderen Regionen grundlegend verschieden ist, sind sprachliche, kulturelle, ethische und historische Gemeinsamkeiten. Die Region teilt eine gemeinsame Geschichte der Zusammenarbeit und des Zusammenlebens. Das trinationale Element der Metropolregion Basel ist fest verankert und bildet eine solide Grundlage für Dialog und Konsens. Zudem sind weitreichende Erfahrungen aus langjährigen Kooperationen sehr hilfreich.[49]

Die Governance erstreckt sich demnach über die Grenze, welche zwar organisatorische Hürden aufwirft, aber in ihrer Vielfalt betrachtet eine ganze Reihe von Gemeinsamkeiten aufstellt, auf welchen sich eine Governance sehr gut aufbauen lässt.

---

[48] JAKOB, 99 f.
[49] Oben II.B.

B. Multi level

Dadurch, dass es sich nicht nur um eine Region in einem nationalen Gebilde handelt, sondern um Gebietskörperschaften verschiedener Staaten mit jeweils eigenen Regelungsstrukturen und Rechtshintergründen, werden die «levels», auf welchen sich die an der Governance beteiligten Akteure befinden, bedeutend in ihrer Anzahl erhöht. Auch die privaten und alle weiteren Akteure sind in ihrem staatlichen Rechtssystem gebunden. Sämtliche Akteure unterliegen wiederum eigenen Kooperationen und müssen so in ihrer Vielzahl an Ebenen zusammenfinden.[50]

Es kann also sehr gut vorkommen, dass die Akteure nicht nur bereits in ihrer eigenen Region zusammen arbeiten und damit einhergehende Verpflichtungen pflegen, sondern dass bereits vielschichtige internationale Kooperationen vorbestehen. Betrachtet man den Landkreis Lörrach, ist nur schon aufgrund der trinationalen Grenze eine Zusammenarbeit mit den Kantonen Basel-Stadt, Basel-Landschaft und Aargau sowie auf französischer Seite mit dem Département Haut-Rhin feststellbar.[51] Dies ist auf die staatliche Ebene bezogen. Die unzähligen privaten Akteure und bereits bestehenden Verbände und Organisationen sind ebenfalls zu berücksichtigen.

C. Multi sector

Die Landesgrenze per se erlaubt keine Einordung oder konkrete Gestaltung einer Governance. Der funktionale Aspekt steht im Zentrum. Anhand verschiedener Themengebiete, Problemstellungen, Interessen und Chancen gruppieren sich Akteure, die gemeinsam kooperieren wollen. Schlussendlich hat diese multisektorielle Kooperation einen komparativen Vorteil gegenüber dem Alleingang. Die grenzüberschreitende Governance findet ihre Entsprechung demnach in verschiedenen funktional und somit sektoriell ausgerichteten Ansätzen. Je nach Themengebiet und Issue sind verschiedene Kooperationsformen möglich und erlauben so eine dynamische und flexible Anpassung, die über eine einfache Kooperation über die Landesgrenze hinausgeht.[52]

---

[50] oben III.A.
[51] S. https://www.loerrach-landkreis.de/Grenzueberschreitende-Zusammenarbeit (Abruf 19.05.2022).
[52] Vgl. Fürst, 93.

Der Landkreis Lörrach ist Teil diverser Kooperationen in diversen Sektoren. Sei das in Infrastrukturprojekten wie der Dreiländerbrücke oder im öffentlichen Personennahverkehr sowie in Entwicklungsstudien und Bauausstellungen. Weiter ist er Teil des Trinationalen Eurodistricts Basel sowie der Hochrheinkommission.[53]

VII. Kooperation am Oberrhein

Die Kooperation der trinationalen Oberrheinregion der deutschen, französischen und schweizerischen Partner ist ein Musterbeispiel für grenzüberschreitende Zusammenarbeit.

Es handelt sich hierbei nicht ausschliesslich um eine zweckbedingte Kooperation von angrenzenden Ländern, sondern um eine gemeinsame Metropolregion, deren Grundlage ein gemeinsamer Lebensraum und ein gemeinsames historisch-kulturelles Erbe ist. Aus diesen Grundlagen ist ein strukturstarker, stark verflochtener Raum mit eindrücklicher Wirtschaftsleistung erwachsen. Der Oberrhein ist hierbei, wie es der Grenzbegriff vielleicht vermuten lässt, nicht ein peripheres Gebilde am Rande der EU, sondern eine zentrale, infrastrukturell fortschrittliche Region, die als Verkehrsknotenpunkt im Herzen Europas von enormer Wichtigkeit ist.[54]

Die Entwicklung und der heutige Stand zeigen auf, wie auch andere Grenzregionen vom Modell Oberrhein profitieren können.

A. Entwicklung

Nicht nur in moderner Zeit wird die grenzüberschreitende Zusammenarbeit am Oberrhein grossgeschrieben. Die Stadt Basel war und ist eng mit dem Elsass sowie Südbaden verbunden. Während der ersten Hälfte des 20. Jh. war diese Zusammenarbeit wegen der beiden Weltkriege stark beeinträchtigt. Die Beziehungen mussten infolgedessen neu aufgebaut werden, was mit dem Bau des EuroAirport Basel Mulhouse Freiburg (Markenname seit 1987) im Jahr 1949 einen vielversprechenden Anfang nahm.[55]

---

[53] S. https://www.loerrach-landkreis.de/Grenzueberschreitende-Zusammenarbeit (Abruf 19.05.2022).
[54] Jakob, 103.
[55] Jakob, 103.

Ein weiterer wichtiger Punkt stellt die Gründung der Regio Basiliensis im Jahr 1963 als schweizerische Plattform für die grenzüberschreitende Zusammenarbeit dar. Analoge Vereine folgten in der Region, bevor in der Bonner Vereinbarung von 1975 die Zusammenarbeit offiziell mit der Errichtung einer Regierungskommission für nachbarschaftliche Fragen folgte. Im Jahr 2001 folgte die Basler Vereinbarung, welche die Basis für die deutsch-französisch-schweizerische Regierungskommission und die Oberrheinkonferenz darstellt und die Zusammenarbeit nochmals vertiefte.[56]

Gestärkt durch diese Entwicklungen und weiteren Fördermassnahmen war ein Schub in der grenzüberschreitenden Zusammenarbeit zu sehen, welcher seit 1985 über 350 Projekte hervorbrachte.[57]

B. Heutiger Stand

Aus dieser historisch, kulturell und wirtschaftlich zusammengewachsenen Region hat sich ein Modell der grenzüberschreitenden Zusammenarbeit entwickelt. Das oberrheinische Mehrebenensystem gliedert sich strukturell in eine nationale, regionale und kommunale Ebene.[58]

Das Dach für die grenzüberschreitende Kooperation bildet die deutsch-französisch-schweizerische Regierungskommission zur Prüfung und Lösung von nachbarschaftlichen Fragen. Die Leitung besteht aus Vertreter*innen der jeweiligen Aussenministerien der Länder. Inhaltlich beschäftigt sich die Kommission mit denjenigen Fragen, welche die Kompetenzen der unteren Ebenen überschreiten.[59]

Die deutsch-französisch-schweizerische Oberrheinkonferenz stellt das zentrale, grenzüberschreitende regionale Gremium in der Grenzregion Oberrhein dar. Diese unterteilt sich thematisch in trinationale Arbeitsgruppen und Expertenausschüsse, wobei Behördenvertreter*innen und Expert*innen aus allen drei Mitgliedstaaten vertreten sind. Regierungs- und Verwaltungsbehörden werden so auf regionaler Ebene verbunden, wobei die ORK den institutionellen Rahmen für die grenzüberschreitende Zusammenarbeit bildet.[60]

---

[56] JAKOB, 109.
[57] JAKOB, 104.
[58] JAKOB, 104.
[59] S. www.oberrheinkonferenz.org/de/oberrheinkonferenz/regierungs-kommission.html (Abruf 19.05.2022).
[60] S. www.oberrheinkonferenz.org (Abruf 19.05.2022).

Im Rahmen der Information und der politischen Absprache agiert der Oberrheinrat ergänzend mit gewählten Vertreter*innen. Auf kommunaler Ebene wurden einzelne Strukturen wie der Eurodistrikt Regio Pamina und weitere kommunale Kooperationen geschaffen.[61]

Im Sinne einer integrierten Governance für die Oberrheinregion wurde am 9. Dezember 2010 die Trinationale Metropolregion Oberrhein gegründet. Diese ist in die vier Säulen Politik, Wirtschaft, Bildung und Wissenschaft sowie zusätzlich in die Zivilgesellschaft aufgegliedert. Dabei sollen als Ziele die verstärkte Vernetzung, die Verwirklichung eines einheitlichen Wirtschaftsraumes etc. vorangetrieben werden. Diese bis anhin isolierten, sektoriellen Komponenten der Zusammenarbeit werden somit mittels eines neuen Governance-Ansatzes wirksam unter einem Dach integriert und schaffen so neue strategische Impulse, die in die TMO als Institution einfliessen können.[62]

VIII. Gestaltung grenzüberschreitender Governance

In europäischen Verflechtungsräumen existieren verschiedenste Formen der internationalen Zusammenarbeit, die über nationalstaatliche Grenzen hinaus gemeinsame Infrastrukturprojekte realisieren. Da unter diesen Umständen ein gemeinsamer planerischer Handlungsrahmen und Handlungsraum fehlt, beruht die Zusammenarbeit zwei oder mehrerer Länder in der Regel auf Freiwilligkeit und hat somit einen Empfehlungs- und Informationscharakter.[63]

In den folgenden Kapiteln wird auf die anfängliche Vision und Mission eines internationalen Infrastrukturprojekts eingegangen und und darauf, welche Aspekte im Rahmen von grenzüberschreitender Governance bereits zu Beginn in die strategische Planung als auch in die konkrete Umsetzung und Organisation integriert werden sollten.

A. Stakeholder-Management

Ein entscheidender Teil der strategischen Planung eines internationalen Infrastrukturprojekts liegt im gezielten und holistischen Stakeholder-Management.

---

[61] S. www.oberrheinkonferenz.org (Abruf 19.05.2022); www.eurodistrictbasel.eu (Abruf 19.05.2022).
[62] S. www.rmtmo.eu (Abruf 19.05.2022).
[63] Fricke, 62.

Dabei sollte zwischen internen und externen Stakeholdern unterschieden werden.[64]

Die internen Stakeholder sind vertraglich mit dem Projekt und seinen Ressourcen verbunden. Externe Stakeholder dagegen haben ausserhalb von vertraglichen Verpflichtungen ein grosses Interesse am Projekt.[65] Sie verfolgen dabei meist divergente Interessen und fühlen sich deshalb oft ohne Ansprechpartner. Dabei geht es um tiefe Eingriffe in Lebenssituationen wie eine andauernde Lärmbelästigung einer über Jahre andauernden Baustelle bis hin zu existenziellen Themen wie Grundstücksverkauf oder Enteignung.[66]

Um ein internationales Infrastrukturprojekt zu realisieren, bedarf es darum eines proaktiven Managements der Erwartungen und das Entwickeln von verlässlichen Partnerschaften. Die Kommunikation muss dabei in beide Richtungen erfolgen und basiert optimalerweise auf Feedbackmechanismen, um die externen Stakeholder einzubinden und den Sinn und Nutzen für die Gesellschaft angemessen zu kommunizieren.[67] Einen tendenziell positiven Einfluss auf Projekte dieser Art haben besonders die Hauptauftragnehmer*innen, die Regierung, die Eigentümer*innen und Auftraggeber*innen und üblicherweise die Finanzierer*innen. Stakeholder mit einem tendenziell negativen Einfluss sind hingegen die lokale Bevölkerung, Umweltschützer und Aufsichtsbehörden. Diese Stakeholder sollten daher durch die Projektleitung frühzeitig eingebunden und regelmässig informiert werden.[68]

Diese wichtige Managementaufgabe muss von Anfang an in die Planung einfliessen, damit unter den gegebenen Rahmenbedingungen ein gutes Zusammenspiel aller Beteiligten erreicht werden kann und sämtlichen Interessen die jeweils angemessene Aufmerksamkeit geschenkt werden kann.[69]

B.   Personelle und strukturelle Verankerung öffentlicher Arbeit

Bei grenzüberschreitenden Projekten ist die Planung der Vision und Strategie entscheidend für eine erfolgreiche Umsetzung der internationalen Kooperation. Das

---

[64] FRAHM/RAHEBI, 37.
[65] FRAHM/RAHEBI, 37.
[66] FRAHM/RAHEBI, 40.
[67] FRAHM/RAHEBI, 40.
[68] FRAHM/RAHEBI, 39.
[69] FRAHM/RAHEBI, 39.

wichtigste Augenmerk sollte dabei auf den Einbezug der Öffentlichkeit gelegt werden.[70]

Dabei geht es spezifisch wie bereits erwähnt um die Öffentlichkeitsbeteiligung und damit eng verknüpft um ein aktives Stakeholder-Management. Diese Aspekte dürfen keinesfalls als Mehraufwand gesehen werden, sondern sollten als wesentlicher Bestandteil technischer und unternehmerischer Entscheidungen begriffen und beachtet werden.[71]

Dabei sollten die Bürger*innen der Regionen von Anfang an in die wesentlichen Entscheidungsprozesse miteinbezogen werden. Dafür muss eine geeignete Prozessstruktur und die Rahmenbedingungen für die Beteiligung der Bevölkerung gewählt werden. Der Einbezug der Öffentlichkeit sollte nicht nur Raum für Sach- und Verfahrensfragen bieten, sondern auch Ziel- und Wertekonflikte thematisieren. Dies kann zum Beispiel über den Vorhabeträger, aber auch durch die Politik mittels Dialogprogrammen umgesetzt werden. Die Politik eignet sich besonders bei Grossprojekten gut als Adressatin bzw. Moderatorin und kann eng in den Kommunikationsprozess miteinbezogen werden.[72]

Oft bilden ungeklärte Fakten und deren Bewertung eine zentrale Rolle bei Konflikten. Entscheidend für eine gute Öffentlichkeitsarbeit ist, dass die Konsultation und die Mitgestaltungsrechte der Öffentlichkeit echte Ergebnisse herbeiführen und nicht nur zum Schein betrieben werden. Um das Projekt durchgehend kommunikativ zu begleiten, braucht es weiter eine geeignete Projektstruktur und ein entsprechendes Budget sowie Personalressourcen.[73]

Trotz der immensen Bedeutung und zahlreicher Vorteile der Öffentlichkeitsbeteiligung ist diese immer wieder in Gefahr, durch stetigen Termindruck und die steigende Komplexität der Projektabwicklung unterzugehen. Eine strukturelle und personelle Verankerung der Öffentlichkeitsbeteiligung, durch professionelles Beteiligungs-Know-how sowie eine breite Dialogerfahrung, sind dabei die wichtigsten Träger für eine gute Kommunikation. In der gemeinsamen Klärung von Fakten und der Trennung von deren Bewertungen kann eine wichtige Basis zur Lösung der Konflikte der unterschiedlichen Lager liegen.

Damit die Öffentlichkeitsarbeit in Form von Konsultation und Mitgestaltung erfolgreich ist, muss sie auch etwas bewirken. Das heisst, die Ergebnisse müssen

---

[70] KNORR/MÖLLER/SCHUZ, 6.
[71] KNORR/MÖLLER/SCHULZ, 6.
[72] KNORR/MÖLLER/SCHULZ, 6.
[73] KNORR/MÖLLER/SCHULZ, 6.

schliesslich auch einen Einfluss auf die Entscheidungsfindung und Gestaltung eines Projektes haben.[74]

1. Überwindung des Beteiligungsparadoxons

Um die Öffentlichkeitsarbeit erfolgreich zu gestalten, gilt es u.a. das Beteiligungsparadoxon zu überwinden oder zumindest zu minimieren. Beim Beteiligungsparadoxon handelt es sich um den Umstand, dass zu Beginn eines Projektes, also wenn die Mitwirkungs- und Gestaltungsspielräume noch gross sind, das Mitwirkungsinteresse der Anspruchsgruppen gering ist. Sobald aber die Planung abgeschlossen ist, gewinnt das Projekt im Laufe seiner Umsetzung stetig an Aufmerksamkeit und das Mitwirkungsinteresse steigt an. Dies gilt es, bei der Projektkommunikation besonders zu beachten, damit es am Schluss nicht zu unerwarteten Protesten und Widerständen kommt.[75]

Die Beteiligung durch die Öffentlichkeit hat dabei verschiedene Funktionen:[76]

– Integrationsfunktion: Einbeziehung der Bürger*innen in die Planung
– Rechtsschutzfunktion: Konfliktvermeidung durch Beteiligung im Vorfeld von Entscheidungen
– Rationalisierungsfunktion: Beitrag zur Optimierung der Planungen
– Effektivierungsfunktion: Vermeidung von gerichtlichen Auseinandersetzungen/Verfahrensverzögerungen
– Legitimationsfunktion: Erhöhung der Akzeptanz von Planungen
– Kontrollfunktion: Einsichtnahme in die Unterlagen

Diese Funktionen sind auch gegenüber Dritten für eine angemessene Öffentlichkeitsarbeit von erheblicher Bedeutung, denn beim Treffen von zentralen Entscheidungen gerät der strategische Erfolgsfaktor «Kommunikation» nicht selten aus dem Blickfeld der Hauptakteure.[77]

---

[74] KNORR/MÖLLER/SCHULZ, 6.
[75] KNORR/MÖLLER/SCHULZ, 5.
[76] KNORR/MÖLLER/SCHULZ, 5.
[77] KNORR/MÖLLER/SCHULZ, 5.

2. Formen der Öffentlichkeitsbeteiligung

Die Öffentlichkeitsbeteiligung lässt sich nach ihrer angestrebten Wirkung in drei unterschiedliche Gruppen unterteilen: die Information, die Konsultation und die Mitgestaltung bzw. Kooperation.[78]

Diese Unterscheidung ist besonders bedeutsam, weil der Begriff der «Bürgerbeteiligung» oft missverstanden wird und die Bürger*innen sich darunter fälschlicherweise echte Mitgestaltung erhofft haben. Daher ist es wichtig, den Begriff zu Beginn genau zu definieren, um nicht die Erwartungen der Öffentlichkeit zu enttäuschen und unnötige Missverständnisse hervorzurufen. Es ist besser, transparent und ehrlich zu sein und auf planungsphasenorientierte Information zu setzen, wenn eine intensivere Einbeziehung von Stakeholdern und Bürger*innen nicht möglich ist.[79]

3. Aufbau von Strukturen und Kompetenzen

Nach einer ersten Recherche über die aktuelle Situation sollte projektintern geprüft werden, welche Handlungsspielräume in der strategischen Planung in Bezug auf die Bürgerbeteiligung möglich sind. Diese Handlungsspielräume sind die wichtigste Voraussetzung für eine realistische und glaubwürdige Bürgerbeteiligung. Ausserdem muss geprüft werden, ob und in welchem Umfang Ressourcen oder externe Hilfe für bestimmte Aufgabenbereiche notwendig sind. Für einen erfolgreichen Projektverlauf empfiehlt es sich zudem, Kompetenzen, Verantwortlichkeiten und Kriterien zur Erfolgskontrolle im Vorhinein zu definieren.[80]

4. Strukturierte Beteiligung der Öffentlichkeit

Aus der erstellen Analyse über die relevanten Akteure und Themenfelder der potenziellen Möglichkeiten der Planung werden geeignete Formate für eine frühe Öffentlichkeitsbeteiligung abgeleitet. Für die Ausgestaltung eines Dialogs ist die Anzahl der Akteure, deren Bereitschaft zur Organisation und deren mitgebrachtes Wissen entscheidend. Je nachdem für welches Format der Öffentlichkeitsbeteiligung (Information, Konsultation oder Mitgestaltung) sich die Projektleitung entscheidet, müssen unterschiedliche Dialogformate und Kommunikationsmass-

---

[78] KNORR/MÖLLER/SCHULZ, 5.
[79] KNORR/MÖLLER/SCHULZ, 5.
[80] KNORR/MÖLLER/SCHULZ, 6.

nahmen ergriffen werden. Abschliessend werden die entsprechenden Inhalte, Prozessfortschritte und Bewertungskriterien formuliert.[81]

5. Begleitung während der Bau- und Umsetzungsphase

Während der Bauphase und der Realisierung des Projekts sollte das erworbene Vertrauen weiterhin vertieft werden und der bestehende Kontakt zur Öffentlichkeit zur Lösung aufkommender Probleme genutzt werden. Oft kommt es dabei vor, dass zwischen dem Genehmigungsverfahren und der eigentlichen Bauphase ein längerer Zeitraum zu überbrücken ist, in welchem für die Öffentlichkeit nichts oder nur wenig Sichtbares passiert. Dafür rückt das Infrastrukturprojekt zu Beginn des Baus stärker in den Wahrnehmungsbereich der Öffentlichkeit und wird nochmals kritisch von Anwohner*innen, Passant*innen und Pendler*innen bewertet. Vielen wird die Existenz des Projektes auch erst in dieser Phase der Entstehung das erste Mal bewusst, weshalb hier die kontinuierliche Kommunikation und die Medienarbeit weitergeführt werden sollten. Die dabei geleistete Vorarbeit und das bereits bestehende Vertrauensverhältnis zahlen sich in diesem Stadium des Projekts besonders dann aus, wenn etwaige Risiken oder Krisen während des Baus zu bewältigen sind, da in kritischen Situationen auf dieser Basis aufgebaut werden kann.[82]

C. Vision internationaler Zusammenarbeit

Die Grenzregionen in Europa sind ein Musterbeispiel für die grenzüberschreitende Zusammenarbeit. Mehr als 30% der europäischen Bevölkerung lebt in Grenzregionen und über 40% des europäischen Territoriums sind Grenzregionen, u.a. auch urbane Gebiete, in denen zahlreiche Grenzbewohner leben. Diese Regionen sind durch gegenseitige Abhängigkeit der Nachbarregionen gekennzeichnet, sei es durch Grenzgänger*innen, Handel, Energie oder Gesundheit. Der Grossteil der grenzüberschreitenden ökonomischen, beruflichen und sozialen Mobilität findet in diesen Gebieten statt, in welchen sich die Regeln des EU-Binnenmarktes bis jetzt gut bewährt haben. Zum aktuellen Zeitpunkt bestehen aber verschiedene rechtliche und administrative Hindernisse, welche die internationale räumliche Entwicklung behindern. Zum einen sind die Transaktionskosten von grenzüberschreitenden Aktivitäten im nationalen Vergleich deutlich erhöht. Dieser Um-

---

[81] KNORR/MÖLLER/SCHULZ, 7.
[82] KNORR/MÖLLER/SCHULZ, 7.

stand führt wiederum zu einem Verlust des europäischen BIP in der Höhe von 3%. Durch einen vollständigen Abbau dieser Hindernisse könnte ein Wachstumsschub von EUR 485 Mrd. sowie 8 Mio. neue Arbeitsplätze in den Grenzregionen generiert werden.[83]

Hinzu kommt, dass grenzüberschreitende Einrichtungen, trotz der Bemühungen der EU seit der Luxemburger Präsidentschaft 2015 mit der Realisierung der Cross Border Review 2015–2017, oft über keine belastbaren Entscheidungs- und Umsetzungskompetenz verfügen. Die Blockade des EU-Gesetzesentwurfs zum ECBM zeigt wiederum, dass grenzüberschreitende Einrichtungen auf die Mitwirkung und Gestaltung von nationalen Regelungen für Grenzräume wenig bis gar keinen Einfluss haben.[84]

Durch die Corona-Pandemie wurde erneut klar, wie fragil die grenzüberschreitende Zusammenarbeit trotz jahrzehntelanger Bemühungen immer noch ist. Durch die Grenzschliessungen und den damit verbundenen Personenkontrollen wurden die grenzüberschreitenden Mobilitätsströme praktisch über Nacht unterbrochen. Aufgrund der mangelnden Abstimmung der grenzüberschreitenden Krisenbekämpfung waren diese Massnahmen teils unverhältnismässig und führten zu kontraproduktiven und zu unterschiedlichen Regelungen an den Grenzen. Schliessungen des Einzelhandels führten teilweise zu einem enormen Anstieg der Grenzströme und Grenzgänger*innen wurden wiederum mit den national unterschiedlichen Massnahmen und Einreise- und Quarantänebestimmungen konfrontiert, was zu vielen Unsicherheiten geführt hat.[85] Die Abhängigkeit von Grenzgänger*innen besonders im Gesundheits- und Pflegesektor wurde während der Pandemie abermals deutlich.[86] Durch die Pandemie wurde das Bedürfnis nach grenzüberschreitendem Home-Office vor allem bei Grenzgänger*innen in vielen Ländern bestärkt. Trotz technischer Möglichkeiten bestehen hier immer noch er-

---

[83] Manifest zur Zukunft der grenzüberschreitenden Zusammenarbeit in Europa, Okt. 2021, https://www.euroinstitut.org/fileadmin/user_upload/01_News/2021/ManifestD.pdf S. 1 (Abruf 19.05.2022).
[84] Manifest zur Zukunft der grenzüberschreitenden Zusammenarbeit in Europa, Okt. 2021, https://www.euroinstitut.org/fileadmin/user_upload/01_News/2021/ManifestD.pdf S.1 (Abruf 19.05.2022).
[85] Manifest zur Zukunft der grenzüberschreitenden Zusammenarbeit in Europa, Okt. 2021, https://www.euroinstitut.org/fileadmin/user_upload/01_News/2021/ManifestD.pdf S. 2 (Abruf 19.05.2022).
[86] Manifest zur Zukunft der grenzüberschreitenden Zusammenarbeit in Europa, Okt. 2021, https://www.euroinstitut.org/fileadmin/user_upload/01_News/2021/ManifestD.pdf S. 2 (Abruf 19.05.2022).

hebliche sozialversicherungsrechtliche und steuerliche Hemmnisse.[87] Erstrebenswert ist es für die Zukunft, gegenseitig die Abschlüsse der beruflichen und akademischen Bildung sowie die technischen Standards, insbesondere im Bereich der öffentlichen Dienstleistungen anzuerkennen.[88] Rechtliche und administrative Hindernisse könnten durch eine integrierte grenzüberschreitende Mehrebenen-Governance abgebaut werden.[89] So könnte man durch mehr Annäherungen der regulatorischen Rahmenbedingungen mehr Flexibilität für gegenseitige Vereinbarungen schaffen.[90] Durch den Ausbau leistungsfähiger grenzüberschreitender Governance-Strukturen mit verbindlichen Trägerfunktionen für grenzüberschreitende Daueraufgaben könnte die internationale Zusammenarbeit weiter gestärkt werden.[91]

D. Management, Steuerung und Koordination

Governance-Formen folgen grundsätzlich der Logik, dass die verschiedenen Akteure als Persönlichkeiten agieren und kooperieren, und dass Governance-Muster auf Konventionen, Traditionen und vereinbarten Regeln basieren und sich im Kontext von bestehenden Institutionen bewegen müssen. Gesteuert wird ein Projekt über den durch gemeinsame Überzeugung gewonnenen Konsens, der eine natürliche Selbstbindung erzeugt. Dabei kann jede beteiligte Partei jederzeit aussteigen.[92]

---

[87] Schweizerische Bankiervereinigung – Grenzgängerinnen und Grenzgänger im Home Office: Was kommt nach der Pandemie? https://www.swissbanking.ch/de/medien/news/grenzgaengerinnen-und-grenzgaenger-im-home-office-was-kommt-nach-der-pandemie (Abruf 18.05.2022).

[88] Manifest zur Zukunft der grenzüberschreitenden Zusammenarbeit in Europa, Okt. 2021, https://www.euroinstitut.org/fileadmin/user_upload/01_News/2021/ManifestD.pdf S. 3 (Abruf 19.05.2022).

[89] Manifest zur Zukunft der grenzüberschreitenden Zusammenarbeit in Europa, Okt. 2021, https://www.euroinstitut.org/fileadmin/user_upload/01_News/2021/ManifestD.pdf S. 5 (Abruf 19.05.2022).

[90] Europäische Kommission – «Beseitigung von Hindernissen in Grenzregionen» April 2016, https://www.interreg.net/downloads/overcoming_obstacles_de.pdf S. 19 (Abruf 17.05.2022)

[91] Manifest zur Zukunft der grenzüberschreitenden Zusammenarbeit in Europa, Okt. 2021, https://www.euroinstitut.org/fileadmin/user_upload/01_News/2021/ManifestD.pdf S. 4 ff. (Abruf 19.05.2022)

[92] FÜRST, 96.

1. Schwache Konfliktregelungskapazität

Netzwerke und Organisationen, die auf Freiwilligkeit und Konsens beruhen, sind im Allgemeinen wenig konfliktfähig. Diese schwache Konfliktregelungsfähigkeit wird zum einen dadurch begünstigt, dass sie Entscheidungen zulasten Dritter treffen. Andererseits führt kollektives Handeln dazu, dass Verantwortlichkeiten verwässern. Die beteiligten Parteien verlassen sich aufgrund der Tatsache, dass alle Beteiligten die gleiche Verantwortlichkeit innehaben, vermehrt auf das Handeln der jeweils anderen Parteien und nehmen daher ihre eigene Verantwortlichkeitspflicht nicht mehr genügend wahr. Denn da alle verantwortlich sind, fühlt sich keiner verantwortlich.[93]

Bei «Regional Governance» muss deshalb mit einer gewissen Eigendynamik gerechnet werden. Wenn die vorhandenen Governance-Muster in der Lage sind, an den Institutionen vorbei Probleme zu bearbeiten, werden sie auch öfter genutzt. Die Akteure und Partner der grenzüberschreitenden Governance sollten erst nach sorgfältiger Prüfung ausgewählt werden. Es gilt zu beachten, dass verschiedene Akteure auch die gleichen Interessen vertreten können und sich ihre Aktivitäten unter Umständen kumulieren können. Wenn ein kollektives Handeln von aussen eingefordert wird, sollte ein repräsentatives Verfahren für die Auswahl der Akteure bevorzugt werden.[94]

2. Institutionalisierungszwang

Die Frage der Institution durchzieht die ganze Diskussion betreffend die grenzüberschreitende Governance. Insbesondere betrifft dies die Einbindung in den bestehenden Institutionsrahmen und legitimatorische Strukturen sowie die kollektiven Interaktionsbeziehungen. Dadurch, dass die Mitwirkenden nicht immer über die notwendigen Ressourcen und Institutionen verfügen, bedarf es eines Prozesses der «Mehrebenen-Governance», bei welchem Verhandlungen und Verträge eine zentrale Rolle spielen. Die beteiligten Parteien sowie die verschiedenen Interessen von planendem Netzwerk sowie umsetzender Organisation müssen koordiniert werden.[95]

Im Allgemeinen ist eine wenig institutionalisierte Organisationsform, wie bspw. ein Verein (oft durch einen ehrenamtlichen Vorstand geleitet) für die Stärkung

---

[93] FÜRST, 97 ff.
[94] FÜRST, 97 ff.
[95] FÜRST, 100.

und Entwicklung eines internationalen Netzwerkes nur bedingt geeignet, weil die Mitglieder dadurch nur relativ unverbindlich involviert sind und zwischen den verschiedenen Netzwerkpartnern nicht ausreichend differenziert werden kann. Es ist wichtig, dass die entscheidenden Gremien für die Ausübung ihrer Aufgaben genügend Kompetenz und, wenn möglich, ausreichend Ressourcen erhalten.[96]

3. Legitimationsfrage

Grenzüberschreitender Governance fehlt die förmliche Legitimation sowie institutionalisierte Entscheidungsstrukturen. Eine fehlende Legitimation kann dabei Governance-Formen dauerhaft diskreditieren, vor allem wenn sich in der öffentlichen Meinung eine gewisse Vorstellung zum Nachteil des internationalen Infrastrukturprojekts festsetzt.[97] Die Legitimation kann sowohl durch Akzeptanz der Ergebnisse als auch durch Mitwirkung an den Ergebnissen gebildet werden. Dabei wird zwischen outputorientierter Legitimation und inputorientierter Legitimation unterschieden. Die outputorientierte Legitimation zeichnet sich dadurch aus, dass die Bevölkerung das Entscheidungssystem toleriert, solange es ihren Wünschen entspricht. Inputorientierte Legitimation definiert sich durch den Umstand, dass die von der Entscheidung Betroffenen an der Entscheidung mitwirken können und so die Entscheidung legitimiert wird. Moderne Demokratien zeichnen sich durch eine Mischung dieser beiden Aspekte aus. Es wird jedoch problematisch, wenn die Verhandlungssysteme von Repräsentant*innen und Organisationen beherrscht werden. In solchen Fällen ist es wichtig, dass die Organisationen selbst demokratisch gesteuert werden. Ziel ist es dabei, konstitutionelle, demokratische self-governing Verbände anstelle von top-down Bürokratien zu erschaffen.[98]

4. Konsens vs. Innovationsfähigkeit

Konsens spielt folglich bei grenzüberschreitender Governance eine entscheidende Rolle. Dieser Konsens kann jedoch auch negative Auswirkungen haben und zu einer Minderung der Innovationsfähigkeit beitragen oder auch die Steuerung einschränken. Konsenszwänge verstärken in der Regel den Einfluss des «Langsamsten» und begünstigen dadurch eher den Status quo als die Verände-

---

[96] STALDER, 320.
[97] FÜRST, 100.
[98] FÜRST, 100.

rung. Dem kann durch ein proaktives Management der Selbststeuerung entgegengewirkt werden.[99]

E. Kommunikation und Organisation

1. Bürgerbeteiligung

Um das bereits erwähnte Beteiligungsparadoxon zu umgehen, sollte eine Aktivierung der Bürger*innen in einer frühen Phase eins Projekts geschehen. Darüber hinaus sollte die kontinuierliche Information über den Verfahrensstand von Transparenz und Offenheit ggü. den Bürger*innen gekennzeichnet sein. Beachtet werden muss zudem, dass das Element der offenen Kommunikation nicht nur Befürworter*innen, sondern auch Kritiker*innen ein Gehör bietet. Die Abstände zwischen den Verfahrensschritten sowie die laufenden Planungs- und Entscheidungsprozesse nehmen sehr viel Zeit in Anspruch. Deshalb gilt es, eine kontinuierliche, transparente und nachvollziehbare Kommunikation ggü. den Beteiligten zu gewährleisten.[100]

2. Herausforderung der Bürgerbeteiligung

Grundsätzlich gilt, je anspruchsvoller die Beteiligungsform, desto höher sind die zu erwartenden sozialen Hürden. Darum ist es entscheidend, den politischen Gestaltungsauftrag der Bevölkerung durch verschiedene Formen zugänglich zu machen. Im Bereich der Organisation muss zwingend darauf geachtet werden, dass alle Bevölkerungsschichten abgedeckt werden, damit ein ganzheitliches Bild der unterschiedlichen Interessen vorliegt, worauf anschliessend die Kommunikation aufgebaut werden kann. Sonst drohen Projekte dieser Art nur von Personen beeinflusst zu werden, die sich sowieso schon gesellschaftlich oder politisch engagieren.[101]

3. Rolle der Medien in der Gesellschaft

Im Kommunikationssystem mit der Öffentlichkeit kommt den Medien eine Informationsfunktion zu. Diese beinhaltet wiederum verschiedenste politische, soziale und ökonomische Funktionen. Dabei ist insbesondere die politische Funktion bei grenzüberschreitenden Infrastrukturprojekten durch ihre Kritik- und Kontrollfunk-

---

[99] FÜRST, 102.
[100] FRAHM/RAHEBI, 41.
[101] ROTH, 60.

tion entscheidend.¹⁰² Durch den Einsatz von sozialen Medien ist die öffentliche Kommunikation um ein Vielfaches schneller, persönlicher und emotionaler geworden. Dieser Umstand birgt gewisse Risiken, mit dem richtigen Umgang aber auch grosse Chancen.¹⁰³

IX. Das geplante Infrastrukturprojekt

Die Betrachtung der verschiedenen Möglichkeiten der Governance bei der internationalen Zusammenarbeit wird in der vorliegenden Arbeit anhand eines fiktiven Infrastrukturprojekts dargestellt. Der Landkreis Lörrach in Deutschland und die Kantone Basel-Landschaft sowie Basel-Stadt in der Schweiz beabsichtigen, die nachhaltige Stromproduktion durch Wasserkraftwerke auf dem Rhein zu fördern. Dafür soll eine gemeinsame Stelle mit dem Namen «LöBa» geschaffen werden, welche mit der Planung und Durchführung dieser Wasserkraftwerkprojekte auf dem Rhein beauftragt werden soll. In dieser Arbeit werden daher drei mögliche Optionen des Zusammenschlusses des Landkreises Lörrach und der beiden Basler Halbkantone genauer betrachtet und am Ende wird eine Handlungsempfehlung abgegeben. Namentlich werden die Möglichkeiten der Gründung eines EVTZ, eines Vereins nach Schweizer Recht und eines grenzüberschreitenden örtlichen Zweckverbands betrachtet. Der Sitz der gemeinsamen Einrichtung soll im Kanton Basel-Landschaft sein.

X. Möglichkeit der Gründung eines EVTZ

Ausgeschrieben bedeutet EVTZ «Europäischer Verbund zur territorialen Zusammenarbeit».¹⁰⁴ Das Ziel des EVTZ ist es, in Tätigkeits- und Dienstleistungsbereichen die gemeinsamen Interessen und die Kooperation auf internationaler Ebene zu fördern.¹⁰⁵ Die Aufgaben eines EVTZ sollen sich insbesondere auf die Bereiche der Definition, Förderung und Umsetzung von Projekten fokussieren.¹⁰⁶ Hierzu gibt es die EVTZ-VO, welche am 5. Juli 2006 eingeführt wurde. Es muss jedoch diesbezüglich beachtet werden, dass es sich bei dieser Verordnung lediglich um ein sogenanntes «fakultatives Rahmenwerkzeug mit sekundarrechtlichen Rege-

---

[102] BENTELE, 75.
[103] BENTELE, 81.
[104] PECHSTEIN/DEJA, 357.
[105] OBWEXER/HAPPACHER, 80.
[106] OBWEXER/HAPPACHER, 80.

lungen für die grenzüberschreitende Zusammenarbeit von Gebietskörperschaften in verschieden Staaten» handelt.[107] Grundsätzlich gilt folglich die Annahme, dass die Ausgestaltung eines EVTZ in die Zuständigkeitsbereiche der Mitgliedstaaten fällt.[108] Wirkung entfaltet diese Verordnung seit dem 1. August 2007.[109]

A. Rechtliche Grundlagen eines EVTZ

Die EVTZ-VO gibt die Rahmenbedingungen für die Errichtung und die Aufgaben bzw. Tätigkeiten eines EVTZ vor. In der Regel sind die Bestimmungen der Verordnung unmittelbar anwendbar. Hierbei gibt es jedoch Ausnahmen betreffend der Gründung gemäss Art. 4 EVTZ-VO, die Kontrolle der Verwaltung öffentlicher Mittel gemäss Art. 6 EVTZ-VO und die Auflösung des Verbunds gemäss Art. 14 EVTZ-VO. Unter anderem bei diesen Bestimmungen bedarf es einer genaueren Ausarbeitung durch die potenziellen Mitglieder.[110] In der Verordnung gibt es eine Vielzahl von Verweisen auf das dafür jeweils anwendbare, innerstaatliche Recht. Grundsätzlich gilt, dass das Recht des Staates Anwendung findet, in welchem der EVTZ gelegen ist.[111] Bei einem EVTZ ist folglich die Sitzbestimmung von erheblicher Bedeutung. Durch den Sitz wird definiert, welches innerstaatliche Recht bei der Konsultation der auslegungs- und ergänzungsbedürftigen EVTZ-VO zur Anwendung kommt. Das Sitzstaatsrecht kommt schliesslich überall dort zur Anwendung, wo die Verordnung darauf verweist oder bei Fragen, auf welche die Satzung oder die Übereinkunft keine Informationen liefern.[112]

Die Gründung eines EVTZ erfolgt durch eine Übereinkunft der Mitglieder gemäss Art. 8 EVTZ-VO und einer gemeinsamen Satzung gemäss Art. 9 EVTZ-VO.[113] Für die Gründung ist eines der wichtigsten Kriterien die Einigkeit der Mitglieder über die Aufgabenbereiche, welche der EVTZ übernehmen soll.[114] Wenn sich die Mitglieder einig sind, teilen Sie dies ihrem jeweiligen Mitgliedstaat mit und dieser genehmigt wiederum unter Einhaltung der innerstaatlichen Regelungen die Teilnahme am EVTZ.[115]

---

[107] PECHSTEIN/DEJA, 357.
[108] OBWEXER/HAPPACHER, 81.
[109] OBWEXER/HAPPACHER, 82.
[110] OBWEXER/HAPPACHER, 82.
[111] PECHSTEIN/DEJA, 358.
[112] PECHSTEIN/DEJA, 372.
[113] OBWEXER/HAPPACHER, 83.
[114] PECHSTEIN/DEJA, 358.
[115] Art. 4 EVTZ-VO.

Der Verbund hat eine eigene Rechtspersönlichkeit. Diese wird durch die Registrierung und die Veröffentlichung der Satzung im Sitzstaat des EVTZ begründet.[116] Dies erfolgt wiederum gemäss den jeweils geltenden innerstaatlichen Regelungen und Vorgängen des Sitzstaates.[117] Durch die Rechtspersönlichkeit eines EVTZ kann die Entwicklung der beteiligten Regionen von Grund auf besser ausgestaltet werden und auch eine stärkere Position einer grenzüberschreitenden Einrichtung in gewissen Regionen geschaffen werden. Durch den EVTZ wird auch ein einheitlicher Rahmen für die Verwaltung von Projekten geschaffen und es wird durch einen gemeinsamen Verbund eine bessere und sicherere Zusammenarbeit zwischen den Mitgliedern erreicht.[118]

Der EVTZ hat die Rechte, welche juristischen Personen gemäss dem jeweigen innerstaatlichen Recht der Mitglieder zukommen.[119] Hier gilt es zu erwähnen, dass der Verbund Vermögen erwerben und veräussern, Personal einstellen und auch vor Gericht als Partei auftreten kann.[120] Dementsprechend hat der Verbund diese Befugnisse jedoch nur betreffend die ihm übertragenen Aufgaben.[121] Der EVTZ erhält eine sogenannte Einzelermächtigung und kann so im Rahmen seiner Aufgaben aktiv werden.[122] Die minimalen Anforderungen an diese Aufgaben sind in Art. 7 EVTZ-VO festgehalten. Für die Erfüllung müssen insbesondere die zwingenden Bestimmungen der Verordnung beachtet werden.[123] Ausserdem müssen die übertragenen Aufgaben in den Zuständigkeitsbereich der jeweiligen Mitglieder des Verbunds fallen. Dabei dürfen keine Aufgaben, die zur Wahrung der allgemeinen Interessen eines Staates dienen, übertragen werden. Hierzu müssen folglich die jeweiligen innerstaatlichen Rechtsquellen konsultiert werden.[124]

Wie bereits erwähnt, braucht es für die Gründung eines EVTZ zwingend eine Übereinkunft der Mitglieder. Diese bedarf für die Annahme der Einstimmigkeit. Zum Inhalt hat die Übereinkunft die Festlegung des Sitzes, die zu erfüllenden übertragenen Aufgaben, den territorialen Geltungsbereich des Verbunds, eine Auflistung der Mitglieder, die Festlegung des anwendbaren Rechts für die Durchsetzung und Auslegung der Übereinkunft, eine Vereinbarung über die gegen-

---

[116] OBWEXER/HAPPACHER, 83.
[117] Art. 5 Abs. 1 EVTZ-VO.
[118] PECHSTEIN/DEJA, 361.
[119] PECHSTEIN/DEJA, 357.
[120] OBWEXER/HAPPACHER, 83.
[121] PECHSTEIN/DEJA, 357.
[122] PECHSTEIN/DEJA, 362.
[123] OBWEXER/HAPPACHER, 84.
[124] PECHSTEIN/DEJA, 362.

seitige Anerkennung der Mitglieder und das Verfahren bzw. die Voraussetzungen für Änderungen des Inhalts der Übereinkunft.[125]

Weiter bedarf es für die Gründung die Annahme der auf der Grundlage der Übereinkunft ausgebreiteten Verbandssatzung durch sämtliche Mitglieder. Auch für diese Satzung gibt es gewisse Minimalanforderungen an den Inhalt. Insbesondere muss der Inhalt der bereits ausgearbeiteten Übereinkunft darin enthalten sein. Zudem braucht es Bestimmungen zur Arbeitsweise der Organe sowie der Besetzung der Positionen in diesen Organen durch die Mitglieder. Zudem gilt es, Regelungen betreffend das Entscheidungsverfahren, die Arbeitssprache, die Arbeitsweise, die Finanzbeiträge, die Haftung der Mitglieder und das Verfahren bei Satzungsänderung festzuhalten.[126] Aus organisatorischer Sicht braucht der EVTZ eine Versammlung aus Vertreter*innen seiner Mitglieder und eine*n Direktor*in, welche*r für den Verbund handelt und ihn auch gegen aussen vertritt. Mittels der Satzung können aber auch andere Organe im EVTZ vorgesehen werden.[127]

Betreffend die Haftung gilt es festzuhalten, dass gemäss Art. 12 EVTZ-VO grundsätzlich der Verbund auf Grund seiner Rechtspersönlichkeit für seine eigenen Schulden haftet. Sollten jedoch seine Mittel für die Schuldendeckung nicht ausreichend hoch sein, dann haften die jeweiligen Mitglieder des Verbunds. Wenn die Haftung eines Mitgliedes durch das innerstaatliche Recht jedoch beschränkt ist, dann können die anderen Mitglieder ihre Haftung durch eine Regelung in der Satzung ebenfalls entsprechend beschränken.[128]

Die Finanzierungsquellen werden in der Regel durch die Mitglieder selbst, die jeweiligen Sitzstaaten der Mitglieder und die EU bereitgestellt. Der EVTZ fasst diesbezüglich jährlich einen Haushaltsbeschluss.[129]

Die Ausgestaltung des EVTZ und die Modalitäten der Zusammenarbeit sind insgesamt sehr flexibel und können durch die Mitglieder mittels der Satzung oder durch die Übereinkunft festgelegt werden.[130] Ein grosser Vorteil des Verbunds ist es, dass mit einem EVTZ eine Grundlage für die politische Kommunikation zwischen den Mitgliedern geschaffen wird.[131]

---

[125] Art. 8 EVTZ-VO.
[126] Art. 9 Abs. 1 EVTZ-VO.
[127] OBWEXER/HAPPACHER, 84.
[128] Art. 12 EVTZ-VO.
[129] PECHSTEIN/DEJA, 357.
[130] PECHSTEIN/DEJA, 358.
[131] PECHSTEIN/DEJA, 361.

B. Ausgestaltung beim Infrastrukturprojekt «LöBa»

Am Beispiel unseres geplanten Infrastrukturprojekts würde die Errichtung eines solchen EVTZ wie folgt aussehen:

Wie bereits erwähnt, sollen der Landkreis Lörrach und die beiden Halbkantone Basel-Landschaft und Basel-Stadt die Mitglieder des Verbunds sein. Sofern zwischen den drei Gebietskörperschaften Einigkeit über die Gründung des EVTZ und die Übertragung der Aufgabe herrscht, namentlich die Planung und Durchführung von Wasserkraftwerken auf dem Rhein, steht der Gründung eines EVTZ grundsätzlich nichts im Wege. Wichtig ist es, betreffend die zu übertragende Aufgabe zu prüfen, ob diese in die Zuständigkeitsbereiche der Gebietskörperschaften fällt.

Weiter braucht es für die Gründung die Genehmigungen der Schweiz hinsichtlich der Mitgliedschaft der beiden Basler Halbkantone und Deutschlands hinsichtlich der Mitgliedschaft des Landkreises Lörrach.

Für die tatsächliche Errichtung des EVTZ braucht es eine Übereinkunft zwischen diesen Gebietskörperschaften. Hierzu gilt es, die nachstehenden Punkte zu regeln und in der Übereinkunft festzuhalten: Da der Sitz des Verbunds in der Schweiz, namentlich im Kanton Basel-Landschaft sein soll, hat auch das Schweizer Recht für die Auslegung und Durchsetzung der EVTZ-VO Anwendung zu finden. Zudem soll das Gebiet, auf welchem der EVTZ Wirkung entfalten kann, die gesamten territorialen Flächen des Kantons Basel-Landschaft, des Kantons Basel-Stadt und des Landkreises Lörrach umfassen. In der Übereinkunft muss zudem festgehalten werden, dass der EVTZ «LöBa» mit der Planung und Durchführung von Wasserkraftwerkprojekten betraut wird. Betreffend nachträglichen Änderungen in der Übereinkunft des EVTZ «LöBa» empfehlen wir, die Einstimmigkeit vorzusehen.

Weiter bedarf es wie gesagt einer Satzung für den EVTZ «LöBa». Es empfiehlt sich im vorliegenden Fall die Arbeitssprache in dieser Satzung auf Deutsch festzulegen, da diese den Amtssprachen der drei Gebietskörperschaften entspricht. Es sollen zudem die gemäss der EVTZ-VO vorgeschriebenen Organe vorhanden sein und die Sitze sollen darin jeweils gleichermassen auf die Mitglieder aufgeteilt werden. Jedem Sitz soll bei Entscheidungen bzw. Beschlüssen eine Stimme zukommen, um so die Parität zu wahren. Wir empfehlen für den EVTZ «LöBa» das absolute Mehr als Quorum für die Wirksamkeit des Entscheides zu definieren. Die Finanzierung des Verbunds soll durch Jahresbeiträge jedes Mitglieds erfolgen. Der Betrag muss in den Statuten fixiert werden. Im Rahmen dieser Arbeit ist es jedoch nicht möglich, einen genauen und aussagekräftigen Jahresbeitrag festzulegen, weshalb wir darauf verzichten. Es empfiehlt sich hier, Fachpersonen mit Erfahrungen in diesem Bereich zu konsultieren.

Betreffend die Arbeitsweise soll der EVTZ «LöBa» Angestellte haben, welche sich um die laufenden Geschäfte kümmern. Diese Position wird als fester Bestandteil in den Haushaltsplan aufgenommen.

Betreffend die Änderung der Satzung empfehlen wir, wiederum die gleichen Anforderungen wie bereits bei der Übereinkunft festzulegen. Folglich soll daher die Einstimmigkeit der Mitglieder für Satzungsänderungen festgehalten werden.

XI. Das Karlsruher Übereinkommen

Das Karlsruher Übereinkommen wurde 1996 geschlossen und trat am 1. September 1997 in Kraft.[132] Es handelt sich dabei um ein völkerrechtliches Instrument.[133] Grenzregionen erhalten durch das Übereinkommen einen erhöhten Spielraum, selbständig die Initiative für die Zusammenarbeiten mit den am Übereinkommen beteiligten Grenzgebieten zu ergreifen und gemeinsame Infrastrukturen zu errichten.[134] Namentlich stellt es die rechtliche Grundlage für den Abschluss von Kooperationsvereinbarungen zwischen den deutschen Bundesländern Baden-Württemberg, Rheinland-Pfalz und Saarland, den französischen Regionen Elsass und Lothringen, dem Staat Luxemburg und den Schweizer Halbkantonen Basel-Stadt und Basel-Landschaft, sowie den Kantonen Jura, Solothurn und Aargau dar.[135] Der persönliche Geltungsbereich des Übereinkommens lässt sich aus Art. 2 Abs. 1 KaÜ entnehmen.[136] Die Bestimmung legt für jeden Vertragsstaat die jeweiligen «Gebietskörperschaften und örtlichen öffentlichen Stellen» fest, die Teil einer Kooperationsvereinbarung sein können.[137]

Mit dem Karlsruher Übereinkommen wurde ein Regelwerk für die Gründung von Einrichtungen mit und ohne Rechtspersönlichkeit eingeführt. Im Folgenden wird in der vorliegenden Arbeit jedoch nur die Möglichkeit der Errichtung von solchen Einrichtungen mit Rechtspersönlichkeit betrachtet.

---

[132] ODENDAHL, N 44.
[133] ODENDAHL, N 43.
[134] ZELLWEGER/BÜHLER, N 12.
[135] Art. 2 Abs. I KaÜ; BRÄUTIGAM, 48 f.
[136] BRÄUTIGAM, 49.
[137] Art. 2 Abs. I KaÜ; BRÄUTIGAM, 49.

A. Die Kooperationsvereinbarung

Mittels Art. 3 Abs. 1 KaÜ wird lokalen Gebietskörperschaften das Recht erteilt, auf einer tieferen Stufe als der völkerrechtlichen Ebene gemeinsame Verträge zu schliessen.[138] Somit handelt es sich auch bei der Kooperationsvereinbarung nicht um einen völkerrechtlichen Vertrag, sondern um einen Vertrag, welcher auf kommunaler Ebene grenzüberschreitend zwischen Akteuren unterhalb der Staatsebene geschlossen wird. Weil das Völkerrecht in diesem Zusammenhang keine Anwendung findet, wird den Vertragsparteien durch Art. 4 KaÜ die Pflicht auferlegt, eine Rechtsordnung zu bestimmen, welche auf die Beziehung zwischen ihnen Anwendung finden soll. Die Kooperationsvereinbarung hat zudem schriftlich zu erfolgen und muss die Geltungsdauer und die Modalitäten für eine Beendigung des Vertrags beinhalten.[139]

Im Rahmen der Kooperationsvereinbarung bietet es sich an, nach Art. 3 Abs KaÜ die Absicht zur Gründung eines grenzüberschreitenden örtlichen Zweckverbands gemäss Art. 11 KaÜ oder zur Beteiligung von ausländischen Gebietskörperschaften an nationalen Einrichtungen gemäss Art. 10 KaÜ festzuhalten. Es handelt sich dabei um sogenannte Einrichtungen mit Rechtspersönlichkeit. Folglich können diese Einrichtungen selbständig Beschlüsse fassen.[140]

B. Möglichkeit der Gründung eines Vereins

Für die grenzüberschreitende Zusammenarbeit gibt es die Möglichkeit, im Rahmen des Karlsruher Übereinkommens und mittels der Kooperationsvereinbarung, die Gründung eines Vereins vorzusehen. Die Gründung und Ausgestaltung haben hier entsprechend den innerstaatlichen rechtlichen Regelungen zu erfolgen, in welchem der Verein seinen Sitz haben soll.[141]

Nachfolgend werden zuerst die rechtlichen Grundlagen für die Errichtung und Ausgestaltung eines solchen Vereins dargelegt und anschliessend auf das Infrastrukturprojekt angewendet. Da gemäss Sachverhalt entschieden wurde, dass der Verein seinen Sitz im Kanton Basel-Landschaft, also der Schweiz haben wird, werden nachstehend lediglich die Grundlagen des schweizerischen Rechts betrachtet.

---

[138] BRÄUTIGAM, 49.
[139] BRÄUTIGAM, 50.
[140] BRÄUTIGAM, 51 f.
[141] Art. 11 KaÜ.

1. Rechtliche Grundlagen des Vereins im Schweizer Recht

Ein Verein kann sowohl einen wirtschaftlichen als auch einen nicht-wirtschaftlichen Zweck verfolgen.[142] Bei einem wirtschaftlichen Zweck des Vereins wird den Mitgliedern ein geldwerter Vorteil geschaffen, während es sich bei einem nicht-wirtschaftlichen Zweck um einen Verein mit einer ideellen Tätigkeit, wie bspw. einer politischen[143], religiösen, wirtschaftlichen, künstlerischen oder wohltätigen Tätigkeit handelt. Wenn der Verein beabsichtigt, die wirtschaftlichen Bedürfnisse von Dritten zu verfolgen, welche nicht Mitglieder des Vereins sind, dann handelt es sich um einen nicht-wirtschaftlichen Zweck.[144]

Ein Verein mit einem wirtschaftlichen Zweck, welcher ein kaufmännisches Gewerbe betreibt, muss für die Gründung zwingend in das Handelsregister eingetragen werden.[145] Demgegenüber bedarf es bei einem Verein ohne wirtschaftlichen Zweck für die Errichtung grundsätzlich keiner Eintragung.[146] Jedoch besteht auch bei solchen Vereinen ein Rechtsanspruch auf die Eintragung.[147]

Für die Gründung muss der beabsichtigte Verein ausserdem Mitglieder vorweisen können.[148]

Die Gründer*innen eines Vereins können juristische und natürliche Personen sein, wobei beachtet werden muss, dass die Gründung nicht nur durch eine Person getätigt werden kann.[149] Die herrschende Lehre besagt, dass es für die Gründung mindestens zwei Personen, namentlich Gründungsmitglieder, braucht.[150] Die Mitgliedschaft begründet jedoch kein unmittelbares Rechtsverhältnis zwischen den Mitgliedern.[151] Durch eine Mitgliedschaft werden sogenannte «wohlerworbene Rechte» wie die Mitverwaltungsrechte, Benutzungsrechte oder Auskunftsrechte erworben.[152] Demgegenüber können Mitglieder auch sog. Sonderrecht haben, welche nur einzelnen Mitgliedern zu kommen.[153]

---

[142] BSK-SCHERRER/BRÄGGER, Art. 60 ZGB N 5.
[143] S. BGE 129 II 305; BSK-SCHERRER/BRÄGGER, Art. 60 ZGB N 4.
[144] BSK-SCHERRER/BRÄGGER, Art. 60 ZGB N 5.
[145] Art. 61 Abs. 2 Ziff. 2 ZGB; BSK-SCHERRER/BRÄGGER, Art. 60 ZGB N 7.
[146] BSK-SCHERRER/BRÄGGER, Art. 60 ZGB N 17.
[147] BSK-SCHERRER/BRÄGGER, Art. 61 ZGB N 9.
[148] BSK-SCHERRER/BRÄGGER, Art. 60 ZGB N 25.
[149] BSK-SCHERRER/BRÄGGER, Art. 60 ZGB N 28.
[150] BSK-SCHERRER/BRÄGGER, Art. 60 ZGB N 30.
[151] BSK-SCHERRER/BRÄGGER, Art. 70 ZGB N 4.
[152] BSK-SCHERRER/BRÄGGER, Art. 70 ZGB N 2 ff.
[153] BSK-SCHERRER/BRÄGGER, Art. 70 ZGB N 3.

Sind diese Voraussetzungen für die Gründung gegeben, dann erfolgt der eigentliche Gründungsvorgang. Dieser kann in zwei Phasen aufgeteilt werden. Bei der Gemeinschaft der Gründer*innen, welche die Vereinsgründung beabsichtigt, handelt es sich um eine einfache Gesellschaft nach Art. 530 OR. Wenn diese Gemeinschaft besteht und die Absicht zur Vereinsgründung vorhanden ist, dann erfolgt der sog. Gründungsvorgang im engeren Sinn. In dieser Phase werden die zwingend schriftlich[154] festgehaltenen Statuten ausgearbeitet. Weiter geben die Gründungsmitglieder ihre Absicht zur Vereinsmitgliedschaft ab und es wird die notwendige Organisation des Vereins festgelegt.[155]

Für die Errichtung des Vereins muss aus den Statuten der Wille, als Körperschaft zu bestehen, hervorgehen.[156] Zudem müssen die Statuten den Zweck des Vereins festhalten.[157] Eine Festlegung des Sitzes oder auch die Verwendung des Wortes «Verein» im Namen der Verbandsperson müssen nicht vorhanden sein, um die Gründung zu vollziehen.[158] Weiter müssen die Statuten Regelungen betreffend die Organe des Vereins beinhalten.[159] Gesetzlich wird hier ein Exekutivorgan bzw. ein Vorstand als zwingend vorhandenes Organ vorgeschrieben.[160] Wie dieses Organ bereitgestellt bzw. ausgestaltet wird, kann der Verein jedoch in seinen Statuten selbst festlegen.[161] So besteht auch die Möglichkeit, dass bestimmt wird, dass Sitze im Vorstand nicht ausschliesslich durch Wahlen besetzt werden, sondern u.U. mit der Ausübung eines bestimmten öffentlichen Amtes einhergehen.[162] Jedoch ist zu beachten, dass es je nach Wahl der Organisation zu unterschiedlichen Haftungsfolgen der Vorstandsmitglieder gegenüber Dritten kommen kann.[163] So haftet bspw. das Vorstandsmitglied gem. OR 398 ggü. dem Verein für die sorgfältige Geschäftsführung, was auch als sog. Vorstandshaftung bezeichnet werden kann.[164] Ob auch eine juristische Person die Möglichkeit hat, als Vorstandsmitglied aufzutreten, ist indes umstritten.[165] Der Vorstand ist sodann für die Geschäftsführung im sog. Kollegialsystem zuständig.[166] Mittels der Statuten

---

[154] BSK-SCHERRER/BRÄGGER, Art. 60 ZGB N 39.
[155] BSK-SCHERRER/BRÄGGER, Art. 60 ZGB N 37.
[156] Art. 60 Abs. 1 ZGB; BGE 108 II 6 E. 2; BSK-SCHERRER/BRÄGGER, Art. 60 ZGB N 19.
[157] BSK-SCHERRER/BRÄGGER, Art. 60 ZGB N 20.
[158] BSK-SCHERRER/BRÄGGER, Art. 60 ZGB N 22 f.
[159] BSK SCHERRER/BRÄGGER, Art. 60 ZGB N 24.
[160] BSK-SCHERRER/BRÄGGER, Art. 69 ZGB N 1.
[161] BSK-SCHERRER/BRÄGGER, Art. 69 ZGB N 2.
[162] BSK-SCHERRER/BRÄGGER, Art. 69 ZGB N 5.
[163] BSK-SCHERRER/BRÄGGER, Art. 69 ZGB N 20.
[164] BSK-SCHERRER/BRÄGGER, Art. 69 ZGB N 14.
[165] BSK-SCHERRER/BRÄGGER, Art. 69 ZGB N 7.
[166] BSK-SCHERRER/BRÄGGER, Art. 69 ZGB N 18.

kann ihm auch die Befugnis eingeräumt werden, einzelne Aufgaben an Ausschüsse, Kommissionen, Geschäftsstellen o.ä. zu übertragen.[167]

Weiter gibt es als Vereinsorgan die Vereinsversammlung, bei welcher die Mitglieder des Vereins zusammenkommen und die Vereinsbeschlüsse getroffen werden.[168] Wichtig ist, dass der Gegenstand des Beschlusses in den Tätigkeitsbereich des Vereins fallen muss. Ansonsten kann die Vereinsversammlung keinen Beschluss fassen.[169] Die Verfahrensordnung für die Beschlussfassung ist entweder Bestandteil der Statuten oder eines Geschäftsreglements und der Verein ist an diese Vorgaben gebunden.[170] Der Beschluss ist schliesslich in einem Beschlussprotokoll festzuhalten und er entfaltet Rechtswirksamkeit mit Abschluss der Versammlung, an welcher er getroffen wird.[171] Das Stimmrecht eines Vereinsmitglieds bei der Vereinsversammlung ist eines der wichtigsten Rechte.[172] Grundsätzlich sollte dabei jedem Mitglied eine Stimme zukommen. Dies ergibt sich aus dem sog. Stimmgleichheitsprinzip bzw. Paritätsprinzip. Es handelt sich dabei aber nicht um eine zwingende Vorschrift, weshalb auch eine andere Stimmrechtsverteilung in den Statuten vereinbart werden kann.[173]

Damit ein Beschluss zustande kommt, bedarf es, wenn in den Statuten nichts anderes vereinbart wurde, eines absoluten Mehrs.[174]

Zudem muss in den Vereinsstatuten die Grundlage für die Erhebung eines Mitgliedschaftsbeitrags festgehalten werden.[175] Sie dienen der Mittelbeschaffung, welche für die Erfüllung des festgelegten Zwecks verwendet werden.[176]

Betreffend die Haftung gilt es zu beachten, dass der Verein grundsätzlich nur mit seinem Vereinsvermögen für seine Schulden haftet.[177] Die Haftung der Vereinsmitglieder ggü. dem Verein kann jedoch in den Statuten frei ausgestaltet wer-

---

[167] Art. 716b Abs. 1 OR; BSK-Scherrer/Brägger, Art. 69 ZGB N 19.
[168] BSK-Scherrer/Brägger, Art. 66 ZGB N 1.
[169] BSK-Scherrer/Brägger, Art. 66 ZGB N 6.
[170] BSK-Scherrer/Brägger, Art. 66 ZGB N 9.
[171] BSK-Scherrer/Brägger, Art. 66 ZGB N 21 ff.
[172] BSK-Scherrer/Brägger, Art. 67 ZGB N 1.
[173] BSK-Scherrer/Brägger, Art. 67 ZGB N 4.
[174] BSK-Scherrer/Brägger, Art. 67 ZGB N 13.
[175] BSK-Scherrer/Brägger, Art. 71 ZGB N 4.
[176] BSK-Scherrer/Brägger, Art. 60 ZGB N 21 ff.
[177] BSK-Scherrer/Brägger, Art. 75a ZGB N 2.

den.[178] Ausserdem haben die Mitglieder eine Nachschusspflicht gemäss Art. 71 ZGB. Diese Pflicht gilt als Teil des Mitgliederbeitrags.[179]

2. Ausgestaltung beim Infrastrukturprojekt «LöBa»

Da der Sitz des Vereins in der Schweiz, genauer im Kanton Basel-Landschaft sein soll, findet für die Errichtung des Vereins das schweizerische Recht Anwendung. In einem ersten Schritt müssen die drei Gebietskörperschaften, namentlich die Halbkantone Basel-Landschaft und Basel-Stadt sowie der deutsche Landkreis Lörrach eine Kooperationsvereinbarung gemäss dem Karlsruher Übereinkommen schliessen. Darin müssen sie die Gründung des Vereins «LöBa» mit dem Zweck der Planung und Durchführung der Wasserkraftwerkprojekte auf dem Rhein sowie den Beitritt des Landkreises Lörrach zu diesem Verein nach dessen Gründung durch die Kantone Basel-Landschaft und Basel-Stadt vorsehen.

Anschliessend erfolgt die Gründung und Ausgestaltung des Vereins. Da der Verein «LöBa» nicht direkt geldwerte Vorteile erhält, bedarf es grundsätzlich keiner Eintragung in das Handelsregister für die Gründung. Unseres Erachtens ist es jedoch aus Gründen der Rechtssicherheit dennoch empfehlenswert, da der Verein einen grenzüberschreitenden Charakter hat und unter Umständen durch die Aufgabenerfüllung trotzdem einen wirtschaftlichen Zweck aufweisen könnte.

Die Gründungsmitglieder des Vereins sind der Kanton Basel-Landschaft und der Kanton Basel-Stadt. Wenn sich diese einig sind und folglich eine einfache Gesellschaft mit der Absicht zur Vereinsgründung darstellen, müssen die Statuten des Vereins ausgearbeitet werden. Inhalt der Statuten muss insbesondere der Zweck des Vereins sein, namentlich die Planung und Durchführung der Wasserkraftwerkprojekte auf dem Rhein. Problematisch ist hier, dass die Ausarbeitung gemäss der rechtlichen Grundlage in der Schweiz durch die Gründungsmitglieder erfolgt. Der Landkreis Lörrach wird jedoch auch ein Mitglied des Vereins sein, aber auf Grund dieser Tatsache, hat dieser keine Möglichkeit seine Positionen betreffend die Statutenausgestaltung zu vertreten. Unter Umständen ist es daher empfehlenswert, dem Landkreis Lörrach mittels der Kooperationsvereinbarung ein Mitspracherecht bei der Ausarbeitung der Statuten einzuräumen.

In den Statuten muss weiter die Organisation geregelt werden. Betreffend die Ausgestaltung der Organe sollen die Mitglieder des Vereins im Vorstand jeweils gleich viele Sitze innehaben.

---

[178] BSK-Scherrer/Brägger, Art. 75a ZGB N 3.
[179] BSK-Scherrer/Brägger, Art. 75a ZGB N 5.

Bei der Vereinsversammlung soll die Stimmverteilung gleichmässig auf alle Mitglieder verteilt werden, um so die Parität zwischen den Mitgliedern gewährleisten zu können. Weiter soll für einen Vereinsbeschluss das Quorum des absoluten Mehrs zur Anwendung kommen.

In den Statuten muss der Verein «LöBa» auch die Erhebung der Mitgliedsbeiträge regeln. Im Rahmen dieser Arbeit kann jedoch nicht ermittelt werden, wie hoch ein solcher sein sollte, um den Vereinszweck gehörig erfüllen zu können. Wir empfehlen hierzu die Konsultation von Fachexperten.

Wurde der Verein gegründet, so erfolgt die durch die Kooperationsvereinbarung geregelte Aufnahme des Landkreises Lörrach als Mitglied in den Verein. Der Landkreis erhält anschliessend die gemäss den Statuten festgelegten Rechte und Pflichten auferlegt.

C. Möglichkeit der Gründung eines grenzüberschreitenden örtlichen Zweckverbands

Grundlage für die Errichtung eines solchen grenzüberschreitenden örtlichen Zweckverbands ist wiederum das Karlsruher Übereinkommen. Er wird in einer Kooperationsvereinbarung zwischen kommunalen Verwaltungsträgern aus unterschiedlichen Staaten vorgesehen. Es handelt sich bei einem solchen grenzüberschreitenden örtlichen Zweckverband um eine rechtsfähige juristische Person des öffentlichen Rechts.[180]

1. Rechtliche Grundlagen des grenzüberschreitenden örtlichen Zweckverbands

Für die Gründung eines grenzüberschreitenden örtlichen Zweckverbands muss in einem ersten Schritt ein sog. Gründungsbeschluss getroffen werden.[181] Hierfür braucht es neben einer Kooperationsvereinbarung auch eine Satzung für den Zweckverband.[182] Wo dies im innerstaatlichen Recht vorgesehen ist, bedarf es für die Gründung nach dem Gründungsbeschluss zudem einer Genehmigung durch die jeweilig zuständige innerstaatliche Stelle der Mitglieder des Zweckver-

---

[180] BRÄUTIGAM, 67.
[181] BRÄUTIGAM, 76.
[182] BRÄUTIGAM, 76.

bands.[183] Dies ergibt sich aus Art. 8 Abs. 2 KaÜ. So erhält der Verband auch seine Rechts- und Parteifähigkeit.[184]

Die Gründung eines grenzüberschreitenden örtlichen Zweckverbands muss zuerst in der Kooperationsvereinbarung zwischen den Mitgliedern vorgesehen werden. In der Satzung müssen anschliessend die nachstehenden inhaltlichen Anforderungen gemäss Art. 12 Abs. 2 KaÜ geregelt werden:[185]

Namentlich gibt es zum einen allgemeine Regelungen, wie die Angaben über die Mitglieder, die Ziele und Aufgaben des Zweckverbands, die Haftung der Mitglieder, das Verbandsgebiet und den Sitz des Zweckverbands. Anschliessend müssen Inhaltspunkte betreffend die Funktionsweise des grenzüberschreitenden örtlichen Zweckverbands enthalten sein. Dabei geht es insbesondere um die Organe und ihre Zuständigkeiten. Weiter werden Regelungen betreffend die Finanzen und schliesslich noch solche betreffend Veränderungen im Zweckverband in die Satzung aufgenommen.[186]

Zu den zwingenden Organen bei einem grenzüberschreitenden örtlichen Zweckverband gehört die Verbandsversammlung. Weiter müssen der*die Verbandsvorsitzende und dessen*deren Stellvertreter*in bestimmt werden.[187] Die Verbandsversammlung ist für die Angelegenheiten, die sich aus dem Verbandszweck ergeben, zuständig. Sie hat eine sog. Doppelfunktion und ist sowohl Mitgliederversammlung als auch das Beschlussorgan. Folglich ist sie das Hauptorgan des grenzüberschreitenden örtlichen Zweckverbands.[188] Betreffend die Sitz- und Stimmverteilung der Mitglieder der Verbandsversammlung muss beachtet werden, dass keines der Mitglieder die Mehrheit der Sitze haben darf. Die Parität der Mitglieder muss gewahrt werden.[189]

Der*die Verbandsvorsitzende ist wiederum mit der Umsetzung der Entscheidungen der Verbandsversammlung betraut. In der Praxis trifft er*sie aber auch Entscheidungen betreffend die laufenden Geschäfte des Zweckverbands. Dies wiederum bedeutet, dass die Verbandsversammlung lediglich die Entscheidungen über wichtige Angelegenheiten trifft.[190] Die Organe sind jedoch nicht abschlies-

---

[183] Bräutigam, 84 ff.
[184] Bräutigam, 85.
[185] Bräutigam, 127 ff.
[186] Bräutigam, 128.
[187] Bräutigam, 130.
[188] Bräutigam, 130 f.
[189] Bräutigam, 133.
[190] Bräutigam, 130 f.

send und es können weitere fakultative Organe vorgesehen und errichtet werden, welche nicht explizit im Karlsruher Übereinkommen vorgesehen sind. Dabei gilt es zu beachten, dass diese fakultativen Organe mit den innerstaatlichen Regelungen aller Mitglieder des Zweckverbands vereinbar sein müssen.[191]

Damit der Zweckverband die laufenden Geschäfte tätigen kann, bietet es sich zudem an, dass der*die Verbandsvorsitzende Verwaltungsangestellte mit den laufenden Tätigkeiten beauftragt.[192]

Die Finanzierung des grenzüberschreitenden örtlichen Zweckverbands erfolgt in der Regel durch die Beiträge der Mitglieder und durch Einnahmen, welche aus den durch den Verband erbrachten Dienstleistungen resultieren. Unter Umständen können die Finanzmittel auch aus Darlehen und nationalen bzw. internationalen Fördermitteln stammen. Dabei ist es möglich, die Finanzkraft der einzelnen Mitglieder bei der Verteilung der Kostentragung zu berücksichtigen. Weiter ist in diesem Zusammenhang zu erwähnen, dass der Zweckverband selbst für seine eigene Haushaltsführung zuständig ist.[193]

Betreffend die Veränderung der Satzung legt das Karlsruher Übereinkommen eine Minimalvorgabe fest. Namentlich ist mindestens die qualifizierte Mehrheit erforderlich, um die Satzung abzuändern. Da dies aber lediglich Minimalvorgaben sind, besteht auch die Möglichkeit in der Satzung ein anderes, höheres Quorum für die Änderung vorzusehen.[194]

Es ist nicht abschliessend geklärt, ob es sich bei den Dokumenten der Kooperationsvereinbarung und der Satzung, welche für den Gründungsbeschluss notwendig sind, um zwei eigenständige Dokumente handelt. Weiter kann nicht abschliessend gesagt werden, ob die beiden Dokumente in separaten Schritten unterzeichnet bzw. genehmigt werden können, oder ob dies gleichzeitig zu erfolgen hat, um den Gründungsbeschluss fällen zu können. Das Karlsruher Übereinkommen äussert sich diesbezüglich nicht. Es müssen folglich die innerstaatlichen Rechtsgrundlagen für die Auslegung betrachtet werden.[195]

---

[191] BRÄUTIGAM, 137.
[192] BRÄUTIGAM, 138.
[193] BRÄUTIGAM, 138 ff.
[194] BRÄUTIGAM, 143.
[195] BRÄUTIGAM, 105.

2. Ausgestaltung beim Infrastrukturprojekt «LöBa»

Auch für die Gründung eines grenzüberschreitenden örtlichen Zweckverbands braucht es wie bereits erwähnt eine Kooperationsvereinbarung zwischen den Kantonen Basel-Landschaft und Basel-Stadt sowie dem Landkreis Lörrach. Die drei Gebietskörperschaften müssen darin die Absicht zur Gründung eines grenzüberschreitenden örtlichen Zweckverbands festlegen. Weiter müssen sie eine Satzung ausarbeiten, damit der Gründungsbeschluss zustande kommt. Mit der Genehmigung durch den Regierungsrat des Kantons Basel-Landschaft, weil in diesem Kanton der Sitz des Zweckverbands «LöBa» sein soll, wird dem Zweckverband die Rechtspersönlichkeit verliehen.[196]

Betreffend die Verbandsversammlung empfehlen wir eine gleiche Verteilung der Sitze an die drei Mitglieder. Weiter soll jedem Sitz jeweils eine Stimme zukommen, um so die Parität gewährleisten zu können. Betreffend die Beschlussfassung ist es empfehlenswert, beim Zweckverband «LöBa» das Quorum des absoluten Mehrs in der Satzung zu definieren.

Betreffend die Mitgliederbeiträge, welche auch in der Satzung des grenzüberschreitenden örtlichen Zweckverbands festgehalten werden müssen, können wir wiederum keine genauen Angaben tätigen. Es bietet sich diesbezüglich die Konsultation von Fachpersonen an.

Für Änderungen in der Satzung empfiehlt es sich, aus Gründen der Rechtssicherheit von der Vorgabe des qualifizierten Mehrs abzuweichen und Einstimmigkeit vorzusehen.

XII. Handlungsempfehlung

Nach diesen Ausführungen zu den von uns gewählten drei Möglichkeiten für die Zusammenarbeit zwischen den Kantonen Basel-Landschaft und Basel-Stadt sowie dem Landkreis Lörrach können wir festhalten, dass alle drei Möglichkeiten ihre Daseinsberechtigung haben. Aufgrund der umfangreicheren Regelungen im Karlsruher Übereinkommen im Vergleich zu der EVTZ-Verordnung und folglich einer geringeren Anzahl Verweise auf das Recht des Sitzstaates der Einrichtung, würden wir die Errichtung einer Einrichtung nach dem Karlsruher Übereinkommen jedoch stärker befürworten. Eine Anwendung des Schweizer Rechts auf eine grenzüberschreitende Einrichtung zwischen der Schweiz und Deutschland könnte insbeson-

---

[196] Bräutigam, 84 ff.

dere bei Letzterem zu Legitimationsproblemen führen. Das angewandte Recht ist in Deutschland unter Umständen nicht genügend legitimiert, um die Akzeptanz der grenzüberschreitenden Einrichtung zu gewährleisten. Das Karlsruher Übereinkommen hingegen ist durch alle Übereinkommenspartner legitimiert und so ist die Akzeptanz womöglich grösser.

Bei den im Rahmen des Karlsruher Übereinkommens dargestellten Möglichkeiten, namentlich die Gründung eines Vereins oder eines grenzüberschreitenden örtlichen Grenzverbands, ist unseres Erachtens Letzteres zu bevorzugen. Die Regelungen für die Gründung basieren auf dem gemeinsam geschlossenen Übereinkommen und es muss nicht primär auf die Rechtsquellen der Schweiz für die Gründung zurückgegriffen werden. Ausserdem ist es wie bereits erwähnt problematisch, dass der Landkreis Lörrach tatsächlich bei der Ausarbeitung der Vereinsstatuten einbezogen wird, da diese gemäss dem schweizerischen Zivilgesetzbuch durch die Gründungsmitglieder, namentlich den Kantonen Basel-Landschaft und Basel-Stadt, zu erfolgen hat. Unsere Handlungsempfehlung ist es folglich, einen grenzüberschreitenden örtlichen Zweckverband gemäss dem Karlsruher Übereinkommen zu gründen, um die grenzüberschreitende Zusammenarbeit zwischen dem Landkreis Lörrach und den beiden Halbkantonen Basel-Landschaft und Basel-Stadt zu vereinfachen, effizienter zu gestalten und insbesondere ausreichende Legitimation zu schaffen.

XIII. Schlusswort

Was sich schlussendlich eindeutig feststellen lässt, ist, dass grenzüberschreitende Zusammenarbeit ein unglaublich komplexes und vielschichtiges Phänomen darstellt. Die verschiedenen Ansätze von Governance, deren Umsetzungsmöglichkeiten und auch die rechtlichen Ausgestaltungsspielräume lassen erkennen, dass es sich auch im Beispiel von «LöBa» nicht um ein Projekt handelt, für das bereits eine fertige Anleitung vorhanden ist. Ganz im Gegenteil – verschiedene Akteure mit verschiedenen Zielvorstellungen, Herangehensweisen und Handlungslogiken, eingebettet in unterschiedliche politische und juristische Territorien, sollen in einem gemeinsamen Effort zusammenfinden.

Die Ausgestaltung der Governance ist hierbei richtungsweisend. Es ist essenziell, aus einem Sammelsurium von Ideen zu Governance-Ansätzen diejenigen zu wählen, die sich für das jeweilige Projekt auch wirklich eignen. Dabei ist nicht nur die institutionelle Zusammenarbeit von Gebietskörperschaften zu berücksichtigen, sondern auch, wie sich eine Organisation und deren Akteure zu weiteren Governance-Strukturen verhalten. Durch die vielseitige Vernetzung und Einbindung von

Akteuren ist auf mehreren Ebenen (multi level), in mehreren Fachbereichen und Sektoren (multi sector) grenzüberschreitend (cross border) ein Konsens zu finden. Die grenzüberschreitende Zusammenarbeit als Willensprojekt zählt somit auf das konstruktive Miteinander sämtlicher Beteiligten, um gemeinsam Chancen wahrzunehmen und Problemen zu begegnen.

Ein zielführendes Stakeholder-Management ist hierbei stark von Bedeutung. Interne und externe Anspruchsgruppen bedürfen einer frühzeitigen Einbindung in das vorliegende Projekt. Insbesondere der Kommunikation ist gebührend Rechnung zu tragen. Als wichtiger Stakeholder birgt v.a. die Öffentlichkeit Konfliktpotenzial. Dieses ist durch einen kohärenten und frühzeitigen Einbezug in das Projekt einzuschränken. Je nach Format der öffentlichen Beteiligung dienen verschiedenste Dialogformate der Konsensschaffung und -erhaltung und sollen somit das Beteiligungsparadoxon hemmen. Ebenfalls müssen Legitimationsfragen einer institutionellen Zusammenarbeit eingehend bedacht werden, wobei Akzeptanz und Mitwirkung die zentralen Begriffe bilden.

Bei der rechtlichen Ausgestaltung der Zusammenarbeit zwischen Lörrach und den angrenzenden Kantonen Basel-Landschaft und Basel-Stadt treten drei Möglichkeiten hervor. Einerseits bestünde die Möglichkeit, einen EVTZ zu gründen, andererseits wäre nach Karlsruher Abkommen entweder die Gründung eines Vereins, im vorliegenden Fall nach Schweizer Recht, oder eines grenzüberschreitenden örtlichen Zweckverbands möglich. Während das Karlsruher Abkommen weitaus mehr selbständige Regelungen beinhaltet, verweist die EVTZ-Verordnung bedeutend mehr auf das Recht des jeweiligen Sitzstaates. Da beim Verein nach Schweizer Recht sowohl Herausforderungen hinsichtlich der Legitimation sowie bei der Ausarbeitung der Vereinsstatuten auftreten, erscheint schlussendlich der grenzüberschreitende Zweckverband als vielversprechender Lösungsansatz.

Anhand des fiktiven Projekts «LöBa» kann aufgezeigt werden, dass die Entstehung und Umsetzung einer grenzüberschreitenden Kooperation in jeglicher Hinsicht herausfordernd sind. So vielfältig und interdisziplinär wie der Grenzbegriff selbst sind auch die Lösungsansätze für eine grenzüberschreitende Zusammenarbeit der Chancenwahrnehmung und Problembeseitigung. Verschiedene juristische Ausgestaltungsmöglichkeiten und individuelle Governance-Strukturen führen vor Augen, wie einzigartig jede grenzüberschreitende Kooperation ist. Als neueste Ergänzung grenzüberschreitender Erfolgsprojekte wird hoffentlich auch «LöBa» das Dreiländereck bereichern und «Grenzen» überwinden.

Literaturverzeichnis

BECK JOACHIM: Grenzüberschreitende Zusammenarbeit als Gegenstand interdisziplinärer Forschung. Konturen eines wissenschaftlichen Arbeitsprogramms, in: Wassenbert Birte (Hrsg.), Vivre et penser la coopération transfrontalière (Volume 1): les régions frontalières françaises (Stuttgart 2010), 21 ff.

BENTELE GÜNTHER: Zur Rolle der Medien in Beteiligungsprozessen, in: Glaab Manuela (Hrsg.), Politik mit Bürgern – Politik für Bürger. Praxis und Perspektiven einer neuen Beteiligungskultur (Wiesbaden 2016)

BENZ ARTHUR ET AL.: Handbuch Governance: Theoretische Grundlagen und Empirische Anwendungsfelder (Wiesbaden 2007)

BENZ ARTHUR: Multi-level Governance, in: Benz Arthur et al. (Hrsg.), Handbuch Governance: Theoretische Grundlagen und Empirische Anwendungsfelder (Wiesbaden 2007), 297 ff.

BOHNER ULRICH: Formen grenzüberschreitender und interregionaler Governance in Europa, in: Beck Joachim/Wasenberg Birte (Hrsg.), Grenzüberschreitende Zusammenarbeit leben und erforschen (Band 2): Governance in deutschen Grenzregionen (Stuttgart 2011), 57 ff.

BRÄUTIGAM FRANK: Der «Grenzüberschreitende örtliche Zweckverband» nach dem Karlsruher Übereinkommen: eine rechtsvergleichende Untersuchung (Baden-Baden 2009)

CHILLA TOBIAS ET AL.: On the Territoriality of Cross-Border Cooperation: «Institutional Mapping» in a Multi-Level Context, European Planning Studies 20 (6) 2012, 961 ff.

CROUCH COLIN: Post-Democracy (Oxford 2004)

DREYER MALU: Bürgerbeteiligung im Zentrum der parlamentarischen Debatte, in: Glaab Manuela (Hrsg.), Politik mit Bürgern – Politik für Bürger. Praxis und Perspektiven einer neuen Beteiligungskultur (Wiesbaden 2016)

FRAHM MICHAEL/REHABI HAMID: Management von Gross- und Megaprojekten im Bauwesen. Grundlage für eine komplexitätsgerechte Umsetzung von Infrastrukturvorhaben (Wiesbaden 2021)

FRICKE CAROLA: Grenzüberschreitende Governance in der Raumplanung. Organisations- und Kooperationsformen in Basel und Lille, in: Grotheer Swantje et al. (Hrsg.), Nimm's sportlich – Planung als Hindernislauf (Hannover 2014), 62 ff.

FÜRST DIETRICH: Regional Governance – Was ist neu an dem Ansatz und was bietet er?, in: Beck Joachim/Wassenberg Birte (Hrsg.), Grenzüberschreitende Zusammenarbeit leben und erforschen (Band 2): Governance in deutschen Grenzregionen (Stuttgart 2011), 89 ff.

JAKOB ERIC: Der Oberrhein – ein Governance-Modell für andere Grenzregionen?, in: Beck Joachim/Wasenberg Birte (Hrsg.), Grenzüberschreitende Zusammenarbeit leben und erforschen (Band 2): Governance in deutschen Grenzregionen (Stuttgart 2011), 213 ff.

KNORR SUSANNE/MÖLLER CHRISTIAN/SCHULZ CHRISTIAN: Einbeziehung der Öffentlichkeit und Kommunikation bei Grossprojekten. Aktives Stakeholdermanagement als fester Projektbestandteil (Berlin 2019)

MARKS GARY: Structural Policy and Multilevel Governance in the EC, in: Cafruny Alan/Rosenthal Glenda Goldstone (Hrsg.), The Maastricht debates and beyond (Harlow 1993), 391 ff.

MAYNTZ RENATE: Governance Theory als fortentwickelte Steuerungstheorie?, in: Schuppert Gunnar Folke (Hrsg.), Governance-Forschung (2. A. Baden-Baden 2006), 11 ff.

OBWEXER WALTER/HAPPACHER ESTHER: Rechtsfragen der Gründung eines Europäischen Verbunds für territoriale Zusammenarbeit (EVTZ) am Beispiel der Europaregion Tirol, in: Europäisches Journal für Minderheitenfragen 3.2 (Wien 2010), 75 ff.

ODENDAHL KERSTIN: Die Grenzüberschreitende Zusammenarbeit im Lichte des Völkerrechts, in: Schindler Benjamin/Burkhalter Didier/Tschudi Hans Martin (Hrsg.), Schriften zur Grenzüberschreitenden Zusammenarbeit (Band 8): Die Grenzüberschreitende Zusammenarbeit der Schweiz, juristisches Handbuch zur Grenzüberschreitenden Zusammenarbeit von Bund und Kantonen (Zürich 2014), 3 ff.

PECHSTEIN MATTHIAS/DEJA MICHAL: Was ist und wie funktioniert ein EVTZ, in: Ehlermann Claus Dieter/Everling Ulrich/Hatje Armin/Hilf Meinhard/Müller-Graff Peter-Christian/Nicolaysen Gert/Rabe Hans-Jürgen/Ruffert Matthias/Schwarze Jürgen/Skouris Vassilios/Wölker Ulrich (Hrsg.), Europarecht 46.3, (Frankfurt/Oder 2011), 357 ff.

ROTH ROLAND: Beteiligungsgerechtigkeit als Problem und Herausforderung, in: Glaab Manuela (Hrsg.), Politik mit Bürgern – Politik für Bürger. Praxis und Perspektiven einer neuen Beteiligungskultur (Wiesbaden 2016)

SCHERRER URS/BRÄGGER RAFAEL: Kommentar zu Art. 60 ZGB, in: Geiser Thomas/Fountoulakis Christiana (Hrsg.), Basler Kommentar, Zivilgesetzbuch I, Art. 1–456 ZGB (6. A. Basel 2018) (zit.: BSK-SCHERRER/BRÄGGER, Art. 60 ZGB)

DIES.: Kommentar zu Art. 61 ZGB, in: Geiser Thomas/Fountoulakis Christiana (Hrsg.), Basler Kommentar, Zivilgesetzbuch I, Art. 1–456 ZGB (6. A. Basel 2018) (zit.: BSK-SCHERRER/BRÄGGER, Art. 61 ZGB)

DIES.: Kommentar zu Art. 66 ZGB, in: Geiser Thomas/Fountoulakis Christiana (Hrsg.), Basler Kommentar, Zivilgesetzbuch I, Art. 1–456 ZGB (6. A. Basel 2018) (zit.: BSK-SCHERRER/BRÄGGER, Art. 66 ZGB)

DIES.: Kommentar zu Art. 67 ZGB, in: Geiser Thomas/Fountoulakis Christiana (Hrsg.), Basler Kommentar, Zivilgesetzbuch I, Art. 1–456 ZGB (6. A. Basel 2018) (zit.: BSK-SCHERRER/BRÄGGER, Art. 67 ZGB)

DIES.: Kommentar zu Art. 69 ZGB, in: Geiser Thomas/Fountoulakis Christiana (Hrsg.), Basler Kommentar, Zivilgesetzbuch I, Art. 1–456 ZGB (6. A. Basel 2018) (zit.: BSK-SCHERRER/BRÄGGER, Art. 69 ZGB)

DIES.: Kommentar zu Art. 70 ZGB, in: Geiser Thomas/Fountoulakis Christiana (Hrsg.), Basler Kommentar, Zivilgesetzbuch I, Art. 1–456 ZGB (6. A. Basel 2018) (zit.: BSK-SCHERRER/BRÄGGER, Art. 70 ZGB)

DIES.: Kommentar zu Art. 71 ZGB, in: Geiser Thomas/Fountoulakis Christiana (Hrsg.), Basler Kommentar, Zivilgesetzbuch I, Art. 1–456 ZGB (6. A. Basel 2018) (zit.: BSK-SCHERRER/BRÄGGER, Art. 71 ZGB)

DIES.: Kommentar zu Art. 75a ZGB, in: Geiser Thomas/Fountoulakis Christiana (Hrsg.), Basler Kommentar, Zivilgesetzbuch I, Art. 1–456 ZGB (6. A. Basel 2018) (zit.: BSK-SCHERRER/BRÄGGER, Art. 75a ZGB)

SCHUPPERT GUNNAR FOLKE: Governance und Rechtsetzung: Grundfragen einer modernen Regelungswissenschaft (Baden-Baden 2011) (zit.: SCHUPPERT, Governance und Rechtsetzung)

DERS.: Governance-Forschung: Versuch einer Zwischenbilanz, Die Verwaltung Ausgabe 2/2011, 273 ff. (zit.: SCHUPPERT, Governance-Forschung)

STALDER UELI: Regionale strategische Netzwerke als lernende Organisation. Regionalförderung aus Sicht der Theorie sozialer Systeme (Bern 2001)

TRUTE HANS-HEINRICH ET AL.: Governance als verwaltungsrechtswissenschaftliches Analysekonzept, in: Schuppert Gunnar Folke/Zürn Michael (Hrsg.), Governance in einer sich wandelnden Welt, PVS-Sonderheft 41 2008, 173 ff.

WASSENBERG BIRTE: Einleitung. Makroregion, Metropolregion, Eurodistrikt, Euroregion, (euro)-regionale, multi-level, Metropolitan Governance, in: Beck Joachim/Wasenberg Birte (Hrsg.), Grenzüberschreitende Zusammenarbeit leben und erforschen (Band 2): Governance in deutschen Grenzregionen (Stuttgart 2011), 33 ff.

ZELLWEGER VALENTIN/BÜHLER OTHMAR: Die grenzüberschreitende Zusammenarbeit aus der Sicht des schweizerischen Staatsvertragsrechts, in: Schindler Benjamin/Burkhalter Didier/Tschudi Hans Martin (Hrsg.), Schriften zur Grenzüberschreitenden Zusammenarbeit (Band 8): Die Grenzüberschreitende Zusammenarbeit der Schweiz, juristisches Handbuch zur Grenzüberschreitenden Zusammenarbeit von Bund und Kantonen (Zürich 2014), 25 ff.

ZOLLER SCHEPERS REGULA: Grenzüberschreitende Zusammenarbeit am Oberrhein. Analyse der politischen Strukturen, Prozesse und Leistungen in grenzüberschreitenden Kooperationsorganen (Bamberg 1998)

ZÖLLNER CHRISTINE: Interne Corporate Governance. Entwicklung einer Typologie (Wiesbaden 2007)

ZÜRN MICHAEL: Governance in einer sich wandelnden Welt – eine Zwischenbilanz, in: Schuppert Gunnar Folke/Zürn Michael (Hrsg.), Governance in einer sich wandelnden Welt, PVS-Sonderheft 41 2008, 553 ff.

Ein grenzüberschreitendes Spital

Eine grenzüberschreitende Zusammenarbeit zwischen dem Kanton Basel-Stadt und dem Landkreis Lörrach im Gesundheitswesen

Istenc Acikalin / Norina Frey / Luise Locher

Inhaltsübersicht

I.	Einführung: Bedeutung der Kooperation im Spitalwesen	53
II.	Ausgangslage des Spitalwesens in Basel-Stadt und Lörrach	56
	A. Momentaufnahme des lokalen Spitalwesen	56
	1. Das Spitalwesen im Kanton Basel-Stadt	56
	2. Das Spitalwesen im Landkreis Lörrach	57
	B. Das Interesse nach einem grenzüberschreitenden Spital	58
	C. Existierende grenzüberschreitende Projekte und Kooperationen	61
III.	Rechtliche Grundlagen der Kooperation	63
	A. Kooperationsgrundlage	63
	1. Die grenzüberschreitende Kooperation gestützt auf das KaÜ	63
	2. Die grenzüberschreitende Kooperation in Form eines EVTZ	65
	B. Vertragskompetenzen von Basel-Stadt und Lörrach, bzw. Baden-Württemberg	66
	1. Die kleine Aussenpolitik der Kantone in der Schweiz	66
	2. Die kommunale Aussenpolitik in Deutschland	68
	C. Die Kooperationsform	70
	D. Das anwendbare Recht	73
IV.	Finanzierung der Kooperation eines grenzüberschreitenden Spitals	73
	A. Vorüberlegungen	73
	1. Territorialitätsprinzip bzw. Territorialprinzip der Krankenversicherung	73
	2. Spitalliste bzw. Krankenhausplan	79
	B. Drei Verhältnisebenen – ein Überblick und die erste Ebene	81
	C. Die zweite Verhältnisebene: Nationale Finanzierungssysteme	82
	1. Finanzierungssysteme in der Schweiz	83
	a. Investitionskosten Finanzierung	83

		b. Verteilung der kantonalen Spitalfinanzierungen	84
		c. Kostenberechnung bzw. Tarifsetzung	85
	2.	Finanzierungssystem in Deutschland	85
		a. Investitionskosten Finanzierung	86
		b. Verteilung und Berechnung der Investitionsbeiträge	87
		c. Kostenabrechnung bzw. Tarifsetzung	88
D.	Die dritte Verhältnisebene: Staatsvertrag zwischen Kanton und Bundesland		88
	1.	Ausgangspunkte	88
	2.	Probleme: Diskrepanz auf der zweiten Verhältnisebene	89
	3.	Lösungsvorschlag für eine gemeinsame Spitalfinanzierung . . .	91
E.	Vier Lösungsvorschläge für die Gestaltung einer Beitragspflicht . . .		93
F.	Exkurs: Lösungsvorschlag für die Finanzierung des Baus eines grenzüberschreitenden Spitals		95

V.	Personal	96
	A. Anstellungsverhältnis	96
	B. Arbeitsbedingungen	98
	1. Arbeitszeit	98
	2. Lohn	99
	C. Versicherung	100
	D. Diskussion	101
VI.	Mobilität der Patienten	102
	A. Tatsächliche Mobilität	103
	B. Notfalltransport und Krankentransport	104
	C. Patientenrechte	105
	D. Diskussion	106
VII.	Haftungsrecht	106
	A. Haftungssituation Schweiz	107
	B. Haftungssituation Deutschland	109
	C. Diskussion	110
VIII.	Materialbeschaffung	110
IX.	Diskussion	111
	A. Ökonomische Aspekte	111
	B. Politische Aspekte	115
	C. Soziale bzw. kulturelle Aspekte	116
X.	Zusammenfassung	118
Literaturverzeichnis		119
Materialienverzeichnis		125

I. Einführung: Bedeutung der Kooperation im Spitalwesen

Die Corona-Pandemie hat das Spitalwesen vor verschiedene Herausforderungen gestellt. Dazu gehört ein knappes Personal, Kapazitätsprobleme, sowie ein sich schnell veränderndes Umfeld.[1] Allerdings gaben zahlreiche Spitäler in der Schweiz an, diese Herausforderungen erfolgreich gemeistert zu haben.[2] Dabei ist dieser Erfolg u.a. der Kooperation im Gesundheitswesen zu verdanken.

So hält bspw. das Zuger Kantonsspital in seinem Geschäftsbericht für das Jahr 2020 fest, dass es die Herausforderungen der Corona-Pandemie durch eine enge Zusammenarbeit mit der Hirslanden AndreasKlinik Cham Zug und dem Luzerner Kantonsspital bewältigen konnte. Die enge Zusammenarbeit ermöglichte nämlich eine effiziente Aufgabenteilung und Bündelung der Kräfte zwischen den Spitälern. Dadurch wurde das Zuger Kantonsspital in ein sog. ‹Corona-Spital› umfunktioniert, während andersartige medizinische Eingriffe durch die Hirslanden AndreasKlinik Cham Zug übernommen wurden. Das Luzerner Kantonsspital trug der Zusammenarbeit durch die Zurverfügungstellung von Fachexperten bei.[3]

Die Kooperation der genannten Spitäler, bewerkstelligte somit die Sicherung der drei Säulen, welche gemäss JÉRÔME COSANDEY – dem «Directeur romand» von Avenir Suisse – für ein resilientes Spitalwesen ausschlaggebend sind. Und zwar sind dies die Flexibilität im Personalwesen, die Beschaffung und Organisation der notwendigen Ausrüstung und Infrastruktur sowie die Anpassungsfähigkeit der Prozesse im Spital.[4]

Die Bedeutung von Kooperationen im Spitalwesen schränkt sich jedoch nicht nur auf Krisensituationen ein. Auch ausserhalb der Corona-Pandemie können aus Kooperationen im Spitalwesen positive Effekte realisiert werden, was ebenfalls

---

[1] Unimedsuisse, Die Corona-Pandemie – eine Bilanz der fünf Universitätsspitäler der Schweiz, 2020, Medienmitteilung, 1, <https://www.unimedsuisse.ch/application/files/1315/9367/4595/20200701_MM_Bilanz_Corona_Pandemie_Universitaetsspitaeler.pdf#:~:text=So%20betrug%20der%20Ertrag%2D%20sausfall,zusammen%20rund%20CHF%20356%20Mio.>; Zuger Kantonsspital (Hrsg.), Geschäftsbericht 2020, 2021, 8, <https://www.zgks.ch/fileadmin/user_upload/03_Dokumente/Ueber_uns/Geschaeftsberichte/ZGKS_GB_2020.pdf>.
[2] Ibid.
[3] Zum Ganzen Zuger Kantonsspital (FN 1), S. 8.
[4] Zum Ganzen JÉRÔME COSANDEY, Drei Säulen für ein robusteres Gesundheitswesen, Lehren aus der Corona-Krise, 2020, <https://www.avenir-suisse.ch/drei-saeulen-fuer-ein-robusteres-gesundheitswesen/>.

die Geschichte des Schweizer Spitalwesens verdeutlicht. So war die Zeit nach dem Zweiten Weltkrieg stark durch eine Steigerung der Anzahl Spitäler gekennzeichnet.[5] Konkret wuchs die Anzahl Spitäler bis zu den 1980er Jahren von 3.9 Spitäler auf 7.2 Spitäler pro 100'000 Einwohner an.[6] Diese Entwicklung führte allerdings zur Ineffizienz im Spitalwesen aufgrund von Doppelspurigkeiten und steigenden Gesundheitskosten.[7] Um diesen negativen Folgen entgegenzuwirken und die Effizienz im Spitalwesen wiederherzustellen, fand ab den 1980er Jahren ein Umdenken im Spitalwesen statt.[8] Statt einer stetigen Ausdehnung des Spitalwesens durch die Gründung neuer Spitäler, richtete sich der Fokus neu auf die Koordination und Konzentration der Betriebe auf regionaler Ebene.[9] Daraufhin stabilisierten sich die Gesundheitskosten in den folgenden Jahren.[10]

Dieser Trend der Koordination und Konzentration im Schweizer Spitalwesen lässt sich bis heute weiterverfolgen.[11] In letzter Zeit hat der Trend indessen auch auf interkantonaler Ebene Fuss gefasst. So haben die Kantone Appenzell Innerrhoden, Glarus, Graubünden, Appenzell Ausserrhoden und St. Gallen im Jahr 2020 eine Absichtserklärung unterschrieben, worin deren Willen zur Koordination und Kooperation festgehalten wird.[12] Die interkantonale Zusammenarbeit hat dabei einerseits das Ziel, Synergien in der Planung und im Angebot zu realisieren[13]

---

[5] Bundesamt für Sozialversicherung (BSV) (Hrsg.), Geschichte der sozialen Sicherheit in der Schweiz, Spitäler, 2016, <https://www.geschichtedersozialensicherheit.ch/institutionen/kantonale-lokale-und-private-institutionen/spitaeler>.

[6] H+ Die Spitäler der Schweiz (Hrsg.), Spitäler, Betten und Bevölkerung, 2019, <https://www.hplus.ch/de/zahlen-statistiken/h-spital-und-klinik-monitor/gesamtbranche/strukturen/spitaeler/spitaeler-betten-und-bevoelkerung#:~:text=Die%20Redimensionierungsphase%20begann%20in%20den,und%2063%25%20bei%20den%20Betten>.

[7] Bundesamt für Sozialversicherung (FN 5).

[8] Bundesamt für Sozialversicherung (FN 5); H+ Die Spitäler der Schweiz, Spitäler, Betten und Bevölkerung (FN 6).

[9] Bundesamt für Sozialversicherung (FN 5).

[10] Bundesamt für Statistik (BFS) (Hrsg.), Gesundheitskosten in der Schweiz: Entwicklung von 1960 bis 2000, Neuenburg 2003, 17, <https://dam-api.bfs.admin.ch/hub/api/dam/assets/337862/master>.

[11] Siehe MARTIN KNOEPFEL, Schon heute interkantonale Kooperation, 2017, <https://www.tagblatt.ch/ostschweiz/appenzellerland/schon-heute-interkantonale-kooperation-ld.507779>.

[12] Departement für Justiz, Sicherheit und Gesundheit (DJSG), Schweizer Premiere: Fünf Kantone planen gemeinsam stationäre Gesundheitsversorgung, Medienmitteilung 2020, 1, <https://www.gr.ch/DE/Medien/Mitteilungen/MMStaka/2020/Seiten/2020022601.aspx>.

[13] KNOEPFEL (FN 11).

und andererseits Patientenbedürfnisse besser zu befriedigen, da sich diese meist nicht nur bis an die Kantonsgrenzen ausweiten.[14]

In diesem Zusammenhang ist allerdings interessant, dass die Zusammenarbeit in der Spitalplanung an den Landesgrenzen endet. Das heutige Spitalwesen in der Schweiz ist damit weitestgehend an den Heimmarkt orientiert[15] und berücksichtigt den ausländischen Markt lediglich für die Sicherstellung des eigenen Leistungsangebots – nicht aber für eine grenzüberschreitende Spitalplanung.[16] Dies ist insbesondere deshalb interessant, weil in Grenzregionen eine starke soziale Verwachsung bemerkbar ist.[17]

Diese Isolation der Schweizer Spitalplanung vor dem ausländischen Markt ist nicht unproblematisch. Sie hat einerseits zur Folge, dass der Wettbewerb im Gesundheitswesen eingeschränkt wird, was sich negativ auf die Qualität des Gesundheitswesens auswirken kann. Diesbezüglich weist der Schweizer Politiker Stefan Meierhans in einem Interview darauf hin, dass entgegen der Einschätzung der Schweizer Bevölkerung das Schweizer Gesundheitswesen «in der Qualität nur im Mittelfeld» ist.[18] Andererseits führt die internationale Isolation der Schweizer Spitalplanung dazu, dass die Gesundheitskosten in der Schweiz im Vergleich zum Ausland aufgrund des fehlenden Wettbewerbs deutlich höher sind.[19]

Die vorangehenden Überlegungen zeigen somit auf, dass eine grenzüberschreitende Zusammenarbeit in der Spitalplanung zwischen der Schweiz und dem Ausland klare Vorteile bieten kann, eine solche Kooperation jedoch noch nicht stattgefunden hat. Gestützt auf dieser Erkenntnis analysiert die vorliegende Arbeit, inwiefern die Gründung eines grenzüberschreitenden öffentlichen Spitals, gestützt auf eine internationale Kooperation, praktisch sinnvoll und juristisch mög-

---

[14] DJSG (FN 12), 1.
[15] CSS Versicherung (Hrsg.), Grenzenlose Gesundheit, Im Fokus: Das Territorialitätsprinzip im KVG, 2016, 5, <https://dialog.css.ch/wp-content/uploads/2021/03/CSS_3_16_Dialog_D.pdf>.
[16] Siehe Gesundheitsdepartement des Kantons Basel-Stadt (GDBS) (Hrsg.), Gesundheitsversorgungsbericht 2019/2020, über die Spitäler, Pflegeheime, Tagespflegeeinrichtungen und Spitex-Anbieter im Kanton Basel-Stadt, 2021, 23, <https://www.bs.ch/dam/jcr:ca5ae503-42b0-49df-a4f6-b9ef5eb929d6/RZ_GDBS_GVB_2019_2020_V21_WEB-PDF.pdf>.
[17] ANDREA ZUMBRUNN/LUCY BAYER-OGLESBY/MAIK ROTH, Grenzüberschreitende Zusammenarbeit Deutschland – Schweiz im Gesundheitswesen, Obsan Bericht 37, Neuenburg 2010, 9.
[18] CSS Versicherung (FN 15), 14.
[19] CSS Versicherung (FN 15), 13.

lich ist. Im Rahmen dessen wird die Analyse auf ein Spital, welches eine Grundversorgung anbietet, beschränkt. Konkret wird dabei eine potenzielle Kooperation zwischen dem Kanton Basel-Stadt und dem Landkreis Lörrach, bzw. dem Bundesland Baden-Württemberg untersucht.

II. Ausgangslage des Spitalwesens in Basel-Stadt und Lörrach

Wie die vorherigen Ausführungen gezeigt haben, können aus Kooperationen im Gesundheitswesen verschiedene Vorteile realisiert werden. Wie dies auch unser Interviewpartner 4 festhält, sind daher Kooperationen für das Gesundheitswesen im Allgemeinen als sinnvoll zu erachten.[20] Allerdings stellt sich hierbei die Frage, inwiefern diese Sinnhaftigkeit auch der Gründung eines Spitals im Gebiet des Landkreises Lörrach und des Kantons Basel-Stadt standhält.

Zur Beantwortung dieser Frage ist zu prüfen, inwiefern im Gebiet des Landkreises Lörrach und des Kantons Basel-Stadt überhaupt ein Interesse nach einem Spital besteht, welches aus einer Zusammenarbeit des Kantons Basel-Stadt und des Landkreises Lörrach resultiert. Hierfür wird im nachfolgenden Abschnitt der vorliegenden Arbeit zunächst eine Momentaufnahme des lokalen Spitalwesens im Kanton Basel-Stadt und im Landkreis Lörrach aufgenommen. Anschliessend wird untersucht, inwiefern überhaupt ein Interesse nach einem Spital, wie dieses beschrieben wurde, besteht. Zuletzt werden bereits existierende grenzüberschreitende Zusammenarbeiten im Gesundheitswesen vorgestellt.

A. Momentaufnahme des lokalen Spitalwesen

1. Das Spitalwesen im Kanton Basel-Stadt

Die Spitallandschaft des Kantons Basel-Stadt ist von vier Arten von Spitälern geprägt. Dazu gehören die öffentlichen Spitäler des Kantons Basel-Stadt, das bikantonale Universitäts-Kinderspital beider Basel, sowie die öffentlich finanzierten und nicht finanzierten Privatspitäler.[21] Folglich wird die Spitalversorgung des Kan-

---

[20] Interviewpartner 4.
[21] Regierungsrat des Kantons Basel-Stadt, Ratschlag vom 30. August 2010 zum Gesetz über die öffentlichen Spitäler des Kantons Basel-Stadt (ÖSpG), GD/P100228 (zit. Ratschlag zum ÖSpG), 10.

tons nicht nur durch die öffentliche Hand, sondern ebenfalls durch private Spitäler getragen.[22]

Total bestehen im Kanton Basel-Stadt 14 Spitäler[23], wobei lediglich die Psychiatrische Klinik Sonnenhalde sich in der Nähe des Landkreises Lörrach in Riehen befindet. Bei dieser Klinik handelt es sich dabei um ein öffentlich subventioniertes Privatspital, welches neben «Psychiatrie und Psychotherapie mit einem umfassenden therapeutischen Angebot» ausgestattet ist.[24] Die restlichen Spitäler verteilen sich innerhalb der Grenzen der Stadt Basel. So ebenfalls das Universitätsspital Basel, welches mit einer totalen Anzahl von 35'137 Hospitalisierungen und 697 Planbetten vermutlich das bedeutsamste Spital des Kantons Basel-Stadt darstellt.[25]

Interessant am Spitalwesen des Kantons Basel-Stadt ist der Patientenstrom, welchem das Spitalwesen ausgesetzt ist. So liessen sich im Jahr 2020 41'979 ausserkantonale Patienten[26] im Kanton Basel-Stadt behandeln, wovon lediglich 4'221 Patienten aus dem Ausland stammen.[27] Unter der Berücksichtigung, dass die baselstädtischen Spitäler im Jahr 2020 77'805 Fälle bearbeiteten[28], bedeutet dies, dass die ausserkantonalen Patienten mehr als 50% der bearbeiteten Fälle ausmachen.

2. Das Spitalwesen im Landkreis Lörrach

Der Umfang des Spitalwesens des Landkreises Lörrach fällt im Vergleich zu jenem des Kantons Basel-Stadt deutlich tiefer aus. So besitzt der Landkreis Lörrach insgesamt vier öffentliche Krankenhäuser, welche sich im gesamten Gebiet des Landkreises verteilen. Dazu gehören die Krankenhäuser des Landkreises Lörrach an

---

[22] Ibid.
[23] Siehe Statistisches Amt des Kantons Basel-Stadt (Hrsg.), Spitäler, Heime, Spitex, T14.1.01 – Kennzahlen nach Spital, o.J., <https://www.statistik.bs.ch/zahlen/tabellen/14-gesundheit/einrichtungen.html>.
[24] Ratschlag zum ÖSpG (FN 21), 13.
[25] Siehe Statistisches Amt des Kantons Basel-Stadt (FN 23).
[26] Im Folgenden wird jeweils nur die männliche Form verwendet – die weibliche Form ist auch mitgemeint.
[27] Gesundheitsdepartement des Kantons Basel-Stadt (GDBS) (Hrsg.), Gesundheitsversorgungsbericht 2021, über die Spitäler, Pflegeheime, Tagespflegeeinrichtungen und Spitex-Anbieter im Kanton Basel-Stadt, 2022, 29, <https://www.gesundheitsversorgung.bs.ch/dam/jcr:889e939d-c5a1-421e-a50b-8ab32aa734f0/RZ_GDBS_GSV_2021_Kurzversion_web.pdf>.
[28] Ibid.

den Standorten Lörrach, Rheinfelden und Schopfheim[29], sowie das Sankt Elisabethen-Krankenhaus Lörrach.[30] Alle genannten Krankenhäuser befindet sich in der Trägerschaft der Kliniken des Landeskreis Lörrach GmbH.[31] Das Sankt Elisabethen-Krankenhaus Lörrach gehörte früher allerdings dem Orden der Barmherzigen Schwestern vom Heiligen Vinzenz von Paul in Freiburg.[32] Total stehen im Landkreis Lörrach ca. 800 Krankenhausbetten zur Verfügung.[33]

Mit dem Zentralklinikum 2015 wird im Landkreis Lörrach ein neuer Gesundheitscampus gebaut[34], welcher die Dienstleistungen der oben erwähnten Krankenhäuser vereinen soll.[35] Dieser soll bis 2025 fertiggestellt werden.[36]

B. Das Interesse nach einem grenzüberschreitenden Spital

Um zu analysieren, inwiefern überhaupt ein Interesse nach einem grenzüberschreitenden Spital besteht und damit zusammenhängend sich der Bau eines grenzüberschreitenden Spitals lohnt, ist es wesentlich, das Projekt aus verschiedenen Perspektiven zu betrachten. Eine zentrale Perspektive ist dabei jene der Europäischen Union, dessen Zielsetzungen es vermuten lassen, dass grundsätzlich ein Interesse für ein grenzüberschreitendes Spital besteht.

Die EU setzt sich für die Steigerung des Gesundheitsniveaus über die Grenzen hinweg ein, was besonders durch den Art. 168 Abs. 2 des Vertrags von Lissabon[37] zum Ausdruck kommt. Demnach sind zwar alle Mitgliedstaaten der Europäischen

---

[29] Kliniken des Landkreises Lörrach, Pflegemanagement, o.J., <https://www.klinloe.de/pflege-und-funktionsdienst/pflege-und-funktionsdienst.html>.
[30] Kliniken.de, St. Elisabethen-Krankenhaus Lörrach, 2019, <https://www.kliniken.de/krankenhaus/st-elisabethen-krankenhaus-loerrach-1613K.html>.
[31] St. Elisabethen-Krankenhaus Lörrach gGmbH, Geschichte des Hauses, o.J., <https://www.elikh.de/geschichte-des-hauses.html>; Kliniken Lörrach, Pflegemanagement (FN 29).
[32] St. Elisabethen-Krankenhaus, Geschichte (FN 31).
[33] Kliniken.de, Kreiskrankenhaus Lörrach, 2019, <https://www.kliniken.de/krankenhaus/kreiskrankenhaus-loerrach-2177K.html>; Kliniken, St. Elisabethen-Krankenhaus Lörrach (FN 30).
[34] Kliniken des Landkreises Lörrach, Unser neues Klinikum Lörrach, o.J., <https://www.klinloe.de/neues-klinikum.html>.
[35] Kliniken des Landkreises Lörrach, Lörracher Wege 1 und 2, o.J., <https://www.klinloe.de/neues-klinikum/meilensteine/lörracher-wege-1-und-2.html>.
[36] Kliniken Lörrach, neues Klinikum (FN 34).
[37] Vertrag von Lissabon vom 13. Dezember 2007 zur Änderung des Vertrags über die Europäische Union und des Vertrags zur Gründung der Europäische Gemeinschaft (Vertrag von Lissabon; OJ C 306).

Union für ihr eigenes Gesundheitswesen verantwortlich, doch werden sie gleichzeitig aufgefordert, in Grenzregionen das Gesundheitswesen aufeinander abzustimmen.[38]

Hinzu kommt, dass die EU bestrebt ist, einen gemeinsamen Markt nicht nur zwischen den Mitgliedstaaten, sondern ebenfalls zwischen den Mitgliedsstaaten und der Schweiz zu schaffen.[39] Zumindest lässt sich ein solches Interesse der Europäischen Union aus der Unterzeichnung des FZA zwischen der Schweiz und der Europäischen Union ableiten. Unter anderem soll dieses nämlich den Angehörigen beider Vertragsstaaten erleichtern, im jeweils anderen Staat Dienstleistungen zu erbringen.[40] Der Bau eines grenzüberschreitenden Spitals zwischen dem Kanton Basel-Stadt und dem Landkreis Lörrach würde somit beide dieser Bestrebungen der Europäischen Union vereinen.

Auch aus einer wirtschaftlichen Perspektive lässt sich der Bau eines grenzüberschreitenden Spitals rechtfertigen. Dazu gehören in erster Linie strategische Überlegungen, wie diese bereits in der Einführung angeschnitten wurden. So können durch Kooperationen nämlich Effizienzsteigerungen im Spitalwesen erzeugt werden.[41] Auch können damit Synergien genutzt werden, um die Marktposition und Marktmacht zu stärken und Innovationen im Spitalwesen zu fördern.[42]

Nicht nur für das Unternehmen selbst, sondern auch für dessen Kundschaft – die Patienten – lohnt sich eine Kooperation im Spitalwesen. Denn Kooperationen können dazu genutzt werden, Patientenbedürfnisse gezielter zu befriedigen und das Angebot im Gesundheitswesen zu sichern.[43] Dieser Vorteil ist insbesondere mit Blick auf die sich verändernden demografischen Verhältnisse relevant, auf welche unser Interviewpartner 4 hinweist.[44] So dürfte sich die Nachfrage im Ge-

---

[38] Europäische Kommission (Hrsg.), Grenzüberschreitende Zusammenarbeit in Gesundheitsfragen: Theorie und Praxis, Amt für Veröffentlichungen der Europäischen Union, Luxemburg 2017, 9, <https://www.trisan.org/fileadmin/PDFs_Dokumente/2017-05-Grenzueberschreitende-Zusammenarbeit-Gesundheitsfragen_DE.pdf>.
[39] Veli Atsiz/Désirée Kobler, Das EG-Recht im Bereich des grenzüberschreitenden Gesundheitswesen und Möglichkeiten für Grenzregionen, in: Odendahl/Tschudi/Faller (Hrsg.), Grenzüberschreitende Zusammenarbeit im Gesundheitswesen, Ausgewählte Rechtsfragen am Beispiel des Basler Pilotprojekts, Zürich/St. Gallen 2010, 69 ff., 90 f.
[40] Art. 1 Bst. b Abkommen zwischen der Schweizerischen Eidgenossenschaft einerseits und der Europäische Gemeinschaft und ihren Mitgliedstaaten anderseits vom 21. Juni 1999 über die Freizügigkeit vom (Stand am 15. Dezember 2020) (FZA; SR 0.142.112.681).
[41] Interviewpartner 5.
[42] Ratschlag zum ÖSpG (FN 21), 61.
[43] DJSG (FN 12), 1.
[44] Interviewpartner 4.

sundheitswesen in den kommenden Jahren aufgrund der steigenden Lebenserwartung intensivieren.

Trotz der dargelegten Aspekte, welche für den Bau eines grenzüberschreitenden Spitals zwischen dem Kanton Basel-Stadt und dem Landkreis Lörrach sprechen, hat sich in den geführten Interviews eine Skepsis gegenüber dem grenzüberschreitenden Projekt gezeigt. So zweifelte bspw. Interviewpartner 5 am Bedürfnis von Patienten, für Behandlungen die Landesgrenze zwischen dem Kanton Basel-Stadt und dem Landkreis Lörrach zu überqueren.[45] Sinnvoller sieht er das Projekt für Gebiete, welche eine grössere Distanz zu einer guten medizinischen Versorgung haben.[46] Tatsächlich lässt sich auch aus der Momentaufnahme des lokalen Spitalwesens des Kantons Basel-Stadt und des Landkreises Lörrach kein dringendes Bedürfnis nach einem grenzüberschreitenden Spital ableiten.[47]

Weiter zweifelte Interviewpartner 4 an der Bereitschaft von Patienten, für medizinische Behandlungen die Landesgrenze zu überqueren. Insbesondere Kostenüberlegungen könnten ein Hindernis für deutsche Patienten darstellen, in der Schweiz eine medizinische Behandlung in Anspruch zu nehmen, sofern es sich nicht um einen Notfall handelt. Hinzukommt, dass teilweise die Infrastrukturen (wie Brücken), welche die Erreichbarkeit von einem grenzüberschreitenden Spital begünstigen würden, noch Ausbaubedarf haben. Auch dies könnte die entsprechende Bereitschaft von Patienten hemmen.[48]

Somit lässt sich zusammenfassen, dass auf einer übergeordneten Ebene ein grenzüberschreitendes Spital als sinnvoll zu erachten ist. Allerdings herrschen gewisse Hindernisse auf einer praktischen Ebene, welche die Realisierung und die Überlebensfähigkeit des grenzüberschreitenden Spitals behindern könnten, sofern dieses lediglich eine Grundversorgung anbietet – wie dies in der vorliegenden Arbeit angenommen wird. Diese Hindernisse werden in der nachfolgenden Diskussion in Kapitel IX. besprochen. Je höher die Spezialisierung und je höher die Not ist, desto höher ist allerdings auch die Sinnhaftigkeit eines grenzüberschreitenden Spitals.[49]

---

[45] Interviewpartner 5.
[46] Interviewpartner 5.
[47] Oben II.A.
[48] Zum Gesamten Interviewpartner 4.
[49] Interviewpartner 4.

C. Existierende grenzüberschreitende Projekte und Kooperationen

Zwischen Deutschland und der Schweiz existiert zurzeit keine langfristige grenzüberschreitende Zusammenarbeit in der Spital- bzw. Krankenhausplanung. Dennoch sind grenzüberschreitende Zusammenarbeiten im Gesundheitswesen keine Seltenheit. So gibt es eine Reihe an Projekten im Bereich des Gesundheitswesens, deren Erfahrungsberichte für die Realisierung der vorliegend beabsichtigten Kooperation einen hohen Stellenwert besitzen. Daher werden im Nachfolgenden zwei grenzüberschreitende Projekte im Gesundheitswesen vorgestellt.

Ein nennenswertes grenzüberschreitendes Projekt im Gesundheitswesen, welches für die vorliegend beabsichtigte Kooperation am wesentlichsten ist, ist das «Pilotprojekt Grenzüberschreitende Zusammenarbeit im Spitalbereich der Kantone Basel-Landschaft und Basel-Stadt sowie dem Landkreis Lörrach» – in der vorliegenden Arbeit als «Basler-Pilotprojekt» bezeichnet. Dieses wurde in einem ersten Anlauf auf drei Jahre geplant, und zwar von 2007 bis 2009, und anschliessend um weitere fünf Jahre verlängert.[50] Ziel des Projektes war es zu prüfen, inwiefern eine grenzüberschreitende Zusammenarbeit im Gesundheitswesen in der behandelten Grenzregion zwischen Deutschland und der Schweiz sinnvoll ist.[51] Die diesem Projekt zugrundeliegende Vision war die Realisierung einer einheitlichen Gesundheitsversorgung in der entsprechenden Grenzregion.[52] Hierfür ermöglichte das Basler-Pilotprojekt den Patienten für die Dauer des Projektes ein bestimmtes Angebot an medizinischen Behandlungen im ausländischen Gebiet in Anspruch zu nehmen.[53]

Der Bericht zum Basler-Pilotprojekt stuft die Zusammenarbeit im Rahmen des Projektes für positiv ein. Dabei wird insbesondere der erfolgreiche Informations- und Erfahrungsaustausch unter dem medizinischen Personal als wesentlicher Erfolg des Projektes hervorgehoben. Ebenfalls erwähnt der Bericht, dass eine Steigerung der grenzüberschreitend behandelten Fälle zu verzeichnen war. Dennoch weist der Bericht des Basler Pilotprojektes darauf hin, dass unter den Patienten eine gewisse Hemmung zu beobachten war, ausländische medizinische Behandlungen in Anspruch zu nehmen. Diese Hemmung wurde dabei auf Informations-

---

[50] Lucy Bayer-Oglesby, Grenzüberschreitende Zusammenarbeit Deutschland–Schweiz im Gesundheitswesen II, Evaluation des Pilotprojektes in der Grenzregion Basel-Stadt/Basel-Landschaft/Landkreis Lörrach (Phase II), Obsan Bericht 49, Neuenburg 2015, 9.
[51] Zumbrunn/Bayer-Oglesby/Roth (FN 17), 9.
[52] Bayer-Oglesby (FN 50), 9.
[53] Ibid.

defizite sowie auf das fehlende Vertrauen in ausländische Leistungserbringer zurückgeführt.[54]

Ein weiteres wichtiges grenzüberschreitendes Projekt im Bereich des Gesundheitswesens ist das grenzüberschreitende Spital in Cerdanya. Denn die dem Projekt zugrundeliegende Idee entspricht zu weiten Teilen jener der vorliegend untersuchten Kooperation. Nämlich «unterzeichneten der französische Minister für Gesundheit und Solidarität und der katalanische Gesundheitsberater [im Jahr 2005] eine gemeinsame Absichtserklärung für den Bau eines Krankenhauses» auf der spanischen Seite der französisch-spanischen Grenze.[55] Neun Jahre später – im Jahr 2014 – konnte das gemeinsame Spital ihre Dienste aufnehmen.[56]

Grund für den Bau des grenzüberschreitenden Spitals waren insbesondere die Bedürfnisse der Bevölkerung an den Grenzregionen. So nahmen die entsprechenden Bevölkerungsgruppen schon vor dem Bau des französisch-spanischen Spitals ausländische medizinische Behandlungen in Anspruch, da die Erreichbarkeit der nötigen Infrastrukturen im Heimatland nicht gegeben war. Allerdings führte die Inanspruchnahme von ausländischer medizinischer Behandlung zu «administrativen, regulatorischen und finanziellen Schwierigkeiten». Um diese Schwierigkeiten zu überwinden, wurde der Bau des gemeinsamen grenzüberschreitenden Spitals in Cerdanya in Angriff genommen.[57]

Der Erfahrungsbericht über den Bau des französisch-spanischen Spitals stellt die Vermutung auf, dass der Zeitpunkt des Baus entscheidend war für dessen Realisierung. So entstand das Spital in einem Zeitraum, welches einerseits durch viele Veränderungen im Gesundheitswesen geprägt war. Anderseits herrschte in jenem Zeitraum eine geteilte Identität zwischen der französischen und spanischen Bevölkerungsgruppe in der Grenzregion – auch im Bezug zur Gesundheitsversorgung. Dennoch weist der Bericht darauf hin, dass dem Bau des gemeinsamen Spitals viele Hürden rechtlicher, administrativer und politischer Natur im Weg standen. Nichtsdestotrotz wird das französisch-spanische Spital als ein wesentlicher Meilenstein in der grenzüberschreitenden Zusammenarbeit im Gesundheitswesen gefeiert.[58]

Wie die beiden grenzüberschreitenden Projekte demonstrieren, gibt es im europäischen Raum verschiedenste Kooperationsformen und -niveaus im Gesundheits-

---

[54] Zum Ganzen Zumbrunn/Bayer-Oglesby/Roth (FN 17), 12.
[55] Europäische Kommission (FN 38), 64.
[56] Ibid., 67.
[57] Zum Ganzen ibid., 64.
[58] Ibid., 66 f.

wesen. So fokussiert sich das Basler-Pilotprojekt vor allem auf die Ingangsetzung der Patientenströme zwischen den benachbarten Regionen, während ein solcher Patientenstrom dem Bau des grenzüberschreitenden Krankenhauses in Cerdanya voranging. Dementsprechend lag der Fokus beim Bau des französisch-spanischen Krankenhauses vor allem in der Beseitigung von formellen Hindernissen. Trotz ihrer Unterschiede zeigt sich jedoch in beiden Projekten, dass ein gewisses Interesse an einer grenzüberschreitenden Gesundheitsversorgung besteht – auch wenn die Interessen unterschiedliche Intensitäten aufweisen dürften.

III. Rechtliche Grundlagen der Kooperation

A. Kooperationsgrundlage

Für die Realisierung einer grenzüberschreitenden Zusammenarbeit zweier Gebietskörperschaften benötigen die Kooperationspartner eine rechtliche Grundlage in Form eines Staatsvertrages. Hier zu beachten ist, dass es auf internationaler Ebene bereits Abkommen und Verordnungen gibt, welche die Gestaltung der grenzüberschreitenden Kooperation erleichtern können. In der vorliegenden Arbeit sind dabei vor allem das KaÜ, EU-Verord. 1082/2006, und damit zusammenhängend die EU-Verord. 1302/2013. Im Folgenden werden diese vorgestellt.

1. Die grenzüberschreitende Kooperation gestützt auf das KaÜ

Das Karlsruher Übereinkommen (KaÜ) findet seine Wurzeln im Europäischen Rahmenübereinkommen über die grenzüberschreitende Zusammenarbeit zwischen Gebietskörperschaften – dem sog. Madrider Übereinkommen – und dessen Zusatzprotokolle.[59] Wie der Name es bereits andeutet, handelt es sich hier um einen Rechtsrahmen für grenzüberschreitende Kooperationen im europäischen Raum.[60] Der Fokus des Rahmenübereinkommens liegt dabei in der «Erleichterung und Förderung der grenzüberschreitenden Zusammenarbeit [...] lokaler, regionaler und nationaler Akteure».[61] So enthält das Madrider Übereinkommen bspw. in seinem

---

[59] Eidgenössisches Departement für auswärtige Angelegenheiten (EDA), Rechtsgrundlagen der grenzüberschreitenden Zusammenarbeit, 2022, <https://www.eda.admin.ch/eda/de/home/aussen-politik/europapolitik/beziehungen-zu-europaeischen-staaten/grenzueberschreitendezusammenarbeit/rechtsgrundlagen.html>.

[60] Ibid.

[61] Alix Weigel, Perspektiven zur rechtlichen Flexibilisierung der grenzüberschreitenden Zusammenarbeit am Oberrhein, Zürich/St. Gallen 2019, 22.

Anhang Musterabkommen, welche für die Vereinbarung einer grenzüberschreitenden Kooperation von Gebietskörperschaften verwendet werden können. Ebenfalls verpflichtet das Madrider Übereinkommen die Vertragsstaaten, möglichst günstige Bedingungen für grenzüberschreitende Zusammenarbeiten zu schaffen.[62]

Auch wenn das Madrider Übereinkommen als ein zentraler Fortschritt im Bereich der grenzüberschreitenden Zusammenarbeit betrachtet werden kann, hat es lediglich eine begrenzte Auswirkung auf die Aufnahme von grenzüberschreitenden Kooperationen. Dies deshalb, weil das Madrider Übereinkommen lediglich allgemeine Bedingungen definiert, welche im Rahmen einer grenzüberschreitenden Zusammenarbeit zu beachten sind. So enthält das Madrider Übereinkommen bspw. «keine Ermächtigung zur grenzüberschreitenden Zusammenarbeit [...] und auch keine Lösung für spezifische Probleme an den Grenzen».[63]

Für die Aufnahme einer grenzüberschreitenden Zusammenarbeit und damit die Umsetzung des Madrider Übereinkommens bedarf es daher weiterer zwischenstaatlicher Verträge[64] – wie das KaÜ. Das KaÜ stellt nämlich eine Konkretisierung des Madrider Übereinkommens für bestimmte Gebietskörperschaften in Deutschland, Frankreich, Luxemburg und der Schweiz dar.[65] So enthält es «Bestimmungen über den Abschluss von Zusammenarbeitsverträgen sowie über die Schaffung von grenzüberschreitenden Einrichtungen».[66]

Folglich stellt das KaÜ die erste rechtliche Grundlage für grenzüberschreitende Zusammenarbeiten von Gebietskörperschaften dar.[67] Allerdings ist an dieser Stelle zu beachten, dass das KaÜ nicht vom nationalen Recht losgelöst zu betrachten ist. Denn, wie das Madrider Übereinkommen, erteilt das KaÜ den Gebietskörperschaften keine zusätzlichen Kompetenzen. In anderen Worten können Gebietskörperschaften gestützt auf das KaÜ lediglich in jenen Gebieten Kooperationen eingehen, in welchen sie nach ihrem nationalen Recht auch die Zustän-

---

[62] Art. 1 Europäisches Rahmenübereinkommen vom 21. Mai 1980 über die grenzüberschreitende Zusammenarbeit zwischen Gebietskörperschaften (Madrider Übereinkommen; SR 0.131.1).
[63] ANA KOLAROV, Der koordinierte Pluralismus in der schweizerischen Aussenpolitik, Die völkerrechtliche Vertragsschlussfähigkeit der schweizerischen Kantone in verfassungsgeschichtlicher Perspektive, Zürich/Basel/Genf 2015, 235.
[64] WEIGEL (FN 61), 23.
[65] EDA (FN 59).
[66] Ibid.
[67] WEIGEL (FN 61), 24.

digkeit besitzen.⁶⁸ Dies bedeutet ebenfalls, dass es sich bei den Zusammenarbeitsverträgen i.S. des KaÜ nicht um völkerrechtliche Verträge handeln kann. Hierfür fehlt den Gebietskörperschaften nach Art. 2 Abs. 1 KaÜ nämlich die Eigenschaften eines Völkerrechtssubjektes.⁶⁹ Dies wird ebenfalls im Art. 2 Abs. 2 KaÜ zum Ausdruck gebracht.

2. Die grenzüberschreitende Kooperation in Form eines EVTZ

Der EVTZ ist eine Rechtsform, welche auf europäischem Recht beruht.⁷⁰ Sie wurde durch die EU-Verord. 1082/2006 über den Europäischen Verbund für territoriale Zusammenarbeit (EVTZ) eingeführt. Diese Verordnung erfuhr durch die EU-Verord. 1302/2013 Veränderungen und weitere Präzisierungen.

Die Einführung des europäischen Gebildes hat zum Zweck, «die grenzüberschreitende, transnationale und/oder interregionale Zusammenarbeit [...] zu erleichtern und zu fördern».⁷¹ So soll der EVTZ die Aushandlung von bilateralen Verträgen zwischen Kooperationspartner weitestgehend verdrängen und ein Instrument für die grenzüberschreitende Zusammenarbeit schaffen.⁷² In diesem Sinne ähnelt der EVTZ stark dem KaÜ.

In der alten Verordnung war dabei festgehalten, dass die Mitglieder des Mitgliederkreises eines EVTZ aus mind. zwei Mitgliedsstaaten stammen müssen.⁷³ Inwiefern Mitglieder aus Drittländern am EVTZ teilnehmen können, wird in diesem Art. jedoch nicht erwähnt. Diesbezüglich enthält dafür die EU-Verord. 1302/2013 eine entsprechende Regelung. So können auch Mitglieder von Drittländern an einem EVTZ teilnehmen, sofern im Kreis der Mitglieder des EVTZ weiterhin

---

⁶⁸ Art. 1 und Art. 3 Abs. 1 Das Karlsruher Übereinkommen vom 23. Januar 1996 zwischen dem Schweizerischen Bundesrat, der Regierung der Bundesrepublik Deutschland, der Regierung der französischen Republik und der Regierung des Grossherzogtums Luxemburg über die grenzüberschreitende Zusammenarbeit zwischen Gebietskörperschaften und örtlichen öffentlichen Stellen (KaÜ; SAR 181.100).
⁶⁹ WEIGEL (FN 61), 24.
⁷⁰ Ibid., 28.
⁷¹ Art. 1 der Verordnung (EG) Nr. 1082/2006 des Europäischen Parlaments und des Rates vom 5. Juli 2006 über den Europäischen Verbund für territoriale Zusammenarbeit (EVTZ) (Aktuelle konsolidierte Fassung 22.06.2014) (EU-Verord. 1082/2006; ABl. L 210, 31.7.2006, 19–24).
⁷² BENJAMIN SCHINDLER/DIDIER BURKHALTER/HANS MARTIN TSCHUDI, Die Grenzüberschreitende Zusammenarbeit der Schweiz: juristisches Handbuch zur Grenzüberschreitenden Zusammenarbeit von Bund und Kantonen, Zürich 2014, 238.
⁷³ Art. 3 Abs. 2 EU-Verord. 1082/2006.

mind. zwei Mitgliedsstaaten durch Mitglieder i.S. von Art. 3 Abs. 1 EU-Verord. 1302/2013 vertreten sind.[74] Ausserdem muss das im EVTZ vertretene Drittland mind. an eines der im EVTZ vertretenen Mitgliedsstaaten angrenzen.[75]

Da die vorliegende Arbeit eine Kooperation zwischen dem Landkreis Lörrach und dem Kanton Basel-Stadt anstrebt, wäre lediglich ein Mitgliedstaat in einem potenziellen EVTZ vertreten. Dies widerspricht den in Art. 3a Abs. 1 EU-Verord. 1302/2013 geregelten Bedingungen an den Mitgliederkreis eines EVTZ. Entsprechend stellt ein EVTZ für die untersuchte Kooperation in der vorliegenden Arbeit keine passende Rechtsgrundlage dar, weshalb auf diese nicht weiter eingegangen wird.

B. Vertragskompetenzen von Basel-Stadt und Lörrach, bzw. Baden-Württemberg

Um ein öffentliches Spital zu schaffen, welches aus einer Kooperation der Gebietskörperschaften Basel-Stadt und Lörrach stammt, müssen die Gebietskörperschaften in der Lage sein, miteinander Verträge über das Spitalwesen abzuschliessen. Folglich wird im nachfolgenden Abschnitt untersucht, ob diese Voraussetzung erfüllt ist. Hierfür wird zunächst der Kompetenzbereich des Kantons Basel-Stadt und anschliessend jener des Landkreises Lörrach überprüft.

1. Die kleine Aussenpolitik der Kantone in der Schweiz

Im Grundsatz gilt in der Schweiz, dass die Aussenpolitik gemäss Art. 54 Abs. 1 BV eine umfassende Bundeskompetenz darstellt. Dadurch wird das Interesse der Schweiz zum Ausdruck gebracht, als Einheit gegenüber dem Ausland aufzutreten.[76] Insbesondere in Themengebieten, welche die gesamte Schweiz betref-

---

[74] Art. 3a Abs. 1 Verordnung (EU) Nr. 1302/2013 des Europäischen Parlaments und des Rates vom 17. Dezember 2013 zur Änderung der Verordnung (EG) Nr. 1082/2006 über die Europäische Verbund für territoriale Zusammenarbeit (EVTZ) im Hinblick auf Präzisierungen, Vereinfachungen und Verbesserungen im Zusammenhang mit der Gründung und Arbeitsweise solcher Verbünde (EU-Verord. 1302/2013; ABl. L 347 vom 20. 12. 2013, 303–319).
[75] Ibid.
[76] BERNHARD EHRENZELLER/ROLAND PORTMANN/THOMAS PFISTERER, in: Ehrenzeller Bernhard/Schindler Benjamin/Schweizer Rainer J./Vallender Klaus A. (Hrsg.), Die schweizerische Bundesverfassung, St. Galler Kommentar, 3. Aufl., Zürich/St. Gallen 2014, Art. 54 BV, 1119.

fen, erscheint dieses Interesse und damit der Bedarf einer umfassenden Bundeskompetenz in der Aussenpolitik als sinnvoll.

Aufgrund der Globalisierung dürfte es allerdings Themengebiete geben, worin das Interesse der Einheit nicht gegeben ist. Dem entgegenkommend wird die umfassende Bundeskompetenz in der Aussenpolitik insoweit relativiert, als dass den Kantonen in Art. 56 Abs. 1 BV eine Vertragskompetenz in ihrem Zuständigkeitsbereich eingeräumt wird. Diese ermöglicht den Kantonen durch völkerrechtliche Verträge mit dem Ausland «kleine Aussenpolitik» zu betreiben.[77] Unter dem Begriff «Ausland» fallen dabei jegliche ausländische Vertragspartner, welche Völkerrechtssubjekte sind.[78]

Um die Frage zu beantworten, ob der Kanton Basel-Stadt für die Kooperation mit Lörrach die nötige verfassungsrechtliche Kompetenz besitzt, ist folglich darauf abzustellen, ob das Spitalwesen in den Zuständigkeitsbereich der Kantone fällt. Dabei gilt, dass die Zuständigkeit der Kantone begründet ist, sofern die Verfassung die Zuständigkeit nicht dem Bund zuweist.[79] Im Bereich der Gesundheit ist dabei insbesondere der Art. 118 Abs. 1 BV relevant, wonach der Bund «im Rahmen seiner Zuständigkeiten Massnahmen zum Schutz der Gesundheit» zu treffen hat. Unter dem Begriff «Massnahmen» sind dabei hauptsächlich «(polizeiliche) Massnahmen der Gefahrenabwehr» für die öffentliche Gesundheit zu verstehen.[80] Der Rahmen der Zuständigkeit des Bundes wird dabei in Art. 118 Abs. 2 BV konkretisiert und umfasst die Lebensmittel- und Betäubungsmittelkontrolle[81], den Schutz vor übertragbaren und anderen Krankheiten[82] und den Schutz vor ionisierenden Strahlen.[83] Das Gesundheitswesen wird vom Rahmen der Zuständigkeit allerdings nicht umfasst.[84]

---

[77] THOMAS PFISTERER, in: Ehrenzeller Bernhard/Schindler Benjamin/Schweizer Rainer J./ Vallender Klaus A. (Hrsg.), Die schweizerische Bundesverfassung, St. Galler Kommentar, 3. Aufl., Zürich/St. Gallen 2014, Art. 56 BV, 1162; JÜRG MARCEL TIEFENTHAL, in: Kantonale Polizeihoheit, Eine systematische Darstellung des kantonalen Polizeirechts anhand des Schaffhauser Polizeigesetzes, Zürich/Basel/Genf 2016, Art. 12 Schaffhauser Polizeigesetz, 265.
[78] TIEFENTHAL (FN 77), 265.
[79] Ibid.
[80] GIOVANNI BIAGGINI, in: Orell Füssli Kommentar, BV Kommentar, Bundesverfassung der Schweizerischen Eidgenossenschaft, 2. Aufl., Zürich 2017, Art. 118, N 4.
[81] Art. 118 Abs. 2 Bst. a BV.
[82] Art. 118 Abs. 2 Bst. b BV.
[83] Art. 118 Abs. 2 Bst. c BV.
[84] OFK-BIAGGINI (FN 80), Art. 118, N 2.

Damit fällt das Gesundheitswesen, wovon das Spitalwesen ein Teilbereich ist, in den Zuständigkeitsbereich der Kantone.[85] Folglich haben die Kantone, so auch der Kanton Basel-Stadt, die Kompetenz, völkerrechtliche Verträge im Spitalwesen abzuschliessen. Allerdings unterstehen die Kantone dabei der Informationspflicht[86], wonach die Kantone vor dem Abschluss des völkerrechtlichen Vertrages, diesen dem Bund vorlegen müssen. Eine Genehmigung des Bundes ist jedoch nicht erforderlich.[87]

2. Die kommunale Aussenpolitik in Deutschland

Wie auch in der Schweiz gilt in Deutschland, dass die Aussenpolitik grundsätzlich Sache des Bundes ist.[88] Denn auch hier besteht ein Interesse daran, gewisse Themengebiete mit Auslandsbezug für alle Bundesländer einheitlich zu regeln.[89] Dementsprechend besitzt der Bund gemäss Art. 73 Abs. 1 Ziff. 1 GG/DE die ausschliessliche Gesetzgebungskompetenz in auswärtigen Angelegenheiten.

Diese Regelung schliesst allerdings die Vertragskompetenz der Bundesländer nicht aus. Im Gegenteil wird in Art. 33 Abs. 2 GG/DE festgehalten, dass die Bundesländer mit ausländischen Staaten Verträge abschliessen können, sofern sich der Vertragsinhalt im Rahmen der Gesetzgebungskompetenz der Bundesländer befindet. Gemäss Art. 70 Abs. 1 GG/DE ist dies dabei im Grundsatz gegeben, solange das GG/DE die fragliche Gesetzgebungskompetenz nicht dem Bund zuweist. Auch besteht die Möglichkeit, dass die Gesetzgebungskompetenz zwar dem Bund zugewiesen ist, der Bund jedoch entweder von der konkurrierenden Gesetzgebungskompetenz noch keinen Gebrauch gemacht hat oder ein Bundesgesetz die ausschliessliche Gesetzgebungskompetenz auf die Bundesländer überträgt. In beiden dieser Fälle liegt gemäss Art. 71 GG/DE und Art. 72 Abs. 1 GG/DE eine Gesetzgebungskompetenz der Bundesländer vor.

Im Rahmen der Aussenpolitik stellt sich sodann weiter die Frage, inwiefern den Kommunen eine Vertragskompetenz mit ausländischen Vertragspartnern zu-

---

[85] Ibid.
[86] Art. 56 Abs. 2 BV.
[87] MATTHIAS LANZ, Bundesversammlung und Aussenpolitik, Möglichkeiten und Grenzen parlamentarischer Mitwirkung, Zürich/St. Gallen 2020, 59.
[88] Art. 32 Abs. 1 Grundgesetz für die Bundesrepublik Deutschland vom 23. Mai 1949 (Zuletzt geändert am 29. September 2020) (GG/DE; BGBl. I 968).
[89] GABRIELA GUTT, Grenzüberschreitende kommunale Zusammenarbeit nach dem Karlsruher Übereinkommen, unter besonderer Berücksichtigung des baden-württembergischen Landesrechts, Baden-Baden 1999, 60.

kommt. Konkret gilt es dabei zu untersuchen, wie weit die verfassungsrechtlich vorgesehene Selbstverwaltung der Kommunen gestützt auf Art. 28 Abs. 2 GG/DE geht. Diesbezüglich hält die Literatur fest, dass die Selbstverwaltung der Kommunen u.a. die Kooperationshoheit umfasst. So ist es i.S. des GG/DE, dass Kommunen Kooperationen eingehen, um die örtliche Selbstverwaltung zu realisieren. Diese Kooperationshoheit erstreckt sich dabei ebenfalls auf Kooperationen mit ausländischen Kooperationspartnern.[90]

Der Kooperationshoheit der Kommunen sind allerdings Grenzen gesetzt. So können Kommunen nach herrschender Meinung keine völkerrechtlichen Verträge mit ihren Grenznachbarn abschliessen. Die dem zugrunde liegende Argumentation ist dabei, dass Art. 33 GG/DE die Abschlusskompetenz völkerrechtlicher Verträge abschliessend regelt und damit kein Platz für eine Abschlusskompetenz der Kommunen besteht. Dementsprechend können Bundesländer ihre Abschlusskompetenz auch nicht an die Kommunen delegieren, da dies eine Umgehung des Art. 33 GG/DE zur Folge hätte.[91]

Die daraus resultierende Implikation für die vorliegende Arbeit ist, dass der Kanton Basel-Stadt und der Landkreis Lörrach mangels der Abschlusskompetenz des Landkreises Lörrach keine Kooperation basierend auf einen völkerrechtlichen Vertrag eingehen können. Statt einer Kooperation mit dem Landkreis Lörrach bietet sich daher eine Kooperation zwischen dem Bundesland Baden-Württemberg und dem Kanton Basel-Stadt an. Folglich ist im Folgenden zu prüfen, ob das Spitalwesen in die Gesetzgebungskompetenz der Bundesländer fällt und damit das Bundesland Baden-Württemberg die Kompetenz besitzt, mit dem Kanton Basel-Stadt einen völkerrechtlichen Vertrag zu vereinbaren.

Hierfür ist gestützt auf die obigen Ausführungen zu prüfen, ob das GG/DE dem Bund eine Gesetzgebungskompetenz im Krankenhauswesen zuspricht. Diesbezüglich hält die Literatur allerdings fest, dass eine solche Zuweisung im GG/DE fehlt. So hält bspw. Art. 74 Abs. 1 Ziff. 19a GG/DE fest, dass «die wirtschaftliche Sicherung der Krankenhäuser und die Regelung der Krankenhauspflegesätze» in die konkurrierende Gesetzgebungskompetenz des Bundes fällt, dieses aber lediglich die Sicherung der finanziellen Mittel der Krankenhäuser umfasst. Auch aus Art. 74 Abs. 1 Ziff. 19 GG/DE, welcher eine konkurrierende Gesetzgebungskompetenz im Bereich der Zulassung von Heilmitteln und Heilberufe vorsieht, kann keine Gesetzgebungskompetenz des Bundes im Krankenhauswesen abgeleitet

---

[90] Zum Ganzen DANIEL STORBECK, Grenzüberschreitende kommunale Zusammenarbeit, Göttingen 2016, 59.
[91] Zum Ganzen Ibid., 117.

werden. Daraus resultiert, dass die Bundesländer gestützt auf Art. 70 Abs. 1 GG/DE für das Krankenhauswesen zuständig sind.[92]

Mit dieser Folgerung übereinstimmend hat das Bundesland Baden-Württemberg im Jahr 1975 das erste LKHG erlassen[93], welches im Jahr 2007 zuletzt überarbeitet wurde.[94] Der Zweck des LKHG/BW ist es dabei, «eine bedarfsgerechte Versorgung der Bevölkerung mit leistungsfähigen, wirtschaftlich gesicherten und eigenverantwortlich wirtschaftenden Krankenhäusern [...] zu gewährleisten».[95] Demnach ist festzuhalten, dass das Bundesland Baden-Württemberg wie auch der Kanton Basel-Stadt die notwendigen Kompetenzen besitzen, um miteinander, gestützt auf Art. 2 Abs. 2 KaÜ, eine Kooperation im Spitalwesen einzugehen.

C. Die Kooperationsform

In den vorherigen Unterkapiteln wurde dargelegt, dass sich für den Bau eines grenzüberschreitenden Spitals auf der Basis des KaÜs eine Kooperation zwischen dem Bundesland Baden-Württemberg und dem Kanton Basel-Stadt anbietet. In diesem Zusammenhang stellt sich weiter die Frage, in welcher Form sich die untersuchte Kooperation manifestieren dürfte. Hierfür ist auf den Art. 8 Abs. 1 KaÜ zu verweisen, wonach eine grenzüberschreitende Zusammenarbeit in der Form einer Einrichtung mit oder ohne Rechtspersönlichkeit oder eines grenzüberschreitenden Zweckverbandes erfolgen kann. Gestützt darauf diskutieren die kommenden Abschnitte die Angemessenheit der genannten Kooperationsformen für die in der vorliegenden Arbeit analysierte Zusammenarbeit.

Gemäss Art. 9 Abs. 1 KaÜ sind Einrichtungen ohne Rechtspersönlichkeiten solche, die – wie dies der Name offenlegt – weder über eine Rechtspersönlichkeit verfügen noch eine Finanzhoheit besitzen. Im Schweizer Gesellschaftsrecht fallen hier bspw. die einfache Gesellschaft nach Art. 530 ff. OR, die Kollektivgesellschaft

---

[92] Zum Ganzen Wissenschaftliche Dienste des Deutschen Bundestags (Hrsg.), Zur Frage der Gesetzgebungskompetenz des Bundes für den Öffentlichen Gesundheitsdienst, 2019, 5–9, <https://www.bundestag.de/resource/blob/657236/c82ba2db1cd763e2f46439828d73c4e0/-WD-9-043-19-pdf-data.pdf>.

[93] THOMAS BÖHM, Krankenhausplanung in Deutschland, Krankenhausgesetze und Krankenhauspläne der Bundesländer – ein kritischer Überblick, 2022, 32, <https://www.rosalux.de/fileadmin/rls_uploads/pdfs/Studien/Studien_1-22_Krankenhausplanung_web.pdf.>.

[94] Ibid., 36.

[95] § 1 Abs. 1 Landeskrankenhausgesetz Baden-Württemberg in der Fassung vom 29. November 2007 (Zuletzt geändert am 14. Mai 2022) (LKHG/BW; GB. 2008, 13).

nach Art. 552 ff. OR und die Kommanditgesellschaft nach Art. 594 ff. OR darunter. Im Deutschen Gesellschaftsrecht wären hier bspw. die offene Handelsgesellschaft nach § 105 Abs. 1 HGB/DE[96], die Kommanditgesellschaft nach § 161 Abs. 1 HGB/DE, oder die Partnerschaftsgesellschaft nach § 1 PartGG/DE[97] zu subsumieren.

Diese Kooperationsform erweist sich allerdings für den Betrieb eines öffentlichen Spitals als unpassend. Denn hätte das öffentliche Spital die Form einer Einrichtung ohne Rechtspersönlichkeit, so würde ihr erstens die Fähigkeit fehlen, mit Dritten Verträge abzuschliessen. Zweitens, verlangsamt die fehlende Eigenständigkeit die Prozesse im Spital, da jeder Entscheid einem langwierigen Verfahren unterliegen würde.[98] Folglich ist für die vorliegend analysierte Zusammenarbeit zwischen dem Bundesland Baden-Württemberg und dem Kanton Basel-Stadt von dieser Kooperationsform grds. abzusehen. Einzig um bspw. gemeinsam Vorschläge für die angebahnte Zusammenarbeit zu sammeln (wie dies auch im Art. 9 Abs. 1 KaÜ vorgeschlagen wird), würde sich diese Kooperationsform lohnen – allerdings nur i.S. einer Vorstufe.

Weiter bietet das KaÜ im Art. 10 den Kooperationspartnern an, sich im Rahmen einer grenzüberschreitenden Zusammenarbeit entweder an einer Einrichtung mit Rechtspersönlichkeit zu beteiligen oder eine solche zu schaffen. Bedingt wird allerdings, dass das nationale Recht am Sitz der Einrichtung die Beteiligung von ausländischen Gebietskörperschaften an der Einrichtung erlaubt.[99] Auf Schweizer Seite kommt hier insbesondere die spezialgesetzliche AG nach Art. 762 OR in Betracht. «[Die] spezialgesetzliche AG vereint [nämlich] die Vorteile der obligationenrechtlichen AG und der Anstalt, weil einerseits das OR bestehende Regeln bietet und Handlungsabläufe entpolitisiert werden können, andererseits aber mit spezialgesetzlicher Grundlage von den Regelungen des OR abgewichen werden kann.»[100] Auf deutscher Seite sind dem hingegen die privatrechtlichen Gesellschaftsformen zu bevorzugen, wie bspw. die Kapitalgesellschaften GmbH und AG.[101] So wird in der Literatur argumentiert, dass der Vorteil der privatrechtlichen Gesellschaftsformen darin liegt, «dass aufgrund der geringeren öffentlich-recht-

---

[96] Handelsgesetzbuch vom 1. Januar 1900 (Zuletzt geändert am 10. August 2021) (HGB/DE; RGBl. I 219).
[97] Gesetz vom 25. Juli 1994 über Partnerschaftsgesellschaften Angehöriger Freier Berufe (Zuletzt geändert am 10. August 2021) (Partnerschaftsgesellschaftsgesetz, PartGG/DE; BGBl. IS. 1744).
[98] ANDREAS ABEGG/MARCO FREI, Kriterien für die Wahl der Rechtsform öffentlicher Unternehmen, recht 2020, 37 ff., 44.
[99] Art. 10 KaÜ.
[100] ABEGG/FREI (FN 98), 45.
[101] GUTT (FN 89), 276.

lichen Bindungen und fehlenden Staatsaufsicht ein grösserer Verhaltensfreiraum besteht.»[102]

Somit ist festzuhalten, dass die Einrichtung mit Rechtspersönlichkeit i.S. des Art. 10 KaÜ eine passende Kooperationsform für ein grenzüberschreitendes Spital sein könnte. Einzig zu bemängeln ist, dass die zur Anwendung kommenden Gesellschaftsformen nicht per se auf eine grenzüberschreitende Zusammenarbeit ausgerichtet sind. Aus diesem Grund ist ebenfalls der grenzüberschreitende örtliche Zweckverband (GöZ) i.S.v. Art. 11 ff. KaÜ als potenzielle Kooperationsform des grenzüberschreitenden Spitals in Betracht zu ziehen. Bei dieser handelt es sich nämlich um eine Kooperationsform des KaÜ, welche sich spezifisch auf grenzüberschreitendes Zusammenarbeiten richtet.[103]

Die Ausrichtung des GöZ auf grenzüberschreitendes Zusammenarbeiten lässt sich an verschiedenen Stellen wiederfinden. So ist bereits die Aufnahme des GöZ im KaÜ darauf zurückzuführen, dass alle unterzeichnenden Staaten diese Kooperationsform auch im nationalen Recht kennen. In anderen Worten ist das GöZ als Kooperationsform der kleinste gemeinsame Nenner aller Mitglieder des KaÜ. Zudem wird im Rahmen des GöZ auch den Unterschieden zwischen den Mitgliedern des KaÜ Rechnung getragen. Dies, indem im KaÜ lediglich Grundthemengebiete geregelt werden. So hält bspw. Art. 12 KaÜ fest, welche Themengebiete in der Verbandssatzung des GöZ zu regeln sind. Diese Auflistung ist allerdings nicht abschliessend, weshalb auch neue Verhandlungspunkte – wie bspw. der Anspruch auf eine gewisse Anzahl an Spitalbetten – aufgenommen werden können. Dadurch wird den Kooperationspartnern nicht nur ein Orientierungsgerüst geschaffen, sondern auch Raum für individuelle Lösungen gestützt auf das nationale Recht eines Kooperationspartners gelassen.[104]

Aus dieser Erkenntnis folgt, dass das GöZ für die Kooperationspartner Baden-Württemberg und Basel-Stadt die günstigste Kooperationsform darstellt. Alternativ käme auch eine Einrichtung mit Rechtspersönlichkeit in Frage in Form einer Mitträgerschaft. Für den Bau und die Leitung eines grenzüberschreitenden Spitals ist die Einrichtung ohne Rechtspersönlichkeit allerdings ausgeschlossen.

Unabhängig davon, welche Kooperationsform für die Realisierung eines grenzüberschreitenden Spitals zwischen dem Landkreis Lörrach und dem Kanton Basel-Stadt gewählt wird, benötigt es ein zweistufiges Vorgehen in der Errichtung der gewählten Kooperationsform. So braucht es zunächst eine Kooperations-

---

[102] Gutt (FN 89), 276.
[103] Ibid., 279 f.
[104] Zum Ganzen ibid., 297.

vereinbarung zwischen den Kooperationspartnern und anschliessend einen Gründungsakt.[105]

D. Das anwendbare Recht

In Bezug auf die Kooperation stellt sich weiter die Frage, welchem Recht die entsprechende Kooperationsvereinbarung unterliegt. Diesbezüglich hält Art. 4 Abs. 6 KaÜ fest, dass das auf die Kooperationsvereinbarung anwendbare Recht durch die Kooperationspartner bestimmt werden muss, wobei lediglich eine der beiden Rechtsordnungen der Kooperationspartner infrage kommt. Mit Blick auf die Regelungen des GöZ ist allerdings zu empfehlen, dass die Kooperationspartner jene Rechtsordnung wählen, welche am Sitz des grenzüberschreitenden Spitals gilt. Dies deshalb, weil die Regelungen des GöZ in den Art. 11 ff. KaÜ dieselbe Regelung in Bezug zum anwendbaren Recht vorsehen. Entsprechend könnte es für die Kooperation mit Blick auf die Rechtssicherheit und Überschaubarkeit vorteilhaft sein, dass die Kooperationsvereinbarung wie auch die Kooperationsform derselben Rechtsordnung unterworfen sind. Allerdings würde dies auch gleichzeitig bedeuten, dass einer Rechtsordnung ein schwereres Gewicht in der Kooperation zukommt. Daraus kann eventuell ein Ungleichgewicht in der Machtverteilung zwischen den Kooperationspartnern resultieren.

IV. Finanzierung der Kooperation eines grenzüberschreitenden Spitals

A. Vorüberlegungen

1. Territorialitätsprinzip bzw. Territorialprinzip der Krankenversicherung

Damit ein grenzüberschreitendes Spital funktionieren kann und die Attraktivität für ausländische Patienten steigern kann, muss es für den im Vertragsstaat versicherten Patienten möglich sein, sich im grenzüberschreitenden Spital im anderen Vertragsstaat ohne Hürden behandeln zu lassen. Dies bedeutet u.a., dass die nationale Krankenversicherung des Patienten die Kosten genauso übernimmt, wie im Inland, damit es keine Ungleichheiten und deshalb kein finanzielles Hindernis gibt, sich nicht im Ausland behandeln zu lassen. Im Grundsatz gilt in der

---

[105] Ibid., 169.

Schweiz und Deutschland das Territorialitätsprinzip (Schweiz) bzw. Territorialprinzip (Deutschland) der gesetzlichen Krankenversicherungen, welches besagt, dass deren Leistungen nur im Inland erbracht werden.[106] Dies ist eine der grössten rechtlichen Hürden der grenzüberschreitenden Zusammenarbeit im Gesundheitswesen.[107]

Die Anhänge zum Europäischen FZA[108] und den EFTA-Übereinkommen bestimmen, dass zwischen der Schweiz und der EU bzw. der EFTA Staaten das EU-Recht in Bezug auf die sozialen Sicherheitssysteme in der Schweiz anwendbar ist.[109] Dieses Recht hat zur Folge, dass die nationalen Staaten trotzdem selbst über den Geltungsbereich und die Finanzierung der Sozialversicherung bestimmen können.[110] Grundsätzlich gilt aber, dass die Schweiz die Koordinationsgrundsätze, wie z.B. die grenzüberschreitende Leistungserbringung, beachten muss, die in der EU-Verord. 883/2004 und der Durchführungsverordnung Nr. 987/2009 geregelt sind.[111] Die EU-Verord. 883/2004 regelt mittels EHIC (European Health Insurance Card) den Anspruch eines Versicherten auf medizinisch notwendige Behandlung bei vorübergehendem Aufenthalt (z.B. Ferienaufenthalt) ausserhalb des zuständigen Mitgliedstaates (Heimatort).[112] Dies auch bei Reisen zur Inanspruchnahme von

---

[106] ANDREAS FALLER, Das Basler Pilotprojekt, in: Odendahl/Tschudi/Faller (Hrsg.), Grenzüberschreitende Zusammenarbeit im Gesundheitswesen, Ausgewählte Rechtsfragen am Beispiel des Basler Pilotprojekts, Zürich/St. Gallen 2010, 1 ff., 5; MARKUS JAKOB/CLAUDIA NEUWEILER/CLAUDIA WETTER, Die Inanspruchnahme ärztlicher Dienstleistungen im Ausland aus schweizerischer, deutscher und französischer Sicht, in: Odendahl/Tschudi/Faller (Hrsg.), Grenzüberschreitende Zusammenarbeit im Gesundheitswesen, Ausgewählte Rechtsfragen am Beispiel des Basler Pilotprojekts, Zürich/St. Gallen 2010, 155 ff., 185.

[107] Interviewpartner 5.

[108] Gemäss Art. 8 FZA wird die Koordinierung der Systeme der sozialen Sicherheit im Anhang geregelt.

[109] Botschaft vom 18. November 2015 zur Änderung des Bundesgesetzes über die Krankenversicherung (Anpassung von Bestimmungen mit internationalem Bezug), BBl 2016 I (zit. Botsch. KVG Int. Bezug), 20.

[110] Ibid.

[111] Ibid.

[112] Art. 19 Verordnung (EG) Nr. 883/2004 des Europäischen Parlaments und des Rates vom 29. April 2004 zur Koordinierung der Systeme der sozialen Sicherheit (Text von Bedeutung für den EWR und die Schweiz) (Aktuelle konsolidierte Fassung 31/07/2019) (SR 0.831.109.268.1) (EU-Verord. 883/2004; ABl. L 166, 30.4.2004, 1–123) i.V.m, Art. 25 Verordnung (EG) Nr. 987/2009 des Europäischen Parlaments und des Rates vom 16. September 2009 zur Festlegung der Modalitäten für die Durchführung der Verordnung (EG) Nr. 883/2004 über die Koordinierung der Systeme der sozialen Sicherheit (Text von Bedeutung für den EWR und die Schweiz) (Aktuelle konsolidierte Fassung

Sachleistungen, wobei es immer eine Vorabgenehmigung der Versicherung benötigt.[113] Gemäss dieser Verordnung und dem Schweizer Recht ist nach heutigem Stand eine Deckung für eine Behandlung in der EU durch die obligatorische Krankenversicherung nur möglich, wenn es sich um einen Notfall handelt, der bei einem vorübergehenden Aufenthalt im Ausland auftritt und die Dringlichkeit einer Rückkehr in die Schweiz unmöglich macht.[114] Oder auch, wenn die geplante Leistung nicht in der Schweiz erbracht werden kann.[115] Eine Leistung, die nicht in der Schweiz erbracht werden kann, bedarf einer vorherigen Zustimmung der Krankenversicherung und der Gesundheitsbehörde, und muss eine Behandlung sein, die in der Schweiz nicht verfügbar ist, es zu lange Wartezeiten hat, oder es sich um zeitliche Dringlichkeit handelt.[116] Für diese geplanten Behandlungen braucht es unter anderem einen Antrag an das BAG, das dann diese Voraussetzungen prüft.[117]

In Deutschland werden, gemäss EU-Recht und dem deutschen Recht, geplante und notwendige Behandlungen, die in der EU bzw. in der Schweiz erbracht werden, je nach Behandlungsart auch von der deutschen gesetzlichen Krankenversicherung bezahlt.[118] Deutschland unterliegt, durch seine EU-Mitgliedschaft, selbstverständlich auch den direkt anwendbaren, bereits erläuterten, EU-Verord.

  01/01/2018) (SR 0.831.109.268.11) (EU-Verord. 987/2009; ABl. L 284, 30.10.2009, 1–42); Bundesgesundheitsministerium, Patientenmobilitätsrichtlinie, 2014, Para. 9, <http://www.bmg.bund.de/glossarbegriffe/p-q/patientenmobilitaetsrichtlinie.html>.

[113] Art. 20 EU-Verord. 883/2004 i.V.m., Art. 26 EU-Verord. 987/2006; Bundesgesundheitsministerium (FN 112), Para. 9.

[114] Art. 36 Abs. 2 Satz 2 Verordnung vom 1. Februar 2017 über die Krankenversicherung (KVV; AS 2017 623) i.V.m. Art. 34 Abs. 2 Bundesgesetz vom 18. März 1994 über die Krankenversicherung (KVG; SR 832.10); ANNA DUSSAP/MICHAEL LÖRCH, Workshopbericht-Behandlungen im Nachbarland: Realitäten, Herausforderungen, Risiken und Chancen, Deutsch-französischer-schweizerischer Workshop, Baden-Baden 2016, 11; JAKOB/NEUWEILER/WETTER (FN 106), 172.

[115] Art. 36 Abs. 1 KVV i.V.m. Art. 34 Abs. 2 KVG.

[116] FALLER (FN 106), 6; Informationsschreiben des Bundesamtes für Gesundheit (BAG) vom 8. April 2008 an die KVG-Versicherer und ihre Rückversicherer über Medizinische Behandlungen im Ausland, (zit. Informationsschreiben BAG), 1.

[117] Informationsschrieben BAG (FN 116), 2.

[118] EU-Verord. 883/2004 und 987/2009; Richtlinie 2011/24/EU des Europäischen Parlaments und des Rates vom 9. März 2011 über die Ausübung der Patientenrechte in der grenzüberschreitenden Gesundheitsversorgung (Aktuelle konsolidierte Fassung 01/01/2014) (EU-Richtlinie 2011/24/EU; ABl. L 88 vom 4.4.2011, 45–65); § 13 Abs. 4–6 Sozialgesetzbuch Fünftes Buch – Gesetzliche Krankenversicherungen – vom 20. Dezember 1988 (Zuletzt geändert am 18. März 2022) (SGB V/DE; BGBl. I 2477, 2482).

883/2004 und 987/2009. Zusätzlich und ergänzend ist in Deutschland auch die EU-Richtlinie 2011/24/EU, dessen Regelung im deutschen Recht auch umgesetzt ist[119], anwendbar.[120] So können Patienten selber entscheiden, welche Reglung für eine individuelle Situation am vorteilhaftesten ist (z.B. in Bezug auf die Kostenerstattung).[121] Basierend auf der Grundlage der EU-Richtlinie 2011/24/EU, d.h. nach der im deutschem Recht umgesetzten Regelung, hat ein Patient Anspruch auf eine ausländische Behandlung und eine anschliessende Kostenerstattung von der inländischen Krankenversicherung.[122] In solchen Fällen kommt es nicht darauf an, ob eine Behandlung während des Auslandsaufenthaltes notwendig war.[123] Allerdings hat die Kostenübernahme der Krankenversicherung, die nach Behandlung erstattet wird, gewisse Limitationen. Ein deutscher Patient kann diese Kostenerstattung nur beanspruchen, wenn die Leistungsvoraussetzungen nach deutschem Recht erfüllt sind.[124] Unter anderem werden die Kosten nur unter der Bedingung einer Kostengrenze rückerstattet. Diese Kostengrenze muss auf derselben Höhe liegen, wie die Erbringung dieser Leistung im Inland auch gekostet hätte.[125] Jedoch wenn nach dem allgemein anerkannten Stand der medizinischen Erkenntnisse eine Behandlung nur in einem anderen Land möglich ist, kann die Krankenkasse auch die Kosten ganz übernehmen.[126] Der Versicherte beteiligt sich mit Zuzahlungen an den Kosten.[127] Auch möglich ist, dass die deutschen Krankenkassen eine Verwaltungsgebühr in Höhe von höchstens fünf Prozent bei einer ausländischen Behandlung erhebt.[128] Ausserdem, für gewisse geplante Behandlungen, insb. Krankenhausbehandlungen (i.d.R. stationäre Behandlungen[129]), benötigt es eine Genehmigung der Krankenversicherung, ähnlich wie in der

---

[119] Zur Umsetzung der EU-Richtlinie 2011/24/EU bedurfte es keine nationalen gesetzlichen Anpassungen, da die Richtlinie sich eng an der Rechtsprechung des Europäischen Gerichtshof orientierte, die schon 2004 im deutschen Recht umgesetzt wurde; Bundesgesundheitsministerium (FN 112), Para. 4.
[120] Dussap/Lörch (FN 114), 17.
[121] Ibid. (FN 114), 10; Bundesgesundheitsministerium (FN 112), Para. 11.
[122] Bundesgesundheitsministerium (FN 112), Para. 10.
[123] Ibid.
[124] SGB V, Ulmer, in: Eichenhofer Eberhard/von Koppenfels-Spies Katharina/Wenner Ulrich (Hrsg.), Kommentar zum Sozialgesetzbuch V, 3 Aufl., Köln 2018, (zit. SGB V, Verfasser, §, Rz.), § 13 Abs. 4–6, Rz. 95 und 103; Bundesgesundheitsministerium (FN 112), Para. 10.
[125] SGB V, Ulmer, § 13 Abs. 4–6, Rz. 102 (FN 124); Bundesgesundheitsministerium (FN 112), Para. 10.
[126] § 13 Abs. 4 SGB V/DE; SGB V, Ulmer, § 13 Abs. 4–6, Rz. 105 (FN 124).
[127] Jakob/Neuweiler/Wetter (FN 106), 161.
[128] § 13 Abs. 4 SGB V/DE; SGB V, Ulmer, § 13 Abs. 4–6, Rz. 102 (FN 124).
[129] Atsiz/Kobler (FN 39), 89.

Schweiz.[130] Eine Genehmigung kann nur verweigert werden, wenn die gleiche und für den Versicherten genauso wirksame, dem allgemein anerkannten Stand der medizinischen Erkenntnisse entsprechende Behandlung einer Krankheit rechtzeitig im Inland erbracht werden kann.[131]

Basierend auf der Grundlage der EU-Verordnungen[132], gilt für die Schweiz sowie für Deutschland, dass die Leistungen zu denselben Bedingungen erfolgen und in Anspruch genommen werden können, wie es für die Versicherten des eigenen Landes gilt (sog. Sachleistungsaushilfe).[133] Die Kosten werden aber von der gesetzlichen Krankenkasse des Heimatortes des Patienten erstattet. Die Kosten werden grundsätzlich nach den Vorschriften des Landes, in dem die Behandlung erfolgt, bezahlt.[134] Das heisst, dass immer die Kosten bzw. der Leistungskatalog dieses Landes gelten. Die Europäischen Verordnungen gewähren z.B. nur Anspruch auf Sachleistungen im Ausland[135], d.h. es kann sein, dass man Zuzahlungen bzw. Eigenanteile (i.S.v. einem Selbstbehalt von 10% in der Schweiz z.B.) gemäss den Regelungen des behandelnden Landes selbst tragen muss.[136] Diese ausländischen Abrechnungen zwischen Dienstleister und Versicherungsträger[137] können über organisierte Einrichtungen erfolgen, z.B. in der Schweiz über die Gemeinsame Einrichtung KVG.[138] Trotzdem verursacht dies in den meisten Fällen einen zusätzlichen administrativen Aufwand für alle involvierten Parteien.

Lösungsvorschlag

Für das Projekt eines grenzüberschreitenden Spitals braucht es eine Lockerung des Territorialitätsprinzips der nationalen Krankenversicherungen, insb. in Bezug auf deren Kostendeckung für Behandlungen im Ausland. So muss der Anwendungsbereich der nationalen Regelung für Krankenkassen, bezüglich deren Zah-

---

[130] § 13 Abs. 5 SGB V/DE.
[131] § 13 Abs. 5 Satz 2 SGB V/DE; SGB V, ULMER, § 13 Abs. 4–5, Rz. 109 (FN 124); SIMON KÜMIN/FLORIAN LEMBERGER, Ausgewählte Aspekte der Gesundheitsrechtsordnungen der Schweiz, Deutschlands und Frankreichs, in: Odendahl/Tschudi/Faller (Hrsg.), Grenzüberschreitende Zusammenarbeit im Gesundheitswesen, Ausgewählte Rechtsfragen am Beispiel des Basler Pilotprojekts, Zürich/St. Gallen 2010, 21 ff., 47.
[132] EU-Verord. 883/2004 und EU-Verord. 987/2009.
[133] Art. 19 und 20 EU-Verord. 883/2004; Bundesgesundheitsministerium (FN 112), Para. 9.
[134] PETER UDSCHING, Die Finanzierung grenzüberschreitender medizinischer Dienstleistungen in Europa, Medizinrecht 2014, 719 ff., 721.
[135] Art. 19 EU-Verord. 883/2004 i.V.m. Art. 25 EU-Verord. 987/2006.
[136] Bundesgesundheitsministerium (FN 112), Para. 9; SGB V, ULMER, § 13 Abs. 4–6, Rz. 102 (FN 124).
[137] DUSSAP/LÖRCH (FN 114), 12.
[138] Art. 18 KVG; DUSSAP/LÖRCH (FN 114), 20.

lungspflicht bzw. Kostenübernahme auf jede Behandlung erweitert werden. Zum Beispiel, dass die Schweizer Krankenkassen in allen Fällen dasselbe im Ausland sowie im Inland leisten und dies nicht nur im Notfall.

Gemäss Art. 36a KVV können seit 2006 Schweizer Pilotprojekte für die Kostenübernahme für Leistungen, die im Ausland erbracht werden, durchgeführt werden. Diese Projekte müssen vom Eidgenössischen Departement des Innern bewilligt werden. Teilnehmer der Projekte sind die Kantone und die Krankenkassen. Das Ziel dieser Projekte ist es, die Kosten von Leistungen, die in Grenzgebieten für die in der Schweiz wohnhaften Versicherten erbracht werden, zu übernehmen. Diese rechtliche Grundlage wurde beispielsweise für das Basler-Pilotprojekt zwischen Kanton Basel-Stadt, Basel-Land und Landeskreis Lörrach in Anspruch genommen. Im Jahr 2006 wurde die mögliche gesetzliche Projektdauer auf vier Jahre festgelegt, mit einer Verlängerungsfrist von nochmals 4 Jahren. Dies konnte aber im Jahr 2014 mittels eines neuen Art. 36a Abs. 3 KVV für weitere vier Jahre verlängert werden.[139]

Diese begrenzte Grundlage in Art. 36a KVV ist aber ungenügend für ein grenzüberschreitendes Spital, das auf Langzeit ausgerichtet ist.[140] Mit dem Ziel der Stärkung der Grenzregion zur Schweiz, wurde Art. 34 Abs. 2 KVG im 2018[141] so geändert, dass es eine Delegationsnorm an den Bundesrat enthält.[142] Dies erlaubt es dem Bundesrat, die Gestaltung der grenzüberschreitenden Zusammenarbeit, insb. die Kostenübernahme der obligatorischen Krankenversicherung auf Verordnungsstufe für unbegrenzte Dauer zu regeln.[143] Diese Kooperation bedingt einerseits die Teilnahme der ausländischen Leistungserbringer, z.B. das grenzüberschreitende Spital, das die KVG Anforderungen erfüllt, und anderseits die Teilnahme einer oder mehrerer Schweizer Krankenkassen bzw. die Kostenträger, die beim Bund eine Bewilligung dafür beantragen müssen.[144] Im Rahmen des Projekts eines grenzüberschreitenden Spitals, mit Standort Deutschland, müsste der Staatsvertrag zwischen Basel-Stadt und Baden-Württemberg an die Voraussetzung gebunden sein, dass der Bundesrat diese Kostenübernahme der obligatorischen Krankenversicherung verordnungsmässig auf das grenzüberschreitende Spital erstrecken würde, und die Krankenkassen ihre Teilnahme bereiterklärt haben.

---

[139] Zum Ganzen Botsch. KVG Int. Bezug (FN 109), 3.
[140] Botsch. KVG Int. Bezug (FN 109), 4.
[141] In Kraft seit 2018.
[142] Botsch. KVG Int. Bezug (FN 109), 8.
[143] Art. 34 Abs. 2 lit. a KVG; Botsch. KVG Int. Bezug (FN 109), 8.
[144] Interviewpartner 5; Botsch. KVG Int. Bezug (FN 109), 8.

Deutschland hat seine Gesetzgebung angepasst, so dass sich deutsche Versicherte über das EU-Recht hinaus auch in weiteren Fällen bei schweizerischen Leistungserbringern behandeln lassen können.[145] Gemäss § 140e i.V.m. § 13 Abs. 4 Satz 1 und Abs. 2 Satz 1 SGB V/DE ist es in Deutschland möglich, für Krankenkassen Verträge mit Leistungserbringern, im Geltungsbereich der EU-Verträge, abzuschliessen.[146] Wenn ein solcher Vertrag besteht, können die Versicherten diese Leistungen des Leistungserbringers nach denselben Regeln beanspruchen, wie bei inländischen Leistungserbringern, und somit erfüllt die Versicherung den Sachleistungsanspruch für ihre Versicherten.[147] Dadurch können Versicherte die Nachteile bei einer Kostenerstattung, i.S. einer Vorleistungspflicht und die Gefahr, dass sie selber einen Teil der Behandlungskosten tragen müssen, vermeiden.[148] Diese vertragliche Vereinbarung gilt auch ohne zeitliche Beschränkung.[149] Wenn ein grenzüberschreitendes Spital in der Schweiz gebaut würde, muss der Staatsvertrag an die Voraussetzung einer solchen vertraglichen Vereinbarung zwischen den Krankenkassen und dem Spital gebunden sein.

Das Erstrecken des Territorialitätsprinzips bzw. Territorialprinzips auf jede der beiden Seiten der Grenze ist somit eine zwingende Voraussetzung für das Gelingen eines grenzüberschreitenden Spitals. Diese Erstreckung erfolgt mittels Verordnung auf Schweizer Seite und mittels Vertrag auf deutscher Seite. Beide dieser Instrumente benötigen allerdings die Teilnahme eines Spitals, auf das sie die Erstreckung beziehen. Problematisch ist also vorliegend, dass dieses Spital bei dem Abschluss des Staatsvertrags noch nicht besteht und somit nicht mitwirken kann.

2. Spitalliste bzw. Krankenhausplan

Um die öffentliche Finanzierung eines grenzüberschreitenden Spitals zu verstehen, muss man sich erneut fragen, was der Zweck dieses Spitals sein könnte. Es wurde angenommen, dass es als zusätzliche Gesundheitsversorgung der Bevölkerung dienen kann und, dass das grenzüberschreitende Spital auch Betten für Patienten aus beiden Ländern sicherstellt.[150] Deshalb ist die zweite Vorüberlegung eines solchen Projekts die folgende: damit ein für die Grundversorgung öffent-

---

[145] Botsch. KVG Int. Bezug (FN 109), 3.
[146] FALLER (FN 106), 6; JAKOB/NEUWEILER/WETTER (FN 106), 189.
[147] SGB V, WENNER, in: EICHENHOFER EBERHARD/VON KOPPENFELS-SPIES KATHARINA/WENNER ULRICH (Hrsg.), Kommentar zum Sozialgesetzbuch V, 3 Aufl., Köln 2018, (zit. SGB V, VERFASSER, §, Rz.), § 140e, Rz. 1 und 3.
[148] WENNER, § 140e, Rz. 3 (FN 147).
[149] FALLER (FN 106), 11.
[150] Interviewpartner 2.

liches oder privates Spital in der Schweiz oder Deutschland einen Anspruch auf eine staatliche Finanzierung bzw. Abrechnung mit der obligatorischen bzw. gesetzlichen Krankenversicherung hat, bedarf es der Erfüllung gewisser Voraussetzungen. Das Spital muss auf der Schweizer-Spitalliste eines Kantons oder auf dem Deutschen Krankenhausplan eines Landes stehen.

Das Schweizer KVG besagt, dass Spitäler zur finanziellen Abrechnung gemäss KVG zugelassen sind, wenn sie auf der Spitalliste eines Kantons aufgeführt sind.[151] Damit ein Spital in der Schweiz auf diese Spitalliste kommt, muss es einen Bedarfsnachweis vorweisen können.[152] Die Idee der Spitalliste ist, dass jedes aufgeführte Spital auch Anspruch auf eine kantonale Finanzierung hat, irrelevant der Rechtsträgerschaft des Spitals.[153] Dies ist so, weil grundsätzlich die Kantone für die Grundversorgung des Gesundheitswesens zuständig sind. Private Spitäler müssen demnach auch Anspruch auf eine kantonale Mitfinanzierung haben können.

In Deutschland gibt es den Krankenhausplan, welcher der Schweizer Spitalliste ähnlich ist. Das deutsche KHG/DE besagt, dass die Bundesländer zur Verwirklichung der Gesundheitsziele Krankenhauspläne und Investitionsprogramme aufstellen müssen.[154] In Deutschland haben u.a. nur die in den Krankenhausplan aufgenommenen Spitäler Gesetzesanspruch auf Förderungsbeiträge des Bundeslandes und Zahlung der Krankenkasse.[155] Investitionen werden nur finanziert, wenn die Spitäler im Investitionsprogramm aufgenommen sind.[156] Weder die

---

[151] Art. 39 i.V.m. Art. 41 KVG.
[152] Interviewpartner 3.
[153] Martin Graf/Andreas Scherer, Expert Focus Finanzierung von Spitälern 2017, 323 ff., 323; Trinationales Kompetenzzentrum für Ihre Gesundheitsprojekte (TRISAN) (Hrsg.), Der Krankenhaussektor in Deutschland, Frankreich und der Schweiz, Gesundheit ohne Grenzen, Kehl 2019, 40.
[154] § 6 Gesetz vom 10 April 1991 zur wirtschaftlichen Sicherung der Krankenhäuser und zur Regelung der Krankenhauspflegesätze in der Fassung der Bekanntmachung (Zuletzt geändert am 18. März 2022) (Krankenhausfinanzierungsgesetz, KHG/DE; BGBl. I 886).
[155] § 8 KHG/DE; § 108 Ziff. 2 SGB V/DE; Allgemeine Ortskrankenasse (AOK) – Bundesverband, Krankenhausplanung, 2021, Para. 3, <https://aok-bv.de/lexikon/k/index_00439.html>.
[156] § 8 i.V.m. § 9 Abs. 1 KHG/DE; Deutsche Krankenhausgesellschaft (DKG) (Hrsg.), Bestandaufnahme zur Krankenhausplanung und Investitionsfinanzierung in den Bundesländern, Berlin 2021, 2, <https://www.dkgev.de/fileadmin/default/Mediapool/3_Service/3.4._Publikationen/3.4.7._Bestandsaufnahme_im_Krankenhaus/2021_DKG_Bestandsaufnahme_KH-Planung_Investitionsfinanzierung.pdf>.

Schweiz noch Deutschland erlaubt einen gesetzlichen Anspruch auf die Aufnahme in die Spitalliste bzw. in den Krankenhausplan.[157]

Aus obgenannten Gründen könnte es für das vorliegende Projekt notwendig bzw. eine Möglichkeit sein, dass ein grenzüberschreitendes Spital sowohl auf der Spitalliste von Basel-Stadt als auch auf dem Krankenhausplan von Baden-Württemberg aufgelistet ist. Sonst käme die öffentliche Kantons- bzw. Bundesland-Finanzierung, was für den unten in IV.D. vorgeschlagenen Lösungsvorschlag wichtig ist, gar nicht in Frage. Ausserdem muss für die grenzüberschreitende Inanspruchnahme von Gesundheitsleistungen der ausländische Leistungserbringer bzw. das Spital im nationalen System der Krankenversicherung des Auslandstaats berechtigt sein, Patienten zu versorgen.[158] Das setzt voraus, dass sie auf der respektiven Spitalliste bzw. auf dem Krankenhausplan stehen müssen. Es kann jedoch sein, dass sich das, basierend auf der Finanzierungsgestaltung auch anders, mittels Staatsvertrag, regeln lässt.

B. Drei Verhältnisebenen – ein Überblick und die erste Ebene

Im Spitalfinanzierungssystem eines grenzüberschreitenden Spitals gibt es drei Verhältnisebenen zu unterscheiden. Diese Ebenen werden in den folgenden Kapiteln erklärt.

Erstens gibt es die Ebene zwischen dem Patienten und dem Spital, siehe Abbildung 1. Auf dieser Ebene ist es wichtig, dass für den Patienten, auch wenn er in einem ausländischen grenzüberschreitenden Spital behandelt wird, kein finanzieller Unterschied zu seinem Heimatort und dessen Regelung besteht.[159] Durch die Erstreckung der Zahlungspflicht bzw. Kostenübernahme der nationalen Krankenversicherungen auf das grenzüberschreitende Spital, wie dies bereits in IV.A.1. erläutert wurde. Mittels des in Kapitel IV.D. folgenden Finanzierungslösungsvorschlages sollte dies kein Problem darstellen.

Zweitens gibt es die Ebene zwischen der obligatorischen bzw. gesetzlichen Krankenversicherung, dem Bundesland bzw. dem Kanton und dem Spital. Diese Ebene umfasst die einzelnen nationalen Finanzierungssysteme (Abbildung 1). Dieses Verhältnis wird je nach Land unterschiedlich behandelt, wobei der grösste Unterschied das Tragen der Investitionskosten ist. Diese zweite Ebene wird in IV.C. behandelt.

---

[157] DKG, Krankenhausplanung und Investitionsfinanzierung (FN 156), 2.
[158] § 13 Abs. 4 Satz 2 SGB V/DE; SGB V, Wenner, § 140e, Rz. 5 (FN 147).
[159] Interviewpartner 2.

Drittens gibt es die staatsvertragliche Ebene zwischen dem Bundesland und dem Kanton. Wir basieren unseren Lösungsvorschlag einer gemeinsamen Finanzierung auf diese dritte Ebene, um die Diskrepanz zwischen den zwei nationalen Finanzierungssystemen (der zweiten Ebene) zu überwinden. Diese Ebene mit dem Lösungsvorschlag wird in IV.D. erläutert.

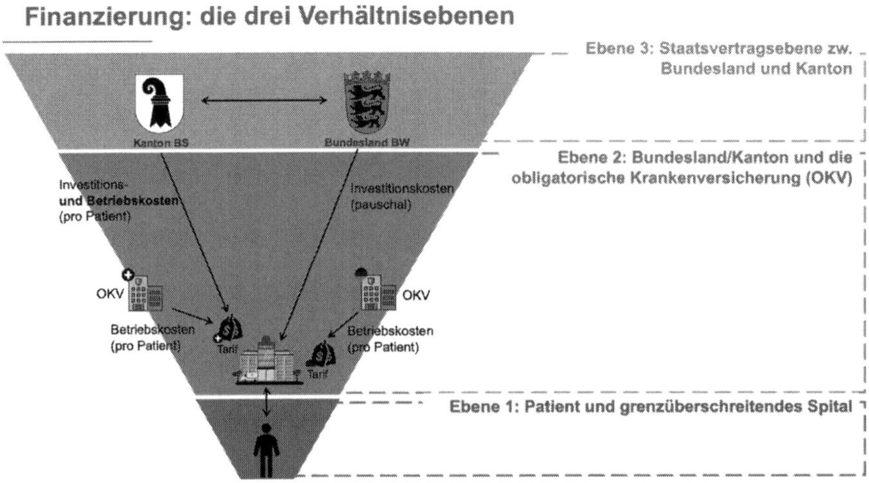

Abbildung 1: Drei Verhältnisebenen des Spitalfinanzierungssystem eines grenzüberschreitenden Spitals[160]

C. Die zweite Verhältnisebene: Nationale Finanzierungssysteme

In diesem Kapitel werden die unterschiedlichen nationalen Finanzierungs- und Tarifsysteme erklärt. In der zweiten Verhältnisebene ist, neben dem Verhältnis zwischen dem Leistungserbringer und der Krankenversicherung bzw. dem Bundesland bzw. Kanton, auch das Verhältnis zwischen der Krankenversicherung, dem Leistungserbringern und dem Staat zu beachten bezüglich nationalen Tarifverträgen.[161]

In den folgenden Unterkapiteln werden die jeweiligen Finanzierungssysteme in der Schweiz bzw. Deutschland erläutert, inklusive der Kostenabrechnung und Tarifsetzung der Gesundheitsleistungen. Im Weiteren werden zu Beginn des Kapi-

---

[160] Eigene Darstellung, 09.04.22.
[161] Interviewpartner 2; Art. 43 Abs. 4 i.V.m. 46 Abs. 1 und 4 KVG.

tels IV.D. die wesentlichen Diskrepanzen der zwei Strukturen hervorgehoben und ein Lösungsansatz einer gemeinsamen Finanzierung eines grenzüberschreitenden Spitals vorgeschlagen.

1. Finanzierungssysteme in der Schweiz

In der Schweiz gibt es seit der Revision des KVG im Jahr 2009 zwei Finanzierungsarten. Die eine ist für ambulante Spitalbehandlungen, wobei das monistische Finanzierungssystem anwendbar ist.[162] Dies bedeutet, dass die obligatorische Schweizer Krankenversicherung 100% der Kosten übernimmt.[163] Für die stationären Behandlungen wird jedoch ein dualistisches System angewendet. Dies bedeutet, dass die Leistungserbringer sowohl Betriebs- als auch Investitionskosten decken.[164] Der Wohnkanton des Patienten, z.B. Basel-Stadt, finanziert mind. 55% und die Krankenkasse übernimmt 45%.[165] Vom Kanton wird diese Finanzierung durch Steuereinnahmen und von der Krankenversicherung über Prämien sowie von den Versicherten über Franchise und Kostenbeteiligung getragen.[166]

a. Investitionskosten Finanzierung

Ein Spital hat Betriebs- sowie Investitionskosten zu decken. Zu beachten ist insb. wie die Investitionskosten eines Spitals in der Schweiz finanziert werden. Die Revision des KVG im Jahr 2009 bewirkte den Wechsel von einer Objekt- zur Subjektfinanzierung.[167] Im Subjektfinanzierungssystem müssen die Basispreise bzw. Tarife der Spitäler die Investitionen ganz abdecken.[168] Dies bedeutet, dass die 55% der vom Kanton abgedeckten Kosten für eine stationäre Behandlung auch die Investitions- und Anlagenutzungskosten des Kantons beinhalten.[169] Beispielsweise beinhalten die Basispreise bzw. Tarife, die für Operationen, Therapien oder stationäre Pflege (Leistungen des Spitals) geleistet werden, auch die Investitionskosten

---

[162] KÜMIN/LEMBERGER (FN 131), 28.
[163] Ibid.
[164] Ibid., 28 und 57.
[165] Ibid.; Art. 49a Abs. 2–2ter KVG.
[166] TRISAN (FN 153), 40.
[167] GRAF/SCHERER (FN 153), 323.
[168] H+ Die Spitäler der Schweiz (Hrsg.), Faktenblatt: SwissDRG und neue Spitalfinanzierung, Bern 2012, 1, <https://www.hplus.ch/fileadmin/hplus.ch/public/Medien/Medienkonferenzen/JMK_2012/3_120522_Faktenblatt_SwissDRG_Spitalfinanzierung_D.pdf>.
[169] Ibid., 2.

für neue Operationstische, Maschinen, und Immobilien.[170] Folglich gibt es zwei Verhältnisse zu unterscheiden: Das Verhältnis zwischen der Krankenkasse und dem Spital, und das zwischen dem Kanton und dem Spital.

Wie in Abbildung 1 aufgezeigt, werden von der obligatorischen Schweizer Krankenversicherung nur Betriebskosten pro Patientenbehandlung geleistet (diese sind in den 45% der stationären Kosten und den 100% der ambulanten Kosten inbegriffen). Der Kanton leistet aber Investitions- und Betriebskosten, die mit den 55% der stationären Behandlung pro Patient geleistet werden. Grundsätzlich sind die Investitionskosten seit der Revision in der Tarifberechnung bzw. Fallpauschale für stationäre Behandlungen integriert, was in Abbildung 1 dargestellt wird.[171] Daraus resultiert, dass dadurch die Höhe der Tarife beeinflusst wird.[172] Im Grundsatz werden im Schweizer System also die Investitionskosten (und Betriebskosten) pro Patienten bzw. pro Fall abgerechnet.

Mit der Änderung von der direkten Objektfinanzierung vom Kanton, die früher 100% der Investitionskosten deckte, zu der Subjektfinanzierung sind die Spitäler für Teile der Infrastrukturfinanzierung selber verantwortlich.[173] Durch dies hat der Kanton die Rahmenbedingungen für erhöhten Wettbewerb und Kostenbewusstsein geschaffen.[174] Bei einem öffentlichen Spital gilt aber immer noch, dass im Fall einer Finanzierungslücke diese durch Eigenmittel der Trägerschaft oder auch durch Finanzierung der Kantone geschlossen werden kann.[175]

b. Verteilung der kantonalen Spitalfinanzierungen

In Bezug auf die Verteilung der Finanzierung setzt der Kanton gemäss Art. 49a Abs. 2ter KVG den entsprechenden kantonalen Anteil der Spitalfinanzierung fest (Minimum 55%). Der Wohnkanton bezahlt grundsätzlich seinen Anteil direkt dem Spital, oder alternativ der Krankenversicherung, welche folglich dem Spital den Gesamtbetrag zukommen lässt.[176] Wichtig ist, dass diese Rechnung pro Patient erfolgt, was ein Problempunkt im Vergleich zum deutschen System darstellt.

---

[170] Ibid.; Art. 8 Verordnung vom 3. Juli 2002 über die Kostenermittlung und die Leistungserfassung durch Spitäler, Geburtshäuser und Pflegeheime in der Krankenversicherung (Stand am 1. Januar 2009) (VKL; SR 832.04).
[171] Oben VI.1.C für eine Erläuterung zur Schweizer Kostenabrechnung.
[172] Kümin/Lemberger (FN 131), 32.
[173] Graf/Scherer (FN 153), 323.
[174] Ibid., 328.
[175] Ibid.
[176] Art. 49a Abs. 3 KVG.

c.   Kostenberechnung bzw. Tarifsetzung

Letztlich ist bei der Kostenabrechnung bzw. Tarifsetzung der Leistungen die Unterscheidung zwischen ambulanter und stationärer Behandlung relevant. In der Gesamtschweiz ist das TARMED System anwendbar, welches ein Einzelleistungstarif für sämtliche ambulante Leistungen ist, die von einem Spital oder einer Arztpraxis erbracht werden.[177] Für stationäre Behandlungen sind, wie bereits erwähnt, die Tarife durch den kantonalen Beitrag beeinflusst. Durch die KVG Revision im Jahr 2009 wurde auch die leistungsbezogene Fallpauschale für stationäre Behandlungen (Swiss DRG) eingeführt,[178] was bedeutet, dass sich die Vergütung nicht auf die Kosten des Spitals, sondern auf den Fall basiert.[179] Es werden Patientengruppen gebildet und aufgrund deren Diagnosen werden definierte Pauschalen berechnet.[180] Die Tarifsetzung der Spitalbehandlung basiert unter anderem auf dem bereits erwähnten Verhältnis zwischen Krankenversicherung, Leistungserbringer und dem Staat, in dem ein Schweizer Tarifvertrag, i.S. des Swiss DRG Tarifvertrags zwischen den Schweizer Spitälern und Schweizer Krankenkassen geschlossen wurde und vom Bundesrat genehmigt wurde.[181]

2.   Finanzierungssystem in Deutschland

Deutschland folgt einem anderen System, nämlich dem des Prinzips der dualen Finanzierung.[182] Dieses System unterscheidet grundsätzlich zwischen Investitionskosten und Betriebskosten. Die Investitionskosten werden vollumfänglich mit Steuermitteln des Bundeslandes getragen, wobei jedes Land einen Investitionsplan aufstellen muss.[183] Die Betriebskosten für ambulante und stationäre Behandlungen werden jedoch ausschliesslich von den gesetzlichen Krankenkassen finanziert.[184] Wie auf Abbildung 1 dargestellt wird, bezahlen die deutschen gesetzlichen Krankenkassen 100 % der Betriebskosten, die durch den Tarif der Behandlung geleistet werden (Verhältnis Krankenkasse und Spital). Die Investi-

---

[177] KÜMIN/LEMBERGER (FN 131), 29.
[178] Ibid., 28.
[179] GRAF/SCHERER (FN 153), 323; KÜMIN/LEMBERGER (FN 131), 31.
[180] KÜMIN/LEMBERGER (FN 131), 31.
[181] Tarifstruktur-Vertrag TARPSY vom 1. Januar 2018 zw. H+ Die Spitäler der Schweiz und santésuisse bzw. curafutura, 58, <https://www.swissdrg.org/application/files/9815/0123/5903/Tarifstrukturvertrag_TARPSY.pdf>, 1–2; KÜMIN/LEMBERGER (FN 131); Interviewpartner 2.
[182] KÜMIN/LEMBERGER (FN 131), 57.
[183] TRISAN (FN 153), 16.
[184] Ibid.

tionskosten werden unabhängig vom Tarif und ohne diesen zu beeinflussen zu 100 % vom Bundesland getragen und direkt dem Spital geleistet (Verhältnis Bundesland und Spital). Dieses System ist bundesrechtlich im Krankenhausfinanzierungsgesetz (KHG) verankert.

a. Investitionskosten Finanzierung

In Deutschland werden, im Vergleich zum Schweizer System, die Investitionskosten unterschiedlich getragen. Diese werden auf Bundeslandesebene geregelt. Zusätzlich ist für dieses Projekt das Baden-Württemberg Landeskrankenhausgesetz (LKHG) ausschlaggebend, das besagt, dass die Fördermittel nach Massgabe des LKHG und des KHG/DE bemessen werden, damit sie die förderungsfähigen, notwendigen Investitionskosten decken.[185] Somit besteht für Spitäler, die im Krankenhausplan aufgenommen sind, ein direkter Rechtsanspruch auf staatliche Förderung (oben IV.A.2.).[186]

In Baden-Württemberg werden die Investitionskosten, die zu 100 % vom Bundesland direkt getragen werden, in Einzelförderungen und Pauschalförderungen unterteilt.[187] Einzelförderungen, die für grössere Investitionen benötigt werden, beinhalten z.B. die Kosten für die Errichtung bzw. Instandhaltung von Krankenhäusern (Neubau, Umbau, etc.) oder die für den Betrieb notwendigen Anlagegüter.[188] Pauschalförderungen sind feste Jahresbeiträge, wie z.B. die Wiederbeschaffung von Einrichtungs- und Ausstattungsgegenständen.[189] Das Pauschalförderungssystem orientiert sich an der Anzahl Planbetten gemäss Krankenhausplan und an den kleinen Baumassnahmen und Wiederbeschaffungen von kurzfristigen Anlagegütern.[190] Dieses System umfasst eine direkte Investitionsförderung des Spitals, was in der Schweiz eher leistungsorientiert gestaltet ist und mittels dem kantonalen Beitrag durch den Behandlungstarif geleistet wird.

Jedoch hat Deutschland im Jahr 2009 diese Investitionsfinanzierung angepasst und das Krankenhausfinanzierungsreformgesetz (KHRG) erlassen. Durch dieses Gesetz wurde die obgenannte Finanzierungsart für Spitäler im Krankenhausplan von Einzel- und Pauschalförderungen durch die leistungsorientierte Investitions-

---

[185] § 10 LKHG/BW.
[186] § 8 KHG/DE i.V.m. § 10 ff. LKHG/BW.
[187] § 10 Abs. 1 LKHG/BW.
[188] § 12 LKHG/BW; KÜMIN/LEMBERGER (FN 131), 57.
[189] Ibid.
[190] Allgemeine Ortskrankenasse (AOK) – Bundesverband, Krankenhausfinanzierung, 2021, Para.3, <https://aok-bv.de/lexikon/k/index_00437.html>.

pauschalen ergänzt.[191] Die Leistungspauschale orientiert sich an der Anzahl stationärer Patienten (ähnlich wie die kantonale Beteiligung von 55% für stationäre Patienten in der Schweiz, in der die Investitionskosten einbegriffen sind).[192] Diese Investitionskosten werden aber direkt dem Spital geleistet, und nicht mittels eines Tarifes des Leistungserbringers. Der Unterschied liegt in der Berechnung, die mittels dieses Systems pro Patient berechnet wird, und nicht anhand z.B. der Bettenanzahl. Dieser Systemwechsel war ab 2012 bzw. 2014 möglich, aber die Länder haben das Recht, selbst zwischen der Förderung durch leistungsorientierte Investitionspauschalen und der Einzelförderung zusammen mit der Pauschalförderung zu entscheiden.[193] Bis anhin haben nur wenige Bundesländer diesen Umstieg vollbracht.[194]

b. Verteilung und Berechnung der Investitionsbeiträge

In Bezug auf die Verteilung bzw. Berechnung der Investitionsbeiträge des Bundeslandes, gilt gemäss Thomas Gerlinger folgendes: «Leistungsorientierte Investitionspauschalen koppeln die Investitionsfinanzierung an die Vergütung durch diagnosebezogene Fallpauschalen (Diagnosis Related Groups – DRGs). Sie werden als Aufschlag auf die DRG-Vergütung entrichtet.»[195] Das Ziel dieses neuen Systems ist, dass die Investitionskosten am DRG Vergütungssystem angepasst werden.[196]

Hingegen werden für das ältere System von Einzel- und Pauschalförderungen die Einzelförderungen auf Antrag des Spitals bewilligt, wenn die Investitionen im Investitionsprogramm des Landes aufgenommen sind und das Spital im Krankenhausplan aufgelistet ist.[197] Die Pauschalförderungen werden auf Antrag jährlich

---

[191] Ibid.
[192] Deutsche Krankenhausgesellschaft (DKG), Bundesländer sind für Investitionsmittel verantwortlich, 2021, Para. 1, <https://www.dkgev.de/themen/finanzierung-leistungskataloge/investitionsfinanzierung/>.
[193] § 10 und 17b KHG/DE; DKG, Investitionsmittel (FN 192), Para. 1.
[194] Allgemeine Ortskrankenasse (AOK) – Bundesverband, Dossier: Krankenhaus, 2021, Para. 3, <https://www.aok-bv.de/hintergrund/dossier/krankenhaus/index_15352.html>.
[195] Ibid., Para. 1.
[196] Thomas Gerlinger, Krankenhausplanung und -finanzierung, 2017, Para. 1, <https://www.bpb.de/themen/gesundheit/gesundheitspolitik/252942/krankenhausplanung-und-finanzierung/#node-content-title-4>; Wissenschaftliche Dienste (WD) des Bundestags (Hrsg.), Ausarbeitung über Öffentliche Investitionskostenförderung von Krankenhäusern in privater Trägerschaft vom 9. Dezember 2019 (WD 9-3000-088/19), 18 f., <https://www.bundestag.de/resource/blob/676586/d4746288604db1f92134e774c6a831c5/WD-9-088-19-pdf-data.pdf>.
[197] § 14 LKHG/BW.

bewilligt.[198] Wenn sich im Folgejahr die für die Bemessung relevante Grundlage nicht verändert, ist kein neuer Antrag nötig.[199] Diese Mittel werden zur Jahresmitte ausbezahlt.[200]

c. Kostenabrechnung bzw. Tarifsetzung

In Bezug auf die Tarifsetzung in Deutschland ist die kollektivvertraglich regulierte ambulante ärztliche Versorgung zentral für die ambulanten Leistungen.[201] Für das kooperativ geregelte, ambulante Behandlungssystem werden die Leistungen mittels dem einheitlichen Bewertungsmassstab (EBM)[202] abgerechnet.[203] Der EBM definiert ein Punktesystem pro Leistung, das die Bewertungsverhältnisse zwischen den einzelnen Leistungen beschreibt.[204] Danach wird diese Bewertung bzw. dieser Punktwert in eine Bewertung in Euro umgerechnet.[205] Die stationären Leistungen werden mittels des German-DRG (G-DRG) Systems abgerechnet.[206] Nach notwendigem ökonomischen Aufwand werden Fallgruppen gebildet und nach Bewertungsrelation gekennzeichnet.[207]

D. Die dritte Verhältnisebene: Staatsvertrag zwischen Kanton und Bundesland

1. Ausgangspunkte

Es gibt zwei Ausgangspunkte: Erstens, muss auf dieser Ebene vereinbart werden, dass nach dem nationalen Recht des Standorts des Spitals geleistet und abgerechnet werden muss.[208] Dies ist auch im jetzigen EU-System der Auslandsbehandlungen der Fall. Zweitens, und parallel dazu, müsste man, wie in den Vorüber-

---

[198] § 15 LKHG/BW.
[199] § 15 LKHG/BW.
[200] Ibid.
[201] Anna Walendzik/Jürgen Wasem, Vergütung ambulanter und ambulant erbrachter Leistungen, Bertelsmann Stiftung, Gütersloh 2019, 18, <https://www.bertelsmann-stiftung.de/fileadmin/files/BSt/Publikationen/GrauePublikationen/AmbulanteVergu__tung_13lay.pdf>.
[202] § 87 Abs. 2 SGB V/DE.
[203] Walendzik/Wasem (FN 201), 18.
[204] Kümin/Lemberger (FN 131), 43; Walendzik/Wasem (FN 201), 19.
[205] Walendzik/Wasem (FN 201), 19.
[206] Kümin/Lemberger (FN 131), 45.
[207] Ibid.
[208] Interviewpartner 2.

legungen in IV.A.1. erklärt, die Zahlungspflicht bzw. Kostenübernahme der obligatorischen bzw. gesetzlichen ausländischen Krankenkassen des Landes, in dem das Spital nicht gebaut wird, auf alle Behandlungen im grenzüberschreitenden Spital erstrecken.

2. Probleme: Diskrepanz auf der zweiten Verhältnisebene

Eine gemeinsame Finanzierung eines grenzüberschreitenden Spitals bringt eine Vielzahl an Problemen mit sich. Es gibt eine gewisse Inkompatibilität zwischen den beiden nationalen Finanzierungssystemen, wie dies in Abbildung 1 gezeigt wird.[209] Der grosse Unterschied ist das Tragen der Investitionskosten und deshalb auch die Kostenabrechnung. In der Schweiz werden die Investitionskosten in den kantonalen Beitrag (von 55%) pro stationäre Behandlung (pro Fall) im Tarif einberechnet.[210] In Deutschland werden die Investitionskosten gänzlich vom Bundesland separat, pauschal und direkt (für die Infrastruktur), ohne Einfluss auf den Tarif, an das Spital geleistet.[211]

Die Diskrepanz der Art und Weise der Spitalfinanzierung hängt deswegen direkt mit der Tarifierung der stationären Behandlung zusammen.[212] Obwohl die Schweiz das DRG System von Deutschland übernommen hat, haben die Systeme eigentlich nichts miteinander zu tun.[213] Die Schweiz ist beim ursprünglichen DRG geblieben, wodurch mehr Kosten verbucht werden und weniger subventioniert wird.[214] In Deutschland werden zusätzlich zu den Fallpauschalen auch öffentliche Gelder (insb. Investitionskosten) in das Spitalwesen investiert.[215]

Einerseits bedeutet dies, dass die Tarife sehr unterschiedliche Höhen für dieselbe Behandlungen aufweisen können. Das ergibt sich daraus, dass das Schweizer Gesundheitswesen eines der teuersten der Welt ist.[216] Dieser Preisunterschied bezieht sich u.a. auf die Personalkosten, Medikamente, und medizinische Hilfsmittel, die in Deutschland billiger sind.[217] Für die Schweiz ist es aber unmöglich,

---

[209] KÜMIN/LEMBERGER (FN 131), 58.
[210] Interviewpartner 3.
[211] Ibid.
[212] KÜMIN/LEMBERGER (FN 131), 58.
[213] Interviewpartner 2.
[214] Interviewpartner 3.
[215] Ibid.
[216] Interviewpartner 5.
[217] KÜMIN/LEMBERGER (FN 131), 59.

dieselben Leistungen zu denselben Preisen wie in Deutschland anzubieten.[218] Durch diese unterschiedlichen Tarife gibt es eine gewisse Undurchschaubarkeit der gegenseitigen Preisgestaltung.[219] Folglich macht die Komplexität der einzelnen nationalen Systeme die Nachvollziehung der Tarifsetzung schwieriger.[220] Das zweite Problem liegt in der Tatsache, dass wenn die Investitionskosten, z.B. wie in der Schweiz, durch die Tarife der Spitäler nur einseitig gedeckt werden, dies zu einer Ungleichbehandlung der beteiligten Länder bzw. Vertragsparteien führt.[221]

Wie in den Ausgangspunkten in IV.D.1. erläutert, muss immer nach dem nationalen System des Standorts des Spitals abgerechnet werden.[222] Durch die bereits genannten theoretischen Ausführungen ergeben sich weitere Praxisprobleme, welche im Folgenden aufgelistet sind. Beispielsweise wäre eine Behandlung in der Schweiz, ohne einen Bundeslandesbeitrag, für eine deutsche Krankenkasse sehr teuer. Dies, weil die Schweizer Tarife höher sind und ein Beitrag des Kantons einberechnet ist.[223] Es ist aber verständlich, dass eine deutsche Krankenkasse nicht bereit ist, mehr zu bezahlen als dieselbe Leistung im Inland kosten würde.[224] Deswegen besteht für die Krankenkassen ein gewisses Interesse, dass sich Patienten im eigenen Land behandeln lassen.[225] Zudem müsste nach diesen Überlegungen das Bundesland in der Schweiz, im Gegensatz zum Kanton, gar nichts leisten, da sie den Tarif nicht mitfinanzieren, was die obgenannte Ungleichbehandlung der beteiligten Länder wegen der Diskrepanz der Finanzierungssysteme bestätigt.[226] Das gleiche Problem besteht, wenn eine Schweizer Krankenkasse, die normalerweise für stationäre Behandlungen nur 45% bezahlt, in Deutschland 100% übernehmen müsste. Dort wäre die Behandlung vielleicht absolut gesehen billiger, aber die Schweizer Krankenkasse müsste trotzdem dementsprechend mehr bezahlen.[227] Zudem, wie bereits aufgezeigt, werden die Investitionskosten in Deutschland separat geleistet, und nicht mittels des Tarifs und dies müsste irgendwie auch abgedeckt werden.

---

[218] Ibid.
[219] Ibid., 58.
[220] Ibid., 59.
[221] Ibid., 58.
[222] Interviewpartner 3.
[223] Interviewpartner 3.
[224] KÜMIN/LEMBERGER (FN 131), 59.
[225] Interviewpartner 5.
[226] KÜMIN/LEMBERGER (FN 131), 58.
[227] Interviewpartner 3.

3. Lösungsvorschlag für eine gemeinsame Spitalfinanzierung

Die Vertragspartei, in deren Land das grenzüberschreitende Spital gebaut wird, kann dieses Spital normal nach den nationalen Regeln, wie in der Ebene zwei aufgezeigt, finanzieren. Die Finanzierung der anderen Vertragspartei stellt ein Problem dar, das sich aber auf der dritten Ebene lösen lässt. Aufgrund der obgenannten systematischen Abweichungen dieser Zahlung bzw. Abrechnung, welches auf die unterschiedlichen Tarifsysteme der Länder zurückzuführen ist, müsste der jeweilige Staat (in dem das Spital nicht gebaut wird) in irgendeiner Form nachleisten. Dies insbesondere wenn man den Wettbewerb fördern und die Attraktivität einer grenzüberschreitenden Versorgung schaffen will.[228]

Eine Lösung für diese Abweichungen bzw. Tarifdifferenzen wäre, dass man im Staatsvertrag zwischen Bundesland und Kanton die Verpflichtung eines Kantons- bzw. Bundeslandesbeitrags, der zusätzlich zu den Krankenkassenleistungen geleistet wird, klar regelt.[229] Im Gegenzug dazu müsste auch eine Tarif-Vereinbarung für die Gesundheitsleistungen des grenzüberschreitenden Spitals abgemacht werden.[230] Bei dieser grenzüberschreitenden Tarifgestaltung müssen die unterschiedlichen Finanzierungsformen berücksichtigt werden, um diese Diskrepanzen zu überwinden.[231] Mittels dieses Lösungsvorschlages könnte eine Vereinheitlichung des Systems geschaffen werden und die Finanzierungslast zwischen der Krankenkasse und der öffentlichen Hand aufgeteilt und somit auch eine Gleichbehandlung zw. den Ländern bewirkt werden.

Im Normalfall würde eine Tarifvereinbarung zwischen Staat bzw. Krankenkasse und Spital erstellt werden.[232] Dabei ist zu beachten ist, dass das grenzüberschreitende Spital bei Vertragsabschluss noch nicht bestehen würde, deshalb könnte die Tarifvereinbarung vorgängig mittels Staatsvertrags geregelt werden. Zu beachten ist auch, dass die nationalen Krankenkassen in die Tarifvereinbarung miteinbezogen werden müssten. Für eine bestimmte (möglicherweise niedrigere) Tarifvereinbarung ist aber die Gegenleistung einer Beitragspflicht umso wichtiger für die Gleichbehandlung der in- und ausländischen Patienten. Dies weil eine solche Tarifvereinbarung nicht die inländische Bevölkerung benachteiligen darf, in-

---

[228] Ibid.
[229] Interviewpartner 2.
[230] Ibid.
[231] Kümin/Lemberger (FN 131), 58.
[232] Interviewpartner 2; Botsch. KVG Int. Bezug (FN 109), 9.

dem man den ausländischen Patienten niedrigere Preise anbieten würde ohne irgendeine Gegenleistung.[233]

In der Praxis, insb. in Anwendung des Falls eines grenzüberschreitenden Spitals zw. Basel-Stadt und Baden-Württemberg, würde dies bedeuten, dass der entsprechende Vertragspartner gemäss Staatsvertrag einen gewissen Beitrag leistet (siehe IV.E. für eine Erläuterung zur Gestaltung der Beitragspflicht) und im Gegenzug wird ein gewisser Tarif für die Gesundheitsleistung vereinbart. Zum Beispiel, dass die in Deutschland wohnhaften Patienten und deren Versicherungen einen bestimmten Tarif in Basel-Stadt erhalten und, dass das Bundesland Baden-Württemberg «die Differenz» zum inländischen basel-städtischen Tarif durch einen Bundeslandesbeitrag selbst deckt. So kommen die deutschen Einwohner zu der Leistung nach Regeln ihres eigenen Rechts, aber Baden-Württemberg regelt mit Basel-Stadt nach Schweizer Recht ab.[234]

Für die obgenannte Vereinbarung muss die Höhe des Beitrags bzw. der Tarife festgesetzt werden. Dabei besteht immer noch eine gewisse Undurchschaubarkeit der nationalen Tarife, wie dies in IV.D.2. erläutert wurde, und eine Unklarheit, wie man einen gerechten Ausgleich zwischen den zwei Vertragsparteien schaffen kann. Diese Undurchschaubarkeit kann grundsätzlich ohne eine Änderung der Finanzierungsgestaltung eines nationalen Systems nicht ganz vermieden werden.

Wie in IV.C.2. erwähnt, werden in Deutschland nichtsdestotrotz die Investitionskosten entweder als Einzel- und Pauschalkostenförderungen oder als leistungsorientierte Kostenförderungen pro Patienten, geleistet. Baden-Württemberg nutzt die erste dieser beiden Strukturen.[235] Dennoch hat das leistungsorientierte System Ähnlichkeiten mit dem Schweizer System in dem pro stationäre Behandlung, d.h. pro Fall, Investitionen berechnet bzw. geleistet werden. Ganz identisch ist es nicht, da im leistungsorientierten System die Kosten nicht im Behandlungstarif inbegriffen sind und separat geleistet werden.

Die Bundesländer sind durch die Einführung des leistungsorientierten Systems rechtlich befugt, diese Änderung und den Umstieg in Ihre Gesetzgebung einzuführen.[236] Ein solcher Umstieg auf ein ähnliches System würde eine Vollkostenabrechnung, die Beitragshöhenberechnung und Tarif-Vereinbarungen verein-

---

[233] KÜMIN/LEMBERGER (FN 131), 59.
[234] Interviewpartner 2.
[235] § 12 ff. LKHG/BW.
[236] AOK, Krankenhaus (FN 194), Para. 3.

fachen. Durch eine solche Angleichung des Systems würde es den Vergleich von unterschiedlichen Tarifen vereinfachen, da pro Behandlung genau vorhersehbar wäre, wieviel in Deutschland investiert wird.[237] Es ist aber zu beachten, dass es politisch schwierig wäre, diese Anpassung des Systems durchzusetzen, da Baden-Württemberg bisher nicht interessiert war, diesen Umstieg vorzunehmen.

Letztlich beeinträchtigt dieser obgenannte Lösungsvorschlag zwischen Kanton und Bundesland die ausländischen Krankenkassen genauso und muss deshalb auch berücksichtigt werden.[238] Es kann deshalb sein, dass es dafür auf der zweiten Ebene zw. Bundesland bzw. Kanton (IV.C.) und Krankenversicherungen auch einer Anpassung bzw. Vereinbarung bedarf, z.B. in Bezug auf die interne Abrechnung.[239]

E. Vier Lösungsvorschläge für die Gestaltung einer Beitragspflicht

Wie im vorangegangenen Lösungsvorschlag erwähnt, muss der Kanton bzw. das Bundesland in einer Form nachleisten. Diese Beiträge könnte man möglicherweise mit dem folgenden Lösungsvorschlag regeln. Der Beitrag sollte unproblematisch sein, da Kanton und Bundesland eine national verankerte Pflicht haben, in irgendwelcher Form Investitionen zu leisten, sei das im Rahmen des kantonalen Beitrags oder als separate Bundeslandesleistung.[240] Wichtig wäre es, staatsvertraglich zu verankern, dass die Bewohner des Kantons oder des Bundeslandes einen Vorrang vor ausserkantonalen Schweizern bzw. vor Deutschen aus anderen Bundesländern haben müssen, weil das Problem entstehen kann, dass ein Kanton bzw. Bundesland einen Beitrag leistet, aber seine Bewohner die Leistung aus Platzgründen nicht immer in Anspruch nehmen können.[241] Dieser Beitrag kann unter anderem auf folgende Weisen, wie in Tabelle 1 veranschaulicht, geleistet werden.

---

[237] Interviewpartner 3.
[238] Verweis auf die zweite Verhältnisebene.
[239] Interviewpartner 2.
[240] Interviewpartner 4.
[241] Interviewpartner 2.

Beitrags-pflicht	Bau/Infrastruktur Finanzierung/ Investition	Defizitdeckung	Allg. Vorweg-Beitrag als Pauschale	Zuschlag/ Beteiligung am Ausland-Tarif
Beschreibung	Der Ausgleich kann durch die volle Tragung der Bau/Infrastruktur durch einen Kanton/ein Bundesland getragen werden	Defizitdeckung im Verhältnis zum Bettenanteil/Trägerschaftsanteil	Einmalige Leistung (bspw. pro Jahr) basierend auf einer Schätzung der Anzahl Patienten	Pro Patient leistet der Kanton/das Bundesland einen Beitrag
Vorteil (+)	Einmalige bzw. Pauschal-Leistung	Seltener?	Pauschal Lösung	Gerechtigkeit
Nachteil (−)	Ab einem gewissen Punkt: Ungleiche Gegenleistung	Riskant/ Ungewiss	Braucht eine Schätzung	Administrativer Aufwand für die pro Fall Abrechnung

Tabelle 1: Vier Lösungsvorschläge für die Gestaltung einer Beitragspflicht[242]

Die erste mögliche Beitragspflicht ist, dass die ausländische Vertragspartei die Bau- bzw. Infrastrukturfinanzierung voll übernimmt. Dies ist bei einer Mitträgerschaft des Spitals ohne weiteres möglich. Der Vorteil ist, dass es eine einmalige Leistung ist. Ab einem gewissen Punkt übersteigt jedoch die Gegenleistung i.S. der Behandlung von Patienten die Finanzierungsleistung und verursacht ein Ungleichgewicht.[243] Die zweite Möglichkeit ist die Teilnahme an der Defizitdeckung nach Massgabe der Beteiligung oder Bettenanteil-Anrechten. Der Vorteil ist, dass im Normalfall Spitäler selbsttragend sind. Aber es besteht eine gewisse Ungewissheit und ein Risiko, dass ein Defizit nicht unbedingt voraussehbar ist. Die dritte Möglichkeit ist ein allg. Vorweg-Beitrag als Pauschale. Die Baufinanzierung ist eine Sonderform dieser Beitragspflicht. Dieser Beitrag braucht eine gewisse Schätzung in Bezug auf die möglichen aufkommenden Kosten in einem gewissen Zeitraum. Die letzte Möglichkeit wäre ein Zuschlag bzw. Beteiligung am ausländischen Tarif pro Patient. Für diesen Vorschlag würde der Kanton bzw. das Bundesland pro Fall für seine Patienten Dienstleistungen bezahlen, was aber einen hohen administrativen Aufwand verursachen würde.[244]

---

[242] Eigene Darstellung, 21.04.22; basierend auf dem Interview mit dem Interviewpartner 2.
[243] Interviewpartner 3.
[244] Zum Ganzen Interviewpartner 2.

F. Exkurs: Lösungsvorschlag für die Finanzierung des Baus eines grenzüberschreitenden Spitals

Im Fall, dass die bereits erwähnte Beitragspflicht nicht mittels Baufinanzierung geleistet wird, und das grenzüberschreitende Spital im Miteigentum steht (unter Umständen auch, wenn nur ein Bettenanteil-Anrecht gegeben ist), müsste vor allem der ursprüngliche Bau des Spitals gemeinsam finanziert werden. Für dies gibt es zwei Lösungsvorschläge. Der erste Lösungsvorschlag wäre, dass die zwei Staaten je 50% der Finanzierung des Baus übernehmen.[245] Der zweite Lösungsvorschlag basiert auf dem Praxisbeispiel des Flughafens Basel-Mülhausen im französischen Blotzheim. Im Staatsvertrag, auf dem der Flughafen basiert, wurde vereinbart, dass Frankreich das erforderliche Gelände bzw. Grund und Boden zur Verfügung stellte, und die Schweiz die Bauarbeiten übernahm.[246]

Der Hauptunterschied dieses Projekts zum grenzüberschreitenden Spital ist, dass, erstens, der Staatsvertrag für ein solches Spital auf kantonaler Ebene geschlossen würde und, zweitens, dass das Gesundheitswesen Teil der Grundversorgung des Kantons ist. Im Grundsatz ist eine solche Investition in ein anderes Land erlaubt, solange ein Gleichgewicht zwischen den zwei Staatsvertragsparteien besteht. Gemäss unserem Interviewpartner 3 wäre es vorteilhafter, wenn sich die Vertragsparteien schrittweise beteiligten.[247] Dies, da es eventuell unklar sein könnte, wie lange eine solche Vereinbarung gelten kann, wenn ein Land den Boden zur Verfügung stellt und das andere für die Infrastruktur und Entwicklung verantwortlich ist. Zu einem gewissen Zeitpunkt wird die Infrastruktur teurer sein als der Boden, was der Gleichbehandlung widersprechen würde (diese Probleme wurden schon in IV.E. erläutert).[248] Das entscheidende Kriterium zwischen diesen zwei Lösungsvorschlägen gemäss unserem Interviewpartner 2 ist, dass es darauf ankommt, ob auf die Trägerschaft oder auf die Qualität ein Schwerpunkt gelegt werden soll.[249]

---

[245] Interviewpartner 2.
[246] Art. 2 Französisch-schweizerischer Staatsvertrag vom 4. Juli 1949 über den Bau und Betrieb des Flughafens Basel-Mülhausen in Blotzheim (In Kraft seit 25. November 1950) (Flughafen Staatsvertrag; SR 0.748.131.934.92); FEHR SANDRO, Die Erschliessung der dritten Dimension, Bern 2012, 162 ff.
[247] Interviewpartner 3.
[248] Ibid.
[249] Interviewpartner 2.

V. Personal

Ein essenzieller Aspekt der Abklärungen im Rahmen eines grenzüberschreitenden Spitals stellt das Personal und deren Anstellungsbedingungen dar. Ein Spital, welches sich auf schweizerischem oder deutschem Hoheitsgebiet befindet, bietet seinen Angestellten unterschiedliche Anstellungsbedingungen, da diese national geregelt sind und gewisse grössere Unterschiede aufweisen. Somit bestehen im Bereich des Personals einige rechtliche Hürden für ein grenzüberschreitendes Spital.[250]

In der Schweiz sind für Anstellungsverhältnisse relevante Regelungen im (Arbeitsgesetz) ArG, im Obligationenrecht[251], sowie Gesetze und Verordnungen der jeweiligen Kantone und Kollektivverträge von Bedeutung.[252] In Deutschland gibt das GG/DE dem Bund keine generelle Rechtssetzungskompetenz im Gesundheitswesen, sondern beschränkt seine Zuständigkeit auf die ausdrücklich genannten Regelungskompetenzen.[253] Trotzdem gibt es zur Regelung von Anstellungsverhältnissen von Pflegepersonal bundeseinheitliche Regelungen, wie bspw. das Krankenpflegegesetz (KrPflG). Die Ausführung dieser ist dann auf die Länder übertragen. Weiter von Relevanz sind die Ausbildungs- und Prüfungsverordnung für die Berufe in der Krankenpflege (KrPflAPrV), das Arbeitszeitgesetz (ArbZG) und der Tarifvertrag öffentlicher Dienst Bund und Kommunen (TVÖD), sowie entsprechende Haustarifverträge.[254] Generell ist das Arbeitsrecht in der Schweiz liberaler, als es in Deutschland ist.[255]

A. Anstellungsverhältnis

Der erste grosse Unterschied in der Anstellung des Personals liegt in der Rechtsnatur des Anstellungsverhältnisses. In der Schweiz gilt grundsätzlich, dass in öffentlich-rechtlichen Institutionen Ärzte (Chefärzte, sowie Ober- und Assistenz-

---

[250] Interviewpartner 5.
[251] Art. 319 ff. OR.
[252] CORINNE AVANZINO/MARCO FUSI/KARIN INGBER, Die Anstellungsbedingungen für Pflegepersonal und Ärzte in der Schweiz, in Deutschland und in Frankreich, in: Odendahl/Tschudi/Faller (Hrsg.), Grenzüberschreitende Zusammenarbeit im Gesundheitswesen, Ausgewählte Rechtsfragen am Beispiel des Basler Pilotprojekts, Zürich/St. Gallen 2010, 225 ff., 230.
[253] Ibid., 237.
[254] Ibid., 235.
[255] Interviewpartner 1.

ärzte) und das Pflegepersonal in einem öffentlich-rechtlichen Anstellungsverhältnis mit der entsprechenden Institution sind. Entsprechend gestaltet sich ein Anstellungsverhältnis in einem privatrechtlichen Spital nach dem Privatrecht. Die rechtliche Grundlage eines öffentlich-rechtlichen Anstellungsverhältnisses befindet sich in Art. 9 Personalgesetz/BS[256], oder es werden subsidiär Art. 319 ff. OR angewendet.[257]

In Deutschland, hingegen, werden Chefärzte in einem öffentlich-rechtlichen Spital nichtsdestotrotz mittels privatrechtlichem Dienstvertrag gemäss § 611 BGB/DE[258] angestellt. Nur ausnahmsweise besteht ein öffentlich-rechtliches Anstellungsverhältnis. Ober- und Assistenzärzten werden in Privatkliniken in privatrechtlichen Arbeitsverhältnissen angestellt (auch nach § 611 ff. BGB/DE). In öffentlichen Kliniken gilt der Tarifvertrag für den öffentlichen Dienst (TVÖD). Lörrach hat zusätzlich einen Tarifvertrag für Ärzte[259], welcher auf den Tarifvertrag für Ärzte an kommunalen Krankenhäusern im öffentlichen Dienst (TV-Ärzte VKA) verweist.[260] Das Pflegepersonal wird, analog zu den Ober- und Assistenzärzten, in Privatkliniken in einem privatrechtlichen Arbeitsverhältnis gemäss § 611 BGB/DE oder nach Tarifverträgen angestellt. In öffentlichen Kliniken herrscht meist ein tarifvertragliches Arbeitsverhältnis, welches nach dem TVÖD ausgestaltet wird. Subsidiär gilt auch hier das BGB.[261]

Aus Sicht des Spitals ist es wenig ausschlaggebend, welcher Rechtsnatur die Anstellungsverhältnisse seines Personals sind. Ein privatrechtliches Anstellungsverhältnis gewährt dem Spital etwas mehr Freiheit, da im Privatrecht der Grundsatz der Vertragsfreiheit besteht und somit der Vertragsinhalt innerhalb des rechtlich Erlaubten frei gestaltbar ist. Verwaltungsrechtliche Anstellungsverhältnisse hingegen, sind klar reglementiert durch die kantonalen Vorschriften, was aber auch Vorteile bringen kann, da das Spital somit weniger organisatorischen Aufwand betreiben muss, um Vertragsklauseln auszugestalten.

---

[256] Personalgesetz vom 17. November 1999 des Kantons Basel-Stadt (Personalgesetz/BS; SG 162.100)
[257] AVANZINO/FUSI/INGBER (FN 252), 231 und 235.
[258] Bürgerliches Gesetzbuch vom 2. Januar 2002 in der Fassung der Bekanntmachung (Zuletzt geändert am 21. Dezember 2021) (BGB/DE; BGBl. I S. 42, ber. S. 2909, 2003, S. 738)
[259] Siehe § 2 Tarifvertrag «Ärzte» Kliniken des Landkreises Lörrach GmbH.
[260] AVANZINO/FUSI/INGBER (FN 252), 231.
[261] Ibid., 235.

Ein privatrechtliches Verhältnis wäre förderlich, wenn das Spital mit hohen Löhnen möglichst gutes Personal anlocken möchte. Die Möglichkeiten, den Lohn anzupassen, ist allerdings bei einem verwaltungsrechtlichen Verhältnis beschränkter, da sich der Arbeitgeber an die Richtlinien des Kantons halten muss.

B. Arbeitsbedingungen

Bei den Arbeitsbedingungen der Angestellten werden primär die Arbeitszeit und der Lohn analysiert, da diese die Hauptunterschiede in den Arbeitsbedingungen zwischen Deutschland und der Schweiz darstellen.[262]

1. Arbeitszeit

Die Bestimmungen betreffend die Arbeits- und Ruhezeiten des schweizerischen ArG finden nicht auf die in der Schweiz angestellten Ärzte (Chefärzte, sowie Ober- und Assistenzärzte) Anwendung.[263] Somit ist es möglich, dass diese Ärzte mind. 50 Stunden pro Woche arbeiten, da sie keiner Höchstarbeitszeit unterstehen.[264] Auf Assistenz- und Oberärzte, welche in öffentlichen Spitälern auf Zeit angestellt sind, ist zudem die «Verordnung betreffend die Anstellungsbedingungen der Assistenzärztinnen und Assistenzärzte und der Oberärztinnen und Oberärzte an staatlichen Spitälern und in Dienststellen der kantonalen Verwaltung»[265] anzuwenden, welche in Art. 13 die Arbeitszeit der Ober- und Assistenzärzte bestimmt. Diese erwähnt eine Mindestarbeitszeit von 46 Stunden und regelt die Kompensation für Überstunden. Eine Höchstarbeitszeit wird allerdings nicht angegeben.[266] Auch beim Schweizer Pflegepersonal ist das ArG nicht anwendbar

---

[262] Ibid., 247.
[263] Art. 3 Bst. d ArG und Art. 71 Bst. b ArG; siehe dazu Staatssekretariat für Wirtschaft SECO, Merkblatt für die Anwendung des Arbeitsgesetzes in Krankenanstalten und Kliniken, 2016, 2, <https://www.seco.admin.ch/dam/seco/de/dokumente/Publikationen_Dienstleistungen/Publikationen_Formulare/Arbeit/Arbeitsbedingungen/merkblaetter_checklisten/Merkblatt%20für%20die%20Anwendung%20des%20Arbeitsgesetzes%20in%20Krankenanstalten%20und%20Kliniken.pdf.download.pdf/Merkblatt%20für%20die%20Anwendung%20des%20Arbeitsgesetzes%20in%20Krankenanstalten%20und%20Kliniken.pdf>.
[264] AVANZINO/FUSI/INGBER (FN 252), 232.
[265] Verordnung vom 9. September 2003 betreffend die Anstellungsbedingungen der Assistenzärztinnen und Assistenzärzte und der Oberärztinnen und Oberärzte an staatlichen Spitälern und in Dienststellen der kantonalen Verwaltung vom 9. September 2003 (Assistenz- und Oberärzte: Verordnung/BS; SG 162.820)
[266] AVANZINO/FUSI/INGBER (FN 252), 233.

auf die Arbeits- und Ruhezeit. Allerdings gilt die Regelung von max. 12 Stunden Arbeitszeit pro Tag und es ist eine durchschnittliche Arbeitszeit von 42 Stunden pro Woche zu beobachten.[267]

Da deutsche Chefärzte grundsätzlich in einem privatrechtlich ausgehandelten Vertrag angestellt sind, richtet sich die Arbeitszeit nach den einzelvertraglichen Vereinbarungen dieses Vertrages. Dies gestaltet sich oft so, dass mind. 40 Stunden Arbeitszeit pro Woche geleistet werden.[268] Ober- und Assistenzärzte leisten durchschnittlich 40 Stunden pro Woche.[269] Deutsches Pflegepersonal arbeitet max. 8 Stunden pro Werktag (mit Ausnahmen) und durchschnittlich 40 Stunden pro Woche.[270]

2. Lohn

Der grösste Unterschied zwischen der Schweiz und Deutschland im Rahmen des Arbeitsverhältnisses und somit zentraler Problempunkt in Bezug auf ein grenzüberschreitendes Spital liegt im Lohn des Gesundheitspersonals.

In der Schweiz verdient ein Chefarzt ab ca. CHF 13'000 im Monat.[271] Oberärzte verdienen zwischen CHF 9'700 und CHF 12'000 im Monat und Assistenzärzte verdienen zwischen CHF 6'300 und CHF 9'000 im Monat.[272] Das Pflegepersonal in der Schweiz verdient zwischen CHF 4'700 und CHF 7'400 im Monat, wobei sich dieser Lohn an der Menge der Dienstjahre orientiert.[273]

Der Lohn deutscher Chefärzte orientiert sich an der einzelvertraglichen Vereinbarung. Durchschnittlich verdient ein Chefarzt in Baden-Württemberg ab ca. EUR 6'200 gemäss einer Schätzung des Deutschen Berufsverbandes für Pflegeberufe.[274] Ober- und Assistenzärzte werden gemäss dem TV-Ärzte VKA bzw. der Tabelle TV-Ärzte TV-L vergütet. Oberärzte verdienen dadurch zwischen EUR 8'000 und EUR 9'100, Assistenzärzte zwischen EUR 4'800 und EUR 6'200 (je

---

[267] Ibid., 236.
[268] Ibid., 232.
[269] Ibid., 233.
[270] Ibid., 236.
[271] Bspw. Art. 11 Dekret zum Personalgesetz vom 8. Juni 2000 (Personaldekret/BL; SGS 150.1); AVANZINO/FUSI/INGBER (FN 252), 232.
[272] Art. 8 bzw. Anhang I Assistenz- und Oberärzte: Verordnung/BS; AVANZINO/FUSI/INGBER (FN 252), 233.
[273] AVANZINO/FUSI/INGBER (FN 252), 236.
[274] Schätzung im Jahr 2010; AVANZINO/FUSI/INGBER (FN 252), 232.

nach der Dauer der Anstellung).[275] Das Deutsche Pflegepersonal verdient zwischen EUR 2'300 und EUR 6'000, was der Gehaltstabelle 20022 für Beschäftigte im Pflegedienst TVÖD-P zu entnehmen ist.[276]

Vergleichsweise verdient somit ein in der Schweiz arbeitender Chefarzt ca. den doppelten Betrag des Gehalts eines in Deutschland angestellten Chefarztes. Bei Ober- und Assistenzärzten ist dieser Faktor etwas schwächer, aber trotzdem noch vergleichbar. Auch eine schweizerische Pflegeperson verdient unter Umständen doppel so viel, wie ihr deutsche Kollege.

Aus Arbeitnehmer-Perspektive ist natürlich eine Anstellung in der Schweiz somit vorteilhafter. Obwohl in der Schweiz die Lebensunterhaltskosten deutlich höher sind als in Deutschland, verdient das schweizerische Personal trotzdem unter dem Strich mehr.

Aus der Sicht der Patienten tragen hohe Personalkosten zu höheren Preisen des Gesundheitssystems bei, weshalb ein Besuch in einem Spital in der Schweiz für Deutsche Bürger unter Umständen zu teuer sein könnte.

C. Versicherung

Die Angestellten in einem schweizerischen Spital werden in Sozialversicherungen, welche die Alters- und Hinterlassenenversicherung, die berufliche Vorsorgeversicherung, die (berufliche) Unfallversicherung und die Arbeitslosenversicherung beinhalten, versichert. Die Angestellten erhalten somit bei Arbeitsunfähigkeit und Abwesenheit aufgrund von Fortbildungen sowie Militärdienst den Lohn für eine bestimmte Zeit weiterbezahlt.[277] Eine Taggeldversicherung für den Krankheitsfall ist in der Schweiz allerdings nicht obligatorisch und müsste somit im Einzelarbeitsvertrag festgehalten werden.[278]

---

[275] AVANZINO/FUSI/INGBER (FN 252), 233; siehe WEGENER F., Gehaltstabellen für TV-Ärzte VKA 2021, Gehaltsüberblick für Ärzte an kommunalen Krankenhäusern, 2022, <https://www.oeffentlichen-dienst.de/entgelttabelle/tv-aerzte-vka.html>.

[276] Siehe WEGENER F., TVöD-P Pflege (früher: BT-K) Entgelttabelle und Eingruppierung, Gehaltstabelle für Beschäftigte im Pflegedienst, 2022, <https://www.oeffentlichen-dienst.de/entgelttabelle/tvoed-p.html>; Siehe auch AVANZINO/FUSI/INGBER (FN 252), 236.

[277] Schweizerische Akademie der Medizinischen Wissenschaften (SAMW), Verbindung der Schweizer Ärztinnen und Ärzte (FMH) (Hrsg.), Rechtliche Grundlagen im medizinischen Alltag, ein Leitfaden für die Praxis, Belp 2020, 178.

[278] Ibid., 179; siehe auch Interview mit Interviewpartner 3.

Der Arbeitgeber in Deutschland ist verpflichtet, seine Arbeitnehmer bei der zuständigen gesetzlichen Krankenkasse anzumelden, die Sozialabgaben für die Renten-, Kranken- und Pflege- sowie Arbeitslosenversicherung zu bezahlen und bei der gesetzlichen Unfallversicherung der Berufsgenossenschaft anzumelden. Somit erhält der Arbeitnehmer i.d.R. bei Krankheit sein Gehalt während der ersten sechs Wochen weiterbezahlt.[279]

Die Versicherung der Arbeitnehmer in Deutschland und in der Schweiz sind somit ungefähr gleich. Es scheint keine klar ersichtlichen Vor- oder Nachteile des einen oder des anderen Systems zu geben.

D. Diskussion

Es bestehen, wie aufgezeigt, im Rahmen des Anstellungsverhältnisses des Personals eines Spitals erhebliche Unterschiede zwischen den beiden nationalen gesetzlichen Regelungen. Generell ist das Arbeitsrecht in der Schweiz liberaler, als es in Deutschland ist.[280] Würde das Projekt eines grenzüberschreitenden Spitals realisiert, wäre faktisch das Arbeitsrecht dessen Landes anwendbar, auf dessen Hoheitsgebiet es sich befindet.[281] Dies kann dazu führen, dass Schweizer Ärzte keinen Anreiz haben, in einem solchen grenzüberschreitenden Spital auf deutschem Hoheitsgebiet zu arbeiten, da sie dabei erheblich weniger verdienen würden. Nichtsdestotrotz gibt es Ansätze, wie man diese Diskrepanzen etwas verringern könnte und somit diese grenzüberschreitende Kooperation vereinfachen könnte.

Um den grenzüberschreitenden Austausch von Pflegepersonal, an dem es bereits jetzt mangelt[282], zu fördern, wäre ein Ansatz, die Ausbildung in der Schweiz und in Deutschland anzugleichen. Dadurch würde die berufliche Anerkennung im jeweils anderen Land vereinfacht und somit die Mobilität des Personals erhöht. Dies könnte dadurch erreicht werden, dass die Fachpersonen ihre theoretische Ausbildung weiterhin ausschliesslich im Heimatland erhalten, aber dass die Möglichkeit, in Deutschland bzw. in der Schweiz ein Praktikum zu machen, erheblich erleich-

---

[279] Deutsche Rentenversicherung (Hrsg.), Arbeitgeber: Arbeitnehmer richtig versichern, 2022, 4, < https://www.deutsche-rentenversicherung.de/SharedDocs/Downloads/DE/Broschueren/national/arbeitgeber_arbeitnehmer_richtig_versichern.pdf;jsessionid=59770EB96FD22492D31D1483CEAEE272.delivery2-1-replication?__blob=publicationFile&v=3>.
[280] Interviewpartner 1.
[281] Interviewpartner 2; Interviewpartner 3.
[282] Interviewpartner 1.

tert und sogar empfohlen wird.[283] Dies hätte potentiell zur Folge, dass ein Lohnangleichung bzw. eher eine Lohnerhöhung des deutschen Personals gerechtfertigt werden könnte, da diese auch ein erhöhtes, an die Schweiz angeglichenes Bildungsniveau erreicht hat. Eine entsprechende Stipulation könnte man in einem zusätzlichen Abkommen zwischen den beiden Staaten abmachen.[284] Einen solchen Austausch während der Ausbildung würde zudem mögliche kulturellen Hindernisse[285] abbauen, damit eine spätere Zusammenarbeit erleichtert würde. Zumindest wäre es wichtig, dass bei der Anerkennung bzw. Äquivalenz der Ausbildungen der beiden Länder Klarheit besteht.[286]

VI. Mobilität der Patienten

Die Patientenmobilität ist in Bezug auf ein grenzüberschreitendes Spital ein zentraler Punkt, den es klar zu analysieren gilt. Aufgrund des unter IV.A.1. erwähnten Territorialitätsprinzips ist das Gesundheitssystem sowohl in der Schweiz als auch in Deutschland auf das jeweilige Land beschränkt. In den Grenzregionen, wie auch der Region Basel-Stadt und Lörrach, macht dieses Prinzip aber wenig Sinn, da die Bevölkerung somit nur zur Hälfte angesprochen werden kann, da die andere Hälfte der Bevölkerung nicht zum eigenen Land gehört. Somit ist die Mobilität der Patienten bei einem grenzüberschreitenden Spital zentral für den Erfolg eines solchen Projektes.

Wenn man die Mobilität der Patienten anschaut, sind mehrere Aspekte zu beachten. Zum einen ist die Möglichkeit der Patienten, sich tatsächlich über die Grenzen hinweg zu bewegen, zu analysieren, zusätzlich zu den möglichen Fortbewegungsmöglichkeiten bzw. Anbindung der beiden Regionen. Des Weiteren ist zu analysieren, wie immobile Patienten über die Landesgrenzen hinweg in der gesamten Region bewegt werden können. Zuletzt ist auch ein Aspekt, welcher die Mobilität der Patienten beeinflusst, die Berücksichtigung der Patientenrechte in den beiden Ländern.

---

[283] AVANZINO/FUSI/INGBER (FN 252), 256.
[284] Interviewpartner 2.
[285] Unten IX.C.
[286] Interviewpartner 2.

A. Tatsächliche Mobilität

Der Standort des Spitals und die Erreichbarkeit dessen für den Patienten sind ausschlaggebend für die Gewinnbringung eines solchen Projektes. Das Ziel eines solchen Projektes sollte demnach, gemäss unserem Interviewpartner 4, u.a. die Erleichterung des Grenzübertritts der Patienten sein.[287]

Bei der tatsächlichen Mobilität stellt sich zunächst die Frage des freien Überquerens der Landesgrenze zwischen der Schweiz und Deutschland. Aufgrund der Zugehörigkeit beider Staaten zum Schengenraum, ist es den Bürgern der Mitgliedstaaten ermöglicht, ohne Personenkontrollen an den Grenzen für einen Aufenthalt von max. 90 Tagen in andere Mitgliedstaaten einzureisen.[288] Diese Möglichkeit gilt allerdings nicht für alle Bewohner des Schengenraumes. So können sich bspw. Asyl-Suchende, welche sich in der Schweiz aufhalten, nicht frei im Schengenraum bewegen.[289] Asyl-Suchende dürfen nur aus ganz bestimmten Gründen von der Schweiz ins Ausland reisen.[290] Unter diesen Gründen in Art. 9 Abs. 1 RDV besteht keiner, welcher den Besuch eines grenzüberschreitenden Spitals beinhalten würde. Ein möglicher Lösungsansatz wäre, dass dieser Art. erweitert würde, damit der Sachverhalt einer Behandlung in einem grenzüberschreitenden Spital, mind. zur Behandlung eines Notfalls, ermöglicht wird. Alternativ wäre es möglich, dass Grenzkantone – insb. Basel-Stadt – ermächtigt werden, den Asyl-Suchenden ihres Kantons eine Grenzkarte ausstellen zu dürfen, damit diese Asyl-Suchenden in der ausserordentlichen Situation eines Spitalbesuchs rechtens die Grenze überqueren könnten.

Der öffentliche Verkehr der Region ist bereits über die Landesgrenzen hinweg gestaltet. So kann man von Basel Bahnhof SBB mit der Tramlinie 8 bereits über die Schweizer-Deutsche Grenze fahren bis nach Weil am Rhein.[291] Zudem ist der Grenzbereich Deutschland-Schweiz durch die beiden Bahnhöfe Bahnhof SBB und Basel Badischer Bahnhof gut aneinander angebunden. Der Autoverkehr zwischen

---

[287] Interviewpartner 4; Interviewpartner 5.
[288] Siehe Staatssekretariat für Migration (SEM), Die Einreise in die Schweiz oder den Schengen-Raum, 2022, <https://www.sem.admin.ch/sem/de/home/themen/einreise/einreise-ch-schengen.html>.
[289] Schweizerische Flüchtlingshilfe (Hrsg.), Asylrechtliche Ausweise und die wichtigsten Statusrechte, o.J., <https://www.fluechtlingshilfe.ch/fileadmin/user_upload/Themen/Asyl_in_der_Schweiz/Aufenthaltsstatus/220313_Statusrechte.pdf>.
[290] Art. 9 Abs. 1 Verordnung vom 14. November 2012 über Ausstellung von Reisedokumenten für ausländische Personen (Stand am 12. März 2022) (RDV; SR. 143.5).
[291] Siehe Basler Verkehrs-Betriebe (BVB), Liniennetz, 2021 <https://www.bvb.ch/de/fahrplan/liniennetz/>.

dem Deutschen und dem Schweizer Gebiet ist auch gewährleistet mit zahlreichen Strassen, welche über die Grenze führen. Somit wäre das Erreichen des Spitals auch mittels Taxis möglich.

B. Notfalltransport und Krankentransport

Der Notfalltransport zwischen Deutschland und der Schweiz ist bereits jetzt geregelt und würde keine zusätzliche Problemquelle darstellen im Projekt eines grenzüberschreitenden Spitals. Es bestehen bereits bilaterale Regelungen, welche die grenzüberschreitenden Notfalldienste regeln, so wie bspw. einen Notfalltransport mittels Helikopter.[292]

Beim Krankenwagentransport ist allerdings die Rettung oder Bergung von verletzten Personen und die Verlegung stabiler Patienten abzugrenzen.[293] Beide fallen in die Kategorie des Krankenwagentransports, letzteres gilt aber nicht als Notfalltransport. Es besteht demnach ein Unterschied bez. den Rettungskosten und Transportkosten.[294]

Bei einem grenzüberschreitenden Transport, welcher nicht als Notfall zu qualifizieren ist, sei dies mittels Helikopter oder Krankenwagen, ist nach wie vor der zentrale Knackpunkt die Abrechnung über die Krankenkasse. Die jeweiligen nationalen Krankenkassensysteme müssten gemäss der in IV.A.1. vorgeschlagenen Art erweitert werden, um die internationale Krankenkassenabrechnung möglich zu machen.[295]

Der grenzüberschreitende Notfalltransport zeigt aber auch bereits jetzt die Problemstellen der grenzüberschreitenden Gesundheitsversorgung auf, da bspw. die Bergung eines Schweizer Patienten durch einen deutschen Krankenwagen zwar möglich ist, aber die Möglichkeiten der medizinischen Behandlung beschränkt

---

[292] VALENTIN ZELLWEGER/OTHMAR BÜHLER, Die Grenzüberschreitende Zusammenarbeit aus der Sicht des schweizerischen Staatsvertragsrechts, in: Tschudi Hans Martin/Schindler Benjamin/Ruch Alexander/Jakob Eric/Friesecke Manuel (Hrsg.), Die Grenzüberschreitende Zusammenarbeit der Schweiz, Juristisches Handbuch zur Grenzüberschreitenden Zusammenarbeit von Bund und Kantonen, Zürich/St. Gallen 2014, 25 ff., 50.
[293] MONIKA BÜCHEL/TINA ENGELER/SANDRA WILLERS, Grenzüberschreitende Krankentransporte im Dreiländereck Deutschland – Frankreich – Schweiz, in: Odendahl/Tschudi/Faller (Hrsg.), Grenzüberschreitende Zusammenarbeit im Gesundheitswesen, Ausgewählte Rechtsfragen am Beispiel des Basler Pilotprojekts, Zürich/St. Gallen 2010, 413 ff., 413.
[294] Art. 25 Abs. 2 lit. g KVG.
[295] So auch Interviewpartner 2.

sind.²⁹⁶ Rechtlich ist allerdings der grenzüberschreitende Notfalltransport schon klar geregelt und heute schon implementiert.²⁹⁷

C. Patientenrechte

Die Rechte, welche die Patienten während ihrer Behandlung haben, sind inhaltlich in der Schweiz und in Deutschland Grossteils deckungsgleich. Sie bestehen, u.a. aus dem Recht auf Aufklärung, aus dem Recht, eine freiwillige Einwilligung nach umfassender Aufklärung abzugeben und aus dem Recht, Gesundheitsfachpersonen und Pflegeeinrichtungen frei zu wählen.²⁹⁸

Die Patientenrechte in Deutschland und in der Schweiz unterscheiden sich allerdings im formellen Aspekt. In Deutschland sind die Patientenrechte zentralisiert im Patientenrechtegesetz, welches am 26. Februar 2013 in Kraft trat, geregelt. In der Schweiz, hingegen, gibt es keine bundesweite Regelung der Patientenrechte, welche die Kantone anstatt dessen alle separat und eigenständig regeln. Die Kantone Bern, Freiburg, Genf, Jura, Neuenburg, Tessin, Wallis und Waadt haben allerdings gemeinsam im Jahr 2013 eine Übersichts-Broschüre zum Thema der Patientenrechte²⁹⁹ erstellt, welche auch das BAG anerkannte.³⁰⁰

Dieser formelle Aspekt bedeutet, dass die Patientenrechte in Deutschland leichter durchsetzbar sind, da sie gesetzlich geregelt und bundesweit gleich sind. Diese einfache Durchsetzbarkeit bringt dem Patienten eine gewisse Sicherheit, bei möglichen Verstössen des Personals gegen diese Rechte, sie trotzdem noch rechtlich geltend machen zu können. Diese Sicherheit besteht in der Schweiz nicht im gleichen Ausmass. Trotzdem ist dieser Faktor gemäss Experteninterviews nicht ausschlaggebend in der Wahl des Spitals durch den Patienten. Interviewpartner 2 meinte, wenn ein Patient ein medizinisches Problem habe, würde die Behandlung dieses Problems Vorrang haben vor möglicherweise etwas schwieriger durchsetzbaren Patientenrechten.³⁰¹ Der Spitalstandort Schweiz wird also da-

---

[296] Interviewpartner 5.
[297] Interviewpartner 3.
[298] Siehe Canton de Vaud – Service de la santé publique (Hrsg.), Die Patientenrechte im Überblick, 2014, <https://www.migesplus.ch/publikationen/die-patientenrechte-im-ueberblick>; Patientenrechtegesetz.
[299] Siehe Waadt, Patientenrechte (FN 298).
[300] Siehe Bundesamt für Gesundheit (BAG), Patientenrechte und Patientenpartizipation, 2022, <https://www.bag.admin.ch/bag/de/home/medizin-und-forschung/patientenrechte.html>.
[301] Interviewpartner 2.

durch nicht stark geschwächt, wodurch die Mobilität auch tatsächlich noch erhalten bleibt.

Anwendbar sind schlussendlich diejenigen Patientenrechte des Landes, in dem das Spital steht.[302] Man könnte, nichtsdestotrotz, die gleichmässige Gewährung von Patientenrechten im Staatsvertrag regeln. Hier muss man lediglich aufpassen, dass dadurch Dritte nicht benachteiligt werden und somit ein Vertrag zu Lasten Dritter entsteht.[303]

D. Diskussion

Die Mobilität der Patienten scheint demnach ein ausschlaggebendes Themengebiet zu sein, welches schon ziemlich klar und ausführlich geregelt ist. Die tatsächliche Mobilität der Patienten ist durch die bereits bestehende Anschliessung der beiden Gebiete Basel-Stadt und Lörrach gut gewährleistet, sowohl im öffentlichen wie auch im privaten Verkehr. Auch der grenzüberschreitende Notfalltransport und Krankentransport ist bereits geregelt und aktiv. Dieser könnte allerdings durch ergänzende Bestimmungen im Staatsvertrag noch erleichtert werden, damit die erläuterten problematischen Abläufe[304] noch reibungsloser und mit weniger Hindernissen erfolgen können.

VII. Haftungsrecht

In der Schweiz und in Deutschland werden Privatspitäler von öffentlichen Spitälern durch die unterschiedliche Trägerschaft abgegrenzt. Die Stellung, in welcher der Arzt seinen Beruf ausübt, ist zentral in der Beurteilung der Arzthaftung.[305] Obwohl haftpflichtrechtliche Prozesse selten sind[306], können sie für Spitäler kann sehr einschneidend sein, weswegen das Haftungsrecht auch analysiert wird.[307]

---

[302] Interviewpartner 3.
[303] Interviewpartner 2.
[304] Oben VI.B.
[305] ANDREA GIGER/ANDRIN HUBER/ROMAN KÄLIN, Haftungsrechtliche Aspekte grenzüberschreitender ärztlicher Dienstleistungen zwischen der Schweiz und Deutschland, in: Odendahl/Tschudi/Faller (Hrsg.), Grenzüberschreitende Zusammenarbeit im Gesundheitswesen, Ausgewählte Rechtsfragen am Beispiel des Basler Pilotprojekts, Zürich/St. Gallen 2010, 449 ff., 467.
[306] Interviewpartner 3.
[307] Interviewpartner 1.

Da aber kein öffentliches internationales Verfahrensrecht besteht[308], ist jeweils das Recht des Landes anwendbar, auf dessen Hoheitsgebiet das Spital sich befindet.[309]

Steht das Spital in der Schweiz, bestimmt sich das international zuständige Gericht nach dem schweizerischen Kollisionsrecht. Zudem ist das anwendbare Recht entweder im grenzüberschreitenden Kooperationsvertrag festgehalten, oder wird nach Art. 117 IPRG ermittelt, wonach das Recht mit dem engsten Zusammenhang anwendbar ist. Der engste Zusammenhang besteht vermutungsgemäss mit dem Staat, in dem die Partei, die die charakteristische Leistung erbringen soll, zum Zeitpunkt des Vertragsschlusses ihren gewöhnlichen Aufenthalt hat. Als charakteristische Leistung gilt bei Dienstleistungsverträgen die Erbringung der Dienstleistung selbst.[310]

A. Haftungssituation Schweiz

Die Haftung eines Spitals wird unterschiedlich gehandhabt, je nachdem wie sich der Aufnahmevertrag gestaltet. In der Schweiz ist die Behandlung in einem Privatspital mittels privatrechtlichen Rechtsverhältnisses geregelt und die Behandlung in einem öffentlichen Spital unterliegt öffentlichem (kantonalem) Recht. Bei der Behandlung in einem öffentlichen Spital besteht kein direktes Verhältnis zwischen dem Patienten und dem Arzt, sondern lediglich eine Rechtsbeziehung zwischen dem Spital und dem Patienten.[311] Der Spitalaufnahmevertrag in einem öffentlichen Spital der Schweiz gilt als verwaltungsrechtlicher Vertrag. Er ist in drei Arten zu unterteilen: der totale Spitalaufnahmevertrag, welcher zwischen dem Patienten und dem Spital abgeschlossen wird, oder das gespaltene Rechtsverhältnis, wobei insb. Chefärzte neben ihren amtlichen Tätigkeiten am Spital auch einer privatärztlichen Tätigkeit nachgehen dürfen und dazu die Infrastruktur des Spitals nutzen können.[312] Im Fall des gespaltenen Rechtsverhältnisses kann ein (zusätzlicher) privatrechtlicher Behandlungsvertrag zwischen dem Patienten und dem Arzt zustande kommen.[313]

---

[308] Ibid.
[309] Interviewpartner 2.
[310] GIGER/HUBER/KÄLIN (FN 305), 468.
[311] Ibid., 469 und 475.
[312] Ibid., 476.
[313] Ibid., 476.

Im Rahmen ihrer Tätigkeit müssen Ärzte ihren Berufspflichten, welche auf den kantonalen Gesundheitsgesetzen[314] und deren Vollzugsverordnungen basieren, sowie Spitalreglementen und Standesordnungen nachkommen. Ihre Pflicht besteht darin, Patienten nach den anerkannten Regeln der ärztlichen Wissenschaft zu behandeln und diese Behandlung sorgfältig und gewissenhaft vorzunehmen.[315] Alle Ärzte haben i.S. des MedBG für eine sorgfältige und gewissenhafte Berufsausübung und Einhaltung der Grenzen der erworbenen Kompetenzen einzustehen. Sie haben die Rechte und Interessen des Patienten zu wahren und sind an das Berufsgeheimnis gebunden.[316]

Die Haftung richtet sich nach den allgemeinen Haftungsregeln des öffentlichen Rechts. Art. 61 Abs. 1 OR beantwortet die Frage, nach welchem Recht sich die Haftung richtet, bei einem Schadensereignis in Verrichtung einer öffentlichen Aufgabe. Die Kantone können auf dem Weg der Gesetzgebung für Schäden, die öffentliche Angestellte in der Ausübung einer amtlichen Aufgabe verursacht haben, eine vom Zivilrecht abweichende Haftungsnorm errichten. Somit würde sich eine solche Norm vom vertraglichen oder deliktischen Haftungsrecht des Zivilrechts unterscheiden.[317] Chefärzte, welche zusätzlich privatrechtliche Rechtsverhältnisse eingehen, können zudem auch für diese privatrechtlichen Tätigkeiten der kantonalen Verantwortlichkeit unterstellt werden.[318] Der Kanton hat als Spitalträger für die fehlerhaften Behandlungen seiner Angestellten einzustehen, kann aber anschliessend mittels internen Regress auf den Mitarbeiter zurückgreifen, im Fall von Vorsatz oder grober Fahrlässigkeit. Somit richtet sich die Haftung des Arztes nach kantonalem Verwaltungsrecht.[319] Im Kanton Basel-Stadt regelt bspw. das Personalgesetz das Arbeitsverhältnis zwischen dem Kanton als Arbeitgeber und dem Personal, solange keine speziellen kantonalen Bestimmungen vorgehen.[320]

---

[314] Im Kanton Basel-Stadt das Gesundheitsgesetz vom 21. September (Stand 1. Januar 2021) (GesG/BS; SG 300.100).
[315] GIGER/HUBER/KÄLIN (FN 305), 477 f.
[316] Ibid.
[317] Ibid., 478.
[318] Ibid., 478 f.
[319] Ibid., 479 f.
[320] Ibid., 484.

B. Haftungssituation Deutschland

In Deutschland gibt es drei Formen des Krankenhausvertrages, welcher als privatrechtlicher Vertrag gilt, obwohl ein öffentliches Spital in öffentlicher Trägerschaft ist.[321] Die erste Form ist der totale Krankenhausvertrag, wonach es die Aufgabe des Krankenhauses ist, alle für die stationäre Behandlung erforderlichen Leistungen zu erbringen, einschliesslich der ärztlichen Versorgung oder Behandlung. Ein gespaltener Krankenhausvertrag beschränkt sich auf die Unterbringung, Verpflegung und pflegerische Versorgung. Ärztliche Leistungen werden in einem separaten Vertrag mit einem freiberuflich tätigen Belegarzt vereinbart. Der totale Krankenhausvertrag mit Arztzusatzvertrag beinhaltet die umfassende Leistungserbringung einschliesslich des ärztlichen Bereichs mit einem separaten Vertrag zwischen dem Patienten und dem behandelnden Arzt (meist dem Chefarzt).[322]

Da der Deutsche Krankenhausvertrag privatrechtlicher Natur ist, haftet der deutsche Arzt nach den privatrechtlichen Regeln. Nur ausnahmsweise ist ein Behandlungsverhältnis öffentlich-rechtlicher Natur, nämlich wenn die ärztliche Massnahme eine Zwangsbehandlung darstellt oder der Arzt mit der ärztlichen Massnahme ein ihm unmittelbar übertragenes öffentliches Amt ausübt. In diesen Fällen gilt die Staatshaftung nach § 839 BGB/DE i.V.m. Art. 34 GG/DE.[323] Ansonsten gelten die privatrechtlichen Haftungsregeln, wonach ein Arzt aus dem Arztvertrag oder aus dem Recht der unerlaubten Handlung haftet.[324] Bei einer stationären Behandlung (i.d.R. totaler Krankenhausvertrag) haften alle Mitarbeiter als Erfüllungshilfen, für die der Träger des Krankenhauses einzustehen hat nach § 278 BGB/DE. Bei einer stationären Behandlung kann auch eine deliktische Haftung gemäss § 823 Abs. 1 BGB/DE zur Anwendung kommen.[325]

Bei der zivilrechtlichen Haftung kommen die allgemeinen Regeln des internationalen Schuldenvertragsrecht[326] und des Deliktsrechts zur Anwendung. Das anwendbare Recht ist, ohne gültige Rechtswahl, nach Art. 4 Rom-I-VO durch objek-

---

[321] Ibid., 464.
[322] Ibid., 460.
[323] Ibid., 464.
[324] Ibid., 457.
[325] Ibid., 461 f.
[326] Ursprünglich in Art. 27 bis 37 Einführungsgesetz vom 21. September 1994 zum Bürgerlichen Gesetzbuche in der Fassung der Bekanntmachung (Zuletzt geändert am 21. Dezember 2021) (BGBl. I 2494, ber. 1997, 1061) geregelt, nun in der Verordnung (EG) Nr. 593/2008 des Europäischen Parlaments und des Rates vom 17. Juni 2008 über das auf vertragliche Schuldverhältnisse anzuwendende Recht (Rom-I-VO; ABL. L 177 vom 04. Juli 2008, 6-16).

tive Anknüpfung zu bestimmen.[327] Es wird danach angenommen, dass der Vertrag die engste Verbindung mit dem Recht des Landes aufweist, in dem die Partei, welche die charakteristische Leistung zu erbringen hat, im Zeitpunkt des Vertragsabschlusses ihren gewöhnlichen Aufenthalt hatte. Beim Krankenhausaufnahmevertrag erbringt der Krankenhausträger die charakteristische Leistung, wonach das Recht des Landes, in dem der Krankenhausträger seine Hauptniederlassung hat, anwendbar ist.[328]

C. Diskussion

Auch im Bereich des Haftungsrecht gibt es erhebliche Unterschiede zwischen dem deutschen und dem schweizerischen System. Im Endeffekt würde das System zur Anwendung kommen, auf dessen Hoheitsgebiet ein solches Spital gebaut würde. Dies hätte potenziell zur Auswirkung, dass deutsche Ärzte in der Schweiz in einem öffentlich-rechtlichen Anstellungsverhältnis angestellt wären und der Kanton Basel-Stadt für die möglichen Fehler dieser Ärzte, aufgrund des öffentlich-rechtlichen Spitalaufnahmevertrags, haften würde. Umgekehrt wäre ein Schweizer Arzt in einem deutschen Spital in einem privatrechtlichen Vertrag angestellt und demnach würde, je nach der Art des erläuterten Krankenhausvertrags, das Spital für den Arzt auch privatrechtlich haften.

Diese Situation scheint allerdings nichts neues zu sein, da momentan bereits viele deutsche Ärzte und viel deutsches Pflegepersonal in Schweizer Spitälern arbeiten.[329] Nichtsdestotrotz wäre es womöglich zu empfehlen, die haftungsrechtlichen Regeln klar im Staatsvertrag[330] festzuhalten, um jegliche Rechtsunsicherheiten zu vermeiden.[331]

VIII. Materialbeschaffung

Die Beschaffung der Materialien, welches ein solches Spital benötigen würde, ist ein letzter relevanter Themenbereich. Ein Spital benötigt sowohl Einrichtung wie Betten, Tücher und Pyjamas, sowie jegliche Medizinprodukte, wie Spritzen, medizinische Geräte und auch Medikamente. Die Beschaffung solcher Materialien ist

---

[327] GIGER/HUBER/KÄLIN (FN 305), 452.
[328] Ibid., 454.
[329] Oben V.D.
[330] Oben III.B. zum Staatsvertrag.
[331] GIGER/HUBER/KÄLIN (FN 305), 495.

bei einem national orientierten Spital klar geregelt: Die Beschaffung der Materialien erfolgt dort, wo diese am günstigsten sind.[332] Somit ist die Beschaffung im Ausland grds. möglich für Güter, welche in der Schweiz nicht erhältlich, aber zugelassen sind.[333]

Schweizer Spitäler partizipieren zudem in internationalen Einkaufsgemeinschaften, im Rahmen dessen gemeinsam Medikamente eingekauft werden und anschliessend an die partizipierenden Spitäler, Apotheken etc. verteilt werden.[334] Dies könnte im Fall eines grenzüberschreitenden Spitals gut weitergeführt und breitflächig genutzt werden.

Zu beachten ist allerdings in der Diskussion bezüglich Medizinprodukte die momentane Zulassungsproblematik zwischen der Schweiz und der EU.[335] Als Reaktion auf den Abbruch der Verhandlungen über das Rahmenabkommen zwischen der EU und der Schweiz, hat die EU die Bilateralen I nicht erneuern wollen.[336] Die hat u.a. zur direkten Folge, dass die gegenseitige Anerkennung von Medizinprodukten nicht mehr gewährleistet ist.[337] Somit ist momentan der Import von Medizinprodukten problematisch.[338]

IX. Diskussion

A. Ökonomische Aspekte

Für ein Projekt eines grenzüberschreitenden Spitals sind zuerst die ökonomischen Aspekte zu beachten und auszuwerten. Es gibt vier verschiedene kritische Punkte zu veranschaulichen.

In den letzten Jahren hat sich die Mobilität von Patienten und Arbeitnehmern immer mehr entwickelt, was für eine Marktöffnung des Gesundheitswesens spricht.[339] Jedoch, gemäss unserem Interviewpartner 1, stellt das Spital- bzw. Ge-

---

[332] Interviewpartner 3.
[333] Interviewpartner 2; Interviewpartner 3.
[334] Interviewpartner 3.
[335] Interviewpartner 4.
[336] JAN ATTESLANDER, Aufgaben des Verwaltungsrats nach dem Scheitern des Rahmenabkommens, Recht relevant für Verwaltungsräte 4/2021, 13 ff., 13.
[337] CHARLOTTE SIEBER-GASSER, «Offene strategische Autonomie» in der EU-Handelspolitik, Zeitschrift für Europarecht 2021, 222 ff., 235.
[338] Art. 45 ff. Bundesgesetz vom 15. Dezember 2000 über Arzneimittel und Medizinprodukte (Stand am 1. Januar 2022) (Heilmittelgesetz, HMG; SR 812.12).
[339] Interviewpartner 1.

sundheitswesen einen sehr grossen nationalen Wirtschaftssektor dar, weil viele Arbeitsplätze davon abhängen und es einen grossen Geldfluss des Staates zur Folge hat. Daraus resultieret ein sehr national begrenzter Markt, der in der Schweiz überversorgt ist.[340] Die nationale Begrenzung des Gesundheitswesens wird unter anderem durch das Territorialitätsprinzip der Krankenkassen (siehe IV.A.1.) herbeigeführt. Dies macht die ökonomischen, wie auch politischen Überlegungen zur einer Marktöffnung sehr verstrickt.[341] Im Gegensatz zu anderen Märkten, die sehr liberalisiert sind, können Länder Ihre Gesundheitsmärkte im Moment noch sehr gut schützen.[342] Obwohl, eine grenzüberschreitende Marktöffnung, i.S. eines grenzüberschreitenden Spitals, für Patienten sinnvoll sein könnte, hat ein Staat wenig Interesse an einem solchen Wettbewerb, bzw. Mehrangebot, und dem daraus resultierenden Preisdruck. Aus diesen wirtschaftlichen Gründen würde ein Kanton bzw. Bundesland kein wirkliches Interesse an einem grenzüberschreitenden Spital und somit an einer Marktöffnung haben. Mit der jetzigen Entwicklung der Mobilität wird dieser Kostendruck trotzdem kommen, wie auch der Bedarf einer grenzüberschreitenden Koordination im Gesundheitswesen.[343]

Nichtsdestotrotz gibt es heute schon nationale Meinungen, u.a. von Krankenkassen, die sich gegen die Wirkungen des Territorialitätsprinzips der Krankenkassen bzw. die Begrenztheit des nationalen Markts wenden. Stefan Schena, CEO der schweizerischen ÖKK-Versicherung hat sich in einem Interview klar gegen das Territorialitätsprinzip und die nationale Begrenzung des Gesundheitswesens ausgesprochen.[344] Er betont insb. im Zusammenhang mit günstiger gekauften Medikamenten im Ausland, folgendes: «Die Gesetzgebung verursacht unnötige Kosten und verstösst gegen das Prinzip der Wirtschaftlichkeit».[345] Obwohl er hier nicht von Spitalleistungen redet, handelt es sich um dasselbe Prinzip, dass es im Ausland möglich ist, Gesundheitsleistungen für tiefere Kosten zu erhalten, obwohl dies die jetzige Gesetzgebung nicht erlaubt. Im Zusammenhang mit dem Argument des Zuwachses von Mobilität über die Grenzen hat Schena folgendes erläutert: «Das Territorialitätsprinzip darf in der heutigen Zeit, angesichts der Globalisierung, nicht mehr als Mass aller Dinge angesehen werden».[346]

---

[340] Interviewpartner 5.
[341] Interviewpartner 1.
[342] Bspw. Ausführungen zum Territorialprinzip IV.A.1.
[343] Interviewpartner 1.
[344] Schena in Santésuisse, «Hebt das Territorialitätsprinzip endlich auf», 2018, <https://www.santesuisse.ch/details/content/hebt-das-territorialitaetsprinzip-endlich-auf>.
[345] Schena in Santésuisse (FN 344), Para. 2.
[346] Schena in Santésuisse (FN 344), Para. 7.

Deshalb müssen, aus wirtschaftlicher Sicht, im Rahmen eines Projekts eines grenzüberschreitenden Spitals die effektiven Kosten der Gesundheitsleistungen, für die der Kanton bzw. das Bundesland aufkommen würde, betrachtet werden. Wie bereits im obigen Abschnitt erwähnt, wird ein gewisser Kostendruck auf die Gesundheitsversorgung in den nächsten Jahren entstehen. Da die Staaten sich mit einem solchen Kostendruck befassen müssen, wäre eine mögliche Massnahme, um den Kostendruck zu reduzieren, ein grenzüberschreitendes Spital in einem kostengünstigeren Staat zu bauen. Beispielsweise, wenn es auf deutschem Boden gebaut wird, könnte es für den teilhabenden Schweizer Kanton, irrelevant wie die Finanzierung geleistet wird, günstiger sein, Leistungen, die eine vergleichbare Qualität haben, für seine Bürger zu beziehen.[347] Dies vor allem in Bezug auf die Kosten für Boden, Arbeitskraft und Material.[348] Zudem sind auch die deutschen Behandlungen zweimal kostengünstiger als in der Schweiz und deswegen auch attraktiver.[349] Im Zwischenbericht des Basler Pilotprojekts zwischen Lörrach, Basel-Stadt und Basel-Land jedoch wurde aufgezeigt, dass trotz niedrigeren Behandlungskosten in Deutschland nicht geschlussfolgert werden kann, dass das Projekt zu einer deutlichen Senkung der Kosten für die Krankenversicherung herbeigeführt hat.[350] Es kann sein, dass dies für ein grenzüberschreitendes Spital nicht ausschlaggebend ist, da der Kanton bzw. das Bundesland in einem solchen Fall neben der Krankenkasse auch eingebunden ist und selbst Kosten sparen könnte. Ganz im Gegenteil würde für ein deutsches Bundesland, wie Baden-Württemberg, ein Spital in der Schweiz aus kostensparender Perspektive wenig Sinn machen, da die Gesundheitsleistungen viel teurer sind. Dies ist oft die Ursache für das Scheitern einer grenzüberschreitenden Zusammenarbeit.[351]

Im Zusammenhang mit dem Lösungsvorschlag einer gemeinsamen Finanzierung ist, neben den allgemeinen Problemen einer Marktöffnung, das Problem einer verschlimmerten Konkurrenzsituation für die inländischen Leistungserbringer zu beachten. Wenn bspw. in der Schweiz ein Kanton ein Spital finanziert, ist das Spital auch verpflichtet, gewisse Normen entsprechend der Gesundheitsplanung einzuhalten.[352] Wenn Spitäler im Ausland, auch in Mitträgerschaft, die Finanzierung durch einen Kanton erhalten, jedoch nicht denselben Schweizer Auflagen unterstehen bzw. mehr Freiheiten haben, ergibt sich aus Sicht des Schweizer Leistungs-

---

[347] Interviewpartner 3.
[348] Ibid.
[349] Interviewpartner 5.
[350] Botsch. KVG Int. Bezug (FN 109), 6.
[351] Interviewpartner 5.
[352] Interviewpartner 3.

erbringers das Problem der Konkurrenzsituation.[353] Schweizer Kliniken und Spitäler wären unter anderem nicht bereit, ihre Patienten abzugeben und würden sich womöglich auch dagegen wehren.[354] Im weiteren hat die Schweiz, ohne relevanten Einfluss auf ein Spital zu haben, wenig Interesse, dass es in Deutschland noch mehr Gesundheitsangebote gibt.[355] Es wäre aber zu erwarten, dass wenn die öffentliche Hand gemäss Lösungsvorschlag in IV.D.3. einen Beitrag leistet und wenn das ausländische Spital auf der Schweizer Spitalliste ist, die öffentliche Hand auch das Leistungsangebot mitplanen darf.[356] Dies kann jedoch politische Reibungsflächen erzeugen, deren Lösung in Betracht gezogen werden müssen. Dieses Problem hängt also stark mit der Akzeptanz der nationalen Leistungserbringern zusammen und es ist fraglich, ob die Schweizer Spitäler bereit sind zu akzeptieren, dass ein kostengünstiger Konkurrent genauso Schweizer Patienten behandeln darf, aber weniger Auflagen unterliegt.[357]

Der in IV.D. ausgearbeitete Lösungsvorschlag für eine gemeinsame Spitalfinanzierung vom Kanton und dem Bundesland, umfasst eine wirtschaftliche Investition der einen Vertragspartei in das Gesundheitswesen des anderen Landes, in dem das Spital liegt. Die Frage, die sich stellt, ist, ob diese Investition in ein anderes Land wirtschaftlich, bzw. politisch, ein Problem darstellen könnte. Gemäss unserem Interviewpartner 4 sollte dies aus deutscher Sicht kein grosses Problem darstellen, geht man von der Annahme aus, dass ein grenzüberschreitendes Spital für die Grundversorgung zweier Länder gebaut wird. In Deutschland werden Planbetten finanziert, um die nationale Gesundheitsversorgung zu gewährleisten, und diese liegen im Normalfall in einem Kreiskrankenhaus.[358] Ein Bundesland würde aber auch eine Spitalinfrastruktur fördern, wenn die Planbetten nicht im Kreiskrankenhaus liegen, sondern in einem anderen Spital, wie z.B. in einem grenzüberschreitenden Spital.[359] Dieselbe Überlegung gilt, gemäss unserem Interviewpartner 2, auch in der Schweiz.[360] In diesem Sinne wäre also jegliche Investition in ein grenzüberschreitendes Spital, mit Standort im Ausland, trotzdem eine Investition in die eigene Gesundheitsversorgung. Eine andere Betrachtungsweise, dass diese Investition unproblematisch sei, ist die von Interviewpartner 3, der sagt, dass dies nur eine Frage eines Staatsvertrages sei. Wie man Anhand des Pra-

---

[353] Ibid.
[354] Interviewpartner 5.
[355] Interviewpartner 3.
[356] Ibid.
[357] Ibid.
[358] Interviewpartner 4.
[359] Ibid.
[360] Interviewpartner 2; Interviewpartner 4.

xisbeispiels des Flughafens Basel-Mülhausen sieht, wäre so eine Investition in eine gemeinsame Einrichtung zweier Länder problemlos möglich.[361] Dafür müsste einfach eine staatsvertragliche Norm geschaffen werden.[362] Ein Problem in diesem Zusammenhang könnte eher im Rahmen der Politik sein oder bezüglich der Akzeptanz der inländischen Leistungserbringer aufkommen (siehe dazu den letzten Abschnitt dieses Kapitels).

B. Politische Aspekte

Aus politischer Sichtweise ist zu beachten, dass ein solches öffentliches Spital eine öffentliche Aufgabe zu erfüllen hat (Notfallversorgung, Pandemieversorgung). Das Gesundheitswesen hat sehr grosse politische Dimensionen, da der Staat die Verantwortung hat, dass die medizinische Versorgung gewährleistet wird.[363] Somit stehen hinter der Realisierung eines solchen Projektes lange politische Prozesse, da auch sehr viel Geld im Spiel ist. Wie bereits erwähnt, umfasst das Gesundheitssystem grosse Wirtschaftsstrukturen, bietet viele Arbeitsplätze und generiert viel Geld. Somit ist auch politischer Perspektive die Verteidigung dieses Marktes zentral.[364]

Zudem ist zu beachten, dass ein solches Projekt in sehr viele Systeme eingreift (Arbeitsrecht, Haftungsrecht, Sozialversicherungsrecht), was wiederum die grenzüberschreitende Arbeit sehr kompliziert und umstritten macht. Andere Projekte, wie bspw. die Schaffung eines gemeinsamen Kraftwerkes, sind zwar auch komplex, beschränken sich aber auf weniger Problembereiche. Des Weiteren ist das Gesundheitssystem bereits innerhalb der Schweiz noch nicht grenzfrei möglich – es bestehen sogar noch interkantonale Hürden der Gesundheitsversorgung. Somit ist die grenzüberschreitende Zusammenarbeit über nationale Grenzen hinweg noch komplizierter, da solche Regelungen dann immer kantonsspezifisch sein müssen.

Politisch auch relevant ist die Berücksichtigung der kantonalen bzw. Bundeskompetenzen.[365] Im Gesundheitswesen liegt die Kompetenz grundsätzlich bei den Kantonen. Dies bietet die Grundlage, dass die einzelnen Kantone solche Pilotprojekte aufziehen können, dadurch, dass sie eine gesetzliche Grundlage schaffen.

---

[361] Interviewpartner 3.
[362] Interviewpartner 1.
[363] Ibid.
[364] Ibid.
[365] Oben III.B.1.

Allerdings greift das KVG enorm in die kantonale Kompetenz im Gesundheitsbereich ein, da es viele Vorgaben macht. Es ist sogar zu diskutieren, ob der Bund in diesem Bereich nicht sogar seine Kompetenz überschreitet. Somit ist zu beachten, dass sobald eine kantonale Gesetzesanpassung vorgenommen wird, um ein solches grenzüberschreitendes Projekt zu ermöglichen, jegliche Berührungspunkte mit dem Bund zu prüfen sind, damit die Vorgaben des Bundes nicht missachtet werden.[366]

Politisch ferner problematisch ist, dass aufgrund des Territorialitätsprinzips, welches im Bereich der Krankenversicherungen sowohl in der Schweiz als auch in Deutschland herrscht[367], die Politik kein Interesse daran hat, grenzüberschreitend zu denken. Dies wurde auch in der Corona-Krise erneut ersichtlich – jedes Land schuf Regelungen, das für das eigene Land von Vorteil waren. Diese führten aber in Grenzregionen zu starken Problemen, da dort die Menschen üblicherweise in einer grenzüberschreitenden Gemeinschaft lebten, welche nun plötzlich gezwungenermassen getrennt wurde.[368]

In Basel ist die politische Problematik noch fast verstärkt zu beachten, da Basel geschichtlich bedingt einen gewissen Stolz aufweist. Basel war eine reiche, eigenständige Handelsstadt. Als die Bedrohung aus dem süddeutschen Raum immer grösser wurde, hat sich Basel der Eidgenossenschaft angeschlossen. Noch heute sind aber die Basler, gem. unserem Interviewpartner 5, im nationalen Parlament oft noch die Aussenseiter, welche fest die eigene Position vertreten. Dies ist auch an der verweigerten Vereinigung von Basel-Stadt mit Basel-Land ersichtlich, sowie dem ursprünglichen Widerstand von Basel-Stadt gegen das gemeinsame Spital mit Basel-Land.[369]

C. Soziale bzw. kulturelle Aspekte

Die tatsächlich vorhandene interkulturelle Barriere zwischen den Angestellten des Spitals und den Patienten scheint nicht sehr erheblich zu sein. Die Sprache könnte zwar ein Problem darstellen, vor allem, wenn es um die Behandlung von Kindern geht. Problematischer ist allerdings die Kultur innerhalb des Spitals. In Deutschland herrschen starke Hierarchien zwischen den Ärzten und der Pflege. Der deutsche Arzt erwartet mehr Unterwerfung als der Schweizer Arzt, bei wel-

---

[366] Interviewpartner 1.
[367] Oben IV.A.1.
[368] Interviewpartner 4.
[369] Interviewpartner 5.

chen es auch oft vorkommt, dass man sich beim Vornamen nennt. Diese Spitalinternen Umgangsformen drücken schnell bis zur Wahrnehmung des Patienten durch, was als befremdlich wahrgenommen werden könnte.[370]

In der Praxis ist diese Unterscheidung allerdings evtl. kleiner, als man es erwarten würde. Es ist bereits heute der Fall, dass ein Grossteil des Personals der Schweizer Spitäler aus Deutschland (und anderen Ländern) stammt. Somit hat diese kulturelle Integration bereits angefangen.[371]

Unterschiedliche Quellen äussern unterschiedliche Meinungen zur Frage, inwiefern sich Menschen aus Basel-Stadt und Lörrach nahe sind oder nicht. Gewisse sind der Meinung, ein Basler sei einem Lörracher näher als einem Aargauer, da diese Menschen ca. 50 Kilometer voneinander leben und somit die gleiche Kultur und die gleiche (oder ähnliche) Sprache pflegen.[372] Andere sind der Meinung, dass die etwas unterschiedlichen Sprachen und eine andere Kultur trotzdem ausschlaggebend seien und die Menschen des Einzugsgebiet eines solchen Spitales davon abhalten könnten, das Spital aufzusuchen.[373]

Einer der ausschlaggebendsten kulturellen Problemzonen liegt im Misstrauen fremder Gesundheitssysteme. Der Schweizer Patient lebt im Verständnis, dass das eigene Gesundheitssystem das überlegene sei, wonach ein Besuch in einem Spital im Nachbarland nicht attraktiv ist, da unklar ist, ob dort die gleiche Pflege gewährleistet wird.[374] Der Deutsche Patient hat diese Voreinnahme nicht und geht davon aus, dass das schweizerische Gesundheitssystem mind. gleichwertig gute Pflege leistet wie sein einheimisches.[375]

Solche kulturellen Hürden scheinen im bereits bestehenden grenzüberschreitenden Spital in den Pyrenäen weniger von Bedeutung zu sein, möglicherweise weil sich die beiden Länder kulturell näher sind – durch ihre gemeinsame europäische Identität – oder weil die restlichen (finanziellen und regulatorischen) Bedingungen einfacher sind.[376]

Auch andere Grenzregionen der Schweiz zeigen bessere kulturelle Integration auf, als die Region Basel-Stadt und Lörrach, wie bspw. die Bodensee-Region. Trotz des Sees ist die Region rund um den Bodensee kulturell näher als die Region des

---

[370] Interviewpartner 2.
[371] Interviewpartner 1.
[372] Interviewpartner 2; Interviewpartner 1.
[373] Interviewpartner 5.
[374] Ibid.
[375] Interviewpartner 4.
[376] Interviewpartner 5.

Oberrheins. Es herrscht aber auch dort im Bereich des Gesundheitswesens ein grosser Nationalstolz. Nichtsdestotrotz wäre es ein Lösungsansatz zu versuchen, eine solche regionale Identität auch im Bereich des Oberrheins zu fördern, damit das Misstrauen gegenüber dem ausländischen Gesundheitswesen etwas gedämpft werden kann.[377]

X. Zusammenfassung

Der Bereich der grenzüberschreitenden Zusammenarbeit im Gesundheitswesen bringt enorm viel Potential, aber auch viele Hürden mit sich. In vieler Munde besteht grosser Enthusiasmus und die zukünftig erhöhte Mobilität wird den Druck zur grenzüberschreitende Gesundheitsversorgung intensivieren.

Die Realisierung eines grenzüberschreitenden Spitals wäre, wie aufgezeigt, rechtlich unter gewissen Voraussetzungen möglich. Die tatsächliche Umsetzung würde allerdings in mehreren Bereichen, allen voran im Bereich der Abrechnung mit den Krankenkassen, ein grundlegendes Umdenken beider Kooperationspartner voraussetzen. Dem gegenüber stehen starke ökonomische und politische Interessen der einzelnen Länder, das Gesundheitssystem weiterhin national zu gestalten. Aufgrund dieser Hürden herrscht bei der Umsetzung eines solchen Projektes starke Skepsis.

Zudem problematisch ist, dass trotz mittlerweile langjähriger Zusammenarbeit vieler Parteien im Bereich des grenzüberschreitenden Gesundheitssystems, noch keine grosse Sammlung von Expertenwissen besteht – viele solcher grenzüberschreitenden Projekte geschehen demnach mit dem «learning-by-doing» Ansatz.[378] Diese Unsicherheit vor der Umsetzung eines solchen Projekts stellt einen weiteren Hemmfaktor dar, vor allem bei einem solch organisatorisch, rechtlich und finanziell aufwändigen Projekt wie einem Spital.

Trotz aller Skepsis ist aber klar festzustellen, dass es umsetzbar wäre. Diese Arbeit zeigt die rechtlichen Schlüsselstellen auf, die es vorgängig klar zu regeln gilt. Im Grundsatz ist wichtig festzuhalten, dass mittels Staatsvertrag vieles geregelt werden kann. In vielen Rechtsbereichen des Spitalalltags ist schlussendlich die Regelung des Landes relevant, in welchem das Spital steht. Zum Standort des Spitals gibt es keine klare Empfehlung – sowohl der Standort Schweiz als auch der Standort Deutschland bringen Vor- und Nachteile mit sich. Schlussendlich werden

---

[377] Ibid.
[378] Interviewpartner 5.

beide Länder Konzessionen eingehen und Änderungen akzeptieren müssen, wenn sie das Projekt eines grenzüberschreitenden Spitals realisieren möchten.

Diese Arbeit zeigt mögliche Lösungsansätze der kritischen rechtlichen Fragen auf, bspw. in welcher Rechtsform ein solches Projekt möglich wäre – es werden mehrere umsetzbare Lösungsvorschläge aufgezeigt. Somit besteht eine grössere Flexibilität der Umsetzung, als vom Gesundheitswesen zu erwarten wäre. Zudem ist zu beachten, dass die Umsetzung eines grenzüberschreitenden Spitals in einem anderen Kontext – bspw. zwischen der Schweiz und Frankreich – gänzlich andere Lösungsansätze, Problempunkte und Möglichkeiten mit sich bringen könnte.

Um die Umsetzung des Spitals realistischer zu machen, wäre es zu empfehlen, vorerst vermehrt parallele Strukturen zu schaffen, damit eine grenzüberschreitende Planung zwischen der Schweiz und Deutschland möglich und gefördert wird.[379] Zudem ist eine weitere Lockerung des Territorialitätsprinzips bzw. Territorialprinzip eine grundlegende Voraussetzung für ein grenzüberschreitendes Spital, welche man bereits im Voraus realisieren könnte und somit das Schaffen eines Spitals erleichtern würde. Eine solcher Erleichterung würde eine Erhöhung der Attraktivität des Projektes für die involvierten Kooperationspartner darstellen. Somit würde die Schaffung eines solchen Spitals – und somit die Gewährleistung der Gesundheitsversorgung der Bewohner der Grenzregionen – wahrscheinlicher.

Literaturverzeichnis

Abegg Andreas/Frei Marco, Kriterien für die Wahl der Rechtsform öffentlicher Unternehmen, recht 2020, 37 ff.

Allgemeine Ortskrankenasse (AOK) – Bundesverband, Dossier: Krankenhaus, 2021, <https://www.aok-bv.de/hintergrund/dossier/krankenhaus/index_15352.html> (besucht am 15.03.2022) (zit. AOK, Krankenhaus).

Allgemeine Ortskrankenasse (AOK) – Bundesverband, Krankenhausfinanzierung, 2021, <https://aok-bv.de/lexikon/k/index_00437.html> (besucht am 15.03.2022). (zit. AOK, Krankenhausfinanzierung).

Allgemeine Ortskrankenasse (AOK) – Bundesverband, Krankenhausplanung, 2021, <https://aok-bv.de/lexikon/k/index_00439.html> (besucht am 22.04.2022). (zit. AOK, Krankenhausplanung).

Atsiz Veli/Kobler Désirée, Das EG-Recht im Bereich des grenzüberschreitenden Gesundheitswesen und Möglichkeiten für Grenzregionen, in: Odendahl/Tschudi/

---

[379] Interviewpartner 4.

Faller (Hrsg.), Grenzüberschreitende Zusammenarbeit im Gesundheitswesen, Ausgewählte Rechtsfragen am Beispiel des Basler Pilotprojekts, Zürich/St. Gallen 2010, 69 ff.

Atteslander Jan, Aufgaben des Verwaltungsrats nach dem Scheitern des Rahmenabkommens, Recht relevant für Verwaltungsräte 4/2021, 13 ff.

Avanzino Corinne/Fusi Marco/Ingber Karin, Die Anstellungsbedingungen für Pflegepersonal und Ärzte in der Schweiz, in Deutschland und in Frankreich, in: Odendahl/Tschudi/Faller (Hrsg.), Grenzüberschreitende Zusammenarbeit im Gesundheitswesen, Ausgewählte Rechtsfragen am Beispiel des Basler Pilotprojekts, Zürich/St. Gallen 2010, 225 ff.

Basler Verkehrs-Betriebe (BVB), Liniennetz, 2021, <https://www.bvb.ch/de/fahrplan/liniennetz/> (besucht am 27.04.2022) (zit. BVB, Liniennetz).

Bayer-Oglesby Lucy, Grenzüberschreitende Zusammenarbeit Deutschland–Schweiz im Gesundheitswesen II, Evaluation des Pilotprojektes in der Grenzregion Basel-Stadt/Basel-Landschaft/Landkreis Lörrach (Phase II), Obsan Bericht 49, Neuenburg 2015.

Biaggini Giovanni, in: Orell Füssli Kommentar, BV Kommentar, Bundesverfassung der Schweizerischen Eidgenossenschaft, 2. Aufl., Zürich 2017 (zit. OFK-Biaggini, Art., N).

Böhm Thomas, Krankenhausplanung in Deutschland, Krankenhausgesetze und Krankenhauspläne der Bundesländer – ein kritischer Überblick, 2022, abrufbar unter <https://www.rosalux.de/fileadmin/rls_uploads/pdfs/Studien/Studien_1–22_Krankenhausplanung_web.pdf.>

Büchel Monika/Engeler Tina/Willers Sandra, Grenzüberschreitende Krankentransporte im Dreiländereck Deutschland – Frankreich – Schweiz, in: Odendahl/Tschudi/Faller (Hrsg.), Grenzüberschreitende Zusammenarbeit im Gesundheitswesen, Ausgewählte Rechtsfragen am Beispiel des Basler Pilotprojekts, Zürich/St. Gallen 2010, 413 ff.

Bundesamt für Gesundheit (BAG), Patientenrechte und Patientenpartizipation, 2022, <https://www.bag.admin.ch/bag/de/home/medizin-und-forschung/patientenrechte.html> (besucht am 16.05.2022) (zit. BAG, Patientenrechte).

Bundesamt für Sozialversicherung (BSV) (Hrsg.), Geschichte der sozialen Sicherheit in der Schweiz, Spitäler, 2016, abrufbar unter: <https://www.geschichtedersozialensicherheit.ch/institutionen/kantonale-lokale-und-private-institutionen/spitaeler> (zit. Bundesamt für Sozialversicherung).

Bundesamt für Statistik (BFS) (Hrsg.), Gesundheitskosten in der Schweiz: Entwicklung von 1960 bis 2000, Neuenburg 2003, abrufbar unter: <https://dam-api.bfs.admin.ch/hub/api/dam/assets/337862/master> (zit. BFS, Gesundheitskosten).

Bundesgesundheitsministerium, Patientenmobilitätsrichtlinie, 2014, <http://www.bmg.bund.de/glossarbegriffe/p-q/patientenmobilitaetsrichtlinie.html> (besucht am 20.04.2015).

Canton de Vaud – Service de la santé publique (Hrsg.), Die Patientenrechte im Überblick, 2014, abrufbar unter: <https://www.migesplus.ch/publikationen/die-patientenrechte-im-ueberblick> (zit. Waadt, Patientenrechte).

Cosandey Jérôme, Drei Säulen für ein robusteres Gesundheitswesen, Lehren aus der Corona-Krise, 2020, <https://www.avenir-suisse.ch/drei-saeulen-fuer-ein-robusteres-gesundheitswesen/>.

CSS Versicherung (Hrsg.), Grenzenlose Gesundheit, Im Fokus: Das Territorialitätsprinzip im KVG, 2016, abrufbar unter >https://dialog.css.ch/wp-content/uploads/2021/03/CSS_3_16_Dialog_D.pdf>.

Departement für Justiz, Sicherheit und Gesundheit (DJSG), Schweizer Premiere: Fünf Kantone planen gemeinsam stationäre Gesundheitsversorgung, Medienmitteilung, 2020, <https://www.gr.ch/DE/Medien/Mitteilungen/MMStaka/2020/Seiten/2020022601.aspx> (zit. DJSG).

Deutsche Krankenhausgesellschaft (DKG) (Hrsg.), Bestandaufnahme zur Krankenhausplanung und Investitionsfinanzierung in den Bundesländern, Berlin 2021, abrufbar unter: <https://www.dkgev.de/fileadmin/default/Mediapool/3_Service/3.4._Publikationen/3.4.7._Bestandsaufnahme_im_Krankenhaus/2021_DKG_Bestandsaufnahme_KH-Planung_Investitionsfinanzierung.pdf> (zit. DKG, Krankenhausplanung und Investitionsfinanzierung).

Deutsche Krankenhausgesellschaft (DKG), Bundesländer sind für Investitionsmittel verantwortlich, 2021, <https://www.dkgev.de/themen/finanzierung-leistungskataloge/investitionsfinanzierung/> (besucht am 15.03.2022) (zit. DKG, Investitionsmittel).

Deutsche Rentenversicherung (Hrsg.), Arbeitgeber: Arbeitnehmer richtig versichern, 2022, abrufbar unter: < https://www.deutsche-rentenversicherung.de/SharedDocs/Downloads/DE/Broschueren/national/arbeitgeber_arbeitnehmer_richtig_versichern.pdf;jsessionid=59770EB96FD22492D31D1483CEAEE272.delivery2-1-replication?__blob=publicationFile&v=3> (zit. Deutsche Rentenversicherung).

Dussap Anna/Lörch Michael, Workshopbericht- Behandlungen im Nachbarland: Realitäten, Herausforderungen, Risiken und Chancen, Deutsch-französischer-schweizerischer Workshop, Baden-Baden 2016.

Ehrenzeller Bernhard/Portmann Roland/Pfisterer Thomas, in: Ehrenzeller Bernhard/Schindler Benjamin/Schweizer Rainer J./Vallender Klaus A. (Hrsg.), Die schweizerische Bundesverfassung, St. Galler Kommentar, 3. Aufl., Zürich/St. Gallen 2014, Art. 54 BV.

Eichenhofer Eberhard/von Koppenfels-Spies Katharina/Wenner Ulrich (Hrsg.), Kommentar zum Sozialgesetzbuch V, 3 Aufl., Köln 2018, (zit. SGB V, Author, §, Rz.).

Eidgenössisches Departement für auswärtige Angelegenheiten (EDA), Rechtsgrundlagen der grenzüberschreitenden Zusammenarbeit, 2022, <https://www.eda.admin.ch/eda/de/home/aussen-politik/europapolitik/beziehungen-zu-europaeischen-staaten/grenzueberschreitendezusammenarbeit/rechtsgrundlagen.html> (zit. EDA).

Europäische Kommission (Hrsg.), Grenzüberschreitende Zusammenarbeit in Gesundheitsfragen: Theorie und Praxis, Amt für Veröffentlichungen der Europäischen Union, Luxemburg 2017, abrufbar unter <https://www.trisan.org/fileadmin/PDFs_Dokumente/2017-05-Grenzueberschreitende-Zusammenarbeit-Gesundheitsfragen_DE.pdf>.

Faller Andreas, Das Basler Pilotprojekt, in: Odendahl/Tschudi/Faller (Hrsg.), Grenzüberschreitende Zusammenarbeit im Gesundheitswesen, Ausgewählte Rechtsfragen am Beispiel des Basler Pilotprojekts, Zürich/St. Gallen 2010, 1 ff.

Fehr Sandro, Die Erschliessung der dritten Dimension, Bern 2012.

Gerlinger Thomas, Krankenhausplanung und -finanzierung, 2017, <https://www.bpb.de/themen/gesundheit/gesundheitspolitik/252942/krankenhausplanung-und-finanzierung/#node-content-title-4> (besucht am 04.04.2022).

Gesundheitsdepartement des Kantons Basel-Stadt (GDBS) (Hrsg.), Gesundheitsversorgungsbericht 2021, über die Spitäler, Pflegeheime, Tagespflegeeinrichtungen und Spitex-Anbieter im Kanton Basel-Stadt, 2022, abrufbar unter <https://www.gesundheitsversorgung.bs.ch/dam/jcr:889e939d-c5a1-421e-a50b-8ab32aa734f0/RZ_GDBS_GSV_2021_Kurzversion_web.pdf> (zit. GDBS, Gesundheitsversorgungsbericht 2021).

Gesundheitsdepartement des Kantons Basel-Stadt (GDBS) (Hrsg.), Gesundheitsversorgungsbericht 2019/2020, über die Spitäler, Pflegeheime, Tagespflegeeinrichtungen und Spitex-Anbieter im Kanton Basel-Stadt, 2021, abrufbar unter <https://www.bs.ch/dam/jcr:ca5ae503-42b0-49df-a4f6-b9ef5eb929d6/RZ_GDBS_GVB_2019_2020_V21_WEB-PDF.pdf> (zit. GDBS, Gesundheitsversorgungsbericht 2019/2020).

Giger Andrea/Huber Andrin/Kälin Roman, Haftungsrechtliche Aspekte grenzüberschreitender ärztlicher Dienstleistungen zwischen der Schweiz und Deutschland, in: Odendahl/Tschudi/Faller (Hrsg.), Grenzüberschreitende Zusammenarbeit im Gesundheitswesen, Ausgewählte Rechtsfragen am Beispiel des Basler Pilotprojekts, Zürich/St. Gallen 2010, 449 ff.

Graf Martin/Scherer Andreas, Expert Focus Finanzierung von Spitälern 2017, 323 ff.

Gutt Gabriela. Grenzüberschreitende kommunale Zusammenarbeit nach dem Karlsruher Übereinkommen, unter besonderer Berücksichtigung des baden-württembergischen Landesrechts, Baden-Baden 1999.

H+ Die Spitäler der Schweiz (Hrsg.), Faktenblatt: SwissDRG und neue Spitalfinanzierung, Bern 2012, abrufbar unter: <https://www.hplus.ch/fileadmin/hplus.ch/public/Medien/Medienkonferenzen/JMK_2012/3_120522_Faktenblatt_SwissDRG_Spitalfinanzierung_D.pdf> (zit. H+ Die Spitäler der Schweiz, Faktenblatt).

H+ Die Spitäler der Schweiz (Hrsg.), Spitäler, Betten und Bevölkerung, 2019, <https://www.hplus.ch/de/zahlen-statistiken/h-spital-und-klinik-monitor/gesamtbranche/strukturen/spitaeler/spitaeler-betten-und-bevoelkerung#:~:text=Die%20Redimensionierungsphase%20begann%20in%20den,und%2063%25%20bei%20den%20Betten.> (zit. H+ Die Spitäler der Schweiz, Spitäler, Betten und Bevölkerung).

Indra Peter, Grenzüberschreitende Gesundheitsversorgung zwischen Deutschland und der Schweiz, Berlin 2015, 8.

Jakob Markus/Neuweiler Claudia/Wetter Claudia, Die Inanspruchnahme ärztlicher Dienstleistungen im Ausland aus schweizerischer, deutscher und französischer Sicht, in: Odendahl/Tschudi/Faller (Hrsg.), Grenzüberschreitende Zusammenarbeit im Gesundheitswesen, Ausgewählte Rechtsfragen am Beispiel des Basler Pilotprojekts, Zürich/St. Gallen 2010, 155 ff.

Kliniken des Landkreises Lörrach, Lörracher Wege 1 und 2, o.J., <https://www.klinloe.de/neues-klinikum/meilensteine/lörracher-wege-1-und-2.html> (besucht am 18.05.2022) (zit. Kliniken Lörrach, Wege 1 und 2).

Kliniken des Landkreises Lörrach, Pflegemanagement, o.J., <https://www.klinloe.de/pflege-und-funktionsdienst/pflege-und-funktionsdienst.html> (besucht am 18.05.2022) (zit. Kliniken Lörrach, Pflegemanagement).

Kliniken des Landkreises Lörrach, Unser neues Klinikum Lörrach, o.J., <https://www.klinloe.de/neues-klinikum.html> (besucht am 18.05.2022) (zit. Kliniken Lörrach, neues Klinikum).

Kliniken.de, Kreiskrankenhaus Lörrach, 2019, <https://www.kliniken.de/krankenhaus/kreiskrankenhaus-loerrach-2177K.html> (besucht am 18.05.2022) (zit. Kliniken, Kreiskrankenhaus Lörrach).

Kliniken.de, St. Elisabethen-Krankenhaus Lörrach, 2019, <https://www.kliniken.de/krankenhaus/st-elisabethen-krankenhaus-loerrach-1613K.html> (besucht am 18.05.2022) (zit. Kliniken, St. Elisabethen-Krankenhaus Lörrach).

Knoepfel Martin, Schon heute interkantonale Kooperation, 2017, <https://www.tagblatt.ch/ostschweiz/appenzellerland/schon-heute-interkantonale-kooperation-ld.507779>.

Kolarov Ana, Der koordinierte Pluralismus in der schweizerischen Aussenpolitik, Die völkerrechtliche Vertragsschlussfähigkeit der schweizerischen Kantone in verfassungsgeschichtlicher Perspektive, Zürich/Basel/Genf 2015.

Kümin Simon/Lemberger Florian, Ausgewählte Aspekte der Gesundheitsrechtsordnungen der Schweiz, Deutschlands und Frankreichs, in: Odendahl/Tschudi/Faller (Hrsg.), Grenzüberschreitende Zusammenarbeit im Gesundheitswesen, Ausgewählte Rechtsfragen am Beispiel des Basler Pilotprojekts, Zürich/St. Gallen 2010, 21 ff.

Lanz Matthias, Bundesversammlung und Aussenpolitik, Möglichkeiten und Grenzen parlamentarischer Mitwirkung, Zürich/St. Gallen 2020.

Odendahl Kerstin/Tschudi Hans Martin/Faller Andreas (Hrsg.), Grenzüberschreitende Zusammenarbeit im Gesundheitswesen, Ausgewählte Rechtsfragen am Beispiel des Basler Pilotprojekts, Zürich/St. Gallen 2010.

Pfisterer Thomas, in: Ehrenzeller Bernhard/Schindler Benjamin/Schweizer Rainer J./Vallender Klaus A. (Hrsg.), Die schweizerische Bundesverfassung, St. Galler Kommentar, 3. Aufl., Zürich/St. Gallen 2014, Art. 56 BV.

Santésuisse, «Hebt das Territorialitätsprinzip endlich auf», 2018, <https://www.santesuisse.ch/details/content/hebt-das-territorialitaetsprinzip-endlich-auf> (besucht am 05.05.2022).

Schindler Benjamin/Burkhalter Didier/Tschudi Hans Martin, Die Grenzüberschreitende Zusammenarbeit der Schweiz: juristisches Handbuch zur Grenzüberschreitenden Zusammenarbeit von Bund und Kantonen, Zürich 2014.

Schweizerische Akademie der Medizinischen Wissenschaften (SAMW), Verbindung der Schweizer Ärztinnen und Ärzte (FMH) (Hrsg.), Rechtliche Grundlagen im medizinischen Alltag, ein Leitfaden für die Praxis, Belp 2020 (zit. SAMW/FMH).

Schweizerische Flüchtlingshilfe (Hrsg.), Asylrechtliche Ausweise und die wichtigsten Statusrechte, o.J., <https://www.fluechtlingshilfe.ch/fileadmin/user_upload/Themen/Asyl_in_der_Schweiz/Aufenthaltsstatus/220313_Statusrechte.pdf> (besucht am 26.05.2022) (zit. Schweizerische Flüchtlingshilfe).

Sieber-Gasser Charlotte, «Offene strategische Autonomie» in der EU-Handelspolitik, Zeitschrift für Europarecht 2021, 222 ff.

St. Elisabethen-Krankenhaus Lörrach gGmbH, Geschichte des Hauses, o.J., <https://www.elikh.de/geschichte-des-hauses.html> (besucht am 18.05.2022) (zit. St. Elisabethen-Krankenhaus, Geschichte).

Staatssekretariat für Migration (SEM), Die Einreise in die Schweiz oder den Schengen-Raum, 2022, <https://www.sem.admin.ch/sem/de/home/themen/einreise/einreise-ch-schengen.html> (besucht am 14.05.2022) (zit. SEM, Einreise).

Statistisches Amt des Kantons Basel-Stadt (Hrsg.), Spitäler, Heime, Spitex, T14.1.01 – Kennzahlen nach Spital, o.J., <https://www.statistik.bs.ch/zahlen/tabellen/14-gesundheit/einrichtungen.html> (zit. Statistisches Amt des Kantons Basel-Stadt).

Storbeck Daniel, Grenzüberschreitende kommunale Zusammenarbeit, Göttingen 2016.

Tiefenthal Jürg Marcel, in: Kantonale Polizeihoheit, Eine systematische Darstellung des kantonalen Polizeirechts anhand des Schaffhauser Polizeigesetzes, Zürich/Basel/Genf 2016, Art. 12 Schaffhauser Polizeigesetz.

Trinationales Kompetenzzentrum für Ihre Gesundheitsprojekte (TRISAN) (Hrsg.), Der Krankenhaussektor in Deutschland, Frankreich und der Schweiz, Gesundheit ohne Grenzen, Kehl 2019 (zit. TRISAN).

Tschudi Hans Martin/Schindler Benjamin/Ruch Alexander/Jakob Eric/Friesecke Manuel (Hrsg.), Die Grenzüberschreitende Zusammenarbeit der Schweiz, Juristisches Handbuch zur Grenzüberschreitenden Zusammenarbeit von Bund und Kantonen, Zürich/St. Gallen 2014.

Udsching Peter, Die Finanzierung grenzüberschreitender medizinischer Dienstleistungen in Europa, Medizinrecht 2014, 719 ff.

Unimedsuisse, Die Corona-Pandemie – eine Bilanz der fünf Universitätsspitäler der Schweiz, 2020, Medienmitteilung, <https://www.unimedsuisse.ch/application/files/1315/9367/4595/20200701_MM_Bilanz_Corona_Pandemie_Universitaetsspitaeler.pdf#:~:text=So%20betrug%20der%20Ertrag%2D%20sausfall,zusammen%20rund%20CHF%20356%20Mio.>.

Walendzik Anna/Wasem Jürgen, Vergütung ambulanter und ambulant erbrachter Leistungen, Bertelsmann Stiftung, Gütersloh 2019, abrufbar unter: <https://www.bertelsmann-stiftung.de/fileadmin/files/BSt/Publikationen/GrauePublikationen/AmbulanteVergu__tung_13lay.pdf>.

Wegener F., Gehaltstabellen für TV-Ärzte VKA 2021, Gehaltsüberblick für Ärzte an kommunalen Krankenhäusern, 2022, <https://www.oeffentlichen-dienst.de/ent

gelttabelle/tv-aerzte-vka.html> (besucht am 04.05.2022) (zit. Wegener, TV-Ärzte VKA).

Wegener F., TVöD-P Pflege (früher: BT-K) Entgelttabelle und Eingruppierung, Gehaltstabelle für Beschäftigte im Pflegedienst, 2022, <https://www.oeffentlichen-dienst.de/entgelttabelle/tvoed-p.html> (besucht am 04.05.2022) (zit. Wegener, TVöD-P Pflege).

Weigel Alix, Perspektiven zur rechtlichen Flexibilisierung der grenzüberschreitenden Zusammenarbeit am Oberrhein, Zürich/St. Gallen 2019.

Wissenschaftliche Dienste (WD) des Bundestags (Hrsg.), Ausarbeitung über Öffentliche Investitionskostenförderung von Krankenhäusern in privater Trägerschaft vom 9. Dezember 2019 (WD 9-3000-088/19), abrufbar unter: <https://www.bundestag.de/resource/blob/676586/d4746288604db1f92134e774c6a831c5/WD-9-088-19-pdf-data.pdf> (zit. WD Bundestag, Investitionskostenförderung).

Wissenschaftliche Dienste des Deutschen Bundestags (Hrsg.), Zur Frage der Gesetzgebungskompetenz des Bundes für den Öffentlichen Gesundheitsdienst, 2019, abrufbar unter <https://www.bundestag.de/resource/blob/657236/c82ba2db1cd763e2f46439828d73c4e0/-WD-9-043-19-pdf-data.pdf> (zit. WD Bundestag, Gesetzgebungskompetenz).

Zellweger Valentin/Bühler Othmar, Die Grenzüberschreitende Zusammenarbeit aus der Sicht des schweizerischen Staatsvertragsrechts, in: Tschudi Hans Martin/Schindler Benjamin/Ruch Alexander/Jakob Eric/Friesecke Manuel (Hrsg.), Die Grenzüberschreitende Zusammenarbeit der Schweiz, Juristisches Handbuch zur Grenzüberschreitenden Zusammenarbeit von Bund und Kantonen, Zürich/St. Gallen 2014, 25 ff.

Zuger Kantonsspital (Hrsg.), Geschäftsbericht 2020, 2021, abrufbar unter <https://www.zgks.ch/fileadmin/user_upload/03_Dokumente/Ueber_uns/Geschaeftsberichte/ZGKS_GB_2020.pdf>.

Zumbrunn Andrea/Bayer-Oglesby Lucy/Roth Maik, Grenzüberschreitende Zusammenarbeit Deutschland – Schweiz im Gesundheitswesen, Obsan Bericht 37, Neuenburg 2010.

Materialienverzeichnis

Botschaft zur Änderung des Bundesgesetzes über die Krankenversicherung (Anpassung von Bestimmungen mit internationalen Bezug) vom 18. November 2015, BBl 2016 I (zit. Botsch. KVG Int. Bezug).

Informationsschreiben des Bundesamtes für Gesundheit (BAG) an die KVG-Versicherer und ihre Rückversicherer über Medizinische Behandlungen im Ausland vom 8. April 2008 (zit. Informationsschreiben BAG).

Regierungsrat des Kantons Basel-Stadt, Ratschlag vom 30. August 2010 zum Gesetz über die öffentlichen Spitäler des Kantons Basel-Stadt (ÖSpG), GD/P100228 (zit. Ratschlag zum ÖSpG).

Staatssekretariat für Wirtschaft SECO, Merkblatt für die Anwendung des Arbeitsgesetzes in Krankenanstalten und Kliniken, 2016, abrufbar unter: <https://www.seco.admin.ch/dam/seco/de/dokumente/Publikationen_Dienstleistungen/Publikationen_Formulare/Arbeit/Arbeitsbedingungen/merkblaetter_checklisten/Merkblatt%20für%20die%20Anwendung%20des%20Arbeitsgesetzes%20in%20Krankenanstalten%20und%20Kliniken.pdf.download.pdf/Merkblatt%20für%20die%20Anwendung%20des%20Arbeitsgesetzes%20in%20Krankenanstalten%20und%20Kliniken.pdf> (zit. SECO, ArG in Krankenanstalten).

Tarifstruktur-Vertrag TARPSY vom 1. Januar 2018 zw. H+ Die Spitäler der Schweiz und santésuisse bzw. curafutura, abrufbar unter: <https://www.swissdrg.org/application/files/9815/0123/5903/Tarifstrukturvertrag_TARPSY.pdf> (zit. Tarifstruktur-Vertrag TARPSY).

Tarifvertrag «Ärzte» Kliniken des Landkreises Lörrach GmbH vom 01. September 2006 zwischen der Kliniken des Landeskreises Lörrach GmbH und Marburger Bund, Landesverband Baden-Württemberg (zit. Tarifvertrag «Ärzte» Kliniken des Landkreises Lörrach GmbH).

Arztniederlassung in Lörrach

Analyse der rechtlichen Rahmenbedingungen zur Öffnung einer Arztpraxis von der Schweiz nach Deutschland

Joey Isenring / Nick Wagner / Kerim Katirci

Inhaltsübersicht

I.	Einleitung	128
II.	Rechtliche Grundlagen	129
	A. Völkerrechtliche Verträge und EU-Recht	130
	B. Nationales, kantonales und kommunales Recht	131
III.	Patientenmobilität	134
	A. Behandlungsanspruch	135
	B. Patientenmobilitätsrichtlinie	138
	C. Zwischenfazit	138
IV.	Praxisgründung	139
	A. Personengesellschaften	139
	B. Kapitalgesellschaften	141
	1. Zur Aktiengesellschaft insbesondere	141
	2. Zur Gesellschaft mit beschränkter Haftung insbesondere	142
	C. Medizinisches Versorgungszentrum (MVZ)	145
V.	Aufbau des Praxisstandortes	149
	A. Praxiserwerb	149
	1. Übertragung der Patientenkartei	149
	2. Nachfolgebesetzungsverfahren	150
	B. Miete	150
	C. Krankenkassenanerkennung	152
	1. Voraussetzungen	153
VI.	Arbeitsrecht	154
	A. Zulassung/Anerkennung der Abschlüsse des Medizinalpersonals	155
	1. Zulassung von deutschem Medizinalpersonal in der Schweiz	155
	2. Zulassung von schweizerischem Personal in Deutschland	156
	B. Formen des Arbeitnehmeraustausches	158

		1. Doppelbeschäftigung 159

       1. Doppelbeschäftigung 159
       2. Entsendung. 160
       3. Internationaler Personalverleih 164
  C. Steuer- und Sozialversicherungsrecht 165
       1. Sozialversicherungsrecht 165
       2. Steuerrecht. 167
  D. Handlungsempfehlungen 169
VII. Medizinischer Warenverkehr 169
  A. Arzneimittel. 169
  B. Radioaktives Material 170
  C. Zwischenfazit 170
VIII. Datenschutz 171
  A. Datentransfer 172
       1. Gemäss DSG 172
       2. Gemäss DSGVO 173
  B. Zwischenfazit 174
IX. Conclusio 174
Literaturverzeichnis 175
Rechtsprechung. 182
Gesetzesverzeichnis 183

I. Einleitung

Die Schweiz befindet sich im Herzen Europas. Als solches ist das Alpenreich eingebettet zwischen fünf Ländern und hat vier offizielle Landessprachen. 16 Kantone teilen ihre Grenzen mit dem Ausland. Eine strikte und scharfe Trennung zwischen der Schweiz und ihren Nachbarn beim Grenzübertritt ist nur in Ausnahmefällen spürbar. Aufgrund des Territorialprinzips, verankert im Völkerrecht, gestaltet sich die rechtliche Zusammenarbeit in organisatorischer und regulatorischer Hinsicht unter Umständen schwierig. Denn wie bei einem Vertragsabschluss nach dem Obligationenrecht, müssen beide souveräne Parteien ihre Zustimmung zu einem Staatsvertrag erteilen.

Im Gesundheitsbereich, der von stetigen Reformen und Bestrebungen zur Verbesserung gekennzeichnet ist, gestaltet sich die grenzüberschreitende Zusammenarbeit trotz zwischenstaatlicher Vereinbarungen nach wie vor schwierig. Der Weg zu einer umfassenden, genügenden medizinischen Versorgung über die Grenzen hinweg, bei der die Krankenkassen die ärztlichen Behandlungskosten übernehmen, weist viele Hürden auf. Dennoch wurde die grenzüberschreitende Zusammenarbeit im Vergleich zum 20. Jahrhundert vereinfacht. Es wurde beispielsweise das Pilotprojekt Trisan ins Leben gerufen, welches die Gesundheitsbelange im Dreiländereck Schweiz-Deutschland-Frankreich koordiniert. Die folgende Arbeit behandelt einen komplexen Sachverhalt, der anhand von einem umfassenden Literatur- und Gesetzesstudium beantwortet wird. Diese Arbeit setzt sich vertieft mit einem praktischen Anwendungsfall von komplexen grenzüberschreitenden Fragestellungen auseinander.

Ein in der Schweiz zertifizierter und niedergelassener Schweizer Arzt mit Fachrichtung Onkologie besitzt und führt in Basel-Stadt eine Praxis für onkologische Behandlungen. In dieser werden Diagnostik sowie verschiedenste Behandlungsformen wie Strahlentherapie angeboten. Nun wird beabsichtigt, eine weitere Praxis zu eröffnen, jedoch nicht in Basel, sondern jenseits der schweizerischen Grenze. Die neue onkologische Praxis soll in Lörrach, Baden-Württemberg in Deutschland eröffnet werden. Mit diesem Vorhaben stellen sich verschiedenste rechtliche Fragen.

In einem ersten Schritt werden die für die Beantwortung der Fragestellung erforderlichen rechtlichen Grundlagen in kurzen Worten vorgestellt, bevor die Frage der Patientenmobilität beantwortet wird. Darauf aufbauend wird erläutert, wie eine Arztpraxis in Deutschland eröffnet werden kann. Dabei werden die verschiedenen Rechtsformen für eine Gesellschaft deutschen Rechts vertieft; zusätzlich muss zur Vollständigkeit die neu eingeführte Kooperationsform des medizinischen Versorgungszentrums vorgestellt werden. Daraufhin wird eine Handlungsempfehlung abgegeben. Im Anschluss befasst sich diese Arbeit mit der Krankenkassenanerkennung des Schweizer Arztes durch die deutschen Krankenversicherungen. Das darauffolgende Kapitel beantwortet für den Sachverhalt relevante Fragen des Arbeitsrechts. Bevor eine endgültige Zusammenfassung der erlangten Resultate im letzten Kapitel abgegeben werden kann, müssen Besonderheiten im medizinischen Warenverkehr, sowie Datenschutznormen näher untersucht werden.

II. Rechtliche Grundlagen

Der grenzüberschreitende Sachverhalt hat zur Folge, dass verschiedenste Rechtsordnungen betroffen sind. Um einen Überblick zu schaffen, welche Gesetze und Verträge durch die Überschreitung der Grenze zur Anwendung gelangen können, wird nachfolgend eine Auflistung der wichtigsten in dieser Arbeit behandelten Erlasse mit einem kurzen Kommentar erläutertet, damit die Relevanz sowie der Kontext in der Arbeit verdeutlicht wird.

A. Völkerrechtliche Verträge und EU-Recht

Übereinkunft zwischen der Schweiz und dem Deutschen Reiche über die gegenseitige Zulassung der an der Grenze domizilierten Medizinalpersonen zur Berufsausübung.

Dieser völkerrechtliche Vertrag wurde am 29. Februar 1884 unterzeichnet und ist aufgrund der völkerrechtlichen Staatennachfolge nach wie vor in Kraft. Grundsätzlich bedeutet dies, dass eine Anerkennung von Medizinalpersonal im Deutsch-Schweizerischen Grenzgebiet erwünscht und möglich ist. Art. 1 konkretisiert den Geltungsbereich: «Die deutschen Ärzte, Wundärzte, Tierärzte und Hebammen, welche in der Nähe der deutsch-schweizerischen Grenze wohnhaft sind, sollen das Recht haben, ihre Berufstätigkeit auch in den schweizerischen, in der Nähe der Grenze belegenen Orten in gleichem Masse, wie ihnen dies in der Heimat gestattet ist, auszuüben [...] und umgekehrt sollen unter gleichen Bedingungen die schweizerischen Ärzte, Wundärzte, Tierärzte und Hebammen, welche in der Nähe der schweizerisch-deutschen Grenze wohnhaft sind, zur Ausübung ihrer Berufstätigkeit in den deutschen, in der Nähe der Grenze belegenen Orten befugt sind.» Eine ständige Niederlassung wird in dieser Übereinkunft noch ausgeschlossen.

Verordnung (EG) Nr. 883/2004 des Europäischen Parlaments und des Rates zur Koordinierung der Systeme der sozialen Sicherheit und Verordnung (EG) Nr. 987/2009 zur Festlegung der Modalitäten für die Durchführung der Verordnung (EG) Nr. 883/2004

Die Übernahme dieser Verordnung ins schweizerische Recht, ermöglicht für den Sachverhalt eine klare Regelung, ob und in welchem Ausmass eine medizinische Behandlung im Ausland möglich ist und konkretisiert die Möglichkeiten der Patientenmobilität. Seit dem 1. April 2012 gilt die Verordnungen (VO) (EG) Nr. 883/2004 und 987/2009 auch für die Schweiz. Die Schweiz ist somit in Bezug auf die Verordnung als Mitgliedstaat anzusehen und die Verordnung ist sinngemäss anzuwenden (Art. 1 lit. 2 des Anhangs II zum FZA).[1] Im Sinne einer Erweiterung der Rechte wurde der persönliche Geltungsbereich des Koordinationsrechts auf alle Angehörigen eines EU-/EFTA-Staats und die Schweiz ausgedehnt, die in einem dieser Länder versichert sind oder waren. Der persönliche Geltungsbereich umfasst auch Familienangehörige, unabhängig von ihrer Staatsangehörigkeit, sofern sie abgeleitete Rechte, z.B. im Rahmen einer Er-

---

[1] Leitfaden KVG, S. 5.

werbstätigkeit des Versicherten, geltend machen können. Auch Flüchtlinge und Staatenlose sind einbezogen, wenn sie sich in einem EU-/EFTA-Staat rechtmässig aufhalten.[2]

Die Verordnung (EG) Nr. 987/2009 dient zur Konkretisierung der zuvor genannten Verordnung. Für die Bearbeitung des Sachverhalts wird sie jedoch nur kurz tangiert.

Abkommen zwischen der Schweizerischen Eidgenossenschaft einerseits und der Europäischen Gemeinschaft und ihren Mitgliedstaaten andererseits über die Freizügigkeit

Wenn sich Praxispersonal im Grenzverkehr bewegt, sind die Bestimmungen der FZA zu beachten. Das FZA ist ein Abkommen, welches den grenzüberschreitenden Personenverkehr vereinfacht. Es ist insbesondere auf den beruflichen Personalverkehr ausgelegt und regelt verschiedene Aspekte wie zum Beispiel die gegenseitige Anerkennung von Berufsdiplomen, die Vereinfachung der Entsendung und koordiniert die Sozialversicherungssysteme.[3]

B. Nationales, kantonales und kommunales Recht

Bundesgesetz und Verordnung über die Krankenversicherung (CH)

Das KVG i.V.m. der KVV räumt Versicherten unter gewissen Umständen die Möglichkeit ein, Behandlungen im Ausland über die obligatorische Grundversicherung decken zu lassen. Für die betroffenen Patienten hat die genaue Überprüfung dieser Möglichkeit besondere Relevanz.

Bundesgesetz über den Datenschutz (CH)

Die Bearbeitung von Personendaten muss genauer betrachtet werden, auch weil Gesundheitsdaten einem Transfer ins Ausland ausgesetzt sind. Da ein sorgloser Umgang mit Personendaten unter Strafe steht, müssen sich die Praxen aus dem Sachverhalt im Klaren sein, wie mit sensiblen Daten umzugehen ist. Zweck dieser Norm ist nach Art. 1 DSG der Schutz der Persönlichkeit und gilt nach Art. 2 Abs. 2 für das Bearbeiten von Daten von natürlichen und juristischen Personen durch private Personen und Bundesorgane. Sobald Personendaten sich im EU-Raum befinden und bewegen, unterliegen diese zudem der DSGVO (EU). Aufgrund dessen

---

[2] Leitfaden KVG. S. 6.
[3] Staatssekretariat für Migration: Personenfreizügigkeit Schweiz – EU/EFTA.

ist eine Auseinandersetzung mit den europäischen Regeln zum Datenschutz ebenso unerlässlich.

Bundesgesetz über Heilmittel und Medizinprodukte (CH)

Wenn zum Beispiel Arzneien wie Zytostatika von der Basler Praxis nach Lörrach umgelagert werden sollen, überschreiten Heilmittel die Grenze und können unter die bewilligungspflichtige Ausfuhr fallen. Das Gesetz gilt gemäss Art. 2 für Heilmittel, aber auch für Betäubungsmittel und Heilverfahren. Die Bewilligungspflichten für die Ausfuhr ins Ausland sind in Art. 18 ff. HMG geregelt und deshalb bei der Bearbeitung des Sachverhalts zu konsultieren.

Strahlenschutzgesetz (CH)

Beabsichtigt die Basler Onkologie hochradioaktives Material für die Strahlentherapie in Lörrach bereitzustellen, unterliegt die Ausfuhr einer allfälligen Bewilligungspflicht durch das BAG. Nach Art. 2 gilt das Gesetz für alle Tätigkeiten, Einrichtungen, Ereignisse und Zustände, die eine Gefährdung durch ionisierende Strahlen mit sich bringen können, insbesondere für den Umgang mit radioaktiven Stoffen und mit Anlagen, Apparaten und Gegenständen, die radioaktive Stoffe enthalten oder ionisierende Strahlen aussenden können. Durch den Fakt, dass Strahlentherapie angeboten wird, ist die onkologische Praxis grundsätzlich schon von der Bewilligungspflicht nach Art. 28. StSG erfasst.

Bundesgesetz über die universitären Medizinalberufe (CH)

Das MedBG und MedBV regelt die Anerkennung und Freizügigkeit von universitärem Medizinalpersonal. Dabei stellt es verschiedene Standards, die benötigt werden, um in der Schweiz tätig werden zu können. Insbesondere die Anerkennung von ausländischen Diplomen werden im Rahmen dieser Arbeit behandelt.

Aktiengesetz, Gesetz betreffend die Gesellschaften mit beschränkter Haftung (DE)

Wird bei der Gründung der onkologischen Praxis die Rechtsform der Aktiengesellschaft, bzw. der Gesellschaft mit beschränkter Haftung gewählt, ist das Aktiengesetz und das dazugehörige Einführungsgesetz massgebend. Im Gesetz werden die Rechte und Pflichten der Kapitalgesellschaft geregelt.[4] Sollte sich im Gesetz keine Regelung bezüglich einer Frage finden, greifen sekundär die Bestimmungen

---

[4] Vor allem die Gründung, die Rechtsverhältnisse zwischen der Gesellschaft und den Gesellschaftern, Kapitalmassnahmen und die Auflösung. Vgl. dazu: Deutsche Börse: Aktiengesetz.

des Handelsgesetzbuches und des Bürgerlichen Gesetzbuches. Darüber hinaus werden Straf- und Bussgeldvorschriften in den Artikeln 399 ff. AktG, bzw. 82 ff. GmbHG geregelt. Somit erfüllen die Gesetze eine Funktion im Nebenstrafrecht.

Bürgerliches Gesetzbuch (DE)

Das BGB ist die zentrale Kodifikation im deutschen Privatrecht[5], welche in fünf Bücher aufgeteilt[6] ist: Das erste Buch des Allgemeinen Teils enthält generelle Vorschriften für die nachfolgenden Bücher. Das zweite Buch «Recht der Schuldverhältnisse» regelt Vertragsverhältnisse. Das dritte Buch «Sachenrecht» kodifiziert die Eigentums- und Besitzesbestimmungen. Die Rechtsverhältnisse in Ehe, Lebenspartnerschaft, Familie und Verwandtschaft sowie deren Ersatzfunktionen wie Betreuung, Vormundschaft und Pflegschaft werden im vierten Buch «Familienrecht» geregelt. Im fünften Buch «Erbrecht» finden sich die Rechtsnormen zu Erbfolge, Testament oder Erbschein. Sollte entgegen der erarbeiteten Handlungsempfehlung die Form der «Gesellschaft bürgerlichen Rechts» gewählt werden, richtet sich die Gründung, die Rechts- und Parteifähigkeit, das Innen- und Aussenverhältnis sowie die Auflösung nach dem Bürgerlichen Gesetzbuch.

Gesetz über Partnerschaftsgesellschaften Angehöriger Freier Berufe (DE)

Dieses Gesetz regelt in Deutschland die Voraussetzungen für die Rechtsform der Partnerschaft, die im Jahr 1995 geschaffen wurde. Nach § 1 können Angehörige eines freien Berufs sich in einer Partnerschaft zusammenschliessen und den Beruf gemeinsam ausüben. Zudem werden durch die Schaffung der Partnerschaft die Defizite einer Gesellschaft Bürgerlichen Rechts ausgeglichen, indem:[7]

1. für grössere Zusammenschlüsse eine geeignete Struktur erschaffen wurde;
2. die Wettbewerbsfähigkeit der deutschen Angehörigen freier Berufe im Vergleich zur internationalen Konkurrenz verbessert wurde;
3. die spezifische freiberufliche Gesellschaftsform als Alternative zur Kapitalgesellschaft angesehen wird;
4. die nationale Regelung interprofessionelle Zusammenarbeit in überörtlichen und internationalen Zusammenschlüssen regelt.

---

[5] Regelt die Verhältnisse zwischen Privatpersonen.
[6] Bürgerliches Gesetzbuch: <https://www.buergerliches-gesetzbuch.info/>.
[7] Römermann/Lutz, S. 31.

Gesetz zur Modernisierung der gesetzlichen Krankenversicherung (DE)

Das Gesetz ist die Antwort auf den Wunsch nach einer umfassenden Gesundheitsreform. Die wichtigste Änderung ist die dauerhafte Senkung der Beiträge zur gesetzlichen Krankenversicherung, welche am 1. Januar 2004 in Kraft trat.[8] Um diese Reform zu realisieren, wurden in § 1 GMG diverse Gesetzesänderungen im fünften Buch Sozialgesetzbuch vorgenommen. Im Zuge der Änderungen wurde das medizinische Versorgungszentrum eingeführt [9], das erlaubt, eine fachübergreifende vertragsärztliche Versorgung unter ärztlicher Leitung anzubieten.

III. Patientenmobilität

Seit 1. Mai 2010 gelten im Verhältnis der EU-Staaten untereinander die Grundverordnung (EG) Nr. 883/2004 und die Durchführungsverordnung (EG) Nr. 987/2009. Darin werden sowohl die Ansprüche als auch die Rechte und Pflichten der Versicherten geregelt. Die Durchführungsverordnung regelt die administrative Umsetzung der Grundverordnung. Diese ist hauptsächlich an die Institutionen bzw. Träger gerichtet.

Damit die neuen Verordnungen durch die Schweiz angewendet werden konnten, benötigte es eine Anpassung des Anhangs II zum Freizügigkeitsabkommen, da zum Zeitpunkt des Abschlusses zwischen den EU-Staaten in der Schweiz noch die bisherigen Verordnungen (EWG) Nr. 1408/71 und 574/72 in Kraft waren. Seit der Anpassung gilt das Koordinationsrecht der oben genannten Verordnung auch für die Schweiz.[10] Mit der Aktualisierung des EFTA-Übereinkommen zum 1. Januar 2016 gelten im Verhältnis zwischen der Schweiz und den EFTA-Staaten Island, Liechtenstein und Norwegen ebenfalls die Verordnungen (EG) Nr. 883/2004 und 987/2009. Damit sind dieselben koordinationsrechtlichen Bestimmungen anwendbar wie im Verhältnis zu den EU-Staaten.[11]

Um den Praxisstandort ausserhalb der Schweiz für bisherige Patienten nutzen zu können, sind die potentiellen Synergien nur vollständig anwendbar, wenn eine Patientenmobilität gewährleistet ist. Dies bedeutet, dass Patienten bei Behandlungen, die am deutschen Standort durchgeführt werden, nicht auf den Kosten sitzen bleiben sollten. Deshalb ist die Abklärung, ob heimische Krankenkassen

---

8   AOK-Bundesverband: 2004: GKV-Modernisierungsgesetz (GMG).
9   § 95 SGB V.
10 BSV: Anwendung der Verordnung 883-2004.
11 BSV: Anwendung der Verordnung 883-2004.

ausländische Behandlungen übernehmen, essenziell. Dabei wird jedoch ausdrücklich nur die Kostenübernahme von der obligatorischen Grundversicherung behandelt. Auf den privaten Zusatzversicherungsbereich wird nicht eingegangen, da dieser unter anderem policenabhängig ist. Ausserdem stellt sich zudem die Frage, ob auch deutsche Patienten von Lörrach sich in Basel behandeln lassen könnten und ob dies von deren heimischen Krankenkassen übernommen wird. Auf diese Frage soll ebenfalls kurz eingegangen werden.

A. Behandlungsanspruch

Im Grundsatz gilt das Territorialitätsprinzip und Versicherungsleistungen werden nur innerhalb der Schweiz geleistet.[12] Es gibt verschiedene Varianten, wann ein Anspruch auf Behandlung mit Kostenübernahme im Ausland bestehen kann.

Variante 1: Die Behandlung wird im grenznahen Ausland im Sinne eines genehmigten Programms nach Art. 36a KVV durchgeführt

Gemäss Art. 34 KVG kann der Bundesrat vorsehen, dass die obligatorische Krankenpflegeversicherung die Kosten von Leistungen, die aus medizinischen Gründen oder im Rahmen der grenzüberschreitenden Zusammenarbeit für in der Schweiz wohnhafte Versicherte im Ausland erbracht werden, übernimmt. Auf dieser Basis hat der Bundesrat Art. 36a KVV erlassen.

Gemäss Abs. 1 desselbigen Artikels, kann das BAG «*Programme zur grenzüberschreitenden Zusammenarbeit bewilligen, die eine Kostenübernahme durch Versicherer für Leistungen vorsehen, die in Grenzgebieten für in der Schweiz wohnhafte Versicherte erbracht werden.*» Damit ein solches Versicherungsprogramm vom BAG genehmigt wird, müssen mehrere Anforderungen erfüllt sein, welche in Art. 36a KVV aufgeführt sind. Dabei muss das für die Kostenübernahme bei grenzüberschreitender Zusammenarbeit benötigte Bewilligungsgesuch von mindestens einem Grenzkanton und von mindestens einem Versicherer vier Monate vor dem antizipierten Start der Zusammenarbeit eingereicht werden.[13 & 14] Das eidgenössische Parlament hat am 30. September 2016 eine Revisionsvorlage zur Anpassung dieser Bestimmung mit internationalem Bezug verabschiedet. Damit

---

[12] Grenzüberschreitende Zusammenarbeit im Gesundheitswesen; Jakob/Neuweiler/Wetter, S. 172 ff.
[13] Art. 36a Abs. 2 KVV.
[14] Vgl. auch die Anforderungen nach Art. 36 a Abs. 3 KVV.

wurde die gesetzliche Grundlage geschaffen, eine unbefristete grenzüberschreitende Zusammenarbeit in allen grenznahen Regionen zu ermöglichen.[15]

Zu betonen ist jedoch, dass dies nur Versicherten offensteht, die in einem vom Programm betroffenen Grenzkanton wohnhaft sind. Es gibt in der Schweiz zwei solche Projekte, welche sich gemäss BAG auch bewährt haben. 2007 wurde das Pilotprojekt «GRÜZ» beider Basel und des Landkreises Lörrach lanciert, welches jedoch lediglich für Rehabilitationsleistungen vorgesehen ist. Seit 2008 läuft ein weiteres Pilotprojekt zwischen dem Kanton St. Gallen und den Fürstentum Liechtenstein, das Behandlungen im Landesspital LI mit Kostenübernahme ermöglicht.[16]

In casu wäre es für die betroffenen Praxen sehr attraktiv, wenn ein genehmigtes Programm nach Art. 36a KVV vorliegen würde. Eine Überprüfung der Anforderungen nach Art. 36a Abs. 3 KVV geschieht jedoch insbesondere aus der Perspektive der Krankenkasse und wird hier nicht weiter vertieft. Zu betonen ist jedoch, dass durch Art. 36a Abs. 3 lit. a KVV das Territorialitätsprinzip durchbrochen wird und es vom Grundversicherer garantiert werden muss, dass Gleichbehandlung zwischen dem inländischen Angebot und dem am Programm beteiligten ausländischen Angebot besteht. Dies würde auch bedeuten, dass mindestens der Kanton Basel-Stadt und eine Krankenkasse im Sinne des oben genannten Artikels eine Kooperation vereinbaren müssten. Für den Sachverhalt würde der Leistungskatalog die ambulant durchführbaren Chemo- und Antikörpertherapie, Strahlentherapie und ergänzende onkologische Behandlungen sowie Diagnostikverfahren umfassen.

Variante 2: Es handelt sich um einen Notfall während eines vorübergehenden Aufenthaltes im Ausland.

Für die grenzüberschreitende Patientenmobilität zwischen der Schweiz und der EU ist die Verordnung (EG) Nr. 883/2004 zur Koordinierung der Systeme der sozialen Sicherheit in Verbindung mit der Verordnung (EG) Nr. 987/2009 zur Festlegung der Modalitäten für Durchführung der Verordnung (EG) 883/2004 einschlägig. Dabei ist die Kostenübernahme insbesondere an die medizinische Notwendigkeit geknüpft, wobei auch die Aufenthaltsdauer und die Art der Leistung zu beachten sind.[17] Ausserdem hat der Versicherte nach Art. 25 Abs. 3 VO 987/2009 Anspruch auf alle Leistungen, die notwendig sind, damit dieser nicht

---

15 Hedinger, S. 6 & 10.
16 Siehe Korrespondenz mit dem Stab der Abteilung Recht BAG im Anhang.
17 Leitfaden KVG, S. 107.

vorzeitig in das Heimatland zurückkehren muss, um die erforderliche medizinische Leitung zu erhalten. Art. 19 VO 883/2004 betont zudem, dass der Versicherte Anspruch auf denselben Umfang und zu denselben Bedingungen und Kosten hat, wie auch die Versicherten des jeweiligen Landes. Des Weiteren fallen auch Behandlungen im Zusammenhang mit Schwangerschaft und chronischen oder bestehenden Krankheiten in den Anwendungsbereich des Art. 19 VO 883/2004. Beispiele dafür sind etwa die Nierendialyse, Chemotherapie oder eine Sauerstofftherapie. Dabei ist zu beachten, dass in solchen Fällen nicht die Behandlung Aufenthaltsgrund sein darf, sondern vielmehr zum Beispiel der Ferienwunsch. Somit wird die Freizügigkeit nicht eingeschränkt.[18]

In casu wird dieser Fall vermutlich die Ausnahme sein. Sofern jedoch ein Patient seinen Aufenthalt aus persönlichen Gründen im Landkreis Lörrach plant und dieser sich zum Beispiel in einem chemotherapeutischen Behandlungsplan befindet, scheint eine Kostenübernahme im Sinne der Variante 2 wahrscheinlich.

Variante 3: Die benötigte Leistung kann in der Schweiz gar nicht oder nicht rechtzeitig erbracht werden.

Wenn Leistungen in der Schweiz nicht erbracht werden können, sieht Art. 36 KVV vor, dass ein Fachgutachten des Vertrauensarztes der betroffenen Krankenkasse bei der zuständigen Kommission des BAG vorgelegt wird. Wenn die Beurteilung positiv ausfällt, empfiehlt das BAG dem Grundversicherer die Kostenübernahme der Auslandsbehandlung.[19] Hierbei handelt es sich um einen sogenannten Zustimmungsfall für eine geplante Behandlung, wobei die Krankenversicherung grundsätzlich zustimmen muss, wenn es sich um eine Pflichtleistung nach KVG handelt und «diese Behandlung nicht innerhalb eines in Anbetracht ihres derzeitigen Gesundheitszustands und des voraussichtlichen Verlaufs ihrer Krankheit medizinisch vertretbaren Zeitraums gewährt werden kann» gemäss Art. 20 Abs. 1 und Abs. 2 VO 883/2004.[20]

In casu müsste die Behandlungskapazität im Inland so ausgelastet sein, dass die Therapie nicht innert nützlicher Frist erfolgen kann. Sofern jedoch keine pandemischen Bedingungen herrschen, kommt in der Schweiz die Behandlungskapazität nicht an ihren Grenzen.[21] Zudem scheint die Überweisung an ausländische medizinische Fachzentren aufgrund des Angebots an universitärer onkologischer

---

[18] Leitfaden KVG, S. 112-11.
[19] Informationsschreiben vom 8. April 2008 über die medizinische Behandlung im Ausland, S. 1 ff.
[20] Leitfaden KVG, S. 132 ff.
[21] Wanner, SRF vom 06.09.2021.

Spitzenmedizin und dem breiten Angebot onkologischer Behandlungszentren unwahrscheinlich.[22] [23]

B.   Patientenmobilitätsrichtlinie

Die Richtlinie 2011/24/EU über die Ausübung der Patientenrechte in der grenzüberschreitenden Gesundheitsversorgung, kurz Patientenmobilitätsrichtlinie, stärkt die Dienstleistungsfreiheit betreffend medizinischer Behandlungen innerhalb der EU. Ausserdem wird die Schwelle für eine Behandlung in einem anderen Unionsstaat heruntergesetzt und die Versorgungseffizienz erhöht, da grenzüberschreitende Behandlungskapazitäten genutzt werden können.[24] Konkret bedeutet dies, dass die Mitgliedstaaten ihr Angebot öffnen und aktiv über die finanziellen und rechtlichen Grundlagen informieren, sowie über die Qualität und Sicherheit aufklären. Dabei gilt der Grundsatz, dass Patienten aus anderen Mitgliedstaaten nicht schlechteren Bedingungen ausgesetzt werden dürfen als Inländer. Ausserdem gilt nach Art. 7 dieser Richtlinie der Gleichbehandlungsgrundsatz bei der Kostenerstattung.[25] Für die Unionsstaaten soll diese Richtlinie die Verordnung 883/2004 aber lediglich ergänzen. Die Schweiz hat jedoch die Patientenmobilitätsrichtlinie nicht übernommen und es besteht im gegenseitigen Verhältnis kein Gleichbehandlungsgebot der Kostenerstattung und aufgrund dessen ist sie für den Sachverhalt nicht anwendbar.

C.   Zwischenfazit

Um Synergien der beiden Praxen vollständig nutzen zu können, wäre ein Programm nach 36a KVV für den Sachverhalt am geeignetsten. Ob ein solches Programm mit oben genannten Bedingungen jedoch zustande kommen würde, bleibt offen. Andererseits stellt sich die Frage, ob ein angeblicher «Ferienaufenthalt» kurz nach der Grenze nicht als rechtsmissbräuchlich einzustufen wäre, sollte dieser faktisch für den Zweck zur onkologischen Behandlung angewandt werden. Nicht zu vernachlässigen ist jedoch, dass mit der Verordnung (EG) 883/2004 die dort verankerten Patientenmobilitätsrechte den EU-Bürgern zur Verfügung stehen und somit die Fallbeispiele der Varianten 2 und 3 sinngemäss anwendbar sind.

---

[22]   Universitätsspital Zürich: Behandlungsangebot des Comprehensive Cancer Centers Zürich.
[23]   Amstad, S. 22 ff.
[24]   Frenz/Ehlenz, S. 631.
[25]   Frenz/Ehlenz, S. 632.

IV. Praxisgründung

Gesellschaftsformen

Das Verfahren eine Arztpraxis zu eröffnen, besteht aus mehreren Etappen, die fallbezogen variieren können. Denn die Gründung ist jeweils situativ anzupassen. Aus diesem Grund wird auf das Verfahren mit seinen einzelnen Abläufen nicht näher eingegangen, sondern im Vordergrund steht die Auseinandersetzung mit den verschiedenen Rechtsformen in Deutschland. Unabhängig vom Einzelfall lässt sich hier eine Handlungsempfehlung abgeben, die für jeden Geltung erlangen kann.

A. Personengesellschaften

Die BGB-Gesellschaft[26] nach §§ 705 ff. BGB, sowie die Personenhandelsgesellschaften OHG und KG (§§ 105 ff. und 161 ff. HGB) gehören zur Gruppe der Personengesellschaften. Die Partnergesellschaft (§§ 1 ff. PartGG), die für die gemeinsame, freie Berufsausübung konzipiert wurde, und die stille Gesellschaft nach §§ 230 ff. HGB gehören ebenfalls zu den Personengesellschaften. Der Zweck der letzteren Gesellschaft ist die Kapitalbeteiligung an einem handelsgewerblichen Unternehmen.[27]

Der schuldrechtliche Vertrag, der zwischen min. zwei Personen (natürlich und/oder juristisch) geschlossen wird, bildet die Grundlage der Organisation zur Erreichung des Zweckes der Gesellschaft.[28] In diesem schuldrechtlichen Vertrag, der die individuelle Beziehung unter den Gesellschaftern regelt, wird einerseits der gemeinsame Zweck vereinbart, andererseits gegenseitige Förderungspflichten, um den Zweck zu erreichen.[29]

Weder das Gesetz noch die Rechtsprechung stellen hohe Hürden an das Bewusstsein der Gesellschafter zur Gründung. Als ausreichend erachtet wird das Grundverständnis, rechtserheblich zu handeln. Deshalb kann im Wirtschaftsverkehr eine Personengesellschaft entstehen, ohne einen geäusserten gegenseitig-übereinstimmenden Willen. Mit anderen Worten: Der ausdrückliche Wille zur Gründung einer solchen Gesellschaft muss nicht ausgesprochen werden. Die konkludente bzw. stillschweigende Gründung ist möglich. Die Formerfordernisse

---

[26] Auch «Gesellschaft bürgerlichen Rechts» (GbR) genannt.
[27] Meyer, S. 94.
[28] Grundmann/Leuenroth, S. 139.
[29] Engelhardt, S. 15.

bezüglich des Gesellschaftsvertrages sind demnach ebenfalls tief; das faktische bzw. tatsächliche Handeln wird als ausreichend erachtet. Ein schriftlicher Vertrag bildet keine Gründungsvoraussetzung, sofern ein gemeinsamer Zweck und gegenseitige Förderungspflichten erkennbar sind.[30]

Wie im Schweizer Recht, gelten für die Personengesellschaften des deutschen Rechts folgende Grundsätze:[31]

- Eine eigene Rechtspersönlichkeit hat die Gesellschaft nicht. Somit sind die einzelnen Gesellschafter Träger von Rechten und Pflichten.
- Nur mit abweichender gesellschaftsvertraglicher Regelung ist eine Personengesellschaft nicht vom Bestand der ursprünglichen Gründungsgesellschafter abhängig. Ohne dieselbe Regelung greifen die gesetzlichen Bestimmungen; bei Tod oder einseitige Ausscheidung durch Kündigung eines Gesellschafters wird die Gesellschaft aufgelöst.
- Die Führung des Geschäftes, sowie die Vertretung der Gesellschaft nach Aussen obliegen von Gesetzes wegen allen Gesellschaftern gemeinsam; sie müssen persönlich handeln. Der Grundsatz der Selbstorganschaft bestimmt, dass eine abweichende vertragliche Vereinbarung einzelnen Gesellschaftern diese Aufgabe übertragen kann.
- Für Forderungen der Gesellschaft gegenüber haften alle Gesellschafter als Gesamtschuldner. Dabei bildet das Haftungssubstrat das ganze persönliche Vermögen jedes einzelnen Gesellschafters.
- Neben der Ausnahme bei der Handelsgesellschaft, tritt eine Personengesellschaft im Rechtsverkehr unter dem Namen der Gesellschafter auf.

Eine Arztpraxis in Form einer Personengesellschaft zu eröffnen, wird nicht empfohlen. Denn die tiefen Hürden zur Gründung lassen Unsicherheit bezüglich des Vorliegens einer tatsächlich gegründeten Gesellschaft entstehen. Auch unattraktiv ist zunächst die Auflösung bei Tod/Kündigung und weiter die Ausweitung des Haftungssubstrates auf das persönliche Vermögen. Während Ersteres im Gesellschaftsgründungsvertrag zwar abweichend vom Gesetz geregelt werden kann, lässt sich die Haftung nicht anderweitig regeln.

Insofern ist als Zwischenergebnis festzuhalten, dass eine Personengesellschaft nur bedingt geeignet ist. Im Nachfolgenden werden die Kapitalgesellschaften auf ihre Eignung als Rechtsform einer Arztpraxis evaluiert.

---

[30] Engelhardt, S. 15 & 16.
[31] Grundmann/Leuenroth, S. 139.

B. Kapitalgesellschaften

Kapitalgesellschaften sind Körperschaften, welche juristische Personen mit eigener Rechtspersönlichkeit sind. Die Gesellschafter verfolgen einen gemeinsamen und meist wirtschaftlichen Zweck. Anders wie bei Personengesellschaften werden Kapitalgesellschaften durch das im Vordergrund stehende Eigenkapital gekennzeichnet, welches durch die Übertragung eines Teils des Privatvermögens durch die Gesellschafter auf die Gesellschaft liberiert wird.[32]

Die Kapitalgesellschaften beruhen auf der rechtsgeschäftlich vereinbarten Geltung einer Satzung. Diese regelt die Willensbildung, sowie die Befugnis zur Geschäftsführung und die Vertretung nach aussen.[33] Im Unterschied zu den bereits erläuterten Personengesellschaften stehen nicht die persönliche Mitarbeit und Haftung der Mitglieder im Vordergrund, sondern die Kapitalbeteiligung der Gesellschafter.

1. Zur Aktiengesellschaft insbesondere

Die AG als juristische Person (§ 1 AktG) hat eine eigene Rechtspersönlichkeit. Damit wird sie zur Trägerin von Rechten und Pflichten.[34] Anders als bei den Personengesellschaften, haftet für Forderungen gegenüber der AG nur das Gesellschaftsvermögen.[35] Nur in besonderen Situationen wird das Haftungssubstrat auf das Privatvermögen ausgeweitet – beispielsweise bei grobfahrlässiger Geschäftsführung mit grossen Verlusten. Eine persönliche Haftung der Geschäftsführenden kommt zudem in Betracht[36], wenn *«die Ausnutzung der rechtlichen Selbstständigkeit der juristischen Person mit dem Grundsatz von Treu und Glauben nicht im Einklang steht und einen Rechtsmissbrauch bedeutet.»*[37]

Die Gründung einer AG ist erst nach einem konstitutiven Eintrag ins Handelsregister vollzogen (§ 36 AktG). Die Gesellschaft ist nach § 29 AktG erst mit der Übernahme der Aktien durch die Gesellschafter errichtet. Zu erwähnen ist jedoch,

---

[32] S. Wöhe/Döring, S. 221.
[33] Grundmann/Leuenroth, S. 144.
[34] Grundbuchfähig, besitzfähig, Parteifähig (§ 50 ZPO), Prozessfähig (§ 51 ZPO), insolvenzfähig (§ 11 Abs. 1, 19 Abs 1 InsO, deliktsfähig.
[35] Vgl. dazu § 1 Abs. 1 Satz 2 AktG.
[36] S. etwa BGH, Urteil v. 30.1.1956, II ZR 168/54; BGH, Urteil v. 8.7.1970, VIII ZR 28/69; BGH, Urteil v. 13.11.1973, VI ZR 53/72; BGH, Urteil v. 4.5.1977, VIII ZR 298/75; BGH, Urteil v. 5.11.1980, VIII ZR 230/79.
[37] Manz/Mayer/Schröder, RZ. 44–47.

dass die Anmeldung nur dann ausgeführt werden kann, nachdem die Einlagen geleistet wurden (§§ 36 & 36 a AktG). Nach § 7 AktG beträgt das Grundkapital min. 50'000 EUR. Die AG hat weiterhin eine Satzung (ähnlich dem Gesellschaftervertrag einer Personengesellschaft), die für ihre Gültigkeit notarielle Beurkundung braucht (§ 23 AktG). Nach erfolgter Gründung müssen die Organe[38] bestellt werden. Dazu gehören insbesondere ein Aufsichtsrat[39], ein Vorstand[40] und ein Abschlussprüfer für das erste Geschäftsjahr (§ 30 AktG). Beim Gründungsvorgang sind die Gründer zur Erstellung eines Gründerberichtes verpflichtet. Derselbe wird vom Vorstand und Aufsichtsrat geprüft und anschliessend wird die Genehmigung erteilt (§ 32 & 33 AktG).[41]

Weil eine AG im Vergleich zu anderen Rechtsformen ein hohes Grundkapital von 50'000 Euro zur Gründung voraussetzt, wird die GmbH nachfolgend geprüft:

2. Zur Gesellschaft mit beschränkter Haftung insbesondere

Da die GmbH im Vergleich zur AG weniger Formzwängen unterliegt, und zudem mehr Spielraum für die Gestaltung des Gesellschaftervertrages hat,[42] ist deren Kompatibilität in Bezug auf eine Arztpraxis zu prüfen. Die Gründung einer GmbH kann gemäss § 1 GmbHG von einer[43] oder mehreren natürlichen und/oder juristischen Personen durchgeführt werden.[44] Der Abschluss des Gesellschaftsvertrages muss notariell beurkundet werden.[45] Mit dem anschliessenden konstitutiven Eintrag in das Handelsregister entsteht die GmbH als juristische Person gemäss § 11 Abs. 1 GmbHG.[46] Der zuvor erwähnte Gesellschaftsvertrag wird in zwei Hauptregelungsbereiche eingeteilt:[47]

---

[38] Wie im Schweizer Aktienrecht ist das höchste Organ der Gesellschaft die Hauptversammlung. Vgl. dazu §§ 118 bis 149 AktG. Weiterführend: Stein Phillip: Die Aktiengesellschaft. Gründung, Organisation, Finanzverfassung, S. 115–154.
[39] Er bestellt, kontrolliert, beruft den Vorstand ab (Vgl. § 84 AktG), und vertritt die Gesellschaft gegenüber demselben (Vgl. §§ 95 bis 116 AktG).
[40] Welcher aus einer oder mehreren Personen besteht (Vgl. § 76 AktG), die die Geschäftsführung und Vertretung der Gesellschaft wahrnehmen (Vgl. zu den Kompetenzen und Tätigkeitsfeld §§ 76 bis 94 AktG).
[41] Grundmann/Leuenroth, S. 144–145.
[42] S. Dannenberg-Mletzko/Baumgärtner-Wrede, S. 187.
[43] Vgl. weiterführend zu den Besonderheiten bei der Einpersonen-GmbH: Leissl S. 33–35.
[44] So Leissl, S. 8.
[45] Vgl. § 2 GmbHG.
[46] Leissl, S. 5.
[47] Waldner/Wölfel, S. 32 f.

- Im Vergleich zu Personengesellschaften, die keine grossen Erfordernisse an die Äusserung des Gründungswillen kennen, muss bei der Gründung einer GmbH eine klare Erklärung abgegeben werden. Zudem verpflichten sich die Gesellschafter im Vertrag, bestimmte tatsächliche und finanzielle Leistungen für die Gesellschaft zu erbringen. Der Vertrag ist deshalb als «Sammelvertrag» zu qualifizieren.

- Auf der anderen Seite regelt der Gesellschaftsvertrag die Organisation und enthält Angaben nach § 3 GmbH[48]: Die Firma und den Sitz der Gesellschaft; den Gegenstand des Unternehmens; den Betrag des Stammkapitals; den Betrag der von jedem Gesellschafter auf das Stammkapital zu leistenden Einlage (Stammeinlage). Wobei das Stammkapital der GmbH mindestens 25'000 EUR und zusätzlich die Stammeinlage jedes Gesellschafters min. 100 EUR betragen muss.[49]

Die GmbH als juristische Person und Kapitalgesellschaft muss aus min. zwei Organen bestehen, wobei § 6 GmbHG statuiert, dass ein oder mehrere Geschäftsführer als leitendes Organ tätig werden muss. Ihre Rechte und Pflichten sind in den Artikeln §§ 35–45 GmbHG geregelt. Neben dem leitenden Organ ist die Gesamtheit der Gesellschafter zu erwähnen sowie je nach Ausgestaltung des Gesellschaftsvertrages ein Aufsichtsrat i.S.v. §§ 45 ff. und § 52 GmbHG. Die Vertretung ist von Gesetzes wegen nach § 35 GmbHG den Geschäftsführern überlassen. Dieselben sind zum Abschluss von Rechtsgeschäften berechtigt und verpflichtet (§ 36 GmbHG). Das oberste Organ der Gesellschaft ist die Versammlung der Gesamtheit der Gesellschafter, ihre Beschlüsse sind für die Geschäftsführer laut § 48 GmbHG bindend.[50]

Zusammenfassend kann festgehalten werden, dass der Gesellschaftsvertrag eine Doppelfunktion ausübt. Derselbe regelt einerseits das Errichtungsgeschäft der GmbH und dient andererseits als Organisationsgrundlage der zukünftigen juristischen Person.[51]

Haftung

Wie bei der Aktiengesellschaft oben erläutert, ist das Haftungssubstrat der GmbH ihrer Verbindlichkeiten nur das Gesellschaftsvermögen.[52] Bei der Verletzung von

---

[48] Waldner/Wölfel, S. 7.
[49] Vgl. § 5 GmbHG.
[50] Grundmann/Leuenroth, S. 146.
[51] Baumbach/Hueck, § 2 GmbHG, Rn. 3.
[52] Vgl. § 13 GmbHG.

Sorgfaltspflichten haften die Geschäftsführer der Gesellschaft solidarisch für den entstandenen Schaden.[53]

Die Haftung eines Arztes ist im Wesentlichen aus zwei unterschiedlichen Blickwinkeln zu betrachten: einerseits besteht die Haftung aufgrund abgeschlossener Verträge, z.b. Mietraum, Lieferungen oder Arbeitsverträge[54], anderseits greift die sogenannte Arzthaftung, die auf der ärztlichen Tätigkeit beruht. Diese Haftungsart ist aufgrund des hohen finanziellen Risikos nicht zu vernachlässigen. Im Rahmen eines Arztvertrages werden Patienten behandelt. Derselbe Vertrag qualifiziert sich regelmässig als «Dienstvertrag» i.S.v. § 611 BGB. Wie im Schweizer Recht ist kein Erfolg geschuldet, sondern ein sorgfältiges Tätigwerden. Ist ein Schaden aus einem Vertrag entstanden, der nicht mit der nötigen Sorgfalt ausgeführt wurde, besteht für den Patienten Anspruch auf Schadensersatz.[55]

Da die Rechtsprechung den ärztlichen Heileingriff regelmässig als eine Körperverletzung im Sinne des § 823 Absatz 1 BGB qualifiziert, besteht neben der vertraglichen Haftung die deliktische Haftung aus den §§ 823 ff. BGB in gleichrangiger Anspruchskonkurrenz.[56]

Bei der Arztpraxis, die in der Rechtsform der GmbH gekleidet ist, besteht der Vertrag zwingenderweise zwischen den Patienten als natürliche Person und der Gesellschaft als juristische Person. Der behandelnde Arzt ist demnach nicht der Vertragspartner. Deshalb kommen für Schadensersatzansprüche aus Vertrag stets die Gesellschaft als Anspruchsgegner in Betracht. Für eine allfällige Haftung aus Delikt ist der Anspruchsgegner der behandelnde Arzt. Nach § 823 Abs. 1 BGB wird bei Fehlern das Haftungssubstrat auf das persönliche Vermögen erweitert. Mit anderen Worten: Der Arzt, welcher im Anstellungsverhältnis zur GmbH und während seiner Dienstleistungserbringung einen Fehler begeht, haftet mit seinem Privatvermögen gesamtschuldnerisch neben dem Geschäftsvermögen. Bei der deliktischen Haftung bleibt das Haftungsprivileg nach § 13 Abs. 2 GmbHG unanwendbar.[57]

Vorteile der GmbH als Rechtsform der Arztpraxis

Viele Berufe erfuhren im Vergleich zum Gesundheitswesen früh eine Liberalisierung und im Zuge derer wurde die GmbH als mögliche Rechtsform zugelassen.

---

[53] Vgl. § 43 GmbHG.
[54] Vgl. Weiterführend zur dieser Haftungsart der GmbH: Münchner Kommentar § 43.
[55] Siegert/von Knoch, S. 27.
[56] Siegert/von Knoch, S. 28.
[57] Siegert/von Knoch, S. 28.

Das GMG erlaubte den deutschen Ärzten erstmalig, ihre Praxen in Form einer GmbH zu eröffnen. Daneben wurde auch die Möglichkeit eingeführt, mit einem Medizinischen Versorgungszentrum (MVZ) neben Arztpraxen tätig zu werden.[58]

Weiter bietet die GmbH den Vorteil eines flexiblen Anstellungsverhältnisses der Gesellschaft zum angestellten Arzt. Das von der Gesellschaft bezahle Gehalt kann unter bestimmten Voraussetzungen von der Abführung von Sozialversicherungen befreit werden. Neben dem klassischen Anstellungsverhältnis kann die GmbH diverse Vertragsarten mit den Ärzten abschliessen, da die Gesellschaft vollständig rechtsfähig ist. Daraus ergeben sich verschiedene arbeits- und steuerrechtlich Gestaltungsmöglichkeiten:[59]

- Arbeitsverträge mit dem Gesellschafter
- Gestaltungen im Bereich der Altersvorsorge
- Überlassung von praxiseigenen Fahrzeugen zur privaten Nutzung
- Variable Ergebnisbeteiligung
- Überlassung von Gegenständen und Bargeld an den Gesellschafter oder dessen Ehefrau

Aus obigen Gründen sind die Vorteile einer Arztpraxis in Rechtsform der GmbH ersichtlich. Einerseits beträgt das Grundkapital lediglich 25'000 Euro, andererseits führt der Patientenvertrag mit der Gesellschaft zu finanziellen Absicherungen bezüglich haftungsrelevanter Aspekte. Mit der Rechtsform als Kapitalgesellschaft lassen sich unterschiedliche Arbeitsvertragsarten abschliessen.

C. Medizinisches Versorgungszentrum (MVZ)

Wie bereits erwähnt, führte der Gesetzgeber neben der klassischen Gemeinschaftspraxis im Rahmen des Gesundheitsmodernisierungsgesetz als *«zentrale Kooperationsform das Rechtsinstitut des MVZ ein»*.[60]

MVZs werden als selbständige Leistungserbringer definiert, in denen mehrere ambulant tätige Ärzte in enger Kooperation arbeiten. Sie stellen somit eine patientenorientierte Versorgung *«aus einer Hand»* sicher[61]. Diese Zentren zeichnen sich insbesondere durch eine organisatorische Trennung der Eigentümerschaft von der

---

[58] Siegert/von Knoch, S. 27.
[59] Benjamin Feindt: Die Rechtsform GmbH für die Arztpraxis.
[60] Böck, S. 24.
[61] So die Kassenärztliche Bundesvereinigung: <https://www.kbv.de/html/mvz.php> (besucht am 13.05.2022).

ärztlichen Behandlungstätigkeit aus. Bei den früheren Teilnahmeformen[62] müssen die Praxisinhaber hingegen die ärztliche Tätigkeit persönlich ausführen.[63] Trotz der organisatorischen Trennung muss die Einrichtung ärztlich geleitet sein.[64]

Gründung

Im Fachbereich des Labors, welches für onkologische Diagnostik unerlässlich ist, sind MVZ-Gründungen zahlreich geworden. Besonders auffallend ist die hohe Anzahl an MVZ in Relation zu der Gesamtzahl der Ärzte in jenem Bereich, verglichen mit anderen Fachbereichen.[65] Wie bereits oben ausgeführt, sind nur Leistungserbringer berechtigt, ein MVZ zu gründen und zu betreiben, die aufgrund der vertragsärztlichen Versorgung teilnehmen.[66] Bei der rechtlichen Einordnung der MVZ-Gründung muss zwischen zwei Ebenen unterschieden werden:[67]

– Leistungserbringer als Gründer: Als mögliche Gründer kommen alle im System der GVK Leistungserbringer, insbesondere zugelassene Vertragsärzte in Betracht. Die in Frage kommenden Leistungserbringer müssen als Voraussetzung zum Betrieb eines MVZ nach erfolgter Gründung persönlich an der medizinischen Versorgung teilnehmen; ein Wegfall einer Voraussetzung führt zur Beendigung der Teilnahmeberechtigung des entsprechenden MVZ.[68]

– Organisationsformen: Die Zulässigkeit der gewünschten Organisationsform hängt von der Struktur der Leistungserbringer als Gründer ab. Ein zugelassener Vertragsarzt, wie im vorliegenden Sachverhalt, kann nach den Bestimmungen in den Kammer-/Heilberufsgesetzen des Landes Baden-Württemberg die Form der GmbH wählen.[69 & 70] Wird eine Kapitalgesellschaft (GmbH) gegründet, muss beachtet werden, dass gemäss Rechtsprechung angestellte Ärzte zu Heilbehandlungen ermächtigt werden können. Nicht alle in einem MVZ tätigen Ärzte müssen gleichzeitig Gesellschafter sein.[71]

---

[62] ZB: Einzelpraxis, Berufsausübungsgemeinschaft.
[63] Das Bundesministerium für Gesundheit: Medizinische Versorgungszentren; Vgl. auch dazu § 95 Abs. 1 Satz 2 SGB V.
[64] Vgl. dazu 95 Abs. 1 Satz 3 SGB V: ein Zentrum gilt dann als fachübergreifend, wenn in demselben Ärzte mit verschiedenen Facharzt- oder Schwerpunktbezeichnungen tätig sind.
[65] Meschke, S. 263.
[66] SgB V § 95 Abs. 1 Satz 6, 2. Halbsatz.
[67] Hess, in: Kasseler Kommentar zum Sozialversicherungsrecht, § 95 Rn. 9b.
[68] Vgl. dazu: § 95 Abs. 6 Satz 2 SGB V.
[69] Wigge/von Leoprechting, S. 119.
[70] Vgl. weiterführend zur Gesellschaftsform § 95 Abs. 1 Satz 3 SGB V.
[71] Hübner/Narr, 80.1.

In Bezug auf das Zulassungsverfahren wird auf die einschlägige Literatur verwiesen.[72] Es lässt sich erkennen, dass die rechtlichen Schritte im Verfahren derart umfangreich sind, sodass sie hier nicht vorgestellt werden können. Jedoch ist mit diesem Kapitel die Frage beantwortet, ob im Sachverhalt eine Gründung und Betrieb eines MVZ durch einen Vertragsarzt mit einer GmbH als Trägergesellschaft möglich ist.

Vor- und Nachteile

Die Vor- und Nachteile [73] sind bei der Wahl eines MVZ als mögliche Betriebsform der Kooperation in der vertragsärztlichen Versorgung abzuwägen. Die nachfolgende Erläuterung dient nur als Übersicht; die genaue Gewichtung und Abwägung erfolgen individuell und situativ bezogen.

Vorteile

Berufsausübung im Anstellungsverhältnis; flexiblere Beschäftigungsmodellmodelle; Alterssicherung durch sinnvolle Verwertung der Praxis unter Berücksichtigung der durch das GKV-Versorgungsstärkungsgesetz verschärften Steuerung der Nachbesetzung von Vertragsarztsitzen; Kontinuierliche Nachbesetzung einer Arztstelle; Praxisumwandlungsmodell; Realisierung von Kosteneinsparungspotenzialen; Möglichkeit der gegenseitigen Kompensation von Budgetüberschreitungen; breiteres Leistungsangebot als Marktposition im Wettbewerb mit anderen Ärzten; Förderung der Integration der Sektoren.

Für die ärztlichen Leistungserbringer stellt ein MVZ ein besonders attraktives Instrument dar, denn hier werden institutionalisierte Kompetenzen und Gesundheitsdienstleistungen im gleichen Haus angeboten. Dies führt zur Realisierung von Synergieeffekten.[74]

Nachteile[75]

Wettbewerbsorientierte Etablierung des MVZ durch Aufkauf von Arztsitzen; Verschlechterung der Versorgungssituation als Folge der Marktmacht.

---

[72] ZB: Wigge/von Leoprechting, S. 153 ff.
[73] Lieb/Lieb, S. 10 & 11.
[74] Wigge/von Leoprechting, S. 99.
[75] Lieb/Lieb, S. 10 & 11.

Handlungsempfehlung

Aus obigen Ausführungen zum Wesen des MVZ kann die nachfolgende Handlungsempfehlung abgeleitet werden. Die empfohlene Vorgehensweise für den Schweizer Arzt ist zunächst, eine nach deutschem Recht juristische Person mit eigener Rechtspersönlichkeit zu gründen. Auf die Vorteile wurde bereits verwiesen. Die Gründung kann der Arzt allein vollziehen. Zu beachten ist, dass die Zweitpraxis[76] als rechtlich selbständiges Unternehmen, die eine eigene Rechtspersönlichkeit hat, gegründet wird:

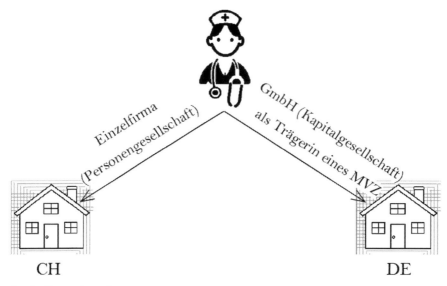

Quelle: Eigene Darstellung

Nach erfolgter Gründung kann, wenn die Prüfung und Abwägung der obigen Vor- und Nachteile ein positives Resultat erzielt haben, der Betrieb in ein MVZ gewandelt werden. Jedoch muss der Arzt persönlich an der medizinischen Versorgung teilnehmen. Ob dies seinen Interessen entspricht, ist unwahrscheinlich.

---

[76] Haupt- und Zweigniederlassungen sind nur für Kaufleute und Handelsgesellschaften vorgesehen. Tochtergesellschaften sind für Arztpraxen nicht möglich. (Telefonat mit der Bezirksärztekammer Südbaden vom 4. April 2022).

V. Aufbau des Praxisstandortes

Die Ausübung ambulanter ärztlicher Tätigkeiten ist, wie andere heilberufliche Dienstleistungen, an eine Niederlassung gebunden. Ohne einen Praxissitz mit geeigneten Räumen ist die Berufsausübung nicht möglich.[77] Das nachfolgende Kapitel untersucht die Besonderheiten in Bezug auf die Praxiseröffnung; entweder als Praxiskauf oder Miete.

A. Praxiserwerb

Allgemein definiert wird die Arztpraxis als *«Gesamtheit dessen, was die gegenständliche und personelle Grundlage des in freier Praxis tätigen Arztes bei der Erfüllung der ihm obliegenden Aufgaben bildet.»*[78]

Die Übertragung einer Arztpraxis ist als ein Unternehmenskauf[79] zu qualifizieren. Als solcher sind nicht nur die zwingenden Vorschriften über den Sachkauf, sondern auch dieselben über den Rechtskauf anwendbar.[80] Auf alle Einzelheiten der Ausgestaltung eines solchen Unternehmenskaufs wird im Folgenden nicht eingegangen.[81]

1. Übertragung der Patientenkartei

Die Patientenkartei wird in den meisten Fällen mit dem Praxisverkauf an den Erwerber übergeben. Weil die Behandlung der Patientendaten besonders sensibel ist, müssen Anforderungen erfüllt werden, die die datenschutzrechtlichen Vorschriften erfüllen. Zusätzlich muss die ärztliche Schweigepflicht gesichert werden.[82]

---

[77] Hesse, S. 111.
[78] Rieger, Ordnungsnummer 4330, Rn. 2.
[79] Als geeignetes Berechnungsverfahren für die Ermittlung des Praxiswertes hat sich die modifizierte Ertragswertmethode durchgesetzt. Hier werden der materielle Wert der Vermögensgegenstände als auch der immaterielle Wert («goodwill») berechnet. Entscheidend ist hier v.a. die nachhaltige Prognoserechnung aus der Sicht eines potenziellen Käufers sowie die nachvollziehbare Festlegung des Prognosezeitraums. Die detaillierte Würdigung mit den jeweiligen Praxdaten ist hier absolute Voraussetzung für ein aussagekräftiges Praxiswertgutachten. In: Breuer, S. 137.
[80] Ries, S. 294.
[81] Vgl. vertieft zum Praxiserwerb: Ries et al., S. 293–336. Vertieft zum Unternehmenserwerb: Jansen; Roth.
[82] Pürner/Walter, S. 52.

2. Nachfolgebesetzungsverfahren

Wenn eine vertragsärztliche Praxis gekauft wird, welche sich in einem Gebiet befindet, in dem Zulassungsbeschränkungen bestehen, muss ein Nachfolgebesetzungsverfahren durchgeführt werden. Der zuständiger Zulassungsausschuss leitet dasselbe Verfahren. Da der Ausgang, bzw. die Erteilung der Bewilligung nicht garantiert werden kann, muss der Käufer gegen dieses Risiko abgesichert werden. Auch muss er gegen Einsprachen abgesichert werden, die das Verfahren um ein Vielfaches verlängern können. Der Kaufvertrag ist aus diesem Grund mit einer aufschiebenden Bedingung zu versehen. Die volle Wirksamkeit entfaltet sich nur bei einem erfolgreichen Abschluss des Nachfolgebesetzungsverfahren. Weil der Kaufvertrag bis zum Eintritt der Bedingung keine Wirkung entfaltet, ist aus Sicht des Veräusserers ein verbindlicher Vorvertrag abzuschliessen, der in der vorvertraglichen Phase beiden Parteien Verschwiegenheitspflichten auferlegt und Schadenersatzansprüchen bei Vertragsbruch regelt.[83]

B. Miete

Zu den gewöhnlichen Formerfordernissen und zum allgemeinen Inhalt der Miete wird in dieser kurzen Abhandlung über das ärztliche Mietrecht nicht vertieft eingegangen.[84] Ein konventioneller, von der Vermieterschaft gestellter Mietvertrag ohne vorherige Verhandlung mit den Ärzten ist meistens einseitig. Ein solcher Vertrag regelt die Besonderheiten beim Praxisbetrieb nicht.[85]

Weil Ärzte rechtlich betrachtet freiberuflich tätig sind, ist es in der Lehre umstritten, ob die Einordnung des Praxismietvertrages als Gewerbe- oder Geschäftsraummietvertrag zu qualifizieren ist.[86] Aus mietrechtlicher Sicht gelten Ärzte als Unternehmer. Als solche haben sie im Gegensatz zum strikt geregelten Wohnraummietrecht weitgehende Verhandlungsfreiheit und einen grosszügigen Spielraum.[87] Die Folge davon ist die Ausschliessbarkeit der zwingenden schutzrechtlichen Vorschriften zugunsten des Wohnraummieters. Daraus folgend ist festzuhalten, dass der gesetzliche Kündigungsschutz für den Praxismieter weg-

---

[83] Pürner/Walter, S. 53.
[84] Vgl. aber weiterführend zum Mietrecht: Herrlein *et. al.*, Ries *et al.* S. 279–292., Börstinghaus *et al.*
[85] Von Wallfeld: S. 326.
[86] Vorliegend wird die herrschende Lehre gefolgt, und von Gewerberaummietverträgen ausgegangen.
[87] Hesse, S. 111.

bedungen werden kann. Wird keine abweichende vertragliche Regelung getroffen, kann der Mietvertrag am dritten Werktag eines jeden Kalendervierteljahres zum Ablauf des nächsten Kalendervierteljahres gekündigt werden.[88] Im gleichen Zusammenhang gelten die gesetzlichen Begrenzungen von Mieterhöhungen nicht, da sie nur bei Wohnraummietverhältnissen greifen.[89]

Die Sonderkündigung

Eine solche Klausel gewährt dem mietenden Arzt ein Recht zur Kündigung ausserhalb der Kündigungszeiten und ohne Frist, zum Beispiel bei Berufsunfähigkeit. Folgende Fälle lösen die Klausel aus[90]:

Die Praxis kann nicht mehr wirtschaftlich betrieben werden, Behörden entziehen den Räumen die Erlaubnis für die heilberufliche Tätigkeit, der Arzt verliert die Zulassung oder die ambulante Tätigkeit wird aufgegeben. Auch greift die Sonderkündigungsklausel bei schwerer Krankheit, bzw. bei Unzumutbarkeit der Weiterführung des Mietverhältnisses.[91]

Der Konkurrenzschutz

Die Konkurrenzschutzklausel dient dem Mieter, und gewährleistet gewisse Sicherheiten in Bezug auf mögliche Konkurrenz. Nicht nur soll sich der Vermieter verpflichten, innerhalb eines Gebäudes, in dem sich die angemietete Praxis befindet, keinen Mietvertrag mit potenziellen Konkurrenten zu schliessen, sondern auch innerhalb eines im Vertrag festgelegten Umkreises. Gewiss sollen mit dieser Klausel nicht alle Geschäfte mit allen Ärzten verboten werden, sondern nur mit denjenigen in gleicher Fachrichtung, welche eine konkurrierende Tätigkeit ausüben. Das Verbot muss mit einer Vertragsstrafe verbunden werden, die bei einer Zuwiderhandlung fällig wird.[92 & 93]

---

[88] Vgl. dazu § 580a Abs. 2 BGB.
[89] Ries et al., S. 280.
[90] Hesse, S. 114.
[91] Vgl. OLG Rostock, Urteil vom 9.7.2020, Az.: 3 U 79/19.
[92] Bergmann/Wever, S. 29.
[93] Vgl. OLG Dresden, Urt. v. 20.7.2010 – 5 U 1286/09 zur Reichweite einer Konkurrenzverbotsklausel in einem Praxismietvertrag.

Untermiete

Die meisten Gewerberaummietverträge regeln die Untermiete. Dieselbe ist nur bei Vorliegen der Zustimmung des Vermieters zulässig. Ohne Erlaubnis des Vermieters ist der Arzt nicht berechtigt, den Gebrauch der Mietsache einem Dritten zu überlassen.[94] Denn ein gesetzlicher Anspruch auf Erteilung der Zustimmung zur Untermiete besteht nicht. Deshalb soll die Untermiete bereits beim Abschluss des Mietvertrages geregelt werden.[95]

Praxisverkauf

Sollte der Praxismietvertrag nicht auf einen Praxisnachfolger übertragen werden, hat dies einen nicht zu vernachlässigenden Einfluss auf den Wert einer Praxis. Beim Abschluss des Mietvertrages ist deshalb eine Klausel aufzunehmen, die die Nachfolge regelt. Wenn der Erstmieter die ärztliche Tätigkeit beendet, und den Sitz auf einen Nachfolger übertragen will, muss der Vermieter bereits im Mietvertrag seine Zustimmung erteilen. Damit kann der übertragende Arzt den Verkehrswert seiner aufgebauten Praxis abschöpfen.[96]

C. Krankenkassenanerkennung

Mit dem Besitz der ärztlichen Approbation kann eine Praxis eröffnet werden. Diese Praxis wird als Privatpraxis geführt, in der Privatpatienten und Selbstzahler behandelt werden können. Sollten jedoch auch versicherte Patienten der gesetzlichen Krankenkassen behandelt werden, wie im vorliegenden Sachverhalt angestrebt wird, benötigt der Arzt eine Zulassung als Vertragsarzt, welche durch die gesetzliche Krankenkasse ausgestellt wird.[97 & 98] Vertragsärzte, die früher als

---

[94] Dies kann beispielsweise aus dem Wunsch die ärztliche Behandlungsangebote zu vergrössern entspringen.
[95] Von Wallfeld, S. 327.
[96] Von Wallfeld, S. 327.
[97] Sebastian Hütter: Praxisratgeber Praxiseröffnung.
[98] Zusätzlich zur Zulassung zum Vertragsarzt müssen bei einer Praxiseröffnung folgende Behörden und Institutionen informiert werden:
  → Die Ärztekammer
  → Das Gesundheitsamt und das Versorgungsamt
  → Die Krankenkasse und die Berufsgenossenschaft
  → Das Finanzamt
  → Interessenverband für Ärzte (fakultativ)

«Kassenärzte» bezeichnet wurden, sind Ärzte, die im Besitz einer Zulassung zur «Teilnahme an der ambulanten ärztlichen Versorgung der gesetzlich Krankenversicherten sind.»[99] Mit anderen Worten: Die Zulassung als Vertragsarzt ermöglicht es dem Arzt nicht nur Privatzahler und Selbstzahler zu behandeln, sondern auch gesetzlich Grundversicherte. Nur mit einer entsprechenden Kassenzulassung darf der Arzt seine erbrachten Leistungen mit der gesetzlichen Krankenversicherung abrechnen.[100]

1. Voraussetzungen[101]

Arztregistereintragung

Gemäss § 95 Abs. 2 SGB V ist die Eintragung in das Arztregister eine Grundvoraussetzung für eine Zulassung oder Anstellung zur vertragsärztlichen Tätigkeit. Die Arztregistereintragung setzt eine allgemeinmedizinische Weiterbildung oder eine abgeschlossene Weiterbildung zum Facharzt voraus.[102] Fachärzte[103] haben eine min. fünfjährige Vollzeit-Weiterbildung und eine Facharztprüfung der Landesärztekammer Baden-Württemberg erfolgreich zu absolvieren.[104] Die Eintragung ins Arztregister wird bei der Arztregisterstelle, in deren Bezirk der Wohnsitz gegründet wurde, beantragt. Sollte jedoch der Wohnsitz im Ausland sein – in casu in Basel-Stadt – muss das Arztregister, welches für Lörrach zuständig ist, gewählt werden, da die Tätigkeit in jenem Zulassungsbezirk aufgenommen wird.[105]

Eignung

Nicht nur bedarf die Zulassung eines Arztregistereintrages, sondern der Arzt muss zur Ausübung der vertragsärztlichen Tätigkeit persönlich geeignet sein. Geeignet ist, wer keine geistigen oder physischen schwerwiegenden Mängel hat, die die Fähigkeit zur Ausübung der heilberuflichen Tätigkeit einschränkt. Darüber hinaus

---

Vgl. dazu weiterführend: <https://www.vorlagen-center.com/magazin/eigene-praxis-eroeffnen/>.

[99] Bundesgesundheitsministerium: Vertragsärzte.
[100] Christian Wagner: Praxisratgeber Kassenzulassung.
[101] Vgl. dazu auch: <https://www.service-bw.de/zufi/leistungen/1791#voraussetungen>.
[102] Kassenärztliche Vereinigung Baden-Württemberg: Arztregister.
[103] Für den Arzt im Sachverhalt, der in der Schweiz eine Facharztausbildung absolviert hat, kann seine erworbene Zulassung anerkennen lassen. Vgl. dazu: <https://www.anerkennung-in-deutschland.de/de/interest/finder/notice?profession=426>.
[104] Bundesgesundheitsministerium: Ärztinnen und Ärzte. Vgl. auch die Weiterbildungsordnung in: Bundesärztekammer, S. 9–20.
[105] Kassenärztliche Vereinigung Baden-Württemberg: Arztregister.

sind Personen, welche wegen eines Beschäftigungsverhältnisses oder wegen anderer nicht ehrenamtlicher Tätigkeiten nicht persönlich in ausreichendem Masse zur Verfügung stehen, ungeeignet.[106]

Offener Planungsbereich

Der Zulassung zum Vertragsarzt dürfen zusätzlich keine Zulassungsbeschränkungen entgegenstehen. Für den Planungsbereich, in dem die Niederlassung als Vertragsarzt angestrebt wird, dürfen keine arztgruppenbezogene Zulassungsbeschränkung angeordnet sein.[107 & 108]

Verfahrensablauf

Die Zulassung, die schriftlich zwölf bis spätestens vier Wochen vor dem Sitzungstermin des zuständigen Zulassungsausschusses beantragt werden muss, wird vom regional zuständigen Zulassungsausschuss[109] für Ärztinnen und Ärzte erteilt. Nach einer mündlichen Verhandlung entscheidet der Ausschuss, welcher den Entscheid schriftlich mitteilt.[110]

VI. Arbeitsrecht

Mit der Gründung des Standortes in Lörrach können Synergien genutzt werden. Dazu gehört es, dass das Personal zwischen den Standorten wechseln kann, sei es wegen Personalknappheit, wegen dem Einführen des neuen Standortes oder generell zur Vergrösserung des Know-Hows. Um dies zu ermöglichen, ist es unabdinglich, dass das Medizinalpersonal auf beiden Seiten zur beruflichen Ausübung zugelassen wird. Es gibt drei mögliche Modelle, die einen solchen Per-

---

[106] Kassenärztliche Vereinigung: Persönliche Voraussetzung.
[107] Kassenärztliche Vereinigung: Sonstige Voraussetzungen. Vgl. weiterführend: MedR 2001, Heft 12 Zulassung als Vertragsarzt – Verfassungsmäßigkeit der Zulassungsbeschränkungen bei Überversorgung Andreas Wahl, S. 639–641.
[108] Die vertragsärztliche Bedarfsplanung mit Zulassungsbeschränkungen in überversorgten Gebieten ist jedoch mit dem Grundrecht der Berufsfreiheit (Art. 12 Abs. 1 GG) und mit dem allgemeinen Gleichheitssatz (Art. 3 Abs. 1 GG) vereinbar. BVerfG (2. Kammer des Ersten Senats), Beschl. v. 27.4.2001 – 1 BvR 1282/99.
[109] Der Zulassungsausschuss des Zulassungsbezirks, in dem Sie sich als Vertragsarzt oder Vertragsärztin niederlassen wollen.
[110] Service Portal Baden-Württemberg: Zulassungsausschuss – Zulassung als Vertragsarzt beantragen.

sonalaustausch ermöglichen. Dies ist mit einem ständig abwechselnden Arbeitsplatz, der Entsendung oder dem Personalverleih möglich.

Bevor die verschiedenen Systeme des Arbeitnehmeraustausches vertieft werden, wird zunächst behandelt, wie die Angestellten ihre Abschlüsse/Berufskategorie in den jeweiligen Ländern anerkennen können. Die Verfahren unterscheiden sich noch weiter. Je nach Entsendungsdauer ist eine einfache Meldepflicht notwendig oder es muss eine Anerkennung erfolgen.[111]

A. Zulassung/Anerkennung der Abschlüsse des Medizinalpersonales

Die Anerkennung ist in der Richtlinie 2005/36/EG festgehalten. Dabei formuliert sie das Recht jedes Mitgliedstaats, eigene Regelungen für gewisse Berufskategorien aufzustellen.[112] Art. 4 Abs. 2 2005/36/EG hält jedoch fest, dass eine Diskriminierung von ausländischem Personal unzulässig ist, wenn die Tätigkeit in den beiden Staaten vergleichbar ist. Mit der Anerkennung wird die Person dazu ermächtigt, den Beruf unter denselben Voraussetzungen wie Inländer auszuüben.[113] Bei der Zulassung des Medizinalpersonals wird in der Schweiz zwischen universitärem und nicht-universitärem Medizinalpersonal unterschieden, da diese gesetzlich anders gehandhabt werden.[114]

1. Zulassung von deutschem Medizinalpersonal in der Schweiz

Für die Prüfung der Abschlüsse des ausländischen Medizinalpersonals in der Schweiz ist das BAG zuständig. Dabei richtet es ihre Entscheidungen anhand der Bilateralen Abkommen Schweiz und EU und anhand der EU-Richtlinie über die Anerkennung von Berufsqualifikationen. Des Weiteren gelten die Bestimmungen des Medizinalberufsgesetzes. Bei den universitären Medizinalberufen werden ausländische Diplome nur anerkannt, wenn diese nach Art. 21 Abs. 1 MedBG über einen gegenseitigen Vertrag anerkannt werden. Sollte diese Voraussetzung erfüllt sein, haben die ausländischen Diplome Art. 22 Abs. 2 MedBG eine gleichwertige Qualifikation wie inländische Diplome. Die Schweiz verfügt durch das Personenfreizügigkeitsabkommen in Verbindung mit Richtlinie 2005/36/EG über die

---

[111] SBFI: Anerkennung ausländischer Diplome.
[112] Art. 2 Richtlinie 2005/36/EG.
[113] Art. 4 Abs. 1 Richtlinie 2005/36/EG.
[114] Vgl. MedBG, das Gesetz richtet sich ausschliesslich auf universitäre Personen.

Anerkennung von Berufsqualifikationen über eine solche Vereinbarung mit Deutschland. Die zuständige Behörde ist die Medizinalberufekommission des BAG.[115] Das Antragsformular muss auf der Website des BAG bezogen werden.

Auf kantonaler Ebene werden nach Art. 34 MedBG lediglich die Fälle geprüft, in der eine Person eine selbstständige Tätigkeit ausführen möchte. Die Bewilligung liegt dabei bei den Kantonen und könnte für Basel auf der kantonalen Website[116] angefragt werden. Da eine selbstständige Ausübung durch deutsches Medizinalpersonal vom Sachverhalt jedoch nicht erfasst ist, wird dieser Punkt nicht weiter vertieft.

Nicht-universitäres Medizinalpersonal

Für das onkologische Zentrum werden drei verschiedene Berufe im Gesundheitswesen im Rahmen der Arbeit untersucht. Dazu zählen die medizinische Praxisassistenz, die medizinisch-technische Radiologie und die Pflege. Sämtliche der drei Berufe gehören zu den reglementieren Berufen in der Schweiz und bedürfen einer Anerkennung. Für die Anerkennung des Berufes der medizinischen Praxisassistenz ist das SBFI zuständig. Die Reglementierung ist im Bereich Röntgen vorhanden und ist in der Röntgenverordnung niedergeschrieben. Bei der Pflegefachperson und bei der medizinisch-technischen Radiologie ist das Schweizerische Rote Kreuz zuständig. Die Pflegefachperson ist anhand des Gesundheitsberufegesetzes reglementiert und die medizinisch-technische Radiologie ist kantonal einheitlich geregelt.[117] Im Kanton Basel-Stadt ist dies die Verordnung über den Bildungsgang zur diplomierten Fachfrau für medizinisch-technische Radiologie HF/ zum diplomierten Fachmann für medizinisch-technische Radiologie HF.

2. Zulassung von schweizerischem Personal in Deutschland

Die Anerkennung ist in Deutschland ähnlich geregelt wie in der Schweiz. Es gibt verschiedene reglementierte Berufe, bei denen die berufliche Qualifikation anerkannt werden muss.[118] Die Bestimmungen bezüglich des Arztes werden auch hier verstärkt untersucht.

---

[115] BAG: Ausländische Abschlüsse Gesundheitsberufe.
[116] Gesundheitsdepartement des Kantons Basel-Stadt Medizinische Dienste: Arzt/Ärztin.
[117] Staatssekretariat für Bildung, Forschung und Innovation: Reglementierte Berufe und Tätigkeiten in der Schweiz.
[118] Deutscher Bundestag Wissenschaftliche Dienste: Reglementierte Berufe in Deutschland.

Arzt

In Deutschland ist der Ärzteberuf ebenfalls strenger reglementiert. Für die Zulassung als Arzt ist die Bundesärzteordnung die gesetzliche Grundlage. Um als Arzt in Deutschland zu praktizieren, bedarf die Person einer Approbation als Arzt.[119] In Grenzgebieten besteht jedoch eine Ausnahme: Für die in Deutschland nicht niedergelassenen Ärzte gelten die hierfür abgeschlossenen zwischenstaatlichen Verträge.[120] Da der Standort Lörrach im Grenzgebiet liegt, ist dieser Punkt zu vertiefen, ebenso ist zu prüfen, ob zwischen Deutschland und der Schweiz ein Vertrag vorliegt, welcher auf den Sachverhalt anwendbar ist. Zwischen der Schweiz und Deutschland gibt es keinen direkten Grenzgängervertrag, der auf die Anerkennung der Abschlüsse anwendbar ist. Der einzige Grenzgängervertrag zwischen diesen beiden Nationen ist das Abkommen über die Doppelbesteuerung.[121]

Falls kein Vertrag besteht, ist das gewöhnliche Anerkennungsverfahren[122] massgeblich. Dieses unterteilt sich in automatisch und individuell.

Automatisch

Voraussetzung für dieses Verfahren ist ein Abschluss, welcher in einem Mitgliedstaat der EU, des EWRs oder in der Schweiz erworben wurde. Zusätzlich muss der Abschluss im Anhang der Berufsanerkennungsrichtlinie (2005/36/EG) aufgeführt sein. Dabei sind die Stichtagsdaten zu berücksichtigen; falls die Ausbildung vor jenem Stichtag begonnen wurde, muss der Antragsteller nachweisen, dass er während der letzten fünf Jahre mindestens drei Jahre lang ununterbrochen den Beruf tatsächlich und rechtmässig ausgeübt hat. Automatisch ist das Verfahren insofern, da die Qualifikationen ohne Gleichwertigkeitsprüfung anerkannt werden.[123]

Individuell[124]

Dieses Verfahren gilt für all jene, die zum automatischen Verfahren nicht zugelassen sind. Bei dieser Variante wird der Abschluss mit dem Abschluss in Deutschland verglichen.

---

[119] § 2 Abs. 1 BÄO.
[120] § 2 Abs. 4 BÄO.
[121] SEM: Weisungen und Erläuterungen I. Ausländerbereich, S. 5.
[122] Vgl. dazu § 3 Abs. 1 zu den einzelnen Voraussetzungen zur Approbation.
[123] Bundesamt für Migration und Flüchtlinge: Anerkennungsverfahren für akademische Heilberufe, S. 4 ff.
[124] Bundesamt für Migration und Flüchtlinge: Anerkennungsverfahren für akademische Heilberufe, S. 4 ff.

Bei beiden Verfahren ist zu beachten, dass nach der Approbation zusätzlich der Antrag auf Führen der Fachbezeichnung (in casu Fachärztin/Facharzt – Innere Medizin und Hämatologie und Onkologie) gestellt werden muss.[125] Im vorliegenden Fall greift für die schweizerischen Ärzte das automatische Verfahren. Die Stadt Lörrach liegt im Bundesland Baden-Württemberg. Zuständig für die Approbation ist jeweils das Landesprüfungsamt im jeweiligen Bundesland.[126] Die Dokumente müssen von den Ärzten an das Regierungspräsidium in Stuttgart gesendet werden, wobei das Verfahren auch einen gewissen Zeitraum in Anspruch nehmen kann.[127] Somit macht es Sinn, ein paar Ärzte bereits vor einem geplanten Einsatz approbieren zu lassen, da in gewissen Situationen schnell gehandelt werden muss.

Die Möglichkeit einer vorübergehende, Berufserlaubnis anstatt einer Approbation ist nach Art. 10 Abs. 1 BÄO für die Schweiz nicht möglich.

Anderes relevantes Personal

Die Pflegefachperson, ist im Pflegeberufegesetz und in der Ausbildungs- und Prüfungsverordnung für die Pflegeberufe geregelt. Die medizinisch-technische Radiologieassistenzist im Gesetz über technische Assistenten in der Medizin geregelt. Diese gehören in Deutschland zu den reglementierten Berufen. Die medizinische Praxisassistenz (in DE medizinische Fachangestellte) gehört jedoch nicht zu den reglementierten Berufen. Dies bedeutet, dass keine berufliche Anerkennung notwendig ist.[128]

B. Formen des Arbeitnehmeraustausches

In diesem Kapitel werden die konkreten Formen überprüft, wie ein Arbeitnehmeraustausch vonstatten gehen kann. Dabei werden gezielt drei Varianten behandelt: Die Doppelbeschäftigung (Arbeitnehmer arbeitet in Deutschland und in der Schweiz gleichzeitig), die Entsendung und der Personalverleih.

---

[125] Bundesministerium für Bildung und Forschung: Anerkennung in Deutschland Fachärztin/Facharzt.
[126] Hanke Stefanie: In Deutschland arbeiten: Anerkennung der Approbation von Ärzten aus EU-Staaten.
[127] Regierungspräsidien Baden-Württemberg: Medizinstudium – Anerkennung im Ausland erworbener Berufsqualifikationen.
[128] Reglementierte Berufe in Deutschland, S. 2 f.

1. Doppelbeschäftigung

Sowohl bei der Entsendung als auch bei dem Personalverleih handelt es sich um tendenziell vorübergehende Lösungen. Bei der Doppelbeschäftigung an den beiden Standorten würde jedoch ein kontinuierlicher Austausch entstehen. Es gibt grundsätzlich keine weiteren Bedingungen an die Anerkennung, wie bereits festgestellt wurde. Somit beschäftigt sich dieses Kapitel primär mit den anderweitigen Problemfeldern, die bei der Doppelbeschäftigung entstehen können. Dabei wird zum einen das Lohngefälle und zum anderen die Auszahlung des Lohnes in Euro untersucht.

Unterschiedliche Arbeitsbedingungen

Die Arbeitsbedingungen für Ärzte und Pflegepersonal unterscheiden sich in Deutschland und in der Schweiz. Insbesondere fällt ins Gewicht, dass der Lohn in der Schweiz um einiges höher ist als in Deutschland. Die Autoren Avanzino, Fusi und Ingber haben sich mit der Problematik des Personalmangels in der Schweiz, Deutschland und Frankreich beschäftigt. Dabei formulierten sie die These, dass mit einer höheren Entlöhnung in Deutschland und Frankreich der Personalabwanderung entgegengewirkt werden kann.[129] Dieser Ansatz stellt zwar eine mögliche Lösung dar, ist auf den vorliegenden Fall jedoch nur begrenzt anwendbar, da es sich beim onkologischen Zentrum um eine privatrechtliche Institution handelt. Wenn diese den Angestellten einen (massiv) höheren Lohn in Deutschland zahlen würde, ist es fraglich, inwiefern sie noch rentabel ist.

Eurolohn

Mit der letzten Währungskrise im Jahre 2015 erhielt die Frage, ob der Arbeitgeber den Lohn von Grenzgängern in Euro ausbezahlen kann, erneuten Aufschwung. Grundsätzlich ist eine Entrichtung des Lohnes in einer anderen Währung als in Franken zulässig, sofern dies im Vorhinein vereinbart wurde, da Art. 323b Abs. 1 OR («... Geldlohn ist dem Arbeitnehmer in gesetzlicher Währung ... auszurichten ...») lediglich dispositiver Natur ist.[130] Die Bezahlung könnte dennoch problematisch sein, da gemäss dem FZA und dem darin enthaltenen direkten oder indirekten Diskriminierungsverbot ausländische Arbeitskräfte nicht anders behandelt werden dürfen, als inländische.[131]

---

[129] S. 253.
[130] Junghanss, Rn. 627; BGE 4A_230/2018 E. 2.
[131] Schwizer S. 102 f.

Eine Diskriminierung liegt nicht vor, solange der definierte Lohn zum aktuellen Tageskurs in Euro ausbezahlt wird, da sich die vereinbarte Summe dadurch nicht ändert. Eine Ungleichbehandlung ist erst dann vorhanden, wenn mit der veränderten Auszahlung eine Lohnkürzung gegenüber den Grenzgängern entsteht.[132] Bis anhin wurden zwei Beschwerden bis an das Bundesgericht weitergezogen. In den Urteilen 4A_215/2017 und 4A_230/2018, die beide am 15. Januar 2019 veröffentlicht wurden, führte das Bundesgericht aus, dass Tarif- oder Einzelarbeitsverträge und Kollektivvereinbarungen mit diskriminierenden Bedingungen nach Art. 9 Abs. 4 FZA Anhang I nichtig sind. Dabei führte es auch aus, dass der GAV trotz Bestätigung vom Bundesrat darauf geprüft werden kann, ob es gegen zwingendes Bundes- und Völkerrecht verstösst.[133]

Das Obergericht des Kanton Schaffhausens (Vorinstanz im Entscheid BGE 4A_230/2018) führte aus, dass eine niedrigere Entlohnung mit der Begründung der niedrigen Lebenskosten der Grenzgänger eine unterschiedliche Behandlung nicht rechtfertigen würde.[134] Dieser Erwägung erscheint richtig, da im Umkehrschluss ausländische Arbeitnehmer zu günstigeren Konditionen als inländische angestellt werden können, was zu einem Lohndumping führen würde.[135] Das Bundesgericht hat sich zu den Ausführungen des Obergerichtes jedoch nicht geäussert. Generell liess es die Fragen zu der Drittwirkung von Art. 9 Abs. 1 FZA Anhang I, der möglichen Erweiterung von Art. 5 Abs. 1 FZA Anhang I durch «wirtschaftliche Rechtfertigungsgründe» und die währungsbedingte Lohnreduktion offen. Eine Klärung dieser Punkte ist für die Rechtssicherheit massgebend. Arbeitgeber sollten in der Zwischenzeit darauf achten, dass sie finanzielle Schwierigkeiten nicht alleine auf Grenzgänger abwälzen und nach einer anderen nachhaltigen Finanzierungslösung suchen.[136]

2. Entsendung

Rechtliche Grundlagen der Länder

Bei einer Entsendung von Arbeitnehmern nach Deutschland muss das Arbeitnehmer-Entsendegesetz beachtet werden. Im Gesetz besteht eine Pflicht zur Einhal-

---

[132] Schwizer, S. 102 ff.
[133] Bundesgericht: Medienmitteilung – Lohnkürzung durch Bezahlung in Euro für Angestellte aus Eurozone: Nachforderungen sind rechtsmissbräuchlich.
[134] BGE 4A_230/2018; Sachverhalt B.b.
[135] Junghanss, Rn. 632
[136] Junghanss, Rn. 632; Schweizer, S. 106; BGE 4a_230/2018; BGE 4A_215/2017.

tung von verschiedenen Arbeitsbedingungen in Deutschland.[137] Dazu gehören unter anderem die Entlöhnung, der bezahlte Mindestjahresurlaub und die Höchstarbeitszeiten nach Art. 2 Abs. 1 AentG.

In der Schweiz gibt es das Entsendegesetz, welches die minimalen Arbeits- und Lohnbedingungen festhält, für Personen, die vom Ausland in die Schweiz entsendet werden nach Art. 1 EntsG. Kernstück der Regelungen sind eine Einhaltung der Mindestentlohnung und der gängigen Arbeits- und Ruhezeit. Insbesondere in der Schweiz ist die Gesetzgebung als eine flankierende Massnahme gestaltet worden. Diese dient zum Schutz der einheimischen Arbeitnehmenden. Bestünde nämlich die Möglichkeit, ausländische Arbeitskräfte zu geringen Löhnen und verringerten Arbeitsbedingungen in den jeweiligen Ländern zu beschäftigen, dann könnte sich dies negativ für die Beschäftigung der einheimischen Bevölkerung auswirken, da ein fehlender Anreiz für deren Anstellung vorhanden wäre.[138]

Entsendungsregelungen

Grundsätzlich werden unter der Entsendung sämtliche Sachverhalte subsumiert, unter der ein Arbeitnehmer in ein anderes Land gesendet wird, um dort eine Arbeit zu verrichten. Unter diese Definition fällt auch der Personalverleih. Entscheidend ist dabei, dass ein vorheriges Arbeitsverhältnis besteht, welches der Arbeitgeber weiterführen möchte.[139] Im vorliegenden Fall würden die Arbeitnehmer nur für kurze Zeit ins Ausland entsendet werden. Danach würden diese weiterhin in der Schweiz oder in Deutschland beschäftigt sein. Die Voraussetzung der Entsendung ist somit vorhanden. Grundsätzlich kann bei der Entsendung zwischen den folgenden Fällen unterschieden werden:

– Klassische Entsendung: Zwischen Arbeitnehmer und Kunde besteht kein direkter vertrag
– Personalverleih
– Entsendung mit ausländischem Arbeitgeber: Zwischen Arbeitnehmer und Einsatzbetrieb besteht ein Arbeitsvertrag

Aufgrund der schwierigen Koordinierung mehrerer Arbeitsverträge wird Variante 3 nicht näher behandelt.[140] Dieses Kapitel beschäftigt sich mit der klassischen Entsendung. Grundsätzlich wird empfohlen, bei einer Entsendung den in-

---

[137] Bundesministerium für Soziales: Entsendung von Arbeitnehmern.
[138] SECO: Entsendung und flankierende Massnahmen.
[139] Prinz, S. 234 f.
[140] Prinz, S. 235 ff.

ländischen Arbeitsvertrag mit einer Entsendungsvereinbarung zu ergänzen. Bei sehr kurzen Einsätzen kann darauf jedoch verzichtet werden. Auch hier empfiehlt sich eine Mobilitätsklausel im generellen Arbeitsvertrag einzuführen, die auf den möglichen abwechselnden Arbeitsplatz hinweist.[141]

Meldepflicht bei Entsendung

Deutschland nach Schweiz

In der Schweiz gilt grundsätzlich eine Melde- und eine Bewilligungspflicht für EU/EFTA Bürger. Wenn eine Person ihre Berufsqualifikationen in einem in der Schweiz reglementierten Beruf erlangt hat,[142] für einen Zeitraum von höchstens 90 Tagen im Jahr in der Schweiz tätig ist[143] und sie sich nach Anhang III des FZA auf die Richtlinie 2005/36/EG berufen kann, dann unterliegt sie einer Meldepflicht ihrer Tätigkeit beim SBFI nach Art. 1 Abs. 1 und Art. 2 Abs. 1 BGMD.[144] Die Meldepflicht gilt lediglich für Selbständigerwerbende oder entsandte Arbeitnehmer.[145]

Die Tätigkeit muss zwar nicht bewilligt werden, aber es muss dem schweizerischen Staat darüber Meldung verschafft werden. Ist die Person jedoch für einen längeren Zeitraum in der Schweiz tätig, wird dies nicht vom FZA erfasst und muss bewilligt werden.[146] Die Staatsangehörigen von EU/EFTA Staaten fallen dabei unter die Regelungen des Freizügigkeitsabkommen. Sollte ein Angestellter aus einem Drittstaat stammen, sind weitere Voraussetzungen zu erfüllen. Dazu gehört unter anderem die Erwerbstätigkeit von über 6 Monaten in einer Grenzzone nach Art. 35 AIG,[147] wobei Lörrach als eine solche Grenzzone gilt.[148] Wichtig zu erwähnen ist, dass nach Art. 6 Abs. 3 EntsG die Arbeit frühestens acht Tage nach Einsatzmeldung aufgenommen werden darf. Liegen die Arbeiten des Unternehmens jedoch unter 8 Tage im Jahr kann von einer Meldung abgesehen werden nach Art. 6 Abs. 1 EntsV. Bei mehreren solchen kurzen Einsätzen in einem Jahr werden diese jedoch kumuliert gezählt und es besteht wiederum eine Meldepflicht, sobald die 8 Tage überschritten werden.[149]

---

[141] Prinz, S. 239.
[142] BGMD Art. 1 Abs. 2 Bst. a
[143] BMDG Art. 1 Abs. 2 Bst. B
[144] Liste der meldepflichtigen Berufe gemäss BGMD, S. 3.
[145] Wer gilt als Dienstleistungserbringer/im Sinne der Richtlinie 2005/36/EG?, S 1 ff.
[146] Siehe Kapitel Zulassung/Anerkennung der Abschlüsse des Medizinalpersonales
[147] Vgl. Justiz- und Sicherheitsdepartement des Kantons Basel-Stadt Bevölkerungsdienste und Migration: Grenzgängerbewilligung.
[148] Weisung Aufenthalt mit Erwerbstätigkeit aus Drittstaaten, S. 11.
[149] Pärli, Handkommentar zu Art. 6 EntsG, Rn. 24–29.

Die reglementierten Berufe wurden bereits im vorherigen Kapitel aufgeführt. Bei den Berufen medizinische Praxisassistenz, medizinische-technische Radiologie, Pflegefachperson und Arzt herrscht somit eine Meldepflicht in der Schweiz.

Von Schweiz nach Deutschland

In Deutschland gilt eine Meldepflicht für verschiedene Branchen gemäss § 18/1 AentG i.V.m. § 1 MiLoMeldV. Dabei muss eine schriftliche Anmeldung unter Beifügung der Versicherung nach § 18/2 AEntG erfolgen. Der ärztliche Beruf ist nicht darunter erfasst, die Pflegedienstleistungen hingegen schon.[150]

Nicht medizinisches Personal

Diese wurden im Rahmen dieser Arbeit nicht untersucht, je nach Grösse der Unternehmungen und der Vielzahl der Angestellten kann es jedoch trotzdem auch dazu kommen, dass eine andere Person eventuell grenzüberschreitend aushelfen muss. Dies müsste jedoch im Einzelfall geprüft werden.

Die Entsendung ist in beiden Ländern erlaubt. Problematisch könnte die Vergütung sein aufgrund der Lohndisparitäten zwischen Deutschland und der Schweiz. Es gibt zwei verschiedene Ansätze der Vergütungsart, so gibt es den Heimatlandansatz und den Gastlandansatz. Ersteres bedeutet, dass die Person weiterhin so vergütet wird, wie wenn sie gewöhnlich weiterarbeiten würde. Dies macht Sinn in der Konstellation, wenn die Angestellten aus der Schweiz nach Deutschland entsendet werden, da sich ansonsten wohl kaum eine Person freiwillig melden würde. Der Gastlandansatz wird angewandt, damit eine Gleichheit zwischen den Angestellten hergestellt wird.[151] Diese Regelung wird von Deutschland und der Schweiz durch die Bestimmung der Mindestentlohnung zum Teil vorgeschrieben.[152] Somit muss beim Einsatz von Deutschland in die Schweiz der Gastlandansatz insofern zwingend befolgt werden, dass zumindest der kleinste branchenübliche Lohn bezahlt werden muss. Diesbezüglich gibt es einen Lohnrechner, der konsultiert werden kann.[153]

---

[150] Deutsche Zollbehörde: Anmeldung nach dem Mindestlohngesetz.
[151] Birri, S. 164 f.
[152] Siehe Rechtliche Grundlagen.
[153] Staatssekretariat für Wirtschaft SECO: Lohnrechner.

3. Internationaler Personalverleih

Abgrenzung zur Entsendung

Die Unterschiede zwischen der Entsendung und dem Personalverleih sind, dass die Entsendung grundsätzlich bewilligungsfrei ist, da weder das AVG noch das Arbeitnehmerüberlassungsgesetz greifen. Des Weiteren entsteht beim Personalverleih eine Weisungsbefugnis und Fürsorgepflicht beim Entleiher. Bei der Entsendung hingegen bleibt das Weisungsrecht beim entsendenden Unternehmen.[154]

Ein anderer möglicher Ansatz kann sein, dass die Personen lediglich bei Bedarf dem anderen Unternehmen ausgeliehen werden. Dabei gelten bezüglich der grenzüberschreitenden Melde- und Bewilligungspflicht die gleichen Regelungen, wie diese bereits zuvor geprüft wurden. Darüber hinaus gelten jedoch zusätzlich die Regelungen bezüglich des Personalverleihes in der Schweiz und Deutschland.

Bewilligung

Gemäss Schweizer Recht

Der Personalverleih ist nach Schweizer Recht im Arbeitsvermittlungsgesetz und der Arbeitsvermittlungsverordnung geregelt. Der Personalverleih ist nach Art. 2 und 12 AVG bewilligungspflichtig. Dabei wird bei Vermittlungen ins Ausland nicht nur eine kantonale Bewilligung benötigt, sondern auch eine Bewilligung des Staatssekretariats für Wirtschaft nach Art. 2 Abs. 3 und Art. 12 Abs. 2 AVG. Der Personalverleih vom Ausland in die Schweiz ist dabei gänzlich verboten. Einzig im konzerninternen Personalverleih gibt es eine unterschiedliche Regelung. Gemäss SECO gibt es bewilligungsfreien Personalverleih unter gewissen Bedingungen. Dies kann der Fall sein, wenn es sich zum Beispiel um einen Einzelfall handelt und dieser ausschliesslich aufgrund des Erwerbes von Know-Hows durchgeführt wird oder es nur gelegentlich im Sinne des AVG vorkommt. Eine Einzelfallprüfung ist erforderlich, wobei weitere Indizien geprüft werden.[155] Beim vorliegenden Fall ist jedoch kein Konzernverhältnis vorhanden. Dies bedeutet, dass ein Personalverleih lediglich von der Schweiz nach Deutschland möglich ist.

In Deutschland wird der Personalverleih als Arbeitnehmerüberlassung bezeichnet. Die Regelungen des Personalverleihes sind im Arbeitnehmerüberlassungsgesetz niedergeschrieben. Dabei definiert es die Konstellation gleich wie beim

---

[154] Wigger/Glanzmann, S. 742; Geiser, S. 1516; Allenspach/Sturzenegger, Arbeitsmarkt Schweiz – EU, S. 195.
[155] Wigger/Glanzmann, S. 740.

Personalverleih in der Schweiz. Dies bedeutet, dass ein Arbeitgeber einem Dritten den eignen Arbeitnehmer verleiht, wobei weiterhin ein Vertrag zwischen dem Verleiher und dem Arbeitnehmer bestehen muss. Auch die Weisungsbefugnis wird im Gesetz konkretisiert.[156] Die Arbeitnehmerüberlassung ist erlaubnispflichtig. Vor der Erlaubnis darf keine Arbeitnehmerüberlassung getätigt werden. Des Weiteren werden Gebühren für die Erlaubnis erhoben und die Erlaubnis ist auf ein Jahr befristet.[157]

Das Gesetz wird jedoch nicht bei Arbeitnehmerüberlassungen angewandt, sofern diese nur gelegentlich erfolgen und der Arbeitnehmer nicht Zwecks der Überlassung angestellt wurde nach Art. 1 Abs. 2 Ziff. 2a DE AÜG. Zudem muss beachtet werden, dass bei einem unerlaubten Personalverleih hohe Strafen folgen können. Diese können bei einem vorsätzlichen unerlaubten Verleih Strafen bis zu 100'000 CHF nach Art. 39 Abs. 1+2 AVG und bei fahrlässigem Verleih Strafen in Höhe von bis zu 20'000 CHF nach Art. 39 Abs. 3 AVG betragen.[158]

In casu ist der Personalverleih nur von Lörrach nach Basel möglich. Damit dieser bewilligungsfrei erfolgen kann, darf er jedoch nur ausnahmsweise ausgeführt werden. Dies kann in Ausnahmefällen zwar hilfreich sein, ist bei einer angestrebten dauerhaften Kooperation der Unternehmungen jedoch nicht zielführend. Die Einholung der Erlaubnis ist mühsam und kostspielig. Der Personalverleih stellt somit keine geeignete Lösung für die dauerhafte Zusammenarbeit zwischen den beiden onkologischen Zentren dar.

C. Steuer- und Sozialversicherungsrecht

1. Sozialversicherungsrecht

Grundsätzliches & Doppelbeschäftigung:

Die Systeme der sozialen Sicherheit zwischen der Schweiz und der EU werden koordiniert. Dies erfolgt anhand der zuvor schon behandelten Verordnung Nr. 883/2004 und der Verordnung Nr. 987/2009 des europäischen Parlaments. Die Grundlage für die Koordination bildet Anhang II des Freizügigkeitsabkommens.[159] In der Verordnung sind die Leistungen bei Krankheit, Mutterschaft, Invalidität, Alter, Hinterbliebene, Arbeitsunfälle und Berufskrankheiten, Sterbegeld,

---

[156] § 1 Abs. 1 AÜG.
[157] Information zur Arbeitnehmerüberlassung, S. 3.
[158] Wüst, S. 59 ff.
[159] Licci, S. 361.

Arbeitslosigkeit, Vorruhestandsleistungen und Familienleistungen enthalten nach Art. 3 Abs. 1 Bst. a–j VO EG 883/2004. Somit erfasst die Verordnung sämtliche Dienste der sozialen Sicherheit, im Vergleich zu den Regelungen der Schweiz, mit Ausnahme der Insolvenzentschädigungen, der vertraglich vereinbarten Rentensysteme und der unterschiedlichen Begriffsdefinitionen von den Bst. a–j.[160]

Arbeitet eine Person in mehreren Vertragsstaaten, so unterliegt sie gemäss Art. 13 Abs. 1 Bst. A VO EG 883/2004 dem Recht des Wohnsitzstaates, davon ausgehend, dass ein wesentlicher Teil ihrer Tätigkeit in diesem ausgeführt wird. Als wesentlicher Teil wird in der Praxis eine Tätigkeit von mindestens 25 % der gesamten Arbeitszeit und/oder des gesamten Entgeltes definiert.[161] Sollte die Person jedoch keine wesentliche Tätigkeit im Wohnsitzstaat ausüben, so untersteht sie den Rechtsvorschriften des Mitgliedstaats, in dem die Unternehmung ihren Wohnsitz nach Art. 13 Abs. 1 Bst. B Ziff. I VO EG 883/2004 hat.

In der Verordnung 883/2004 in Art. 11 Abs. 1 und in Art. 11 Abs. 3 lit. a sind die Grundsätze niedergeschrieben, dass nur die Rechtsvorschriften eines Mitgliedstaates gelten, und dass das Arbeitsortprinzip gilt. Bei der Krankenversicherung gilt jedoch das Erwerbsortprinzip. Das bedeutet, dass sich Personen an dem Ort versichern lassen müssen, an dem sie arbeiten. Zwischen der Schweiz, Belgien, Deutschland, Frankreich, Luxemburg und den Niederlanden gibt es jedoch ein Übereinkommen über die Soziale Sicherheit der Rheinschiffer. In diesem wird unter anderem festgehalten, dass Grenzgänger, trotz Beschäftigung in einem anderen Land, sich in ihrem Wohnland versichern lassen können.[162]

Entsendung

Nach Art. 12 Abs. 1 VO 883/2004 unterliegt eine entsandte Person weiterhin den Rechtsvorschriften des ersten Mitgliedstaats, insofern die Dauer von 24 Monaten nicht überschritten wird. Zwischen Arbeitgeber und Entsandter muss dabei im Ursprungsstaat eine arbeitsvertragliche Bindung vorhanden sein und der Arbeitnehmer darf nicht alleine zwecks Entsendungsabsicht angestellt worden sein. Im Zweifelsfall erfolgt eine Einzelabwägung der Umstände.[163] Dies bedeutet für die vorliegende Konstellation, dass die Arbeitnehmer ihre Sozialversicherungssysteme nicht ändern müssen. Wie bereits dargelegt, gibt es eine anderweitige

---

[160] Licci, S. 362.
[161] Houdrouge/Kreiner, S. 185 ff.
[162] Bundesamt für Gesundheit: Krankenversicherung: Grenzgängerinnen und Grenzgänger in der Schweiz.
[163] Licci, S. 362 f.

Regelung bei der Krankversicherung. Zwischen Deutschland und der Schweiz gibt es aber ohnehin ein Optionsrecht. Zusätzlich dazu können entsandte Personen innerhalb von 3 Monaten nach Versicherungsbeginn eine Befreiung bei der zuständigen kantonalen Stelle beantragen.[164] Im Kanton Basel ist dies die gemeinsame Einrichtung KVG an der Industriestrasse 78, 4609 Olten.[165]

2. Steuerrecht

a. Grundsatz:

Es gibt drei Formen von internationalen Arbeitseinsätzen (Aus steuerrechtlicher Sicht):[166]

1. Verleihung von Mitarbeitenden
2. Gemeinsamer Arbeitgeber
3. Erbringung von Dienstleistungen

Grundsätzlich kann eine im Vertragsstaat ansässige Person, die einen Lohn aus unselbstständiger Arbeit bezieht, nur im Staat besteuert werden, in dem diese den Lohn bezieht. Sollte die effektive Arbeit jedoch in einem anderen Staat vollzogen werden, kann die dafür entrichtete Vergütung von diesem nach Art. 15 Abs. 1 DBA besteuert werden. Vorbehalten sind die Regelungen von Art. 15a–19 DBA. Das FZA hat des Weiteren keinen Einfluss auf die Doppelbesteuerungsabkommen zwischen der Schweiz und den europäischen Mitgliedsstaaten. Insbesondere bleibt der Grenzgängerbegriff unberührt nach Art. 21 Abs. 1 FZA. Da es zwischen der Schweiz und Deutschland ein Doppelbesteuerungsabkommen gibt, ist das FZA somit in Steuersachen irrelevant.

Grenzgänger/Gemeinsamer Arbeitgeber

Die Besteuerung von Grenzgängern ist unter Art. 15a DBA geregelt. Als Grenzgänger gilt, wer für die Erwerbstätigkeit über die Grenze zum Arbeitsort pendelt und wieder an Wohnort zurückkehrt. Sollte die Person nach Arbeitsende an mehr als 60 Tagen nicht an ihren Arbeitsort zurückkehren, so entfällt der Grenzgängerstatus nach Art. 15a Abs. 2 DBA. Das Gehalt der Personen wird in demjenigen Vertragsstaat besteuert, in dem die Person ansässig ist. Der Staat, in dem die Arbeit

---

[164] Licci, S. 363 f.
[165] Zuständige kantonale Stellen für Gesuche um Befreiung von der obligatorischen Krankenversicherung, S. 1.
[166] Wigger/Glanzmann, S. 741 f.

verrichtet wird, kann nach Art. 15 a Abs. 1 DBA zum Ausgleich eine Steuer von maximal 4.5 % erheben.[167]

Im vorliegenden Fall werden die Personen aufgrund der geografischen Nähe der beiden Ortschaften wohl jeden Tag zurückkehren und können somit als Grenzgänger gelten. Der Arbeitgeber ist dabei verpflichtet, den steuerpflichtigen Betrag vom Lohn abzuziehen und der zuständigen Behörde zu überweisen. Es gibt weitere Pflichten des Arbeitgebers, wie zum Beispiel der Lohnausweis oder die Orientierung des Grenzgängers. Diese sind jedoch für die Untersuchung des Sachverhaltes nur von begrenzter Bedeutung und werden nicht weiter bearbeitet.[168] Es muss beachtet werden, dass die Grenzgängereigenschaft im Wesentlichen von der regelmässigen Rückkehr abhängt. Sollte der Arbeitnehmer in weniger als einem Tag pro Woche oder fünf Tage im Monat vom Wohnsitz zur Arbeit und zurück reisen, liegt kein Grenzgang vor.[169] Dies wir bei der Teilzeitbeschäftigung jedoch proportional gekürzt.[170] Da die Tätigkeit vor Ort angestrebt wird und die Ortschaften geografisch nah sind, wird die Bedingung des Grenzganges wohl erfüllt sein.

Entsendung/Personalverleih:

Der Personalverleih und die Entsendung werden hier zusammengenommen, da steuerrechtlich kein Unterschied besteht, ob eine Person verliehen oder entsendet wurde.[171] Für die zeitlich beschränkte Entsendung gibt es auch hier eine Ausnahme. Nach Art. 15 Abs. 2 Bst. a–c DBA werden entsendete Personen nur im Vertragsstaat besteuert, dem sie angehören, wenn:

– Kein Aufenthalt von mehr als 183 Tage im anderen Staat vorherrscht.
– Der Arbeitgeber im anderen Staat keinen Sitz hat.
– Die Vergütung nicht von einer Betriebsstätte oder festen Einrichtung getragen wird, die der Arbeitgeber in einem anderen Staat hat.

Im vorliegenden Fall besteht kein rechtlicher Zusammenhang zwischen den beiden Unternehmungen. Somit sind die Voraussetzungen von Art. 15 Abs. 2 DBA erfüllt, insofern die Entsendung nicht länger als 183 Tage andauert.

---

[167] Vgl. Auch Art. 24 Abs. 1 lit. 1 Bst. D und Art. 24 Abs. 2 lit. 2 Bst. a DBA.
[168] St. Galler Steuerbuch Deutsche Grenzgänger, S. 5.
[169] St. Galler Steuerbuch Deutsche Grenzgänger, S. 2.
[170] St. Galler Steuerbuch Deutsche Grenzgänger, S.3.
[171] Wigger/Glanzmann, S. 743 f.

D. Handlungsempfehlungen

Grundsätzlich kann der Personalaustausch sowohl über eine Doppelbeschäftigung als auch über eine Entsendung erfolgen. Bei der Doppelbeschäftigung empfiehlt es sich, eher Angestellte, die in Deutschland arbeiten, auch in der Schweiz zu beschäftigen, als umgekehrt. Dies aufgrund dessen, dass in Deutschland weniger Lohn ausbezahlt wird und somit die Institution entweder zu viel bezahlen muss oder sich wohl kein Angestellter aus der Schweiz freiwillig meldet, um in Deutschland tätig zu werden. Des Weiteren ist die Anzahl von 90 Tagen schnell überschritten, weshalb die Personen ihre Ausbildung noch in Deutschland anerkennen lassen müssten.

Eine gute Alternative zur Doppelbeschäftigung ist es, die Personen nur bei Bedarf zum spezifischen Austausch von Know-How oder bei der Implementierung von gemeinsamen Programmen zu entsenden. Der bewilligungsfreie Austausch von 90 Tagen im Jahr sollte genügen, da dies bei einem Pensum von 260 Arbeitstagen[172] mehr als einem Drittel der Arbeitszeit entspricht. Dabei muss die Meldepflicht beachtet werden und die gesetzlichen Mindestarbeitsbedingungen müssen eingehalten werden, da ansonsten hohe Strafen drohen. Alternativ können Synergien auch durch einen grenzüberschreitenden Austausch von Patientenakten geschehen. Dadurch ist keine grenzüberschreitende Arbeit notwendig. Die Prüfung des möglichen Datentransfer in Kapitel 8.1 ist für diese Variante jedoch essentiell.

VII. Medizinischer Warenverkehr

Eine Praxis im Ausland bedeutet unter Umständen auch Warenverkehr, der die schweizerisch-deutsche Grenze überschreitet. Waren und Dienstleistungen können sowohl in Deutschland als auch in der Schweiz bezogen werden. Der nachfolgende Abschnitt arbeitet jedoch mit der Annahme, dass aus der bestehenden Schweizer Praxis Materialien nach Lörrach umgelagert werden sollen.

A. Arzneimittel

Aus dem onkologischen Praxisalltag sind Zytostatika nicht mehr wegzudenken. Der Umgang mit solchen Heilmitteln wird vom Geltungsbereich des Heilmittelgesetzes, genauer in Art. 2 Abs. 1 lit. a HMG, erfasst. Die berufsmässige Ausfuhr

---

[172] Gerichte Zürich: Umrechnung Monatslohn zu Tageslohn.

von Arzneimitteln untersteht gemäss Art. 18 Abs. 1 lit. b HMG einer Bewilligungspflicht, welche vom Schweizerischen Heilmittelinstitut Swissmedic ausgegeben wird. Die Berufsmässigkeit liegt jedoch schon vor, wenn die Ausfuhr in einer unbestimmten Zahl von Fällen erfolgt, ohne dass ein wirtschaftlicher Erfolg erzielt wird.[173] Ausserdem ist die Einfuhr von Arznei in Deutschland ebenfalls bewilligungspflichtig. Dies hat einen Katalog an Bewilligungen zur Folge, welcher entsteht, wenn Medikamente die Grenze bei Lörrach überschreiten sollen.

B. Radioaktives Material

In der Strahlentherapie werden radioaktive Stoffe zur onkologischen Behandlung eingesetzt. Da es sich hier um Stoffe mit ionisierender Strahlung handelt, wird somit Art. 2 StSG tangiert. Wie bei den rechtlichen Grundlagen einleitend erwähnt, fällt die Ausfuhr von hoch radioaktivem Material wie Radionuklide oder Isotope für die Strahlentherapie ebenfalls unter das Strahlenschutzgesetz, namentlich Art. 28 StSG. Dies bedeutet, dass die Basler Praxis bei einer allfälligen Umlagerung solcher Stoffe das Gesuchsformular «Einfuhr/Ausfuhr von hoch radioaktiven Quellen» beim BAG einreichen muss. Zusätzlich muss das Quellenzertifkat, die Bestätigung des Empfängers im Ausland sowie Ausbildungszertifikate von sachverständigen Personen oder eine Anmeldebestätigung eingereicht werden.[174] Es ist zudem zu betonen, dass der Transport von hoch radioaktiven Materialen innerhalb der Schweiz ebenfalls bewilligungspflichtig ist. Das BAG führt jedoch eine Übersicht der befugten Unternehmungen, die für einen solchen Transport zertifiziert sind.[175] Eine weitere bürokratische Hürde stellt sich, wenn die Schweizerisch-Deutsche Grenze überschritten werden soll. Die Einfuhr von radioaktiven Stoffen ist nach dem deutschen Strahlenschutzgesetz ebenfalls bewilligungspflichtig gemäss § 3 i.V.m. § 27 StrlSchG.[176]

C. Zwischenfazit

Es lässt sich erkennen, dass der grenzüberschreitenden Bewegung von Radioaktiva und Medikamenten verschiedenste Beschränkungen entgegenstehen. Es lässt deshalb berechtigterweise daran zweifeln, ob eine Umlagerung der Basler

---

[173] Siehe Korrespondenz mit dem Stab der Abteilung Recht BAG im Anhang.
[174] BAG: Bewilligung im Strahlenschutz.
[175] BAG: Transport von radioaktiven Materialien.
[176] Bundesamt für Wirtschaft und Ausfuhrkontrolle: Grenzüberschreitende Verbringung radioaktiver Stoffe.

Waren in die neue Lörracher Praxis sinnvoll wäre. Aus diesem Grund ist es empfehlenswert, den grenzüberschreitenden Warenverkehr möglichst zu vermeiden und den Bezug von Arznei und Betriebsstoffen für die Strahlentherapie in Deutschland selbst zu beziehen, damit die Anzahl an Bewilligungspflichten möglichst geringgehalten wird.

VIII. Datenschutz

Das schweizerische Datenschutzgesetz legt dem Bearbeiter verschiedene Sorgfaltspflichten auf. Einerseits muss die Richtigkeit der Daten sichergestellt werden (Art. 5 DSG), andererseits müssen die Datensicherheit und das Auskunftsrecht gewährleistet sein. (Art. 7&8 DSG). Ein Register der Datensammlung muss angelegt werden, wenn *«regelmässig besonders schützenswerte Personendaten oder Persönlichkeitsprofile bearbeitet werden; oder regelmässig Personendaten an Dritte bekannt gegeben werden.»* Trotz der regelmässigen Bearbeitung von besonders schützenswerten Daten (Gesundheitsdaten) kommt für Ärzte die Ausnahme nach Art. 11a Abs. 5 DSG zur Anwendung und es muss aufgrund dessen kein Datensammlungsregister nach Art. 11a Abs. 3 DSG angemeldet werden. Dies ergibt sich aus der gesetzlichen Pflicht des Arztes, sorgfältig Akten zu führen.[177]

Sowohl die Basler als auch die Lörracher Praxis tangieren den EU-Rechtsraum, deshalb muss überprüft werden, ob und wie die beiden Praxen von der Datenschutzgrundverordnung (DSGVO) erfasst werden und welche Massnahmen zu treffen sind.[178] Art. 9 DSGVO weist ausdrücklich auf die Einwilligungspflicht bei Gesundheitsdaten hin. Grundsätzlich gilt die DSGVO in den EU-Staaten, aber unter gewissen Voraussetzungen kann diese auch Unternehmen in der Schweiz betreffen. Namentlich sind dies folgende Fälle: Entweder hat ein Schweizer Unternehmen eine Niederlassung in der EU, oder es werden Waren oder Dienstleistungen im EU-Raum angeboten, oder das Surfverhalten von Kunden in der EU wird beobachtet.[179] Sofern sich die Praxis in der EU als Zweigniederlassung der Schweizer Praxis qualifiziert, ist die DSGVO anwendbar. Im Gegensatz zum schweizerischen Datenschutzgesetz kann ein Arzt gemäss DSGVO nicht von einem Datenregister absehen. Dieses «Verzeichnis von Verarbeitungstätigkeit» muss somit erstellt und geführt werden.[180] Der Minimalinhalt des Verzeichnisses umfasst

---

[177] Eidgenössischer Öffentlichkeits- und Datenschutzbeauftragter: Ausnahmen von der Anmeldungspflicht, S.1.
[178] Kühling, S. 615.
[179] Eidgenössischer Öffentlichkeits- und Datenschutzbeauftragter: Tipps zur DSGVO.
[180] Mollet, S. 1566.

die Pflichtangaben nach Art. 30 Abs. 1 DSG. Ausserdem sind, wie im Sinne des DSG, auch in der DSGVO die Informationspflicht und das Auskunftsrecht Grundprinzipien, die gewährleistet werden müssen.

Die Basler Praxis fällt in den Geltungsbereich der DSGVO, sofern die neue Praxis in Lörrach sich als Zweigniederlassung in der EU qualifiziert. Durch die vorherige Analyse der Gesellschaftsformen lässt sich jedoch festhalten, dass sich gesellschaftsrechtlich keine Zweigniederlassung erkennen lässt. Sofern also auch nicht proaktiv um Patienten aus dem EU-Raum für die Basler Praxis geworben wird, ist die DSGVO zumindest für den Standort Basel nicht einschlägig. Die Anwendbarkeit der DSGVO für die Praxis in Lörrach ist gegeben, da einerseits personenbezogene Gesundheitsdaten gesammelt und bearbeitet werden, andererseits da sich der Standort in der EU befindet und das Angebot auch an EU-Bürger gerichtet wird.

A. Datentransfer

1. Gemäss DSG

Im Falle einer Patientenüberweisung ins Ausland werden zwangsläufig auch die mit der Patientin verbundenen Gesundheitsdaten die Grenze überschreiten müssen. Es stellt sich somit die Frage, inwiefern und in welchem Ausmass auf den Datenschutz bei Transfers mit Auslandsbezug geachtet werden muss und ob besondere Bestimmungen zur Anwendung kommen.

Wie bereits angedeutet, fallen nach Art. 3 lit. c ziff. 2 des schweizerischen Datenschutzgesetzes Gesundheitsdaten in die Kategorie der besonders schützenswerten Personendaten. Zudem ist die grenzüberschreitende Bekanntgabe in Art. 6 DSG besonders erwähnt. Dies beinhaltet, dass Personendaten nicht ins Ausland bekannt gegeben werden dürfen, wenn im Empfängerland kein angemessener Schutz dafür besteht. Abs. 2 konkretisiert, in welchen Fällen dies dennoch geschehen kann, worauf aber nicht näher eingegangen werden kann.

Da die Daten bei einer allfälligen Patientenüberweisung von der onkologischen Praxis in Basel zur Praxis in Lörrach die deutsch-schweizerische Grenze überschreiten, wird geprüft, ob in Deutschland ein angemessener Schutz für Personendaten besteht, damit diese im Rahmen des Gesetzes übermittelt werden dürfen. Um die Überprüfung für betroffene Unternehmen zu erleichtern, hat die Stelle des eidgenössischen Datenschutz- und Öffentlichkeitsbeauftragten eine Staatenliste zum Stand des Datenschutzes in den jeweiligen Ländern herausgegeben. Zudem hat der EDÖB eine «Anleitung über die Prüfung der Zulässigkeit der

Datenübermittlung mit Auslandbezug» veröffentlicht, nach welcher die Datenübermittlung aus der Basler Praxis geprüft wird.[181]

Es lässt sich feststellen, dass der Datenschutz in Deutschland angemessen und somit grundsätzlich eine Übertragung möglich ist, jedoch muss eine periodische Überprüfung der Angemessenheit auf Seiten des Datenexporteurs geschehen. In casu bedeutet dies, dass von der Basler Onkologie keine weiteren besonderen Massnahmen für den Datentransfer getroffen werden müssen. Dennoch ist Art. 4 Abs. 5 DSG zu beachten, da es sich wie einleitend erwähnt bei den Gesundheitsdaten um besonders schützenswerte Personendaten handelt. Dies hat zur Folge, dass für eine rechtmässige Bearbeitung der Gesundheitsdaten eine ausdrückliche Einwilligung der betroffenen Person zu erfolgen hat. Da durch den Transfer die ursprüngliche Einwilligung zur Bearbeitung der Gesundheitsdaten erweitert wird, sollte eine weitere Einwilligung eingeholt werden.

2. Gemäss DSGVO

Ebenso ist der Fall eines Datentransfers von der Lörracher Niederlassung in die Schweiz ein mögliches Szenario. Ähnlich wie im Art. 6. DSG legt die DSGVO in Art. 45 fest, dass Datentransfers grundsätzlich nur erfolgen dürfen, wenn die betroffenen Zielländer einen angemessenen Datenschutz verfügen. Für Transfers in Drittländer, wie die Schweiz im Sinne der Datenschutzgrundverordnung zu qualifizieren ist, muss entweder ein Angemessenheitsbeschluss der EU selbst vorliegen, welcher festsetzt, in welchen Drittländern ein adäquater Datenschutz gewährleistet wird, oder es geschieht ein Transfer auf Basis geeigneter Garantien nach Art. 46 DSGVO und Art. 49 DSGVO, welche den Transfer unter gewissen Voraussetzungen dennoch möglich machen.[182] Die Schweiz wurde von der Europäischen Kommission im Angemessenheitsbeschluss aufgenommen und erhält somit die Qualifikation des adäquaten Datenschutzes für einen zulässigen Datentransfer ohne weitere Massnahmen.[183] Es lässt sich also eine Reziprozität der Anerkennung des Datenschutzniveaus zwischen der EU und der Schweiz erkennen.

---

[181] Eidgenössischer Öffentlichkeits- und Datenschutzbeauftragter: Tipps zur DSGVO.
[182] Herold, ohne Rz.
[183] Europäische Kommission: Adequacy Decisions.

B. Zwischenfazit

Ein sorgfältiger Umgang mit Patientendaten ist essenziell für eine rechtskonforme Praxisführung, wenn aber die Daten die Grenzen überschreiten, ist zusätzliche Sorgfalt geboten. Folgen von fahrlässigem Umgang können hohe Bussgelder sein, dies lässt sich jedoch durch ein durchdachtes Datenschutzkonzept vermeiden. In casu erleichtert die gegenseitige Anerkennung des Datenschutzniveaus zwischen der EU und der Schweiz den Datentransfer. Nichtsdestotrotz dürfen die Bestimmungen zur Mitwirkungs- und Einwilligungspflicht, sowie die Auskunftsrechte und Pflichten nicht vernachlässigt werden.

IX. Conclusio

In der vorliegenden Arbeit wurde versucht, eine möglichst gründliche und rechtliche Einordnung der Frage darzulegen, wie ein in der Schweiz niedergelassener Arzt im grenznahen Gebiet – Deutschland – eine Zweitpraxis eröffnen kann. In einem ersten Schritt wurde die aktuelle Situation der Patientenmobilität dargestellt, mit der zu Grunde liegenden Fragestellung, wie die Behandlungskosten derer, die in der Schweiz obligatorisch grundversichert sind und eine ärztliche Behandlung im Ausland in Anspruch nehmen, übernommen werden. Zudem wurde in kurzen Worten die Frage beantwortet, wie deutsche Krankenversicherte, die in der Schweiz entstandenen Behandlungskosten ihrer Krankenversicherung zur Begleichung/Übernahme weiterleiten können. Nach einer Gesetzesstudie wird das Ergebnis festgehalten, dass ein Programm zur grenzüberschreitenden Zusammenarbeit in medizinischen Belangen nach 36a KVV angestrebt werden soll. Mit einer erteilten Genehmigung können die in Lörrach entstandenen Behandlungskosten durch die Schweizer obligatorische Grundversicherung übernommen werden.

Wie die vertiefte Auseinandersetzung mit rechtlichen Fragestellungen hinsichtlich der Praxisgründung zeigt, wird zunächst die Gründung einer Arztpraxis in Rechtsform der GmbH empfohlen; zudem, wenn nicht entgegenstehende Interessen bestehen, auch die spätere Umwandlung in ein MVZ, da vorteilhafte Synergieeffekte entstehen. Ob eine Praxis gekauft, oder eine bestehende gemietet wird, kann die Arbeit nicht abschliessend beantworten.

In einem weiteren Schritt wurden die Besonderheiten in Bezug auf das grenzüberschreitende Arbeitsrecht erläutert. Dabei wurden verschiedene Erkenntnisse gewonnen. Die Anerkennung der beruflichen Qualifikation sollte einfach erfolgen können, kann aber eine Weile in Anspruch nehmen. Sowohl die Doppelbeschäftigung als auch die Entsendung können ein geeignetes Mittel für die Nutzung von grenzüberschreitenden Synergien darstellen. Der Personalverleih ist aufgrund eines fehlenden Konzernverhältnisses jedoch nicht geeignet.

Mit den in dieser Arbeit gewonnenen Erkenntnissen, wird aufgezeigt, dass eine grenzüberschreitende Zusammenarbeit zwischen der Schweiz und Deutschland möglich ist. Grosse Hürden wurden durch Abkommen und gegenseitige Anerkennungen zwar abgebaut und verkleinert, nicht jedoch vollständig beseitigt. Die Zusammenarbeit im Gesundheitswesen kann weiter ausgebaut werden. Beispielsweise könnte die Patientenmobilitätsrichtlinie in der Schweiz anerkannt werden, damit deutsche Krankenversicherte sich in der Schweiz gegen Kostenübernahme behandeln lassen können. Eine vertiefte rechtliche Auseinandersetzung mit der potentiellen Patientenmobilität ist eine Forschungsfrage für sich und kann in einer zukünftigen Arbeit beantwortet werden. Ein weiteres Problem bildet das Lohngefälle Schweiz-Deutschland, welches nur politisch gelöst werden kann. Ob dies in Zukunft jedoch geschehen wird, ist aufgrund der angespannten Beziehungen zwischen der Schweiz und der EU fraglich.

Literaturverzeichnis

Avanzino Corinne/Fusi Marco/Ingber Karin: Die Anstellungsbedingungen für Pflegepersonal

und Ärzte in der Schweiz, in Deutschland und in Frankreich, in: Grenzüberschreitende Zusammenarbeit

im Gesundheitswesen (Zürich/St. Gallen 2010) S. 225 ff.

Allenspach Katja/Sturzenegger Sabrina: Grenzgänger und Entsandte, in: Errass Christoph/Friesecke Manuel/Schindler Benjamin (Hrsg.), Arbeitsmarkt Schweiz – EU (Zürich 2019)S. 163 ff.

Amstad Hermann: Onkologische Qualitätssicherung in der Schweiz; Bericht zuhanden derKrebsliga Schweiz, <https://www.krebsliga.ch/beratung-unterstuetzung/qualitaet-in-der-behandlung/-dl-/fileadmin/downloads/sheets/bericht-onkologische-qualitaetssicherung.pdf>(besucht am 20.05.2022).

AOK – Bundesverband: 2004: GKV-Modernisierungsgesetz (GMG) <https://www.aokbv.de/hintergrund/gesetze/index_15072.html> (besucht am 21.05.2022).

Baumbach Adolf/Hueck Alfred: GmbH-Gesetz (18. A. München 2006).

Bergmann Karl Otto/Wever Carolin: Rechtsprechung aktuell, kommentierte Gerichtsentscheidungen, Medizinrecht (Berlin, 2019).

Benjamin Feindt: Die Rechtsform GmbH für die Arztpraxis (2015), <https://www.landarztboerse.de/die-rechtsform-gmbh-fuer-die-arztpraxis-nach-dem-praxiskauf/mag-156> (besucht am 13.05.2022).

Birri Michelle: Entsendungen vom Ausland in die Schweiz – Ein Beispiel aus der Praxis, Der Treuhandexperte 2018, S. 162 ff.

Böck Alexander: Medizinisches Versorgungszentrum, Serie: Ärztliche Kooperationsformen (VI), HNO-Nachrichten 2 2010, S. 24 ff.

Börstinghaus Ulf et al.: Mietrecht (15. A. München 2022).

Breitenmoser Stephan/Weyeneth Robert: Europarecht. Unter Einbezug des Verhältnisses Schweiz – EU (4. A. Zürich 2021).

Breuer Peter: Was ist (m)eine Praxis wert? Journal für Ästhetische Chirurgie No. 14 (Berlin 2021).

Bundesagentur für Arbeit: Informationen zur Arbeitnehmerüberlassung vom 10.2021 <https://www.arbeitsagentur.de/datei/dok_ba015249.pdf> (besucht am 25.05.2022).

Bundesamt für Gesundheit: Informationsschreiben vom 8. April 2008 über die medizinische Behandlung im Ausland, <https://www.bag.admin.ch/bag/de/home/versicherungen/krankenversicherung/krankenversicherung-leistungen-tarife/Leistungen-im-Ausland/Behandlungen-im-Ausland-fuer-Versicherte-mit-Wohnsitz-in-der-Schweiz.html> (besucht am 07.05.2022) (zit. Informationsschreiben vom 8. April 2008 über die medizinische Behandlung im Ausland, S.).

Derselbe: Ausländische Abschlüsse Gesundheitsberufe <https://www.bag.admin.ch/bag/de/home/berufe-im-gesundheitswesen/auslaendische-abschluesse-gesundheitsberufe.html> (besucht am 25.05.2022).

Derselbe: Krankenversicherung: Grenzgängerinnen und Grenzgänger in der Schweiz <https://www.bag.admin.ch/bag/de/home/versicherungen/krankenversicherung/krankenversicherung-versicherte-mit-wohnsitz-im-ausland/versicherungspflicht/grenzgaengerinnench.html> (besucht am 25.05.2022).

Derselbe: Strahlenschutz: Bewilligungen, Voraussetzungen und Aufsicht vom 30.10.2020, <https://www.bag.admin.ch/bag/de/home/gesetze-und-bewilligungen/gesuche-bewilligungen/bewilligungen-aufsicht-im-strahlenschutz.html> (besucht am 27.05.2022).

Derselbe: Transport von radioaktiven Materialien vom 09.06.2020, <https://www.bag.admin.ch/bag/de/home/gesund-leben/umwelt-und-gesundheit/strahlung-radioaktivitaetschall/radioaktive-materialien-abfaelle/transport-von-radioaktiven-materialien.html> (besucht am 27.05.2022)

Derselbe: Zuständige kantonale Stellen für Gesuche um Befreiung von der obligatorischen Krankenversicherung vom September 2021 <https://www.bag.admin.ch/dam/bag/de/dokumente/kuv-aufsicht/krankenversicherung/kantonale-stellen-gesuche-befreiung-obligatorische-kv.pdf.download.pdf/kantonale-stellen-befreiung-d-2021.pdf> (besucht am 25.05.2022).

Bundesamt für Migration und Flüchtlinge: Anerkennungsverfahren für akademische Heilberufe vom 08.2015 <https://www.bamf.de/SharedDocs/Anlagen/DE/Integration/Anerkennung-Berufsabschluss/berufliche_anerkennung_akademische-heilberufe.pdf?__blob=publication-File&v=7> (besucht am 10.05.2022).

Bundesamt für Sozialversicherungen: Internationale Sozialversicherung (2021), <https://www.bsv.admin.ch/bsv/de/home/sozialversicherung.int.html> (besucht am 02.05.2022).

Bundesamt für Wirtschaft und Ausfuhrkontrolle: Grenzüberschreitende Verbringung radioaktiver Stoffe, <https://www.bafa.de/DE/Aussenwirtschaft/Radionuklide/radionuklide_node.html> (besucht am 17.05.2022).

Bundesärztekammer (Arbeitsgemeinschaft der deutschen Ärztekammern): (Muster-) Weiterbildungsordnung 2018 in der Fassung vom 26.06.2021 (Berlin, 2021).

Bundesgericht: Medienmitteilung – Lohnkürzung durch Bezahlung in Euro für Angestellte aus Eurozone: Nachforderungen sind rechtsmissbräuchlich vom 15.01.2019 <https://www.bger.ch/files/live/sites/bger/files/pdf/de/archive/4A_215_2017_yyyy_mm_dd_T_d_13_27_23.pdf> (besucht am 25.05.2022).

Bundesministerium für Bildung und Forschung: Anerkennung in Deutschland Fachärztin/Facharzt < https://www.anerkennung-in-deutschland.de/html/de/2706.php#> (besucht am 25.05.2022).

Bundesministerium für Soziales: Entsendung von Arbeitnehmern vom 01.01.2022 <https://www.bmas.de/DE/Arbeit/Arbeitsrecht/Entsendung-von-Arbeitnehmern/entsendung-von-arbeitnehmern.html;jsessionid=5D081FC020197AE706878E6AF2B9AA89.delivery2-master> (besucht am 25.05.2022).

Bundesgesundheitsministerium: Ärztinnen und Ärzte, <https://www.bundesgesundheitsministerium.de/themen/gesundheitswesen/gesundheitsberufe/aerzte.html> (besucht am 15.05.2022).

Bundesgesundheitsministerium: Vertragsärzte, <https://www.bundesgesundheitsministerium.de/service/begriffe-von-a-z/v/vertragsaerzte.html> (besucht am 15.05.2022).

Christian Wagner: Praxisratgeber Kassenzulassung (2021), <https://mediorbis.de/ratgeber/praxisuebernahme/kassenzulassung> (besucht am 15.05.2022).

Dahm Franz-Josef et al.: Rechtshandbuch. Medizinische Versorgungszentren (Berlin/Heidelberg 2005).

Dannenberg-Mletzko Lena/Baumgärtner-Wrede Gerhard: Notariatskunde (Wiesbaden 2005).

Das Bundesministerium für Gesundheit: Medizinische Versorgungszentren (2022), <https://www.bundesgesundheitsministerium.de/themen/krankenversicherung/ambulanteversorgung/medizinische-versorgungszentren.html> (besucht am 13.05.2022).

Deutscher Bundestag Wissenschaftliche Dienste: Reglementierte Berufe in Deutschland <https://www.bundestag.de/resource/blob/684720/8bc3b06008858a32d0e500882afce792/WD-8-164-19-pdf-data.pdf> (besucht am 25.05.2022).

Deutsche Zollbehörde: Anmeldung nach dem Mindestlohngesetz <https://www.zoll.de/DE/Fachthemen/Arbeit/Zeitarbeit-Arbeitnehmerueberlassung/Mindestarbeitsbedingungen/Meldungen-bei-Entsendung/Anmeldung/anmeldung_node.html> (besucht am 25.05.2022).

Eidgenössischer Öffentlichkeits- und Datenschutzbeauftragter: Ausnahmen von der Anmeldungspflicht, <https://www.edoeb.admin.ch/dam/edoeb/de/dokumente/2014/05/ausnahmen_von_deranmeldungspflicht.pdf.download.pdf/ausnahmen_von_deranmeldungspflicht.pdf> (besucht am 15.5.2022).

Derselbe: Tipps zur DSGVO, <https://www.edoeb.admin.ch/edoeb/de/home/aktuell/rgpdlast-minute.html#-96360029> (besucht am 07.05.2022).

Derselbe: Übermittlung ins Ausland, <https://www.edoeb.admin.ch/edoeb/de/home/datenschutz/handel-und-wirtschaft/uebermittlung-ins-ausland.html> (besucht am 01.05.2022).

Engelhardt Clemens: Gesellschaftsrecht Grundlagen und Strukturen (Wiesbaden 2018).

Epiney Astrid et al.: Marktzugang in der EU und in der Schweiz: Zur grenzüberschreitenden Mobilität von Personen und Unternehmen im EU-Recht und dem Freizügigkeitsabkommen (Zürich 2008).

Errass Christoph/Friesecke Manuel: Arbeitsmarkt Schweiz – EU, Rechtliche Aspekte der grenzüberschreitenden Zusammenarbeit, in: Tschudi Hans Martin et al. (Hrsg.), Schriften zur Grenzüberschreitenden Zusammenarbeit (Baden-Baden, 2019).

Europäische Kommission: Adequacy descisions, <https://ec.europa.eu/info/law/law-topic/data-protection/international-dimension-data-protection/adequacy-decisions_en> (besucht am 22.05.2022).

Frenz Walter/Ehlenz Christian: Grenzüberschreitende Wahrnehmung von Gesundheitdienstleistungen, Medizinrecht (29. A. Heidelberg 2011) S. 631.

Geiser Thomas: Arbeitsrecht im Konzern, AJP 2020, S. 1512 ff.

Gemeinsame Einrichtung KVG: Leitfaden über die Krankenversicherung mit Bezug zur EU/EFTA und über die Leistungsaushilfe für Personen mit einer obligatorischen Krankenpflegeversicherung (KVG) in der Schweiz (2021), <https://www.kvg.org/versicherer/koordinationsrecht/leitfaden/> (besucht am 20.05.2022) (zit. Leitfaden KVG, S.).

Gerichte Zürich: Umrechnung Monatslohn zu Tageslohn <https://www.gerichte-zh.ch/themen/arbeit/berechnungen-arbeitszeugnis/lohnberechnungen.html> (besucht am 26.05.2022).

Gesundheitsdepartement des Kantons Basel-Stadt Medizinische Dienste: Arzt/Ärztin <https://www.gesundheit.bs.ch/berufsausuebung/universitaere-medizinalberufe/aerztin. html> (besucht am 25.05.2022).

Grundmann Wolfgang/Leuenroth Marion: Wirtschafts- und Sozialkunde Teil 2 (9. A. Wiesbaden 2021).

Hanke Stefanie: In Deutschland arbeiten: Anerkennung der Approbation von Ärzten aus EUStaaten, Ärztestellen Der Stellenmarkt des Deutschen Ärzteblattes vom 02.06.2021, <https://aerztestellen.aerzteblatt.de/de/redaktion/deutschland-aerzte-approbation-eu-staaten> (besucht am 25.05.2022).

Hedinger Damian: Grenzüberschreitende Zusammenarbeit. Deutschland – Schweiz im Gesundheitswesen.

Evaluation des Pilotprojektes in der Grenzregion Basel-Stadt/Basel-Landschaft/Landkreis Lörrach. Phase III, Monitoring-Bericht 2016 (Neuchâtel 2017).

Herold Philipp: Datentransfer in Drittstaaten: Lösungsansätze für Ihren Datenschutz (2022), <https://www.mein-datenschutzbeauftragter.de/blog/datentransfer-drittstaaten/> (besucht am 21.05.2022).

Herrlein Jürgen et al.: Kommentar zum Mietrecht (5. A. Heidelberg 2021).

Hesse Tim: Der Praxismietvertrag Wegbegleiter mit Konfliktpotenzial, Der Pneumologe 2 2019, S. 111 ff.

Hischier Roger: Internationaler Mitarbeitereinsatz zum internationalen Arbeitsrecht (2. A. Zürich 2018).

Houdrouge Rayan/Kreiner Sandrine: Kapitel 4 Sozialversicherungen/I.–II., in: Thomas Rihm (Hrsg.), Internationales Arbeitsrecht der Schweiz (Zürich 2020), S. 137 ff.

Hübner M./Narr Helmut: Ärztliches Berufsrecht (Köln 2000).

Jansen Stephan: Mergers Acquisitions: Unternehmensakquisitionen und -kooperationen.

Eine strategische, organisatorische und kapitalmarkttheoretische Einführung (Wiesbaden 2008).

Junghanss Cornelia, Ausländische Staatsangehörige als Arbeitnehmer (Diss. St. Gallen, St. Gallen 2021).

Justiz- und Sicherheitsdepartement des Kantons Basel-Stadt Bevölkerungsdienste und Migration: Grenzgängerbewilligung <https://www.bdm.bs.ch/Arbeiten/Grenzgaengerbewilligung. html#page_section3_section3> (besucht am 25.05.2022).

Kanton St. Gallen Steuerbehörde: St. Galler Steuerbuch Deutsche Grenzgänger StB 115 Nr. 2 vom 01.01.2022 <https://www.sbfi.admin.ch/dam/sbfi/de/dokumente/definition_dienstleistungserbringer.pdf.download.pdf/definition_dienstleistungserbringer.pdf> (besucht am 25.05.2022).

Kanton Zürich Sicherheitsdirektion Migrationsamt: Weisung Aufenthalt mit Erwerbstätigkeit aus Drittstaaten vom 15.12.2021 https://www.zh.ch/content/dam/zhweb/bilder-dokumente/themen/migration-integration/einreise-aufenthalt/weisungen/Aufenthalt%20mit%20Erwerbstätigkeit%20aus%20Drittstaaten_IW_AIG.pdf> (besucht am 25.05.2022).

Kassenärztliche Vereinigung Baden-Württemberg: Arztregister, <https://www.kvbawue.de/praxis/niederlassung/arztregister/> (besucht am 15.05.2022).

Derselbe: Arztregister, <https://www.kvbawue.de/praxis/niederlassung/arztregister/> (besucht am 15.05.2022).

Kassenärztliche Bundesvereinigung: Kooperationen, https://www.kbv.de/html/mvz.php> (besucht am 13.05.2022).

Kassenärztliche Vereinigung: Persönliche Voraussetzung, <https://www.kvb.de/praxis/zulassung/zulassungsverfahren/persoenliche-voraussetzung/> (besucht am 15.05.2021).

Kassenärztliche Vereinigung: Sonstige Voraussetzungen, <https://www.kvb.de/praxis/zulassung/zulassungsverfahren/sonstige-voraussetzungen/> (besucht am 15.05.2021).

Körner Anne et al. (Hrsg.): Kasseler Kommentar Sozialversicherungsrecht (117. A. 2022).

Kühling Jürgen: Datenschutz im Gesundheitswesen, Medizinrecht 2019, S. 611 ff.

Leissl Andreas: GmbH vs. Limited Welche Form hat im Rahmen der Gründung die Nase vorne? (Hamburg 2008).

Licci Sara: Sozialversicherungsrechtliche Koordination bei grenzüberschreitenden Tätigkeiten – eine Übersicht, Der Treuhandexperte 2017, S. 360 ff.

Lieb Klaus/Lieb Annette: Das Medizinische Versorgungszentrum (MVZ). Entwicklungen, Vertragsgestaltung, steuerrechtliche Aspekte (Nürnberg 2015).

Manz Gerhard/Mayer Barbara/Schröder Albert: Die Aktiengesellschaft. Umfassende Erläuterungen, Beispiele und Musterformulare für die Rechtspraxis (6. A. München 2010).

Meschke Andreas: MVZ-Trägergesellschaften – Veränderungen auf Gesellschafter- und Trägerebene, Medizinrecht 2009, S. 263 ff.

Meyer Justus: Wirtschaftsrecht: Handels- und Gesellschaftsrecht (Wiesbaden 2018).

Mollet Liliane: DSGVO, Cyber & Co.: Was müssen Ärztinnen und Ärzte beachten?, Schweizerische Ärztezeitung 2018, S. 1566 ff.

Säcker Franz Jürgen et al. (Hrsg.): Münchener Kommentar zum Gesetz betreffend die Gesellschaften mit beschränkter Haftung: GmbHG, Band 3 (4. A. München 2022).

Oesch Matthias: Niederlassungsfreiheit und Ausübung öffentlicher Gewalt im EU-Recht und im Freizügigkeitsabkommen Schweiz-EU, SZIER 2011, S. 583 ff.

Odendahl Kerstin/Tschudi Hans Martin/Faller Andreas (Hrsg.): Grenzüberschreitende Zusammenarbeit im Gesundheitswesen (Zürich/St. Gallen 2010) (zit. Grenzüberschreitende Zusammenarbeit im Gesundheitswesen/BEARBEITER, S.).

Pärli Kurt: Stämpflis Handkommentar zum Entsendegesetz (EntsG), (1. A. Bern 2018).

Prinz Marc Ph.: Kapitel 6 Entsendung und Personalverleih, in: Thomas Rihm (Hrsg.), Internationales Arbeitsrecht der Schweiz (Zürich 2020) S. 233 ff.

Pürner Richard/Walter Ute: Der Kaufvertrag muss eigene Interessen decken. Rechtliche Aspekte beim Praxiserwerb, Hautnah Dermatologie 32 2016.

Regierungspräsidien Baden-Württemberg: Medizinstudium – Anerkennung im Ausland erworbener Berufsqualifikationen <https://rp.baden-wuerttemberg.de/themen/gesundheit/seiten/arzt-ausland/> (besucht am 25.05.2022).

Rieger Hans-Jürgen: Lexikon des Arztrechts (Berlin 1984).

Ries Hans-Peter et al.: Arztrecht, Praxishandbuch für Mediziner (4. A. Berlin 2017).

Rihm Thomas: Internationales Arbeitsrecht der Schweiz (Zürich 2020).

Römermann Volker/Lutz Michalski: PartGG: Kommentar zum Partnerschaftsgesellschaftsgesetz (Köln, 2013).

Roth Dominic: Unternehmenskäufe in Deutschland – Überblick zu den Besonderheiten des deutschen Rechts, Deutsches Arbeitsrecht für ausländische Investoren 2019, S. 171 ff.

Schwizer Marina: 2. Kapitel: Sanierung ausserhalb des SchKG/§ 4 Anpassung der Arbeitsverhältnisse/IV. Ausgewählte Sanierungsmassnahmen/1.–4., in: Arbeitsrechtliche Fragen bei der Sanierung des Arbeitgebers (St. Gallen 2020), S. 84 ff.

Sebastian Hütter: Praxisratgeber Praxiseröffnung (2021), <https://mediorbis.de/ratgeber/praxisuebernahme/praxiseroeffnung-praxisgruendung> (besucht am 15.05.2022).

Service Portal Baden-Württemberg: Zulassungsausschuss – Zulassung als Vertragsarzt beantragen, <https://www.service-bw.de/zufi/leistungen/1791#voraussetungen>. (besucht am 15.05.2022).

Siegert Matthias/von Knoch Marius: Arzthaftung: Rechtsform der GmbH schützt nur bedingt vor Ansprüchen, Deutsches Ärzteblatt 2007, S. 26 ff.

Staatssekretariat für Bildung, Forschung und Innovation: Anerkennung ausländischer Diplome <https://www.sbfi.admin.ch/sbfi/de/home/bildung/diploma.html> (besucht am 25.05.2022).

Derselbe: Liste der meldepflichtigen Berufe gemäss BGMD vom 09.2021 <https://www.sbfi.admin.ch/dam/sbfi/de/dokumente/2015/04/reglementierte_berufe diedermeldepflichtunterstehen.pdf.download.pdf/reglementierte_berufedieder meldepflichtunterstehen.pdf> (besucht am 26.05.2022).

Derselbe: Reglementierte Berufe und Tätigkeiten in der Schweiz vom Januar 2022 <https://www.sbfi.admin.ch/dam/sbfi/de/dokumente/2016/08/reglementierte-berufe.pdf.download.pdf/Liste_regl_Berufe_D.pdf> (besucht am 25.05.2022).

Derselbe: Wer gilt als Dienstleistungserbringer/in im Sinne der Richtlinie 2005/36/EG? Vom 05.2021 <https://www.sbfi.admin.ch/dam/sbfi/de/dokumente/definition_dienstleistungserbringer.pdf.download.pdf/definition_dienstleistungserbringer.pdf> (besuch am 25.05.2022).

Staatssekretariat für Migration: Personenfreizügigkeit Schweiz EU/EFTA vom 22.12.2021 <https://www.sem.admin.ch/sem/de/home/themen/fza_schweiz-eu-efta.html> (besucht am 25.05.2022).

Derselbe: Weisungen und Erläuterungen I. Ausländerbereich vom 01.03.2022 <https://www.sem.admin.ch/dam/sem/de/data/rechtsgrundlagen/weisungen/auslaender/weisungen-aug-d.pdf.download.pdf/weisungen-aug-d.pdf> (besucht am 22.05.2022).

Staatssekretariat für Wirtschaft SECO: Entsendung und Flankierende Massnahmen vom 10.12.2021 < https://www.seco.admin.ch/seco/de/home/Arbeit/Personenfreizugigkeit_Arbeitsbeziehungen/freier-personenverkehr-ch-eu-und-flankierende-massnahmen.html> (besucht am 26.05.2022).

Derselbe: Lohnrechner <https://www.entsendung.admin.ch/Lohnrechner/lohnberechnung> (besucht am 25.05.2022).

Stein Phillip: Die Aktiengesellschaft. Gründung, Organisation, Finanzverfassung (Wiesbaden 2016).

Universitätsspital Zürich: Behandlungsangebot des Comprehensive Cancer Centers Zürich, <https://www.usz.ch/fachbereich/comprehensive-cancer-center-zuerich/angebot> (besucht am 20.05.2021).

Wanner Christine: Wegen Corona werden wieder Operationen verschoben, SRF vom 06.09.2021 <https://www.srf.ch/news/schweiz/menschen-mit-krebs-besorgt-wegencorona-werden-wieder-operationen-verschoben> (besucht am 07.05.2022).

Waldner Wolfram/Wölfel Erich: So gründe und führe ich eine GmbH (8. A. München 2005).

von Wallfeld Jan: Vorsicht vor Lücken im Praxismietvertrag, Deutsches Ärzteblatt 2021.

Weigel Alix: Perspektiven zur rechtlichen Flexibilisierung der grenzüberschreitenden Zusammenarbeit am Oberrhein, in: Tschudi Hans Martin et al. (Hrsg.), Schriften zur grenzüberschreitenden Zusammenarbeit (Baden-Baden, 2019).

Wigge Peter/von Leoprechting Gunter: Handbuch Medizinische Versorgungszentren. Rechtliche Grundlagen – Unternehmensführung – wirtschaftliche Rahmenbedingungen (Stuttgart 2011).

Wigger Stefan/Glanzmann Denis: Der konzerninterne Personalverleih, Steuerrecht 2018, S. 740 ff.

Wöhe Günter/Döring Ulrich: Einführung in die Allgemeine Betriebswirtschaftslehre (25. A. München 2013).

Wüest Jonas: Haftung von Arbeitnehmenden im Konzern, in: Müller Roland et al. (Hrsg.), Recht in privaten und öffentlichen Unternehmen (Zürich 2019) S. 46 ff.

Derselbe: Strahlenschutz: Bewilligungen, Voraussetzungen und Aufsicht vom 30.10.2020, <https://www.bag.admin.ch/bag/de/home/gesetze-und-bewilligungen/gesuche-bewilligungen/bewilligungen-aufsicht-im-strahlenschutz.html> (besucht am 27.05.2022).

Derselbe: Transport von radioaktiven Materialien vom 09.06.2020, <https://www.bag.admin.ch/bag/de/home/gesund-leben/umwelt-und-gesundheit/strahlung-radioaktivitaetschall/radioaktive-materialien-abfaelle/transport-von-radioaktiven-materialien.html> (besucht am 27.05.2022).

Rechtsprechung

Schweiz

BGE 4A_215/2017
BGE 4A_230/2018

Deutschland

BGH, Urteil v. 30.1.1956, II ZR 168/54.
BGH, Urteil v. 8.7.1970, VIII ZR 28/69.
BGH, Urteil v. 13.11.1973, VI ZR 53/72.
BGH, Urteil v. 4.5.1977, VIII ZR 298/75.
BGH, Urteil v. 5.11.1980, VIII ZR 230/79.
BVerfG (2. Kammer des Ersten Senats), Beschl. v. 27.4.2001 – 1 BvR 1282/99.
OLG Dresden, Urt. v. 20.7.2010 – 5 U 1286/09.
OLG Rostock, Urteil vom 9.7.2020, Az.: 3 U 79/19.

Gesetzesverzeichnis

Deutschland

Aktiengesetz (AktG) 1. Oktober 1937 (4121-1).

Ausbildungs- und Prüfungsverordnung für die Pflegeberufe (PflAPrV) vom 02.10.2018 (BGBl. I S. 1572).

Bundesärzteordnung (BÄO) in der Fassung der Bekanntmachung vom 16. April 1987 (BGBl. I S. 1218), die zuletzt durch Artikel 4 des Gesetzes vom 15. August 2019 (BGBl. I S. 1307) geändert worden ist.

Bürgerliches Gesetzbuch (BGB) vom 1. Januar 1900 (400-2).

Gesetz betreffend die Gesellschaften mit beschränkter Haftung (GmbHG), vom 10. Mai 1892 (4123-1).

Gesetz über die Pflegeberufe (PflBG) vom 17.07.2017 (2124-25).

Gesetz über Partnerschaftsgesellschaften Angehöriger Freier Berufe (PartGG) vom 25. Juli 1994 (BGBl. I S. 1744).

Gesetz über technische Assistenten in der Medizin (MTAG) vom 02.08.1993 (BGBl. I S. 1402)

Gesetz über zwingende Arbeitsbedingungen für grenzüberschreitend entsandte und für regelmässig im Inland beschäftigte Arbeitnehmer und Arbeitnehmerinnen (AEntG) vom 01.03.1996 (810-20).

Gesetz zum Schutz vor der schädlichen Wirkung ionisierender Strahlung (StrlSchG) vom 27.06.2017 (BGBl. I S. 1966).

Gesetz zur Modernisierung der gesetzlichen Krankenversicherung (GMG), vom 1. Januar 2004.

Gesetz zur Regelung der Arbeitnehmerüberlassung (AÜG) vom 11.10.1972 (810-31).

Gesetz zur Schaffung von Partnerschaftsgesellschaften und zur Änderung anderer Gesetze (PartGSchG). In: Bundesgesetzblatt. Jahrgang 1994 Teil 1, Nr. 48. Bundesanzeiger, 30. Juli 1994.

Handelsgesetzbuch (HGB) vom 1. Januar 1900 (4100-1).

Sozialgesetzbuch Fünftes Buch (SGB V) vom 1. Januar 1989 (860-5).

Verordnung über Meldepflichten nach dem Mindestlohngesetz, dem Arbeitnehmer-Entsendegesetz und dem Arbeitnehmerüberlassungsgesetz (MiLoMeldV) vom 26.11.2014 (BGBl. I.S. 1825).

Zivilprozessordnung (ZPO) vom 1. Oktober 1879 (310-4).

Völkerrechtliche Quellen

Abkommen zwischen der Schweizerischen Eidgenossenschaft einerseits und der Europäischen Gemeinschaft und ihren Mitgliedstaaten andererseits über die Freizügigkeit (FZA) vom 21.06.1999 (0-142-112-681).

Abkommen zwischen der Schweizerischen Eidgenossenschaft und der Bundesrepublik Deutschland zur Vermeidung der Doppelbesteuerung auf dem Gebiet der Steuern vom Einkommen und vom Vermögen vom 11.08.1971 (0-672-913-629).

Übereinkommen über die Soziale Sicherheit der Rheinschiffer, angenommen von der mit der Revision des revidierten Abkommens vom 13. Februar 1961 über die Soziale Sicherheit der Rheinschiffer beauftragten Regierungskonferenz vom 30.11.1979 (0-831-107).

Europäische Union

Richtlinie 2005/36/EG des Europäischen Parlaments und des Rates vom 07.09.2005 über die
Anerkennung von Berufsqualifikationen.

Richtlinie 2011/24/EU des Europäischen Parlaments und des Rates vom 9.03.2011 über die Ausübung der Patientenrecht in der grenzüberschreitenden Gesundheitsversorgung.

Verordnung (EG) Nr. 883/2004 des Europäischen Parlaments und des Rates vom 29. April 2004 zur Koordinierung der Systeme der sozialen Sicherheit (0-831-109-268-1).

Verordnung (EG) Nr. 987/2009 des Europäischen Parlaments und des Rates vom 16. September 2009 zur Festlegung der Modalitäten für die Durchführung der Verordnung (EG) Nr. 883/2004 über die Koordinierung der Systeme der sozialen Sicherheit (0-831-109-268-11).

Verordnung (EU) 2016/679 des Europäischen Parlaments und des Rates vom 27.04.2016 zum Schutz natürlicher Personen bei der Verarbeitung personenbezogener Daten zum freien Datenverkehr und zur Aufhebung der Richtlinie 95/46/EG (Datenschutz-Grundverordnung).

Schweiz

– Bund

Bundesgesetz betreffend die Ergänzung des Schweizerischen Zivilgesetzbuchs (OR) vom 30.03.1911 (220).

Bundesgesetz über Arzneimittel und Medizinprodukte (HMG) vom 15.12.2000 (812-21).

Bundesgesetz über den Datenschutz (DSG) vom 19.06.1992 (235-1).

Bundesgesetz über die Arbeitsvermittlung und den Personalverleih (AVG) vom 06.10.1989 (823-11).

Bundesgesetz über die Ausländerinnen und Ausländer und über die Integration (AIG) vom 16.12.2005 (142-20).

Bundesgesetz über die flankierenden Massnahmen bei entsandten Arbeitnehmerinnen und Arbeitnehmern und über die Kontrolle der in Normalarbeitsverträgen. Vorgesehenen Mindestlöhne (EntsG) vom 08.10.1999 (823-20).

Bundesgesetz über die Gesundheitsberufe (GesBG) vom 30.09.2016 (811-21).

Bundesgesetz über die Krankenversicherung (KVG) vom 18.03.1994 (832-10).

Bundesgesetz über die Meldepflicht und die Nachprüfung der Berufsqualifikationen von

Dienstleistungserbringerinnen und.-erbringern in reglementierten Berufen (BGMD) vom 12.12.2012 (935-01).

Bundesgesetz über die universitären Medizinalberufe (MedBG) vom 23.06.2006 (811-11).

Strahlenschutzgesetz (StSG) vom 22.03.1991 (814-50).

Verordnung des EDI über den Strahlenschutz bei medizinischen Röntgensystemen vom 26.04.2017 (814.542.1).

Verordnung über die Arbeitsvermittlung und den Personalverleih (AVV) vom 16.01.1991 (823–111).

Verordnung über die in die Schweiz entsandten Arbeitnehmerinnen und Arbeitnehmer (EntsV) vom 21.05.2003 (823–201).

Verordnung über Diplome, Ausbildung, Weiterbildung und Berufsausübung in den universitären Medizinalberufen (MedBV) vom 27.07.2007 (811-112-0).

Verordnung über die Krankenversicherung (KVV) vom 27.06.1995 (832–102).

– Kantonal

Verordnung über den Bildungsgang zur diplomierten Fachfrau für medizinisch technische Radiologie HF/zum diplomierten Fachmann für medizinisch technische Radiologie HF vom 23.12.2008 (427–930).

Gesundheitskooperation Landkreis Lörrach mit den Kantonen Basel-Stadt und Basel-Landschaft

Rudolf Jaeger / Dario Zimmermann

Inhaltsübersicht

I.	Einleitung	188
II.	Grundriss und Zielsetzung des Pilotprojektes	190
	A. Phase I (2007–2009)	191
	B. Phase II (2010–2014)	193
	C. Phase III (2015–2018)	194
	D. unbefristete Phase (ab 2019)	194
	E. Einordung und Herausforderungen des Pilotprojektes	195
	F. Kritik am Pilotprojekt	196
III.	Einordung in die Gesundheitspolitik	197
	A. Kompetenzen in der Gesundheitspolitik	199
	B. Krankenversicherungssysteme	201
	C. Ergebnis	203
IV.	Gesetzliche Grundlagen	204
	A. Schweiz	204
	B. Deutschland	208
	C. Europäische Union	209
V.	Rechtliche Entwicklungsmöglichkeiten	211
	A. Fortbestand und Zukunft der gesetzlichen Grundlage im KVV	211
	B. Vergleich mit dem Gesundheitsabkommen zum Fürstentum Liechtenstein	213
	C. Übernahme der Rechtsgrundlagen des Nachbarlandes für den Grenzraum	215
	D. Möglichkeit von grenzüberschreitenden Krankenkassen	216
	E. Entwicklung der gesetzlichen Grundlagen in Deutschland und der Europäischen Union	217
	F. Weitere Entwicklungsmöglichkeiten	218
VI.	Zusammenfassung und Fazit	219

Literaturverzeichnis 221

Rechtstextverzeichnis 223

Völkerrechtliche Verträge 224

Entscheidverzeichnis 224

I. Einleitung

Dass eine funktionierende Gesundheitsinfrastruktur von grundlegender Bedeutung für die Bürgerinnen und Bürger ist, hat sich spätestens seit der Corona Pandemie im Jahre 2020 wieder einmal bewiesen. Gleichzeitig hat diese Krise auch aufgezeigt, dass Gesundheitssysteme nicht in nationalen Schranken gedacht werden können. Für die Schweiz als kleines Land in Zentraleuropa ist die Gewährleistung einer grenzüberschreitenden Gesundheitsversorgung von äusserster Wichtigkeit. Insbesondere für grenznahe Regionen ist eine Zusammenarbeit über Ländergrenzen hinweg unabdingbar, da den dortigen Lebensrealitäten Rechnung getragen werden muss. Durch die vielen Grenzgänger in diesen Regionen ergibt sich die praktische Notwendigkeit, Gesundheitsdienstleistungen im Nachbarstaat zu beanspruchen, da dies für die Betroffenen vielfach einfacher oder gar erforderlich ist. Damit einher gehen schwierige rechtliche Koordinationsproblematiken aufgrund der verschiedenen Rechtsordnungen und Europäischer Richtlinien.

Das Dreiländereck Basel zählt zu eben jenen Regionen, für die die grenzüberschreitende Zusammenarbeit im Gesundheitsbereich von höchster Relevanz ist. Es bestehen bereits traditionell auf verschiedenen Ebenen binationale sowie trinationale Kooperationen, da diese Region immer weiter zu einer Entität zusammenwächst, in wirtschaftlichen, sozialen, aber auch kulturellen Dimensionen. Der Gesundheitsbereich blieb lange von Kooperationen ausgeschlossen, aufgrund des Territorialitätsprinzips der nationalen Krankenversicherungsgesetzgebung. Dies änderte sich im Jahre 2007 durch die Lancierung des Pilotprojektes «Grenzüberschreitende Zusammenarbeit» zwischen Deutschland und der Schweiz, an welchem die Kantone Basel-Stadt und Basel-Landschaft und der deutsche Landkreis Lörrach im Bundesland Baden-Württemberg beteiligt sind. Anpassungen der gesetzlichen Grundlagen, welche das Abweichen vom Territorialitätsprinzip ermöglichten, führten zur Realisierung des Pilotprojektes.[1]

---

[1] ZUMBRUNN ET AL., Grenzüberschreitende Zusammenarbeit Deutschland-Schweiz im Gesundheitswesen, S. 9.

Im Rahmen dieses Projektes können sich Personen aus dieser Grenzregion, welche bei einer am Projekt beteiligten Krankenversicherung gesetzlich versichert sind, für ausgewählte medizinische Leistungen in den beteiligten Spitälern des jeweils anderen Landes behandeln lassen.[2] Ziel des Pilotprojektes ist es, die grenzüberschreitende Zusammenarbeit zu fördern und eine Zunahme der Nutzung solcher Angebote zu forcieren. Dadurch soll zum einen die Zufriedenheit von Patienten gesteigert werden, da diesen eine Behandlung in Wohnortsnähe bereitgestellt wird. Zum anderen gibt es durch die Senkung der Behandlungskosten auch eine ökonomische Zielsetzung. Das Projekt wird sowohl von Deutscher als auch von Schweizer Seite evaluiert und begleitet. In der Schweiz obliegt diese Aufgabe dem Schweizerischen Gesundheitsobservatorium (Obsan). Das deutsche Pendant ist das KCQ (Kompetenz-Centrum Qualitätsmanagement).

Die vorliegende Arbeit hat zum Ziel, den rechtlichen Ist-Zustand auf nationaler und regionaler Ebene zu klären, welcher die Grundlage für das Pilotprojekt bildet. Darüber hinaus gilt es zu eruieren, welche rechtlichen Entwicklungsmöglichkeiten denkbar sind. Die Beantwortung dieser zweiteilig gegliederten Fragestellung soll mithilfe der hierfür einschlägigen Literatur erfolgen. Zugleich ist eine Betrachtung der politischen Prozesse insbesondere auf parlamentarischer Ebene, welche zur Realisierung des Pilotprojektes beigetragen haben, vonnöten.

Dazu gliedert sich die Arbeit wie folgt; dem rechtlichen Teil vorausgehend steht eine prägnante Skizzierung des Pilotprojektes. Hierbei werden die einzelnen Phasen des Projektes voneinander abgegrenzt und die Zielsetzung nochmals eingehender umfasst. Neben dem Blick auf die unterschiedlichen Zielsetzungen lohnt sich auch der Vergleich der divergierenden gesundheitspolitischen Systeme Deutschlands und der Schweiz. Den Kern der Arbeit bilden die Rechtsgrundlagen. Hierbei soll aufgezeigt werden, wem die Kompetenzen im Gesundheitsrecht zukommen und in welchem Umfang die Kantone befugt sind, eigenständige Regelungen und Übereinkommen zu beschliessen. Zu den Rechtsgrundlagen zählt Art. 36a KVV, dieser ist die rechtliche Grundlage des Projektes und statuiert die zeitliche Befristung derartiger Projekte, wohingegen nach der deutschen Gesetzgebung Pilotprojekte in unlimitierter Anzahl zugelassen sind. Gleichzeitig ist das Projekt auch nur durch eine Anpassung der gesetzlichen Grundlagen in beiden Ländern erst möglich geworden, betreffend der Abgeltung der Leistungen der gesetzlichen Krankenversicherung.

Ausserdem soll auch Kritik am Projekt mit in die Arbeit einfliessen, zum einen von Seiten des Parlamentes und zum anderen von den schweizerischen Rehabilita-

---

[2] EBD.

tionskliniken, sowie von weiteren Anspruchsgruppen. Neben den harten rechtlichen Faktoren sollen auch die weichen Faktoren, wie bspw. Fragen der Information und Akzeptanz, erörtert werden, welche notwendig sind, damit sich Patienten in Deutschland pflegen und behandeln lassen. Im zweiten Teil der Arbeit werden potenzielle rechtliche und generelle Entwicklungsmöglichkeiten herausgearbeitet. Die rechtlichen und generellen Entwicklungsmöglichkeiten sind vielzählig. Hierbei geht es um den Fortbestand und die Zukunft der jetzigen gesetzlichen Grundlage. Darüber hinaus werden auch die Folgen des Austritts des deutschen Krankenversicherers AOK und dessen Bedeutung für das ganze Projekt thematisiert. Gleichzeitig ist auch mit dem Wegfall der AOK zugleich die wissenschaftliche Begleitung und Datensammlung von deutscher Seite aus nicht mehr gewährleistet. Dies konterkariert möglicherweise sogar die jetzige gesetzliche Grundlage und gefährdet das Projekt. Zum anderen lassen sich möglicherweise Parallelen zwischen der Gesundheitskooperation mit dem Fürstentum Liechtenstein und dem mit Deutschland ziehen, welche Aufschluss über Entwicklungsmöglichkeiten gibt. Denn insbesondere diese Gesundheitskooperation kann als vorbildlich bezeichnet werden, aus der sich Chancen auf die Kooperation mit Deutschland übertragen lassen. Zugleich werden auch innovative Lösungen geprüft und erörtert, inwiefern sich diese überhaupt implementieren bzw. umsetzen lassen. Den Abschluss der Arbeit bilden eine kurze Zusammenfassung, das Fazit und ein Ausblick.

II. Grundriss und Zielsetzung des Pilotprojektes

Beim GRUEZ-Pilotprojekt handelt es sich um eine grenzüberschreitende Gesundheitskooperation im Dreiländereck Schweiz, Deutschland und Frankreich, an welchem primär die beiden Kantone Basel-Stadt und Basel-Landschaft sowie der deutsche Landkreis Lörrach beteiligt sind. Das Ziel des Pilotprojektes auf Schweizer Seite ist es, die Zunahme von kostengünstigerer Behandlung von Patienten im grenznahen Ausland zu ermöglichen, ohne dass dabei die Qualität der Behandlung leidet.[3] Zudem soll auch die grenzüberschreitende Zusammenarbeit im fachlichen Bereich gefördert und die Angebote in Wohnortnähe erhöht werden. Das langfristige Ziel des Pilotprojektes ist es, eine gemeinsame Planung der Gesundheitsversorgung im Dreiländereck anzustreben.[4] Insgesamt kann das Projekt in

---

[3] ZUMBRUNN ET AL., Grenzüberschreitende Zusammenarbeit Deutschland-Schweiz im Gesundheitswesen, S. 23.
[4] INDRA, Grenzüberschreitende Gesundheitsversorgung zwischen Deutschland und der Schweiz, Folie 10.

drei befristete Phasen und eine unbefristete Phase eingeteilt werden. Innerhalb der verschiedenen Phasen werden dabei die wichtigsten Eckpunkte aufgezeigt und eine Einordnung vorgenommen.

A. Phase I (2007–2009)

Seit 2001 besteht ein politischer Wille zum Ausbau grenzüberschreitender Kooperation im Gesundheitswesen. In einem ersten Schritt hat sich eine deutsch/schweizerische Arbeitsgruppe getroffen, welche die nötigen Bedingungen für die Kooperation festgelegt hat. Zur Realisierung mussten in beiden Staaten die gesetzlichen Grundlagen angepasst werden. In der Schweiz sind dies Art. 34 KVG und Art. 36a KVV, welcher vorerst die Durchführung von befristeten Pilotprojekten zuliess. Auf deutscher Seite wurde eine Gesetzesänderung vorgenommen, welche mit fortdauernder Wirkung grenzüberschreitende Kooperationen im Gesundheitswesen erlaubte.[5]

In Phase I konnte ein Gesamtvertrag zwischen 22 Schweizer Krankenversicherern und 14 deutschen Krankenhäusern abgeschlossen werden, wobei sich die Anzahl Projektteilnehmer während dieser Phase um einen Schweizer Krankenversicherer und drei Deutsche Gesundheitseinrichtungen reduzierte. Für die Behandlung deutscher Patienten wurden Einzelverträge zwischen acht Schweizer Krankenhäusern und sechs deutschen Krankenversicherern unterzeichnet, wobei zwei Schweizer Krankenhäuser während der ersten Phase aus dem Projekt ausstiegen bzw. über einen Sondervertrag von den gesetzlichen Anpassungen profitierten, aber nicht direkt am Projekt teilnahmen. So konnten sich total 85% aller deutschen Versicherten im Landkreis Lörrach und 66% aller Versicherten in den Kantonen Basel-Stadt und Basel-Landschaft im grenznahen Ausland behandeln lassen. In Phase I wurden ambulante und stationäre Spitalleistungen im Bereich der Akutsomatik und Rehabilitation angeboten, was für die Behandlung von Schweizer Patienten in Deutschland in einem Leistungskatalog festgehalten wurde und für die Behandlung von deutschen Patienten in der Schweiz in den privat-rechtlichen Einzelverträgen geregelt wurde.[6]

Hinsichtlich der Projektziele der Phase I kann gesagt werden, dass die Erreichung dieser Ziele durchzogen ausfiel. Betreffend der Patientenmobilität von der Schweiz nach Deutschland kann von einer mittleren Zielerreichung gesprochen

---

[5] ZUMBRUNN ET AL., a.a.O., S. 19.
[6] ZUMBRUNN ET AL., Grenzüberschreitende Zusammenarbeit Deutschland-Schweiz im Gesundheitswesen, S. 20.

werden. Als positiv kann sicher festgehalten werden, dass bis zu 12 % aller potenziellen Reha-Patientinnen und -Patienten aus der Schweiz eine Behandlung in Lörrach in Anspruch nahmen (Basel-Stadt im Jahr 2009).[7] Dieser Prozentsatz spricht dafür, dass mit dem Pilotprojekt für die Schweizer Patientinnen und Patienten ein geeignetes und attraktives Zusatzangebot geschaffen wurde. Die Mobilität nahm zu und die Kosten konnten gesenkt werden, jedoch ohne, dass dies einen Einfluss auf die Krankenkassenprämien gehabt hätte. Was die Information und die Anreize der potenziellen Zielgruppe angeht, können noch Fortschritte gemacht werden und es muss vorerst von einer tiefen bis mittleren Zielerreichung gesprochen werden. Als positiv kann des Weiteren die Zufriedenheit der Patienten, die sich im grenznahen Ausland haben behandeln lassen und die Qualität der Behandlung eingeordnet werden.[8] Der Patientenfluss von Deutschland in die Schweiz muss jedoch als beinahe inexistent betrachtet werden. In einer ersten Projektphase nahmen nur gerade 5-10 Patienten aus Deutschland pro Jahr eine Behandlung in der Schweiz in Anspruch. Dies führte auch dazu, dass die Projektziele auf deutscher Seite nicht evaluiert werden konnten.[9]

In einer Bevölkerungsbefragung im letzten Jahr der Phase I wurde abgefragt, wie hoch die Bekanntheit des Projektes sei. Dabei wurden in Basel-Stadt, Basel-Landschaft und Lörrach je 500 Personen befragt.[10] Total war das Pilotprojekt bei 67 % aller Befragten bekannt (Lö. 76 %; BS 66 %; BL 62 %), wobei die Bekanntheit vor allem von den Medien (54 %) ausging und Familien/Bekannte (20 %) und auch die Krankenversicherungen (17 %) einen kleineren Anteil an der Informationsverbreitung hatten.[11] Zudem wurde auch abgefragt, wie gross die Bereitschaft ist, sich im Ausland behandeln zu lassen. Hier lässt sich auf Schweizer Seite vor allem ein grosser Anteil an unentschlossenen Personen ausmachen, was dazu führt, dass die Bereitschaft der deutschen Patienten deutlich höher ist. Aus Schweizer Sicht sprechen gegen eine Behandlung in Deutschland vor allem fehlendes Vertrauen und die Distanz und Unsicherheit über die Behandlungsqualität. In der Auswertung der Projektphase I wurde jedoch ersichtlich, dass das Projektziel der Behandlungsqualität grundsätzlich erreicht wurde und hier vermutlich eher eine fehlende Informationsverbreitung und somit auch eine fehlende Entscheidungsgrundlage die Ursache der Unsicherheit ist.

---

[7] INDRA, Grenzüberschreitende Gesundheitsversorgung zwischen Deutschland und der Schweiz, Folie 16.
[8] ZUMBRUNN ET AL., a.a.O., S. 79.
[9] INDRA, a.a.O., Folie 12.
[10] FALLER, Die grenzüberschreitende Zusammenarbeit Basel-Stadt/Basel-Landschaft/Lörrach – Stand der Arbeiten und weiteres Vorgehen, Folie 23.
[11] FALLER, a.a.O., Folie 23.

B. Phase II (2010–2014)

Während der zweiten Projektphase lag die durchschnittliche Mobilitätsrate von der Schweiz nach Deutschland bei 4.6%.[12] So konnte diese im Vergleich zu Phase I etwas gesteigert werden, die tatsächlichen Fallzahlen bewegen sich somit im tiefen dreistelligen Bereich.[13] Auf deutscher Projektseite wurde das Pilotprojekt nicht mehr evaluiert, da der deutsche Krankenversicherer AOK aus dem Pilotprojekt austrat, was einem faktischen Ausstieg von Deutschland aus dem Pilotprojekt entspricht.[14]

Auf Schweizer Seite wurde im Jahr 2014 der Art. 36a Abs. 3 lit. a KVV zudem dahingehend ergänzt, dass das Pilotprojekt zweimal um vier Jahre verlängert werden kann.[15] Ausserdem wurde auf Schweizer Projektseite die Einschränkung der Leistungsbereiche gelockert und es waren grundsätzlich alle Leistungen möglich, da der Leistungskatalog wegfiel.[16] Somit konnte grundsätzlich das gesamte Leistungsspektrum eines deutschen Krankenhauses, das am Pilotprojekt teilnahm, in Anspruch genommen werden.[17] Daher konnte man davon ausgehen, dass auch im Akutbereich die Inanspruchnahme von Leistungen im grenznahen Ausland steigen würde, was jedoch nicht der Fall war.[18]

Zudem erhielt das Pilotprojekt durch einen neuen Gesamtvertrag zwischen santésuisse (Branchenverband Schweizer Krankenversicherer), den Gesundheitsdirektionen von Basel-Stadt und Basel-Landschaft sowie den involvierten deutschen Kliniken eine neue vertragliche Grundlage, welche den gemeinsamen Willen zur grenzüberschreitenden Zusammenarbeit untermauern sollte.[19] Durch diesen Gesamtvertrag wurden die Schweizer Krankenversicherer stärker an das Projekt gebunden und es entstand ein sogenanntes «passives Beitrittsverfahren» zum Vertrag der Phase II.[20]

---

[12] BAYER-OGLESBY, Grenzüberschreitende Zusammenarbeit Deutschland-Schweiz im Gesundheitswesen II, S. 31.
[13] BAYER-OGLESBY, a.a.O., S. 73.
[14] EBD.
[15] EBD.
[16] BAYER-OGLESBY, a.a.O., S. 69.
[17] BENZING, Pilotprojekt GRÜZ, S. 25.
[18] BAYER-OGLESBY, a.a.O., S. 69.
[19] BENZING, Pilotprojekt GRÜZ, S. 25.
[20] EBD.

C. Phase III (2015–2018)

In Projektphase III wurde die Zeit hauptsächlich für weitere Datenerhebungen genutzt. Grundsätzlich wurde das Pilotprojekt dabei ohne grosse Veränderungen zur Phase II weitergeführt und auf eine definitive, permanente Lösung hingearbeitet. Was die Projektziele anbelangt, muss festgehalten werden, dass sich die Patientenzahlen wieder auf das Niveau der Phase I gefallen sind und somit nicht an die Steigerung der Zahlen in Phase II anknüpfen konnten.[21] Zudem wurden seitens der Patienten wie auch im Vorjahr hauptsächlich Leistungen im Bereich der orthopädischen Rehabilitation in Anspruch genommen und das Wegfallenlassen des Leistungskataloges hat sich somit auch in Phase III nicht auf das Patientenverhalten ausgewirkt.[22] An dieser Stelle können nochmals einige Zahlen als Referenz genannt werden. Im Jahr 2016 waren insgesamt 88.8% der Bevölkerungen in den Kantonen Basel-Stadt und Basel-Landschaft am Projekt teilnahmeberechtigt. Beurteilt man die Reha-Fälle, auf welche sich das Projekt trotz Aufhebung des Leistungskataloges, hauptsächlich beschränkte, so betrug das Potential an Fällen im Jahr 2016 5'516, wovon sich bei einer Spannweite über das gesamte Projekt von 91 Fällen/Jahr (2017) bis hin zu 272 Fällen/Jahr (2013) im Jahr 2016 117 Personen in Deutschland haben behandeln lassen. Dies entspricht einer Mobilitätsrate von 2.1% für das Jahr 2016.[23]

D. unbefristete Phase (ab 2019)

Auch wenn die Patientenzahlen und die Mobilitätsrate etwas Anderes aussagen, bestand gerade bei den Schweizer Kostenträgern des Gesundheitswesens (Krankenversicherungen und Kantone) weiterhin der Wille und die Absicht, an dem Projekt festzuhalten. Das Projekt fand so auch auf nationaler Ebene Anklang, sodass eine erneute Gesetzesänderung dazu führte, dass eine unbefristete gesetzliche Grundlage geschaffen wurde, welche ab 1. Januar 2019 in Kraft ist.[24] Als grösster hemmender Faktor für eine höhere Patientenmobilität und somit auch die grössere Nutzbarmachung des Angebotes ist gemäss einem Obsan-Bericht aus dem Jahr 2018 immer noch die fehlende Bekanntheit des Projektes.[25] So sind zum einen die Patienten zu wenig gut über das Projekt informiert und zum anderen auch

---

[21] HEDINGER, Grenzüberschreitende Zusammenarbeit Deutschland – Schweiz im Gesundheitswesen, S. 8.
[22] EBD.
[23] HEDINGER, a.a.O., S. 22.
[24] DIEBOLD & HEDINGER, Behandlungen jenseits der Landesgrenze, S. 7.
[25] DIEBOLD & HEDINGER, a.a.O., S. 7.

Schweizer Kliniken, welche ihre Patienten in die Reha nach Deutschland schicken könnten. Die fehlende Information führt dabei auch zu weniger Vertrauen.

Es kann somit festgehalten werden, dass das Angebot gerade im Bereich der Rehabilitation etabliert und akzeptiert ist. Über die kontrollierte Öffnung von weiteren Leistungsbereichen konnte das bestehende grenzüberschreitende Angebot sinnvoll ergänzt werden, auch wenn diese Öffnung keinen entscheidenden Einfluss auf die Patientenmobilität hatte. Die unbefristete Lösung ist nun eine Chance, die zum einen Planungssicherheit gewährleistet und zum anderen die Option für weitere Ausbauschritte bietet, welche aufgrund der erhöhten Planungssicherheit nun auch über eine höhere Legitimation und einer besseren rechtlichen Grundlage abgesichert sind.

E. Einordung und Herausforderungen des Pilotprojektes

Eine der grössten Herausforderungen des Projektes war die Überwindung von grundlegenden rechtlichen Hindernissen. Dies konnte jedoch aufgrund der guten Kontakte in der Projektleitung zum Bundesministerium für Gesundheit (BMG) in Berlin und zum Bundesamt für Gesundheit (BAG) in Bern überwunden werden.[26] Die grösste Herausforderung und das grösste Hindernis für eine tiefergehende Kooperation stellen die unterschiedlichen Vergütungsansätze dar. Dieses Problem versuchte man über die Kostenabgeltung mittels eines Fonds zu lösen, was allerdings wieder verworfen wurde.[27] Auch die Vertragsausgestaltung zwischen Krankenkassen und Krankenhäuser zweier Gesundheitssysteme brachte Probleme mit sich, welche die Vertragsteilnehmer jedoch untereinander lösen konnten.[28] Ein wichtiger Schritt war hierbei, dass auf Schweizer Seite eine Lösung über einen Gesamtvertrag mit dem Branchenverband santésuisse gefunden werden konnte.

Eine entscheidende Rolle bei der Nutzung des Angebotes wird den zuweisenden Ärzten und Krankenversicherungen zugeschrieben, welche als Treiber und Informationsvermittler eingeordnet werden können. Hierbei liegt eine weitere grosse Herausforderung des Pilotprojektes. Denn oftmals werden die potenziellen Patientinnen und Patienten für Behandlungen im grenznahen Ausland zu wenig informiert und die Vorteile einer Behandlung werden nicht aufgezeigt. Die Möglichkeiten, die sich durch das Pilotprojekt im Bereich der grenzüberschreitenden Gesundheitsvorsorge aufgetan haben, werden von den potenziellen Patientinnen

---

[26] BENZING, Pilotprojekt GRÜZ, S. 26.
[27] EBD.
[28] EBD.

und Patienten dabei als eine zusätzliche Möglichkeit im Falle spezieller Bedürfnisse oder Behandlungswünsche gesehen, sofern sie darüber aufgeklärt und informiert wurden.[29]

Auch bei der Einordung des Projektes muss betreffend den Erfolgsfaktoren neben den rechtlichen Rahmenbedingungen auch auf diverse weiche Faktoren eingegangen werden. So braucht der Prozess Geduld und Ausdauer und benötigt Konsensbildung auf verschiedenen Ebenen, was ein ausgeprägtes diplomatisches Geschick der agierenden Personen erfordert.[30] Dieses Verhandlungsgeschick bedeutet auch Win-win-Situationen aufzeigen zu können und Weitsicht zu zeigen.[31] Des Weiteren ist es entscheidend, dass in jedem der beteiligten Länder ein entsprechender Projektverantwortlicher vorhanden ist, wobei diese unterschiedlichen Projektverantwortlichen miteinander im engen Austausch und vernetzt sein sollten oder über einen «Netzwerker» wie beispielsweise Interreg oder die Regio Basiliensis zusammengeführt werden.[32]

F. Kritik am Pilotprojekt

Als potenzielle Verlierer des Pilotprojektes können die Schweizer Leistungserbringer in den Kantonen Basel-Stadt und Basel-Landschaft angesehen werden. Da es das ausdrückliche Ziel des Pilotprojektes ist, kostengünstigere Gesundheitsversorgung im grenznahen Ausland zu gewährleisten bzw. anzubieten, werden die potenziellen Patientinnen und Patienten der Schweizer Krankenhäuser «abgeworben». Ein Treiber des Pilotprojektes war dabei auch, das grosse Preisgefälle zwischen deutschen und Schweizer Leistungserbringern zu thematisieren und den Preis- und Qualitätswettbewerb zu fördern. Eine Studie der Universität Basel aus dem Jahr 2012 vermochte nicht vollumfänglich zu beantworten, warum die grossen Preisunterschiede vorhanden sind. Auf Schweizer Seite sei dabei der Personalbestand um einiges höher und die Patientinnen und Patienten hätten eine höhere Pflegebedürftigkeit.[33] Auf deutscher Seite sorge vor allem ein höherer Wettbewerbsdruck dafür, dass unter Umständen effizienter und kostensparender gearbeitet wird als in der Schweiz.[34]

---

[29] BENZING, Pilotprojekt GRÜZ, S. 27.
[30] BENZING, a.a.O., S. 28.
[31] EBD.
[32] EBD.
[33] GESUNDHEITSDEPARTEMENT DES KANTONS BASEL-STADT, Grundlagenbericht zu Fakten und Finanzierung des Gesundheitswesens des Kantons Basel-Stadt, S. 164.
[34] EBD.

Auch seitens des Parlamentes in der Schweiz gab es Kritik am Pilotprojekt und an der damit einhergehenden Teilaufweichung des Territorialitätsprinzips. Im Jahr 2007 reichte die damalige FDP-Ständerätin Trix Heberlein eine Interpellation ein, in welcher sie den Bundesrat auffordert, zur Kostenübernahme von Behandlungen im Ausland gemäss Art. 36a KVV Stellung zu beziehen.[35] Ihre Interpellation rührt daher, dass sie sagt, die unklare Regelung hinsichtlich der Vergütung der im Ausland erbrachten Leistungen hätten Krankenkassen dazu verleitet, auch Leistungen zu vergüten, welche nicht im Einklang mit Art. 34 KVG und Art. 36a KVV wären.[36] Der Bundesrat geht in seiner Antwort darauf ein, dass grundsätzlich nur Leistungen, die im Ausland erbracht werden, vergütet werden dürfen, welche im Einklang mit dem KVG, dem Freizügigkeitsabkommen (SR 0.142.112.681) oder einem Pilotprojekt entstehen.[37] Weiter führt der Bundesrat aus, dass ihm Fälle bekannt sind, in welchen sich Krankenkassen über die gesetzlichen Grundlagen hinwegsetzen. Er spricht aber von Einzelfällen.[38] Die Interpellation verfolgt dabei vor allem das Interesse der Versicherten und mit den Fragen an den Bundesrat soll die Rechtsgleichheit zwischen allen Versicherten, die bei den angesprochenen Einzelfällen nicht gewahrt war, diskutiert werden. Dass es solche Einzelfälle gibt, spricht dafür, dass es einen gewissen «Graubereich» zwischen der Vergütung von Leistungen im Inland und der Vergütung von Leistungen, die im Ausland erbracht wurden, gibt. Es kann dabei als problematisch angesehen werden, wenn Krankenkassen ausserhalb der bewilligten Pilotprojekte und den weiteren Ausnahmeregeln Leistungen im Ausland vergüten.

III. Einordung in die Gesundheitspolitik

Damit das Pilotprojekt besser umfasst werden kann und konkrete Handlungsempfehlungen gegeben werden können, lohnt sich der Blick auf die unterschiedlichen gesundheitspolitischen Charakteristika Deutschlands und der Schweiz. Das Aufzeigen der Divergenzen zwischen den beiden Systemen kann auch bei Lösungsansätzen im Bereich der Information und Akzeptanz innerhalb der Bevölkerung hilfreich sein, um Informationslücken zu schliessen. Somit können die Anspruchsgruppen des Pilotprojektes für die unterschiedlichen gesundheitspolitischen Systeme sensibilisiert werden, was die Inanspruchnahme von grenzüberschreitenden Gesundheitsdienstleistungen erhöhen kann.

---

[35] DIE BUNDESVERSAMMLUNG – DAS SCHWEIZER PARLAMENT, Einhaltung des KVG.
[36] EBD.
[37] EBD.
[38] EBD.

Bevor die beiden Länder jedoch auf ihre Gesundheitspolitik hin verglichen werden können, bedarf es der Klärung, was alles unter den Begriff der Gesundheitspolitik fällt. Vereinfacht gesagt, verwirklicht sich Gesundheitspolitik überall dort, wo politisches Handeln auf die Gesundheit von bestimmten Gruppen bzw. Bevölkerungen Einfluss nimmt.[39] Das Ziel der Gesundheitspolitik ist es, die Gesundheit der Bevölkerung zu maximieren, durch präventive Massnahmen, sowie durch die Gestaltung und Steuerung der Krankenversorgung und der Rehabilitation.[40] Daneben sind auch gesundheitsökonomische Fragen ein Teil der Gesundheitspolitik, also wie das eigentliche Ziel finanziert werden soll. Die hierfür verantwortlichen politischen Entscheidungsträger interagieren hierfür mit einer Vielzahl von Anspruchsgruppen, angefangen bei Krankenkassen, über Ärzte- und Apothekerverbände bis hin zur Pharmaindustrie.

Grundsätzlich lässt sich feststellen, dass in Europa drei sozial- und damit auch gesundheitspolitische Modelle dominieren. Dazu zählt das wirtschaftsliberale, das konservative und das sozialdemokratische Modell. Das wirtschaftsliberale Modell geht von einer privat organisierten Gesundheitsversorgung aus und setzt auf markwirtschaftliche Prinzipien sowie auf eng begrenzte staatliche, gesundheitspolitische Interventionen.[41] Das sozialdemokratische Modell hingegen setzt auf allgemeinen Zugang für alle Bevölkerungsgruppen, auf die Egalität was Behandlungen anbelangt und auf eine starke staatliche Hand.[42] Das konservative Modell steht für eine gemischtwirtschaftliche Leistungserbringung, mit einem Versicherungssystem unter staatlicher Aufsicht, mit überwiegend einkommensabhängigen Leistungsbeiträgen.[43] Interessant ist dies im Hinblick auf Deutschland und die Schweiz, da diese historisch betrachtet unterschiedlich gewachsen sind und anderen Maximen in der Gesundheitspolitik folgten. So folgte die Schweiz bis Anfang der siebziger Jahre dem wirtschaftsliberalen Modell, wohingegen Deutschland gegenwärtig als auch historisch am ehesten dem konservativen Modell entspricht.[44] Heutzutage lässt sich die Schweiz keinem Modell klar zuordnen, wobei es dem konservativen Modell nähergekommen ist, obgleich sich in einigen Teilen marktwirtschaftliche, liberale Grundzüge wiederfinden lassen. Diese unterschiedlichen Konzeptionen von Gesundheitspolitik spiegeln sich in vielen Teilbereichen der beiden Länder wider.

---

[39] Vgl. ROSENBROCK, Gesundheitspolitik, S. 2.
[40] EBD.
[41] ROSENBROCK, Gesundheitspolitik, S. 8.
[42] A.A.O., S. 9.
[43] Vgl. ROSENBROCK, Gesundheitspolitik, S. 8–9.
[44] EBD.

A. Kompetenzen in der Gesundheitspolitik

Dass Gesundheitspolitik aber primär eine Aufgabe des Staates ist ergibt sich in der Schweiz aus der Bundesverfassung. Der 8. Abschnitt der BV mit dem Titel, Wohnen, Arbeit, soziale Sicherheit und Gesundheit, begründet die staatliche Zuständigkeit. So regelt Art. 117 BV die Kranken- und Unfallversicherung, Art. 117a BV die medizinische Grundversorgung und Art. 118 BV den allgemeinen Schutz der Gesundheit. Die Zuständigkeit in vielen Bereichen ist föderalistisch organisiert und nicht immer einheitlich geregelt, was oft kritisiert wird. Daher verteilen sich Aufgaben und Verantwortlichkeiten auf Bund, Kantone und Gemeinden, wobei diesen eine unterschiedliche Bedeutung zukommt. Obgleich der Bund, gerade in Zeiten der Corona-Krise, einige kantonale Kompetenzen auf Bundesebene verschoben hat, bleibt die Gesundheitspolitik zu grossen Teilen in kantonaler Hand. Oberste Bundesbehörde bei der Koordination und Leitung im Bereich der Gesundheitspolitik ist das Bundesamt für Gesundheit (BAG). Das BAG ist für die Anwendung von mehr als zwanzig Gesetzen und Verordnungen zuständig und vertritt auch die gesundheitspolitischen Interessen der Schweiz im Ausland und gegenüber Internationalen Organisationen.[45] Von bedeutender praktischer Relevanz sind die Entscheidungen des Bundesrates über die Höhe des Selbstbehaltes, die Prämienrabatte und -verbilligungen.[46]

In Deutschland gestaltet sich der Aufbau gesundheitspolitisch grundsätzlich ebenfalls föderal. Zuoberst steht der Bundesgesetzgeber, welcher die Rahmenbedingungen setzt und sich verschiedener Instrumente bedient, um den Regularien zur Durchsetzung zu verhelfen. Der Bund erlässt Gesetze in den Bereichen, in welchen die Verfassung dies vorsieht und realisiert deren Umsetzung durch die Hilfe der einzelnen Länder, die diese Gesetze umzusetzen haben.[47] Grundlage staatlichen Handelns im Gesundheitsbereich ist Art. 20 Abs. 1 und Art. 28 Abs. 1 des deutschen Grundgesetzes (GG). Diese halten das wichtige Verfassungsprinzip des «Sozialstaatsgebotes» fest. Das Sozialstaatsgebot begründet eine Pflicht zur sog. «Daseinsvorsorge». Bei dieser Terminologie, welche seit den späten 1920er bis in die frühen 1970er Jahre massgeblich durch den Staats- und Verwaltungsrechtler Ernst Forsthoff geprägt wurde[48], handelt es sich um eine deutsche Besonderheit. Nach Forsthoff legitimiert sich der staatliche Herrschaftsanspruch dadurch,

---

[45] S. <http://www.bag.admin.ch> → Das BAG → Auftrag & Ziele.
[46] S. u. zu den Krankenversicherungssystemen.
[47] ILLING, Gesundheitspolitik in Deutschland: Eine Chronologie der Gesundheitsreformen der Bundesrepublik, S. 14.
[48] NEU, Daseinsvorsorge: Eine gesellschaftliche Annäherung, S. 9.

dass dieser für die Bereitstellung der für jeden notwendigen, sozusagen zum «Dasein» benötigten Güter und Leistungen sorgt.[49] Die Bereitstellung von Gesundheitsdienstleistungen und medizinischen Gütern fällt somit ebenfalls unter die «Daseinsvorsorge». Gleichwohl handelt es sich um einen unbestimmten Rechtsbegriff, zu welchem bis dato keine Legaldefinition vorliegt und auch der Inhalt nicht abschliessend bestimmt werden kann.[50] Somit ist die Reichweite des staatlichen Handelns nicht gänzlich geklärt, da dies davon abhängt, wie weit der Begriff «Daseinsvorsorge» im Gesundheitsbereich gefasst wird. Sicher ist aber, dass zumindest die elementare Grundversorgung durch staatliches Handeln zu gewährleisten ist.

Im Bereich der sozialversicherungsrechtlichen Regelungen ist der Bund alleinig für die Gesetzgebung zuständig, dies ergibt sich aus Art. 74 Abs. 1 Nr. 12 GG und Art. 74 Abs. 1 Nr. 7 GG. Grundsätzlich lässt sich in vielen Bereichen eine Trennung zwischen Gesetzgebung und Gesetzesvollzug erkennen. Die Gesetzgebungskompetenz ist in der Regel eine Bundesaufgabe, wohingegen deren Vollzug durch die Länder und Kommunen erbracht wird. Somit verbleiben den Ländern lediglich Residualzuständigkeiten und Ermessensspielräume[51], aber keine weitergehenden Rechte. Abstimmungen zwischen Bund und Ländern werden auf der Gesundheitsministerkonferenz (GMK) getroffen, hierbei wird auch die gesamte Gesundheitspolitik weiterentwickelt.[52] Ein anderes Verhältnis zwischen Bund und Ländern ergibt sich bei der bei der Gesundheitsversorgung, hier setzt der Bund Rahmenbedingungen, diese fällt aber grundsätzlich in die Länderhoheit.[53] Hierzu zählen bspw. die Rettungsdienste, aber auch der öffentliche Gesundheitsdienst. Gleichzeitig obliegt den Ländern und den Kommunen die Aufgabe der Spitälerfinanzierung, wobei die Bereitstellung von Spitalplätzen in den Aufgabenbereich der Kommunen fällt. Oberstes Organ und Pendant zum BAG auf deutscher Bundesebene ist das Bundesministerium für Gesundheit (BMG).

Der Vergleich zwischen der Schweiz und Deutschland zeigt, dass in beiden Staaten die Gesundheitspolitik ähnlichen föderalen Strukturen unterworfen ist, wobei die Kantone über mehr Gestaltungsspielraum verfügen als dies die Bundesländer tun. Der Bund ist in beiden Ländern gesetzgeberisch massgebend. Er setzt die Rahmenbedingungen für das Handeln von Kantonen und Bundesländern. Darüber

---

[49] Vgl. Neu, a.a.O., S. 9-10.
[50] Neu, a.a.O., S. 10.
[51] Vgl. Illing, Gesundheitspolitik in Deutschland: Eine Chronologie der Gesundheitsreformen der Bundesrepublik, S. 15.
[52] Vgl. Illing, a.a.O., S. 16.
[53] Ebd.

hinaus gelten diese Rahmenbedingungen auch für private Dienstleistungserbringer. Private Krankenversicherungen müssen sich auch an die Vorgaben von FINMA und BAG halten. Gleiches gilt analog für Deutschland. Erbringt der Staat die Gesundheitsdienstleistungen selbst in Form von öffentlich-rechtlich organisierten Anstalten, so trifft ihn die Erbringungsverantwortung. Werden die Dienstleistungen hingegen von Privaten erbracht, so trägt er eine Gewährleistungsverantwortung.

B. Krankenversicherungssysteme

In der Schweiz regelt das Krankenversicherungsgesetz (KVG) die Krankenversicherung. Weitere Regelungen finden sich auf Verordnungsstufe, so im KVV. Das KVG unterscheidet zwischen der obligatorischen Krankenpflegeversicherung (OKPV) und einer freiwilligen Zusatzversicherung. Alle in der Schweiz wohnhaften Personen sind innert drei Monaten nach Wohnsitzaufnahme verpflichtet, sich in der OKPV zu versichern. Dies geht aus Art. 3 KVG hervor, wobei die gesetzlichen Ausnahmen vorbehalten bleiben. Von der OKPV umfasst sind Leistungen bei Krankheit, Unfall und bei Mutterschaft.[54] Das bedeutet, der Leistungskatalog ist in diesen Fällen einheitlich für alle pflichtversicherten Personen gestaltet. Ebenfalls umfasst sind präventive Massnahmen wie Schutzimpfungen oder Untersuchen zur Früherkennung von Krankheiten. Definitiv nicht mit eingeschlossen sind hingegen zahnärztliche Behandlungen, mit wenigen Ausnahmen, sowie Lohnausgleichszahlungen im Krankheitsfall.

Finanziert wird die Krankenversicherung durch Kopfprämien der pflichtversicherten Personen, welche für alle erwachsenen Personen innerhalb einer Kasse und eines Kantons gleich hoch sind.[55] Kinder und junge Erwachsene erhalten Prämienverbilligungen. Für den sozialen Ausgleich sieht Art. 65–66 KVG ebenfalls eine Prämienverbilligung vor, welche einkommensschwachen Personen zukommt und anteilig von Bund und Wohnsitzkanton finanziert wird. Versicherungsnehmer können darüber hinaus ihre Prämienhöhe selbständig beeinflussen. Hierfür gibt es mehrere Möglichkeiten. Zum einen kann nach Art. 62 KVG die Selbstbehaltsstufe im Falle einer Behandlung frei gewählt werden. So hat ein höherer Selbstbehalt eine niedrigere Prämie zur Folge und umgekehrt. Unabhängig davon bleibt ein 10%iger Selbstbehalt bestehen. Zum anderen führt die nicht Inanspruch-

---

[54] Vgl. Art. 1 Abs. 2 KVG.
[55] Vgl. Gerlinger, Das Schweizer Modell zur Krankenversicherung, S. 8. In der Schweiz wird die OKPV nach dem Ausgabeumlageverfahren finanziert, dies geht aus Art. 60 KVG hervor.

nahme von Leistungen zu Rabatten (Vgl. Art. 62 Abs. 2 KVG), d.h. die Versicherungsnehmer werden incentiviert, Dienstleistungen nicht im übermässigen Masse zu benutzen. Als dritte Möglichkeit sieht das Gesetz vor, dass ein konkreter Leistungserbringer mit der Krankenkasse vereinbart wird. Wenn dieser beansprucht wird, kann die Krankenkasse die Prämie reduzieren (Art. 42 Abs. 2 KVG).

Die Krankenversicherer, welche sich aus öffentlichen und privaten Trägern zusammensetzen, unterstehen wie bereits erwähnt, den Auflagen von BAG und FINMA. Gleichzeitig bestimmt der Bund über die Zulassung von Krankenversicherern am Markt. Ferner sind die Kassen frei wählbar und unterliegen einem Kontrahierungszwang bei der OKPV, dies gilt nicht für allfällige Zusatzversicherungen. Bei den Zusatzversicherungen gibt es eine Reihe von Optionen, wobei vielfach die Krankenhausbehandlung im Fokus steht. Grundsätzlich wird zwischen privat und halbprivat differenziert, je nach Versicherungsumfang sind damit Chefarztbehandlungen oder Stationierung im Ein- bzw. Zweibettzimmer vorgesehen.[56]

In Deutschland gestaltet sich das System ein wenig anders, obgleich einige Elemente des schweizerischen Krankenversicherungssystems ähnlich verbleiben. Die Normendichte zur Krankenversicherung ist hoch und verteilt sich auf eine Vielzahl von Einzelgesetzen, die nach dem Ziel des Gesetzgebers mit der Zeit einheitlich in einem Sozialgesetzbuch strukturiert werden sollen. Das deutsche Krankenversicherungssystem unterscheidet zwischen der privaten und der gesetzlichen Krankenversicherung.

Im fünften Teil des Sozialgesetzbuches (SGB V) finden sich alle Bestimmungen zur gesetzlichen Krankenversicherung. Diese ist für das Pilotprojekt ausschliesslich von Bedeutung, da die Teilnahme am Projekt gesetzlich Versicherten vorbehalten ist. Der Kreis der Versicherungsnehmer innerhalb der gesetzlichen Versicherung lässt sich in drei Gruppen unterteilen. Zum einen sind dies die Pflichtversicherten sowie die freiwillig Versicherten. Zum anderen sind dies die Familienversicherten. Zur Gruppe der Pflichtversicherten zählen alle Personen, welche einer unselbständigen Erwerbstätigkeit nachgehen und die Jahresarbeitsentgeltgrenze von 48.150 € (2008) nicht überschreiten.[57] Die freiwillig gesetzlich Versicherten sind Personen, die sich gegen eine private Versicherung und für die gesetzliche Option

---

[56] GERLINGER, Das Schweizer Modell zur Krankenversicherung, S. 11.
[57] Vgl. SCHÖFFSKI, Das Krankenversicherungssystem in Deutschland, S. 10.
In § 5 des SGB V werden noch eine Reihe von weiteren Personengruppen erwähnt, welche unter die gesetzliche Versicherung fallen. Hierzu zählen bestimmte Berufsgruppen, Rentner sofern sie eine gewisse Zeit gesetzlich versichert waren, Studenten, Künstler und Landwirte. Generell alle Gruppen die ein besonderes Schutzbedürfnis haben.

entschieden haben. Die letzte der drei Gruppen, die Familienversicherten, sind Ehegatten oder Kinder eines gesetzlich Pflicht- oder freiwillig Versicherten, welche beitragsfrei mitversichert werden können und den identischen Leistungsanspruch haben.[58]

Die Leistungen der GKV sind relativ umfassend, aber nahezu identisch mit denen ihres schweizerischen Pendants. Lediglich das in § 20–60 SGB V genannte Krankengeld und die zahnärztlichen Behandlungen werden nur in Deutschland abgedeckt. In der Schweiz gibt es zwar eine Lohnfortzahlung des Arbeitgebers, aber das Krankentaggeld und die zahnärztlichen Behandlungen müssen über Zusatzversicherungen gedeckt werden.

Die Finanzierung der deutschen GKV ist in Teilen abweichend von der OKPV. Die Finanzierung geschieht über das Umlageverfahren, d.h. die Einnahmen werden vollständig für die Ausgaben der Beitragszahler aufgewendet. Die Beiträge bemessen sich nicht an einer Kopfprämie, sondern sind leistungsbezogen und orientieren sich am Einkommen.[59] Bei der privaten Versicherung (PKV) orientieren sich die Beiträge am individuellen Risiko des Versicherungsnehmers und steigen daher mit dem Alter. Einen weiteren Einfluss auf die Beitragshöhe haben auch die allgemeinen Risikostrukturen der Krankenkasse, je nachdem, wie risikoreich die Mitglieder eingeschätzt werden, z.B. nach Alter der Mitglieder, Anzahl der Familienversicherten.[60] Hierbei kommt es aber zu einem Risikoausgleich unter den Kassen, um einen sozialverträglichen Ausgleich zu schaffen, da sich ansonsten «schlechte» Kassen bilden würden. Eine weitere Besonderheit des deutschen Systems ist, dass die Beiträge hälftig zwischen Arbeitnehmer und Arbeitgeber aufgeteilt werden.[61]

C. Ergebnis

Der gesundheitspolitische Ländervergleich hat aufgezeigt, dass sich die beiden Systeme ordnungspolitisch dahingehend unterscheiden, dass die Schweiz mehr auf marktwirtschaftliche Prinzipien setzt, wohingegen das deutsche System stärker staatlich reguliert ist. Dies zeigt sich vor allem an der GKV, welche auf dem Leistungsfähigkeitsprinzip und auf dem Umlageverfahren beruht. Dieser Unterschied ist historisch zu begründen. Im Hinblick auf die Kompetenzen im Gesundheitswesen kann festgehalten werden, dass diese in beiden Ländern weitest-

---

[58] Vgl. SCHÖFFSKI, S. 11.
[59] Vgl. SCHÖFFSKI, S. 8.
[60] Vgl. SCHÖFFSKI, S. 13.
[61] Vgl. SCHÖFFSKI, S. 8.

gehend föderal strukturiert sind. Der Bund setzt die Rahmenbedingungen, wohingegen die Kantone und Länder weitreichende Befugnisse haben, innerhalb dieser Rahmenbedingungen zu agieren. Dies führt zu einer erhöhten Komplexität aufgrund der verschiedenen Staatsebenen, welche sich untereinander abstimmen müssen. Zur Komplexität im Gesundheitswesen beider Länder tragen auch die Anspruchsgruppen bei. Die Koordination zwischen Bund, Ländern/Kantonen, Gemeinden/Kommunen, Krankenkassen, Leistungserbringer, Pharmaindustrie und weiterer kann sich gesundheitspolitisch mitunter als schwierig gestalten.

IV. Gesetzliche Grundlagen

Das Hindernis für grenzüberschreitende Zusammenarbeit ist oftmals das Territorialitätsprinzip, so auch im Fall des Basler Pilotprojektes. Das Territorialitätsprinzip (resp. Gebietsgrundsatz) ist ein allgemeines Rechtsprinzip, welches besagt, dass Rechtsfolgen, die ein Staat anordnet, nur auf dem Gebiet des Staates wirken können.[62] Entsprechendes gilt auch für die vom Staat geschaffenen Körperschaften, deren Wirkungsmacht sich stets auf das Gebiet beschränkt, für welches sie örtlich zuständig sind.[63] Konkret bedeutet dies, dass Versicherte in der Regel nur im eigenen Staat Gesundheitsdienstleistungen mit den Krankenkassen abrechen können, ansonsten muss die Leistung im Behandlungsland vollumfänglich vom Versicherungsnehmer getragen werden. Um dies zu verhindern, wurde für die Realisierung des Basler Pilotprojektes eine gesetzliche Grundlage geschaffen, die grenzüberschreitende Zusammenarbeit ermöglicht.

A. Schweiz

Ausnahmen vom Territorialitätsprinzip müssen explizit gesetzlich geregelt sein. Die Entscheide der kantonalen Versicherungsgerichte und des Bundesgerichts zu der Reichweite des Territorialitätsprinzips sind ausreichend vorhanden. Grundsätzlich sind Leistungen nach dem für das KVG geltende Territorialitätsprinzip nur dann kassenpflichtig, wenn sie in der Schweiz erbracht werden.[64] Der Leistungskatalog, welcher hierbei von den Versicherern übernommen werden darf, ist klar gesetzlich im KVG umschrieben. Der Bundesrat kann Ausnahmen vorsehen, wenn es sich um medizinisch notwendige Behandlungen im Ausland han-

---

[62] RICHTER, Das Territorialitätsprinzip, S. 145.
[63] RICHTER, a.a.O., m.w.H.
[64] BGE 128 V 75 E. 3b.

delt, diese können begrenzt werden.[65] Gestützt auf Art. 34 Abs. 2 KVG hat der Bundesrat Art. 36 KVV erlassen. Eine Leistungspflicht im Ausland wird prinzipiell nur dann zugelassen, wenn ein Notfall vorliegt oder die medizinische Behandlung in der Schweiz nicht erbracht werden kann und unter den allgemeinen Leistungskatalog[66] fällt.[67] Sollte die medizinische Behandlung nicht in der Schweiz erbracht werden können, besteht auch ausserhalb des Art. 36 Abs. 1 KVV eine Anspruchsberechtigung.[68] Diese Ausnahme ist aber vernachlässigbar, aufgrund der Tatsache, dass kaum eine Leistung, in so einem medizinal entwickelten Land wie der Schweiz, nicht erbracht werden kann. Weitere Sonderregelungen bestehen für Grenzgänger. Die letzte Ausnahme vom Territorialitätsprinzip sind Pilotprojekte nach Art. 36a Abs. 1 KVV, wozu auch das Basler Projekt zählt.

Grundsätzlich kann daher festgehalten werden, dass das Territorialitätsprinzip im Gesundheitsrecht sehr stark verankert ist, was die Zusammenarbeit über Grenzen hinweg in diesem Bereich zusätzlich erschwert. Hinzu kommt, dass die Schweiz kein Vertragsstaat der Europäischen Union ist, was ebenfalls erschwerend ist.

Im Allgemeinen sind auswärtige Angelegenheiten Sache des Bundes, wahrt dabei aber die Interessen der Kantone.[69] Sofern die aussenpolitischen Entscheide in den Zuständigkeitsbereich oder in das Interesse der Kantone fallen, so haben diese ein Mitwirkungsrecht und der Bund muss diese rechtzeitig informieren und deren Stellungnahme einholen.[70] Sollte der Zuständigkeitsbereich gänzlich den Kantonen zukommen, so haben diese die Möglichkeit, eigenhändig Verträge mit dem Ausland abzuschliessen, müssen den Bund aber vor deren Abschluss informieren.[71]

Im Fall des Basler Pilotprojekts waren die Kantone an der Ausarbeitung beteiligt, federführend war jedoch der Bundesrat, welcher am 26. April 2006 eine Revision von Art. 36a KVV genehmigte. In dieser ersten Fassung wurden befristete Pilotprojekte für die Dauer von drei Jahren erlaubt, sofern eine Bewilligung des Eidgenössischen Departement für Inneres vorlag und die wissenschaftliche Begleitung des Projektes gewährleistet war.

---

[65] Art. 34 Abs. 2 KVG.
[66] Art. 25 Abs. 2 i.V.m. Art. 29 KVG.
[67] Art. 34 Abs. 2 KVG i.V.m. Art. 36 Abs. 1 & Abs. 2 KVV.
[68] BGE 128 V 80 E. 4b.
[69] Art. 54 Abs. 1 BV i.V.m. Abs. 3.
[70] Art. 55 BV.
[71] Art. 56 BV.

Konkret lautete die erste Fassung des Art. 36a KVV wie folgt:[72]

1. Das Departement kann Pilotprojekte bewilligen, die in Abweichung von Art. 34 des Gesetzes eine Kostenübernahme durch Versicherer für Leistungen vorsehen, die in Grenzgebieten für in der Schweiz wohnhafte Versicherte erbracht werden.
2. Das Bewilligungsgesuch ist vier Monate vor dem voraussichtlichen Beginn des Pilotprojektes einzureichen.
3. Pilotprojekte müssen folgende Anforderungen erfüllen:
   a. Die Projektdauer ist bis zum 31. Dezember 2009 befristet.
   b. Sie werden von einem oder mehreren Kantonen und von einem oder mehreren Versicherten gemeinsam eingereicht.
   c. Sie stehen den Versicherten offen, die bei einem Pilotprojekt beteiligten Versicherer der obligatorischen Krankenpflegeversicherung versichert sind und ihren gewöhnlichen Aufenthalt in einem am Pilotprojekt beteiligten Kanton haben.
   d. Sie umschreiben in einer Liste die im Ausland erbrachten Leistungen, die von der obligatorischen Krankenpflegeversicherung übernommen werden; diese Leistungen müssen die gesetzlichen Voraussetzungen erfüllen.
   e. Sie enthalten eine Liste mit den ausländischen Leistungserbringern, die im Rahmen des Pilotprojekts Leistungen erbringen dürfen; diese Leistungserbringer erfüllen die gesetzlichen Anforderungen für Leistungserbringer entsprechend
   f. Die Tarife und Preise für die im Ausland erbrachten Leistungen:
      1. Werden zwischen den Versicherern und den ausländischen Leistungserbringern vereinbart,
      2. Liegen zwischen den für die soziale Krankenversicherung im Ausland geltenden üblichen Tarifen und den in der Schweiz verbindlichen Tarifen,
      3. erfüllen die Anforderungen der Artikel 43, 49 und 52 des Gesetzes entsprechend.
   g. Die zwischen Versicherern und ausländischen Leistungserbringern vereinbarten Tarife oder Preise müssen von den ausländischen Leistungserbringern eingehalten werden; die ausländischen Leistungserbringer dürfen für die Leistungen nach Buchstabe d keine weitergehenden Vergütungen berechnen.
   h. Sie beinhalten ein Konzept zur wissenschaftlichen Projektbegleitung durch eine aussenstehende Expertin oder einen aussenstehenden Experten und die Verteilung der dafür vorgesehen Kosten zwischen Kantonen und Versicherern.
4. Die Versicherer können für die im Ausland erbrachten Leistungen ganz oder teilweise auf die Aufhebung des Selbstbehaltes, der Franchise (Art. 103) und des Beitrags an die Kosten des Spitalaufenthaltes (Art. 104) verzichten.
5. Der im Rahmen der wissenschaftlichen Projektbegleitung ausgearbeitete Bericht wird dem Departement zur Kenntnis gebracht.

---

[72] FALLER, Das Basler Pilotprojekt in: Grenzüberschreitende Zusammenarbeit im Gesundheitswesen, S. 9-10.

Eine umfassende Revision des Krankenversicherungsgesetzes zur dauerhaften Aufhebung des Territorialitätsprinzips sollte nach Auswertung des Pilotprojektes geprüft werden.[73] Seitdem wurde mit der Revision des KVG vom 30. September 2016 eine formell-gesetzliche Grundlage geschaffen, die es ermöglicht, dass das Basler Pilotprojekt dauerhaft weitergeführt werden kann. In der Botschaft (BBl 2016 1) sind die Anforderungen des Bundesrates an Formen der grenzüberschreitenden Zusammenarbeit festgehalten, welche sich im neuen Art. 36a KVV widerspiegeln.

Die Neuerungen im revidierten Art. 36a KVV zum oben dargestellten sind folgende[74]: Zum einen wurde die Terminologie «Pilotprojekt abgeschafft und mit dem Begriff «grenzüberschreitende Zusammenarbeit» substituiert, da mit dieser Begriffsänderung die fehlende zeitliche Befristung zum Ausdruck gebracht werden soll. Die Regelung des Abs. 3 lit. b wird in den Abs. 2 verschoben, da es sich hierbei um eine Anforderung an das Gesuch handelt und nicht um eine generell programmatische. Die wichtigste Neuerung ist die Streichung der zeitlichen Befristung. In Abs. 1 wurde die Zuständigkeit verschoben, hin zum BAG und weg vom Departement des Inneren (EDI), da Art. 65 KVAG festhält, dass das BAG die Aufsicht über das Gesetz innehat. Der Bewilligungsvorbehalt des Bundes soll weiter bestehen, da bei einer so einschneidenden Einschränkung des Territorialitätsprinzips ein geschütztes Interesse des Bundes besteht. Ferner wird statt «gewöhnlicher Aufenthalt» in Art. 36a Abs. 3 lit. c der alten Fassung nun der Begriff «Wohnort am beteiligten Grenzkanton» verwendet, um zu verdeutlichen, dass die Wohnbevölkerung offenen Zugang zum Programm hat.[75] Gleichzeitig wurde auch dem Gesetzeswortlaut hinzugefügt, dass eine Verpflichtung, vonseiten des Versicherers, der Versicherten sich im Ausland behandeln zu lassen, nicht besteht. Ebenso wurde Abs. 3 lit. e sprachlich klarer formuliert.

---

[73] FALLER, a.a.O., S. 10.
[74] BAG, Verordnung vom 27. Juni 1995 über die Krankenversicherung (KVV), Erläuternder Bericht, S. 10.
[75] Hierbei sind Überlegungen zur Information und Akzeptanz direkt in den Gesetzestext miteingeflossen, um die Bevölkerung direkt anzusprechen und auf die damit verbundenen Dienstleistungen aufmerksam zu machen.

Somit lautet die jetzige Fassung wie folgt:[76]

1. Das BAG kann Programme zur grenzüberschreitenden Zusammenarbeit bewilligen, die eine Kostenübernahme durch Versicherer für Leistungen vorsehen, die in Grenzgebieten für in der Schweiz wohnhafte Versicherte erbracht werden.

2. Das Bewilligungsgesuch muss von einem oder mehreren Grenzkantonen und von einem oder mehreren Versicherern gemeinsam eingereicht werden. Es ist vier Monate vor dem voraussichtlichen Beginn der grenzüberschreitenden Zusammenarbeit einzureichen

3. Das Programm muss folgende Anforderungen erfüllen:

    a. Es steht den Versicherten offen, die bei einem an der grenzüberschreitenden Zusammenarbeit beteiligten Versicherer der obligatorischen Krankenpflegeversicherung versichert sind und ihren Wohnort in einem an der grenzüberschreitenden Zusammenarbeit beteiligten Grenzkanton haben.

    b. Es sieht vor, dass die Versicherten nicht verpflichtet werden können, sich im Ausland behandeln zu lassen.

    c. Es umschreibt die im Ausland erbrachten Leistungen, deren Kosten von der obligatorischen Krankenpflegeversicherung übernommen werden; die Leistungen müssen die gesetzlichen Voraussetzungen erfüllen.

    d. Es enthält eine Liste der ausländischen Leistungserbringer, die im Rahmen der grenzüberschreitenden Zusammenarbeit Leistungen erbringen dürfen; diese Leistungserbringer müssen die gesetzlichen Voraussetzungen erfüllen

    e. Es sieht vor, dass die Tarife und die Preise für die im Ausland erbrachten Leistungen zwischen den Versicherern und den ausländischen Leistungserbringern vereinbart werden; sie dürfen nicht höher sein als in dem am Programm beteiligten Grenzkanton und müssen die Anforderungen der Art. 43, 49 und 52 KVG erfüllen.

    f. Es sieht vor, dass sich die ausländischen Leistungserbringer an die vereinbarten Tarife und Preise halten müssen. Sie dürfen für die Leistungen nach Buchstabe c keine weitergehenden Vergütungen berechnen.

Mit dieser neu geschaffenen gesetzlichen Grundlage hat der Gesetzgeber eine unbefristete Laufzeit des Pilotprojektes geschaffen. Bei der gesetzlichen Grundlage handelt es sich somit um den rechtlichen Status Quo.

B. Deutschland

Auf deutscher Seite ist die gesetzliche Grundlage das Vertragsarztrechtsänderungsgesetz (VÄndG). Die Regelungen des VÄndG beziehen sich grösstenteils auf das Fünfte Sozialgesetzbuch (SGB V), welches die zentralen Bestimmungen des

---

[76] Art. 36a KVV.

Sozialversicherungsrechts wie bspw. die Leistungen der GKV regelt.[77] Dieses wurde vom Bundestag (27. Oktober 2006) und Bundesrat (24. November 2006) einer Revision unterzogen und ist seit dem 1. Januar 2007 in Kraft. Konkret ermöglichen die damals neu revidierten Bestimmungen in § 13 Abs. 4 Satz 1 und Abs. 5 Satz 1 i.V.m. § 140e die grenzüberschreitende Inanspruchnahme von Gesundheitsdienstleistungen und stellen damit die Schweiz auf die identische Ebene wie andere Länder der Europäischen Union. Demnach ist es Krankenkassen erlaubt, Verträge mit Leistungserbringern in Staaten, in denen die Verordnung (EWG) Nr. 1408/71[78] anzuwenden ist, abzuschliessen.[79] Sofern dies der Versorgung der Versicherten der Krankenkassen diene. Gleichzeitig wird dieses Recht auch den Versicherten zugesprochen, sodass diese eine Kostenerstattung in Anspruch nehmen können. Vorbehalten bleiben Fälle, bei denen eine Behandlung in einem anderen Staat aufgrund eines Pauschalbetrages zu erstatten ist oder ein Erstattungsverzicht vereinbart wurde.[80]

Im Gegensatz zur Schweiz hat Deutschland seine gesetzliche Grundlage weder zeitlich befristet noch allein auf die Gesundheitskooperation im Raum BL/BS und Lörrach beschränkt.[81] Somit sind zukünftig von deutscher Seite aus, die gesetzlichen Rahmenbedingungen für eine nicht beschränkte Anzahl an Gesundheitskooperationen gegeben. Ebenfalls sind die rechtlichen Hürden und zusätzlichen Voraussetzungen nicht mit denen des Art. 36a KVV vergleichbar. Dies garantiert Rechtssicherheit und damit einhergehend eine gewisse Planbarkeit für die Anspruchsgruppen beider Länder.

C. Europäische Union

Grundsätzlich fällt die Gesundheitspolitik in den Verantwortungsbereich der EU-Mitgliedsstaaten, dies ergibt sich aus dem Vertrag über die Arbeitsweise der Europäischen Union.[82] Somit fällt die Gestaltung der Gesundheitspolitik sowie die Organisation des Gesundheitswesens und der medizinischen Versorgung in den Aufgabenbereich der Mitgliedsstaaten. Während eines vorübergehenden Aufenthaltes haben alle OKPV Versicherten die Möglichkeit, sich aufgrund von

---

[77] Vgl. s.o. zur Gesundheitspolitik Deutschlands.
[78] Die entsprechende Verordnung ist mittlerweile ausser Kraft gesetzt und wurde durch die Verordnung (EG) Nr. 883/2004 ersetzt.
[79] § 140e VÄndG.
[80] § 13 Abs. 4 Satz 1 VÄndG.
[81] Vgl. FALLER, S. 11.
[82] Art. 168 Abs. 7 AEUV.

Krankheit, Unfall oder im Falle von Mutterschaft behandeln zu lassen, hierfür kann eine Europäische Krankenversicherungskarte (EHIC) bei der Krankenkasse beantragt werden. Bei Vorlage dieser hat der Berechtigte den identischen Anspruch auf die Gesundheitsdienstleistung, wie sie ein Inländer hätte. Europäer sind mit besagter Krankenversicherungskarte in der Schweiz anspruchsberechtigt für eine Behandlung.

Für EU-Mitgliedsstaaten untereinander ist eine Kostenerstattung in voller Höhe auch abseits vom vorübergehenden Aufenthalt möglich, da dies durch Entscheide des EuGHs unter die Dienstleistungsfreiheit fällt.[83] Diese Dienstleistungsfreiheit in der Gesundheitsversorgung wird nur im Falle eines öffentliches Allgemeininteresses eingeschränkt. Dieser Fall kann vorliegen, wenn eine erhebliche Gefährdung des finanziellen Gleichgewichts des Systems der sozialen Sicherheit besteht.[84] Inwiefern eine Gefährdung vorliegt, hängt vom individuellen, konkreten Einzelfall ab. Dennoch ist es kein Grund, wenn die Preise und Tarife über denen des Herkunftslandes liegen, um eine Kostenerstattung abzulehnen. Weitere Einschränkungen können vorgesehen werden, wenn die eigene öffentliche Gesundheitsversorgung durch den Zustrom von ausländischen Versicherten beeinträchtigt wird. Der Grundsatz ist aber nach wie vor der, dass Versicherte im geeignetsten Fall die Leistung in ihrem eigenen Staat beziehen. Hierfür wurde die Richtlinie 2011/24/EU geschaffen, welche die Ausübung von Patientenrechten in der grenzüberschreitenden Gesundheitsversorgung abschliessend regelt.

Die Schweiz hat die Verordnung (EG) Nr. 883/2004 ratifiziert und diese ist seit dem 1. April 2012 rechtsgültig. Die Verordnung regelt die Koordinierung der Systeme zur sozialen Sicherheit. Begibt sich eine Person zum Zweck der Krankenbehandlung in einen anderen Staat, der die Verordnung unterzeichnet hat, so ist dies nur durch Vorabgenehmigung durch den hierfür zuständigen Träger möglich.[85] Die Genehmigung muss erteilt werden, wenn die geplante Behandlung Teil der Leistungen ist, die nach dem Recht des zuständigen Trägers gewährt werden und die Behandlung nicht innerhalb eines in Anbetracht des derzeitigen Gesundheitszustandes medizinisch vertretbaren Zeitraum gewährt werden kann.[86] Wurde die Genehmigung erteilt, so hat die Krankenkasse die Behandlung zu tragen. Mit der Verordnung wird der Rechtsprechung des EuGHs eine entsprechende gesetz-

---

[83] VGL. u.a. Urteile Smits und Peerbooms, Randnrn. 44 bis 46, Müller-Fauré und van Riet, Randnr. 100, sowie Inizan, Randnr. 17.
[84] VGL. Urteile Kohll, Randnr. 41, Smits und Peerbooms, Randnr. 72, sowie Müller-Fauré und van Riet, Randnr. 73.
[85] VGL. EG Nr. 883/2004.
[86] BAUMANN, Die neue EU-Richtlinie über die Ausübung der Patientenrechte, S. 184–185.

liche Grundlage gegeben. Somit ist vonseiten der Europäischen Union die Möglichkeit zur grenzüberschreitenden Inanspruchnahme von Gesundheitsdienstleistungen gegeben, mit der Einschränkung, dass eine Genehmigung erteilt werden muss. Die Kostenübernahme darf aber nur in Ausnahmefällen von einer vorhergehenden Genehmigung abhängig gemacht werden.[87] Ebenfalls besteht ein Anrecht auf Kostenerstattung unter gewissen Umständen nach dem Personenfreizügigkeitsabkommen in Verbindung mit den Regeln des KVV.[88]

V. Rechtliche Entwicklungsmöglichkeiten

Im Folgenden soll diskutiert werden, wie das Projekt weiterentwickelt und gegebenenfalls gefestigt werden kann. Der Fächer soll dabei auch geöffnet werden und die gesetzlichen Grundlagen werden im Allgemeinen diskutiert und mögliche Hürden für weitere grenzüberschreitende Kooperationen aufgezeigt. Das Ziel dabei soll es sein, auch innovative Lösungen zu diskutieren und Vergleiche zu anderen Arrangements aufzuzeigen, wie vorliegend am Beispiel des Gesundheitsabkommens zwischen der Schweiz und Liechtenstein.

A. Fortbestand und Zukunft der gesetzlichen Grundlage im KVV

Der grösste Entwicklungsschritt betreffend der grenzüberschreitenden Zusammenarbeit im KVV war wohl die Anpassung des Art. 36a KVV, über welchen der Bundesrat das Projekt im Jahr 2006 erst möglich machte. Ein entscheidender Entwicklungsschritt war dann auch die Umwandlung der gesetzlichen Grundlage in eine unbefristete Lösung. Art. 36a KVV hat beim Pilotprojekt zwischen den Kantonen Basel-Stadt, Basel-Landschaft und dem Landkreis Lörrach bereits im gesteckten rechtlichen Rahmen erfolgreich funktioniert.

In Art. 36a Abs. 1 KVV ist geregelt, dass das BAG Programme, «die eine Kostenübernahme durch Versicherer für Leistungen vorsehen», im Rahmen der grenzüberschreitenden Zusammenarbeit bewilligen kann. Dabei muss die Leistung in Grenzgebieten und für in der Schweiz wohnhafte Versicherte erbracht werden. Dieser 1. Absatz lässt die Gedanken zu, dass wohl eine hohe Proaktivität der verschiedenen Akteure in Grenzgebieten vorhanden sein muss, um überhaupt ein entsprechendes Programm zu starten, zu koordinieren, zu evaluieren und schluss-

---

[87] BAUMANN, S. 185, m.w.H.
[88] VGL. BGE 9C_209/2015.

endlich einen Mehrwert für diese Akteure und die potenzielle Zielgruppe zu definieren. Gegebenenfalls bestünde an dieser Stelle die Möglichkeit, gewisse Kriterien vorauszusetzen, so dass auf eine Bewilligung verzichtet werden kann. Das Zusammenkommen der Akteure und damit der erschwerte Anstoss zur Kooperation wird auch in Art. 36a Abs. 2 KVV deutlich. Gemäss diesem Artikel muss «das Bewilligungsgesuch von einem oder mehreren Grenzkantonen und von einem oder mehreren Versicherern gemeinsam eingereicht werden». Dies muss vier Monate vor Beginn der grenzüberschreitenden Zusammenarbeit geschehen. Auch an dieser Stelle wird daher deutlich, dass es eine «Initialzündung» von den entsprechenden Akteuren braucht, um ein Programm der grenzüberschreitenden Zusammenarbeit in der Gesundheitsversorgung starten zu können.

Art. 36a Abs. 3 KVV regelt dann die entsprechenden Anforderungen, welche das Programm für den Erhalt der Bewilligung erfüllen muss. So soll dieses gemäss Art. 36a Abs. 3 lit. a KVV allen Versicherten offenstehen, welche bei einem «beteiligten Versicherer der obligatorischen Krankenpflegeversicherung versichert sind und ihren Wohnort in einem an der grenzüberschreitenden Zusammenarbeit beteiligten Grenzkanton haben». Gemäss Art. 36a Abs. 3 lit. b KVV darf zudem kein Versicherter zu einer Behandlung im Ausland gezwungen werden. Art. 36a Abs. 3 lit. c–f befassen sich abschliessend mit den Leistungen im Rahmen der grenzüberschreitenden Zusammenarbeit und den anfallenden Kosten. So dürfen nur Leistungen erbracht werden, die den gesetzlichen Anforderungen in der Schweiz entsprechen und es muss eine Liste mit den ausländischen Leistungserbringern erstellt werden. Diese Leistungserbringer müssen ebenfalls die gesetzlichen Voraussetzungen für Leistungserbringer in der Schweiz erfüllen. Zudem dürfen die Kosten der im Ausland erbrachten Leistungen nicht höher sein als die Kosten in den beteiligten Grenzkantonen. Betreffend des Artikels 36a Abs. 3 KVV kann somit gesagt werden, dass damit zum einen die gleich langen Spiesse zwischen Schweizer Leistungserbringer und Leistungserbringer im Ausland gewährleistet werden und zum anderen der administrative Aufwand für Leistungserbringer im Ausland, für die beteiligten Grenzkantone und auch für die Schweizer Versicherer gegenüber der gewöhnlichen innerstaatlichen Abwicklung steigt.

Eine erste Weiterentwicklung des Art. 36a KVV wäre beispielsweise, dass eine Kooperation automatisch möglich wäre, wenn die Voraussetzung gemäss Art. 36a Abs. 3 KVV erfüllt wären. So müssten sich die Versicherer nicht zuerst mit den Kantonen finden, sondern könnten direkt in die entsprechenden Verhandlungen mit den Leistungserbringern auf deutscher Seite eintreten. Dies hätte den Nachteil, dass die Kantone und der Bund ihren Einfluss gänzlich verlieren würden und unter Umständen ein Wildwuchs von unterschiedlich gelagerten Programmen entstehen würde. Es ist jedoch wichtig festzuhalten, dass die Voraussetzung gemäss Art. 36a Abs. 3 KVV bereits gewisse Leitlinien und einen grundsätzlichen rechtlichen Rahmen steckt.

B. Vergleich mit dem Gesundheitsabkommen zum Fürstentum Liechtenstein

Grenzüberschreitende Gesundheitsleistungen im ambulanten Bereich zwischen der Schweiz und Liechtenstein wurden in einem Abkommen aus dem Jahr 1938/39, welches heute noch rechtskräftig ist, festgelegt. Die Regelung sah bei der grenzüberschreitenden Patientenmobilität vor, dass nach den Tarifen, welche im Behandlungsland gelten, vergütet wird.[89] Im Jahr 2004 gab es im liechtensteinischen Gesundheitswesen einen Wechsel und das Land führte eine Einschränkung der Leistungserbringer im Bereich der OKP sowohl im In- und Ausland ein. In der Schweiz kam daher die Forderung nach gleich langen Spiessen auf und der Bundesrat sistierte daraufhin im Jahr 2014 einen Teil des Notenwechsels aus dem Jahr 1938/39.[90]

Ein neues Abkommen scheiterte dann im Jahr 2017 im liechtensteinischen Landtag.[91] Das Abkommen, das im Jahr 2017 bereits von Bundesrat Alain Berset und Regierungsrat Mauro Pedrazzini unterzeichnet wurde, sah im Wesentlichen vor, dass sich Personen, die in den Kantonen Graubünden und St. Gallen sowie im Fürstentum Liechtenstein wohnhaft sind, bei zugelassenen Leistungserbringern in dem jeweils anderen Land ambulant behandeln lassen können, und die Krankenkassen die Kosten analog dem Herkunftsland übernehmen.[92] Die Opposition im liechtensteinischen Landtag gegen das Abkommen könnte daher kommen, dass der liechtensteinische Krankenkassenverband, der das Abkommen aber grundsätzlich befürwortete, in einer Stellungnahme schrieb, dass das Abkommen möglicherweise Anreize schaffen könnte, dass sich Ärzte aus Liechtenstein zunehmend in der Schweiz niederlassen würden.[93]

---

[89] LORENZ ET AL., Liechtenstein und die Schweiz Eine gute Freundschaft – auch mit Ecken und Kanten, S. 71.
[90] LORENZ ET AL., a.a.O., S. 72.
[91] EBD.
[92] LANDESVERWALTUNG LIECHTENSTEIN, Bericht und Antrag der Regierung an den Landtag des Fürstentums Liechtenstein betreffend das Abkommen vom 21. August 2017 zwischen dem Fürstentum Liechtenstein und der Schweizerischen Eidgenossenschaft betreffend die gegenseitige Übernahme der Kosten für ambulante Leistungen der obligatorischen Krankenpflegeversicherung.
[93] EBD.

Diese Unstimmigkeiten wirkte sich auch auf die Patientenmobilität aus. So bezogen Schweizer OKP-Patienten im Jahr 2017 Leistungen im Umfang von CHF 8.2 Mio. bei liechtensteinischen Leistungserbringern. In den Jahren 2011 bis 2014 stieg diese Zahl stark an, bevor die Schweiz den Notenwechsel teilsistierte.[94] Auf der anderen Seite bezogen liechtensteinische Patienten Leistungen in der Höhe von mindestens CHF 27. Mio., bei welchen es sich vor allem um spitalambulante Dienstleistungen handelt. Die Schweizer Patienten auf der anderen Seite bezogen ihre Leistungen vor allem bei Ärzten (Grundversorger und Spezialisten).[95]

Zusammenfassend kann gesagt werden, dass das Gesundheitsabkommen zwischen der Schweiz und Lichtenstein auf einem sehr pragmatischen Weg entstanden ist. Auch wenn es Ungereimtheiten aufgrund der Einschränkung in der Auswahl der Leistungserbringer auf der liechtensteinischen Seite gab, welche der Eindämmung der Gesundheitskosten dienen sollte, kann von einer gut funktionierenden Kooperation gesprochen werden. Über die Ratifizierung auf höchster politischer Ebene in den entsprechenden Parlamenten erhält die Kooperation zudem die benötigte Legitimität und rechtliche Absicherung. Auch wenn die angedachte Anpassung bzw. Erweiterung und Erneuerung des Abkommens im Jahr 2017 scheiterte, funktioniert das Abkommen aus dem Jahr 1938/39 nach wie vor. Zudem kann festgehalten werden, dass bereits die Einigung auf Exekutivebene über das Abkommen aus dem Jahr 2017 ein Teilerfolg darstellt und die Absicht zur vertieften Zusammenarbeit auf höchster politischer Ebene bekräftigt.

Im Vergleich zum GRUEZ-Pilotprojekt kann festgehalten werden, dass die Kooperation mit Liechtenstein einen grösseren institutionellen Rahmen hat und auf einer pragmatischen Ebene konzipiert wurde, wohingegen das GRUEZ-Pilotprojekt eher die Aura eines Experimentierprojektes mit offenem Ausgang hat. Mögliche Handlungsempfehlungen aus dem Abkommen mit Liechtenstein lassen sich für das GRUEZ-Pilotprojekt ebenfalls ableiten. So wurde durch das Abkommen gerade die unter Kapitel 5.1. diskutierte Zusammenfindung der Leistungserbringer, Versicherer und der Kantone übergangen, was zu einem geringeren Koordinationsaufwand führt, weil automatisch alle Akteure in den Gebieten, über die das Abkommen geschlossen wurde, an der grenzüberschreitenden Zusammenarbeit mitwirken.

Sollte also im Raum Basel-Stadt, Basel-Landschaft und Lörrach und gegebenenfalls auch mit Partnern auf der französischen Seite eine grenzüberschreitende Zusammenarbeit auf einer nachhaltigen Basis und nicht auf Experimentierbasis oder als

---

[94] LORENZ ET AL., a.a.O., S. 74.
[95] LORENZ ET AL., a.a.O., S. 75.

Pilotprojekt aufgebaut werden, wäre ein möglicher Lösungsansatz, ein völkerrechtliches Abkommen auf nationaler Ebene abzuschliessen, welches allen Akteuren den gleichen Zugang und gleich lange Spiesse zuspricht, so dass der aufwändige Koordinationsaufwand und die Verträge auf privatrechtlicher Basis wegfallen würde. Nichtsdestotrotz bestünde eine grosse Herausforderung in der Ausgestaltung und der Verhandlung eines entsprechenden Abkommen.

C. Übernahme der Rechtsgrundlagen des Nachbarlandes für den Grenzraum

Die Harmonisierung in der Gesetzgebung kann ein entscheidender Erfolgsfaktor einer steigenden grenzüberschreitenden Zusammenarbeit sein.[96] Da nationalstaatliche legislative Hürden schwer überwunden werden können, soll auf übergeordneter Ebene eine Rechtsharmonisierung vorangetrieben werden.[97] Zudem ist es in einem ersten Schritt wichtig, dass die verschiedenen lokal-politischen Akteure wie Kommunen, Landkreise oder Kantone, die direkt an den entsprechenden Kooperationen beteiligt sind, auf die Problematik aufmerksam gemacht werden. Die EU-Kommission sieht in der gegenseitigen Anerkennung oder Angleichung von Regelungen und Verfahren, welche auf einem regelmässigen Dialog und Austausch beruhen ebenfalls eine Möglichkeit, die Zusammenarbeit über Landesgrenzen zu vertiefen.[98]

Grundsätzlich kann gesagt werden, dass eine Rechtsvereinheitlichung zu einer Reduktion der Komplexität beitragen würde. Ob eine solche Rechtsübernahme im GRUEZ-Pilotprojekt jedoch in Frage kommt, ist fraglich. Die Motive der verschiedenen Player und auch die Motive auf staatlicher Ebene sind unterschiedlich, was dazu führen würde, das eine Rechtsharmonisierung nur erschwert erreichbar ist. Es kann jedoch festgehalten werden, dass die Schweiz über den Art. 36a KVV bereits einen rechtlichen Rahmen und eine Gesetzesgrundlage geschaffen hat, die zur Öffnung und auch zu gewissen Experimenten in der Ausgestaltung der Kooperation beigetragen hat. Grundsätzlich ist es vermutlich nur denkbar, dass die Schweizer Seite gewisse deutsche Rechtsgrundlagen übernehmen würde, da bei einer Rechtsübernahme auf deutscher Seite vermutlich Komplikationen mit den EU-Gesetzgebungen entstehen würden. Auch auf Schweizer Seite könnten bei einer Rechtsübernahme gegebenenfalls Probleme entstehen,

---

[96] SCHLIFFKA, Demografischer Wandel in Grenzregionen – Grenzüberschreitende Zusammenarbeit zur Sicherung der Daseinsvorsorge, S. 40.
[97] EBD.
[98] EBD.

da dann die Zusammenarbeit zwischen den Kantonen von Rechtsübernahmen aus dem Ausland überlagert werden würde. Wie bereits erwähnt ist es daher fraglich, ob eine Übernahme der Rechtsgrundlagen aus dem Nachbarland die grenzüberschreitende Zusammenarbeit erhöht. Viel mehr kann davon ausgegangen werden, dass eine Rechtsübernahme auch ein Treiber einer erhöhten innerstaatlichen Komplexität sein kann.

D. Möglichkeit von grenzüberschreitenden Krankenkassen

Auf Ebene der europäischen Union hat der Europäische Gerichtshof bereits im Jahr 1998 entschieden, dass der freie Waren- und Dienstleistungsverkehr auch im Bereich der Gesundheitsdienstleistungen anzuwenden ist.[99] Es liegt dabei grundsätzlich an den Mitgliedstaaten, den nötigen Gestaltungswillen aufzubringen und eine Anpassung der gesetzlichen nationalen Rahmenbedingungen voranzutreiben, um die europäische Integration auch in Sachen der Gesundheitsversorgung voranzutreiben.[100] Eine solche gesetzliche Anpassung und Vereinheitlichung würde schlussendlich gegebenenfalls auch grenzüberschreitende Krankenkassen ermöglichen, wobei bedacht werden muss, dass dadurch die Konkurrenz zwischen den einzelnen Krankenkassen steigt und unter Umständen gar ein gesamteuropäischer Markt entsteht.

Die Voraussetzung für Krankenversicherungen sind in der Schweiz im KVAG geregelt. Gemäss Art. 4 KVG können alle versicherungspflichtigen Personen unter allen Versicherern frei wählen, die gemäss KVAG eine Bewilligung zur Durchführung der sozialen Krankenversicherung haben. In Art. 5 KVAG sind die entsprechenden Bewilligungsvoraussetzung geregelt. So muss die Rechtsform einer Krankenversicherung in der Schweiz eine Aktiengesellschaft, Genossenschaft, Verein oder Stiftung sein und den Sitz in der Schweiz haben.[101] Es ist jedoch ausdrücklich den Bewilligungsvoraussetzungen festgehalten, dass die soziale Krankenversicherungen auch versicherungspflichtigen Personen angeboten werden muss, welche in einem Mitgliedstaat der Europäischen Union, in Island oder in Norwegen wohnhaft sind, wobei die Aufsichtsbehörde einen Versicherer auf Gesuch hin oder in besonderen Fällen von dieser Pflicht befreien kann.[102]

---

[99] KLUSEN & AGASI, Grenzüberschreitende Gesundheitsleistungen als Handlungsfeld für die Gesetzliche Krankenversicherung, S. 304.
[100] KLUSEN & AGASI, Grenzüberschreitende Gesundheitsleistungen als Handlungsfeld für die Gesetzliche Krankenversicherung, S. 325.
[101] Art. 5 lit. a KVAG.
[102] Art. 5 lit. g KVAG.

Es kann somit festgehalten werden, dass grenzüberschreitende Krankenkassen durchaus eine Möglichkeit zur Reduktion der Komplexität in der Tarifabrechnung wären. Dabei ist es jedoch entscheidend, dass innerstaatlich der Grundsatz der Rechtsgleichheit gewahrt wird. Krankenkassen würden sich bei diesem Gedankenexperiment dann viel mehr an funktionalen Räumen und nicht an Staatsgrenzen orientieren. Eine solche grenzüberschreitende Krankenkasse müsste sich jedoch immer an den gesetzlichen Grundlagen in den entsprechenden Staaten orientieren, d.h., dass sowohl die EU-rechtlichen Grundlagen sowie die Rechtsgrundlagen in den entsprechenden Grenzstaaten und für die Schweiz die Bestimmungen gemäss KVAG eingehalten werden müssen.

E. Entwicklung der gesetzlichen Grundlagen in Deutschland und der Europäischen Union

Hinsichtlich der Entwicklungsmöglichkeiten der gesetzlichen Grundlagen auf deutscher Seite kann festgehalten werden, dass Deutschland bereits eine viel zugangsfreiere Regelung geschaffen hat, als diese zurzeit in der Schweiz vorhanden ist. Natürlich gibt es aber auch in Deutschland und der gesamten Europäischen Union Bestrebungen, um die grenzüberschreitende Zusammenarbeit im Bereich der Gesundheit und in weiteren Themenfeldern der Daseinsvorsorge noch zu erhöhen.

Die Europäische Union hat bereits eine rechtliche Grundlage, welche Patienten die Inanspruchnahme und die entsprechende Abgeltung über die Krankenkasse von Gesundheitsdienstleistungen in einem anderen EU-Staat ermöglicht.[103] Dabei liegt das Problem der geringen Inanspruchnahme dieser Möglichkeit vor allem in der starken nationalen Ausprägung der europäischen Gesundheitssysteme.[104] Die grössten Hürden sind dabei eine fehlende Information und Zugänglichkeit der Leistungskataloge sowie deren fehlende Vereinheitlichung hinsichtlich Leistungsumfang und Kosten.[105] Auch die Mengensteuerung bzw. Rationierung, welches als ein Instrument der Kostenkontrolle und gegen ausufernde Kosten angesehen werden kann, hemmt die grenzüberschreitende Zusammenarbeit, wobei neue Formen der Internationalisierung diese Instrumente überflüssig machen könnten.[106] Zu guter Letzt sorgt auch die Steuerfinanzierung der medizinischen Infra-

---

[103] KOCHSKÄMPER, Warum so wenig genutzt? Nationale Hindernisse für eine grenzüberschreitende Patientenversorgung in der EU, S. 14.
[104] EBD.
[105] EBD.
[106] KOCHSKÄMPER, a.a.O., S. 15.

struktur, die teilweise notwendig ist, dafür, dass die grenzüberschreitende Zusammenarbeit gehemmt wird.[107] Grundsätzlich würde der gemeinsame Binnenmarkt viele Synergiechancen mit sich bringen, aber die Europäische Union ist hinsichtlich der genannten Hürden noch nicht bereit und die geforderten rechtlichen Anpassungen fehlen. Die Entscheidungskontrolle und Handlungsmacht haben dabei vor allem die Mitgliedsstaaten in der Hand.

In Bezug auf das Pilotprojekt kann gesagt werden, dass die Überwindung der angesprochenen Hürden auf EU-Ebene auch eine potenzielle Integration von französischen Leistungserbringern, welche vor allem auf Schweizer Seite über die gesetzliche Bewilligung ins Projekt aufgenommen werden müssten, unterstützen würde. Es kann aber auch gesagt werden, dass die Europäische Union durch den gemeinsamen Binnenmarkt die besseren rechtlichen Voraussetzungen für eine erhöhte Zusammenarbeit in der Gesundheitsversorgung hat. Die Schweizer Rechtsordnung zur Gesundheitsversorgung weist dabei stärkere Divergenzen auf als die Systeme der verschiedenen EU-Staaten untereinander, welche durch die EU-Gesetzgebung an gewisse vereinheitlichende Rahmenbedingungen gebunden sind.

F. Weitere Entwicklungsmöglichkeiten

Es besteht ein Potential darin, dass die Schweizer Krankenversicherungen das Angebot zur Behandlung im grenznahen Ausland offensiver bewerben, um nachhaltig Kosteneinsparungen zu generieren.[108] Ausserdem wäre auch ein Re-Start und eine Wiederaufnahme des Projektes auf deutscher Seite ein Weiterentwicklungspotential.[109] Da in der Schweiz nun der rechtliche Rahmen für eine unbefristete Zusammenarbeit gesteckt ist, könnte hierzu ein erneuter Anstoss gewisse Weiterentwicklungsmöglichkeiten bieten. Ein weiterer Ausbauschritt und gewichtiger Kostensenker wäre die Einführung einer Bewilligung für den Erwerb rezeptpflichtiger Medikamente im grenznahen Ausland.[110] Zudem könnten neben Reha-Aufenthalten auch noch vermehrt ambulante Behandlungen einbezogen und beworben werden.[111] Zu guter Letzt, kann an dieser Stelle nochmals auf das langfristige Ziel des Pilotprojektes eingegangen werden, welches auch eine Integration

---

[107] EBD.
[108] BENZING, Pilotprojekt GRÜZ, S. 28.
[109] EBD.
[110] EBD.
[111] EBD.

der französischen Teilregion in das Projekt vorsieht.[112] Der Eintritt eines neuen Staates in das Projekt würde die Komplexität auf der einen Seite natürlich erhöhen. Auf der anderen Seite besteht in der Schweiz bereits eine gesetzliche Grundlage, welche nicht an einen spezifischen Staat gebunden ist, und durch die Verträge auf privatrechtlicher Ebene könnte die Integration Frankreichs in das Projekt unter Umständen schlank gelingen. Zudem wäre die Integration Frankreichs auch für die deutsche Seite nicht mit grossen Hindernissen behaftet. So besteht auf EU-Ebene bereits eine Grundlage für die grenzüberschreitende Zusammenarbeit, was die Integration Frankreichs für Deutschland in das Projekt deutlich vereinfacht.

VI. Zusammenfassung und Fazit

In der vorliegenden juristischen Seminararbeit wurde die Gesundheitskooperation zwischen den Kantonen Basel-Stadt und Basel-Landschaft in der Schweiz und dem Landkreis Lörrach in Deutschland untersucht. Zusammenfassend kann festgehalten werden, dass sowohl die gesetzlichen Grundlagen wie auch die Ausgestaltung der Kooperation in der Realität sehr länderspezifisch war. Während Deutschland bereits seit Beginn des Pilotprojektes eine unbefristete gesetzliche Grundlage geschaffen hatte, welche auf der gleichen Regelung wie bei den Kooperationen mit anderen EU-Staaten beruht, wurde in der Schweiz eine solche gesetzliche Grundlage erst im Jahr 2018 geschaffen. Die neue Schweizer Gesetzgebung trat dann zwar am 1. Januar 2019 in Kraft, wobei immer noch administrative und bürokratische Hürden für weitere Programme genommen werden mussten. Auch wenn noch rechtliche Hindernisse bestehen, kann gesagt werden, dass über das gesamte Pilotprojekt und auch nach der Änderung auf die unbefristete Lösung in der Schweiz grundsätzlich die grundlegenden rechtlichen Hindernisse für die grenzüberschreitende Zusammenarbeit überwunden wurden. Es muss jedoch auch festgehalten werden, dass sich dies über die gesamte Projektlaufzeit nicht in der Patientenmobilität oder in grossen Kosteneinsparungen aufgrund der kostengünstigeren Behandlung im grenznahen Ausland niederschlug. Ein grosses Problem liegt dabei im mangelnden Vertrauen und in der fehlenden Informationsverbreitung. Zudem hat der Austritt der AOK aus dem Pilotprojekt für einen deutlichen Dämpfer auf deutscher Seite gesorgt und dazu geführt, dass sich das Pilotprojekt in eine einseitige Richtung mit einseitigen Patientenströmen von der Schweiz nach Deutschland entwickelte.

---

[112] EBD.

Hinsichtlich der Entwicklungsmöglichkeiten kann gesagt werden, dass diese sowohl im rechtlichen wie auch im gesellschaftlichen und politischen Bereich anzusiedeln sind. In der Schweiz wäre es sicher möglich, die Hürden für eine grenzüberschreitende Zusammenarbeit, welche durch Art. 34 KVG und Art. 36a. KVV festgeschrieben sind, weiter zu lockern. Dafür scheint jedoch aktuell der politische, wirtschaftliche und gesellschaftliche Wille zu fehlen. Im Vergleich zum Abkommen mit Liechtenstein konnte zudem festgestellt werden, dass die Vertragsbasis, auf welcher das Pilotprojekt beruht, eher hemmend wirkt. Dahingegen sorgt das Abkommen mit Liechtenstein für einen stabilen rechtlichen Rahmen mit einer hohen Legitimität. Zudem ist es grundsätzlich möglich, dass sich Personen aus Deutschland oder Frankreich auch bei einer Schweizer Krankenversicherung versichern lassen, was aus Kostengründen jedoch wohl kaum jemand tun wird. Daher ist eine grenzüberschreitende Krankenkasse wohl eine Möglichkeit, es ist jedoch fraglich, wem diese zugutekommen würde. Der Fokus ist vielmehr auf die rechtlichen Hindernisse und das erschwerte Bewilligungsverfahren in der Schweiz zu legen, welches bei einer Aufweichung bzw. Lockerung und mit dem Willen der entsprechenden Akteure wie Leistungserbringer, Patienten, Versicherer und den politischen Akteuren die grenzüberschreitende Zusammenarbeit erhöhen könnten.

Am zukunftsträchtigsten ist aus unserer Sicht eine supranationale, einheitliche Regelung auf europäischer Ebene. Hierfür müssten entscheidende Mitgliedsstaaten wie Deutschland die Initiative ergreifen, sodass die Schweiz diese Regelungen im autonomen Nachvollzug übernehmen kann. Andere Lösungsmöglichkeiten scheinen vom Ergebnis her vielversprechend, dürften in der Praxis aber kaum realisierbar bzw. wenig justiziabel sein.

Aus Gründen der Eingrenzung hat sich diese Arbeit vornehmlich mit den vorhandenen Rechtsgrundlagen der an der grenzüberschreitenden Zusammenarbeit beteiligten Staaten (Deutschland und die Schweiz) beschäftigt und daraus mögliche Entwicklungsmöglichkeiten herausgearbeitet. Bei weiterführenden Arbeiten wäre es beispielsweise interessant, die Gesundheitskooperation mit anderen grenzüberschreitenden Kooperationen und deren gesetzlichen Grundlagen zu vergleichen. Dies würde die Möglichkeit bieten, aus anderen grenzüberschreitenden Zusammenarbeiten im Bereich der Daseinsvorsorge Schlüsse für die grenzüberschreitende Zusammenarbeit in der Gesundheitsversorgung ziehen zu können. Auch ein interessanter Untersuchungspunkt wären weitere grenzüberschreitende Gesundheitskooperation auf EU-Ebene. Dabei könnte untersucht werden, ob sich diese Kooperationen mit denselben Problemen, Herausforderungen und Hindernissen beschäftigen und wie die rechtlichen Rahmenbedingungen auf EU-Ebene sowie zwischen den kooperierenden Staaten oder Regionen gesetzt sind. Damit könnten auch Schlüsse für die Kooperation der Kantone Basel-Stadt und Basel-Landschaft mit dem Landkreis Lörrach und unter Umständen mit einem zukünftigen französischen Partner gezogen werden. Drittens wäre es auch möglich, grenzüberschreitende Kooperationen in anderen Rechtsräumen zu untersuchen und auch über diese Kooperationen Schlüsse für die grenzüberschreitende Zusammenarbeit zwischen der Schweiz und ihren Nachbarstaaten zu ziehen und mögliche Entwicklungsmöglichkeiten daraus abzuleiten. Zudem könnte auch auf die weiteren Entwicklungsmöglichkeiten, die in der vorliegenden Arbeit thematisiert wurden, wie eine grenzüberschreitende Krankenkasse, noch genauer und detaillierter eingegangen werden.

Literaturverzeichnis

Baumann, H. (2011). Patientenrechte in der grenzüberschreitenden Gesundheitsversorgung. SozSich (Öst), 2011, 183–189.

Bayer-Oglesby, L. (2015). Grenzüberschreitende Zusammenarbeit Deutschland-Schweiz im Gesundheitswesen II: Evaluation des Pilotprojektes in der Grenzregion Basel-Stadt, Basel-Landschaft, Landkreis Lörrach (Phase II). Schweizerisches Gesundheitsobservatorium.

Benzing, J. (2014). Pilotprojekt GRÜZ. Gesundheitsversorgung ohne Grenzen: Erfahrungen und Aussichten in der grenzüberschreitenden Gesundheitsversorgung. Baden-Baden. 23–28.

Departement für Finanzen und Soziales Kanton Thrugau (2017). Änderung der Verordnung vom 27. Juni 1995 über die Krankenversicherung (KVV): Vernehmlassungsverfahren. https://www.tg.ch/public/upload/assets/48036/Fragebogen_Aenderung _der_Verordnung_ueber_die_Krankenversicherung.pdf. Abgerufen am 25.05.2022.

Diebold L., Hedinger D. (2018). Behandlungen jenseits der Landesgrenze: Abschluss des Pilotprojektes «GRUEZ» zur grenzüberschreitenden Zusammenarbeit im Gesundheitswesen Basel-Stadt und Basel-Landschaft mit dem Landkreis Lörrach. Schweizerisches Gesundheitsobservatorium.

Die Bundesversammlung – Das Schweizer Parlament (2007). Einhaltung des KVG. https://www.parlament.ch/de/ratsbetrieb/suche-curia-vista/geschaeft?AffairId=2007 3075. Abgerufen am 25.05.2022.

Faller, A. (2009). Die grenzüberschreitende Zusammenarbeit Basel-Stadt/Basel-Landschaft/Lörrach – Stand der Arbeiten und weiteres Vorgehen. Vortragsfolien. Lörrach. https://silo.tips/download/die-grenzberschreitende-zusammenarbeit-basel-stadt-basel-landschaft-lrrach-stand. Abgerufen am 31.03.2022.

Faller, A., Tschudi, H.M., Odendahl, K., (Hrsg.), (2010). Schriften zur Grenzüberschreitenden Zusammenarbeit, Grenzüberschreitende Zusammenarbeit im Gesundheitswesen, Ausgewählte Rechtsfragen am Beispiel des Basler Pilotprojekts, Band 3, Dike Verlag AG, Zürich/St. Gallen.

Gerlinger, T. (2003). Das Schweizer Modell der Krankenversicherung: zu den Auswirkungen der Reform von 1996 (No. SP I 2003-301). WZB Discussion Paper.

Gesundheitsdepartement des Kantons Basel-Stadt (o.J.). Grundlagenbericht zu Fakten und Finanzierung des Gesundheitswesens des Kantons Basel-Stadt. Basel. https://ub.unibas.ch/digi/a125/sachdok/2013/BAU_1_6165631.pdf. Abgerufen am 23.05.2022.

Hedinger, D. (2017). Grenzüberschreitende Zusammenarbeit Deutschland-Schweiz im Gesundheitswesen: Evaluation des Pilotprojektes in der Grenzregion Basel-Stadt, Basel-Landschaft, Landkreis Lörrach (Phase III). Schweizerisches Gesundheitsobservatorium.

Illing, F. (2017). Gesundheitspolitik in Deutschland: Eine Chronologie der Gesundheitsreformen der Bundesrepublik. Springer-Verlag.

Indra, P. (2015). Grenzüberschreitende Gesundheitsversorgung zwischen Deutschland und der Schweiz. Vortragsfolien. Berlin. https://www.oberrheinkonferenz.org/de/gesundheit/downloads.html?file=files/assets/Gesundheitspolitik/docs_de/Tagungsberichte/BMI%20Tagung%2030.6-1.7.2015/150701%20BMI-Tagung%20Berlin%20PIN%20def.pdf&cid=2339. abgerufen am 01.04.2022.

Kluesen H., Agasi, S. (2002). Grenzüberschreitende Gesundheitsleistungen als Handlungsfeld für die Gesetzliche Krankenversicherung. Zeitschrift für die gesamte Versicherungswissenschaft (91). 303–328.

Kochskämper, S. (2017). Warum so wenig genutzt? Nationale Hindernisse für eine grenzüberschreitende Patientenversorgung in der EU (No. 4/2017). IW Policy Paper. Institut der deutschen Wirtschaft (IW), Köln.

Landeskanzlei Basel-Landschaft (2017). Änderung der Verordnung vom 27. Juni 1995 über die Krankenversicherung (KVV), Stellungnahme. https://www.baselland.ch/themen/p/politische-rechte/vernehmlassungen-an-den-bund-stellungnahmen-2020-2009/vernehmlassungen-an-den-bund-2017/vlb-2017/2017-06-20-05.pdf/@@download/file/2017-06-20_05.pdf. Abgerufen am 25.05.2022.

Landesverwaltung Liechtenstein (2017). Bricht und Antrag der Regierung an den Landtag des Fürstentums Liechtenstein betreffend das Abkommen vom 21. August 2017 zwischen dem Fürstentum Liechtenstein und der Schweizerischen Eidgenossenschaft betreffend die gegenseitige Übernahme der Kosten für ambulante Leistungen der obligatorischen Krankenpflegeversicherung. https://bua.regierung.li/BuA/default.aspx?nr=91&year=2017&backurl=modus%3dstw%26filter1%3dZ%26filter2%3d2133652257&sh=1309357534. Abgerufen am 04.04.2022.

Lorenz T., Eisenheut P., Beck P. (2020). Liechtenstein und die Schweiz: Eine gute Freundschaft – auch mit Ecken und Kanten. Stiftung Zukunft.li, Ruggell.

Neu, C. (2009), (Hrsg.). Daseinsvorsorge: eine gesellschaftswissenschaftliche Annäherung.Springer-Verlag.

Richter, D. (2005). Das Territorialitätsprinzip. Sprachenordnung und Minderheitenschutz im schweizerischen Bundesstaat: Relativität des Sprachenrechts und Sicherung des Sprachfriedens Language Law and Protection of Minorities in Federal Switzerland (English Summary), 145–207.

Rosenbrock, R. (1992). Gesundheitspolitik (No. P 92-207). WZB Discussion Paper.

Schliffka, C. (2019). Demografischer Wandel in Grenzregionen – Grenzüberschreitende Zusammenarbeit zur Sicherung der Daseinsvorsorge. Beobachtungsstelle Gesellschaftspolitik. Berlin.

Schöffski, O. (2008). Das Krankenversicherungssystem in Deutschland. In Pharmabetriebslehre (pp. 3-22). Springer, Berlin, Heidelberg.

Zumbrunn, A., Bayer-Oglesby, L., & Roth, M. (2010). Grenzüberschreitend Zusammenarbeit Deutschland-Schweiz im Gesundheitswesen: Evaluation des Pilotprojektes in der Grenzregion Basel-Stadt, Basel-Landschaft, Landkreis Lörrach (Phase I). Schweizerisches Gesundheitsobservatorium.

Rechtstextverzeichnis

Europäische Union

Verordnung Nr. 883/2004/EG des Europäischen Parlaments und des Rates vom 29. April 2004 zur Koordinierung der Systeme der sozialen Sicherheit (Text von Bedeutung für den EWR und die Schweiz)

Richtlinie 2011/24/EU des Europäischen Parlaments und des Rates vom 9. März 2011 über dieAusübung der Patientenrechte in der grenzüberschreitenden Gesundheitsversorgung Deutschland

Grundgesetz der Bundesrepublik Deutschland (GG) vom 24. Mai 1949

Bundesgesetz der Bundesrepublik Deutschland zum Sozialrecht, Fünftes Buch des Sozialgesetzbuches (SGB V) vom 20. Dezember 1988

Bundesgesetz der Bundesrepublik Deutschland über das Vertragsarztrechtsänderungsgesetz (VÄndG) vom 27. Oktober 2006

Schweiz

Bundesverfassung der Schweizerischen Eidgenossenschaft vom 18. April 1999 (BV), SR 101.

Bundesgesetz vom 18. März 1994 über die Krankenversicherung (KVG), SR 832.10.

Bundesgesetz vom 21. März 1997 über die Regierungs- und Verwaltungsorganisation (RVOG), SR 172.010.

Bundesgesetz vom 6. Oktober 2000 über den allgemeinen Teil des Sozialversicherungsrechts (ATSG), SR 830.1.

Bundesgesetz vom 26. September 2014 betreffend die Aufsicht über die soziale Krankenversicherung (KVAG), SR 832.12.

Verordnung vom 27. Juni 1995 über die Krankenversicherung (KVV), SR 832.102

Völkerrechtliche Verträge

Abkommen vom 21. Juni 1999 zwischen der Schweizerischen Eidgenossenschaft einerseits und der Europäischen Gemeinschaft und ihren Mitgliedsstaaten andererseits über die Freizügigkeit (FZA), SR 0.142.112.681

Entscheidverzeichnis

Entscheide des Europäischen Gerichtshofss

EuGH vom 28. April 1998, Rs. 158/96, Slg. 1998, I-01931 Kohll
EuGH vom 12. Juli 2001, Rs. C-157/99, Slg. 2001, I-05473 Smits & Peerbooms
EuGH vom 13. Mai 2003, Rs. C-385/99, Slg. 2003, I-04509 Müller-Fauré & van Riet
EuGH vom 23. Oktober 2003, Rs. C 56/01, Slg. 2003, I-12403 Inizan

Entscheide des Schweizerischen Bundesgerichts

BGE 128 V 75 vom 7. März 2002
BGE 128 V 80 vom 31. Dezember 2003

Die Bedeutung von Gemeinschaftszollanlagen

Im Fokus auf die grenzüberschreitende Zusammenarbeit mit Deutschland

Miranda Ismaili / Zoé Mussak / Nadine Forter

Inhaltsübersicht

I. Teil: Einleitung 226
   A. Vorbemerkung und Fragestellungen 226
   B. Methodisches Vorgehen und Aufbau 227
   C. Ausgangslage 228
II. Teil: Grundlagen 229
   A. Begrifflichkeiten im Zollbereich 229
      1. Zollwesen 229
      2. Digitalisierung beim Zoll 231
      3. Gemeinschaftszollanlage 232
      4. Territorialitätsprinzip 234
   B. Grenzüberschreitende Zusammenarbeit 234
      1. Definition 235
      2. Rechtliche Grundlagen 235
      3. Kompetenzen 237
      4. Kooperation im Bereich von Gemeinschaftszollanlagen 238
      5. Schwierigkeiten 239
   C. Arten 240
   D. Vor- und Nachteile 241
III. Teil: Problemstellung 243
   A. Möglichkeit der Zusammenlegung bestimmter Tätigkeiten 243
   B. Bau und Planung 245
      1. Rechtliche Grundlagen 245
      2. Zuständigkeiten 248
      3. Bauprozess 249
         a. Verfahren zum Bau einer Gemeinschaftszollanlage auf Schweizer Boden 250

       b. Verfahren zum Bau einer Gemeinschaftszollanlage
          auf deutschem Boden 255
       c. Mitsprache- und Beschwerderecht des Gaststaats 258
    4. Kostenregelung 259
 C. Betrieb und Unterhalt 260
    1. Abgrenzung der Begrifflichkeiten 260
    2. Zuständigkeiten 261
    3. Personal 262
    4. Speditionsunternehmen und dritte Dienstleister 263
    5. Kostenregelung 265
 D. Nachhaltigkeit 266
 E. Haftung 267
IV. Teil: Aktuelle Ereignisse und deren Auswirkungen 269
 A. Frontex-Abstimmung 269
 B. Corona-Pandemie 271
 C. Sanierungsprojekt: Gemeinschaftszollanlage *Weil am Rhein* 272
V. Teil: Schlussbetrachtung 273
 A. Fazit 273
 B. Persönliche Schlussbemerkung 274

Literaturverzeichnis 274

Verzeichnis der Rechtstexte 278

Materialverzeichnis 279

Abbildungsverzeichnis 280

I. Teil: Einleitung

A. Vorbemerkung und Fragestellungen

> «Gemeinschaftszollanlagen sind ein Erfolgsmodell.»
> – Thomas Mangold, Hauptmann Stab Nord (2022)

In der Schweiz gibt es zwölf Gemeinschaftszollanlagen an der deutschen Grenze[1], wobei diejenige im Norden von Basel die grösste gemeinsame Zollanlage ist[2]. Ge-

---

1   Mangold, Schriftliche Fragen, S. 1; s. weiter Mölleck, Interview, S. 2 und Autor 2, Präsentation/Interview, S. 11 f.
2   Internet: «https://www.srf.ch/news/regional/basel-baselland/neue-zollanlage-soll-lastwagenabfertigung-beschleunigen» (Abruf 26.5.2022); s. Internet: «https://www.

meinschaftszollanlagen sind Teil der grenzüberschreitenden Zusammenarbeit im justiziellen Bereich, indem die Kontrolltätigkeiten der Zollbehörden zweier Staaten koordiniert und zusammengelegt werden. Auf diese Weise kann eine rasche Abwicklung des Waren- und Personenverkehrs erfolgen.[3]

Aufgrund der zentralen Bedeutung des Themas stellen sich in Zusammenhang mit Gemeinschaftszollanlagen folgende Fragestellungen: Wie müssen der Bau und Unterhalt geregelt werden? Welche Zuständigkeiten liegen vor? Welche Haftungsfragen stellen sich hierbei? Hat sich die Corona-Pandemie in den letzten Jahren auf die Gemeinschaftszollanlagen ausgewirkt? Wie beeinflusst die Digitalisierung das Zollwesen? Im Rahmen der vorliegenden Arbeit wird durch die Beantwortung der eben genannten Fragen die Forschungsfrage geklärt, welche grenzüberschreitende Bedeutung deutsch-schweizerische Gemeinschaftszollanlagen haben.

B. Methodisches Vorgehen und Aufbau

Die Beantwortung der obengenannten Forschungsfrage erfolgt durch die Analyse von zollrechtlichen Gesetzesbestimmungen, Staatsverträgen zwischen Deutschland und der Schweiz sowie vorhandener Literatur. Hierfür werden Kommentarreihen, Lehrbücher, Aufsätze und Interviews herangezogen. Insgesamt wurden fünf Interviews mit Fachpersonen aus unterschiedlichen Bereichen durchgeführt. Diesen wurde im Voraus – mit Ausnahme einzelner bereichsspezifischer Fragen – derselbe Fragenkatalog zugänglich gemacht. Daneben wurden einige Fachpersonen auch zur schriftlichen Beantwortung der Fragen angefragt.

Die vorliegende Arbeit gliedert sich wie folgt: Zunächst werden im zweiten Teil die Begrifflichkeiten rund um das Zollwesen geklärt und auf das Thema der grenzüberschreitenden Zusammenarbeit eingegangen. Der dritte Teil befasst sich mit den Möglichkeiten der Zusammenlegung bestimmter Tätigkeiten in Gemeinschaftszollanlagen, mit dem Bau und der Planung sowie dem Betrieb und dem Unterhalt als auch mit den Nachhaltigkeits- und Haftungsfragen. Im vierten Teil werden aktuelle Ereignisse und deren Auswirkungen auf Gemeinschaftszollanlagen behandelt. Schliesslich umfasst der fünfte Teil ein Fazit und eine persön-

---

handelskammerjournal.ch/de/8500-abgefertigte-lkws-im-raum-basel-pro-tag» (Abruf 26.5.2022).

[3] Zum Ganzen Internet: «https://www.bbl.admin.ch/bbl/de/home/bauten/bauten_in land/bautendokumentation/zoll.html» (Abruf 26.5.2022).

liche Schlussbemerkung der Autorinnen[4]. Die zwei Praxisbeispiele *Weil am Rhein – Basel* und *Kreuzlingen – Konstanz* werden dabei fortlaufend in den dazugehörigen Kapiteln thematisiert.

C. Ausgangslage

In Deutschland sollen im Landkreis Lörrach die Standorte besser erreicht und die Infrastrukturen in grenzüberschreitender Zusammenarbeit mit der Schweiz entwickelt und genutzt werden. Da momentan kein Bedürfnis besteht, eine neue Gemeinschaftszollanlage zu bauen, geschieht dies vorliegend auf hypothetischer Basis im Raum Basel an der Grenze zum Landkreis Lörrach.[5] Dabei werden die Fragen nach den vorhandenen Potenzialen und den rechtlichen Rahmenbedingungen dieses Projekts auf Bundesebene[6] im dritten Teil zur Problemstellung sowohl aus Schweizer wie auch aus deutscher Sichtweise thematisiert.

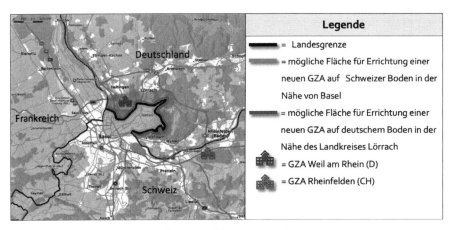

Abbildung 1, Quelle: Eigene Darstellung in Anlehnung an Apple Karten

---

[4] In der vorliegenden Arbeit wird durchgehend das generische Maskulinum verwendet.
[5] Vgl. MANGOLD, Interview, S. 6, wonach dies für die gesamte deutsch-schweizerische Grenze gilt, jedoch könnte aufgrund des Ausbaus der sog. Hochrheinautobahn in Zukunft eine potenzielle Gemeinschaftszollanlage zwischen Rheinfelden und Schaffhausen infrage kommen; vgl. auch MÖLLECK, Interview, S. 4, wonach im Raum Thayngen eine Autobahn-Gemeinschaftszollanlage entstehen könnte; vgl. weiter FISCHER, Interview, S. 2.
[6] Auf die kantonalen Rechtsgrundlagen wird im Rahmen der Praxisbeispiele eingegangen.

II. Teil: Grundlagen

A. Begrifflichkeiten im Zollbereich

In diesem Kapitel wird als erstes aufgezeigt, was unter dem Zollwesen verstanden wird und in welchen Kompetenzbereich dieses fällt. Anschliessend wird ein Blick auf die Digitalisierung geworfen, bevor dann der Begriff «Gemeinschaftszollanlage» definiert wird. Schliesslich wird das Territorialitätsprinzip kurz erläutert.

1. Zollwesen

Das Zollwesen regelt die Ein- und Ausfuhr von Waren.[7] In der Schweiz werden bei der Einfuhr Zölle in Form einer indirekten Steuer erhoben.[8] Die Rechtsgrundlage lässt sich z.B. im Zollgesetz oder in der Zollverordnung finden. Dabei stellt das Bruttogewicht der importierten Ware die Bemessungsgrundlage dar.[9] Durch Kontrollen des Güter- und Waffenverkehrs wird die Sicherheit der Bevölkerung gewährleistet. Ausserdem werden illegale Handlungen bekämpft, indem der Kriminalität, der illegalen Migration sowie dem Drogenschmuggel durch Fahndungen entgegengewirkt wird. Diese Aufgaben werden in der Schweiz vom Bundesamt für Zoll und Grenzsicherheit (BAZG), welches dem Eidgenössischen Finanzdepartement (EFD) unterstellt ist, übernommen.[10] Die Zolleinnahmen leisten einen wesentlichen Anteil an die Bundeseinnahmen, wobei das Inkasso der Mehrwertsteuer bei der Wareneinfuhr die wichtigste Einnahmenquelle ist.[11] Mit der Gründung des Bundesstaates und der Entstehung der Bundesverfassung von 1848 ging die Zollhoheit auf den Bund über, was in Art. 133 BV festgehalten ist.[12] Dabei handelt es sich um eine Bundeskompetenz mit ursprünglich derogatorischer Wirkung. Dies bedeutet, dass die Kompetenz des Bundes bereits zum Zeit-

---

[7] Internet: «https://finesolutions.ch/zollthemen/zollwesen/» (Abruf 26.5.2022).
[8] Art. 7 ZG hält fest, «dass Waren, die ins Zollgebiet oder aus dem Zollgebiet verbracht werden, [...] zollpflichtig [sind] und nach diesem Gesetz sowie nach dem Zolltarifgesetz veranlagt werden [müssen]».
[9] Art. 19 ZG legt fest, wie sich der Zollbetrag bemisst.
[10] Zum Ganzen Internet: «https://finesolutions.ch/zollthemen/zollwesen/» (Abruf 26.5.2022).
[11] Internet: «https://www.bazg.admin.ch/bazg/de/home/das-bazg/figures/einnahmen.html» (Abruf 26.5.2022).
[12] BSK BV-OESCH, in: WALDMANN BERNHARD/BELSER EVA MARIA/EPINEY ASTRID (Hrsg.), Bundesverfassung der Schweizerischen Eidgenossenschaft, Basler Kommentar, 1. A., Basel 2015 (zit. BSK BV-OESCH), Art. 133 BV.

punkt ihrer Begründung eine Sperrwirkung gegenüber den kantonalen Kompetenzen entfaltet.[13]

In Deutschland ist der Zoll als Teil des Bundesministeriums der Finanzen (BMF) eine Bürger- und Wirtschaftsverwaltung.[14] Warenanmeldungen sind schon lange nicht mehr die einzigen Aufgaben des Zollwesens, vielmehr ist der Zoll für rund die Hälfte der Steuereinnahmen des Bundes verantwortlich, womit die finanzielle Leistungsfähigkeit gesichert wird. Diese Einnahmen werden etwa in Bildung, Infrastrukturen oder Forschung investiert und fliessen auch in den Haushalt der Europäischen Union (EU).[15] Zu den Aufgaben des Zolls gehört – ähnlich wie in der Schweiz – auch der Schutz der Bevölkerung (z.B. Schutz des Verbrauchers)[16], der Wirtschaft (z.B. Sicherstellung einer gerechten Erhebung von Steuern und Abgaben)[17] und der Umwelt (z.B. Artenschutz)[18]. Das Grundgesetz hält in den Art. 105 Abs. 1, Art. 106 Abs. 1 und Art. 108 fest, dass die Zuständigkeit für gesetzgeberische Massnahmen und der Anspruch auf die Einnahmen der Zölle beim Bund liegt.[19] Durch die Entstehung des Gemeinschaftszollrechts ging die Gesetzgebungs- und Ertragskompetenz beinahe vollständig auf die EU über.[20] Für die Erhebung der Zölle finden sich die Rechtsgrundlagen einerseits im Gemeinschaftszollrecht (z.B. Unionszollkodex) und andererseits im nationalen Recht (z.B. Zollverwaltungsgesetz oder Zollverordnung).[21] Der Unionszollkodex

---

[13] Zum Ganzen KLEY, S. 1.
[14] Internet: «https://www.zoll.de/DE/Der-Zoll/Struktur-des-Zolls/struktur-des-zolls_node.html;» (Abruf 26.5.2022).
[15] Internet: «https://www.zoll.de/DE/Der-Zoll/Aufgaben-des-Zolls/Einnahmen-fuer-Deutschland-und-Europa/einnahmen-fuer-deutschland-und-europa_node.html» (Abruf 26.5.2022).
[16] Internet: «https://www.zoll.de/DE/Der-Zoll/Aufgaben-des-Zolls/Schutz-fuer-Buerger-Wirtschaft-und-Umwelt/Verbraucherschutz/verbraucherschutz_node.html» (Abruf 26.5.2022).
[17] Internet: «https://www.zoll.de/DE/Der-Zoll/Aufgaben-des-Zolls/Schutz-fuer-Buerger-Wirtschaft-und-Umwelt/Steuer-und-Abgabengerechtigkeit/steuer-und-abgabengerechtigkeit_node.html» (Abruf 26.5.2022).
[18] Internet: «https://www.zoll.de/DE/Der-Zoll/Aufgaben-des-Zolls/Schutz-fuer-Buerger-Wirtschaft-und-Umwelt/Artenschutz/artenschutz_node.html» (Abruf 26.5.2022)
[19] Internet: «https://www.zoll.de/DE/Fachthemen/Zoelle/Rechtsgrundlagen/rechtsgrundlagen_node.html» (Abruf 26.5.2022).
[20] Internet: «https://www.zoll.de/DE/Fachthemen/Zoelle/Rechtsgrundlagen/rechtsgrundlagen_node.html» (Abruf 26.5.2022).
[21] Internet: «https://www.zoll.de/DE/Fachthemen/Zoelle/Der_Zollkodex_der_Union/der_zollkodex_der_union_node.html» (Abruf 26.5.2022).

(UZK)[22] soll zu einem zukünftig moderneren Zollrecht in der EU beitragen, weshalb ein einheitliches IT-Verfahren sowie eine gemeinsame Datenbank eingeführt wird.[23]

2. Digitalisierung beim Zoll

Die Digitalisierung macht auch beim Zoll keinen Halt. In der Schweiz findet beim BAZG eine digitale Transformation statt, mit dem Ziel die Chancen der Digitalisierung besser zu nutzen. Mit dem Programm «DaziT» sollen bis 2026 die Zoll-, Abgabe- und Kontrollprozesse vereinfacht, digitalisiert und automatisiert werden, wodurch die Wirtschaft entlastet wird.[24] «Dazi» steht für das rätoromanische Wort Zoll und das «T» für Transformation. Diese Transformation soll den Reisenden ermöglichen, ihre Einkäufe einfacher beim Zoll anzumelden. Zudem soll es für Unternehmen möglich werden, Warensendungen digital abzuwickeln, ohne etwa am Zoll halten zu müssen.[25] In den ersten vier Jahren des Programms wurden zahlreiche Apps entwickelt. Zu nennen ist z.B. «QuickZoll», wodurch Privatpersonen eine selbständige Anmeldung der Waren vornehmen und dabei anfallende Abgaben direkt bezahlen können.[26] Ausserdem kann die App «Periodic» aufgeführt werden, wodurch Zollanmeldungen für Massengüter beim Grenzübertritt automatisch aktiviert werden.[27] Das Transformationsprogramm ist auf Infrastrukturen angewiesen, weshalb künftig acht Interventionszentren im Inland entstehen. Dabei werden die verschiedenen Zollanlagen in eine Kontrollanlage vereint.[28] Eine weitere Veränderung im Zuge des «DaziT» stellt die Zusammenlegung der Grenzwacht und des Zolls dar. Bundesrat Ueli Maurer führt aus, dass die bisherige Zweiteilung ineffizient sei, wenn z.B. Lastwagen kontrolliert wer-

---

[22] Vgl. BIAGGINI GIOVANNI, Bundesverfassung der Schweizerischen Eidgenossenschaft, Kommentar, Zürich 2017, Art. 133 BV N 6, wonach das Schweizer Zollgesetz eine ähnliche Struktur und Systematik wie der Unionszollkodex hat.
[23] Internet: «https://www.zoll.de/DE/Fachthemen/Zoelle/Der_Zollkodex_der_Union/UZK_und_Durchfuehrungsrecht/uzk_und_durchfuehrungsrecht_node.html» (Abruf 26.5.2022).
[24] Zum Ganzen Internet: «https://www.bazg.admin.ch/bazg/de/home/themen/dazit.html» (Abruf 26.5.2022).
[25] Zum Ganzen Internet: «https://www.bazg.admin.ch/bazg/de/home/themen/dazit.html» (Abruf 26.5.2022).
[26] Internet: «https://www.bazg.admin.ch/bazg/de/home/information-private/waren-anmelden/einfuhr-in-die-schweiz/anmelden-per-app.html» (Abruf 26.5.2022).
[27] Internet: «https://www.bazg.admin.ch/bazg/de/home/zollanmeldung/anmeldung-firmen/periodic.html» (Abruf 26.5.2022).
[28] Zum Ganzen AUTOR 2, Präsentation/Interview, S. 5.

den, sind nach derzeitiger Regelung die Grenzwächter für den Fahrer und die Zollbeamten für die Ladung zuständig. Das Personal soll künftig durch eine einheitliche Grundausbildung vielseitiger eingesetzt werden können.[29] Diese Zusammenführung ist auch im Direktionsbereich Operationen ersichtlich, welche die Zollkreise und Grenzwachtregionen umfasst und in sechs Regionen unterteilt, wozu der Zoll Nord, Nordost, Ost, Süd, West und Mitte gehören.[30]

In Deutschland findet die Digitalisierung der Arbeitsprozesse bei der Zollverwaltung sowohl auf der operativen als auch auf der technischen Ebene statt. Die Abfertigung im Warenverkehr wickelt sich seit einigen Jahren fast nur noch online ab. Ausserdem existiert eine bundesweite Vernetzung der Daten[31], was den verschiedenen Abfertigungsstellen unabhängig vom Ort eine gegenseitige Unterstützung gewährleistet. Dieses ortsunabhängige, digitale Arbeiten gehört in der deutschen Zollverwaltung mittlerweile zum Alltag.[32] Im Zuge der digitalen Transformation werden die bisher vorhandenen IT-Lösungen bezüglich der Abfertigungsprozesse weiterentwickelt. Zu nennen ist z.B. «ATLAS», ein Zollabfertigungssystem, das eine vollständige Digitalisierung der Abfertigungsprozesse ermöglicht. Dieses wurde im Januar 2022 durch «IMPOST» ergänzt, wodurch Sendungen bis zu EUR 150 grösstenteils automatisiert abgefertigt werden können. Im Bereich der Verkehrs- und Verbrauchssteuer ermöglicht «MoeVe» eine moderne Bearbeitung der Steuern, was zu einer Online-Einreichung von bestimmten Anträgen, Anmeldungen und Anzeigen führt.[33]

3. Gemeinschaftszollanlage

Auch wenn der Begriff «Gemeinschaftszollanlage» verständlich zu sein scheint, wird er von Fachpersonen in der Praxis leicht unterschiedlich definiert. So ver-

---

[29] Zum Ganzen Internet: «https://www.swissinfo.ch/ger/zollbeamte-und-grenzwaechter-haben-in-zukunft-den-gleichen-job/44887892» (Abruf 26.5.2022).

[30] Zum Ganzen Internet: «https://www.bazg.admin.ch/bazg/de/home/das-bazg/organisation/operationen.html» (Abruf 26.5.2022); in der vorliegenden Arbeit ist der Zoll Nord von Bedeutung, zu welchem Basel-Stadt, Basel-Landschaft und Aargau gehören, weil diese Kantone an den Landkreis Lörrach grenzen.

[31] «ZELOS» ermöglicht einen digitalen Austausch der benötigten zollrechtlichen Unterlagen zwischen den Wirtschaftsbeteiligten und Zollstellen.

[32] Zum Ganzen Internet: «https://www.zoll.de/SharedDocs/Pressemitteilungen/DE/Sonstiges/2022/z86_weltzolltag.html» (Abruf 26.5.2022).

[33] Zum Ganzen Internet: «https://www.bundesfinanzministerium.de/Content/DE/Downloads/Zoll/zoll-jahresstatistik-2021-faktenblatt-digitalisierung.pdf?__blob=publicationFile&v=3» (Abruf 26.5.2022).

steht MANGOLD vom BAZG unter diesem Begriff eine Infrastruktur oder Anlage, in welcher die Behörden der beteiligten Staaten gemeinsam zusammenarbeiten.[34] Dagegen definiert FISCHER vom Bau- und Verkehrsdepartement des Kantons Basel-Stadt die Gemeinschaftszollanlage als eine gemeinsam gebaute und betriebene Zollanlage von zwei Ländern.[35] Schliesslich versteht MÖLLECK vom Bundesbau Baden-Württemberg (BBBW) darunter eine Zollanlage, die von zwei Nationen gemeinschaftlich genutzt wird.[36] Aus den obengenannten Definitionen lässt sich herleiten, dass eine Gemeinschaftszollanlage eine Zollanlage ist, die von zwei Staaten gemeinsam geplant, gebaut und benutzt wird.[37]

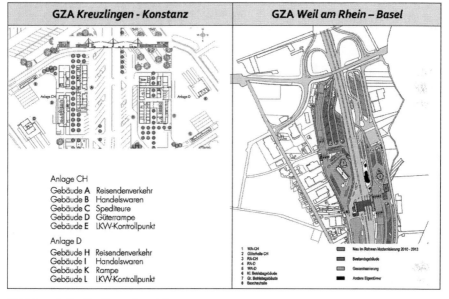

Abbildung 2, Quelle: Eigene Darstellung

Anhand von zwei Praxisbeispielen soll – wie in Abb. 2 ersichtlich – aufgezeigt werden, wie die Struktur einer Gemeinschaftszollanlage aussieht. Die Gemeinschaftszollanlage *Kreuzlingen – Konstanz* verfügt über eingeschossige Bauten für die Personenabfertigung, zweigeschossige Bauten für die Warenabfertigung und die Spediteure, einen Kontrollpunkt für den Güterverkehr mit einem Zollhof sowie eine Güterrampe. Weitere Einrichtungen sind etwa Veloständer und WC-Anla-

---

[34] MANGOLD, Interview, S. 1.
[35] FISCHER, Interview, S. 5.
[36] MÖLLECK, Interview, S. 3.
[37] Vgl. hierfür unten III.A.

gen.[38] Die Gemeinschaftszollanlage *Weil am Rhein – Basel* enthält im Zentrum zwei Warenabfertigungsgebäude und zwei Reisendenabfertigungsgebäude. Zudem gibt es Hochkabinen zur LKW-Abfertigung sowie eine Beschauhalle und Betriebsgebäude.[39]

4. Territorialitätsprinzip

Das Territorialitätsprinzip geht im Grundsatz davon aus, dass eine Person der Gesetzgebung desjenigen Staates untersteht, auf dessen Territorium sie sich befindet.[40] Dabei entfalten die von einem Staat erlassenen Rechtsnormen nur in diesem Gebiet Wirkung.[41] Das Prinzip wurde erstmals etabliert, als Völker sesshaft wurden und sich organisierten. Durch die Bildung von Territorialstaaten und den Geist der Aufklärung rückte die Gebietsbezogenheit immer mehr in den Vordergrund.[42] Im Rahmen der grenzüberschreitenden Zusammenarbeit und demnach der Gemeinschaftszollanlagen zeigt sich das Territorialitätsprinzip dadurch, dass grundsätzlich das Recht des Staates zur Anwendung kommt, auf dessen Hoheitsgebiet sich die Zollanlage befindet. Wenn die Gemeinschaftszollanlage auf Schweizer Boden steht, kommt demnach das Schweizer Recht zum Zug. Befindet sich dagegen die Anlage auf deutschem Boden, wird das deutsche Recht angewandt.

B. Grenzüberschreitende Zusammenarbeit

In diesem Kapitel wird zuerst der Begriff der grenzüberschreitenden Zusammenarbeit definiert und die allgemeinen Rechtgrundlagen erläutert. Danach wird auf die grenzüberschreitende Zusammenarbeit in der Schweiz und in Deutschland eingegangen. Anschliessend werden die Formen der grenzüberschreitenden

---

[38] Zum Ganzen Internet: «https://www.bbl.admin.ch/bbl/de/home/bauten/bauten_inland/bautendokumentation/zoll.html» (Abruf 26.5.2022).

[39] Zum Ganzen STAATLICHES HOCHBAUAMT FREIBURG, Machbarkeitsstudie – Weil am Rhein/Basel Autobahn, Gemeinschaftszollanlage Gesamtsanierung oder Neubau, 2021, S. 4.

[40] Internet: «https://www.juraforum.de/lexikon/territorialitaetsprinzip» (Abruf 26.5.2022).

[41] RICHTER DAGMAR, Sprachordnung und Minderheitsschutz im schweizerischen Bundesstaat – Relativität des Sprachenrechts und Sicherung des Sprachfriedens, Heidelberg 2005, S. 145; s. weiter Internet: «https://www.bger.ch/files/live/sites/bger/files/pdf/de/territorialitaetsprinzip_und_seine_ausnahmen.pdf» (Abruf 26.5.2022).

[42] PAYER ANDRÉS, Territorialität und grenzüberschreitende Tatbeteiligung, 1. A., Zürich 2021, S. 25.

Zusammenarbeit im Bereich der Gemeinschaftszollanlagen aufgezeigt, bevor schliesslich die möglichen Schwierigkeiten einer solchen Zusammenarbeit thematisiert werden.

1. Definition

Der Begriff «grenzüberschreitende Zusammenarbeit» legt nahe, dass eine Kooperation zwischen zwei Partnern besteht, welche über die Grenze hinaus stattfindet.[43] Es existiert keine einheitliche Definition, weshalb im Folgenden zwei genannt werden. Die Arbeitsgemeinschaft Europäischer Grenzregionen definiert die grenzüberschreitende Zusammenarbeit als «eine Zusammenarbeit vor Ort über Staatsgrenzen hinweg zwischen benachbarten Grenzregionen, die regionale oder kommunale Behörden oder andere Organisationen in der Grenzregion miteinbezieht». Des Weiteren versteht die Europäische Kommission darunter eine «unmittelbare nachbarschaftliche Kooperation der regionalen und lokalen Instanzen entlang einer Grenze in allen Lebensbereichen und unter Einschaltung von Akteuren aus diversen Handlungsfeldern». Demnach geht es um projektbezogene Handlungen, die nachbarschaftlich bzw. grenzüberschreitend stattfinden und an welchen sich regionale Akteure beteiligen.[44] Grenzüberschreitende Zusammenarbeit setzt somit eine gemeinsame Staatsgrenze voraus.[45]

2. Rechtliche Grundlagen

Die Rechtsgrundlagen für eine grenzüberschreitende Zusammenarbeit finden sich sowohl im nationalen als auch im internationalen Recht. Das Madrider Übereinkommen von 1980 ist in Europa als Grundstein und rechtlicher Rahmen für grenzüberschreitende Zusammenarbeit anzusehen.[46] Durch dieses Übereinkommen werden grenzüberschreitende Vereinbarungen zwischen Gebietskörperschaften und Behörden der Vertragsparteien vereinfacht und gefördert, wobei ihre Zustän-

---

[43] LANDWEHR JAKOB, Der Begriff «grenzüberschreitende Zusammenarbeit» und seine Anwendung am Beispiel der Zusammenarbeit zwischen der Region Südwestfinnland und dem Bundesland Mecklenburg-Vorpommern, in: NIEDOBITEK/LÖWE (Hrsg.), Grenzüberschreitende Zusammenarbeit in Europa, Chemnitz 2013, S. 16.
[44] Zum Ganzen LANDWEHR (FN 43), S. 18 f.
[45] LANDWEHR (FN 43), S. 172.
[46] Zum Ganzen Internet: «https://www.eda.admin.ch/eda/de/home/aussenpolitik/europapolitik/beziehungen-zu-europaeischen-staaten/grenzueberschreitendezusammenarbeit.html» (Abruf 26.5.2022).

digkeitsbereiche nicht berührt werden.[47] Es bildet demnach die Grundlage für die Zusammenarbeit, die unterhalb der nationalen Ebenen stattfindet.[48] Eine Konkretisierung dieser Grundsätze erfolgte für die Schweiz, Deutschland, Frankreich und Luxemburg durch das Karlsruher Übereinkommen von 1996[49], worin die grenzüberschreitende Zusammenarbeit zwischen Gebietskörperschaften und öffentlichen Stellen geregelt wird[50]. Ausserdem ermöglicht dieses, Einrichtungen der grenzüberschreitenden Zusammenarbeit mit oder ohne Rechtspersönlichkeit zu schaffen.[51] Als Umsetzung des Madrider und des Karlsruher Übereinkommens trat das Basler Übereinkommen von 2000 in Kraft, worin sich Frankreich, Deutschland und die Schweiz zur Förderung der grenzüberschreitenden Zusammenarbeit am Oberrhein verpflichteten.[52] Die Europäische Verbünde für territoriale Zusammenarbeit (EVTZ) können sowohl aus Gebietskörperschaften von EU-Mitgliedstaaten als auch angrenzenden Drittländern gegründet werden. Sie verfolgen das Ziel, grenzüberschreitende, transnationale oder interregionale Zusammenarbeit zwischen den Mitgliedstaaten zu vereinfachen.[53]

---

[47] ODENDAHL KERSTIN, Die Grenzüberschreitende Zusammenarbeit im Lichte des Völkerrechts, in: TSCHUDI et al. (Hrsg.), Die Grenzüberschreitende Zusammenarbeit der Schweiz – juristisches Handbuch zur Grenzüberschreitenden Zusammenarbeit von Bund und Kantonen, Band 8, Zürich 2014, S. 8.

[48] Internet: «https://www.eda.admin.ch/eda/de/home/aussenpolitik/europapolitik/beziehungen-zu-europaeischen-staaten/grenzueberschreitendezusammenarbeit.html» (Abruf 26.5.2022).

[49] Internet: «https://www.eda.admin.ch/eda/de/home/aussenpolitik/europapolitik/beziehungen-zu-europaeischen-staaten/grenzueberschreitendezusammenarbeit.html» (Abruf 26.5.2022).

[50] ZELLWEGER VALENTIN/BÜHLER OTHMAR, Die Grenzüberschreitende Zusammenarbeit aus der Sicht des schweizerischen Staatsvertragsrechts, in: TSCHUDI et al. (Hrsg.), Die Grenzüberschreitende Zusammenarbeit der Schweiz – juristisches Handbuch zur Grenzüberschreitenden Zusammenarbeit von Bund und Kantonen, Band 8, Zürich 2014, S. 33.

[51] ODENDAHL (FN 47), S. 20.

[52] ODENDAHL (FN 47), S. 20.

[53] Zum Ganzen Internet: «https://www.eda.admin.ch/eda/de/home/aussenpolitik/europapolitik/beziehungen-zu-europaeischen-staaten/grenzueberschreitendezusammenarbeit.html» (Abruf 26.5.2022).

3. Kompetenzen

In der Schweiz ist die grenzüberschreitende Zusammenarbeit für die Gestaltung der Beziehungen mit den Nachbarländern von enormer Wichtigkeit.[54] Gemäss Art. 54 Abs. 1 BV sind auswärtige Angelegenheiten Sache des Bundes[55], womit eine umfassende Bundeskompetenz begründet wird, die auch Bereiche miteinschliesst, wofür innerstaatlich die Kantone zuständig sind.[56] Obwohl die Aussenpolitik primär in den Zuständigkeitsbereich des Bundes fällt, besitzen die Kantone ein Mitwirkungsrecht, welches in Art. 55 BV und im Bundesgesetz über die Mitwirkung der Kantone an der Aussenpolitik des Bundes[57] statuiert ist.[58] Dieses Mitwirkungsrecht kommt u.a. beim Aushandeln von völkerrechtlichen Verträgen zur Anwendung.[59] Ausserdem ermöglicht Art. 56 BV den Kantonen, in ihren Zuständigkeitsbereichen bedingt völkerrechtliche Verträge mit dem Ausland abzuschliessen.[60] Demnach sind im Bereich der grenzüberschreitenden Zusammenarbeit mit den Regionen der Nachbarstaaten primär die Kantone zuständig. Diese sind befugt für die Realisierung von grenzüberschreitenden Projekten und Problemlösungen Verträge abzuschliessen, jedoch ausschliesslich für die entsprechenden Zuständigkeitsbereiche und nur mit untergeordneten Behörden.[61]

In Deutschland sind die Länder gemäss Art. 30 GG/DE befugt, staatliche Befugnisse auszuüben und Aufgaben zu erfüllen, sofern im Grundgesetz nichts anderes festgehalten ist. Eine solche Abweichung statuiert Art. 32 GG/DE, wonach die Zuständigkeit für die «Pflege der Beziehungen zu auswärtigen Staaten» beim Bund liegt. Darin ist in Abs. 3 festgehalten, dass Länder mit ausländischen Staaten Ver-

---

[54] Internet: «https://www.eda.admin.ch/eda/de/home/aussenpolitik/strategien/mitwirkung-der-kantoneanderaussenpolitik.html» (Abruf 26.5.2022).
[55] BSK BV-Oesch, in: Waldmann Bernhard/Belser Eva Maria/Epiney Astrid (Hrsg.), Bundesverfassung der Schweizerischen Eidgenossenschaft, Basler Kommentar, 1. A., Basel 2015 (zit. BSK BV-Oesch), Art. 54 BV.
[56] Biaggini Giovanni/Haas Julia, Verfassungsrechtliche Grundlagen der Grenzüberschreitenden Zusammenarbeit in der Schweiz, in: Tschudi et al. (Hrsg.), Die Grenzüberschreitende Zusammenarbeit der Schweiz – juristisches Handbuch zur Grenzüberschreitenden Zusammenarbeit von Bund und Kantonen, Band 8, Zürich 2014, S. 147 f.
[57] Bundesgesetz vom 22. Dezember 1999 über die Mitwirkung der Kantone an der Aussenpolitik (BGMK; SR 138.1).
[58] Internet: «https://www.eda.admin.ch/eda/de/home/aussenpolitik/strategien/mitwirkung-der-kantoneanderaussenpolitik.html» (Abruf 26.5.2022).
[59] BSK BV-Oesch (FN 55), Art. 54 BV
[60] Biaggini/Haas (FN 56), S. 149 f.
[61] Zum Ganzen Internet: «https://www.eda.admin.ch/eda/de/home/aussenpolitik/europapolitik/beziehungen-zu-europaeischen-staaten/grenzueberschreitendezusammenarbeit.html» (Abruf 26.5.2022).

träge abschliessen können, sofern die Bereiche in ihre Gesetzgebungskompetenz fallen und die Bundesregierung zustimmt.[62]

4. Kooperation im Bereich von Gemeinschaftszollanlagen

Bei Gemeinschaftszollanlagen findet eine solche Kooperation statt, da die Anlage im Regelfall entweder auf dem einen oder anderen Hoheitsgebiet steht und von zwei Staaten gemeinschaftlich genutzt wird. Dadurch erfolgt eine Beteiligung sowohl regionaler Akteure (z.B. Speditionsunternehmen) als auch staatlicher Behörden. Insbesondere die grenzüberschreitende polizeiliche und justizielle Zusammenarbeit ist dabei von grosser Bedeutung. In der Schweiz steht der Fokus der internationalen Polizeizusammenarbeit auf dem Austausch von Personendaten und der Befugnis der Schweizer Polizeibehörden im Nachbarstaat agieren zu können. Es gelten zwei Grundsätze: Zum einen erfordert der Einsatz von Polizeibehörden auf fremdem Boden eine Bewilligung dieses Staates und andererseits gelten die Vorschriften des Staates, auf dessen Gebiet der Einsatz stattfindet. Ziel dieser Zusammenarbeit ist es, dass die Grenze keine hemmende Wirkung entfalten soll, wenn es darum geht, Straftaten zu verfolgen oder Gefahren abzuwehren. Als Rechtsgrundlage dient das nationale und internationale Recht.[63] Relevant ist dabei der (Polizei-)Vertrag zwischen der Schweizerischen Eidgenossenschaft und der Bundesrepublik Deutschland über die grenzüberschreitende polizeiliche und justizielle Zusammenarbeit von 1999. Bei diesem Polizeivertrag steht das gemeinsame Sicherheitsinteresse gemäss Art. 1 im Vordergrund. Weiter hält Art. 4 fest, dass unter den Begriff der Polizeibehörden die Polizei, die Grenzpolizei, der Bundesgrenzschutz und die Grenzwache subsumiert werden. Dabei können diese um Hilfe zur Bekämpfung von Straftaten ersuchen, z.B. mittels Anfragen für Führerscheine (Art. 4 Abs. 4 Ziff. 2), Feststellung der Identität (Art. 4 Abs. 4 Ziff. 5), Information über die Herkunft von Sachen (Art. 4 Abs. 4 Ziff. 6), Informationen bei Observationen über die Grenze hinaus sowie kontrollierte Lieferungen (Art. 4 Abs. 4 Ziff. 8), polizeilicher Vernehmungen (Art. 4 Abs. 4 Ziff. 11) oder Erkenntnisse aus Unterlagen oder Datensystemen (Art. 4 Abs. 4 Ziff. 13). Zudem werden Ausschreibungen von Personen zur Festnahme (Art. 6), die Daten zur Einreiseverweigerung (Art. 7) sowie die Daten zum Halter und zum Fahrer (Art. 9) gegenseitig ausgetauscht. Art. 10 regelt die Situation, falls das Gesuch nicht rechtzeitig gestellt

---

[62] Zum Ganzen Landwehr (FN 43), S. 174.
[63] Zum Ganzen Gamma Marco, Polizei, in: Tschudi et al. (Hrsg.), Die Grenzüberschreitende Zusammenarbeit der Schweiz – juristisches Handbuch zur Grenzüberschreitenden Zusammenarbeit von Bund und Kantonen, Band 8, Zürich 2014, S. 600 ff.

werden und demnach polizeiliche Hilfe nicht in Anspruch genommen werden kann. Schliesslich statuiert Art. 16 die Voraussetzungen, die erfüllt sein müssen, damit Polizeibehörden die Verfolgung einer Person im Nachbarstaat fortsetzen dürfen.

Gemäss Art. 23 des Polizeivertrags von 1999 können Zentren auf dem einen oder anderen Staatsgebiet errichtet werden, in denen die Polizeibehörden beider Staaten in ihrem Zuständigkeitsbereich räumlich zusammenarbeiten, wobei weiterhin eine Weisungs- und Disziplinargewalt der nationalen Behörden besteht. Die Regelung der Kostenaufteilung und der Modalitäten der Zusammenarbeit werden in separaten Vereinbarungen festgehalten. Falls die Zollverwaltung Aufgaben wahrnimmt, die mit Verstössen gegen Verbote und Beschränkungen des grenzüberschreitenden Warenverkehrs, wie etwa dem unerlaubten Verkehr mit Waffen, zusammenhängen, hält Art. 44 fest, welche Bestimmungen des Vertrags zur Anwendung gelangen.

5. Schwierigkeiten

In den vorhergehenden Kapiteln wurden weitgehend die Chancen der grenzüberschreitenden Zusammenarbeit thematisiert, weshalb hier auf die Schwierigkeiten eingegangen wird. Es steht ausser Frage, dass diese Zusammenarbeit nicht einfach ist. Demnach kann als erste Schwierigkeit die fehlende Kompetenz genannt werden. In föderalistischen Staaten wie Deutschland, Österreich oder der Schweiz verfügen fast nur Gliedstaaten über die Kompetenz, Verträge mit dem Ausland zu schliessen.[64] Als weitere Schwierigkeit kann die Rechtsunsicherheit aufgeführt werden, die dadurch entsteht, dass die Rechtsordnungen der beteiligten Staaten (z.B. Steuer-, Sozial- sowie Planungsgesetze)[65] oft unterschiedlich sind. Dies kann die Zusammenarbeit erschweren.[66] Die Tatsache, dass die Schweiz kein EU-Mitgliedstaat ist, mindert diese Rechtsunsicherheit keineswegs.[67] Ausserdem kann der fehlende politische Wille zur Kooperation eine weitere Schwierigkeit darstellen.[68] Darüber hinaus kann es sein, dass die Kooperationspartner unterschiedliche Ansichten betreffend die Umsetzung eines grenzüberschreitenden Projekts ha-

---

[64] Zum Ganzen BACH METTE, Grenzüberschreitende regionale Zusammenarbeit am Beispiel der Internationalen Bodenseekonferenz – Herausforderungen und Zukunftsperspektiven einer europäischen Region, St. Gallen 1996, S. 26.
[65] GU XUEWU, Grenzüberschreitende Zusammenarbeit zwischen den Regionen in Europa, Band 39, Baden-Baden 2002.
[66] Zum Ganzen BACH (FN 63), S. 27.
[67] BACH (FN 63), S. 28; vgl. unten IV.A.
[68] BACH (FN 63), S. 29.

ben.[69] Schliesslich gibt es auch sozioökonomische Schwierigkeiten, wie z.B. das unterschiedliche Entwicklungsniveau der Gebietseinheiten oder die verschiedenen Formalitäten bezüglich des Zolls und der Steuern.[70]

C. Arten

Bei Gemeinschaftszollanlagen gibt es keine spezifischen Arten i.S.v. Klassifikationen in Typ A, B oder C, vielmehr ergibt sich die Art der Zusammenlegung aus folgenden Kriterien: vorhandene Infrastrukturen, zur Verfügung stehender Platz,[71] sowie Nutzung[72]. Die Suche nach einem geeigneten Standort orientiert sich in einem ersten Schritt auf die vorhandenen Infrastrukturen, d.h. den Strassennetzen bzw. der Bahn- oder Tramstrecken. Demnach resultieren als Arten eine Autobahn-[73], Bahnhof-[74] oder Tram-Gemeinschaftszollanlage[75].[76] In einem zweiten Schritt muss entschieden werden, auf welchem Hoheitsgebiet genügend Platz vorhanden ist, um die Gemeinschaftszollanlage zu bauen. Normalerweise wird die Gemeinschaftszollanlage auf einem Staatsgebiet gebaut, d.h. entweder auf deutschem oder Schweizer Boden.[77] Dabei ist zu beobachten, dass weniger Zollanlagen aufgrund der mangelnden Platzverhältnisse auf Schweizer Boden stehen. Beispielsweise befinden sich mehrere Autobahn-Gemeinschaftszollanlagen[78] an der deutsch-schweizerischen Grenze komplett auf deutschem Boden. Ein Spezialfall liegt vor, wenn die Anlage genau auf der Grenze steht. In einem solchen Fall befinden sich die beiden Gebäude nebeneinander, aber jeweils auf dem eigenen Territorium.[79] Ein weiterer Spezialfall ist gegeben, wenn die Anlagenteile geografisch getrennt voneinander auf dem jeweiligen Staatsgebiet stehen, dies aus Platzgründen. Dennoch arbeiten in beiden Anlagenteile sowohl Schweizer als auch deutsche Beamte. Ein Beispiel für eine solche Gemeinschaftszollanlage ist Rheinfelden. Davon zu unterscheiden, ist eine gewöhnliche Zollanlage, bei wel-

---

[69] BACH (FN 63), S. 30.
[70] BACH (FN 63), S. 35.
[71] Zum Ganzen MANGOLD, Interview, S. 3.
[72] MÖLLECK, Interview, S. 3.
[73] Vgl. als Beispiel G7A *Kreuzlingen – Konstanz*.
[74] Vgl. als Beispiel Badischer Bahnhof.
[75] Vgl. als Beispiel Hiltalingerstrasse.
[76] Zum Ganzen MANGOLD, Interview, S. 13.
[77] AUTOR 2, Präsentation/Interview, S. 13.
[78] MANGOLD, Interview, S. 4, wonach es sich hier um *Weil am Rhein – Basel* und *Laufenburg (D) – Laufenburg (CH)* handelt.
[79] Die Grenze verläuft in der Mitte.

cher die beiden Gebäude örtlich auseinanderliegen und demnach keine Zusammenarbeit vorliegt, weil die Zolltätigkeit von jedem Staat eigenständig vorgenommen wird.[80] Es kann festgehalten werden, dass die klassische Form einer Gemeinschaftszollanlage entweder im In- oder Ausland steht[81],weshalb sich die vorliegende Arbeit auf diese Form fokussiert. Aus diesem Grund wird unter dem Begriff «Gemeinschaftszollanlage» der Normalfall subsumiert. Neben den zwei obengenannten Kriterien kann auch nach der Nutzung unterschieden werden. Darunter fallen zwei Arten, nämlich der Waren- und Personenverkehr. Ein Beispiel für letzteres ist die Anlage *Grenzacherhorn*, die eine Pendlergrenze ist und damit die Funktion des Zolls im Wesentlichen auf die Erstattung der Mehrwertsteuer und der Personenkontrolle begrenzt.[82]

D. Vor- und Nachteile

Vorteile	Nachteile
enge kooperative Zusammenarbeit	komplexe Rechtsgrundlage
Informationsaustausch	Zustimmung mehrerer Partner
Erhöhung der Sicherheit	verschiedene Prüfungs- und Genehmigungsverfahren
soziale Verbundenheit	
weniger Arbeitskräfte und -plätze	
Stauverringerung	
Steigerung der Effizienz	

Tabelle 1, Quelle: Eigene Darstellung

Eine Gemeinschaftszollanlage weist – wie in Tab. 1 – verschiedene Vor- und Nachteile auf. Der wichtigste Vorteil ist, dass eine enge, kooperative Zusammenarbeit geschaffen wird.[83] Sowohl auf der deutschen wie auch auf der Schweizer Seite gibt es eine Kommission, die sich regelmässig bezüglich der Regelung des Betriebs trifft.[84] Die Kommunikation ist dabei auch von Bedeutung, da ein Informationsaustausch stattfindet.[85] Es besteht auf der Arbeitsebene ein Kontakt zwischen

---

[80] Zum Ganzen MANGOLD, Interview, S. 3.
[81] AUTOR 2, Präsentation/Interview, S. 12; Ein Beispiel (aus der Sicht der Schweiz) für eine GZA im Inland wäre die GZA *Kreuzlingen – Konstanz*, wohingegen die GZA *Weil am Rhein – Basel* ein Beispiel für eine Anlage im Ausland darstellt.
[82] Zum Ganzen MÖLLECK, Interview, S. 3.
[83] MANGOLD, Interview, S. 5.
[84] MÖLLECK, Interview, S. 12.
[85] MANGOLD, Interview, S. 5.

den beiden Verwaltungen aufgrund des alltäglichen Austauschs sowohl auf persönlicher als auch auf geschäftlicher Ebene.[86] Dadurch wird einerseits eine frühzeitige Reaktion auf Probleme ermöglicht, wodurch die Sicherheit erhöht wird. Andererseits spielt die soziale Verbundenheit der Mitarbeiter eine bedeutende Rolle, wobei anzumerken ist, dass die Amtsverschwiegenheit dennoch gilt.[87] Damit ein solches soziales Umfeld entstehen kann, müssen die Hierarchiestufen zur Kooperation und zum Informationsaustausch bereit sein. Natürlich findet auch bei einer gewöhnlichen Zollanlage ein Informationsaustausch statt, jedoch nicht in einem solchen Ausmass. Durch die Zusammenlegung werden weniger Arbeitskräfte und -plätze benötigt. Heute wäre es aus finanziellen und ökologischen Gründen nicht mehr möglich, zwei solch gigantische Plätze zu schaffen.[88] Ausserdem können Synergien genutzt werden, da weniger Investitions- und Betriebskosten anfallen.[89] Dabei darf nicht in Vergessenheit geraten, dass Gemeinschaftszollanlagen u.a. mit dem Zweck der Stauverringerung gebaut werden.[90] Ferner führt eine Gemeinschaftszollanlage durch die Prozessvereinfachung zu mehr Effizienz und damit zu weniger Aufwand.[91]

Ein Nachteil ist z.B. die hoch komplexe Rechtsgrundlage, worauf unten in III.B.1. näher eingegangen wird.[92] Weiter erfordert es die gegenseitige Rücksichtnahme der unterschiedlichen Parteien, da zwei Verwaltungen mit ihren jeweiligen Genehmigungs- und Prüfverfahren involviert sind. Dies kann das Vorankommen eines Projekts erschweren.[93]

---

[86] MÖLLECK, Interview, S. 12.
[87] Zum Ganzen MANGOLD, Interview, S. 5; s. weiter MANGOLD, Interview, S. 5, welcher uns mitgeteilt hat, dass die Mitarbeiter der GZA gemeinsam Ausflüge unternehmen oder gemeinsame Feste organisieren.
[88] Zum Ganzen MANGOLD, Interview, S. 5.
[89] MÖLLECK, Interview, S. 4.
[90] Vgl. VÖGELE ADRIAN, Verkehrschaos an Rheintaler Zollübergängen: Bund kommt mit Plänen in Kriessern nicht vom Fleck, Tagesblatt vom 11. September 2019, wonach es eine GZA erfordert, um das Verkehrschaos im Rheintal zu lösen.
[91] MANGOLD, Interview, S. 5.
[92] MANGOLD, Interview, S. 6.
[93] Zum Ganzen MÖLLECK, Interview, S. 4.

III. Teil: Problemstellung

A. Möglichkeit der Zusammenlegung bestimmter Tätigkeiten

Jede Zollverwaltung hat ihre eigenen Zuständigkeitsbereiche.[94] Beim Betrieb einer Gemeinschaftszollanlage sind die Aufgabenbereiche klar abgegrenzt, weshalb sie nicht von der anderen Verwaltung übernommen werden können.[95] Als Beispiel kann der Warenverkehr genannt werden – im vorliegenden Teil – aus Schweizer Sicht.[96] In Art. 21 ZG[97] wird die Zuführungspflicht für Waren festgehalten, die ins oder aus dem Zollgebiet verbringt werden. Dagegen werden Waren, die ins Zollgebiet überführt werden gemäss Art. 23 ZG einer Zollüberwachung und einer Zollprüfung unterstellt. Das BAZG kontrolliert dadurch, ob die zollrechtlichen Vorschriften eingehalten werden. Weiter hält Art. 25 ZG fest, dass die anmeldepflichtige Person, die Waren, welche sie gemäss Art. 24 ZG der Zollstelle zugeführt, gestellt und summarisch angemeldet hat, innerhalb einer bestimmten Frist zur Veranlagung anmelden muss. Die Anmeldung erfolgt dabei gemäss Art. 28 ZG elektronisch, schriftlich oder mündlich. Diese kann von der Zollstelle gemäss Art. 32 ZG überprüft werden. Weiter können Waren die zur Veranlagung angemeldet worden sind, nach Art. 36 ZG einer Beschau unterzogen werden. Art. 38 ZG statuiert, dass die Zollstelle die Abgaben festlegt und eine Veranlagungsverfügung ausstellt. Basierend auf dieser Verfügung werden die Waren freigegeben, was in Art. 40 ZG festgehalten ist. Weiter hält Art. 41 ZG fest, dass Daten und Dokumente, welche in Zusammenhang mit dem Zollgesetz genutzt werden, aufzubewahren sind. Diesbezüglich statuiert Art. 6 DSG die Voraussetzungen unter welchen Personendaten[98] grenzüberschreitend bekanntgegeben werden dürfen. Die gegenseitige Unterstützung bleibt bestehen, auch wenn die Tätigkeiten nicht zusammengelegt werden.[99] Wie diese Unterstützung konkret aussieht, soll durch das nachfolgende Beispiel verdeutlicht werden. Wenn eine Person eine grosse Ausfuhr im Reisendenverkehr anmeldet und die Mehrwertsteuer abstem-

---

[94] Für die polizeiliche und justizielle Zusammenarbeit kann auf II.B. verwiesen werden.
[95] MANGOLD, Interview, S. 7, welcher aussagt, dass die deutschen Beamten nicht befugt sind, die Tätigkeiten der Schweizer Zollverwaltung für sie zu übernehmen.
[96] MANGOLD, Interview, S. 7, welcher aussagt, dass für den Grenzverkehr zwischen der deutschen und der Schweizer Zollzone das schweizerisch-deutsche Abkommen über den Grenz- und Durchgangsverkehr eine bedeutende Rolle ein nimmt. Darin wird geregelt, welche Waren von jeglichen Ein- und Ausgangsabgaben befreit sind.
[97] Zollgesetz vom 18. März 2005 (ZG; SR631.0).
[98] Personendaten sind gemäss Art. 3 DSG «alle Angaben, die sich auf eine bestimmte oder bestimmbare Person beziehen».
[99] Zum Ganzen Interview, MANGOLD, S. 7.

peln lässt, erwartet der Schweizer Beamte von seinem deutschen Kollegen einen Hinweis. Dadurch weiss er, dass die mehrwehrtsteuerfreie Einfuhrgrenze überschritten wurde.[100] Beim Reisendenverkehr werden stichprobenweise Kontrollen durchgeführt. So kann es vorkommen, dass ein ganzes Auto ausgeladen und durchsucht wird. Ausserdem werden Passkontrollen durchgeführt.[101] Bei der Einreise in die Schweiz müssen Privatpersonen Waren für den privaten Gebrauch oder Geschenke anmelden, mit Ausnahme von abgabefreien Waren.[102]

Synergien werden durch die örtliche Zusammenlegung der Tätigkeiten und demnach durch die gemeinsame Nutzung der Infrastrukturen geschaffen.[103] Damit ist gemeint, dass bei einer Gemeinschaftszollanlage der Ein- und Ausfuhrteil im selben Gebäude liegt.[104] Die Einfuhr hat im Zollwesen grundsätzlich einen grösseren Stellenwert als die Ausfuhr, weil dadurch fiskalisch etwas geleistet wird. Es werden Zollabgaben und Steuern erhoben, wodurch die finanzielle Sicherheit des Staates gewährleistet wird. Die Ausfuhr ist z.B. aufgrund sicherheitstechnischer Vorkehrungen relevant, so etwa beim Waffenexport.[105]

Zur Veranschaulichung wird ein fiktives Praxisbeispiel nachfolgend erläutert: Ein LKW möchte die Grenze in Richtung Schweiz überqueren, woraufhin er als erstes in den Vorstauraum geleitet wird. Dort wird bestimmt, ob er bereits zollabgefertigt ist oder nicht. Sollte dem nicht so sein, wird er in den Kontrollbereich überführt, wo er der Zollhoheit der Schweiz untersteht. Sollte entschieden werden, dass eine Kontrolle vorgenommen wird, werden die Waren im Kontrollgebäude entladen. Neben dem Kontrollbereich gibt es auch einen Verwaltungsbereich, wo z.B. Zolldeklarationen durchgeführt und LSVA-Belege ausgestellt werden. Auf der deutschen Seite kann sich dies analog vorgestellt werden.[106]

Zusammenfassend lässt sich sagen, dass bei Gemeinschaftszollanlagen eine örtliche, aber keine sachliche Zusammenlegung der Tätigkeiten stattfindet. Es entstehen jedoch Synergien durch die gegenseitige Unterstützung, die aufgrund der Ortsgegebenheiten vorliegt. Bezogen auf die Zusammenlegung der Tätigkeiten könnten für die Zukunft Verträge interessant sein, die auch die Zusammenlegung

---

[100] Zum Ganzen MANGOLD, S. 7.
[101] Zum Ganzen AUTOR 2, Interview/Präsentation, S. 4.
[102] AUTOR 2, Interview/Präsentation, S. 6; Gemäss Art. 16 ZG sind Waren des Reisverkehrs «Waren, die jemand auf einer Reise über die Zollgrenze mitführt oder bei der Ankunft aus dem Ausland in einem inländischen Zollfreiladen erwirbt, ohne dass sie für den Handel bestimmt sind».
[103] MÖLLECK, Interview, S. 4; MANGOLD Interview, S. 7.
[104] AUTOR 2, Interview/Präsentation, S. 1.
[105] Zum Ganzen AUTOR 2, Interview/Präsentation, S. 6.
[106] Zum Ganzen AUTOR 2, Interview/Präsentation, S. 6.

sachlicher Tätigkeiten ermöglichen würden. Dies wird durch vereinfachte, automatisierte und digitalisierte Abgabe- und Kontrollprozesse möglich sein. Dadurch würde die Gemeinschaftszollanlage noch mehr an Bedeutung gewinnen. Aus diesem Grund könnten die Abfertigungsprozesse wesentlich beschleunigt werden. Um dies jedoch zu gewährleisten, müssten die Staaten ihre Hoheitsrechte an den Vertragspartner abtreten, was durch klare vertragliche Regelungen jedoch nicht problematisch sein sollte.

B. Bau und Planung

In diesem Kapitel wird zuerst ein Einblick in die rechtlichen Grundlagen zum Bau und der Planung einer Gemeinschaftszollanlage gewährt. Anschliessend wird aufgezeigt, wer als Bauherr hierfür zuständig ist, bevor dann auf den Bauprozess eingegangen wird. Schliesslich folgt die Kostenregelung.

1. Rechtliche Grundlagen

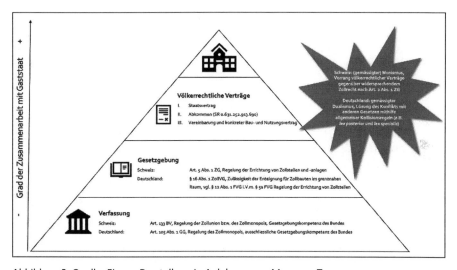

Abbildung 3, Quelle: Eigene Darstellung in Anlehnung an MANGOLD THOMAS

In der Schweiz haben wir seit 1848 eine Zollunion, wobei die Zollgrenzen nicht den Landesgrenzen entsprechen. Die Zollunion bzw. das Zollmonopol[107], ist – wie in Abb. 3 erkennbar – in Art. 133 BV verankert und sieht eine Gesetzgebungskom-

---

[107] Vgl. MANGOLD, Interview, S. 1, welcher davon spricht.

petenz des Bundes vor.[108] Diese Gesetzgebung zeigt sich u.a. im Zollgesetz[109],[110] wo auch der Bau einer Zollanlage seinen Ursprung hat. In Art. 5 Abs. 1 ZG ist festgehalten, dass das BAZG «zur Erfüllung seiner Aufgaben Zollstellen sowie Zollanlagen [errichtet]». Daraus lässt sich schliessen, dass der Bund verpflichtet ist, schweizweit eine Grundinfrastruktur an Zollanlagen zur Verfügung zu stellen. Dieser Grundsatzentscheid ermöglicht dem Bund, in Zollsachen autonomer zu handeln.[111] Dagegen ist das Zollmonopol in Deutschland – wie in Abb. 3 ersichtlich – in Art. 105 Abs. 1 GG[112]/DE festgehalten, welcher dem Bund – ähnlich wie in der Schweiz – eine ausschliessliche Gesetzgebungskompetenz zuweist. Die nationale Gesetzgebung manifestiert sich u.a. im Zollverwaltungsgesetz,[113] in welchem nach § 16 Abs. 1 ZollVG[114]/DE «für die Errichtung von Zollbauten im grenznahen Raum [...] die Enteignung zulässig [ist]». Die Generalzolldirektion ist dabei für deren Errichtung zuständig (vgl. § 12 Abs. 1 i.V.m. § 5a FVG/DE[115]).[116]

Beim Bau und der Planung einer gemeinsamen Zollanlage spielen aufgrund der Beteiligung zweier Staaten zusätzlich völkerrechtliche Verträge[117] eine Rolle. Als völkerrechtliche Verträge gelten – wie in Abb. 3 ersichtlich – Staatsverträge, Abkommen sowie Vereinbarungen und deren dazugehörigen Bau- und Nutzungsverträge.[118] Durch den Abschluss von völkerrechtlichen Verträgen steigt entsprechend auch der Grad der Zusammenarbeit mit dem Gaststaat, nicht zuletzt durch die Beteiligung an der Projektorganisation.[119] Bezüglich des Verhältnisses zwischen den völkerrechtlichen Verträgen und dem nationalen Recht haben beide Staaten – wie in Abb. 3 erkennbar – unterschiedliche Regeln. In der Schweiz gilt nach h.L. und langjähriger Rechtsprechung der Gerichte der (gemässigte) Monis-

---

[108] Vgl. oben II.A.1.
[109] Vgl. BUNDESAMT FÜR ZOLL- UND GRENZSICHERHEIT, wonach das neue Zollgesetz, d.h. das BAZG-Vollzugsaufgabengesetz, voraussichtlich am 1. Januar 2024 in Kraft treten wird; s. weiter MANGOLD, Interview, S, 1.
[110] Zum Ganzen OFK-BIAGGINI (FN 22), Art. 133 BV N 1 ff.
[111] Zum Ganzen SCHREIER, Kommentar zu Art. 5 ZG, KOCHER/CLAVADETSCHER (Hrsg.), Zollgesetz (ZG), Zollgesetz vom 18. März 2005 (ZG), Stämpflis Handkommentar, Bern 2009.
[112] Grundgesetz vom 23. Mai 1949 für die Bundesrepublik Deutschland (GG).
[113] Zum Ganzen Internet: «https://www.zoll.de/DE/Fachthemen/Zoelle/Rechtsgrundlagen/rechtsgrundlagen_node.html» (Abruf 26.5.2022).
[114] Zollverwaltungsgesetz vom 21. Dezember 1992 (ZollVG).
[115] Gesetz vom 4. April 2006 über die Finanzverwaltung (Finanzverwaltungsgesetz, FVG).
[116] Vgl. AUTOR 4, Auskunft per E-Mail vom 20. Mai 2022.
[117] Vgl. zum Begriff des völkerrechtlichen Vertrags in der Schweiz das EIDGENÖSSISCHE DEPARTEMENT FÜR AUSWÄRTIGE ANGELEGENHEITEN, S. 4 ff. und in Deutschland § 1 ff. RvV.
[118] Vgl. zum Ganzen MANGOLD, Interview, S. 1 f.
[119] Vgl. MANGOLD, Interview, S. 8; MANGOLD, schriftliche Fragen, S. 2.

mus, wonach völkerrechtliche Verträge unmittelbar anwendbar sind. Diesen wird im Falle anderslautender Bestimmungen des Zollrechts nach Art. 2 Abs. 1 ZG der Vorrang gegeben und der Bundesrat oder Gesetzgeber werden nach Abs. 2 dazu ermächtigt, allfällige Anpassungen derselben vorzunehmen. Auf diese Weise kann die Rechtssicherheit gewährleistet werden.[120] Dagegen wird in Deutschland aufgrund der Transformations- und Vollzugslehre von einem gemässigten Dualismus ausgegangen und die völkerrechtlichen Verträge müssen nach Art. 59 Abs. 2 GG/DE in Form eines Zustimmungs- oder Vertragsgesetzes übernommen werden.[121] Völkerrechtliche Verträge denen ein solches Gesetz zugrunde liegt, haben den Rang eines einfachen Bundesgesetzes, weshalb Konflikte mit anderen Gesetzen mithilfe allgemeiner Kollisionsregeln (z.B. lex posterior oder lex specialis) gelöst werden.[122] Beim Bau und der Planung von Gemeinschaftszollanlagen spielen Staatsverträge eine untergeordnete Rolle, dafür sind aber Abkommen und Vereinbarungen von grösserer Bedeutung.[123] Als Abkommen gilt beim Bau und der Planung von deutsch-schweizerischen Gemeinschaftszollanlagen seit 1961 jenes zwischen der Schweizerischen Eidgenossenschaft und der Bundesrepublik Deutschland über die Errichtung nebeneinanderliegender Grenzabfertigungsstellen und die Grenzabfertigung in Verkehrsmitteln während der Fahrt als Grundlage.[124] Dagegen sind Vereinbarungen anlagespezifisch und werden im Hinblick auf die (Bau-)Tätigkeit vor Ort abgeschlossen. Sie durchlaufen sowohl aus Schweizer wie auch aus deutscher Sicht i.d.R. mehrere Bundesämter bzw. -anstalten, bevor es schliesslich zur Unterzeichnung[125] kommt.[126] Bezogen auf die Gemeinschaftszollanlage *Kreuzlingen – Konstanz* ist als Vereinbarung diejenige zwischen dem EFD und dem BMF über die Errichtung nebeneinanderliegender Grenzabfertigungsstellen am Grenzübergang Kreuzlingen/Konstanz Autobahn von 2010 zu

---

[120] Zum Ganzen COTTIER THOMAS/HERREN DAVID, Kommentar zu Art. 2 ZG N 4, KOCHER/CLAVADETSCHER (Hrsg.), Zollgesetz (ZG), Zollgesetz vom 18. März 2005 (ZG), Stämpflis Handkommentar, Bern 2009; s. dazu auch Art. 5 Abs. 4 und Art. 190 BV.

[121] Vgl. für Diskussion zur Tranformations- und Vollzugslehre KUNIG PHILIP/UERPMANN-WITTZACK, Völkerrecht und staatliches Recht, Berlin/Boston 2019, S. 128 ff.

[122] Zum Ganzen WISSENSCHAFTLICHER DIENST DES EUROPÄISCHEN PARLAMENTS, S. 8 und 11.

[123] Vgl. MANGOLD, schriftliche Fragen, S. 2; s. weiter MANGOLD, Interview, S. 1 f.; s. auch MANGOLD, rechtliche Grundlagen, S. 1.

[124] Vgl. MÖLLECK, Interview, S. 1 f., welcher hier von einem sog. Grundsatzabkommen spricht.

[125] Vgl. MANGOLD, Interview, S. 2, wonach bei Vereinbarungen verglichen wird, «ob der ausländische Staat dasselbe gemacht hat [..] und wenn es nicht das Gleiche ist, muss man nochmals über die Bücher und [man] macht nochmals dasselbe, bis [...] das dann unterzeichnet wird»; vgl. als Beispiel Hünigerstrasse MANGOLD, Interview, S. 2.

[126] Zum Ganzen MANGOLD, Interview, S. 2.

nennen. Im Falle der Gemeinschaftszollanlage *Weil am Rhein – Basel* ist die Vereinbarung zwischen EFD und dem BMF über die Errichtung nebeneinanderliegender Grenzabfertigungsstellen am Grenzübergang Basel-Autobahn/Weil am Rhein von 2010. Gestützt auf diese Vereinbarungen werden dann die Bau- und Nutzungsverträge ausgehandelt, worin die Einzelheiten festgelegt werden.[127] Bezogen auf die Gemeinschaftszollanlage *Kreuzlingen – Konstanz* kann der Bau- und Nutzungsvertrag zwischen der Bundesrepublik Deutschland, vertreten durch die Oberfinanzdirektion Karlsruhe, und der Schweizerischen Eidgenossenschaft, Eidgenössische Zollverwaltung, vertreten durch die Zolldirektion Schaffhausen über den Bau und die Nutzung der Gemeinschaftszollanlage *Kreuzlingen – Konstanz* erwähnt werden. Darüber hinaus sind – wie in Abb. 3 ersichtlich – auch gemeinsame Absichtserklärungen oder Dienstanweisungen vom jeweiligen Staat von Bedeutung, wobei erstere die einfachste Form der Zusammenarbeit darstellen.[128]

Zusammenfassend lässt sich sagen, dass der Bau und die Planung einer Gemeinschaftszollanlage einfach sind, wenn die obengenannten Rechtsgrundlagen gegeben sind. Dabei ist wichtig zu beachten, dass die Vereinbarungen möglichst zehn Jahre vorher ausgearbeitet werden und spätestens bei Baubeginn vorliegen.[129]

2. Zuständigkeiten

Die Zuständigkeit richtet sich nach dem Territorialitätsprinzip[130], d.h. wenn eine Gemeinschaftszollanlage auf dem Schweizer Boden gebaut wird, ist auch die Schweizerische Eidgenossenschaft zuständig.[131] Diese wird durch das Bundesamt für Bauten und Logistik (BBL) als Bau- und Liegenschaftsorgan des Bundes (BLO) im Rahmen des Immobilienmanagements nach Art. 19 Abs. 1 lit. a Ziff. 1 und Abs. 2 lit. a OV-EFD[132] i.V.m. Art. 6 Abs. 1 lit. e und Art. 8 Abs. 1 lit. a VILB[133] ver-

---

[127] Vgl. Art. 3 Vereinbarung zwischen der Schweizerischen Eidgenossenschaft und der Bundesrepublik Deutschland über die Errichtung nebeneinanderliegender Grenzabfertigungsstellen und die Grenzabfertigung in Verkehrsmitteln während der Fahrt; s. weiter Bau- und Nutzungsvertrag über die Gemeinschaftszollanlage *Kreuzlingen – Konstanz*.
[128] Zum Ganzen MANGOLD, Interview, S. 2.
[129] Zum Ganzen MANGOLD, Interview, S. 2 und 8.
[130] Vgl. oben II.A.4.
[131] Vgl. FISCHER, Interview, S. 4; MANGOLD, Interview, S. 8; MÖLLECK, Interview, S. 10.
[132] Organisationsverordnung vom 17. Februar 2010 für das Eidgenössische Finanzdepartement (OV-EFD; SR 172.215.1).
[133] Verordnung vom 5. Dezember 2008 über das Immobilienmanagement und die Logistik des Bundes (VILB; SR172.010.21).

treten.[134] Das BBL ist als Teil des EFD darauf ausgerichtet[135], den Bau und die Planung einer Bundesbaute als Bauherr gemäss Art. 7 Abs. 2 VILB auszuführen[136].

Wird dagegen eine Gemeinschaftszollanlage auf deutschem Boden errichtet, ist die Bundesrepublik Deutschland zuständig.[137] Diese wird durch die Bundesanstalt für Immobilienaufgaben (BImA) im Rahmen des Einheitlichen Liegenschaftsmanagements nach § 1 Abs. 1 i.V.m. § 2 Abs. 1 BImAG/DE vertreten.[138] Die Bundesanstalt für Immobilienaufgaben ist als Teil des BMF für den Bau und die Planung von Bundesimmobilien verantwortlich.[139]

Das BBL baut und plant nicht selbst, sondern delegiert es vielmehr an Dritte bzw. Fachverantwortliche.[140] Bei den Fachverantwortlichen handelt es sich um Personen mit bautechnischem Hintergrund, wie z.B. Planer, Bauingenieure oder Architekten, welche die Interessen des Zolls wahrnehmen und vertreten. Sie tragen die Verantwortung, dass alles, was der Zoll bzw. Nutzer möchte auch gebaut wird. Daher bringen sie auch länderspezifische Dinge ein, wie z.B. Schweizer oder deutsche Steckdosen. Aus diesem Grund sind auch sie im weiteren Sinn für den Bau und die Planung einer Gemeinschaftszollanlage zuständig.[141]

3. Bauprozess

Die Prozesse zum Bau einer Gemeinschaftszollanlage sind in Deutschland und der Schweiz unterschiedlich. Daher wird in diesem Paragraphen zuerst das Verfahren zum Bau und der Planung einer Gemeinschaftszollanlage auf Schweizer Boden

---

[134] HEIERLI, Interview, S. 3 f.; MANGOLD, Interview, S. 1; AUTOR 2, Präsentation/Interview, S. 1 und 11.
[135] Internet: «https://www.efd.admin.ch/efd/de/home/das-efd/organisation.html» (Abruf 26.5.2022).
[136] Vgl. Internet: «https://www.bbl.admin.ch/bbl/de/home/das-bbl/aufgaben.html», besucht am 26.5.2022 (Abruf 26.5.2022).
[137] Vgl. MANGOLD, Interview, S. 8; MÖLLECK, Interview, S. 9 f.
[138] MANGOLD, Interview, S. 8; MÖLLECK, Interview, S. 8; vgl. Internet: «https://www.bundesfinanzministerium.de/Content/DE/Standardartikel/Themen/Bundesvermoegen/bundesanstalt-fuer-immobilienaufgaben.html» (Abruf 26.5.2022); vgl. weiter MÖLLECK, Interview, S. 8 f., wonach früher die Zollverwaltung zuständig war.
[139] Internet: «https://www.bundesfinanzministerium.de/Content/DE/Standardartikel/Themen/Bundesvermoegen/bundesanstalt-fuer-immobilienaufgaben.html» (Abruf 26.5.2022).
[140] Vgl. HEIERLI, Interview, S. 4; MANGOLD, Interview, S. 8; AUTOR 2, Präsentation/Interview, S. 11.
[141] Zum Ganzen HEIERLI, Interview, S. 4.

aufgezeigt, bevor jenes auf deutschem Boden thematisiert wird. Der Verständlichkeit halber werden die beiden Verfahren nachfolgend übersichtsmässig erläutert. Neben den einzelnen Verfahrensschritten wird ferner auf das Mitsprache- und Beschwerderecht des Gaststaates eingegangen.

a. Verfahren zum Bau einer Gemeinschaftszollanlage auf Schweizer Boden

Beim Bau und der Planung einer Gemeinschaftszollanlage sind neben den öffentlichen Rechtsgrundlagen auch weitere Normen zu beachten, wobei letztere spezifischer auf den Bauprozess ausgelegt sind.[142] Die Verordnung über das Immobilienmanagement und die Logistik des Bundes (VILB) stellt dabei eine öffentliche Rechtsgrundlage dar, in der die Koordinationskonferenz der BLO der öffentlichen Bauherren (KBOB) nach Art. 26 Abs. 3 lit. a VILB das Beschaffungs- und Vertragswesen zu koordinieren hat. Diese stellt Musterverträge auf und erarbeitet Leitfäden für eine möglichst effiziente Zusammenarbeit zwischen den Vertragsparteien.[143] Beim Bau und der Planung einer Gemeinschaftszollanlage wird ein Planervertrag abgeschlossen.[144] Dieser stützt sich auf die privaten Normen i.S.v. Art. 4 Ordnung SIA 102/2020 und Norm SIA 112/2014[145], was heisst, dass das BBL als Auftraggeber und der Planer (z.B. Architekt oder Ingenieur) als Beauftragte zu qualifizieren sind[146]. Die Norm SIA 112 beschreibt das Modell Bauplanung, womit der ganze Lebenszyklus eines Bauwerks veranschaulicht wird. Dabei zeichnet sich dieser Lebenszyklus durch sechs Phasen[147] und dreizehn Teilphasen mit deren dazugehörigen Zielen aus, die sich zeitlich überschneiden können. Die Teilphasenziele werden aus der Sicht des Auftraggebers formuliert, wobei der Beauftragte dessen Interessen zu wahren hat.[148]

Wenn eine Gemeinschaftszollanlage auf Schweizer Boden gebaut wird, erfolgen vor der Realisierung – wie in Abb. 4 ersichtlich – zuerst die strategische Planung, die Vorstudie, die Projektierung und die Ausschreibung. Anschliessend kann die

---

[142] HEIERLI, Telefonat vom 19. Mai 2022.
[143] Internet: «https://www.kbob.admin.ch/kbob/de/home/themen-leistungen/dienstleistungen-planer/der-kbob-planervertrag.html» (Abruf 26.5.2022); vgl. weiter Internet: «https://www.kbob.admin.ch/kbob/de/home/themen-leistungen/dienstleistungen-planer/der-kbob-planervertrag.html» (Abruf 26.5.2022).
[144] HEIERLI, Telefonat vom 19. Mai 2022.
[145] Internet: «https://www.kbob.admin.ch/kbob/de/home/themen-leistungen/dienstleistungen-planer/der-kbob-planervertrag.html» (Abruf 26.5.2022)., S. 4 ff.
[146] Vgl. Norm SIA 112, S. 6 f.
[147] Vgl. Art. 9 Abs. 4 lit. d und e VILB, welche die Vorstudien, Projektierung, Ausschreibung und Realisierung im Bereich der operativen Steuerung des BLO zuordnen.
[148] Zum Ganzen Norm SIA 112, S. 4 f. und 10.

fertige Anlage bewirtschaftet werden, womit alle Phasen gemäss der Norm SIA 112 durchlaufen wären.[149]

Phasen	Teilphasen	Teilziele
1. Strategische Planung	11. Bedürfnisformulierung, Lösungsstrategien	☞ Definition von Bedürfnissen, Zielen und Rahmenbedingungen, Festlegung von Lösungsstrategien
2. Vorstudie	21. Definition des Bauvorhabens, Machbarkeitsstudie	☞ Festlegung von Organisation und Vorgehen, Definition der Projektierungsgrundlage, Nachweis der Machbarkeit, Erstellen der Projektdefinition und Projektpflichtenheft
	22. Auswahlverfahren	☞ Wahl des Projekts bzw. Anbieters
3. Projektierung	31. Vorprojekt	☞ Optimierung der Konzeption und Wirtschaftlichkeit
	32. Bauprojekt	☞ Optimierung des Projekts und der Kosten, Definition der Termine
	33. Bewilligungsverfahren, Auflageprojekt	☞ Einholen der Bewilligung für Projekt, Verifizieren der Kosten und Termine, Genehmigung des Baukredits
4. Ausschreibung	41. Ausschreibung, Offertvergleich und Vergabe	☞ öffentliche Ausschreibung, Abschluss von Kauf- und Werkverträgen
5. Realisierung	51. Ausführungsprojekt 52. Ausführung	☞ Erreichen der Ausführungsreife ☞ Erstellen des Werks gemäss Pflichtenheft und Vertrag
	53. Inbetriebnahme, Bauabschluss	☞ mängelfreie Übernahme, Betriebnahme, Erstellen der Schlussrechnung
6. Bewirtschaftung	61. Betrieb 62. Überwachung, Überprüfung, Wartung	☞ Sicherstellung und Optimierung des Betriebs ☞ Abklärung des Bauwerkszustands und Sicherstellung der Wartung
	63. Instandhaltung	☞ Aufrechterhaltung der Dauerhaftigkeit und des Werts für Restnutzungsdauer

Abbildung 4, Quelle: Eigene Darstellung in Anlehnung an Norm SIA 112

Die erste Phase stellt die strategische Planung dar, welche über die 11. Teilphase verfügt. Bei dieser Teilphase geht es um die Bedürfnisformulierung und die Lösungsstrategien. Ziel dieser Teilphase ist es sowohl Bedürfnisse, Ziele und Rahmenbedingungen zu definieren als auch Lösungsstrategien festzulegen.[150] Bezogen auf die Gemeinschaftszollanlage *Kreuzlingen – Konstanz* sah die strategische Planung wie folgt aus: Der Anschluss der A7 an das deutsche Autobahnstrassennetz erforderte einen weiteren Grenzübergang. Infolgedessen einigten sich Deutschland und die Schweiz auf den Bau einer Gemeinschaftszollanlage auf Schweizer Boden. Nur durch die koordinierten und zusammengelegten Kontrolltätigkeiten der beiden Zollverwaltungen wurde eine schnelle Abwicklung des Personen- und Warenverkehrs möglich.[151] Um die Jahrhundertwende stand die Dis-

---

[149] Zum Ganzen Norm SIA 112, S. 9.
[150] Zum Ganzen Norm SIA 112, S. 9; vgl. weiter HEIERLI, Interview, S. 3, wonach der Kauf eines Grundstücks zum Zweck des Baus einer Gemeinschaftszollanlage unter diese Phase subsumiert wird.
[151] Zum Ganzen Internet: «https://www.bbl.admin.ch/bbl/de/home/bauten/bauten_in land/bautendokumentation/zoll.html» (Abruf 26.5.2022).

kussion eines EU-Beitritts der Schweiz im Raum, weshalb die Nutzungsdauer für die im Jahr 2000 in Betrieb genommene Gemeinschaftszollanlage auf 15 Jahre festgelegt wurde. Aus diesem Grund wurde die gesamte Anlage rückbaubar erstellt. Der Nachteil einer rückbaubaren Gemeinschaftszollanlage ist, dass sich mit der Zeit Unterhaltskosten bemerkbar machen, die bei einem Massivbau nicht zum Vorschein kämen.[152]

Die zweite Phase stellt die Vorstudie[153] dar, welche die 21. und 22. Teilphase umfasst. Bei der 21. Teilphase geht es um die Definition des Bauvorhabens und der Durchführung der Machbarkeitsstudie. Ziel dieser Teilphase ist es, das Vorgehen und die Organisation festzulegen, die Projektierungsgrundlage zu definieren, die bauliche, betriebliche und rechtliche Machbarkeit nachzuweisen sowie die Projektdefinition und das Projektpflichtenheft zu erstellen. Die Projektdefinition hält i.d.R. während des ganzen Prozesses die gleichen zentralen Zielgrössen, Funktionen und Rahmenbedingungen des Bauvorhabens fest. Dagegen umfasst das Projektpflichtenheft sowohl die Funktionen und Eigenschaften des Bauwerks, um die in der Projektdefinition festgehaltenen Zielgrössen zu erreichen, als auch die Aufbau- und Ablauforganisation des Bauprojekts.[154] Dagegen steht bei der 22. Teilphase das Auswahlverfahren im Fokus. Ziel dieser Teilphase ist es, das Projekt bzw. den Anbieter durch ein Beurteilungsgremium zu wählen, das bzw. der den Anforderungen am besten Rechnung trägt.[155]

Die dritte Phase stellt die Projektierung[156] dar, welche die 31., 32. und 33. Teilphase enthält. Bei der 31. Teilphase geht es um das Vorprojekt, in welchem als Ziel die Optimierung der Konzeption und Wirtschaftlichkeit verfolgt wird. Dagegen steht bei der 32. Teilphase das Bauprojekt im Zentrum. Ziel dieser Teilphase ist es, das Projekt und die Kosten zu optimieren und die Termine zu definieren. Schliesslich erfolgt in der 33. Teilphase das Bewilligungsverfahren bzw. das Auflageprojekt. In dieser Teilphase wird das Ziel verfolgt, eine Bewilligung für das Projekt einzuholen, die Kosten und Termine zu verifizieren und den Baukredit genehmigt zu bekommen.[157] Für das Einholen der Bewilligung müssen auf Bundesebene die (Minimal-)Voraussetzungen gemäss Art. 22 Abs. 2 RPG[158] erfüllt

---

[152] Zum Ganzen AUTOR 2, Präsentation/Interview, S. 15.
[153] Vgl. Art. 9 Abs. 4 lit. d VILB.
[154] Zum Ganzen Norm SIA 112, S. 7 und 9.
[155] Zum Ganzen Norm SIA 112, S. 9 und 13.
[156] Vgl. Art. 9 Abs. 4 lit. d VILB.
[157] Zum Ganzen Norm SIA 112, S. 9.
[158] Bundesgesetz vom 22. Juni 1979 über die Raumplanung (Raumplanungsgesetz, RPG; SR 700).

sein[159], welcher vorsieht, dass «die Bauten und Anlagen dem Zweck der Nutzungszone entsprechen» (lit. a) und «das Land erschlossen ist» (lit. b). Daneben müssen i.S.v. Abs. 3 weitere Rechtsnormen des Bundes (z.B. Umweltschutz)[160] und der Kantone berücksichtigt werden. Bezogen auf die Nutzungszone kann weiter aufgeführt werden, dass in den kantonalen und kommunalen Rechtsnormen die Umschreibung der zugelassenen Nutzungsmöglichkeiten zu finden ist.[161] Im Falle von Gemeinschaftszollanlagen handelt es sich um eine Zone für öffentliche Bauten[162], weshalb nur Anlagen gebaut werden können, die auch dem öffentlichen Zweck dienen[163]. Die Zuständigkeit wird nach Art. 25 Abs. 1 RPG vom Kanton festgelegt, wobei meistens die Gemeinde als erste Instanz für die Erteilung der Baubewilligung zuständig ist.[164] Bezogen auf die Gemeinschaftszollanlage *Kreuzlingen – Konstanz* kann gesagt werden, dass das ordentliche kantonale Bewilligungsverfahren gemäss Bau- und Planungsgesetz des Kantons Thurgau (PBG[165]) zur Anwendung kommt. Eine Baubewilligung ist gemäss § 98 PBG/TG grundsätzlich bei allen Bauten und Lagen notwendig, ausser es handelt sich um eine in § 98 PBG/TG statuierte Ausnahme. Das Baugesuch muss gemäss § 100 PBG/TG i.V.m § 51 der Verordnung des Regierungsrates zum Planungs- und Baugesetz[166] bei der Gemeindebehörde eingereicht werden. Bevor jedoch das Baugesuch eingereicht wird, besteht eine Visierpflicht. § 102 PBG/TG hält fest, dass das Baugesuch für 20 Tage öffentlich aufgelegt werden muss. Während dieser Frist kann schriftlich eine begründete Einsprache erhoben werden, wobei gemäss § 103 PBG/TG ein schutzwürdiges Interesse vorhanden sein muss. Ausserdem sind noch privatrechtliche Einsprachen möglich, wozu jedoch die in § 104 bzw. 105 PGB/TG genannten Voraussetzungen erfüllt sein müssen. Eine Baubewilligung wird gemäss § 106 PGB/TG erteilt, sofern die öffentlich-rechtlichen Anforderungen erfüllt sind. Laut § 110 PGB/TG muss eine rechtskräftige Baubewilligung vorliegen und die privatrechtliche Einsprachefrist abgelaufen sein, bevor mit dem Bauvorhaben begonnen werden kann. Ausserdem müssen meldepflichtige Bau-

---

[159] RUCH, Kommentar zu Art. 22 RPG, in: AEMISEGGER/MOOR/RUCH/TSCHANNEN (Hrsg.), Baubewilligung, Rechtschutz und Verfahren (RPG), Bundesgesetz über die Raumplanung vom 22. Juni 1979, Praxiskommentar, Zürich 2020.
[160] Vgl. hierfür unten III.D.
[161] Zum Ganzen PK-RUCH (FN 152), Art. 22 RPG N 78 und 94 ff.
[162] HEIERLI, Interview, S. 1 f.
[163] PK-RUCH (FN 152), Art. 22 RPG N 87.
[164] PK-RUCH (FN 152), Art. 22 RPG N 31 ff.
[165] Planungs- und Baugesetz des Kantons Thurgau vom 21. Dezember 2011 (PBG; RB 700).
[166] Verordnung des Regierungsrats vom 18. September 2012 zum Planungs- und Baugesetz und zur Interkantonalen Vereinbarung über die Harmonisierung der Baubegriffe (PBV; RB 700.1).

vorgänge genehmigt werden. Schliesslich wird in § 111 PGB/TG die Bauaufsichtszuständigkeit der Gemeindebehörden geregelt.

Die vierte Phase stellt die Ausschreibung[167] dar, welche die 41. Teilphase erfasst. Bei dieser Teilphase geht es neben der Ausschreibung auch um den Offertvergleich und die Vergabe. Ziel dieser Teilphase ist es, im Hinblick auf das Projekt Kauf- und Werkverträge[168] abzuschliessen.[169] Die Ausschreibung nach WTO wird vom BBL vorgenommen[170], welche öffentliche Aufträge in Abhängigkeit des Schwellenwerts i.S.v. Art. 17 ff. BöB[171] vergibt und auf der Internetseite[172] publiziert. Darüber hinaus muss bei Gemeinschaftszollanlagen ein Architektenwettbewerb i.S.v. Art. 22 BöB erfolgen.[173] Bezogen auf die Gemeinschaftszollanlage *Kreuzlingen – Konstanz* wurde ein Wettbewerb durchgeführt, den das deutsche Architekturbüro «Blödt, Maier und Thamm» gewonnen hat.[174]

Die fünfte Phase stellt die Realisierung[175] dar, welche die 51., 52. und 53. Teilphase umfasst. Bei der 51. Teilphase geht es um das Ausführungsprojekt, in welchem als Ziel eine gewisse Ausführungsreife erreicht werden muss. Bei der 52. Teilphase steht die Ausführung selbst im Fokus, so dass als Ziel das Bauwerk gemäss Pflichtenheft und Vertrag erstellt wird.[176] Dagegen geht es bei der 53. Teilphase um die Inbetriebnahme und den Bauabschluss. Ziel dieser Teilphase ist es, dass Bauwerk mängelfrei zu übernehmen, in Betrieb zu nehmen und die Schlussrechnung zu erstellen. Mit dem Bau der Gemeinschaftszollanlage *Kreuzlingen – Konstanz* wurde im März 1999 begonnen, woraufhin sie im Oktober 2000 in Betrieb genommen wurde.[177]

Die sechste Phase stellt die Bewirtschaftung dar, welche die 61., 62. und 63. Teilphase enthält. Bei der 61. Teilphase geht es um den Betrieb, der sichergestellt

---

[167] Vgl. Art. 9 Abs. 4 lit. e VILB.
[168] Vgl. Internet: «https://www.kbob.admin.ch/kbob/de/home/themen-leistungen/dienstleistungen-planer/der-kbob-planervertrag.html» (Abruf 26.5.2022).
[169] Zum Ganzen Norm SIA 112, S. 9.
[170] HEIERLI, Interview, S. 4; AUTOR 2, Präsentation/Interview, S. 16 f.
[171] Bundesgesetz vom 21. Juni 2019 über das öffentliche Beschaffungswesen (BöB; SR 172.056.1).
[172] Vgl. www.sipmap.ch.
[173] Internet: «https://www.bbl.admin.ch/bbl/de/home/logistik/beschaffungswesen/einkaufspraxis.html» (Abruf 26.5.2022).
[174] AUTOR 2, Präsentation/Interview, S. 16.
[175] Vgl. Art. 9 Abs. 4 lit. e VILB.
[176] Zum Ganzen Norm SIA 112, S. 9.
[177] Zum Ganzen Internet: «https://www.bbl.admin.ch/bbl/de/home/bauten/bauten_inland/bautendokumentation/zoll.html» (Abruf 26.5.2022).

und optimiert wird. Bei der 62. Teilphase geht es um die Überwachung, Überprüfung und Wartung. Ziel dieser Teilphase ist es, den Bauwerkzustand abzuklären und die Wartung sicherzustellen. Schliesslich steht in der 63. Teilphase die Instandhaltung im Fokus, sodass als Ziel die Aufrechterhaltung der Dauerhaftigkeit und des Werts für die Restnutzungsdauer verfolgt wird.[178]

b. Verfahren zum Bau einer Gemeinschaftszollanlage auf deutschem Boden

	RBBau-Planungsabschnitt	HOAI- Leistungsphasen
1. Aufstellung der ES-Bau	– Bedarfsplanung – Variantenuntersuchung – Qualifizierung zur ES-Bau	– LP 1: Grundlagenermittlung – teilweise LP 2: Vorplanung
2. Aufstellung der EW-Bau	– Veranlassung zur Planung und Ausführung – Auftrag zur Erstellung – Aufstellung – Einhaltung der Kosten	– LP 2: vgl. oben – LP 3: Entwurfsplanung – LP 4: Genehmigungsplanung – teilweise LP 5: Ausführungsplanung
3. Ausführungsplanung und Bauausführung	– Ausführung der Baumassnahmen – Vergabe – Bauausführung	– LP 5: vgl. oben – LP 6: Vorbereitung der Vergabe – LP 7: Mitwirkung bei der Vergabe – LP 8: Objektüberwachung
4. Bauübergabe und Dokumentation	– Übergabe inkl. Dokumentation – Anzeige der Restarbeiten und Mängel – Begehung der Liegenschaft	– LP 9: Objektbetreuung

Abbildung 5, Quelle: Eigene Darstellung in Anlehnung an RBBau

Für die Baumassnahmen des Bundes kommen in Deutschland sowohl die Richtlinien für die Durchführung von Bauaufgaben des Bundes (RBBau) als auch die HOAI-Leistungsphasen zur Anwendung.[179] Da der Bau einer Gemeinschaftszollanlage zu den grossen Neu-, Um- und Erweiterungsbauten gehört[180], kommt die RBBau E zum Zug. Im Falle der Gemeinschaftszollanlage *Weil am Rhein – Basel* kann gesagt werden, dass die im Jahr 1970 errichtete Gemeinschaftszollanlage für rund 600 Schwerlastfahrzeuge pro Tag konzipiert und deshalb eine Baumassnahme nötig wurde, um die Abfertigungszeiten zu reduzieren, wozu im Zeitraum zwischen 2010 bis 2013 neue Hochkabinen errichtet wurden.[181] Auch der geplante Neubau der Anlage stellt eine Baumassnahme des Bundes dar.[182] Gemäss

---

[178] Zum Ganzen SIA Norm 112, S. 9.
[179] Internet: «https://www.leitfadenbarrierefreiesbauen.de/verfahrensablauf-nach-rbbau/bedarfsplanung?tx_contrast=344» (Abruf 26.5.2022); Internet: «https://www.dabonline.de/2021/01/26/hoai-2021-neufassung-rbbau-vertragsmuster-bundesbauten/» (Abruf 26.5.2022).
[180] MÖLLECK, PowerPoint, S. 5.
[181] Internet: «https://bundesbau-bw.de/projekte/projekte-detail/gemeinschaftszollanlage-weil-am-rhein» (Abruf 26.5.2022); STAATLICHES HOCHBAUAMT FREIBURG (FN 39), S. 4.
[182] Vgl. unten IV.C.

dieser Richtlinie wird der Verfahrensablauf – wie in Abb. 5 ersichtlich – in folgende Abschnitte eingeteilt: Aufstellung der ES – Bau, Aufstellung der EW – Bau, Ausführungsplanung und Bauausführungen sowie Bauübergabe und Dokumentation.[183]

Für die Aufstellung der Entscheidungsunterlage ist die BImA zuständig. Das Verfahren der Aufstellung umfasst die Bedarfsplanung, die Variantenuntersuchung und die Qualifizierung zur ES – Bau. Die Zuständigkeit für die Bedarfsplanung, mit welcher der Bedarf ermittelt und erläutert wird, liegt beim Nutzer. Ein solcher Plan enthält insbesondere die Erläuterung der bedarfsauslösenden Gründe, den Stellenplan, den Raumbedarfsplan, die qualitativen Bedarfsanforderungen und die Aussagen zur Nutzungsdauer. Die Bedarfsplanung muss mit der Bauverwaltung abgestimmt werden und danach von der obersten Instanz des Nutzers bewilligt werden.[184] Im Falle der Gemeinschaftszollanlage *Weil am Rhein – Basel* wurde im Rahmen der Bedarfsplanung dargelegt, dass trotz der umfangreichen Baumassnahmen die Gebäude die durchschnittlichen Lebenszyklen überschritten haben und deshalb das Bedürfnis einer Baumassnahme entstanden ist.[185] Nach Erteilung der Bewilligung findet eine Untersuchung der verschiedenen Varianten zur Deckung des Bedarfs statt, wofür die BImA zuständig ist. Dabei sind die Anmietung von Immobilien, der Kauf einer vorhandenen Anlage, das Leasing bzw. der Mietkauf, die Eigenbaumassnahmen in Form von Neu-, Um- oder Erweiterungsbaumassnahmen sowie die öffentlich-private Partnerschaft zu untersuchen. Im Falle der Gemeinschaftszollanlage *Weil am Rhein – Basel* hat man sich für Neubauten entschieden.[186] Ziel dieser Untersuchung war es, alle planungs- und baurechtlichen Gegebenheiten quantitativ, qualitativ und kostenmässig zu erfassen und zu bewerten. Dabei sind die Grundsätze einer lebenszyklusorientierten Optimierung der Kosten zu berücksichtigen. Eine nachvollziehbare Dokumentation ist erforderlich, wenn eine Variante ohne Prüfung ausgeschlossen werden kann. Die Ergebnisse der Untersuchung sind zu bewerten und zu dokumentieren.[187] Entscheidet man sich aufgrund der Untersuchungsergebnisse für die Lösung eines Eigenbaus, findet eine Komplettierung der Unterlagen durch den BBBW-HBW statt. Nach Einverständnis des Nutzers zur ES – Bau wird dieses baufachlich durch den BBBW-BL geprüft und es werden die Kosten festgestellt. Die Genehmigung

---

[183] MÖLLECK, PowerPoint, S. 5.
[184] Internet: «https://www.fib-bund.de/Inhalt/Richtlinien/RBBau/RBBau_Onlinefassung_10.05.2021.pdf» E2/8 (Abruf 26.5.2022).
[185] AUTOR 3, Antworten, S. 2; s. weiter unten IV.C.
[186] AUTOR 3, Antworten, S. 2; s. weiter unten IV.C.
[187] Internet: «https://www.fib-bund.de/Inhalt/Richtlinien/RBBau/RBBau_Onlinefassung_10.05.2021.pdf» E3/8 (Abruf 26.5.2022).

des ES – Bau sowie die Festlegung einer Kostenobergrenze erfolgt durch das BMUB. In einem letzten Schritt findet die haushaltsmässige Anerkennung des ES – Bau statt, wofür das BMF zuständig ist.[188] Der Abschnitt ES-Bau entspricht der ersten und teilweise zweiten Phasen der HOAI. Bei der LP 1 handelt es sich um die Grundlagenermittlung und bei der LP 2 um die Vorplanung.[189]

Im Abschnitt der Aufstellung der Entwurfsvorlage erfolgt in einem ersten Schritt die Planung und Ausführung der Baumassnahme durch das BMUB. Daraufhin erteilt das BMUB den Auftrag zur Erstellung der EW – Bau und die Ausführungen der Baumassnahmen, d.h. den Planungs- und Ausführungsauftrag.[190] Die Aufstellung der EW – Bau erfolgt durch den BBWH-HBA, wobei gleichzeitig das Baurechtverfahren durchgeführt wird. Danach kommt es darauf an, ob die Kosten eingehalten werden oder ob eine Kostenüberschreitung vorliegt. Im ersteren Fall führt der BBBW-BL eine Plausibilitätsprüfung durch. Anschliessend holt die BImA das Einverständnis des Nutzers ein und erteilt das Einverständnis zur EW – Bau. Die Ergebnisse werden durch den BBBW-BL sowohl an das BMUB als auch an das BMF weitergeleitet. Im letzteren Fall, d.h. wenn die Kosten nicht eingehalten werden, ist ein mit Begründung vorgesehener Nachweis für die Überschreitung der Kosten und Anpassungsvorschläge vorzulegen. Nach Erteilung einer neuen Kostengrenze folgen die Genehmigung durch das BMUB und die haushaltsmässige Anerkennung durch das BMF.[191] Der Abschnitt EW-Bau umfasst die zweite, dritte, vierte und teilweise fünfte Phase. Bei diesen Phasen steht die Planung im Vordergrund. So geht es bei der dritten Phase um die Entwurfsplanung, bei der vierten Phase um die Genehmigungsplanung und bei der fünften Phase um die Ausführungsplanung.[192]

Bei der Ausführungs- und Bauausführungsplanung erteilt der BBBW-BL den Auftrag zur Ausführung der Baumassnahmen an den BBWH-HBA, welcher für die Erstellung der Ausführungsplanung und des Leistungsverzeichnisses zuständig ist. Die BImA erteilt daraufhin eine Zusage für den Mittel- und Finanzplan, woraufhin

---

[188] Internet: «https://www.fib-bund.de/Inhalt/Richtlinien/RBBau/RBBau_Onlinefassung_10.05.2021.pdf» E4/8 (Abruf 26.5.2022); MÖLLECK, PowerPoint, S. 5.
[189] Zum Ganzen Internet: «https://www.bmi.bund.de/SharedDocs/downloads/DE/publikationen/themen/bauen/leitfaden-nachhaltiges-bauen.html» (Abruf 26.5.2022); Internet: «https://www.hoai.de/hoai/leistungsphasen/» (Abruf 26.5.2022).
[190] AUTOR 3, Antworten, S. 2.
[191] Internet: «https://www.fib-bund.de/Inhalt/Richtlinien/RBBau/RBBau_Onlinefassung_10.05.2021.pdf» E5/8 f. (Abruf 26.5.2022); MÖLLECK, PowerPoint, S. 5.
[192] Zum Ganzen Internet: «https://www.hoai.de/hoai/leistungsphasen/» (Abruf 26.5.2022); Internet: «https://www.bmi.bund.de/SharedDocs/downloads/DE/publikationen/themen/bauen/leitfaden-nachhaltiges-bauen.html» (Abruf 26.5.2022).

der BBWH-HBA sowohl die Vergabe und Bauausführung als auch die baurechtliche Abnahme durchführt.[193] Bei der Ausführungs- und Bauausführungsplanung stehen die fünfte, sechste, siebte und achte Phase im Vordergrund. Bei der LP 6 handelt es sich um die Vorbereitung der Vergabe. Bei der LP 7 handelt es sich um die Mitwirkung bei der Vergabe und bei der LP 8 um die Objektüberwachung.[194]

Die Bauübergabe und Dokumentation stellen den letzten Abschnitt dar. Der BBWH-HBA ist für die Übergabe der fertiggestellten Baumassnahmen inklusive der Dokumentation des Baus und des Bestandes an die BImA zuständig. Die Übergabe der Baumassnahme an den Nutzer erfolgt durch die BImA. Danach erfolgt eine Anzeige der Restarbeiten und Mängel durch den BBWH-HBA. Ausserdem wird die Rechnungslegung angemeldet. Die Baunebenkosten werden der BImA durch den BBBW-BL mittgeteilt. Spätestens drei Monate vor Ablauf der Verjährungsfristen für Mängelrügen erfolgt die Kontrolle der Liegenschaft.[195] Bei der Bauübergabe und Baubestandsdokumentation steht die neunte Phase im Fokus. Die LP 9 beschreibt die Betreuung.[196]

c. Mitsprache- und Beschwerderecht des Gaststaats

Wenn eine Gemeinschaftszollanlage auf Schweizer Boden gebaut wird, stehen der deutschen Bevölkerung aufgrund des Territorialitätsprinzips keine Einsprachemöglichkeiten zur Verfügung. Dagegen besteht für die Schweizer Bürger die Möglichkeit, ein Rechtsmittel nach Art. 33 Abs. 2 RPG zu ergreifen.[197] Neben dem Rechtsmittel können mittels Politik über völkerrechtliche Verträge Lösungen ausgehandelt oder Initiativen von Bürgern gestartet werden.[198] Ähnlich wie in der Schweiz sieht es mit den Mitsprache- und Beschwerderechten in Deutschland aus. Es können nur deutsche Bürger Einsprache erheben oder Behörden i.S.v. § 9 Abs. 2 ROG Stellungnahmen einreichen. Für deutsche Behörden besteht gemäss § 25 ROG ferner die Möglichkeit auf Akteneinsicht, wenn «voraussichtlich erhebliche Auswirkungen auf das angrenzende Plangebiet in der Bundesrepublik Deutschland [resultieren würden]».

---

[193] Internet: «https://www.fib-bund.de/Inhalt/Richtlinien/RBBau/RBBau_Onlinefassung_10.05.2021.pdf» E6/8 (Abruf 26.5.2022).; MÖLLECK, PowerPoint, S. 5.
[194] Zum Ganzen Internet: «https://www.bmi.bund.de/SharedDocs/downloads/DE/publikationen/themen/bauen/leitfaden-nachhaltiges-bauen.html» (Abruf 26.5.2022); Internet: «https://www.hoai.de/hoai/leistungsphasen/» (Abruf 26.5.2022).
[195] MÖLLECK, PowerPoint, S. 5.
[196] Zum Ganzen Internet: «https://www.hoai.de/hoai/leistungsphasen» (Abruf 26.5.2022).
[197] Zum Ganzen MANGOLD, schriftliche Fragen, S. 1; vgl. weiter AUTOR 2, Interview/Präsentation, S. 13.
[198] AUTOR 2, Interview/Präsentation, S. 15.

4. Kostenregelung

In der Schweiz hat gemäss Art. 5 Abs. 1 Teilsatz 2 ZG der Bund für die Kosten der Zollanlagen aufzukommen. Grund dafür ist, dass mit der Errichtung solcher Anlagen staatliche Aufgaben direkt erfüllt werden, da bundeseigene Interessen im Vordergrund stehen.[199] Bezüglich der Kostengenehmigung[200] kann gesagt werden, dass eine Kostenschätzung und ein Kostenvoranschlag vorgenommen werden.[201] Wenn die Summe von 10 Mio. CHF überschritten wird, was bei Gemeinschaftszollanlagen meistens der Fall sein wird, braucht es i.S.v. Art. 18 Abs. 1 lit. a VILB zusätzlich eine sog. Immobilienbotschaft gemäss Art. 28 Abs. 2 VILB.

Beim Bau und der Planung einer Gemeinschaftszollanlage werden die Kosten mit dem ausländischen Partner in einem Bau- und Nutzungsvertrag[202] geregelt. Dabei kann die Kostenregelung auf zwei Arten erfolgen. Zum einen ist es möglich, dass der Gebietsstaat die gemeinsame Zollanlage vollständig vorfinanziert und nachher für den Gaststaat eine Kostenabrechnung vornimmt. Zum anderen ist es denkbar, dass der Gebietsstaat dem Gaststaat nach jedem Baufortschritt Abschlags- oder Akontozahlungen in Rechnung stellt.[203] Die Baukosten werden nach den Grundsätzen der deutsch-schweizerischen Vereinbarung von 1971 über den Bau und die Nutzung von Gemeinschaftszollanlagen abgerechnet.[204] Dabei erfolgt die Abrechnung i.d.R. nach einem Büroflächenschlüssel (BFS)[205], wobei auch abweichende Regelungen getroffen werden können.[206] Beim Büroflächenschlüssel wird von der tatsächlichen Nutzung der reinen Büroflächen (z.B. Büros, Aufenthalts- und Speiseräume, etc.) durch die Verwaltung und nicht etwa der Nebenflächen (z.B. Flure, Treppen oder Toiletten) ausgegangen. Diese werden im Anhang des Bau- und Nutzungsvertrags tabellarisch dargestellt, woraus sich dann der entsprechende Schlüssel ergibt.[207] Neben den obengenannten Kostenrege-

---

[199] Zum Ganzen SHK-SCHREINER (FN 109), Art. 5 ZG N 2 und 4.
[200] Vgl. AUTOR 2, Interview/Präsentation, S. 10, welcher von der sog. Projektgenehmigungsphase spricht.
[201] Vgl. für Norm SIA 112, S. 13 ff., welche in der Projektierung vorgenommen werden; s. dazu III.B.3.
[202] Vgl. Kosten und Nutzungsvertrag GZA *Kreuzlingen – Konstanz* im Anhang.
[203] Zum Ganzen AUTOR 2, Interview/Präsentation, S. 14.
[204] Vgl. Kosten und Nutzungsvertrag GZA *Kreuzlingen – Konstanz* im Anhang.
[205] Vgl. MANGOLD, S. 8 und 10, und AUTOR 2, Interview/Präsentation, S. 8; s. weiter HEIERLI, Interview, S. 11.
[206] Zum Ganzen vgl. Art. 2 und 3 im Bau- und Nutzungsvertrag Gemeinschaftszollanlage *Kreuzlingen – Konstanz*.
[207] Zum Ganzen Anhang im Bau- und Nutzungsvertrag Gemeinschaftszollanlage *Kreuzlingen – Konstanz*.

lungsarten zwischen den Staaten besteht auch die Möglichkeit, dass der Gebietsstaat die Gemeinschaftszollanlage vollständig finanziert und sich der ausländische Partner darin einmietet.[208] Bezogen auf die Gemeinschaftszollanlage *Kreuzlingen – Konstanz* enthält der entsprechende Bau- und Nutzungsvertrag in Art. 2 folgende Kostenregelung: Die Kosten für den Hoch- und Tiefbau sowie den Grunderwerb der Gemeinschaftszollanlage werden vom BBL veranschlagt, wobei die Bundesfinanzverwaltung die hälftige Finanzierungszusage übernimmt. Die Abrechnung der Baukosten erfolgte gemäss den in der Vereinbarung über den Bau und die Nutzung von Gemeinschaftszollanlagen von 1971 enthaltenen Grundsätzen. Für die Hochbauten erfolgt die Abrechnung gemäss Büroflächenschlüssel. Die Kosten für die Bauleitung und Planung werden nicht der deutschen Zollverwaltung auferlegt.[209]

C. Betrieb und Unterhalt

1. Abgrenzung der Begrifflichkeiten

Es kann sowohl der Betrieb als auch der Unterhalt in zwei Bereiche unterteilt werden. Beim Betrieb kann zwischen dem Gebäudebetrieb bzw. der Gebäudebetreuung und der Kontrolle der bestimmungsgemässen Nutzung unterschieden werden. Der Gebäudebetrieb wird von der Liegenschaftsverwaltung sichergestellt. Darunter kann die Reinigungsarbeit, Heizung oder Lüftung subsumiert werden. Die bestimmungsgemässe Nutzung wird von der Zollverwaltung kontrolliert. Dazu gehören z.B. Personen- und Warenkontrollen oder die Kontrolle von Zoll- und Transitpapieren.[210] Hier ist vor allem wichtig, die entsprechenden Zollprozesse[211] der jeweiligen Länder einzuhalten. Dabei wird versucht, die Prozesse so effizient wie möglich zu gestalten, um Kosten und Ressourcen zu sparen. Hier zeigt sich auch ein Vorteil[212] der Gemeinschaftszollanlage, nämlich die Reduktion von Ressourcen, die immer wichtiger wird. Zudem können Prozesse durch die Zusammenarbeit und die gegenseitige Unterstützung beschleunigt werden.[213] Auf die Beschleunigung der Prozesse der Warenabfertigung und -kontrolle durch die Digitalisierung wird unten in III.C.4. genauer eingegangen.

---

[208] HEIERLI, Interview, S. 5.
[209] MANGOLD, Interview, S. 12.
[210] Zum Ganzen MÖLLECK, PowerPoint, S 5.
[211] Darunter fallen v.a. die Grenzabfertigungsprozesse gemäss ZG und Unionskodex bzw. ZollVG/DE/DE/DE.
[212] Vgl. für weitere Vorteile oben II.D.
[213] MANGOLD, Interview, S. 12.

Der Unterhalt[214] lässt sich in die Bereiche der Instandhaltung und der Instandsetzung unterteilen. Die Instandhaltung beinhaltet z.B. die Wartung und Pflege der Gemeinschaftszollanlage. Dagegen umfasst die Instandsetzung Reparaturen und Sanierungsmassnahmen sowie den Austausch (komplexerer) Bauelemente.[215] Ferner kann hinzugefügt werden, dass der Unterhalt alles enthält, was notwendig ist, um den Gebäude- und Infrastrukturerhalt sicherzustellen.[216] Demnach stellt sich die Frage, ob auch der Umbau einer Gemeinschafszollanlage als eine Unterhaltsarbeit verstanden werden kann oder ob dieser bereits als neues Bauprojekt zu qualifizieren ist. Um diese Frage zu beantworten, muss einerseits zwischen kleineren Renovations- und Sanierungsarbeiten, wobei die Gebäudestruktur aufrechterhalten bzw. übernommen wird und demnach noch unter den Unterhalt subsumiert werden kann, und anderseits grösseren Projekten, bei denen in die Struktur eingegriffen wird, indem z.B. Wände entfernt werden und folglich die ganze Statik neu berechnet werden muss, unterschieden werden. Letztere werden als neue Bauprojekte geplant.[217]

2. Zuständigkeiten

Wie oben in III.C.1. bereits erwähnt wurde, ist die liegenschaftsverwaltende Stelle für den Unterhalt und den Gebäudebetrieb zuständig. Steht die Anlage in Deutschland, ist dies die BimA[218], wenn sie in der Schweiz steht, ist es das BBL[219]. Die Zuständigkeit des BBL ergibt sich einerseits aus Art. 2 Abs. 2 VILB, anderseits wird sie in Art. 36 VILB konkretisiert. Darin ist festgehalten, dass Unstimmigkeiten im Immobilienbereich in Absprache zwischen dem Objektverantwortlichen des BBL und dem Immobilienlogistiker der Benutzerorganisation (BO)[220] oder demjenigen am Standort der BO beigelegt werden sollen. Die Zuständigkeit der Bundesanstalt für Immobilienaufgaben ergibt sich aus § 1 Abs. 1 BImAG/DE, worin festgehalten ist, dass die BImA für die Verwaltung von Grundstücken und Gebäuden zuständig ist.

Wenn die Zollanlage auf Schweizer Boden steht, ist die Schweizer Betreibergesellschaft für die Sanierung oder Reparatur zuständig. Es gilt das Territorialitätsprin-

---

[214] Vgl. oben III.B.3. Phase 6 der Norm SIA 112 zur Bewirtschaftung.
[215] Zum Ganzen MÖLLECK, Interview, S. 12; vgl. auch MANGOLD, Interview, S. 10 f.
[216] MANGOLD, Interview, S. 10.
[217] Zum Ganzen MANGOLD, Interview, S. 11.
[218] MÖLLECK, Interview, S. 12.
[219] HEIERLI, Interview, S. 7.
[220] Unter BO gemäss Art. 7 Abs. 4 VILB wird eine organisatorische Einheit verstanden, die eine oder mehrere Immobilien nutzt.

zip. Dasselbe gilt, wenn die Anlage auf deutschem Boden steht. Ist etwas reparaturbedürftig, muss dies die ausländische Behörde melden, woraufhin die Sanierung oder Reparatur von der inländischen Betreibergesellschaft übernommen wird.[221]

Für den Betrieb im Sinne der bestimmungsgemässen Nutzung[222] ist die Grenzpolizei bzw. der Zoll des jeweiligen Staates zuständig. In der Schweiz ist die Zuständigkeit des Bundes schon in Art. 133 BV festgehalten.[223] Weiter sind in Art. 1 Abs. 3 lit. d OV-EFD verschiedene zollspezifische Aufgaben als Ziel des EFD aufgeführt, darunter die Erhebung von Abgaben und die Gewährleistung eines möglichst effizienten Personen- und Warenverkehrs bei Kontroll- und Sicherheitsaufgaben. In Art. 14 und 15 OV-EFD sind schliesslich die konkreten Aufgaben des BAZG festgehalten, womit sich dessen Zuständigkeit für den Betrieb im Sinne der bestimmungsgemässen Nutzung ergibt. In Deutschland sind die jeweiligen Zollämter vor Ort zuständig, die wiederum einem Hauptzollamt unterstellt sind. Beispielsweise ist das Zollamt *Weil am Rhein* dem Hauptzollamt *Lörrach* unterstellt.[224] Auch hier ist das Territorialitätsprinzip von Bedeutung.

3. Personal

Grundsätzlich arbeiten die deutschen Beamten nach deutschem Recht und die Schweizer nach schweizerischem Recht. Ansonsten wäre die Erfüllung der hoheitlichen Aufgaben des eigenen Staates in einer Gemeinschaftszollanlage auf ausländischem Boden nicht möglich. Um die Erfüllung der Aufgaben zu ermöglichen, braucht es jedoch eine sog. Durchgangsstrecke, worüber die ausländischen Mitarbeiter die Zollanlage uniformiert und bewaffnet erreichen können.[225] Dies wird für das Personal des BAZG nach Art. 3 Abs. 2 ZV geregelt. Zudem ist in Art. 13 des Abkommens zwischen der Schweizerischen Eidgenossenschaft und der Bundesrepublik Deutschland über die Errichtung nebeneinanderliegender Grenzabfertigungsstellen von 1961 festgehalten, dass Mitarbeiter des Gaststaates im Gebietsstaat ihre Uniform tragen dürfen. Des Weiteren ist darin enthalten, dass sie in der Zone und auf dem Weg dorthin bewaffnet sein, die Waffe jedoch nur im Falle der Notwehr einsetzen dürfen.

---

[221] Zum Ganzen, MANGOLD Interview, S. 11.
[222] Vgl. hierfür III.D.1.
[223] Vgl. hierfür II.A.1.
[224] Zum Ganzen AUTOR 5, E-Mail.
[225] Zum Ganzen MANGOLD, Zusatzfragen, S. 1.

4. Speditionsunternehmen und dritte Dienstleister

Grundsätzlich baut der Bund für sich selbst und nicht für Dritte. Es besteht in der Schweiz aber die Möglichkeit, dass Teilflächen weitervermietet werden, sofern dies als sinnvoll erscheint.[226] In so einem Fall, unterstehen diese zusätzlichen Anlagen den Gesetzen und Auflagen des Gebietsstaates.[227] In den meisten Fällen hat man jedoch keine Raststätten auf dem Grundstück der Gemeinschaftszollanlage. Dies kann bei einer Autobahnzollanlage der Fall sein, doch auch da ist die Raststätte meist vor- oder nachgelagert. In so einem Fall wäre das ASTRA für den Bau der Autobahnraststätte nach Art. 2 lit. e i.V.m. Art. 7 NSV[228] zuständig und würde diese dann vermieten, da es sich bei der Autobahn um eine Nationalstrasse handelt.[229] Durch wenig Aufenthaltsmöglichkeiten auf der Zollanlage wird die Aufenthaltsdauer bewusst reduziert.[230]

In Deutschland besteht eine solche Möglichkeit jedoch nicht. Der deutschen Bauverwaltung ist es untersagt, für Dritte zu bauen. Demnach müssen diese Dienstleister selbst auf oder neben dem Geländer der Zollanlage bauen. Zurzeit sind nur Speditionsunternehmen noch in staatlichen Gebäuden eingemietet, jedoch müssen auch diese, überall dort, wo eine neue Anlage entsteht, selbst bauen. Dies führt zur Problematik, dass bei der Planung eines Umbaus der Zollanlage dieses Gebäude, welches einem Dritten gehört, nicht einfach verändert, abgerissen oder verschoben werden kann, wenn sich dieser Dritte weigert. Bei einem Mietverhältnis könnte dem Dritten frühzeitig gekündigt werden, womit das Problem gelöst wäre.[231]

Die Speditionsunternehmen sind ein wichtiger Partner und auf jeder Zollanlage zu finden. Sie sind zuständig für die Vorbereitung der ganzen Zollabwicklung. Dabei müssen sie die Papiere so vorbereiten, dass sie von der Zollverwaltung weiterverarbeitet werden können. Auch hierfür besteht auf der Schweizer Seite wieder die Möglichkeiten der Einmiete, was der Regelfall ist. Es gibt aber auch die Möglichkeit, dass der Bund den Spediteuren Land zur Verfügung stellt, worauf diese dann selbst als Baurechtnehmer gemäss Art. 675 ZGB bauen.[232] Die Speditionsunternehmen sind eng mit der Arbeit der Zollverwaltung verbunden, weil die Waren-

---

[226] Zum Ganzen HEIERLI, Interview, S. 8; vgl. auch MANGOLD, Zusatzfragen, S. 1.
[227] MANGOLD, Zusatzfragen, S. 3.
[228] Nationalstrassenverordnung vom 7. November 2007 (NSV; SR 725.111).
[229] Zum Ganzen HEIERLI, Interview, S. 8.
[230] AUTOR 2, nicht aufgezeichnetes Gespräch während Besichtigung.
[231] Zum Ganzen MÖLLECK, Interview, S. 13 f.
[232] Zum Ganzen AUTOR 2, Präsentation/Interview, S. 2.

kontrolle trotz Abkommen mit der EU noch vorgenommen werden muss. Die Abfertigungsprozesse finden oft noch auf dem Gelände der Anlage statt, weshalb es sinnvoll ist, dass die Deklaranten vor Ort sind. Aus diesem Grund wurden in der Vereinbarung *Weil am Rhein – Basel* von 2010 Gebäudeteile vermerkt, die Schweizer Deklaranten bzw. Unternehmen zur Vermietung zur Verfügung stehen. Dabei würden sie auch nach schweizerischem Recht besteuert werden und vor Ort arbeiten dürfen.[233] Es gibt jedoch auch verschiedene Möglichkeiten, wie die Warenabfertigung bzw. -kontrolle durch digitale Prozesse beschleunigt werden kann. Beispielsweise durch das schon vorhandene sog. ZE-Verfahren oder ZV-Verfahren und in naher Zukunft durch das Transformationsprogramm DaziT[234]. Hier wird vor allem auf die zwei obengenannten Verfahren eingegangen, welche als vereinfachte Zollveranlagungsverfahren in Art. 42 ZG festgehalten sind. Konkretisiert werden diese in der Zollverordnung[235].[236] Beim ZE-Verfahren handelt es sich um die Möglichkeit, dass Unternehmen als zugelassene Empfänger i.S.v. Art. 101 ZV die Einfuhrzollanmeldungen vornehmen können. Es findet an einem zugelassenen Ort nach Art. 102 ZV – was meistens der Unternehmensstandort ist – statt, wohin die Ware mittels Transit gelangt. Dann wird innerhalb einer bestimmten Frist entschieden, ob die Sendung kontrolliert wird oder nicht. Falls ja, wird die Kontrolle am zugelassenen Ort durchgeführt. Vorteile dieses Verfahrens sind einerseits die zeitliche Unabhängigkeit, da Warenanmeldungen auch ausserhalb der Zollöffnungszeiten vorgenommen werden können, und andererseits die örtliche Unabhängigkeit, weil die Waren keiner Zollstelle mehr zugeführt werden müssen. Die Daten werden elektronisch übertragen, was vor allem für Speditionsunternehmen und Exporteure interessant ist, da diese regelmässige Warenanmeldungen vornehmen müssen.[237] Interessant an diesem Verfahren ist, dass nicht mehr alles «klassisch» an der Grenze passiert. Der Lieferant, der einem solchen ZE anliefert, muss an der Grenze nur noch eine Transitabfertigung machen. Für die Zollabfertigung ist dann der ZE verantwortlich.[238]

Das ZV-Verfahren ist grundsätzlich identisch mit dem ZE-Verfahren. Der einzige Unterschied besteht darin, dass es sich beim Unternehmen um einen Versender

---

[233] Zum Ganzen MANGOLD, Zusatzfragen, S. 1.
[234] Vgl. oben II.A.2.
[235] Zollverordnung vom 1. November 2006 (ZV; SR 631.01).
[236] Als zusätzliche Rechtsgrundlage können die Richtlinien 10–21 zum ZE- und ZV-Verfahren aufgeführt werden.
[237] Zum Ganzen Internet: «https://www.bazg.admin.ch/bazg/de/home/information-firmen/waren-anmelden/vereinfachtes-verfahren-fuer-empfang-und-versand/zugelassener-empfaenger.html» (Abruf 26.5.2022).
[238] Zum Ganzen AUTOR 2, Interview/Präsentation, S. 5.

i.S.v. Art. 100 ZV handelt. Bei diesem Verfahren stehen Ausfuhren im Fokus und nicht etwa Einfuhren. Demnach müssen Ausfuhr- und nicht Einfuhrzollanmeldungen vorgenommen werden. Vorteile können die gleichen genannt werden wie im ZE-Verfahren. Zusätzlich ist jedoch noch der Vorteil des geringeren Staurisikos an der Grenze zu nennen, weil die Disposition der Fahrzeuge dadurch erleichtert wird.

Die Bewilligung für das ZE- und/oder das ZV-Verfahren wird vom BAZG ausgestellt.[239] Die Voraussetzungen für eine solche Bewilligung sind in Art. 103 Abs. 1 ZV festgehalten. Als erste Voraussetzungen wird aufgeführt, dass die Person laufend Waren versendet und empfängt (lit. a). Zweitens muss sie ihr Domizil und die Orte angeben, die zugelassen werden sollen (lit. b). Drittens muss eine Sicherheit zur Sicherstellung der Abgaben geleistet werden (lit. c). Viertens müssen Verwaltung und Betrieb so organisiert werden, «dass der Lauf einer Sendung und der Zollstatus der Waren jederzeit lückenlos nachgeprüft werden können» (lit. d). Schliesslich muss sich das Domizil der Person sowie die Orte, die zugelassen werden sollen, «im Zollgebiet und so nahe bei einer Zollstelle [befinden], dass Kontrollen mit einem verhältnismässigen Verwaltungsaufwand möglich sind» (lit. e).

Ein weiterer wichtiger Partner auf einer Zollanlage ist die Kantonspolizei. Die Zollverwaltung[240] arbeitet sehr eng mit der Polizei zusammen. Diese nutzt dabei auch Räumlichkeiten der Zollanlage als Mieter.[241]

5. Kostenregelung

Die Kostenverteilung kann – ähnlich wie oben in III.B.4. – nach einem Kostenschlüssel vorgenommen werden.[242] Demnach wird auch gemeinsam entschieden, wann und ob es Reparaturen braucht. Diese Entscheidung wird mithilfe von Kommissionen, die regelmässig tagen, getroffen.[243] Weiter besteht die Möglichkeit, dass sich der Gaststaat in die Gebäude der Gemeinschaftszollanlage im Gebietsstaat einmietet. Diese Situation wäre vergleichbar mit derjenigen eines Mietverhältnisses. Der Mieter würde anteilsmässig die Nebenkosten tragen und damit zum Unterhalt beitragen, aber bei einer Sanierung oder Reparaturaufgaben

---

[239] Zum Ganzen Internet: «https://www.bazg.admin.ch/bazg/de/home/information-fir men/waren-anmelden/vereinfachtes-verfahren-fuer-empfang-und-versand/zugelas sener-empfaenger.html» (Abruf 26.5.2022).
[240] Vgl. oben II.B.5.
[241] Zum Ganzen AUTOR 2, Präsentation/Interview, S. 2.
[242] MANGOLD, Interview, S. 11; MÖLLECK, Interview, S. 24.
[243] Zum Ganzen MÖLLECK, Interview, S. 24.

müsste er keine weiteren Kosten tragen.[244] Bezogen auf die Gemeinschaftszollanlage *Kreuzlingen – Konstanz* hält der entsprechende Bau- und Nutzungsvertrag in Art. 7 fest, dass Neu-, Um- und Erweiterungsbauten mit dem BBL und dem Vertragspartner zu besprechen sind. Falls die zu bauenden bzw. sanierende Anlagenteile nur einer Verwaltung dienen und nur von dieser genutzt werden, werden die Kosten auch nur dieser in Rechnung gestellt. Werden dagegen diese Teile von beiden Verwaltungen genutzt, kommt der BFS zum Zuge.

D. Nachhaltigkeit

Der Begriff «Nachhaltigkeit» umfasst drei Dimensionen: Gesellschaft, Wirtschaft und Umwelt.[245] Im Rahmen des nachhaltigen Immobilienmanagements orientiert sich das BBL an den Weisungen des EFD[246] nach Art. 9 Abs. 1bis Satz 2 i.V.m. Art. 27 VILB, welche elf zentrale Leitgrundsätze enthalten[247]. Daneben sind gemäss Satz 3 auch die Empfehlungen der KBOB von Bedeutung. Die drei Nachhaltigkeitsdimensionen sollten dabei in ausgewogener Weise in allen Phasen des Immobilien-Lebenszyklus berücksichtigt werden.[248] Aus diesem Grund ist u.a. als strategisches Ziel i.S.v. Art. 2 Abs. 2 lit. b VILB vorgesehen, nachhaltige Standards betreffend Planung, Bau, Bewirtschaftung und Betrieb zu befolgen und zu schaffen.[249] Die Pflicht des BBL die BO nach Art. 18 Abs. 2 lit. d VILB z.B. über die Standards betreffend das nachhaltige Bauen zu informieren, kann dabei als Kontrollfunktion angesehen werden. Daneben hält auch die SIA Norm 112/1 die Nachhaltigkeitsdimensionen fest.

Auch auf deutscher Seite bestehen bei der Nachhaltigkeit ökologische, ökonomische und soziokulturelle Anforderungen. Insbesondere im Bauwesen sind diese Anforderungen aufgrund der Ressourcenknappheit und des Klimawandels zu beachten. Ohne Umstieg auf nachhaltigere Ressourcen wird der Gebäudebau nicht im jetzigen Umfang weitergeführt werden können. Diese Anforderungen sollten vor allem bei der Planung, Errichtung, Nutzung, Modernisierung und dem Rück-

---

[244] Zum Ganzen HEIERLI, Interview, S. 7; vgl. auch MÖLLECK, Interview, S. 24.
[245] Vgl. SIA-Norm 112/1.
[246] Weisungen zum nachhaltigen Immobilienmanagement für Mitglieder der Koordinationskonferenz der Bau- und Liegenschaftsorgane der öffentlichen Bauherren (KBOB) vom 21. Dezember 2015.
[247] Internet: «https://www.kbob.admin.ch/kbob/de/home/themen-leistungen/nachhaltiges-bauen.html», (Abruf 26.5.2022).
[248] Art. 9 Abs. 1 bis VILB; Art. 3 Abs. 1 Weisungen vom 21. Dezember 2015.
[249] Vgl. Art. 2 Abs. 2 lit. b VILB, wonach ein Ressourcen- und Umweltmanagement zur Unterstützung beigezogen wird.

bau aktiv berücksichtigt werden. Als Hilfestellung für die Bauverwaltungen hat das Bundesministerium den Leitfaden Nachhaltiges Bauen erarbeitet.[250] Die Umsetzung für Bundesgebäude erfolgt mittels dem Bewertungssystem Nachhaltiges Bauen (BNB), das insbesondere in der Planung von Bauprojekten relevant ist.[251]

E. Haftung

Bezüglich der Haftung stellt sich als erstes die Frage der Versicherung. Sowohl in der Schweiz wie auch in Deutschland ist der Bund Eigenversicherer.[252] Es lohnt sich für einen Staat nicht eine externe Gebäudeversicherung abzuschliessen, weil diese durch die Bezahlung von Prämien finanziert wird. Es erleiden nur wenige Gebäude einen Schaden, der durch diese Versicherungsprämien gedeckt werden kann.[253] Da der Staat Eigentümer vieler Gebäude ist, entsteht auf diese Weise eine Querfinanzierung[254], wodurch weniger Kosten entstehen, als wenn für jedes einzelne Gebäude eine eigene Versicherung abgeschlossen wird[255]. Gemeinschaftszollanlagen werden analog zu den Vorschriften einer Gebäudeversicherung gebaut, was bedeutet, dass z.B. Brandschutzvorschriften eingehalten und bei Anlagen in einem Risikogebiet (z.B. Hochwassergebiet) gemäss Naturgefahrenkarte zusätzlich vorsorgliche Massnahmen getroffen werden.[256]

Im Bauprozess[257] richtet sich die Haftung grundsätzlich – ähnlich wie die Zuständigkeit – nach dem Territorialitätsprinzip[258], weshalb das Recht des Staates zum Zuge kommt, in welchem sich die Gemeinschaftszollanlage befindet.[259] Wenn jedoch Mitarbeiter der Zollverwaltung einen Schaden verursachen, findet Art. 11 Abs. 2 des Abkommens von 1961 Anwendung. Darin ist festgehalten, dass bei

---

[250] Zum Ganzen Internet: «https://www.bmi.bund.de/SharedDocs/downloads/DE/publikationen/themen/bauen/leitfaden-nachhaltiges-bauen.pdf;jsessionid=5472AEE65224D8F9F251D2102B6A7DEB.1_cid287?__blob=publicationFile&v=5» (Abruf 26.5.2022), S. 7.
[251] Internet: «https://www.bmi.bund.de/SharedDocs/downloads/DE/publikationen/themen/bauen/leitfaden-nachhaltiges-bauen.pdf;jsessionid=5472AEE65224D8F9F251D2102B6A7DEB.1_cid287?__blob=publicationFile&v=5» (Abruf 26.5.2022), S. 15 und 20.
[252] MÖLLECK, Interview, S. 13; HEIERLI, Interview, S. 9.
[253] Zum Ganzen MÖLLECK, Interview, S. 13.
[254] MANGOLD, Interview, S. 8.
[255] MÖLLECK, Interview, S. 13.
[256] MANGOLD, Interview, S. 12.
[257] Darin enthalten ist der Bau, die Planung, der Unterhalt und der Betrieb.
[258] Vgl. oben II.A.4.
[259] MANGOLD, Interview, S. 9.

einem durch den Mitarbeiter des Nachbarstaats verrichteten Schaden entsprechend auch das Recht dieses Nachbarstaats zum Zuge kommt. Diese Rechtsnorm durchbricht demnach das Territorialitätsprinzip.

Zur Veranschaulichung werden nun zwei fiktive Haftungsfälle – jeweils aus Schweizer und deutscher Sicht – vorgestellt und diskutiert. Beim ersten Fall handelt es sich um ein Beispiel im Bereich des Baus sowie Unterhalts und beim zweiten um ein Beispiel im Betrieb. Da in diesem Kapitel nicht auf alle möglichen Haftungsszenarien eingegangen werden kann, wurde eine Auswahl getroffen.

Als erster Sachverhalt kann ein Werkmangel genannt werden, der nach Abnahme des Werks erkannt wird. In casu würde das Territorialitätsprinzip zum Zuge kommen. Wenn z.B. die Wände nicht sauber verputzt sind oder die Anlage ein kaputtes Rohr aufweist, das zu einem Wasserschaden führt, stellt dies einen Mangel dar. In der Schweiz unterstehen diese Beispiele dem Werkvertragsrecht gemäss Art. 363 ff. OR. Beim ersten Mangel handelt es sich um einen offenen Mangel nach Art. 367 Abs. 1 OR, weil er erkennbar ist und demnach direkt nach Überprüfung des Werks gerügt werden muss. Der zweite Mangel stellt einen versteckten Mangel nach Art. 370 Abs. 3 OR dar, weil er erst später zu Tage tritt und direkt nach Erkennung gerügt werden muss.[260] Ähnlich wie in der Schweiz unterstehen diese Beispiele auch in Deutschland der Mängelrüge i.S.v. § 633 ff. BGB/DE[261], so dass das Werk bei Abnahme geprüft und ein allfälliger Mangel entsprechend gerügt werden muss.[262]

Als zweiter Sachverhalt kann ein Mitarbeiter der Zollverwaltung genannt werden, der in Ausübung seiner beruflichen Tätigkeit einen Schaden verrichtet. In casu würde das Territorialitätsprinzip nicht zum Zuge kommen. Demnach würde bei einem Schweizer Arbeitnehmer auf einer Gemeinschaftszollanlage in Deutschland das Schweizer Recht zur Anwendung gelangen. Das Arbeitsverhältnis richtet sich nach dem öffentlichen Recht i.S.v. Art. 1 Abs. 1 lit. e VG[263]. Grundsätzlich haftet der Bund gemäss Art. 3 Abs. 1 Teilsatz 1 VG i.V.m. Art. 146 BV «für den Schaden, den ein Beamter[264] in Ausübung seiner amtlichen Tätigkeit Dritten widerrechtlich zufügt». Ein Verschulden des Beamten muss gemäss Teilsatz 2 nicht

---

[260] Vertragliche Vereinbarungen zwischen den Parteien bleiben allerdings vorbehalten; vgl. Internet: «https://www.kbob.admin.ch/kbob/de/home/themen-leistungen/dokumente-entlang-des-beschaffungsablaufs.html» (Abruf 26.5.2022).
[261] Bürgerliches Gesetzbuch vom 18. August 1896 (BGB).
[262] Vgl. Wietersheim, Praxiskommentar, § 633 BGB/DE.
[263] Bundesgesetz vom 14. März 1958 über die Verantwortlichkeit des Bundes (Verantwortlichkeitsgesetz, VG; SR 170.32).
[264] Vgl. zum Begriff «Beamter» OFK-Biaggini (FN 22), Art. 146 BV N 6.

gegeben sein, jedoch kann der Bund nach Art. 3 Abs. 4 i.V.m. Art. 7 VG bei Vorsatz oder Grobfahrlässigkeit auf ihn Rückgriff nehmen. Wenn die Gemeinschaftszollanlage auf Schweizer Boden steht und ein deutscher Mitarbeiter einen Schaden verursacht, findet das deutsche Recht Anwendung. Das Arbeitsverhältnis richtet sich nach dem öffentlichen Recht i.S.v. § 1 BBG/DE[265]. Grundsätzlich haftet der Staat, die Haftung kann jedoch auf den Beamten übertragen werden, wenn er vorsätzlich oder grobfahrlässig gemäss Art. 34 Satz 2 GG/DE i.V.m. § 75 BBG/DE handelt.

IV. Teil: Aktuelle Ereignisse und deren Auswirkungen

A. Frontex-Abstimmung

Am 15. Mai 2022 hat die Abstimmung zum Thema «Übernahme der EU-Verordnung über die Europäische Grenz- und Küstenwache[266] (Weiterentwicklung des Schengen-Besitzstands)» stattgefunden. In diesem Kapitel wird unabhängig von den Abstimmungsergebnissen kurz erläutert, welche Auswirkungen eine Annahme oder Ablehnung auf die Zolltätigkeit haben könnte. Am Schluss wird noch kurz auf die Abstimmungsergebnisse eingegangen.

Die einzelnen Staaten kontrollieren ihre Aussengrenzen unabhängig von Frontex. Frontex unterstützt sie dabei lediglich in verschiedenen Bereichen wie z.B. der Bekämpfung der grenzüberschreitenden Kriminalität durch das Bereitstellen von Ausrüstung oder Fachpersonen. Die Schweiz hat jedoch keine Schengen-Aussengrenze i.S. der erwähnten Verordnung, weshalb sie ihren Beitrag zur Sicherung dieser durch die finanzielle und personelle Unterstützung von Frontex leistet. Dabei stellt sich die Frage, ob sich die Schweiz am Ausbau von Frontex sowohl finanziell als auch personell beteiligen soll. Sollte die Reform abgelehnt werden, droht ein automatischer Ausschluss aus Schengen/Dublin, sofern die EU-Staaten und die EU-Kommission der Schweiz nicht entgegenkommen. Dies hätte verschiedene Auswirkungen, wobei vorliegend nur die Auswirkungen auf den Grenzverkehr erläutert werden. Die Landesgrenze der Schweiz würde zu einer Schengen-Aussengrenze werden, was systematische Personenkontrollen zur Folge hätte, wodurch die finanziellen Kosten des Grenzwesens erhöht würden.[267] Die finanziellen Auswirkungen lassen sich durch einen Bericht des Bundesrates aufzeigen. Dabei

---

[265] Bundesbeamtengesetz vom 5. Februar 2009 (BBG).
[266] Verordnung (EU) 2019/1896.
[267] Zum Ganzen Abstimmungsheft des Bundes, S. 44–46.

würde dieser Ausschluss die Schweizer Volkswirtschaft jährlich Milliarden Franken[268] kosten.[269] Die Auswirkungen auf die Personenkontrollen lassen sich mit Blick auf das Schengen-Abkommen erklären. Durch das Abkommen haben alle Mitgliedstaaten den gleichen Rechtsrahmen für die Reisefreiheit innerhalb des Schengenraums.[270] Die Personenkontrollen an den Grenzen innerhalb dieses Raums wurden damit weitgehend aufgehoben.[271] Gesetzliche Grundlage ist das Abkommen zwischen der Schweizerischen Eidgenossenschaft, der Europäischen Union und der Europäischen Gemeinschaft über die Assoziierung dieses Staates bei der Umsetzung, Anwendung und Entwicklung des Schengen-Besitzstands von 2004. Sollte die Schweiz nicht mehr Teil dieses Raums sein, wird eine solche Reisefreiheit nicht mehr bestehen, weshalb systematische Personenkontrollen durchgeführt werden müssten. M.E. kommen im Falle einer Ablehnung zwei mögliche Szenarien für die Gemeinschaftszollanlage infrage. Zum einen besteht die Möglichkeit, dass diese Anlagen an Bedeutung gewinnen, weil die gegenseitige Unterstützung die systematischen Personenkontrollen erleichtern würde. Obwohl der personelle Aufwand an den Grenzen grundsätzlich steigen würde, könnte eine kooperative Zusammenarbeit den Aufwand reduzieren. Zum anderen könnten Gemeinschaftszollanlagen an Bedeutung verlieren, weil eine solche Zusammenarbeit aufgrund des Dahinfallens der Verträge beeinträchtigt wird.

Die Abstimmung im Nationalrat endete mit einem knappen Ja, wobei das Resultat im Ständerat ein klares Ja war. Der Bundesrat empfiehlt ein Ja, das Referendumskomitee ein Nein.[272] Die Volksabstimmung endete mit einem klaren Ja (71,5%)[273], weshalb die oben erläuterten Szenarien durch einen Ausschluss aus Schengen/Dublin nicht eintreten werden, oder zumindest nicht aufgrund der Ablehnung der Vorlage.

---

[268] Diese Zahl beinhaltet nicht nur die Auswirkungen auf den Grenzverkehr, sondern alle möglichen Auswirkungen.
[269] Zum Ganzen Postulat BIRRER-HEIMO vom 23. September 2015.
[270] Internet: «https://www.eda.admin.ch/missions/mission-eu-brussels/de/home/dossiers/schengen-dublin.html» (Abruf 26.5.2022).
[271] Internet: «https://www.eda.admin.ch/missions/mission-eu-brussels/de/home/dossiers/schengen-dublin.html» (Abruf 26.5.2022).
[272] Zum Ganzen Abstimmungsheft (FN 267), S. 9.
[273] Internet: «https://www.admin.ch/gov/de/start/dokumentation/abstimmungen/20220515/uebernahme-der-eu-verordnung-ueber-die-europaeische-grenz-und-kuestenwache.html» (Abruf 26.5.2022).

B. Corona-Pandemie

Die Corona-Pandemie hatte für die Zolltätigkeit in verschiedener Hinsicht Auswirkungen. Es mussten z.b. die Grenzen geschlossen werden, was aufgrund der Personenfreizügigkeit problematisch werden konnte, weshalb bestimmte Massnahmen getroffen werden mussten. In diesem Kapitel liegt der Fokus auf die festgelegten Massnahmen im Waren- und Personenverkehr.

Im Warenverkehr mussten Ein- und Ausfuhren, wie auch vor der Pandemie, kontrolliert werden. Um die Ausbreitung des Virus zu minimieren, wurde in der Schweiz weitgehend auf elektronische Kommunikation ausgewichen. Beispielsweise sollten folgende Situationen per E-Mail geregelt werden: Vorlegen von Unterlagen zu Zollanmeldungen für die formelle Überprüfung oder die Beschau, Kommunikation mit der Zollstelle (z.B. Abklärungen, Rückfragen oder Beanstandungen) oder das Stellen von Anträgen und Gesuchen (z.B. provisorische Veranlagungen oder Umbuchungen). Für Beschwerden galten jedoch weiterhin die Formvorschriften nach Art. 52 VwVG[274].[275] Lieferungen von Schutzkleidung und anderem Schutzmaterial, die für die Kantone oder den Bund bestimmt waren, konnten ohne Bewilligung zollfrei eigeführt werden. Falls diese direkt für den Bund oder den Kanton bestimmt waren, wurde auch keine Bestätigung benötigt. Wenn diese jedoch über einen anderen Importeur eingeführt wurden, musste eine Bestätigung vom Bund oder vom Kanton vorliegen, dass die Ware für sie bestimmt ist.[276] In Deutschland wurden keine wesentlichen Änderungen vorgenommen. Es wurde jedoch darauf geachtet, dass die Zollabfertigung für bestimmte Waren wie z.B. Schutzmasken beschleunigt werden konnte.[277] Dies konnte aufgrund der fortgeschrittenen Digitalisierung ohne grosse Probleme sichergestellt werden.[278]

Im Personenverkehr besteht in der Schweiz eine Verordnung über Massnahmen zur Bekämpfung der Covid-19-Epidemie.[279] In Deutschland regelt die Verordnung

---

[274] Bundesgesetz vom 20. Dezember 1968 über das Verwaltungsverfahren (Verwaltungsverfahrensgesetz, VwVG; SR 172.021).
[275] Internet: «https://www.bazg.admin.ch/bazg/de/home/teaser-startseite/brennpunkt-teaser/coronavirus/massnahmen-im-warenverkehr.html» (Abruf 26.5.2022).
[276] Zum Ganzen Internet: «https://www.bazg.admin.ch/bazg/de/home/teaser-startseite/brennpunkt-teaser/coronavirus/massnahmen-im-warenverkehr.html» (Abruf 26.5.2022).
[277] Zum Ganzen AUTOR 4, Auskunft per E-Mail, Frage 6.
[278] Digitale Transformation der Zollverwaltung, S. 1; vgl. oben II.A.2.
[279] Verordnung 3 vom 19. Juni 2020 über Massnahmen zur Bekämpfung des Coronavirus (Covid-19) (Covid-19-Verordnung 3; SR 818.101.24).

zum Schutz vor einreisebedingten Infektionsgefahren in Bezug auf das Coronavirus SARS-CoV-2 die Einreise.[280] Des Weiteren wurden personelle Massnahmen getroffen, um die Personenkontrollen angemessen durchführen zu können.[281]

C. Sanierungsprojekt: Gemeinschaftszollanlage *Weil am Rhein*

Die Planung der Gemeinschaftszollanlage *Weil am Rhein – Basel* fand in den 1970er Jahren statt, eröffnet wurde sie schliesslich im Jahr 1980. Im Zentrum der Gemeinschaftszollanlage stehen zwei Warenabfertigungshäuser und Reisendenabfertigungsgebäude. Auf Höhe dieser Abfertigungsgebäude wird die Autobahn durch ein Fahrbahndach überspannt. Diese Anlagenteile sind aufgrund fehlender Sicherheitsmassnahmen nicht mehr bedarfs- bzw. zeitgemäss und bedürfen daher einer Sanierung. Die Erneuerung oder Ersetzung von Anlagenteile ist aufgrund des Platzmangels bei laufendem Betrieb nicht möglich. Da der Übergang *Weil am Rhein – Basel* von grosser Bedeutung ist, muss dafür eine Lösung gefunden werden, um die Zolltätigkeit aufrechtzuerhalten. Aus diesem Grund ist es sinnvoller Ersatzneubauten vorzunehmen, anstatt die Anlage komplett zu sanieren.[282] Im Mai 2021 wurde eine Machbarkeitsstudie[283] durchgeführt, in welcher sowohl die Sanierungsfähigkeit der Häuser, der Gebäude und des Fachbahndachs untersucht als auch die Möglichkeit eines Neubaus in Erwägung gezogen wurde.[284] Aufgrund des Transformationsprogramms «DaziT» und der damit einhergehenden Digitalisierung bis ins Jahr 2025 benötigt die Schweiz weniger Platz für die Warenabfertigung. Dagegen gibt es in Deutschland derzeit keine ähnlichen Pläne in Bezug auf die Digitalisierung.[285] Es werden voraussichtlich zehn Jahre vergehen, bis der geplante Neubau der Gemeinschaftszollanlage *Weil am Rhein – Basel* fertiGG/DEestellt ist.[286]

---

[280] Verordnung 3 vom 19. Juni 2020 über Massnahmen zur Bekämpfung des Coronavirus (Covid-19) (Covid-19-Verordnung 3; SR 818.101.24).
[281] AUTOR 4, Auskunft per E-Mail, Frage 6.
[282] Zum Ganzen STAATLICHES HOCHBAUAMT FREIBURG (FN 39), S. 4 ff.
[283] Vgl. AUTOR 3, Antworten, S. 2, wonach der Architektenwettbewerb voraussichtlich Ende dieses Jahres stattfinden wird.
[284] STAATLICHES HOCHBAUAMT FREIBURG (FN 39), S. 5.
[285] Zum Ganzen STAATLICHES HOCHBAUAMT FREIBURG (FN 39), S. 18 ff.
[286] STAATLICHES HOCHBAUAMT FREIBURG (FN 39), S. 13.

V. Teil: Schlussbetrachtung

A. Fazit

Die vorliegende Arbeit hat mithilfe von Gesetzesbestimmungen, Staatsverträgen, Kommentarreihen, Lehrbüchern und Fachinterviews einen umfassenden Einblick in die Thematik der Gemeinschaftszollanlagen gewährt. In einem ersten Schritt hat sich diese Arbeit mit den Grundlagen zu Gemeinschaftszollanlagen befasst. In einem zweiten Schritt hat sie sich ausführlich zur Zuständigkeit, zum (nachhaltigen) Bau und Unterhalt sowie zur Haftung auf deutscher und Schweizer Seite geäussert. Schliesslich wurde in einem letzten Schritt auf aktuelle Ereignisse und deren Auswirkungen auf Gemeinschaftszollanlagen eingegangen.

Die eingangs erwähnte Forschungsfrage kann wie folgt beantwortet werden: Das Zollwesen ist der Dreh- und Angelpunkt der grenzüberschreitenden Zusammenarbeit. Durch das Überschreiten der Staatsgrenzen und dem Eintritt in ein neues Hoheitsgebiet wird diese Zusammenarbeit erst recht nötig. Die Notwendigkeit des Zolls zeigt sich durch die Präsenz an der Grenze. Dabei ermöglichen Gemeinschaftszollanlagen aufgrund der kooperativen Zusammenarbeit zwischen den Staaten eine schnelle und effiziente Grenzabfertigung. Die Zolltätigkeit wird dennoch grundsätzlich von jedem Staat selbständig vorgenommen. Erst an diesem Punkt wird die Bedeutung der Gemeinschaftszollanlagen ersichtlich.

Wenn eine Gemeinschaftszollanlage auf Schweizer Boden errichtet wird, ist das Bundesamt für Bauten und Logistik zuständig. Nachfolgend kann in Form einer Anleitung der Prozess auf Bundesebene geschildert werden. Als rechtliche Grundlage kann das Abkommen von 1961 beigezogen werden. Darüber hinaus braucht es für die Tätigkeit vor Ort sowohl anlagespezifische Vereinbarungen als auch Bau- und Nutzungsverträge. Der Bauprozess enthält dabei nach Norm SIA 112 folgende Phasen: strategische Planung, Vorstudie, Projektierung, Ausschreibung, Realisierung und Bewirtschaftung. Wichtige Punkte sind hierbei einerseits die Kostenregelung und andererseits die Berücksichtigung der Zusammenarbeit sowohl mit der deutschen Zollverwaltung als auch mit dritten Dienstleistern (z.B. Speditionsunternehmen).

Für die Zukunft kann nur spekuliert werden. Auch wenn die Zölle innerhalb der EU weitaus inexistent geworden sind, werden an der Schweizer Aussengrenze dennoch Warenkontrollen z.B. mittels ZE- und ZV-Verfahren durchgeführt, wodurch weniger Aufwand an der Grenze entsteht. Aus diesem Grund ist ein Abbau von Gemeinschaftszollanlagen wahrscheinlicher als etwa ein Neubau. Eine Ausweitung des Zollwesens ist nur wahrscheinlich, wenn die Abstimmung vom

15. Mai 2022 über Frontex abgelehnt werden würde, was aber nicht der Fall war. Es lässt sich jedoch sagen, dass aufgrund der Digitalisierung der Grenzabfertigungsprozess beschleunigt wird. Dies könnte in einer Abnahme der Präsenz am Zoll resultieren. Des Weiteren ist auch die Nachhaltigkeit von grosser Bedeutung, da sie aufgrund der Ressourcenknappheit und dem wachsenden Bewusstsein der Gesellschaft künftig noch wichtiger werden wird. Diese beiden Themen könnten in Form einer weiteren Arbeit ausführlicher behandelt werden.

B. Persönliche Schlussbemerkung

Die Auseinandersetzung mit dem Thema «Gemeinschaftszollanlage» war spannend und gleichzeitig auch anspruchsvoll. Das eingangs geführte Interview mit Thomas Mangold gewährte uns einen guten Einblick in die Thematik, worauf die nachfolgenden Interviews aufgebaut werden konnten. Eine vertiefte Literaturrecherche in Zusammenhang mit den Interviews führte zur Annahme, dass Gemeinschaftszollanlagen durchaus eine effiziente Zusammenarbeit zwischen den Staaten ermöglichen. Auf diese Weise können sowohl personelle als auch finanzielle Einsparungen erfolgen. Trotzdem erscheint ein Rückgang der Zolltätigkeit durch weitere bilaterale und multilaterale Abkommen mit der EU wahrscheinlich, wodurch Gemeinschaftszollanlagen an Bedeutung gewinnen könnten. Aus diesem Grund würden Umbauten von herkömmlichen Zollanlagen in Gemeinschaftszollanlagen sinnvoll sein, damit trotz dieses Rückgangs die noch notwendigen Grenzkontrollen effizient abgewickelt werden können.

Literaturverzeichnis

Bach Mette, Grenzüberschreitende regionale Zusammenarbeit am Beispiel der Internationalen Bodenseekonferenz – Herausforderungen und Zukunftsperspektiven einer europäischen Region, St. Gallen 1996

Biaggini Giovanni, Bundesverfassung der Schweizerischen Eidgenossenschaft, Kommentar, Zürich 2017

Biaggini Giovanni/Haas Julia, Verfassungsrechtliche Grundlagen der Grenzüberschreitenden Zusammenarbeit in der Schweiz, in: Tschudi et al. (Hrsg.), Die Grenzüberschreitende Zusammenarbeit der Schweiz – juristisches Handbuch zur Grenzüberschreitenden Zusammenarbeit von Bund und Kantonen, Band 8, Zürich 2014

BSK BV-Waldmann, in: Waldmann Bernhard/Belser Eva Maria/Epiney Astrid (Hrsg.), Bundesverfassung der Schweizerischen Eidgenossenschaft, Basler Kommentar, 1. A., Basel 2015 (zit. BSK BV-Bernhard)

BSK BV-Epiney, in: Waldmann Bernhard/Belser Eva Maria/Epiney Astrid (Hrsg.), Bundesverfassung der Schweizerischen Eidgenossenschaft, Basler Kommentar, 1. A., Basel 2015 (zit. BSK BV-Epiney)

BSK BV-Oesch, in: Waldmann Bernhard/Belser Eva Maria/Epiney Astrid (Hrsg.), Bundesverfassung der Schweizerischen Eidgenossenschaft, Basler Kommentar, 1. A., Basel 2015 (zit. BSK BV-Oesch)

Cottier Thomas/Herren David, Kommentar zu Art. 2 ZG N 4, Kocher/Clavadetscher (Hrsg.), Zollgesetz (ZG), Zollgesetz vom 18. März 2005 (ZG), Stämpflis Handkommentar, Bern 2009

Gamma Marco, Polizei, in: Tschudi et al. (Hrsg.), Die Grenzüberschreitende Zusammenarbeit der Schweiz – juristisches Handbuch zur Grenzüberschreitenden Zusammenarbeit von Bund und Kantonen, Band 8, Zürich 2014

Gu Xuewu, Grenzüberschreitende Zusammenarbeit zwischen den Regionen in Europa, Band 39, Baden-Baden 2002

Harings Lothar, Grenzüberschreitende Zusammenarbeit der Polizei- und Zollverwaltungen und Rechtschutz in Deutschland, Band 763, Berlin 1988

Internet: «https://www.kbob.admin.ch/kbob/de/home.html» (Abruf 26.5.2022)

Internet: «https://cdn0.scrvt.com/1f9e599af5d26bd9a064fd3c6c6d6d3b/3d3fea590c409576/3782dd577dea/BImA-Satzung.pdf» (Abruf 26.5.2022)

Internet: «https://finesolutions.ch/news/allgemein/plaene-fuer-neue-gemeinschaftszollanlage-bruggerhorn-durch-eidgenoessische-zollverwaltung/» (Abruf 26.5.2022)

Internet: «https://finesolutions.ch/zollthemen/zollwesen/» (Abruf 26.5.2022)

Internet: «https://www.admin.ch/gov/de/start/dokumentation/abstimmungen/20220515/uebernahme-der-eu-verordnung-ueber-die-europaeische-grenz-und-kuestenwache.html» (Abruf 26.5.2022)

Internet: «https://www.admin.ch/gov/de/start/dokumentation/abstimmungen/20220515.html» (Abruf 26.5.2022)

Internet: «https://www.admin.ch/gov/de/start/dokumentation/abstimmungen/20220515.html» (Abruf 26.5.2022)

Internet: «https://www.bazg.admin.ch/bazg/de/home/das-bazg/auftrag.html» (Abruf 26.5.2022)

Internet: «https://www.bazg.admin.ch/bazg/de/home/das-bazg/figures/einnahmen.html» (Abruf 26.5.2022)

Internet: «https://www.bazg.admin.ch/bazg/de/home/das-bazg/organisation/operationen.html» (Abruf 26.5.2022)

Internet: «https://www.bazg.admin.ch/bazg/de/home/information-firmen/waren-anmelden/vereinfachtes-verfahren-fuer-empfang-und-versand/zugelassener-empfaenger.html» (Abruf 26.5.2022)

Internet: «https://www.bazg.admin.ch/bazg/de/home/information-private/waren-anmelden/einfuhr-in-die-schweiz/anmelden-per-app.html» (Abruf 26.5.2022)

Internet: «https://www.bazg.admin.ch/bazg/de/home/teaser-startseite/brennpunkt-teaser/coronavirus/massnahmen-im-warenverkehr.html» (Abruf 26.5.2022)

Internet: «https://www.bazg.admin.ch/bazg/de/home/teaser-startseite/brennpunkt-teaser/coronavirus/massnahmen-im-warenverkehr.html» (Abruf 26.5.2022)

Internet: «https://www.bazg.admin.ch/bazg/de/home/themen/dazit.html» (Abruf 26.5.2022)

Internet: «https://www.bazg.admin.ch/bazg/de/home/themen/dazit/organisatorische-weiterentwicklung/gesetzesrevision.html» (Abruf 26.5.2022)

Internet: «https://www.bazg.admin.ch/bazg/de/home/zollanmeldung/anmeldung-firmen/periodic.html» (Abruf 26.5.2022)

Internet: «https://www.bbl.admin.ch/bbl/de/home/bauten/bauten_inland/bautendokumentation/zoll.html» (Abruf 26.5.2022)

Internet: «https://www.bbl.admin.ch/bbl/de/home/das-bbl/aufgaben.html», besucht am 26.5.2022 (Abruf 26.5.2022)

Internet: «https://www.bmi.bund.de/SharedDocs/downloads/DE/publikationen/themen/bauen/leitfaden-nachhaltiges-bauen.pdf;jsessionid=5472AEE65224D8F9F251D2102B6A7DEB.1_cid287?__blob=publicationFile&v=5» (Abruf 26.5.2022)

Internet: «https://www.bundesfinanzministerium.de/Content/DE/Downloads/Zoll/zoll-jahresstatistik-2021-faktenblatt-digitalisierung.pdf?__blob=publicationFile&v=3» (Abruf 26.5.2022)

Internet: «https://www.bundesfinanzministerium.de/Content/DE/Standardartikel/Themen/Bundesvermoegen/bundesanstalt-fuer-immobilienaufgaben.html» (Abruf 26.5.2022)

Internet: «https://www.eda.admin.ch/eda/de/home/aussenpolitik/europapolitik/beziehungen-zu-europaeischen-staaten/grenzueberschreitendezusammenarbeit.html» (Abruf 26.5.2022)

Internet: «https://www.eda.admin.ch/eda/de/home/aussenpolitik/europapolitik/beziehungen-zu-europaeischen-staaten/grenzueberschreitendezusammenarbeit/rechtsgrundlagen.html» (Abruf 26.5.2022)

Internet: «https://www.eda.admin.ch/eda/de/home/aussenpolitik/strategien/mitwirkung-der-kantoneanderaussenpolitik.html» (Abruf 26.5.2022)

Internet: «https://www.eda.admin.ch/europa/de/home/bilaterale-abkommen/ueberblick/bilaterale-abkommen-2/schengen.html» (Abruf 26.5.2022)

Internet: «https://www.eda.admin.ch/missions/mission-eu-brussels/de/home/dossiers/schengen-dublin.html» (Abruf 26.5.2022)

Internet: «https://www.efd.admin.ch/efd/de/home/das-efd/organisation.html» (Abruf 26.5.2022)

Internet: «https://www.handelskammerjournal.ch/de/8500-abgefertigte-lkws-im-raum-basel-pro-tag» (Abruf 26.5.2022)

Internet: «https://www.hoai.de/hoai/leistungsphasen» (Abruf 26.5.2022)

Internet: «https://www.juraforum.de/lexikon/territorialitaetsprinzip» (Abruf 26.5.2022)

Internet: «https://www.kbob.admin.ch/kbob/de/home/themen-leistungen/dienstleistungen-planer/der-kbob-planervertrag.html» (Abruf 26.5.2022)

Internet: «https://www.kbob.admin.ch/kbob/de/home/themen-leistungen/nachhaltiges-bauen.html», (Abruf 26.5.2022)

Internet: «https://www.kbob.admin.ch/kbob/de/home/themen-leistungen/dokumente-entlang-des-beschaffungsablaufs.html» (Abruf 26.5.2022)

Internet: «https://www.srf.ch/news/regional/basel-baselland/neue-zollanlage-soll-lastwagenabfertigung-beschleunigen» (Abruf 26.5.2022)

Internet: «https://www.swissinfo.ch/ger/zollbeamte-und-grenzwaechter-haben-in-zukunft-den-gleichen-job/44887892» (Abruf 26.5.2022)

Internet: «https://www.tagblatt.ch/ostschweiz/verkehrschaos-an-rheintaler-zolluebergaengen-bund-kommt-mit-plaenen-in-kriessern-nicht-vom-fleck-ld.1150974» (Abruf 26.5.2022)

Internet: «https://www.zoll.de/DE/Der-Zoll/Aufgaben-des-Zolls/Einnahmen-fuer-Deutschland-und-Europa/einnahmen-fuer-deutschland-und-europa_node.html» (Abruf 26.5.2022)

Internet: «https://www.zoll.de/DE/Der-Zoll/Aufgaben-des-Zolls/Schutz-fuer-Buerger-Wirtschaft-und-Umwelt/Artenschutz/artenschutz_node.html» (Abruf 26.5.2022)

Internet: «https://www.zoll.de/DE/Der-Zoll/Aufgaben-des-Zolls/Schutz-fuer-Buerger-Wirtschaft-und-Umwelt/Steuer-und-Abgabengerechtigkeit/steuer-und-abgabengerechtigkeit_node.html» (Abruf 26.5.2022)

Internet: «https://www.zoll.de/DE/Der-Zoll/Aufgaben-des-Zolls/Schutz-fuer-Buerger-Wirtschaft-und-Umwelt/Verbraucherschutz/verbraucherschutz_node.html» (Abruf 26.5.2022)

Internet: «https://www.zoll.de/DE/Der-Zoll/Struktur-des-Zolls/struktur-des-zolls_node.html;» (Abruf 26.5.2022)

Internet: «https://www.zoll.de/DE/Fachthemen/Zoelle/Der_Zollkodex_der_Union/der_zollkodex_der_union_node.html» (Abruf 26.5.2022)

Internet: «https://www.zoll.de/DE/Fachthemen/Zoelle/Der_Zollkodex_der_Union/UZK_und_Durchfuehrungsrecht/uzk_und_durchfuehrungsrecht_node.html» (Abruf 26.5.2022)

Internet: «https://www.zoll.de/DE/Fachthemen/Zoelle/Rechtsgrundlagen/rechtsgrundlagen_node.html» (Abruf 26.5.2022)

Internet: «https://www.zoll.de/SharedDocs/Pressemitteilungen/DE/Sonstiges/2022/z86_weltzolltag.html» (Abruf 26.5.2022)

Kley Andreas, Bundeskompetenzen mit ursprünglich derogatorischer Wirkung aus historischer Perspektive, recht 1999, Heft 6.

Kunig Philip/Uerpmann-Wittzack, Völkerrecht und staatliches Recht, Berlin/Boston 2019

Landwehr Jakob, Der Begriff «grenzüberschreitende Zusammenarbeit» und seine Anwendung am Beispiel der Zusammenarbeit zwischen der Region Südwestfinnland und dem Bundesland Mecklenburg-Vorpommern, in: Niedobitek/Löwe (Hrsg.), Grenzüberschreitende Zusammenarbeit in Europa, Chemnitz 2013

Müller-Schnegg Heinz, Grenzüberschreitende Zusammenarbeit in der Bodenseeregion – Bestandesaufnahme und Einschätzung der Verflechtung, Diss. St. Gallen, Herisau 1994 (= Politikberatung 1)

Odendahl Kerstin, Die Grenzüberschreitende Zusammenarbeit im Lichte des Völkerrechts, in: Tschudi et al. (Hrsg.), Die Grenzüberschreitende Zusammenarbeit der Schweiz – juristisches Handbuch zur Grenzüberschreitenden Zusammenarbeit von Bund und Kantonen, Band 8, Zürich 2014

Payer Andrés, Territorialität und grenzüberschreitende Tatbeteiligung, 1. A., Zürich 2021

Richter Dagmar, Sprachordnung und Minderheitsschutz im schweizerischen Bundesstaat – Relativität des Sprachenrechts und Sicherung des Sprachfriedens, Heidelberg 2005

Ruch, Kommentar zu Art. 22 RPG, in: Aemisegger/Moor/Ruch/Tschannen (Hrsg.), Baubewilligung, Rechtschutz und Verfahren (RPG), Bundesgesetz über die Raumplanung vom 22. Juni 1979, Praxiskommentar, Zürich 2020

Schreier, Kommentar zu Art. 5 ZG, in: Kocher/Clavadetscher (Hrsg.), Zollgesetz (ZG), Zollgesetz vom 18. März 2005 (ZG), Stämpflis Handkommentar, Bern 2009

Staatliches Hochbauamt Freiburg, Machbarkeitsstudie – Weil am Rhein/Basel Autobahn, Gemeinschaftszollanlage Gesamtsanierung oder Neubau, 2021

Zellweger Valentin/Bühler Othmar, Die Grenzüberschreitende Zusammenarbeit aus der Sicht des schweizerischen Staatsvertragsrechts, in: Tschudi et al. (Hrsg.), Die Grenzüberschreitende Zusammenarbeit der Schweiz – juristisches Handbuch zur Grenzüberschreitenden Zusammenarbeit von Bund und Kantonen, Band 8, Zürich 2014

Verzeichnis der Rechtstexte

Abkommen zwischen der Schweiz und Frankreich über die nebeneinanderliegenden Grenzabfertigungsstellen und die Grenzabfertigung während der Fahrt vom 8. Juli 1961 (SR 0.631.252.943.5)

Abkommen zwischen der Schweizerischen Eidgenossenschaft, der Europäischen Union und der Europäischen Gemeinschaft über die Assoziierung dieses Staates bei der Umsetzung,

Anwendung und Entwicklung des Schengen-Besitzstands vom 26. Oktober 2004 (SR 0.362.31)

Bundesgesetz über das öffentliche Beschaffungswesen vom 21. Juni 2019 (SR 172.056.1), Stand am 1. Januar 2022

Bundesgesetz über das öffentliche Beschaffungswesen vom 21. Juni 2019 (SR 172.056.1), Stand am 1. Januar 2022

Bundesgesetz über das Verwaltungsverfahren vom 20. Dezember 1968 (SR 172.021), Stand am 1. April 2020

Bundesgesetz über Datenschutz vom 19. Juni 1992 (SR 235.21), Stand am 1. März 2019

Bundesgesetz über die Berufsbildung vom 13. Dezember 2002 (SR 412.10), Stand am 1. April 2022

Bundesgesetz über die Raumplanung vom 22. Juni 1979 (SR 700), Stand am 1. Januar 2019)

Bundesgesetz über die Verantwortlichkeit des Bundes sowie seiner Behördenmitglieder und Beamten vom 14. März 1958 (SR 170.32), Stand am 1. Januar 2020

Bundesverfassung der Schweizerischen Eidgenossenschaft vom 18. April 1999 (SR 101), Stand am 13. Februar 2022

Gesetz über die Bundesanstalt für Immobilienaufgaben vom 9 Dezember 2004

Gesetz über die Finanzverwaltung vom 30. August 1971

Planungs- und Baugesetz vom 21. Dezember 2011 (RB 700), Stand am 1. April 2022

Planungs- und Baugesetz vom 21. Dezember 2011 (RB 700), Stand am 1. April 2022

Schweizerisches Zivilgesetzbuch vom 10. Dezember 1907 (SR 210), Stand am 1. Januar 2022

Vereinbarung zwischen dem Eidgenössischen Finanzdepartement der Schweizerischen Eidgenossenschaft und dem Bundesministerium der Finanzen der Bundesrepublik Deutschland über die Errichtung nebeneinanderliegender Grenzabfertigungsstellen am Grenzübergang Kreuzlingen/Konstanz-Autobahn vom 30. Mai 2011 (SR 0.631.252.913.696.5)

Verordnung (EU) 2019/1896 des Europäischen Parlaments und des Rates vom 13. November 2019 über die Europäische Grenz- und Küstenwache zur Aufhebung der Verordnungen (EU) Nr. 1052/2013 und (EU) 2016/1624, Amtsblatt der Europäischen Union, 14.11.2019

Verordnung des Regierungsrates zum Planungs- und Baugesetz und zur Interkantonalen Vereinbarung über die Harmonisierung der Baubegriffe vom 18. September 2012 (RB 700.1), Stand am 1. Januar 2021

Verordnung über das Immobilienmanagement und die Logistik des Bundes vom 5. Dezember 2008 (SR 172.010.21), Stand am 1. Januar 2022

Verordnung über Massnahmen zur Bekämpfung der Covid-19-Epidemie im Bereich des internationalen Personenverkehrs vom 23. Juni 2012 (SR 818.101.27), Stand am 21. März 2022

Verordnung zum Schutz vor einreisebedingten Infektionsgefahren in Bezug auf das Coronavirus SARS-CoV-2 (Coronavirus-Einreiseverordnung – CoronaEinreiseV) vom 28. September 2012, Stand am 27. April 2022 (Banz AT 29. September 2021 V1)

Vertrag der Schweizer Eidgenossenschaft und der Bundesrepublik Deutschland über die polizeiliche und justitielle Zusammenarbeit vom 27. April 1999 (SR 0.360.131.1), Stand am 13. Mai 2003

Vertrag zwischen der Schweizerischen Eidgenossenschaft und der Bundesrepublik Deutschland über die grenzüberschreitende polizeiliche und justitielle Zusammenarbeit vom 27. April 1999 (SR 0.360.136.1)

Zollgesetz vom 18. März 2005 (SR 631.0), Stand am 15. September 2018

Zollverordnung vom 1. November 2006 (SR 631.01), Stand am 1. Januar 2022

Zollverordnung vom 23. Dezember 1993

Zollverwaltungsgesetz vom 1. Dezember 1992

Materialverzeichnis

Botschaft über die Genehmigung des Vertrags zwischen der Schweiz, Österreich und Liechtenstein über die grenzüberschreitende polizeiliche Zusammenarbeit vom 9. Januar 2012 (12.113), BBl 2013 755

Postulat Birrer-Heimo (15.3896) «Wirtschaftliche Vorteile dank Schengen-Partnerschaft» vom 23. September 2015, https://www.parlament.ch/de/ratsbetrieb/suche-curia-vista/geschaeft?AffairId=20153896 (Abruf am 27.4.2023)

RL Nr. 10–21 des Bundesamt für Zoll und Grenzsicherheit vom 11. April 2022 zu Zugelassene Versender und Empfänger (A.49 11. April 2022)

Weisungen zum nachhaltigen Immobilienmanagement für Mitglieder der Koordinationskonferenz der Bau- und Liegenschaftsorgane der öffentlichen Bauherren (KBOB) vom 21. Dezember 2015

Treffen der obersten Verwaltungsgerichtshöfe Österreichs, Deutschlands, des Fürstentums Liechtenstein und der Schweiz vom 7. Bis 10. November 2002 in Vaduz, Landesbericht der Schweiz – Internationales Verwaltungsrecht: Das Territorialitätsprinzip und seine Ausnahmen, Landesbericht Schweiz des Bundesgerichts, Lausanne, 2002

Abbildungsverzeichnis

Abb. 1: Grafische Darstellung des Raums Basel – Lörrach

Abb. 2: Struktur von Gemeinschaftszollanlagen

Abb. 3: Rechtliche Grundlage für den Bau und die Planung einer Gemeinschaftszollanlage 17

Abb. 4: Ablauf des Baus und der Planung einer Gemeinschaftszollanlage auf Schweizer Boden

Abb. 5: Planungsabschnitte beim Bau einer Gemeinschaftszollanlage

Motorisierte Brücke über Landesgrenzen hinweg

Noel Weber / Céline Wyss

Inhaltsübersicht
I. Einleitung 282
II. Planungsrechtliche Rahmenbedingungen 284
    A. Schweiz 284
        1. Rechtliche Grundlagen gemäss RPG, BauG AG und Strassengesetz AG 284
        2. Projektierungsverfahren 286
    B. Deutschland 286
        1. Rechtliche Grundlagen gemäss ROG, RoV und LplG BW 287
        2. Raumordnungsverfahren 288
    C. Verkehrspolitik Deutschlands und der Europäischen Union 289
        1. Verkehrspolitik Deutschlands 289
        2. Verkehrspolitik der Europäischen Union 290
III. Umweltrechtliche Rahmenbedingungen 290
    A. Schweiz 290
    B. Deutschland 293
        1. Umweltverfassung 293
        2. Gesetz über die Umweltverträglichkeitsprüfung (UVPG/UwVG) 294
IV. Verwaltungsrechtliches Bewilligungsverfahren 297
    A. Schweiz 297
        1. Auflageverfahren 297
        2. Land- und Rechtserwerbsverfahren 298
    B. Deutschland 300
        1. Planungsschritte in der Strassenbauverwaltung 300
            a. Vor-, Entwurfs- und Genehmigungsplanung 300
            b. Planfeststellungsverfahren und Ausführungsplanung 301
            c. Ingenieurbauwerke: Brücken, Tunnel & Co 302
V. Finanzierung 302
    A. Schweiz 302
    B. Deutschland 304

		1. Strassenbaulast 304
		2. Bundesverkehrswegeplan 2030 305
		3. Generalverkehrsplan (GVP) Baden-Württemberg 306
VI.	Grenzüberschreitende Koordination und Umsetzung 306	
	A. Rechtsgrundlagen grenzüberschreitender Zusammenarbeit 307	
		1. Verfassungsrechtlicher Rahmen – Art. 56 BV 307
		2. Madrider Rahmenübereinkommen und seine Zusatzprotokolle 307
		3. Grenzüberschreitende Zusammenarbeit im EU-Recht 308
		4. Karlsruher Übereinkommen 308
		5. Kooperationsvereinbarungen nach Art. 3 Abs. 1 KaÜ 309
		6. Deutsches Grundgesetz 310
VII.	Fazit und Handlungsempfehlung 310	
Literaturverzeichnis 312		
Erlassverzeichnis 313		
Materialienverzeichnis 315		

I. Einleitung

Viele Bereiche wie Umweltschutz, Sicherheit, der Wirtschaftsraum und Verkehr fordern eine immer stärkere Kooperation der Nachbarländer untereinander, wobei Schwierigkeiten gemeinsam gelöst und Ziele optimal verwirklicht werden müssen. Die Aussenpolitik der Schweiz entwickelt sich dabei zu einer Querschnittsaufgabe, die sich Bund und Kantone teilen und das Völkerrecht wird als Kooperationsrecht immer wesentlicher und zentraler.[1] Angesichts der zu erwartenden grenzüberschreitenden Verkehrsentwicklungen und der Verbesserung der Schweizer Wirtschaftsregion stellt sich die Frage nach der Notwendigkeit von zusätzlichen Verkehrsübergängen zwischen den Ländern Schweiz und Deutschland. Eine zusätzliche Brücke bietet hierfür eine potenzielle Lösung. Vor dem Hintergrund des zunehmenden Grenzverkehrs zeigen sich zugleich positive Aspekte, wie die Schaffung neuer Arbeitsplätze, gleichzeitig aber auch eine enorme Zunahme des Verkehrs als Kehrseite der Medaille.[2] Die nachbarschaftliche Zusammenarbeit steht im Interesse der Qualität des Wirtschaftsstandortes im Vordergrund, wobei die Grenze nicht als Linie, sondern als Raum verstanden werden

---

[1] Donabauer/Eisenhut, S. 3.
[2] Südkurier vom 25. Januar 2022. Abgerufen von: https://www.suedkurier.de/region/hochrhein/bad-saeckingen/wann-kommt-die-sissler-rheinbruecke-neuigkeiten-soll-es-noch-im-ersten-halbjahr-2022-geben;art372588,11028460.

soll, der die Chance auf bessere und wirtschaftlichere Lösungen bietet, wobei die Fiktion «grenzenloser» Zusammenarbeit entstehen soll, um die Position im Standortwettbewerb zu stärken.[3]

Der Bau einer motorisierten Brücke in der Form einer Rheinverbindung über Landesgrenzen hinweg, wirft zahlreiche Fragen bezüglich Planung und Durchführung auf. Um Möglichkeiten einer grenzüberschreitenden Zusammenarbeit bzw. konkrete Kooperationsmodelle ergebnisoffen im Rahmen eines mehrstufigen Projekts zu untersuchen, müssen sowohl nationale, regionale und kommunale Normtexte, binationale politische Abkommen und wegführende Entscheidungen für die Planung und Durchführung eines derartigen Infrastrukturprojekts berücksichtigt werden. Dabei entstehen komplexe juristische Problemstellungen.

Im Rahmen dieser Arbeit sollen die rechtlichen Rahmenbedingungen in den Bereichen Raumplanung, Finanzierung von Infrastrukturprojekten und Umweltrecht dargestellt werden, um anschliessend politische Handlungsempfehlungen herauszuarbeiten, wie das öffentlich-rechtliche Bewilligungsverfahren seitens aller beteiligten Ländern durchlaufen werden muss. Dabei werden kulturelle, interkulturelle, informelle, ökonomische Aspekte miteinbezogen und auf die Souveränität der beteiligten Länder eingegangen. Ziel dieser Arbeit ist es, eine bestmögliche politische Handlungsempfehlung herauszuarbeiten, wie sich das grenzüberschreitende Infrastrukturprojekt einer motorisierten Brücke am besten realisieren lässt, wobei folgende Frage beantwortet werden soll:

> «Wie gestalten sich die rechtlichen und politischen Rahmenbedingungen zur Realisierung des Infrastrukturprojekts einer motorisierten grenzüberschreitenden Brücke und welche Finanzierung bietet sich an?»

Zur Beantwortung dieser Fragestellung wird zunächst auf die planungsrechtlichen Vorschriften seitens aller beteiligten Ländern eingegangen, um anschliessend eine bestmögliche Handlungsempfehlung zu erarbeiten, wie sich das verwaltungsrechtliche Bewilligungsverfahren mit Blick auf die Gebiete Umweltrecht, private und öffentliche Trägerschaft, Finanzierung und Öffentlichkeitsbeteiligung gestaltet. Die Thematik wird schwerpunktmässig aus schweizerischer Sichtweise beurteilt, wobei internationales Recht insbesondere dann einbezogen wird, soweit es für die Thematik von Bedeutung ist.

---

[3] DONABAUER/EISENHUT, S. 3.

II. Planungsrechtliche Rahmenbedingungen

A. Schweiz

1. Rechtliche Grundlagen gemäss RPG, BauG AG und Strassengesetz AG

Kantonsstrassen stehen im Eigentum des Kantons, Gemeindestrassen hingegen im Eigentum der Gemeinde, auf dessen Gebiet sie sich befinden (§ 81 Abs. 1 BauG AG). Beim Bau von Kantonsstrassen liegt die Zuständigkeit dementsprechend beim Kanton. Gemäss § 81 Abs. 3 BauG AG regelt der Regierungsrat das Eigentum an Brücken, die dem Kantons- wie dem Gemeindestrassennetz dienen, nach Massgabe der Interessenlage. § 83 Abs. 1 BauG AG besagt jedoch, dass es sich bei Strassen, welche eine Verbindung mit dem Ausland darstellen, um Kantonsstrassen handelt. Ausserdem befindet sich die Brücke gemäss Sachverhalt auf einer Kantonsstrasse. § 80 Abs. 2 BauG AG hält fest, dass alle Bauten, Anlagen und Vorrichtungen, die der technisch und verkehrlich zweckmässigen, umweltschonenden Ausgestaltung dienen, Bestandteile der öffentlichen Strassen sind. Es spielt dabei keine Rolle, ob eine Strasse über eine Brücke oder einen Tunnel führt.[4] Demzufolge kann die gemäss Sachverhalt grenzüberschreitende Brücke als Bestandteil einer Strasse und somit als Kantonsstrasse qualifiziert werden. Nicht Bestandteil von Strassen bilden hingegen Nebenanlagen, welche nicht für die technisch richtige Ausgestaltung der Strasse erforderlich sind, sondern den Bedürfnissen der Strasse dienen, wie z.B. Tankstellen, Toiletten oder Rastplätze.[5]

Vorhaben mit gewichtigen Auswirkungen auf Raum und Umwelt bedürfen gemäss Art. 8 Abs. 2 RPG einer Grundlage im Richtplan. Der kantonale Richtplan sowie dessen Anpassungen müssen anschliessend vom Bundesrat genehmigt werden, um Verbindlichkeit zu erlangen (Art. 11 RPG).

Auf kantonaler Ebene erstellt der Regierungsrat in Zusammenarbeit mit den regionalen Planungsverbänden die Entwürfe zu den kantonalen Richtplänen und unterbreitet sie den Gemeinden zur Vernehmlassung (§ 9 Abs. 1 BauG AG). Der Grosse Rat beschliesst dann gemäss § 9 Abs. 4 BauG AG über die Richtpläne. Zudem ist der Grosse Rat befugt, kantonale Nutzungspläne zu erlassen, soweit kantonale und regionale Interessen es erfordern, «namentlich [...] zur Erstellung von öffentlichen Werken wie für den Verkehr [...]» (§ 10 Abs. 1 BauG AG). Im Gegen-

---

[4] BAUMANN, in: Kommentar zum BauG-AG, § 80, Rz. 6.
[5] KEUSEN, Rz. 10.6.

satz zur Richtplanung erstellt das zuständige Departement gemäss § 10 Abs. 3 BauG AG die Entwürfe zu den kantonalen Nutzungsplänen in Zusammenarbeit mit den betroffenen Anstalten, Regionalplanungsverbänden und Gemeinden. Anschliessend legt das Departement die Entwürfe der Nutzungspläne in den betroffenen Gemeinden während 30 Tagen auf, damit jene, welche in schutzwürdigen Interessen betroffen sind, Einwendungen dagegen erheben können (§ 10 Abs. 5 BauG AG). Der Regierungsrat des Kantons entscheidet über diese Einwendungen und gibt die Entscheide dem Grossen Rat bekannt, falls dieser für den Erlass des Nutzungsplans zuständig ist (§ 10 Abs. 5 BauG AG). Sind die in schutzwürdigen Interessen betroffenen Personen mit den Beschlüssen des Regierungsrates und des Grossen Rates nicht einverstanden, kann innert 30 Tagen Beschwerde beim Verwaltungsgericht erhoben werden (§ 10 Abs. 6 BauG AG).

Bauvorhaben haben stets den planerischen Stufenbau zu beachten. Aus diesem Grund dürfen für Bauten und Anlagen, die ihrer Natur nach nur in einem Planungsverfahren angemessen erfasst werden können, keine Ausnahmebewilligungen erteilt werden.[6] Wann ein nicht zonenkonformes Bauvorhaben der Planungspflicht nach Art. 2 RPG untersteht, «ergibt sich aus den Planungsgrundsätzen und -zielen (Art. 1 Abs. 3 RPG), dem kantonalen Richtplan und der Bedeutung des Projekts gestützt auf die im RPG und im kantonalen Recht festgelegte Verfahrensordnung.»[7]

Für den kantonalen Strassen- und Brückenbau bedeutet dies, dass aufgrund gewichtiger Auswirkungen auf Raum und Umwelt eine Grundlage im Richtplan erforderlich ist. Anschliessend erfolgt die Erfassung dieser Bauten und Anlagen in einer projektbezogenen Nutzungsplanung, welche die genaue Lage einschliesslich der Nebenanlagen festlegt.[8] Wie in einem späteren Kapitel verdeutlicht wird, handelt es sich bei der Brücke um eine Anlage, welche der UVP-Pflicht untersteht. Gemäss der bundesgerichtlichen Rechtsprechung müssen UVP-pflichtige Anlagen ausserhalb der Bauzone zwingend in einem Sondernutzungsplan erfasst werden.[9] Aufgrund der Bejahung der UVP-Pflicht in Kapitel 3.1. muss das Bauvorhaben daher zusätzlich in einer Sondernutzungsplanung erfasst werden.

---

[6] BAUMANN ET AL., in: Kommentar zum BauG-AG, § 93 Rz. 9.
[7] BAUMANN ET AL., in: Kommentar zum BauG-AG, § 93 Rz. 9.
[8] ZUFFEREY ET AL., in: BR online 2012, Rz. 13.2.
[9] GRIFFEL/RAUSCH, in: Kommentar zum USG, Art. 10a Rz. 12.

2. Projektierungsverfahren

Das Strassengesetz des Kantons Aargau regelt das kantonale Strassenwesen und umfasst Bau, Unterhalt, Betrieb und Finanzierung der Kantonsstrassen (§ 1 StrG AG). Als Kantonsstrassen gelten gemäss § 2 Abs. 1 StrG AG die im Eigentum des Kantons stehenden Strassen inklusive sämtlichen Bestandteilen. Der Grosse Rat legt dabei das Kantonsstrassennetz und seine Einteilung fest (§ 3 Abs. 1 StrG AG). Die Planung von Neuanlagen von Kantonsstrassen erfolgt im Rahmen der Richtplanung (§ 3 Abs. 1 StrG AG). Verantwortlich für die Planung, Projektierung und den Bau der Kantonsstrassen ist der Kanton (§ 5 Abs. 1 StrG AG). Die Bauprojekte und das Verfahren richten sich gemäss § 7 Abs. 1 StrG AG nach § 95 BauG AG.

Gemäss Art. 6 Abs. 2 StrG AG kann das zuständige Departement (i.c. Departement für Bau, Verkehr und Umwelt Kanton Aargau) generelle Projekte für Neuanlagen von Kantonsstrassen ausarbeiten. Diese generellen Projekte werden zur Präzisierung der Richtpläne ausgearbeitet.[10] Die Präzisierungsfunktion bedeutet jedoch nicht, dass ein generelles Projekt einen wesentlich anderen Rechtscharakter als die Richtpläne aufweist, sondern dient vorab dazu, die nötigen Grundlagen für die grossrätlichen Kreditbeschlüsse zu schaffen (§ 6 Abs. 3 StrG).[11]

Anschliessend müssen die Strassenbauprojekte nach § 95 Abs. 1 BauG AG detailliert ausgearbeitet werden: Sie bestimmen Linienführung, Querschnitt und Beschaffenheit der Strassen sowie ihrer Bestandteile.

Die weiteren Verfahrensschritte (Auflageverfahren, Land- und Rechtserwerbsverfahren) werden anschliessend in Kapitel 4.1. näher erläutert.

B. Deutschland

Das Strassensystem in Deutschland besteht aus verschiedenen Strassenkategorien, die in unterschiedlichen Gesetzen verankert sind. Deutsche Strassen klassifizieren sich nach der Strassenbaulast, also welche Staatsebene für den Bau der jeweiligen Strasse zuständig ist. In Deutschland gibt es somit folgende Strassen: Bundesautobahnen, Bundesstrassen, Landesstrassen, Kreisstrassen und Gemeindestrassen. Für die jeweiligen Strassenklassen gelten wie in der Schweiz besondere Vorschriften. Da es sich im vorliegenden Fall um eine motorisierte Brücke zwischen Sisseln im Kanton Aargau und Bad Säckingen/Murg im Bundesland Baden-Württemberg handelt, kann die Strasse als öffentliche Strasse im Sinne

---

[10] BAUMANN ET AL., in: Kommentar zum BauG AG, § 95 Rz. 13.
[11] BAUMANN ET AL., in: Kommentar zum BauG AG, § 95 Rz. 13.

einer Landesstrasse qualifiziert werden. Zur Anwendung kommt deshalb das Strassengesetz für Baden-Württemberg (StrG-BW). Gemäss § 1 liegt der Zweck des Gesetzes in der Bereitstellung der öffentlichen Strassen zur Ermöglichung einer an den Bedürfnissen aller Mobilitätsgruppen ausgerichteten Nutzung des Verkehrsraumes, wobei eine leistungsfähige, nachhaltige und klimafreundliche Mobilität gewährleistet werden soll. § 2 definiert die öffentliche Strasse als einen Strassenkörper, worunter auch die hier diskutierte Brücke fällt. § 3 Ziff. 1 lit. a StrG-BW definiert Landesstrassen als Strassen, die untereinander oder zusammen mit Bundesfernstrassen ein Verkehrsnetz bilden und vorwiegend dem durchgehenden Verkehr innerhalb des Landes dienen oder zu dienen bestimmt sind.

Der Bundesverkehrswegeplan ist das Planungsinstrument der Bundesregierung, wodurch Strassenprojekte ihrer Dringlichkeit entsprechend geordnet werden. Er wird vom Bundesministerium für Verkehr und digitale Infrastruktur (BMVI) aufgestellt und vom Bundeskabinett beschlossen. Das Recht zur Planung erhalten folglich nur Projekte, die im Bedarfsplan als dringlich eingestuft werden.

Der Landesentwicklungsplan ist die Grundlage der Raumordnung in Baden-Württemberg. Als zentrales Ziel gilt der Erhalt gleichwertiger Lebensverhältnisse in allen Regionen des Landes. Hierfür sind Verkehrs- und flächensparende Raum- und Siedlungsstrukturen mit kurzen Wegen vorausgesetzt. Dabei soll der Transport von Gütern und die Mobilität von Personen gesichert werden.[12]

1. Rechtliche Grundlagen gemäss ROG, RoV und LplG BW

Gemäss § 4 Abs. 1 Nr. 1 und 2 des Raumordnungsgesetzes (ROG) entfaltet die Raumordnung bei raumbedeutsamen Planungen und Massnahmen von öffentlichen Stellen Bindungswirkung, wobei die Ziele der Raumordnung zu beachten sind. In jedem Bundesland ist nach § 13 Abs. 1 ROG ein landesweiter Raumordnungsplan sowie Regionalpläne für die Teilräume der Länder aufzustellen. Insbesondere sollen diese nach § 13 Abs. 5 ROG sowohl Angaben bezüglich der anzustrebenden Siedlungs- und Freiraumstruktur als auch zu den sichernden Standorten und Strassen für Infrastruktur erhalten. § 14 Abs. 1 ROG fordert hierfür eine raumordnerische Zusammenarbeit für raumbedeutsame Planungen und Massnahmen auch im Hinblick auf grenzüberschreitende Zusammenarbeit, wie dies im vorliegenden Sachverhalt einer motorisierten, grenzüberschreitenden Brücke der Fall ist.

---

[12] Generalverkehrsplan Baden-Württemberg 2010 vom Ministerium für Umwelt, Naturschutz und Verkehr, S. 15.

Raumbedeutsame Planungen und Massnahmen müssen gemäss § 15 Abs. 1 ROG von der zuständigen Landesbehörde in einem besonderen Verfahren im Rahmen ihrer Raumverträglichkeit geprüft werden.

Das Raumordnungsverfahren sichert die Umsetzung der in den Raumordnungsplänen normierten Zielen, leistet eine Zusammenschau fachplanerischer Ansprüche an ein konkretes Vorhaben und ebnet den Weg für das nachfolgende Zulassungsverfahren. Es dient folglich der frühzeitigen Ermittlung und Bewertung der zu erwartenden raumbedeutsamen Auswirkungen grösserer Vorgaben.[13] Nach § 1 der Raumordnungsverordnung (RoV) erfolgt die Durchführung eines Raumordnungsverfahrens nur auf Grundlage eines Antrages nach § 15 Abs. 5 Satz 1 ROG, wenn sie im Einzelfall raumbedeutsam sind und überörtliche Bedeutung haben. Ein Grenzübergang hat folglich sowohl eine raumbedeutsame als auch eine überörtliche Bedeutung.

Das Raumordnungsgesetz des Bundes überlässt die Zuständigkeitsfrage den Bundesländern. Jedoch hat die Mehrzahl der Bundesländer eine Dichotomie von einer «Oberen und Unteren Landesplanung». Die Zuständigkeit zur Durchführung des Raumordnungsverfahrens obliegt in der Regel der «Oberen Landesplanung», wobei es sich normalerweise um regionale Behörden handelt, zum Teil aber auch um landesweit agierende Einheiten.[14] In Baden-Württemberg sind gemäss § 18 Abs. 1 des Landesplanungsgesetzes (LplG BW) i.V.m. § 30 Abs. 2 LplG die Regierungspräsidien die «Höheren Raumordnungsbehörden».[15] In unserem Fall ist somit der Regierungsbezirk Freiburg zuständig.

2. Raumordnungsverfahren

Das Raumordnungsverfahren folgt einer klaren, gesetzlich vorgegebenen Struktur. In einem ersten Schritt kommen die Vorhabenträger mit ihrer Planungsabsicht auf die zuständige Raumordnungsbehörde zu und reichen eine Vorhabenbeschreibung ein. Dabei nimmt die Behörde eine erste Einschätzung vor, ob ein Verfahren erforderlich ist oder nicht. Im Anschluss wird eine Antragskonferenz durchgeführt, in welcher Erfordernis, Gegenstand, Umfang und Ablauf des Raum-

---

[13] PANEBIANCO/ZECK, S. 15.
[14] PANEBIANCO/ZECK, S. 21.
[15] PANEBIANCO/ZECK, S. 22.

ordnungsverfahrens erörtert werden und die notwendigen Behörden, Verbände und sonstige Stellen für weitere Untersuchungen hinzugezogen werden, um den Untersuchungsrahmen festzulegen (u.a. die Bearbeitungstiefe für die Ermittlung der Umweltbetroffenheit). Danach werden die erforderlichen Antragsunterlagen vom beauftragten Planungsbüro erarbeitet, wozu gegebenenfalls erforderliche eigene Studien, Erhebungen und Kartierungen durchgeführt werden. Die Raumordnungsbehörde überprüft diese vor Einleitung des Verfahrens und fordert allenfalls Ergänzungen derselben ein. Daraufhin führt sie eine Beteiligung der Träger aller öffentlicher Belange durch und veranlasst die öffentliche Auslegung der Unterlagen in den Gemeinden und im Internet, sodass jedermann Gelegenheit zur Stellungnahme hat. Die Stellungnahmen werden in den darauffolgenden Erörterungsterminen ausgewertet, welche dann Einfluss in den zusammenfassenden Abwägungsentscheid der Raumordnungsbehörde finden. In der Landesplanerischen Feststellung wird das Vorhaben auf Übereinstimmung mit den Erfordernissen der Raumordnung hin überprüft und die Massgaben für die weiteren Planungs- und Umsetzungsschritte für die raumbedeutsamen Auswirkungen festgelegt.[16]

C. Verkehrspolitik Deutschlands und der Europäischen Union

1. Verkehrspolitik Deutschlands

Der zuvor erwähnte Bundesverkehrswegeplan (BVWP) ist zugleich Planungsinstrument und Rahmenplan der Verkehrspolitik des Bundes. Im geltenden BVWP ergibt sich ein Finanzvolumen von ca. 150 Milliarden Euro. Der Bund entwirft hierfür Verkehrskonzepte.[17]

Als zentrales Ziel gilt die Einbindung der Autobahnen und Bundesstrassen in das transeuropäische, nachbarstaatliche und nationale Fernstrassennetz, wobei ein funktions- und leistungsfähiger sowie umweltverträglicher Erhalt und Ausbau des Strassennetzes gewährleistet werden soll.

---

[16] PANEBIANCO/ZECK, S. 23–24.
[17] Generalverkehrsplan Baden-Württemberg 2010 vom Ministerium für Umwelt, Naturschutz und Verkehr, S. 39.

2. Verkehrspolitik der Europäischen Union

Europaweit soll die Leistungsfähigkeit und Nachhaltigkeit des europäischen Verkehrssystems weiter erhöht werden, was inzwischen auch Gegenstand der nationalen Verkehrspolitik ist.

Die Europäische Union hat in ihrer Verkehrspolitik den Aufbau eines transeuropäischen Strassennetzes (TERN) beschlossen (Ratsbeschluss 93/629 EWG vom 29. Oktober 1993). Darin sind vor allem Autobahnen und weitere wichtige Strassen, die aus europäischer Sichtweise für den Güter- und Personenverkehr von grosser Bedeutung sind, inkludiert. Als weiteres wichtiges Ziel gilt die Beseitigung von Lücken und Engpässen im grenzüberschreitenden Verkehr. Somit fällt auch der Bau einer motorisierten Brücke, wie im vorliegenden Fall zwischen dem Kanton Aargau und dem Bundesland Baden-Württemberg, darunter.

III. Umweltrechtliche Rahmenbedingungen

A. Schweiz

Gemäss Art. 10a Abs. 1 USG muss eine Behörde möglichst frühzeitig die Umweltverträglichkeitsprüfung (UVP) durchführen, bevor sie über Planung, Errichtung oder Änderung von Anlagen entscheidet. Zuständig ist diejenige Behörde, welche im Rahmen eines Bewilligungs-, Genehmigungs- oder Konzessionsverfahrens über das Projekt entscheidet (Art. 5 Abs. 1 UVPV). Der UVP sind Anlagen unterstellt, welche Umweltbereiche erheblich belasten können, so dass die Einhaltung der Vorschriften über den Schutz der Umwelt voraussichtlich nur mit projekt- oder standortspezifischen Massnahmen sichergestellt werden kann (Art. 10a Abs. 2 USG). Wer eine Anlage, die der UVP untersteht, planen, errichten oder ändern will, muss der zuständigen Behörde einen Umweltverträglichkeitsbericht unterbreiten, welcher die Grundlage der UVP bildet (Art. 10b Abs. 1 USG).

Das USG bezweckt den Schutz von Menschen, Tieren, Pflanzen, ihrer Lebensgemeinschaften und Lebensräume gegen schädliche oder lästige Einwirkungen sowie die dauerhafte Erhaltung der biologischen Vielfalt und der Fruchtbarkeit des Bodens (Art. 1 Abs 1 USG). Einwirkungen nach diesem Gesetz sind Luftverunreinigungen, Lärm, Erschütterungen, Strahlen, Gewässerverunreinigungen oder andere Eingriffe in Gewässer, Bodenbelastungen, Veränderungen des Erbmaterials von Organismen oder der biologischen Vielfalt, welche durch den Bau und Betrieb von Anlagen, durch den Umgang mit Stoffen, Organismen oder Abfällen sowie durch die Bewirtschaftung des Bodens erzeugt werden (Art. 7 Abs. 1 USG). Art. 7 Abs. 7 USG definiert den Begriff der «Anlagen»: Es handelt sich hierbei um Bauten, Verkehrswege und andere ortsfeste Einrichtungen sowie Terrainveränderungen. Das USG geht also von einem sehr weiten Anlagebegriff aus.[18] Bodenbelastungen sind gemäss Art. 7 Abs. 4bis USG physikalische, chemische und biologische Veränderungen der natürlichen Beschaffenheit des Bodens. Als Boden gilt dabei nur die oberste, unversiegelte Erdschicht, in der Pflanzen wachsen können.

Dementsprechend können auch Brücken darunterfallen, da es sich hierbei sowohl um Bauten als auch um Verkehrswege handelt. Zweifellos führt der Bau einer Brücke auch zu Einwirkungen wie Bodenbelastungen, verursacht durch den Bau von Betonelementen, welche die natürliche Beschaffenheit des Bodens verändern. Auch Gewässerverunreinigungen während des Bauprozesses sind denkbar.

Gemäss Art. 10a Abs. 3 USG bezeichnet der Bundesrat diejenigen Anlagetypen, die der UVP unterstehen. Zu diesem Zweck erliess der Bundesrat die Umweltverträglichkeitsverordnung (UVPV) und erstellte einen Katalog, in welchem die UVP-pflichtigen Anlagen aufgelistet sind. Damit die UVP-Pflicht gesamtschweizerisch einheitlich und eindeutig sein kann, hat dieser Katalog im Anhang der UVPV abschliessenden und verbindlichen Charakter.[19] Somit darf die Vollzugsbehörde weder für ein vom Anlagenkatalog nicht erfasstes Vorhaben eine förmliche UVP anordnen noch für ein von ihm erfasstes Vorhaben auf die UVP verzichten.[20] Wichtige Erläuterungen zur UVP-Pflicht befinden sich im UVP-Handbuch, einer Richtlinie des BAFU für die Umweltverträglichkeitsprüfung.

Im Anhang 1 der UVPV sind UVP-pflichtige Verkehrsinfrastrukturen aufgelistet. Der UVP-Pflicht unterstehen Nationalstrassen, Hauptstrassen, die mit Bundeshilfe ausgebaut werden, andere Hochleistungs- und Hauptverkehrsstrassen sowie Parkhäuser und -plätze für mehr als 500 Motorwagen. Im UVP-Handbuch wird der Bau einer Brücke auf Nationalstrassen tendenziell der UVP-Pflicht unterstellt.[21] Da es sich im vorliegenden Sachverhalt jedoch um eine Kantons- und nicht um eine Nationalstrasse handelt, ist dieser Tatbestand nicht erfüllt. Weiter ist zu prüfen, ob der Bau einer grenzüberschreitenden Brücke unter den Tatbestand «andere Hochleistungs- und Hauptverkehrsstrassen» fällt. Das UVP-

---

[18] GRIFFEL/RAUSCH, in: Kommentar zum USG, Art. 7 Rz. 24.
[19] GRIFFEL/RAUSCH, in: Kommentar zum USG, Art. 10a Rz. 5.
[20] GRIFFEL/RAUSCH, in: Kommentar zum USG, Art. 10a Rz. 5.
[21] BAFU, UVP-Handbuch, Rz. 4.3.

Handbuch gibt darauf keine exakte Antwort. Die Lehre meint dazu jedoch folgendes: «Ob eine Strasse zum Typ ‹andere Hochleistungs- und Hautptverkehrsstrassen› gehört, hängt nicht von ihrer Klassierung (z.B. Kantonsstrasse), sondern von ihrer Kapazität ab. Ist sie nicht explizit als Hochleistungs- und Hauptverkehrsstrasse konzipiert, kommt es darauf an, ob die voraussichtliche Belastung über der für Sammelstrassen zulässigen Belastung von 500 Personenwageneinheiten (PWE)/h liegt.»[22]

Massgeblich für die Beurteilung der UVP-Pflicht ist dementsprechend das voraussichtliche Verkehrsaufkommen der geplanten Brücke. Aufgrund unzureichender Informationen aus dem Sachverhalt wird an dieser Stelle aufgrund der Tatsache, dass es sich um eine grenzüberschreitende Brücke und zugleich um eine Kantonsstrasse handelt, die Annahme getroffen, dass dieses Mindestverkehrsaufkommen von 500 PWE/h erfüllt sei. Dementsprechend untersteht die Brücke als Hochleistungs- und Hauptverkehrsstrasse der UVP-Pflicht.

Somit ist der Kanton aufgrund von Art. 10a Abs. 1 USG dazu verpflichtet, vorgängig eine UVP durchzuführen und der zuständigen Behörde gemäss Art. 10b Abs. 1 USG einen Umweltverträglichkeitsbericht zu unterbreiten. Mit dem Wortlaut «der zuständigen Behörde» ist diejenige Behörde gemeint, welche im massgeblichen Verfahren (vgl. Art. 5 UVPV) über das Gesuch zu entscheiden hat.[23] Gemäss Art. 5 Abs. 2 UVPV wird das für die Prüfung massgebliche Verfahren im Anhang der UVPV bestimmt. Im Falle einer Hochleistungs- und Hauptverkehrsstrasse ist das massgebliche Verfahren durch das kantonale Recht zu bestimmen (UVPV Anhang 1). Dies wäre i.c. der Regierungsrat (§ 95 Abs. 3 BauG).

Auch das BauG AG enthält eine Bestimmung zum Landschaftsschutz. Für Strassenbauprojekte in Nichtbauzonen, welche die Landschaft wesentlich beeinträchtigen, sind ökologische Ausgleichsmassnahmen im Gesamtumfang von 3% der Bausummen vorzusehen (§ 95 Abs. 1bis BauG AG). Diese Bestimmung geht § 40a BauG AG, welcher den ökologischen Ausgleich in genereller Weise regelt, als Spezialbestimmung vor.[24] Die beiden Voraussetzungen «Strassenbauprojekt in einer Nichtbauzone» sowie «wesentliche Beeinträchtigung der Landschaft» müssen kumulativ erfüllt sein, damit die ökologische Ausgleichspflicht greift.[25] Sofern es sich um eine Nichtbauzone handelt, was bei Strassenbauprojekten oft der Fall ist[26],

---

[22] GRIFFEL/RAUSCH, in: Kommentar zum USG, Art. 10a Rz. 26; Urteil des VGer ZH VB2001.00001 vom 29. März 2001, E. 3b.
[23] GRIFFEL/RAUSCH, in: Kommentar zum USG, Art. 10b Rz. 5.
[24] BAUMANN ET AL., in: Kommentar zum BauG AG, § 95 Rz. 14.
[25] BAUMANN ET AL., in: Kommentar zum BauG AG, § 95 Rz. 15.
[26] BAUMANN ET AL., in: Kommentar zum BauG AG, § 95 Rz. 8.

müssen – in Kombination mit der zuvor erläuterten wesentlichen Beeinträchtigung der Umwelt – Mittel für ökologische Ausgleichsmassnahmen im Umfang von 3% der Bausumme erbracht werden.

B. Deutschland

1. Umweltverfassung

Die Umweltverfassung umschreibt sich als die verfassungsrechtliche Ordnung der Umweltpflege.[27] Art. 20a des Grundgesetzes für die Bundesrepublik Deutschland (GG) normiert das verfassungsrechtliche Umweltpflegeprinzip als Massstab für die Gestaltung des Rechts durch den Gesetzgeber, die Anwendung durch die vollziehende Gewalt und die Rechtsprechung. Das Verfassungsprinzip ist als öffentliche Aufgabe normiert und ist für das Handeln von Bund und Ländern – einschliesslich der Gemeinden und den anderen Trägern der mittelbaren Staatsverwaltung – verbindlich. Es beinhaltet die Umweltaktivitätentrias des Schutzes, der Pflege und der Entwicklung der natürlichen Lebensgrundlagen. Die objektive Schutzpflicht des Staates erfasst über die Abwehr von Gefahren hinaus auch die längerfristige Vorsorge gegen Beeinträchtigungen der natürlichen Umwelt.[28] Bekanntlich müssen widerstreitende verfassungsrechtliche Belange bei einem Zielkonflikt auf dem Wege der Abwägung zu einem verhältnismässigen Ausgleich gebracht werden.[29] Grundsätzlich fällt die Gesetzgebungszuständigkeit den Ländern zu, solange sie nicht ausschliesslich dem Bund zugeschrieben oder die Länder nicht ausdrücklich zur Gesetzgebung ermächtigt werden (Art. 72 GG). Art. 74 Abs. 1 Nr. 22 und Nr. 31 GG verankert eine konkurrierende Gesetzgebungszuständigkeit des Bundes und der Länder in den Gebieten des Strassenverkehrs und der Raumordnung.[30] Allerdings wird die Bundeskompetenz in vielen Bereichen ausgeschöpft, wonach die Landesgesetzgebung demgegenüber zurücktritt. Den Ländern wird jedoch durch ausdrückliche Ermächtigung in Bundesgesetzen vor allem Spielraum in abweichungsoffenen Regelungen des Naturschutzes und in der Bauordnung geschaffen.[31] Als umfassendes verfassungsrechtliches Staatsziel gilt die nachhaltige und langfristige Gewährleistung des Schutzes der natürlichen Lebensgrundlagen. In der Umsetzung des verfassungsgesetzlichen Staatsziels lassen sich viele einzelgesetzliche Grobziele erkennen. So ist unter Umweltplanung i.e.S. die

---

[27] STORM, Rz. 163, S. 88.
[28] STORM, Rz. 171.
[29] STORM, Rz. 172.
[30] STORM, Rz. 196.
[31] STORM, Rz. 198.

Umweltraumplanung zu verstehen, welche in der Regel durch die Länder näher auszugestalten ist.[32] So richtet sich auch der Zweck des Raumordnungsverfahrens (ROV) gemäss den §§ 15 ROG und 18 LplG nach umweltrechtlichen Überlegungen. In das Verfahren eingeschlossen ist insbesondere auch die Überprüfung der Vereinbarkeit mit raumbedeutsamen Belangen des Umweltschutzes (raumordnerische Umweltverträglichkeitsprüfung). § 37 Abs. 4 StrG BW verankert die Notwendigkeit einer Umweltverträglichkeitsprüfung (UVP) für den Bau oder die Änderung einer Landes-, Kreis- oder Gemeindestrasse, soweit sie nach dem Umweltverwaltungsgesetz (UVwG) vorgesehen ist, wofür ein Planfeststellungsverfahren durchzuführen ist.

2. Gesetz über die Umweltverträglichkeitsprüfung (UVPG/UwVG)

Die Umweltverträglichkeitsprüfung ist ein unselbständiger Teil eines verwaltungsbehördlichen Verfahrens, welches gewissen Zulassungsentscheidungen dient. Nach § 7 Abs. 1 Satz 1 des Gesetzes über die Umweltverträglichkeitsprüfung (UVPG) (§ 24 Abs. 2 UVwG) muss eine allgemeine Vorprüfung des Einzelfalls zur Feststellung der UVP-Pflicht durch die zuständige Behörde vorgenommen werden. Die UVP-Pflicht besteht, sofern das Neuvorhaben nach Einschätzung der zuständigen Behörde erhebliche nachteilige Umweltauswirkungen haben kann, die nach § 25 Abs. 2 UVPG bei der Zulassungsentscheidung zu berücksichtigen wären. Die Vorprüfung muss vorgenommen werden, wenn das Neuvorhaben in Anlage 1 Spalte 2 mit dem Buchstaben «A» gekennzeichnet ist.

Gemäss Art. 1 der Richtlinie 85/337/EWG des Rates über die Umweltverträglichkeitsprüfung bei bestimmten öffentlichen oder privaten Projekten werden Projekte erfasst, die möglicherweise erhebliche Auswirkungen auf die Umwelt haben, wobei unter Projekte nach Abs. 2 die Errichtung von baulichen oder sonstigen Anlagen verstanden werden kann. Art. 3 RL 85/337/EWG verankert die Faktoren von unmittelbaren und mittelbaren Auswirkungen auf die Umwelt:

– Mensch, Fauna, Flora
– Boden, Wasser, Luft, Klima, Landschaft
– Sachgüter, kulturelles Erbe
– Die Wechselwirkung zwischen den unter dem ersten, dem zweiten und dem dritten Gedankenstrich genannten Faktoren

---

[32] Storm, Rz. 320

Die Anlage 2 zu § 12 Abs. 2 und 3 UVwG normiert die Kriterien für die Vorprüfung im Rahmen einer Umweltverträglichkeitsprüfung.

Merkmale der Vorhaben:

- Grösse und Ausgestaltung des gesamten Vorhabens und, soweit relevant, der Abrissarbeiten
- Zusammenwirken mit anderen bestehenden oder zugelassenen Vorhaben und Tätigkeiten
- Nutzung natürlicher Ressourcen insb. Fläche, Boden, Wasser, Tiere, Pflanzen und biologische Vielfalt
- Erzeugung von Abfällen im Sinne von § 3 Abs. 1 und 8 des Kreislaufwirtschaftsgesetzes
- Umweltverschmutzung und Belästigungen
- Risiken von Störfällen, Unfällen und Katastrophen, die für das Vorhaben von Bedeutung sind, einschliesslich der Störfälle, Unfälle und Katastrophen, die wissenschaftliche Erkenntnissen zufolge durch den Klimawandel bedingt sind, insb. mit Blick auf:
    - Verwendete Stoffe und Technologien
    - die Anfälligkeit des Vorhabens für Störfälle im Sinne des § 2 Nummer 7 der Störfall-Verordnung, insbesondere aufgrund seiner Verwirklichung innerhalb des angemessenen Sicherheitsabstandes zu Betriebsbereichen im Sinne des § 3 Absatz 5a des Bundes-Immissionsschutzgesetzes,
    - Risiken für die menschliche Gesundheit, z.B. durch Verunreinigung von Wasser oder Luft.
- Standort der Vorhaben

Die ökologische Empfindlichkeit eines Gebiets, das durch ein Vorhaben möglicherweise beeinträchtigt wird, ist insbesondere hinsichtlich folgender Nutzungs- und Schutzkriterien unter Berücksichtigung des Zusammenwirkens mit anderen Vorhaben in ihrem gemeinsamen Einwirkungsbereich zu beurteilen:

- bestehende Nutzung des Gebietes, insbesondere als Fläche für Siedlung und Erholung, für land-, forst- und fischereiwirtschaftliche Nutzungen, für sonstige wirtschaftliche und öffentliche Nutzungen, Verkehr, Ver- und Entsorgung (Nutzungskriterien),
- Reichtum, Verfügbarkeit, Qualität und Regenerationsfähigkeit der natürlichen Ressourcen, insbesondere Fläche, Boden, Landschaft, Wasser, Tiere, Pflanzen, biologische Vielfalt, des Gebiets und seines Untergrunds (Qualitätskriterien),

- Belastbarkeit der Schutzgüter unter besonderer Berücksichtigung folgender Gebiete und von Art und Umfang des ihnen jeweils zugewiesenen Schutzes (Schutzkriterien):
  - Natura 2000-Gebiete nach § 7 Absatz 1 Nummer 8 des Bundesnaturschutzgesetzes (BNatSchG),
  - Naturschutzgebiete nach § 23 BNatSchG,
  - Nationalparke und Nationale Naturmonumente nach § 24 BNatSchG,
  - Biosphärenreservate und Landschaftsschutzgebiete gemäss den §§ 25 und 26 BNatSchG,
  - Naturdenkmäler nach § 28 BNatSchG und § 30 Absatz 1 des Naturschutzgesetzes (NatSchG),
  - geschützte Landschaftsbestandteile, einschliesslich Alleen, nach § 29 BNatSchG und § 31 NatSchG,
  - gesetzlich geschützte Biotope nach § 30 BNatSchG und § 33 Absatz 1 Satz 1 NatSchG,
  - Wasserschutzgebiete nach § 51 des Wasserhaushaltsgesetzes (WHG), Heilquellenschutzgebiete nach § 53 Absatz 4 WHG, Risikogebiete nach § 73 Absatz 1 WHG sowie Überschwemmungsgebiete nach § 76 WHG in Verbindung mit § 65 des Wassergesetzes für Baden-Württemberg
  - Gebiete, in denen die in Vorschriften der Europäischen Union festgelegten Umweltqualitätsnormen bereits überschritten sind,
  - Gebiete mit hoher Bevölkerungsdichte, insbesondere Zentrale Orte im Sinne des § 2 Absatz 2 Nummer 2 des Raumordnungsgesetzes,
  - in amtlichen Listen oder Karten verzeichnete Denkmäler, Denkmalensembles, Bodendenkmäler oder Gebiete, die von der durch die Länder bestimmten Denkmalschutzbehörde als archäologisch bedeutende Landschaften eingestuft worden sind,
  - Waldschutzgebiete nach § 32 des Landeswaldgesetzes, Wälder mit besonderen Schutzfunktionen, geschützte Waldbiotope und Wildkorridore des Generalwildwegeplans.

Art und Merkmale der möglichen Auswirkungen
- Die möglichen erheblichen Auswirkungen eines Vorhabens auf die Schutzgüter sind anhand der unter den Nummern 1 und 2 aufgeführten Kriterien zu beurteilen; dabei ist insbesondere folgenden Gesichtspunkten Rechnung zu tragen:

- der Art und dem Ausmass der Auswirkungen, insbesondere, welches geographische Gebiet betroffen ist und wie viele Personen von den Auswirkungen voraussichtlich betroffen sind,
- dem etwaigen grenzüberschreitenden Charakter der Auswirkungen,
- der Schwere und der Komplexität der Auswirkungen,
- der Wahrscheinlichkeit von Auswirkungen,
- dem voraussichtlichen Zeitpunkt des Eintretens sowie der Dauer, Häufigkeit und Umkehrbarkeit der Auswirkungen,
- dem Zusammenwirken der Auswirkungen mit den Auswirkungen anderer bestehender oder zugelassener Vorhaben,
- der Möglichkeit, die Auswirkungen wirksam zu vermindern.

IV. Verwaltungsrechtliches Bewilligungsverfahren

A. Schweiz

1. Auflageverfahren

Das Auflageverfahren für Strassenbauprojekte wird in § 95 BauG AG geregelt. Ein kantonales Bauprojekt wird während 30 Tagen in der Gemeindeverwaltung der betroffenen Gemeinde öffentlich aufgelegt (§ 95 Abs. 2 BauG AG). Direktbetroffenen Eigentümern, deren Grundstücke an die geplante Strasse angrenzen, ist die Auflage zusätzlich schriftlich anzuzeigen (§ 95 Abs. 2 BauG AG). Innerhalb dieser Frist besteht die Möglichkeit, gegen das Projekt Einwendungen zu erheben. Bezüglich Form wird Schriftlichkeit sowie das Vorliegen eines Antrags und einer Begründung verlangt.[33] Zusätzlich muss als Legitimation ein schutzwürdiges Interesse nachgewiesen werden.[34]

Gehen während der Auflagefrist Einwendungen ein, klärt die Abteilung Tiefbau des Kantons Aargau, welche der Anliegen im Bauprojekt aufgegriffen werden können.[35] In der Regel werden dazu die Einwenderinnen und Einwender in Gespräche miteinbezogen, in denen erläutert wird, auf welche Einwendungen eingegangen werden kann und auf welche nicht.[36] Anschliessend entscheidet der Re-

---

[33] Departement Bau, Verkehr und Umwelt, Kanton Aargau, S. 2.
[34] Departement Bau, Verkehr und Umwelt, Kanton Aargau, S. 2.
[35] Departement Bau, Verkehr und Umwelt, Kanton Aargau, S. 2.
[36] Departement Bau, Verkehr und Umwelt, Kanton Aargau, S. 2.

gierungsrat gemäss § 95 Abs. 4 BauG AG über die Einwendungen und das bereinigte Bauprojekt per Regierungsratsbeschluss.

Gegen den Entscheid des Regierungsrates kann wiederum, während 30 Tagen Beschwerde beim Verwaltungsgericht des Kantons Aargau erhoben werden.[37] Der Entscheid des Verwaltungsgerichts kann innert 30 Tagen beim Bundesgericht angefochten werden.[38]

Falls keine Rechtsmittel ergriffen werden, wird das Strassenbauprojekt rechtskräftig und das Land- und Rechtserwerbsverfahren wird eingeleitet.[39]

2. Land- und Rechtserwerbsverfahren

Gemäss § 9 Abs. 1 StrG AG erwirbt der Kanton die für die Kantonsstrassen nötigen Flächen und Rechte. Geregelt wird dieses Verfahren in § 130 ff. BauG AG. Gemäss § 131 BauG AG kann das Enteignungsrecht geltend gemacht werden, wenn es das öffentliche Wohl erfordert, namentlich für die Erstellung, den Unterhalt und den Betrieb von im öffentlichen Interesse liegenden Werken sowie für Massnahmen des Umwelt- und des Naturschutzes. Folgende Enteignungstitel berechtigen explizit zur Enteignung für im öffentlichen Interesse erforderliche Werke und Massnahmen: kantonale Nutzungspläne, kantonale Strassenbauprojekte, Erschliessungs- und Gestaltungspläne sowie Wasserbauprojekte (§ 132 BauG AG).

Im Land- und Rechtserwerbsverfahren werden die betroffenen Grundeigentümerinnen und Grundeigentümer in der Regel persönlich zu einer Landerwerbsverhandlung vor Ort eingeladen und über die vorgesehenen Entschädigungen und allfällige Sachleistungen sowie Anpassungsarbeiten informiert.[40]

Im Anschluss an die Einigungsverhandlung bestehen zwei Möglichkeiten, wie das Verfahren fortgesetzt wird. Kommt es zu einer Einigung, wird der Vertrag nach der Verhandlung ausgearbeitet und den Grundeigentümerinnen und Grundeigentümern zur Unterzeichnung zugestellt.[41] Tritt dieser Fall ein, werden die unterzeichneten Verträge dem zuständigen Spezialverwaltungsgericht zur Genehmigung unterbreitet, welches prüft, ob die vorgesehene Entschädigung auch angemessen ausfällt.[42] Durch die Genehmigung entfalten die Verträge die Wir-

---

[37] Departement Bau, Verkehr und Umwelt, Kanton Aargau, S. 2.
[38] Departement Bau, Verkehr und Umwelt, Kanton Aargau, S. 2.
[39] Departement Bau, Verkehr und Umwelt, Kanton Aargau, S. 2.
[40] Departement Bau, Verkehr und Umwelt, Kanton Aargau, S. 3.
[41] Departement Bau, Verkehr und Umwelt, Kanton Aargau, S. 3.
[42] Departement Bau, Verkehr und Umwelt, Kanton Aargau, S. 3.

kung eines rechtskräftigen Entscheids.[43] Der Kanton erwirbt mit der Leistung der Entschädigung (Geldleistung, Sachleistung etc.) das enteignete Recht und ist dazu befugt, den Rechtserwerb im Grundbuch eintragen zu lassen (§ 142 Abs. 1–2 BauG AG).

Tritt jedoch der Fall ein, dass keine Einigung mit den Grundeigentümerinnen und Grundeigentümern zustande kommt, beantragt der Kanton beim Spezialverwaltungsgericht die Einleitung eines Enteignungsverfahrens (§ 151 Abs. 1 BauG AG).[44] Dieser Verfahrensschritt ist in all jenen Fällen erforderlich, in denen der Enteigner über einen rechtskräftigen Enteignungstitel gemäss 132 BauG AG verfügt, sich aber mit dem Enteigneten nicht im Rahmen eines Enteignungsvertrags oder eines freihändigen Erwerbs der benötigten Rechte über alle wesentlichen Punkt einigen kann.[45] Gemäss § 151 Abs. 2 BauG AG ordnet die Abteilungspräsidentin bzw. der Abteilungspräsident an, dass die Erwerbstabellen sowie Werk- und Enteignungspläne während 30 Tagen in den betroffenen Gemeinden öffentlich auferlegt werden. Zudem kann angeordnet werden, dass Veränderungen im Gelände markiert und profiliert werden. Innerhalb dieser Auflagefrist können die betroffenen Grundeigentümerinnen und Grundeigentümer beim Gemeinderat zuhanden des Spezialverwaltungsgerichts folgenden Einwendungen erheben: Einwendungen gegen die Enteignung oder deren Umfang sowie Begehren um Planänderung; Entschädigungsforderungen; Begehren um Ausdehnung der Enteignung; Begehren um Sachleistung (§ 152 Abs. 1 BauG AG). Gemäss § 151 Abs. 1 BauG AG versucht das Spezialverwaltungsgericht zunächst, eine Einigung zwischen Enteigner und Enteigneten herbeizuführen. Sollte dies gelingen, hat das unterzeichnete Einigungsprotokoll die Wirkung eines rechtskräftigen Entscheids (§ 151 Abs. 1 BauG AG).

Wird hingegen auch vor dieser Instanz keine Einigung erzielt, entscheidet der Regierungsrat über die unerledigten Einwendungen gegen die Enteignung und Planänderungsbegehren (§ 154 Abs. 1 BauG AG). Dieser Entscheid kann gemäss § 154 Abs. 1 BauG AG beim Verwaltungsgericht des Kantons Aargau angefochten werden. Das Spezialverwaltungsgericht entscheidet über die unerledigten Entschädigungsforderungen, Begehren um Ausdehnung der Enteignung sowie Begehren um Sachleistung (§ 154 Abs. 2 BauG AG).

Für den weiteren Instanzenzug an das Bundesgericht kann auf das Auflageverfahren verwiesen werden.

---

[43] Departement Bau, Verkehr und Umwelt, Kanton Aargau, S. 3.
[44] Departement Bau, Verkehr und Umwelt, Kanton Aargau, S. 3.
[45] BAUMANN ET AL., in: Kommentar zum BauG-AG, § 151 Rz. 3.

Im Land- und Rechtserwerbsverfahren besteht in Fällen, in denen durch Zuwarten bedeutende Nachteile für das Werk bestünden, die Möglichkeit, eine vorzeitige Besitzeinweisung anzuordnen, sofern der Enteignete vorgängig angehört wird und sichergestellt ist, dass die Festsetzung der Entschädigung trotz der Besitzergreifung möglich ist (§ 157 Abs. 1 BauG AG).

B. Deutschland

Bevor eine Strassenbaumassnahme geplant werden kann, muss sie Einfluss in den Bedarfsplan des zuständigen Bundeslandes, vorliegend Baden-Württemberg, finden. Dabei wirken die Planungsreferate 44 der Regierungspräsidien mit und die Vorhaben werden nach ihrer Dringlichkeit eingestuft.[46]

1. Planungsschritte in der Strassenbauverwaltung

a. Vor-, Entwurfs- und Genehmigungsplanung

In der Vorplanung werden die Varianten der Trassenverläufe ermittelt, wobei eine Abwägung hinsichtlich Verkehrssicherheit, Verkehrsqualität, Umweltverträglichkeit und Wirtschaftlichkeit erfolgt. Hierfür werden unterschiedliche Gutachten in Auftrag gegeben, wobei u.a. eine Prognose des zu erwartenden Verkehrs gemacht wird. Auf dieser Grundlage werden viele weitere Untersuchungen gemacht. Bei grösseren und konfliktträchtigeren Massnahmen wird zusätzlich eine Umweltverträglichkeitsprüfung durchgeführt, um die Auswirkungen auf Mensch, Natur und Umwelt zu untersuchen. Je nach Bedarf müssen weitere Sondergutachten durchgeführt werden, z.B. über Boden, Grundwasser, Pflanzen, Tiere und Klima. Schlussendlich wird die Vorplanung anhand dieser Erkenntnisse mittels Empfehlung einer Vorzugsvariante abgeschlossen.[47]

---

[46] Regierungspräsidium Tübingen, Abteilung 4 Mobilität, Verkehr und Strassen, abgerufen von: https://rp.baden-wuerttemberg.de/rpt/abt4/seiten/strassenplanung/planungsschritte-in-der-strassenbauverwaltung/.

[47] Regierungspräsidium Tübingen, Abteilung 4 Mobilität, Verkehr und Strassen, abgerufen von: https://rp.baden-wuerttemberg.de/rpt/abt4/seiten/strassenplanung/planungsschritte-in-der-strassenbauverwaltung/.

In einem zweiten Schritt wird die Vorzugsvariante aus der Vorplanung zu einem Vorentwurf ausgearbeitet und alle Gutachten werden zusätzlich mit ihren relevanten technischen Details nachgewiesen sowie bei Bedarf ergänzt.

Im Anschluss darauf wird ein Feststellungentwurf erarbeitet, der zum einen sowohl den technischen Entwurf als auch den Landschaftspflegerischen Begleitplan und zum anderen die Grunderwerbsunterlagen und das Verzeichnis für die öffentlich-rechtlichen Regelungen beinhaltet. Daraufhin wird mit dem endgültigen Feststellungsentwurf das Baurechtsverfahren im Sinne des Planfeststellungsverfahren durchgeführt.[48]

b.   Planfeststellungsverfahren und Ausführungsplanung

Beim Planfeststellungsverfahren handelt es sich um das übliche Verfahren für Infrastrukturvorhaben, die eine Vielzahl von öffentlichen und privaten Interessen berühren. Dabei wird eine umfassende Interessenabwägung getätigt, wobei die sogenannte Konzentrationswirkung im Planfeststellungsbeschluss angestrebt werden soll. Dies bedeutet, dass alle vorher begangenen Einzelgenehmigungen durch den einen Planfeststellungsbeschluss ersetzt werden, was eine frühzeitige und umfassende Beteiligung aller Träger öffentlicher Belange, deren Aufgabenbereiche von dem Projekt berührt sind, als auch von den Verbänden und sonstigen Stellen, die ihren Sachverstand und ihre Forderungen auf diesem Weg ins Verfahren einbringen können, sowie der privaten Betroffenen, fordert. Entscheidend für den Umfang der Planunterlagen ist, dass die Auswirkungen des Vorhabens auf alle berührten Belange erkennbar sind. So kommen im vorliegenden Fall einer motorisierten, grenzüberschreitenden Brücke spezielle Bauwerkspläne hinzu.[49]

Der Planfeststellungsbeschluss schliesst das Planfeststellungsverfahren unter Abwägung aller öffentlichen und privaten Interessen ab. Dieser Beschluss wird daraufhin zwei Wochen zur Einsicht ausgelegt, wobei auf die ortsübliche Bekanntmachung hingewiesen wird. Diese richtet sich nach den Gepflogenheiten der jeweiligen Gemeinde. Der Beschluss verschafft dem Vorhabenträger jedoch kein

---

[48] Regierungspräsidium Tübingen, Abteilung 4 Mobilität, Verkehr und Strassen, abgerufen von: https://rp.baden-wuerttemberg.de/rpt/abt4/seiten/strassenplanung/planungsschritte-in-der-strassenbauverwaltung/.

[49] Regierungspräsidium Tübingen, Abteilung 4 Mobilität, Verkehr und Strassen, abgerufen von: https://rp.baden-wuerttemberg.de/rpt/abt4/seiten/strassenplanung/planungsschritte-in-der-strassenbauverwaltung/.

Eigentum, sondern verleiht lediglich das Recht zur Beanspruchung der betroffenen Fläche.[50]

In der Ausführungsplanung werden die letzten notwendigen Anpassungen vorgenommen und in den Entwurf eingearbeitet. In den Baureferaten wird anschliessend detailliert ausgeplant und das Bauvorhaben öffentlich ausgeschrieben.

c. Ingenieurbauwerke: Brücken, Tunnel & Co

Wenn es der Geländeverlauf erfordert und Hindernisse wie Täler, Flüsse oder Eisenbahngleise überwunden werden müssen, werden sogenannte Ingenieursbauwerke wie Brücken, Unterführungen, Dämme oder auch Stützwände in der Entwurfsplanung eingeplant. In den Regierungspräsidien werden diese Bauwerke speziell in den Referaten 43 entworfen.[51]

Die Entwürfe bedürfen – je nach Grösse des Bauwerks – einer Genehmigung von den vorgesetzten Behörden, dem Ministerium für Verkehr (VM) auf Landesebenen und dem Bundesministerium für Verkehr und digitale Infrastruktur (BMVI). Sobald die Genehmigung vorliegt und die Finanzierung geklärt ist, können die notwendigen Bauarbeiten ausgeschrieben werden, was durch die Baureferate in den Regierungspräsidien erfolgt.[52]

V. Finanzierung

A. Schweiz

Gemäss § 86 Abs. 1 Bst. a BauG AG liegt die Zuständigkeit für den Bau von Kantonsstrassen beim Kanton. Wie ein kantonales Strassenbauprojekt schlussendlich finanziert werden soll, wird in diesem Abschnitt nicht geregelt (im Gegensatz zu Gemeinde- und Privatstrassen, deren Finanzierung in § 87 BauG AG Eingang findet).

---

[50] Regierungspräsidium Tübingen, Abteilung 4 Mobilität, Verkehr und Strassen, abgerufen von: https://rp.baden-wuerttemberg.de/rpt/abt4/seiten/strassenplanung/planungsschritte-in-der-strassenbauverwaltung/.
[51] Regierungspräsidien Baden-Württemberg, Verkehr und Infrastruktur, Strassen, Ingenieurbauwerke, abgerufen von: https://rp.baden-wuerttemberg.de/themen/verkehr/bauwerke.
[52] Regierungspräsidien Baden-Württemberg, Verkehr und Infrastruktur, Strassen, Ingenieurbauwerke, abgerufen von: https://rp.baden-wuerttemberg.de/themen/verkehr/bauwerke.

Wie § 24 Abs. 1 StrG AG zu entnehmen ist, wird eine Spezialfinanzierung gemäss § 37 des Gesetzes über die wirkungsorientierte Steuerung von Aufgaben und Finanzen (GAF) mit der Bezeichnung «Strassenrechnung» als eigener Aufgabenbereich geführt. In dieser Spezialfinanzierung sind die Mittel zur Erfüllung bestimmter öffentlicher Aufgaben zweckgebunden (§ 37 Abs. 1 GAF). Als gesetzliche Grundlage dazu dient § 24 Abs 1 StrG AG.

Jegliche Erträge, die zugunsten der Strassenrechnung gehen, finden sich in § 25 Abs. 1 Bst. a–j StrG AG. Dies wären z.B.: der Ertrag der Motorfahrzeugabgaben, drei Viertel des Kantonsanteils aus den leistungsabhängigen Schwerverkehrsabgaben oder der Ertrag von Ordnungsbussen, die der Kanton für Verkehrsdelikte auf Kantonsstrassen erhebt. In § 26 Abs. 1 Bst. a–f StrG AG sind sodann diejenigen Aufwände aufgelistet, welche zulasten der Strassenrechnung verbucht werden dürfen. Wichtig im Rahmen dieser Arbeit sind vor allem «Ausgaben für Bau, Unterhalt und Betrieb von Kantonsstrassen und weiteren Verkehrsanlagen von kantonalem Interesse» und «Ausgaben für den Landerwerb gemäss § 9 StrG AG».

Damit überhaupt ein Aufwand im betreffenden Aufgabenbereich getätigt werden darf, müssen gemäss § 6 Abs. 1 GAF AG folgende Voraussetzungen erfüllt sein: Vorliegen einer Rechtsgrundlage (Bst. a), finanzielle Mittel des Budgets (Bst. b), Verpflichtungskredit, wenn gemäss § 24 ff. GAF AG notwendig (Bst. c), Ausgabenkompetenz gemäss § 30 ff. GAF AG (Bst. d) und eine Höherverschuldungskompetenz, wenn dies gemäss § 33 GAF AG notwendig ist (Bst. e).

Die Rechtsgrundlage ist – wie erwähnt – vorhanden. Bezüglich der Budgetmittel wird angenommen, dass diese in ausreichendem Masse zur Verfügung stehen. Zu klären ist jedoch, ob ein Verpflichtungskredit gemäss § 24 ff. GAF AG notwendig ist. Mehrjährige finanzielle Verpflichtungen werden in einem Verpflichtungskredit geführt (§ 24 Abs. 1 GAF AG). Damit wird ein Vorhaben genehmigt und die mehrjährige Bindung von Finanzen aufgezeigt (§ 24 Abs. 1 GAF AG). Er ist insbesondere erforderlich für die Zusicherung von Beiträgen, die erst in einem späteren Rechnungsjahr ausgerichtet werden (§ 24 Abs. 2 Bst. a GAF AG). Der Neubau einer Brücke und dessen Finanzierung erstreckt sich oftmals über mehrere Jahre. Dementsprechend kann auch von einer mehrjährigen finanziellen Verpflichtung gesprochen werden. Zudem kann es zu Zusicherungen kommen, welche erst nach Fertigstellung des Baus in einem späteren Rechnungsjahr geleistet werden. Für die Festlegung der Zuständigkeit der Bewilligung des Verpflichtungskredits ist die Kreditkompetenzsumme gemäss § 27 GAF AG massgebend. Grundsätzlich sind Verpflichtungskredite ab einer Kreditkompetenzsumme von 250'000 CHF nötig (§ 28 Abs. 1 GAF AG). Der Regierungsrat beschliesst Verpflichtungskredite in seinem Aufgabenbereich bis zu einer Summe von 2 Mio. CHF (§ 28

Abs. 2 GAF AG). Sodann beschliesst die Justizleitung in ihrem Aufgabenbereich bis zu einer Kreditkompetenzsumme von 750'000, das Büro des Grossen Rats bis zu einer Summe von 500'000 CHF (§ 28 Abs. 3 und 4 GAF AG). Der Grosse Rat hingegen beschliesst über alle übrigen Verpflichtungskredite, wobei ihm diejenigen ab einer Summe von 5 Mio. CHF mit separater Botschaft unterbreitet werden. Zusätzlich besagt auch § 10 Abs. 1 lit. a StrG AG, dass bei Neuanlagen von Kantonsstrassen der Grosse Rat für die Genehmigung eines Verpflichtungskredites zuständig ist. Konkret bedeutet dies für den Bau einer Brücke, dass aufgrund der zu erwartenden Kosten mit hoher Wahrscheinlichkeit der Grosse Rat für die Genehmigung des Verpflichtungskredites zuständig ist.

Weiter muss eine Ausgabekompetenz vorliegen und ein allfälliges Ausgabereferendum abgelehnt werden (§ 6 Abs. 1 Bst. d GAF AG). Massgeblich sind wiederum die durch den Neubau verursachten Kosten (§ 31 Abs. 1 GAF AG). Hierzu wird ein Vergleich herangezogen. Die Kosten für den Bau der Reussbrücke «Gnadenthal» beliefen sich auf 9.322 Mio. CHF.[53] Es ist daher naheliegend, dass auch der im Rahmen dieser Arbeit geplante Neubau einer grenzübergreifenden Brücke diesen Wert erreichen wird.

Die Höherverschuldungskompetenz ist gemäss § 28 Abs. 1 StrG AG gegeben. Demnach kann sich die Strassenrechnung verschulden. Jedoch unterliegt der Beschluss des Grossen Rats über ein Vorhaben, das zu einer Erhöhung der Verschuldung der Strassenrechnung führt, der fakultativen Volksabstimmung gemäss § 63 Abs. 1 Bst. e der Kantonsverfassung AG.

Damit sind die Voraussetzungen gemäss § 6 Abs. 1 GAF AG erfüllt und der Aufwand darf – vorbehaltlich eines fakultativen Referendums – getätigt werden.

B. Deutschland

1. Strassenbaulast

Gemäss § 9 Abs. 1 StrG BW umfasst die Strassenbaulast alle mit dem Bau und der Unterhaltung der Strassen zusammenhängenden Aufgaben. Die Träger der Strassenbaulast haben nach ihrer Leistungsfähigkeit die Strassen in einem dem regelmässigen Verkehrsbedürfnis genügenden und den allgemein anerkannten Regeln

---

[53] Departement für Bau, Verkehr und Umwelt, Reussbrücke Gnadenthal, <https://www.ag.ch/de/verwaltung/bvu/mobilitaet-verkehr/strasseninfrastruktur/strassenprojekte/abgeschlossene-strassenprojekte/niederwil-stetten-reussbruecke-gnadenthal/zahlen-fakten>.

des Strassenbaues entsprechenden Zustandes zu bauen, zu unterhalten, zu erweitern oder sonst zu verbessern. Dabei müssen weitere öffentliche Belange wie z.B. der Umweltschutz berücksichtigt werden. Nach § 43 Abs. 1 StrG BW ist der Träger der Strassenbaulast für die Landesstrassen das Land, also im vorliegenden Fall das Bundesland Baden-Württemberg.

Um langfristig ein gut funktionierendes Strassennetz bereitstellen zu können, ist eine mittel- und langfristige Bedarfsplanung notwendig, worin auch deren Finanzierung geregelt wird. Die Grundlagen und Ziele der Bedarfsplanung werden in den Verkehrswegeplänen des Bundes und des Landes festgelegt. Mobilität und Verkehr erfordern eine ausreichende und verlässliche Finanzierung. In der Regel reicht es nicht aus fachlicher Sicht genügend finanzielle Mittel aus den öffentlichen Haushalten bereitzustellen, was zu einem hohen Investitionsstau führt. Angesichts des prognostizierten Verkehrszuwachses steigt der Bedarf an Infrastruktur weiter, was in einem Zielkonflikt zur notwendigen Konsolidierung der öffentlichen Haushalte steht. Die Landesregierung Baden-Württemberg strebt somit ein Systemwechsel, weg von der Haushaltsfinanzierung und hin zur Nutzerfinanzierung, an.[54] Nachfolgend soll auf das Planungsinstrument «Bundesverkehrswegeplan» (BVWP) der Bundesregierung und «Generalverkehrsplan» (GVP) Baden-Württemberg eigegangen werden.

2. Bundesverkehrswegeplan 2030

Der BVWP gilt als wichtigstes Instrument der Verkehrsinfrastrukturplanung des Bundes für einen Zeitraum von ca. 10 bis 15 Jahren. Die im neuen Bundesverkehrswegeplan bewerteten Vorhaben wurden einer umfassenden Analyse und zusätzlich einer umwelt- und naturschutzfachlichen, raumordnerischen und städtebaulichen Analyse unterzogen. Diese Analyse beinhaltet den Grundbaustein einer Dringlichkeitskategorisierung. Im Zentrum des BVWP 2030 stehen die Kernanliegen des Erhalts der Bestandsnetze und die Beseitigung von Engpässen auf Hauptachsen und in wichtigen Verkehrsknoten. Das Gesamtvolumen des Plans beläuft sich auf rund 279 Mia. Euro.

---

[54] Generalverkehrsplan Baden-Württemberg 2010 vom Ministerium für Umwelt, Naturschutz und Verkehr, S. 40.

3. Generalverkehrsplan (GVP) Baden-Württemberg

Im Generalverkehrsplan Baden-Württemberg legt die Landesregierung die Grundlagen und Ziele ihrer Verkehrspolitik fest. Der aktuelle GVP wurde im Dezember 2010 beschlossen. Ihm liegen Gutachten mit einem Planungshorizont bis 2025 zugrunde. Wie bereits erläutert wurde, strebt die Landesregierung einen Systemwechsel in der Finanzierung an.[55]

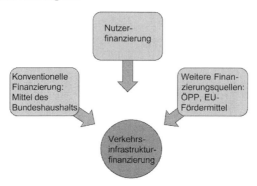

Die Finanzierung der Verkehrsinfrastruktur erfolgt aus verschiedenen Quellen. Der grösste Teil der bereitgestellten Mittel kommt aus dem Steueraufkommen (ca. 2/3) und knapp 1/3 wird von der Lkw-Maut gedeckt. Weitere Mittel werden von der Europäischen Union bereitgestellt. Die Finanzierung der Infrastruktur kam in der Vergangenheit immer mehr in Konflikt zu anderen Politikfeldern, weshalb eine Neuausrichtung angestrebt wurde. Wie bereits erwähnt wird dabei ein Systemwechsel von der reinen Haushalts- zur Nutzerfinanzierung angestrebt.[56]

VI. Grenzüberschreitende Koordination und Umsetzung

Um die grenzüberschreitende Zusammenarbeit bzgl. einer motorisierten Brücke zu realisieren, müssen die rechtlichen Rahmenbedingungen beider Länder koordiniert und umgesetzt werden. Dabei muss komparativ auf die beteiligten Länder eingegangen werden, sodass die juristischen Vorgaben beider nicht unterlaufen, sondern zum wirtschaftlichen Vorteil aller genutzt werden können. Bei der Umset-

---

[55] Generalverkehrsplan Baden-Württemberg 2010 vom Ministerium für Umwelt, Naturschutz und Verkehr, S. 41.
[56] Generalverkehrsplan Baden-Württemberg 2010 vom Ministerium für Umwelt, Naturschutz und Verkehr, S. 42.

zung eines derartigen Vorhabens stellen sich vorgängig zwei wesentliche Fragen: Auf der einen Seite gilt es zu ermitteln, ob und auf welche Art sich das Gemeinwesen in dieser Angelegenheit beteiligen kann. Zum anderen ist zu klären, wie sich eine grenzüberschreitende Übereinkunft zwischen den Staaten realisieren lässt. Diesbezüglich ist es sinnvoll, zunächst einmal zu betrachten, in welchem rechtlichen Rahmen sich die grenzüberschreitende Zusammenarbeit derzeit bewegt, bevor die Möglichkeiten zur Flexibilisierung des Rechtsrahmens thematisiert werden.

A. Rechtsgrundlagen grenzüberschreitender Zusammenarbeit

1. Verfassungsrechtlicher Rahmen – Art. 56 BV

Gemäss Art. 5 Abs. 4 BV müssen Bund und Kantone das Völkerrecht beachten.[57] Um die grenzüberschreitende Zusammenarbeit zu vereinfachen, bietet sich die Option eines landesgrenzüberschreitenden Vertrages. In der Schweiz findet sich die Rechtsgrundlage für derartige Übereinkommen der Kantone mit dem Ausland sowie für deren Auslandbeziehungen in Art. 56 der Schweizerischen Bundesverfassung [SR 101, BV]. Art. 54 Abs. 1 BV weist dem Bund eine umfassende Kompetenz auf dem Gebiet der auswärtigen Angelegenheiten zu. Den Kantonen verbleibt jedoch Spielraum im Rahmen ihrer Zuständigkeit, was durch Art. 56 Abs. 1 BV i.V.m. Art. 3 BV, der subsidiären allgemeinen kantonalen Zuständigkeit geregelt ist. Dadurch wird eine (beschränkte) Völkerrechtssubjektivität der Kantone impliziert.[58]

2. Madrider Rahmenübereinkommen und seine Zusatzprotokolle

Ergänzt wird diese Verfassungsgrundlage durch verschiedene Staatsverträge, die der Förderung grenzüberschreitender Zusammenarbeit dienen. In Europa bildet das Madrider Übereinkommen mit seinen Zusatzprotokollen den rechtlichen Rahmen für die grenzüberschreitende Zusammenarbeit. Dieses Übereinkommen erzielte einen ersten deutlichen Fortschritt im Hinblick auf einen Rechtsrahmen für die grenzüberschreitende Zusammenarbeit. Art. 1 des Madrider Übereinkommens verankert das Ziel im Hinblick auf die Erleichterung und Förderung der grenzüberschreitenden Zusammenarbeit. Zur Erreichung dieses Ziels soll ein allgemeiner Rechtsrahmen für die Kooperation lokaler, regionaler und nationaler Akteure geschaffen werden.[59]

---

[57] MENZI/STAUB, S. 61.
[58] HÄNNI/BORTER, in: BSK – BV, Art. 56, Rz. 8.
[59] WEIGEL, S. 22.

3. Grenzüberschreitende Zusammenarbeit im EU-Recht

Primäres Ziel der EU war es zunächst nicht, einen besonderen rechtlichen Rahmen für die grenzüberschreitende Zusammenarbeit zu schaffen, sondern lediglich, finanzielle Mittel für die Kooperation zur Verfügung zu stellen, die durch spezielle Fonds und Programme im Rahmen der Kohäsions- und Regionalpolitik und der Europäischen Nachbarschaftspolitik (ENP) bereitzustellen. Eine wesentliche Änderung in Bezug auf eine gemeinschaftsrechtliche Form grenzüberschreitender Zusammenarbeit ergab sich mit der Verordnung über den EVTZ. Dabei wurde der Handlungsspielraum für lokale, regionale und nationale Behörden erweitert, sodass ihnen mehr Rechte im Hinblick auf die Schaffung gemeinsamer Einrichtungen eingeräumt wurden.[60]

Der EVTZ ist eine unionsrechtliche eigenständige Rechtsform für ein grenzüberschreitendes Tätigwerden der EU. Der EVTZ steht seinen Adressaten als Rechtsinstrument offen, um grenzüberschreitende Zusammenarbeit oder Massnahmen umzusetzen. Die EVTZ-VO wurde im Jahr 2014 geändert.[61]

4. Karlsruher Übereinkommen

Im Karlsruher Übereinkommen wurden die Grundsätze des Madrider Übereinkommens zwischen der Schweiz, Deutschland, Frankreich und Luxemburg konkretisiert. Es handelt sich dabei um einen völkerrechtlichen Anwendungsvertrag zur Rahmenkonvention des Europarats.[62] Das Europäische Rahmenübereinkommen über die grenzüberschreitende Zusammenarbeit zwischen Gebietskörperschaften [SR 0.131.1] will eine engere Verbindung zwischen ihren Mitgliedern herstellen und die Zusammenarbeit fördern. Denselben Zweck verfolgt das Karlsruher Abkommen (KaÜ), worunter auch die grenzüberschreitende Zusammenarbeit im Bereich des Verkehrswesens, insb. der vorliegende Fall einer motorisierten Brücke, fällt.

Das Karlsruher Abkommen legt ausdrücklich fest, dass Kooperation über Grenzen hinweg nur möglich ist, soweit nach innerstaatlichem Recht eine Zuständigkeit für den Sachbereich besteht (Art. 1 Abs. 1 und Art. 3 Abs. 1 KaÜ).[63]

---

[60] WEIGEL, S. 25.
[61] WEIGEL, S. 29.
[62] WEIGEL, S. 23.
[63] WEIGEL, S. 24.

5. Kooperationsvereinbarungen nach Art. 3 Abs. 1 KaÜ

Gebietskörperschaften und örtliche öffentliche Stellen können in den Zuständigkeitsbereichen, die sie aufgrund des jeweils anwendbaren innerstaatlichen Rechts gemeinsam haben, miteinander Kooperationsvereinbarungen schliessen. Die Kooperationsvereinbarungen bedürfen der Schriftform. Sie werden in jeweils einer Urschrift in der Sprache jeder der Vertragsparteien erstellt, wobei jeder Wortlaut gleichermassen verbindlich ist. Kooperationsvereinbarungen mit einer luxemburgischen oder schweizerischen Gebietskörperschaft oder örtlichen öffentlichen Stelle können in deutsch oder französischer Sprache verfasst sein.

Die in Art. 3 Abs. 1 KaÜ verankerte Kompetenznorm ist zentral für das Abkommen und verleiht den lokalen Gebietskörperschaften und örtlichen öffentlichen Stellen das Recht zum Abschluss gegenseitiger Verträge (Kooperationsvereinbarungen) im Rahmen des Völkerrechts.[64] Art. 4 Abs. 1 KaÜ normiert jedoch Schranken, welche die Vertragsparteien einzuhalten haben. Kooperationsvereinbarungen müssen nach innerstaatlichem Verfahrensrecht zustandekommen und deren Kontrollen gerecht werden. Dies gilt zugleich im Hinblick auf den Vertragsschluss als auch für deren Umsetzung.

Da es sich beim grenzüberschreitenden Brückenbau um ein öffentliches Projekt handelt, wobei öffentliche Mittel benötigt werden, muss dieses nach verfahrensrechtlichen Vorgaben beider Länder öffentlich ausgeschrieben werden. Seitens der Schweiz findet die Interkantonale Vereinbarung über das öffentliche Beschaffungswesen [SAR 150.960, IVöB] Anwendung. Art. 1 IVöB unterstellt sowohl die Vergabe öffentlicher Aufträge innerhalb wie auch ausserhalb des Staatsvertragsbereichs diesem Erlass. Somit fällt der grenzüberschreitende Brückenbau unter den subjektiven Geltungsbereich nach Art. 4 Abs. 1 IVöB, wonach im Rahmen des Staatsvertrags die staatlichen Behörden sowie deren Verwaltungseinheiten als Auftraggeber gelten. Auch seitens Baden – Württemberg unterliegt das öffentliche Projekt dem Vergaberecht, weshalb ab einem bestimmten Schwellenwert eine Verpflichtung besteht, das Projekt öffentlich auszuschreiben. Die Haushaltsordnung des Landes Baden-Württemberg verpflichtet den öffentlichen Auftraggeber zur öffentlichen Ausschreibung seiner Beschaffungen nach der Verwaltungsvorschrift der Landesregierung über die Vergabe öffentlicher Aufträge (Aktenzeichen 64-0230.0/160, Gemeinsames Amtsblatt des Landes Baden-Württemberg, Ausgabe: 2018, Nr. 8, S. 490–522, Veröffentlichungsdatum: 29.8.2018).

---

[64] WEIGEL, S. 27.

6. Deutsches Grundgesetz

Auch in Deutschland sind die auswärtigen Angelegenheiten gemäss Art. 32 Abs. 1 GG Sache des Bundes.

Analog zur Schweiz können die Länder jedoch selbständig Verträge mit anderen Staaten abschliessen, sofern sie dazu durch Gesetzgebung und Bundesregierung ermächtigt sind. Es ist jedoch anzumerken, dass der Bund gemäss Art. 73 Nr. 1 GG ausschliesslich für die Gesetzgebungskompetenz bei auswärtigen Angelegenheiten und der Bundespräsident nach Art. 59 Abs. 1 GG für den Abschluss völkerrechtlicher Verträge zuständig ist.[65]

VII. Fazit und Handlungsempfehlung

Sowohl in der Schweiz als auch in Deutschland muss jeweils ein Planungsverfahren durchgeführt werden. Das Planungsrecht des Kantons Aargau verlangt die Erfassung des Bauprojekts im kantonalen Richt- sowie im Nutzungsplan. Zusätzlich ist aufgrund der UVP-Pflicht eine Sondernutzungsplanung erforderlich. Anschliessend wird nach Durchführung des Auflageverfahrens der Plan genehmigt, wodurch das Land- und Rechtserwerbsverfahren eingeleitet wird. In Baden-Württemberg muss die Brücke im Raumordnungsplan erfasst werden. Das durchzuführende Raumordnungsverfahren (Vorhabebeschreibung, Antragskonferenz, Untersuchungsrahmen, Antragsunterlagen und Beteiligung, landesplanerische Feststellung) sichert die Umsetzung der in den Raumordnungsplänen normierten Ziele. Bevor die Strassenbaumassnahme geplant werden kann, muss sie Einfluss in den Bedarfsplan des Landes «Baden-Württemberg» finden und durchläuft dann die einzelnen Planungsphasen: Vorplanung, Entwurfsplanung, Genehmigungsplanung, Planfeststellungsverfahren, Ausführungsplanung.

Aus umweltrechtlicher Sicht ist in beiden Ländern vorgängig eine Umweltverträglichkeitsprüfung durchzuführen.

Die Finanzierung im Kanton Aargau gestaltet sich wie folgt: Gemäss § 24 Abs. 1 StrG AG wird eine Spezialfinanzierung mit der Bezeichnung «Strassenrechnung» als eigener Aufgabenbereich geführt. Die Voraussetzungen zur Tätigung des Aufwandes sind i.c. erfüllt, wodurch dieser in der Strassenrechnung erfasst werden kann. Zur Finanzierung muss der Grosse Rat einen Verpflichtungskredit genehmigen. Auf deutscher Seite gilt das Land «Baden-Württemberg» als Träger der Stras-

---

[65] MENZI/STAUB, S. 61.

senbaulast. Die Finanzierung wird in der Bedarfsplanung geregelt und erfolgt aus verschiedenen Quellen. Der grösste Teil der Mittel kommt aus dem Steueraufkommen (ca. 2/3), der Rest wird von der LKW-Maut gedeckt. Auch die Europäische Union stellt Mittel zur Verfügung. In Baden-Württemberg strebt die Regierung jedoch einen Systemwechsel von der reinen Haushalts- zur Nutzerfinanzierung an.

Abschliessend kann festgehalten werden, dass zur Realisierung des Baus einer grenzüberschreitenden motorisierten Brücke zwischen Sisseln (AG) und Murg (Baden-Württemberg) die rechtlichen Rahmenbedingungen beider Länder koordiniert und umgesetzt werden müssen. Es stellt sich heraus, dass hierfür ein Staatsvertrag abgeschlossen werden muss. Die Schweizerische Bundesverfassung ermächtigt diesbezüglich den Kanton Aargau gemäss Art. 56 Abs. 1 i.V.m. Art. 3 BV zum Abschluss einer derartigen Vereinbarung, wobei dem Kanton eine (beschränkte) Völkerrechtssubjektivität zukommt. Auch in Deutschland sind die auswärtigen Angelegenheiten gemäss Art. 32 Abs. 1 GG Sache des Bundes und das Bundesland Baden-Württemberg kann analog zur Schweiz selbständig Verträge mit anderen Staaten abschliessen, sofern es dazu durch Gesetzgebung und Bundesregierung ermächtig ist.

Eine zentrale rechtliche Grundlage bildet das Karlsruher Übereinkommen, welches unter anderem die grenzüberschreitende Zusammenarbeit zwischen der Schweiz und Deutschland regelt, wodurch auch der vorliegende Fall im Bereich des Verkehrswesens einer grenzüberschreitenden motorisierten Brücke darunter subsumiert werden kann. Gemäss Art. 3 Abs. 1 KaÜ können der Kanton Aargau und das Bundesland Baden-Württemberg in ihren Zuständigkeitsbereichen eine Kooperationsvereinbarung unter Einhaltung der innerstaatlichen Verfahrensvorschriften abschliessen. Wie bereits erläutert, handelt es sich beim grenzüberschreitenden Brückenbau seitens beider Länder um ein öffentliches Projekt, das dem Vergaberecht unterstellt wird und somit einer öffentlichen Ausschreibung unterliegt.

Als primäre Handlungsempfehlung wird deshalb ein Staatsvertrag im Sinne einer Kooperationsvereinbarung nach Art. 3 Abs. 1 KaÜ vorgeschlagen. In der Vereinbarung soll die Ausführung des Projekts genauer erläutert und spezifiziert werden. Zudem sollen Zuständigkeitsnormen, das geltende Baurecht, Regelungen über den Grunderwerb, die Finanzierung und Unterhalt darin Niederlass finden. Eventualiter kann eine gemischte Kommission errichtet werden, die das Vorhaben koordiniert und umsetzt. Auch muss in der Vereinbarung geklärt werden, wann das Abkommen in Kraft tritt. Gemäss gängiger Praxis wird das Abkommen ratifiziert und es tritt im Anschluss darauf, sobald seitens beider Länder alle Voraussetzungen erfüllt sind, in Kraft.

Im Rahmen weiterer Untersuchungen wäre es interessant zu sehen wie sich die grenzüberschreitende Zusammenarbeit in Bezug der motorisierten Brücke zwischen Sisseln AG und Murg Baden-Württemberg ausgestaltet.

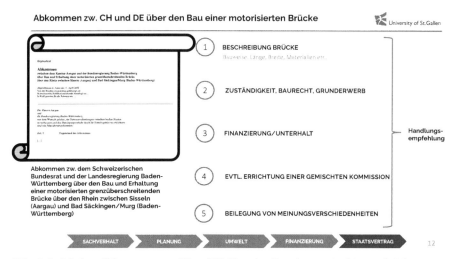

Abb.: Beispiel eines Abkommens zw. CH und DE über den Bau einer motorisierten Brücke

Literaturverzeichnis

BAUMANN ANDREAS/VAN DEN BERGH RALPH/GOSSWEILER MARTIN/HÄUPTLI CRISTIAN/HÄUPTLI-SCHWALLER ERICA/SOMMERHALDER FORESTIER VEREINA (Hrsg): Kommentar zum Baugesetz des Kantons Aargau (2013) (zit. Baumann et al., in: Kommentar zum BauG-AG, § 80, 93, 95, 151).

BUNDESAMT FÜR UMWELT: UVP-Handbuch, Richtlinie des Bundes für die Umweltverträglichkeitsprüfung, Abgerufen von https://www.bafu.admin.ch/dam/bafu/de/dokumente/uvp/uv-umwelt-vollzug/uvp-handbuch.pdf.download.pdf/uvp-handbuch.pdf.

DEPARTEMENT BAU, VERKEHR UND UMWELT KANTON AARGAU: Informationsblatt Auflage und Landerwerb bei Strassenbauprojekten (2017) (zit. Departement Bau, Verkehr und Umwelt, Kanton Aargau). Abgerufen von https://ag.scodi.net/direct/output/embeddedPartHtml/EmbeddedPart/_ebezkN8cEee-aczIZBeWNw/1/de/Document.html?time=1653576563470.

GERBER ANDREAS: Wann kommt die Sissler Rheinbrücke? Neuigkeiten soll es noch im ersten Halbjahr 2022 geben (Südkurier vom 25. Januar 2022). Abgerufen von: https://www.suedkurier.de/region/hochrhein/bad-saeckingen/wann-kommt-die-sissler-rheinbruecke-neuigkeiten-soll-es-noch-im-ersten-halbjahr-2022-geben;art372588,11028460.

GRIFFEL ALAIN/RAUSCH HERIBERT: Kommentar zum Umweltschutzgesetz (Ergänzungsband zur 2.A./Zürich 2011) (zit. Griffel/Heribert, in: Kommentar zum USG, Art. 10a, 10b

KEUSEN ULLRICH: Verkehr und Strassenrecht in BIAGGINI GIOVANNI/HÄNER ISABELLE/SAXER URS/SCHOTT MARKUS (Hrsg.): Fachhandbuch Verwaltungsrecht (Zürich 2015) (zit. Keusen).

MENZI ANNA/STAUB DEBORAH, Gründung einer gemeinsamen Tochtergesellschaft «Container», Aspekte Schweiz-Deutschland, in SzGZ/zit. Menzi/Staub).

PANEBIANCO STEFANO/REITZIG FRANK/DOMHARDT HANS-JÖRG/VALLÉE DIRK (Hrsg.): Das Raumordnungsverfahren – Grundlagen, Abläufe, Einsatzbereiche (Arbeitsberichte der Akademie für Raumforschung und Landesplanung (ALR)S. 12–36) (Hannover 2019) (zit. Bearbeiter/-in).

SCHINDLER BENJAMIN/TSCHUDI HANS MARTIN/DÄTWYLER MARTIN (Hrsg.): Die Schaffung eines trinationalen Rheinhafens Basel – Mulhouse – Weil, Schriften zur grenzüberschreitenden Zusammenarbeit Band 6 (Zürich/St. Gallen 2012) (zit. Bearbeiter, S.).

STORM PETER-CHRISTOPH/BUNGE THOMAS (Hrsg.): Handbuch der Umweltverträglichkeitsprüfung (Frankfurt/Main/Berlin 2022) (zit. STORM).

WALDMANN BERNHARD/BELSER EVA MARIA/EPINEY ASTRID (Hrsg.): BSK BV – Basler Kommentar zur Bundesverfassung (Basel 2015) (zit: Hänni/Borter, in: BSK – BV, Art., Rz.).

WEIGEL ALIX: Perspektiven zur rechtlichen Flexibilisierung am Oberrhein in TSCHUDI HANS MARTIN/SCHINDLER BENJAMIN/ERRASS CHRISTOPH/FREY MICHAEL (Hrsg.), in SgGZ (zit. Weigel).

ZUFFEREY JEAN-BAPTISTE/STÖCKLI HUBERT/HÄNNI PETER/PICHONNAZ PASCAL/DUBEY JACQUES/BEYELER MARTIN/SCHEIDEGGER ANNA (Hrsg.): Strassenbau und Nutzungsplanung, BR-online 1/2012 (zit. Zufferey et al., in: BR-Online 2012).

Erlassverzeichnis

Schweiz:

Bundesverfassung der Schweizerischen Eidgenossenschaft (BV) vom 19. April 1999 (SR 101)

Gesetz über die wirkungsorientierte Steuerung von Aufgaben und Finanzen (GAF) vom 5. Juni 2012 (SAR 612.300)

Gesetz über Raumentwicklung und Bauwesen (BauG AG) vom 19. Januar 1993 (SAR 713.100)

Bundesgesetz über die Raumplanung (Raumplanungsgesetz RPG) vom 22. Juni 1979 (SR 700)

Bundesgesetz über den Umweltschutz (USG) vom 7. Oktober 1983 (SR 814.01)

Interkantonale Vereinbarung vom 25. November 1994/15. März 2001 über das öffentliche Beschaffungswesen (IVöB) (SR 172.056.5)

Karlsruher Übereinkommen (KaÜ) vom 23. Januar 1996 (SR 181.100)

Rahmenübereinkommen über die grenzüberschreitende Zusammenarbeit zwischen Gebietskörperschaften (Madrider Übereinkommen) vom 21. Mai 1980 (SR 0.131.1)

Verfassung des Kantons Aargau (KV AG) vom 25. Juni 1980 (SAR 110.000)

Verordnung über die Umweltverträglichkeitsprüfung (UVPV) vom 19. Oktober 1988 (SR 814.011)

Deutschland:

Gesetz über das kantonale Strassenwesen (StrG AG) vom 15. Juni 2021 (SAR 751.200)

Gesetz über die Umweltverträglichkeitsprüfung (UVPG) vom 18. März 2021 (BGBl 2018, Nr. 14, S. 540)

Grundgesetz für die Bundesrepublik Deutschland (GG) vom 23. Mai 1949 (BGBl. 1949, S. 2048)

Landesplanungsgesetz Baden-Württemberg (LplG BW) vom 10. Juli 2013 (GBl. 2003, S. 385)

Raumordnungsgesetz (ROG) vom 22. Dezember 2008 (BGBl. 2008, S. 2986)

Raumordnungsverordnung (RoV) vom 13. Dezember 1990 (BGBl 1990, S. 2766)

Strassengesetz für Baden-Württemberg (StrG – BW) vom 11. Mai 1992 (GBl. 1992, 329, ber. S. 683)

Umweltverwaltungsgesetz (UVwG) vom 25. November 2014 (GBl. 2014, S. 592)

Europäische Union:

Verordnung (EG) Nr. 1082/2006 über den europäischen Verbund für territoriale Zusammenarbeit (EVTZ) in der Fassung der Verordnung (EU) Nr. 1302/2013 des Europäischen Parlaments und des Rates vom 17. Dezember 2013 (EVTZ-VO)

Materialienverzeichnis

Generalverkehrsplan Baden-Württemberg 2010 vom Ministerium für Umwelt, Naturschutz und Verkehr (zit. Generalverkehrsplan Baden-Württemberg 2010 vom Ministerium für Umwelt, Naturschutz und Verkehr).

Grenzüberschreitende Strassenverbindungen

Marko Stevanovic / Pranvera Rasaj / Soraya Guerreri

Inhaltsübersicht

I. Einleitung 316
II. Kompetenzen im Bereich Strasseninfrastruktur in den jeweiligen
    Staaten 317
    A. Kompetenzverteilung im Bereich Strasseninfrastruktur in der
       Schweiz 317
       1. Kompetenzbereich des Bundes 318
       2. Kompetenzbereich der Kantone und Gemeinden 321
    B. Kompetenzverteilung im Bereich Strasseninfrastruktur in
       Deutschland 323
       1. Kompetenzbereich des Bundes 325
       2. Kompetenzbereich der Länder, Kreise und Gemeinden . 328
    C. Exkurs: Strassenbaunormen in der Schweiz und Deutschland ... 330
       1. VSS-Normen in der Schweiz 330
       2. DIN-Normen in Deutschland 332
III. Länderübergreifende Planung im Bereich Strasseninfrastruktur ... 333
    A. Rechtlicher Rahmen 333
       1. Völkerrechtliche Grundlagen 334
       2. Verfassungsrechtliche Grundlagen in der Schweiz ... 335
       3. Verfassungsrechtliche Grundlagen in Deutschland ... 337
    B. Foren der grenzüberschreitenden Zusammenarbeit 338
    C. Länderübergreifende Strassenplanung als Teil der Raumplanung .. 339
       1. Raumplanung in der schweizerischen Rechtsordnung .. 340
       2. Raumplanung in der deutschen Rechtsordnung 343
       3. Informelle Raumplanung als Schlüsselelement der grenzüber-
          schreitenden Strassenplanung 347
    D. Mitspracheverfahren 350
       1. Mitspracheverfahren in der Schweiz 351
       2. Mitspracheverfahren in Deutschland 353

IV.	Finanzierung von Strasseninfrastrukturen	355
	A. Finanzierung in der Schweiz	355
	1. Finanzierung auf Bundesebene	355
	2. Finanzierung auf kantonaler Ebene	357
	3. Agglo Basel als zentrale Finanzierungskoordination	358
	B. Finanzierung in Deutschland	359
	1. Finanzierung auf Bundesebene	359
	2. Finanzierung auf Landesebene	361
V.	Praxisbeispiel Autobahnzusammenschluss im Raum Basel und Weil am Rhein	362
VI.	Abschliessende Zusammenfassung und Fazit	365
	Literaturverzeichnis	368
	Erlassverzeichnis	370

I. Einleitung

«Das Strassennetz in Deutschland und in der Schweiz ist ausgebaut und der Bau von neuen Strassen ist heute nicht mehr aktuell.» Die Zeiten, bei denen die ersten Autobahnteilstücke begeistert begrüsst wurden, unter anderem mit Aufrufen in Wohnungsinseraten wie: «Blick auf die Autobahn», sind vorbei.[1] Nichtsdestotrotz bilden Strassenverbindungen die Lebensader für viele Agglomerationsregionen, weil sie die gesellschaftliche und wirtschaftliche Weiterentwicklung überhaupt erst möglich machen.

Eine solche Agglomerationsregion bildet unter anderem die Region Oberrhein, worin sich auch der Landkreis Lörrach befindet. Im Rahmen dieser Arbeit gilt es aufzuzeigen, wie grenzüberschreitende Strassenverbindungen nachhaltig geplant und umgesetzt werden können. Dabei stellen sich unter anderem Fragen wie:

– Was gilt es bei unterschiedlichen Strassenkategorien zu berücksichtigen?
– Braucht es eine rechtliche Vereinbarung?
– Wie kann die länderübergreifende Planung sichergestellt werden?
– Welche Mitspracheverfahren gilt es für eine deutsch-schweizerische Strassenverbindung zu berücksichtigen?

---

[1] OFK BV-BIAGGINI, Art. 83 N 3.

Um diese Fragen zu beantworten, gilt es in einem ersten Schritt die Kompetenzverteilung im Bereich Strasseninfrastruktur in den jeweiligen Staaten zu erläutern. Hierbei wird ebenfalls kurz auf die jeweiligen Strassenbaunormen eingegangen. Daraufhin wird die länderübergreifende Planung im Bereich Strasseninfrastruktur thematisiert. Dabei werden zunächst der rechtliche Rahmen sowie die grenzüberschreitenden Foren geschildert. Ferner wird die länderübergreifende Strassenplanung als Teil der Raumplanung erläutert und das Mitspracheverfahren in den jeweiligen Staaten nähergebracht. Weiterhin erfolgt auch eine Analyse der Finanzierung von Strasseninfrastrukturen in den jeweiligen Rechtsordnungen. Es folgt das Praxisbeispiel Autobahnzusammenschluss im Raum Basel und Weil am Rhein, welches aus heutiger Sicht erläutert wird. Zuletzt wird eine Zusammenfassung aufgeführt, wobei im Anschluss eine Analyse der Resultate beschrieben wird.

II. Kompetenzen im Bereich Strasseninfrastruktur in den jeweiligen Staaten

Um den Bau von grenzüberschreitenden Strassenverbindungen zu ermöglichen, gilt es zunächst die Kompetenzverteilung im innerstaatlichen Recht der jeweiligen Staaten im Bereich Strasseninfrastruktur zu berücksichtigen. Nur wenn deutlich ist, für welche Strassenkategorien jeweils welche Gemeinwesen zuständig sind, herrscht auch Klarheit darüber, welche Behörden jeweils für den Bau von grenzüberschreitenden Strassenverbindungen zusammenarbeiten müssen.

A. Kompetenzverteilung im Bereich Strasseninfrastruktur in der Schweiz

Das Grundprinzip der Kompetenzverteilung in der Schweiz ist in Art. 3 BV verankert, wonach die Kantone alle Rechte ausüben, welche nicht der Bundesgewalt übertragen sind. Gemäss dieser Verfassungsnorm verfügt der Bund nur über jene Zuständigkeiten, die ihm die Bundesverfassung zuweist.[2] Die nicht dem Bund zugewiesenen Zuständigkeiten verbleiben bei den Kantonen (subsidiäre Generalklausel).[3]

---

[2] BSK BV-BIAGGINI, Art. 3 N 13.
[3] BSK BV-BIAGGINI, Art. 3 N 15.

Die Kompetenzverteilung ist hauptsächlich im 3. Titel, 2. und 3. Kapitel: Art. 54-135 BV, geregelt.[4] In Bezug auf den Bereich Strasseninfrastruktur ist dabei Art. 83 BV von zentraler Bedeutung.

1. Kompetenzbereich des Bundes

In der schweizerischen Rechtsordnung ist im Bereich der Strasseninfrastruktur Art. 83 BV einschlägig, welcher seit seiner Einführung öfters geändert wurde.[5] Die letzte Umgestaltung erfolgte mit der Annahme des Bundesbeschlusses zur Schaffung eines Nationalstrassen- und Agglomerationsverkehrs-Fonds (NAF) durch Volk und Stände am 12. Februar 2017.[6]

Die Sachüberschrift des Art. 83 BV lautet seit dem 1. Januar 2018 nicht mehr «Nationalstrassen», sondern «Strasseninfrastruktur». Des Weiteren wurde ein neuer Absatz 1 hinzugefügt. Gemäss diesem neuen Absatz haben Bund und Kantone für eine ausreichende Strasseninfrastruktur in allen Landesgegenden zu sorgen.

Die rechtliche Tragweite des neuen Absatz 1 darf allerdings aufgrund seiner Genese nicht überschätzt werden.[7] Auch wenn der Wortlaut es nicht explizit festhält, werden Bund und Kantone nur im Rahmen ihrer jeweiligen Zuständigkeiten angesprochen. Es werden keine neuen Kompetenzen begründet.[8]

In Bezug auf die jeweiligen Zuständigkeiten von Bund und Kantone im Bereich Strasseninfrastruktur, gilt auch bei Art. 83 BV der Grundsatz von Art. 3 BV, wonach die Kantone alle Rechte ausüben, welche nicht der Bundesgewalt übertragen sind.[9] Dementsprechend fällt das Strassenwesen allgemein betrachtet und unter Vorbehalt der Bundesaufgaben in den Kompetenzbereich der Kantone.[10]

Ein solcher Vorbehalt bildet Art. 83 Abs. 2 Satz 1 BV, wonach der Bund die Errichtung eines Nationalstrassennetzes und deren Benützbarkeit sicher zu stellen hat. Es handelt sich hier um eine umfassende Gesetzgebungskompetenz des

---

[4] BSK BV-BIAGGINI, Art. 3 N 14.
[5] Siehe BSK BV-KERN, Art. 83 N 1 ff; SGK BV-LENDI/VOGEL, Art. 83 N 1 ff.
[6] S. https://www.uvek.admin.ch/uvek/de/home/uvek/abstimmungen/abstimmung-naf.html, abgerufen am 27.05.2022.
[7] «Hätte man der Bestimmung Substanz und Gewicht geben wollen, so wären die Debatten (und wohl auch der Widerspruch der Kantone) nicht ausgeblieben», vgl. OFK BV-BIAGGINI, Art. 83 N 1b.
[8] OFK BV-BIAGGINI, Art. 83 N 1c.
[9] Vgl. II.A.
[10] SGK BV-LENDI/VOGEL, Art. 83 N 9.

Bundes.[11] Diese Kompetenz beinhaltet insbesondere die Regelung von Planung, Erstellung und Unterhalt von Nationalstrassen.[12] Diese Regelungen sind überwiegend im Bundesgesetz über die Nationalstrassen (NSG) normiert.

Das NSG definiert Nationalstrassen als «die wichtigsten Strassenverbindungen von gesamtschweizerischer Bedeutung».[13] Es unterscheidet vor allem nach dem Ausbaustand zwischen Nationalstrassen erster, zweiter und dritter Klasse, wobei diese Kategorisierung nicht verwechselt werden darf mit der Einteilung in Autobahnen, Autostrassen und anderen Strassenkategorien unter dem Aspekt der Verkehrsregeln gemäss VRV (Verkehrsregelnverordnung vom 13. November 1962, SR 741.11). [14]

Art. 83 Abs. 2 Satz 1 BV beinhaltet nebst der umfassenden Gesetzgebungskompetenz auch eine Handlungspflicht und eine Gewährleistungsverantwortung des Bundes.[15] Zu beachten gilt es bei der Handlungspflicht, dass der Bund nicht direkt zur Errichtung eines Strassennetzes verpflichtet ist, sondern dieses nur sicherstellen muss. Dementsprechend kann der Bund Dritte mit der Aufgabenerfüllung beauftragen, was in Art. 83 Abs. 2 Satz 4 BV explizit normiert ist.[16]

Gegenstand der Gewährleistung bildet das Nationalstrassennetz. Der Bund muss gewährleisten, dass bei Planung und Bau von Nationalstrassen dem Netzgedanken genügend Rechnung getragen wird, um im Zusammenspiel mit den europäischen Verkehrsstrassen, innerhalb der bestehenden Nationalstrassen sowie in Abstimmung mit den Kantons- und Gemeindestrassen ein leistungsfähiges Strassensystem bereitzustellen.[17]

Unter Art. 83 Abs. 2 Satz 1 BV fällt ebenfalls die Pflicht des Bundes, die Benutzbarkeit der Nationalstrassen zu gewährleisten, d.h., dass Nationalstrassen einerseits nach den aktuellen Erkenntnissen der Bau- und Verkehrstechnik erstellt und unterhalten werden und andererseits auch Massnahmen zur Vermeidung von Kapazitätsbelastungen getroffen werden.[18]

Bei den Kompetenzen in Art. 83 Abs. 2 Sätze 2–4 BV handelt es sich um Bestimmungen, welche im Rahmen der Föderalismusreform unter dem Titel Neugestal-

---

[11] OFK BV-Biaggini, Art. 83 N 2.
[12] BSK BV-Kern, Art. 83 N 6.
[13] Art. 1 Abs. 1 NSG.
[14] OFK BV-Biaggini, Art. 83 N 5.
[15] OFK BV-Biaggini, Art. 83 N 2.
[16] BSK BV-Kern, Art. 83 N 9.
[17] BSK BV-Kern, Art. 83 N 10.
[18] BSK BV-Kern, Art. 83 N 11.

tung des Finanzausgleichs und der Aufgabenteilung zwischen Bund und Kantonen (NFA) per 1. Januar 2008 angepasst wurden. Ziel der Reform war die Aufgaben- und Finanzierungsentflechtung zwischen Bund und Kantonen.[19] Um dies zu erreichen wurde die frühere Aufgabenteilung zwischen Bund und Kantonen in Art. 83 BV, wonach der Bund für die Planung, die Kantone für den Bau und Unterhalt und beide gemeinsam für die Finanzierung zuständig waren, aufgegeben.[20]

Mit Ausnahme der Übergangsbestimmung von Art. 197 Ziff. 3 BV, wonach die Kantone noch für die Fertigstellung des Nationalstrassennetzes, nach dem Stand vom 1. Januar 2008, zuständig sind, ist der Bund gemäss Art. 83 Abs. 2 Sätze 2–4 BV heute allein für den Bau, Betrieb und Unterhalt sowie für die Finanzierung der Nationalstrassen zuständig.[21] Im Rahmen seiner Gesamtverantwortung ist der Bund zudem ermächtigt, den Bau, den Betrieb oder den Unterhalt auszulagern, wobei die Übertragung auf öffentliche, private oder gemischte Trägerschaften stattfinden kann.[22]

Zusammenfassend kann somit festgehalten werden, dass mit der umfassenden Gesetzgebungskompetenz, dem Handlungsauftrag, der Gesamtverantwortung und der Zuständigkeit des Bundes für den Bau, den Betrieb und den Unterhalt sowie die Finanzierung, der Bereich Nationalstrassen eine ausschliessliche Bundesaufgabe darstellt, weshalb auch das Eigentum und die Hoheit über die Nationalstrassen dem Bund zukommt.[23]

Die zuständige Behörde für den Bereich Nationalstrassen ist das Bundesamt für Strassen (ASTRA) als Fachbehörde für die Strasseninfrastruktur und den individuellen Strassenverkehr.[24] Das ASTRA hat eine Vielzahl von komplexen Aufgabenbereichen, unter anderem auch die Sicherstellung der Funktionsfähigkeit der Nationalstrassen. Diese Aufgabe gilt es dabei in Zusammenarbeit mit kantonalen, nationalen und internationalen Partnern, für eine nachhaltige Politik des Bundes im Bereich Strasseninfrastruktur, zu erfüllen.[25]

---

[19] OFK BV-BIAGGINI, Art. 83 N 1.
[20] OFK BV-BIAGGINI, Art. 83 N 1.
[21] BSK BV-KERN, Art. 83 N 11.
[22] SGK BV-LENDI/VOGEL, Art. 83 N 28.
[23] SGK BV-LENDI/VOGEL, Art. 83 N 7.
[24] Art. 10 Abs. 1 OV-UVEK.
[25] S. https://www.astra.admin.ch/astra/de/home/das-astra/aufgaben.html, abgerufen am 27.05.2022.

2. Kompetenzbereich der Kantone und Gemeinden

Wie in II.A.1. festgehalten, fällt das Strassenwesen allgemein betrachtet und unter Vorbehalt der Bundesaufgaben in den Kompetenzbereich der Kantone. Im Rahmen ihrer Kompetenzen und im Rahmen des Bundesrechts bestimmen die Kantone selbst, welche Aufgaben sie erfüllen wollen. Sie verfügen über eine Aufgabenautonomie.[26]

Nebst der Aufgabenautonomie verfügen die Kantone auch über eine Organisationsautonomie, wonach die Kantone ihre internen Belange entsprechend ihren Bedürfnissen ausgestalten können.[27] Die Organisationsautonomie umfasst unter anderem das Recht im Rahmen des Bundesrechts ein eigenes politisches System zu etablieren, die politischen Rechte der Bürger festzulegen sowie die territorialen Strukturen zu bestimmen.[28]

Aufgrund der Organisationsautonomie der Kantone, welches auch das Bestimmen der eignen territorialen Strukturen umfasst, ist es somit allein Sache der Kantone, die Stellung der Gemeinden und anderer Körperschaften des öffentlichen Rechts festzulegen und das Ausmass ihrer Autonomie zu bestimmen und sich zu den Gemeindeaufgaben zu äussern.[29]

Obwohl auch die Kantone Adressaten des Subsidiaritätsprinzips nach Art. 5a BV sind und somit auch das Verhältnis Kanton-Gemeinde erfasst wird, ist der Bund dennoch nicht ermächtigt, den Kantonen vorzuschreiben, wie sie das Verhältnis zu ihren Gemeinden zu regeln haben.[30] Weiterhin gewährleistet Art. 50 BV die Gemeindeautonomie «nur nach Massgabe des kantonalen Rechts». Der Umfang der Gemeindeautonomie und der Gemeindeaufgaben ergibt sich somit folglich im Einzelnen aus dem kantonalen Verfassungs- und Gesetzesrecht.[31]

Im Bereich der Strasseninfrastruktur haben viele Kantone davon Gebrauch gemacht kantonale Strassengesetze zu erlassen.[32] Darin sind die innerkantonalen Zuständigkeiten zwischen Kanton und Gemeinden für die Planung, den Bau und den Unterhalt von öffentlichen Strassen geregelt.

---

[26] BSK BV-Biaggini, Art. 3 N 8.
[27] BSK BV-Belser/Massüger, Art. 47 N 15.
[28] BSK BV-Belser/Massüger, Art. 47 N 15; SGK BV-Egli, Art. 47 N 20.
[29] BSK BV-Biaggini, Art. 43 N 15; BSK BV-Biaggini, Art. 42 N 6.
[30] BSK BV-Biaggini, Art. 5a N 20.
[31] BSK BV-Meyer, Art. 50 N 15.
[32] z.B. Strassengesetz (Basel-Landschaft) vom 24. März 1986 (SGS 430), Strassengesetz (Bern) vom 04. Juni 2008 (BSG 732.11), Strassengesetz (St. Gallen) vom 12. Juni 1988 (sGS 732.1).

Die kantonalen Strassengesetze sehen dabei stets eine Aufteilung der öffentlichen Strassen in Kantons- und Gemeindestrassen vor, wobei in der Regel sowohl Eigentum und Hoheit wie auch Planung, Bau und Unterhalt der Kantonsstrassen beim Kanton liegt, resp. bei Gemeindestrassen bei den Gemeinden.[33] Sowohl bezüglich den Kantonsstrassen als auch den Gemeindestrassen, definieren die Kantone in ihren Erlassen diese Strassen unterschiedlich,[34] weshalb es keine einheitliche Definition dieser Strassenkategorien gibt.

Zuständige Behörde für Kantonsstrassen sind in den meisten Kantonen die Baudepartemente, resp. die kantonalen Tiefbauämter.[35] Für Gemeindestrassen sind die Gemeindeorganisationen zuständig resp. die kommunalen Tiefbauämter.[36]

Bei den drei Kantonen, welche an den Landkreis Lörrach angrenzen (Basel-Stadt, Basel-Landschaft und Aargau), kann festgehalten werden, dass Basel-Landschaft und Aargau Strassengesetze erlassen haben.[37] Dabei sind im Strassengesetz des Kantons Aargau lediglich Motorfahrzeugabgaben normiert. Die eigentliche Regelung der innerkantonalen Zuständigkeiten für den Bereich Strasseninfrastruktur im Kanton Aargau ist in § 80 ff. des Gesetzes über Raumentwicklung und Bauwesen (BauG) geregelt.[38] Der Kanton Basel-Stadt hat im Gegensatz zu Basel-Landschaft und Aargau kein Strassengesetz erlassen.

Bezüglich der Ausgestaltung der allgemeinen innerkantonalen Zuständigkeit im Kanton Basel-Stadt besagt § 60 Abs. 1 der Verfassung von Basel-Stadt, dass die Einwohnergemeinden für die Aufgaben zuständig sind, für die eine örtliche Regelung geeignet ist und die nicht in die Zuständigkeit des Kantons fallen.

Der Bereich Strasseninfrastruktur ist in der Verfassung von Basel-Stadt in § 30 Abs. 2 geregelt, wonach der «Staat» (Kanton) sich einzusetzen hat für einen attraktiven Agglomerationsverkehr, für rasche Verbindungen zu den schweizerischen Zentren und für den Anschluss an die internationalen Verkehrsachsen auf Schiene, Strasse sowie auf Luft- und Wasserwegen.

---

[33] Keusen, 453 f.
[34] Vgl. § 5 f. StrG/BL, Art. 38, 41 StrG/BE, Art. 4 f. StrG/SG.
[35] Bsp. https://www.baselland.ch/politik-und-behoerden/direktionen/bau-und-umweltschutzdirektion/tiefbauamt, abgerufen am 27.05.2022.
[36] Bsp. https://www.stadt.sg.ch/home/verwaltung-politik/direktionen/planung-bau/tiefbauamt.html, abgerufen am 27.05.2022.
[37] Strassengesetz (Basel-Landschaft) vom 24. März 1986 (SGS 430), Strassengesetz (Aargau) vom 17. März 1969 (SAR 751.10).
[38] Baugesetz (Aargau) vom 19. Januar 1993 (SAR 713.100).

Unseres Erachtens kann diese Verfassungsbestimmung dahingehend verstanden werden, dass der Kanton für Planung, Bau und Unterhalt der Strassen zuständig ist, welche an wichtige regionale, nationale und internationale Verkehrsachsen im Kanton Basel-Stadt anknüpfen. Diese Strassen gelten dabei als Kantonsstrassen.

Für sämtliche restlichen Strassen im Kanton Basel-Stadt sind gemäss § 60 Abs. 1 der Verfassung von Basel-Stadt die Gemeinden zuständig, sofern eine örtliche Regelung geeignet ist. Die Zuständigkeit der Gemeinden ergibt sich dabei auch nach dem kantonalen Gesetzesrecht. Gemäss § 18a Abs. 1 lit. d des Gemeindegesetzes von Basel-Stadt, gehören Planung, Bau und Betrieb von Strassen, als Teil des Verkehrsnetzes der jeweiligen Gemeinde, zur Aufgabe der Gemeinden. Diese Strassen werden dabei als Gemeindestrassen bezeichnet.

Ein Sonderfall im Kanton Basel-Stadt bildet die Bestimmung § 57 Abs. 2 der Verfassung von Basel-Stadt. Gemäss dieser Verfassungsbestimmung besorgt der Kanton die Geschäfte der Einwohnergemeinde Stadt Basel. Dementsprechend hat die Einwohnergemeinde Stadt Basel auch keine Einwohnergemeindeorganisation.

Im Zusammenhang mit dem Bereich Strasseninfrastruktur erscheint es aufgrund des § 57 Abs. 2 der Verfassung von Basel-Stadt als nachvollziehbar, dass im kantonalen Richtplan von Basel-Stadt alle Strassen der Gemeinde Stadt Basel zum Kantonsstrassennetz gehören. Gemäss diesem Richtplan fallen auch die wichtigsten übergeordneten Achsen der Gemeinden Riehen und Bettingen ins Kantonstrassennetz.[39] Demnach gehören im Umkehrschluss alle anderen Strassen, mit Ausnahme der Nationalstrassen, den Gemeinden Riehen und Bettingen.

B. Kompetenzverteilung im Bereich Strasseninfrastruktur in Deutschland

Ähnlich wie in der Schweiz zwischen dem Bund und den Kantonen, ist auch in Deutschland zwischen dem Bund und den Bundesländern die Kompetenzverteilung in der Verfassung geregelt. Konkret geht es dabei um den Art. 30 GG, welcher besagt, dass die Ausübung der staatlichen Befugnisse und die Erfüllung der staatlichen Aufgaben Sache der Länder ist, soweit das Grundgesetz keine andere Regelung vorsieht oder zulässt.

---

[39] S. https://www.richtplan.bs.ch/richtplantext/objektblaetter/m-mobilitaet/m2-motorisierter-individualverkehr/m2−2-kantonsstrassen.html, abgerufen am 27.05.2022.

Folglich statuiert Art. 30 GG ein Verteilungsprinzip zugunsten der Bundesländer, wonach dem Bund nur die ihm ausdrücklich zugewiesenen Kompetenzen zustehen und der unbenannte Rest bei den Ländern liegt.[40]

Um aber im deutschen Staatsrecht genau zu wissen, über welche Kompetenzen der Bund tatsächlich verfügt und was in den Kompetenzbereich der Länder fällt, gilt es zu beachten, dass die Grundsatznorm von Art. 30 GG, durch eine ganze Reihe von Verfassungsbestimmungen für die einzelnen Funktionsbereiche nach Sachmaterien aufgefächert wird.[41] Das deutsche Grundgesetz sieht nebst dem Art. 30 GG auch weitere Kompetenzverteilungsregeln vor, welche dem Art. 30 GG als lex specialis vorgehen.[42]

Solche Regelungen finden sich vor allem in Art. 70 ff., 83 ff., und 92 ff. GG, welche die Kompetenzkataloge des Grundgesetzes bilden für die Bereiche Gesetzgebung, Verwaltung und Rechtsprechung.[43] Nebst diesen Katalogen gibt es auch noch eine Reihe von Sonderregelungen bezüglich der Kompetenzverteilung, unter anderem in den Bereichen Finanzwesen, auswärtige Gewalt, internationale Integration etc.[44] Darüber hinaus werden Kompetenzen des Bundes überall dort begründet, wo das Grundgesetz ausdrücklich auf ein Bundesgesetz oder ein Gesetz mit Zustimmung des Bundesrates hinweist.[45]

Des Weiteren gilt es zu beachten, dass es auch sog. ungeschriebene Kompetenzen des Bundes geben kann, wobei sich diese mithilfe der Auslegung von GG-Normen ergeben müssen, da Art. 30 GG die Anerkennung von sog. ungeschriebenen Bundeskompetenzen ausserhalb des Grundgesetzes nicht erlaubt.[46] Dies würde eine Verletzung des Verbots der Aushöhlung der Landeskompetenzen darstellen.[47]

In den meisten Fragen betreffend der Kompetenzverteilung zwischen dem Bund und den Ländern erweisen sich die Kompetenzkataloge für die Bereiche Gesetzgebung und Verwaltung als bedeutsam.[48] In Bezug auf die Kompetenzverteilung betreffend dem Bereich Strasseninfrastruktur in Deutschland, erweisen sich deshalb Art. 74 Abs. 1 Ziff. 22 GG und Art. 90 GG als zentrale Bestimmungen.

---

[40] KMENT GG, Art. 30 N 1; HELLERMANN BeckOK GG, Art. 30 N 1 f.
[41] MAURER, 294, N 21.
[42] HELLERMANN BeckOK GG, Art. 30 N 13.
[43] HELLERMANN BeckOK GG, Art. 30 N 14.
[44] KMENT GG, Art. 30 N 4.
[45] HELLERMANN BeckOK GG, Art. 30 N 14.
[46] HELLERMANN BeckOK GG, Art. 30 N 15.
[47] HELLERMANN BeckOK GG, Art. 30 N 17.
[48] HELLERMANN BeckOK GG, Art. 30 N 14.

1. Kompetenzbereich des Bundes

Gemäss Art. 74 Abs. 1 Ziff. 22 GG hat der Bund eine konkurrierende Gesetzgebungskompetenz für den Strassenverkehr, das Kraftfahrwesen, den Bau und die Unterhaltung von Landestrassen für den Fernverkehr sowie die Erhebung und Verteilung von Gebühren oder Entgelten für die Benutzung öffentlicher Strassen mit Fahrzeugen.

Ähnlich wie im schweizerischen Staatsrecht[49] gilt auch in der deutschen Rechtsordnung, dass unter einer konkurrierenden Gesetzgebungskompetenz zu verstehen ist, dass die Länder die Befugnis zur Gesetzgebung haben, sofern der Bund von seiner Gesetzgebungszuständigkeit nicht Gebrauch macht.[50]

In Bezug auf die Kompetenzverteilung im Bereich Strasseninfrastruktur, ist vor allem der 3. Teilsatz von Art. 74 Abs. 1 Ziff. 22 GG von Bedeutung. Gemäss dieser Verfassungsbestimmung ist der Bund zuständig für alle Regelungen über den Bau und die Unterhaltung von Landestrassen für den Fernverkehr. Unter den Begriff «Landesstrassen für den Fernverkehr» sind Bundesfernstrassen zu verstehen.[51] Der Bund hat insbesondere mit dem Bundesfernstrassengesetz (FStrG) vom 6. August 1953 von seinem Gesetzgebungsrecht Gebrauch gemacht, weshalb die Länder die sachliche und zeitliche Sperrwirkung des gegebenen Bundesrechts zu beachten haben.[52]

Gemäss dem FStrG sind Bundesfernstrassen öffentliche Strassen, welche ein zusammenhängendes Verkehrsnetz bilden und einem weiträumigen Verkehr dienen oder zu dienen bestimmt sind.[53] Die Bundesfernstrassen werden gegliedert in Bundesautobahnen und Bundesstrassen (mit Ortsdurchfahrten).[54]

Da sich die konkurrierende Gesetzgebungskompetenz des Bundes gemäss Art. 74 Abs. 1 Ziff. 22 GG lediglich auf die Bundesautobahnen und die Bundesstrassen beschränkt, besitzen gemäss Art. 70 Abs. 1 GG die Länder eine Gesetzgebungskompetenz für alle anderen Strassenkategorien.[55]

---

[49] In der schweizerischen Literatur ist häufiger die Rede von Bundeskompetenzen mit nachträglicher derogatorischer Wirkung.
[50] SEILER BeckOK GG, Art. 72 N 3.
[51] SEILER BeckOK GG, Art. 74 N 84.
[52] HERBER, 29, N 24.
[53] § 1 Abs. 1 FStrG.
[54] § 1 Abs. 2 FStrG.
[55] HERBER, 30, N 26.

Nebst der Gesetzgebungskompetenz über den Bau und Unterhalt von Bundesautobahnen und Bundesstrassen, besitzt der Bund gemäss Art. 90 GG auch eine Verwaltungskompetenz in diesem Bereich.

Bei Art. 90 GG handelt es sich um eine Verfassungsbestimmung, welche am 18. August 2017 neu gefasst wurde. Im Rahmen der Föderalismusreform III in Deutschland bezüglich der Bundes-Länder-Finanzbeziehungen, wurde auch die Reform der Bundesauftragverwaltung für die Bundesfernstrassen eingebunden.[56]

Gemäss Art. 90 Abs. 1 GG ist der Bund Eigentümer der Bundesautobahnen und sonstigen Bundesstrassen des Fernverkehrs, wobei sein Eigentum nicht veräusserlich ist. Bei diesem Absatz handelt es sich weniger um eine direkte Verwaltungskompetenz, sondern mehr um eine Sicherstellung, dass der Bund Eigentümer der Bundesfernstrassen ist und bleibt. Aus dieser Bestimmung lässt sich ebenfalls ableiten, dass der Bund eine Infrastrukturverantwortung trägt. Der Bund hat ein angemessenes überregionales Fernstrassennetz zu gewährleisten.[57]

In Absatz 2 dieser Verfassungsbestimmung ist verankert, dass die Verwaltung der Bundesautobahnen von der Bundesverwaltung geführt wird. Vor der Föderalismusreform III waren noch die Landesverwaltungen zuständig für die Verwaltung der Bundesautobahnen.[58] Die Bundesverwaltung umfasst alle zusammenhängenden Fragen in Bezug auf Bundesautobahnen. Dazu gehören Planung, Bau, Betrieb, Erhaltung, Finanzierung und die vermögensmässige Verwaltung der Bundesautobahnen.[59]

Beim umfangreichen Absatz 2 wird auch weiterhin aufgeführt, dass sich der Bund zur Erledigung seiner Aufgaben einer Gesellschaft des privaten Rechts bedienen kann, welche im unveräusserlichen und alleinigem Eigentum des Bundes steht. Diesbezüglich wurde mit dem Erlass des Infrastrukturgesellschaftserrichtungsgesetzes (InfrGG) eine private Infrastrukturgesellschaft gegründet in der Rechtsform einer GmbH, deren Anteile der Bund zu 100% hält.[60]

Konkret geht es hier um die Autobahn GmbH des Bundes. Diese wurde am 13. September 2018 gegründet und übernimmt seit dem 1. Januar 2021 Planung, Bau, Betrieb, Erhaltung, Finanzierung und die vermögensmässige Verwaltung der Bundesautobahnen in Deutschland.[61]

---

[56] Herber, 41, N 46 f.
[57] Remmert BeckOK GG, Art. 90 N 10.
[58] Remmert BeckOK GG, Art. 90 N 12.
[59] Kment GG, Art. 90 N 4.
[60] Herber, 42, N 47.
[61] Herber, 67, N 77.

Art. 90 Abs. 2 GG hält zudem fest, dass eine Beteiligung Privater im Rahmen von öffentlich-privaten Partnerschaften für Streckennetze, die das gesamte Bundesautobahnnetz oder das gesamte Netz sonstiger Bundesfernstrassen in einem Land oder wesentliche Teile davon umfassen, ausgeschlossen ist. Im Umkehrschluss sind derartige Kooperationen für einzelne Projekte verfassungsrechtlich zulässig.[62]

Im Gegensatz zu den Bundesautobahnen, welche vom Bund verwaltet werden, sind für die Verwaltung der sonstigen Bundesstrassen nach Art. 90 Abs. 3 GG die Länder oder die nach dem Landesrecht zuständigen Selbstverwaltungskörperschaften zuständig. Diese verwalten dabei im Auftrage des Bundes die sonstigen Bundesstrassen. Konkret geht es hier um eine Bundesauftragsverwaltung.

Nach diesem Verwaltungsmodell verwalten die Länder eigenverantwortlich die Bundesstrassen und erfüllen damit Bundesaufgaben aus eigener Verwaltungskompetenz. Alle Verwaltungshandlungen sowohl rechtlicher als auch faktischer Natur sind von Landesbehörden zu tätigen.[63] Nichtsdestotrotz besitzt der Bund über Einwirkungsrechte gegenüber dem jeweiligen Land gemäss Art. 85 GG, mit der die Gesetzesauslegung, das Verwaltungsverfahren oder die Sachentscheidungen vorgegeben werden dürfen.[64]

Beim Abs. 4 dieser Verfassungsbestimmung geht es noch um die Möglichkeit der Länder, dass durch Anträge ihrerseits, der Bund die Bundesverwaltung übernimmt für die Bundesstrassen, soweit sie im Gebiet des jeweiligen beantragenden Landes liegen. Die Übernahmeentscheidung liegt dabei grundsätzlich im Ermessen des Bundes.[65]

Da sich im Bereich der Strasseninfrastruktur die Gesetzgebungskompetenz des Bundes auf Bundesautobahnen und Bundesstrassen beschränkt und die Verwaltungskompetenz des Bundes lediglich die Bundesautobahnen erfasst, zumal die sonstigen Bundesstrassen gemäss der Bundesauftragsverwaltung von den Ländern verwaltet werden, lässt sich festhalten, dass gestützt auf Art. 70 GG, für die restlichen öffentlichen Strassen in Deutschland, die Länder über eine originäre Gesetzgebungskompetenz verfügen.[66] Die Landesgesetzgebung wird dabei gestützt auf Art. 30 GG von den eigenen unmittelbaren oder mittelbaren Behörden

---

[62] REMMERT BeckOK GG, Art. 90 N 17 f.
[63] HERBER, 93, N 126.
[64] HERBER, 93, N 126.
[65] REMMERT BeckOK GG, Art. 90 N 23.
[66] HERBER, 30, N 26.

der Länder vollzogen. Dazu gehören unter anderem Landesregierungen, Ministerien, Regierungsbezirke, Landkreise und Gemeinden.[67]

2. Kompetenzbereich der Länder, Kreise und Gemeinden

Da die Bestimmungen in Art. 70 ff. GG zum Bundes-, nicht aber zum Landesverfassungsrecht gehören, schweigen sie zur landesverfassungsrechtlichen Ausgestaltung der an den Ländern zugeteilten Kompetenzen.[68] Die landesverfassungsrechtliche Ausgestaltung der an den Ländern zugeteilten Kompetenzen erfolgt nach dem Bundesstaatsprinzip,[69] durch die Länder selbst.

In Bezug auf die Verfassungsautonomie der Länder gilt es zu beachten, dass den Ländern durch das Grundgesetz auch Grenzen gesetzt werden. So müssen die Länder die Vorgaben des Art. 28 Abs. 1 GG beachten und ihre Verfassungen an den Grundsätzen des republikanischen, demokratischen und sozialen Rechtsstaats ausrichten.[70] Des Weiteren haben die Länder die kommunale Selbstverwaltungsgarantie in Art. 28 Abs. 2 GG zu beachten.[71] Träger dieser Selbstverwaltungsgarantie sind Gemeinden und Gemeindeverbände (Landkreise), wobei der Umfang der Selbstverwaltungsgarantie jeweils unterschiedlich ist.[72]

So umfasst die Selbstverwaltungsgarantie der Gemeinden gemäss Art. 28 Abs. 2. Satz 1 GG das Recht «alle Angelegenheiten der örtlichen Gemeinschaft in eigener Verantwortung zu regeln». Das Grundgesetz gewährleistet den Gemeinden demnach einen bestimmten Aufgabenkreis und damit verbunden die eigenverantwortliche Aufgabenwahrnehmung.[73]

Die Selbstverwaltungsgarantie für die Landkreise hingegen, fällt enger aus als für die Gemeinden.[74] Im Gegensatz zu den Gemeinden haben die Landkreise nach Art. 28 Abs. 2 Satz 2 GG lediglich «im Rahmen ihres gesetzlichen Aufgabenbereiches nach Massgabe der Gesetze das Recht der Selbstverwaltung». Art und Um-

---

[67] KATZ/SANDER, 266, N 503.
[68] SEILER BeckOK GG, Art. 70 N 9.
[69] Nicht nur der Bund, sondern auch die Länder haben Staatscharakter und besitzen daher Verfassungsautonomie, MAURER, 154, N 48.
[70] MAURER, 154, N 48.
[71] KMENT GG, Art. 30 N 6.
[72] HELLERMANN BeckOK GG, Art. 28 N 23.
[73] HELLERMANN BeckOK GG, Art. 28 N 36.
[74] JARASS GG, Art. 28 N 50.

fang der Aufgaben der Landkreise werden dementsprechend durch Gesetze bestimmt.[75]

Obwohl zumindest die Gemeinden grundsätzlich über ein starkes Selbstverwaltungsrecht verfügen, gilt es auch hier zu beachten, dass die Selbstverwaltungsgarantie für die Gemeinden nebst dem bestimmten Aufgabenbereich in Art. 28 Abs. 2 Satz. 1 GG auch nur «im Rahmen des Gesetzes» bestehen.[76]

Mit «Gesetz» sind sowohl in Art. 28 Abs. 2 Satz 1 wie auch in Satz 2 GG vor allem Gesetze vom Landesgesetzgeber gemeint.[77] Bezüglich des Bereichs Strasseninfrastruktur haben die Landesgesetzgeber davon Gebrauch gemacht, Strassengesetze zu erlassen. In solchen Strassengesetzen sind, ähnlich wie bei den kantonalen Strassengesetzen in der Schweiz, die innerstaatlichen Zuständigkeiten für den Bereich Strasseninfrastruktur geregelt.

Die Strassengesetze sehen dabei eine Aufteilung der öffentlichen Strassen in Landes-, Kreis- und Gemeindestrassen vor, wobei grundsätzlich die Träger der Strassenbaulast bei den Landesstrassen das Land, bei den Kreisstrassen die Kreise und bei den Gemeindestrassen die Gemeinden sind. Da die Länder diese Strassenkategorien unterschiedlich definieren, gibt es auch keine einheitliche Definition dieser Strassenkategorien.

Die zuständige Behörde für die Verwaltung der Landesstrassen lässt sich nicht allgemein benennen, zumal das Organisationsrecht in den jeweiligen Bundesländern erhebliche Unterschiede aufweist, weshalb zur Bestimmung der zuständigen Behörde das jeweilige Landesrecht konsultiert werden muss.[78]

Im Bundesland Baden-Württemberg, worin sich auch der Landkreis Lörrach befindet, sind für die Verwaltung der Landesstrassen gemäss § 50 Abs. 3 Ziff. 1 lit. a des Strassengesetzes für Baden-Württemberg (StrG/BW) die Regierungspräsidien[79] zuständig, soweit dem Land die Strassenbaulast obliegt. Diese sind in erster Linie zudem gemäss § 53b Abs. 2 Ziff. 1 StrG/BW auch für die Verwaltung der Bundesstrassen (Bundesauftragsverwaltung)[80] zuständig, soweit dem Bund die Strassenbaulast obliegt.

---

[75] HERBER, 126, N 185.
[76] HERBER, 121, N 182.
[77] HELLERMANN BeckOK GG, Art. 28 N 45.
[78] HERBER, 126, N 188.
[79] Für den Landkreis Lörrach das Regierungspräsidium Freiburg.
[80] Vgl. II.B.1

Auch hinsichtlich der Kreisstrassen, herrschen von Land zu Land unterschiedliche Zuständigkeiten.[81] Für die Verwaltung der Kreisstrassen in Baden-Württemberg sind nach § 50 Abs. 3 Ziff. 2 lit. a StrG/BW die Landratsämter zuständig, soweit die Strassenbaulast dem Kreis obliegt.

In Bezug auf die Gemeindestrassen erfolgt die Verwaltung in allen Ländern durch die Gemeinde selbst.[82] Diese ist ausserdem auch unter gewissen Umständen und je nach Land für die Verwaltung von Bundes-, Land-, und Kreisstrassen zuständig.[83]

C. Exkurs: Strassenbaunormen in der Schweiz und Deutschland

1. VSS-Normen in der Schweiz

Die Strassenbaunormen in der Schweiz werden erlassen vom schweizerischen Verband der Strassen- und Verkehrsfachleute (VSS). Dieser erarbeitet und betreut das gesamte Normenwerk im schweizerischen Strassen- und Verkehrswesen. Der VSS bildet eine unabhängige, private Non-Profit-Organisation und ist als Verein organisiert.[84]

Der VSS setzt sich zusammen aus rund 2400 Fachleuten, Firmen und Institutionen des privaten und des öffentlichen Sektors, die sich mit der Planung, der Projektierung, dem Bau, dem Betrieb, dem Unterhalt, den Baustoffen, der Nutzung und dem Rückbau von Verkehrsanlagen befassen.[85] Diese sind in fachspezifischen Kommissionen organisiert. Diese Kommissionen haben dabei je nach Fachgebiet bestimmte Normen für das Strassen- und Verkehrswesen zu schaffen, damit in der ganzen Schweiz ein einheitliches Normenwerk besteht. Zu den Fachgebieten gehören nebst Verkehrsthemen wie bspw. Signalisation, vor allem auch der Bereich Strassenbau.

Die Normen des VSS werden auch als SN[86]-Normen bezeichnet. Da diese Normen nicht von öffentlichen Behörden, sondern von einem privaten Verein erlassen werden, fehlt bei solchen Normen die Rechtsverbindlichkeit. Zu beachten gilt es

---

[81] HERBER, 126, N 189.
[82] HERBER, 127, N 190; vgl. Strassengesetz für Baden-Württemberg vom 11. Mai 1992 § 50 Abs. 3 Ziff. 3 StrG/BW.
[83] Vgl. § 50 Abs. 3 Ziff. 1 lit. b StrG/BW; § 50 Abs. 3 Ziff. 2 lit. b StrG/BW; § 53 Abs. 2 Ziff. 2 StrG/BW.
[84] S. https://www.vss.ch/de/verband/aufgabe, abgerufen am 27.05.2022.
[85] S. https://www.vss.ch/de/verband/aufgabe, abgerufen am 27.05.2022.
[86] Schweizer Normierung.

allerdings, dass VSS-Normen rechtliche Auswirkungen haben können, wenn in Gesetzen und Verordnungen auf solche VSS-Normen verwiesen wird.[87] Dabei muss gemäss BGer ausdrücklich auf die VSS-Normen verwiesen werden, da diese sonst für die Behörden lediglich im Sinne einer Orientierungshilfe zu berücksichtigen sind.[88]

Solche ausdrücklichen Verweise sind in manchen kantonalen Strassengesetzen und -verordnungen enthalten.[89] Aufgrund dieser ausdrücklichen Verweise, wäre es unter Umständen durchaus möglich, dass wenn eine Strasse nicht gemäss den VSS-Normen errichtet wurde und später sich ein Unfall ereignet aufgrund der Nichteinhaltung von VSS-Normen, je nach Strassenkategorie der Bund oder der Kanton haftpflichtig wird. In einem solchen Fall müssten die Gerichte prüfen, wenn in Gesetzen oder Verordnungen ausdrücklich auf VSS-Normen verwiesen wird, ob die VSS-Normen eingehalten worden sind oder nicht.

Obwohl gemäss dem BGer die VSS-Normen, sofern nicht ausdrücklich in Gesetzen und Verordnungen auf sie verwiesen wird, für die Behörden nur eine Orientierungshilfe darstellen, gilt es dennoch festzuhalten, dass die VSS-Normen in der Praxis von den Behörden angewendet werden. Die jeweiligen Baubehörden können nicht bauen, wie sie wollen, sondern haben sich an die Normen zu orientieren. Eine absolute Normeinhaltung ist aber praktisch nicht möglich, weshalb es primär darum geht, diese Normen umzusetzen, soweit wie möglich.

Nebst den VSS-Normen können Bund und Kantone jeweils innerhalb ihres Kompetenzbereiches auch eigene Richtlinien und Bestimmungen erlassen, welche den Strassenbau detailliert regeln.

Auf Bundesebene kann das ASTRA insbesondere mit eigenen Richtlinien, welche hierarchisch den VSS-Normen übergeordnet sind, eigene Regelungen aufstellen mit dem Ziel einen technischen Standard und eine einheitliche Vorgehensweise festzulegen.[90] Die Kantone hingegen regeln den technischen Standard für den Strassenbau überwiegend in kantonalen Strassenverordnungen, wobei sie hier, je nach Kanton, auch auf die VSS-Normen verweisen.

---

[87] S. https://www.vss.ch/de/normierung-und-forschung, abgerufen am 27.05.2022.
[88] BGer 1C_219/2018, E. 8.2.
[89] Bsp. § 16 Strassenverordnung (Schaffhausen) vom 23. Dezember 1980 (725.101); § 11 Strassenverordnung (Luzern) vom 19. Januar 1996 (SRL 756).
[90] S. https://www.astra.admin.ch/astra/de/home/fachleute/dokumente-nationalstrassen/standards.html, abgerufen am 27.05.2022.

2. DIN-Normen in Deutschland

Im Gegensatz zur Schweiz, wo das Normenwerk für das schweizerische Strassen- und Verkehrswesen durch den VSS erlassen wird, erweist sich die Ausgangslage in Deutschland unübersichtlich. Ausgangslage bildet in Deutschland das Technische Regelwerk für das gesamte Strassen- und Verkehrswesen von der Forschungsgesellschaft für Strassen- und Verkehrswesen (FGSV).[91]

Die Erstellung des Technischen Regelwerks erfolgt dabei von Gremien. Einige dieser Gremien arbeiten eng mit dem Deutschen Institut für Normung (DIN) zusammen.[92]

Das DIN bildet eine unabhängige Plattform für Normung und Standardisierung. Dieses Institut ist für den Erlass der eigentlichen Strassenbaunormen (DIN-Normen) zuständig. DIN-Normen sind das Ergebnis nationaler Normungsarbeit. Jeder kann die Erstellung einer Norm beantragen. Normen werden von Ausschüssen des DIN nach festgelegten Grundsätzen, Verfahrens- und Gestaltungsregeln erarbeitet.[93]

Ähnlich wie in der Schweiz, ist es auch in Deutschland so, dass die Strassenbaunormen grundsätzlich keine Rechtswirkungen entfalten. Rechtliche Wirkungen erlangen die DIN-Normen nur, wenn sie zum Inhalt von Verträgen gehören oder wenn der Gesetzgeber ihre Einhaltung zwingend vorschreibt.[94] Die Rechtssatzungsqualität technischer Vorschriften wie die DIN-Normen kann dann angenommen werden, wenn diese Vorschriften in einem Gesetz aufgenommen sind oder ein Gesetz auf sie Bezug nimmt.[95]

In Bezug auf die Bundesstrassen ist § 4 FstrG einschlägig. Zwar sind in dieser Bestimmung keine DIN-Normen enthalten, allerdings nimmt das Gesetz Bezug auf «Anforderungen der Sicherheit und Ordnung». Unter «Ordnung» ist das Regelwerk für Bundesfernstrassen[96] zu verstehen, worunter auch die DIN-Normen fallen.[97] Dieses

---

[91] S. https://www.fgsv.de/start.html, abgerufen am 27.05.2022.
[92] S. https://www.fgsv.de/regelwerkserstellung.html, abgerufen am 27.05.2022.
[93] S. https://www.din.de/de/ueber-normen-und-standards/din-norm, abgerufen am 27.05.2022.
[94] S. https://www.din.de/de/ueber-normen-und-standards/basiswissen, abgerufen am 27.05.2022.
[95] Herber, 1715, N 32.
[96] Regelwerk des BMDV.
[97] Herber, 1715, N 30.

Regelwerk wird von den Ländern übernommen und bildet eine wichtige Grundlage für den Strassenbau in Deutschland.[98]

In Deutschland sind des Weiteren auch EU-Normen (CEN-Normen) von Bedeutung, welche durch das DIN in deutsche DIN-Normen umgesetzt werden.[99] Ebenfalls gilt es auch zu beachten, dass das technische Regelwerk des FGSV nebst den DIN-Normen, noch viele weitere Normen, aber auch technische Vorschriften, Merkblätter, Empfehlungen und Richtlinien enthält.[100]

III. Länderübergreifende Planung im Bereich Strasseninfrastruktur

Nebst der innerstaatlichen Kompetenzverteilung, welche in Kapitel II geschildert wurde, gilt es zu beachten, dass im Kontext von länderübergreifenden Strassenverbindungen weitere rechtliche Aspekte zu berücksichtigen sind. Generell gilt es dabei zunächst den rechtlichen Rahmen der grenzüberschreitenden Zusammenarbeit zu schildern. Zudem nehmen auch grenzüberschreitende Foren eine zentrale Rolle ein. Diese bilden wichtige Plattformen für die länderübergreifenden Planung im engeren Sinne. Des Weiteren gilt es im Rahmen grenzüberschreitender Infrastrukturprojekte wie Strassenverbindungen stets auch die Interessen der Öffentlichkeit im Rahmen von Mitspracheverfahren zu berücksichtigen.

A. Rechtlicher Rahmen

Die grenzüberschreitende Zusammenarbeit beruht sowohl auf internationalem Recht als auch auf nationalem Recht.[101] Dementsprechend gilt es im Rahmen dieses Kapitels sowohl die völkerrechtlichen wie auch die nationalrechtlichen Grundlagen von der Schweiz und Deutschland zu erläutern.

---

[98] HERBER, 1716, N 34.
[99] HERBER, 1716, N 35.
[100] HERBER, 1716, N 35.
[101] S. https://www.eda.admin.ch/eda/de/home/aussenpolitik/europapolitik/beziehungen-zu-europaeischen-staaten/grenzueberschreitendezusammenarbeit/rechtsgrundlagen.html, abgerufen am 27.05.2022.

1. Völkerrechtliche Grundlagen

Die zentrale Grundlage der grenzüberschreitenden Zusammenarbeit bildet das Madrider Übereinkommen[102], welches am 21. Mai 1980 im Rahmen des Europarates in Madrid abgeschlossen wurde. Das Ziel des Madrider Übereinkommens, welches von der Schweiz und ihren Nachbarstaaten ratifiziert wurde, ist es den Abschluss von Verträgen zwischen Regionen und Gemeinden beidseits einer Grenze zu fördern und zu erleichtern. Dieses Übereinkommen bildet den rechtlichen Rahmen für die Zusammenarbeit unterhalb der nationalstaatlichen Ebene.[103]

Gestützt auf das Madrider Übereinkommen hat der Bundesrat zusammen mit den Regierungen Deutschlands, Luxemburgs und Frankreichs am 23. Januar 1996 das Übereinkommen über die grenzüberschreitende Zusammenarbeit zwischen Gebietskörperschaften und örtlichen öffentlichen Stellen («Karlsruher Übereinkommen») unterzeichnet. Abgeschlossen wurde das «Karlsruher Übereinkommen» im Namen der Kantone SO, BS, BL, AG und JU, wobei sich seine Gültigkeit auf VD, VS, NE und GE ausgeweitet hat. Das Übereinkommen enthält Bestimmungen über den Abschluss von Zusammenarbeitsverträgen sowie über die Schaffung von grenzüberschreitenden Einrichtungen mit Rechtspersönlichkeit, die sogenannten örtlichen Zweckverbände. Dies ist die Grundlage, auf welcher der Bund und einzelne Kantone Abkommen mit ausländischen Gebietskörperschaften unterzeichnet haben.[104]

Nebst dem Madrider Übereinkommen und dem Karlsruher Übereinkommen können gemäss der Verordnung des Europäischen Parlaments und des Rates über den Europäischen Verbund für territoriale Zusammenarbeit (EVTZ) Verbunde für grenzüberschreitende Zusammenarbeit gegründet werden. Dadurch sollen die grenzüberschreitende, transnationale und interregionale Zusammenarbeit zwischen den Mitgliedern erleichtert und gefördert werden. Mitglieder eines EVTZ können Mitgliedstaaten, lokale Gebietskörperschaften und Einrichtungen des öffentlichen Rechts sein, wobei ein EVTZ auch Rechtspersönlichkeit besitzt. Aus schweizerischer Sicht sind EVTZ interessant, um nachbarschaftliche Kooperationsmöglichkeiten gestalten zu können, da Gebietskörperschaften aus einem EU-Mit-

---

[102] S. https://www.eda.admin.ch/eda/de/home/aussenpolitik/europapolitik/beziehungen-zu-europaeischen-staaten/grenzueberschreitendezusammenarbeit/rechtsgrundlagen.html, abgerufen am 27.05.2022.
[103] Auer, N 739.
[104] Auer, N 741 ff.

gliedstaat oder aus angrenzenden Drittländern die Möglichkeit haben einen EVTZ zu gründen.[105]

Wichtig anzumerken ist, dass der EVTZ als Instrument nicht sehr oft genutzt wird und die Institutionenbildung dementsprechend noch nicht wirklich erfolgreich war. Zum einen besteht in einigen grenzüberschreitenden Regionen zwar der Wunsch und auch der Bedarf, die grenzüberschreitende Zusammenarbeit weiterzuentwickeln und diesen Kooperationen durch Instrumente wie dem EVTZ mehr Verbindlichkeit zu geben. Zum anderen sind die beteiligten Akteure noch nicht bereit, sich im Rahmen der materiellen und/oder funktionellen Aufgabenerfüllung, auf gemeinsame grenzüberschreitende Institutionen zu einigen. Demnach ist noch kein entsprechender Mehrwert im EVTZ als Kooperationsform gesehen.[106]

Anzumerken ist auch, dass das Madrider und Karlsruher Übereinkommen als völkerrechtliche Grundlagen für die grenzüberschreitende Zusammenarbeit von eher geringer praktischer Bedeutung sind.

2. Verfassungsrechtliche Grundlagen in der Schweiz

Gemäss Art. 54 Abs. 1 BV sind die auswärtigen Angelegenheiten Sache des Bundes. Der Begriff «auswärtige Angelegenheiten» erfasst grundsätzlich alle Beziehungen mit dem Ausland. Zu beachten gilt es aber, dass ein lediglich grenzüberschreitender Bezug nicht ausreichend ist. Massgebend ist, dass es sich auch um die Beziehung zu anderen Völkerrechtssubjekten handelt.[107]

Nebst dem Bund haben gestützt auf Art. 56 BV die Kantone die Möglichkeit mit dem Ausland Verträge abzuschliessen.[108] Die Bundesverfassung überträgt den Kantonen eine beschränkte Völkerrechtssubjektivität. Die Vertragsschlusskompetenz bezieht sich auf ihren gesamten Zuständigkeitsbereich. Dies betrifft vor allem alle nicht von der Verfassung dem Bund übertragenen und nicht von der Bundesgesetzgebung wahrgenommenen Aufgaben. Die Verträge, welche die Kantone mit dem Ausland abschliessen, dürfen nicht dem Recht und den Interessen des Bundes sowie den Rechten anderer Kantone zuwiderlaufen. Anzumerken ist,

---

[105] S. https://www.eda.admin.ch/eda/de/home/aussenpolitik/europapolitik/beziehungen-zu-europaeischen-staaten/grenzueberschreitendezusammenarbeit/rechtsgrundlagen.html, abgerufen am 27.05.2022.
[106] WEIGEL, 15.
[107] BSK BV-EPINEY, Art. 54 N 16 f.
[108] AUER, N 731.

dass die Vertragsschlusskompetenz der Kantone subsidiär zu jener des Bundes ist. Somit haben Verträge, die vom Bund abgeschlossen werden, immer Vorrang zu jenen der Kantone.[109]

In der Praxis haben sich verschiedene Formen für den Abschluss völkerrechtlicher Verträge der Kantone entwickelt. So können Kantone zunächst solche Verträge mit einem auswärtigen Völkerrechtssubjekt im eigenen Namen abschliessen. Dies kann entweder unmittelbar, ohne Zusammenwirken des Bundes, geschehen oder durch Vermittlung des Bundes. Ein kantonaler Vertrag kann aber auch durch den Bundesrat im Namen eines Kantons abgeschlossen werden. Diese Variante findet meistens Anwendung, wenn für mehrere Kantone eine gleichförmige Regelung mit einem ausländischen Vertragspartner angestrebt wird.[110]

Die Zusammenarbeit des Kantons Basel-Stadt mit dem Ausland ist mit ausdrücklichem Bezug auf grenzüberschreitende Aktivitäten sogar explizit verfassungsrechtlich verankert.[111] So ist in Art. 3 der Kantonsverfassung von Basel-Stadt erwähnt, dass die Behörden des Kantons eine verstärkte Zusammenarbeit in der Region anstreben und deshalb zur Erfüllung gemeinsamer oder regionaler Aufgaben mit den Behörden der Kantone, der Agglomeration und der Region Oberrhein zusammenarbeiten. Ausserdem sind die Behörden des Kantons bestrebt Vereinbarungen abzuschliessen und gemeinsame Institutionen zu schaffen.

Die Gemeinden können keine völkerrechtlichen Verträge abschliessen. Nichtsdestotrotz können die Gemeinden grenzüberschreitende Verträge, gestützt auf das Verwaltungs- und/oder des Privatrechts des einen oder anderen Landes abschliessen. Der Handlungsspielraum der Gemeinden wird dabei primär durch das kantonale Recht umschrieben. Da das kantonale Recht oftmals zu dieser Thematik schweigt, lässt sich daraus ableiten, dass die Gemeinden grundsätzlich berechtigt sind nachbarschaftliche Beziehungen über die Grenze hinweg in lokalen Angelegenheiten abzuschliessen.[112] Des Weiteren verleiht das Karlsruher Übereinkommen den Gemeinden bezüglich der verschiedenen Formen der Zusammenarbeit einen rechtlichen Rahmen.[113]

---

[109] AUER, N 732 ff.
[110] GÜBELI/FASSBENDER, 107 ff.
[111] AUER, N 743.
[112] BSK BV-HÄNNI/BORTER, Art. 56 N 19.
[113] Vgl. III.A.1.

3. Verfassungsrechtliche Grundlagen in Deutschland

Art. 32 GG regelt die Kompetenzverteilung zwischen Bund und Ländern im Bereich der Beziehungen zu auswärtigen Staaten. Abs. 1 enthält allgemeine Regelungen, während Abs. 2 und Abs. 3 Sondervorschriften für den Abschluss völkerrechtlicher Verträge enthalten.[114]

Gemäss Art. 32 Abs. 1 GG ist die Pflege der Beziehungen zu auswärtigen Staaten Sache des Bundes. Gemäss dieser Bestimmung kann der Bund völkerrechtliche Verträge zu beliebigen Fragen abschliessen. Dies gilt auch für Bereiche, in denen die Länder eine ausschliessliche Gesetzgebungskompetenz besitzen.[115] Allerdings muss der Bund gemäss Art. 32 Abs. 2 GG vor dem Abschluss von völkerrechtlichen Verträgen ein Bundesland anhören, sofern dessen besondere Verhältnisse berührt werden. Dies ist der Fall, wenn es sich um Regelungen örtlicher, regionaler oder auf das betreffende Land bezogene Fragen handelt.[116]

Die Länder können gestützt auf Art. 32 Abs. 3 GG, auf Gebieten in denen den Ländern Gesetzgebungskompetenzen zustehen, völkerrechtliche Verträge abschliessen. Sie verfügen somit über eine partielle völkerrechtliche Handlungsfähigkeit.[117] Damit die völkerrechtlichen Verträge wirksam werden, bedürfen diese einer Zustimmung der Bundesregierung.[118]

Art. 32 GG findet keine Anwendung auf Kommunen.[119] Allerdings verleiht das Karlsruher Übereinkommen, welches auch von Deutschland unterzeichnet und ratifiziert wurde, den Kommunen für die Gestaltung ihrer Aussenbeziehungen im Rahmen der grenzüberschreitenden Zusammenarbeit einen rechtlichen Rahmen.[120]

---

[114] JARASS GG, Art. 32 N 1 f.
[115] JARASS GG, Art. 32 N 8.
[116] JARASS GG, Art. 32 N 9.
[117] JARASS GG, Art. 32 N 14.
[118] JARASS GG, Art. 32 N 16.
[119] JARASS GG, Art. 32 N 4.
[120] Vgl. III.A.1.

B.   Foren der grenzüberschreitenden Zusammenarbeit

Für die grenzüberschreitende Zusammenarbeit im Raum Oberrhein wirken verschiedene Foren als Koordinationsstellen. Zu erwähnen ist hier zunächst die Oberrheinkonferenz. Diese dient als zentrales Koordinations- und Informationsorgan der grenzüberschreitenden Zusammenarbeit am Oberrhein.[121]

Die Zusammenarbeit der heutigen Oberrheinkonferenz wurde mit dem Bonner Abkommen vom 22. Oktober 1975 auf eine staatsvertragliche Grundlage gestellt und mit der Basler Vereinbarung über die grenzüberschreitende Zusammenarbeit im Raum Oberrhein vom 21. September 2000 nach dem Subsidiaritätsprinzip neu geordnet.[122] Dieses Abkommen regelt die grenzüberschreitende Zusammenarbeit zwischen den drei Staaten am Oberrhein und stellt eine Umsetzung des Karlsruher und des Madrider Abkommens dar.[123]

Die Oberrheinkonferenz ist pyramidenförmig aufgebaut.[124] An der Spitze befindet sich die Regierungskommission. Diese verbindet die drei Länder Deutschland, Schweiz und Frankreich über ihre jeweiligen Aussenministerien. Als nächstes folgt die Oberrheinkonferenz, welche die Regierungs- und Verwaltungsbehörden auf regionaler Ebene verbindet. Des Weiteren verfügt sie auch über Gremien und Ausschüsse. Zu diesen gehören unter anderem 12 Arbeitsgruppen mit 35 Expertenausschüssen.[125] In Bezug auf die Errichtung der grenzüberschreitenden Strassenverbindungen sind vor allem die Arbeitsgruppen Raumordnung und Verkehr von Bedeutung.

Eine weitere wichtige grenzüberschreitende Organisation ist die Regio Basiliensis. Aufgabe der Regio Basiliensis im Allgemeinen ist es, Impulse für die Entwicklung des oberrheinischen Raumes zu einer zusammengehörigen europäischen Grenzregion zu geben. Die Hauptthemen mit der sich der Verein beschäftigt sind: Wirtschaft, Verkehr, Bildung, Umwelt und die Beziehungen zwischen der Schweiz und der EU.[126] Ausserdem ist sie generell verantwortlich für Koordinations- und Mo-

---

[121]   S. https://www.oberrheinkonferenz.org/de/oberrheinkonferenz/entstehung.html#:~: text=Am%2021.,Deutsch%2Dfranz%C3%B6sisch%2Dschweizerischen%20Oberrhein konferenz, abgerufen am 27.05.2022.
[122]   Ischudi, 451.
[123]   Tschudi, 451.
[124]   S. https://www.oberrheinkonferenz.org/de/oberrheinkonferenz/organisation.html, abgerufen am 27.05.2022.
[125]   S. https://www.oberrheinkonferenz.org/de/oberrheinkonferenz/organisation.html, abgerufen am 27.05.2022.
[126]   S. https://www.regbas.ch/de/ueber-uns/kurzportrait/, abgerufen am 27.05.2022.

derationsaufgaben der Schweizer Delegation bei der Oberrheinkonferenz, wobei sie auch unter anderem die Arbeitsgruppen und Expertenausschüsse unterstützend begleitet.[127]

Ein weiterer Verein der grenzüberschreitenden Zusammenarbeit ist der Verein Agglo Basel. Dieser setzt sich aus neun Gebietskörperschaften aus Frankreich, Deutschland und der Schweiz zusammen, welche gemeinsam die nachhaltige Entwicklung von Siedlung, Landschaft und Verkehr vorantreiben. Agglomerationsprogramme sind dabei das zentrale Instrument für die Planung und Umsetzung von Projekten.[128]

Nebst diesen Organisationen, welche als allgemeine grenzüberschreitende Foren dienen, bestehen auch fachspezifische grenzüberschreitende Foren. Ein solches Forum bildet die gemischte Kommission Deutschland-Schweiz für grenzüberschreitende Strassenfragen. Diese ist für sämtliche grenzüberschreitenden schweizerisch-deutschen Strassenfragen inkl. Zollfragen an der Grenze zwischen Basel und Konstanz zuständig.[129]

C. Länderübergreifende Strassenplanung als Teil der Raumplanung

Die grenzüberschreitende Zusammenarbeit hat allgemein zum Ziel, den Nachteil der Grenzlage zu beseitigen und in einen Standortvorteil umzuwandeln. Es sollen attraktivere Regionen entstehen, wobei die Hindernisse im Alltag für Bürger dadurch abgebaut werden können.[130]

Die grenzüberschreitende Zusammenarbeit knüpft dabei an zahlreichen unterschiedlichen Handlungsfeldern an. Ein zentrales Handlungsfeld bildet dabei die grenzüberschreitende Raumplanung. Die grenzüberschreitende Kooperation im Bereich der Raumplanung ist in der Praxis von hoher Relevanz, da unter anderem Umweltrisiken nicht an Staatsgrenzen Halt machen und eine ausgewogene, zukunftsfähige Entwicklung der Grenzregionen eine abgestimmte Siedlungs- und Infrastrukturplanung voraussetzt.[131]

---

[127] S. https://www.regbas.ch/de/kooperationen/oberrheinkonferenz/, abgerufen am 27.05.2022.
[128] S. https://www.agglobasel.org/verein-agglo-basel.html#organisation, abgerufen am 27.05.2022.
[129] BÜHLER/ZELLWEGER, 45.
[130] WEIGEL, 6.
[131] KNIPPSCHILD, 1204.

Ein zentrales Element der grenzüberschreitenden Infrastrukturplanung bildet dabei die nachhaltige Planung eines länderübergreifenden Strassennetzes. Dies gilt ganz besonders für die Region Oberrhein. Diese Region stellt einen der wichtigsten Verkehrskorridore für den Nord-Süd-Verkehr in Europa dar, weshalb auch die verkehrliche Erschliessung und Anbindung der Metropolregion Oberrhein ein wesentlicher Faktor für ihre gesellschaftliche und wirtschaftliche Entwicklung ist.[132]

Da die länderübergreifende Planung von gemeinsamen Strassenverbindungen immer eine Auswirkung auf den «Raum» hat, gilt es die Planung von gemeinsamen Strassenverbindungen stets zusammen mit der grenzüberschreitenden Raumplanung zu berücksichtigen.

Um die Raumplanung in Grenzräumen so auszurichten, dass Probleme wie Doppelinfrastrukturen im Bereich Verkehr,[133] vermieden werden, gilt es zunächst aufzuzeigen, wie die Raumplanung in der schweizerischen und in der deutschen Rechtsordnung geregelt ist und inwiefern diese die länderübergreifende Planung hinsichtlich grenzüberschreitender Strassenverbindungen sicherstellen können.

1. Raumplanung in der schweizerischen Rechtsordnung

Gemäss Art. 75 BV verfügt der Bund über eine Grundsatzgesetzgebungskompetenz im Bereich der Raumplanung. Da diese Gesetzgebungskompetenz des Bundes nur die Regelung von Grundsätzen im Bereich der Raumplanung erfasst, soll der Bund lediglich die Aspekte regeln, welche von landesweiter Bedeutung sind.[134] Ausserdem verfügt der Bund grundsätzlich nicht über die Kompetenz, selbst Raumpläne zu erlassen.[135] Das raumplanerische Instrumentarium des Bundes beschränkt sich lediglich auf Sachpläne und Konzepte.[136]

In Bezug auf den Bereich Strasseninfrastruktur ist auf Bundesebene der Sachplan Verkehr von Bedeutung. Dieser gewährleistet die Koordination der langfristigen Entwicklung der Nationalstrasseninfrastruktur mit der anzustrebenden räumlichen Entwicklung. Die Erarbeitung dieses Sachplans erfolgt in gemeinsamer Zusammenarbeit mit dem ASTRA und dem Bundesamt für Raumentwicklung (ARE). Durch diesen Sachplan werden Vorhaben im Bereich der Nationalstrassen für die

---

[132] S. https://www.regbas.ch/de/unsere-themen/verkehr/, abgerufen am 27.05.2022.
[133] BÄCHTOLD/HOFFMANN-BOHNER/KELLER, 3.
[134] BSK BV-GRIFFEL, Art. 75 N 25.
[135] BSK BV-GRIFFEL, Art. 75 N 26.
[136] BSK BV-GRIFFEL, Art. 75 N 34.

Öffentlichkeit zugänglich. Dies schafft unter anderem Planungssicherheit für Kantone und Gemeinden.[137]

Die konkrete Ausgestaltung der Planung von Nationalstrassen ist im NSG geregelt. Sinn und Zweck der Planung ist es abzuklären, welche Gebiete eine Verbindung durch Nationalstrassen benötigen und welche allgemeinen Linienführungen und Strassenarten dabei in Betracht fallen.[138] Zuständig dafür sind in erster Linie das ASTRA und das ARE, allerdings in Zusammenarbeit mit anderen «interessierten Bundesstellen und Kantonen».[139] Über die allgemeine Linienführung und die Art der zu errichtenden Nationalstrassen entscheiden letztlich aber nicht das ASTRA und das ARE, sondern die Bundesversammlung auf Antrag des Bundesrates.[140] Der Entscheid der Bundesversammlung bildet dabei die «Plangenehmigung».[141]

In Bezug auf die Errichtung von Nationalstrassen, welche das Schweizer Verkehrsnetz mit dem Ausland verbinden, lassen sich im NSG keine entsprechenden Normen finden.[142] Da die Errichtung von Nationalstrassen allerdings stets eine Auswirkung auf den Raum hat, findet hier grundsätzlich auch das Raumplanungsgesetz (RPG) Anwendung.

Für die Errichtung von Nationalstrassen, welche das Schweizer Verkehrsnetz mit dem Ausland verbinden ist Art. 7 Abs. 3 des RPG einschlägig. Gemäss dieser Bestimmung haben die Grenzkantone die Zusammenarbeit mit den regionalen Behörden des benachbarten Auslands zu suchen, soweit sich ihre Massnahmen über die Grenzen auswirken können. Obwohl in Art. 7 Abs. 3 RPG nur Kantone erwähnt sind, gilt diese Norm sinngemäss für den Bund, soweit seine raumwirksamen Tätigkeiten grenzüberschreitende Auswirkungen zur Folge haben.[143] Dementsprechend haben das ASTRA und das ARE die Zusammenarbeit mit den zuständigen ausländischen Behörden zu suchen, soweit sich ihre Massnahmen über die Grenzen auswirken können, was bei der Errichtung von grenzüberschreitenden Nationalstrassen der Fall ist.

Wie bereits erwähnt, verfügt der Bund grundsätzlich über keine Kompetenz, selbst Raumpläne zu erlassen, weshalb die Raumplanung als solche viel mehr

---

[137] S. https://www.are.admin.ch/are/de/home/raumentwicklung-und-raumplanung/strategie-und-planung/konzepte-und-sachplaene/sachplaene-des-bundes/sachplan-verkehr-spv/sachplan-verkehr–teil-infrastruktur-strasse.html, abgerufen am 27.05.2022.
[138] Art. 9 NSG.
[139] Art. 10 NSG.
[140] Art. 11 NSG.
[141] BSK BV-Griffel, Art. 75 N 34.
[142] Ausgenommen Art. 61a NSG.
[143] RPG-Tschannen, Art. 7 N 34.

den Kantonen obliegt.[144] Nebst der Kompetenz selbst Raumpläne zu errichten, verfügen die Kantone auch über die Kompetenz, die raumplanerischen Grundsätze des Bundes mit dem Erlass von eigenen Rechtssetzungen zu konkretisieren.[145]

Obwohl die kantonalen Planungs- und Baugesetze unterschiedlich ausgestaltet sind, bilden in grundsätzlich allen Kantonen der Richtplan und der Nutzungsplan die wichtigsten Instrumente der kantonalen und auch der kommunalen Raumplanung.[146]

Über die Ausgestaltung der Richtpläne enthält Art. 8 ff. RPG bundesrechtliche Vorgaben an die Richtplanung.[147] Zu diesen bundesrechtlich Mindestinhalten bestehen allerdings keine klaren Vorschriften im Gesetz. Jedoch bestehen gemäss Art. 8 RPV Richtlinien des ARE für die Erstellung von Richtplänen. Diese formulieren unter anderem Leitlinien für Sachbereiche wie Landschaft, Siedlung, Versorgung und Verkehr.[148] Demzufolge gehört auch der Verkehr, und mit dem Verkehr eingeschlossen das Strassennetz, zum Mindestinhalt eines Richtplans.[149]

Nebst der Richtplanung, welche im System der Raumplanung das strategische Instrument zur behördenverbindlichen Abstimmung und Koordination der raumwirksamen Tätigkeit bildet, folgt auf der unteren Stufe der Raumplanung der Nutzungsplan, welcher dazu dient, Art, Ort und Intensität der Bodennutzung in Übereinstimmung mit dem Richtplan parzellenscharf und grundeigentümerverbindlich festzulegen.[150] Da der Nutzungsplan den Richtplan in diesem Sinne konkretisiert, bildet auch hier das Strassennetz wiederum einen wichtigen Bestandteil.

Da das Strassennetz einen Bestandteil für die Richt- und Nutzungspläne bildet, finden auch die Normen des RPG Anwendung in Bezug auf die Planung von grenzüberschreitenden Kantonsstrassen und Gemeindestrassen. Dementsprechend gilt auch hier, wie in Bezug auf die Nationalstrassen, Art. 7 Abs. 3 RPG. Zu beachten gilt es allerdings, dass diese Norm als Landesrecht lediglich die inländischen Behörden bindet. Daher vermag sie nicht sicherzustellen, dass die länderübergrei-

---

[144] BSK BV-GRIFFEL, Art. 75 N 26.
[145] BSK BV-GRIFFEL, Art. 75 N 26.
[146] So auch: Bau- und Planungsgesetz (Basel-Stadt) vom 01. November 2001 (SG 730.100); Raumplanungs- und Baugesetz (Basel-Landschaft) vom 08. Januar 1998 (SGS 400); Baugesetz (Aargau) vom 19. Januar 1993 (SAR 713.100).
[147] BSK BV-GRIFFEL, Art. 75 N 30.
[148] RPG-TSCHANNEN, Art. 8 N 12.
[149] RPG-TSCHANNEN, Art. 8 N 45.
[150] BSK BV-GRIFFEL, Art. 75 N 31.

fende Planung von grenzüberschreitenden Strassenverbindungen tatsächlich zustande kommt.[151]

2. Raumplanung in der deutschen Rechtsordnung

So wie es in der Schweiz unterschiedliche Planungssysteme für die Raumplanung gibt, gibt es auch in Deutschland eine Vielzahl von Raumplänen. Dabei gibt es in Deutschland eine Stufenordnung der Raumplanungssysteme, welche grundsätzlich am Staatsaufbau anknüpft.

Oberste Ebene bildet dabei die Bundesraumordnung, deren wichtigste Funktion, die bundesrechtliche Gesetzgebung für die Raumordnung ist. Von Bedeutung ist hier der Erlass des Raumordnungsgesetzes (ROG), welches die Leitvorstellung der nachhaltigen Raumentwicklung verankert. Es beinhaltet die materiellen Richtlinien für die Raumplanung, welche von den nachfolgenden Planungsebenen berücksichtigt und konkretisiert werden.[152] Die Errichtung von eigentlichen Raumplänen obliegt weniger dem Bund, sondern eher den Ländern. So kann der Bund i.d.R. nur Raumordnungspläne für die deutsche ausschliessliche Wirtschaftszone und für den Gesamtraum erstellen.[153]

Zu beachten gilt es hingegen, dass nebst der eigentlichen Raumplanung, auch raumbedeutsame Fachplanungen existieren. Diese dienen dazu, konkrete sektorale Aufgaben und Massnahmen planerisch abzuwägen, und dabei die räumliche Entwicklung eines Gebietes zu beeinflussen.[154] Eine solche Fachplanung stellt unter anderem der Bundesverkehrswegeplan (BVWP) dar.[155]

Der BVWP bildet die Grundlage für die Verkehrsinfrastrukturpolitik des Bundes. Der aktuelle BVWP (2030) wurde 2016 vom Bundeskabinett verabschiedet. Dieser umfasst die Bundesschienenwege, die Bundeswasserstrassen und die Bundesfernstrassen.[156]

Konkret werden für den BVWP von Ländern, Abgeordneten, dem Bund selbst, Bürgern, Verbänden und weiteren Akteuren Projektideen zur Bewertung beim Bund angemeldet.[157] Im Anschluss wird der BVWP vom Bundesministerium für

---

[151] RPG-TSCHANNEN, Art. 7 N 30.
[152] DANIELZYK/MÜNTER, 1934.
[153] § 17 ROG.
[154] DANIELZYK/MÜNTER, 1937.
[155] RUNKEL, 649.
[156] Autobahn GmbH, 3.
[157] BMDV, III.

Digitales und Verkehr (BMDV) mit gutachterlicher Unterstützung auf Basis der übermittelten Projektvorschlägen erarbeitet und von der Bundesregierung im Kabinett beschlossen. Der beschlossene BVWP bildet die Basis für den Gesetzesentwurf der Bundesregierung zur Änderung der Ausbaugesetze für Strasse und Schiene mit den dazugehörigen Bedarfsplänen.[158]

Welche konkreten BVWP-Projekte und allenfalls auch weitere Projekte in die Bedarfspläne der Ausbaugesetze aufgenommen werden, entscheidet und beschliesst der Deutsche Bundestag. Erst mit der Verabschiedung der Ausbaugesetze und ihrer Bedarfspläne durch den Bundestag liegt ein verbindlicher Beschluss vor, welche Verkehrsinfrastrukturprojekte mit welcher Dringlichkeit geplant und aus dem Bundeshaushalt finanziert werden sollen.[159]

Zu beachten gilt es, dass der BVWP samt Ausbaugesetzen mit Bedarfsplänen lediglich die Frage klärt, «Ob» eine verkehrsinfrastrukturpolitische Massnahme in Zukunft notwendig und wirtschaftlich sein wird. Details, wie die Linienführung sind Gegenstand nachgeordneter Planungsverfahren, die durchgeführt werden, wenn ein Projekt realisiert werden soll.[160] Zuständig für die Planung und die Linienführung ist gemäss § 16 Abs. 1 FstrG das Fernstrassen-Bundesamt (FBA). Das FBA fungiert seit 2021 als Anhörungs- und Planfeststellungsbehörde in Planfeststellungsverfahren für Bundesautobahnen.[161]

Zu Beginn des Planungsverfahren erfolgt als erstes ein Raumordnungsverfahren, wobei die Raumverträglichkeit eines Vorhabens untersucht wird. Die Grundlage für das behördliche Raumordnungsverfahren bildet dabei die Entwurfsplanung des Vorhabenträgers.[162] Wichtiger Bestandteil dieses Verfahrens bildet dabei die Umweltverträglichkeitsprüfung (UVP), welche beim Bau von Bundesautobahnen immer zu erbringen ist.[163] Die Ergebnisse des Raumordnungsverfahrens ein-

---

[158] Autobahn GmbH, 3.
[159] S. https://www.bmvi.de/SharedDocs/DE/Artikel/G/BVWP/bundesverkehrswegeplanung-ausbaugesetze-und-nachgelagerte-planungsverfahren.html, abgerufen am 27.05.2022.
[160] S. https://www.bmvi.de/SharedDocs/DE/Artikel/G/BVWP/bundesverkehrswegeplanung-ausbaugesetze-und-nachgelagerte-planungsverfahren.html, abgerufen am 27.05.2022.
[161] S. https://www.fba.bund.de/DE/Ueber_das_FBA/ueber-das-fba_node.html#:~:text=Die%20Bundesautobahnen%20werden%20seit%20dem,und%20Finanzierung%20der%20Bundesautobahnen%20%C3%BCbernommen, abgerufen am 27.05.2022.
[162] S. https://www.bmvi.de/SharedDocs/DE/Artikel/G/BVWP/bundesverkehrswegeplanung-ausbaugesetze-und-nachgelagerte-planungsverfahren.html, abgerufen am 27.05.2022.
[163] § 1 Abs. Ziff. 1 UVPG Anlage 1 Nr. 14.3-14.6.

schliesslich der UVP gilt es gemäss § 16 Abs. 2 FstrG bei der Bestimmung der Linienführung zu beachten.

Im Anschluss an das Raumordnungsverfahren und der Linienführung folgt i.d.R. das Planfeststellungsverfahren gemäss § 17 FstrG. Mit dem Planfeststellungsverfahren wird nach sorgfältiger Abwägung aller relevanten Belange eine abschliessende und verbindliche Entscheidung über das geplante Verkehrsinfrastrukturprojekt getroffen. Im Planfeststellungsverfahren wird über die parzellenscharfe Lage und Ausführung des Vorhabens mit allen notwendigen Nebenanlagen und Folgemassnahmen, also über das «Wo» und «Wie» eines Verkehrsinfrastrukturvorhabens, entschieden.[164]

In Bezug auf die Errichtung von Bundesautobahnen, welche das deutsche Verkehrsnetz mit dem Ausland verbinden, lassen sich im FstrG keine entsprechenden Normen finden. Da die Errichtung von Bundesautobahnen allerdings stets eine Auswirkung auf den Raum hat, findet subsidiär auch das ROG Anwendung.[165] Das ROG sieht in mehreren Bestimmungen vor, dass die grenzüberschreitende Zusammenarbeit im Bereich der Raumordnung zu unterstützen ist.[166] Folglich findet deshalb auch im Rahmen des BVWP eine Zusammenarbeit mit den Nachbarstaaten statt, wobei unter anderem die relevanten Netzelemente der Nachbarstaaten berücksichtigt werden.[167]

In Bezug auf die Länder gilt es zu beachten, dass diese gestützt auf das ROG über weitreichende Planungskompetenzen verfügen. Eine der wenigen Pflichten der Länder im Bereich der Raumordnung ergibt sich aus § 13 Abs. 1 ROG, wonach grundsätzlich jedes Land einen landesweiten Raumordnungsplan und Regionalpläne zu erlassen hat.

Die landesweiten Raumordnungspläne, welche auch als Landesentwicklungspläne bezeichnet werden, formulieren sachliche und räumliche Zielvorstellungen und Strategien für die räumliche Entwicklung im jeweiligen Bundesland.[168] Die landesweiten Raumordnungspläne sollen Festlegungen zur Raumstruktur enthalten, worunter auch die Verkehrsinfrastruktur erfasst ist.[169]

---

[164] S. https://www.bmvi.de/SharedDocs/DE/Artikel/G/BVWP/bundesverkehrswegeplanung-ausbaugesetze-und-nachgelagerte-planungsverfahren.html, abgerufen am 27.05.2022.
[165] Herber, 1435, N 37.
[166] § 2 Abs. 2 Ziff. 8 ROG, § 24 Abs. 3 ROG, § 25 ROG.
[167] BMDV, 54.
[168] Danielzyk/Münter, 1934.
[169] § 13 Abs. 5 Ziff. 3 lit. a ROG.

Die Aufgabe der Regionalplanung besteht in der Koordination der Flächennutzungsansprüche auf regionaler Ebene, indem diese einerseits die Vorgaben der Landesraumordnungspläne konkretisiert und andererseits einen Rahmen für die räumlichen Entwicklungsvorstellungen der Kommunen setzt.[170]

Die Kommunen bilden die unterste Ebene im Raumordnungssystem. Die Gestaltung der kommunalen Raumplanung ist im Baugesetzbuch (BauGB) geregelt.[171] Gemäss § 1 Abs. 3 BauGB haben die Gemeinden Bauleitpläne aufzustellen. Diese setzen sich zusammen aus einem Flächennutzungsplan und einem Bebauungsplan. Der Flächennutzungsplan legt für das gesamte Gemeindegebiet die Art der Bodennutzung in den Grundzügen fest, während der Bebauungsplan für einzelne Teilgebiete der Gemeinde parzellenscharf Art und Mass der baulichen Nutzung definiert.[172]

Die Planung von Landes-, Kreis-, und Gemeindestrassen erfolgt grundsätzlich mit einer Planfeststellung.[173] Im Planfeststellungsverfahren erfolgt, nach Massgabe des Landesrechts, auch ein Raumordnungsverfahren (ROV), eine UVP, eine strategische Umweltprüfung (SUP) und auch eine Anhörung.[174]

Auf Stufe der Länder, Kreise und Kommunen gilt es bei der länderübergreifenden Planung von grenzüberschreitenden Strassenverbindungen, ähnlich wie auf Bundesebene, wiederum die Bestimmungen des ROG zu berücksichtigen, wonach die grenzüberschreitende Zusammenarbeit zu unterstützen ist.[175] Des Weiteren sind auf Landesebene je nach Bundesland auch Bestimmungen in den jeweiligen Landesplanungsgesetzen enthalten, welche die Zusammenarbeit mit den ausländischen Behörden vorsehen.[176]

Ähnlich wie in der Schweiz mit Art. 7 Abs. 3 RPG, binden Art. 2 und Art. 25 ROG lediglich die inländischen Behörden, weshalb keine Sicherstellung für eine länderübergreifende Planung garantiert werden kann. Dies wird mit den Begriffen wie «unterstützen» und «ersuchen» deutlich. Um die länderübergreifende Planung von grenzüberschreitenden Strassenverbindungen sicherzustellen, bedarf es somit vielmehr Mittel einer «informellen Raumplanung».

---

[170] DANIELZYK/MÜNTER, 1934.
[171] DANIELZYK/MÜNTER, 1936.
[172] DANIELZYK/MÜNTER, 1936.
[173] HERBER, 1318, N 37.
[174] § 37 StrG/BW; § 12, § 16 UVwG/BW; § 19 LplG/BW.
[175] § 2 Abs. 2 Ziff. 8 ROG, § 24 Abs. 3 ROG, § 25 ROG.
[176] § 17 LplG/BW.

3. Informelle Raumplanung als Schlüsselelement der grenzüberschreitenden Strassenplanung

Die grenzüberschreitende Zusammenarbeit im Bereich der Raumplanung im Allgemeinen weist in vielerlei Hinsicht unterschiedliche Herausforderungen auf.[177] In Bezug auf die grenzüberschreitende Raumplanung hinsichtlich der Errichtung von gemeinsamen Strassenverbindungen bildet ein zentrales Problem die Verwaltungszuständigkeit der Staaten, welche sich auf das eigene Territorium beschränkt.[178]

Wie allerdings in den vorherigen Kapiteln aufgezeigt wurde, bestehen sowohl im schweizerischen wie auch im deutschen Raumplanungsrecht Bestimmungen, welche den Behörden nahelegen die grenzüberschreitende Zusammenarbeit, für Massnahmen, die den Nachbarstaat betreffen, zu suchen und zu unterstützen.[179]

Die genauen Spezifika der Zusammenarbeit werden jedoch nicht genannt. Diese Lücke bietet Raum für eine «informelle Raumplanung», wobei die nicht formalisierten, normierten oder direkt rechtsverbindlichen Verfahren und Instrumente der räumlichen Planung erfasst werden.[180]

Für die informelle Raumplanung gibt es keine allgemeine verbindliche Definition. Um der informellen Planung dennoch eine Struktur zu verleihen, können folgende Instrumente aufgeführt werden: Informationsgrundlagen, kommunikative und kooperative Ansätze, Leitbilder und Konzepte sowie verschiedene Formate und Events.[181]

Informationsgrundlagen umschreiben hier die Raumbeobachtung, wobei auch Prognosen, Evaluationen und Studien darunter subsumiert werden können. Diese sollen Aussagen über mögliche zukünftige Entwicklungen angeben. Leitbilder und Konzepte sind häufig verwendete Instrumente der informellen Raumplanung. Diese dienen meist zur Orientierung im jeweiligen Bezugsraum, wobei es sich um integrative sowie sektoral orientierte Ansätze handeln kann. Bezüglich der kommunikativen und kooperativen Ansätze gibt es mittlerweile eine grosse Fülle an Möglichkeiten. Zu erwähnen sind Arbeitsgruppen, welche zur Anwendung kommen. Zuletzt anzumerken sind verschiedene Formate, welche zur Aktivierung einer umfangreichen Spannweite von zivilgesellschaftlichen, privatwirtschaft-

---

[177] KNIPPSCHILD, 1204.
[178] KNIPPSCHILD, 1204.
[179] Vgl. III.C.1. und III.C.2.
[180] DANIELZYK/SONDERMANN, 964.
[181] DANIELZYK/SONDERMANN, 965.

lichen und öffentlichen Akteuren gebraucht werden. Diese Formate enthalten Merkmale von Grossereignissen, die im Interesse der Raumentwicklung organisiert werden.[182]

Sämtliche oben aufgeführten Instrumente sind wichtige Bestandteile von Organisationen der grenzüberschreitenden Zusammenarbeit. In Bezug auf die grenzüberschreitenden Strassenverbindungen im Raum Oberrhein sind somit unter anderem die Oberrheinkonferenz und die gemischte Kommission Deutschland-Schweiz für grenzüberschreitende Strassenfragen zu nennen.[183]

Hinsichtlich der Informationsgrundlagen lässt sich festhalten, dass die gemischte Kommission Deutschland-Schweiz für grenzüberschreitende Strassenfragen eine gemeinsame Verkehrsstudie für die Oberrhein Region durchgeführt hat. Bei dieser Verkehrsstudie ging es darum ein Verkehrsmodell für diese Region zu entwickeln als ein Abbild der Zukunft, welches aufzeigen soll wie das Wachstum der Bevölkerung sich auf die Belastung des Verkehrsnetzes auswirkt. Die Verkehrsstudie wurde am 24. Mai 2022 veröffentlicht. Die Studie enthält 30 Vorschläge für Massnahmen zur Verbesserung der Verkehrsverhältnisse, insbesondere an den Grenzübergängen. Ableiten lassen sich zudem Potenziale für den Ausbau der nachhaltigen Mobilität am Oberrhein.[184]

Aufgrund der länderübergreifenden Bedeutung dieser Studie erfolgte die Bearbeitung dieser in engem Austausch mit verschiedenen Akteuren in Deutschland und der Schweiz, sodass eine vergleichbare Informationsgrundlage auf den beiden Rheinseiten der Grenzregion erreicht werden konnte. Die Erstellung der Studie erfolgte durch die PTV Transport Consult GmbH, Karlsruhe, welche durch eine zentrale Projektbegleitung von Vertretern des Regierungspräsidium Freiburg, des ARE, des ASTRA, des Kantons Aargau sowie der Rapp AG, Basel, unterstützt wurde. Dieser Austausch mit den jeweiligen Akteuren in der Schweiz und in Deutschland konnte dazu beitragen, ein vollständiges Wissensbild über den Strassenverkehr in der Grenzregion zu erhalten.[185]

Bezüglich der kommunikativen und kooperativen Ansätze erweisen sich in der Praxis von zentraler Bedeutung die Arbeitsgruppen der Oberrheinkonferenz. Bei

---

[182] DANIELZYK/SONDERMANN, 965 f.
[183] Vgl. III.B.
[184] S. https://rp.baden-wuerttemberg.de/rpf/service/presse/pressemitteilungen/artikel/strassengueterverkehr-im-fokus-das-regierungspraesidium-hat-die-verkehrsstudie-hochrhein-bodensee-vorgestellt/, abgerufen am 27.05.2022.
[185] Regierungspräsidium Freiburg, 12.

den grenzüberschreitenden Strassenverbindungen sind dies konkret die Arbeitsgruppen für Raumordnung und Verkehr.[186]

Zu den Leitbildern und Konzepten hat die Oberrheinkonferenz vor 2 Jahren ein verkehrspolitisches Leitbild erstellt. Dieses macht auf strategischer Ebene Aussagen, welche Politik und Verwaltungsmitarbeitende als Referenz in der grenzüberschreitenden Verkehrs- und Mobilitätsplanung verwenden können.[187] Ausserdem veranstaltet die Oberrheinkonferenz jährlich Events, die dem Austausch dienen.[188]

Um die informelle Raumplanung im Oberrhein und somit auch die Planung von grenzüberschreitenden Strassenverbindungen sicherzustellen, bedarf es einer Governance. Der Begriff Governance lässt sich schwierig definieren. Governance kann als eine ausdifferenzierte Interaktions- und Steuerungsstruktur zur Lösung/Entwicklung kollektiver Probleme/Potenziale beschrieben werden.[189]

Obwohl viele Unterschiede in den Kooperationskulturen herrschen, können einige allgemeine Merkmale genannt werden. So weist grenzüberschreitende Governance immer eine territoriale, transnationale, eine europäische und eine sachlich-strategische Dimension auf.[190]

Die territoriale Dimension besteht aus dem grenzüberschreitenden Raum, in dem die Kooperation stattfindet, welcher mit seiner Struktur die Anforderungen an Lösungsansätze beeinflusst. Da bei der grenzüberschreitenden Zusammenarbeit mindestens zwei Staaten aufeinandertreffen, entsteht so immer auch die transnationale Dimension. Die Governance erfüllt auch die Aufgabe des europäischen Integrationsprozesses. Die sachlich-strategische Dimension zeichnet sich dadurch aus, dass grenzüberschreitende Angelegenheiten zahlreiche unterschiedliche Bereiche politischen und administrativen Handelns betreffen.[191]

Die grenzüberschreitende Governance lässt sich auch nach der funktionalen Differenzierung oder nach ihrem thematischen Inhalt klassifizieren. Bei Betrachtung der funktionalen Differenzierung lassen sich sechs Funktionsebenen unterscheiden. Die Basisfunktion ist auf Diskursebene die Begegnung, welche als Grundlage für vertrauensvolle Beziehungen dient. Darauf gestützt erfolgt ein regelmässiger

---

[186] Vgl. III.B.
[187] Oberrheinkonferenz, Verkehrspolitisches Leitbild.
[188] S. https://www.oberrheinkonferenz.org/de/oberrheinkonferenz/veranstaltungen.html?year=2022, abgerufen am 27.05.2022.
[189] WEIGEL, 13.
[190] WEIGEL, 13.
[191] WEIGEL, 13.

Informationsaustausch. Auf der Strukturierungsebene, welche die nächste Entwicklungsebene bezeichnet, wird die Koordination der Handlungen und Politikansätze der beteiligten Partner umfasst. Als nächstes folgt die Entwicklung gemeinsamer grenzüberschreitender Planungen und Strategien. Die höchste Ebene, die Handlungsebene, bezeichnet die gemeinsame Entscheidung. Schliesslich folgt die grenzüberschreitend abgestimmte, gemeinsam getragene Umsetzung.[192] Diese genannten Funktionsebenen werden i.d.R. auch in der Praxis so umgesetzt.

Im Bereich der länderübergreifenden Planung von Strassenverbindungen erfolgen zunächst Begegnungen in grenzüberschreitenden Organisationen. Diese dienen nebst der Basis jeder gemeinsamen Zusammenarbeit auch als wichtiges Mittel zur Pflege nachbarschaftlicher Beziehungen, welche in der grenzüberschreitenden Zusammenarbeit unverzichtbar sind. Gestützt darauf erfolgt im Rahmen von gemeinsamen Diskussionen ein Informationsaustausch, worunter auch das gemeinsame Beschliessen von länderübergreifenden Studien erfasst wird.

Mit dem Abschluss der gemeinsam durchgeführten Studien, werden im Anschluss gemeinsame Projektierungen vereinbart, wobei diese grundsätzlich häufig auf informeller Ebene wieder angepasst und koordiniert werden bis schliesslich eine gemeinsame Strategie und Planung resultiert. Erst wenn diese feststeht, erfolgt, wenn mit dem Bau begonnen werden kann und ein grenzüberschreitendes Projekt hohe finanzielle Summen benötigt, der Abschluss eines Staatsvertrages, welcher dann den rechtlichen Rahmen bildet und die Umsetzung des grenzüberschreitenden Projekts sichern soll.

In Bezug auf die Sicherstellung der länderübergreifenden Planung von grenzüberschreitenden Strassenverbindungen lässt sich somit festhalten, dass ein Staatsvertrag das zentrale Sicherungsinstrument darstellt, welcher gestützt auf einen intensiven informellen Austausch mit einer guten Governance von den jeweiligen betroffenen Staaten oder Kantonen/Ländern unterzeichnet und ratifiziert wird.

D. Mitspracheverfahren

Um eine nachhaltige Raumplanung zu gewährleisten, braucht es stets eine Abwägung der massgeblich betroffenen Interessen der Öffentlichkeit. Für das Treffen von sachgerechten Entscheiden hinsichtlich raumbedeutsamer Projekte, wird so-

---

[192] WEIGEL, 14.

mit immer eine Mitwirkung der Öffentlichkeit vorausgesetzt.[193] Sowohl in der schweizerischen wie auch in der deutschen Rechtsordnung bildet dafür das Mitspracheverfahren die Grundlage. Das Mitspracheverfahren bildet auch einen zentralen Bestandteil bei der Errichtung von grenzüberschreitenden Strassenverbindungen. Zu beachten gilt es dabei, dass es in den jeweiligen Staaten nicht nur «ein» Mitspracheverfahren gibt.

1. Mitspracheverfahren in der Schweiz

Das Mitspracheverfahren ist in der Schweiz in Art. 4 RPG aufgeführt. Gemäss dieser Norm haben die mit den Planungsaufgaben betrauten Behörden die Bevölkerung zu unterrichten und dafür zu sorgen, dass die Bevölkerung bei Planungen in geeigneter Weise mitwirken kann. Diese Norm richtet sich in persönlicher Hinsicht an alle mit Planungsaufgaben betrauten Behörden. Es werden dadurch alle Adressaten gemäss Art. 2 RPG erfasst. Diese umfassen sämtliche Behörden von Bund, Kantonen und Gemeinden sowie andere Planungsträger, welche raumwirksame Tätigkeiten ausüben.[194]

Zu beachten gilt es aber, dass hinsichtlich spezialgesetzlicher Plangenehmigungsverfahren Art. 4 RPG keine Anwendung findet. Ein solches spezialgesetzliches Plangenehmigungsverfahren bildet das Plangenehmigungsverfahren für Nationalstrassen, welches im NSG geregelt ist.[195]

Eine Mitwirkung, wie sie in Art. 4 RPG beschrieben wird, liegt im NSG nicht vor. Nichtsdestotrotz sieht auch das NSG ein «Mitspracheverfahren» vor, welches sich aber primär an die Kantone und Gemeinden richtet. Zu erwähnen ist hier, nebst allgemeinen Bestimmungen welche den Kantonen und Gemeinden Mitwirkungsrechte verleihen,[196] das Bereinigungsverfahren der generellen Projekte gemäss Art. 19 NSG. Diese Norm hält fest, dass das ASTRA die generellen Projekte den interessierten Kantonen unterbreitet. Die Kantone laden die durch den Strassenbau betroffenen Gemeinden und allenfalls die Grundeigentümer zur Stellungnahme ein. Im Anschluss übermitteln die Kantone ihre Vorschläge unter Beilage der Vernehmlassungen der Gemeinden an das ASTRA, welches in Zusammenarbeit mit den interessierten Bundesstellen und Kantonen die generellen Projekte bereinigt.

---

[193] RPG-MUGGLI, Art. 4 N 1.
[194] RPG Kommentar-WALDMANN/HÄNNI, Art. 4 N 7.
[195] RPG-MUGGLI, Art. 4 N 17.
[196] Bsp. Art. 10, 11 Abs. 2, 13, 14, 27b NSG.

Sinn und Zweck dieser Mitwirkung ist es eine nachhaltige Lösung zu finden, welche auch von der Region unterstützt wird. Der Bund soll nicht unilateral darüber entscheiden, inwiefern ein Projekt notwendig ist. Trotz der Möglichkeit Stellungnahmen einzureichen, entscheidet am Schluss allerdings dennoch allein der Bund. Dieser legt zuletzt auch das Projekt auf.

Im Gegensatz zum Mitspracheverfahren bei der Planung von Nationalstrassen, welche durch das NSG geregelt ist, stützt sich das Mitspracheverfahren bei den Kantons- und Gemeindestrassenwerden auf Art. 4 RPG.

Art. 4 Abs. 1 RPG beinhaltet konkret eine Informationspflicht. Diese bildet eine unabdingbare Voraussetzung für eine breite Mitwirkung der Öffentlichkeit. Diese hat vor allem bei umfangreichen Planungsarbeiten, wie die Errichtung von grenzüberschreitenden Strassenverbindungen, kontinuierlich zu erfolgen.[197] Das Mitwirken im Sinne von Art. 4 Abs. 2 RPG beinhaltet nicht nur ein blosses Äusserungsrecht. Viel mehr wird verlangt, dass eigene Meinungen und Vorschläge bereits im Entwurfsstadium eingebracht werden können und sich die Behörde damit materiell auseinandersetzt und Stellung nimmt. Bei komplexen Planungen bietet es sich an ein mehrstufiges Mitwirkungsverfahren einzuleiten. Zuletzt ist noch das Öffentlichkeitsprinzip gemäss Art. 4 Abs. 3 RPG zu beachten. [198]

Die Bevölkerung ist berechtigt sich zu informieren und an der Mitwirkung teilzunehmen. In diesem Zusammenhang sind all jene erfasst, die durch die Planung berührt sein können. Dieses Berührtsein ist dabei unabhängig von Staats- und Kantonsgrenzen zu verstehen, womit das Mitspracheverfahren in Bezug auf grenzüberschreitende Kantons- und Gemeindestrassenverbindungen auch länderübergreifend stattfinden kann.[199] Die Pflicht, die Behörden des benachbarten Landes in ein Mitspracheverfahren einzubinden, kann sich nebst dem Art. 4 RPG auch aus dem Art. 7 Abs. 3 RPG ergeben,[200] weshalb auch bei Nationalstrassenplanungen die Möglichkeit besteht ein länderübergreifendes Mitspracheverfahren durchzuführen.

Was es nebst den Mitspracheverfahren nach Art. 4 RPG und Art. 19 NSG zu beachten gilt, ist das gemäss Art. 10 Abs. 2 RPG in Bezug auf die Gestaltung von Richtplänen, die Kantone dafür zu sorgen haben, wie beschwerdeberechtigte Umwelt-, Natur- und Heimatschutzorganisationen daran mitwirken können.

---

[197] RPG-MUGGLI, Art. 4 N 21.
[198] RPG-MUGGLI, Art. 4 N 25 f.
[199] RPG-MUGGLI, Art. 4 N 14.
[200] RPG Kommentar-WALDMANN/HÄNNI, Art. 4 N 9.

Im Gegensatz zum Mitspracheverfahren nach Art. 4 RPG, gilt es bei diesem Mitspracheverfahren zu beachten, dass die Mitwirkung weiter geht. Verlangt wird eine bevorzugte Beteiligung.[201] Der Absatz 2 von Art. 10 RPG trat per 01. Januar 2007 in Kraft. Sinn und Zweck dieser Bestimmung ist es, dass die Bedenken von beschwerdeberechtigte Umwelt-, Natur- und Heimatschutzorganisationen möglichst frühzeitig, also im Rahmen des Richtplans, erfasst werden und nicht erst im Baubewilligungsverfahren.[202]

Da das Strassennetz Bestandteil eines jeden Richtplans ist,[203] hat die Errichtung von grenzüberschreitenden Strassenverbindungen, gleichgültig welcher Kategorie, stets auch zur Folge, dass beschwerdeberechtigte Umwelt-, Natur- und Heimatschutzorganisationen daran bevorzugt teilnehmen können.

2. Mitspracheverfahren in Deutschland

Auch in der deutschen Rechtsordnung gilt das Mitspracheverfahren als Mittel, zur Gestaltung von sachgerechten Raumplanungen. Im Gegensatz zum schweizerischen Recht, wo die Rede von «Mitspracheverfahren» ist, spricht man in der deutschen Rechtsordnung von der «Öffentlichkeitsbeteiligung». Grundsätzlich gilt es darunter eine «Jedermann-Beteiligung» zu verstehen, wonach nicht die persönliche oder räumliche Betroffenheit nachgewiesen werden muss, sondern ohne derartige Vorbedingungen, die Bevölkerung sich an einem Planungsprozess beteiligen kann.[204]

Die Öffentlichkeitsbeteiligung in Deutschland hat in den vergangenen Jahren in Bezug auf infrastrukturelle Grossprojekte einen Bedeutungsgewinn erlangt. Bei diesen Projekten haben nebst der formellen zunehmend auch informelle Beteiligungsformen an Bedeutung gewonnen.[205] Dies gilt auch für Grossvorhaben im Bereich des Verkehrssektors.[206]

Zu nennen ist hier das Handbuch für eine gute Bürgerbeteiligung vom BMDV. Dieses enthält für das BVWP-Verfahren Vorschläge, wie die formelle Beteiligung auf den unterschiedlichen Verfahrensebenen verbessert und um informelle Beteiligungsschritte ergänzt werden kann.[207]

---

[201] RPG-TSCHANNEN, Art. 10 N 8 ff.
[202] RPG-TSCHANNEN, Art. 10 N 10.
[203] III.C.1.
[204] SINNING, 1656.
[205] SINNING, 1657.
[206] SINNING, 1659.
[207] S. https://www.bmvi.de/SharedDocs/DE/Artikel/G/handbuch-buergerbeteiligung.html, abgerufen am 27.05.2022.

Im Rahmen der Umsetzung von Strassenprojekten nach dem BVWP erweisen sich als die formellen Beteiligungsverfahren (Mitspracheverfahren) unter anderem die Teilnahme an der strategischen Umweltprüfung (SUP)[208] bei der Aufstellung des BVWP, die Beteiligung beim Raumordnungsverfahren (ROV)[209], gegebenenfalls die Teilnahme bei der Umweltverträglichkeitsprüfung (UVP)[210], falls diese nicht im Rahmen des ROV erfolgt ist, bei der Linienbestimmung sowie eine Anhörung[211] im Planfeststellungsverfahren.[212]

In Bezug auf die Öffentlichkeitsbeteiligung im Rahmen des BVWP enthält das Handbuch viele Vorschläge. Hinsichtlich der formellen Beteiligung geht es darum die gesetzlich vorgesehene Auslegung von Planunterlagen bürgerfreundlicher zu gestalten mithilfe von Veröffentlichungen im Internet und Bürgersprechstunden. In Bezug auf die informelle Beteiligung wird vorgeschlagen, bereits im Vorfeld die zu beteiligenden Akteure zu erfassen und in die Planung einzubeziehen mittels Veröffentlichungen im Internet oder Bürgerveranstaltungen.[213]

Auf die Beteiligung der Öffentlichkeit wurde auch beim Entwurf des BVWP 2030 geachtet. Für einen Zeitraum von sechs Wochen wurden die Dokumente für jedermann zugänglich in 20 Städten ausgelegt. Zudem konnten die Unterlagen auf der Internetseite des BMDV eingesehen werden. Alle Interessierten konnten sich umfassend über den BVWP-Entwurf informieren und über einen Zeitraum von sechs Wochen schriftlich oder elektronisch über ein auf der Internetseite des BMDV bereitgestelltes Online-Formular zum Entwurf äussern. Auch Behörden und Bürger aus den Nachbarstaaten konnten schriftlich Stellung nehmen.[214]

Ähnlich wie auf Bundesebene, spielt die Öffentlichkeitsbeteiligung auch auf Landesebene eine wichtige Rolle. Wie Bereits in III.C.2. erwähnt, erfolgt die Planung von Landes-, Kreis-, und Gemeindestrassen grundsätzlich mit einer Planfeststellung. Im Planfeststellungsverfahren erfolgt, je nach Landesrecht, wiederum ein ROV, eine UVP, eine SUP und auch eine Anhörung.

Die rechtlichen Grundlagen für die Öffentlichkeitsbeteiligungen für die Errichtung von Landes-, Kreis-, und Gemeindestrassen befinden sich vor allem in den Stras-

---

[208] § 38 UVPG.
[209] § 15 ROG.
[210] § 4 ff. UVPG.
[211] § 17 ff. FStrG.
[212] S. https://www.bmvi.de/SharedDocs/DE/Artikel/G/handbuch-buergerbeteiligung.html, abgerufen am 27.05.2022.
[213] S. https://www.bmvi.de/SharedDocs/DE/Artikel/G/handbuch-buergerbeteiligung.html, abgerufen am 27.05.2022.
[214] BMDV, 45.

sen- und Umweltgesetzen der Länder. In Baden-Württemberg sind dabei einschlägig § 37 ff. StrG/BW, § 2 und § 6 UVwG/BW sowie § 19 LplG/BW. Hinsichtlich der Errichtung von grenzüberschreitenden Strassenverbindungen gilt es auch festzuhalten, dass es auch Bestimmungen gibt für eine grenzüberschreitende Öffentlichkeitsbeteiligung.[215] In Bezug auf die Mitspracheverfahren, verfügt Deutschland somit ähnlich wie die Schweiz über unterschiedliche Mitspracheverfahren, welche auch in Bezug auf die Errichtung von grenzüberschreitenden Strassenverbindungen durchzuführen sind.

IV. Finanzierung von Strasseninfrastrukturen

Genauso wie die länderübergreifende Planung von grenzüberschreitenden Strassenverbindungen eine komplexe Angelegenheit darstellt, stellt auch die Finanzierung solcher Infrastrukturprojekte eine komplexe Aufgabe dar, welches in der Praxis von zentraler Bedeutung ist, da ohne finanzielle Mittel, jegliche Strasseninfrastrukturprojekte nicht realisierbar sind. Im Rahmen dieses Kapitels gilt es einen Überblick über die rechtlichen Grundlagen zu verschaffen, wie die Finanzierung von Strassenprojekten in der Schweiz und Deutschland geregelt sind.

A. Finanzierung in der Schweiz

Wie bereits in II.A. erwähnt, fallen die Nationalstrassen in den Kompetenzbereich des Bundes und die Kantons- und Gemeindestrassen in den der Kantone. Die jeweiligen Kompetenzbereiche umfassen nebst Planung, Bau, Betrieb und Unterhalt auch die Finanzierung. Daraus folgt grundsätzlich, dass für die Finanzierung der Nationalstrassen der Bund und für die Kantons- und Gemeindestrassen die Kantone zuständig sind.

1. Finanzierung auf Bundesebene

Seit den 1960er Jahren hat sich der Strassenverkehr in der Schweiz verfünffacht. Die Folge davon sind immer höhere Kosten für Betrieb und Unterhalt der Strasseninfrastruktur und auch mehr Verkehrsprobleme, wie Staus. Ebenfalls drohte noch vor wenigen Jahren eine Finanzierungslücke im Bereich der Strasseninfrastruktur. Um diese Probleme zu beseitigen, sollte gemäss Botschaft des Bundes-

---

[215] § 9 Abs. 4 ROG, § 4a Abs. 5 BauGB, § 54–63 UVPG.

rates ein Nationalstrassen- und Agglomerationsverkehrs-Fonds (NAF) errichtet werden.[216]

Im Jahr 2017 haben Volk und Stände dem Bundesbeschluss zur Schaffung des NAF zugestimmt. Mit diesem Fonds wird die Finanzierung der Nationalstrassen gewährleistet, womit das Verkehrsnetz in der ganzen Schweiz verbessert werden kann.[217] Zusätzlich zu den Nationalstrassen werden mit dem NAF auch Agglomerationsverkehrsprojekte finanziert.[218]

Mit der Zustimmung zum NAF-Beschluss wurde in der Verfassung ein neuer, unbefristeter Fonds verankert.[219] Konkret geht es dabei um Art. 86 BV. Dieser sieht in Abs. 1 vor, dass die Nationalstrassen und Agglomerationsprojekte mit einem Fonds finanziert werden. Abs. 2 enthält sodann eine detaillierte Liste von Einnahmen, welche dem NAF zugewiesen werden.

Im Jahr 2021 beliefen sich die Einnahmen des NAF auf 2,969 Mrd. CHF. Diese setzen sich zusammen aus der Mineralölsteuer, deren Zuschlag, der Automobilsteuer, der Autobahnvignette und der Abgabe für Elektrofahrzeuge.[220] Des Weiteren gehört auch der Kompensationsbeitrag der Kantone wegen der Übertragung von Kantonsstrassen an den Bund im Rahmen des Neuen Netzbeschlusses (NEB) zu den Einnahmen des NAF. Mit Ausnahme der Mineralölsteuer, von wo insgesamt 10% dem NAF zufliessen, fallen von den restlichen Einnahmenquellen stets 100% in den NAF.[221]

Sowohl für die Einnahme wie auch für Verwendungen der Mittel des NAF gilt es das Bundesgesetz über den Fonds für die Nationalstrassen und den Agglomerationsverkehr (NAFG) zu konsultieren.

Darin ist zunächst in Art. 4 Abs. 1 NAFG festgehalten, dass der Bundesrat der Bundesversammlung mit einem Voranschlag die Höhe der Mittel beantragt, die dem Fonds zuzuweisen sind, soweit diese nicht in der Bundesverfassung bestimmt sind. Gleichzeitig mit dem Bundesbeschluss über den Voranschlag des Bundes,

---

[216] S. https://www.admin.ch/gov/de/start/dokumentation/medienmitteilungen.msg-id-56248.html, abgerufen am 27.05.2022.
[217] S. https://www.astra.admin.ch/astra/de/home/themen/strassenfinanzierung/finanzierung-nationalstrassen.html, abgerufen am 27.05.2022.
[218] S. https://litra.ch/de/ueber-litra/unsere-erfolge/naf/, abgerufen am 27.05.2022.
[219] S. https://www.astra.admin.ch/astra/de/home/themen/strassenfinanzierung/finanzierung-nationalstrassen.html, abgerufen am 27.05.2022.
[220] Offen bei Einführungszeitpunkt.
[221] S. https://www.astra.admin.ch/astra/de/home/themen/strassenfinanzierung/naf.html, abgerufen am 27.05.2022.

legt die Bundesversammlung nach Art. 5 Abs. 1 NAFG mit einfachem Bundesbeschluss die Höhe der Mittel fest, die dem Fonds jährlich entnommen werden. Diese Mittel werden dabei aufgeteilt für Massnahmen betreffend Nationalstrassen und Massnahmen zur Verbesserung des Agglomerationsverkehrs.

Hinsichtlich der Nationalstrassen hat der Bundesrat den Zahlungsrahmen für Betrieb, Unterhalt und Anpassungen auf den bestehenden Nationalstrassen für die Zeit von 2024–2027 festgelegt. Der Bundesrat schlägt im Rahmen des Strategischen Entwicklungsprogramms Nationalstrassen (STEP) zudem vor, fünf baureife Erweiterungsprojekte in den Ausbauschritt 2023 aufzunehmen. Dieser Zahlungsrahmen und die STEP-Vorlage gingen am 26. Januar 2022 in die Vernehmlassung. Insgesamt handelt es sich um eine Summe von 12,7 Mrd. CHF.[222]

Bei den Massnahmen zur Verbesserung des Agglomerationsverkehrs ist das Programm Agglomerationsverkehr (PAV) vom ARE bedeutsam. Von Bundesbeiträgen profitieren können Agglomerationen, die mit ihren Agglomerationsprogrammen die Verkehr- und Siedlungsentwicklung wirkungsvoll aufeinander abstimmen.[223]

Aktuell befinden sich bereits die Agglomerationsprogramme der vierten Generation beim Bund, welche am 15. September 2021 eingereicht wurden. Konkret geht es um 32 Agglomerationsprogramme. Der Bundesrat wird voraussichtlich bis 2023 eine Botschaft erarbeiten. Bei der Erarbeitung der Botschaft berücksichtigt er den Sachplan Verkehr als Rahmen und die weiteren Instrumente zur Finanzierung von Verkehrsinfrastrukturen.[224]

2. Finanzierung auf kantonaler Ebene

Da die Finanzierung der Kantons- und Gemeindestrassen in den Kompetenzbereich der Kantone fällt, ist es ihnen grundsätzlich überlassen, wie sie dabei vorgehen möchten.[225] Aus Art. 3 BV kann entnommen werden, dass die Kantone souverän sind und somit auch über eine staatliche Eigenständigkeit besitzen. Diese Eigenständigkeit beinhaltet unter anderem auch die Finanzautonomie der Kantone.[226] Die Finanzautonomie umfasst dabei das Recht der Kantone, grundsätzlich

---

[222] S. https://www.uvek.admin.ch/uvek/de/home/uvek/medien/medienmitteilungen.msg-id-86919.html, abgerufen am 27.05.2022.
[223] S. https://www.are.admin.ch/pav, abgerufen am 27.05.2022.
[224] S. https://www.are.admin.ch/are/de/home/mobilitaet/programme-und-projekte/pav/4g.html, abgerufen am 27.05.2022.
[225] Vgl. IV.A.
[226] BSK BV-BIAGGINI, Art. 3 N 79.

selbst zu bestimmen, wie und in welchem Umfang finanzielle Mittel generiert und wie sie verwendet werden.[227] Zu beachten gilt es, dass auch die Gemeinden im Rahmen des kantonalen Rechts über eine Finanzautonomie verfügen, welche auch zumindest im Kerngehalt durch Art. 50 BV geschützt ist.[228]

Im Bereich der Kantons- und Gemeindestrassen haben die meisten Kantone davon Gebrauch gemacht, kantonale Strassengesetze zu erlassen. Darin sind auch Bestimmungen enthalten, welche die Finanzierung der jeweiligen Strassenkategorien regeln. Grundsätzlich sind dabei die Kantone für die Finanzierung der Kantonsstrassen und die Gemeinden für die Finanzierung der Gemeindestrassen zuständig.[229]

Nebst der Finanzierung von Kantons- und Gemeindestrassen durch die Haushaltsmittel der Kantone und Gemeinden, gilt es auch die Bundesmittel im Rahmen der Spezialfinanzierung Strassenverkehr (SFSV) zu beachten. Mit diesen Bundesmitteln wird unter anderem die kantonale Verkehrsinfrastruktur unterstützt.[230]

3. Agglo Basel als zentrale Finanzierungskoordination

Der Verein Agglo Basel hat hauptsächlich zwei zentrale Aufgabenbereiche. Zum einen das Agglomerationsprogramm und zum anderen trireno. Zentral für diese Arbeit ist der erstere Aufgabenbereich. Dabei werden unterschiedliche Agglomerationsprojekte im Bereich der Raum-, Siedlungs- und Verkehrsplanung in der Schweiz erarbeitet und weiterentwickelt. Es wird zusammen mit regionalen und kommunalen Beteiligten ein Massnahmepaket konzipiert, welches dem Schweizer Bund im Zusammenhang mit der Mitfinanzierung vorgelegt wird.[231]

Als Grundlage für finanzielle Bundesbeiträge dienen Vereinbarungen. Dabei kann zwischen Pauschal- und Einzelmassnahmen unterschieden werden. Bei Einzelmassnahmen werden jeweils die nötigen Finanzierungsvereinbarungen für jede Einzelmassnahme mit dem zuständigen Bundesamt, im Bereich der Strassen das ASTRA, geschlossen. Zusätzlich schliesst der Kanton eine Vereinbarung mit der betroffenen Gemeinde bzw. Kanton ab. Pauschalmassnahmen hingegen verlan-

---

[227] BSK BV-BELSER/MASSÜGER, Art. 4 / N 16.
[228] BSK BV-MEYER, Art. 50 N 26.
[229] Bsp. Strassengesetz Basel-Landschaft (§ 32), Strassengesetz St.Gallen (§ 61 ff.), Strassengesetz Bern (Art. 49).
[230] S. https://www.astra.admin.ch/astra/de/home/themen/strassenfinanzierung/naf.html, abgerufen am 27.05.2022.
[231] Agglo Basel, 34.

gen, dass die Gemeinde bzw. der Kanton, die das Bauprojekt durchführen wollen, lediglich einen Finanzierungsvertrag mit dem Verein Agglo Basel vereinbaren.[232]

B. Finanzierung in Deutschland

Gemäss Art. 104a Abs. 1 GG gilt, dass aus der grundgesetzlichen Zuweisung einer Aufgabe an den Bund oder die Länder auch die Verpflichtung folgt, die zur Erfüllung dieser Aufgabe notwendigen Ausgaben zu tragen, soweit das Grundgesetz nichts anderes bestimmt.[233] Demnach sind für die Finanzierung der Bundesautobahnen grundsätzlich der Bund und für alle restlichen Strassen die Länder zuständig.[234]

1. Finanzierung auf Bundesebene

In Bezug auf die Finanzierung der Bundesfernstrassen gilt es die Föderalismusreform III zu berücksichtigen. Da der Bund seit dieser Reform, hinsichtlich der Bundesautobahnen, nicht aber bezüglich der Bundesstrassen, allein zuständig ist, trägt er auch die gesamte Finanzierungslast für Planung, Bau und Betrieb der Bundesautobahnen. Die Finanzierung der Bundesautobahnen erfolgt seit dem 1. Januar 2021 durch die deutsche Autobahn GmbH.[235]

Die finanziellen Mittel der Autobahn GmbH stammen dabei vom Bundeshaushalt.[236] Wie viel finanzielle Mittel des Bundeshaushaltes dabei der Autobahn GmbH zukommen, wird bestimmt mit dem BVWP.[237] Der BVWP bildet seit den 1970er Jahren den Ausgangspunkt für die Umsetzung der Verkehrsinfrastrukturfinanzierung.[238]

Sinn und Zweck des BVWP ist es, die öffentlichen Mittel für Verkehrsinfrastruktur verantwortungsvoll und dem Gemeinwohl dienend einzusetzen. Um dies zu ermöglichen, bedarf es einer sorgfältigen Planung.[239] Der neuste BVWP wurde 2016 vom Bundeskabinett verabschiedet (BVWP 2030).[240]

---

[232] S. https://www.aggloprogramm.org/de/umsetzung.html, abgerufen am 27.05.2022.
[233] Grundsatz der Identität von Aufgabenkompetenz und Finanzverantwortung.
[234] HERBER, 742, N 6.
[235] Vgl. II.B.
[236] Autobahn GmbH, 3.
[237] Autobahn GmbH, 3.
[238] HEUSER/REH, 227.
[239] BMDV, 7.
[240] Autobahn GmbH, 3.

Der BVWP 2030 wurde vom BMDV[241] mit gutachterlicher Unterstützung auf Basis von ihm übermittelten Projektvorschlägen erarbeitet und von der Bundesregierung im Kabinett beschlossen. Er bildet den Rahmen für die Investitionen in die Verkehrsinfrastruktur des Bundes. Zu beachten gilt es aber, dass der BVWP kein Finanzierungsplan darstellt und auch keinen Gesetzescharakter hat.[242] Der BVWP bildet vielmehr die Basis für die «Ausbaugesetze mit den entsprechenden Bedarfsplänen.»[243]

Welche BVWP-Projekte und allenfalls auch weitere Projekte in die Bedarfspläne der Ausbaugesetze aufgenommen werden, entscheidet und beschliesst der Deutsche Bundestag. Erst mit der Verabschiedung der Ausbaugesetze und ihrer Bedarfspläne durch den Bundestag liegt ein verbindlicher Beschluss vor, welche Verkehrsinfrastrukturprojekte mit welcher Dringlichkeit geplant und aus dem Bundeshaushalt finanziert werden sollen.[244]

Auf Grundlage dieser Ausbaugesetze erstellt das BMDV einen Fünfjahresplan für den Neu- und Ausbau der Verkehrsinfrastruktur gemäss den Bedarfsplänen. Diese Pläne werden auch als Investitionsrahmenpläne (IRP) bezeichnet.[245]

Nebst den Investitionsrahmenplänen gilt es zu beachten, dass die Autobahn GmbH nach § 8 Abs. 1 Satz 1 InfrGG nach Massgabe des Bedarfsplans einen Finanzierungs- und Realisierungsplan (FRP) für die Bundesautobahnen und Bundesstrassen in Bundesverwaltung erstellen muss, der alle Ausgaben der Gesellschaft bei Wahrnehmung ihrer Aufgaben gemäss § 5 InfrGG umfasst.[246] Dieser bedarf der Zustimmung der für Haushalt und Verkehr zuständigen Ausschüsse des Deutschen Bundestages.[247]

Im Jahr 2020 haben die zuständigen Ausschüsse des Deutschen Bundestages dem ersten FRP zugestimmt, welcher für die Jahre 2021–2025 gilt. Der verabschiedete Plan sieht Gesamtinvestitionen in Höhe von 26,6 Mrd. Euro vor.[248]

---

[241] BMDV, Heute Bundesministerium für Digitales und Verkehr.
[242] BMDV, 7.
[243] Autobahn GmbH, 3.
[244] S. https://www.bmvi.de/SharedDocs/DE/Artikel/G/BVWP/bundesverkehrswegeplanung-ausbaugesetze-und-nachgelagerte-planungsverfahren.html, abgerufen am 27.05.2022.
[245] S. https://www.bmvi.de/SharedDocs/DE/Artikel/G/BVWP/bundesverkehrswegeplanung-ausbaugesetze-und-nachgelagerte-planungsverfahren.html, abgerufen am 27.05.2022.
[246] Autobahn GmbH, 4.
[247] § 8 Abs. 1 Satz 2 InfrGG.
[248] S. https://www.autobahn.de/die-autobahn/aktuelles/detail/finanzierungs-und-realisierungsplan-beschlossen, abgerufen am 27.05.2022.

Wie zu Beginn dieses Kapitels erwähnt, kommen die finanziellen Mittel für die Verkehrsinfrastruktur vom Bundeshaushalt. Den grössten Teil dieser Mittel machen dabei Steuereinnahmen aus.[249] Von zentraler Bedeutung sind hier die Kraftfahrzeugsteuer und die Energiesteuer (früher Mineralölsteuer).[250] Ebenfalls relevant sind die Einnahmen durch die Lkw-Maut[251], welche dem Bundeshaushalt zugerechnet werden.[252]

Nebst den konventionellen Mittel der Verkehrsinfrastrukturfinanzierung sind des Weiteren auch EU-Fördergelder und Öffentlich-private Partnerschaften (ÖPP) von nicht zu unterschätzender Bedeutung.[253] Gerade die ÖPP erweisen sich als nützlich im Bereich der Strasseninfrastruktur, weil durch die Zusammenarbeit von öffentlicher Hand und privatem Know-how stets Effizienzgewinne erzielt werden können und ein anteiliges Finanzieren möglich ist.[254]

2. Finanzierung auf Landesebene

Seit der Umsetzung der Föderalismusreform III sind die Länder nicht mehr für die Verwaltung der Bundesautobahnen und -strassen, sondern nur noch für die Verwaltung der Bundesstrassen zuständig, wobei die Länder die Bundesstrassen im Auftrage des Bundes verwalten.[255]

Bei der Verwaltung der Bundesstrassen durch die Länder im Auftrag des Bundes gilt gemäss Art. 104a Abs. 2 GG, dass der Bund die daraus ergebenden Ausgaben zu tragen hat. Erfasst sind nur Ausgaben die unmittelbar für die Erfüllung einzelner Verwaltungsaufgaben (Sachaufgaben) anfallen und nicht für die Verwaltungsausgaben (Verwaltungsorganisation).[256]

Demnach gilt in Baden-Württemberg, wie auch in allen anderen Ländern, in Bezug auf die Bundesstrassen, dass der Bund verpflichtet ist, Bau, Unterhalt und

---

[249] S. https://www.bmvi.de/DE/Themen/Mobilitaet/Infrastrukturplanung-Investitionen/Finanzierung/finanzierung.html, abgerufen am 27.05.2022.
[250] HERBER, 745, N. 17.
[251] S. https://www.bmvi.de/DE/Themen/Mobilitaet/Infrastrukturplanung-Investitionen/Finanzierung/finanzierung.html, abgerufen am 27.05.2022.
[252] § 11 Abs. 1 BFStrMG.
[253] S. https://www.bmvi.de/DE/Themen/Mobilitaet/Infrastrukturplanung-Investitionen/Finanzierung/finanzierung.html, abgerufen am 27.05.2022.
[254] S. https://www.bmvi.de/DE/Themen/Mobilitaet/Infrastrukturplanung-Investitionen/Finanzierung/finanzierung.html, abgerufen am 27.05.2022.
[255] Vgl. II.B.
[256] HERBER, 742, N 6.

Betrieb der Bundesstrassen zu finanzieren, resp. dem Land finanzielle Mittel zur Verfügung zu stellen. Das Land trägt allerdings selbst die Kosten für die Verwaltungsorganisation (Personal, Sachkosten).[257]

Bezüglich der Landesstrassen gilt Art. 104a Abs. 1 GG, weshalb für Bau, Betrieb und Unterhalt der Landesstrassen die Länder ihre eigenen Haushaltsmittel aufwenden. In Baden-Württemberg standen im Jahr 2021 für die Verwaltung der Landesstrassen Haushaltsmittel in Höhe von 333,2 Mio. Euro zur Verfügung.[258]

Hinsichtlich der Finanzierung der Kreis- und Gemeindestrassen entscheiden die Kreise und Gemeinden selbst, da sie gemäss Art. 28 Abs. 2 GG über eine eigene Finanzhoheit verfügen. Diese umfasst das Recht der eigenverantwortlichen Einnahmen- und Ausgabenwirtschaft. Kreise und Gemeinden haben zudem eine eigene Haushaltshoheit.[259] Mit den Haushaltsmitteln der Kreise und Gemeinde werden auch die Kreis- und Gemeindestrassen finanziert.[260]

Des Weiteren gilt es zu beachten das Kreise und Gemeinden finanzielle Mittel auch gestützt auf das Bundesverfassungsrecht[261] aber auch auf bundesrechtliche[262] und landesrechtliche Gesetze[263] erhalten.

V. Praxisbeispiel Autobahnzusammenschluss im Raum Basel und Weil am Rhein

Obschon das Strassennetz sowohl in Deutschland als auch in der Schweiz praktisch vollständig ausgebaut ist und als Folge davon grössere Projekte wie der Autobahnzusammenschluss im Raum Basel und Weil am Rhein kurzfristig nicht geplant sind, kann dennoch festgehalten werden, dass aufgrund des stetigen Bevölkerungswachstums ein solches Projekt für die Zukunft nicht ausgeschlossen werden kann.

---

[257] S. https://vm.baden-wuerttemberg.de/de/mobilitaet-verkehr/strasse/finanzierung/finanzierung/, abgerufen am 27.05.2022.
[258] S. https://vm.baden-wuerttemberg.de/de/mobilitaet-verkehr/strasse/finanzierung/finanzierung/, abgerufen am 27.05.2022.
[259] JARASS GG, Art. 28 N 33.
[260] Bsp. Weil am Rhein, Haushaltsplan 2021.
[261] Vgl. Art. 106 GG.
[262] Vgl. Gemeindeverkehrsfinanzierungsgesetz (GVFG).
[263] Für das Bsp. Baden-Württemberg, vgl. Landesgemeindefinanzierungsgesetz (LGVFG/BW).

Wie bereits in III.C. erläutert wurde, bedarf es zur Sicherung der Umsetzung von Grossprojekten eines gemeinsam erarbeiteten Staatsvertrages. Demnach bilden Staatsverträge früher wie heute die Grundlage grenzüberschreitender Grossprojekte. Ein Musterbeispiel bildet der Vertrag zwischen der Schweizerischen Eidgenossenschaft und der Bundesrepublik Deutschland über den Autobahnzusammenschluss im Raum Basel und Weil am Rhein vom 09. Juni 1978.

Die Vertragsgestaltung dürfte heute immer noch ähnlich verlaufen wie beim Vertrag betreffend des Autobahnzusammenschlusses im Raum Basel und Weil am Rhein. So dürften unter anderem der Vertragsgegenstand, die Bauausführung, Unterhaltungen, Änderungen und Kosten wesentliche Vertragspunkte, welche in allgemeiner Form beschrieben werden, darstellen. Zu beachten gilt es allerdings, dass die Umsetzung der vertraglichen Pflichten aufgrund wesentlicher Veränderungen der schweizerischen und deutschen Rechtsordnung, heute anders ablaufen würde und dies in vielerlei Hinsicht.

Zu erwähnen ist hier zunächst die neue Kompetenzverteilung hinsichtlich der Nationalstrassen und der Bundesautobahnen. Seit dem 01. Januar 2008 in der Schweiz und seit dem 18. August 2017 in Deutschland ist allein der Bund für die Nationalstrassen resp. Bundesautobahnen zuständig. Zuvor lag in der Schweiz hinsichtlich der Nationalstrassen eine Verbundaufgabe von Bund und Kantonen und in Deutschland hinsichtlich der Bundesautobahnen eine Bundesauftragsverwaltung vor.[264]

Diese Entwicklungen in den jeweiligen Staaten haben zur Folge, dass nun aufgrund der Zentralisierung der einzelnen Aufgabenfelder wie Planung, Bau, Betrieb und Unterhalt auf Bundesebene grundsätzlich möglichst effizient gestaltet werden können, da nun kein Aufgabengeflecht zwischen den Bund und Kantonen resp. Ländern mehr vorliegt.[265]

Nichtsdestotrotz können die Kantone resp. Länder an solchen Projekten teilnehmen in Form von verschiedenen Mitwirkungsrechten. So können sie Initiative für Grossprojekte ergreifen, Projekte vorschlagen oder auch Stellungnahmen abgeben.[266]

Obwohl mit der neuen Kompetenzverteilung hinsichtlich der Nationalstrassen resp. Bundesautobahnen damit gerechnet werden kann, dass Grossprojekte wie Autobahnzusammenschlüsse schneller umgesetzt werden können als früher, gilt

---

[264] Vgl. II.
[265] Vgl. II.
[266] Vgl. III.C.

es dennoch zu beachten, dass in den vergangenen Jahren stetig auch die Mitwirkungsrechte ausgebaut wurden. Dies führt wiederum dazu, dass solche Grossprojekte ins Stocken geraten können. Dies gilt besonders für die Mitspracheverfahren in Deutschland. So haben in den vergangenen Jahren formelle wie auch informelle Beteiligungsformen stark an Bedeutung gewonnen.[267] Zu nennen ist hier das Handbuch für eine gute Bürgerbeteiligung vom BMDV. Dieses enthält für das BVWP-Verfahren Vorschläge, wie die formelle Beteiligung auf den unterschiedlichen Verfahrensebenen verbessert und um informelle Beteiligungsschritte ergänzt werden kann.[268]

Ein weiterer Aspekt, welcher zur besseren Umsetzung solcher Grossprojekte führen kann, ist das Bestehen einer gemischten Kommission, welche für sämtliche grenzüberschreitenden schweizerisch-deutschen Strassenfragen inkl. Zollfragen an der Grenze zwischen Basel und Konstanz verantwortlich ist.[269] Die Errichtung dieser Kommission wurde im Vertrag zwischen der Schweizerischen Eidgenossenschaft und der Bundesrepublik Deutschland über den Autobahnzusammenschluss im Raum Basel und Weil am Rhein vom 09. Juni 1978 festgehalten.

Da seit der Gründung dieser Kommission mittlerweile mehr als 40 Jahre vergangen sind und regelmässig ein Austausch stattgefunden hat, lässt sich daraus ableiten, dass für zukünftige Strassenprojekte im Raum Oberrhein eine wesentliche Grundlage geschaffen wurde. Aufgrund dieses Austausches kann davon ausgegangen werden, dass zukünftige Grossprojekte nachhaltig und effizient umgesetzt werden können.[270]

Früher wie heute ist die Finanzierung ein wesentlicher Bestandteil der Verwirklichung von Grossprojekten wie des Autobahnzusammenschlusses in der Region Basel und Weil am Rhein. Auch hier gab es in der Vergangenheit weitreichende Entwicklungen insbesondere in der Schweiz mit der Errichtung des NAF. Drohte in der Schweiz noch vor einigen Jahren eine Finanzierungslücke im Bereich der Strasseninfrastruktur, liegt heute mit dem NAF ein Instrument zur Sicherung der finanziellen Mittel, für Nationalstrassenprojekte unter anderem wie grenzüberschreitende Autobahnzusammenschlüsse vor.[271]

---

[267] Vgl. III.D.2.
[268] S. https://www.bmvi.de/SharedDocs/DE/Artikel/G/handbuch-buergerbeteiligung.html, abgerufen am 27.05.2022.
[269] Vgl. III.B.
[270] Vgl. III.B.
[271] Vgl. IV.A.

Es lässt sich somit festhalten, dass für zukünftige Grossprojekte wie grenzüberschreitende Autobahnzusammenschlüsse gute Rahmenbedingungen herrschen, welche die effiziente und nachhaltige Realisierung solcher Projekte ermöglichen können. Wie sich solche Projekte entwickeln werden, wird sich noch sehr wahrscheinlich in der Zukunft zeigen.

VI. Abschliessende Zusammenfassung und Fazit

Das Errichten von grenzüberschreitenden Strassenverbindungen erweist sich sowohl hinsichtlich der Kompetenzverteilung in den jeweiligen Staaten, der länderübergreifenden Planung sowie auch bezüglich der Finanzierung als eine komplexe Aufgabe.

Hinsichtlich der Kompetenzverteilung im Bereich Strasseninfrastruktur kann folgendes festgehalten werden. In der Schweiz ist gemäss Art. 83 BV der Bund allein zuständig für Planung, Bau, Betrieb, Unterhalt und Finanzierung der Nationalstrassen. Zuständige Behörde für den Bereich Nationalstrassen ist das ASTRA. Die restlichen Strassen (Kantons- und Gemeindestrassen) fallen gestützt auf Art. 3 BV in den Kompetenzbereich der Kantone. Die kantonalen Strassengesetze sehen dabei stets eine Aufteilung der öffentlichen Strassen in Kantons- und Gemeindestrassen vor, wobei in der Regel sowohl Eigentum und Hoheit wie auch Planung, Bau und Unterhalt der Kantonsstrassen beim Kanton liegt, resp. bei Gemeindestrassen bei den Gemeinden. Zuständige Behörde für Kantonsstrassen sind in den meisten Kantonen die Baudepartemente, resp. die kantonalen Tiefbauämter. Für Gemeindestrassen sind die Gemeindeorganisationen zuständig resp. die kommunalen Tiefbauämter.

Für die Kompetenzverteilung im Bereich Strasseninfrastruktur in Deutschland sind Art. 74 Abs. 1 Ziff. 22 GG und Art. 90 GG massgebend. So verfügt der Bund über eine umfassende Gesetzgebungskompetenz für Bundesautobahnen und Bundesstrassen und die Länder verfügen für die restlichen Strassen (Landes-, Kreis- und Gemeindestrassen) über eine Gesetzgebungskompetenz. Die Verwaltung des Bundes hingegen beschränkt sich nur auf die Bundesautobahnen. Sämtliche restliche Strassen werden von den Ländern verwaltet, wobei die Bundesstrassen im Rahmen der Bundesauftragsverwaltung verwaltet werden. Zuständige Behörde für die Bundesautobahnen ist die Autobahn GmbH. Die Verwaltung der restlichen Strassen wird durch das jeweilige Landesrecht genauer geregelt.

Bezüglich des Baus von Strassenverbindungen gilt es zu beachten, dass in der Schweiz die VSS-Normen und in Deutschland die DIN-Normen zu berücksichtigen sind. Anzumerken ist, dass wenn in Gesetzen und Verordnungen auf sie verwiesen wird, dies auch rechtliche Auswirkungen haben kann.

Hinsichtlich der länderübergreifenden Planung im Bereich der Strasseninfrastruktur existieren sowohl auf völkerrechtlicher Ebene wie auch auf nationaler Ebene rechtliche Grundlagen. Allerdings erweisen sich die völkerrechtlichen Grundlagen unter anderem das Madrider Übereinkommen, das Karlsruher Übereinkommen und die EU-Verordnung über den EVTZ nicht wirklich als relevant für die Praxis. Von grösserer Bedeutung sind grenzüberschreitende Foren wie die Oberrheinkonferenz, die Regio Basiliensis, Agglo Basel und die gemischte Kommission Deutschland-Schweiz für grenzüberschreitende Strassenfragen.

Bezüglich der länderübergreifenden Planung von grenzüberschreitenden Strassenverbindungen gilt es zu beachten, dass diese einen Teil der jeweiligen Raumplanung bilden. Obwohl das Raumplanungsrecht der jeweiligen Staaten Bestimmungen für die grenzüberschreitende Zusammenarbeit vorsieht, binden diese lediglich die inländischen Behörden, weshalb eine länderübergreifende Planung auch hinsichtlich grenzüberschreitender Strassenverbindungen nicht sichergestellt werden kann. Vielmehr bedarf es einer informellen Raumplanung resp. Strassenplanung.

Um diese informelle Raumplanung nachhaltig zu gestalten, bedarf es nebst gemeinsamer Informationsgrundlagen, kommunikativen und kooperativen Ansätzen, Leitbildern und Konzepten sowie verschiedener Formate und Events insbesondere einer strukturierten Governance. Diese beinhaltet Begegnungen in grenzüberschreitenden Organisationen, einen regelmässigen Informationsaustausch und eine gemeinsame Koordination der Handlungen, worauf gestützt gemeinsame Planungen und Strategien entstehen. Erst wenn diese feststehen, werden in Bezug auf grenzüberschreitende Strassenverbindungsprojekten Staatsverträge abgeschlossen, welche dann den rechtlichen Rahmen bilden und die Umsetzung der länderübergreifenden Strassenplanung sicherstellen.

In der Ausführung von grenzüberschreitenden Strassenverbindungen gilt es zu beachten, dass auch unterschiedliche Mitspracheverfahren in den jeweiligen Staaten durchgeführt werden müssen. Sowohl in der Schweiz als auch in Deutschland existieren mehrere Mitspracheverfahren, welche sich aufgrund der unterschiedlichen Strassenkategorien ungleich gestalten.

Ebenfalls wird mit der Kompetenzverteilung in den beiden Staaten die Finanzierung der jeweiligen Strassenkategorien geregelt. So ist in der Schweiz der Bund für die Finanzierung der Nationalstrassen zuständig. Diese erfolgt dabei über das NAF. Die Kantons- und Gemeindestrassen werden durch die eigenen Haushaltsmittel der Kantone und Gemeinden finanziert. Zudem erhalten sie auch Bundesmittel im Rahmen der SFSV. Zu beachten gilt es, dass im Raum Oberrhein Agglo Basel eine zentrale Rolle im Bereich der Finanzierungskoordination einnimmt.

Ähnlich sieht es auch in Deutschland aus. So ist der Bund resp. die Autobahn GmbH für die Finanzierung der Bundesautobahnen zuständig. Die finanziellen Mittel der Autobahn GmbH stammen dabei vom Bundeshaushalt, wobei der Zufluss dieser finanziellen Mittel durch den BVWP bestimmt wird. Für die Finanzierung der restlichen Strassen sind die jeweiligen Gemeinwesen (Land, Kreis und Gemeinden) für ihre eigenen Strassen zuständig.

In Bezug auf das Praxisbeispiel Autobahnzusammenschluss im Raum Basel und Weil am Rhein, worin ein Vergleich zur heutigen Ausgangslage gezogen wurde, konnte festgestellt werden, dass Veränderungen bezüglich der Kompetenzverteilung, grenzüberschreitender Foren und neue Finanzierungsmodelle gute Rahmenbedingungen bilden, welche die effiziente und nachhaltige Realisierung solcher Projekte ermöglichen können.

Mit diesen Ausführungen können die zu Beginn gestellten Fragen wie folgt beantwortet werden.

Was gilt es bei unterschiedlichen Strassenkategorien zu berücksichtigen?

Bei unterschiedlichen Strassenkategorien gilt es zu berücksichtigen, dass damit unterschiedliche Zuständigkeiten verbunden sind. Für jede Strassenkategorie in den jeweiligen Staaten ist grundsätzlich ein anderes Gemeinwesen zuständig für Planung, Bau, Betrieb, Unterhalt und Finanzierung.

Braucht es eine rechtliche Vereinbarung?

Da die Bestimmungen in den jeweiligen Rechtsordnungen der beiden Staaten hinsichtlich der grenzüberschreitenden Zusammenarbeit, für die Sicherstellung von länderübergreifenden Planungen, nicht geeignet sind, bedarf es, für die erfolgreiche Umsetzung eines grenzüberschreitenden Grossprojekts, stets eines Staatsvertrags. Gerade bei grenzüberschreitenden Projekten, welche hohe finanzielle Summen benötigen, wie grenzüberschreitende Strassenverbindungen, bildet ein Staatsvertrag einen rechtlichen Rahmen und sichert die Umsetzung des grenzüberschreitenden Projekts.

Wie kann die länderübergreifende Planung sichergestellt werden?

Wie in Frage zwei beantwortet, wird für die Sicherstellung der länderübergreifenden Planung von einem Staatsvertrag Gebrauch gemacht. Zu beachten gilt es dabei, dass dieser gestützt auf einen intensiven informellen Austausch mit einer guten Governance, erarbeitet wird. Dieser informelle Austausch findet grundsätzlich in grenzüberschreitenden Foren statt. Innerhalb dieser Foren ist zu beachten, dass ein regelmässiger Informationsaustausch und eine gemeinsame Koordination der Handlungen gewährleistet sein müssen, worauf gestützt gemeinsame Planungen und Strategien entstehen können.

Welche Mitspracheverfahren gilt es für eine deutsch-schweizerische Strassenverbindung zu berücksichtigen?

Sowohl in der Schweiz wie auch in Deutschland gibt es mehrere Mitspracheverfahren. So gibt es in der Schweiz ein Mitspracheverfahren für Nationalstrassen und auch ein Mitspracheverfahren für Kantons- und Gemeindestrassen. Das Mitspracheverfahren im Bereich der Nationalstrassen ist in Art. 19 NSG geregelt. Dieses sieht unter anderem, bei der Planung von Nationalstrassen, die Mitwirkung von Kantonen und Gemeinden vor. Das Mitspracheverfahren für Kantons- und Gemeindestrassen richtet sich nach Art. 4 RPG, wobei hier, im Gegensatz zum Verfahren nach dem NSG, die Bevölkerung mitwirken kann. Des Weiteren ist in Art. 10 Abs. 2 RPG bestimmt, dass die beschwerdeberechtigte Umwelt-, Natur- und Heimatschutzorganisationen an einem Mitspracheverfahren teilnehmen können, wobei diese Mitwirkung weitergeht, als die Mitwirkung in Art. 4 RPG.

Auch in Deutschland gibt es eine Vielzahl von unterschiedlichen Mitspracheverfahren. So kann sich die Öffentlichkeit, in Bezug auf die Bundesautobahnen im Rahmen des BVWP, unter anderem bei der SUP, ROV, UVP und bei der Anhörung im Planfeststellungsverfahren beteiligen. Ähnlich sieht es aus hinsichtlich der Landes-, Kreis- und Gemeindestrassen. Auch dort kann sich die Öffentlichkeit, unter anderem bei der SUP, ROV, UVP und bei der Anhörung im Planfeststellungsverfahren beteiligen. Anzumerken gilt es hier, dass die Beteiligung der Öffentlichkeit hier allerdings durch das jeweilige Landesrecht bestimmt wird.

Literaturverzeichnis

Aemisegger, H., Moor, P., Ruch, A., & Tschannen, P. (2020). Praxiskommentar RPG: Baubewilligung, Rechtsschutz und Verfahren (zit. RPG-Bearbeiter).

Agglo Basel. (2020). Jahresbericht 2020. Liestal.

Auer, A. (2016). Staatsrecht der schweizerischen Kantone, Bern.

Autobahn GmbH. (2020). Finanzierungs- und Realisierungsplan (FRP) 2021 bis 2025.

Bächtold, H.-G., Hoffmann-Bohner, K. H., & Keller, P. (2014). Über Grenzen Denken, Grenzüberschreitende Fragen der Raumentwicklung Deutschland–Schweiz, in: Akademie für Raumforschung und Landesplanung.

Biaggini, G. (2017). Bundesverfassung der Schweizerischen Eidgenossenschaft, Orell Füssli Kommentar, 2. Aufl., Zürich (zit. OFK BV-Biaggini).

BMDV. (kein Datum). Bundesverkehrswegeplan 2030.

Bühler, O., & Zellweger, V. (2014). Die Grenzüberschreitende Zusammenarbeit aus der Sicht des schweizerischen Staatsvertragsrecht, in: Die Grenzüberschreitende Zusammenarbeit der Schweiz. (H.M. Tschudi, B. Schindler, A. Ruch, E. Jakob, & M. Friesecke, Hrsg.).

Danielzyk, R., & Münter, A. (2018). Raumplanung, in: Handwörterbuch der Stadt- und Raumentwicklung. (A. -A. Landesplanung, Hrsg.) Hannover.

Danielzyk, R., & Sondermann, M. (2018). Informelle Planung, in: Handwörterbuch der Stadt- und Raumentwicklung. (A. -A. Landesplanung, Hrsg.) Hannover.

Ehrenzeller, B., Schindler, B., Schweizer, R. J., & Vallender, K. A. (2014). Die schweizerische Bundesverfassung, St. Galler Kommentar, 3. Aufl., Zürich/St. Gallen (zit. SGK BV-Bearbeiter).

Epping, V., & Hillgruber, C. (2020). Grundgesetz Kommentar, 3. Aufl. (zit. Bearbeiter BeckOK GG). München.

Gübeli, R., & Fassbender, B. (2018). Die gegenwärtig gültigen völkerrechtlichen Verträge der Kantone, in: Schweizerisches Zentralblatt für Staats- und Verwaltungsrecht. (B. Schindler, G. Biaggini, C. Auer, M. Rüssli, S. Haag, & D. Turnherr, Hrsg.).

Herber, F.-R. (2020). Handbuch Strassenrecht – Systematische Darstellung des Rechts der öffentlichen Strassen, Wege und Plätze in Bund und Ländern, 8. Aufl., München.

Heuser, T., & Reh, W. (2007). Die Bundesverkehrswegeplanung, in: O. Schöller, W. Canzler, & A. Knie, Handbuch Verkehrspolitik. Wiesbaden: VS Verlag für Sozialwissenschaften.

Jarass, H. J., & Pieroth, B. (2020). Grundgesetz für die Bundesrepublik Deutschland Kommentar, 16. Aufl. (zit. Bearbeiter GG). München.

Katz, A., & Sander, G. (2019). Staatsrecht Grundlagen, Staatsorganisation, Grundrechte 19. Aufl. Heidelberg.

Keusen, U. (2016). Kapitel 10 Verkehr Strassenrecht, in: Fachhandbuch Verwaltungsrecht. (G. Biaggini, I. Häner, U. Saxer, & M. Schott, Hrsg.), Zürich.

Knippschild, R. (2018). Kooperation, grenzüberschreitend, in: Handwörterbuch der Stadt- und Raumentwicklung. (A. -A. Landesplanung, Hrsg.) Hannover.

Maurer, H. (2010). Staatsrecht I Grundlagen Verfassungsorgane Staatsfunktionen 6. Aufl. München.

Oberrheinkonferenz. (2020). Verkehrspolitisches Leitbild.

Regierungspräsidium Freiburg. (2022). Verkehrsstudie Hochrhein-Bodensee.

Runkel, P. (2018). Fachplanungen, raumwirksame, in: Handwörterbuch der Stadt- und Raumentwicklung. (A. -A. Landesplanung, Hrsg.) Hannover.

Sinning, H. (2018). Öffentlichkeitsbeteiligung, in: Handwörterbuch der Stadt- und Raumplanung. Hannover: ARL – Akademie für Raumforschung und Landesplanung.

Tschudi, H.M. (2004). Neuere Entwicklungen in den Aussenbeziehungen des Kantons Basel-Stadt, in: Schweizerische Juristen-Zeitung.

Waldmann, B., & Hänni, P. (2006). Bundesgesetz vom 22. Juni 1979 über die Raumplanung (RPG) (zit. RPG Kommentar-Waldmann/Hänni). Bern.

Waldmann, B., Belser, E., & Epiney, A. (2015). Bundesverfassung, Basler Kommentar, 1. Aufl., Basel (zit. BSK BV-Bearbeiter).

Weigel, A. (2019). Perspektiven zur rechtlichen Flexibilisierung der grenzüberschreitenden Zusammenarbeit am Oberrhein, in sZGZ, Zürich/St. Gallen.

Weil am Rhein. (kein Datum). Haushalt und Finanzen, Haushaltsplan 2021.

Erlassverzeichnis

Bau- und Planungsgesetz (Basel-Stadt) vom 01. November 2001 (SG 730.100)

Baugesetz (Aargau) vom 19. Januar 1993 (SAR 713.100)

Baugesetzbuch (BauGB) vom 23. Juni 1960

Bundesfernstrassengesetz (FStrG) vom 6. August 1953

Bundesgesetz über den Fonds für die Nationalstrassen und den Agglomerationsverkehr (NAFG) vom 30. September 2016 (SR 725.13)

Bundesgesetz über die Nationalstrassen (NSG) vom 8. März 1960 (SR 725.11)

Bundesgesetz über die Raumplanung (RPG) vom 22. Juni 1979 (SR 700)

Bundesverfassung der Schweizerischen Eidgenossenschaft (BV) vom 18. April 1999 (SR 101)

Gemeindegesetz Basel-Stadt vom 17. Oktober 1984 (SG 170.100)

Gesetz über die Erhebung von streckenbezogenen Gebühren für die Benutzung von Bundesautobahnen und Bundesstrassen (BFStrMG) vom 12. Juli 2011

Gesetz über die Umweltverträglichkeitsprüfung (UVPG) vom 12. Februar 1990

Gesetz über Finanzhilfen des Bundes zur Verbesserung der Verkehrsverhältnisse der Gemeinden (Gemeindeverkehrsfinanzierungsgesetz GVFG) vom 18. März 1971

Gesetz zur Errichtung einer Infrastrukturgesellschaft für Autobahnen und andere Bundesfernstrassen (InfrGG) vom 14. August 2017

Grundgesetz für die Bundesrepublik Deutschland (GG) vom 23. Mai 1949

Landesgemeindefinanzierungsgesetz (LGVFG) vom 1. Januar 2011

Landesplanungsgesetz für Baden-Württemberg (LplG) vom 10. Juli 2003

Organisationsverordnung für das Eidgenössische Departement für Umwelt, Verkehr, Energie und Kommunikation (OV-UVEK) vom 6. Dezember 1999 (SR 172.217.1)

Raumordnungsgesetz (ROG) vom 22. Dezember 2008
Raumplanungs- und Baugesetz (Basel-Landschaft) vom 08. Januar 1998 (SGS 400)
Raumplanungsverordnung (RPV) vom 28. Juni 2000 (SR 700.1)
Strassengesetz (Aargau) vom 17. März 1969 (SAR 751.10)
Strassengesetz (Basel-Landschaft) vom 24. März 1986 (SGS 430)
Strassengesetz (Bern) vom 04. Juni 2008 (BSG 732.11)
Strassengesetz (St. Gallen) vom 12. Juni 1988 (sGS 732.1)
Strassengesetz für Baden-Württemberg vom 11. Mai 1992
Strassenverordnung (Luzern) vom 19. Januar 1996 (SRL 756)
Strassenverordnung (Schaffhausen) vom 23. Dezember 1980 (725.101)
Umweltverwaltungsgesetz (UVwG) vom 25. November 2014
Verfassung des Kantons Basel-Stadt vom 23. März 2005 (SG 111.100)

Bau einer grenzüberschreitenden Tramverbindung

Herausforderungen und Lösungen anhand der Darstellung des Verlaufs eines fiktiven Baus einer Tramverbindung von Lörrach nach Basel

Kim Fankhauser/Sina Gmünder/Levi Schöb

Inhaltsübersicht

Abstract	374
I. Einleitung	375
II. Hintergrund	376
III. Territorialitätsprinzip	378
IV. Rechtsgrundlagen und Kompetenzen	380
A. Rechtsgrundlagen und Kompetenzen in der grenzüberschreitenden Zusammenarbeit	381
1. Internationales Recht und EU-Recht	381
2. Schweizerisches Recht	383
3. Deutsches Recht	386
B. Rechtsgrundlagen und Kompetenzen im öffentlichen Verkehr, insbesondere Tramverkehr	388
1. Internationales Recht und EU-Recht	388
2. Schweizerisches Recht	390
3. Deutsches Recht	392
4. Zwischenfazit	393
V. Von der Idee bis zur Realisierung des Baus der grenzüberschreitenden Traminfrastruktur	394
A. Vorprojekt	395
1. Gemeinsame Projekte von der Schweiz und Deutschland	396
2. Schweiz	399
3. Deutschland	402
4. Zwischenfazit	403

	B. Bau- und Bewilligungsprojekt	404
	1. Schweiz	405
	2. Deutschland	419
	3. Zwischenfazit	430
VI.	Finanzierung	430
	A. Schweiz	431
	B. Deutschland	433
	C. Herausforderungen der Finanzierung einer grenzüberschreitenden Tramlinie	435
VII.	Besonderheiten der grenzüberschreitenden Zusammenarbeit	437
	A. Verwaltungskulturen	437
	B. Gemeinsame Projektsteuerung	438
	C. Technische Voraussetzungen	439
	D. Öffentlichkeitsarbeit	440
VIII. Fazit		442
Literaturverzeichnis		444
Materialienverzeichnis		450
Internetquellen		451
Judikaturverzeichnis		453
Abbildungsverzeichnis		454

Abstract

Der Grossraum Basel ist über die vergangenen Jahrzehnte immer mehr mit Ortschaften rund um die Stadt Basel zusammengewachsen. So sind auch die territorialen Grenzen zwischen den drei Staaten immer mehr verschwunden, was zu einem regen grenzüberschreitenden Pendlerverkehr geführt hat. Die vorliegende Arbeit befasst sich in diesem Kontext mit dem Bau einer grenzüberschreitenden Tramverbindung zwischen Lörrach und Basel.[1] Es werden die verschiedenen Verfahrensabläufe und rechtlichen Herausforderungen im Rahmen der Planung und Umsetzung einer solchen Tramverbindung erläutert. Zudem wird aufgezeigt, wieso die Finanzierung und das Vorhandensein eines starken politischen Willens zentrale Voraussetzungen für die Realisierung eines solchen grenzüberschreiten-

---

[1] Nachfolgend wird der Begriff «das Tram» verwendet, wobei dieser dem Begriff der Strassenbahn gleichzusetzen ist.

den Vorhabens sind. Überdies werden weitere Aspekte dargelegt, welche für eine erfolgreiche grenzüberschreitende Zusammenarbeit beachtet werden müssen.

I. Einleitung

> «Das Tramnetz verbindet grenzüberschreitend die Menschen nicht nur auf effiziente und ökologische Weise, sondern zeigt auch [...] die Zusammengehörigkeit von Orten und Menschen auf.»[2]

Grenzüberschreitende Tramlinien sind in der Oberrheinregion von hoher Bedeutung. Mit den Tramlinien 8 und 3 gibt es bereits zwei erfolgreiche Tramverbindungen zwischen der Schweiz und Deutschland bzw. der Schweiz und Frankreich. Ausserdem ist mit der Verlängerung der Tramlinie 6 eine weitere grenzüberschreitende Tramverbindung im Stadium der Machbarkeitsstudie.[3]

Der Landkreis Lörrach möchte seine Erreichbarkeit nachhaltig verbessern und dies unter anderem durch eine bessere Erschliessung der Stadt Lörrach mittels einer Tramlinie nach Basel erreichen. Die vorliegende Arbeit behandelt ein Projekt, in welchem eine grenzüberschreitende Tramverbindung geschaffen werden soll, ähnlich wie bei der geplanten Verlängerung des Tram 6. Dabei geht es insbesondere darum, die rechtlichen Fragestellungen und Hürden, die sich bei der grenzüberschreitenden Zusammenarbeit im Rahmen des Baus einer Tramverbindung ergeben, aufzuzeigen und Handlungsempfehlungen auszuarbeiten.

Zunächst wird der Hintergrund und die politische Motivation dieses grenzüberschreitenden Vorhabens erläutert. Des Weiteren wird das Territorialitätsprinzip, auf welchem die Organisation des grenzüberschreitenden Projekts basiert, dargelegt. Anschliessend werden die internationalen und nationalen rechtlichen Grundlagen sowie die damit einhergehenden innerstaatlichen Kompetenzen und Zuständigkeiten aufgezeigt. Gestützt auf diese werden die Verfahrensschritte, von der Idee bis zur Realisierung des grenzüberschreitenden Bauprojekts, erläutert. Obwohl die Ausführungen grundsätzlich für beide Staaten getrennt erfolgen, werden die wichtigsten Unterschiede sowie Gemeinsamkeiten hervorgehoben.

---

[2] RALPH LEWIN, Tram nach Weil am Rhein: Ein grosser Schritt Richtung 360 Grad, in: Tiefbauamt/Bau- und Verkehrsdepartement Basel-Stadt (Hrsg.), Tram 8 – Grenzenlos, Die Verlängerung der Tramlinie 8 von Basel nach Weil am Rhein, Basel 2014, 62 ff., 64.

[3] GUIDO NEIDINGER, Die Oberbadische vom 19. Juli 2021: Tramstudie aus München, abrufbar unter: https://www.verlagshaus-jaumann.de/inhalt.loerrach-tramstudie-aus-muenchen.3269d995-0e44-467e-b4de-fa89e2436bf0.html (Abruf 24.05.2022); Näheres zur Machbarkeitsstudie unten V.A.1.

Neben den Verfahrensschritten werden weitere zentrale Voraussetzungen für die erfolgreiche grenzüberschreitende Zusammenarbeit diskutiert. Abschliessend werden wesentliche Erkenntnisse zusammengetragen und Handlungsempfehlungen präsentiert.

Nebst fundierter Literaturrecherche und Konsultation einschlägiger Normtexte, bilden die Ergebnisse aus mehreren Gesprächen mit schweizerischen und deutschen Experten, einen zentralen Bestandteil der Arbeit. Diese waren in vergangene grenzüberschreitende Projekte involviert und verfügen über spezifisches Fachwissen und wertvolle Praxiserfahrung.

II. Hintergrund

Mit dem Bau einer grenzüberschreitenden Tramverbindung zwischen Basel und Lörrach wird kein Neuland betreten. Erstmals verkehrte ein Tram zwischen Basel und Lörrach im Jahre 1919. Mit Ausbruch des zweiten Weltkriegs wurde diese seit 1939 allerdings nicht mehr betrieben.[4] Die sich aktuell stellende Herausforderung der immer grösser werdenden Pendlerströme in der Agglomeration Basel und die allgemeine Problematik des weltweiten Klimawandels führen zu erneuten Bestrebungen in der Oberrheinregion, eine grenzüberschreitende Tramverbindung zwischen Basel und Lörrach zu errichten.

Die einwohnerstarke trinationale Agglomeration Basel umfasst eine Gesamtbevölkerung von knapp 860'000 Personen. Der Kanton Basel-Stadt, welcher ein wichtiger Teil des trinationalen Wirtschafts- und Lebensraums ist, galt 2019 als attraktivster Kanton für Pendelnde.[5] Aufgrund der ausgeprägten Pendlerströme ist Basel die am fünft stärksten von Stau betroffene Stadt der Schweiz, wobei ein Rückgang nicht absehbar ist.[6] Dies liegt insbesondere an der zunehmenden Vernetzung und des schnellen Zusammenwachsens der Agglomeration, die mit dem starken Bevölkerungswachstum in der ganzen Oberrheinregion einhergehen.[7] Zu-

---

[4] Andrea Dreschner, Badische Zeitung vom 6. August 2008: Der Anfang vom Aufschwung, abrufbar unter: https://www.badische-zeitung.de/der-anfang-vom-auf schwung–196023849.html (Abruf 24.05.2022).
[5] Statistisches Amt des Kantons Basel-Stadt, City Statistics Basel, Ausgabe 2022, (zit. City Statistics Basel 2022), 5; BFS, Pendlermobilität im Jahr 2019, 2021, abrufbar unter: htt ps://www.bfs.admin.ch/news/de/2021-0094 (Abruf 24.05.2022).
[6] TomTom, Switzerland traffic, 2022 abrufbar unter: https://www.tomtom.com/en_gb/ traffic-index/switzerland-country-traffic/ (Abruf 24.05.2022).
[7] Regierungsrat des Kantons Basel-Stadt, Geschäft 06.1769.01, Ausgabenbericht Planungskredit für die Projektierung einer Tramlinie Kleinhüningen – Weil am Rhein vom

verlässige öffentliche grenzüberschreitende Verkehrsverbindungen können dieser Problematik nicht nur entgegenwirken, sondern vielmehr auch das Zusammenwachsen der grenzüberschreitenden Region fördern und die Agglomerationsgemeinden mit der Kernstadt Basel verbinden.[8]

Ein Ausbau der grenzüberschreitenden öffentlichen Verkehrsverbindungen erscheint überdies aufgrund der Tatsache, dass der Individualverkehr mit Autos pro Personenkilometer einen mehr als doppelt so hohen Treibhausgasausstoss hat als die Verkehrsmittel des öffentlichen Personenverkehrs, erfolgsversprechend.[9] Ein solches Vorhaben würde dem Ziel der Klimaneutralität bis im Jahr 2050 bzw. 2045 von der Schweiz und Deutschland entsprechen.[10] In diesem Sinne bestrebt die deutsche Bundesregierung, den öffentlichen Personennahverkehr attraktiver zu gestalten und dessen Fahrgastzahlen mit erhöhten Kapazitäten deutlich zu steigern.[11] Auch die Schweiz bemüht sich um klimafreundliche öffentliche Verkehrsprojekte.[12] So wollte der Kanton Basel-Stadt mit dem Tram 8 einen möglichst ökologischen Verkehrswachstum sicherstellen.[13]

Obwohl mit der S-Bahn-Linie S6 bereits eine klimafreundliche, öffentliche Schienenverkehrsverbindung zwischen Basel und Lörrach besteht, steht der Ausbau des Tramnetzes, trotz gewisser gesellschaftlicher Bedenken, in keiner direkten Konkurrenz zu dieser. Die S-Bahn-Linie verfolgt einen anderen Zweck als die Tramverbindung. Konkret dienen S-Bahnen der Erschliessung der Ballungsräume und umliegenden Regionen, sind streckenmässig an die bestehenden Eisenbahngleise gebunden und weisen mit ungefähr 800 bis 2000 Metern weite Haltestellen-

---

    8. November 2006 (zit. Ausgabenbericht vom 8. November 2006), 2; City Statistics Basel 2022 (FN 5), 5.

[8]   Christof Wamister, Die Tramlinie 8 nach Weil am Rhein oder die Gunst der Stunde, in: Tiefbauamt/Bau- und Verkehrsdepartement Basel-Stadt, Tram 8 – Grenzenlos, Die Verlängerung der Tramlinie 8 von Basel nach Weil am Rhein, Basel 2014, 10 ff., 12.

[9]   UBA, Emissionsdaten, 2022 abrufbar unter: https://www.umweltbundesamt.de/themen/verkehr-laerm/emissionsdaten (Abruf 24.05.2022) (zit. UBA, Emissionsdaten).

[10] Vgl. dazu für die Schweiz BAFU, Bundesrat will bis 2050 eine klimaneutrale Schweiz, 2019, abrufbar unter: https://www.admin.ch/gov/de/start/dokumentation/medienmitteilungen.msg-id-76206.html (Abruf 24.05.2022); sowie für Deutschland § 3 Abs. 2 Bundes-Klimaschutzgesetz vom 12. Dezember 2019 (KSG/DE).

[11] Vgl. SPD/Bündnis 90/Die Grünen/FDP, Mehr Fortschritt wagen, Bündnis für Freiheit, Gerechtigkeit und Nachhaltigkeit, Koalitionsvertrag 2021–2025, 50.

[12] BAFU, Gebäude und Mobilität, 2019, abrufbar unter: https://www.bafu.admin.ch/bafu/de/home/themen/klima/dossiers/klimaschutz-und-co2-gesetz/gebaeude-und-mobilitaet.html (Abruf 24.05.2022); Näheres dazu unten Kap. VI.

[13] Ausgabenbericht vom 8. November 2006 (FN 7), 2; Näheres zum Ausgabebericht s. unten Kap. IV.

abstände auf.[14] Trams hingegen dienen als Feinverteiler unter anderem der Erschliessung der lokalen Quartiere, verkehren auf eigenen Gleiskörpern und weisen geringere Haltestellenabstände auf.[15] Ausserdem ist bei Tramverbindungen die Fahrzeugfolgezeit von ungefähr zehn bis maximal 30 Minuten verglichen mit derjenigen der S-Bahnen von 20 bis 60 Minuten niedriger.[16] Aus diesen Gründen sind Tramverbindungen im Vergleich zu S-Bahnen besonders attraktiv für Pendelnde.

Auch grenzüberschreitende Buslinien können den Ausbau der Tramverbindung nicht ersetzen. Obschon Busse ähnliche Gebiete erschliessen wie Trams, haben diese jedoch im Vergleich zu Trams einen deutlich höheren Treibhausgasausstoss pro Personenkilometer.[17] Der Ausbau der Buslinien würde folglich weniger zum Ziel der Klimaneutralität beitragen und der Problematik des Staus auf den Strassen nicht im gleichen Ausmass entgegenwirken. Zudem hat der Bau von Tramverbindungen im Gegensatz zu Busverbindungen etwas Verbindlicheres und trägt die Dauerhaftigkeit in sich.[18] Dies fördert die Zusammengehörigkeit der verbundenen Orte und Menschen.[19]

III. Territorialitätsprinzip

Wirft man einen Blick auf die bisher vollzogenen grenzüberschreitenden Tramprojekte in der Oberrheinregion, so ist besonders auffällig, dass diese im Rahmen der grenzüberschreitenden Zusammenarbeit alle dem Territorialitätsprinzip folgten.[20]

---

[14] MONIQUE DORSCH, Öffentlicher Personennahverkehr, Grundlagen und 25 Fallstudien mit Lösungen, München 2019, 61 ff.; JÜRGEN SIEGMANN, Schienenverkehr, in: ARL – Akademie für Raumforschung und Landesplanung (Hrsg.), Handwörterbuch der Stadt- und Raumentwicklung, Hannover 2018, 2107 ff., 2113.

[15] REINHARD MENIUS/VOLKER MATTHEWS, Bahnbau und Bahninfrastruktur, 9. A., Wiesbaden 2017, 11; DORSCH (FN 14), 37; SIEGMANN (FN 14), 2113.

[16] DORSCH (FN 14), 60; die S6 verkehrt im Halbstundentakt, während die Trams im 7.5 Minutentakt fahren, vgl. Regierungsrat des Kantons Basel-Stadt, ÖV-Programm 2022–2025 Vernehmlassungsentwurf vom 11. Juni 2020, 18 und 22.

[17] UBA, Emissionsdaten (FN 9); Tiefbauamt des Kantons Basel-Stadt, tram3info – Verlängerung der Tramlinie 3 nach Saint-Louis, 2016 (zit. Info Tramlinie 3), 2.

[18] WOLFGANG DIETZ, Vorworte, in: Tiefbauamt/Bau- und Verkehrsdepartement Basel-Stadt, Tram 8 – Grenzenlos, Die Verlängerung der Tramlinie 8 von Basel nach Weil am Rhein, Basel 2014, 6.

[19] LEWIN (FN 2), 64.

[20] DEJAN DESPOTOVIC, Wie Packt man ein solches Projekt an?, in: Tiefbauamt/Bau- und Verkehrsdepartement Basel-Stadt (Hrsg.), Tram 8 – Grenzenlos, Die Verlängerung der Tramlinie 8 von Basel nach Weil am Rhein, Basel 2014, 70 ff.

Das völkerrechtliche Territorialitätsprinzip verbietet es den Staaten ausserhalb ihres Staatsgebiets hoheitliche Gewalt auszuüben und begrenzt so die räumliche Geltung nationaler öffentlich-rechtlicher Rechtsquellen auf das jeweilige Staatsgebiet.[21] Als Anknüpfungspunkt zur Bestimmung der örtlichen Zuständigkeit wird beim Bau einer Tramverbindung auf den Ort der gelegenen Sache abgestellt.[22] Demnach bestimmen die einzelnen Staaten selber über die Anwendung ihres Rechts für diejenigen Teile des grenzüberschreitenden Projekts, welche auf ihrem Staatsgebiet liegen. Das Territorialitätsprinzip schliesst jedoch nicht aus, dass es im Einzelfall zu Normkonflikten zwischen den verschiedenen Rechtsordnungen kommen kann.[23] Dem kann hingegen mit vertraglichen Regelungen im Voraus vorgebeugt werden.

Nach dem Territorialitätsprinzip gilt es folglich das vorliegende Projekt in die beiden Abschnitte auf schweizerischem und auf deutschem Staatsgebiet, also Basel und Lörrach, zu unterteilen. Durch die Zweiteilung können die jeweiligen innerstaatlichen politischen Verfahren befolgt sowie die nationalen Gesetze herangezogen und die konkreten technischen Normen realisiert werden, ohne dabei die andere Partei einzuschränken.[24] Das Territorialitätsprinzip ermöglicht somit eine effiziente territorial getrennte Umsetzung des grenzüberschreitenden Infrastrukturprojekts. Konkret bedeutet dies, dass sowohl die Schweiz als auch Deutschland unter Würdigung der eigenen Bewilligungsverfahren und baurechtlichen Vorschriften bis an die Grenze bauen. Die Unterteilung in die beiden Abschnitte hat zudem den Vorteil, dass zeitversetzte Fortschritte im Bau sowie im Bewilligungsverfahren nicht das gesamte Infrastrukturprojekt verzögern. So war es bspw. beim Bau des Tram 8 möglich, dass der Spatenstich und somit der Baubeginn in Basel bereits im Dezember 2008 erfolgten, wobei in Weil am Rhein erst im März 2011 mit dem Bau gestartet wurde.[25]

---

[21] PIERRE TSCHANNEN/ULRICH ZIMMERLI/MARKUS MÜLLER, Allgemeines Verwaltungsrecht, 4. A., Bern 2014, § 24, Rz. 5; ULRICH HÄFELIN/GEORG MÜLLER/FELIX UHLMANN, Allgemeines Verwaltungsrecht, 8. A., Zürich 2020, Rz. 308 ff.; PETER KARLEN, Schweizerisches Verwaltungsrecht Gesamtdarstellung unter Einbezug des europäischen Kontextes, Zürich 2018, 109; vgl. auch BGE 136 I 297 E. 5; 133 II 331 E. 6.1.

[22] Vgl. TSCHANNEN/ZIMMERLI/MÜLLER (FN 21), § 24, Rz. 5; HÄFELIN/MÜLLER/UHLMANN (FN 21), Rz. 316.

[23] KARLEN (FN 21), 109.

[24] DESPOTOVIC (FN 20), 70.

[25] DESPOTOVIC (FN 20), 70; ALAIN GROFF, Mut, Weitsicht und Beharrlichkeit für ein zukunftsträchtiges Verkehrsmittel, in: Tiefbauamt/Bau- und Verkehrsdepartement Basel-Stadt, Tram 8 – Grenzenlos, Die Verlängerung der Tramlinie 8 von Basel nach Weil am Rhein, Basel 2014, 66 ff., 69.

Einzelne Bereiche des grenzüberschreitenden Infrastrukturprojekts können jedoch nicht strikt nach dem Territorialitätsprinzip getrennt ablaufen, weshalb dieses vorliegend nicht absolut gilt. Bspw. gilt es eine Gesamtprojektleitung aufzustellen, welche die Koordination zwischen den beiden Projektparteien wahrt. Nur so kann trotz der grossen Unabhängigkeit der beiden Teilabschnitte eine einheitliche strategische Projektsteuerung, ein regelmässiger Austausch zwischen den Projektpartnern sowie die gemeinsame Bearbeitung von Problemen, welche über die Grenze hinweggehen, sichergestellt werden.[26] Ferner verläuft auch die Finanzierung oftmals nicht territorial getrennt.[27]

IV. Rechtsgrundlagen und Kompetenzen

Beim Bau einer grenzüberschreitenden Tramlinie zwischen Lörrach und Basel sind zwei unterschiedliche Staaten mit zwei verschiedenen Rechtssystemen involviert, die sich nicht nur hinsichtlich der Verteilung von Kompetenzen und den politischen Hierarchien, sondern auch bezüglich den Grundlagen des öffentlichen Handelns unterscheiden.[28] Damit eine grenzüberschreitende Zusammenarbeit zwischen Basel und Lörrach legitimiert werden kann, gilt es nachfolgend nicht nur die Rechtsgrundlagen und Kompetenzverteilung auf internationaler sowie nationaler Ebene für die grenzüberschreitende Zusammenarbeit aufzuzeigen sowie auch jene für den Sachbereich des öffentlichen Verkehrs, insbesondere des Tramverkehrs. Dabei gliedert sich das nationale Recht der beiden Staaten anhand deren politischen Strukturen in die nachfolgend abgebildeten Ebenen.

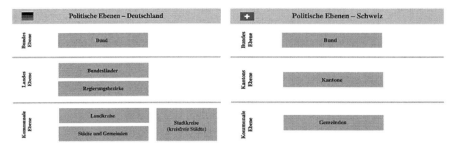

Abbildung 1: Überblick über die politischen Ebenen in der Schweiz und Deutschland

---

26 DESPOTOVIC (FN 20), 71; Näheres dazu s. unten VII.C.
27 Näheres dazu s. unten VI.
28 FABRICE GIREAUD, Die Eurodistrikte: Neue lokale Kooperationsformen in Europa?, in: Europäisches Zentrum für Föderalismus-Forschung Tübingen (EZFF), Jahrbuch des Föderalismus 2017, Baden-Baden 2017, 520 ff., 534.

A. Rechtsgrundlagen und Kompetenzen in der grenzüberschreitenden Zusammenarbeit

Die grenzüberschreitende Zusammenarbeit ist für die trinationale Metropolregion Oberrhein seit jeher von zentraler Bedeutung, zumal sie die Grenzregionen der deutschen Bundesländer Baden-Württemberg und Rheinland-Pfalz, die französische Region Elsass und sämtliche Grenzkantone der Nordwestschweiz zusammenführt.[29] Die grenzüberschreitende Zusammenarbeit der Gebietskörperschaften ist gesetzlich geregelt, wobei sich entsprechende Grundlagen sowohl im internationalen Recht und EU-Recht sowie auch im nationalen Recht der beteiligten Staaten; auf Bundes- und kantonaler Ebene in der Schweiz bzw. auf Bundes-, Landes- oder kommunaler Ebene in Deutschland finden lassen.

1. Internationales Recht und EU-Recht

Eine der wichtigsten völkerrechtlichen Grundlagen für die grenzüberschreitende Zusammenarbeit in Europa ist das Europäische Rahmenübereinkommen über die grenzüberschreitende Zusammenarbeit zwischen Gebietskörperschaften (sog. Madrider Übereinkommen). Dieses hat die Schweiz sowie auch alle ihre Nachbarstaaten mit seinen drei Zusatzprotokollen ratifiziert. Das Madrider Übereinkommen setzt den rechtlichen Rahmen für die grenzüberschreitende Zusammenarbeit unterhalb der nationalstaatlichen Ebene in Europa. Es erleichtert und fördert den Abschluss von Verträgen zwischen Regionen und Gemeinden der Vertragsstaaten.[30] Mit dem ersten Zusatzprotokoll (1. ZP) erkennen die Vertragsparteien das Recht der ihrer Zuständigkeit unterstehenden, in Art. 1 und 2 des Madrider Übereinkommens bezeichneten Gebietskörperschaften an, Vereinbarungen mit den Gebietskörperschaften anderer Staaten über die grenzüberschreitende Zusammenarbeit schliessen zu können.[31]

Weiter hat die Schweiz bzw. der Bundesrat verschiedene Vereinbarungen zur grenzüberschreitenden Zusammenarbeit mit einzelnen Nachbarstaaten abgeschlossen, welche primär Rechtswirkung in den betroffenen Grenzkantonen ent-

---

[29] ANA KOLAROV, Der koordinierte Pluralismus in der schweizerischen Aussenpolitik, Zürich 2015, 238.
[30] Botschaft betreffend das Europäische Rahmenübereinkommen über die grenzüberschreitende Zusammenarbeit zwischen Gebietskörperschaften oder Behörden vom 20. Mai 1981, BBl 1981 II 833 ff., 834.
[31] Art. 1 Abs. 1 Zusatzprotokoll zum Europäischen Rahmenübereinkommen über die grenzüberschreitende Zusammenarbeit zwischen Gebietskörperschaften vom 9. November 1995 (SR 0.131.11).

falten.³² Eine davon ist das für das vorliegende Projekt einschlägige Übereinkommen über die grenzüberschreitende Zusammenarbeit zwischen Gebietskörperschaften und örtlichen öffentlichen Stellen (sog. Karlsruher Übereinkommen).³³ Zusammen mit den Regierungen Deutschlands, Frankreichs und Luxemburgs unterzeichnete der Bundesrat dieses im Namen der Kantone Solothurn, Basel-Stadt, Basel-Landschaft, Aargau und Jura am 23. Januar 1996, wobei dessen Gültigkeit mittlerweile auf weitere Kantone (SH, BE, VD, VS, NE und GE) ausgedehnt wurde. Es stellt für die Schweiz mitunter das bedeutsamste Abkommen zur grenzüberschreitenden Zusammenarbeit dar.³⁴ Das Karlsruher Übereinkommen konkretisiert die Grundsätze des Madrider Übereinkommens und stellt eine gemeinsame Rechtsgrundlage für grenzüberschreitende Aktivitäten der Gebietskörperschaften in der Grossregion des Oberrheins dar.³⁵ Insbesondere schafft das Karlsruher Übereinkommen die rechtliche Grundlage für den Abschluss von Zusammenarbeitsverträgen, sog. Kooperationsvereinbarungen.³⁶ Diese Kooperationsvereinbarungen erlauben es den Kantonen mit den in Art. 2 des Übereinkommens genannten Gebietskörperschaften Vereinbarungen nicht völkerrechtlichen Charakters über Vorhaben der grenzüberschreitenden Zusammenarbeit abzuschliessen.³⁷ Die Kooperationsvereinbarungen weisen folglich die Form eines öffentlich-rechtlichen Vertrags auf.³⁸ Inhaltlich richten sich diese nach Art. 4 des Karlsruher Übereinkommens. So schreibt dieser vor, dass die Geltungsdauer, die Vorausset-

---

[32] ANDREAS AUER, Staatsrecht der schweizerischen Kantone, Bern 2016, Rz. 740.
[33] Das Karlsruher Übereinkommen ist in den kantonalen Rechtssammlungen publiziert, z.B. BS, SG 119.100.
[34] KERSTIN ODENDAHL (heute VON DER DECKEN), Die Grenzüberschreitende Zusammenarbeit im Lichte des Völkerrechts, in: Hans Martin Tschudi et al. (Hrsg.), Die Grenzüberschreitende Zusammenarbeit der Schweiz. Juristisches Handbuch zur Grenzüberschreitenden Zusammenarbeit von Bund und Kantonen, Zürich/St. Gallen 2014, 3 ff., Rz. 48.
[35] VALENTIN ZELLWEGER/OTHMAR BÜHLER, Die grenzüberschreitende Zusammenarbeit aus der Sicht des schweizerischen Staatsvertragsrechts, in: Hans Martin Tschudi et al. (Hrsg.), Die Grenzüberschreitende Zusammenarbeit der Schweiz. Juristisches Handbuch zur Grenzüberschreitenden Zusammenarbeit von Bund und Kantonen, Zürich/St. Gallen 2014, 25 ff., Rz. 12.
[36] Vgl. Art. 3 und 4 Übereinkommen zwischen der Regierung der Bundesrepublik Deutschland, der Regierung der Französischen Republik, der Regierung des Grossherzogtums Luxemburg und dem Schweizerischen Bundesrat, handelnd im Namen der Kantone Solothurn, Basel-Stadt, Basel-Landschaft, Aargau und Jura, über die grenzüberschreitende Zusammenarbeit zwischen Gebietskörperschaften und örtlichen öffentlichen Stellen (SG 119.100).
[37] CR Cst.-MAARONIAN/KOLB, in: Vincent Martenet/Jacques Dubey (Hrsg.), Commentaire Romand Constitution féderale, Basel 2021 (zit. CR Cst.-AUTOR, Art.), Art. 56, Rz. 26.
[38] ALIX WEIGEL, Perspektiven zur rechtlichen Flexibilisierung der grenzüberschreitenden Zusammenarbeit am Oberrhein, Zürich/St.Gallen 2019, 88.

zungen für die Beendigung, die Haftung gegenüber Dritten sowie die Rechtswahl für die konkreten Bestimmungen festzulegen sind. Inwiefern eine solche Kooperationsvereinbarung im vorliegenden grenzüberschreitenden Projekt von Bedeutung ist, wird in Kap. V.A.1. erläutert.

Im EU-Recht besteht das Instrument des Europäischen Verbunds für territoriale Zusammenarbeit (EVTZ), welches mit der Verordnung (EG) Nr. 1082/2006 (EVTZ-VO) eingeführt und durch die Verordnung (EU) Nr. 1302/2013 (EVTZ-ÄndVO) reformiert wurde. Der EVTZ ist eine juristische Person und hat zum Ziel, die grenzüberschreitende, transnationale und/oder interregionale Kooperation zwischen öffentlichen Einrichtungen verschiedener EU-Mitgliedsstaaten zu vereinfachen. Seit der Reform besteht für die Mitgliedsstaaten auch die Möglichkeit, einen EVTZ mit Gebietskörperschaften aus Drittländern abzuschliessen.[39] Folglich könnte Lörrach als deutsche Gebietskörperschaft einen EVTZ mit dem Kanton Basel-Stadt abschliessen. Von diesem Instrument wurde jedoch in den bisherigen grenzüberschreitenden Tramprojekten aufgrund dessen trägen und etwas schwerfälligen Verwaltungsstruktur nicht Gebrauch gemacht.[40]

2. Schweizerisches Recht

Innerhalb des schweizerischen Rechts wird die grenzüberschreitende Zusammenarbeit sowohl in der schweizerischen Bundesverfassung als auch in den einzelnen kantonalen Verfassungen geregelt. Art. 54 Abs. 1 der Bundesverfassung (BV) beschreibt die «auswärtigen Angelegenheiten» als «Sache des Bundes». Dabei sind unter auswärtigen Angelegenheiten umfassend alle grenzüberschreitenden Vorgänge zwischen der Schweiz und anderen Völkerrechtssubjekten zu verstehen.[41]

---

[39] Art. 3 Abs. 1 Verordnung (EU) Nr. 1302/2013 des Europäischen Parlaments und des Rates vom 17. Dezember 2013 zur Änderung der Verordnung (EG) Nr. 1082/2006 über den Europäischen Verbund für territoriale Zusammenarbeit (EVTZ) (EVTZ-ÄndVO).

[40] Isaak Granzer, Herausforderungen und Lösungen bei der Errichtung grenzüberschreitender Infrastruktur am Beispiel des Straßenbahnbaus Straßburg – Kehl, Der öffentliche Sektor, 42(2), Wien 2016, 71.

[41] Giovanni Biaggini/Julia Haas, Verfassungsrechtliche Grundlagen der Grenzüberschreitenden Zusammenarbeit in der Schweiz, in: Hans Martin Tschudi et al. (Hrsg.), Die Grenzüberschreitende Zusammenarbeit der Schweiz. Juristisches Handbuch zur Grenzüberschreitenden Zusammenarbeit von Bund und Kantonen, Zürich/St. Gallen, 2014, 139 ff., 147; BSK BV-Epiney, in: Bernhard Waldmann/Eva Maria Belser/Astrid Epiney (Hrsg.), Schweizerische Bundesverfassung Basler Kommentar, Basel 2015 (zit. BSK BV-Autor, Art.), Art. 54, Rz. 16 f.; OFK-Biaggini, in: Giovanni Biaggini, BV Kommentar Bundesverfassung der Schweizerischen Eidgenossenschaft, 2. A., Zürich 2017 (zit. OFK-Biaggini, Art.), Art. 54, Rz. 3.

Art. 54 BV begründet demnach eine umfassende Bundeskompetenz für sämtliche auswärtigen Angelegenheiten.⁴² Diese grundsätzlich ausschliessliche Kompetenz des Bundes wird jedoch durch Art. 56 BV eingeschränkt, da dieser den Kantonen die Kompetenz verschafft «in ihren Zuständigkeitsbereichen mit dem Ausland Verträge abzuschliessen». Dies gilt folglich für jene Bereiche, in denen keine Zuständigkeiten an den Bund übertragen wurden und somit bei den Kantonen verbleiben.⁴³ Die Verträge dürfen nach Abs. 2 «dem Recht und den Interessen des Bundes sowie den Rechten anderer Kantone nicht zuwiderlaufen», weshalb die Kantone den Bund vor dem Abschluss solcher Verträge zu informieren haben. Folglich sind alle Kantone, sowohl Grenz- als auch Binnenkantone, befugt, Verträge mit dem Ausland abzuschliessen. Art. 56 Abs. 3 BV berechtigt dabei die Kantone, in ihrem Zuständigkeitsbereich direkt mit untergeordneten ausländischen Behörden zu verkehren. Der Begriff der «untergeordneten Behörde» wird dabei weit ausgelegt und umfasst fast alle ausländischen Behörden unter Ausschluss der Zentralverwaltung, so bspw. deutsche Landkreise, Städte oder Gemeinden.⁴⁴ Folglich kann der Kanton Basel-Stadt gestützt auf die Bundesverfassung in denjenigen Bereichen, welche in seine Kompetenz fallen, direkt mit der Stadt Lörrach verkehren.

Die internationale Zusammenarbeit der Kantone tritt in der Praxis in verschiedenen Formen auf.⁴⁵ Zunächst gilt es die völkerrechtlichen Verträge, als klassisches Instrument der internationalen Zusammenarbeit, zu erwähnen.⁴⁶ Diese sind jedoch nicht das einzige Mittel, welches den Kantonen zur Verfügung steht. Vielmehr kann die internationale Zusammenarbeit auch andere Formen wie bspw. informelle Absprachen, verwaltungsrechtliche Verträge, gemeinsame Organisationen oder Konferenzen annehmen.⁴⁷ Insbesondere gilt es für das vorliegende Projekt die Kooperationsvereinbarungen gemäss dem Karlsruher Übereinkommen zu erwähnen, welche jedoch keinen völkerrechtlichen Charakter haben. Dabei wird der Auffassung gefolgt, dass auch der Abschluss grenzüberschreitender Verträge ohne völkerrechtlichen Charakter, sofern sie innerhalb des Zuständig-

---

[42] BIAGGINI/HAAS (FN 41), 147; BSK BV-EPINEY (FN 41), Art. 54, Rz. 20; OFK-BIAGGINI (FN 41), Art. 54, Rz. 5.
[43] OFK-BIAGGINI (FN 41), Art. 54, Rz. 6.
[44] CR Cst.-MAARONIAN/KOLB (FN 37), Art. 56, Rz. 41.
[45] THOMAS PFISTERER, Die Kantone mit dem Bund in der EU-Zusammenarbeit – Art. 54 Abs. 3, 55 und 56 BV und deren Anwendung auf die bilateralen Verträge, Zürich/St. Gallen 2014, Rz. 177 f.
[46] CR Cst.-MAARONIAN/KOLB (FN 37), Art. 56, Rz. 21.
[47] CR Cst.-MAARONIAN/KOLB (FN 37), Art. 56, Rz. 20 und 26.

keitsbereichs der Kantone liegen, von der konkurrierenden Kompetenz nach Art. 56 BV umfasst sind.[48]

Im Gegensatz zum Bund sehen die Verfassungen der Kantone vielfach Bestimmungen vor, die ausdrücklich die grenzüberschreitende bzw. nachbarliche Zusammenarbeit regeln.[49] So sieht der Kanton Basel-Stadt in seiner Verfassung (KV/BS) bspw. in § 3 Abs. 1 vor, dass die Behörden des Kantons zur Erfüllung regionaler oder gemeinsamer Aufgaben mit den Behörden anderer Kantone, den Gemeinden der Agglomeration sowie der Region Oberrhein zusammenarbeiten. Dabei sind die Behörden des Kantons Basel-Stadt gemäss § 3 Abs. 2 KV/BS «bestrebt, mit Behörden des In- und Auslandes in der Agglomeration und Region Vereinbarungen abzuschliessen», wobei sie im Rahmen der Zusammenarbeit mit regionalen Gebietskörperschaften suchen, «eine Angleichung der Gesetzgebung herbeizuführen.»[50]

Die innerkantonalen Zuständigkeiten für den Abschluss von internationalen Verträgen legen die Kantone selbst fest.[51] Im Kanton Basel-Stadt ist grundsätzlich der Regierungsrat für den Abschluss von Verträgen zuständig, dies jedoch unter Vorbehalt des Genehmigungsrechts des Grossen Rats.[52] Dabei hat der Grosse Rat diejenigen Verträge zu genehmigen, welche Gegenstände enthalten, die in seine Zuständigkeit fallen.[53] Im Fall der Verlängerung des Tram 8 wurde die Rahmenvereinbarung durch den Regierungsrat unterzeichnet, wobei dieser auch für eine allfällige Unterzeichnung einer Kooperationsvereinbarung bzw. einer Rahmenvereinbarung für das Vorhaben der Tramlinie zwischen Basel und Lörrach zuständig wäre.

---

[48] CR Cst.-MAARONIAN/KOLB (FN 37), Art. 56, Rz. 26; PFISTERER, St. Galler Kommentar, in: Ehrenzeller Bernhard et al. (Hrsg.), Die schweizerische Bundesverfassung St. Galler Kommentar, 3. A., Zürich 2014 (zit. AUTOR, St. Galler Kommentar, Art.), Art. 56, Rz. 16; BERNHARD WALDMANN, Schranken der Bundeskompetenz in auswärtigen Angelegenheiten aus föderalistischer Sicht, in: Bernhard Waldmann/Peter Hänni/Eva Maria Belser (Hrsg.), Föderalismus 2.0 – Denkanstösse und Ausblicke, Bern, 2011, 151 ff., 157 f.; anderer Meinung BARDO FASSBENDER/RAFFAEL GÜBELI, Die gegenwärtig gültigen völkerrechtlichen Verträge der Kantone – Versuch einer systematischen Bestandesaufnahme, Schweizerisches Zentralblatt für Staats- und Verwaltungsrecht, 119 (3), 107 ff., 107; OFK-BIAGGINI (FN 41), Art. 54, Rz. 16.
[49] BIAGGINI/HAAS (FN 41), 144.
[50] § 3 Abs. 3 KV/BS.
[51] PFISTERER, St. Galler Kommentar (FN 48), Art. 56 BV, Rz. 16.
[52] § 106 KV/BS.
[53] § 85 Abs. 1 KV/BS.

3. Deutsches Recht

Auch in der deutschen Rechtsordnung bestehen Bestimmungen zur grenzüberschreitenden Zusammenarbeit auf verschiedenen Ebenen. Auf der obersten Ebene wird im Grundgesetz (GG) in Art. 32 die «Pflege der Beziehung zu ausländischen Staaten» geregelt. Diese wird gemäss Art. 32 Abs. 1 GG dem Bund anvertraut. In einem weiten Sinne könnte jegliches aussenwirksames Handeln sämtlicher (rechtlicher) Natur, als beim Bund monopolisiert verstanden werden.[54] Eine solche Auffassung würde jedoch grenzüberschreitende Aktivitäten lokaler Gebietskörperschaften, welche diese in eigenem Namen ausführen, ausschliessen. Um dem entgegenzuwirken, beschränkt die herrschende Lehre die «auswärtige Gewalt» auf diejenigen Zuständigkeiten, welche die Teilnahme des Staates am völkerrechtlichen Verkehr betreffen.[55] Eine Landeskompetenz auf dem Gebiet der auswärtigen Beziehungen sieht Art. 32 Abs. 3 GG nur im Bereich des Vertragsabschlusses vor. Danach können die Länder sofern sie «für die Gesetzgebung zuständig sind», mit der Zustimmung der Bundesregierung Verträge mit auswärtigen Staaten oder sonstigen Völkerechtssubjekten schliessen.[56] Unter dem Vertragsbegriff werden gemäss der einen Auffassung nur völkerrechtliche Verträge subsumiert.[57] Jenseits des Bereichs der «auswärtigen Gewalt», welcher durch seinen völkerrechtlichen Charakter gekennzeichnet ist, bestimmt sich die Verbandskompetenz für die grenzüberschreitende Zusammenarbeit von Bund und Ländern nach Art. 30 GG, der Grundnorm zur bundesstaatlichen Kompetenzverteilung.[58] Diese begründet eine Regelkompetenz für die Länder, wobei die Kompetenzen des Bundes einer besonderen grundgesetzlichen Zuweisung bedürfen. Art. 30 GG

---

[54] MATTHIAS NIEDOBITEK, Verfassungsrechtliche Grundlagen der Grenzüberschreitenden Zusammenarbeit in Deutschland, in: Hans MartinTschudi *et al.* (Hrsg.), Die Grenzüberschreitende Zusammenarbeit der Schweiz. Juristisches Handbuch zur Grenzüberschreitenden Zusammenarbeit von Bund und Kantonen, Zürich/St. Gallen 2014, 171 ff. (zit. NIEDOBITEK, Verfassungsrechtliche Grundlagen), 178.

[55] RUDOLF GEIGER, Grundgesetz und Völkerrecht, mit Europarecht, 5. A., München 2010, 105; NIEDOBITEK, Verfassungsrechtliche Grundlagen (FN 54), 178; NETTESHEIM, Grundgesetz-Kommentar, in: Günter Dürig/Roman Herzog/Rupert Scholz (Hrsg.), Grundgesetz Kommentar, 95. A., München 2021 (zit. AUTOR, Grundgesetz-Kommentar, Art.), Art. 32, Rz. 41.

[56] GEIGER (FN 55), 109.

[57] NIEDOBITEK, Verfassungsrechtliche Grundlagen (FN 54), 186; NETTESHEIM, Grundgesetz-Kommentar (FN 55), Art. 32, Rz. 100 ff.; JARASS, Kommentar GG, in: Hans D. Jarass/Bodo Pieroth (Hrsg.), Grundgesetz für die Bundesrepublik Deutschland: GG, Kommentar, 16. A., München 2020, Art. 32, Rz. 13.

[58] NIEDOBITEK, Verfassungsrechtliche Grundlagen (FN 54), 186.

wird so ausgelegt, dass dieser nicht nur die Kompetenzen bezüglich der Ausübung der innerstaatlich wirksamen Staatsgewalt verteilt, sondern zugleich das aussenwirksame Staatshandeln erfasst, sofern dieses nicht der Sonderregelung gemäss Art. 32 GG unterliegt.[59] Ein anderer Teil der Lehre vertritt jedoch die Auffassung, dass aufgrund des *argumentum a maiore ad minus* nicht nur der Abschluss von völkerrechtlichen Verträgen, sondern auch andere Formen der Pflege auswärtiger Beziehungen unter Art. 32 Abs. 3 GG subsumiert werden können.[60] Unbeachtet welcher Lehrmeinung gefolgt wird, geht aus beiden hervor, dass die Länder auch zum Abschluss nicht völkerrechtlicher Verträge mit dem Ausland befugt sind.

Ähnliches gilt hinsichtlich der grenzüberschreitenden Aktivitäten auf Ebene der lokalen Gebietskörperschaften.[61] Den Gemeinden wird mit Art. 28 Abs. 2 GG das Recht eingeräumt, «alle Angelegenheiten der örtlichen Gemeinschaft in eigener Verantwortung zu regeln». Auch den Gemeindeverbänden, den sog. Landkreisen, steht im Rahmen ihres gesetzlichen Aufgabenbereichs das Recht der Selbstverwaltung zu.[62] Art. 28 Abs. 2 GG lässt dabei nicht erkennen, dass der Wirkungskreis der Gemeinden an der Staatsgrenze enden würde. Schliesslich kann festgehalten werden, dass Länder, Landkreise und Gemeinden über eine verfassungsrechtlich gewährleistete Befugnis verfügen, im Rahmen ihrer Verbandskompetenzen grenzüberschreitende Verträge (nicht völkerrechtlicher Natur) zu schliessen.[63] So ist Lörrach als Gemeinde bzw. Grosse Kreisstadt grundsätzlich befugt, in ihren Kompetenzen nicht völkerrechtliche Verträge mit dem Ausland abzuschliessen.

Die Verfassung von Baden-Württemberg enthält wenige für die grenzüberschreitende Zusammenarbeit relevante Normen, wobei sie von allgemeiner Natur sind. Einzig wird im Vorspruch der Landesverfassung die Förderung der grenzüberschreitenden Zusammenarbeit angesprochen. Ferner sind auch einzelne Bestimmungen in den Gesetzen und Verordnungen des Lands Baden-Württemberg zu

---

[59] MATTHIAS NIEDOBITEK, Das Recht der grenzüberschreitenden Verträge, Bund, Länder und Gemeinden als Träger grenzüberschreitender Zusammenarbeit, Habil. Speyer, Tübingen 2001 (zit. NIEDOBITEK, Grenzüberschreitende Verträge), 399; NETTESHEIM, Grundgesetz-Kommentar (FN 55), Art. 32, Rz. 23.

[60] HEINTSCHEL VON HEINEGG/FRAU BeckOK GG, in: Volker Epping/Christian Hilgruber (Hrsg.), BeckOK Grundgesetz, 46. A., München 2021 (zit. AUTOR, BeckOK GG, Art.), Art. 32, Rz. 32.

[61] NIEDOBITEK, Verfassungsrechtliche Grundlagen (FN 54), 186.

[62] PETER BADURA, Staatsrecht, Systematische Erläuterung des Grundgesetzes, 6. A., München 2015, 435.

[63] NIEDOBITEK, Grenzüberschreitende Verträge (FN 59), 399.

bestimmten Sachgebieten zu finden.[64] In den Satzungen und Verordnungen der Stadt Lörrach bestehen jedoch keine Bestimmungen zur grenzüberschreitenden Zusammenarbeit.

Die Zuständigkeiten innerhalb der Gemeinden bzw. Städten sind in der Gemeindeordnung für Baden-Württemberg (GemO/BW) geregelt. Lörrach gilt mit seinen knapp 50 000 Einwohner als sog. Grosse Kreisstadt, weshalb der Bürgermeister die Amtsbezeichnung Oberbürgermeister trägt.[65] Dieser ist gemäss § 41 Abs. 1 GemO/BW Vorsitzender des Gemeinderats und vertritt die Gemeinde nach aussen. Folglich ist der Oberbürgermeister von Lörrach zum Abschluss von Verträgen berechtigt.

B. Rechtsgrundlagen und Kompetenzen im öffentlichen Verkehr, insbesondere Tramverkehr

Da die grenzüberschreitende Zusammenarbeit eine Kompetenz der beteiligten Parteien im entsprechenden Sachgebiet voraussetzt, gilt es diese nachfolgend für den öffentlichen Verkehr, insbesondere den Tramverkehr, zu erläutern.

1. Internationales Recht und EU-Recht

Die nationalen Bestimmungen der beiden Staaten Schweiz und Deutschland zum öffentlichen Verkehr und insbesondere zum Schienenverkehr werden durch völkerrechtliche Bestimmungen ergänzt. Eine wichtige Rechtsgrundlage ist das bilaterale Landesverkehrsabkommen mit der EU (LVA), welches die Schweiz 1999 als eines von sieben Abkommen mit der EU abgeschlossen hat (Bilaterale I). Mit diesem Abkommen konnte die Zusammenarbeit zwischen der Schweiz und der EU im Bereich des Verkehrs langfristig abgesichert werden. Konkret regelt das LVA den Güter- und Personenverkehr auf Schiene und Strasse im EU-Verkehr und hat die Festlegung einer koordinierten Verkehrspolitik sowie die Liberalisierung des Zu-

---

[64] Bspw. § 10 Verordnung des Sozialministeriums und des Umweltministeriums über die Qualität und die Bewirtschaftung der Badegewässer (Badegewässerverordnung) vom 16. Januar 2008 (BAdegVO/BW) zur Zusammenarbeit bei grenzüberschreitenden Gewässern; § 9 Gesetz über die Planung, Organisation und Gestaltung des öffentlichen Personennahverkehrs vom 8. Juni 1995 (ÖPNVG/BW) zu den grenzüberschreitenden Verkehrsverbünden.

[65] § 3 Abs. 2 i.V.m. § 41 Abs. 4 Gemeindeordnung für Baden-Württemberg (Gemeindeordnung) vom 1. Dezember 1999 (GemO/BW).

gangs zum Güter- und Personenverkehrsmarkt zum Ziel.[66] Grundsätzlich verpflichtet es die Schweiz, bezüglich jener Erlasse, welche im Anhang des Abkommens aufgeführt sind, gleichwertige landesrechtliche Regelungen zu erlassen.[67] Somit kommt dem Völkerrecht im Bereich des Eisenbahnrechts einen erheblichen materiellen Einfluss zu.[68] Keine direkte Anwendung findet das LVA jedoch auf die Eisenbahnunternehmen, deren Betrieb auf den Regionalverkehr beschränkt ist.[69] Folglich ist das LVA für den Bau einer Tramverbindung zwischen Lörrach und Basel von begrenzter Bedeutung, da die Basler Verkehrs-Betriebe (BVB)[70] ausschliesslich im Orts- und Regionalverkehr tätig sind.[71]

Weiter gilt es im Rahmen des Baus des grenzüberschreitenden Infrastrukturprojekts auf Ebene der EU, die Verordnung (EG) Nr. 1370/2007 (VO 1370/2007) über öffentliche Personenverkehrsdienste auf Schiene und Strasse zu beachten.[72] Diese ist in Deutschland als EU-Mitgliedstaat unmittelbar gültig.[73] Ziel der Verordnung ist es, dass die Leistungsbeziehungen im öffentlichen Personenverkehr transparent dargestellt werden müssen.[74] Weiter beinhaltet die Verordnung eine Liberalisierung der Märkte, wobei eine europaweite Ausschreibung zur Ermögli-

---

[66] Art. 1 Abs. 1 Abkommen zwischen der Schweizerischen Eidgenossenschaft und der Europäischen Gemeinschaft über den Güter- und Personenverkehr auf Schiene und Strasse (Landesverkehrsabkommen) vom 21. Juni 1999 (SR 0.740.72); REGULA HERMANN-KUMMER, Öffentlicher Verkehr: Strassen-, Schienen- und Schifffahrtsverkehr, in: Hans Martin Tschudi et al. (Hrsg.), Die Grenzüberschreitende Zusammenarbeit der Schweiz. Juristisches Handbuch zur Grenzüberschreitenden Zusammenarbeit von Bund und Kantonen, Zürich/St. Gallen 2014, 731 ff., 733 f.; MARKUS KERN, Weiterentwicklung der Eisenbahnrechtsordnung in der Schweiz, Schweizerisches Zentralblatt für Staats- und Verwaltungsrecht, 113(12), 631 ff., 634.

[67] MARKUS KERN/PETER KÖNIG, Öffentlicher Verkehr, in: Giovanni Biaggini et al. (Hrsg.), Fachhandbuch Verwaltungsrecht, Zürich 2015, 389 ff., Rz. 9.7.

[68] CR Cst.-KERN (FN 37), Art. 87, Rz. 16.

[69] Art. 2 Abs. 2 LVA.

[70] Die BVB ist als öffentlich-rechtliche Anstalt geführt und befindet sich zu 100 % im Besitz des Kantons Basel-Stadt, vgl. BVB, Porträt, abrufbar unter: https://www.bvb.ch/de/unternehmen/portraet/(Abruf 24.05.2022).

[71] Vgl. § 2 Abs. 1 Organisationsgesetz der Basler Verkehrs-Betriebe vom 10. März 2004 (SG 953.100) (BVB-OG/BS).

[72] Diese ersetzte die Verordnungen (EWG) Nr. 1191/69 und (EWG) Nr. 1107/70 und wurde durch die Verordnung (EU) Nr. 2016/2338 ergänzt.

[73] FELIX BERSCHIN, Der europäische gemeinsame Markt im gewerblichen Personenverkehr, in: Hubertus Baumeister (Hrsg.), Handbuch Recht des ÖPNV. Praxishandbuch für den Nahverkehr mit VO (EG) Nr. 1370/2007, PBefG und ÖPNV-Gesetzen der Länder, Band II, Bremen 2013, 25 ff., 37.

[74] Art. 7 Abs. 1 Verordnung (EG) Nr. 1370/2007 des Europäischen Parlaments und des Rates vom 23. Oktober 2007 über öffentliche Personenverkehrs-dienste auf Schiene

chung eines regulierten Wettbewerbs vorgesehen wird. Folglich ist diese Verordnung insbesondere für das Vergabeverfahren im vorliegenden Projekt relevant.[75] Ausserdem wurden mit dem Inkrafttreten dieser Verordnung Anpassungen des deutschen Personenbeförderungsgesetzes (PBefG/DE) und des Regionalisierungsgesetzes (RegG/DE) erforderlich, welche Anwendung auf das Traminfrastrukturprojekt zwischen Basel und Lörrach finden.[76]

2. Schweizerisches Recht

Die schweizerische Bundesverfassung enthält keine umfassende Regelung des (öffentlichen) Verkehrswesens. Vielmehr verfolgt sie einen sektoralen Ansatz, wonach in der Gesetzgebung grundsätzlich zwischen den verschiedenen Verkehrsträgern sowie zwischen privatem und öffentlichem Verkehr unterschieden wird.[77] Art. 81a BV beinhaltet einen Verfassungsauftrag für die Errichtung eines Systems des öffentlichen Verkehrs. Dabei haben Bund und Kantone nach Art. 81 Abs. 1 BV «für ein ausreichendes Angebot an öffentlichem Verkehr» in allen Landesgegenden zu sorgen. Dieser Auftrag wird erteilt, ohne aber die Kompetenzverteilung zwischen Bund und Kantonen zu verändern.

Die Kompetenzverteilung ist in Art. 87 BV geregelt.[78] Gemäss diesem Artikel ist die Gesetzgebung über den Eisenbahnverkehr «Sache des Bundes». Es handelt sich dabei um eine umfassende Gesetzgebungskompetenz des Bundes.[79] Der Bund kann demnach alle in diesem Sachbereich auftretenden Details erschöpfend regeln.[80] In diesem Sinne umfasst der sachliche Geltungsbereich unter anderem die Verkehrsunternehmungen, die Planung, den Bau und Betrieb, die Leistungsangebote, Sicherheitsbelange und die Finanzierung.[81] So hat der Bund namentlich auch die ausschliessliche Befugnis inne, selber Bahnen zu bauen oder dieses

---

und Strasse und zur Aufhebung der Verordnungen (EWG) Nr. 1191/69 und (EWG) Nr. 1107/70 des Rates (VO 1370/2007).
[75] Näheres zum Vergabeverfahren s. unten V.B.1. und V.B.2.
[76] Kurzinformation VO 1370/2007, 1.
[77] ALAIN GRIFFEL, Verkehrsverfassungsrecht, in: Georg Müller (Hrsg.), Verkehrsrecht, Schweizerisches Bundesverwaltungsrecht, Bd. IV, Basel 2008, 3 ff., Rz. 19; CR Cst.-KERN (FN 37), Art. 87, Rz. 6; ALAIN PRÊTRE, Eisenbahnverkehr als Ordnungs- und Gestaltungsaufgabe des jungen Bundesstaates, Freiburg 2002, 13.
[78] CR Cst.-DIEBOLD/LUDIN/BEYELER (FN 37), Art. 81a, Rz. 7.
[79] OFK-BIAGGINI (FN 41), Art. 87, Rz. 2; CR Cst.-KERN (FN 37), Art. 87, Rz. 9.
[80] CR Cst.-KERN (FN 37), Art. 87, Rz. 7.
[81] LENDI/UHLMANN, St. Galler Kommentar (FN 48), Art. 87, Rz. 33; CR Cst.-KERN (FN 37), Art. 87, Rz. 13.

Recht durch eine Konzession an Dritte zu übertragen.[82] Aus dieser umfassenden Kompetenzeinräumung ergibt sich ausserdem die Pflicht des Bundes, die ihm eingeräumte Gesetzgebungskompetenz im Bereich der Eisenbahnen tatsächlich wahrzunehmen und einen entsprechenden gesetzlichen Rahmen zu schaffen.[83] Der in Art. 87 BV aufgeführte Begriff der Eisenbahn umfasst dabei alle öffentlichen Schienenverkehrsmittel, also auch Strassenbahnen resp. Trams.[84] Bei der Umsetzung der Gesetzgebung im Eisenbahnbereich wird überwiegend zwischen dem Infrastruktur- und dem Verkehrssektor unterschieden.[85] Für den Bau einer Schieneninfrastruktur ist insbesondere die Gesetzgebung zur Infrastruktur, namentlich das Eisenbahngesetz (EBG) und die Eisenbahnverordnung (EBV) sowie einzelne Bestimmungen des Personenbeförderungsgesetzes (PBG) von zentraler Bedeutung.[86]

Die umfassende Gesetzgebungskompetenz des Bundes hindert aber den Gesetzgeber nicht, die Verantwortung bspw. für regionale Verkehrsnetze an die Kantone zu überbinden.[87] Die Kantone können im Bereich des Eisenbahnwesens folglich nur tätig werden, wenn sie durch die Bundesgesetzgebung dazu ausdrücklich ermächtigt werden.[88] Das EBG räumt den Kantonen in vereinzelten Bereichen, wie bspw. Art. 6 Abs. 3 (Anhörungsrecht der Kantone) und Art. 6 Abs. 4 (Bewilligungserteilung zur Benützung öffentlicher Strassen) Kompetenzen ein. Auch verankert das PBG in Art. 28 ff. das sog. Bestellprinzip. Gemäss diesem wird das Angebot im Regionalverkehr auf Schiene und Strasse, unter welchen auch das vorliegende Projekt zu subsumieren ist, von Bund und Kantonen gemeinsam bestellt. Dabei werden die ungedeckten Kosten des bestellten Verkehrsangebots durch den betroffenen Kanton, also Basel-Stadt, und den Bund übernommen.[89]

Aufgrund der umfassenden Bundeskompetenz enthält das kantonale Recht bloss allgemeine Bestimmungen zum Verkehr und keine konkreten Normen zum Bau von Eisenbahnen resp. Tramverbindungen. In der Verfassung des Kantons Basel-

---

[82] Isabelle Häner et al., Besonderes Bundesverwaltungsrecht, 9. A., Basel 2021, 145.
[83] BSK BV-Kern (FN 41), Art. 87, Rz. 12.
[84] Zur Definition von Eisenbahnen vgl. Art. 1 Abs. 2 EBG; vgl. auch CR Cst.-Kern (FN 37), Art. 87, Rz. 13; Lendi/Uhlmann, St. Galler Kommentar (FN 48), Art. 87, Rz. 33.
[85] Kern/König (FN 67), Rz. 9.3; CR Cst.-Kern (FN 37), Art. 87, Rz. 14.
[86] Vgl. Ueli Stückelberger/Christoph Haldimann, Schienenverkehrsrecht, in: Georg Müller (Hrsg.), Verkehrsrecht, Bd. IV, Basel 2008, 251 ff., Rz. 21.
[87] Lendi/Uhlmann, St. Galler Kommentar (FN 48), Art. 87, Rz. 7.
[88] Häner et al. (FN 82), 145.
[89] Art. 28 Abs. 1 PBG i.V.m. Art. 1 ff. ARPV; vgl. Häner et al. (FN 82), 133.

Stadt spricht § 30 die Verkehrspolitik an.[90] Demnach soll der Staat eine «sichere, wirtschaftliche, umweltgerechte und energiesparenden Mobilität» ermöglichen und koordinieren, wobei er sich «für einen attraktiven Agglomerationsverkehr, für rasche Verbindungen zu den schweizerischen Zentren und für den Anschluss an die internationalen Verkehrsachsen» einzusetzen hat.[91] Diese Bestimmungen werden durch das Gesetz über den öffentlichen Verkehr (ÖV-Gesetz/BS) konkretisiert, welches die Regelung der Förderung und Finanzierung des öffentlichen Personen- und Güterverkehrs zum Ziel hat.[92]

3. Deutsches Recht

Im deutschen Recht gilt die Bereitstellung von öffentlicher Verkehrsinfrastruktur als Teil der Daseinsvorsorge im Sinne des in Art. 20 GG verankerten Sozialstaatsgebots. Dies impliziert, dass der Staat bzw. die jeweiligen Aufgabenträger für die Gewährleistung des öffentlichen Verkehrs zuständig sind.[93] Dabei sieht das Grundgesetz in Art. 74 Abs. 1 Ziff. 23 GG eine konkurrierende Gesetzgebungskompetenz von Bund und Ländern im Bereich der «Schienenbahnen, die nicht Eisenbahnen des Bundes sind» vor. Darunter fallen alle Schienenbahnen mit festem Spurweg, also auch Strassenbahnen. Der Regelungsgehalt der «Schienenbahnen» umfasst sowohl den Bau, den Verkehr und die Benutzungsentgelte.[94] Der Bund hat von seiner konkurrierenden Gesetzgebungskompetenz Gebrauch gemacht, indem er die Rahmenbedingungen für die Planung, Organisation und die Finanzierung des öffentlichen Personenverkehrs im RegG/DE erlassen hat. Ferner bestehen im PBefG/DE Bestimmungen zur entgeltlichen oder geschäftsmässigen Beförderung von Personen mit Strassenbahnen, Oberleitungsomnibussen und Kraftfahrzeugen.[95] Dabei werden in § 4 PBefG/DE die Strassenbahnen definiert und in § 28 ff. Sonderbestimmungen zu den Strassenbahnen aufgeführt. Gestützt auf § 57 PBefG/DE wurde zusätzlich eine separate Rechtsgrundlage für den Bau

---

[90] Vgl. GERHARD SCHMID, Staatsaufgaben, in: Denise Buser (Hrsg.), Neues Handbuch des Staats- und Verwaltungsrechts des Kantons Basel-Stadt, Basel 2008, 29 ff., 52.
[91] Vgl. § 30 Abs. 1 und 2 KV/BS.
[92] Vgl. § 1 Abs. 1 Gesetz über den offentlichen Verkehr (SG 951.100) (ÖV-Gesetz/BS).
[93] MARTIN GEGNER, Verkehr und Daseinsvorsorge, in: Oliver Schöller/Weert Canzler/Andreas Knie (Hrsg.), Handbuch Verkehrspolitik, Wiesbaden 2007, 455 ff., 466.
[94] OETER, Kommentar zum GG, in: Hermann von Mangoldt/Friedrich Klein/Christian Starck (Hrsg.), Kommentar zum Grundgesetz: GG, Band 2 Art. 20–82, 7. A., München 2018 (zit. AUTOR, Kommentar zum GG, Art.), Art. 74, Rz. 159.
[95] Vgl. § 1 Abs. 1 Personenbeförderungsgesetz vom 21. März 1961 (PBefG/DE).

und den Betrieb von Strassenbahnen, die Strassenbahn-Bau- und Betriebsordnung (BOStrab/DE), erlassen.[96]

Grundsätzlich wird in Deutschland im Bereich des öffentlichen Verkehrs zwischen dem öffentlichen Personennahverkehr (ÖPNV) und dem öffentlichen Personenfernverkehr (ÖPFV) unterschieden, wobei der Tramverkehr dem ÖPNV zugeordnet wird. Weiter unterscheidet der ÖPNV zwischen dem Schienenpersonennahverkehr (SPNV) und dem öffentlichen Strassenpersonennahverkehr (ÖSPV).[97] Im Gegensatz zur schweizerischen gesetzlichen Regelung fällt der Tramverkehr resp. die Strassenbahn jedoch nicht unter den Schienenverkehr, sondern wird vom ÖSPV umfasst. Gemäss § 1 Abs. 2 RegG/DE fällt die Regelung der Zuständigkeit für die Sicherstellung einer ausreichenden Bedienung der Bevölkerung mit Verkehrsleistungen im ÖPNV in den Kompetenzbereich der Länder. Somit bestimmen die ÖPNV-Gesetze der Bundesländer die Kernaspekte der öffentlichen Finanzierung sowie die Aufgabenträger.[98] Basierend auf dieser Landeskompetenz statuiert das ÖPNVG des Landes Baden-Württemberg in § 6 Abs. 1, dass der ÖSPV in die Verantwortung der Stadt- und Landkreise fällt. Dies schliesst jedoch eine Übertragung der Kompetenz an die Städte bzw. Gemeinden nicht aus.

4. Zwischenfazit

Die grenzüberschreitende Zusammenarbeit in Europa ist völkerrechtlich normiert. Mit dem Madrider Übereinkommen und insbesondere dem Karlsruher Übereinkommen wurden Rechtsgrundlagen für die Zusammenarbeit zwischen Gebietskörperschaften der Vertragsstaaten, bspw. Schweiz und Deutschland, geschaffen. Instrumente, wie bspw. die Kooperationsvereinbarung erleichtern und fördern die grenzüberschreitende Zusammenarbeit. Auch im Bereich des öffentlichen Verkehrs, bestehen sowohl auf internationaler Ebene als auch auf EU-Ebene Rechtsgrundlagen, welche unter anderem zu Anpassungen der nationalen Gesetzgebungen geführt haben.

---

[96] LARS SCHNEIDER, Betriebsplanung im öffentlichen Personennahverkehr – Ziele, Methoden, Kompetenzen, 2. A., Berlin 2018, 2.
[97] KATRIN DZIEKAN/MEINHARD ZISTEL, Öffentlicher Verkehr, in: Oliver Schwedes (Hrsg.), Verkehrspolitik – Eine interdisziplinäre Einführung, 2. A., Wiesbaden 2018, 347 ff., 349; SCHNEIDER (FN 96), 1.
[98] Deutscher Bundestag Wissenschaftliche Dienste, Ausarbeitung Umlagefinanzierung für den fahrscheinlosen Öffentlichen Personennahverkehr (ÖPNV) – Finanzverfassungsrechtliche Probleme hinsichtlich der Einführung eigener ÖPNV-Abgabe für alle Einwohner, 10. Dezember 2012, 4.

Grundsätzlich wird die grenzüberschreitende Zusammenarbeit erleichtert, wenn beide betroffenen Staaten über ein föderalistisches System verfügen. Jedoch führen die unterschiedlichen politischen Hierarchien der beiden Staaten Schweiz und Deutschland zu einem gewissen Ungleichgewicht in der grenzüberschreitenden Zusammenarbeit. So verkehrt bezüglich des grenzüberschreitenden Baus einer neuen Tramlinie der Kanton Basel-Stadt (kantonale Ebene) mit der Stadt Lörrach (kommunale Ebene). Auf den verschiedenen politischen Ebenen bestehen in beiden Staaten jeweils unterschiedliche rechtliche Grundlagen, welche unter anderem Kompetenznormen zur grenzüberschreitenden Zusammenarbeit und dem öffentlichen Verkehr enthalten. Die innerstaatliche Kompetenzordnung befugt in diesem Falle die betroffenen Parteien, den Kanton Basel-Stadt (Regierungsrat) und die Stadt Lörrach (Oberbürgermeister) miteinander Verträge betreffend eine grenzüberschreitende Tramverbindung abzuschliessen.

V. Von der Idee bis zur Realisierung des Baus der grenzüberschreitenden Traminfrastruktur

Der grenzüberschreitende Bau einer Tramlinie ist eine komplexe Angelegenheit und weder ein Tages- noch ein Routinegeschäft. Dies ist auch der Grund dafür, dass es in der Literatur bis zum heutigen Zeitpunkt mehrheitlich an abschliessend und klar definierten Verfahrensvorschriften für die grenzüberschreitende Zusammenarbeit im Rahmen der Konstruktion einer Traminfrastruktur fehlt. Dieser Schwierigkeit wird in der Praxis durch den Rückgriff auf bisherige Erfahrungen, wegweisende Erkenntnisse und das bereits erlangte Wissen von ähnlichen und vergleichbaren grenzüberschreitenden Baurealisierungen bestmöglich begegnet. Somit werden nachfolgend die einzelnen Verfahrensschritte in Anlehnung an vergangene erfolgreiche grenzüberschreitende Tramprojekte, insbesondere an das Tram 8, erläutert. Dabei gilt es jedoch festzuhalten, dass es in jedem Infrastrukturprojekt zu einzelfallspezifischen Abweichungen oder Ergänzungen kommt.

Aus Effizienzgründen, zur administrativen Komplexitätsreduktion und zur effektiveren Kompetenzaufteilung wird praxisgemäss das gesamte (grenzüberschreitende) Bauprojekt in ein Vorprojekt sowie ein Bau- und Bewilligungsprojekt unterteilt. Dabei erfolgen die Ausführungen zu den einzelnen Verfahrensschritten innerhalb des Vorprojekts sowie Bau- und Bewilligungsprojekts im Sinne des Territorialitätsprinzips, unter Anlehnung an die jeweiligen nationalen Normtexte für die Schweiz und Deutschland getrennt. Falls einzelne Verfahrensschritte sowie deren Wirkungen für die schweizerische und deutsche Partei deckungsgleich sind, werden diese für die beiden Staaten gemeinsam erläutert.

A. Vorprojekt

Im Vorprojekt des grenzüberschreitenden Baus einer Tramlinie, welches die in der Abbildung 2 aufgeführten Verfahrensschritte umfasst, wird von diversen Fachspezialisten in Zusammenarbeit mit den politischen Behörden ein konsolidierter Lösungsvorschlag für das Infrastrukturvorhaben ausgearbeitet.[99] Konkret werden unter Würdigung städtebaulicher und umweltrechtlicher Aspekte bspw. die Lage und Gestaltung der Tramschienen im Strassenraum, die genaue Verkehrsführung der Tramlinie sowie der Standort sämtlicher Haltestellen festgelegt.[100] Gleichzeitig werden im Rahmen des Vorprojekts unter Abgabe einer provisorischen Kostenschätzung die erforderlichen finanziellen Mittel für die Realisierung der kurzfristigen Projektierung bei den zuständigen nationalen Behörden beantragt. Aus dem Vorprojekt geht das konkrete Bau- und Bewilligungsprojekt für die grenzüberschreitende Tramverbindung hervor.

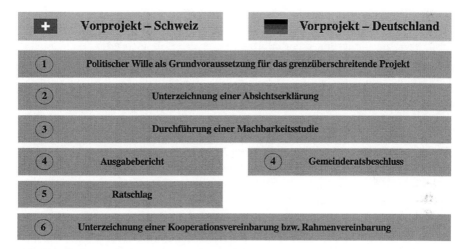

Abbildung 2: Überblick über die nationalen Verfahrensschritte innerhalb des Vorprojekts

---

[99] Gemeinde Köniz, Bericht des Gemeinderates an das Parlament, 22. Juni 2009, 4.
[100] BVD BS, Tramnetzentwicklung Basel, Planung und Kosten, abrufbar unter: https://www.mobilitaet.bs.ch/oev/tram-bus/tramnetzentwicklung-basel/planung-kosten.html (Abruf 24.05.2022) (zit. Tramnetzentwicklung Basel).

1. Gemeinsame Projekte von der Schweiz und Deutschland

Im Vorprojekt ist eine national isolierte Projektentwicklung bzw. -realisierung verbunden mit unregelmässigen gemeinsamen Austauschen unmöglich und überdies langfristig nicht erfolgsversprechend. Vielmehr wird aufgrund der Abbildung 2 ersichtlich, dass einige Verfahrensschritte innerhalb des Vorprojekts, wie bspw. die Unterzeichnung der Absichtserklärung oder die Durchführung einer Machbarkeitsstudie in der Schweiz und in Deutschland sowohl deckungsgleich sind als auch zeitgleich stattfinden bzw. von der Mitwirkung der Gegenpartei abhängen. Folglich ist bei solchen gemeinsamen Projektschritten eine aktive Zusammenarbeit von Basel und Lörrach für den Erfolg des grenzüberschreitenden Tramvorhabens erforderlich.

a. Politischer Wille

Es ist unbestritten, dass der politische Wille zur Zusammenarbeit sowohl auf Basler als auch auf Lörracher Seite die Grundvoraussetzung für den erfolgreichen Start bzw. die Initiierung des Bauprojekts der grenzüberschreitenden Tramlinie darstellt. Der politische Wille muss dabei nicht von Beginn an bei beiden involvierten Parteien vorhanden sein, sondern es können auch erste Impulse für ein grenzüberschreitendes Projekt bloss von einem Akteur ausgehen, wie es beim Tram 8 der Fall war. Dadurch kann bestenfalls der politische Wille der anderen Partei geweckt bzw. gefördert werden.[101] Auch ist es gemäss Expertenaussage möglich, dass der politische Wille aus persönlichen Verbindungen von engagierten Politikern entsteht oder aus einem politischen Prozess, in welchem projektrelevante Fakten, politische Ziele und persönliche Interessen und Ideen diskutiert und ausgetauscht werden, resultiert. Tatsache ist, dass nicht nur zu Beginn, sondern auch während des gesamten Projekts der Erfolg bzw. der Misserfolg des grenzüberschreitenden Infrastrukturvorhabens massgeblich vom Vorhandensein bzw. der Abwesenheit des politischen Willens abhängt. Die Erfahrung hat gezeigt, dass der Bau einer grenzüberschreitenden Tramlinie nie ohne Einbezug der Politik realisiert werden kann. Konkret konnte anhand der Praxis der vergangenen Jahren nachgewiesen werden, dass gescheiterte grenzüberschreitende Projekte oftmals auf fehlende persönliche Beziehungen, fehlende aktive Zusammenarbeit oder den mangelnden Willen der Beteiligten zurückzuführen sind.[102] Um ein Scheitern zu verhindern, ist die aktive Begleitung des Vorhabens durch die Politik essenziell, wobei die Abhängigkeit des Projektverlaufs von dieser nicht unter-

---

[101] WAMISTER (FN 8), 10.
[102] WEIGEL (FN 38), 8.

schätzt werden darf. Je stärker die Politik und die Bevölkerung in den Prozess einbezogen werden, desto grösser ist die Wahrscheinlichkeit, dass allfällige Zweifel, strittige Debatten oder Oppositionen frühzeitig erkannt werden und der Erfolg des Projekts dennoch mittels geeigneter Massnahmen wie bspw. Gesprächen oder Kompromissen sichergestellt werden kann.

b. Absichtserklärung bzw. Letter of Intent

Mit einer Absichtserklärung, welche durch den Basler Regierungsrat und den Oberbürgermeister von Lörrach zu unterzeichnen ist, wird der gemeinsame politische Wille zur grenzüberschreitenden Zusammenarbeit im Rahmen des Traminfrastrukturprojekts verschriftlicht. Innerhalb dieser werden die generellen Rahmenbedingungen für die grenzüberschreitende Zusammenarbeit festgelegt und die Grundsätze für den Bau der Tramverbindung definiert. Dementsprechend setzt sich die Absichtserklärung inhaltlich aus der Aufführung der involvierten Parteien und deren Interessenbekundung an der Durchführung des Bauvorhabens, der Beschreibung der sich stellenden Ausgangslage, der Zusammenfassung bisheriger Gesprächs- bzw. Verhandlungsergebnisse sowie der Definition gemeinsamer kurz-, mittel- und langfristiger Ziele zusammen. Selbstverständlich kann es dem Einzelfall entsprechend zu inhaltlichen Abweichungen kommen.[103] Gemäss einem Experten wird die auf gegenseitigem Vertrauen basierte Absichtserklärung grundsätzlich so formuliert, dass – unter Vorbehalt von missbräuchlichem und rechtswidrigem Verhalten – ein Rücktritt von bzw. ein jederzeitiger Abbruch der grenzüberschreitenden Zusammenarbeit bis zur Unterzeichnung der Rahmenvereinbarung ohne einschneidende Nachteile für die involvierten Parteien möglich ist. Damit soll der im Anfangsstadium des Bauprojekts bestehenden Ungewissheit bezüglich der erfolgreichen Realisierung des grenzüberschreitenden Vorhabens als Folge der bevorstehenden nationalen, politischen Prozesse sowie des bestehenden Risikos mangelhafter finanzieller Mittel Rechnung getragen werden.

c. Machbarkeitsstudie

Sobald die beiden Parteien eine Absichtserklärung unterzeichnet haben, folgt die Erarbeitung einer Machbarkeitsstudie. Ziel dieser ist es, die technische und betriebliche Machbarkeit des grenzüberschreitenden Traminfrastrukturprojekts zu prüfen sowie dessen praktischen Nutzen und Bedarf nachzuweisen. Zugleich soll

---

[103] RUDOLF TSCHÄNI/HANS-JAKOB DIEM/MATTHIAS WOLF, M&A-Transaktionen nach Schweizer Recht, 4. A., Zürich 2021, 22.

eine Entscheidungsgrundlage für weitere Planungsphasen und eine Basis für die nachfolgende Konkretisierung des grenzüberschreitenden Bauprojekts erarbeitet werden. Dafür werden in einem komplexen Prozess, welcher im Auftrag von Basel und Lörrach durch externe Fachspezialisten durchgeführt wird, die vorgängig vereinbarten Ziele, Vorstellungen und Fragestellungen in eine Projektdefinition übersetzt und Lösungsmöglichkeiten für den Bau der grenzüberschreitenden Tramlinie erarbeitet.[104] Konkret analysieren die Auftragnehmer in einem systematischen Prozess mittels einer Bestandesaufnahme die aktuellen örtlichen, verkehrlichen und städtebaulichen Rahmenbedingungen und prüfen dabei insbesondere grundlegende baurechtliche, technische, umweltrechtliche, standortbezogene, städtebauliche, organisatorische, verkehrsplanerische und wirtschaftliche Fragen bezüglich der Realisierbarkeit des grenzüberschreitenden Vorhabens.[105] Schlussendlich werden den Projektparteien die durchlaufenen Arbeitsschritte und die angewandte Methodik, die verschiedenen Umsetzungsmöglichkeiten für den Bau der grenzüberschreitenden Tramverbindung sowie die Grobkostenschätzung präsentiert und in der Form eines Berichts dargestellt.[106] Zugleich werden die damit einhergehende Chancen erläutert und es wird auf mögliche Risiken aufmerksam gemacht.[107]

d. Kooperationsvereinbarung bzw. Rahmenvereinbarung

Nach erfolgreicher Durchführung der Machbarkeitsstudie, gilt es die Einzelheiten des Baus sowie die Finanzierung des grenzüberschreitenden Vorhabens zu regeln. Da die beiden Projektparteien keine gemeinsame Gesellschaft zur Projektkoordination gründen, ist diesbezüglich eine vertragliche Regelung erforderlich.[108] Gestützt auf das Karlsruher Übereinkommen kann eine Kooperationsvereinbarung zwischen den beiden Gebietskörperschaften abgeschlossen werden. Der inhaltliche Rahmen der Kooperationsvereinbarung bestimmt sich nach Art. 4 des Karlsruher Übereinkommens.[109] Insbesondere gilt es das etwaige Vorgehen bei unerwarteten Umständen, wie bspw. ein Haftungs- oder Streitfall oder Kostenüberschreitungen detailliert zu regeln. Eine solche Kooperationsvereinbarung

---

[104] ETH Zürich, Planungs- und Bauprozess, Machbarkeit, abrufbar unter: https://map.arch.ethz.ch/artikel/2/machbarkeit (Abruf 24.05.2022).
[105] Stadt Zürich, Machbarkeitsstudie Tram Affoltern, abrufbar unter: https://www.umweltbundesamt.de/themen/verkehr-laerm/emissionsdaten (Abruf 24.05.2022).
[106] BVD BS, Tramnetzentwicklung Basel (FN 100).
[107] Kasseler Verkehrs-Gesellschaft, Tram Harleshausen Kurzfassung der Machbarkeitsstudie, 25. Mai 2021, 3 ff.
[108] Granzer (FN 40), 70.
[109] Für weitere Ausführungen zur Kooperationsvereinbarung, s. unten IV.A.1.

wurde im Falle des Baus des grenzüberschreitenden Trams von Strassburg nach Kehl unterzeichnet.[110]

Bei den bisherigen Tramprojekten des Kantons Basel-Stadt wurde jedoch keine Kooperationsvereinbarung abgeschlossen. Stattdessen wurden in der Vergangenheit sog. Rahmenvereinbarungen mit den deutschen bzw. französischen Gebietskörperschaften abgeschlossen. Konkret wurden durch diesen Akt im Sinne einer Präzisierung der Absichtserklärung die Ziele und die allgemeinen Grundsätze der Zusammenarbeit für den Bau und die Finanzierung der grenzüberschreitenden Tramverbindung vertraglich definiert. Zugleich wurde ein bilateraler Rahmen zur Konkretisierung der gegenseitigen Verpflichtungen in Bezug auf das gemeinsamen Vorhaben geschaffen. Inhaltlich umfasst die Rahmenvereinbarung unter anderem Bestimmung bezüglich der Geltungsdauer und den Zweck der grenzüberschreitenden Kooperation.[111] Weiter setzen die Parteien in der Rahmenvereinbarung die gegenseitige Rechte und Pflichten fest, wie bspw. ein jederzeitiges, gegenseitiges Informations- und Auskunftsrecht oder die Pflicht zur rechtskonformen Durchführung der nationalen Bau- und Bewilligungsprozesse. Gemäss Expertenaussagen ist es jedoch fraglich, inwiefern die jeweiligen Rechte und Pflichten im Falle der Nichteinhaltung gerichtlich durchgesetzt werden könnten. Die Praxis hat gezeigt, dass Verstösse gegen Rahmenvereinbarungen aus Kostengründen sowie aus ungenügenden Regelungen oftmals auf dem informellen Weg gelöst werden.

2. Schweiz

Nebst den bereits erläuterten gemeinsamen Projekten sind die Projektverantwortlichen von Basel aufgrund des Territorialitätsprinzips im Rahmen des Vorprojekts zudem verpflichtet, den von der kantonalen Gesetzgebung vorgesehenen Ausgabenbericht und Ratschlag bei der zuständigen Behörde einzureichen. Dieses Vorgehen wird nachfolgend ausführlich erläutert.

a. Ausgabenbericht

Nachdem die von den Fachexperten durchgeführte Machbarkeitsstudie die technische und betriebliche Umsetzbarkeit sowie den praktischen Nutzen und Bedarf des grenzüberschreitenden Traminfrastrukturvorhabens nachgewiesen hat, schreiten die Verhandlungen zur Planung und zur Realisierung des Bauvor-

---

[110] GRANZER (FN 40), 70.
[111] WAMISTER (FN 8), 11 ff.

habens zwischen Basel und Lörrach fort.[112] Gleichzeitig muss der Regierungsrat des Kantons Basel-Stadt aufgrund dessen Finanzkompetenz die projektbezogenen Ausgaben in der Höhe von CHF 300 000 bis 1,5 Mio. CHF dem Grossen Rat des Kantons Basel-Stadt in Form eines Ausgabenberichts beantragen, wobei dieser vorgängig durch das Finanzdepartement des Kantons Basel-Stadt überprüft wird.[113] Konkret fordert der Regierungsrat des Kantons Basel-Stadt mit dem Ausgabenbericht einen bezifferten Planungskredit für die erste Phase der anstehenden Projektarbeiten für den Bau der grenzüberschreitenden Tramverbindung im Abschnitt Basel. Während der beantragte Planungskredit der ersten Phase sachlich der Detailplanung und damit auch der Bestimmung der tatsächlichen Realisierungskosten dient, umfasst dieser zeitlich sämtliche Arbeiten bis und mit Erstellung des Ratschlags und öffentlichen Planauflage.[114] Inhaltlich bilden das Finanzbegehren sowie die Erläuterungen bezüglich der Aufteilung der Planungs- und Projektierungskosten für die erste Phase die Hauptbestandteile des Ausgabenberichts. Damit der Grosse Rat sich einen umfassenden Überblick über das grenzüberschreitende Traminfrastrukturprojekt verschaffen kann, enthält der Ratschlag zudem Ausführungen zum Hintergrund des Projekts, zur finanziellen Unterstützung des Bundes sowie zum aktuellen Stand der laufenden Verhandlungen bezüglich der Finanzierung und Kostentragung. Weiter sind im Ausgabenbericht der Projektbeschrieb sowie eine Grafik zur visuellen Darstellung des geplanten Projektablaufs aufgeführt. Gegen den öffentlich publizierten Grossratsbeschluss des Kantons Basel-Stadt zum Ausgabebericht, kann kein Referendum ergriffen werden, weshalb dieser grundsätzlich vollziehbar ist.[115] Dabei gilt es jedoch zu erwähnen, dass der Vollzug des Grossratsbeschlusses in der Praxis oftmals unter dem Vorbehalt der Genehmigung des für die Planungsarbeiten der ersten Phase benötigten Kredits durch die zuständige Behörde steht.[116]

b. Ratschlag

Da die Praxis gezeigt hat, dass nicht nur die Planungsprojektierung, sondern auch sämtliche Ausgaben im Rahmen der Ausführungsprojektierung für das grenzüberschreitende Traminfrastrukturprojekt weitaus kostenintensiver sind als

---

[112] Vgl. § 26 Abs. 1 lit. a Gesetz über den kantonalen Finanzhaushalt (Finanzhaushaltsgesetz) vom 14. März 2012 (SG 610.100) (Finanzhaushaltsgesetz/BS); Ausgabenbericht vom 8. November 2006 (FN 7), 4.
[113] Vgl. § 8 Finanzhaushaltsgesetz/BS.
[114] Vgl. Ausgabenbericht vom 8. November 2006 (FN 7), 4.
[115] Vgl. Ausgabenbericht vom 8. November 2006 (FN 7), 6.
[116] Im vorliegenden Falle wäre der Vollzug des Grossratsbeschlusses abhängig vom Gemeinderat der Stadt Lörrach, vgl. Ausgabenbericht vom 8. November 2006 (FN 7), 6.

CHF 300 000 muss der Regierungsrat des Kantons Basel-Stadt dem Grossen Rat im Verlauf des Vorprojekts nebst dem Ausgabebericht zudem einen Ratschlag[117] unterbreiten.[118] Dieser wird vorgängig durch das Finanzdepartement überprüft.[119] Konkret beantragt der Regierungsrat in Form des Ratschlags einen bezifferten Kredit für die zweite Phase der anstehenden Projektarbeiten, welche die Ausführungsprojektierung, die Ausschreibung sowie die tatsächlichen Bauarbeiten für die Tramverbindung im Abschnitt Basel umfassen.[120] Inhaltlich ist der Ratschlag umfassender als der Ausgabenbericht. Den Hauptbestandteil des Ratschlags bilden auch hier das projektabhängige, begründete Finanzbegehren, die der Übersicht dienenden tabellarischen Ausführungen bezüglich der mit dem Bau der grenzüberschreitenden Tramlinie verbundenen Gesamtkosten sowie Erläuterungen zu den mit dem Ratschlag beantragten Investitionsmitteln.[121] Der Übersicht halber werden die Gesamtkosten jeweils für die beiden Projektabschnitte getrennt erhoben und zudem wird innerhalb der einzelnen Abschnitten zwischen den anfallenden Kosten als Folge des Strassenbaus, des Bahnbaus oder der Kunstbauten unterschieden.[122] Da der Grosse Rat seine Beschlüsse stets unter der Bedingung der finanziellen Mitwirkung des Projektpartners fasst, werden im Ratschlag zudem Ausführungen zu deren Finanzierungsanteil sowie zu den zu erwartenden bzw. bereits gesprochenen Beiträgen des Bundes getätigt.[123] Obwohl die finanziellen Berichte im Ratschlag für den Beschluss des Grossen Rats prioritär sind, werden diesem weitere relevante Informationen bezüglich den Bau der grenzüberschreitenden Tramverbindung nicht vorenthalten. Konkret enthält dieser bspw. Ausführungen betreffend die geplanten Baumassnahmen, einen detaillierten und mit Plänen untermauerten Projektbeschrieb, eine Analyse bezüglich der Auswirkungen des Projekts auf die Umwelt, die Aufgabe und die Ziele der Öffentlichkeitsarbeit sowie einen Ausblick im Sinne eines Terminplans und Bauablauf.[124]

---

[117] Auf Bundesebene oder in anderen Kantonen wird der Ratschlag Botschaft oder Vorlage genannt.
[118] Vgl. § 26 Abs. 1 lit. a Finanzhaushaltsgesetz/BS.
[119] Vgl. § 8 Finanzhaushaltsgesetz/BS.
[120] Vgl. Regierungsrat des Kantons Basel-Stadt, Geschäft 06.1769.03, Ratschlag Tramverlängerung Linie 8 Kleinhüningen – Weil am Rhein vom 19. September 2007. (zit. Ratschlag vom 19. September 2007), 2; Ausgabenbericht vom 8. November 2006 (FN 7), 6.
[121] Ratschlag vom 19. September 2007 (FN 120), 38 ff.
[122] Ratschlag vom 19. September 2007 (FN 120), 34.
[123] Ratschlag vom 19. September 2007 (FN 120), 34.
[124] Ratschlag vom 19. September 2007 (FN 120), 10.

Beschliesst der Grosse Rat basierend auf dem Ratschlag über neue Ausgaben von insgesamt mehr als 1,5 Mio. CHF für das grenzüberschreitende Traminfrastrukturvorhaben, unterliegt der Beschluss dem fakultativen Referendum.[125] Die Referendumsfrist beträgt 42 Tage ab Publikation des Beschlusses im Kantonsblatt.[126] Falls vom Stimmvolk kein Referendum ergriffen wird und eine kantonale Abstimmung folglich unterbleibt, wird der Beschluss des Grossen Rats damit rechtskräftig und vollziehbar.[127]

3. Deutschland

Nicht nur die Projektverantwortlichen von Basel müssen sich bei der Realisierung des Bauprojekts an der schweizerischen Gesetzgebung und den nationalen Prozessen orientieren. Auch die Projektverantwortlichen von Lörrach sind aufgrund des Territorialitätsprinzips im Rahmen des Vorprojekts des grenzüberschreitenden Traminfrastrukturvorhabens zur Befolgung und Anwendung ihrer nationalen Gesetzgebung, welche einen Gemeinderatsbeschluss vorsieht, verpflichtet.[128]

a. Gemeinderatsbeschluss

Erscheint die Realisierung des grenzüberschreitenden Traminfrastrukturprojekts aufgrund der Ergebnisse der Machbarkeitsstudie insgesamt als machbar, beschliessen die Projektparteien gestützt darauf, das Bauvorhaben weiter zu verfolgen. Als Folge dessen legt der Fachbereich Tiefbau der Stadtverwaltung von Lörrach dem Gemeinderat eine erste Kostenschätzung vor und präsentiert diesem zudem den aktuellen Stand der Planung, der Verhandlungen mit Basel sowie Informationen bezüglich den bereits gesprochenen, beantragten und noch ausstehenden Finanzierungbeiträgen.[129] Konkret wird der Gemeinderat damit aufgefordert, basierend auf den vom Fachbereich Tiefbau erstellten Unterlagen, wel-

---

[125] Vgl. § 29 Abs. 1 Finanzhaushaltsgesetz/BS i.V.m. § 52 Abs. 1 lit. d KV/BS.
[126] Vgl. § 52 Abs. 1 lit. d KV/BS.
[127] Für das Zustandekommen des fakultativen Referendums bedarf es 2000 Stimmberechtigten, die dieses innert der gesetzlich vorgegebenen Frist verlangen, vgl. § 52 Abs. 1 lit. d KV/BS.
[128] Vgl. § 24 i.V.m. § 37 der GemO/BW.
[129] LAUBER HANNES, Badische Zeitung: So sehen die Pläne für die Tramverlängerung in Weil am Rhein aus vom 23. März 2021, abrufbar unter: https://www.badische-zeitung.de/so-sehen-die-plaene-fuer-die-tramverlaengerung-in-weil-am-rhein-aus–200822325.html (Abruf 24.05.2022), 2; GROFF (FN 25), 69.

che die konkrete Sach- und Rechtslage ausführlich darlegen und die damit verbundenen Vor- und Nachteile abwägen, das grenzüberschreitenden Projekt zu diskutieren.[130] Da es in den Zuständigkeitsbereich des Lörracher Gemeinderats fällt über alle Angelegenheiten der Gemeinde zu entscheiden, soweit diese nicht dem Bürgermeister von Gesetzes wegen vorbehalten sind, muss dieser im Anschluss an die Beratung einen Gemeinderatsbeschluss treffen.[131] Dieser wird anschliessend vom Bürgermeister vollzogen.[132]

Nach Bekanntgabe des Gemeinderatsbeschlusses zur Realisierung oder Einstellung des grenzüberschreitenden Infrastrukturprojekts kann die Bürgerschaft von Lörrach gegen diesen innerhalb von drei Monaten schriftlich ein Bürgerbegehren einreichen.[133] Mit dem Instrument, welches von mindestens sieben Prozent der Bürger und höchstens von 20 000 Bürgern unterzeichnet werden muss, hat die Bürgschaft die Möglichkeit auf kommunaler Ebene im politischen Willens- und Entscheidungsprozess mitzuwirken.[134] Folglich wird mit dem Bürgerbegehren ein Antrag an den Gemeinderat zur Durchführung eines Bürgerentscheids erwirkt, welcher wiederum zur Abstimmung der Bürgschaft über eine kommunalpolitische Sachfrage führt.[135]

4. Zwischenfazit

Gemäss Experten wird grundsätzlich mit jedem grenzüberschreitenden Bauprojekt stets Neuland betreten, wobei die Unsicherheit bezüglich des Erfolgs anfänglich jeweils gross ist. Die weitgehende Abwesenheit von Normierungen betref-

---

[130] Vgl. § 10 der Geschäftsordnung des Gemeinderats der Stadt Lörrach und seiner Ausschüsse; GROFF (FN 25), 69.
[131] STEINECK ADRIAN, Weiler Zeitung: Nicht alle tragen Tram-Beschluss mit vom 31. März 2021, abrufbar unter: https://www.verlagshaus-jaumann.de/inhalt.weil-am-rhein-nicht-alle-tragen-den-beschluss-mit.140d5f5f-13e5-4fbe-b6fd-40765b3120a6.html (Abruf 24.05.2022); vgl. § 24 Abs. 1 der GemO/BW i.V.m. § 10 der Hauptsatzung der Stadt Lörrach.
[132] Vgl. § 43 der GemO/BW.
[133] Vgl. § 21 Abs. 3 der GemO/BW; KIRCHHOF PAUL/KREUTER-KIRCHHOF CHARLOTTE, Staats- und Verwaltungsrecht Baden-Württemberg, 43. A., Heidelberg 2021, Kap. 50, 16; vgl. § 21 Abs. 3 der GemO/BW.
[134] § 21 Abs. 3 der GemO/BW; vgl. BRAUN BINDER NADJA, Europäische Union und direkte Demokratie/Direkte Demokratie nach dem Vertrag von Lissabon?, in: Daniel Kübler/Nenad Stojanovic (Hrsg.), Demokratie in der Europäischen Union/Democracy in the European Union, Zürich 2014, 135 ff.
[135] KUONI BEAT, Rechtliche Problemfelder direkter Demokratie in Deutschland und in der Schweiz, Diss., Zürich 2015, 147 ff.

fend die einzelnen Schritte des Vorprojekt stellt eine grosse Herausforderung für die grenzüberschreitende Zusammenarbeit dar. Hingegen wäre die Effektivität einer strikten Befolgung von klaren Rahmenbedingungen in der Praxis fraglich. Die lückenhafte Verankerung eines standardisierten Verfahrensablaufs stellt insofern eine Chance für die grenzüberschreitende Zusammenarbeit dar, indem dadurch situative, spontane und flexible Handlungen ermöglicht, Gestaltungsräume geschaffen und lösungsorientiertes Denken gefördert werden. Somit lässt sich die grenzüberschreitende Zusammenarbeit insgesamt als ein kreativer Prozess definieren und gestalten. Dies ist gemäss Expertenaussage gewinnbringend, weil so einzelfallgerecht den aus dem Bauprojekt resultierenden Bedürfnissen und Problemen optimal begegnet werden kann.

Ausserdem kann anhand der Ausführungen zum Vorprojekt festgestellt werden, dass das grenzüberschreitende Bauprojekt in der Schweiz verglichen mit Deutschland weitaus mehr politische Prozesse durchlaufen muss. Somit ist nicht nur der Einfluss der schweizerischen Bevölkerung auf das Zustandekommen des grenzüberschreitenden Vorhabens grösser als derjenige der Deutschen, sondern auch die damit einhergehende Verzögerungsgefahr. Wurden die politischen Prozesse im Vorprojekt erfolgreich durchlaufen, signalisiert die Unterzeichnung einer Kooperations- bzw. Rahmenvereinbarung den Abschluss des Vorprojekts. Obschon die Rahmenvereinbarung bezüglich des Zwecks sowie des Inhalts der Kooperationsvereinbarung sehr nahe kommt, wird jedoch der Abschluss einer solchen Vereinbarung für zukünftige grenzüberschreitende Bauprojekte empfohlen. Grund dafür ist, dass die Kooperationsvereinbarung insbesondere einer breiteren rechtlichen Absicherung der Parteien im Falle von Unstimmigkeiten dient. So kann dem in der Praxis vielfach informellen Ablauf der grenzüberschreitenden Zusammenarbeit und den damit einhergehenden rechtlichen oder politischen Problemen bestmöglich entgegengewirkt werden.[136]

B. Bau- und Bewilligungsprojekt

Im Rahmen des grenzüberschreitenden Traminfrastrukturprojekts wird durch den Abschluss des Vorprojekts das Bau- und Bewilligungsprojekt eingeleitet. Ziel dieses ist es, sämtliche vom nationalen Recht geforderten Bewilligungen bzw. Konzession für den Bau der grenzüberschreitenden Tramverbindung einzuholen sowie die einzelnen Teilprojekte zu vergeben. Nachfolgend werden die einzelnen Verfahrensschritte des Bau- und Bewilligungsprojekts sowohl für die Schweiz als

---

[136] PFISTERER, St. Galler Kommentar (FN 48), Art. 56 BV, Rz. 14.

auch für Deutschland ausführlich erläutert. Diesbezüglich gilt es anzumerken, dass diese jedoch im Unterschied zum Vorprojekt nicht chronologisch durchlaufen, sondern parallel zueinander durchgeführt werden.

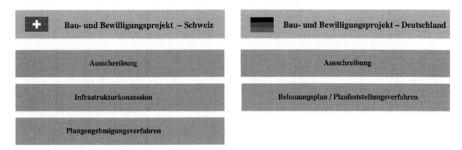

Abbildung 3: Überblick über die nationalen Verfahrensschritte innerhalb des Bau- und Bewilligungsprojekts

1. Schweiz

Auch im Rahmen des Bau- und Bewilligungsprojekts des grenzüberschreitenden Vorhabens ist Basel aufgrund des Territorialitätsprinzips verpflichtet die von der nationalen und kantonalen Gesetzgebung vorgesehenen Ausschreibung durchzuführen, die Infrastrukturkonzession einzuholen sowie das Plangenehmigungsverfahren zu durchlaufen. Dieses Vorgehen und die damit zusammenhängenden Hürden werden nachfolgend ausführlich erläutert.

a. Ausschreibung

Aufgrund der Komplexität des Traminfrastrukturprojekts und dem Erfordernis von unterschiedlichen technischen Ressourcen und Fachwissen empfiehlt es sich, das Projekt auf Basler Seite in einzelne Teilprojekte zu unterteilen. Die einzelnen Teilprojekte werden in der Praxis als Baulose bezeichnet. Obwohl die Aufteilung des Gesamtprojekts zusätzliche Koordination von Seiten der Gesamtprojektleitung erfordert und zu einem administrativen Mehraufwand führt, hat sich dieses Vorgehen in der Praxis bisher bewährt. Demzufolge werden der Anzahl Teilprojekte entsprechend mehrere öffentliche Bauaufträge vergeben.[137] Dabei gilt es

---

[137] Die nachfolgenden Ausführungen konzentrieren sich auf die Rechtsgrundlagen, die einzelnen Vergabearten sowie die Auswahl der Vergabeart. Für weitere Informationen vgl. PETER GALLI et al., Praxis des öffentlichen Beschaffungsrechts – Eine systematische Darstellung der Rechtsprechung des Bundes und der Kantone, 3. A., Zürich 2013, 123 ff; DANIELE GRABER/RETO GYGAX, Submissionsrecht, in: Martin Kurer/Walter Maf-

bei der jeweiligen öffentlichen Auftragsvergabe zur Förderung von Transparenz und Unabhängigkeit, zur Wahrung der Gleichbehandlung von Anbieter sowie zur Stärkung des Wettbewerbs das öffentliche Beschaffungswesen zu berücksichtigen bzw. deren Anwendbarkeit zumindest zu prüfen.[138] Das Vergaberecht liegt weitgehend in der Kompetenz der Kantone. Folglich ist zur Koordination und Durchführung der einzelnen Verfahren – insbesondere im Zusammenhang mit der externen Vergabe der einzelnen Aufträge im Bereich Dienstleistung, Bau und Lieferung des grenzüberschreitenden Projekts – die kantonale Fachstelle für öffentliche Beschaffungen des Kantons Basel-Stadt (KFöB BS) zuständig.[139]

Basis für öffentliche Beschaffungen im Rahmen des grenzüberschreitenden Infrastrukturprojekts bildet das WTO-Übereinkommen über das öffentliche Beschaffungswesen (GPA-WTO). Dieses definiert substanzielle Mindestanforderungen für die Vergabe von Aufträgen im Bereich des Waren- und Dienstleistungshandels sowie von Bauaufträgen.[140] Zudem ist das Bilaterale Abkommen zwischen der Schweiz und der EU über bestimmte Aspekte des öffentlichen Beschaffungswesens (BilatAbk), welches den Anwendungsbereich des GPA-WTO ausweitet, eine weitere Grundlage für die nationale, kantonale und interkantonale Gesetzgebung.[141] Die EU-Richtlinien RL 2014/24/EU, RL 2014/25/EU sowie RL 2014/23/

---

fioletti/Thomas Spoerri (Hrsg.), Handbuch zum Bauwesen, 2. A., Zürich 2019, 328 ff.; WIDMER, 49 ff.; MARTIN BEYELER/JEAN-BAPTISTE ZUFFEREY/ADRIAN STUDER, Die Rechtsgrundlagen, in: Martin Beyeler/Jean-Baptiste Zufferey/Andrin Studer (Hrsg.), Das Vergaberecht der Schweiz, 10. A., Zürich 2020, 433 ff., 435 ff.; CLAUDIA SCHNEIDER HEUSI, Vergaberecht in a nutshell, 3. A., Zürich 2020, 5 ff.; CHRISTOPH JÄGER, Ausschluss aus dem Verfahren – Gründe und der Rechtsschutz, in: Martin Beyeler/Jean-Baptiste Zufferey/Stefan Scherler (Hrsg.), Aktuelles Vergaberecht 2020/Marché publics 2020, Zürich 2020, 342 ff., 28 ff.; ALEXIS LEUTHOLD, Offertverhandlungen in öffentlichen Vergabeverfahren, Diss., Zürich 2009, 178 ff.

[138] NICOLAS BIRKHÄUSER, Kartellrecht und Bussen-Verfahren der Wettbewerbskommission im Bau, in: Institut für Schweizerisches und Internationales Baurecht (Hrsg.), Baurecht, Zürich 2014, 77 ff.; Schweizerische Eidgenossenschaft, KMU-Portal für kleine und mittlere Unternehmen, Definition: Was sind öffentliche Aufträge, abrufbar unter: https://www.kmu.admin.ch/kmu/de/home/praktisches-wis-sen/kmu-betreiben/oeffentliche-auftraege/definition.html (Abruf 24.05.2022).

[139] KFöB, Über uns, abrufbar unter: https://www.kfoeb.bs.ch/ueber-uns.html (Abruf 24.05.2022); BKB, Revision des öffentlichen Beschaffungsrechts, abrufbar unter: https://www.bkb.admin.ch/bkb/de/home/themen/revision-des-beschaffungsrechts.html (Abruf 24.05.2022).

[140] PATRICK LEDUC, Wesentliche Merkmale des revidierten WTO-Übereinkommens über das öffentliche Beschaffungswesen (GPA), in: Institut für Schweizerisches und Internationales Baurecht (Hrsg.), Baurecht, Zürich 2017, 5 ff., 5 f.

[141] GALLI et al. (FN 137), 123 ff.

EU finden in der Schweiz keine direkte Anwendung, haben aber dennoch einen Einfluss auf die schweizerische Gesetzgebung und deren Auslegung.[142] Da die Vergabe der einzelnen Teilprojekte des Baus der grenzüberschreitenden Tramverbindung auf kantonaler Ebene stattfindet, sind das kürzlich revidierte Bundesgesetz über das öffentliche Beschaffungswesen (BöB) und die Verordnung über das öffentliche Beschaffungswesen (VöB) vorliegend von keiner Relevanz. Hingegen ist das Binnenmarktgesetz (BGBM) als übergeordnetes Bundesrecht einschlägig. Zudem bilden für die Verfahren auf kantonaler Ebene die interkantonale Vereinbarung über das öffentliche Beschaffungswesen (IVöB) und die Vergaberichtlinien zur interkantonalen Vereinbarung über das öffentliche Beschaffungswesen (VRöB) den Gesetzesrahmen.[143] Dieser wird durch das Beschaffungsgesetz des Kantons Basel-Stadt (Beschaffungsgesetz/BS), die Beschaffungsverordnung (VöB/BS) sowie kantonale Weisungen und Vereinbarungen konkretisiert.

Nach der anfangs erläuterten Bildung der einzelnen Baulose müssen diese in einem nächsten Schritt als Aufträge der öffentlichen Hand einzeln ausgeschrieben werden.[144] Unter einer Ausschreibung wird eine an mehrere oder unbestimmte Anzahl von Unternehmen gerichtete, schriftliche oder öffentliche Einladung für die Unterbreitung eines schriftlichen Angebots zur Ausführung eines spezifisch umschriebenen Teilprojekts verstanden.[145] Nach der Ausschreibung wird den jeweiligen Spezialisten der Zuschlag für die Realisierung eines der vielen Teilprojekte erteilt.[146] Grundsätzlich sieht das Beschaffungsgesetz/BS für dieses Vorgehen im Sinne eines *numerus clausus* vier verschiedene Vergabeverfahren vor.[147] Die Auswahl des konkreten Vergabeverfahrens ist jedoch im Einzelfall von der Art und dem geschätzten Auftragswert des Teilprojekts, den gesetzlich normierten Schwellenwerten sowie davon abhängig, ob das Vorhaben vom Staats-

---

[142] Leduc (FN 140), 5 f.
[143] Galli et al. (FN 137), 123 ff.
[144] Martin Beyeler, Wettbewerbsneutralität bei der kommerziellen Sondernutzung öffentlicher Sachen, in: Véronique Boillet/Anne-Christine Favre/Vincent Martenet (Hrsg.), Le droit public en mouvement, Genf, 2020, 469 ff., 480 ff.
[145] Vgl. George M. Ganz, Öffentliches Beschaffungswesen: Ausschreibung von Verkehrsdienstleistungen, AJP 2001, 975 ff., 977 f.; Kanton Zürich, Verfahren im Nicht-Staatsvertragsbereich, Handbuch für Vergabestellen 2014 (zit. Handbuch 2014), Ziff. 8 f.
[146] Eine Ausnahme von diesem zweigeteilten Vorgehen bildete die im Tram 8 durchgeführte Direktvergabe der Gesamtprojektleitung.
[147] Art. 12 IVöB i.V.m. § 12 Gesetz über öffentliche Beschaffungen (Beschaffungsgesetz) vom 20. Mai 1999 (SG 914.100) (Beschaffungsgesetz/BS); vgl. Galli et al. (FN 137), 124 f. Hans Rudolf Trüeb, Handkommentar zum Schweizerischen Beschaffungsrecht, Zürich, 2020, 1040 ff.

vertragsbereich[148] oder vom Binnenmarktbereich erfasst ist.[149] Da die einzelnen Teilprojekte des grenzüberschreitenden Infrastrukturvorhabens zum jetzigen Zeitpunkt nicht abschliessend einer Verfahrensart zugeordnet werden können, werden die einzelnen Verfahrensarten kurz erläutert sowie anhand der Abbildung 4 praxisrelevante Anweisungen zum Vorgehen bei der Wahl der Verfahrensart gemacht.

Das öffentliche Beschaffungswesen sieht das offene Verfahren[150], das selektive Verfahren[151], das Einladungsverfahren und das freihändige Verfahren vor.[152] Beim offenen Verfahren[153] wird das Teilprojekt des grenzüberschreitenden Infrastrukturvorhabens als Auftrag öffentlich ausgeschrieben, sodass jeder interessierte Anbietende direkt eine Offerte einreichen kann.[154] Das offene Verfahren bietet sich beim Bau der grenzüberschreitenden Tramverbindung insbesondere dann an, wenn von Vornherein eine überschaubare Zahl von Angeboten zu erwarten ist.[155] Das selektive Verfahren[156] hingegen besteht aus zwei Stufen. Zunächst wird der Auftrag öffentlich ausgeschrieben, wobei die interessierten Anbieter keine Offerte, sondern lediglich einen Antrag auf Teilnahme einreichen können. In einem zweiten Schritt hat der Auftraggeber anhand von klar definierten Eignungskriterien mittels einer Verfügung einige Anbieter auszuwählen, welche zur Offertenstellung zugelassen sind.[157] Das selektive Verfahren scheint geeignet bei grenzüberschreitenden Vorhaben mit komplexen Teilprojekten, die eine hohe

---

[148] Bei Verfahren im Staatsvertragsbereich unterstehen die öffentlichen Beschaffungen mit Ausnahme des Einladungsverfahren zusätzlich zur kantonalen bzw. interkantonalen Gesetzgebung auch dem GPA-WTO, vgl. GALLI et al. (FN 137), 125 f.
[149] TRÜEB (FN 147), 1040 ff.
[150] Beim offenen Verfahren muss vorgängig festgestellt werden, ob dasjenige des Binnenmarktbereich oder dasjenige des Staatsvertragsbereich zur Anwendung gelangt. Je nachdem gelten unterschiedliche Schwellenwerte, vgl. Kanton Zürich, Verfahren im Staatsvertragsbereich, Handbuch für Vergabestellen 2004 (zit. Handbuch 2004), Ziff. 6.1 ff.
[151] Beim selektiven Verfahren muss vorgängig festgestellt werden, ob dasjenige des Binnenmarktbereich oder dasjenige des Staatsvertragsbereich zur Anwendung gelangt. Je nachdem gelten unterschiedliche Schwellenwerte, vgl. Handbuch 2004 (FN 150), Ziff. 6.1 ff.
[152] Art. 12 IVöB; vgl. Kanton Zürich, Merkblätter, Handbuch für Vergabestellen 2011 (zit. Handbuch 2011), Ziff. 8.4 ff.
[153] Art. 12 Abs. 1 lit. a IVöB i.V.m. § 14 Beschaffungsgesetz/BS.
[154] GALLI et al. (FN 137), 25.
[155] Vgl. Handbuch 2014 (FN 145), Ziff. 8.8.
[156] Art. 12 Abs. 1 lit. b i.V.m. § 15 Beschaffungsgesetz/BS.
[157] GRABER/GYGAX (FN 137), 327.

technische Leistungsfähigkeit der Anbietenden voraussetzen. Damit können unqualifizierte Angebote vermieden werden.[158] Beim Einladungsverfahren[159] findet keine öffentliche Ausschreibung statt, sondern die Vergabestelle fordert, bei Baunebengewerbe, Dienstleistungen und Lieferungen mindestens fünf und im Bauhauptgewerbe mindestens sieben Anbietende direkt auf, eine Offerte für das Angebot einzureichen.[160] Da die einzelnen Teilprojekte des grenzüberschreitenden Tramvorhabens sich erfahrungsgemäss oftmals im Staatsvertragsbereich befinden und das Einladungsverfahren lediglich im Binnenmarktbereich zur Anwendung kommt, ist es für das vorliegende Projekt von geringer Relevanz. Auch beim freihändigen Verfahren[161] findet keine öffentliche Ausschreibung statt. Im Unterschied zum Einladungsverfahren hingegen vergibt die Ausgabestelle einen Auftrag direkt an einen Anbietenden.[162] Da es sich beim freihändigen Verfahren um eine Ausnahme handelt, müssen die Gründe für die Anwendung dieses Verfahrens im Einzelfall stets ausführlich erläutern werden.[163] Erfahrungsgemäss kam das freihändige Verfahren aufgrund der Schwierigkeit der Zuordnung der einzelnen Teilprojekte zu einem Ausnahmetatbestand in den vergangenen Projekten nur sehr selten, bspw. bei der Ausschreibung der Gesamtprojektleitung, zur Anwendung.[164]

---

[158] Vgl. Handbuch 2014 (FN 145), Ziff. 8.8; Kanton Wallis, Öffentliches Beschaffungswesen von A bis Z, Mai 2014, 24.
[159] Art. 12 Abs. 1 lit. b^{bis} IVöB i.V.m. § 17 Beschaffungsgesetz/BS.
[160] § 21 BeV; vgl. GALLI et al. (FN 137), 123; TRÜEB (FN 147), 1041.
[161] Art. 12 Abs. 1 lit. c IVöB i.V.m. § 18 und § 19 Beschaffungsgesetz/BS.
[162] TRÜEB (FN 147), 1042.
[163] GRABER/GYGAX (FN 137), 328 f.
[164] Näheres zur Gesamtprojektleitung s. Kap. VII.B.

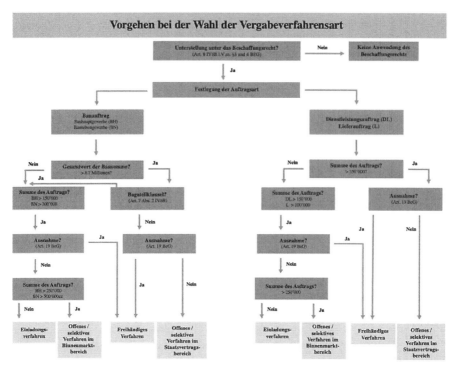

Abbildung 4: Überblick über die nationalen Verfahrensschritte innerhalb des Bau- und Bewilligungsprojekts

Die Wahl der Vergabeverfahrensart erfolgt grundsätzlich in fünf Schritten. Zuerst ist aufgrund des kantonalen Verfahrens basierend auf Art. 8 IVöB i.V.m. Art. § 4 Beschaffungsgesetz/BS zu prüfen, ob die auftraggebende Stelle den vorgängig erläuterten, öffentlichen beschaffungsrechtlichen Bestimmungen untersteht oder ob es sich allenfalls um eine Ausnahme im Sinne von Art. 10 IVöB i.V.m. § 3 Ziff. 2 und 4 Beschaffungsgesetz/BS handelt.[165] Diesbezüglich gilt es festzuhalten, dass

---

[165] Am 15. November 2019 wurde die revidierte Interkantonale Vereinbarung über das öffentliche Beschaffungswesen (IVöB 2019) durch das Interkantonale Organ für das öffentliche Beschaffungswesen verabschiedet. Damit die revidierte IVöB (2019) im jeweiligen Kanton in Kraft tritt, muss der Kanton der Vereinbarung beitreten. Da das Beitrittsverfahren zur IVöB 2019 erst im Gange ist, kommt im Kanton Basel-Stadt vorläufig weiterhin die IVöB 2001 zur Anwendung., vgl. BPUK, Revidierte IVöB (IVöB 2019), abrufbar unter: https://www.bpuk.ch/bpuk/konkordate/ivoeb/ivoeb-2019/ (Abruf 24.05.2022); Kantone revidieren die interkantonale Vereinbarung über das öffentliche Beschaffungswesen (IVöB), Medienmitteilung InÖB vom 18. November 2019; Regierungsrat des Kantons Basel-Stadt, Geschäft 20.1317.01, Ratschlag zum Einfüh-

die interkantonale Rechtsordnung gemäss Art. 8 IVöB zwischen Subjekten unterscheidet, die von Staatsverträgen erfasst sind und solchen, die lediglich dem Binnenmarkt unterstellt sind.[166] Ist die auftraggebende Stelle dem öffentlichen Beschaffungsrecht unterstellt, ist in einem zweiten Schritt die Auftragsart des einzelnen Teilprojekts zu bestimmen, wobei zwischen den Kategorien Bau- und Dienstleistungen und Lieferungen unterschieden wird.[167] Bei gemischten Aufträgen wird der Auftrag jeweils derjenigen Kategorie zugeordnet, welcher in Bezug auf die Kosten den höheren Anteil umfasst.[168] In einem nächsten Schritt muss der mutmassliche Auftragswert des einzelnen Teilprojekts geschätzt werden und mit den gesetzlich angeordneten Schwellenwerten verglichen werden.[169] Zur Ermittlung des massgeblichen Schwellenwerts, welcher auf kantonaler Ebene und Bundesebene nicht identisch ist, muss erneut auf die Zuordnung der auftraggebenden Stelle zurückgegriffen werden, wobei zwischen Beschaffungen, die dem Staatsvertragsbereich und solchen, die dem Binnenmarktbereich unterstehen unterschieden wird.[170] Der anwendbare Schwellenwert ist jedoch nicht nur von diesem Kriterium, sondern auch von der Auftragsart abhängig.[171] Konnte anhand des Schwellenwerts die Verfahrensart vorläufig bestimmt werden, muss zusätzlich die Anwendbarkeit der Bagatellklausel geprüft werden.[172] Abschliessend gilt es zur endgültigen Wahl der Verfahrensart noch zu eruieren, ob das konkrete Teilprojekt als eine Ausnahme gemäss § 19 Beschaffungsgesetz/BS oder Art. XV GPA-WTO zu qualifizieren ist, da dies zur Anwendbarkeit des freihändigen Verfahrens führen würde.[173]

Grundsätzlich kann im Rahmen des Vergabeverfahrens gegen die in Art. 15 IVöB i.V.m. § 31 Beschaffungsgesetz/BS genannten Entscheide, als selbständig anfechtbare Verfügungen, Beschwerde erhoben bzw. Rekurs eingelegt werden. Da die Beschwerdebefugnis und folglich die Zulässigkeit zur Erhebung der Beschwerde

---

rungsgesetz zur Interkantonalen Vereinbarung über das öffentliche Beschaffungswesen (EG IVöB) vom 2. Februar 2021, 3 f.
[166] Bei Verfahren im Staatsvertragsbereich unterstehen die öffentlichen Beschaffungen mit Ausnahme des Einladungsverfahren zusätzlich zur kantonalen bzw. interkantonalen Gesetzgebung auch dem GPA-WTO, vgl. GALLI et al. (FN 137), 125 f.
[167] Art. 6 IVöB i.V.m. § 3 Abs. 1 Beschaffungsgesetz/BS.
[168] TRÜEB (FN 147), 1042 f.
[169] Handbuch 2011 (FN 152), Ziff. 8.3 f.
[170] MARTIN BEYELER/STEFAN SCHERLER, Vergaberecht 2018: neue Themen, neue Urteile, in: Martin Beyeler/Jean-Baptiste Zufferey/Andrin Studer (Hrsg.), Das Vergaberecht der Schweiz, 10. A., Zürich 2020, 50 ff.
[171] Handbuch 2011 (FN 152), Ziff. 8.4 ff.
[172] Vgl. zur Bagatellklausel Art. 7 Abs. 2 IVöB.
[173] BEYELER/ZUFFEREY/STUDER (FN 137), 435 ff.

bzw. des Rekurses und die jeweils dafür anwendbaren Verfahren, Fristen und Beschwerdeinstanzen für die einzelnen Arten der Vergabeverfahren unterschiedlich sind, wird an dieser Stelle auf die einschlägigen Rechtsgrundlagen verwiesen.[174]

b. Infrastrukturkonzession

Wer eine Eisenbahninfrastruktur bauen und betreiben will, benötigt nach Art. 5 Abs. 1 EBG eine Infrastrukturkonzession.[175] Da die Bestimmungen des EBG zu den Eisenbahnen analog auf Trams anwendbar sind, bedarf es für den Bau des schweizerischen Abschnitts der grenzüberschreitenden Tramverbindung einer Infrastrukturkonzession.[176] Die erteilte Infrastrukturkonzession gibt der BVB als konzessioniertes Unternehmen für die Tramlinie auf schweizerischem Boden das Recht sowie die Verpflichtung, die Traminfrastruktur gemäss den Vorschriften des EBG und der Konzession zu bauen und zu betreiben.[177] Da es sich im vorliegenden Fall um eine erstmalige Erteilung einer Konzession handelt, ist der Bundesrat zuständig.[178] Für eine allfällige Erneuerung und Übertragung der Konzession zu einem späteren Zeitpunkt, wäre das Departement für Umwelt, Verkehr, Energie und Kommunikation (UVEK) zu konsultieren.[179] Unabhängig davon, ob es sich um eine Erneuerung, Änderung oder Übertragung der Konzession handelt, wird das nachfolgend erläuterte Verfahren durch das Bundesamt für Verkehr (BAV) durchgeführt.[180]

Das Verfahren für die Infrastrukturkonzession ist in Art. 6 ff. EBG i.V.m. Art. 8 ff. der Verordnung über Konzessionen, Planung und Finanzierung der Eisenbahn-

---

[174] GPA-WTO i.V.m. Art. 15 ff. IVöB i.V.m. § 30 ff. Beschaffungsgesetz/BS; WALDMANN, Rechtsmittelwege und Rechtsweggarantien im öffentlichen Vergabeverfahren, in: Institut für Schweizerisches und Internationales Baurecht (Hrsg.), Baurecht, Zürich 2002, 143 ff., 150 ff.

[175] Vgl. KERN/KÖNIG (FN 67), Rz. 9.71 ff.; STÜCKELBERGER/HALDIMANN (FN 86), 252 ff.

[176] Vgl. Motion Stucky Strassenbahn und Trolleybus, Konzessionspflicht vom 7. Oktober 1994, AB III 1994 1897 f.

[177] Art. 5 Abs. 2 EBG; STEFAN VOGEL, Zusätzlich zu beachtende, Anlagetyp-spezifische Bewilligungsvoraussetzungen/II. Verkehrsanlagen, in: Alain Griffel et al., Fachhandbuch Öffentliches Baurecht, Zürich 2016, 462.

[178] Art. 6 Abs. 1 EBG; URS ACHERMANN, Privatisierung im öffentlichen Verkehr: Voraussetzungen der Privatisierung und Steuerung des privatisierten Vollzugs am Beispiel des öffentlichen Verkehrs (Zürcher Studien zum öffentlichen Recht), Zürich 2008, 64; KERN/KÖNIG (FN 67), Rz. 9.71 ff.

[179] Art. 7 Abs. 1 EBG; BAV, Infrastrukturkonzession, abrufbar unter: https://www.bav.admin.ch/bav/de/home/verkehrsmittel/eisenbahn/fachinformationen/infrastrukturkonzession.html (Abruf 24.05.2022).

[180] Art. 8 Abs. 1 KPFV; vgl. BAV (FN 179), Infrastrukturkonzession.

infrastruktur (KPFV) geregelt.[181] Zur Einleitung des Verfahrens muss die Gesuchstellerin, im vorliegenden Vorhaben die BVB, dem BAV ein Gesuch um Erteilung einer Konzession einreichen.[182] Dieses begründete Gesuch enthält nicht nur einen Grundlagenbericht mit einem Projektbeschrieb, sondern es werden diesem auch diverse technische Unterlagen, Ausführungen bezüglich des Verhältnisses des Projekts zur massgeblichen Sach- und Raumplanung, ein Umweltverträglichkeitsbericht sowie eine Wirtschaftlichkeitsrechnung beigelegt.[183] Kommt das BAV nach der Prüfung der Unterlagen zum Schluss, dass diese unvollständig oder gar mangelhaft sind, setzt das BAV der Gesuchstellerin eine Frist für deren Ergänzung.[184] In einem nächsten Schritt hört das BAV die durch die Konzession betroffenen Kantone, Transportunternehmen mit einer Personenbeförderungskonzession und Infrastrukturbetreiber innerhalb einer Frist von drei Monaten an.[185] Gleichzeitig haben die Kantone das Gesuch um Erteilung einer Konzession öffentlich zugänglich zu machen und das BAV über allfällige Stellungnahmen Dritter zu informieren.[186] Die darauffolgende Erteilung bzw. Verweigerung der Konzession bildet den Abschluss des Verfahrens. Dabei besteht jedoch grundsätzlich kein Anspruch auf Erteilung einer Konzession.[187] Sind die Voraussetzungen von Art. 6 EBG erfüllt, so wird die Konzession durch den Bundesrat für maximal 50 Jahre erteilt.[188] Konkret muss ein öffentliches Interesse am Bau und Betrieb der Traminfrastruktur bestehen oder ein eigenwirtschaftlicher Betrieb erwartet werden.[189] Zudem darf der Konzession kein wesentliches öffentliches Interesse, namentlich der Raumplanung, des Umwelt- oder Naturschutzes entgegenstehen. Weiter muss die Gesuchstellerin im Handelsregister eingetragen sein.[190] Da der Entscheid über die Konzessionserteilung in der Kompetenz des Bundesrats steht, gibt es gegen diesen grundsätzlich keine Beschwerdemöglichkeit.[191] Ausnahme davon ist

---

[181] ANNE GREINUS et al., Evaluation des Konzessionsrechts in den Bereichen Bahninfrastruktur und Personenbeförderung, Zürich/Berlin/St. Gallen 2020, 39 ff.
[182] Art. 8 Abs. 1 KPFV.
[183] Art. 8 Abs. 2 KPFV; vgl. VOGEL (FN 177), 463 ff.; Näheres zum Umweltverträglichkeitsbericht als erste Stufe der UVP s. Abschnitt zum Plangenehmigungsverfahren.
[184] Art. 8 Abs. 5 KPFV; vgl. KERN/KÖNIG (FN 67), Rz. 9.71 ff.
[185] Art. 9 Abs. 1 KPFV.
[186] Art. 9 Abs. 2 KPFV.
[187] STÜCKELBERGER/HALDIMANN (FN 86), 251.
[188] Art. 6 Abs. 5 EBG; Diese lange Geltungsdauer der Infrastrukturkonzession im Vergleich zur Konzession für die Personenbeförderung lässt sich durch die lange Lebens- und Amortisationsdauer von Traminfrastrukturen rechtfertigen, vgl. KERN/KÖNIG (FN 67), Rz. 9.71 ff.
[189] Art. 6 Abs. 1 lit. a und b EBG.
[190] Art. 6 Abs. 2 lit. a und c EBG.
[191] Vgl. BGer, 1C_544/2008, 1C_548/2008, 1C_550/2008, 27.08.2009, E. 6.2.

die Beschwerdemöglichkeit gemäss Verwaltungsverfahrensgesetz (VwVG) bei einem mangelhaften Verfahren.[192]

c. Plangenehmigungsverfahren

Das Plangenehmigungsverfahren ist ein zentrales eisenbahnrechtliches Verfahren, welches im EBG in Art. 18 bis 18l und in der Verordnung über das Plangenehmigungsverfahren für Eisenbahnanlagen (VPVE) geregelt ist.[193] Gemäss Art. 18 Abs. 1 EBG bedürfen sämtliche Anlagen und Bauten, «die ganz oder überwiegend dem Bau und Betrieb einer Eisenbahn dienen», zur Erstellung einer Plangenehmigung. Diese entspricht einer eisenbahnrechtlichen Baubewilligung.[194] Grundsätzlich ist das Verfahren grösstenteils mit kantonalen bzw. kommunalen Baubewilligungsverfahren vergleichbar, mit dem Unterschied, dass der Bund für die gesamte Schweiz als einzige Bewilligungsbehörde gilt.[195] Die Genehmigungsbehörde ist gemäss Art. 18 Abs. 2 EBG das BAV. Beim Plangenehmigungsverfahren handelt es sich um ein konzentriertes Entscheidverfahren gemäss Art. 62a ff. Regierungs- und Verwaltungsorganisationsgesetz (RVOG).[196] Dies hat zur Folge, dass sämtliche nach Bundesrecht erforderlichen Bewilligungen mit der Plangenehmigung erteilt werden.[197]

Gemäss Art. 18i EBG gilt es das vereinfachte Plangenehmigungsverfahren vom ordentlichen Verfahren abzugrenzen. Ersteres kommt bloss bei Vorhaben von geringer Tragweite zu Anwendung.[198] Da es sich beim Bau einer grenzüberschreitenden Tramverbindung nicht um ein Vorhaben von geringer Tragweite handelt, findet das ordentliche Verfahren Anwendung, welches nachfolgend, in Anlehnung an die untenstehende Darstellung, genauer erläutert. Dabei wird nicht weiter auf das vereinfachte Verfahren eingegangen.[199]

---

[192] Art. 4 ff. VwVG.
[193] STÜCKELBERGER/HALDIMANN (FN 86), Rz. 24.
[194] ROGER BOSONNET, Das eisenbahnrechtliche Plangenehmigungsverfahren, Eine Darstellung unter besonderer Berücksichtigung von Schieneninfrastruktur-Grossprojekten, Diss., Zürich 1999, 33; KERN/KÖNIG (FN 67), Rz. 9.77.
[195] STÜCKELBERGER/HALDIMANN (FN 86), Rz. 25.
[196] STÜCKELBERGER/HALDIMANN (FN 86), Rz. 26; KERN/KÖNIG (FN 67), Rz. 9.79.
[197] Art. 18 Abs. 3 EBG.
[198] Vgl. zu Vorhaben von geringer Tragweite Art. 18i Abs. 1 EBG; KERN/KÖNIG (FN 67), Rz. 9.82.
[199] Vgl. BAV, Plangenehmigung betreffend Verlängerung Tramlinie 8: Basel Kleinhüningen – Weil am Rhein, Abschnitt Basel-Stadt Kanton Basel Stadt, vom 6. Oktober 2008 (zit. Plangenehmigung Tramlinie 8), Ziff. 2.

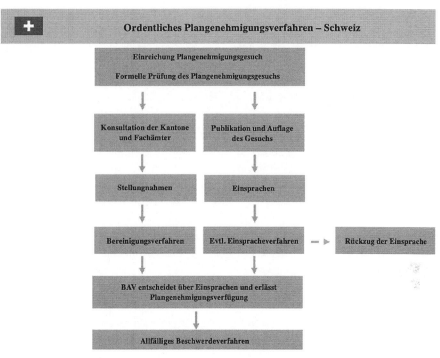

Abbildung 5: Ablauf des ordentlichen Plangenehmigungsverfahrens

Das ordentliche Plangenehmigungsverfahren wird eingeleitet durch das Einreichen der gesetzlich erforderlichen Unterlagen des Gesuchstellers bei der Genehmigungsbehörde, wie bspw. Pläne, technische Berichte, Profile, Sicherheits- und Umweltverträglichkeitsberichte sowie besondere Nachweise.[200] Im Fall des Baus der Tramlinie auf schweizerischer Seite wäre die Gesuchstellerin die BVB, wie sie es auch bei der Verlängerung des Tram 8 war.[201] Nach Prüfung der Vollständigkeit der eingereichten Unterlagen wird die öffentliche Auflage gemäss Art. 18d Abs. 2 VPVE durchgeführt. Namentlich hat das Gesuch durch die vom Infrastrukturprojekt betroffenen Kantone und Gemeinden publiziert und während 30 Tagen öffentlich aufgelegt zu werden, wobei den direkt betroffenen Grundeigentümer eine persönliche Anzeige zugestellt wird.[202] Während dieser Frist kann Einsprache beim BAV erheben, wer gemäss VwVG oder Enteignungsgesetz (EntG) dazu be-

---

[200] Zur vollständigen Auflistung der einzureichenden Unterlagen vgl. Art. 3 Abs. 2 VPVE.
[201] Vgl. Plangenehmigung Tramlinie 8 (FN 199).
[202] Art. 31 EntG.

rechtigt ist, d.h. Partei ist.[203] So können diejenigen Personen Rechtsmittel erheben, die durch den Entscheid «besonders berührt», d.h. «stärker als ein beliebiger Dritter betroffen»[204] sind und ein «schutzwürdiges Interesse» an dessen Aufhebung oder Änderung haben.[205] Das schutzwürdige Interesse kann dabei materieller (z.B. Werteinbusse einer Liegenschaft) oder ideeller Natur (z.B. Lärmbelästigung) sein.[206] Konkret kann mit der Einsprache geltend gemacht werden, dass das Bauvorhaben den für die Plangenehmigung massgeblichen Bestimmungen des öffentlichen Rechts widerspreche.[207] Überdies kann der betroffene Kanton im Rahmen einer Stellungnahme zum Plangenehmigungsgesuch am Verfahren mitwirken. Dabei hat dieser drei Monate Zeit, um seine Stellungnahme abzugeben.[208] Gleichzeitig werden auch die betroffenen Fachbehörden des Bundes angehört.[209] Bei Bedarf führt das BAV anschliessend Augenscheine mit Einigungsverhandlung durch.[210] Parallel zu den erläuterten Verfahrensschritten führt das BAV die sicherheitstechnische Prüfung des eingereichten Gesuchs durch, wobei diese nachfolgend über das Gesuch sowie auch über allfällige Einsprachen entscheidet.[211] Der Genehmigungsentscheid erfolgt in Form einer Plangenehmigungsverfügung. Dieser kann beim Bundesverwaltungsgericht mit Beschwerde angefochten werden.[212] Der Entscheid des Bundesverwaltungsgerichts unterliegt wiederum der Beschwerde in öffentlich-rechtlichen Angelegenheiten an das Bundesgericht.[213]

Ein zentraler Bestandteil des Plangenehmigungsverfahren ist die Umweltverträglichkeitsprüfung (UVP), welche im Rahmen der sicherheitstechnischen Prüfung durchgeführt wird. In der UVP wird abgeklärt, ob die geplante Infrastrukturanlage den geltenden Umweltvorschriften entspricht. So ist es Ziel der UVP, die Gesundheit der Menschen sowie der Umwelt vor vorhersehbaren schädlichen Auswirkungen zu schützen und zu optimieren. Ausserdem dient sie einem transparenten

---

[203] Art. 18f EBG; vgl. STÜCKELBERGER/HALDIMANN (FN 86), Rz. 28; KERN/KÖNIG (FN 67), Rz. 9.82.
[204] BGE 145 II 259 E. 2.3; 139 II 279 E. 2.2; 135 II 172 E. 2.1.
[205] Art. 48 Abs. 1 VwVG.
[206] Vgl. BAFU, UVP-Handbuch, Richtlinie des Bundes für die Umweltverträglichkeitsprüfung, Bern 2009, (zit. UVP-Handbuch), Modul 3, 12.
[207] STÜCKELBERGER/HALDIMANN (FN 86), Rz. 28.
[208] Art. 18d Abs. 1 EBG.
[209] Art. 62a Abs. 1 RVOG.
[210] STÜCKELBERGER/HALDIMANN (FN 86), Rz. 29.
[211] Art. 18h Abs. 1 EBG; vgl. STÜCKELBERGER/HALDIMANN (FN 86), Rz. 30.
[212] Art. 31 ff. VGG.
[213] Art. 31 ff. VGG i.V.m. Art. 82 ff. BGG; vgl. HÄNER et al. (FN 82), 147 f.

und berechenbaren Verfahren und verschafft so den Gesuchstellern eine grössere Projektierungs- und Investitionssicherheit.[214]

Der UVP sind gemäss Art. 10a Abs. 2 Umweltschutzgesetz (USG) Anlagen unterstellt, «welche Umweltbereiche erheblich belasten können», so dass die Vorschriften über den Umweltschutz voraussichtlich nur mit projekt- oder standortspezifischen Massnahmen eingehalten werden können. Aufgrund dessen hat der Bundesrat die UVP-pflichtigen Anlagen im Anhang der Verordnung über die Umweltverträglichkeitsprüfung (UVPV) abschliessend bezeichnet. Gemäss Ziff. 12.1 Anhang UVPV ist für neue Eisenbahnlinien und damit auch für den Bau einer neuen Tramlinie, eine zweistufige UVP vorzunehmen.[215] Die erste Stufe der Prüfung hat im Zusammenhang mit der Erteilung der Infrastrukturkonzession zu erfolgen, wobei die zweite Stufe auf Ebene der Plangenehmigung angesiedelt ist.[216] So ist die UVP nicht als eigenständiges Verfahren ausgestaltet, sondern gliedert sich verfahrensmässig in die Regelungen der genannten Verfahren ein.[217] Das konkrete Verfahren der UVP ist in Art. 10b–10d USG sowie in der UVPV geregelt. Grundsätzlich wird mittels der Prüfung festgestellt, ob das betroffene Projekt mit den nationalen und internationalen Vorschriften über den Schutz der Umwelt, namentlich mit dem USG und den Vorschriften über den «Natur- und Heimatschutz, den Landschaftsschutz, den Gewässerschutz, die Walderhaltung, die Jage, die Fischerei und die Gentechnik», übereinstimmt.[218] Das Ergebnis bildet die Grundlage für den Entscheid über die Konzessionierung und insbesondere über die Plangenehmigung.[219] Damit eine solche Prüfung vorgenommen werden kann, hat, wer eine UVP-pflichtige Anlage errichten will, bei der Projektierung einen Bericht über die Auswirkungen der Anlage auf die Umwelt zu erstellen.[220] Oftmals überträgt der Gesuchsteller die Ausarbeitung des Umweltverträglichkeitsbericht an ein spezialisiertes Umweltbüro.[221] Ausserdem kann es sich lohnen, eine ökologische Baubegleitung in bestimmten Bereichen einzusetzen, wie dies im Falle

---

[214] UVP-Handbuch (FN 206), 7; vgl. auch GRIFFEL/RAUSCH, Kommentar USG, in: Alain Griffel, Kommentar zum Umweltschutzgesetz: Ergänzungsband zur 2. A., Zürich 2011, (zit. AUTOR, Kommentar USG, Art.), Vorbemerkungen zu Art. 10a–d, Rz. 28; HEINZ AEMISEGGER/KARIN SCHERRER/STEPHAN HAAG, Die Umweltverträglichkeitsprüfung in der Praxis des Bundesgerichts, Umweltrecht in der Praxis (URP) 2004, 394 ff., 416.
[215] Vgl. Ratschlag vom 19. September 2007 (FN 120), 11.
[216] VOGEL (FN 177), Rz. 5.71.
[217] Vgl. BOSONNET (FN 194), 255; STEPHANIE WALTI, Die strategische Umweltprüfung, Zürich 2014, 29.
[218] Art. 3 Abs. 1 UVPV.
[219] Art. 3 Abs. 2 UVPV.
[220] Art. 7 UVPV; vgl. WALTI (FN 217), 32 f.
[221] WALTI (FN 217), 32 f.; UVP-Handbuch (FN 206), Modul 1, 6.

des Tram 8 für die Bereiche Luft, Lärm, Gewässerschutz, Natur- und Baumschutz gemacht wurde.[222] Für eine Anleitung, wie methodisch bei einer UVP vorzugehen ist, wird auf das UVP-Handbuch des Bundesamts für Umwelt (BAFU) verwiesen. Dieses zeigt den Ablauf des UVP-Verfahrens detailliert auf und beinhaltet Ausführungen zu den verschiedenen Hilfsmitteln.[223] Schlussendlich hat die in der Plangenehmigung entscheidende Behörde zu prüfen, ob das Vorhaben den Umweltschutzvorschriften entspricht. Kommt sie zum Schluss, dass das auf das Projekt nicht zutrifft, klärt sie ab, ob dieses allfällig mit Bedingungen oder Auflagen bewilligt werden kann.[224] Abgeschlossen wird die UVP mit dem Plangenehmigungsentscheid über das UVP-pflichtige Vorhaben.[225] Neben den grundsätzlichen Bestimmungen zu den möglichen Rechtsmitteln gegen den Plangenehmigungsentscheid gilt es bezüglich der UVP insbesondere auf das Verbandsbeschwerderecht der Umweltschutzorganisationen hinzuweisen. Diese verfügen über das Beschwerderecht, wenn sie den Anforderungen von Art. 55 ff. USG gerecht werden.[226]

Nebst den nationalen Bestimmungen gilt es bei einer grenzüberschreitenden UVP auch das Übereinkommen über die Umweltverträglichkeitsprüfung im grenzüberschreitenden Rahmen (Espoo-Konvention) zu beachten. Dieses ist in der Schweiz sowie in all ihren Nachbarstaaten in Kraft.[227] Die Espoo-Konvention regelt das Vorgehen für den Fall, dass ein Projekt «voraussichtlich erhebliche, grenzüberschreitende, nachteilige Auswirkungen auf die Umwelt zur Folge hat».[228] Diese beinhaltet die Rechte und Pflichten der beteiligten Staaten des Projekts mit grenzüberschreitenden Umweltauswirkungen (betroffene Partei und Ursprungspartei).[229] Konkret bezweckt die Espoo-Konvention, dass ein Staat, auf dessen Gebiet ein solches Vorhaben geplant ist, den betroffenen Nachbarstaat über das Projekt zu informieren hat, sodass diesem eine Beteiligung am Verfahren möglich ist.[230] Das bedeutet, dass sich die Öffentlichkeit und die Verwaltung der betroffenen Partei zum Vorhaben äussern können müssen. Diese Stellungnahmen müssen anschliessend beim Entscheid berücksichtigt werden.[231] Anlässlich der

---

[222] Vgl. Plangenehmigung Tramlinie 8 (FN 199), Ziff. 4.2.
[223] UVP-Handbuch (FN 206), *passim*.
[224] Art. 18 Abs. 1 und 2 UVPV; vgl. WALTI (FN 217), 42 f.
[225] Art. 19 UVPV; vgl. UVP-Handbuch (FN 206), Modul 3, 11.
[226] UVP Handbuch (FN 206), Modul 3, 12.
[227] UVP-Handbuch (FN 206), Modul 3, 15.
[228] Art. 2 Ziff. 2, 3 und 4 Übereinkommen über die Umweltverträglichkeitsprüfung im grenzüberschreitenden Rahmen vom 25. Februar 1991 (Espoo-Konvention).
[229] UVP-Handbuch (FN 206), Modul 1, 13 f.
[230] Art. 2 Ziff. 6 Espoo-Konvention.
[231] Art. 6 Espoo-Konvention; BAFU, UVP-Handbuch (FN 206), Modul 3, 15 f.

Espoo-Konvention erfolgte eine Revision der UVPV im Jahre 2008. Dabei wurde in Art. 6a UVPV die behördlichen Zuständigkeiten der wahrzunehmenden Rechte und Pflichten geregelt.[232] Wird folglich eine Tramlinie auf schweizerischem Gebiet geplant, kommen diese Pflichten dem BAV als zuständige Behörde zu.

2. Deutschland

Im Rahmen des Bau- und Bewilligungsprojekts des grenzüberschreitenden Bauvorhabens ist Lörrach aufgrund des Territorialitätsprinzips verpflichtet, die von der bundes- und landesrechtlichen Gesetzgebung vorgesehene Ausschreibung durchzuführen sowie das Planfeststellungsverfahren zu durchlaufen. Dieses Vorgehen und die damit zusammenhängenden Hürden werden nachfolgend ausführlich erläutert.

a. Ausschreibung

In der Praxis ist es auch auf deutscher Seite gängig, dass zur Reduktion der Komplexität des Infrastrukturprojekts dieses in einzelne Teilprojekte unterteilt wird. Die Stadtwerke Lörrach[233] sind jedoch als öffentliche Auftraggeberin nicht befugt, über die Beschaffung von Lieferungen-, Dienst- und Bauleistungen im Rahmen dieser Teilprojekte frei zu entschieden.[234] Vielmehr müssen diese gemäss zur Sicherstellung eines fairen Wettbewerbs sowie eines transparenten und diskriminierungsfreien Vorgehens, das internationale europäische und nationale Vergaberecht berücksichtigen.[235]

---

[232] WALTI (FN 217), 45.
[233] Die Stadtwerke Lörrach sind ein Eigenbetrieb, welcher aus verschiedenen Geschäftsbereichen besteht (vgl. Lörrach, Eigenbetrieb Stadtwerke Lörrach, abrufbar unter: https://www.loerrach.de/de/Stadt-Buerger/Rathaus-Buergerservice/Ihre-Ansprechpartner/Fachbereiche/Fachbereich?view=publish&item=level2&id=19 (Abruf 24.05.2022).
[234] § 99 Gesetz gegen Wettbewerbsbeschränkungen vom 26. Juli 1998 (GWB/DE); Die einzelnen Teilprojekte sind als öffentlicher Auftrag i.S.v. Art. § 103 GWB/DE zu qualifizieren.
[235] § 97 GWB/DE; Die nachfolgenden Ausführungen konzentrieren sich auf die Rechtsgrundlagen und die einzelnen Vergabearten sowie die Auswahl der Vergabeart. Für weitere Detailinformationen vgl. WALTER FRENZ, Vergaberecht EU und National, Heidelberg 2018, 105 ff.; ANGELA DAGEFÖRDE, Handbuch für den Fachanwalt für Vergaberecht, Köln 2018, 30 ff, 30 ff.; OLIVER DÖRR, Das europäisierte Vergaberecht in Deutschland, JuristenZeitung, 59 Jahrgang, Nr. 14, Tübingen, 703 ff., 705 ff.; DANIEL NAUMANN, Vergaberecht, Grundzüge der öffentlichen Auftragsvergabe, Wiesbaden 2019, 24 ff.; KARSTEN SCHMID, Einführung in das Vergaberecht, Zeitschrift für das Juristische Studium 2/2015, 158 ff. (zit. SCHMID, Vergaberecht), 160 ff.; MICHAEL PROBST/FABIAN WINTERS,

Wie auch in der Schweiz bildet das WTO-Übereinkommen über das öffentliche Beschaffungswesen die Grundlage für Beschaffungen im Rahmen des grenzüberschreitenden Infrastrukturprojekts. Da das Vergaberecht in Deutschland nicht durch ein einheitliches Gesetz geregelt ist, müssen die weiteren einschlägigen Rechtsgrundlagen im Einzelfall eruiert werden.[236] Die Anwendbarkeit der EU-Rechtsgrundlagen bzw. der nationalen Rechtsgrundlagen ist grundsätzlich davon abhängig, ob der voraussichtliche Wert des auszuschreibenden Teilprojekts den aktuell geltenden EU-Schwellenwert[237] erreicht bzw. überschreitet oder darunter liegt.[238] Folglich ist der Bestimmung der einschlägigen Rechtsordnung die Ermittlung des Auftragswerts des Teilprojekts nach den vergaberechtlichen Bestimmungen vorgestellt.[239] Liegt ein Auftrag vor, der den geltenden EU-Schwellenwert erreicht oder überschreitet (sog. Oberschwellenbereich), muss die Leistung europaweit ausgeschrieben werden.[240] Rechtsquellen dafür bilden dann das Gesetz gegen Wettbewerbsbeschränkungen (GWB/DE), die Verordnung über die

---

Einführung in das Vergaberecht, Juristische Schulung (JUS) 2015, 122 ff, 122 ff.; LARS DIEDERICHSEN/INGO RENNER, Vergaberecht, in: Reiner Schmidt/Ferdinand Wollenschläger (Hrsg.), Kompendium Öffentliches Wirtschaftsrecht, 5. A., Heidelberg 2019/2020, 273 ff., 273 ff.

[236] DÖRR (FN 235), 704 f.

[237] § 106 GWB/DE i.V.m. Art. 4 Richtlinie 2014/24/EU des Europäischen Parlaments und des Rates vom 26. Februar 2014 über die öffentliche Auftragsvergabe und zur Aufhebung der Richtlinie 2004/18/EG (RL 2014/24/EU) i.V.m. Art. 15 Richtlinie 2014/25/EU des Europäischen Parlaments und des Rates vom 26. Februar 2014 über die Vergabe von Aufträgen durch Auftrag-geber im Bereich der Wasser-, Energie- und Verkehrsversorgung sowie der Postdienste und zur Aufhebung der Richtlinie 2004/17/EG (RL 2014/25/EU) i.V.m. Art. 8 Richtlinie 2009/81/EG des Europäischen Parlaments und des Rates vom 13. Juli 2009 über die Koordinierung der Verfahren zur Vergabe bestimmter Bau-, Liefer- und Dienstleistungsaufträge in den Bereichen Verteidigung und Sicherheit und zur Änderung der Richtlinien 2004/17/EG und 2004/18/EG (RL 2009/81/EG) i.V.m. Art. 8 Richtlinie 2014/23/EU des Europäischen Parlaments und des Rates vom 26. Februar 2014 über die Konzessionsvergabe (RL 2014/23/EU). Da die EU-Kommission die Höhe der Schwellenwerte für die Anwendung des EU-Vergaberechts alle zwei Jahre aktualisiert, handelt es sich um dynamische Verweise, sodass die Schwellenwerte unmittelbar in der jeweiligen Fassung der EU-Richtlinie gelten, vgl. NAUMANN (FN 235), 12 ff.

[238] MARC GABRIEL/WOLFRAM KROHN/ANDREAS NEUN, Handbuch Vergaberecht: Gesamtdarstellung und Kommentierung zur Vergaben nach GWB, VgV, SektVO, VSVgV, KonzVgV, VOB/A, UVgO, VOL/A, VO(EG) 1370, SGB V, AEUV, München 2017, 1054 ff.

[239] Vgl. Art. 97 Abs. 4 GWB/DE i.V.m. § 3 Abs. 7 Satz 1 und 2 Verordnung über die Vergabe öffentlicher Aufträge (Vergabeverordnung) vom 12. April 2016 (VgV/DE) für die Bestimmung des Auftragswerts bei Teillosen.

[240] Vgl. NAUMANN (FN 235), 24 ff.

Vergabe öffentlicher Aufträge (VgV/DE), die Vergabe- und Vertragsordnung für Bauleistungen (VOB/A-EU/DE), die Sektorenverordnung (SektVO/DE), die Konzessionsvergabeverordnung (KonzVO) sowie die Vergabeverordnung Verteidigung und Sicherheit (VSVgV/DE).[241] Liegt hingegen die Auftragswertschätzung unterhalb des entsprechenden EU-Schwellenwerts (sog. Unterschwellenbereich), kommt das deutsche Haushaltsvergaberecht zur Anwendung.[242] Im vorliegenden Fall wird die Vergabe im Unterschwellenbereich auf Lands- und Kommunalebene durch die Stadtwerke Lörrach durchgeführt werden. Demnach sind unter.[243] Demnach sind gemäss den Verweisen der Bundeshaushaltsordnung (BHO/DE) und der Landeshaushaltsverordnung für Baden-Württemberg (LHO/BW) die Verfahrensordnung für die Vergabe öffentlicher Liefer- und Dienstleistungsaufträge unterhalb der EU-Schwellenwerte (UVgO/DE) sowie die Vergabe- und Vertragsordnung für Bauleistungen (VOB/A/DE) als Rechtsgrundlagen anwendbar.[244]

Im Anschluss an die Bestimmung der anzuwendenden Verfahrensordnung, hat der öffentliche Auftraggeber die für den konkreten Vergabeauftrag passende Verfahrensart festzulegen.[245] Richtet sich das Vergabeverfahren nach den EU-Rechtsgrundlagen, stehen unter Berücksichtigung der Einschränkungen von § 119 Abs. 2 GWB/DE grundsätzlich sechs EU-Vergabeverfahren zur Auswahl. Konkret sieht das EU-Vergaberecht das offene Verfahren, das nicht offene Verfahren, das Verhandlungsverfahren mit vorgeschaltetem Teilnahmewettbewerb, das Verhandlungsverfahren ohne vorgeschaltetem Teilnahmewettbewerb, den wettbewerblichen Dialog sowie die Innovationspartnerschaft vor.[246] Beim offenen Verfahren, als ein einstufiges Verfahren, wird eine unbeschränkte Anzahl von Unternehmen mittels einer Auftragsbekanntmachung öffentlich zur Angebotsabgabe aufgefordert.[247] Das nicht offene Verfahren besteht hingegen aus zwei Stufen. Zunächst

---

[241] Da die Richtlinien der EU in den Mitgliedstaaten nicht unmittelbar gelten, müssen sie in nationales Recht transformiert werden. Als Folge dessen setzen seit April 2016 die erwähnten Gesetze und Verordnungen die drei EU-Vergaberichtlinien in deutsches Recht um, vgl. NAUMANN (FN 235), 6 ff.
[242] Vgl. NAUMANN (FN 235), 24.
[243] Da der Bund und die Bundesländer ein separates Vergaberecht entwickelt haben, ist im Einzelfall zu eruieren, wer Auftraggeber der ausgeschriebenen Leistung ist, um im Anschluss die Anwendbarkeit der Rechtsordnung des Bundes oder derjenigen der Bundesländer zu bestimmen.
[244] DAGEFÖRDE (FN 235), 43 ff.
[245] FRENZ (FN 235), 71 ff.
[246] § 119 Abs. 1 GWB/DE.
[247] § 119 Abs. 3 GWB/DE; Das offene Vergabeverfahren ist der Regelfall des Vergabeverfahrens für Aufträge im Oberschwellenbereich, vgl. DIEDERICHSEN/RENNER, 319 f.; FRENZ, 492 ff.

wird ein öffentlicher Teilnahmewettbewerb durchgeführt, bei welchem die interessierten Unternehmen ihre Eignung nachweisen müssen.[248] In einem zweiten Schritt wählt der Auftraggeber nach objektiven Kriterien eine beschränkte Anzahl an Unternehmen aus und fordert diese zur Abgabe eines Angebots auf.[249] Beim Verhandlungsverfahren ohne Teilnahmewettbewerb wendet sich der öffentliche Auftraggeber direkt an eines oder mehrere ausgewählte Unternehmen, um mit diesen über das Angebot und den konkreten Auftragsgegenstand sowie den Preis zu verhandeln.[250] Das Verhandlungsverfahren mit Teilnahmewettbewerb unterscheidet sich vom vorgängigen Verfahren lediglich darin, dass der Auswahl der aufzufordernden Unternehmen ein öffentlicher Teilnahmewettbewerb vorgeschaltet ist.[251] Der wettbewerbliche Dialog kommt bei der Vergabe von besonders komplexen Aufträgen, wie bspw. Infrastrukturprojekten, bei welchen es dem öffentlichen Auftraggeber voraus nicht möglich ist, die technischen Mittel oder finanziellen Konditionen des Auftrags anzugeben, zur Anwendung. Dieses Verfahren dient somit der Ermittlung und Festlegung derjenigen Mittel, mit denen die Ziele und Bedürfnisse des Auftraggebers am besten erfüllt werden können. Dafür eröffnet der öffentliche Auftraggeber nach einem Teilnahmewettbewerb mit den ausgewählten Unternehmen einen Dialog zur Erörterung aller Aspekte der Auftragsvergabe.[252] Die Innovationspartnerschaft dient der Entwicklung innovativer, noch nicht auf dem Markt verfügbarer Liefer-, Bau- oder Dienstleistungen und zum anschliessenden Erwerb der daraus hervorgehenden Leistungen.[253] Diese setzt sich nach einem Teilnahmewettbewerb aus mehreren Phasen zusammen, in welchen Verhandlungen mit den ausgewählten Unternehmen über die Erst- und Folgeangebote geführt werden.[254]

Richtet sich das Vergabeverfahren nach dem nationalen Recht, stehen dem öffentlichen Auftraggeber gemäss § 8 Abs. 2 UVgO/DE verschiedene Vergabearten zur Verfügung.[255] Konkret kann die Vergabe von öffentlichen Aufträgen

---

[248] Vgl. Naumann (FN 235), 31.
[249] § 119 Abs. 4 GWB/DE; vgl. Frenz (FN 235), 494 ff.
[250] § 119 Abs. 5 GWB/DE; vgl. Naumann (FN 235), 31; Diederichsen/Renner (FN 235), 319 ff.
[251] § 119 Abs. 5 GWB/DE.
[252] § 119 Abs. 6 GWB/DE; vgl. Naumann (FN 235), 32.
[253] Diederichsen/Renner (FN 235), 320 f.
[254] § 119 Abs. 7 GWB/DE i.V.m. § 19 VgV/DE.
[255] Bei der Vergabe von öffentlichen Liefer- oder Dienstleistungsaufträgen im Unterschwellenbereich können unterschiedliche Vergabeordnungen zur Anwendung kommen. Während in Baden-Württemberg die UVgO/DE anwendbar ist, ist diese in anderen Bundesländern noch nicht eingeführt worden. Folglich sind die Vorschriften der Vergabe- und Vertragsordnung für Leistungen – Teil A (VOL/A/DE) anzuwenden. Dies

durch die öffentliche Ausschreibung, die beschränkte Ausschreibung mit Teilnahmewettbewerb, die beschränkte Ausschreibung ohne Teilnahmewettbewerb, die Verhandlungsvergabe mit Teilnahmewettbewerb sowie durch die Verhandlung ohne Teilnahmewettbewerb erfolgen.[256] Das öffentliche Verfahren gilt als Pendant zum offenen Verfahren im Oberschwellenbereich, wobei die beschränkte Ausschreibung mit Teilnahmewettbewerb dem nicht offenen Verfahren im Oberschwellenbereich entspricht.[257] Die beschränkte Ausschreibung ohne Teilnahmewettbewerb unterscheidet sich insofern vom nicht offenen Verfahren im Oberschwellenwert, als dass bei diesem die Möglichkeit besteht, auf einen vorgängigen Teilnahmewettbewerb zu verzichten. Der Auftraggeber fordert dabei direkt mindestens drei Unternehmen zur Abgabe eines Angebots auf.[258] Die Verhandlungsvergabe mit Teilnahmewettbewerb ist wiederum mit dem Verhandlungsverfahren mit Teilnahmewettbewerb im Oberschwellenbereich vergleichbar.[259] Die Verhandlungsvergabe ohne Teilnahmewettbewerb folgt mit Ausnahme des Verzichts der Durchführung des Teilnahmewettbewerbs dem Vorgehen der Verhandlungsvergabe mit Teilnahmewettbewerbs.[260]

Nicht nur für die Rechtsgrundlagen und die Verfahrensarten ist zwischen dem Oberschwellenbereich und dem Unterschwellenbereich zu unterscheiden, sondern auch der Rechtsschutz ist zweigeteilt.[261] Im Oberschwellenbereich kann ein unterlegener Bieter oder Bewerber den aus § 97 Abs. 6 GWB/DE resultierenden Anspruch auf Einhaltung der Bestimmungen über das Vergabefahren im Rahmen eines Nachprüfungsverfahrens vor den Vergabekammern und gegebenenfalls vor dem Oberlandesgericht geltend machen (sog. Primärrechtsschutz).[262] Im Unter-

---

führt dazu, dass im Unterschwellenbereich teilweise unterschiedliche Vergabearten zur Verfügung stehen. Während bspw. in Baden-Württemberg eine Lieferung oder Leistung im Wege einer Verhandlungsvergabe ausgeschrieben werden kann, ist in anderen Bundesländern von der freihändigen Vergabe die Rede., vgl. DIEDERICHSEN/RENNER (FN 235), 317 ff.

[256] § 8 Abs. 1 Verfahrensordnung für die Vergabe öffentlicher Liefer- und Dienstleistungsaufträge unterhalb der EU-Schwellenwerte (Unterschwellenvergabeordnung) vom 2. Februar 2017 (UVgO/DE).
[257] § 9 Abs. 1 und § 10 UVgO/DE; vgl. NAUMANN (FN 235), 32.
[258] Vgl. § 11 UVgO/DE; DIEDERICHSEN/RENNER (FN 235), 318 f.
[259] Vgl. § 12 UVgO/DE; DIEDERICHSEN/RENNER (FN 235), 319 f.
[260] Vgl. § 12 UVgO/DE.
[261] DIEDERICHSEN/RENNER (FN 235), 319 f.
[262] Der Primärrechtsschutz gemäss § 155 ff. GWB/DE bezweckt die Herstellung des rechtmässigen Vergabeverfahrens. Zudem gibt es im Bereich des Oberschwellenwerts die Möglichkeit eines Sekundärrechtsschutzes, welcher den Schadenersatz zum Ziel hat, vgl. § 180 ff. GWB/DE und das allgemeine Zivilrecht; vgl. auch NAUMANN, 47 ff.

schwellenbereich existieren weder auf Bundes- noch auf Landesebene spezifische Bestimmungen zur Nachprüfung der Vergabeverfahren.[263] Nichtsdestotrotz haben abgelehnte Bieter oder Bewerber im Sinne eines eingeschränkten Primärrechtsschutzes die Möglichkeit beim zuständigen Zivilgericht den Erlass einer einstwilligen Verfügung zu beantragen, um ein drohende Zuschlagserteilung vorläufig zu verhindern.[264]

b. Planfeststellungsverfahren

Für die Genehmigung eines Traminfrastrukturprojekts wird in Deutschland ein Planfeststellungsbeschluss vorausgesetzt.[265] Dieses Verfahren ist grundlegend für die Genehmigung von Infrastrukturvorhaben, welche eine Vielzahl von privaten und öffentlichen Interessen berühren. Mit dem Planfeststellungsverfahren werden alle öffentlichen und privaten Belange mit den Interessen des Antragstellers (sog. Vorhabenträger) abgewogen.[266] Beim Planfeststellungsverfahren handelt es sich um ein konzentriertes Verfahren, welches sämtliche notwendigen Einzelgenehmigungen inkludiert.[267] Dabei hat der Vorhabenträger je nach Kompetenzverteilung entweder das auf Bundesebene im Verwaltungsverfahrensgesetz (VwVfG) oder das auf Landesebene im Verwaltungsverfahrensgesetz für Baden-Württemberg (LVwVfG/BW) geregelte Verfahren zu durchlaufen. Da die Stadt Lörrach für den Bau der Traminfrastruktur zuständig ist, ist folglich das LVwVfG/BW für das vorliegende Planfeststellungsverfahren einschlägig.[268]

---

[263] MICHAEL SITSEN, Ist die Zweiteilung des Vergaberechts noch verfassungskonform?, Zeitschrift für deutsches und internationales Bau- und Vergaberecht (ZfBR), Heft 7/2018, 654 ff., 654 ff.

[264] Zudem gibt es im Bereich des Unterschwellenwerts auch noch die Möglichkeit eines Sekundärrechtsschutzes, welcher den Schadenersatz zum Ziel hat. Hierfür wird auf das allgemeine Zivilrecht verwiesen, vgl. NAUMANN (FN 235), 47 ff.; JAN ZIEKOW/UWE-CARSTEN VÖLLINK, Vergaberecht, Kommentar zu GWB, VgV, SektVO, VSVgV, KonzVgV, VOB/A, UVgO, VOL/A, VO (EG) 1370/2007, 4. A., München 2020, 6 ff., 6 ff.

[265] § 60 Abs. 1 i.V.m. § 62 Abs. 1 Verordnung über den Bau und Betrieb der Strassenbahnen (Strassenbahn-Bau- und Betriebsordnung) vom 11. Dezember 1987 (BOStrab/DE).

[266] WULF CLAUSEN, Planrecht, in: Konrad Spang (Hrsg.), Projektmanagement von Verkehrsinfrastrukturprojekten, Berlin/Heidelberg 2016, 243 ff., 251 f.

[267] MENIUS/MATHEWS (FN 15), 20 f.; RUNKEL, EZBK Kommentar BauGB, in: Werner Ernst/Willy Zinkahn/Walter Bielenberg (Hrsg.), Kommentar zum Baugesetzbuch, 143. A., München 2021 (zit. AUTOR, EZBK Kommentar BauGB, §), § 38, Rz. 47; KATHARINA VON SCHLIEFFEN/STEFANIE HAASS, Grundkurs Verwaltungsrecht, Stuttgart 2018, 177.

[268] § 28 Abs. 1 PBefG/DE, vgl. KLAUS J. BECKMANN, Überörtliche Infrastrukturnetze – planerische und rechtliche Grundlagen, in: Klaus J. Beckmann (Hrsg.), Raumplanung, Stadtentwicklung und Öffentliches Recht, 3. A., Berlin 2020, 103 ff., 115.; näheres zu den Kompetenzen s. Kap. IV.

Anstelle des Planfeststellungsbeschlusses besteht in gewissen Fällen die Möglichkeit der Erteilung der Plangenehmigung. Dies kommt jedoch nur zur Anwendung, sofern Rechte anderer nicht oder nur unwesentlich beeinträchtigt werden oder sich die Betroffenen mit der Inanspruchnahme ihrer Rechte schriftlich einverstanden erklären.[269] Da es sich beim vorliegenden Bau der Tramverbindung um ein Projekt von grosser Tragweite handelt, kann davon ausgegangen werden, dass die Voraussetzungen für eine Plangenehmigung nicht erfüllt sein werden. Folglich wird das vereinfachte Verfahren zur Plangenehmigung ausser Betracht gelassen. Von einem Planfeststellungsbeschluss kann ausserdem abgesehen werden, wenn die Betriebsanlagen der Strassenbahnen bereits in einem Bebauungsplan gemäss § 9 des Baugesetzbuches (BauGB/DE) ausgewiesen sind.[270] Der Bebauungsplan stellt im Gegensatz zur Planfeststellung keinen Verwaltungsakt, sondern eine Satzung der Gemeinde dar. Dies hat zur Folge, dass die Beschwerdemöglichkeiten gegen den Entscheid eingeschränkt sind und dieser somit eine geringere Bindungskraft aufweist.[271] Im sog. Aufstellungsverfahren des Bebauungsplans werden ähnliche Verfahrensschritte wie im Planfeststellungsverfahren durchlaufen. Auch wird regelmässig eine UVP durchgeführt und es bestehen Beteiligungsmöglichkeiten der Öffentlichkeit und der Behörden.[272] An dieser Stelle wird nicht weiter auf den Bebauungsplan eingegangen, da das Planfeststellungsverfahren als Standardverfahren für die Planung von Infrastrukturprojekten gilt.[273] Dieses wird anschliessend gemäss der unten dargestellten Verfahrensschritten erläutert.

---

[269] § 74 Abs. 6 Ziff. 1 Verwaltungsverfahrensgesetz für Baden-Württemberg (Landesverwaltungsverfahrensgesetz) vom 12. April 2005 (LVwVfG/BW).
[270] § 28 Abs. 3 PBefG/DE.
[271] § 10 Abs. 1 Baugesetzbuch vom 23. Juni 1960 (BauGB/DE); vgl. MENIUS/MATTHEWS (FN 15), 21.
[272] § 2–4c BauGB/DE.
[273] Näheres zum Bebauungsplan s. SÖFKER, EZBK Kommentar BauGB (FN 267), § 9, Rz. 6 ff.; MITSCHANG, BKL Kommentar BauGB, in: Ulrich Battis/Michael Krautzberger/Rolf-Peter Löhr (Hrsg.), Kommentar zum Baugesetzbuch, 15. A., München 2022, § 8, Rz. 1 ff.; PETZ, BeckOK BauGB, in: Willy Spannowsky/Michael Uechtritz (Hrsg.), BeckOK BauGB, 54. A., München 2022, § 8, Rz. 1 ff.; BERNHARD STÜER, Handbuch des Bau- und Fachplanungsrechts, 5. A., München 2015, Rz. 422 ff.; NEUMANN/KÜLPMANN, Kommentar VwVfG, in: PAUL STELKENS/HEINZ JOACHIM BONK/KLAUS LEONHARDT (Hrsg.), Kommentar zum Verwaltungsverfahrensgesetz, 9. A., München 2018 (zit. AUTOR, Kommentar VwVfG, §), § 74, Rz. 229.

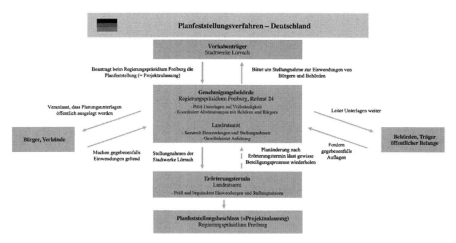

Abbildung 6: Ablauf des Planfeststellungsverfahrens

Das Verfahren leitet die Vorhabenträgerin durch Einreichung des Antrags auf Durchführung des Planfeststellungsverfahrens bei der zuständigen Planfeststellungsbehörde ein.[274] Beim Bauprojekt in Lörrach wäre die Vorhabenträgerin die Stadtwerke Lörrach und die Planfeststellungsbehörde das Regierungspräsidium Freiburg, konkret das Referat 24.[275] Der einzureichende Antrag muss einen Plan beinhalten, welcher das gesamte Projekt umfasst. Der Plan hat zumindest aus Zeichnungen und Erläuterungen zu bestehen, welche sowohl das Vorhaben, den Anlass und die davon betroffenen Grundstücke aufzeigen.[276] Nachdem der Antrag oberflächlich auf Vollständigkeit überprüft wurde, fordert die Planfeststellungsbehörde die durch das geplante Projekt berührten Behörden zur Stellungnahme auf. Diese können eine Stellungnahme innert der von der Anhörungsbehörde, vorliegend dem Landratsamt, festgelegten Frist einreichen.[277] Auch Vereinigungen haben unter bestimmten Voraussetzungen die Möglichkeit bei der Anhö-

---

[274] Regierungspräsidien Baden-Württemberg, Planfeststellung, abrufbar unter: https://rp.baden-wuerttemberg.de/themen/bauen/seiten/planfeststellung/ (Abruf 24.05.2022) (zit. Regierungspräsidien Baden-Württemberg, Planfeststellung).

[275] § 11 Abs. 1 i.V.m. § 12 Abs. 3 Landesverwaltungsgesetz vom 14. Oktober 2008 (VwG/BW); § 29 Abs. 1 i.V.m. § 11 Abs. 1 Ziff. 1 PBefG/DE; Das Referat 24 ist als Teil der Abteilung der Wirtschaft, Raumordnung, Bau-, Denkmal- und Gesundheitswesen für Themen wie die Planfeststellung zuständig, vgl. Regierungspräsidium Freiburg, Recht und Planfeststellung.

[276] § 73 Abs. 1 LVwVfG/BW; NEUMANN/KÜLPMANN, Kommentar VwVfG (FN 273), § 73, Rz. 18.

[277] § 73 Abs. 3a LVwVfG/BW; Näheres zur Stellungnahme der Behörden s. NEUMANN/KÜLPMANN, Kommentar VwVfG (FN 273), § 74, Rz. 37 f.

rungsbehörde eine Stellungnahmen einzureichen.²⁷⁸ Zudem hat die Planfeststellungsbehörde dafür zu sorgen, dass der Plan in den betroffenen Gemeinden aufgelegt wird, wobei ortsüblich über die Auslegung informiert werden muss.²⁷⁹ Für die öffentlichen Auslegung sieht das Gesetz eine Dauer von einem Monat vor.²⁸⁰ Während dieser Zeit bzw. spätestens bis zwei Wochen nach Ablauf der Auslegung können die vom Projekt Betroffenen bei der Gemeinde oder der Anhörungsbehörde Einwendungen gegen den Plan erheben.²⁸¹ Weiter haben auch bestimmte Vereinigungen ein Recht zur Stellungnahme, sofern sie die sechswöchige Einwendungsfrist einhalten. Nachdem alle Stellungnahmen und Einwendungen bei der Anhörungsbehörde eingegangen sind, setzt diese einen Termin zur Erörterung an.²⁸² Diese dient dem Zweck des Interessensausgleichs zwischen allen betroffenen Parteien. Konkret legt die Vorhabenträgerin sämtliche Argumente für ihr Projekt dar, wobei sie dabei angehalten ist, die Einwendungen und Stellungnahmen bestmöglich zu berücksichtigen. Es liegt in der Verantwortung der Anhörungsbehörde, eine neutrale und ergebnisoffene Verhandlung zu garantieren.²⁸³ Nach der Erörterung nimmt die Vorhabenträgerin entweder eine Planänderung vor oder hält am eingereichten Plan fest. Eine Planänderung ergibt sich insbesondere durch die nachträgliche Berücksichtigung von Einwendungen und Stellungnahmen der betroffenen Parteien. Diese bedarf allerdings einer erneuten Möglichkeit zur Einreichung von Einwendungen bzw. Stellungnahmen, sofern durch die Planänderung die Aufgabenbereiche weiterer Behörden betroffen sind oder weitere Dritte in ihren Rechten erstmals oder stärker als bisher berührt werden.²⁸⁴ Führt die Planänderung zu Auswirkungen auf dem Gebiet weiterer Gemeinden, muss der Plan erneut ausgelegt werden, wobei nach dem eben erläuterten Verfahren vorzugehen ist.²⁸⁵

---

[278] § 73 Abs. 4 LVwVfG/BW.
[279] § 73 Abs. 2 LVwVfG/BW; Näheres zur Auflegung und ortsüblichen Bekanntmachung s. WEISS, SchochKoVwGO VwVfG, in: Friedrich Schoch/Jens-Peter Schneider (Hrsg.), Verwaltungsrecht, 1. A., München 2021 (zit. AUTOR, SchochKoVwGO VwVfG, §), § 73, Rz. 168 und 201 ff.
[280] § 73 Abs. 3 LVwVfG/BW.
[281] § 73 Abs. 4 LVwVfG/BW; NEUMANN/KÜLPMANN, Kommentar VwVfG (FN 273), § 74, Rz. 67 ff.
[282] § 73 Abs. 4 LVwVfG/BW; Regierungspräsidien Baden-Württemberg, Planfeststellung (FN 274).
[283] WEISS, SchochKoVwGO VwVfG (FN 279), § 73, Rz. 342 f.; Regierungspräsidien Baden-Württemberg, Planfeststellung (FN 274).
[284] § 73 Abs. 8 LVwVfG/BW; vgl. zur Planänderung NEUMANN/KÜLPMANN, Kommentar VwVfG (FN 273), § 73, Rz 134.
[285] § 73 Abs. 8 LVwVfG/BW.

Sobald das ergänzende Anhörungs- bzw. Auslegungsverfahren abgeschlossen ist oder es aufgrund der ausbleibenden Planänderung zu keinem zusätzlichen Verfahren gekommen ist, gibt die Anhörungsbehörde eine Stellungnahme über das Anhörungsverfahren ab und leitet diese zusammen mit den Verfahrensakten an die Planfeststellungsbehörde weiter.[286] Schliesslich liegt es im Ermessen der Planfeststellungsbehörde, ob der Planfeststellungsbeschluss gefällt wird oder nicht und infolge dessen dem Antrag der Vorhabenträgerin stattgegeben oder dieser abgelehnt wird.[287] Ist keine Beschlussfassung möglich, kann die Vorhabenträgerin verpflichtet werden, weitere Unterlagen bei der Planfeststellungsbehörde einzureichen.[288] Schlussendlich gilt es den finalen Planfeststellungsbeschluss oder die Antragsablehnung der Vorhabenträgerin mitzuteilen.[289] Der Planfeststellungsbeschluss beinhaltet insbesondere die abschliessende Beurteilung aller Einwendungen, über die im Zuge des Erörterungstermins keine Einigung gefunden werden konnte. Ausserdem kann die Vorhabenträgerin in diesem Rahmen zu Auflagen verpflichtet werden, um das Gemeinwohl zu fördern und nachteilige Auswirkungen des Vorhabens auf Dritte zu minimieren.[290] Der Beschluss muss den Einwendenden zugestellt und zusammen mit dem ihm zugrundeliegenden Plan während zwei Wochen in den betroffenen Gemeinden aufgelegt werden. Über die Auslegung muss ortüblich informiert werden, damit der Planfeststellungsbeschluss am Ende der Auslegungsfrist als allen Betroffenen zugestellt gilt.[291] Der Planfeststellungsbeschluss stellt einen Verwaltungsakt i.S.v. § 69 LVwVfG/BW dar, welcher eine Rechtsbehelfsbelehrung beinhalten muss und gemäss § 79 LVwVfG/BW angefochten werden kann. Konkret kann innerhalb eines Monats beim zuständigen Gericht Klage auf Aufhebung des Verwaltungsakts (sog. Anfechtungsklage) erhoben werden.[292]

Die Überprüfung der Umweltverträglichkeit gilt als ein zentraler und unselbständiger Bestandteil des Planfeststellungsverfahrens.[293] Mit der UVP wird das Projekt

---

[286] § 73 Abs. 9 LVwVfG/BW; Weiss, SchochKoVwGO VwVfG (FN 279), § 73, Rz. 396 f.
[287] Neumann/Külpmann, Kommentar VwVfG (FN 273), § 74, Rz. 13, 14.
[288] § 74 Abs. 3 LVwVfG/BW.
[289] § 74 Abs. 3 LVwVfG/BW.
[290] § 74 Abs. 2 LVwVfG/BW; Kupfer, SchochKoVwGO VwVfG (FN 279), § 74, Rz. 45 ff.
[291] § 74 Abs. 4 LVwVfG/BW.
[292] Regierungspräsidien Baden-Württemberg, Planfeststellung; für weitere Ausführungen zum Rechtsschutz bei Verwaltungsakten mittels Anfechtungsklage vgl. Schmidt-Kötters, BeckOK VwGO, § 42 Rz 1 ff.; Wysk, Kommentar VwGO, in: Peter Wysk (Hrsg.), Verwaltungsgerichtsordnung, 3. A., München 2020, § 42, Rz. 1 ff.
[293] § 4 i.V.m. § 2 Abs. 6 Ziff. 1 Gesetz über die Umweltverträglichkeitsprüfung vom 12. Februar 1990 (UVPG/DE); Neumann/Külpmann, Kommentar VwVfG (FN 273), § 72, Rz. 69.

auf dessen Umweltverträglichkeit überprüft und festgestellt, wie sich dieses unter anderem auf Menschen und Umwelt auswirken wird.[294] Zudem kann mit der UVP ein allfälliger Widerstand durch die betroffene Bevölkerung und Vereinigungen aufgrund von Umweltbedenken im Planfeststellungsverfahren vorgebeugt werden. Die UVP wird in Deutschland im Gesetz über die Umweltverträglichkeitsprüfung (UVPG/DE) geregelt, welches als eine direkte Umsetzung der EU-Richtlinie 2011/92/EU (RL 2011/92/EU), die durch die EU-Richtlinie 2014/52/EU (RL 2014/52/EU) ergänzt wurde, gilt.

In einem ersten Schritt gilt es festzustellen, ob für ein bestimmtes Vorhaben eine UVP durchzuführen ist. Dafür ist beim Bau einer Strassenbahn gemäss Anlage 1 Vorhabennummer 14.11 des UVPG/DE eine allgemeine Vorprüfung erforderlich. Im Rahmen dieser werden die Merkmale des Vorhaben (bspw. Umweltverschmutzung), der Standort des Vorhabens (bspw. gesetzlich geschützte Landschaftsbestandteile) sowie die Art und Merkmale der möglichen Auswirkungen (bspw. die Schwere und Komplexität der Auswirkungen) geprüft.[295] Da bei vergangenen Trambauprojekten eine UVP durchgeführt wurde und bei Projekten von dieser Tragweite mit einer UVP-Pflicht zu rechnen ist, wird diese auch für das vorliegende Infrastrukturprojekt gelten. Im Rahmen der UVP hat die Vorhabenträgerin innerhalb des festgelegten Untersuchungsrahmens einen UVP-Bericht zu erstellen, wobei ein gesetzlicher Katalog an inhaltlichen Mindestvoraussetzungen vorgesehen ist.[296] Dabei müssen alle entscheidungserheblichen Unterlagen, wie bspw. deskriptive Beschreibungen der Umwelt und Bewertungen, eingereicht werden.[297] Als Kern der UVP gilt die Öffentlichkeitsbeteiligung, welche im Rahmen der Planfeststellung mit dem Anhörungsverfahren nach § 73 LVwVfG/BW und ergänzend mit § 18 UVPG/DE gewährleistet wird.[298] Da bei grenzüberschreitenden Vorhaben auch nachteilige Auswirkungen auf Gebiete des Nachbarstaats entstehen, muss für solche Projekte eine grenzüberschreitende UVP durchgeführt werden. Dieses Verfahren richtet sich nach der Espoo-Konvention, welches bereits im Rahmen der UVP in der Schweiz erläutert wurde.[299]

---

[294] BMUV, Umweltprüfungen UVP/SUP, abrufbar unter: https://www.bmuv.de/themen/bildung-beteiligung/beteiligung/umweltpruefungen-uvp-sup (Abruf 24.05.2022).
[295] Anlage 3 Ziff. 1–3 UVPG/DE.
[296] § 16 Abs. 1 sowie Anlage 4 UVPG/DE.
[297] Ausführlich zum UVP-Bericht s. HOFMANN, Kommentar UVPG, in: Robert Landmann/Gustav Rohmer (Hrsg.), Umweltrecht, 96. A., München 2021, § 16, Rz. 14 ff.
[298] NEUMANN/KÜLPMANN, Kommentar VwVfG (FN 273), § 72, Rz. 69.
[299] Vgl. dazu oben V.A.1.

3. Zwischenfazit

Das Bau- und Bewilligungsprojekt ist stark vom Territorialitätsprinzip geprägt. Demnach haben die Projektparteien die jeweiligen innerstaatlich vorgesehenen Verfahrensschritte zu durchlaufen und tragen die Verantwortung für den Erhalt der notwendigen Bewilligungen. Obschon die Verfahren der beteiligten Staaten getrennt voneinander verlaufen, setzt der Erfolg des grenzüberschreitenden Bauprojekts voraus, dass den Projektparteien die erforderlichen Genehmigungen erteilt werden. Die vom nationalen Recht in der Schweiz und in Deutschland vorgesehenen Verfahrensschritte sind grundsätzlich ähnlich. Beide Projektparteien müssen für die Realisierung die einzelnen Teilprojekte ausschreiben, wobei das nationale Recht über verschiedene Vergabearten und Schwellenwerte verfügt. Währenddem in der Schweiz das ordentliche Plangenehmigungsverfahren durchlaufen werden muss, ist in Deutschland das Planfeststellungsverfahren vorgesehen. Dabei ist die UVP in beiden Rechtsordnungen Bestandteil des Bewilligungsverfahrens, wobei bei einer grenzüberschreitenden UVP die Espoo-Konvention beachtet werden muss. Auch sehen sowohl die Schweiz als auch Deutschland im Rahmen der Ausschreibung und der jeweiligen nationalen Genehmigungsverfahren mittels verschiedener Rechtsbehelfe die Möglichkeit der Beteiligung der Öffentlichkeit vor. Hingegen unterscheidet sich das Bau- und Bewilligungsprojekt in der Schweiz insofern vom Deutschen, als dass für den Bau einer Tramverbindung eine Infrastrukturkonzession erforderlich ist. Aufgrund der Konzentrationswirkung des Planfeststellungsbeschlusses beinhaltet dieser in Deutschland auch das Recht die Traminfrastruktur gemäss den nationalen Vorschriften zu bauen.

VI. Finanzierung

Regelmässig bestimmt die Finanzierung über das Zustandekommen oder Scheitern von grenzüberschreitenden Bauvorhaben. So hing bspw. der Bau der Tramverbindung 8 in Weil am Rhein stark von der Finanzierung ab. Hätte es von schweizerischer Seite für den deutschen Abschnitt keine Kostengutsprache gegeben, wäre das Land Baden-Württemberg und damit auch der Landkreis Lörrach nicht bereit gewesen, das grenzüberschreitende Projekt finanziell zu unterstützen.[300] Bei vergangenen Trambauprojekten spielte folglich die Finanzierung eine entscheidende Rolle und stand aufgrund der Unterschiede in der Finanzkraft und -kompetenzen der Parteien stets im Zentrum intensiver Verhandlungen. Tatsache ist, dass eine strikte Aufteilung gemäss dem Territorialitätsprinzip selten

---

[300] Lewin (FN 2), 62 f.

möglich ist.[301] Es gibt im Bereich von grenzüberschreitenden Bauprojekten kaum Standardlösungen für die Finanzierung, weshalb mit den verschiedenen Partnern nach individuellen Einzellösungen gesucht werden muss. Für solche Einzellösungen bilden die finanziellen Rahmenbedingungen bei Bauvorhaben im öffentlichen Verkehr in den beiden Staaten die Grundlage, weshalb diese nachfolgend erläutert werden. Anschliessend wird anhand von vergleichenden Beispielen ein Blick auf konkrete Finanzierungsmöglichkeiten bei grenzüberschreitenden Tramprojekten geworfen.

A. Schweiz

In der Schweiz sind sowohl der Bund als auch die Kantone für die Finanzierung des Regionalverkehrs zuständig. Obschon grundsätzlich sämtliche Regelungen über die Eisenbahn auch auf Trams anwendbar sind,[302] umfasst der in Art. 87a BV geregelte Bahninfrastrukturfonds die Finanzierung von Traminfrastrukturen nicht.[303] Hingegen können Traminfrastrukturprojekte im Rahmen des Nationalstrassen- und Agglomerationsverkehrsfonds (NAF), welcher sich auf Art. 86 Abs. 1 BV stützt, vom Bund finanziert werden. Nebst der Finanzierung der Nationalstrasse dient dieser Fonds insbesondere auch der Unterstützung grosser Agglomerationsverkehrsprojekten, wie bspw. grenzüberschreitenden Tramverbindungen.[304] Gestützt auf den NAF wurde das Programm Agglomerationsverkehr (PAV), welches in der Verordnung des UVEK über das Programm Agglomerationsverkehr (PAVV) geregelt ist, entwickelt. Konkret dient das PAV der Umsetzung der Agglomerationspolitik des Bundes und soll unter anderem die Planung des öffentlichen Verkehrs erleichtern. Das PAV wird in der Regel in einem Vierjahreszyklus bearbeitet.[305] Während dieser Zyklen können die Kantone und Gemeinden sich zu einer Trägerschaft zusammenschliessen, um ein Agglomerationsprogramm entsprechend der PAVV herauszuarbeiten. Dieses ist anschliessend beim Bund einzureichen.[306] Bis zum 15. September 2021 wurden die Programme für den vierten Zyklus (Agglomerationsprogramme 4. Generation) eingereicht und müssen nun

---

[301] Anders hingegen beim Tram Kehl-Strassburg, vgl. GRANZER (FN 40), 68.
[302] Näheres dazu s. Kap. IV.B.2.
[303] CR Cst.-KERN (FN 37), Art. 87a, Rz. 2; BSK BV-KERN (FN 41), Art. 87a, Rz. 2.
[304] Art. 2 Bundesgesetz über den Fonds für die Nationalstrassen und den Agglomerationsverkehr (NAFG) vom 30. September 2016 (SR 725.13); ASTRA, Nationalstrassen- und Agglomerationsverkehrsfonds (NAF).
[305] Bundesamt für Raumentwicklung ARE, Richtlinien Programm Agglomerationsverkehr (RPAV), 13. Februar 2020 (zit. RPAV), 8.
[306] RPAV (FN 305), 8.

vom Bundesrat in einer Botschaft der Bundesversammlung zur Genehmigung vorgelegt werden.[307] Das vorliegende Tramprojekt müsste also in einem Agglomerationsprogramm einer zukünftigen Generation als Programm eingereicht werden, um eine potenzielle Finanzierung durch den NAF zu sichern.

Darüber hinaus nehmen auch die Kantone und teils die Gemeinden eine aktive Rolle in der Bestellung und Finanzierung des (öffentlichen) Agglomerationsverkehrs ein.[308] Im Kanton Basel-Stadt erfolgt diese im Rahmen von Ausgaben gemäss § 23 ff. des Finanzhaushaltsgesetzes/BS, welche dem vom Regierungsrat jährlich aufgestellten Budget entnommen werden.[309] Die Finanzierungskompetenzen sind dabei klar geregelt, wobei sich der Kanton Basel-Stadt auf seine Verfassung sowie auf das ÖV-Gesetz/BS stützt. Konkret ist der Regierungsrat befugt, Projekte in der Höhe von bis zu CHF 300'000 selbständig zu finanzieren. Projekte, welche über diese Schwelle hinausgehen, sind hingegen genehmigungspflichtig und die Finanzierung dieser muss mittels eines Ratschlags beim Grossen Rat beantragt werden.[310] Da die Finanzierung des Tramstreckenbaus erfahrungsgemäss sehr kostenintensiv ist, wird diese Schwelle regelmässig überschritten. Weiter dient der Pendlerfonds des Kantons Basel-Stadt der Finanzierung solcher Trambauprojekte. Dieser bezweckt unter anderem die Förderung von Massnahmen zugunsten eines umweltverträglichen Pendlerverkehrs.[311] In diesem Rahmen können nicht nur kantonale Infrastrukturprojekte des öffentlichen Verkehrs mitfinanziert, sondern auch Beträge für grenzüberschreitende Projekte bis maximal 2 Mio. CHF gesprochen werden.[312] Die Bewilligung zur Fondsentnahme liegt beim Regierungsrat.[313]

---

[307] ARE, Agglomerationsprogramme 4. Generation; RPAV (FN 305), 8.

[308] § 30 Abs. 2 KV/BS; § 3 Abs. 1 lit. a, d und Abs. 2 ÖV-Gesetz/BS; Näheres zur Kompetenzverteilung s. Kap. IV.B.2.

[309] § 10 Finanzhaushaltsgesetzes/BS; vgl. Felix Uhlmann, Finanzrecht, in: Denise Buser (Hrsg.), Neues Handbuch des Staats- und Verwaltungsrechts des Kantons Basel-Stadt, Basel 2008, 523 ff., 530.

[310] § 88 Abs. 1 lit. a KV/BS i.V.m. 26 Abs. 1 lit. a und b Finanzhaushaltsgesetz/BS.

[311] § 2 Abs. 1 Verordnung über den Pendlerfonds vom 18. Dezember 2012 (Pendlerfondsverordnung/BS).

[312] § 3 Abs. 1 lit. e i.V.m. § 6 Abs. 1 und 2 Pendlerfondsverordnung/BS; auf diesen wurde bspw. bei der Tramverlängerung nach Saint-Louis zurückgegriffen, vgl. BVD BS, Verlängerung Tramlinie 3: die Fakten zum geplanten Beitrag der BVB an die französischen Partner, abrufbar unter: https://www.stadtgaertnerei.bs.ch/nm/2017-01-26-bd-001.html (Abruf 24.05.2022) (zit. Verlängerung Tramlinie 3).

[313] § 28 Abs. 1 Pendlerfondsverordnung/BS.

Weiter hat auch die BVB in der Vergangenheit grenzüberschreitende Tramprojekte mitfinanziert. Da die BVB ein Unternehmen in der Form einer selbstständigen öffentlich-rechtlichen Anstalt des Kantons ist, wird diese nach unternehmerischen Grundsätzen geführt. Demnach ist diese in der Finanzierung ihrer Aktivitäten innerhalb des vorgesehenen Geschäftszwecks frei.[314] Weil die BVB ein strategisches Interesse am Tramnetzausbau und der generellen Stärkung des öffentlichen, grenzüberschreitenden Verkehrs hat, erscheint es realistisch, dass sich diese am Bau der grenzüberschreitenden Tramverbindung von Basel nach Lörrach finanziell beteiligen wird.[315]

B. Deutschland

In Deutschland nimmt der Bund, konkret das Bundesministerium für Digitales und Verkehr, eine vergleichsweise untergeordnete Rolle in der Finanzierung von Traminfrastrukturen ein. Mit dem Gemeindeverkehrsfinanzierungsgesetz (GVFG/DE) besteht zwar eine Grundlage, gemäss welcher der Bund den Ländern Finanzhilfen zur Verbesserung der Verkehrsverhältnisse der Gemeinden gewährt.[316] Eine Finanzierung von Traminfrastrukturprojekten mit Bundesmitteln ist jedoch erst bei Gesamtkosten von mehr als 30 Mio. EUR vorgesehen.[317] Grenzüberschreitende Tramverbindungen profitierten in der Vergangenheit selten von diesen Förderungsbeiträgen, da dieser Schwellenwert nicht überschritten wurde. Folglich finanziert der Bund direkt kaum solche ÖPNV-Projekte, weshalb die Finanzierungsverantwortung beim jeweiligen Land liegt. Der Bund unterstützt allerdings die Länder bei der ÖPNV-Finanzierung gestützt auf das RegG/DE. So sieht das Gesetz einen jährlichen Beitrag vor, der an die Länder zur Erfüllung ihrer Länderaufgaben zufliesst.[318] Da diese Beiträge den Ländern jedoch bloss als zusätzliche Mittel für die Bedienung der Bevölkerung mit Verkehrsleistungen im öffentlichen Personennahverkehr zufliessen, können diese nicht projektspezifisch, bspw. für den Bau einer Tramverbindung eingesetzt werden. Stattdessen wird durch die Beiträge das Gesamtbudget des Landes gestärkt, um solche Projekte zu realisieren.

---

[314] § 1 i.V.m. § 17 BVB-OG/BS.
[315] Vgl. BVD BS (FN 312), Verlängerung Tramlinie 3.
[316] § 1 Gesetz über Finanzhilfen des Bundes zur Verbesserung der Verkehrsverhältnisse der Gemeinden (Gemeindeverkehrsfinanzierungsgesetz) (GVFG/DE).
[317] § 6 Abs. 1 Ziff. 1 und 2 GVFG/DE.
[318] § 5 Abs. 1 RegG/DE.

Einige Länder verfügen zudem über ein eigenes GVFG, welches die Finanzierung von Projekten für die Verbesserung der Verkehrsverhältnisse in Gemeinden regelt.[319] So fördert auch das Land Baden-Württemberg nachhaltige und klimafreundliche Verkehrsprojekte im Rahmen des Landesgemeindeverkehrsfinanzierungsgesetzes (LGVFG/BW).[320] Gestützt auf dieses wird insbesondere der Ausbau von Strassenbahnen, soweit diese dem ÖPNV dienen, unterstützt.[321] Somit wäre im Fall des Baus einer Tramlinie in Lörrach eine Finanzierung durch das Land Baden-Württemberg zu beantragen.

Da die Stadt- und Landkreise für die Sicherstellung des ÖPNV zuständig sind, liegt auch die primäre Finanzierungskompetenz grundsätzlich bei diesen sowie den Gemeinden, denen diese Aufgabe regelmässig übertragen wird.[322] Grundsätzlich können die Gemeinden Verkehrsprojekte wie das vorliegende Bauprojekt durch den regulären Finanzhaushalt mitfinanzieren, sofern diese in den Haushaltsplan aufgenommen werden.[323] Da die Gemeinden dieser Finanzierungsaufgabe alleine nicht gewachsen sind, müssen diese auf die erwähnten Programme des Bundes und der Länder zurückgreifen und sich im Voraus um diese Fördermittel bemühen.[324] In vergangenen Trambauprojekten beteiligten sich sowohl der Landkreis als auch die Gemeinde an den Baukosten, auch wenn nur in kleinem Masse verglichen zu den Gesamtkosten.[325] Deshalb kann davon ausgegangen werden, dass auch bei der vorliegenden Tramverbindung eine Beteiligung durch den Landkreis Lörrach und die Gemeinde Lörrach angezeigt wäre.

---

[319] So bspw. das Gesetz über Zuwendungen des Landes zur Verbesserung der Verkehrsverhältnisse der Gemeinden (Landesgemeindeverkehrsfinanzierungsgesetz) vom 20. Dezember 2010 (LGVFG/BW).

[320] § 1 Abs. 1 Gesetz über Zuwendungen des Landes zur Verbesserung der Verkehrsverhältnisse der Gemeinden (Landesgemeindeverkehrsfinanzierungsgesetz) vom 20. Dezember 2010 (BW); vgl. auch Kap. II. zu den Bemühungen in Bezug auf die Erreichung der Klimaneutralität.

[321] § 2 Abs. 3 lit. a LGVFG/BW.

[322] § 5 i.V.m. 6 Abs. 1 ÖPNVG/BW; Näheres zu den Kompetenzen der Sicherstellung des ÖPNV s. Kap. IV.B.3.

[323] CARSTEN GERTZ et al., Stadtverkehr, in: Oliver Schwedes (Hrsg.), Verkehrspolitik – Eine interdisziplinäre Einführung, 2. A., Wiesbaden 2018, 293 ff., 318.

[324] GERTZ et al. (FN 323), 318 f.

[325] BVD BS, Tram 8 – grenzenlos: Weil am Rhein und Kleinhüningen erhalten ein Tram (zit. Infoflyer Tram 8), 2.

C. Herausforderungen der Finanzierung einer grenzüberschreitenden Tramlinie

Die Finanzierung von Bauprojekten im öffentlichen Verkehr der beiden Staaten weist beträchtliche Unterschiede hinsichtlich der Beteiligung der verschiedenen politischen Ebenen auf. Eine strikt territorial getrennte Finanzierung einer grenzüberschreitenden Tramlinie ist aufgrund der unterschiedlichen Finanzkraft der beteiligten Parteien kaum möglich.[326] Folglich bedarf es im Einzelfall individuellen, projektbezogene Finanzierungslösungen. Dabei gilt es jedoch aus der Erfahrung vergangener grenzüberschreitender Traminfrastrukturprojekten die nachfolgenden Aspekte zu berücksichtigen.

In der Praxis gestaltet sich die Kostenaufteilung oftmals anhand des Grundsatzes, dass sich die Kostentragung nach dem Nutzen aus einer Investition richten soll. Diesem Grundsatz kann jedoch im Rahmen von grenzüberschreitenden Infrastrukturprojekten oftmals nicht vollständig gefolgt werden. Die Finanzierung des Tram 8 ist dafür beispielhaft. Obschon durch die Erschliessung der umliegenden Quartiere von Weil am Rhein sowie durch die Reduktion des individuellen Pendlerverkehrs ein Nutzen auf beiden Seiten der Grenze entstand, war die Kostenaufteilung sehr einseitig.[327] Konkret wurden die Gesamtkosten von 104 Mio. CHF grösstenteils durch den Schweizer Bund (43 Mio. CHF) und den Kanton Basel-Stadt (37,6 Mio. CHF) getragen. Die Kosten auf deutscher Seite beliefen sich auf 28,5 Mio. EUR, wobei diese durch das Land Baden-Württemberg (9,65 Mio. EUR), den Landkreis Lörrach (1 Mio. EUR), die Stadt Weil am Rhein (2,6 Mio. EUR) und den Zuschuss von schweizerischer Seite finanziert wurden.[328] Auch beim Bau einer Tramverbindung zwischen Basel und Lörrach ist davon auszugehen, dass es zu einer Mitfinanzierung der Schweiz auf deutscher Seite kommen wird.

Zudem spielt bei den Verhandlungen über die Finanzierung in der Praxis die Absicherung der mit dem Bau einhergehenden finanziellen Risiken eine zentrale Rolle. Konkret sollte geregelt werden, welche Partei Projektrisiken wie bspw. projektbezogene Mehrkosten oder Finanzierungsausfälle seitens einer Partei trägt. In vergangenen Projekten wurden von deutscher Seite regelmässig fixe Beträge ge-

---

[326] Anders war es bspw. beim Bau der Tramverbindung zwischen Strassburg und Kehl, bei dem die Entwurfs- und Baukosten strikt nach Streckenkilometern aufgeteilt wurde, GRANZER, 68.
[327] Infoflyer Tram 8 (FN 325), 2.
[328] Regierungsrat des Kantons Basel-Stadt, Geschäft 06.1130.01, Ratschlag Tramlinie Basel – Weil am Rhein – Beitrag an allfällige Kostenüberschreitungen beim Bau des deutschen Abschnittes vom 23. April 2008; Infoflyer Tram 8 (FN 325), 1.

sprochen, ohne Spielraum für allfällige Mehrkosten. In diesen Fällen trug jeweils die schweizerische Seite das Mehrkostenrisiko. Eine Änderung in dieser Handhabung wäre nur denkbar, falls die Kostengutsprachen von deutscher Seite nicht ausschliesslich Fixbeträge umfassen würde. Diese ist allerdings, aufgrund der Verankerung der Festbetragsfinanzierung im LGVFG/BW, momentan nicht absehbar.[329] Immerhin kann jedoch der Problematik von allfälligen Finanzierungsausfällen mit der vertraglichen Vereinbarung von Finanzierungsvorbehalten entgegengewirkt werden. So kann bspw. geregelt werden, dass die Kostengutsprache einer Partei nur unter der Voraussetzung der Mitfinanzierung einer anderen Partei erfolgt. Damit kann verhindert werden, dass die Projektfinanzierung aufgrund eines unerwarteten Finanzierungsausfalls von Seiten einer Projektpartei nicht sichergestellt werden kann und infolgedessen das Infrastrukturvorhaben scheitert. Da sich diese Methode in vergangenen Projekten bewährt hat, sollten solche Vorbehalte auch in der Finanzierungsvereinbarung für die Tramverbindung zwischen Basel und Lörrach vorgesehen werden.

Überdies gilt es bei der Finanzierung von grenzüberschreitenden Projekten aufgrund der unterschiedlichen Währungen der Projektparteien, die damit einhergehende Wechselkursproblematik zu berücksichtigen. Diese hat sich insbesondere mit der Aufhebung des Euro-Mindestkurses im Jahre 2015 verschärft.[330] Der Problematik kann jedoch mit einer vertraglichen Regelung betreffend die Übernahme allfälliger Fehlbeträge aufgrund einer negativen Währungsentwicklung bzw. die Beanspruchung allfälliger Kursgewinne entgegengewirkt werden. In vergangenen grenzüberschreitenden Projekten haben die schweizerischen Projektparteien im Rahmen der Mitfinanzierung auf deutscher Seite einen Überschuss generiert, da die Kostengutsprachen unter der Annahme eines deutlich schwächeren Schweizer Frankens getätigt wurden.

Ein weiterer Aspekt der Finanzierung betrifft die Einplanung zukünftig anfallender Investitionen. Auch wenn diese nicht direkt als Baukosten aufgeführt werden können, ist deren Regelung insofern relevant, als es dabei um die Sicherstellung des langfristigen Bestehens der Traminfrastruktur geht. Es erscheint darum sinnvoll, dass die Projektparteien die Errichtung eines Erneuerungsfonds vereinbaren, in welchen diese regelmässig einen fest definierten Betrag einzahlen. So können zukünftig anfallende Investitionen betreffend die grenzüberschreitende Infrastruktur gesichert werden und damit eine Stilllegung dieser verhindert wer-

---

[329] § 4 LGVFG/BW.
[330] SNB, Nationalbank hebt Mindestkurs auf und senkt Zins auf −0,75 %, 2015, abrufbar unter: https://www.snb.ch/de/mmr/reference/pre_20150115/source/pre_20150115.de.pdf (Abruf 24.05.2022).

den.[331] Die Errichtung eines Erneuerungsfonds hat sich in vergangenen Projekten bewährt und sollte deshalb auch im Rahmen des Baus einer Tramverbindung zwischen Basel und Lörrach in Betracht gezogen werden.

VII. Besonderheiten der grenzüberschreitenden Zusammenarbeit

Für die grenzüberschreitende Zusammenarbeit gibt es kein allgemeingültiges Rezept. Nichtsdestotrotz hat die Praxis gezeigt, dass für den Erfolg eines grenzüberschreitenden Bauvorhabens folgende Aspekte von Relevanz sind und berücksichtigt werden müssen.

A. Verwaltungskulturen

Treffen zwei verschiedene politisch-administrative Systeme und ihre jeweilige Verwaltungskultur zusammen, kann dies zentrale Auswirkungen auf die grenzüberschreitende Zusammenarbeit haben.[332] Im vorliegenden Infrastrukturprojekt treffen mit der Schweiz und Deutschland zwei föderalistisch organisierte Staaten aufeinander. Da beide Staaten von einer starken kommunalen Selbstverwaltung geprägt sind und dadurch in ihren Kompetenzbereichen zu einer direkten Zusammenarbeit befugt sind, erleichtert dies die Zusammenarbeit der Gebietskörperschaften erheblich.[333] Ausserdem bestehen in der Oberrheinregion keine sprachlichen Barrieren zwischen den schweizerischen und deutschen Behörden. Aufgrund der Trinationalität der Region Basel besteht zudem eine Sensibilisierung der beteiligten Behörden für die unterschiedliche Verfasstheit und Gestaltungskraft der einzelnen Gebietskörperschaften.[334]

Trotz dieser Gemeinsamkeiten bestehen dennoch gewisse Unterschiede zwischen den Verwaltungskulturen der beiden Staaten. Die Verwaltungskulturen sind grundsätzlich durch unterschiedliche politische und juristische Systeme geprägt,

---

[331] Vgl. dazu auch die Regelung in § 8 Abs. 2 der Vereinbarung über den Bau und Betrieb einer Tramlinie zwischen Kleinhüningen und Weil am Rhein (Europaplatz), die eine je hälftige Beteiligung der deutschen und schweizerischen Seite vorsieht.
[332] Weigel (FN 38), 10.
[333] Sabine Kuhlmann, Verwaltungstraditionen und Verwaltungssysteme im Vergleich, in: Sylvia Veit/Christoph Reichard/Göttrik Wewer (Hrsg.), Handbuch zur Verwaltungsreform, 5. A., Wiesbaden 2019, 39 ff., 43 f.
[334] Vgl. Gireaud (FN 28), 533.

was zu allfälligen Hindernissen in der Zusammenarbeit führen kann.[335] Insbesondere besteht in der Schweiz sowohl in der Politik wie auch in der Verwaltung eine geringere Hierarchisierung als in Deutschland.[336] So kommt es, dass sich im vorliegenden Traminfrastrukturvorhaben der Kanton Basel-Stadt und die Stadt Lörrach als Projektparteien entgegentreten. Infolge dieses Ungleichgewichts haben die schweizerischen Kantone bei der Zusammenarbeit mit deutschen Kommunen darauf zu achten, diesen auf Augenhöhe zu begegnen und keine zu grosse Dominanz auszuüben.[337] Überdies ist das schweizerische Verwaltungshandeln durch die direkte Demokratie geprägt.[338] Zahlreiche Entscheidungen unterliegen auf schweizerischer Seite dem (fakultativen) Referendum, was zu allfälligen Zeitverzögerungen und gewissen Unsicherheiten führen kann.[339] Weiter unterscheiden sich die beiden Staaten oftmals in den Vorgehensweise bei der Zusammenarbeit. Während die schweizerischen Akteure oftmals eher pragmatisch denken und handeln, werden auf deutscher Seite regelmässig erstmals die rechtlichen Rahmenbedingungen und Kompetenzen geprüft, bevor es zu einem Handeln kommt.

Damit die ebengenannten Unterschiede in den Verwaltungskulturen die grenzüberschreitende Zusammenarbeit nicht behindern, sollten sich die Projektparteien diesen Eigenheiten bewusst sein, nachvollziehen und akzeptieren können. Hierfür hat die Praxis gezeigt, dass es förderlich ist, wenn die Beteiligten eine Beziehung nicht bloss auf professioneller, sondern auch auf persönlicher Ebene aufbauen können, um so eine gegenseitige Vertrauensbasis schaffen zu können.

B. Gemeinsame Projektsteuerung

Trotz der mit dem Territorialitätsprinzip einhergehenden Unabhängigkeit der beiden Abschnitte und der daran beteiligten Projektparteien bedarf es bei einem grenzüberschreitenden Bauvorhaben stets einer gemeinsamen Koordination. Diese wird regelmässig durch die Ernennung einer Gesamtprojektleitung sichergestellt. In der Regel setzt sich die Gesamtprojektleitung aus Vertretern der verschiedenen Projektpartnern zusammen.[340] Dabei wird oftmals als Vorsitzender

---

[335] Vgl. GIREAUD (FN 28), 532.
[336] Vgl. KUHLMANN (FN 333), 44.
[337] Vgl. GIREAUD (FN 28), 533.
[338] KUHLMANN (FN 333), 44.
[339] Vgl. GIREAUD (FN 28), 532.
[340] Bspw. setzte sich im Falle des Tram 8 die Gesamtprojektleitung auf schweizerischer Seite aus Vertretern des Basler Regierungsrats, der am Projekt beteiligten Basler Departemente sowie der BVB und auf deutscher Seite aus Vertretern der Stadt Weil am

ein externer, unabhängiger Gesamtprojektleiter beigezogen. Aufgabe der Gesamtprojektleitung ist es, anfangs alle Prozesse zu definieren sowie als Anlaufstelle für sämtliche projektbezogene Fragen zu fungieren. Dafür kommen die Mitglieder im Rahmen von Sitzungen zusammen, wobei die Häufigkeit dieser je nach Projektstand variiert. Nachdem anfängliche Hürden überwunden wurden, werden Fragen oftmals auf schriftlichem Weg geklärt. Der externe Gesamtprojektleiter bewahrt den Überblick über das gesamte Bauvorhaben und informiert die Projektparteien über den jeweiligen Planungs- und Baufortschritt der beiden Abschnitte. Zudem vermittelt dieser bei allfälligen Konfliktsituationen zwischen den verschiedenen Projektparteien. Der Gesamtprojektleitung kann zudem eine externe Controlling- und Kommunikationsgruppe angegliedert werden. Dies ist insofern hilfreich, als dass dadurch ein gemeinsames Controlling und eine einheitliche Kommunikation sichergestellt werden können.[341] Welche Projektpartei zur Bestimmung des externen Vorsitzenden der Gesamtprojektleitung befugt ist, muss zwischen diesen verhandelt werden. In der Vergangenheit wurde der externe Gesamtprojektleiter oftmals von derjenigen Partei bestimmt, welche einen grösseren Teil der Gesamtkosten des grenzüberschreitenden Bauvorhabens finanzierte.

C. Technische Voraussetzungen

Die unterschiedlichen bau- und verkehrsrechtlichen Rahmenbedingungen sowie technischen Standards der beiden Projektparteien stellen in einem grenzüberschreitenden Bauprojekt eine besondere Herausforderung dar. Grundsätzlich verfügt jeder Staat über ein eigenes geometrisches Koordinatensystem, was ein exaktes Aufeinandertreffen der Tramgleise an der Grenze erschwert. Diese Problematik erfordert den Beizug von Spezialisten. Konkret musste in vergangenen Bauprojekten ein neues, länderübergreifendes Fixpunktnetz durch spezialisierte Geomatiker geschaffen werden.[342] Anhand diesem konnten die Gleise der beiden Abschnitte anschliessend gemeinsam ausgerichtet werden. Nicht nur die Ausrichtung der Gleise, sondern auch die Konstruktion dieser muss einheitlich sein, damit im gesamten, grenzüberschreitenden Netz die gleichen Fahrzeuge, Techniken und Werkzeuge verwendet werden können und dadurch eine reibungslose Fahrt

---

Rhein zusammen, vgl. Organigramm Tram 8, in: Tiefbauamt/Bau- und Verkehrsdepartement Basel-Stadt, Tram 8 – Grenzenlos, Die Verlängerung der Tramlinie 8 von Basel nach Weil am Rhein, Basel 2014, 72 f.

[341] Despotovic (FN 20), 71.
[342] Info Tramlinie 3 (FN 17), 4.

des Trams sichergestellt ist. Infolgedessen wird regelmässig unter Berücksichtigung der Ausschreibung nach den GPA-WTO-Regeln dieselbe Projektpartei bzw. Auftragnehmerin mit dem Bau der Gleise sowohl für die schweizerische als auch die deutsche Seite beauftragt.[343]

Weitere rechtliche Unterschiede bestehen in den jeweiligen Voraussetzungen der beiden Staaten für die Ausgestaltung der Fahrzeuge. Während in der Schweiz keine Bremslichter für Trams vorgesehen sind, sind diese nach deutschem Recht jedoch erforderlich. Dies führte im Falle des Trams 8 dazu, dass die Fahrzeuge der BVB gemäss Vorgaben der deutschen Strassenverkehrsordnung mit Bremslichtern nachgerüstet werden mussten. Nur so erhielten diese eine Betriebsgenehmigung nach deutschem Recht. Hierfür mussten jedoch zuerst die schweizerischen Ausführungsbestimmungen zur Eisenbahnverordnung (AB-EBV) angepasst werden, damit die Trams überhaupt mit Bremslichtern ausgestattet werden durften.[344]

D. Öffentlichkeitsarbeit

Die Praxis hat gezeigt, dass beim Bau von grenzüberschreitenden Tramverbindungen durchaus mit Widerstand zu rechnen ist. Infolgedessen ist der Erfolg des Infrastrukturvorhabens unter anderem abhängig von der Öffentlichkeitsarbeit. Obwohl diese zu einem administrativen und finanziellen Mehraufwand führen kann, scheint diese erfahrungsgemäss als ein geeignetes Mittel, um die Akzeptanz des grenzüberschreitenden Projekts in der Öffentlichkeit steigern zu können. Konkret können durch einen umfassenden und frühzeitigen Einbezug der Öffentlichkeit deren Bedenken und Anregungen vorzeitig erkannt und geeignete Massnahmen implementiert werden.[345] Dies ist insofern hilfreich als dadurch nicht nur allfälligen Beschwerden bzw. Einsprachen und damit einhergehenden Verzögerungen entgegengewirkt, sondern insgesamt auch das Scheitern des Projekts bestmöglich verhindert werden kann. Die Öffentlichkeitsarbeit stellt insofern eine Herausfor-

---

[343] MICHAEL NITSCHKE/MARTIN HÄFLIGER, Der Bau einer Tramlinie im Neuland, in: Tiefbauamt/Bau- und Verkehrsdepartement Basel-Stadt, Tram 8 – Grenzenlos, Die Verlängerung der Tramlinie 8 von Basel nach Weil am Rhein, Basel 2014, 82.

[344] MARTIN HÄFLIGER, Inbetriebnahme: Warum braucht es Bremslichter?, in: Tiefbauamt/Bau- und Verkehrsdepartement Basel-Stadt, Tram 8 – Grenzenlos, Die Verlängerung der Tramlinie 8 von Basel nach Weil am Rhein, Basel 2014, 83.

[345] RUDOLF KOGER, Bürgerbeteiligung – Eine Herausforderung, in: Tiefbauamt/Bau- und Verkehrsdepartement Basel-Stadt, Tram 8 – Grenzenlos, Die Verlängerung der Tramlinie 8 von Basel nach Weil am Rhein, Basel 2014, 101 ff., 101.

derung dar, als dass keiner allgemeinen Regel gefolgt werden kann. Vielmehr müssen die Projektparteien die Bedürfnisse der Öffentlichkeit sowie allfällige daraus entstehende Risiken eruieren, um im Einzelfall das Ausmass der Öffentlichkeitsarbeit sowie konkrete Massnahmen bestimmen zu können. In Anlehnung an vergangene grenzüberschreitende Tramverbindungen sollten dabei unter anderem die nachfolgenden Bemühungen als Richtschnur in Erwägung gezogen werden.

Sowohl während dem Vorprojekt als auch während dem Bau- und Bewilligungsprojekt haben die schweizerische als auch die deutsche Projektpartei regelmässig separate Informationsveranstaltungen für die gesamte Bevölkerung und insbesondere für die betroffenen Anwohner und das Gewerbe durchgeführt. Während diesen standen die Verantwortlichen der Verwaltung Rede und Antwort.[346] Ziel dieser Veranstaltungen war es, die Öffentlichkeit nicht nur über bisherige Prozessfortschritte zu informieren, sondern diesen auch Auskunft bzw. einen Ausblick über die noch anstehenden Prozessschritte und allfällige damit einhergehende Einschränkungen zu geben. Überdies dienten die Informationsveranstaltungen auch dazu, dass die Projektparteien sich einen Eindruck über die Grundhaltung der Bevölkerung gegenüber dem grenzüberschreitenden Bauprojekt verschaffen konnten.[347]

Eine weitere Massnahme im Rahmen der Öffentlichkeitsarbeit kann in der Durchführung von Einzel- bzw. Gruppengesprächen bestehen. Dadurch signalisieren die Projektparteien der Öffentlichkeit, dass die Bedenken und Anregungen der Bevölkerung bzw. des Gewerbes ernst genommen werden und das Finden von geeigneten Lösungen für diese einen hohen Stellenwert hat. Zudem sind vor allem im frühen Stadium des Projekts solche Einzel- bzw. Gruppengespräche insofern hilfreich, als durch die Einwendungen der Betroffenen das Projekt nicht nur weiterentwickelt, sondern auch verfeinert werden kann.[348]

Um insbesondere während der Bauphase der Tramverbindung die Öffentlichkeit optimal in den Prozess einbeziehen zu können, wurde in vergangenen grenzüberschreitenden Bauprojekten regelmässig eine Begleitgruppe aufgestellt.[349] Diese setzte sich als offene Diskussionsplattform aus einer bestimmten Anzahl von Anwohnern der betroffenen Quartiere zusammen, wobei die Teilnahme an den mo-

---

[346] KOGER (FN 345), 101.
[347] KOGER (FN 345), 102.
[348] KOGER (FN 345), 101.
[349] ANDRÉ FRAUCHIGER/MAX BUSER, Die Tram und das Tram – Kommunikation überwand auch sprachliche Grenzen, in: Tiefbauamt/Bau- und Verkehrsdepartement Basel-Stadt, Tram 8 – Grenzenlos, Die Verlängerung der Tramlinie 8 von Basel nach Weil am Rhein, Basel 2014, 104 f.

natlichen Sitzungen auf freiwilliger Basis beruhte. Die Begleitgruppe diente nicht nur dazu, zeitnah von individuellen, alltäglichen Problemen und Erfahrungen mit den Bauarbeitern zu berichten, sondern auch um ad hoc Lösungen im Einzelfall unbürokratisch definieren zu können. Überdies war die Begleitgruppe als Ansprechperson nebst den Vertretern der Verwaltung auch regelmässig vor Ort.[350]

Die bisherigen grenzüberschreitenden Tramprojekte haben gezeigt, dass das Verständnis der Öffentlichkeit für das grenzüberschreitende Infrastrukturvorhaben ein gewisses Verstehen voraussetzt.[351] Hierfür wurde frühzeitig, umfassend und auf verständliche Art über Tatsachen informiert. Dies erfolgte unter anderem durch die Berichterstattungen in Zeitungen sowie durch die Herausgabe von periodischen Informationsflyern bzw. durch Newslettern auf der für das Projekt errichteten Website. Überdies wurden Infozentren eingerichtet, in welchen die Projektverantwortlichen für die Beantwortung der Fragen jeweils zur Verfügung standen.[352] Diese Informationsmassnahmen sind insofern gewinnbringend für den Bau der grenzüberschreitenden Tramverbindung, als dass einer informierten Bevölkerung mehr zugemutet werden kann.[353]

VIII. Fazit

Eine grenzüberschreitende Tramverbindung zwischen Basel und Lörrach dient nicht nur zahlreichen Berufspendlern und dem Einzelhandel, sondern führt überdies zu einem Zusammenwachsen der Grenzregionen. Dadurch wird die Zusammengehörigkeit der trinationalen Agglomeration Basel gestärkt, wobei die Landesgrenzen immer mehr in den Hintergrund rücken. Bis es jedoch zur vollständigen Realisierung des grenzüberschreitenden Infrastrukturprojekts kommt, gilt es diverse rechtliche, administrative, finanzielle und bautechnische Hindernisse zu überwinden. Eine besondere Herausforderung stellt das Fehlen von festen Verfahrensvorschriften dar. Aufgrund der geringen Normierung erfordert die grenzüberschreitende Zusammenarbeit Flexibilität, Spontanität und situatives Handeln der beteiligten Parteien. Zudem ist ein Projekt von solcher Tragweite stark vom politischen Willen der Parteien und der Akzeptanz der Öffentlichkeit abhängig. Dies erfordert politische Überzeugungsarbeit der Vorhabenträger. Überdies verstärken die unterschiedlichen politischen und rechtlichen Systeme der beiden

---

[350] KOGER (FN 345), 102.
[351] FRAUCHIGER/BUSER (FN 349), 104 f.
[352] FRAUCHIGER/BUSER (FN 349), 105.
[353] FRAUCHIGER/BUSER (FN 349), 105.

Staaten Schweiz und Deutschland die Komplexität des Projekts. Insbesondere führen die unterschiedlichen politischen Hierarchien zu einem Ungleichgewicht in der grenzüberschreitenden Zusammenarbeit. Dies macht sich vor allem im Bereich der Finanzierung bemerkbar. Weiter müssen für den Bau der grenzüberschreitenden Tramverbindung in den beiden Staaten unterschiedliche technische Voraussetzungen erfüllt werden. Diese Unterschiede müssen von den Projektparteien erkannt werden, wobei im Einzelfall kreative Lösungsansätzen gefordert sind. Sodann führt das Territorialitätsprinzips bei grenzüberschreitenden Tramverbindungen dazu, dass die einzelnen innerstaatlichen Verfahrensschritte getrennt ablaufen. Obschon das Territorialitätsprinzip viele Vorteile mit sich bringt, setzt dieses jedoch ein erhöhtes Vertrauen zwischen den Projektparteien voraus. Konkret haben die Projektparteien darauf zu vertrauen, dass die jeweilige Gegenpartei die nationalen Verfahren rechtmässig durchführt und sich um die Erlangung der notwendigen Bewilligungen bemüht.

Diesen Herausforderungen kann mit den nachfolgenden Handlungsempfehlungen, welche anhand der Experteninterviews und Erfahrungen aus vergangenen Projekten ausgearbeitet wurden, bestmöglich entgegengewirkt werden. Um beim Bau einer grenzüberschreitenden Tramverbindung zeitliche sowie finanzielle Ressourcen sparen zu können, sollten die Schnittstellen zwischen den Projektparteien und die nationalen Unterschiede frühestmöglich festgestellt werden. Dadurch kann eruiert werden, in welchen Bereichen bzw. Verfahrensschritten eine intensivierte Koordination und Zusammenarbeit zwischen den schweizerischen und deutschen Parteien erforderlich ist. Zudem dienen diese Kenntnisse als Basis für die Vertragsverhandlungen zwischen den Projektparteien und ermöglichen zugleich eine umfassendere vertragliche Absicherung. Dies ist insofern gewinnbringend, als dadurch Unsicherheiten und Uneinigkeiten entgegengewirkt und im Streitfall auf eine vertragliche Grundlage zurückgegriffen werden kann.

Da es sich bei der grenzüberschreitenden Zusammenarbeit jedoch nicht um ein Alltagsgeschäft handelt, bedarf es stets massgeschneiderten Lösungen. Obschon von vergangen Erfahrungen ähnlicher Projekte profitiert werden kann, gibt es kein Musterbeispiel. Die grenzüberschreitende Zusammenarbeit geht oftmals über die gewöhnlichen Aufgaben und Kompetenzen der beteiligten Personen hinaus. Für die erfolgreiche Realisierung des grenzüberschreitenden Bauprojekts wird deshalb nicht nur ein gemeinsamer Wille, sondern auch ein gegenseitiges Vertrauen und Kompromissbereitschaft der Projektparteien vorausgesetzt. Dies kann durch regelmässigen (teilweise auch informellen) Kontakt sowie durch das Entgegenbringen von Verständnis für die Gegenpartei und die damit einhergehenden Verwaltungskultur erzielt werden. Schlussendlich hat die Erfahrung gezeigt, dass der Erfolg des Baus der grenzüberschreitenden Tramverbindung massgeblich von zwischenmenschlichen Beziehungen und einem starken gemeinsamen politischen Willen der Projektparteien abhängig ist.

Literaturverzeichnis

Achermann Urs, Privatisierung im öffentlichen Verkehr: Voraussetzungen der Privatisierung und Steuerung des privatisierten Vollzugs am Beispiel des öffentlichen Verkehrs (Zürcher Studien zum öffentlichen Recht), Zürich, 2008.

Aemisegger Heinz/Scherrer Karin/Haag Stephan, Die Umweltverträglichkeitsprüfung in der Praxis des Bundesgerichts, Umweltrecht in der Praxis (URP) 2004, 394 ff.

Auer Andreas, Staatsrecht der schweizerischen Kantone, Bern, 2016.

Badura Peter, Staatsrecht, Systematische Erläuterung des Grundgesetzes, 6. Aufl., München, 2015.

Battis Ulrich/Krautzberger Michael/Löhr Rolf-Peter (Hrsg.), Kommentar zum Baugesetzbuch, 15. Aufl., München, 2022 (zit. Autor, BKL Kommentar BauGB, §).

Beckmann Klaus J., Überörtliche Infrastrukturnetze – planerische und rechtliche Grundlagen, in: Beckmann (Hrsg.), Raumplanung, Stadtentwicklung und Öffentliches Recht, 3. Aufl., Berlin, 2020, 103 ff.

Berschin Felix, Der europäische gemeinsame Markt im gewerblichen Personenverkehr, in: Baumeister (Hrsg.), Handbuch Recht des ÖPNV. Praxishandbuch für den Nahverkehr mit VO (EG) Nr. 1370/2007, PBefG und ÖPNV-Gesetzen der Länder, Band II, Bremen, 2013, 25 ff.

Beyeler Martin, Wettbewerbsneutralität bei der kommerziellen Sondernutzung öffentlicher Sachen, in: Boillet/Favre/Martenet (Hrsg.), Le droit public en mouvement, Genf, 2020, 469 ff.

Beyeler Martin/Zufferey Jean-Baptise/Studer Andrin, Die Rechtsgrundlagen, in: Beyeler/Zufferey/Studer (Hrsg.), Das Vergaberecht der Schweiz, 10. Aufl., Zürich, 2020, 433 ff.

Biaggini Giovanni, BV Kommentar Bundesverfassung der Schweizerischen Eidgenossenschaft, 2. Aufl., Zürich, 2017. (zit. OFK-Biaggini, Art.).

Biaggini Giovanni/Haas Julia, Verfassungsrechtliche Grundlagen der Grenzüberschreitenden Zusammenarbeit in der Schweiz, in: Tschudi et al. (Hrsg.), Die Grenzüberschreitende Zusammenarbeit der Schweiz. Juristisches Handbuch zur Grenzüberschreitenden Zusammenarbeit von Bund und Kantonen, Zürich/St. Gallen, 2014, 139 ff.

Birkhäuser Nicolas, Kartellrecht und Bussen-Verfahren der Wettbewerbskommission im Bau, in: Institut für Schweizerisches und Internationales Baurecht (Hrsg.), Baurecht, Zürich, 2014, 77 ff.

Bosonnet Roger, Das eisenbahnrechtliche Plangenehmigungsverfahren, Eine Darstellung unter besonderer Berücksichtigung von Schieneninfrastruktur-Grossprojekten, Diss. Zürich, Zürich, 1999.

Braun Binder Najda, Europäische Union und direkte Demokratie/Direkte Demokratie nach dem Vertrag von Lissabon?, in: Kübler/Stojanovic (Hrsg.), Demokratie in der Europäischen Union/Democracy in the European Union, Zürich, 2014, 129 ff.

Clausen Wulf, Planrecht, in: Spang (Hrsg.), Projektmanagement von Verkehrsinfrastrukturprojekten, Berlin/Heidelberg, 2016, 243 ff.

Dageförde Angela, Handbuch für den Fachanwalt für Vergaberecht, Köln, 2018, 30 ff.

Despotovic Dejan, Wie Packt man ein solches Projekt an?, in: Tiefbauamt/Bau- und Verkehrsdepartement Basel-Stadt (Hrsg.), Tram 8 – Grenzenlos, Die Verlängerung der Tramlinie 8 von Basel nach Weil am Rhein, Basel, 2014, 70 ff.

Diederichsen Lars/Renner Ingo, Vergaberecht, in: Schmidt/Wollenschläger (Hrsg.), Kompendium Öffentliches Wirtschaftsrecht, 5. Aufl., Heidelberg, 2019/2020, 273 ff.

Dietz Wolfgang, Vorworte, in: Tiefbauamt/Bau- und Verkehrsdepartement Basel-Stadt, Tram 8 – Grenzenlos, Die Verlängerung der Tramlinie 8 von Basel nach Weil am Rhein, Basel, 2014, 6.

Dörr Oliver, Das europäisierte Vergaberecht in Deutschland, JuristenZeitung, 59 Jahrgang, Nr. 14, Tübingen, 703 ff.

Dorsch Monique, Öffentlicher Personennahverkehr, Grundlagen und 25 Fallstudien mit Lösungen, München, 2019.

Dürig Günter/Herzog Roman/Scholz Rupert (Hrsg.), Grundgesetz Kommentar, 95. Aufl., München 2021 (zit. Autor, Grundgesetz-Kommentar, Art.).

Dziekan Katrin/Zistel Meinhard, Öffentlicher Verkehr, in: Schwendes (Hrsg.), Verkehrspolitik – Eine interdisziplinäre Einführung, 2. Aufl., Wiesbaden, 2018, 347 ff.

Ehrenzeller Bernhard et al. (Hrsg.), Die schweizerische Bundesverfassung St. Galler Kommentar, 3. Aufl., Zürich, 2014 (zit. Autor, St. Galler Kommentar zu Art.).

Epping Volker/Hilgruber Christian (Hrsg.), BeckOK Grundgesetz, 46. Aufl., München, 2021 (zit. Autor, BeckOK GG, Art.).

Ernst Werner/Zinkahn Willy/Bielenberg Walter (Hrsg.), Kommentar zum Baugesetzbuch, 143. Aufl., München, 2021 (zit. Autor, EZBK Kommentar BauGB, §).

Fassbender Bardo/Gübeli Raffael, Die gegenwärtig gültigen völkerrechtlichen Verträge der Kantone – Versuch einer systematischen Bestandesaufnahme, Schweizerisches Zentralblatt für Staats- und Verwaltungsrecht, 119 (3), 107 ff.

Frauchiger André/Buser Max, Die Tram und das Tram – Kommunikation überwand auch sprachliche Grenzen, in: Tiefbauamt/Bau- und Verkehrsdepartement Basel-Stadt, Tram 8 – Grenzenlos, Die Verlängerung der Tramlinie 8 von Basel nach Weil am Rhein, Basel, 2014, 104 f.

Frenz Walter, Vergaberecht EU und National, Heidelberg, 2018.

Gabriel Marc/Krohn Wolfram/Neun Andreas, Handbuch Vergaberecht: Gesamtdarstellung und Kommentierung zur Vergaben nach GWB, VgV, SektVO, VSVgV, KonzVgV, VOB/A, UVgO, VOL/A, VO(EG) 1370, SGB V, AEUV, München, 2017.

Galli Peter et al., Praxis des öffentlichen Beschaffungsrechts – Eine systematische Darstellung der Rechtsprechung des Bundes und der Kantone, 3. Aufl., Zürich, 201.

Ganz George M., Öffentliches Beschaffungswesen: Ausschreibung von Verkehrsdienstleistungen, Aktuelle Juristische Praxis, 2001, 975 ff.

Gegner Martin, Verkehr und Daseinsvorsorge, in: Schöller/Canzler/Knie (Hrsg.), Handbuch Verkehrspolitik, Wiesbaden, 2007, 455 ff.

Geiger Rudolf, Grundgesetz und Völkerrecht, mit Europarecht, 5. Aufl., München, 2010.

Gertz Carsten et al., Stadtverkehr, in: Schwedes (Hrsg.), Verkehrspolitik – Eine interdisziplinäre Einführung, 2. Aufl., Wiesbaden, 2018, 293 ff.

Gireaud Fabrice, Die Eurodistrikte: Neue lokale Kooperationsformen in Europa?, in: Europäisches Zentrum für Föderalismus-Forschung Tübingen (EZFF), Jahrbuch des Föderalismus 2017, Baden-Baden, 2017, 520 ff.

Graber Daniele/Gygax Reto, Submissionsrecht, in: Kurer/Maffioletti/Spoerri (Hrsg.), Handbuch zum Bauwesen, 2. Aufl., Zürich, 2019.

Granzer Isaak, Herausforderungen und Lösungen bei der Errichtung grenzüberschreitender Infrastruktur am Beispiel des Straßenbahnbaus Straßburg – Kehl, Der öffentliche Sektor, 42(2), Wien, 2016.

Greinus Anne et al., Evaluation des Konzessionsrechts in den Bereichen Bahninfrastruktur und Personenbeförderung, Zürich/Berlin/St. Gallen, 2020.

Griffel Alain, Kommentar zum Umweltschutzgesetz: Ergänzungsband zur 2. Auflage, Zürich, 2011. (zit. Autor, Kommentar USG, Art.).

Griffel Alain, Verkehrsverfassungsrecht, in: Müller (Hrsg.), Verkehrsrecht, Schweizerisches Bundesverwaltungsrecht, Bd. IV, Basel, 2008, 3 ff.

Groff Alain, Mut, Weitsicht und Beharrlichkeit für ein zukunftsträchtiges Verkehrsmittel, in: Tiefbauamt/Bau- und Verkehrsdepartement Basel-Stadt, Tram 8 – Grenzenlos, Die Verlängerung der Tramlinie 8 von Basel nach Weil am Rhein, Basel, 2014, 66 ff.

Häfelin Ulrich/Müller Georg/Uhlmann Felix, Allgemeines Verwaltungsrecht, 8. Aufl., Zürich, 2020.

Häfliger Martin, Inbetriebnahme: Warum braucht es Bremslichter?, in: Tiefbauamt/ Bau- und Verkehrsdepartement Basel-Stadt, Tram 8 – Grenzenlos, Die Verlängerung der Tramlinie 8 von Basel nach Weil am Rhein, Basel, 2014, 83.

Häner Isabelle et al., Besonderes Bundesverwaltungsrecht, 9. Aufl., Basel, 2021.

Hermann-Kummer Regula, Öffentlicher Verkehr: Strassen-, Schienen- und Schifffahrtsverkehr, in: Tschudi et al. (Hrsg.), Die Grenzüberschreitende Zusammenarbeit der Schweiz. Juristisches Handbuch zur Grenzüberschreitenden Zusammenarbeit von Bund und Kantonen, Zürich/St. Gallen, 2014, 731 ff.

Jäger Christoph, Ausschluss aus dem Verfahren – Gründe und der Rechtsschutz, in: Beyeler/Zufferey/Scherler (Hrsg.), Aktuelles Vergaberecht 2020/Marché publics 2020, Zürich, 2020, 342 ff.

Karlen Peter, Schweizerisches Verwaltungsrecht Gesamtdarstellung unter Einbezug des europäischen Kontextes, Zürich, 2018.

Kern Markus, Weiterentwicklung der Eisenbahnrechtsordnung in der Schweiz, Schweizerisches Zentralblatt für Staats- und Verwaltungsrecht, 113(12), 631 ff.

Kern Markus/König Peter, Öffentlicher Verkehr, in: Biaggini et al. (Hrsg.), Fachhandbuch Verwaltungsrecht, Zürich, 2015, 389 ff.

Kirchhof Paul/Kreuter-Kirchhof Charlotte, Staats- und Verwaltungsrecht Baden-Württemberg, 43. Aufl., Heidelberg, 2021.

Kolarov Ana, Der koordinierte Pluralismus in der schweizerischen Aussenpolitik, Zürich, 2015.

Kuhlmann Sabine, Verwaltungstraditionen und Verwaltungssysteme im Vergleich, in: Veit/Reichard/Wewer (Hrsg.), Handbuch zur Verwaltungsreform, 5. Aufl., Wiesbaden, 2019, 39 ff.

Kuoni Beat, Rechtliche Problemfelder direkter Demokratie in Deutschland und in der Schweiz, ZStöR – Zürcher Studien zum öffentlichen Recht Band/Nr. 229, Zürich, 2015, 131 ff.

Landmann Robert/Rohmer Gustav (Hrsg.), Umweltrecht, 96. Aufl., München, 2021 (zit. Autor, Kommentar UVPG, §).

Leduc Patrick, Wesentliche Merkmale des revidierten WTO-Übereinkommens über das öffentliche Beschaffungswesen (GPA), in: Institut für Schweizerisches und Internationales Baurecht (Hrsg.), Baurecht, Zürich, 2017, 5 ff.

Leuthold Alexis, Offertverhandlungen in öffentlichen Vergabeverfahren, Diss. Zürich, 2009.

Lewin Ralph, Tram nach Weil am Rhein: Ein grosser Schritt Richtung 360 Grad, in: Tiefbauamt/Bau- und Verkehrsdepartement Basel-Stadt (Hrsg.), Tram 8 – Grenzenlos, Die Verlängerung der Tramlinie 8 von Basel nach Weil am Rhein, Basel, 2014, 62 ff.

Martenet Vincent/Dubey Jacques (Hrsg.), Commentaire Romand Constitution fédérale, Basel, 2021. (zit. CR Cst.-Autor, Art.).

Menius Reinhard/Matthews Volker, Bahnbau und Bahninfrastruktur, 9. Aufl., Wiesbaden, 2017.

Naumann Daniel, Vergaberecht, Grundzüge der öffentlichen Auftragsvergabe, Wiesbaden, 2019.

Niedobitek Matthias, Das Recht der grenzüberschreitenden Verträge, Bund, Länder und Gemeinden als Träger grenzüberschreitender Zusammenarbeit, Habil. Speyer, Tübingen, 2001. (zit. Niedobitek, Grenzüberschreitende Verträge).

Niedobitek Matthias, Verfassungsrechtliche Grundlagen der Grenzüberschreitenden Zusammenarbeit in Deutschland, in: Tschudi et al. (Hrsg.), Die Grenzüberschreitende Zusammenarbeit der Schweiz. Juristisches Handbuch zur Grenzüberschreitenden Zusammenarbeit von Bund und Kantonen, Zürich/St. Gallen, 2014, 171 ff. (zit. Niedobitek, Verfassungsrechtliche Grundlagen).

Nitschke Michael/Häfliger Martin, Der Bau einer Tramlinie im Neuland, in: Tiefbauamt/Bau- und Verkehrsdepartement Basel-Stadt, Tram 8 – Grenzenlos, Die Verlängerung der Tramlinie 8 von Basel nach Weil am Rhein, Basel, 2014, 82.

Odendahl Kerstin (heute von der Decken), Die Grenzüberschreitende Zusammenarbeit im Lichte des Völkerrechts, in: Tschudi et al. (Hrsg.), Die Grenzüberschreitende Zusammenarbeit der Schweiz. Juristisches Handbuch zur Grenzüberschreitenden Zusammenarbeit von Bund und Kantonen, Zürich/St. Gallen, 2014, 3 ff.

Pfisterer Thomas, Die Kantone mit dem Bund in der EU-Zusammenarbeit – Art. 54 Abs. 3, 55 und 56 BV und deren Anwendung auf die bilateralen Verträge, Zürich/St. Gallen, 2014.

Posser Herbert/Wolff Heinrich Amadeus (Hrsg.), BeckOK VwGO, 60. Aufl., München, 2022 (zit. Autor, BeckOK VwGO, §).

Prêtre Alain, Eisenbahnverkehr als Ordnungs- und Gestaltungsaufgabe des jungen Bundesstaates, Freiburg, 2002.

Probst Michael/Winters Fabian, Einführung in das Vergaberecht, Juristische Schulung (JUS) 2015, 122 ff.

Schmid Gerhard, Staatsaufgaben, in: Buser (Hrsg.), Neues Handbuch des Staats- und Verwaltungsrechts des Kantons Basel-Stadt, Basel, 2008, 29 ff.

Schmid Karsten, Einführung in das Vergaberecht, Zeitschrift für das Juristische Studium 2/2015, 158 ff. (zit. Schmid, Vergaberecht).

Schneider Heusi Claudia, Vergaberecht in a nutshell, 3. Aufl., Zürich, 2020.

Schneider Lars, Betriebsplanung im öffentlichen Personennahverkehr – Ziele, Methoden, Kompetenzen, 2. Aufl., Berlin, 2018.

Schoch Friedrich/Schneider Jens-Peter (Hrsg.), Verwaltungsrecht, 1. Aufl., München, 2021 (zit. Autor, SchochKoVwGO VwVfG, §).

Siegmann Jürgen, Schienenverkehr, in: ARL – Akademie für Raumforschung und Landesplanung (Hrsg.): Handwörterbuch der Stadt- und Raumentwicklung, Hannover, 2018, 2107 ff.

Sitsen Michael, Ist die Zweiteilung des Vergaberechts noch verfassungskonform?, Zeitschrift für deutsches und internationales Bau- und Vergaberecht (ZfBR), Heft 7/2018, 654 ff.

Spannowsky Willy/Uechtritz Michael (Hrsg.), BeckOK BauGB, 54. Aufl., München, 2022 (zit. Autor, BeckOK BauGB, §).

Stelkens Paul/Bonk Heinz Joachim/Leonhardt Klaus (Hrsg.), Kommentar zum Verwaltungsverfahrensgesetz, 9. Aufl., München, 2018 (zit. Autor, Kommentar VwVfG, §).

Stückelberger Ueli/Haldimann Christoph, Schienenverkehrsrecht, in: Müller (Hrsg.), Verkehrsrecht, Bd. IV, Basel, 2008, 251 ff.

Stüer Bernhard, Handbuch des Bau- und Fachplanungsrechts, 5. Aufl., München, 2015.

Trüeb Hans Rudolf, Handkommentar zum Schweizerischen Beschaffungsrecht, Zürich, 2020.

Tschäni Rudolf/Diem Hans-Jakob/Wolf Matthias, M&A-Transaktionen nach Schweizer Recht, 4. Aufl., Zürich, 2021.

Tschannen Pierre/Zimmerli Ulrich/Müller Markus, Allgemeines Verwaltungsrecht, 4. Aufl., Bern, 2014.

Uhlmann Felix, Finanzrecht, in: Buser (Hrsg.), Neues Handbuch des Staats- und Verwaltungsrechts des Kantons Basel-Stadt, Basel, 2008, 523 ff.

Vogel Stefan, Zusätzlich zu beachtende, Anlagetyp-spezifische Bewilligungsvoraussetzungen/II. Verkehrsanlagen, in: Griffel et al., Fachhandbuch Öffentliches Baurecht, Zürich, 2016.

von Mangoldt Hermann/Klein Friedrich/Starck Christian (Hrsg.), Kommentar zum Grundgesetz: GG, Band 2 Art. 20–82, 7. Aufl., 2018 München (zit. Autor, Kommentar zum GG, Art.).

Von Schlieffen Katharina/Haass Stefanie, Grundkurs Verwaltungsrecht, Stuttgart, 2018.

Waldmann Bernhard, Rechtsmittelwege und Rechtsweggarantien im öffentlichen Vergabeverfahren, in: Institut für Schweizerisches und Internationales Baurecht (Hrsg.), Baurecht, Zürich, 2002, 143 ff. (zit. Waldmann, Rechtsmittelwege).

Waldmann Bernhard, Schranken der Bundeskompetenz in auswärtigen Angelegenheiten aus föderalistischer Sicht, in: Waldmann/Hänni/Belser (Hrsg.), Föderalismus 2.0 – Denkanstösse und Ausblicke, Bern, 2011, 151 ff.

Waldmann Bernhard/Belser Eva Maria/Epiney Astrid (Hrsg.), Schweizerische Bundesverfassung Basler Kommentar, Basel, 2015. (zit. BSK BV-Autor, Art.).

Walti Stephanie, Die strategische Umweltprüfung, Zürich, 2014.

Wamister Christof, Die Tramlinie 8 nach Weil am Rhein oder die Gunst der Stunde, in: Tiefbauamt/Bau- und Verkehrsdepartement Basel-Stadt, Tram 8 – Grenzenlos, Die Verlängerung der Tramlinie 8 von Basel nach Weil am Rhein, Basel, 2014, 10 ff.

Weigel Alix, Perspektiven zur rechtlichen Flexibilisierung der grenzüberschreitenden Zusammenarbeit am Oberrhein, Zürich/St.Gallen, 2019.

Widmer Irene, Unzulässigkeit der nachträglichen Änderung von Eignungskriterien, in: Verein Zürcherischer Gemeindeschreiber und Verwaltungsbeamter, VZGV (Hrsg.), PBG aktuell – Zürcher Zeitschrift für öffentliches Baurecht, Zürich, 2018, 49 ff.

Wysk Peter (Hrsg.), Verwaltungsgerichtsordnung, 3. Aufl., München, 2020 (zit. Autor, Kommentar VwGO, §).

Zellweger Valentin/Bühler Othmar, Die grenzüberschreitende Zusammenarbeit aus der Sicht des schweizerischen Staatsvertragsrechts, in: Tschudi et al. (Hrsg.), Die Grenzüberschreitende Zusammenarbeit der Schweiz. Juristisches Handbuch zur Grenzüberschreitenden Zusammenarbeit von Bund und Kantonen, Zürich/St. Gallen, 2014, 25 ff.

Ziekow Jan/Völlink Uwe-Carsten, Vergaberecht, Kommentar zu GWB, VgV, SektVO, VSVgV, KonzVgV, VOB/A, UVgO, VOL/A, VO (EG) 1370/2007, 4. Aufl., München, 2020, 6 ff.

Materialienverzeichnis

BAFU, UVP-Handbuch, Richtlinie des Bundes für die Umweltverträglichkeitsprüfung, Bern, 2009. (zit. UVP-Handbuch).

BAV, Plangenehmigung betreffend Verlängerung Tramlinie 8: Basel Kleinhünigen – Weil am Rhein, Abschnitt Basel-Stadt Kanton Basel Stadt, vom 6. Oktober 2008 (zit. Plangenehmigung Tramlinie 8).

Botschaft betreffend das Europäische Rahmenübereinkommen über die grenzüberschreitende Zusammenarbeit zwischen Gebietskörperschaften oder Behörden vom 20. Mai 1981, BBl 1981 II 833 ff. (zit. Botsch. Madrider Übereinkommen).

Botschaft über eine neue Bundesverfassung vom 20. November 1996, BBl I 1997 1 ff. (zit. Botsch. VE 96).

Bundesamt für Raumentwicklung ARE, Richtlinien Programm Agglomerationsverkehr (RPAV), 13. Februar 2020 (zit. RPAV).

Bundesregierung, Klimaschutzprogramm 2030 der Bundesregierung zur Umsetzung des Klimaschutzplans 2050, Oktober 2019 (zit. Klimaschutzprogramm 2030).

BVD BS, Tram 8 – grenzenlos: Weil am Rhein und Kleinhüningen erhalten ein Tram (zit. Tram Infoflyer).

Deutscher Bundestag Wissenschaftliche Dienste, Ausarbeitung Umlagefinanzierung für den fahrscheinlosen Öffentlichen Personennahverkehr (ÖPNV) – Finanzverfassungsrechtliche Probleme hinsichtlich der Einführung eigener ÖPNV-Abgabe für alle Einwohner, 10. Dezember 2012 (zit. Ausarbeitung Umlagefinanzierung ÖPNV).

Deutscher Bundestag, Kurzinformation, Einzelfragen zur Verordnung (EG) Nr. 1370/2007, 11. November 2020 (zit. Kurzinformation VO 1370/2007).

Gemeinde Köniz, Bericht des Gemeinderates an das Parlament, 22. Juni 2009 (zit. Ber. Gemeinderat Köniz).

InÖB, Kantone revidieren die interkantonale Vereinbarung über das öffentliche Beschaffungswesen (IVöB), Medienmitteilung InÖB vom 18. November 2019 (zit. Medienmitteilung InÖB).

Kanton Wallis, Öffentliches Beschaffungswesen von A bis Z, Mai 2014 (zit. Öffentliches Beschaffungswesen A-Z).

Kanton Zürich, Merkblätter, Handbuch für Vergabestellen 2011 (zit. Handbuch 2011).

Kanton Zürich, Verfahren im Nicht-Staatsvertragsbereich, Handbuch für Vergabestellen 2014 (zit. Handbuch 2014).

Kanton Zürich, Verfahren im Staatsvertragsbereich, Handbuch für Vergabestellen 2004 (zit. Handbuch 2004).

Kasseler Verkehrs-Gesellschaft, Tram Harleshausen Kurzfassung der Machbarkeitsstudie, 25. Mai 2021 (zit. Machbarkeitsstudie Tram Harleshausen).

Motion Stucky Strassenbahn und Trolleybus. Konzessionspflicht vom 7. Oktober 1994, AB III 1994 1897 f. (zit. Motion Stucky Strassenbahn und Trolleybus).

Regierungsrat des Kantons Basel-Stadt, Geschäft 06.1130.01, Ratschlag Tramlinie Basel – Weil am Rhein – Beitrag an allfällige Kostenüberschreitungen beim Bau des deutschen Abschnittes vom 23. April 2008 (zit. Ratschlag vom 23. April 2008).

Regierungsrat des Kantons Basel-Stadt, Geschäft 06.1769.01, Ausgabenbericht Planungskredit für die Projektierung einer Tramlinie Kleinhünigen – Weil am Rhein vom 8. November 2006 (zit. Ausgabenbericht vom 8. November 2006).

Regierungsrat des Kantons Basel-Stadt, Geschäft 06.1769.03, Ratschlag Tramverlängerung Linie 8 Kleinhünigen – Weil am Rhein vom 19. September 2007. (zit. Ratschlag vom 19. September 2007).

Regierungsrat des Kantons Basel-Stadt, Geschäft 20.1317.01, Ratschlag zum Einführungsgesetz zur Interkantonalen Vereinbarung über das öffentliche Beschaffungswesen (EG IVöB) vom 2. Februar 2021 (zit. Ratschlag vom 2. Februar 2021).

Regierungsrat des Kantons Basel-Stadt, ÖV-Programm 2022–2025 Vernehmlassungsentwurf vom 11. Juni 2020 (zit. ÖV-Programm 2022–2025).

SPD/Bündnis 90/Die Grünen/FDP, Mehr Fortschritt wagen, Bündnis für Freiheit, Gerechtigkeit und Nachhaltigkeit, Koalitionsvertrag 2021–2025 (zit. Koalitionsvertrag 2021–2025).

Statistisches Amt des Kantons Basel-Stadt, City Statistics Basel, Ausgabe 2022 (zit. City Statistics Basel 2022).

Tiefbauamt des Kantons Basel-Stadt, tram3info – Verlängerung der Tramlinie 3 nach Saint-Louis, 2016 (zit. Info Tramlinie 3).

Internetquellen

ARE, Agglomerationsprogramme 4. Generation, abrufbar unter: <https://www.are.admin.ch/are/de/home/mobilitaet/programme-und-projekte/pav/4g.html> besucht am 24. Mai 2022 (zit. ARE, Agglomerationsprogramme 4. Generation).

ASTRA, Nationalstrassen- und Agglomerationsverkehrsfonds (NAF), abrufbar unter: <https://www.astra.admin.ch/astra/de/home/themen/strassenfinanzierung/naf.html> besucht am 24. Mai 2022 (zit. ASTRA, Nationalstrassen- und Agglomerationsverkehrsfonds [NAF]).

BAFU, Bundesrat will bis 2050 eine klimaneutrale Schweiz, 2019, abrufbar unter: <https://www.admin.ch/gov/de/start/dokumentation/medienmitteilungen.msg-id-76206.html> besucht am 24. Mai 2022 (zit. BAFU, Klimaneutralität).

BAFU, Gebäude und Mobilität, 2019, abrufbar unter: <https://www.bafu.admin.ch/bafu/de/home/themen/klima/dossiers/klimaschutz-und-co2-gesetz/gebaeude-und-mobilitaet.html> besucht am 24. Mai 2022 (zit. BAFU, Gebäude und Mobilität).

BAV, Infrastrukturkonzession, abrufbar unter: <https://www.bav.admin.ch/bav/de/home/verkehrsmittel/eisenbahn/fachinformationen/infrastrukturkonzession.html> besucht am 24. Mai 2022 (zit. BAV, Infrastrukturkonzession).

BFS, Pendlermobilität im Jahr 2019, 2021, abrufbar unter: <https://www.bfs.admin.ch/news/de/2021-0094> besucht am 24. Mai 2022 (zit. BFS, Pendlermobilität).

BKB, Revision des öffentlichen Beschaffungsrechts, abrufbar unter: <https://www.bkb.admin.ch/bkb/de/home/themen/revision-des-beschaffungsrechts.html> besucht am 24. Mai 2022 (zit. BKB, Revision des öffentlichen Beschaffungsrechts).

BMUV, Umweltprüfungen UVP/SUP, abrufbar unter: <https://www.bmuv.de/themen/bildung-beteiligung/beteiligung/umweltpruefungen-uvp-sup> besucht am 24. Mai 2022 (zit. BMUV, Umweltprüfungen UVP/SUP).

BPUK DTAP DCPA, Revidierte IVöB (IVöB 2019), abrufbar unter: <https://www.bpuk.ch/bpuk/konkordate/ivoeb/ivoeb-2019/> besucht am 24. Mai 2022 (zit. BPUK, Revidierte IVöB).

BVB, Porträt, abrufbar unter: <https://www.bvb.ch/de/unternehmen/portraet/> besucht am 24. Mai 2022 (zit. BVB, Porträt).

BVD BS, Tramnetzentwicklung Basel, Planung und Kosten, abrufbar unter: <https://www.mobilitaet.bs.ch/oev/tram-bus/tramnetzentwicklung-basel/planung-kosten.html> besucht am 24. Mai 2022 (zit. BVD BS, Tramnetzentwicklung Basel).

BVD BS, Verlängerung Tramlinie 3: die Fakten zum geplanten Beitrag der BVB an die französischen Partner, abrufbar unter: <https://www.stadtgaertnerei.bs.ch/nm/2017-01-26-bd-001.html> besucht am 24. Mai 2022 (zit. BVD BS, Verlängerung Tramlinie 3).

Dreschner Andrea, Badische Zeitung vom 6. August 2008: Der Anfang vom Aufschwung, abrufbar unter: <https://www.badische-zeitung.de/der-anfang-vom-aufschwung–196023849.html> besucht am 24. Mai 2022.

ETH Zürich, Planungs- und Bauprozess, Machbarkeit, abrufbar unter: <https://map.arch.ethz.ch/artikel/2/machbarkeit> besucht am 24. Mai 2022 (zit. ETH Zürich, Machbarkeitsstudie).

KFöB, Beschaffungswesen, abrufbar unter: <https://www.kfoeb.bs.ch/beschaffungswesen.html> besucht am 24. Mai 2022 (zit. KFöB, Beschaffungswesen).

KFöB, Über uns, abrufbar unter: <https://www.kfoeb.bs.ch/ueber-uns.html> besucht am 24. Mai 2022 (zit. KFöB, Über uns).

Lauber Hannes, Badische Zeitung: So sehen die Pläne für die Tramverlängerung in Weil am Rhein aus vom 23. März 2021, abrufbar unter: <https://www.badische-zeitung.de/so-sehen-die-plaene-fuer-die-tramverlaengerung-in-weil-am-rhein-aus–200822325.html> besucht am 24. Mai 2022.

Lörrach, Eigenbetrieb Stadtwerke Lörrach, abrufbar unter: <https://www.loerrach.de/de/Stadt-Buerger/Rathaus-Buergerservice/Ihre-Ansprechpartner/Fachbereiche/Fachbereich?view=publish&item=level2&id=19> besucht am 24. Mai 2022 (zit. Lörrach, Eigenbetrieb).

Neidinger Guido, Die Oberbadische vom 19. Juli 2021: Tramstudie aus München, abrufbar unter: <https://www.verlagshaus-jaumann.de/inhalt.loerrach-tramstudie-aus-muenchen.3269d995-0e44-467e-b4de-fa89e2436bf0.html> besucht am 24. Mai 2022.

Regierungspräsidien Baden-Württemberg, Planfeststellung, abrufbar unter: <https://rp.baden-wuerttemberg.de/themen/bauen/seiten/planfeststellung/> besucht am 24. Mai 2022 (Regierungspräsidien Baden-Württemberg, Planfeststellung).

Regierungspräsidium Freiburg, Recht und Planfeststellung, abrufbar unter: <https://rp.baden-wuerttemberg.de/themen/bauen/seiten/planfeststellung/> besucht am 24. Mai 2022 (Regierungspräsidium Freiburg, Recht und Planfeststellung).

Schweizerische Eidgenossenschaft, KMU-Portal für kleine und mittlere Unternehmen, Definition: Was sind öffentliche Aufträge, abrufbar unter: <https://www.kmu.admin.ch/kmu/de/home/praktisches-wis- sen/kmu-betreiben/oeffentliche-auftraege/definition.html> besucht am 24. Mai 2022 (zit. Schweizerische Eidgenossenschaft, Definition öffentliche Aufträge).

SNB, Nationalbank hebt Mindestkurs auf und senkt Zins auf −0,75 %, 2015, abrufbar unter: <https://www.snb.ch/de/mmr/reference/pre_20150115/source/pre_20150115.de.pdf> besucht am 24. Mai 2022 (zit. SNB, Aufhebung Mindestkurs).

Stadt Zürich, Machbarkeitsstudie Tram Affoltern, abrufbar unter: <https://www.umweltbundesamt.de/themen/verkehr-laerm/emissionsdaten> besucht am 24. Mai. 2022 (zit. Stadt Zürich, Machbarkeitsstudie).

Steineck Adrian, Weiler Zeitung: Nicht alle tragen Tram-Beschluss mit vom 31. März 2021, abrufbar unter: <https://www.verlagshaus-jaumann.de/inhalt.weil-am-rhein-nicht-alle-tragen-den-beschluss-mit.140d5f5f-13e5-4fbe-b6fd-40765b3120a6.html> besucht am 24. Mai 2022.

TomTom, Switzerland traffic, 2022 abrufbar unter: <https://www.tomtom.com/en_gb/traffic-index/switzerland-country-traffic/> besucht am 24. Mai 2022 (zit. TomTom, Switzerland traffic).

UBA, Emissionsdaten, 2022 abrufbar unter: <https://www.umweltbundesamt.de/themen/verkehr-laerm/emissionsdaten> besucht am 24. Mai 2022 (zit. UBA, Emissionsdaten).

Judikaturverzeichnis

Amtlich publizierte Bundesgerichtsentscheide:
BGE 133 II 331
BGE 135 II 172
BGE 136 I 297
BGE 139 II 279
BGE 145 II 259

Nicht amtlich publizierte Bundesgerichtsentscheide:
BGer 1C_544/2008 vom 27. August 2009
BGer 1C_548/2008 vom 27. August 2009
BGer 1C_550/2008 vom 27. August 2009

Abbildungsverzeichnis

Abbildung 1: Überblick über die politischen Ebenen in der Schweiz und Deutschland
Abbildung 2: Überblick über die nationalen Verfahrensschritte innerhalb des Vorprojekts
Abbildung 3: Überblick über die nationalen Verfahrensschritte innerhalb des Bau- und Bewilligungsprojekts
Abbildung 4: Überblick über das Vorgehen bei der Wahl der Vergabeverfahrensart in der Schweiz
Abbildung 5: Ablauf des ordentlichen Plangenehmigungsverfahrens
Abbildung 6: Ablauf des Planfeststellungsverfahrens

Der Betrieb von grenzüberschreitenden Bus- und Tramlinien

Analyse des rechtlichen Rahmens und der Schwierigkeiten bei der grenzüberschreitenden Zusammenarbeit im ÖPNV mit besonderem Blick auf die Verbindungen zwischen Basel und Lörrach

Nico Imwinkelried / Yannis Tobler

Inhaltsübersicht

I. Einleitung 456
II. Kompetenzen 457
    A. Schweiz 457
        1. Öffentlicher Personennahverkehr 457
        2. Grenzüberschreitende Zusammenarbeit 459
    B. Deutschland 460
        1. Öffentlicher Personennahverkehr 460
        2. Grenzüberschreitende Zusammenarbeit 462
III. Berechtigung zur Personenbeförderung 463
    A. Konzessionserteilung und Bewilligungen 463
    B. Bestellung bzw. Vergabe und Finanzierung des Verkehrs 469
    C. Synthese: Grenzüberschreitende Herausforderungen 475
IV. Ausgewählte Rechtsgebiete 477
    A. Unterhalt, Sicherheit und Technik 478
    B. Arbeitsbedingungen und Schutz der Arbeitskräfte 480
    C. Tarife und Fahrkarten 484
    D. Aufsicht über die Verkehrsunternehmen 487
    E. Zollwesen und Einreise 487
    F. Haftung 491
V. Reflexion 494
VI. Zusammenfassung 496
Literaturverzeichnis 498
Materialienverzeichnis 500

I. Einleitung

Der öffentliche Personennahverkehr gilt in der Schweiz als Erfolgsgeschichte. Ausgelöst durch die Öffnung von Grenzen und die Liberalisierung von Arbeitsmärkten steigt allerdings auch die Nachfrage nach einem funktionierenden grenzüberschreitenden Verkehr, was die Kooperation zwischen zahlreichen Behörden, Unternehmen und weiteren Stakeholdern voraussetzt. Geniesst der grenzüberschreitende Verkehr heute die gleiche Selbstverständlichkeit wie der inländische Personenverkehr, bedarf es für dessen Ermöglichung allerdings zahlreicher zwischenstaatlicher Abkommen, wobei die tatsächliche Rechtslage oft unklarer nicht sein könnte. Allein das nationale Verkehrsrecht der Schweiz ist aufgrund verschiedener Teil-Reformen sehr fragmentiert, daneben ist es sehr technisch und sowohl für Juristinnen und Juristen wie auch für sonstige Fachpersonen nicht besonders zugänglich. Kommt nun auch noch das Recht eines Nachbarstaats und damit auch das Recht der Europäischen Union hinzu, eröffnet sich eine Vielfalt an Rechtsnormen, Richtlinien und Auslegungsleitlinien, welche kaum zu bewältigen ist. Wollte man alle anwendbaren Normen beachten und diesen strikt Folge leisten, wäre die Realisierung einer grenzüberschreitenden Bus- oder Tramlinie langwierig und kostspielig, sofern ein solches Projekt überhaupt noch in Betracht gezogen würde.

Nichtsdestotrotz soll in dieser Arbeit der Versuch unternommen werden, die Rechtslage rund um die grenzüberschreitende Erbringung öffentlicher Personenverkehre mit Bussen[1] und Strassenbahnen zu beleuchten und zu zeigen, wo sich allenfalls Widersprüche zwischen den verschiedenen Rechtsnormen ergeben und welche Schwierigkeiten – oder Möglichkeiten – diese für die Praxis bedeuten. Die zentrale Frage für verschiedene Probleme im grenzüberschreitenden Verkehr lautet dabei: «Welches Recht ist anwendbar?»

Diese Arbeit befasst sich dabei ausschliesslich mit Fragestellungen betreffend den Betrieb dieser Verkehrslinien (z.B. Bestellung, Genehmigung, Unterhaltspflichten, Arbeitsrecht, Haftungsfragen). Nicht näher beleuchtet wird damit der Bau der dazu notwendigen Infrastruktur (z.B. grenzüberschreitendes Tramgleis) sowie deren Finanzierung.

---

[1] Der Fokus der Arbeit liegt hier bei (Kraft-)Omnibussen und nicht bei Trolley- (bzw. Oberleitungs-)bussen, welche teilweise in Spezialgesetzen (z.B. Bundesgesetz vom 29. März 1950 über die Trolleybusunternehmen, Trolleybus-Gesetz, TrG; SR 744.21) geregelt sind.

Aufgrund der angesprochenen Vielzahl an Rechtsnormen und des föderalen Aufbaus der Schweiz und Deutschlands drängt es sich auf, die Analyse geographisch auf ein Gebiet zu beschränken. Aus diesem Grund behandelt die vorliegende Arbeit den grenzüberschreitenden Bus- und Tramverkehr zwischen dem Kanton Basel-Stadt (CH) und dem Landkreis Lörrach (DE).

Im folgenden Kapitel werden daher zunächst die Kompetenzverteilung der Schweiz und Deutschlands im Bereich des öffentlichen Verkehrs und der grenzüberschreitenden Zusammenarbeit dargelegt, um aufzuzeigen, welche Möglichkeiten sich den Gliedstaaten und Gebietskörperschaften eröffnen. In Kapitel III werden die Konzession bzw. die Liniengenehmigung, welche Unternehmen erlauben, öffentliche Verkehrsleistungen zu erbringen, sowie das Vergabe- bzw. Bestellverfahren erläutert, welches eng mit der Konzession bzw. Genehmigung zusammenhängt. Nachdem in Kapitel IV ausgewählte Rechtsgebiete bzw. Fragestellungen im Zusammenhang mit dem ÖPNV besprochen werden, werden die Forschungsergebnisse reflektiert und abschliessend die Erkenntnisse der Arbeit zusammengefasst.

II. Kompetenzen

A. Schweiz

1. Öffentlicher Personennahverkehr

Die schweizerische Bundesverfassung erweist sich im Bereich des öffentlichen Verkehrs als äusserst unergiebig. Passend dazu hält GRIFFEL fest: «Von den wesentlichen Elementen, welche eine Verfassung in den Grundzügen fixieren sollte, finden sich im nominalen Verkehrsverfassungsrecht – abgesehen von den Kompetenz- und Aufgabennormen – kaum Spuren.»[2] Gleichwohl spielen die vorhandenen Verfassungsbestimmungen zum öffentlichen Verkehr, insbesondere für die Kompetenz zur Gesetzgebung, eine wichtige Rolle.

Zentral für die gewerbsmässige Personenbeförderung ist Art. 92 BV, obwohl dieser systematisch nicht im Abschnitt «Öffentliche Werke und Verkehr» (Art. 81–88 BV), sondern im Abschnitt «Energie und Kommunikation» (Art. 89–93 BV) eingegliedert ist. Obschon Art. 92 BV dem Bund aus grammatikalischer Sicht lediglich die Gesetzgebungskompetenz im Bereich des Post- und Fernmeldewesens zu-

---

[2] ALAIN GRIFFEL, Verkehrsverfassungsrecht, in: Georg Müller (Hrsg.), Schweizerisches Bundesverwaltungsrecht, Bd. IV, Basel 2008, N 93.

gesteht, umfasst die Verfassungsbestimmung historisch bedingt ebenfalls die regelmässige und gewerbsmässige Personenbeförderung, womit dem Bund ein Personenbeförderungsmonopol zukommt.[3] Es handelt sich hierbei um eine umfassende Bundeskompetenz mit nachträglich derogatorischer Wirkung, wobei der Bund die Möglichkeit hat, ein Konzessionssystem einzurichten und damit einhergehend auch von der Wirtschaftsfreiheit abzuweichen.[4] Im Bereich der Personenbeförderung hat der Bund von diesem Recht durch den Erlass des PBG[5] Gebrauch gemacht.[6] Das Personenbeförderungsregal aus Art. 92 BV gilt dabei unabhängig vom Verkehrsträger,[7] weshalb das daraus abgeleitete Konzessionssystem sowohl für den Tram- wie auch den Busverkehr gilt.

Weil Trams nach Schweizer Auffassung als Eisenbahnen gelten,[8] ist für den Tramverkehr zudem Art. 87 BV relevant, welcher eine umfassende Bundeskompetenz für die Gesetzgebung im Eisenbahnwesen vorsieht.[9] Das Bundesmonopol im Bereich der Eisenbahn kann ebenfalls entweder selbst genutzt oder mittels Konzession übertragen werden.[10] Der Bund hat auch hier von dieser Möglichkeit Gebrauch gemacht, indem er im EBG (Eisenbahngesetz vom 20. Dezember 1957, SR 742.101) verschiedene Bewilligungen für den Betrieb und die Nutzung von Eisenbahninfrastrukturen vorsieht.

Keine Kompetenz hingegen begründet Art. 81*a* BV «Öffentlicher Verkehr», welcher lediglich das Ziel eines ausreichenden ÖV-Angebots vorgibt, sich aber an die zuständigen Behörden richtet und nicht eine tatsächliche Kompetenz für Bund und Kantone begründet.[11]

Es lässt sich somit festhalten, dass im Bus- und Tramverkehr einerseits bezüglich der gewerbsmässigen Personenbeförderung, andererseits bezüglich des Betriebs und des Zugangs zu Eisenbahninfrastrukturen (z.B. Tramgleis) umfassende Bundeskompetenzen bestehen. Die Erteilung entsprechender Bewilligungen und

---

[3] GRIFFEL (FN 2), N 25.
[4] GIOVANNI BIAGGINI, BV Kommentar, 2. A., Zürich 2017 (zit. OFK BV-BIAGGINI), Art. 92 N 3.
[5] Bundesgesetz vom 20. März 2009 über die Personenbeförderung (Personenbeförderungsgesetz, PBG; SR 745.1).
[6] Vgl. unten, Kap. III.A.
[7] OFK BV-BIAGGINI (FN 4), Art. 87 N 4.
[8] SGK BV-Lendi/Uhlmann, in: Bernhard Ehrenzeller/Benjamin Schindler/Rainer J. Schweizer/Klaus A. Vallender (Hrsg.), Die schweizerische Bundesverfassung – St. Galler Kommentar (zit. SGK BV-VERFASSER), Art. 87 N 33.
[9] OFK BV-BIAGGINI (FN 4), Art. 87 N 2.
[10] OFK BV-BIAGGINI (FN 4), Art. 87 N 2.
[11] SGK BV-UHLMANN (FN 8), Art. 81*a* N 22.

Konzessionen richtet sich demnach nach Bundesrecht, die zuständigen Behörden sind Behörden des Bundes. Welche Rolle die Kantone und ggf. die Städte bei der Planung des öffentlichen Verkehrs spielen, wird mitunter Gegenstand von Kapitel III sein.

2. Grenzüberschreitende Zusammenarbeit

Die grenzüberschreitende Zusammenarbeit erfordert regelmässig die Kooperation zwischen Behörden verschiedener Staaten. Insbesondere im Bereich des öffentlichen Linienverkehrs ist eine sorgfältige Abstimmung mit dem Ausland unerlässlich, sollen die aus der Zusammenarbeit resultierenden Verkehrsangebote doch möglichst konsumentenfreundlich aber auch ökonomisch vertretbar sein. Es stellt sich folglich im Rahmen der Kompetenzen die Frage, wer zuständig ist, entsprechende Verträge mit dem Ausland abzuschliessen.

BIAGGINI & HAAS halten fest, dass die BV zwar keine spezifische Bestimmung zur nachbarlichen Zusammenarbeit enthält, diese aber Gegenstand der übrigen Bestimmungen zu den auswärtigen Angelegenheiten darstellt.[12] Dementsprechend ist für die grenzüberschreitende Zusammenarbeit Art. 54 Abs. 1 BV einschlägig, welcher eine umfassende Kompetenz des Bundes für sämtliche Vorgänge mit einer grenzüberschreitenden Komponente vorsieht, welche selbst jene Bereiche erfasst, die gemäss innerstaatlicher Kompetenzordnung in die Zuständigkeit der Kantone fallen würden.[13] Art. 55 BV regelt hierzu die Mitwirkungsrechte der Kantone.

Allerdings haben die Kantone gemäss Art. 56 Abs. 1 BV das Recht, im Rahmen ihrer innerstaatlichen Zuständigkeit selbst Verträge mit dem Ausland abzuschliessen, sofern diese nicht dem Recht und den Interessen des Bundes sowie den Rechten anderer Kantone zuwiderlaufen (Art. 56 Abs. 2 BV). Beabsichtigen die Kantone, einen Vertrag mit untergeordneten Behörden (z.B. Land BW, Landkreis Lörrach, Kommune) zu schliessen, können sie direkt mit diesen Behörden in Kontakt treten (Art. 56 Abs. 3 BV). Es handelt sich hierbei um eine konkurrierende Kompetenz, d.h. die Kantone können nur so lange selbst entsprechende Verträge abschliessen, wie der Bund von seiner Kompetenz keinen Gebrauch gemacht hat.[14] Obschon Art. 56 BV vom Abschluss von Verträgen spricht, gilt diese konkur-

---

[12] GIOVANNI BIAGGINI/JULIA HAAS, Verfassungsrechtliche Grundlagen der Grenzüberschreitenden Zusammenarbeit in der Schweiz, in: Hans M. Tschudi/Benjamin Schindler/Alexander Ruch/Eric Jakob/Manuel Friesecke (Hrsg.), Schriften zur Grenzüberschreitenden Zusammenarbeit, Bd. 8, Zürich 2014, N 3.
[13] BIAGGINI/HAAS (FN 12), N 17 f.
[14] BIAGGINI/HAAS (FN 12), N 20.

rierende Kompetenz auch für sämtliche nicht-vertraglichen auswärtigen Handlungsformen des Kantons, sofern diese in seiner Zuständigkeit liegen.[15]

Da die Kantone nur Staatsverträge im Rahmen ihrer Zuständigkeit abschliessen können, ergibt sich gemäss den Ausführungen von Kapitel II.A.1 kein besonders grosser Handlungsspielraum für die Kantone im Bereich des öffentlichen Verkehrs. Es wäre somit beispielsweise unzulässig, das Bundesrecht mittels eines Staatsvertrags mit dem Landkreis Lörrach auszuhebeln und die Konzessionspflicht gemäss PBG für ausgewählte ausländische Verkehrsunternehmen aufzuheben. Wie es noch zu zeigen gilt,[16] sind die Kantone aber z.B. bei der Bestellung bzw. Vergabe des Ortsverkehrs nicht an das Bundesrecht gebunden und können entsprechende Regelungsinhalte grundsätzlich zum Gegenstand von Staatsverträgen machen.

B. Deutschland

1. Öffentlicher Personennahverkehr

Anders als die schweizerische Bundesverfassung kennt das deutsche Grundgesetz drei Arten von Kompetenzen: Es unterscheidet zwischen Gesetzgebungskompetenzen (Art. 70 ff. GG/DE[17]), Verwaltungskompetenzen (Art. 83 ff. GG/DE) und Rechtsprechungskompetenzen (Art. 92 GG/DE).[18] Für die Zwecke dieser Arbeit interessieren in erster Linie die Gesetzgebungs- und Verwaltungskompetenzen.

Die ausschliesslichen Gesetzgebungskompetenzen werden in Art. 73 GG/DE aufgeführt. Für den öffentlichen Verkehr ist Art. 73 Abs. 1 Ziff. 6a GG/DE, wonach dem Bund eine ausschliessliche Gesetzgebungskompetenz im Bereich der Eisenbahnen zukommt, zwar grundsätzlich relevant. Allerdings gelten Strassenbahnen in Deutschland – im Gegensatz zur Schweiz – nicht als Eisenbahnen,[19] weshalb diese Kompetenznorm für die vorliegende Arbeit nicht weiter von Bedeutung ist. Art. 74 GG/DE enthält sodann konkurrierende Gesetzgebungskompetenzen zwischen Bund und Ländern, das heisst, die Bundesländer sind nur insoweit zur

---

[15] BIAGGINI/HAAS (FN 12), N 21.
[16] Vgl. unten, Kap. III.B.
[17] Grundgesetz für die Bundesrepublik Deutschland vom 23. Mai 1949 (BGBl. I S. 1), das zuletzt durch Artikel 1 u. 2 Satz 2 des Gesetzes vom 29. September 2020 (BGBl. I S. 2048) geändert worden ist.
[18] MARTIN MORLOK/LOTHAR MICHAEL, Staatsorganisationsrecht, 5. A., Baden-Baden 2021, § 8 N 456.
[19] GG Kommentar-DEGENHART, in: Michael Sachs (Hrsg.), Grundgesetz Kommentar, 8. A., München 2018 (zit. GG Kommentar-VERFASSER), Art. 73 N 27.

Gesetzgebung ermächtigt, wie der Bund nicht selbst von seiner Kompetenz Gebrauch gemacht hat (Art. 72 Abs. 1 GG/DE). Für die Personenbeförderung im öffentlichen Verkehr mit Bussen und Strassenbahnen sind dabei Art. 74 Abs. 1 Ziff. 22 GG/DE (Strassenverkehr) sowie Art. 74 Abs. 1 Ziff. 23 GG/DE (Schienenbahnen) die einschlägigen Bestimmungen. Der Begriff der Schienenbahn ist hierbei weiter gefasst als jener der Eisenbahn und umfasst auch Strassenbahnen.[20] Auf diese Grundlagen stützen sich dann auch die relevanten Gesetze des Bundes für die Regulierung der gewerbsmässigen Personenbeförderung.[21]

Von den Gesetzgebungskompetenzen unterscheiden sich die Verwaltungskompetenzen, welche die Aufgabenerfüllung entweder dem Bund oder den Ländern zuschreiben und damit eine Abweichung von Art. 30 GG/DE darstellen, wonach die Länder subsidiär für alle Aufgaben zuständig sind, die nicht explizit dem Bund zugesprochen worden sind.[22] Für Busse und Strassenbahnen irrelevant ist wiederum Art. 87e GG/DE, welcher nur die Eisenbahnen des Bundes betrifft. Da es auch im Übrigen keine einschlägigen Bestimmungen gibt, sind die Bundesländer somit aufgrund von Art. 30 GG/DE für die Bereitstellung des öffentlichen Verkehrs zuständig und regeln ihre eigenen Kompetenzen im Bereich der Aufgabenerfüllung in eigens erlassenen ÖPNV Gesetzen.[23] In Baden-Württemberg wurde die «Sicherstellung einer ausreichenden Bedienung der Bevölkerung mit Verkehrsleistungen im öffentlichen Personennahverkehr» als «freiwillige Aufgabe der Daseinsvorsorge» definiert (§ 5 ÖPNVG/BW[24]), wobei die Stadt- und Landkreise die entsprechenden Aufgabenträger darstellen (§ 6 Abs. 1 ÖPNVG/BW). Es ist darüber hinaus möglich, die Zuständigkeit für den Stadtverkehr an einzelne Städte zu übertragen, was für zahlreiche Städte im Landkreis Lörrach – darunter auch die an den Kanton Basel-Stadt angrenzende Stadt Weil am Rhein und die Gemeinde Grenzach-Wyhlen – getan wurde.[25]

---

[20] GG Kommentar-DEGENHART (FN 19), Art. 74 N 98.
[21] Drucksache des Deutschen Bundestages 17/8233 vom 21. Dezember 2011: Entwurf eines Gesetzes zur Änderung personenbeförderungsrechtlicher Vorschriften, 11 f.
[22] MORLOK/MICHAEL (FN 18), § 8 N 493.
[23] MARC LEHR, Beihilfen zur Gewährleistung des öffentlichen Personennahverkehrs, Schriften zum Europäischen Recht, Bd. 157, Berlin 2011, 30.
[24] (Baden-Württemberger) Gesetz vom 8. Juni 1995 (GBl. S. 417) über die Planung, Organisation und Gestaltung des öffentlichen Personennahverkehrs, das zuletzt durch Artikel 1 des Gesetzes vom 12. November 2020 (GBl. S. 1043) geändert worden ist.
[25] Nahverkehrsplan Landkreis Lörrach: Teilfortschreibung Nahverkehrsplan 2020 <https://www.loerrach-landkreis.de/ceasy/resource/?id=3522&download=1> (Abruf 23.08.2022) (zit. Nahverkehrsplan), 5.

2. Grenzüberschreitende Zusammenarbeit

Ähnlich wie die Schweizer Bundesverfassung kennt das deutsche Grundgesetz keine spezifische Norm für die nachbarschaftliche Zusammenarbeit. Die «auswärtige Gewalt»,[26] also die Pflege von Beziehungen zu auswärtigen Staaten und der Abschluss von Verträgen, wird in Art. 32 Abs. 1 GG/DE grundsätzlich als Sache des Bundes erklärt. Die Länder sind allerdings ausnahmsweise imstande Verträge abzuschliessen, wenn sie selbst für die Gesetzgebung in diesem Bereich zuständig sind und die Zustimmung der Bundesregierung erhalten haben (Art. 32 Abs. 3 GG/DE). Die auswärtigen Angelegenheiten liegen zudem in der ausschliesslichen Gesetzgebungskompetenz des Bundes (Art. 73 Abs. 1 Ziff. 1 GG/DE) und werden von der bundeseigenen Verwaltung erbracht (Art. 87 Abs. 1 GG/DE).

Die oben beschriebene Kompetenzordnung betrifft aber gemäss der Lehre bloss die Teilnahme des Staats am «Völkerrechtsverkehr» und nicht die auswärtigen Beziehungen im Rahmen des nationalen Rechts oder des Unionsrechts.[27] Es ist Bundesländern, Landkreisen und Kommunen m.a.W. erlaubt, Verträge mit anderen Gebietskörperschaften wie Schweizer Kantonen oder Gemeinden abzuschliessen, sofern diese Vereinbarungen nationalem Recht oder Unionsrecht unterstehen, nicht aber Völkerrecht darstellen. Das Recht, solche Verträge abzuschliessen, wird in Deutschland als Instrument der Aufgabenerfüllung angesehen und gehört damit akzessorisch zur jeweiligen Verwaltungskompetenz nach Massgabe des Grundgesetzes.[28]

Damit ergibt sich im Grunde eine ähnliche Situation wie in der Schweiz: Auch die deutschen Gebietskörperschaften können selbstständig Verträge mit ausländischen Körperschaften abschliessen, sofern der Regelungsgegenstand in ihrem (Verwaltungs-)Kompetenzbereich liegt. Wie dargelegt, sind die Stadt Weil am Rhein und die Gemeinde Grenzach-Wyhlen selbst für die Aufgabenerfüllung im Bereich des ÖPNV zuständig. Somit sind sie auch berechtigt, z.B. mit dem Kanton Basel-Stadt einen öffentlich-rechtlichen Vertrag über den grenzüberschreitenden Linienverkehr abzuschliessen, solange damit nicht in die Kompetenzen des Bundes eingegriffen wird.

---

[26] Vgl. für nähere Informationen zum Begriff: PETER BADURA, Staatsrecht – Systematische Erläuterung des Grundgesetzes, 7. A., München 2018, Teil D N 116.
[27] MATTHIAS NIEDOBITEK, Verfassungsrechtliche Grundlagen der Grenzüberschreitenden Zusammenarbeit in Deutschland, in: Hans M. Tschudi/Benjamin Schindler/Alexander Ruch/Eric Jakob/Manuel Friesecke (Hrsg.), Schriften zur Grenzüberschreitenden Zusammenarbeit, Bd. 8, Zürich 2014, N 16.
[28] NIEDOBITEK (FN 27), N 34.

Tatsächlich wurde von dieser Möglichkeit bereits Gebrauch gemacht: So vereinbarten beispielsweise der Kanton Basel-Stadt und die Stadt Weil am Rhein in der «Vereinbarung über den Bau und Betrieb einer Tramlinie zwischen Kleinhüningen und Weil am Rhein (Europlatz)» die Rahmenbedingungen für den Bau der grenzüberschreitenden Tramlinie 8. Ebenfalls wurde die Zuständigkeit bezüglich der Bestellung – und damit der Finanzierung – der Verkehrsleistungen, welche im Aufgabenbereich des Kantons Basel-Stadt bzw. der Stadt Weil am Rhein liegen, vereinbart.[29]

III. Berechtigung zur Personenbeförderung

Nachdem dargelegt wurde, in welchem Umfang die verschiedenen Gebietskörperschaften in den Formen der Gesetzgebung und des Vertragsabschlusses tätig werden können, soll in diesem Kapitel aufgezeigt werden, wie das hoheitliche Recht der gewerbsmässigen Personenbeförderung an ein Verkehrsunternehmen übertragen werden kann. Anders als beispielsweise Taxifahrten werden städtische Bus- und Tramlinien in der Regel nur von einem einzelnen Verkehrsunternehmen bedient. Aus diesem Grund ist neben der Frage, wie ein Unternehmen berechtigt wird, Personen gewerbsmässig zu befördern (Kapitel III.A), ebenfalls die Frage zu klären, welches Verkehrsunternehmen in welchem Umfang tätig wird (Kapitel III.B).

A. Konzessionserteilung und Bewilligungen

Das öffentliche Verkehrswesen ist sowohl in der Schweiz wie auch in Deutschland von zahlreichen Konzessionen, Bewilligungen und Genehmigungen geprägt. Aufgrund des Territorialitätsprinzips braucht ein Verkehrsunternehmen, welches eine grenzüberschreitende Linie anbieten möchte, sowohl eine entsprechende Konzession bzw. Bewilligung nach Schweizer Recht für den Schweizer Linienabschnitt als auch eine Liniengenehmigung nach deutschem Recht für den deutschen Streckenteil. Aufgrund der Ausführungen in Kapitel II ist es den unteren Gebietskörperschaften auch nicht möglich, davon abweichende Vereinbarungen zu treffen. Daher werden nachfolgend die entsprechenden Genehmigungsinstrumente der Schweiz und Deutschlands erörtert.

---

[29] Vgl. unten, Kap. III.B für nähere Informationen zur Bestellung.

Rechtliche Grundlagen für die Konzessionsvergabe in der Schweiz

Zentral für das Recht der Personenbeförderung im Binnenverkehr wie auch im grenzüberschreitenden Personenverkehr ist das PBG des Bundes sowie die dazugehörige Verordnung VPB[30].[31] Dem Gesetz unterliegt gemäss Art. 1 Abs. 1 PBG dabei jede dem Personenbeförderungsregal unterstehende Personenbeförderung. In Art. 1 Abs. 2 PBG wird das Personenbeförderungsregal sodann als die «regelmässige und gewerbsmässige Personenbeförderung auf Eisenbahnen, auf der Strasse und auf dem Wasser sowie mit Seilbahnen, Aufzügen und anderen spurgeführten Transportmitteln» definiert. Der öffentliche Verkehr mit Bussen und Trams fällt somit klarerweise in den Geltungsbereich des Gesetzes, da er sich problemlos mit den Legaldefinitionen in Art. 2 PBG zu den Begriffen «regelmässig» und «gewerbsmässig» vereinbaren lässt.

Das PBG kennt zwei Instrumente zur Übertragung des hoheitlichen Rechts der Personenbeförderung, namentlich die Konzession (Art. 6 PBG) und die Bewilligung (Art. 8 PBG). Notwendig ist eine Konzession gemäss Art. 6 lit. a VPB für «die fahrplanmässigen Verkehrsverbindungen zwischen bestimmten Ausgangs- und Endpunkten, wobei die Fahrgäste an im Fahrplan festgelegten Haltestellen aufgenommen und abgesetzt werden (Linienverkehr), mit Erschliessungsfunktion». Eine Erschliessungsfunktion kommt einem Angebot dann zu, wenn ganzjährig bewohnte Ortschaften erschlossen werden (Art. 3 Abs. 1 PBG). Erteilt wird die Konzession vom Bundesamt für Verkehr (Art. 6 Abs. 4 PBG).

Das Instrument der Bewilligung ist hingegen auf die ausschliesslich grenzüberschreitende Personenbeförderung (Art. 8 Abs. 1 PBG) ausgelegt. Mit anderen Worten ist dieses Instrument nur für grenzüberschreitende Direktverbindungen vorgesehen, bei denen die Reisenden nicht die Möglichkeit haben, Binnenfahrten durchzuführen. Eine Person, welche beispielsweise in Basel in das Verkehrsmittel einsteigt, dürfte dieses erst wieder verlassen, wenn die Grenze nach Deutschland überschritten worden ist. In diesem Zusammenhang ist auch vom Kabotage-Verbot die Rede (Art. 37 Abs. 2 VPB). Im Unterschied zur Konzession wird die Bewilligung nicht vom BAV, sondern vom UVEK erteilt (Art. 8 Abs. 1 PBG).

---

[30] Verordnung vom 4. November 2009 über die Personenbeförderung (VPB; SR 745.11).
[31] REGULA HERMANN-KUMMER, Öffentlicher Verkehr: Strassen-, Schienen-, und Schifffahrtsverkehr, in: Hans M. Tschudi/Benjamin Schindler/Alexander Ruch/Eric Jakob/Manuel Friesecke (Hrsg.), Schriften zur Grenzüberschreitenden Zusammenarbeit, Bd. 8, Zürich 2014, N 16.

Folglich sind grenzüberschreitende Bus- und Tramlinien konzessionspflichtig, sofern mehrere Haltestellen in der Schweiz bedient und Binnenfahrten zugelassen werden sollen. Da diese Art von Personenbeförderung im Ortsverkehr typisch ist, fokussiert sich die vorliegende Arbeit fortan auf derartige Verkehrsangebote. Zudem handelt es sich auch bei den grenzüberschreitenden Linien zwischen Basel und Weil am Rhein (Tramlinie 8, Buslinie 55) sowie Grenzach-Wyhlen (Buslinie 38) um konzessionierten Linienverkehr.[32]

Damit einem Verkehrsunternehmen eine Personenbeförderungskonzession erteilt wird, muss das um Konzession ersuchende Unternehmen die Voraussetzungen in Art. 9 PBG erfüllen. Das PBG unterscheidet dabei nicht, ob es sich um eine Bus- oder Tramlinie handelt. Daher müssen die Unternehmen für beide Arten der Verkehrsmittel zunächst über die «[...] für die Benützung der Verkehrswege und Haltestellen erforderlichen Bewilligungen verfügen.» (Art. 9 Abs. 1 PBG). Für diese zunächst kryptisch erscheinende Formulierung finden sich im Anhang der VPB Präzisierungen, wobei darin auch allgemeine Anforderungen an das konkrete Konzessionsgesuch gestellt werden.

So müssen Konzessionsgesuche für Busse zum einen Angaben über «Marke, Typ, Jahrgang und Platzzahl der zum Einsatz vorgesehenen Kurs- und Ersatzfahrzeuge und Personenanhänger, soweit sie nicht bereits im konzessionierten Verkehr eingesetzt werden» enthalten (Ziff. 2 lit. a Anhang VPB). Zudem muss das antragsstellende Unternehmen über eine Zulassungsbewilligung als Strassentransportunternehmen (Ziff. 2 lit. b Anhang VPB) gemäss dem STUG[33] verfügen. Dies ergibt sich auch aus Art. 3 STUG, welcher für Strassentransportunternehmen, die Tätigkeiten im Bereich des Personenverkehrs ausüben möchten, eine Bewilligungspflicht vorsieht. Die spezifischen Voraussetzungen für die Bewilligungserteilung finden sich in Art. 4–7 STUG. Für den grenzüberschreitenden Verkehr zentral ist sodann Art. 17 LVA[34], welcher für die Schweiz die Pflicht vorsieht, die Strassenzulassungen anderer Mitgliedstaaten zu akzeptieren, wodurch

---

[32] Vergleiche die Informationen zu den Konzessionen 0078 (BVB) und 0102 (SWEG) im TU-Verzeichnis des Bundesamts für Verkehr, abrufbar unter: <https://www.bav.admin.ch/bav/de/home/allgemeine-themen/fachthemen/vollzugshilfen/verzeichnisse/tu-verzeichnis.html> (Abruf 23.08.2022).

[33] Bundesgesetz vom 20. März 2009 über die Zulassung als Strassentransportunternehmen (STUG; SR 744.10).

[34] Abkommen vom 21. Juni 1999 zwischen der Schweizerischen Eidgenossenschaft und der Europäischen Gemeinschaft über den Güter- und Personenverkehr auf Schiene und Strasse (Landverkehrsabkommen, LVA; SR 0.740.72).

deutsche Unternehmen lediglich über die entsprechende deutsche Lizenz verfügen müssen.[35]

Betrifft das Konzessionsgesuch eine Tramlinie, muss das gesuchstellende Unternehmen zudem den Nachweis erbringen, über das Recht zur Benützung der Eisenbahninfrastruktur nach den Artikeln 8c und 8d EBG[36] zu verfügen (Ziff. 5 lit. a Anhang VPB). Dabei handelt es sich um die Netzzugangsbewilligung bzw. die Sicherheitsbescheinigung. Die Netzzugangsbewilligung gewährt – *nomen est omen* – einem Unternehmen überhaupt erst den Zugang zum eigenen oder fremden Schienennetz.[37, 38] Die Sicherheitsbescheinigung auf der anderen Seite bestätigt, dass das Unternehmen die nötigen Sicherheitsverpflichtungen wie bspw. betreffend das Rollmaterial erfüllt.[39]

Um den grenzüberschreitenden Verkehr zu erleichtern, sieht Art. 5b Abs. 1 EBV[40] für die Sicherheitsbescheinigung eine Harmonisierung mit dem EU-Recht vor. Zudem hat das BAV gestützt auf Art. 5f Abs. 2 EBV die Möglichkeit, ausländische Sicherheitsbescheinigungen auf grenznahen Strecken anzuerkennen. Letzteres gilt aufgrund von Art. 9 NZV[41] zudem auch für die Anerkennung von Netzzugangsbewilligungen auf grenznahen Strecken.

Die soeben erläuterten Bewilligungen nach STUG und EBG sind allerdings nicht nur für die Erteilung der Konzession nötig, sondern müssen auch von jenen Unternehmen eingeholt werden, welche mittels Betriebsvertrag (Art. 19 VPB) für den Betrieb einer Verkehrslinie durch ein bereits nach PBG konzessioniertes Unter-

---

[35] Diese Bestimmung gilt analog auch für die Anerkennung der schweizerischen Strassenzulassung durch deutsche Behörden.
[36] Eisenbahngesetz vom 20. Dezember 1957 (EBG; SR 742.101).
[37] Markus Kern/Peter König, Öffentlicher Verkehr, in: Giovanni Biaggini/Isabelle Häner/Urs Saxer/Markus Schott (Hrsg.), Fachhandbuch Verwaltungsrecht, Zürich 2015, N 9.75.
[38] Ist das Verkehrsunternehmen, wie es in der Schweiz regelmässig der Fall ist, nicht nur Eisenbahnverkehrsunternehmen, sondern auch Infrastrukturbetreiberin, so bedarf es zusätzlich einer Infrastrukturkonzession sowie einer Sicherheitsgenehmigung nach Art. 5 EBG. Da diese nicht Voraussetzung für die Erteilung der Personenbeförderungskonzession darstellen, werden sie nur im Rahmen der Unterhaltspflichten in Kap. IV.A näher beleuchtet.
[39] Als Hilfestellung für die Praxis hat das BAV die «Richtlinie zum Erlangen von Netzzugangsbewilligung und Sicherheitsbescheinigung sowie Sicherheitsgenehmigung» publiziert.
[40] Verordnung vom 23. November 1983 über den Bau und Betrieb der Eisenbahnen (Eisenbahnverordnung, EBV; SR 742.141.1).
[41] Eisenbahn-Netzzugangsverordnung vom 25. November 1998 (NZV; SR 742.122).

nehmen beauftragt werden. Diese Konstellation hat auch in der Praxis eine gewisse Relevanz. So übertrugen bspw. die BVB (Basler Verkehrs-Betriebe) als Konzessionärin der Linie 38 den Fahrbetrieb auf die SBG (Südbadenbus GmbH).

Neben den in Art. 9 Abs. 1 PBG vorgeschriebenen Bewilligungen muss das gesuchstellende Unternehmen gemäss Abs. 2 sodann zahlreiche weitere Nachweise erbringen. So muss zum Beispiel garantiert werden können, dass die Transportleistung zweckmässig und wirtschaftlich erbracht werden kann (lit. a) oder dass die gesetzlichen Bestimmungen eingehalten werden (lit. d).

Rechtliche Grundlagen für die Liniengenehmigung in Deutschland

Das deutsche Recht sieht ein analoges Instrument zur Personenbeförderungskonzession des Schweizer PBG vor, nämlich die Liniengenehmigung. Die Erteilung der Liniengenehmigung kann entweder nach dem AEG/DE[42] oder nach dem PBefG/DE[43] vorgenommen werden. Da es sich in Deutschland bei Strassenbahnen, Trolleybussen und Kraftomnibussen nicht um Eisenbahnen handelt, fallen diese in den Anwendungsbereich des PBefG/DE.[44] Folglich sind für die vorliegende Arbeit nur die Regelungen im PBefG/DE relevant.

Im deutschen Genehmigungssystem gibt es sodann zwei wichtige «Mitspieler», welche auf die Gestaltung des öffentlichen Verkehrsangebots einwirken können. Der Aufgabenträger ist dabei die Behörde, welche zuständig ist, die Bevölkerung mit ausreichenden Leistungen des ÖPNV zu versorgen (§ 1 Abs. 1 RegG/DE[45]). Wer diese Aufgabe übernimmt, bestimmt sich gemäss § 1 Abs. 2 RegG/DE nach dem entsprechenden Landesrecht. Das für das Bundesland Baden-Württemberg einschlägige Gesetz über den öffentlichen Verkehr stellt klar, dass die Sicherstellung der ausreichenden Bedienung der Bevölkerungen mit solchen Verkehrsleistungen eine freiwillige Aufgabe ist (§ 5 ÖPNVG/BW), welche grundsätzlich von den Stadt- und Landkreisen in eigener Verantwortung zu tragen ist (§ 6 Abs. 1

---

[42] (Deutsches) Allgemeines Eisenbahngesetz vom 27. Dezember 1993 (BGBl. I S. 2378, 2396; 1994 I S. 2439), das zuletzt durch Artikel 10 des Gesetzes vom 10. September 2021 (BGBl. I S. 4147) geändert worden ist.

[43] (Deutsches) Personenbeförderungsgesetz in der Fassung der Bekanntmachung vom 8. August 1990 (BGBl. I S. 1960), das zuletzt durch Artikel 1 des Gesetzes vom 16. April 2021 (BGBl. I S. 822) geändert worden ist.

[44] WINFRIED REINHARDT, Öffentlicher Personennahverkehr, 2. A., Wiesbaden 2018, 127.

[45] (Deutsches) Regionalisierungsgesetz vom 27. Dezember 1993 (BGBl. I S. 2378, 2395), das zuletzt durch Artikel 1 des Gesetzes vom 16. Juli 2021 (BGBl. I S. 3011) geändert worden ist.

ÖPNVG/BW). Für die Grenzregion im Raum Basel wäre dies der Landkreis Lörrach. Allerdings sieht § 6 Abs. 1 ÖPNVG/BW weiter vor, dass die Gemeinden diese Aufgaben freiwillig übernehmen können. Für die an Basel angrenzenden Städte Weil am Rhein und Grenzach-Wyhlen ist dies der Fall.[46] Folglich sind es für die grenzüberschreitenden Bus- und Tramlinien diese Städte, welche sich um die Planung, Vergabe und Finanzierung kümmern.

Auf der anderen Seite steht die Genehmigungsbehörde, welche die vom Aufgabenträger vergebenen Linien genehmigt. Die Genehmigungsbehörde wird grundsätzlich von der jeweiligen Landesregierung bestimmt (§ 11 Abs. 1 PBefG/DE). Die Genehmigungsbehörde wird allerdings nicht von sich aus tätig, es handelt sich bei der Genehmigung also um ein Antragsverfahren (§ 12 PBefG/DE). § 52 Abs. 2 PBefG/DE sieht für grenzüberschreitende Linienverkehre ebenfalls vor, dass die von der Landesregierung bestimmte Behörde die Genehmigung im Benehmen mit dem Bundesministerium für Verkehr und digitale Infrastruktur erteilt. Gemäss der entsprechenden Vollziehungsverordnung des Landes Baden-Württemberg ist dabei das zuständige Regierungspräsidium die Genehmigungsbehörde für grenzüberschreitende Verkehrslinien (§ 2 Abs. 1 und 2 PBefZuVO/BW[47]).

Damit eine Genehmigung erteilt wird, müssen sodann die Voraussetzungen von § 13 PBefG/DE erfüllt sein. Dabei wird zwischen objektiven und subjektiven, d.h. das Verkehrsunternehmen betreffenden, Genehmigungsvoraussetzungen unterschieden. Subjektive Kriterien sind etwa die fachliche Eignung oder die persönliche Zuverlässigkeit des Unternehmens (§ 13 Abs. 1 Ziff. 2 und 3 PBefG/DE). Die objektiven Kriterien betreffen das zu genehmigende Verkehrsangebot selbst (z.B. Fahrpläne, Linienführung, Tarife). Dem Regierungspräsidium eröffnet sich zudem die Möglichkeit, die Linien entweder einzeln oder als Linienbündel zu genehmigen (§ 9 Abs. 2 PBefG/DE).

Überdies muss bei der Erteilung der Genehmigung der sog. Nahverkehrsplan berücksichtigt werden (§ 13 Abs. 2*a* PBefG/DE). Der Nahverkehrsplan wird vom Aufgabenträger unter Mitwirkung der bisher beteiligten Verkehrsunternehmen erstellt und definiert die Anforderungen an den Umfang und die Qualität des öffentlichen Verkehrsangebots (§ 8 Abs. 3 PBefG/DE). Der Genehmigungsbehörde stehen hierbei ebenfalls gewisse Mitwirkungsrechte zu (§ 8 Abs. 3*a* PBefG/DE).

---

[46] Nahverkehrsplan (FN 25), 10.
[47] (Baden-Württemberger) Verordnung der Landesregierung und des Verkehrsministeriums über personenbeförderungsrechtliche Zuständigkeiten vom 15. Januar 1996 (GBl. S. 75), die zuletzt durch Art. 187 der Verordnung vom 23. Februar 2017 (GBl. S. 99, 120) geändert worden ist.

Der genaue Inhalt und die Aufstellung des Nahverkehrsplans werden in § 11 f. ÖPNVG/BW auf landesrechtlicher Ebene konkretisiert. Der Nahverkehrsplan ist zudem die Grundlage für die Ausschreibung der Verkehrsleistung.[48]

Wird eine Liniengenehmigung ausgesprochen, erfolgt dies grundsätzlich entweder gegenüber jenem Unternehmen, welches den Vergabewettbewerb gewonnen hat bzw. den öffentlichen Auftrag via Direktvergabe erhalten hat,[49] oder im Falle des eigenwirtschaftlichen Verkehrs, welcher nicht vergeben werden muss, gegenüber dem Unternehmen, welches den sog. «Genehmigungswettbewerb» gewinnt.[50] Die Liniengenehmigung wird dem Verkehrsunternehmen dabei jeweils für einen bestimmten Verkehr erteilt (§ 3 Abs. 1 PBefG/DE), wobei sich die in der entsprechenden Genehmigung enthaltenen Rechte aus § 9 Abs. 1 PBefG/DE ergeben. Im Bereich der Strassenbahnen umfasst die Genehmigung in der Regel den Bau, den Betrieb und die Linienführung (Ziff. 1), beim Verkehr mit Kraftomnibussen die Einrichtung, die Linienführung und den Betrieb (Ziff. 3). Hier zeigt sich ein Unterschied zum Schweizer Konzessionssystem: Da Trams in Deutschland nicht als Eisenbahnen gelten und damit nicht speziellem Eisenbahnrecht unterstehen, umfasst die Liniengenehmigung grundsätzlich auch den Betrieb der Infrastruktur, während in der Schweiz zwischen der Personenbeförderungskonzession nach PBG und der Infrastrukturkonzession nach EBG unterschieden wird. Gleichsam sieht § 3 Abs. 3 PBefG/DE die Möglichkeit vor, die Genehmigung für den Bau und Betrieb von Strassenbahnbetriebsanlagen an ein anderes Unternehmen zu erteilen als an das Verkehrsunternehmen.

B. Bestellung bzw. Vergabe und Finanzierung des Verkehrs

Bisher wurde dargelegt, welche Verkehrsunternehmen überhaupt berechtigt sind, den öffentlichen Personennahverkehr auf Schweizer bzw. deutschem Boden anzubieten. Aus Art. 81*a* BV bzw. § 5 ÖPNVG/BW ergibt sich jedoch, dass es grundsätzlich noch immer Aufgabe der Gemeinwesen ist, ein ausreichendes Angebot an öffentlichen Verkehrsleistungen sicherzustellen. Da das Anbieten von öffentlichen Personentransportdienstleistungen im örtlichen Linienverkehr nur selten rentabel ist und somit aus eigenem Antrieb der Verkehrsunternehmen kein ausreichendes Angebot bestehen würde, erfüllen die Gemeinwesen diese Aufgabe mittels der Bestellung und somit der Finanzierung des Ortsverkehrs. Da

---

[48] LEHR (FN 23), 45.
[49] Vgl. unten, Kap. III.B für nähere Informationen zum Vergaberecht.
[50] REINHARDT (FN 44), 132 ff.

hierbei staatliche Gelder eingesetzt werden und die Dienstleistung nur von einem Unternehmen erbracht werden kann, eröffnen sich bei der Bestellung immer auch vergaberechtliche Fragestellungen. Bereits hier ergeben sich allerdings die ersten rechtlichen Unsicherheiten: Welches Recht findet bei der Bestellung grenzüberschreitender Linien Anwendung? Findet beispielsweise für den Streckenabschnitt auf deutschem Boden Schweizer Recht Anwendung, wenn die Bestellung durch den Kanton Basel-Stadt erfolgt, da Schweizer Finanzmittel eingesetzt werden? Oder wirkt sich das Territorialitätsprinzip so aus, dass für die Bestellung auf deutschem Boden immer deutsches Recht angewandt werden muss?

Bestellung durch Schweizer Behörden

Um in der Schweiz bestimmen zu können, welche Behörde für die Bestellung des Personenverkehrs zuständig ist bzw. welches Vergaberecht zur Anwendung kommt, muss das konkrete Verkehrsangebot eingeordnet werden. Für die vorliegende Arbeit ist hierbei die Unterscheidung zwischen dem regionalen Personenverkehr und dem Ortsverkehr von zentraler Bedeutung. Denn sind beim regionalen Personenverkehr Bund und Kantone für die Bestellung zuständig (Art. 28 Abs. 1 PBG), wird der Ortsverkehr von den Kantonen und gegebenenfalls den Gemeinden bestellt.[51] Ortsverkehr liegt gemäss Art. 3 ARPV[52] dann vor, wenn «die Haltestellen in der Regel nicht mehr als 1,5 km vom nächstgelegenen Verknüpfungspunkt mit dem übergeordneten Netz des öffentlichen Verkehrs entfernt sind und die Abstände zwischen den Haltestellen klein sind». Beim Ortsverkehr handelt es sich somit um die Feinerschliessung von Ortschaften, womit auch beim grenzüberschreitenden Nahverkehr mit Tram- und Buslinien Ortsverkehr i.S. der ARPV vorliegt. Für den Bestellprozess bedeutet dies folglich, dass die Kantone federführend agieren und sich das Bestellverfahren sowie die Kostenaufteilung nach dem kantonalen Recht richten.[53] Somit beurteilt sich auch die Frage, ob der Auftrag über den Betrieb einer Verkehrslinie öffentlich ausgeschrieben und in einem wettbewerblichen Verfahren vergeben werden muss oder ob eine Direktvergabe möglich ist, nicht nach Art. 28 Abs. 1 PBG und der ARPV, sondern nach dem übrigen Vergaberecht.[54]

---

51 KERN/KÖNIG (FN 37), N 9.54.
52 Verordnung vom 11. November 2009 über die Abgeltung des regionalen Personenverkehrs (ARPV; SR 745.16).
53 KERN/KÖNIG (FN 37), N 9.55.
54 MARKUS KERN, Zwischen Effizienz- und Qualitätsbestrebungen: Die Vergabe von Transportleistungen im öffentlichen Personenverkehr in der EU und in der Schweiz, AJP 2013, 1806 ff., 1819 f.

Im Bereich der Staatsverträge stellt das GPA[55] (WTO-Vergaberecht) eine wichtige Rechtsquelle für die Vergabeverfahren dar. Allerdings ist die Vergabe von Verkehrsleistungen auf der Schiene grundsätzlich vom GPA ausgenommen,[56] während die Schweiz die Vergabe weiterer Verkehrsleistungen (also vorliegend von Buslinien) ebenfalls vom GPA ausgeschlossen hat.[57] Folglich ist zu prüfen, ob andere nationale oder (inter-)kantonale Bestimmungen anwendbar sind.

Die Bestellung von Verkehrsleistungen im Bus- und Tramverkehr muss gemäss Art. 12bis Abs. 2 IVöB[58] grundsätzlich vergeben werden, wenn die entsprechenden Schwellenwerte des Anhangs II erreicht werden. Wenn die Leistungen hingegen zu weniger als 50% von der öffentlichen Hand finanziert werden – was aufgrund der Fahrgeldeinnahmen der öffentlichen Verkehrsunternehmen grundsätzlich denkbar ist – ist deren Vergabe vom Anwendungsbereich des IVöB ausgenommen (Art. 8 Abs. 2 lit. b IVöB).

Allerdings war es in der Schweiz lange umstritten, ob die Bestellung von öffentlichen Verkehrslinien überhaupt unter das Vergaberecht fällt, da sie in einem engen Zusammenhang mit der Verleihung einer Konzession steht.[59] Diese Situation wird im revidierten IVöB klargestellt: Gemäss Art. 9 IVöB 2019[60] fällt auch die Verleihung eines besonderes Rechtes unter den Anwendungsbereich des IVöB, wenn dafür direkt oder indirekt ein Entgelt geleistet wird. Selbst wenn die revidierte IVöB 2019 erst für wenige Kantone in Kraft getreten ist,[61] ist davon auszugehen, dass sie bereits jetzt die aktuelle Beschaffungspraxis vieler Kantone abbildet, weshalb auch nachfolgend die Möglichkeiten der IVöB 2019 näher betrachtet werden.

Art. 9 IVöB 2019 sieht nämlich die Möglichkeit vor, für die Übertragung öffentlicher Aufgaben und die Verleihung von Konzessionen spezialgesetzliche Vorschriften zu schaffen, und räumt diesen damit einen Vorrang ein.

---

[55] Revidiertes Übereinkommen über das öffentliche Beschaffungswesen, abgeschlossen am 15. April 1994 (SR 0.632.231.422).
[56] KERN (FN 54), 1819, FN 79.
[57] KERN (FN 54), 1820.
[58] Interkantonale Vereinbarung über das öffentliche Beschaffungswesen vom 15. März 2001 (SG 914.500 [Kanton Basel-Stadt]).
[59] KERN, (FN 54), 1820.
[60] Interkantonale Vereinbarung über das öffentliche Beschaffungswesen vom 15. November 2019 (SAR 150.960 [Kanton Aargau]).
[61] Vgl. <https://www.bpuk.ch/bpuk/konkordate/ivoeb/ivoeb-2019> (Abruf 23.08.2022) für eine aktuelle Liste der beigetretenen Kantone.

Wird die Anwendbarkeit der IVöB hingegen verneint, haben die Kantone die Wahl, Spezialregeln für die Vergabe öffentlicher Verkehrsdienstleistungen vorzusehen oder das allgemeine kantonale Vergaberecht zur Anwendung zu bringen.[62] Den Kantonen steht es somit sowohl innerhalb wie ausserhalb der IVöB offen, Spezialregeln für die Bestellung von Bus- und Tramlinien vorzusehen.

Eine solche Spezialregel ist in § 5 ÖVG/BS[63] zu sehen, wonach der Kanton Basel-Stadt zur Umsetzung seines ÖV-Programms Leistungsvereinbarungen mit den Erbringern der öffentlichen Verkehrsdienstleistungen abschliesst. Diese Vereinbarungen umfassen Art, Umfang, Kosten und Erlöse der zu erbringenden Leistungen, entsprechende Informationen über die Abgeltung und Anforderungen bezüglich der Qualität, der Wirtschaftlichkeit und der Umweltverträglichkeit der Leistungserbringung. § 5 Abs. 3 ÖVG/BS stellt sodann klar, dass der Kanton Basel-Stadt abzugeltende Leistungen nur im Bereich des Regionalverkehrs, nicht aber im Bereich des Ortsverkehrs ausschreiben kann. Im Ortsverkehr werden die Verkehrsunternehmen also mittels einer Leistungsvereinbarung beauftragt, den öffentlichen Linienverkehr anzubieten, wobei das Recht keine Möglichkeit vorsieht, diesen Auftrag in einem wettbewerblichen Verfahren auszuschreiben.

Im ÖVG/BS finden sich zudem weitere Bestimmungen zum Bestellprozess im Kanton Basel-Stadt. Wie bereits erwähnt, bildet das ÖV-Programm den Ausgangspunkt für die Bestellung. Der Regierungsrat unterbreitet das Programm alle vier Jahre dem Grossen Rat zur Genehmigung (§ 4 ÖVG/BS) und wird bei dessen Ausarbeitung von den BVB unterstützt (§ 4 BVB-OG/BS[64]). Das ÖV-Programm enthält unter anderem die vorgesehenen Verkehrsleistungen sowie den voraussichtlichen Abgeltungs- und Finanzierungsbedarf. Wird das ÖV-Programm genehmigt, schliesst der Kanton zu dessen Umsetzung mit dem Verkehrsunternehmen Leistungsvereinbarungen i.S.v. § 5 ÖVG/BS ab. Betreffend die Abgeltung sieht § 9 Abs. 1 lit. c ÖVG/BS vor, dass der Kanton den Fehlbetrag in dem von ihm bestellten Ortsverkehr abzugelten hat, sofern dieser trotz guter kaufmännischer und betrieblicher Führung nicht verhindert werden konnte. Die Höhe des jährlich zugesprochenen Globalbudgets richtet sich dabei nach dem ÖV-Programm (§ 14 ÖVG/BS).

---

[62] Kern (FN 54), 1820 f.
[63] (Basel-Städtisches) Gesetz vom 10. März 2004 über den öffentlichen Verkehr (SG 951.100).
[64] (Basel-Städtisches) Organisationsgesetz der Basler Verkehrs-Betriebe vom 10. März 2004 (BVB-OG; SG 953.100).

Daraus ergibt sich schliesslich für den Kanton Basel-Stadt, dass die Bestellung öffentlicher Verkehrsleistungen im Rahmen des Ortsverkehrs, und damit auch grenzüberschreitender Bus- oder Tramlinien, direkt in einer Leistungsvereinbarung vorgenommen werden kann, ohne dass diese Leistungen ausgeschrieben werden müssen.

Bestellung durch deutsche Behörden

Das Vergaberecht in Deutschland ist auf der anderen Seite stark von den Vorschriften der europäischen Union geprägt. Ob überhaupt eine Vergabe stattfindet, hängt zunächst von der Frage ab, ob eine Verkehrsleistung eigenwirtschaftlich oder gemeinwirtschaftlich erbracht wird.[65] Eigenwirtschaftlich ist eine Verkehrsleistung, wenn sie aus privater Initiative, d.h. nicht aufgrund eines behördlichen Auftrags, erbracht wird.[66] Da für den eigenwirtschaftlich erbrachten Verkehr keine Ausgleichszahlungen durch den Staat erfolgen, muss diese Verkehrsleistung auch nicht vergeben werden. Eine faktische Voraussetzung für dieses private, freiwillige Verkehrsangebot ist die Rentabilität der Verkehrsleistung. Obwohl Verkehrsleistungen im öffentlichen Personennahverkehr gemäss § 8 Abs. 4 PBefG/DE grundsätzlich eigenwirtschaftlich zu erbringen sind, gilt es festzuhalten, dass es im Ortsverkehr mit Bussen und Strassenbahnen kaum Linien (bzw. -netze oder -bündel) gibt, welche kostendeckend in einer angemessenen Qualität und Quantität betrieben werden können.[67]

In diesen Fällen kann die Behörde die Verkehrsleistung an ein Verkehrsunternehmen vergeben, es liegt sodann gemeinwirtschaftlicher Verkehr vor, dessen Vergabe sich grundsätzlich nach der VO 1370/2007[68] richtet.[69] Der gemeinwirtschaftliche Verkehr zeichnet sich dadurch aus, dass i.d.R. finanzielle Ausgleichszahlungen durch die öffentliche Hand vorgesehen sind,[70] da dieser sonst von den privaten Verkehrsunternehmen nicht in einer angemessenen Art und Weise angeboten würde. Damit verbunden sind typischerweise spezifische Anforderungen

---

[65] REINHARDT (FN 44), 141.
[66] REINHARDT (FN 44), 130.
[67] KARL-HANS HARTWIG, Zwischen Inhouse-Vergabe und Ausschreibungswettbewerb: Leistungserbringung im Öffentlichen Straßenpersonenverkehr, ZfV 2018, 119 ff., 123.
[68] (EU-)Verordnung (EG) Nr. 1370/2007 des Europäischen Parlaments und des Rates vom 23. Oktober 2007 über öffentliche Personenverkehrsdienste auf Schiene und Strasse und zur Aufhebung der Verordnungen (EWG) Nr. 1991/69 und (EWG) Nr. 1107/70 des Rates.
[69] REINHARDT (FN 44), 130 f.
[70] Vgl. Art. 4 Abs. 1 lit. b Ziff. 2 VO 1370/2007.

des Aufgabenträgers an das Verkehrsunternehmen, etwa bezüglich der Häufigkeit und Qualität der Verkehrsdienste.[71]

Die VO 1370/2007 unterscheidet zwischen zwei Arten von öffentlichen Aufträgen: Beim *öffentlichen Dienstleistungsauftrag* wird einem Verkehrsunternehmen das ausschliessliche Recht (sowie die Pflicht) erteilt, die benannte Verkehrsleistung zu erbringen. Im Gegenzug erhält das Verkehrsunternehmen ein fixes Bestellerentgelt, welches allerdings mit den Fahrgeldeinnahmen verrechnet wird, sodass der Aufgabenträger letztlich das finanzielle Risiko der Verkehrsleistung trägt. Bei der *öffentlichen Dienstleistungskonzession* hingegen ist das Entgelt geringer, dafür wird es nicht mit den Fahrgeldeinnahmen verrechnet. Das finanzielle Risiko liegt folglich beim Verkehrsunternehmen.[72]

Diese Unterscheidung ist zentral, denn bei der Vergabe von öffentlichen Aufträgen im öffentlichen Personenverkehr mit Bussen und Strassenbahnen ist die VO 1370/2007 nur auf Dienstleistungskonzessionen anwendbar, nicht aber auf Dienstleistungsaufträge. Für Dienstleistungsaufträge sind nämlich die RL 2014/24/EU[73] und RL 2014/25/EU[74] anwendbar.[75] Im Unterschied zu EU-Verordnungen sind Richtlinien nicht unmittelbar anwendbar, sondern nur bezüglich ihres Ziels verbindlich, womit für das Verfahren zur Zielerreichung nationales Recht Anwendung findet. In Deutschland richtet sich die Vergabe somit nach den einschlägigen nationalen Erlassen (GWB/DE[76], VgV/DE[77], KonzVgV/DE[78]).

---

[71] Mitteilung der Kommission über die Auslegungsleitlinien zu der Verordnung (EG) Nr. 1370/2007 über öffentliche Personenverkehrsdienste auf Schiene und Straße vom 29. März 2014, Amtsblatt der Europäischen Union 2014/C 92/01 ff. (zit. Mitteilung der Kommission zur VO 1370/2007), 6.
[72] Zum Ganzen: HARTWIG (FN 67), 123.
[73] (EU-)Richtlinie 2014/24/EU des Europäischen Parlaments und des Rates vom 26. Februar 2014 über die öffentliche Auftragsvergabe und zur Aufhebung der Richtlinie 2004/18/EG.
[74] (EU-)Richtlinie 2014/25/EU des Europäischen Parlaments und des Rates vom 26. Februar 2014 über die Vergabe von Aufträgen durch Auftraggeber im Bereich der Wasser-, Energie- und Verkehrsversorgung sowie der Postdienste und zur Aufhebung der Richtlinie 2004/17/EG.
[75] Zum Ganzen: Mitteilung der Kommission zur VO 1370/2007 (FN 71), 3.
[76] (Deutsches) Gesetz gegen Wettbewerbsbeschränkungen in der Fassung der Bekanntmachung vom 26. Juni 2013 (BGBl. I S. 1750, 3245), das zuletzt durch Artikel 10 Absatz 2 des Gesetzes vom 27. Juli 2021 (BGBl. I S. 3274) geändert worden ist.
[77] (Deutsche) Vergabeverordnung vom 12. April 2016 (BGBl. I S. 624), die zuletzt durch Artikel 2 des Gesetzes vom 9. Juli 2021 (BGBl. I S. 1691) geändert worden ist.
[78] (Deutsche) Konzessionsvergabeverordnung vom 12. April 2016 (BGBl. I S. 624, 683), die zuletzt durch Artikel 6 des Gesetzes vom 10. Juli 2018 (BGBl. I S. 1117) geändert worden ist.

Sowohl die VO 1370/2007 als auch das deutsche Vergaberecht sehen Möglichkeiten für Direktvergaben, also der Vergabe der Verkehrsleistung an ein spezifisches Verkehrsunternehmen ohne vorgängigen Ausschreibungswettbewerb, vor. Dies ermöglicht z.B. die Vergabe gewisser Leistungen an *interne Betreiber*, also Unternehmen, welche der Kontrolle der entsprechenden Eigentümerkommune unterliegen und ihre Leistungen im Wesentlichen für diese Eigentümerin erbringen.[79] Die Direktvergabe an interne Betreiber ist sowohl in Art. 5 Abs. 2 und Abs. 4–6 VO 1370/2007 als auch in § 108 Ziff. 1 GWB/DE vorgesehen. Erfolgt die Vergabe allerdings nicht an einen internen Betreiber, hat das wettbewerbliche Vergabeverfahren grundsätzlich Vorrang gegenüber der Direktvergabe (vgl. Art. 5 Abs. 3 VO 1370/2007).

Dies stellt insofern eine Schwierigkeit dar, als dass grenzüberschreitende Fahrten regelmässig von ausländischen Verkehrsunternehmen erbracht werden, welche klarerweise keine internen Betreiber darstellen. Eine Direktvergabe gestützt auf die obigen Grundlagen wäre folglich nicht möglich und die Leistung müsste ausgeschrieben werden. Dies könnte wiederum zu einem Bruch im grenzüberschreitenden ÖV-System führen, wenn plötzlich ein weiteres Unternehmen in den Markt einsteigt.

C. Synthese: Grenzüberschreitende Herausforderungen

Nachdem zuvor die jeweiligen nationalen Grundlagen der Bestellung und Bewilligung von Linienverkehren bei Bus- und Tramlinien dargelegt wurden, gilt es nun einige Probleme anzusprechen, die sich bei der Realisierung eines grenzüberschreitenden Projekts stellen können.

Während eine Direktvergabe in der Schweiz relativ unproblematisch scheint, werden die Anforderungen in Deutschland und der EU für Direktvergaben immer strenger. Entscheidet man sich im Rahmen eines Projektes dafür, dass die jeweiligen Gebietskörperschaften (z.B. Kanton Basel-Stadt und Stadt Weil am Rhein) die Bestellung jeweils nur bis zur Landesgrenze tätigen, könnte dies zu Divergenzen im bestellen Angebot führen. Zumal ist unklar, ob das vom Kanton Basel-Stadt mittels Direktvergabe beauftragte Verkehrsunternehmen den deutschen Ausschreibungswettbewerb gewinnen würde oder ob das im Ausschreibungswettbewerb siegreiche Verkehrsunternehmen für den Kanton Basel-Stadt für eine Direktvergabe in Frage kommt. Ist dies nicht der Fall, käme es zu einem Linienbruch: Die Passagiere müssten an der Landesgrenze das Verkehrsmittel wechseln. Für

---

[79] REINHARDT (FN 44), 136 f.

den regionalen Personenverkehr sähe das PBG die Möglichkeit vor, die Ausschreibungen mit den Ausschreibungsverfahren von Nachbarstaaten zu koordinieren, sofern Linienabschnitte in deren Hoheitsgebiet fallen (Art. 32a Abs. 1 PBG). Das BAV hat ausserdem die Möglichkeit, die Verkehrsleistung direkt bei dem im ausländischen Ausschreibungswettbewerb siegreichen Verkehrsunternehmen zu bestellen (Art. 32a Abs. 3 PBG). Sofern es das (inter-)kantonale Beschaffungsrecht zulässt, wäre es zumindest denkbar, dass die Kantone eine ähnliche Praxis bei der Bestellung des Ortsverkehrs anwenden.

Eine andere Möglichkeit liegt darin, die Linien nicht nur bis zur Landesgrenze zu bestellen, sondern von einer Behörde als Ganzes zu vergeben. Diese Variante wurde für die Tramlinie 8 und die Buslinie 55 gewählt, welche sozusagen in einem Austauschverhältnis stehen: Der Kanton Basel-Stadt hat sich zur Bestellung (und damit zur Finanzierung des Betriebs) des gesamten Streckenabschnitts der grenzüberschreitenden Tramlinie 8 verpflichtet, während die Stadt Weil am Rhein die Bestellung der Buslinie 55 vornimmt.[80] Ob es diese Lösung allerdings erlaubt, die gesamte Tramlinie 8 nach Schweizer Recht (bzw. die Buslinie 55 nach deutschem Recht) zu vergeben, obschon ein Teil des Linienabschnitts im Nachbarstaat liegt und der Nachbarstaat in gewisser Art und Weise eine Gegenleistung bietet (nämlich die Bestellung der jeweils anderen Linie), m.a.W. selbst auch indirekt staatliche Mittel für die Bestellung einsetzt, ist nicht abschliessend geklärt und muss zumindest in Frage gestellt werden.

Dieselben Fragen stellen sich auch bei Linien, die in keinem solchen Austauschverhältnis stehen, etwa wenn der Kanton Basel-Stadt eine gesamte Verkehrslinie bestellt und die Stadt Weil am Rhein ihm hierfür Ausgleichszahlungen gemäss einem vereinbarten Finanzierungsschlüssel leisten würde (z.B. ein Fixbetrag proportional zur Länge des in Deutschland liegenden Streckenabschnitts oder ein variabler Betrag in Abhängigkeit vom Anteil deutscher Fahrgäste).

Ein Mittel der Zusammenarbeit, das im Raum Basel-Lörrach nicht gewählt wurde, wäre eine Kooperation nach dem Karlsruher Übereinkommen[81] oder die Zusam-

---

[80] So gemäss § 6 der Vereinbarung zwischen der Stadt Weil am Rhein und dem Kanton Basel-Stadt über den Bau und Betrieb einer Tramlinie zwischen Kleinhüningen und Weil am Rhein (Europaplatz) [nicht öffentlich].

[81] Übereinkommen zwischen dem Schweizerischen Bundesrat, handelnd im Namen der Kantone Solothurn, Basel-Stadt, Basel-Landschaft, Aargau und Jura, der Regierung der Bundesrepublik Deutschland, der Regierung der Französischen Republik und der Regierung des Grossherzogtums Luxemburg, über die grenzüberschreitende Zusammenarbeit zwischen Gebietskörperschaften und örtlichen öffentlichen Stellen vom 23. Januar 1996 (Karlsruher Übereinkommen; SG 119.100 [Kanton Basel-Stadt]).

menarbeit nach der EVTZ[82]. Eine ausgiebige Prüfung dieser Möglichkeiten ist im Rahmen dieser Arbeit nicht möglich, es sei aber gesagt, dass sich die Frage des anwendbaren Rechtes bei der Vergabe dadurch wohl nicht in Luft auflösen würde.

Dass diese Fragen noch ungeklärt scheinen, könnte damit zusammenhängen, dass sowohl das Schweizer wie auch das deutsche Recht die Möglichkeit der Verkehrsunternehmen kennen, die Erbringung der Verkehrsleistung mittels einer Vereinbarung auf ein anderes Verkehrsunternehmen zu übertragen. Wenn alle Behörden und beteiligten Verkehrsunternehmen kooperieren, kann eine Verkehrslinie von einem einzigen Verkehrsunternehmen erbracht werden, selbst wenn die Konzessionen bzw. Liniengenehmigungen auf Schweizer und deutscher Strecke verschiedenen Unternehmen gehören.

Eine Gefahr bei der Realisierung von grenzüberschreitenden Linienverkehren stellt zudem das Beschwerderecht anderer Verkehrsanbieterinnen dar, welche bei der Vergabe nicht berücksichtigt wurden. Auf deutscher Seite sehen § 160 GWB/DE und Art. 5 Abs. 7 VO 1370/2007 jeweils Instrumente vor, um Verletzungen des jeweiligen Vergaberechts überprüfen zu lassen. Auch in der Schweiz ist eine Beschwerde möglich. Die Bestellung wird jeweils mit der Konzession koordiniert (vgl. Art. 32b PBG für den Regionalverkehr), am Ende wird – auch beim Ortsverkehr – eine Verfügung des BAV ergehen. Diese Verfügung ist am Bundesverwaltungsgericht anfechtbar,[83] wenn das dritte Verkehrsunternehmen in schutzwürdigen Interessen betroffen ist (Art. 48 Abs. 1 lit. c VwVG).

IV. Ausgewählte Rechtsgebiete

Wird einem Verkehrsunternehmen eine Personenbeförderungskonzession nach dem PBG bzw. eine Liniengenehmigung nach dem PBefG/DE zugesprochen, ergeben sich für dieses Unternehmen zudem zahlreiche, den Betrieb betreffende Pflichten. So obliegt den nach dem PBG konzessionierten Unternehmen eine Transport-, Fahrplan-, Betriebs-, Tarif- und Informationspflicht sowie unter Umständen die Pflicht, direkten Verkehr anzubieten (Art. 12 ff. PBG). Analog zum

---

[82] (EU-)Verordnung (EG) Nr. 1082/2006 des Europäischen Parlaments und des Rates vom 5. Juli 2006 über den Europäischen Verbund für territoriale Zusammenarbeit.
[83] Leitfaden des BAV über die Ausschreibung von Personentransportleistungen im öffentlichen Verkehr (Busbereich) in der Version vom 13. April 2015, auffindbar unter <https://www.bav.admin.ch/dam/bav/de/dokumente/leitfaeden/strasse/leitfaden_ausschreibungvonpersonentransportleistungenimoeffentli.pdf.download.pdf/leitfaden_ausschreibungvonpersonentransportleistungenimoeffentli.pdf> (Abruf 23.08.2022), 31.

Schweizer Recht hat auch die Inhaberin einer Liniengenehmigung nach dem PBefG/DE gewisse Pflichten, wie bspw. die Betriebspflicht (§ 21 PBefG/DE), Beförderungspflicht (§ 22 PBefG/DE) oder die Haftungspflicht für Sachschäden (§ 23 PBefG/DE). In den nachfolgenden Kapiteln soll auf eine Auswahl dieser Pflichten näher eingegangen werden.

A. Unterhalt, Sicherheit und Technik

In Fällen, in denen zwei Verkehrsunternehmen eine Verkehrslinie in Zusammenarbeit bedienen oder den Betrieb zumindest in einer Form untereinander geregelt haben, stellt sich zunächst die Frage, welches Unternehmen für den Unterhalt von Tramgleisen und Fahrzeugen bzw. die Gewährleistung eines sicheren Verkehrs zuständig ist.

In der Schweiz wird die Verpflichtung der Verkehrsunternehmen zur Einhaltung von Unterhaltspflichten und technischen Mindestanforderungen an die Konzession geknüpft. So sind Verkehrsunternehmen gemäss Art. 18 Abs. 1 lit. b PBG verpflichtet, die «Mindeststandards bezüglich Qualität, Sicherheit und Stellung der Beschäftigten einzuhalten», wobei in Art. 24 f. VPB die Prüfung der Strassenfahrzeuge für den öffentlichen Verkehr durch das BAV konkretisiert wird. Art. 26 VPB sieht zudem eine Pflicht des Verkehrsunternehmens vor, die Fahrzeuge in ständiger Einsatzbereitschaft zu halten.

Da diese Pflichten an die Konzession anknüpfen, gelten sie folglich auch für deutsche Verkehrsunternehmen, welche über Personenbeförderungskonzessionen in der Schweiz verfügen. In den Fällen, in denen das konzessionierte Unternehmen den Fahrbetrieb auf ein anderes Verkehrsunternehmen überträgt, hat es die Möglichkeit, die Pflichten aus der Konzession ebenfalls zu übertragen (Art. 19 Abs. 1 VPB), bleibt gegenüber dem Bund allerdings weiterhin für die Erfüllung dieser Pflichten verantwortlich (Art. 19 Abs. 2 VPB).

Die Bestimmungen für den Unterhalt im Bereich von Tramlinien (z.B. Tramgleise, Tramfahrzeuge) richten sich sodann nicht nach dem PBG, sondern nach dem EBG. In Kapitel III.A wurde dargelegt, dass ein Verkehrsunternehmen für den Betrieb einer Tramlinie eine Netzzugangsbewilligung und eine Sicherheitsbescheinigung gemäss Art. 8c EBG benötigt. Von diesem sog. Eisenbahnverkehrsunternehmen ist hingegen die Infrastrukturbetreiberin zu unterscheiden,[84] also jene Unternehmung,

---

[84] Zu beachten ist allerdings, dass es in der Schweiz regelmässig der Fall ist, dass die Eisenbahnverkehrsunternehmerin zugleich die Betreiberin der Infrastruktur ist; vgl. TU-Verzeichnis des BAV: <https://www.bav.admin.ch/bav/de/home/allgemeine-themen/

welche eine Eisenbahninfrastruktur (also z.B. Tramgleise) bauen und betreiben möchte (Art. 5 Abs. 1 EBG). Diese Tätigkeit untersteht der Infrastrukturkonzession (und nicht der Netzzugangsbewilligung) und bedarf zudem einer Sicherheitsgenehmigung (statt einer Sicherheitsbescheinigung) nach Art. 5 Abs. 1 und 4 EBG. Der Betrieb der Eisenbahninfrastruktur umfasst dabei den Unterhalt der Anlagen sowie die Führung von Stromversorgungs-, Betriebsleit- und Sicherheitssystemen (Art. 5 Abs. 3 EBG). Für den Unterhalt der Tramgleise ist somit die Infrastrukturbetreiberin zuständig. Für das Eisenbahnverkehrsunternehmen sieht Art. 8c Abs. 3 EBG ebenfalls die Einhaltung technischer und betrieblicher Vorschriften vor. In Art. 17 ff. EBG werden sodann die Grundsätze für Planung, Bau und Betrieb von Eisenbahnen genauer konkretisiert. Gemäss Art. 17 Abs. 1 EBG müssen sowohl die Eisenbahnanlagen als auch die eingesetzten Fahrzeuge gemäss dem Stande der Technik erstellt, betrieben, unterhalten und erneuert werden. Die Instandhaltung der Tramfahrzeuge ist in Art. 17b Abs. 1 EBG darüber hinaus speziell geregelt worden.

In Deutschland herrscht ein ähnliches System, die Liniengenehmigung wird gemäss § 13 PBefG/DE nur erteilt, wenn die Sicherheit des Betriebes gewährleistet werden kann. In § 21 Abs. 1 PBefG/DE ist die Pflicht eines jeden Verkehrsunternehmens festgehalten, den Betrieb dem Stand der Technik entsprechend aufrecht zu erhalten. Missachtet ein Verkehrsunternehmen seine Pflichten, sprich sind die Erteilungsvoraussetzungen der Liniengenehmigung nicht mehr erfüllt, kann diese gemäss § 25 Abs. 1 Ziff. 1 PBefG/DE widerrufen werden.

Für den Betrieb von Strassenbahnen und Strassenbahnanlagen hat der deutsche Gesetzgeber ebenfalls spezifischere Anforderungen aufgestellt. So sind Betriebsanlagen und Fahrzeuge gemäss § 4 Abs. 2 BOStrab/DE[85] ebenfalls instand zu halten, wobei der Inhalt dieser Pflicht in § 57 BOStrab/DE konkretisiert wird. Neben Instandsetzungen umfasst sie auch Wartungsarbeiten und Inspektionen.

Die BOStrab/DE enthält in §§ 33 ff. zudem zahlreiche Anforderungen an Tramfahrzeuge, etwa betreffend Bremsen, Antrieb oder Signaleinrichtungen. Ähnliche Bestimmungen sind in §§ 20 ff. BOKraft/DE[86] für Trolley- und Kraftomnibusse enthalten.

---

fachthemen/vollzugshilfen/verzeichnisse/tu-verzeichnis.html> (Abruf 23.08.2022). Die BVB sind bspw. für die Tramlinie 8 sowohl die Infrastrukturbetreiberin (Konzession Nr. 5137) als auch das Eisenbahnverkehrsunternehmen (Bewilligung Nr. 6072).

[85] (Deutsche) Straßenbahn-Bau- und Betriebsordnung vom 11. Dezember 1987 (BGBl. I S. 2648), die zuletzt durch Artikel 1 der Verordnung vom 1. Oktober 2019 (BGBl. I S. 1410) geändert worden ist.

[86] (Deutsche) Verordnung über den Betrieb von Kraftfahrunternehmen im Personenverkehr vom 21. Juni 1975 (BGBl. I S. 1573), die zuletzt durch Artikel 1 des Gesetzes vom 16. April 2021 (BGBl. I S. 822) geändert worden ist.

Für die grenzüberschreitende Zusammenarbeit liegen die Fallstricke im Rahmen der Unterhaltspflicht somit nicht in der Frage, welches Recht überhaupt anwendbar ist, da die rechtlichen Bestimmungen an die Konzession bzw. Liniengenehmigung anknüpfen. Problematisch sind viel mehr Unterschiede im Rahmen der technischen Anforderungen zwischen den verschiedenen Rechtsordnungen. So sieht das deutsche Recht bspw. vor, dass Strassenbahnen über Rücklichter verfügen müssen (§ 40 Abs. 2 Ziff. 2 BOStrab/DE), während das Schweizer Recht diese Anforderung nicht kennt. Dies führte im Raum Basel dazu, dass nur die neuesten Tramwagen der BVB grenzüberschreitende Fahrten nach Deutschland durchführen konnten, da die älteren Modelle über keine Rücklichter verfügten. Folge davon waren wiederum politische Diskussionen, warum die alten Trams nur innerhalb von Basel verwendet werden, während die neuen Trams «nach Deutschland geschickt» werden.[87]

B. Arbeitsbedingungen und Schutz der Arbeitskräfte

Ein wichtiger Aspekt eines jeden Betriebs und damit auch der Verkehrsunternehmen stellt sodann die Rechtslage betreffend die eigenen Beschäftigten dar. Um die Arbeitnehmenden zu schützen und einen sicheren Verkehr zu garantieren, gibt es bereits im rein innerstaatlichen Personenverkehr zahlreiche Gesetze und GAVs (bzw. Tarifverträge). Wird eine grenzüberschreitende Linie betrieben, stellt sich zudem die Frage, welche Rolle das Arbeitsrecht des Nachbarstaates für die Angestellten eines Verkehrsunternehmen spielt.

Das Schweizer PBG sieht in Art. 9 Abs. 2 lit. e vor, dass die Personenbeförderungskonzession einem Unternehmen nur erteilt werden darf, wenn es die arbeitsrechtlichen Vorschriften und Branchenbedingungen einhält. Für den konzessionierten Busverkehr hat das BAV solche Branchenbedingungen ausgearbeitet, die Bestimmungen beschränken sich allerdings auf Lohnfragen.[88] Obschon die entsprechende Richtlinie gemäss dem Titel den «subventionierten Binnenpersonenverkehr» betrifft, legt der in Art. 2 festgelegte Geltungsbereich nahe, dass diese auch für deutsche Verkehrsunternehmen gelten soll, sofern sie eine Konzession nach PBG besitzen und Fahrten in der Schweiz durchführen. Für den Tramverkehr wurden keine entsprechenden Branchenbedingungen publiziert.

---

[87] Aaron Agnolazza, Nur die besten Trams für Weil am Rhein, Basler Zeitung vom 10. März 2015, 14.
[88] Richtlinie des BAV über die Arbeitsbedingungen der Branche Bus des subventionierten Binnenpersonenverkehrs vom 28. März 2014, abrufbar unter <https://www.newsd.admin.ch/newsd/message/attachments/34256.pdf> (Abruf 24.08.2022), Art. 4 f.

Wie bereits erwähnt, müssen gemäss PBG für eine Konzessionserteilung neben den Branchenbedingungen auch arbeitsrechtliche Vorschriften eingehalten werden. Während das Arbeitsgesetz aufgrund von Art. 2 Abs. 1 lit. b ArG[89] auf Angestellte von öffentlichen Verkehrsunternehmen nicht anwendbar ist, gilt das AZG[90] als *lex specialis* zum Arbeitsgesetz und sieht Arbeitsvorschriften im Bereich des öffentlichen Verkehrs vor.[91] Gemäss Art. 1 lit. b und c AZG gilt das Gesetz dabei für konzessionierte Automobil- und Eisenbahnunternehmen und damit für jene öffentlichen Verkehrsunternehmen, welche Bus- oder Tramlinien bedienen. Gemäss Art. 1 lit. f AZG gilt das Gesetz zudem auch für nicht-konzessionierte Unternehmen, wenn diese im Rahmen eines Auftragsverhältnisses (Betriebsvertrag, Art. 19 VPB) Fahrten für ein konzessioniertes Unternehmen durchführen. Zudem sind dem Gesetz laut Art. 1 Abs. 3 AZG auch Unternehmen mit Sitz im Ausland unterstellt, wenn deren Arbeitnehmende in der Schweiz eine unter das Gesetz fallende Tätigkeit ausüben. Als Zwischenfazit lässt sich somit festhalten, dass das AZG auf Schweizer Hoheitsgebiet einen sehr umfassenden Geltungsbereich aufweist. Darüber hinaus beansprucht das AZG Geltung für Arbeitnehmende, die ihre Tätigkeit im Ausland ausüben und von einem unter Art. 1 AZG fallenden Unternehmen beschäftigt werden, wobei es allerdings einräumt, dass zwischenstaatliche Vereinbarungen und strengere ausländische Vorschriften einen Vorrang geniessen (Art. 2 Abs. 1 AZG). Das AZG und die dazugehörige AZGV sehen sodann zahlreiche Bestimmungen bezüglich Arbeits- und Ruhezeit, Pausenregelungen und Ferien vor.

Keine Anwendbarkeit beanspruchen kann hingegen die sog. Chauffeurverordnung (ARV 1[92]), da diese nur Arbeitnehmende erfasst, welche auf Linienstrecken mit einer Länge von über 50 km tätig sind (Art. 4 Abs. 1 lit. c ARV 1), was den Rahmen des üblichen grenzüberschreitenden Ortsverkehrs übersteigt.

Das Personal der BVB, welche aktuell die öffentlichen Verkehrsangebote der Stadt Basel bedienen, wird darüber hinaus in einem öffentlich-rechtlichen Anstellungsverhältnis beschäftigt, womit gemäss § 13 Abs. 1 BVB-OG/BS das Basel-Städ-

---

[89] Bundesgesetz vom 13. März 1964 über die Arbeit in Industrie, Gewerbe und Handel (Arbeitsgesetz, ArG; SR 822.11).
[90] Bundesgesetz vom 8. Oktober 1971 über die Arbeit in Unternehmen des öffentlichen Verkehrs (Arbeitszeitgesetz, AZG; SR 822.21).
[91] Botschaft des Bundesrates an die Bundesversammlung zu einem neuen Bundesgesetz über die Arbeit in Unternehmen des öffentlichen Verkehrs (Arbeitszeitgesetz) vom 17. Februar 1971, BBl 1971 I 440 ff., 442.
[92] Verordnung vom 19. Juni 1995 über die Arbeits- und Ruhezeit der berufsmässigen Motorfahrzeugführer und -führerinnen (Chaffeurverordnung, ARV 1; SR 822.221).

tische Personalgesetz Anwendung findet. Dieses sieht bezüglich der Entstehung und Beendigung des Arbeitsverhältnisses sowie für Rechte und Pflichten aus dem Arbeitsverhältnis verschiedene Spezialbestimmungen vor, wobei subsidiär auf Art. 319–362 OR verwiesen wird (§ 4 Personalgesetz/BS[93]). § 13 Abs. 2 BVB-OG/BS sieht zudem die Möglichkeit der BVB vor, die Arbeitsbedingungen mittels GAV zu gestalten.

Auch in Deutschland gibt es bezüglich der Arbeitsbedingungen im öffentlichen Verkehr gewisse Eigenheiten. Die Fahrpersonalverordnung gilt gemäss § 1 Abs. 1 Ziff. 2 FPersV/DE[94] für alle Fahrerinnen und Fahrer von Fahrzeugen, die der Personenbeförderung dienen und die im Linienverkehr bis zu einer Linienlänge von 50 km eingesetzt werden, und schreibt vor, dass für diese Personen die Art. 4, 6 bis 9 und 12 der VO 561/2006[95] massgeblich sind. Dieser Verweis ist zwingend nötig, da die VO 561/2006 nach eigener Auffassung nur für Linienverkehre mit einer Streckenlänge ab 50 km gilt (Art. 3 lit. a VO 561/2006) und somit ohne den Verweis nicht anwendbar wäre. In Art. 6 bis 9 VO 561/2006 sind sodann Vorschriften bezüglich der maximalen Lenkzeit, Lenkunterbrechungen und Ruhezeiten vorgesehen. Die Fahrpersonalverordnung äussert sich allerdings nicht darüber, ob diese Regeln für alle Unternehmen mit einer Liniengenehmigung nach PBefG/DE auf ebendiesen Strecken (und damit auch für Schweizer Unternehmen, die in Deutschland Linien bedienen) gelten oder ob sie bspw. nur für Unternehmen mit Sitz in Deutschland, dafür aber auch auf Schweizer Boden eine Geltung beansprucht.

Das deutsche Arbeitszeitgesetz gilt hingegen für alle Arbeitnehmenden in der Bundesrepublik Deutschland (§ 1 Ziff. 1 ArbZG/DE[96]), sieht aber mit § 21a ArbZG/DE Spezialregelungen (z.B. abweichende Definition der Arbeitszeit) im Bereich des Strassentransports vor. Zudem wird auf die VO 561/2006 und das AETR[97]

---

[93] (Basel-Städtisches) Personalgesetz vom 17. November 1999 (SG 162.100).
[94] (Deutsche) Fahrpersonalverordnung vom 27. Juni 2005 (BGBl. I S. 1882), die zuletzt durch Artikel 1 der Verordnung vom 8. August 2017 (BGBl. I S. 3158) geändert worden ist.
[95] (EU-)Verordnung (EG) Nr. 561/2006 des Europäischen Parlaments und des Rates vom 15. März 2006 zur Harmonisierung bestimmter Sozialvorschriften im Strassenverkehr und zur Änderung der Verordnungen (EWG) Nr. 3821/85 und (EG) Nr. 2135/98 des Rates sowie zur Aufhebung der Verordnung (EWG) Nr. 3820/85 des Rates.
[96] (Deutsches) Arbeitszeitgesetz vom 6. Juni 1994 (BGBl. I S. 1170, 1171), das zuletzt durch Artikel 6 des Gesetzes vom 22. Dezember 2020 (BGBl. I S. 3334) geändert worden ist.
[97] Europäisches Übereinkommen über die Arbeit des im internationalen Strassenverkehr beschäftigten Fahrpersonals, abgeschlossen am 1. Juli 1970 (SR 0.822.725.22).

(siehe unten) verwiesen, deren Bestimmungen unberührt bleiben (§ 21a Abs. 1 ArbZG/DE).

Neben den gesetzlichen Vorgaben werden die Arbeitsverhältnisse in Deutschland im Bereich des öffentlichen Verkehrs zudem massgeblich durch Tarifverträge[98] gestaltet, welche «privatrechtliche Verträge mit der Geltungskraft eines Gesetzes» darstellen.[99] Im Bundesland Baden-Württemberg schreibt das Landestariftreue- und Mindestlohngesetz für öffentliche Aufträge vor, dass bei Vergaben öffentlicher Aufträge nach GWB/DE (§ 2 Abs. 1 LTMG/BW[100]), nach der VO 1370/2007 (§ 2 Abs. 2 LTMG/BW) sowie grundsätzlich auch bei Direktvergaben (§ 2 Abs. 5 LTMG/BW) gewisse Tarifverträge eingehalten werden müssen. Damit soll verhindert werden, dass Verkehrsunternehmen eine Vergabe dadurch gewinnen, dass sie aufgrund besonders schlechter Arbeitsbedingungen das günstigste Angebot offerieren können (vgl. § 1 LTMG/BW). Gemäss § 3 Abs. 3 LTMG/BW dürfen Verkehrsdienstleistungen zudem nur an Verkehrsunternehmen vergeben werden, welche sich bereits bei der Abgabe des Angebots verpflichten, die Bestimmungen des «repräsentativen» Tarifvertrags einzuhalten. Eine Auswahl von solchen repräsentativen Tarifverträgen publizieren die Regierungspräsidien,[101] darunter befindet sich bspw. ein Bezirkstarifvertrag (BzTV-N/BW[102]), welcher verschiedene für das Arbeitsverhältnis relevante Bestimmungen (z.B. § 4 Arbeitsbedingungen, § 7 Entgelt, § 9 Regelmässige Arbeitszeit) enthält. Die einzuhaltenden Tarifverträge werden dabei bereits in der Bekanntmachung des öffentlichen Auftrags bezeichnet (§ 3 Abs. 3 LTMG/BW). Anders als in der Schweiz ist die Einhaltung der Arbeitsbestimmungen also keine Voraussetzung für die Konzession (bzw. Liniengenehmigung), sondern Teil der Vergabe bzw. Bestellung.

Auf den ersten Blick unklar ist, ob das AETR für den grenzüberschreitenden Linienverkehr mit Bussen und Trams Anwendung findet. In der deutschen Fassung, wel-

---

[98] Der Tarifvertrag ist in Deutschland das Pendant zum GAV und ist nicht zu verwechseln mit den Tarifbestimmungen, welche Beförderungsbedingungen und -entgelte für die ÖV-Angebote vorsehen (vgl. unten, Kap. IV.C).
[99] REINHARDT (FN 44), 159.
[100] (Baden-Württemberger) Tariftreue- und Mindestlohngesetz für öffentliche Aufträge in Baden-Württemberg vom 16. April 2013 (GBl. S. 50), das zuletzt durch Artikel 15 des Gesetzes vom 21. November 2017 (GBl. S. 597, 606) geändert worden ist.
[101] Vgl. <https://rp.baden-wuerttemberg.de/themen/wirtschaft/tariftreue/seiten/tarifvertraege-strasse/> (Abruf 24.08.2022).
[102] Bezirkstarifvertrag für die kommunalen Nahverkehrsbetriebe Baden-Württemberg vom 13. November 2001 in der Fassung des 11. Änderungstarifvertrags vom 31.10.2020.

che in der systematischen Sammlung der Schweiz publiziert ist (SR 0.822.725.22), heisst es in Art. 2 Abs. 2: «Jedoch gilt [...] dieses Übereinkommen nicht für den Sachentransport im internationalen Strassenverkehr mit: [...]». In dessen lit. c werden sodann «Fahrzeuge, die zum Personentransport im Linienverkehr dienen, sofern die Linienstrecke nicht mehr als 50 km beträgt» als ausgenommener Bereich aufgeführt. Es stellt sich nun die Frage, ob diese für den grenzüberschreitenden Bus- und Tramverkehr relevanten Strecken absolut oder, wie der Passus «für den Sachentransport» nahelegt, nur im Bereich des Sachentransports vom Anwendungsbereich des AETR ausgenommen sind. Es lässt sich vermuten, dass es sich hierbei um einen Übersetzungsfehler handelt und dass die entsprechenden Linienverkehre immer vom Anwendungsbereich ausgeschlossen sind und nicht bloss dann, wenn ausschliesslich Sachen transportiert werden. Dies entspricht auch der englischen Fassung des AETR «[...] this Agreement shall not apply to international road transport performed by: [...]»[103] sowie der französischen Fassung, welche ebenfalls in der systematischen Sammlung der Schweiz publiziert ist: «[...] le présent Accord ne s'applique pas aux transports internationaux par route effectués par: [...]». Da es sich bei der französischen Fassung um die Originalfassung handelt, ist folglich davon auszugehen, dass das AETR keine Anwendung auf grenzüberschreitende Bus- und Tramlinien findet, wenn die Streckenlänge weniger als 50 km beträgt.

C. Tarife und Fahrkarten

Soll eine grenzüberschreitende Linie betrieben werden, ist ausserdem der Aspekt der Billette und Tarife von zentraler Bedeutung. Dabei gibt es zwei Dimensionen, welche nachfolgend näher betrachtet werden. Zum einen muss sichergestellt werden, dass ausländische Unternehmen die jeweiligen inländischen Billette anerkennen, wenn sie Personentransporte innerhalb des Nachbarstaats (Binnentransporte) erbringen. Andererseits stellt sich die Frage, welche Billette bzw. Tarife bei grenzüberschreitenden Fahrten zur Anwendung kommen.

Wie bereits dargelegt wurde, müssen Transportunternehmen, die für den Schweizer Boden eine Personenbeförderungskonzession nach dem PBG halten, die im Gesetz enthaltenen Pflichten erfüllen. Somit unterstehen sowohl die schweizerischen als auch die deutschen Unternehmen der Tarifpflicht in Art. 15

---

[103] Das AETR ist in englischer Sprache in einer konsolidierten Fassung abrufbar unter: <https://unece.org/DAM/trans/doc/2010/sc1/ECE-TRANS-SC1-2010-AETR-en.pdf> (Abruf 24.08.2022).

PBG, sprich die Unternehmen müssen für ihre Leistung fixe Tarife festlegen. Diese gelten gegenüber allen Personen gleich und müssen veröffentlicht werden (Art. 15 Abs. 5 PBG). Anders ausgedrückt steht es den konzessionierten Transportunternehmen nicht zu, das Entgelt für die Beförderungsdienstleistung mit jedem Passagier individuell zu verhandeln.[104] Neben der Tarifpflicht ergibt sich zudem aus Art. 16 PBG die Pflicht, den direkten Verkehr zu ermöglichen. Unter direktem Verkehr wird dabei die «durchgehende Beförderung von Personen zwischen zwei oder mehreren KTU [= konzessionierten Transportunternehmen] aufgrund eines einzigen Transportvertrags und eines gemeinsamen Tarifs»[105] verstanden. Im Ortsverkehr ist der direkte Verkehr dabei unter dem Vorbehalt anzubieten, dass «es die technischen Bedingungen erlauben und der Nutzen der Reisenden den wirtschaftlichen Aufwand des Unternehmens überwiegt».[106]

Als Grundangebot des schweizerischen direkten Verkehrs gelten dabei die Tarifbestimmungen T600, T601, T650, T654 sowie allfällige Tarife von Tarif- und Verkehrsverbünden.[107] So wird beispielsweise in T654 das General- und Halbtaxabonnement geregelt und festgehalten, dass die Transportunternehmen das Generalabonnement als Fahrausweis für beliebige Fahrten in der betreffenden Klasse auf den Strecken des Generalbereichs anerkennen müssen.[108] In der Region Basel sind zudem die Tarifbestimmungen T651 von zentraler Bedeutung, welche vom *Tarifverbund Nordwestschweiz* vereinbart wurden. Diese enthalten bspw. die Anerkennungspflicht des U-Abos auf dem gesamten Verbundgebiet.[109]

Um den direkten Verkehr und somit die Anerkennung von Billetten in der Praxis sicherzustellen, wird den Transportunternehmen in der Konzession vorgeschrieben, welche Tarifbestimmungen eingehalten werden müssen.[110]

Ähnlich gestaltet sich die Situation in Deutschland, denn gleich wie in der Schweiz ergibt sich auch in Deutschland für Trams und Busse aus § 39 PBefG/DE eine Tarif-

---

[104] MICHAEL HOCHSTRASSER, Der Beförderungsvertrag, Habil. Zürich 2013, Zürich/Basel/Genf 2015, N 621.
[105] BVGer, A-1375/2011, 24.11.2011 E. 3.
[106] KERN/KÖNIG (FN 37), N. 9.29.
[107] So bspw. festgehalten in der Verfügung des BAV betreffend die Konzession Nr. 102 für die regelmässige gewerbsmässige Personenbeförderung durch die SWEG Südwestdeutsche Landesverkehrs-GmbH (SWEG).
[108] Vgl. Kap. 4.1.1.1 des T654 <https://www.allianceswisspass.ch/de/tarife-vorschriften/uebersicht> (Abruf 24.08.2022).
[109] Vgl. Kap. 0.1.0.9 des T651 <https://www.tnw.ch/tickets-preise/allgemeine-hinweise> (Abruf 24.08.2022).
[110] Es handelt sich dabei um eine zulässige Bedingung i.S.v. Art. 4 Abs. 3 VPB.

pflicht.[111] Analog zum Schweizer Recht kann auch eine Liniengenehmigung nach deutschem Recht mit Auflagen und Bedingungen versehen werden. So wurden bspw. sowohl die BVB als auch die SBG in der jeweiligen Liniengenehmigung verpflichtet, die Tarife des *Regio Verkehrsverbunds Lörrach* einzuhalten, womit der direkte Verkehr sichergestellt werden konnte.[112] Alle Linienverkehre im Gebiet des RVL müssen m.a.W. unter dem Dach des RVL verkehren und sind an dessen Tarifbestimmungen gebunden.[113] Die verschiedenen Transportunternehmen haben dabei die Stellung als Gesellschafter des RVL. Es mag nun auffallen, dass die BVB nicht als Verkehrsunternehmen im RVL genannt wird, obwohl sie Linien in dessen Verbundgebiet bedient, woraus sich ableiten lässt, dass die BVB keine Gesellschafterin des RVL ist.[114] Um aber dennoch gewährleisten zu können, dass sich die BVB an die hiesigen Tarifbestimmungen hält, besteht eine bilaterale Vereinbarung zwischen der BVB und der SWEG, welche Gesellschafterin des RVL ist, wobei die SWEG die BVB vertritt.

Um die zweite Dimension, sprich den grenzüberschreitenden Verkehr, zu ermöglichen, haben die beiden Tarifbünde RVL und TNW sodann die gemeinsame Tarifkooperation *triregio* geschaffen, an deren Bestimmungen die Verkehrsunternehmen ebenfalls in der Liniengenehmigung bzw. in der Konzession gebunden werden können.[115] Die Tarifkooperation führte unter anderem dazu, dass bspw. das (Schweizer) U-Abo auch in den grenznahen Zonen 1, 2 und 3 des RVL[116] und umgekehrt das (deutsche) RVL-Jahresabo in den grenznahen Zonen 10 und 40 des TNW Gültigkeit haben.[117] Für Einzelfahrten wurde zudem das *triregio*-Einzelticket geschaffen, welches als einziges Billett dieser Art zum grenzüberschreitenden Reisen berechtigt und ungeachtet der Fahrtrichtung dem gleichen Tarif untersteht.[118]

---

[111] Aufgrund von § 45 Abs. 2 PBefG/DE gelten die Bestimmungen aus § 39 PBefG/DE für Kraftomnibusse analog.
[112] Vgl. Genehmigungsurkunde Nr. A063546 der BVB und Genehmigungsurkunde Nr. A047450 der SBG, erteilt durch das Regierungspräsidium Freiburg.
[113] Vgl. Kap. 1 des Gemeinschaftstarifs RVL <https://rvl-online.de/download/4051/> (Abruf 24.08.2022).
[114] Gemeinschaftstarif RVL (FN 113), 98.
[115] Vgl. zum Beispiel Genehmigungsurkunde Nr. A063546 der BVB und Genehmigungsurkunde Nr. A047450 der SBG, erteilt durch das Regierungspräsidium Freiburg.
[116] Vgl. Kap. 12.3.2.2.4 des Gemeinschaftstarifs RVL (FN 113).
[117] Vgl. Kap. 6.1.1.0 des T651 (FN 109).
[118] Vgl. Kap 2.0.000 & Kap. 4.0.000 des *triregio*-Einzeltarifs <https://www.triregio.info/#/tarifbestimmungen> (Abruf 24.08.2022).

D. Aufsicht über die Verkehrsunternehmen

Um die Einhaltung der sich für die Transportunternehmen aus der Konzession bzw. der Liniengenehmigung ergebenden Pflichten überprüfen zu können, bedarf es zudem wirksamer Aufsichtsinstrumente. Das Aufsichtsrecht ist dabei sehr stark durch das Territorialitätsprinzip geprägt, d.h. die Aufsicht über alle Unternehmen, die über eine Schweizer Konzession verfügen, richtet sich nach Schweizer Recht, jene über die Verkehrsunternehmen mit deutscher Liniengenehmigung nach deutschem Recht.

Die Aufsicht in der Schweiz liegt im Rahmen der Personenbeförderung gestützt auf Art. 52 PBG beim BAV. Es ist befugt, Beschlüsse von Organen oder Dienststellen der Verkehrsunternehmen aufzuheben oder deren Durchführung zu verhindern, sollte ein Verstoss gegen das Gesetz, die Konzession oder gegen einen Staatsvertrag drohen. Gar wenn die Verletzung «wichtiger Landesinteressen» droht, hat das BAV Eingriffsmöglichkeiten. Im Bereich des Tramverkehrs enthält zudem Art. 10 ff. EBG weitere Bestimmungen zur Aufsicht. Die Aufsicht über Bau und Betrieb der Eisenbahnen obliegt gemäss Art. 10 Abs. 1 EBG dem Bundesrat, die Aufsichtsbehörde ist allerdings ebenfalls das BAV (Art. 10 Abs. 2 EBG). Die entsprechenden Befugnisse des BAV (Art. 12 EBG) sind dabei deckungsgleich wie jene im PBG.

In Deutschland unterstehen Verkehrsunternehmen bezüglich der Einhaltung gesetzlicher Vorschriften sowie der Erfüllung von in der Liniengenehmigung auferlegten Verpflichtungen ebenfalls der Aufsicht der entsprechenden Genehmigungsbehörde (§ 54 Abs. 1 Satz 1 PBefG/DE). Für grenzüberschreitende Linienverkehre zwischen Basel und dem Landkreis Lörrach bedeutet dies somit, dass die Aufsicht für den deutschen Streckenteil beim Regierungspräsidium Freiburg liegt. Die technische Aufsicht obliegt hingegen der von der Landesregierung bezeichneten Behörde (§ 54 Abs. 1 Satz 3 PBefG/DE). Es handelt sich hierbei allerdings nicht um das Regierungspräsidium Freiburg, sondern das Regierungspräsidium Stuttgart (§ 3 PBefZuVO/BW). Der Inhalt dieser technischen Aufsicht wird für Strassenbahnen in § 5 BOStrab/DE konkretisiert.

E. Zollwesen und Einreise

Begriffsnotwendig eröffnet sich bei grenzüberschreitenden Fahrten in Bussen und Trams auch die Frage des Zolls und des Einreiserechtes. Dabei ist zwischen Personenkontrollen («Hat die Person das Recht, in ein Land einzureisen bzw. die Grenze zu überqueren?») und Warenkontrollen («Führt die Person Waren mit, welche Einfuhrbeschränkungen oder Zöllen unterliegen?») zu unterscheiden.

Betreffend die Personenkontrollen gilt es zunächst festzuhalten, dass sowohl die Schweiz als auch Deutschland Mitglieder des Schengenraumes sind. Die deutsch-schweizerische Grenze ist damit eine Schengen-Innengrenze, d.h. es werden grundsätzlich keine Personenkontrollen bloss aufgrund der Grenzüberquerung durchgeführt (Art. 22 Grenzkodex[119]), Stichproben sind allerdings erlaubt (Art. 23 lit. a Ziff. iv Grenzkodex).

Dass dieser Zustand aber keineswegs in Stein gemeisselt ist, zeigte bspw. die Corona-Pandemie, als an der deutsch-schweizerischen Grenze wieder Personenkontrollen durchgeführt wurden. Für solche Krisenzeiten sieht Art. 25 Abs. 1 Grenzkodex nämlich vor, dass die Mitgliedsstaaten ein Recht darauf haben, Grenzkontrollen an Binnengrenzen kurzfristig wieder einzuführen, falls eine ernsthafte Bedrohung für die öffentliche Ordnung und die innere Sicherheit herrscht. In diesen Fällen gelten für die Grenzüberschreitung die Bestimmungen über die Schengen-Aussengrenzen (vgl. Art. 32 i.V.m. Art. 7 ff. Grenzkodex).

Dass der *status quo* nicht als unverrückbar feststeht, wurde zudem durch die aktuelle Diskussion im Rahmen der Volksabstimmung in der Schweiz vom 15. Mai 2022 über die Übernahme der EU-Verordnung über die Europäische Grenz- und Küstenwache (Weiterentwicklung des Schengen-Besitzstands) deutlich, als argumentiert wurde, die Schweiz riskiere einen Ausschluss vom Schengen-Abkommen, wenn sie die Vorlage ablehnt.

Im Flugverkehr ist es bei Schengen-Aussengrenzen üblich, die Personenkontrollen auf die privaten Fluggesellschaften zu übertragen.[120] Den Transportunternehmen werden also sog. *carrier duties* auferlegt, etwa die Pflicht, die Reisedokumente der Passagiere zu überprüfen, bevor ihnen Zutritt zum Verkehrsmittel gewährt wird.[121] Dieser Vorgang ist in Art. 92 ff. AIG[122] geregelt, Art. 95 AIG erlaubt dem Bundesrat wiederum, andere kommerzielle Transportunternehmen ähnlichen Pflichten zu unterstellen.

---

[119] (EU-)Verordnung (EU) 2016/399 des Europäischen Parlaments und des Rates vom 9. März 2016 über einen Gemeinschaftskodex für das Überschreiten der Grenzen durch Personen (Schengener Grenzkodex).

[120] CHRISTOPH ERRASS, Carrier Sanctions als Beispiel ausgelagerter und extraterritorialer Grenzkontrolle und als Beispiel von Verwaltungssanktionen, in: Stephan Breitenmoser/Otto Ladogny/Peter Uebersax (Hrsg.), Schengen und Dublin in der Praxis – Aktuelle Herausforderungen, Zürich/St. Gallen 2018, 179 ff., 192 f.

[121] ERRASS (FN 120), 181.

[122] Bundesgesetz vom 16. Dezember 2005 über die Ausländerinnen und Ausländer und über die Integration (Ausländer- und Integrationsgesetz, AIG; SR 142.20).

Diese Bestimmungen gelten allerdings nicht im Falle der kurzfristigen Wiedereinführung von Personenkontrollen an Schengen-Innengrenzen, welche Gegenstand von Art. 30 VEV[123] sind. Gemäss Art. 30 Abs. 3 VEV werden die entsprechenden Grenzkontrollen vom Grenzwachtkorps durchgeführt. Gleiches galt in Deutschland, wo Innenkontrollen ebenfalls wieder eingeführt wurden und Grenzkontrollen durch die Bundespolizei vorgenommen wurden.[124] Ein ähnliches System wie im Flugverkehr, wonach die Bus- bzw. Tramunternehmen die Personenkontrollen selbst durchführen könnten, ist also weder in Deutschland noch in der Schweiz vorgesehen.

Was die Warenkontrollen betrifft, muss streng zwischen dem Schweizer und dem deutschen Recht unterschieden werden, je nach dem, in welches Land eine Person einreisen möchte. Für die Einfuhrbestimmungen der Schweiz sind einerseits das Zollgesetz, das in Art. 7 ff. ZG[125] grundsätzlich festlegt, welche Waren der Zollpflicht unterstehen, sowie die Zollverordnung (ZV[126]) und das Zolltarifgesetz (ZTG[127]) einschlägig. Da für zollpflichtige Waren ebenfalls die Mehrwertsteuer erhoben wird, sind ausserdem Art. 50 ff. MWSTG[128] zu beachten. Für den Alltag von besonderer Relevanz ist sodann, dass gemäss Art. 16 ZG i.V.m. Art. 63 ff. ZV i.V.m. Anhang I ZV gewisse Waren des Reiseverkehrs (z.B. persönliche Gegenstände) als zollfrei erklärt werden, wobei allerdings gewisse Obergrenzen vorgesehen werden können. Das BAZG bezeichnet weiter die gültigen Zollübergänge gemäss Art. 22 ZG, wobei hierfür auch dem öffentlichen Verkehr dienende Eisenbahnlinien (Abs. 2 lit. a) und andere Verkehrs- und Kommunikationsverbindungen (Abs. 2 lit. d) in Frage kommen. Die Warenkontrollen werden im Zollgebiet durch das BAZG vorgenommen (Art. 30 ZG), Art. 127 ff. ZV sehen zudem besondere Bestimmungen für Kontrollen in Bussen und Trams im grenzüberschreitenden Verkehr vor, etwa dass das Personal des BAZG für die Kontrollen kostenfrei befördert werden muss (Art. 128 ZV).

Deutschland gehört im Gegensatz zur Schweiz zur EU und ist damit Teil einer Zollunion. Somit richtet sich das Zollwesen Deutschlands stark nach dem Unions-

---

[123] Verordnung vom 15. August 2018 über die Einreise und die Visumerteilung (VEV; SR 142.204).
[124] Jörg Gerkrath, Die Wiedereinführung von Grenzkontrollen im Schengen Raum: ein unverhältnismäßiges, unwirksames und unzulässiges Mittel der Pandemiebekämpfung, KritV 2021, 75 ff., 78 f.
[125] Zollgesetz vom 18. März 2005 (ZG; SR 631.0).
[126] Zollverordnung vom 1. November 2006 (ZV; SR 631.01).
[127] Zolltarifgesetz vom 9. Oktober 1986 (ZTG; SR 632.10).
[128] Bundesgesetz vom 12. Juni 2009 über die Mehrwertsteuer (Mehrwertsteuergesetz, MWSTG; SR 641.20).

recht. So herrscht gemäss Art. 31 AEUV[129] beispielsweise ein Gemeinschaftszoll gegenüber Nicht-Mitgliedsstaaten, welcher vom Rat der Europäischen Union festgelegt wird. Zudem richtet sich das Verfahren zur Zollerhebung nach dem Zollkodex[130] der Union.[131]

Die Zollkontrollen werden durch die Zollverwaltung durchgeführt, welche dem Bundesministerium für Finanzen untersteht.[132] Im deutschen ZollVG/DE[133] findet sich mit § 2 Abs. 4 sodann eine parallele Bestimmung zum Schweizer Art. 22 ZG, wonach als Zollstrassen auch «sonstige Beförderungswege, auf denen Waren in das oder aus dem Zollgebiet der Union [...] zu verbringen sind» gelten. In §§ 10 ff. ZollVG/DE werden weiter die Befugnisse der Zollverwaltung geregelt. So hat sie gemäss § 10 Abs. 1 ZollVG/DE etwa das Recht, Personen und Beförderungsmittel anzuhalten, um Warenkontrollen durchzuführen.

Um die Warenkontrollen generell, aber auch spezifisch in Verkehrsmitteln, zu erleichtern, haben die Schweizer Eidgenossenschaft und die Bundesrepublik Deutschland zudem ein internationales Abkommen («Zollabkommen»[134]) abgeschlossen. Gestützt auf Art. 1 Abs. 2 lit. b und c des Zollabkommens haben die Zollbehörden das Recht, die Grenzabfertigung in den öffentlichen Verkehrsmitteln während der Fahrt durchzuführen, selbst wenn sich das Verkehrsmittel im Staatsgebiet des anderen Vertragsstaats befindet. In Art. 4 ff. des Zollabkommens werden die Befugnisse der jeweiligen Zollbehörden bei Kontrollen im Nachbarstaat genauer definiert.

---

[129] (EU-)Vertrag über die Arbeitsweise der Europäischen Union (konsolidierte Fassung) gemäss Bekanntmachung im Amtsblatt der Europäischen Union 2012/C 326 S. 47 ff.
[130] (EU-)Verordnung (EU) Nr. 952/2013 des Europäischen Parlaments und des Rates vom 9. Oktober 2013 zur Festlegung des Zollkodex der Union.
[131] Zum Ganzen: REINHOLD ZIPPELIUS/THOMAS WÜRTENBERGER, Deutsches Staatsrecht, 33. A., München 2018, § 50 N 67.
[132] BADURA (FN 26), Abschnitt G, N 72.
[133] (Deutsches) Zollverwaltungsgesetz vom 21. Dezember 1992 (BGBl. I S. 2125, 1993 I S. 2493), das zuletzt durch Artikel 6 Absatz 6 des Gesetzes vom 5. Juli 2021 (BGBl. I S. 2274) geändert worden ist.
[134] Abkommen zwischen der Schweizerischen Eidgenossenschaft und der Bundesrepublik Deutschland über die Errichtung nebeneinanderliegender Grenzabfertigungsstellen und die Grenzabfertigung in Verkehrsmitteln während der Fahrt, abgeschlossen am 1. Juni 1961 (SR 0.631.252.913.690).

F. Haftung

Ein weiterer zentraler Themenbereich für den Betrieb einer Tram- bzw. Buslinie stellt das Haftungsrecht dar. Dieses ist stark von internationalen Abkommen geprägt, wobei die anzuwenden Bestimmungen im Wesentlichen durch die Wahl des Transportmittels bestimmt werden.[135]

Haftung im internationalen Tramverkehr

Von grosser Bedeutung für Haftungsfragen im grenzüberschreitenden Eisenbahnverkehr ist das COTIF[136] bzw. dessen Anhang A (CIV), welcher einheitliche Rechtsvorschriften für den Vertrag über die internationale Eisbahnbeförderung von Personen zum Regelungsgegenstand hat.[137] Beim COTIF handelt es sich um direkt anwendbares Völkerrecht, womit dieses grundsätzlich dem nationalen Recht vorgeht.[138] Der CIV gilt gemäss Art. 1 § 1 CIV für jeden entgeltlichen und unentgeltlichen Vertrag über die internationale Beförderung von Personen auf Schienen, sofern der Abgangs- und Bestimmungsort in zwei verschiedenen Mitgliedstaaten liegt, was beim grenzüberschreitenden Verkehr begriffsnotwendig gegeben ist.

Im Bereich der vertraglichen Haftung enthält der CIV dabei zahlreiche Haftungsnormen. Wird beim Transport bspw. der Passagier verletzt oder getötet, sind Art. 26 ff. CIV einschlägig. Demnach haftet ein Transportunternehmen insbesondere während des Aufenthalts eines Passagiers im Fahrzeug, aber auch wenn dieser beim Ein- bzw. Aussteigen verletzt oder getötet wird oder sonst in seiner körperlichen oder geistigen Gesundheit beeinträchtigt wird (Art. 26 § 1 CIV). Allerdings eröffnen sich der Beförderin in Art. 26 § 2 CIV verschiedene Exkulpationsmöglichkeiten. Hält das Transportunternehmen seinen Fahrplan nicht ein, kann der Passagier seinen Haftungsanspruch auf Art. 32 CIV stützen. Die Haftung für Handgepäck, Tiere, Reisegepäck und Fahrzeuge richtet sich sodann nach Art. 33 ff. CIV.

---

[135] BARBARA KLETT/URS BAUMELER/EVA DAPHINOFF, Der öffentliche Personenverkehr – Haftung und Sicherheitsfragen, Schriftenreihe zum Logistik- und Transportrecht, Bd. 9, Bern 2017, N 24.
[136] Übereinkommen über den internationalen Eisenbahnverkehr in der Fassung des Änderungsprotokolls vom 3. Juni 1999 (SR 0.742.403.12).
[137] Sowohl die Schweiz als auch Deutschland haben das COTIF ratifiziert und wenden alle seine Anhänge an.
[138] KLETT/BAUMELER/DAPHINOFF (FN 135), N 263.

Für ausservertragliche Haftungsfragen finden sich im CIV keine Bestimmungen,[139] weshalb gemäss Art. 8 Abs. 2 COTIF das einschlägige Landesrecht beigezogen werden muss. Dieses gilt es mit Hilfe des LugÜ[140] und dem entsprechenden nationalen Kollisionsrecht (z.B. IPRG[141]) zu ermitteln.

Erweist sich das Schweizer Landesrecht als anwendbar, verweist Art. 51 Abs. 1 PBG für die ausservertragliche Haftung auf Artikel 40*b*-40*f* EBG. Diese Bestimmungen sind dabei als eine Gefährdungshaftung ausgestaltet, womit der Gesetzgeber der besonderen Gefahr der Tätigkeit gerecht werden will, welche der öffentliche Verkehr darstellt.[142] Dem Wortlaut von Art. 40*b* Abs. 1 EBG folgend, haftet die Inhaberin eines Eisenbahnunternehmens «für den Schaden, wenn die charakteristischen Risiken, die mit dem Betrieb der Eisenbahn verbunden sind, dazu führen, dass ein Mensch getötet oder verletzt wird oder ein Sachschaden entsteht».[143] Zudem ist das Transportunternehmen für alle Schäden haftbar, welche von einer Hilfsperson in Ausübung der dienstlichen oder geschäftlichen Verrichtung verursacht werden.[144] Auch im Bereich der ausservertraglichen Haftung kann sich das Transportunternehmen jedoch von der Haftung befreien, wenn es nachweist, dass der Kausalzusammenhang durch Hinzutreten einer weiteren Ursache unterbrochen wurde (Art. 40*c* Abs. 1 EBG).

Ergibt sich aus der Anwendung des Kollisionsrechts allerdings, dass deutsches Recht zur Anwendung kommt, richten sich die ausservertraglichen Haftungsfragen nach dem deutschen Haftpflichtgesetz. Gemäss § 1 Abs. 1 HaftPflG/DE[145] haftet hierbei der Betriebsunternehmer für den Schaden gegenüber dem Geschädigten, wenn beim Betrieb einer Schienenbahn «ein Mensch getötet, der Körper oder die Gesundheit eines Menschen verletzt oder eine Sache beschädigt» wird. Gleich wie in der Schweiz handelt es sich hierbei um eine Gefährdungs-

---

[139] KLETT/BAUMELER/DAPHINOFF (FN 135), N 265.
[140] Übereinkommen über die gerichtliche Zuständigkeit und die Anerkennung und Vollstreckung von Entscheidungen in Zivil- und Handelssachen, abgeschlossen am 30. Oktober 2007 (SR 0.275.12).
[141] Bundesgesetz vom 18. Dezember 1987 über das Internationale Privatrecht (IPRG; SR 291).
[142] KLETT/BAUMELER/DAPHINOFF (FN 135), N 42 f.
[143] Vgl. für weitere Ausführungen zu den Tatbestandsmerkmalen: KLETT/BAUMELER/DAPHINOFF (FN 135), N 101 ff.
[144] KLETT/BAUMELER/DAPHINOFF (FN 135), N 202.
[145] (Deutsches) Haftpflichtgesetz in der Fassung der Bekanntmachung vom 4. Januar 1978 (BGBl. I S. 145), das zuletzt durch Artikel 9 des Gesetzes vom 17. Juli 2017 (BGBl. I S. 2421) geändert worden ist.

haftung,[146] wobei das Transportunternehmen gemäss § 1 Abs. 2 und 3 HaftPflG/DE auch in Deutschland unter gewissen Voraussetzungen die Möglichkeit hat, sich von der Haftung zu exkulpieren

Haftung im internationalen Busverkehr

Anders als im Tramverkehr besteht im Bereich des Busverkehrs kein internationales Abkommen zur Regelung vertraglicher Haftungsfragen.[147] Die vertragliche Haftung richtet sich dementsprechend wiederum nach dem einschlägigen Landesrecht, welches es mittels dem LugÜ und dem einschlägigen internationalen Privatrecht zu bestimmen gilt.

In der Schweiz richtet sich die vertragliche Haftung für die Verletzung des Transportvertrags nach Art. 42 ff. PBG.[148] Der Transportvertrag auferlegt dem Transportunternehmen gemäss dem Wortlaut in Art. 19 PBG die Pflicht, die Reisenden zwischen zwei Stationen zu befördern. Daneben gibt es im PBG zerstreut zahlreiche weitere vertragliche Haftungsnormen wie bspw. die Haftung für die Nichteinhaltung des Fahrplans (Art. 21 ff. PBG) oder die Haftung für den Verlust oder die Beschädigung des Handgepäcks (Art. 23 Abs. 2 PBG).

Findet wiederum das deutsche Recht Anwendung, richtet sich die vertragliche Haftung nach § 280 Abs. 1 BGB/DE[149], da durch den Kauf eines Billetts ein Beförderungsvertrag zwischen dem Käufer und dem Transportunternehmen zustande kommt und das Transportunternehmen dem Passagier für die vorsätzliche oder fahrlässige Verletzung von Vertragspflichten schadenersatzpflichtig wird.[150]

Für die Bestimmung der anzuwendenden Rechtsnormen im Bereich der ausservertraglichen Haftung gestaltet sich die Situation unzugänglicher. Grundsätzlich gibt es das Übereinkommen über das auf Strassenverkehrsunfälle anwendbare Recht, welches die ausservertragliche zivilrechtliche Haftung (Art. 1 SVÜ[151]) zum

---

[146] ADOLF REBLER, Grundsätze der Haftung bei Unfällen von Fahrgästen in Omnibussen und Straßenbahnen im Linienverkehr, MDR 2011, 457 ff., 458.
[147] HOCHSTRASSER (FN 104), N 43.
[148] HARDY LANDOLT, Haftung für Personenschäden im internationalen Verkehr, HAVE/REAS 2016, 269 ff., 269.
[149] (Deutsches) Bürgerliches Gesetzbuch in der Fassung der Bekanntmachung vom 2. Januar 2002 (BGBl. I S. 42, 2909; 2003 I S. 738), das zuletzt durch Artikel 2 des Gesetzes vom 21. Dezember 2021 (BGBl. I S. 5252) geändert worden ist.
[150] REBLER (FN 146), 458.
[151] Übereinkommen über das auf Strassenverkehrsunfälle anzuwendende Recht, abgeschlossen am 4. Mai 1971 (SR 0.741.31).

Regelungsgegenstand hat. Das Übereinkommen beinhaltet– anders als der CIV – jedoch bloss kollisionsrechtliche Normen, wobei im Regelfall das Recht am Unfallort anwendbar ist (Art. 3 SVÜ). Es sind aber auch zahlreiche Sonderanknüpfungen vorgesehen (Art. 4 ff. SVÜ). Allerdings muss beachtet werden, dass Deutschland dieses Übereinkommen nicht ratifiziert hat – trotzdem ergeben sich in bestimmten Konstellationen Berührungspunkte zwischen dem deutschen Recht und der Konvention. Da das Übereinkommen nämlich *erga omnes*-Wirkung hat, müssen die Gerichte eines Vertragsstaats den Vertrag selbst dann zur Anwendung bringen, wenn die Kollisionsnormen des Übereinkommens die Rechtsordnung eines Landes als anwendbar bezeichnen, welches das Übereinkommen nicht ratifiziert hat.[152] Ergibt sich also eine Zuständigkeit zugunsten von Schweizer Gerichten, müssen diese das SVÜ selbst dann beachten, wenn die einschlägige Bestimmung die deutsche Rechtsordnung als anwendbar bezeichnet, auch wenn Deutschland das Abkommen nicht ratifiziert hat. Umgekehrt wenden die zuständigen deutschen Gerichte zur Bestimmung des anwendbaren Rechts aber das eigene nationale Kollisionsrecht an.

Ergab die Prüfung sodann, dass Schweizer Recht zur Anwendung kommt, richtet sich die ausservertragliche Haftung gemäss Art. 51 Abs. 2 PBG nach dem SVG[153], wobei bei Haftungsansprüchen insb. Art. 58 SVG von zentraler Bedeutung ist. Gilt es deutsches Recht anzuwenden, richtet sich Haftung nach § 7 StVG/DE[154].

V. Reflexion

Bereits bei Betrachtung der einschlägigen Verfassungsbestimmungen wurde offensichtlich, dass der moderne öffentliche Personennahverkehr auf einem wackeligen Fundament steht. So darf die Schweizer Verkehrsverfassung bestenfalls als altmodisch und innengerichtet bezeichnet werden und auch das deutsche Verfassungsrecht lässt Zeitgeist vermissen. Die beiden Verfassungstexte enthalten zahlreiche Unklarheiten, welche sich wie ein roter Faden durch das Rechtsgebiet des öffentlichen Verkehrs ziehen, wobei die Komponente der Grenzüberschreitung zusätzliche Schwierigkeiten mit sich bringt. Zahlreiche Gesetzestexte und Staatsverträge sorgen dafür, dass der rechtliche Rahmen, sowohl für den inländischen

---

[152] Lucas Arnet, Strassenverkehrsunfälle mit internationalem Bezug, Zeitschrift Strassenverkehr 3/2012, 4 ff., 9.
[153] Strassenverkehrsgesetz vom 19. Dezember 1958 (SVG; SR 741.01).
[154] (Deutsches) Straßenverkehrsgesetz in der Fassung der Bekanntmachung vom 5. März 2003 (BGBl. I S. 310, 919), das zuletzt durch Artikel 1 des Gesetzes vom 12. Juli 2021 (BGBl. I S. 3108) geändert worden ist.

als auch den grenzüberschreitenden Verkehr, nur mühselig bestimmt werden kann. Insbesondere im internationalen Personennahverkehr ergibt sich durch das verschiedene Landesrecht und die Staatsverträge eine Unzahl an einschlägigen Rechtsnormen.

Im Bereich des öffentlichen Verkehrs lässt sich somit ein Spannungsfeld erkennen: Auf der einen Seite stehen die zahlreichen Normen und Regeln, welche zwar jeweils schützenswerte Interessen wie bspw. die Sicherheit im öffentlichen Verkehr, konsumentenfreundliche Tarife oder den Arbeitnehmerschutz sichern, es allerdings auch zunehmend erschweren, grenzüberschreitende Projekte zu realisieren. Auf der anderen Seite steht der Bedarf nach grenzüberschreitenden Verkehrslinien, die mitunter wirtschaftliche, soziale und kulturelle Vorteile bieten. Wollte man alle rechtlichen Vorschriften einhalten, käme ein kostspieliges und wenig konsumentenfreundliches Angebot zustande, welches die oben genannten Vorteile nicht zu verwirklichen vermag. Eine pragmatische bzw. «schlanke» Umsetzung einer grenzüberschreitenden Linie würde hingegen die Missachtung vieler rechtlicher Bestimmungen bedeuten, was sich mit dem Legalitätsprinzip nur schwer vereinbaren liesse.

Die Tatsache, dass es zum heutigen Zeitpunkt trotz der extrem komplexen Rechtslage viele Beispiele für grenzüberschreitende Bus- und Tramlinien gibt, entsprechende Anfragen über die einschlägigen rechtlichen Grundlagen bei den Behörden im Rahmen der Recherche aber oftmals unbeantwortet blieben, legt zumindest die Vermutung nahe, dass sich die entsprechenden Behörden bzw. die Entscheidungsträger für die zweite Variante entschieden haben. Auch der Umstand, dass nur wenige Behördenmitglieder tatsächlich über ein holistisches Verständnis über die internationale Rechtslage und das dazugehörige Verfahren verfügen, welches über den eigenen Tätigkeitsbereich hinausgeht, spricht für eine pragmatische Herangehensweise.

Grenzüberschreitende Verkehrsprojekte sind damit in erster Linie nicht rechtlicher, sondern politischer Natur. Für die Realisierung solcher Projekte braucht es die Kooperationsbereitschaft verschiedener beteiligter Parteien. Fehlt es hingegen am politischen Goodwill, wären aktuelle Verkehrsangebote wohl nicht mehr realisierbar.

Trotz – oder gerade aufgrund – des stiefmütterlichen Umgangs mit den verschiedenen rechtlichen Grundlagen haben die beim grenzüberschreitenden Verkehr zwischen dem Kanton Basel-Stadt und dem Landkreis Lörrach beteiligten Entscheidungsträger ein Verkehrsangebot ermöglicht, welches die oben genannten Vorteile bieten kann, ohne die schützenswerten Interessen zu vernachlässigen.

VI. Zusammenfassung

Das Ziel der vorliegenden Arbeit bestand darin, den Rechtsrahmen für die grenzüberschreitende Erbringung von Dienstleistungen im ÖPNV aufzuzeigen. Der Fokus lag dabei beim Betrieb von grenzüberschreitenden Bus- und Tramlinien zwischen dem Kanton Basel-Stadt und dem Landkreis Lörrach.

Den Ausgangspunkt der Analyse bilden dabei die Kompetenzen, welche die Aufgaben im Rahmen des öffentlichen Verkehrs in Deutschland und der Schweiz auf die Gemeinwesen verteilen. Für die Schweiz ergibt sich aufgrund von Art. 92 BV eine umfassende Gesetzgebungskompetenz des Bundes im Bereich der gewerbsmässigen Personenbeförderung, aufgrund welcher der Bund im PBG unabhängig vom Verkehrsträger die Grundsätze für die Personenbeförderung durch Verkehrsunternehmen vorgibt. Da Trams in der Schweiz als Eisenbahnen gelten, ist ausserdem Art. 87 BV relevant, welcher dem Bund eine umfassende Kompetenz für die Gesetzgebung im Bereich des Eisenbahnwesens zuschreibt. In Deutschland hat der Bund nach Art. 74 Abs. 1 Ziff. 22 und 23 GG/DE eine konkurrierende Gesetzgebungskompetenz mit den Bundesländern und hat mit Erlass des PBefG/DE ebenfalls von dieser Kompetenz Gebrauch gemacht. Das Grundgesetz sieht dagegen keine Verwaltungskompetenz des Bundes vor, wonach die Bundesländer gemäss Art. 30 GG/DE für die Bereitstellung des öffentlichen Verkehrs zuständig sind. Das Land Baden-Württemberg hat diese Aufgabe wiederum an die Stadt- und Landkreise übertragen. Sowohl in Deutschland als auch in der Schweiz verfügen die Gebietskörperschaften im Rahmen ihrer innerstaatlichen Zuständigkeiten grundsätzlich über die Möglichkeit, untereinander Verträge abzuschliessen.

Unter gewissen Voraussetzungen steht es den Gemeinwesen offen, das Recht der gewerbsmässigen Personenbeförderung auf (private) Verkehrsunternehmen zu übertragen. In der Schweiz ist für die Erbringung des üblichen Ortsverkehrs eine Personenbeförderungskonzession nach Art. 6 PBG erforderlich. Bei ausschliesslich grenzüberschreitenden Linien genügt hingegen eine Bewilligung nach Art. 8 PBG, welche allerdings ein Kabotage-Verbot vorsieht. In Deutschland wird für die gewerbsmässige Personenbeförderung mittels der untersuchten Transportmittel eine Liniengenehmigung nach § 2 PBefG/DE benötigt. Da der öffentliche Linienverkehr in der Regel nicht rentabel in der gewünschten Qualität und Quantität erbracht werden kann, müssen die Gemeinwesen unterstützend eingreifen, indem sie den Ortsverkehr mitfinanzieren. Dies geschieht im Rahmen der Bestellung des Verkehrsangebots bei einem Verkehrsunternehmen. Da hierbei staatliche Gelder verwendet werden, stellen sich zudem auch vergaberechtliche Fragen, etwa ob eine Direktvergabe an ein Verkehrsunternehmen möglich ist oder ob der Auftrag in einem wettbewerblichen Verfahren vergeben werden muss. Die Bestellung des Ortsverkehrs erfolgt in der Schweiz durch die Kantone, wobei das kantonale Recht des Kantons Basel-Stadt die Möglichkeit einer Direktvergabe vorsieht. Das Vergaberecht in Deutschland ist auf der anderen Seite stark vom Unionsrecht geprägt und lässt Direktvergaben nur unter strengen Voraussetzungen zu, etwa falls es sich beim Verkehrsunternehmen um einen internen Betreiber handelt. Diese Unterschiede im Bestellwesen bzw. Vergaberecht werfen im grenzüberschreitenden Verkehr insbesondere die Frage auf, nach welchem Recht eine Linie bestellt wird, und können letztlich zu Linienbrüchen führen.

Den Inhaberinnen von Liniengenehmigungen bzw. Konzessionen für die gewerbsmässige Personenbeförderung obliegen zudem zahlreiche Pflichten, an welche die Erteilung und der Bestand der Konzession bzw. Liniengenehmigung geknüpft sind. Bezüglich des Unterhalts und der Instandhaltung der Verkehrsmittel aber auch der Verkehrsinfrastruktur sind sowohl die Verkehrsunternehmen in der Schweiz als auch in Deutschland verpflichtet, gewisse Mindeststandards zu gewährleisten. Die Herausforderung liegt insbesondere darin, dass das auf grenzüberschreitenden Linien eingesetzte Verkehrsmittel mehreren Rechtsordnungen gerecht werden muss, wobei diese oft nicht deckungsgleich sind.

Auch bezüglich der Arbeitsbedingungen werden die Verkehrsunternehmen in die Pflicht genommen. So wird einem Unternehmen die Konzession in der Schweiz nur erteilt, wenn die arbeitsrechtlichen Vorschriften und Branchenbedingungen eingehalten werden. Auf deutscher Seite sind neben den gesetzlichen Vorgaben sodann Tarifverträge von zentraler Bedeutung, deren Einhaltung bereits im Ausschreibungsverfahren sichergestellt wird.

Für den Betrieb zentral ist zudem die gegenseitige Anerkennung von Fahrkarten im jeweils fremden Verbundgebiet sowie eine einheitliche Tarifierung für grenzüberschreitende Fahrscheine. Um dies zu gewährleisten, werden die Verkehrsunternehmen verpflichtet, die entsprechenden Tarifbestimmungen anzuerkennen und anzuwenden. Für grenzüberschreitende Fahrten haben die beiden Verkehrsverbünde TNW und RVL mit der Tarifkooperation *triregio* das *triregio*-Einzelticket geschaffen und die gegenseitige Anerkennung von verschiedenen Abos in grenznahen Zonen sichergestellt.

Um die Einhaltung der verschiedenen Pflichten zu überwachen, ist in der Schweiz sodann das BAV für die Aufsicht über die Verkehrsunternehmen verantwortlich, welches etwa Beschlüsse der Verkehrsunternehmen aufheben kann. In Deutschland obliegt die Aufsicht über die Einhaltung der in Gesetz und Liniengenehmigung vorgesehenen Pflichten der Genehmigungsbehörde, während für die technische Aufsicht das Regierungspräsidium Stuttgart zuständig ist.

Im Bereich des Zollwesens sind Personen- und Warenkontrollen zu unterscheiden. Da sowohl Deutschland als auch die Schweiz Mitglieder des Schengen-Abkommens sind, finden Personenkontrollen nur stichprobenartig statt. Im Unterschied dazu werden Warenkontrollen regelmässig durchgeführt, wobei die Schweiz und Deutschland vereinbart haben, dass Zollbeamte die Warenkontrolle im Verkehrsmittel auf fremdem Hoheitsgebiet durchführen dürfen.

Gilt es Haftungsfragen zu klären, hängen die einschlägigen Bestimmungen stark vom involvierten Verkehrsmittel ab. Im internationalen Tramverkehr richtet sich die vertragliche Haftung dabei nach dem COTIF bzw. dessen Anhang CIV. Die ausservertragliche Haftung richtet sich hingegen nach dem einschlägigen Landesrecht. Handelt es sich beim Verkehrsmittel um einen Bus, besteht für die vertragliche Haftung kein Abkommen, wodurch auch diese sich nach dem einschlägigen Landesrecht beurteilt. Für die ausservertragliche Haftung bezeichnet das SVÜ das anwendbare Recht, sofern für die Beurteilung des Falls Schweizer Gerichte zuständig sind. Deutsche Gerichte ermitteln das anwendbare Recht hingegen mit dem nationalen Kollisionsrecht.

Literaturverzeichnis

Agnolazza Aaron: Nur die besten Trams für Weil am Rhein, Basler Zeitung vom 10. März 2015, 14.

Arnet Lucas: Strassenverkehrsunfälle mit internationalem Bezug, Zeitschrift Strassenverkehr 3/2012, 4 ff.

Badura Peter: Staatsrecht – Systematische Erläuterung des Grundgesetzes, 7. A., München 2018.

Biaggini Giovanni: BV Kommentar (2. A. Zürich 2017) (zit. OFK BV-Bearbeiter, Art. N).

Biaggini Giovanni/Haas Julia: Verfassungsrechtliche Grundlagen der Grenzüberschreitenden Zusammenarbeit in der Schweiz, in: Tschudi Hans M./Schindler Benjamin/Ruch Alexander/Jakob Eric/Friesecke Manuel (Hrsg.), Schriften zur Grenzüberschreitenden Zusammenarbeit, Bd. 8, Die Grenzüberschreitende Zusammenarbeit der Schweiz, Zürich 2014, 139 ff.

Ehrenzeller Bernhard/Schindler Benjamin/Schweizer Rainer J./Vallender Klaus A.: Die schweizerische Bundesverfassung – St. Galler Kommentar, 3. A., St. Gallen 2014 (zit. SGK BV-Bearbeiter/-in, Art. N).

Errass Christoph: Carrier Sanctions als Beispiel ausgelagerter und extraterritorialer Grenzkontrolle und als Beispiel von Verwaltungssanktionen, in: Breitenmoser Stephan/Ladogny Otto/Uebersax Peter (Hrsg.), Schengen und Dublin in der Praxis – Aktuelle Herausforderungen, Zürich/St. Gallen 2018, 179 ff.

Gerkrath Jörg: Die Wiedereinführung von Grenzkontrollen im Schengen Raum: ein unverhältnismäßiges, unwirksames und unzulässiges Mittel der Pandemiebekämpfung, KritV 2021, 75 ff.

Griffel Alain: Verkehrsverfassungsrecht, in: Georg Müller (Hrsg.), Schweizerisches Bundesverwaltungsrecht, Bd. IV, Basel 2008, 3 ff.

Hartwig Karl-Hans: Zwischen Inhouse-Vergabe und Ausschreibungswettbewerb: Leistungserbringung im Öffentlichen Straßenpersonenverkehr, ZfV 2018, 119 ff.

Hermann-Kummer Regula: Öffentlicher Verkehr: Strassen-, Schienen- und Schifffahrtsverkehr, in: Tschudi Hans M./Schindler Benjamin/Ruch Alexander/Jakob Eric/Friesecke Manuel (Hrsg.), Schriften zur Grenzüberschreitenden Zusammenarbeit, Bd. 8, Die Grenzüberschreitende Zusammenarbeit der Schweiz, Zürich 2014, 731 ff.

Hochstrasser Michael: Der Beförderungsvertrag, Habil. Zürich 2013, Zürich/Basel/Genf 2015.

Kern Markus: Zwischen Effizienz- und Qualitätsbestrebungen: Die Vergabe von Transportleistungen im öffentlichen Personenverkehr in der EU und in der Schweiz, AJP 2013, 1806 ff.

Kern Markus/König Peter: Öffentlicher Verkehr, in: Biaggini Giovanni/Häner Isabelle/Saxer Urs/Schott Markus (Hrsg.), Fachhandbuch Verwaltungsrecht, Zürich 2015.

Klett Barbara/Baumeler Urs/Daphinoff Eva: Der öffentliche Personenverkehr – Haftung und Sicherheitsfragen, Schriftenreihe zum Logistik- und Transportrecht, Bd. 9, Bern 2017.

Landolt Hardy: Haftung für Personenschäden im internationalen Verkehr, HAVE/REAS 2016, 269 ff.

Lehr Marc: Beihilfen zur Gewährleistung des öffentlichen Personennahverkehrs, Schriften zum Europäischen Recht, Bd. 157, Berlin 2011.

Morlok Martin/Michael Lothar: Staatsorganisationsrecht, 5. A., Baden-Baden 2021.

Niedobitek Matthias: Verfassungsrechtliche Grundlagen der Grenzüberschreitenden Zusammenarbeit in Deutschland, in: Tschudi Hans M./Schindler Benjamin/Ruch Alexander/Jakob Eric/Friesecke Manuel (Hrsg.), Schriften zur Grenzüberschreitenden Zusammenarbeit, Band 8, Die Grenzüberschreitende Zusammenarbeit der Schweiz, Zürich 2014, 172 ff.

Rebler Adolf: Grundsätze der Haftung bei Unfällen von Fahrgästen in Omnibussen und Strassenbahnen im Linienverkehr, MDR 2011, 457 ff.

Reinhardt Winfried: Öffentlicher Personennahverkehr, 2. A., Wiesbaden 2018.

Sachs Michael: Grundgesetz Kommentar, 8. A., München 2018 (zit. GG Kommentar-Bearbeiter/-in, Art. N).

Zippelius Reinhold/Würtenberger Thomas: Deutsches Staatsrecht, 33. A., München 2018.

Materialienverzeichnis

Botschaft des Bundesrates an die Bundesversammlung zu einem neuen Bundesgesetz über die Arbeit in Unternehmen des öffentlichen Verkehrs (Arbeitszeitgesetz) vom 17. Februar 1971, BBl 1971 I 440 ff. (zit. Botschaft AZG).

Drucksache des Deutschen Bundestages 17/8233 vom 21.12.2011: Entwurf eines Gesetzes zur Änderung personenbeförderungsrechtlicher Vorschriften (zit. Drucksache 17/8233).

Mitteilung der Kommission über die Auslegungsleitlinien zu der Verordnung (EG) Nr. 1370/2007 über öffentliche Personenverkehrsdienste auf Schiene und Straße vom 29. März 2014, Amtsblatt der Europäischen Union 2014/C 92/01 ff. (zit. Mitteilung der Kommission zur VO 1370/2007).

Grenzüberschreitende Bahnverbindungen und gemeinsames Rollmaterial

Vera Costantini / Fabienne Gmünder

Inhaltsübersicht

I.	Einleitung	502
II.	Länderspezifische Betrachtung des Bahnverkehrs (CH/DE)	504
	A. Schweiz	504
	1. Historischer Hintergrund	504
	2. Kompetenz	505
	3. Infrastruktur	505
	4. Verkehrsbereich	505
	5. Anbieter	507
	6. Finanzierung	508
	a. Infrastruktur	508
	b. Regionaler Personenverkehr	508
	B. Deutschland	509
	1. Historischer Hintergrund	509
	2. Kompetenz	509
	3. Anbieter	510
	4. Finanzierung	510
III.	Beziehung CH-EU	511
	A. Ausgangslage	511
	B. ERA	512
	C. TSI-Normen	513
IV.	Deutsche Eisenbahnstrecken auf Schweizer Gebiet	513
	A. Überblick	513
	1. Rechtlicher Überblick	513
	2. Bahnlinie S6	514
	B. Bau einer Bahnlinie	515
	C. Betrieb einer Bahnlinie	516
	1. Vergabeverfahren	516
	2. Netzzugang	517

		D. Rollmaterial	519
		1. Anschaffung von Rollmaterial	519
		2. Fahrzeugzulassung	520
		E. Finanzierung	522
		F. Tarifierung	523
		G. Personal	525
V.	Handlungsempfehlungen		525
	A. Taktverdichtung		525
		1. Gegenstand	525
		2. Finanzierung	527
		3. Vorteile	528
		4. Herausforderungen	528
	B. Herzstück		531
		1. Gegenstand	531
		2. Finanzierung	535
		3. Vorteile	536
		4. Herausforderungen	537
	D. Elektrifizierung		538
		1. Begriff	538
		2. Gegenstand	539
		3. Finanzierung am Beispiel Elektrifizierung der Hochrheinbahn	539
		4. Vorteile	541
		5. Herausforderungen	542
VI.	Zusammenfassung		542
Literaturverzeichnis			544
Erlassverzeichnis			544

I. Einleitung

«Die Bahn ist das umweltfreundlichste motorisierte Verkehrsmittel».[1] Dadurch, dass die Mobilität und damit der Verkehr stetig zunimmt, was negative Auswirkungen auf das Klima hat, wird eine Verlagerung von der Strasse auf die Schiene in Zukunft nötig sein.[2] Weil der Klimawandel ein globales Problem darstellt, bietet die grenzüberschreitende Zusammenarbeit eine gute Möglichkeit, den Modals-

---

[1] Internet: https://www.allianz-pro-schiene.de/themen/umwelt/(Abruf 26.05.2022).
[2] Internet: https://www.allianz-pro-schiene.de/presse/pressemitteilungen/schiene-vor-strasse-neue-prioritaeten-in-der-verkehrspolitik/(Abruf 26.05.2022).

plit[3] der Bahn mit gemeinsamen Lösungsansätzen zu erhöhen.[4] Dies insb. deshalb, weil durch die Expertise der Gegenpartei und den bereits bestehenden Strukturen im jeweils anderen Land, erhebliche Synergien und Kostenvorteile entstehen können. Als Folge davon, kann das Bahnangebot verbessert und somit auch die Wirtschaftlichkeit gefördert werden.[5] Ferner profitieren von der durch die Zusammenarbeit resultierenden Vereinfachung des Reisens über die Grenze hinweg, sowohl Grenzgänger als auch Touristen.[6]

In der vorliegenden Arbeit werden Möglichkeiten aufgezeigt, wie die Erreichbarkeit des Landkreises Lörrach mithilfe grenzüberschreitender Bahnlinien attraktiver gestaltet werden soll. Die Taktverdichtung, das Herzstück und die Elektrifizierung stellen dabei eine Möglichkeit dar, das Bahnangebot nachhaltig zu verbessern. Die Arbeit beschränkt sich im Personenverkehr auf deutsche Eisenbahnstrecken auf Schweizer Gebiet, wobei die Bahnlinie S6 (Basel SBB – Zell), die eine derartige Strecke ist, als Veranschaulichung dienen soll.

Als Einstieg in die Thematik wird im folgenden Kapitel jeweils eine länderspezifische Betrachtung für die Schweiz und Deutschland betr. den Bahnverkehr durchgeführt. Danach wird im dritten Kapitel auf das Verhältnis zwischen der EU und der Schweiz eingegangen. Im vierten Kapitel wird die grenzüberschreitende Zusammenarbeit zwischen der Schweiz und Deutschland anhand deutscher Eisenbahnstrecken auf Schweizer Gebiet aufgezeigt, wobei im Konkreten auf die grenzüberschreitende Bahnlinie S6 Bezug genommen wird. Dabei liegt der Fokus auf den Themen Bau, Betrieb, Rollmaterial, Finanzierung, Tarifierung und Personal. Um die grenzüberschreitende Zusammenarbeit im Bahnverkehr, insb. zwischen dem Landkreis Lörrach und der Schweiz zu fördern, werden im fünften Kapitel drei Handlungsempfehlungen vorgestellt. Dabei leisten namentlich die Taktverdichtung, das Herzstück und die Elektrifizierung einen wichtigen Beitrag zu einer nachhaltigen Verbesserung der Erreichbarkeit des Standortes Lörrach. Eine Zusammenfassung der Resultate und ein darauffolgender Ausblick schliessen die Arbeit in Kapitel sechs ab.

---

[3] schriftliche Kommunikation 3 (Durchführung 07.03.2022)
[4] Internet: https://www.avenir-suisse.ch/klimawandel-globales-problem-global-loesen/ (Abruf 26.05.2022)
[5] schriftliche Kommunikation 3 (Durchführung 07.03.2022)
[6] schriftliche Kommunikation 4 (Durchführung 01.04.2022)

II. Länderspezifische Betrachtung des Bahnverkehrs (CH/DE)

A. Schweiz

1. Historischer Hintergrund

Vor 175 Jahren (1847) begann mit der «Spanisch-Brötli-Bahn» das Eisenbahnzeitalter in der Schweiz. Die Strecke führte von Zürich nach Baden und wurde von der Schweizerischen Nordbahn betrieben. Dazumal entstanden die Bahnen auf private Initiative und konnten den Betrieb durch eine Konzession vom Kanton aufnehmen. Da seitens des Bundes lediglich für die wesentlichsten technischen Fragen Vorgaben existierten und so weder ein sinnvolles nationales Netz geschaffen noch die miteinander im Konkurrenzkampf stehenden Privatbahnen beaufsichtigt werden konnten, wurde das Recht der Konzessionserteilung und die Kontrolle über Betrieb, Bau, Tarif- und Rechnungswesen mit dem zweiten Eisenbahngesetz von 1872 dem Bund übertragen.[7] Im Folgejahr wurde die Eisenbahnabteilung des Bundes errichtet, die Vorreiterin des heutigen Bundesamtes für Verkehr (BAV) war.[8]

Aufgrund des Konkurses mehrerer privater Bahngesellschaften und weiterer negativer Umstände, rückte die Diskussion über eine Verstaatlichung der Bahnen in den Fokus.[9] Diese wurde durch einen Volksentscheid im Jahre 1898, der 1902 in der Gründung der Schweizerischen Bundesbahnen (SBB) als schweizerische Staatsbahn resultierte, verwirklicht.[10] Somit war der Bund für die Weiterentwicklung der Bahn verantwortlich und die SBB übernahmen sowohl die grössten Bahngesellschaften als auch kleinere Privatbahnen.[11]

---

[7] Internet: https://www.uvek.admin.ch/uvek/de/home/verkehr/175-jahre-eisenbahn.html (Abruf 20.03.2022)
[8] Internet: https://www.bav.admin.ch/bav/de/home/publikationen/bav-news/ausgaben-2022/bav-news-februar-2022/1.html (Abruf 20.03.2022)
[9] Internet: https://www.bav.admin.ch/bav/de/home/publikationen/bav-news/ausgaben-2022/bav-news-februar-2022/1.html (Abruf 20.03.2022)
[10] UVEK, 175 Jahre Eisenbahn, verfügbar unter: https://www.uvek.admin.ch/uvek/de/home/verkehr/175-jahre-eisenbahn.html (Abruf 20.03.2022); Internet: https://www.bav.admin.ch/bav/de/home/publikationen/bav-news/ausgaben-2022/bav-news-februar-2022/1.html (Abruf 20.03.2022)
[11] Internet: https://www.uvek.admin.ch/uvek/de/home/verkehr/175-jahre-eisenbahn.html (Abruf 20.03.2022)

2. Kompetenz

Art. 87 BV besagt, dass die Gesetzgebung über den Eisenbahnverkehr Sache des Bundes ist und begründet somit eine umfassende Bundeskompetenz. In der Lehre wird diese teilweise als ausschliesslich, teilweise hingegen als konkurrierend angesehen.[12]

Da die Gesetzgebung bei den Ausführungen der Verfassungskompetenzen zwischen Infrastruktur- und Verkehrsbereich differenziert, wird nachfolgend kurz separat auf die beiden Bereiche eingegangen.[13]

3. Infrastruktur

Art. 81 BV regelt, dass der Bund im Interesse des ganzen oder eines grossen Teils des Landes öffentliche Werke errichten und betreiben oder ihre Errichtung unterstützen kann.[14]

Der Bau und Betrieb von Eisenbahnen ist im Eisenbahngesetz (EBG) geregelt. Dafür wird gem. Art. 5 EBG eine Infrastrukturkonzession (IK) benötigt. Durch diese wird ein Dritter sowohl berechtigt, eine Eisenbahninfrastruktur zu bauen und betreiben, als auch verpflichtet, diese so zu bauen und betreiben, wie es die Eisenbahngesetzgebung und die Konzession vorschreiben.[15]

4. Verkehrsbereich

Basierend auf Art. 81a BV, sorgen Bund und Kantone in allen Landesgegenden für ein ausreichendes Angebot an öffentlichem Verkehr auf der Schiene.[16]

---

[12] BSK BV-Kern, in: Bernhard Waldmann/Eva Maria Belser/Astrid Epiney (Hrsg.), Die Schweizerische Bundesverfassung, Baslerkommentar, 1. A., Basel 2015 (zit. BSK BV-Kern), Art. 87 N 9.

[13] BSK BV-Kern (FN 12), Art. 87 N 14.

[14] Internet: http://www.infras.ch/media/filer_public/a9/d4/a9d451c8-08bd-466a-bf3a-610b59e4a367/20200529_evaluation_konzessionsrecht_schlussbericht_final_1.pdf, 51 (Abruf 20.03.2022)

[15] Internet: http://www.infras.ch/media/filer_public/a9/d4/a9d451c8–08bd-466a–bf3a–610b59e4a367/20200529_evaluation_konzessionsrecht_schlussbericht_final_1.pdf, 51 (Abruf 20.03.2022)

[16] Internet: http://www.infras.ch/media/filer_public/a9/d4/a9d451c8–08bd-466a–bf3a–610b59e4a367/20200529_evaluation_konzessionsrecht_schlussbericht_final_1.pdf, 62 (Abruf 20.03.2022)

Aus Art. 92 BV, der das Post- und Fernmeldewesen als Sache des Bundes bezeichnet, wird das Personenbeförderungsregal abgeleitet.[17] Im Personenbeförderungsgesetz (PBG) wird die dem Regal unterstehende Personenbeförderung geregelt.[18] Gem. Art. 4 PBG verfügt der Bund über dieses, da er das ausschliessliche Recht besitzt, Reisende mit gewerbsmässigen und regelmässigen Fahrten zu befördern. Dieses kann vom Bund durch Konzessionen an natürliche oder juristische Personen abgetreten werden (Personenbeförderungskonzession, PBK), womit eine Übertragung dieses Rechtes vom Bund auf Private stattfindet. Detailregelungen erfolgen in der Verordnung über die Personenbeförderung (VPB).[19]

Die Konzession für das Fernverkehrsnetz wurde vom Bund bis Ende 2029 an die SBB erteilt.[20]

Im Regionalverkehr kommt das Bestellprinzip zur Anwendung.[21] Insofern beim regionalen Personenverkehr eine Erschliessungsfunktion[22] vorhanden ist, beteiligt sich neben dem Kanton auch der Bund an der Bestellung des regionalen Personenverkehrs.[23] Beim sog. Bestellverfahren machen der Bund und die Kantone (Besteller) den Transportunternehmen Vorgaben zu den zur Verfügung stehen-

---

[17] Internet: http://www.infras.ch/media/filer_public/a9/d4/a9d451c8-08bd-466a-bf3a-610b59e4a367/20200529_evaluation_konzessionsrecht_schlussbericht_final_1.pdf, 62 (Abruf 20.03.2022)

[18] Internet: http://www.infras.ch/media/filer_public/a9/d4/a9d451c8-08bd-466a-bf3a-610b59e4a367/20200529_evaluation_konzessionsrecht_schlussbericht_final_1.pdf, 62 (Abruf 20.03.2022)

[19] Internet: https://www.bav.admin.ch/bav/de/home/verkehrsmittel/eisenbahn/personenverkehr/fernverkehr.html (Abruf 21.03.2022); Internet: http://www.infras.ch/media/filer_public/a9/d4/a9d451c8-08bd-466a-bf3a-610b59e4a367/20200529_evaluation_konzessionsrecht_schlussbericht_final_1.pdf, 62f. (Abruf 20.03.2022)

[20] Internet: https://www.bav.admin.ch/bav/de/home/verkehrsmittel/eisenbahn/personenverkehr/fernverkehr.html (Abruf 21.03.2022)

[21] BSK BV-Kern (FN 12), Art. 87 N 14.

[22] «wenn sich an mindestens einem Linienende ein Verknüpfungspunkt mit dem übergeordneten Netz des öffentlichen Verkehrs und am anderen Ende oder dazwischen eine Ortschaft befindet», wobei i.S. des PBG eine Ortschaft mindestens 100 Einwohner haben muss, Internet: https://www.economiesuisse.ch/de/dossier-politik/regionaler-personenverkehr-erklaert, 7 (Abruf 24.03.2022)

[23] Internet: https://www.bav.admin.ch/bav/de/home/allgemeine-themen/rpv.html (Abruf 25.03.2022); Internet: https://www.sg.ch/verkehr/oeffentlicher-verkehr/zahlen-und-fakten/bericht-oeffentlicher-verkehr/_jcr_content/Par/sgch_downloadlist/DownloadListPar/sgch_download_1125912635.ocFile/Bericht%20öffentlicher%20Verkehr%20Kanton%20St.Gallen%202016.pdf, 45 (Abruf 25.03.2022)

den Mittel und dem gewünschten Angebot. Anhand dieser Vorgaben werden von den Transportunternehmen Offerten erstellt. Nach deren Bereinigung wird zwischen dem Besteller und den Transportunternehmen eine Angebotsvereinbarung abgeschlossen.[24]

5. Anbieter

In der Schweiz wird zwischen Infrastrukturbetreiberinnen (ISB), die Betreiberinnen und meist Besitzerinnen von Infrastrukturanlagen für den Eisenbahnverkehr sind[25] und Eisenbahnverkehrsunternehmen (EVU), die den Personen- und/oder Güterverkehr auf der eigenen oder fremden Infrastruktur betreiben, unterschieden.[26] Die Mehrheit der in der Schweiz existierenden Bahngesellschaften nehmen sowohl die Position einer Infrastrukturbetreiberin als auch die eines Eisenbahnunternehmens ein.[27]

Die SBB, die jährlich die meisten Schienenkilometer betreibt, zählt in der Schweiz zu den bedeutendsten Bahngesellschaften im Personenverkehr. Daneben existieren private Bahnanbieter, wie bspw. die BLS AG oder die Rhätische Bahn, die insb. im regionalen Personenverkehr tätig sind.[28]

Da mehr als 40 EVU das Schweizer Eisenbahnnetz gemeinsam nutzen, müssen diese ein örtlich und zeitlich gebundenes Nutzungsrecht für das Schienennetz (Trasse) für jeden Zug beantragen, damit die Nutzungswünsche koordiniert werden können. Die Zuständigkeit für das ganzheitliche interoperable Normalspurnetz liegt bei der Schweizerischen Trassenvergabestelle (TVS). Für die nicht interoperablen Normalspurstrecken ist sie grundsätzlich nicht zuständig. Zudem verfügt sie für normalspurige Grenzbetriebsstrecken über keine Zuständigkeit, wenn dies die Zuständigkeitsregeln in Staatsverträge festlegen. Deren Aufgaben wurden durch das bilaterale Landverkehrsabkommen (LVA) mit der EU festgelegt. Durch die Zuteilung der Trassen werden die einzelnen EVU berechtigt, «eine be-

---

[24] Internet: https://www.voev.ch/de/Service/content_?download=2207, 44 (Abruf 24.03.2022)
[25] Internet: https://www.bav.admin.ch/bav/de/home/glossar/infrastrukturbetreiberin-isb.html (Abruf 26.03.2022)
[26] Internet: https://www.bav.admin.ch/bav/de/home/glossar/eisenbahnverkehrsunternehmen-evu.html (Abruf 26.03.2022)
[27] Internet: https://www.bav.admin.ch/bav/de/home/glossar/infrastrukturbetreiberin-isb.html (Abruf 26.03.2022)
[28] Internet: https://ch.omio.com/anbieter/bahn (Abruf 27.03.2022)

stimmte Strecke des Bahnnetzes, zu fix definierten Zeiten mit einem spezifischen Zug (Länge, Gewicht, Profil, Geschwindigkeit), zu befahren»[29].[30]

6. Finanzierung

a. Infrastruktur

Damit ein sicherer und effizienter Bahnbetrieb gewährleistet werden kann, sind Investitionen in die Infrastruktur unabdingbar. Die Finanzierung des Unterhalts, des Betriebes und des Ausbaus der Bahninfrastruktur erfolgt seit 2016 über den Bahninfrastrukturfonds (BIF), was die Hälfte der gesamten Investitionen in den öffentlichen Verkehr seitens der öffentlichen Hand ausmacht. Die gesetzlichen Grundlagen dafür sind in Art. 87a Abs. 2 BV, Art. 197 Ziff. 3 Abs. 2 BV, Art. 196 Ziff. 14 Abs. 4 BV und im Bundesgesetz über den Fonds zur Finanzierung der Eisenbahninfrastruktur (BIFG) verankert.[31]

Die zu erreichenden Ziele und die vom Bund dazu gewährten Mittel an die Eisenbahnunternehmen werden in vierjährigen Leistungsvereinbarungen beschlossen.[32]

b. Regionaler Personenverkehr

Da im regionalen Personenverkehr die Verkehrslinien in der Regel nicht kostendeckend betrieben werden können, erhalten die Transportunternehmen sowohl vom Bund als auch von den Kantonen Abgeltungen. Der Bund finanziert rund 50 Prozent der ungedeckten Kosten. Städtische Kantone können jedoch das Bundesbudget entlasten, da sie bis zu 73 Prozent der ungedeckten Kosten übernehmen, wohingegen periphere Kantone lediglich 20–30 Prozent der Kosten finanzieren.[33]

---

[29] Internet: https://www.tvs.ch/tvs-kurz-erklaert (Abruf 30.03.2022)
[30] Internet: https://www.tvs.ch/tvs-kurz-erklaert (Abruf 30.03.2022)
[31] Internet: https://www.voev.ch/de/Service/content_?download=2207, 40, 42 (30.03.2022); Internet: https://www.bav.admin.ch/bav/de/home/verkehrsmittel/eisenbahn/bahninfrastruktur/bahninfrastrukturfonds.html (Abruf 01.04.2022)
[32] Internet: https://www.bav.admin.ch/bav/de/home/verkehrsmittel/eisenbahn/bahninfrastruktur/bahninfrastrukturfonds.html (Abruf 01.04.2022)
[33] Internet: https://www.voev.ch/de/Service/content_?download=2207, 44 (30.03.2022)

B. Deutschland

1. Historischer Hintergrund

Aufgrund mehrerer Faktoren, die zu enormem Handlungsdruck führten, entstand 1993 ein parteiübergreifender Konsens für eine Bahnreform. Beispielsweise brachen von 1950 bis 1990 die verkehrsübergreifenden Marktanteile der Bundesbahn im Personenverkehr von 37 Prozent auf 6 Prozent ein.[34]

Die daraus resultierende Bahnreform von 1994 hatte zwei Aspekte zum Ziel: Einerseits sollten die Bundeseisenbahnen derartig umstrukturiert werden, sodass die Leistungsfähigkeit der Eisenbahnen gefördert und damit eine stärkere Partizipation im künftigen Verkehrswachstum geschaffen wird. Besonders wichtig erschien dieses Ziel vor dem Hintergrund, dass die Grenzen innerhalb Deutschlands und Europas geöffnet werden sollten und dadurch der nationale wie auch der internationale Verkehr stark an Bedeutung gewannen. Andererseits sollte dem Bund die Haushaltsbelastung, die durch die bisherigen Sondervermögen Deutsche Bundesbahn und Deutsche Reichsbahn entstanden ist, durch die Bahnreform reduziert sowie konstant gehalten werden.[35]

2. Kompetenz

Eine ausschliessliche Bundeskompetenz besteht für den Verkehr von Eisenbahnen bzw. für die «Eisenbahnen des Bundes» gemäss Art. 73 I Nr. 6a GG. Der Eisenbahnverkehr umfasst die Verkehrsleistungen, den Bahnbetrieb sowie das Organisieren und das Vermögen der Eisenbahnen.[36]

Im Jahr 1996 wurde die Regionalisierung des Schienenpersonennahverkehrs umgesetzt. Das heisst, dass die Aufgaben- und Ausgabenverantwortung im Schienenpersonennahverkehr auf die Bundesländer übertragen wurde. Diese Übertragung führte dazu, dass die Bundesländer von da an selbst den Bedarf an Nahverkehrsleistungen vorgeben und mittels Bestellerprinzip bei Eisenbahnverkehrsunternehmen einkaufen.[37]

---

[34] Internet: https://www.deutschebahn.com/resource/blob/267436/07d47d8eefcbcefd9e98d3a063dce541/bahnreform-data.pdf, 152 (Abruf 04.04.2022)

[35] Internet: https://www.deutschebahn.com/resource/blob/267436/07d47d8eefcbcefd9e98d3a063dce541/bahnreform-data.pdf, 60 (Abruf 04.04.2022)

[36] Internet: https://www.vcd.org/fileadmin/user_upload/Redaktion/Themen/Bundesmobilitaetsgesetz/Kurzgutachten_BuMoG_Hermes_Kramer_Weiss_final_26.05.21_.pdf, 13 (Abruf 05.04.2022)

[37] Internet: https://www.deutschebahn.com/resource/blob/267436/, 63 (Abruf 10.04.2022)

3. Anbieter

Im Zusammenhang mit der Bahnreform von 1994 – parallel zum Gesetzgebungsverfahren – wurde der Zusammenschluss und die Transformation der von Behörden geführten Sondervermögen Bundesbahn und Reichsbahn in die Deutsche Bahn AG veranlagt.[38]

Die Bundesländer müssen ihre Leistungsaufträge für den Personennahverkehr nicht nur an die Deutsche Bahn AG übergeben, sondern dürfen diese auch an dritte Betreiber vergeben.[39]

4. Finanzierung

Wenn in Deutschland Investitionen in die Schieneninfrastrukturen getätigt werden sollen, die ihre Grundlage auf gesetzlichen Bestimmungen oder Förderrichtlinien haben, müssen jene durch das Eisenbahn-Bundesamt bewilligt werden. Im Umfang dieser Mittel, die im Bundeshaushalt zur Verfügung stehen, finanziert der Bund Neubau-, Ausbau und Ersatzinvestitionen in die Eisenbahn-Schienenwege des Bundes. Jedoch tragen die Eisenbahnen des Bundes die Unterhalts- und Instandsetzungskosten der Schienenwege selbst.[40]

Für den Schienenpersonennahverkehr erhalten die Bundesländer seit dem Jahr 1996 jährlich vom Bund die sog. «Regionalisierungsmittel». Die zweite Finanzierungssäule besteht aus den Fahrgeldeinnahmen, die die Kosten für den Regionalverkehr jedoch allein nicht zu befriedigen vermögen würden.[41] Damit verbleibt die finanzielle Verantwortung für die Nahverkehrsleistungen beim Bund.[42]

---

[38] Internet: https://www.deutschebahn.com/resource/blob/267436/07d47d8eefcbcefd9e98d3a063dce541/bahnreform-data.pdf, 66 (Abruf 11.04.2022)

[39] Internet: https://www.deutschebahn.com/resource/blob/267436/07d47d8eefcbcefd9e98d3a063dce541/bahnreform-data.pdf, 63 (Abruf 11.04.2022)

[40] Internet: https://www.eba.bund.de/DE/Themen/Finanzierung/finanzierung_node.html (Abruf 15.04.2022)

[41] Internet: https://www.allianz-pro-schiene.de/themen/personenverkehr/finanzierung/ (Abruf 19.05.2022)

[42] Internet: https://www.deutschebahn.com/resource/blob/267436/, 63 (Abruf 12.04.2022)

III. Beziehung CH-EU

A. Ausgangslage

Die Reform des europäischen Eisenbahn-Binnenmarktes wurde in den letzten Jahren mit Hilfe der sog. Bahnpakete vorangetrieben. Seit dem Jahr 1999 ist die Schweiz daran – im Rahmen des LVA –, relevante europäische Bestimmungen dieser drei Eisenbahnpakete zu übernehmen. Die Schweiz hat derzeit die essenziellen Bestimmungen der ersten drei Eisenbahnpakete zum Thema Begünstigung der technisch-betrieblichen Harmonisierung in den Bereichen Interoperabilität und Sicherheit übernommen. Damit soll die Interoperabilität des Schweizer Normalspurennetz zum europäischen Gesamteisenbahnnetz hergestellt werden.[43]

Im Anhang 1 des LVA sind die EU-Richtlinien aufgeführt, welche die Schweiz bereits übernommen hat. Das bedeutet, dass die Schweiz dafür bereits gleichwertiges Recht erlassen hat (z.B. im EBG, EBV).[44]

Im Jahr 2016 hat die EU das vierte Eisenbahnpaket verabschiedet. Dieses umfasst einige Massnahmen, um die Attraktivität, Innovation und Wettbewerbsfähigkeit des Schienenverkehrs in der EU zu steigern. Dieses setzt sich aus einem technischen Pfeiler und einem Marktpfeiler zusammen. Letzterer fällt nicht in den Anwendungsbereich des LVA, da er hauptsächlich den nationalen Verkehr thematisiert, während sich das LVA auf den grenzüberschreitenden Verkehr fokussiert. Damit das vierte Eisenbahnpaket auch in der Schweiz umgesetzt werden kann, müssen Änderungen am EBG sowie an verschiedenen Verordnungen vorgenommen werden. Zudem verlangt die extensive Mitwirkung und die Zusammenarbeit mit der Eisenbahnagentur der Europäischen Union (ERA) auch eine Überarbeitung des LVA.[45]

---

[43] Internet: https://www.newsd.admin.ch/newsd/message/attachments/69633.pdf, 2, 13 (Abruf 14.04.2022)
[44] schriftliche Kommunikation 4 (Durchführung 01.04.2022)
[45] Internet: https://www.newsd.admin.ch/newsd/message/attachments/69633.pdf, 3 f. (Abruf 14.04.2022)

B. ERA

Hersteller von Rollmaterial und Bahnunternehmen haben zum Ziel, ihre Züge in mehreren Ländern einsetzen zu können. Mit Hilfe der technischen Säule des vierten Eisenbahnpakets der EU wurden die Zulassungsverfahren harmonisiert und vereinfacht. Seit Mitte Juni im Jahr 2019 übernimmt die ERA die Zulassung von Rollmaterial im grenzüberschreitenden Bahnverkehr.[46]

Der Schweizer Bundesrat hat aufgrund des grossen Interesses an dieser Harmonisierung im Jahr 2019 die EBV angepasst. In einem ersten Schritt konnten dadurch die Verfahren für Schweizer Antragssteller bezüglich internationaler Fahrzeugzulassung und Sicherheitsbescheinigungen mit den europäischen Richtlinien aufeinander abgestimmt werden. Als nächster Schritt wird der Bundesrat das EBG anpassen. Damit soll die Gültigkeit der Fahrzeugzulassungen und Sicherheitsbescheinigungen der ERA auch für den Schweizer Betrieb auf dem Normalspurnetz erzielt werden. Zudem muss das LVA zwischen der Schweiz und der EU entsprechend angepasst werden.[47] Tangiert sind die Fahrzeugzulassungen für die Antragsteller sowie die Sicherheitsbescheinigungen der EVU.[48]

Dadurch, dass die Schweiz nicht der ERA angehört, wird sie wie ein Drittstaat behandelt. Deswegen sind gemeinsame Zulassungsverfahren des Rollmaterials noch nicht möglich. Im konkreten Fall bedeutet dies, dass zuerst eine Zulassung durch die ERA ausgestellt wird, bevor das BAV die Genehmigung für die Schweiz erteilt. Um den gesamten Prozess effizienter gestalten zu können, müsste die Schweiz mittels bilateralen Verhandlungen Mitglied der ERA werden.[49] Das BAV geniesst dennoch denselben Status wie eine Behörde eines Mitgliedstaates, was wiederum in einem ersten Schritt bereits das Zusammenwirken mit den Nachbarstaaten vereinfacht.[50]

---

[46] Internet: https://www.admin.ch/gov/de/start/dokumentation/medienmitteilungen.msg-id-86473.html (Abruf 22.05.2022)
[47] Internet: https://www.admin.ch/gov/de/start/dokumentation/medienmitteilungen.msg-id-86473.html (Abruf 22.05.2022)
[48] Internet: https://www.newsd.admin.ch/newsd/message/attachments/69633.pdf, 7 (Abruf 23.05.2022)
[49] schriftliche Kommunikation 5 (Durchführung 24.03.2022)
[50] Internet: https://www.newsd.admin.ch/newsd/message/attachments/69633.pdf, 2 (Abruf 23.05.2022)

C. TSI-Normen

Das Schweizer Normalspurennetz ist grundsätzlich ein Bestandteil des europäischen interoperablen Eisenbahnnetzes. Die Schweizer Eisenbahnfahrzeuge, welche auf dem Normalspurnetz verkehren, richten sich bezüglich Spezifikation und Nachweisführung nach den europäischen technischen Spezifikationen für die Interoperabilität (TSI-Normen) und sind damit interoperabel. Diese TSI-Normen haben über das LVA ihre Geltung auch in der Schweiz erlangt.[51]

Nach der europäischen Interoperabilitäts-Richtlinie 2016/797 müssen die Staaten, sofern sie im nationalen Regelwerk von den TSI-Normen abweichen, verbindliche notifizierte nationale und technische Vorschriften (NNTV) oder verbindliche nationale Sonderfälle bestimmen. Diese müssen durch Veröffentlichung allen Infrastrukturbetreibern und Eisenbahnverkehrsunternehmen, Fahrzeughaltern sowie Konformitätsbewertungsstellen zugänglich sein. NNTV sind folglich nationale Anforderungen, die sich von den TSI-Normen differieren oder diese ergänzen.[52] Die nationalen Regelungen werden aber aufgrund angestrebter Harmonisierung zunehmend reduziert.[53]

IV. Deutsche Eisenbahnstrecken auf Schweizer Gebiet

A. Überblick

1. Rechtlicher Überblick

Der Betrieb deutscher Eisenbahnstrecken auf Schweizer Gebiet, welcher von der Deutschen Bahn AG (DB AG) übernommen wird[54], basiert zum einen auf den beiden Eisenbahnstaatsverträgen von 1852 ff. zwischen der Schweizerischen Eidgenossenschaft und den Kantonen Basel-Stadt und Schaffhausen und dem damaligen Grossherzogtum Baden. Zum anderen bietet die Vereinbarung von 1953

---

[51]   Internet: https://www.newsd.admin.ch/newsd/message/attachments/69633.pdf, 7 (Abruf 23.05.2022)
[52]   Internet: https://www.bav.admin.ch/bav/de/home/rechtliches/rechtsgrundlagen-vorschriften/nntv.html#tab__content_bav_de_home_rechtliches_rechtsgrundlagen-vorschriften_nntv_jcr_content_par_tabs (Abruf 22.05.2022)
[53]   schriftliche Kommunikation 5 (Durchführung 24.03.2022)
[54]   Internet: https://fahrweg.dbnetze.com/fahrweg-de/kunden/nutzungsbedingungen/strecken_in_der_schweiz-1388114 (Abruf 26.05.2022)

über die deutschen Eisenbahnstrecken auf Schweizer Gebiet eine Grundlage.[55] Gestützt auf die damaligen Verträge von 1852 ff. führt die DB Netz AG den Betrieb unter Wahrung der Schweizer Hoheitsrechte.[56]

Auf den eben genannten Eisenbahnstrecken richtet sich der Betrieb und Bau auf Schweizer Gebiet nach deutschem Regelwerk.[57] Betreffend Ausrüstung und Fahrdienst werden diese nach deutschem System betrieben, weswegen das netzzugangsrelevante und betrieblich-technische Regelwerk der DB Netz AG für Hauptbahnen zur Anwendung gelangt.[58] Dies hat zur Folge, dass die Züge rechts verkehren und die Signalisierung den deutschen Standards folgt.[59]

Um die DB Infrastruktur nutzen zu können, sind die gesetzlichen Bestimmungen des Schweizerischen EBG sowie der Eisenbahn-Netzzugangsverordnung (NZV) zu beachten.[60] Alles, was sich ausserhalb des Lichtraumprofils befindet, wie bspw. das Arbeitsrecht, der Lärm- und Brandschutz, richtet sich ebenfalls nach Schweizer Normen.[61]

Infrastrukturbetreiberinnen benötigen grundsätzlich keine Konzession für deutsche Eisenbahnstrecken auf Schweizer Gebiet. Diesen wird im Staatsvertrag von 1852 das Recht eingeräumt, die eben genannten Strecken auf unbegrenzte Zeit zu betreiben.[62]

2. Bahnlinie S6

Die ca. 28 Kilometer lange Wiesentalbahn führt von der Haltestelle Basel Badischer Bahnhof über Riehen und Lörrach weiter nach Schopfheim und Zell. Sie ist die Hauptstrecke der Bahnlinie S6 der Regio-S-Bahn Basel zwischen Zell und Basel SBB und wurde 1862 eröffnet als deutsche Eisenbahnstrecke auf Schweizer

---

[55] Internet: https://fahrweg.dbnetze.com/resource/blob/5186488/b0ddb5c61a913d0e5ff5ad182e8b2355/ABG_GE_-Schweiz_2021-data.pdf, 5 (Abruf 26.05.2022)
[56] Internet: https://fahrweg.dbnetze.com/fahrweg-de/kunden/nutzungsbedingungen/strecken_in_der_schweiz-1388114 (Abruf 26.05.2022)
[57] Interview 1 (Durchführung 29.04.2022)
[58] Internet: https://fahrweg.dbnetze.com/resource/blob/5186488/b0ddb5c61a913d0e5ff5ad182e8b2355/ABG_GE_-Schweiz_2021-data.pdf, 3 (Abruf 26.05.2022)
[59] Interview 1 (Durchführung 29.04.2022)
[60] Internet: https://fahrweg.dbnetze.com/fahrweg-de/kunden/nutzungsbedingungen/strecken_in_der_schweiz-1388114 (Abruf 26.05.2022)
[61] Interview 1 (Durchführung 29.04.2022)
[62] Interview 1 (Durchführung 29.04.2022)

Gebiet.⁶³ Die Strecke, die von Basel nach Zell verläuft, wird heute von der SBB GmbH, der deutschen Tochterfirma der SBB AG⁶⁴, betrieben. Im damaligen Grossherzogtum Baden war die Wiesentalbahn die erste Privatbahn. Unternehmer des Wiesentals sowie der Landkreis Lörrach und Basel finanzierten diese.⁶⁵

B. Bau einer Bahnlinie

In der heutigen Zeit ist der Bau einer neuen Bahnlinie sehr selten; oftmals werden bestehende Strecken ausgebaut oder das Angebot einer bestehenden Strecke optimiert.⁶⁶ Stehen Baumassnahmen an, die direkt mit Streckenbau und Streckenbetrieb in Verbindung stehen, werden die deutschen Richtlinien für deutsche Strecken auf Schweizer Gebiet herangezogen. Diese werden aber mit dem Schweizer Regelwerk verglichen und sodann entscheidet man sich i.d.R. für das Weitreichendere oder man zieht für eine Einzelfallentscheidung das BAV bei. Wenn man auf einer deutschen Bahnstrecke auf Schweizer Gebiet etwas baut oder verändert, ist eine Plangenehmigung des BAV nötig. Das Einreichen der Planungsunterlagen erfolgt dabei, gestützt auf die Verordnung über das Plangenehmigungsverfahren für Eisenbahnanlagen (VPVE), nach Schweizer Recht. Bei der darauffolgenden Ausarbeitung werden die Regelwerke beider Länder sowie die EU-Richtlinien berücksichtigt. Grundsätzlich gilt, dass nach den badischen Baugrundsätzen, wie dies im entsprechenden Staatsvertrag festgehalten wurde, gebaut werden darf. Oftmals werden dennoch die Schweizer Normen beigezogen und mitberücksichtigt. Wenn etwas gebaut oder abgebaut wird, verändert sich damit der Bestand der Anlagen. Diesbezüglich muss immer projektbezogen eine Art Bilanz gezogen werden. Genannt wird dies Massnahmenvertrag. Das bedeutet, dass es für jedes Projekt, in Anlehnung an den Staatsvertrag von 1852, der heute noch aktuell ist, ein gesonderter Massnahmenvertrag aufgesetzt wird. Darin enthalten ist der betroffene Kanton sowie die veränderte Situation an den Bahnanlagen.⁶⁷

Im Staatsvertrag von 1852 ist festgehalten, dass die Bahn (heutige Deutsche Bahn) keinen Zoll bezahlen und keine Abgaben leisten muss für das Material, das sie zum Zweck des Baus in die Schweiz einführt. Noch heute gilt, dass wenn man

---

⁶³ schriftliche Kommunikation 2 (Durchführung 19.05.2022)
⁶⁴ Interview 2 (Durchführung 16.03.2022)
⁶⁵ Internet: https://www.bzbasel.ch/basel/basel-stadt/wie-die-wiesentalbahn-von-der-umfahrungsbahn-zur-regio-s-bahn-wurde-ld.1928846 (Abruf 26.05.2022)
⁶⁶ schriftliche Kommunikation 3 (Durchführung 07.03.2022)
⁶⁷ Interview 1 (Durchführung 29.04.2022)

Material, Schotter und Schienen benötigt, dies zollfrei in die Schweiz eingeführt werden darf.[68]

Im Vertrag von 1852 zwischen dem Grossherzogtum Baden und der Schweiz ist festgehalten, dass die Linie, die von Deutschland nach Basel führt, von der deutschen Vertragspartei gebaut wird und diese auch später für den Unterhalt zuständig ist, obwohl sich die Linie auf Schweizer Gebiet befindet.[69] Für den Ausbau der Bahnlinie S6 gründete man den Zweckverband Regio-S-Bahn, der sich aus den deutschen Anliegergemeinden zusammensetzte.[70] Die Aufgaben des Zweckverbandes betreffen die Verbesserung der Infrastruktur und Bedienqualität auf jeglichen Strecken der Regio-S-Bahn auf deutschem Hoheitsgebiet, zu welchen die Oberrheinstrecke, die Hochrheinstrecke sowie die Wiesentalstrecke gehören.[71]

Es waren immer diejenigen Normen zu beachten, die im jeweiligen Landesteil gültig gewesen sind. Die Strecke Basel SBB bis Riehen Landesgrenze liegt im Aufgabenbereich des BAV. Der Streckenabschnitt von der Landesgrenze Stetten bis nach Zell im Wiesental steht unter der Aufsicht des EBA. Gleichzeitig sind die Vorgaben des Infrastrukturbetreibers zu beachten. Die Vorgaben der SBB sind von Basel SBB bis zur Einfahrt Basel Badischer Bahnhof, die des Bundeseisenbahnvermögens von Basel Badischer Bahnhof bis nach Riehen Landesgrenze und die der DB Netz von Stetten Landesgrenze bis nach Zell gültig.[72]

C. Betrieb einer Bahnlinie

1. Vergabeverfahren

Die Frage nach der Betriebsvergabe auf grenzüberschreitenden Eisenbahnstrecken von Deutschland in die Schweiz ist komplex, denn es treffen zwei unterschiedliche Systeme aufeinander. Während Deutschland einen gänzlich wettbewerblich geprägten Weg gewählt hat, verfolgt die Schweiz im Bahnverkehr grundsätzlich ein anderes Konzept. In Deutschland kann sich auf eine Ausschreibung hin jedes beliebige Bahnunternehmen bewerben. In der Schweiz werden

---

[68] Interview 1 (Durchführung 29.04.2022)
[69] Interview 2 (Durchführung 16.03.2022)
[70] schriftliche Kommunikation 2 (Durchführung 19.05 2022)
[71] Internet: https://www.loerrach-landkreis.de/ceasy/modules/ebs/main.php?view=publish&item=statute&id=1052 (Abruf 20.05.2022)
[72] schriftliche Kommunikation 2 (Durchführung 19.05.2022)

Aufträge dagegen direkt an die jeweilige Bahnunternehmung verteilt; für eine Strecke in Basel wäre dies bspw. die SBB.[73]

Auf der Grundlage des Staatsvertrages von 1852 bestellt das Land Baden-Württemberg die Leistungen der S6 für den Linienabschnitt Basel Badischer Bahnhof bis Zell im Wiesental, wohingegen für die Strecke zwischen Basel SBB und Basel Badischer Bahnhof das gewöhnliche schweizerische Bestellverfahren zur Anwendung gelangt und somit die Bestellung durch den Kanton Basel-Stadt und den Bund erfolgt.[74]

Anlässlich einer im Jahr 2002 vom Land Baden-Württemberg vorgenommenen Preisanfrage bei mehreren Anbietern, darunter auch die SBB und die DB Regio AG, wurde der Verkehr der S6 von Basel Badischer Bahnhof bis Zell an die SBB AG vergeben. Dieser Verkehrsvertrag erlaubte es der SBB AG, zur Gewährleistung der Verkehrsdurchführung eine deutsche Tochtergesellschaft zu gründen. Aus diesem Grund wurde noch in demselben Jahr die SBB GmbH errichtet. Seit 2006 ist die SBB GmbH deshalb gestützt auf den vorgenannten Verkehrsvertrag dazu berechtigt, bis nach Basel SBB zu verkehren. Derzeit betreibt sie im regionalen Personenverkehr insg. vier Linien, davon zwei grenzüberschreitende (Basel SBB-Zell i.W. und S-Bahn Schaffhausen-Erzingen).[75]

Aufgrund der hohen Zufriedenheit sowohl mit der Qualität als auch der Leistung der SBB GmbH, wurden die Verkehrsverträge zwischen der SBB GmbH und dem Land Baden-Württemberg ohne Ausschreibung bis 2027 verlängert. Dafür benötigt wurde eine Zusatzvereinbarung und eine Offerte der SBB GmbH.[76]

2. Netzzugang

Um dem EVU, das den Eisenbahnverkehr durchführen und dafür eine Infrastruktur nutzen möchte[77], den Verkehr im Netzzugang zu ermöglichen, müssen

---

[73] Interview 2 (Durchführung 16.03.2022)
[74] schriftliche Kommunikation 2 (Durchführung 19.05.2022); Internet: https://www.parlament.ch/de/ratsbetrieb/suche-curia-vista/geschaeft?AffairId=20183011 (Abruf 15.05.2022)
[75] schriftliche Kommunikation 2 (Durchführung 19.05.2022); Internet: https://www.parlament.ch/de/ratsbetrieb/suche-curia-vista/geschaeft?AffairId=20183011 (Abruf 15.05.2022)
[76] Internet: https://news.sbb.ch/artikel/90553/erfolg-fuer-sbb-gmbh-vertragsverlaengerung-bis-ende-2027?printpdf=1, 1 (Abruf 15.05.2022)
[77] Internet: https://www.bav.admin.ch/dam/bav/de/dokumente/richtlinien/eisenbahn/richtlinie_fuer_nzbsibesige.pdf.download.pdf/richtlinie_fuer_nzbsibesige.pdf, 10 (Abruf 16.05.2022)

gemäss der «Richtlinie zum Erlangen von Netzzugangsbewilligung und Sicherheitsbescheinigung sowie Sicherheitsgenehmigung» des BAV gewisse Anforderungen vor der Betriebsaufnahme erfüllt werden.[78]

Benötigt wird entweder eine Netzzugangsbewilligung (NZB) des BAV oder eine EU-Lizenz. Diese werden aufgrund der Regelung in Art. 25 Abs. 4 des LVA gegenseitig anerkannt. Dies hat zur Folge, dass eine EU-Lizenz, die von der Aufsichtsbehörde eines EU-Mitgliedstaates einem EVU erteilt wird, auch eine gültige Netzzugangsbewilligung in der Schweiz darstellt, bzw. als eine solche anerkannt wird.[79]

Zudem muss eine Sicherheitsbescheinigung (SiBe), die für die zu befahrenden Strecken in der Schweiz gültig ist, vorhanden sein. Da es sich bei der Strecke 4400 um eine grenznahe Strecke in der Schweiz handelt, bestehen bezüglich der Erteilung bzw. Gültigkeit der SiBe Erleichterungen.[80]

Ferner muss eine Netzzugangsvereinbarung vom EVU mit der ISB BEV und der DB Netz AG, GE Infrastruktur Schweiz abgeschlossen werden. Darin werden die weiteren Bestandteile aufgeführt, die für die Nutzung des Netzzugangs die Grundlage bilden.[81] Meist wird diese unbefristet abgeschlossen. Eine Kündigung seitens der Parteien ist auf das Ende der Fahrplanperiode möglich, wobei eine sechsmonatige Kündigungsfrist gilt. Die Netzzugangsvereinbarung kann von der ISB BEV und der DB Netz AG, GE Infrastruktur Schweiz fristlos gekündigt werden, wenn das EVU entweder keine Bewilligung mehr für die Benutzung der Infrastruktur oder keine Sicherheitsbescheinigung mehr hat oder, im Falle, dass das EVU konzessionierungspflichtige Personenbeförderungsleistungen erbringt, diese von der Behörde vorzeitig entzogen/widerrufen wird. Eine jederzeitige fristlose Kündigung kann von jeder Partei insofern erfolgen, als dass die eine Partei gesetzliche oder vertragliche Pflichten ungeachtet schriftlicher Abmahnung schwerwiegend verletzt.[82]

---

[78] Internet: https://fahrweg.dbnetze.com/resource/blob/5186488/b0ddb5c61a913d0e5ff5ad182e8b2355/ABG_GE_-Schweiz_2021-data.pdf, 6 (Abruf 16.05.2022)

[79] Internet: https://fahrweg.dbnetze.com/resource/blob/5186488/b0ddb5c61a913d0e5ff5ad182e8b2355/ABG_GE_-Schweiz_2021-data.pdf, 6 f. (Abruf 16.05.2022)

[80] Internet: https://fahrweg.dbnetze.com/resource/blob/5186488/b0ddb5c61a913d0e5ff5ad182e8b2355/ABG_GE_-Schweiz_2021-data.pdf, 6 f. (Abruf 16.05.2022)

[81] Internet: https://fahrweg.dbnetze.com/resource/blob/5186488/b0ddb5c61a913d0e5ff5ad182e8b2355/ABG_GE_-Schweiz_2021-data.pdf, 7 (Abruf 16.05.2022)

[82] Internet: https://fahrweg.dbnetze.com/resource/blob/5186488/b0ddb5c61a913d0e5ff5ad182e8b2355/ABG_GE_-Schweiz_2021-data.pdf, 17 (Abruf 16.05.2022)

Sofern an der Netzzugangsvereinbarung Änderungen oder Ergänzungen vorgenommen werden, müssen diese schriftlich vereinbart werden.[83]

Abschliessend wird gem. Art. 5b der Eisenbahn-Netzzugangsverordnung (NZV) eine Haftpflichtversicherung, die eine Versicherungssumme von 100 Mio. CHF aufweist, benötigt.[84]

Die Anforderungen an den Netzzugang müssen von allen EVU, unabhängig von ihrem Sitz, erfüllt werden, wenn sie deutsche Eisenbahnstrecken befahren wollen, die sich auf Schweizer Gebiet befinden.[85]

Diese müssen die ISB BEV und die DB Netz AG, GE Infrastruktur Schweiz über jede Angelegenheit informieren, welche die Gültigkeit der netzzugangsrelevanten Dokumente beeinflussen könnten. Möglich ist, dass die ISB eine Kopie der gültigen Netzzugangsbewilligung/EU-Lizenz und einer SiBe verlangt, um sicherzustellen, dass das betreffende EVU die Voraussetzungen zur Erlangung des Netzzugangs auch tatsächlich erfüllt.[86]

D. Rollmaterial

1. Anschaffung von Rollmaterial

Die Anschaffung von Rollmaterial gestaltet sich i.d.R. privatrechtlich.[87] Die Beschaffung von neuen Eisenbahnfahrzeugen zieht eine Vorlaufzeit von fünf bis sieben Jahren mit sich.[88] Grundsätzlich gibt es für eine deutsche Eisenbahnstrecke auf Schweizer Gebiet zwei Möglichkeiten: Einerseits kann dasjenige Unternehmen, das den Zuschlag an sich ziehen konnte, das Rollmaterial stellen.[89] Jedoch muss dieses den vorgegebenen technischen und rechtlichen Normen entsprechen. Die zweite Möglichkeit ist es, dass das Bundesland, welches die Verantwortung für die jeweilige Strecke übernimmt, das Rollmaterial einkauft und in der

---

[83] Internet: https://fahrweg.dbnetze.com/resource/blob/5186488/b0ddb5c61a913d0e5ff5ad182e8b2355/ABG_GE_-Schweiz_2021-data.pdf, 17 (Abruf 16.05.2022)
[84] Internet: https://fahrweg.dbnetze.com/resource/blob/5186488/b0ddb5c61a913d0e5ff5ad182e8b2355/ABG_GE_-Schweiz_2021-data.pdf, 6 (Abruf 16.05.2022)
[85] Internet: https://fahrweg.dbnetze.com/resource/blob/5186488/b0ddb5c61a913d0e5ff5ad182e8b2355/ABG_GE_-Schweiz_2021-data.pdf, 6 (Abruf 16.05.2022)
[86] Internet: https://fahrweg.dbnetze.com/resource/blob/5186488/b0ddb5c61a913d0e5ff5ad182e8b2355/ABG_GE_-Schweiz_2021-data.pdf, 7 (Abruf 16.05.2022)
[87] schriftliche Kommunikation 6 (Durchführung 17.03.2022)
[88] schriftliche Kommunikation 3 (Durchführung 07.03.2022)
[89] schriftliche Kommunikation 4 (Durchführung 01.04.2022)

Folge auch Besitzer davon ist. Dies würde dazu führen, dass dasjenige Unternehmen, das sich im Wettbewerb durchsetzen konnte und die Schienenpersonennahverkehr-Leistung (SPNV-Leistung) auf der konkreten Strecke erbringt, das Rollmaterial von dem Bundesland für diese Strecke mietet. Es kann festgehalten werden, dass es für die Angelegenheit des Rollmaterials keine einheitliche Lösung gibt.[90]

Im Verkehrsvertrag, der auf dem Staatsvertrag zwischen dem damaligen Grossherzogtum Baden und der Schweizerischen Eidgenossenschaft von 1852 beruht, ist unter anderem die Anschaffung über die heute fahrenden FLIRT-Triebzüge[91] des Unternehmens Stadler enthalten. «FLIRT steht für flinker, leichter, innovativer Regional-Triebzug.»[92] Der Verkehrsvertrag legt zudem fest, dass die eingesetzten Züge sowohl in Deutschland als auch in der Schweiz die SPNV-Leistung erbringen dürfen.[93]

2. Fahrzeugzulassung

Das Rollmaterial auf grenzüberschreitenden Bahnstrecken muss grundsätzlich in beiden Ländern eine Zulassung erhalten.[94] Aus diesem Grund kommuniziert ein Fahrzeughersteller mit beiden nationalen Sicherheitsbehörden, dem BAV und dem EBA, sowie mit der ERA.[95] Es werden lediglich Fahrzeuge vom EVU eingesetzt, die über die nötige Betriebsbewilligung, sprich über die nötige Zulassung, für die zu befahrende Strecke verfügen. Bevor das Rollmaterial eingesetzt werden kann, muss das EVU die Kompatibilität mit der Streckeninfrastruktur prüfen. Massgebend dafür sind sowohl die Angaben der ISB als auch des Schweizer Infrastrukturregisters des BAV (RINF) oder, wenn die Angaben dort noch nicht festgehalten sind, eine Bestätigung der ISB BEV. Werden Fahrzeuge lediglich für deutsche Eisenbahnstrecken auf Schweizer Gebiet oder auf den kompatiblen Gleisen des Gemeinschaftsbahnhof Schaffhausen eingesetzt, so braucht es keine eigene Bewilligung des BAV, welches auf diesen Strecken auf Schweizer Seite zuständig für die Zulassung ist, sondern dieses anerkennt die deutsche Abnahme. Unabhängig von der Anerkennung der deutschen Fahrzeugzulassung durch das BAV sind

---

[90] Interview 2 (Durchführung 16.03.2022)
[91] schriftliche Kommunikation 5 (Durchführung 24.03.2022); Internet: https://www.stadlerrail.com/media/pdf/fsbbw0606d.pdf (Abruf 20.05.2022)
[92] Internet: https://www.sbb-deutschland.de/strecken/trinationale-s-bahn-basel/(Abruf 21.05.2022)
[93] schriftliche Kommunikation 2 (Durchführung 19.05.2022)
[94] schriftliche Kommunikation 4 (Durchführung 01.04.2022)
[95] schriftliche Kommunikation 5 (Durchführung 24.03.2022)

grundlegende Bestimmungen der BEV sowie derer Ausführungsbestimmungen, die über die Kompatibilität der Fahrzeuge mit der Infrastruktur hinaus gehen, und schweizerische Gesetze und Verordnungen zu beachten und einzuhalten. Als Beispiel wäre bei dieselbetriebenen Zügen die Bestimmung hinsichtlich Ausrüstungspflicht mit Russpartikelfiltersystemen nach den AB-EBV zu Art. 5 (AB 4, Ziff. 6), zu berücksichtigen. Das EVU ist zudem verantwortlich dafür, dass das Rollmaterial stets in einem makellosen Unterhalts- und Betriebszustand ist.[96]

Mit der Infrastruktur müssen auch bspw. die Stromabnehmer auf dem Rollmaterial übereinstimmen. Auf der Linie S6 ist bis Basel dasselbe Stromsystem in Betrieb. Das heisst ein Zug kann bis Basel SBB mit dem deutschen Stromabnehmer fahren. Würde dieser Zug weiter z.B. nach Zürich verkehren, so müsste er in Basel den etwas schmaleren Schweizer Stromabnehmer montieren. Die Lösung ist folglich, dass auf einen Zug sowohl ein deutscher als auch ein Schweizer Stromabnehmer montiert wird. Betrachtet man die Zugsicherungssysteme, die durch technische Normen geprägt sind, kann festgestellt werden, dass die Schweiz sehr umfangreich auf ETCS (European Train Control System[97]) setzt. Dies ist das sog. Zugsicherungssystem der Zukunft. Deutschland ist diesbezüglich noch nicht auf demselben Entwicklungsniveau wie die Schweiz. Die klassischen deutschen Zugsicherungssysteme LZB (Linienzugbeeinflussung) bzw. PZB (punktuelle Zugbeeinflussung) sind wiederum bis nach Basel SBB eingerichtet, sodass auch in diesem Kontext die S6 bis in die Schweiz verkehren kann. Dies entweder durch Wechsel des Zugsicherungssystems oder in der Zukunft dann mit ETCS.[98]

Für den Bau von Rollmaterial hat sich der Hersteller an europäische Vorgaben in Form der TSI-Normen zu halten. Zudem sind auch die nationalen Vorschriften, die im entsprechenden Verwendungsgebiet gelten, relevant.[99]

Zu der Zeit, als die SBB GmbH den Verkehr auf der Bahnlinie S6 im Wiesental im Jahr 2003 aufgenommen hatte, waren die TSI-Normen noch nicht von der EU vorgegeben. Das Rollmaterial musste folglich den nationalen Vorgaben entsprechen, um eine Zulassung für die Bahnlinie S6 zu erhalten. Die TSI-Regelungen finden heute in den verschiedensten Bereichen Anwendung, von Regelbüchern, die für die Triebfahrzeugführer gelten bis hin zur Telematik. So hat die SBB GmbH als ein EVU für ihre Triebfahrzeugführer sowohl ein Regelwerk für den Verkehr auf deut-

---

[96] Internet: https://fahrweg.dbnetze.com/resource/blob/5186488/b0ddb5c61a913d0e5ff5ad182e8b2355/ABG_GE_-Schweiz_2021-data.pdf, 8 (Abruf 22.05.2022)
[97] Internet: https://www.bav.admin.ch/bav/de/home/verkehrsmittel/eisenbahn/fachinformationen/zugbeeinflussung/etcs.html (Abruf 22.05.2022)
[98] Interview 1 (Durchführung 29.04.2022)
[99] schriftliche Kommunikation 6 (Durchführung 17.03.2022)

scher Infrastruktur als auch eines für den Verkehr auf Schweizer Infrastruktur zu erlassen.[100]

E. Finanzierung

Im Jahr 2020 hat die Schweiz 440 Euro und Deutschland 88 Euro pro Kopf in die Schieneninfrastruktur investiert. Um den Bahnverkehr attraktiver hinsichtlich einer Verlagerung des Verkehrs auf die Schiene zu gestalten – Stichwort Modalsplit – müssen genügend und kontinuierliche Investitionen in Erhalt und Ausbau des Bahnnetzes getätigt werden.[101]

Bei Eisenbahnstrecken gilt grundsätzlich das Territorialitätsprinzip. Das bedeutet, dass Deutschland und die Schweiz jeweils für ihre Streckenabschnitte aufkommen. Im Prinzip baut jedes der beiden Länder seine Infrastruktur nach dem vorherigen Plangenehmigungsverfahren und bezahlt diese dann auch. Jedoch gibt es auch die Situation, in der beispielsweise eine auf deutschem Territorium einzubauende Weiche einen sehr hohen Nutzen für die Schweiz zu generieren vermag. In diesem Fall ist es möglich, dass die Schweiz aufgrund des hohen Nutzens diese bezahlt, auch wenn sie sich physisch in Deutschland befindet. Bei deutschen Eisenbahnstrecken auf Schweizer Gebiet gibt es zwei Szenarien: Wenn es um eine sog. Eins-zu-eins-Massnahme geht, das heisst in erster Linie um Instandsetzung, dann bezahlt dies die Schweiz. Im Rahmen dessen wird ein Vertrag zwischen dem BAV und dem Bundeseisenbahnvermögen aufgesetzt, der die konkreten Leistungen sowie die Zahlungsmodalitäten festhält. Geht es aber um einen Neubau, sprich um Projekte, die neu umgesetzt werden müssen (sog. investive Massnahmen), so ist die Bundesrepublik Deutschland und die EU für die deutschen Strecken auf Schweizer Gebiet bezüglich Finanzierung zuständig. Wenn es um die Infrastruktur in der Schweiz geht, die nicht Bestandteil des deutschen Eisenbahnnetzes ist, aber ein deutscher ICE oder eine deutsche S-Bahn darüber verkehrt, dann bezahlt dies auch die Schweiz. Umgekehrt, wenn ein Schweizer Zug bis nach Hamburg und damit über die Staatsgrenze fährt, dann ist da die Finanzierung der Infrastruktur eindeutig im Aufgabenbereich der Bundesrepublik Deutschland.[102]

Bei der Bahnlinie S6 bezahlt die Schweiz, konkret der Kanton Basel-Stadt, den Streckenabschnitt von Basel SBB nach Basel Badischer Bahnhof. Diese Strecke

---

[100] schriftliche Kommunikation 2 (Durchführung 19.05.2022)
[101] Internet: https://www.allianz-pro-schiene.de/themen/infrastruktur/investitionen/ (Abruf 19.05.2022)
[102] Interview 1 (Durchführung 29.04.2022)

verläuft weiter nach Riet, das ebenfalls auf Schweizer Boden liegt. Aber, da es sich um eine deutsche Eisenbahnstrecke handelt, bezahlt das Bundesland Baden-Württemberg diese S-Bahn auf Schweizer Boden.[103]

Der Schweizer Bund hat die Vorplanungskosten beim Ausbau der Strecke Basel Bad Bf nach Zell übernommen, weil die Gemeinden in Deutschland nicht befugt dazu sind, dies auf Schweizer Gebiet zu übernehmen. Das Land Baden-Württemberg übernimmt danach aber die Kosten für den Betrieb dieser Strecke.[104] Für den schweizerischen Abschnitt (Basel Bad BF bis Riehen) beteiligte sich der Kanton Basel-Stadt, sprich die Gemeinden entlang der Linie. Konkret ist festzuhalten, dass sich am Ausbau der Linie das Land Baden-Württemberg, der Kanton Basel-Stadt, der Landkreis Lörrach sowie die Gemeinden auf beiden Seiten der Grenze beteiligt haben.[105]

F. Tarifierung

Für die Festlegung der Tarife bei der grenzüberschreitenden S6 sind sowohl der Regio Verbund Lörrach (RVL) als auch der Tarifverbund Nordwestschweiz (TNW) involviert.[106] Die Tarife des TNW gelten auf der S6 für Binnenfahrten im TNW (auf Schweizer Boden). Dies ist bspw. bei einer Fahrt vom Bahnhof SBB nach Riehen Bf. der Fall. Gleiches gilt auf der S6 für Binnenfahrten im RVL (auf deutschem Boden), d.h. es gelten die RVL Tarife.[107]

Bei grenzüberschreitenden Fahrten auf der S6 galt vor 2004 ein RVL-Ticket lediglich bis zum Badischen Bahnhof, ein TNW-Ticket konnte zwischen dem Basel Badischen Bahnhof und Riehen keine Gültigkeit erlangen. Diese Situation änderte sich jedoch mit dem Abschluss eines Zusatzvertrages zwischen dem RVL und dem TNW im Jahre 2004 und führte zu einer wesentlichen Verbesserung. Ab jenem Zeitpunkt wurde die Geltung der RVL-Tickets auf der Strecke Basel Badischer Bahnhof bis Basel SBB und als Gegenleistung die der TNW-Tickets auf der Strecke Basel Badischer Bahnhof bis Riehen anerkannt, d.h. ein Reisender kann seither mit einem RVL-Ticket von Lörrach bis Basel SBB fahren.[108]

---

[103] Interview 2 (Durchführung 16.03.2022); schriftliche Kommunikation 2 (Durchführung 19.05.2022)
[104] Interview 2 (Durchführung 16.03.2022)
[105] schriftliche Kommunikation 2 (Durchführung 19.05.2022)
[106] schriftliche Kommunikation 1 (Durchführung 17.05.2022); Interview 1 (Durchführung 29.04.2022)
[107] schriftliche Kommunikation 1 (Durchführung 17.05.2022)
[108] schriftliche Kommunikation 1 (Durchführung 17.05.2022)

Mit der Schaffung der triregio Tickets im Jahr 2018 konnte das grenzüberschreitende Angebot erneut erweitert werden.[109] Zwischen dem TNW und dem RVL gilt ein eigenständiger grenzüberschreitender triregio-Einzeltarif, der das Reisen mit nur einem Einzelticket sowohl von jedem Ort im RVL an jeden Ort im TNW als auch umgekehrt ermöglicht. Durch das einheitliche Tarifsystem hängt die Höhe der Ticketpreise nicht vom Kaufort (Deutschland bzw. Schweiz) ab, was einen identischen Preis in beiden Ländern zur Folge hat.[110] Eine unentgeltliche Beförderung ist für Menschen mit Behinderung auf der grenzüberschreitenden Linie S6 von Zell im Wiesental bis Basel SBB durch den Nachweis eines deutschen Schwerbehindertenausweises mit Wertmarke oder eines schweizerischen Invalidenausweises möglich.[111]

Nebst den Einzeltickets werden von triregio zudem Mehrfahrtenkarten, Gruppentickets und Monats- und Jahreskarten/Abonnements angeboten.[112]

Zu beachten gilt, dass das U-Abo, welches die freie Fahrt in allen TNW Zonen ermöglicht[113], lediglich in den RVL-Zonen 1, 2 und 3 anerkannt wird. Darüber hinaus wird ein Anschlussbillett in den RVL benötigt. Für Besitzer eines Generalabonnements ist ein Anschlussticket ab der Landesgrenze in jedem Fall erforderlich. RVL-Jahresabos und RVL-Monats- und Jahreskarten sind in den TNW-Zonen 10 und 40 bzw. zwischen der Landesgrenze und Basel-Claraplatz auf einigen Tram- und Buslinien und zwischen Rheinfelden-CH gültig. Mit dem Baden-Württemberg-Ticket und der KONUS, welches beides deutsche Angebote sind, kann im Zug bis nach Basel SBB gefahren werden.[114]

Keine Gültigkeit besitzen im grenzüberschreitenden Verkehr die Binnentarife der Verbünde RVL und TNW, wobei die Abonnemente bzw. Monats- und Jahreskarten eine Ausnahme darstellen, die BahnCard DB, das GA, die Tageskarte SBB, die Junior-Karte und die Kinder-Mitfahrkarte.[115]

---

[109] schriftliche Kommunikation 1 (Durchführung 17.05.2022); Internet: https://www.triregio.info/#/tickets (Abruf 17.05.2022)
[110] Internet: https://www.triregio.info/#/tickets (Abruf 17.05.2022)
[111] Internet: https://data.lenaxis.ch/wordpress/wp-content/uploads/2022/04/TEB_Broschuere_triregio_DE_2022_Web-1.pdf, 24 (Abruf 18.05.2022)
[112] Internet: https://data.lenaxis.ch/wordpress/wp-content/uploads/2022/04/TEB_Broschuere_triregio_DE_2022_Web 1.pdf (Abruf 20.05.2022)
[113] Internet: https://www.tnw.ch/tickets-preise/abonnemente/das-u-abo (Abruf 18.05.2022)
[114] Internet: https://data.lenaxis.ch/wordpress/wp-content/uploads/2022/04/TEB_Broschuere_triregio_DE_2022_Web-1.pdf (Abruf 20.05.2022)
[115] Internet: https://data.lenaxis.ch/wordpress/wp-content/uploads/2022/04/TEB_Broschuere_triregio_DE_2022_Web-1.pdf, 24 (Abruf 20.05.2022)

G. Personal

Verantwortlich dafür, dass das angestellte Personal den Anforderungen der EBV entspricht und es keinen Grund dafür gibt, dass die schweizerischen Behörden und Amtsträgern legitimiert werden, das Personal vom Territorium der Eidgenossenschaft zurückzuweisen, ist das EVU. In den Verantwortlichkeitsbereich des EVUs fällt zudem die Einhaltung einschlägiger Schweizer Normen in Form von Gesetzen und Verordnungen, insbesondere im Bereich der Arbeitszeit und -pausen sowie die Lohnregelungen. Eine weitere Aufgabe des EVU ist es, dass das Eisenbahnpersonal über die entsprechenden Strecken- und Bahnhofskenntnisse verfügt. Dafür muss das Personal der EVU auf deutschen Strecken auf Schweizer Gebiet (z.B. Streckenabschnitt S-6 Badischer Bahnhof bis Staatsgrenze zwischen Riehen Bahnhof und Lörrach Stetten[116]) seine Ausbildung und Prüfungen dem deutschen Regelwerk entsprechend ablegen.[117]

V. Handlungsempfehlungen

Im folgenden Kapitel werden drei Handlungsempfehlungen präsentiert, die dazu beitragen, den Modal Split der Bahn im Landkreis Lörrach zu erhöhen und dessen Erreichbarkeit somit nachhaltig zu verbessern.

A. Taktverdichtung

1. Gegenstand

Das Angebot auf der S6, das von Montag bis Samstag einen Halbstundentakt und am Sonntag jeweils einen Stundentakt beinhaltet, stösst aufgrund der stetig steigenden Passagierzahlen, insb. in Stosszeiten, an seine Kapazitätsgrenzen.[118]

Aus diesem Grund wird vom Zweckverband Regio-S-Bahn 2030 (ZRL), dem der Landkreis Lörrach und die Städte und Gemeinden, die sich entlang der deutschen Streckenabschnitte befinden, angehören, dem Land Baden-Württemberg und

---

[116] Interview 1 (Durchführung 29.04.2022)
[117] Internet: https://fahrweg.dbnetze.com/resource/blob/5186488/b0ddb5c61a913d0e5ff5ad182e8b2355/ABG_GE_-Schweiz_2021-data.pdf, 9 f. (Abruf 20.05.2022)
[118] Internet: https://www.grosserrat.bs.ch/dokumente/100390/000000390319.pdf?t=1568169485201909111043805 (Abruf 28.04.2022); Interview 1 (Durchführung 29.04.2022)

dem BAV seit einigen Jahren eine Taktverdichtung, sprich ein Viertelstundentakt zwischen Basel Bad Bf. und Lörrach Hbf., geplant.[119]

Dass die Einführung und optimale Umsetzung des verdichteten Taktes erst für die nächsten 10–15 Jahre vorgesehen bzw. möglich ist,[120] hängt mit der derzeitig dafür noch unzureichenden Infrastruktur[121] und der generell in der Bahnplanung längerfristigen und schrittweisen Vorgehensweise, die «eine Überprüfung eines Schrittes vor Realisierung des nächsten Schrittes»[122] sicherstellen möchte, um zu verhindern, «dass man eine Massnahme auf Sand baue»[123], zusammen[124]. Vorabklärungen haben ergeben, dass für die Realisierung des verdichteten Angebots Infrastrukturausbauten unumgänglich sind.[125] Es wird an mehreren Stellen, statt einer Eingleisigkeit, die den überwiegenden Teil der Wiesentalbahn ausmacht[126], eine Zweigleisigkeit benötigt.[127] Der Grund dafür liegt in der Bewältigung bzw. Koordination der zunehmenden Kreuzungen, die mit der angestrebten Taktverdichtung, die das Angebot zukünftig von zwei auf vier Züge pro Stunde und Richtung erweitert, einhergehen.[128]

Der Auftrag für die Projektierung der oberirdischen Zweigleisigkeit wurde im Herbst 2021 an der Wiesentalkonferenz vom ZRL und dem BAV an die Infrastruktureigentümerin DB-Netz erteilt, die demnächst die Leistungsphasen 1 und 2 nach

---

[119] Internet: https://www.parlament.ch/centers/documents/de/SR_5113_Annex_D.pdf, 291 (Abruf 28.04.2022); Internet: https://www.grosserrat.bs.ch/dokumente/100396/000000396956.pdf, 5 (Abruf 28.04.2022); Internet: https://www.deutschebahn.com/pr-stuttgart-de/aktuell/presseinformationen/215-pm_zrl_regio_s_bahn_wiesentalkonferenz-6581374 (Abruf 26.04.2022)

[120] Internet: https://www.grosserrat.bs.ch/dokumente/100396/000000396956.pdf, 5 (Abruf 26.04.2022)

[121] Interview 1 (Durchführung 29.04.2022)

[122] Internet: https://www.grosserrat.bs.ch/dokumente/100396/000000396956.pdf, 5 (Abruf 26.04.2022)

[123] Internet: https://www.grosserrat.bs.ch/dokumente/100396/000000396956.pdf, 5 (Abruf 26.04.2022)

[124] Internet: https://www.grosserrat.bs.ch/dokumente/100396/000000396956.pdf, 5 (Abruf 26.04.2022)

[125] Internet: https://www.deutschebahn.com/pr-stuttgart-de/aktuell/presseinformationen/215-pm_zrl_regio_s_bahn_wiesentalkonferenz-6581374 (Abruf 26.04.2022)

[126] Internet: https://www.grosserrat.bs.ch/dokumente/100390/000000390319.pdf?t=15681694852019 0911043805, 3 (Abruf 26.04.2022)

[127] Interview 1 (Durchführung 29.04.2022)

[128] Internet: https://www.grosserrat.bs.ch/dokumente/100396/000000396956.pdf, 5 f. (Abruf 28.04.2022)

der HOAI vollziehen wird. Diese umfassen die Grundlagenermittlung und Vorplanung.[129]

2. Finanzierung

Die Planungsregion Nordwestschweiz/Kanton Basel-Stadt reichte im Jahr 2014 dem Bund das Angebotskonzept «Taktverdichtung der S-Bahn Basel Badischer Bahnhof – Lörrach Hauptbahnhof» für den Ausbauschritt 2035 (dazumale noch AS 2030) ein. Dieses wurde im Bereich «Angebotsverbesserungen und Massnahmen im grenzüberschreitenden Verkehr» als grenzüberschreitendes Projekt aufgenommen und durch das Schweizer Parlament im Jahr 2019 beschlossen.[130] Damit hat die Schweiz eine Mitfinanzierung an der Infrastruktur, die für die vorgesehene Taktverdichtung notwendig ist, beschlossen.[131] Von deutscher Seite aus, wird der Ausbau für die Taktverdichtung voraussichtlich nach dem GVFG, gem. welchem der Bund für Investitionen zur Verbesserung der Verkehrsverhältnisse der Gemeinden, Finanzhilfen an die Länder gewährt, gefördert.[132] Sobald im Rahmen der Standardisierten Bewertung die Wirtschaftlichkeit des Vorhabens dargelegt und ein erfolgreicher Antrag auf Förderung nach dem GVFG gestellt wird, erfolgt eine Mitfinanzierung des Projekts durch das Land Baden-Württemberg.[133]

Nach dessen Realisierung, wird das verdichtete Verkehrsangebot gem. Bekanntgabe des Verkehrsministeriums Baden-Württemberg, sowohl von diesem bestellt als auch finanziert.[134]

---

[129] Internet: https://www.grosserrat.bs.ch/dokumente/100396/000000396956.pdf, 6 (Abruf 28.04.2022)
[130] Internet: https://www.parlament.ch/centers/documents/de/SR_5113_Annex_D.pdf, 291 (Abruf 28.04.2022)
[131] Internet: https://www.landtag-bw.de/files/live/sites/LTBW/files/dokumente/WP17/Drucksachen/2000/17_2009_D.pdf, 4 (Abruf 28.04.2022)
[132] Internet: https://www.landtag-bw.de/files/live/sites/LTBW/files/dokumente/WP17/Drucksachen/2000/17_2009_D.pdf, 4 (Abruf 28.04.2022); Internet: https://www.bundestag.de/resource/blob/800742/6f624818c87798dd5a3de9b00a877551/WD-5-103-20-pdf-data.pdf, 4 (Abruf 28.04.2022)
[133] Internet: https://www.landtag-bw.de/files/live/sites/LTBW/files/dokumente/WP17/Drucksachen/2000/17_2009_D.pdf, 4 (Abruf 28.04.2022)
[134] Internet: https://www.landtag-bw.de/files/live/sites/LTBW/files/dokumente/WP17/Drucksachen/2000/17_2009_D.pdf, 2 (Abruf 28.04.2022)

3. Vorteile

Da die Auslastung der S6, wie einleitend erwähnt wurde, sehr gross ist, befürchtet das Land Baden-Württemberg eine Unterversorgung.[135] Die geplante Taktverdichtung bietet eine Möglichkeit, dass einem solchen Szenario entgegengewirkt bzw. der durch die Bevölkerungs- und Arbeitsplatzentwicklung gestiegenen Nachfrage Rechnung getragen werden kann, indem auch zukünftig ein ausreichendes Angebot auf der Wiesentalbahn bereitgestellt wird.[136]

Die mit der Einführung der Taktverdichtung einhergehende Verbesserung des öffentlichen Verkehrs- bzw. Bahnangebots, leistet zugleich einen Beitrag zur Erhöhung des Modalsplits der Bahn,[137] denn gem. der Landrätin des Landkreises Lörrach, Marion Dammann, können auf diese Art und Weise vermehrt Menschen von der S-Bahn, als eine nachhaltige Alternative zum Auto, überzeugt werden.[138]

Die Taktverdichtung trägt darüber hinaus dazu bei, dass der grenzüberschreitende Bahnverkehr unkomplizierter resp. fliessender durchgeführt werden kann.[139]

4. Herausforderungen

Die durchgeführten Machbarkeitsstudien haben gezeigt, dass die für die anvisierte Taktverdichtung notwendigen Ausbauten, auch wenn zum Teil unter schwierigen Bedingungen, technisch grundsätzlich machbar sind.[140]

---

[135] Internet: https://www.verlagshaus-jaumann.de/inhalt.loerrach-ja-zu-neuem-haltepunkt.1aaffe6c-bd1f-408a-9519-c3178a6585b2.html (Abruf 01.05.2022)

[136] Internet: https://vm.baden-wuerttemberg.de/de/service/presse/pressemitteilung/pid/baden-wuerttemberg-stellt-an-politischem-spitzentreffen-eine-taktverdichtung-zwischen-basel-und-loer/ (Abruf 01.05.2022); Internet: https://www.suedkurier.de/region/hochrhein/kreis-waldshut/s-bahn-haltepunkt-zentralklinikum-und-viertelstundentakt-loerrach-basel-planungen-zum-ausbau-der-garten-und-wiesentalbahn-starten;art372586,10940719 (Abruf 03.05.2022)

[137] Internet: https://www.voev.ch/de/Service/content_?download=17986, 34, 38 (Abruf 01.05.2022); Internet: https://www.parlament.ch/centers/documents/de/SR_5113_Annex_D.pdf, 291 (Abruf 01.05.2022)

[138] Internet: https://www.loerrach-landkreis.de/aktuell?view=publish&item=article&id=3784 (Abruf 01.05.2022)

[139] Internet: https://www.baden.fm/nachrichten/regio-s-bahn-ab-2030-zweigleisig-und-taktverdichtet-641873/ (Abruf 01.05.2022)

[140] Internet: https://www.landtag-bw.de/files/live/sites/LTBW/files/dokumente/WP17/Drucksachen/2000/17_2009_D.pdf, 4 (Abruf 01.05.2022)

Zu beachten gilt jedoch, dass sich der Ausbau der Wiesentalbahn auf den Naturschutz und angrenzende Nutzungen auswirkt, und deshalb von einigen betroffenen Gebieten Kritik an der angehenden Verdichtung des Taktes ausgeübt wird.[141]

Die Gemeinde Steinen vertritt bspw. die Ansicht, dass bereits die durch den aktuellen Takt verursachten Schliesszeiten am Bahnübergang in der Eisenbahnstrasse oft lange Rückstaus verursachen.[142]

Seitens der Gemeinde Riehen, die eine Verdoppelung des Angebots grds. befürwortet, wird Widerstand gegen den geplanten partiellen oberirdischen Doppelspurausbau geleistet, der u.a. durch das historische Zentrum von Riehen, das bereits heute von der Bahnlinie betroffen ist, verlaufen würde.[143] Als Begründung wird angeführt, dass die Zweigleisigkeit aufgrund der engen Platzverhältnisse im Dorfkern nur schwer zu verwirklichen ist und das Dorf durch die zukünftig vermehrten Wartezeiten auf der Strasse noch stärker zweigeteilt werden würde.[144] Zudem würde der Lärm zunehmen, die Verkehrswege erschwert werden und Enteignungen drohen.[145]

Aus diesem Grund unterbreitete Riehen zwei Vorschläge, die möglicherweise als Alternativen zur oberirdischen Zweigleisigkeit in Betracht kommen könnten. Eine der beiden Varianten beinhaltet den Ausbau über Weil am Rhein.[146] Dies scheint aus der Sicht mehrerer Personen, die Stellung zu diesem Vorschlag bezogen haben, jedoch als eher unwahrscheinlich. Dies deshalb, weil es als eine unattrak-

---

[141] Internet: https://www.landtag-bw.de/files/live/sites/LTBW/files/dokumente/WP17/Drucksachen/2000/17_2009_D.pdf, 4 (Abruf 01.05.2022); Internet: https://www.badische-zeitung.de/landkreis-zahlt-ein-drittel–212924815.html#downloadpaper (Abruf 18.05.2022).

[142] Internet: https://www.badische-zeitung.de/landkreis-zahlt-ein-drittel–212924815.html#downloadpaper (Abruf 18.05.2022).

[143] Internet: https://www.bzbasel.ch/basel/basel-stadt/s-bahn-beim-doppelspurausbau-zu-passiv-harsche-kritik-am-riehener-gemeinderat-ld.2267886 (Abruf 03.05.2022); Internet: https://www.parlament.ch/centers/documents/de/SR_5113_Annex_D.pdf, 291 (Abruf 03.05.2022).

[144] Internet: https://www.bzbasel.ch/basel/basel-stadt/s-bahn-beim-doppelspurausbau-zu-passiv-harsche-kritik-am-riehener-gemeinderat-ld.2267886 (Abruf 03.05.2022); Internet: https://telebasel.ch/2021/10/12/fdp-fordert-unterirdische-s-bahn-in-riehen/?channel=105100 (Abruf 03.05.2022).

[145] Internet: https://www.parlament.ch/centers/documents/de/SR_5113_Annex_D.pdf, 291 (Abruf 03.05.2022); Internet: https://telebasel.ch/2021/10/12/fdp-fordert-unterirdische-s-bahn-in-riehen/?channel=105100 (Abruf 03.05.2022).

[146] Internet: https://telebasel.ch/2021/12/06/s-bahn-ausbau-in-riehen-wird-zum-seilziehen/?channel=105100 (Abruf 03.05.2022).

tive und unpraktikable Lösung erscheint, von Lörrach via Weil am Rhein zum Badischen Bahnhof zu gelangen, wenn ein halbstündiger Takt ohnehin bereits existiert.[147]

Der zweite Vorschlag beinhaltet die Planung eines unterirdischen Ausbaus. Der Bundesrat hat zu dieser Option bereits Stellung bezogen und dargelegt, dass der Bund hinsichtlich des AS2035 grundsätzlich die wirtschaftlichste Lösung, d.h. den «Doppelspurausbau ohne Tieferlegung im Bereich der Gemeinde Riehen»[148] mitfinanziert, deren Kosten sich gem. der Studie Obermeyer, im Gegensatz zur unterirdischen Zweigleisigkeit, die Kosten in der Höhe von etwa 200 Millionen Euro (+/− 50 Prozent) verursachen würde, auf ca. 30 Millionen Euro belaufen.[149] Auf dieser wirtschaftlichsten Lösung basierte auch die Evaluation des Angebotskonzeptes zum AS2035.[150]

Da die Ortschaft Riehen aber im Bundesinventar der schützenswerten Ortsbilder der Schweiz von nationaler Bedeutung (ISOS) verzeichnet ist, sollte deren ungeschmälerter Erhalt bzw. grösstmögliche Schonung sichergestellt werden. Eine Ausnahme ist allerdings im NHG verankert: Gem. Art. 6 Abs. 2 NHG darf bei Erfüllung einer Bundesaufgabe, worunter u.a. die Finanzierung von Anlagen oder Werken des Bundes fällt, ein Abweichen von der ungeschmälerten Erhaltung in Erwägung gezogen werden, wenn ihr gleich- oder höherwertige Interessen ebenso von nationaler Bedeutung entgegenstehen. Diesfalls sollen alle in Betracht kommenden Varianten einer sorgfältigen Prüfung unterzogen werden.[151]

Da die Untersuchung der von Riehen geforderten Tieferlegung im Bereich von Riehen in der Planungsphase der DB Netz denkbar ist, wird zwischen den Projektpartnern darüber konsultiert. Die zusätzliche Prüfung einer solchen Tieferlegung

---

[147] Internet: https://telebasel.ch/2021/12/06/s-bahn-ausbau-in-riehen-wird-zum-seilziehen/?channel=105100 (Abruf 03.05.2022); Internet: https://www.bzbasel.ch/basel/podiumsdiskussion-doppelspurausbau-der-s-bahn-loerracher-erteilen-der-gemeinde-riehen-eine-absage-ld.2215137 (Abruf 03.05.2022)

[148] Internet: https://www.parlament.ch/centers/documents/de/SR_5113_Annex_D.pdf, 292 (Abruf 03.05.2022)

[149] Internet: https://www.parlament.ch/centers/documents/de/SR_5113_Annex_D.pdf, 291 f. (Abruf 03.05.2022); Internet: https://www.grosserrat.bs.ch/dokumente/100396/000000396956.pdf, 6 (Abruf 03.05.2022)

[150] Internet: https://www.parlament.ch/centers/documents/de/SR_5113_Annex_D.pdf, 292 (Abruf 03.05.2022)

[151] Internet: https://www.parlament.ch/centers/documents/de/SR_5113_Annex_D.pdf, 292 (Abruf 04.05.2022)

kommt jedoch nur bei einer Finanzierung der Mehrkosten (Differenz zur wirtschaftlichsten Lösung) durch Dritte in Frage.[152]

Es kann festgehalten werden, dass das Projekt der Taktverdichtung die Beteiligten noch einige Zeit beschäftigen wird und sowohl die Art als auch der Ort des Ausbaus der Wiesentalbahn erst nach erfolgreicher Bereinigung der Differenzen zwischen den involvierten Parteien erfolgen kann.[153]

B. Herzstück

1. Gegenstand

Das Angebot im grenzüberschreitenden Verkehr wurde in den letzten 20 Jahren im Bereich der S-Bahn insb. im Wiesental und in der Nordwestschweiz stark verbessert, indem seither u.a. Bahnhöfe umgebaut oder zumindest Haltestellen mit einheitlichem Perron-Niveau errichtet wurden, moderne Züge eingesetzt werden oder grösstenteils ein Halbstundentakt gewährleistet wird.[154] Für die Strecke von Basel nach Lörrach war der Einbau einer Weiche, der im Jahr 2006 im Badischen Bahnhof erfolgte, ausschlaggebend. Durch diese eine Weiche konnte der durchgehende Betrieb von Basel SBB direkt über den Badischen Bahnhof nach Lörrach ermöglicht werden, was bedeutet, dass seither keine Umstiege am Badischen Bahnhof mehr erforderlich sind.[155]

Trotz der vorgenommenen Verbesserungen kann die Infrastruktur, die sich bereits heute an der Belastungsgrenze bewegt, dem Umstand, dass Basel «über die Grenze hinaus zu einer wirtschaftlich und bevölkerungsmässig starken Region zusammengewachsen»[156] ist und sich die Nachfrage v.a. im grenzüberschreitenden Verkehr laut Prognosen bis ins Jahr 2040 verdoppeln wird, nicht mehr standhalten.[157]

---

[152] Internet: https://www.parlament.ch/centers/documents/de/SR_5113_Annex_D.pdf, 292 (Abruf 04.05.2022); Internet: https://www.grosserrat.bs.ch/dokumente/100396/000000396956.pdf, 6 (Abruf 04.05.2022)

[153] Internet: https://telebasel.ch/2021/12/06/s-bahn-ausbau-in-riehen-wird-zum-seilziehen/?channel=105100 (Abruf 04.05.2022)

[154] Internet: https://www.grosserrat.bs.ch/dokumente/100396/000000396956.pdf, 4 (Abruf 04.05.2022)

[155] Interview 1 (Durchführung 29.04.2022)

[156] Internet: https://www.bahnknotenbasel.ch (Abruf 05.05.2022)

[157] Internet: https://www.bahnknotenbasel.ch (Abruf 05.05.2022); Internet: https://www.grosserrat.bs.ch/dokumente/100396/000000396956.pdf, 4 (Abruf 05.05.2022)

Das Hauptproblem besteht in der vorwiegenden Nutzung der beiden Bahnhöfe (Basel SBB und Badischer Bahnhof) als Sackbahnhöfe, was bedeutet, dass die S-Bahnen die Fahrtrichtung wechseln müssen, damit sie retour aus dem Bahnhof gelangen können.[158] Diese Wendemanöver können anhand einer Reise von Liestal (Schweiz) nach Lörrach (Deutschland) besonders gut aufgezeigt werden: «Die S-Bahn fährt in den Bahnhof SBB ein, wendet, fährt über den Rhein in den Badischen Bahnhof, wendet wieder, um dann in Richtung Norden weiterzufahren»[159].[160]

Was daraus folgt, ist eine Kapazitätseinschränkung beider Bahnhöfe, da die Geleise bei den Ein- und Ausfahrten, statt als Anschlussknoten zu dienen, freigehalten werden müssen.[161] Zudem kommt es zu langen Haltezeiten in den beiden genannten Bahnhöfen, vielen Umsteigevorgängen, Zeitverluste der Züge und deren gegenseitige Behinderung bei den Ein- und Ausfahrten.[162] Diese vorhandenen Defizite bekommen Reisende insb. dann zu spüren, «wenn sie nicht nur ein-, aus- oder umsteigen, sondern durchfahren möchten und ihr Zug warten müsse, bis der zuvor eingefahrene Zug wieder in die gleiche Richtung ausgefahren sei»[163].[164] Die Fahrt mit der S-Bahn aus dem Wiesental zum Bahnhof SBB war eine Zeitlang lediglich mit einer achtminütigen Wartezeit am Badischen Bahnhof möglich. Das Paradoxe daran ist, dass in der gleichen Zeitspanne das Ziel mit der Tramlinie 2 hätte erreicht werden können.[165]

---

[158] Internet: https://www.bahnknotenbasel.ch (Abruf 05.05.2022).; Internet: https://www.bss-basel.ch/files/berichte/BSS_Herzstueck%20Basel%20Nutzen%20fuer%20die%20Schweiz.pdf, 8 (Abruf 05.05.2022); Internet: https://www.grosserrat.bs.ch/dokumente/100396/000000396956.pdf, 4 (Abruf 05.05.2022)

[159] Internet: https://www.bss-basel.ch/files/berichte/BSS_Herzstueck%20Basel%20Nutzen%20fuer%20die%20Schweiz.pdf, 8 (Abruf 05.05.2022)

[160] Internet: https://www.bss-basel.ch/files/berichte/BSS_Herzstueck%20Basel%20Nutzen%20fuer%20die%20Schweiz.pdf, 8 (Abruf 05.05.2022)

[161] Internet: https://www.grosserrat.bs.ch/dokumente/100396/000000396956.pdf, 5 (Abruf 06.05.2022)

[162] Internet: https://www.bahnknotenbasel.ch (Abruf 06.05.2022); Internet: https://www.bss-basel.ch/files/berichte/BSS_Herzstueck%20Basel%20Nutzen%20fuer%20die%20Schweiz.pdf, 8 (Abruf 06.05.2022)

[163] Internet: https://www.grosserrat.bs.ch/dokumente/100396/000000396956.pdf, 5 (Abruf 06.05.2022)

[164] Internet: https://www.grosserrat.bs.ch/dokumente/100396/000000396956.pdf, 5 (Abruf 06.05.2022)

[165] Internet: https://www.grosserrat.bs.ch/dokumente/100396/000000396956.pdf, 5 (Abruf 06.05.2022)

Mit dem «Herzstück», einer geplanten unterirdischen Neubaustrecke, soll die Verbindung des Bahnhofes Basel SBB mit dem Badischen Bahnhof und dem Bahnhof St. Johann erfolgen. Zudem werden entlang der genannten Strecke zwei neue S-Bahn-Haltestellen (Basel Mitte und Basel Klybeck) angestrebt.[166] Auf diese Art und Weise könnte die derzeitig (noch) «fehlende Verbindung – der Missing Link –»[167] zwischen den sechs Bahnstrecken, die auf Basel zulaufen, im Bahnnetz der Region hergestellt werden.[168]

Für die Vorprojektierung des Herzstücks wurde der Verein AggloBasel von den Halbkantonen BS und BL beauftragt. Die Aufgabe bestand in der Abklärung der Erkenntnisse, die in der Vorstudienphase (2000–2012) gemacht wurden. Im Zuge der Neuorganisation des Bahnknotens Basel wurde der Vertrag mit AggloBasel gekündigt und die Leitung infolge an ein Konsortium BS/BL mit einem mandatierten Geschäftsführer delegiert.[169]

In den Jahren 2016/2017 legte das Konsortium die wesentlichsten Komponenten des Herzstücks fest, dessen Ergebnisse im April 2017 in einem Synthesebericht veröffentlicht wurden.[170] Dessen Basis bildet das Angebotskonzept von trireno für den Regionalverkehr. Die Variante «HOCH Y», bei der die Durchmesserstrecke oberirdisch verläuft und so an die beiden grossen Basler Bahnhöfe angeschlossen und mit zwei Haltestellen (Basel Mitte und Klybeck) bereichert wird, entpuppte sich für die Eingliederung des Herzstücks in die beiden Bahnhöfe (Basel SBB und Badischer Bahnhof) als die beste Variante. Anschliessend wurde im April 2017 der Synthesebericht dem BAV übergeben.[171]

---

[166] Internet: https://www.trireno.org/files/trireno/daten/pdf/projektdatenblaetter/projektdatenblatt-25.pdf, 1 (Abruf 18.05.2022)
[167] Internet: https://baselland.talus.ch/de/politik/cdws/dok_geschaeft.php?did=5fad1ad0361249c286d7931dcaf5dafd-332&filename=Vorlage_des_Regierungsrats&v=4&r=PDF&typ=pdf, 5 (Abruf 20.05.2022)
[168] Internet: https://baselland.talus.ch/de/politik/cdws/dok_geschaeft.php?did=5fad1ad0361249c286d7931dcaf5dafd-332&filename=Vorlage_des_Regierungsrats&v=4&r=PDF&typ=pdf, 5 (Abruf 20.05.2022); Internet: https://www.trireno.org/files/trireno/daten/pdf/projektdatenblaetter/projektdatenblatt-25.pdf, 1 (Abruf 20.05.2022)
[169] Internet: https://baselland.talus.ch/de/politik/cdws/dok_geschaeft.php?did=5fad1ad0361249c286d7931dcaf5dafd-332&filename=Vorlage_des_Regierungsrats&v=4&r=PDF&typ=pdf, 2, 6 (Abruf 20.05.2022); Internet: https://www.bahnknotenbasel.ch/entwicklung (Abruf 08.05.2022)
[170] Internet: https://www.grossrat.bs.ch/dokumente/100396/000000396532.pdf, 1 (Abruf 08.05.2022)
[171] Internet: https://www.bahnknotenbasel.ch/entwicklung (Abruf 08.05.2022)

Die Zuständigkeit für die Realisierung des Bahnknotens Basel ging am 1. Januar 2020 mit Inkrafttreten des Bundesbeschlusses zum STEP-Ausbauschritt 2035 auf den Bund (resp. das BAV) über. Infolgedessen erfolgt seither auch die Planung des Bahnknotens (inkl. des Herzstücks) unter Federführung des Bundes, wobei der Kanton Basel-Stadt die Planungen weiterhin unterstützt.[172]

Der Bund hat zwischenzeitlich eine strategische Planung, die auf lange Frist ausgerichtet ist und die gesamte Bahninfrastruktur der Region Basel betrifft, in Angriff genommen. Dafür wurden die SBB vom BAV zur Erarbeitung eines 5-Punkte-Planes beauftragt, worin mittels einer Nachfrageabschätzung die Angebotskonzepte sämtlicher Schienenverkehre für den Horizont übermorgen bzw. 2050+ bestimmt wurden.[173]

Gestützt darauf, haben am 21. Juni 2021 die Partner, die am 5-Punkte-Plan beteiligt sind (BAV, beide Balser Halbkantone, SBB, Deutsche Bahn und Schweizerische Rheinhäfen) den Stossrichtungsentscheid getroffen. Demzufolge muss die Bahninfrastruktur mit dem Herzstück (in Y-Konfiguration), der neuen Haltestelle «Basel Mitte» und einem Tiefbahnhof Basel SBB ausgebaut werden.[174]

Über die Art und Weise des Anschlusses des Badischen Bahnhofs und zusätzliche Haltestellen wurde noch nicht entschieden, weshalb Abklärungen dazu in der Vorstudie «Kapazitätsausbau Bahnknoten Basel» von 2022–2024 erfolgen werden.[175]

Das nationale Parlament wird gem. aktuellem Stand anlässlich des nächsten Ausbauschrittes im Jahr 2027 einen Entscheid über erste Realisierungsschritte tref-

---

[172] Internet: https://www.grosserrat.bs.ch/dokumente/100396/000000396532.pdf, 1 f. (Abruf 08.05.2022); Internet: https://www.bahnknotenbasel.ch/entwicklung (Abruf 08.05.2022)

[173] Internet: https://www.grosserrat.bs.ch/dokumente/100396/000000396532.pdf, 2 (Abruf 11.05.2022); Internet: https://www.google.com/url?sa=t&rct=j&q=&esrc=s&source=web&cd=&ved=2ahUKEwjs2paGy-73AhXDNuwKHeDNB0AQFnoECBoQAQ&url=https%3A%2F%2Fwww.bav.admin.ch%2Fdam%2Fbav%2Fde%2Fdokumente%2Finfrastruktur%2FSIS%2Fob-2-1-raum-basel.pdf&usg=AOvVaw0WMa-URC5Ad2IPMxFDAjSC, 120 (Abruf 11.05.2022)

[174] Internet: https://www.grosserrat.bs.ch/dokumente/100396/000000396532.pdf, 2 (Abruf 11.05.2022); Internet: https://www.bahnknotenbasel.ch/entwicklung (Abruf 10.05.2022)

[175] Internet: https://www.grosserrat.bs.ch/dokumente/100396/000000396532.pdf, 2 (Abruf 12.05.2022); Internet: https://www.rapp.ch/de/news/2022-02/planung-herzstueck-basel-wird-konkretisiert (Abruf 11.05.2022)

fen.[176] Seitens der Parteien wird 2035 mit dem Baubeginn und 2050 mit der Fertigstellung gerechnet.[177]

2. Finanzierung

Für die Planung und Projektierung des Herzstücks sind vom Bund im Ausbauschritt 2035 100 Millionen Franken zur Verfügung gestellt worden.[178]

Dadurch, dass das Projekt wie bereits vorstehend erwähnt, in STEP aufgenommen wurde, hat der Bund nebst der Planung auch die Finanzierung übernommen. Infolgedessen wird der im Jahr 2014 vom Grossen Rat bewilligte Projektierungskredit in der Höhe von über 20 Millionen Franken nicht mehr weiter benötigt und der Kanton Basel-Stadt kann die Leistungen, die bis 2019 für die Projektierung angefallen sind, abrechnen.[179]

Betreffend die Umsetzung der geplanten Bahninfrastruktur, wurden noch keine finanziellen Mittel bereitgestellt.[180] Da die Kosten für den Ausbau des Bahnknotens Basel einige Milliarden Franken betragen werden, wovon ein beträchtlicher Teil auf das Herzstück und den Tiefbahnhof Basel zurückzuführen ist, wird eine Finanzierung des Bundes über mehrere Bahn-Ausbauschritte erforderlich sein.[181]

Ende 2026 dürfte die Übergabe der Botschaft für den nächsten Ausbauschritt an das Bundesparlament erfolgen.[182]

---

[176] Internet: https://www.grosserrat.bs.ch/dokumente/100396/000000396532.pdf, 2 (Abruf 12.05.2022)

[177] Internet: https://www.trireno.org/files/trireno/daten/pdf/projektdatenblaetter/projektdatenblatt-25.pdf (Abruf 13.05.2022)

[178] Internet: https://www.grosserrat.bs.ch/dokumente/100396/000000396532.pdf, 2 (Abruf 13.05.2022); Internet: https://www.google.com/url?sa=t&rct=j&q=&esrc=s&source=web&cd=&cad=rja&uact=8&ved=2ahUKEwjfrZCEqv33AhUZtaQKHQuxBAUQFnoECAoQAQ&url=https%3A%2F%2Fwww.regierungsrat.bs.ch%2Fdam%2Fjcr%3A4d4b9d39-d2ff-4c1c-afb8-84acb8078f71%2Fvernehmlassung-oev-programm-2022-2025-entwurf.pdf&usg=AOvVaw0Dxs7FNQV3siL08ppGEGm-, 60 (Abruf 14.05.2022)

[179] Internet: https://www.google.com/url?sa=t&rct=j&q=&esrc=s&source=web&cd=&cad=rja&uact=8&ved=2ahUKEwjfrZCEqv33AhUZtaQKHQuxBAUQFnoECAoQAQ&url=https%3A%2F%2Fwww.regierungsrat.bs.ch%2Fdam%2Fjcr%3A4d4b9d39-d2ff-4c1c-afb8-84acb8078f71%2Fvernehmlassung-oev-programm-2022-2025-entwurf.pdf&usg=AOvVaw0Dxs7FNQV3siL08ppGEGm-, 60 f. (Abruf 14.05.2022)

[180] Internet: https://www.grosserrat.bs.ch/dokumente/100396/000000396532.pdf, 2 (Abruf 14.05.2022)

[181] Internet: https://www.bahnknotenbasel.ch/finanzierung (Abruf 12.05.2022)

[182] Internet: https://uploads-ssl.webflow.com/60c08d5e6a77f56cf7fe7a8d/60d5ebe97b125220865656eb_MM_Herzstueck_20210625.pdf, 2 (Abruf 14.05.2022)

3. Vorteile

Die durch das Herzstück entstehende Durchmesserlinie führt dazu, dass zahlreiche Reiseziele sowohl schneller als auch umstiegslos erreicht werden können. Insbesondere aber, wird in den beiden Bahnhöfen (Basel SBB und Basel Badischer Bahnhof) durch den Wegfall der komplizierten und zeitintensiven Wendemanöver ein leistungsstärkerer Bahnbetrieb sichergestellt.[183] Diese Effizienzsteigerung wirkt sich wie folgt auf dieselbe wie in Kapitel 5.2.1 (Situation ohne Herzstück) genannten Strecke von Liestal nach Lörrach aus: Die S-Bahn fährt von Liestal in den Bahnhof SBB und taucht, ohne zu wenden, in den Tunnel ab. Danach gelangt sie vor dem Badischen Bahnhof wieder an die Oberfläche und kann direkt nach Lörrach weiterfahren.[184]

Laut Interviewpartner 1 stellt das Herzstück eine Möglichkeit dar, die durchgehende Linie S6, welche zurzeit lediglich durch die eingesetzte Weiche ermöglicht werden kann, noch weiter zu optimieren.[185]

Zudem könnte die in Kapitel 5.1 thematisierte Taktverdichtung auf der S6, die zwischen Lörrach Hbf und Basel Badischer Bahnhof geplant wird, in einem zweiten Schritt mittels dem Herzstück bis Basel SBB bzw. darüber hinaus verlängert werden, womit diese ihre volle Wirkung entfalten könnte.[186] An dieser Stelle sei jedoch anzumerken, dass umgekehrt ebenfalls ein gewisses Abhängigkeitsverhältnis besteht, da bei ausbleibender Umsetzung des Viertelstundentaktes auf der S6 gem. dem Geschäftsführer von Agglo Basel zwei Züge in Richtung Herzstück fehlen würden. Folglich wäre das Angebot kleiner und würde den Zug vom Wiesental nach Liestal bzw. ins Fricktal nicht beinhalten. Bei Eintritt eines solchen Szenarios, zweifelt er an der ökonomischen Sinnhaftigkeit des Herzstücks, da dieses «dadurch mit einer gewissen Wahrscheinlichkeit beeinträchtigt»[187] werden würde.[188]

---

[183] Internet: https://www.trireno.org/files/trireno/daten/pdf/projektdatenblaetter/projektdatenblatt-25.pdf (Abruf 14.05.2022)
[184] Internet: https://www.bss-basel.ch/files/berichte/BSS_Herzstueck%20Basel%20Nutzen%20fuer%20die%20Schweiz.pdf, 9 (Abruf 15.05.2022)
[185] Interview 1 (Durchführung 29.04.2022)
[186] Internet: https://www.trireno.org/de/infrastrukturprojekte/garten-und-wiesentalbahn.html (Abruf 13.05.2022); Internet: https://www.parlament.ch/centers/documents/de/SR_5113_Annex_D.pdf, 291 (Abruf 13.05.2022)
[187] Internet: https://www.grosserrat.bs.ch/dokumente/100396/000000396956.pdf, 10 (Abruf 13.05.2022)
[188] Internet: https://www.grosserrat.bs.ch/dokumente/100396/000000396956.pdf, 10 (Abruf 13.05.2022)

Generell kann festgehalten werden, dass durch «ein gut ausgebautes, grenzüberschreitendes Verkehrsnetz»[189] die Leistungsfähigkeit des Bahnknotens gesteigert und dem zunehmenden Bevölkerungswachstum Rechnung getragen werden kann.[190] Aufgrund der schnelleren und besseren Verkehrsverbindungen in das Zentrum Basels können zudem mehr Menschen funktional der Agglomeration angehören, was zu einer Erhöhung der Agglomerationseffekte, der Produktivität und des Wirtschaftswachstums führt.[191]

Den vom Bund festgelegten Klimazielen kann insofern nähergekommen werden, als dass durch das Herzstück pro Jahr eine Reduktion der Treibhausgasemissionen im Umfang von 26'000 t CO_2 bewirkt werden kann.[192]

Die Umsetzung des Herzstücks wirkt sich sodann positiv auf weitere öffentliche Verkehrsmittel aus, da durch die Ermöglichung neuer Haltestellen sowohl ideale Verbindungen des Basler Bus- und Tramnetzes an die S-Bahn gewährleistet als auch Letzteres entlastet werden kann.[193]

4. Herausforderungen

Da das Herzstück das Kernelement des Bahnknotens Basel und somit auch des gesamten Projektportfolios ist, kann dessen Planung und spätere Umsetzung lediglich unter Berücksichtigung der übrigen Projekte vonstattengehen. Was folgt, sind langwierige Planungsprozesse und grosse bauliche Herausforderungen.[194] In Basel-Stadt und Basel-Land müssen etliche Anpassungen an der gesamten Umge-

---

[189] Internet: https://www.bahnknotenbasel.ch (Abruf 15.05.2022)

[190] Internet: https://www.bahnknotenbasel.ch (Abruf 17.05.2022); Internet: https://www.bss-basel.ch/files/berichte/BSS_Herzstueck%20Basel%20Nutzen%20fuer%20die%20Schweiz.pdf, 4 (Abruf 17.05.2022)

[191] Internet: https://www.bss-basel.ch/files/berichte/BSS_Herzstueck%20Basel%20Nutzen%20fuer%20die%20Schweiz.pdf, 4 (Abruf 18.05.2022)

[192] Internet: https://www.bss-basel.ch/files/berichte/BSS_Herzstueck%20Basel%20Nutzen%20fuer%20die%20Schweiz.pdf, 25 (Abruf 18.05.2022)

[193] Internet: https://www.trireno.org/files/trireno/daten/pdf/projektdatenblaetter/projektdatenblatt-25.pdf (Abruf 18.05.2022); Internet: https://www.bahnknotenbasel.ch/argumente (Abruf 16.05.2022)

[194] Internet: https://www.google.com/url?sa=t&rct=j&q=&esrc=s&source=web&cd=&ved=2ahUKEwiAn_vQw_H3AhXL0KQKHdH4Ds8QFnoECBAQAQ&url=https%3A%2F%2Fwww.bs.ch%2Fdam%2Fjcr%3Ab11638ce-ac46-4421-a4fd-5ad91efcef4e%2F180824_Standbericht%2520BS%2520und%2520BL.pdf&usg=AOvVaw0e1uIH_uI9zzbywRaQjBl4, 3, 4 (Abruf 20.05.2022); Internet: https://www.bzbasel.ch/amp/basel/basel-stadt/herzstuck-uberfordert-planer-sie-scheitern-schon-an-den-zufahrten-ld.1313753 (Abruf 20.05.2022)

bung vorgenommen werden. Darunter fallen u.a. der Ausbau der Perronzugänge, die Verbesserung der Erschliessung der Bahnhöfe und die Optimierung der Fahrpläne von Bus und Tram.[195]

Eine weitere Herausforderung stellen die Investitionskosten in Milliardenhöhe dar.[196]

Sowohl die vielen und komplexen Planungsschritte als auch die hohen Investitionskosten führen dazu, dass es bis zur Realisierung des Vorhabens noch mehrere Jahrzehnte dauern wird.[197]

D.   Elektrifizierung

1.   Begriff

Die Elektrifizierung der Schiene im klassischen Sinne gestaltet sich derartig, dass eine gewisse Bahnstrecke mit einer Oberleitung oder einer Stromschiene ausgestaltet wird.[198] Insofern beziehen die Züge ihre elektrische Antriebsenergie direkt von der Oberleitung oder von der Schiene selbst. Stromschienen werden in Deutschland jedoch nur in den Städten Berlin und Hamburg für die S-Bahnnetze verwendet. Heute gibt es aber bereits neue alternative elektrifizierte Antriebe. Namentlich sind dies Batterie-Triebzüge oder Brennstoffzellen-Triebzüge auf Wasserstoffbasis. Damit man schneller vollständige Elektromobilität im Bahnverkehr erreichen kann, sollte man beide Ansätze verfolgen und kombinieren.[199]

---

[195] Internet: https://www.bzbasel.ch/amp/basel/basel-stadt/herzstuck-uberfordert-planer-sie-scheitern-schon-an-den-zufahrten-ld.1313753 (Abruf 20.05.2022)

[196] Internet: https://www.google.com/url?sa=t&rct=j&q=&esrc=s&source=web&cd=&ved=2ahUKEwjh_IDf9v33AhWEyKQKHTY8BsMQFnoECAIQAQ&url=https%3A%2F%2Fwww.bs.ch%2Fdam%2Fjcr%3Ae5d208f5-5cb8-4ab6-a5bd-9895e616e004%2F30_schlussbericht_vorstudien_Herzstueck.pdf&usg=AOvVaw08eSaGkhkF9QaTrTsQ6S6A, 43 (Abruf 20.05.2022)

[197] Internet: https://www.trireno.org/files/trireno/daten/pdf/projektdatenblaetter/projektdatenblatt-25.pdf (Abruf 21.05.2022); Internet: https://www.bahnknotenbasel.ch/finanzierung (Abruf 22.05.2022)

[198] Internet https://www.umweltnetz-schweiz.ch/themen/bildung/3086-so-wurde-die-eisenbahn-oekologisch.html (Abruf 14.05.2022)

[199] Internet: https://www.allianz-pro-schiene.de/themen/infrastruktur/elektrifizierung-bahn/# (Abruf 13.05.2022)

2. Gegenstand

Im Jahr 2021 waren ungefähr 61 Prozent des deutschen Schienennetzes elektrifiziert. Das heisst, die Bahnlinien sind mit Oberleitungen ausgestattet und damit für E-Triebwagen betriebsfähig. Das elektrifizierte Netz überspannt viele Hauptstrecken. Dennoch gibt es weiterhin einen hohen Elektrifizierungsbedarf. Verwunderlich ist, dass stark befahrene Streckenabschnitte teils noch nicht elektrifiziert wurden. Dies nicht zuletzt, weil die Elektrifizierung zu langsam voranschreitet. Oftmals können Strecken, die nur teilelektrifiziert sind, nur von Dieselzügen, nicht aber von E-Zügen befahren werden. Dadurch wird das Potential nicht genügend ausgeschöpft, weil die Eisenbahnverkehrsunternehmen gezwungen werden, an ihrer alten Technik festzuhalten. Folglich kann festgehalten werden, dass Deutschland im Vergleich zu anderen europäischen Ländern mit der Elektrifizierung der Eisenbahnstrecken hinterherhinkt und sich bloss im Mittelfeld befindet. Dadurch, dass die Schweiz die Vorreiterin in Sachen Elektrifizierung der Eisenbahnstrecken ist, kann Deutschland in Form der internationalen grenzüberschreitenden Zusammenarbeit von ihr profitieren.[200]

Besonders im grenzüberschreitenden Kontext, hat Deutschland noch ein grosses Verbesserungspotential. Denn von den 57 grenzüberschreitenden Bahnlinien sind nur 27 elektrifiziert, sprich mit einer Oberleitung ausgestattet. Es gilt jedoch festzuhalten, dass jegliche Grenzübergänge zur Schweiz mit einer Oberleitung ausgestattet sind.[201]

3. Finanzierung am Beispiel Elektrifizierung der Hochrheinbahn

Die Bahnstrecke, welche doppelspurig von Basel Bad Bahnhof bis Waldshut verläuft, ist die einzige Strecke, die noch von Dieselzügen befahren wird. Dadurch, dass dieselbetriebene Eisenbahnen kein befriedigendes Angebot für die Fahrgäste erbringen können, haben die beteiligten Partner aus Deutschland und der Schweiz beschlossen, den noch nicht elektrifizierten Streckenabschnitt der 75 km langen Bahnlinie (Basel Bad Bahnhof–Waldshut–Erzingen) zu elektrifizieren und integral auszubauen.[202] Im Jahr 2017 haben das Land Baden-Württemberg, die

---

[200] Internet: https://www.allianz-pro-schiene.de/themen/infrastruktur/schienennetz/# (Abruf 13.05.2022)
[201] Internet: https://www.allianz-pro-schiene.de/themen/infrastruktur/elektrifizierung-bahn/# (Abruf 14.05.2022)
[202] Internet: https://www.trireno.org/de/infrastrukturprojekte/hochrheinbahn.html (Abruf 18.05.2022)

Landkreise Lörrach und Waldshut, der Kanton Basel-Stadt, die DB Netz AG sowie die DB Energie GmbH die nötigen Verträge betreffend Finanzierung der Planung der Elektrifizierung abgeschlossen.[203] 2019 wurden die genannten Verträge um die Finanzierung des Ausbaus der Strecke erweitert.[204] Neben den bereits erwähnten Finanzierungspartnern, leistete auch das Interreg-Programm der EU einen Beitrag in der Höhe von fünf Millionen Euro an die Planungskosten.[205]

Die Planungskosten von rund 22 Millionen Euro verteilen sich dabei wie folgt: fünf Millionen Euro übernimmt die EU. Von den restlichen Kosten übernimmt das Land Baden-Württemberg 6,7 Millionen Euro, der Landkreis Waldshut 4,4 Millionen Euro, der Landkreis Lörrach 3,4 Millionen Euro und der Kanton Basel-Stadt 2,3 Millionen Euro. Verhandelt wird noch mit den Städten und Gemeinden entlang der Strecke bezüglich Mitfinanzierung der jeweiligen Haltestelleplanungen.[206]

Ursprünglich rechnete man mit 160 Millionen Euro als Gesamtkosten für die Planung und den Bau im Projekt der Elektrifizierung. Die derzeitige Kostenschätzung liegt bei 180 Millionen Euro allein für die Elektrifizierung angesichts der derzeitigen Marktpreisentwicklung im Bausektor. Zudem werden die Kosten durch die zusätzlichen Ausbaumassnahmen erheblich erhöht. In der Folge setzte die Deutsche Bahn zum Preisstand von 2018 eine Gesamtinvestition in der Höhe von 290 Millionen Euro an.[207]

Gestützt auf die Regelungen des GVFG-Bundesprogrammes (Gemeindeverkehrsfinanzierungsgesetz) finanziert die Bundesrepublik Deutschland einen grossen Teil der Baukosten. Bereits im Jahr 2019 hat der deutsche Bund die Elektrifizierung der Hochrheinbahn in das eben genannte Programm bedingt eingefügt. Die noch verbleibenden Kosten sollen zwischen der deutschen und Schweizer Seite aufgeteilt werden.[208]

---

[203] Internet: https://www.die-hochrheinbahn.com/zusammenarbeit (Abruf 18.05.2022)
[204] Internet: https://www.die-hochrheinbahn.com/Resources/Persistent/d/6/c/d/d6cd756934ff32c703198ab709db5a7d8190fb2f/broschuere-hochrheinbahn.pdf (Abruf 18.05.2022)
[205] Internet: https://www.die-hochrheinbahn.com/zusammenarbeit (Abruf 18.05.2022)
[206] Internet: https://www.baden-wuerttemberg.de/de/service/presse/pressemitteilung/pid/hochrheinbahn-wird-elektrifiziert-und-ausgebaut-1/ (Abruf 18.05.2022)
[207] Internet: https://www.baden-wuerttemberg.de/de/service/presse/pressemitteilung/pid/hochrheinbahn-wird-elektrifiziert-und-ausgebaut-1/ (Abruf 18.05.2022)
[208] Internet: https://www.die-hochrheinbahn.com/Resources/Persistent/d/6/c/d/d6cd756934ff32c703198ab709db5a7d8190fb2f/broschuere-hochrheinbahn.pdf (Abruf 18.05.2022)

4. Vorteile

Wichtig ist, dass bereits ein Dieselzug Energie effizienter nutzen kann als dies Pkws oder Lkws können. Aus diesem Grund hebt sich bereits ein Dieselzug von anderen Verkehrsträgern bezüglich Umweltfreundlichkeit ab. Dennoch gelingt es dem Bahnverkehr mittels Elektrifizierung noch besser, die Umwelt zu schonen und damit im Vergleich zu anderen Verkehrsträgern wiederum die eigene Attraktivität zu steigern.[209]

Verglichen mit Dieselfahrzeugen, setzen elektrifizierte Eisenbahnen weniger Schadstoffe frei und generieren weniger Lärm.[210] Dieselzüge produzieren nämlich bei der Verbrennung fossiler Energieträger Treibhausgase, die frei gesetzt werden und zur Erderwärmung und zum Klimawandel beitragen.[211] Aufgrund dessen, dass der Strom mit Hilfe des Fortschrittes der Energiewende immer «grüner» wird, wächst der umweltfreundliche Vorteil gegenüber anderen Verkehrsmitteln stetig. Es kann festgehalten werden, dass elektrifizierte Züge bereits jetzt sehr klimafreundlich unterwegs sind. Sie werden aber bald völlig frei vom schädlichen CO_2 verkehren können.[212]

Ein weiterer Vorteil der Elektrifizierung des Bahnnetzes ist, dass die die Beschleunigung eines Elektrozuges deutlich schneller als diejenige eines Dieselzugs ist.[213]

Auch die Leistungsfähigkeit wird mittels elektrifizierter Eisenbahnen verbessert. Dies äussert sich dahingehend, dass mit E-Mobilität längere und schwerere Züge eine Strecke befahren können. Folglich steigt so die Kapazität. Dazu kommt, dass mit elektrifizierten Eisenbahnen die Lärmemissionen um ein Vielfaches geringer sind als bei Dieselzügen.[214]

---

[209] Internet: https://www.allianz-pro-schiene.de/themen/infrastruktur/elektrifizierung-bahn/# (Abruf 13.05.2022)

[210] Internet: https//www.trireno.org/de/infrastrukturprojekte/hochrheinbahn.html (Abruf 13.05.2022)

[211] Internet: https://www.umweltnetz-schweiz.ch/themen/bildung/3086-so-wurde-die-eisenbahn-oekologisch.html (Abruf 14.05.2022); Internet: https://www.allianz-pro-schiene.de/themen/infrastruktur/elektrifizierung-bahn/# (Abruf 14.05.2022)

[212] Internet: https://www.allianz-pro-schiene.de/themen/infrastruktur/elektrifizierung-bahn/# (Abruf 14.05.2022)

[213] Internet: https//www.trireno.org/de/infrastrukturprojekte/hochrheinbahn.html (Abruf 13.05.2022)

[214] Internet: https://www.allianz-pro-schiene.de/themen/infrastruktur/elektrifizierung-bahn/# (Abruf 17.05.2022)

Zudem hat die Elektrifizierung der Hochrheinbahn positive Auswirkungen auf die S6. Diese wird bis Ende 2027 von der SBB GmbH befahren, bevor es zu einer erneuten Ausschreibung kommt. Zu diesem Zeitpunkt sollte die Elektrifizierung der Hochrheinstrecke (Basel Badischer Bahnhof bis Schaffhausen) abgeschlossen sein. Die SBB GmbH hat sich zum Ziel gesetzt, dass die beiden Netze von Basel bis an den Bodensee verknüpft werden sollen. Da der Vertrag mit dem Verkehrsministerium Baden-Württemberg im Jahr 2019 bis zum Ende von 2027 verlängert wurde, hat die SBB GmbH eine gute Ausgangslage dafür.[215]

5. Herausforderungen

Ein im Vordergrund stehendes Hindernis stellen die erheblichen Kosten dar. Jedoch kann gesagt werden, dass sich diese hohen Investitionen langfristig lohnen, da der Schienenbahnverkehr mit Hilfe der Elektrifizierung leistungsstärker und wettbewerbsfähiger wird.[216]

Auch wenn ein Elektrifizierungsprojekt gutgeheissen werden sollte, so vergehen nach dessen Befürwortung oft einige Jahre, bis die nötige Finanzierung dafür auch wirklich zur Verfügung gestellt wird.[217]

Anzunehmen ist, dass die Koordination zwischen so vielen Parteien ein grenzüberschreitendes Projekt in die Länge ziehen kann. Zudem kann es die gemeinsame Kommunikation erschweren.[218]

VI. Zusammenfassung

Die vorliegende Arbeit zeigt, dass die Erreichbarkeit des Standortes Lörrach mithilfe des grenzüberschreitenden Bahnverkehrs nachhaltig verbessert werden kann. Dennoch ergeben sich in diesem Zusammenhang mehrere Herausforderungen. Dadurch, dass die Schweiz nicht der EU angehört, verkompliziert sich die Angelegenheit aufgrund jeweiliger unterschiedlicher und umfassender Regelwerke deutlich. Insbesondere der Umstand, dass die Schweiz kein Mitglied der ERA ist,

---

[215] Internet: https://news.sbb.ch/artikel/90553/erfolg-fuer-sbb-gmbh-vertragsverlaengerung-bis-ende-2027 (Abruf 19.05.2022)
[216] Internet: https://www.allianz-pro-schiene.de/themen/infrastruktur/elektrifizierung-bahn/# (Abruf 18.05.2022)
[217] Internet: https://www.allianz-pro-schiene.de/themen/infrastruktur/elektrifizierung-bahn/# (Abruf 18.05.2022)
[218] Interview 2 (Durchführung 16.03.2022)

erschwert die Fahrzeugzulassung gemeinsamen Rollmaterials erheblich. Dieser Problematik wird mit der angestrebten Umsetzung des vierten Eisenbahnpakets und der damit verbundenen Anpassung des LVA entgegengewirkt. In diesem Kontext bringen ausserdem der (Aus)bau einer Bahnlinie, der Bahnbetrieb, die Finanzierung, die Tarifierung sowie das Bahnpersonal komplexe Sachverhalte mit sich.

Am Beispiel der Bahnlinie S6 konnte aber aufgezeigt werden, dass trotz bestehender Herausforderungen eine erfolgreiche grenzüberschreitende Zusammenarbeit gemeistert und dadurch der konstant steigenden Nachfrage Rechnung getragen werden kann. Eine gelungene und aufeinander abgestimmte Kommunikation, resp. Koordination, stellen dabei u.a. eine essenzielle Grundlage dar. Deren Relevanz spiegelt sich ebenfalls in den drei Handlungsvorschlägen wider, als dass die Projekte, ohne die eben genannte Basis, keine Chance auf Realisierung hätten.

Im Rahmen eines ersten Handlungsvorschlags kann die Taktverdichtung der drohenden Kapazitätsüberlastung zwischen dem Hbf Lörrach und Basel entgegenwirken. Das geplante Projekt tangiert jedoch das Gebiet entlang der geplanten oberirdischen zweigleisigen Bahnstrecke, was zu Diskrepanzen zwischen den betroffenen Parteien führte. Mit dem Herzstück kann eine unterirdische Strecke geschaffen werden, die durch die wegfallenden Wendemanöver und die damit eingesparte Zeit zu einer effizienteren Bahnleistung führt. Aufgrund der starken Verflechtung des Herzstücks mit dem Bahnknoten Basel stellt die Koordination der Planung eine langwierige und komplexe Angelegenheit war. Dadurch, dass die Schweiz hinsichtlich der Elektrifizierung von Bahnlinien eine Vorreiterrolle geniesst, können hohe Synergien erzielt werden. Demgegenüber stehen hohe Finanzierungskosten. Trotzdem ist die Elektrifizierung eine äusserst wirksame Methode, die angestrebte Klimaziele zu erreichen.

Zusammengefasst kann anhand der drei Projekte festgehalten werden, dass die Vorteile nach einer Abwägung die Herausforderungen dennoch überwiegen und sich damit die grenzüberschreitende Zusammenarbeit im Bahnsektor lohnt. Eine nachhaltige Verbesserung der Erreichbarkeit des Standortes Lörrach wird umso mehr gefördert, indem in Zukunft noch mehr auf den Modalsplit der Eisenbahn mittels Investitionen in den Ausbau gesetzt wird.

Literaturverzeichnis

BSK BV-Kern, in: Bernhard Waldmann/Eva Maria Belser/Astrid Epiney (Hrsg.), Die Schweizerische Bundesverfassung, Baslerkommentar, 1. A., Basel 2015 (zit. BSK BV-Kern), Art. N.

Erlassverzeichnis

Abkommen zwischen der Schweizerischen Eidgenossenschaft und der Europäischen Gemeinschaft über den Güter- und Personenverkehr auf Schiene und Strasse (LVA) vom 21. Juni 1999 (SR 0.740.72).

Bundesgesetz über den Natur- und Heimatschutz (NHG) vom 1. Juli 1966 (SR 451).

Bundesgesetz über die Personenbeförderung (Personenbeförderungsgesetz, PBG) vom 20. März 2009 (SR 745.1).

Bundesverfassung der Schweizerischen Eidgenossenschaft (BV) vom 18. April 1999 (SR 101).

Eisenbahngesetz (EBG) vom 20. Dezember 1957 (SR 742.101).

Eisenbahn-Netzzugangsverordnung (NZV) vom 25. November 1998 (SR 742.122).

Gemeindeverkehrsfinanzierungsgesetz (GVFG) vom 18. März 1971 (BGBl. I S. 239).

Grundgesetz für die Bundesrepublik Deutschland (GG) vom 23. Mai 1949 (BGBl. S. 1).

Verordnung über Bau und Betrieb der Eisenbahnen (Eisenbahnverordnung, EBV) vom 23. November 1983 (SR 742.141.1).

Verordnung über die Personenbeförderung (VPB) vom 4. November 2009 (SR 745.11).

Grenzüberschreitende Agglomerationsprogramme

Lea Amort / Livia Lüdin / Alessandro Massaro

Inhaltsübersicht

I. Einleitung 546
    A. Begriff der Agglomeration 546
    B. Entstehungshintergrund 547
    C. Zielsetzung 548
II. Rechtlicher Rahmen der grenzüberschreitenden Agglomerationsprogramme 549
    A. Völker- und europarechtliche Grundlagen 549
    B. Rechtsgrundlagen der Zusammenarbeit aus Sicht der Schweiz 552
        1. Bundesrechtliche Grundlagen 552
        2. Agglomerationspolitik 555
        3. Kantonale und kommunale Grundlagen 558
    C. Rechtsgrundlagen der Zusammenarbeit aus der Sicht Deutschlands 559
III. Organisationsformen grenzüberschreitender Agglomerationsprogramme 561
    A. Anforderungen des Bundes 561
    B. Potenzielle Organisationsformen 564
IV. Bestehendes Agglomerationsprogramm in Basel 567
    A. Agglo Basel 567
        1. Trägerschaft und Organisation Agglo Basel 568
        2. Arbeitsweise des Agglomerationsprogrammes 570
        3. Planungsinstrumente 571
V. Vergleich mit anderen Agglomerationsprogrammen 573
    A. St. Gallen-Bodensee (rein schweizerisch) 573
        1. Allgemeines und Perimeter 573
        2. Organisation und Finanzierung 575
        3. Zielsetzung und Massnahmen 576
    B. Agglomerationsprogramm Rheintal (grenzüberschreitend) 576
        1. Allgemeines und Perimeter 576

2. Organisation und Finanzierung 578
  3. Zielsetzung und Massnahmen 578
 C. Agglomeration franco valdo genevois (grenzüberschreitend) 579
  1. Allgemeines und Perimeter 579
  2. Organisation und Finanzierung 580
  3. Zielsetzung und Massnahmen 581
 D. Vergleich mit AP Basel 582
VI. Mehrwert eines Agglomerationsprogramms und aktueller Handlungsbedarf 583
 A. Mehrwert 583
 B. Problemstellung Organisationsform und Lösungsmöglichkeiten ... 584
  1. Selbständige (kantonale) Anstalt 586
  2. Interkantonale Körperschaft 586
  3. Grenzüberschreitender örtlicher Zweckverband nach Karlsruher Abkommen 587
  4. Vorteile des Vereins als Organisationsform 588
 C. Formalisierte Austauschplattform unter den Agglomerationen ... 588
VII. Fazit 589
Literaturverzeichnis 590
Materialienverzeichnis 591
Abbildungsverzeichnis 592

I. Einleitung

A. Begriff der Agglomeration

Siedlungs- und Verkehrsentwicklung sind oft nicht genügend aufeinander abgestimmt. Für Arbeit und Freizeit pendeln wir immer weitere Strecken. Die Folgen: Verkehrsprobleme und Zersiedelung, d.h. ineffiziente Strukturen und langfristig hohe Folgekosten. Diese Probleme machen vor administrativen Grenzen nicht halt. Die Herausforderungen können nur über Gemeinde-, Kantons- und Landesgrenzen hinweg sinnvoll angegangen werden – im sogenannten funktionalen Raum der Agglomeration.

Mögliche Phänomene wie «plötzlich endende Strassen, riesige Gewerbeflächen in direkter Nachbarschaft und fehlende Krankenhausversorgung versus ungenutzte Krankenhausbetten-Kapazitäten» illustrieren bildhaft, welche Folgen eine gar nicht oder nur ungenügend stattfindende grenzüberschreitende Zusammenarbeit im Rahmen der Raumplanung[1] haben kann. Dabei versteht sich die Raumplanung einerseits als *formelle* (rechtsverbindliche) anderseits auch *informelle* Raumplanung.[2] Darunter fallen desgleichen breitere Themenbereiche wie der Klimawandel, das Wassermanagement oder die Luftverschmutzung, die regelmässig über nationalstaatliche Grenzen hinausreichen.[3]

Die vorliegende Arbeit lässt diese Bereiche jedoch aussen vor und beschränkt sich primär auf die Siedlungs- und Verkehrsentwicklung im Rahmen grenzüberschreitender Agglomerationsprogramme.

B. Entstehungshintergrund

Die grenzüberschreitende Zusammenarbeit wird in der heutigen Zeit vielfältig gefördert. Das war nicht immer der Fall: «Regional-grenzüberschreitende Zusammenarbeit hatte lange Zeit einen nahezu subversiven Beigeschmack und wurde von den Nationalstaaten bisweilen misstrauisch beobachtet, zumal in gewissen europäischen Regionen sich auch sezessionistische Bewegungen dafür stark machten».[4]

Seit dem Ende des Zweiten Weltkrieges hat durch die Entwicklung der Europäischen Union (EU), des Schengener Abkommens und durch den Fall des «Eisernen Vorhangs» die Bedeutung nationalstaatlicher Grenzen jedoch im Zuge der Globalisierung und europäischer Integration im Allgemeinen abgenommen und die Bedeutung grenzüberschreitender Zusammenarbeit zugenommen.[5]

Besonders starken Antrieb erhielt die regionale grenzüberschreitende Zusammenarbeit in jüngerer Zeit durch die EU. Dabei waren für ihre Tätigkeit in diesem

---

[1] Im Kontext der grenzüberschreitenden Raumplanung werden die entsprechenden Begrifflichkeiten uneinheitlich verwendet. So wird u.a. von der grenzüberschreitenden Raumplanung, Raumordnung, Raumentwicklung, dem Planungshandeln oder ganz allgemein von der grenzüberschreitenden Zusammenarbeit gesprochen. In der vorliegenden Arbeit werden diese – sofern nicht explizit anders geschrieben – als Synonyme verwendet, insbesondere, wenn es um die Begriffe der Agglomeration und Raumplanung geht. Vgl. zu den verschiedenen Begrifflichkeiten auch NIENABER, 162.
[2] NIENABER, 162.
[3] Auch andere Themengebiete, «wie Arbeitsmärkte, wirtschaftliche, ökologische oder soziale Funktionsräume, Verkehrsinfrastrukturprojekte oder Kultur- und Tourismusprojekte», folgen stets ihrer eigenen räumlichen Logik, vgl. NIENABER, 162.
[4] M.w.H. MEIER, 29.
[5] HARTZ et al., 500; so auch MEIER, 30 ff.

Bereich die «Grenzregionen Europas als Schlüsselrolle im Prozess der europäischen Integration» ausschlaggebend.[6]

In der Schweiz erhielt der Bund 1969 die verfassungsrechtliche Kompetenz bzw. Zuständigkeit der übergeordneten Raumplanung. Seit Beginn der 1980er-Jahre regelt das Schweizer Bundesgesetz für Raumplanung (RPG) die Ziele und Planungsgrundsätze für die Raumentwicklung, wobei dem Bund im Wesentlichen strategische Aufgaben zukommen.[7]

Ursprünglich bestand die grenzüberschreitende Zusammenarbeit im Rahmen von klassischen zwischenstaatlichen Abkommen zur Regelung nachbarschaftlicher Probleme. Dazu gehörte beispielsweise der Zugang zu Schulen und Spitälern, der Strassenbau, die Fischerei und die Jagd. Ab 1980 entstanden neue Formen und Organisationen der lokalen und regionalen Zusammenarbeit. Sie haben den gegenseitigen Informationsaustausch und die verstärkte Koordination zwischen den zuständigen Behörden auf beiden Seiten der Grenze zum Zweck.[8]

Das Raumkonzept der Schweiz, welches die Bedeutung der Metropolitanräume hervorhebt, ohne diese funktional oder räumlich näher zu umschreiben, wurde vom Bund veranlasst und «im Rahmen eines breit angelegten, kooperativen Prozesses mit Akteuren aller Ebenen erarbeitet». Im Jahr 2000 umfassten zehn der 50 Agglomerationen der Schweiz Gebiete anderer Nationalstaaten.[9]

C. Zielsetzung

Es lässt sich somit festhalten, dass die grenzüberschreitende Raumplanung spezifische räumliche Gefüge umfasst, welche parallel zu den national hoheitlichen administrativen Räumen bestehen und einzelne, räumlich abgrenzbare Gebiete von mindestens zwei Ländern beinhalten.[10] In diesem Zusammenhang stellt sich die Frage, welche Zielsetzung mit der grenzüberschreitenden Raumplanung allgemein und aus schweizerischer Sicht verfolgt wird. Die folgende Betrachtung

---

[6] MEIER, 29.
[7] OBKIRCHER, 122; siehe zur Raumplanung der Schweiz auch MEIER, 128 ff.; vgl. nachfolgend zu den rechtlichen Rahmenbedingungen.
[8] Internet: https://www.eda.admin.ch/eda/de/home/aussenpolitik/europapolitik/beziehungen-zu-europaeischen-staaten/grenzueberschreitendezusammenarbeit.html (Abruf 26.05.2022)
[9] HARTZ et al., 503.
[10] CAESAR/EVRARD, 97.

hebt, ohne Anspruch auf Vollständigkeit, Punkte hervor, die sich im Zuge der Auseinandersetzung mit der Thematik als besonders relevant erwiesen haben.[11]

Augenscheinlich ist das allgemeine Hauptziel einer grenzüberschreitenden Raumplanung gesellschaftliche transnationale Anliegen zu adressieren und eine effizientere Entwicklung des Raumes und seiner Nutzungen zu erreichen.[12] Dabei umfasst sie «die Gesamtheit der Massnahmen [...], um Leitbilder eines anzustrebenden, idealen Zustandes des Raumes zu entwickeln und die Voraussetzungen für ihre Verwirklichung zu schaffen».[13]

In seinem Bericht «Agglomerationspolitik 2016+» bestätigte der Bundesrat die bisherigen Stossrichtungen der Agglomerationspolitik des Bundes. Er verfolgt damit vier langfristige Ziele: Verbesserung der Lebensqualität, Aufwertung der Standortqualität, Gewährleistung einer qualitätsvollen Siedlungsentwicklung und einer wirksamen Zusammenarbeit. Zusammen mit der Politik für die ländlichen Räume und Berggebiete bildet die Agglomerationspolitik einen wesentlichen Bestandteil der schweizerischen Raumentwicklungspolitik. Die beiden Politiken ergänzen sich gegenseitig und leisten damit einen wichtigen Beitrag zur Umsetzung des Raumkonzepts Schweiz. Die Umsetzungsinstrumente sind das Programm Agglomerationsverkehr und die Agglomerationsprogramme «Verkehr und Siedlung».[14]

II. Rechtlicher Rahmen der grenzüberschreitenden Agglomerationsprogramme

A. Völker- und europarechtliche Grundlagen

Bei der Analyse der rechtlichen Rahmenbedingungen von grenzüberschreitenden Agglomerationsprogrammen sind völker- und europarechtliche Grundlagen in Betracht zu ziehen. Es werden in dieser Arbeit diejenigen Gesetzestexte besprochen, die für die grenzüberschreitende Zusammenarbeit im Allgemeinen relevant sind.

---

[11] Zu den Mehrwerten der grenzüberschreitenden Raumplanung vgl. nachfolgend VI. A.
[12] Vgl. dazu die einleitenden Anmerkungen sowie MEIER, 221; siehe auch CAESAR/EVRARD, 97.
[13] CAESAR/EVRARD, 96.
[14] Internet: https://www.are.admin.ch/are/de/home/staedte-und-agglomerationen/strategie-und-planung/agglomerationspolitik.html (Abruf 26.05.2022); die konkreten Ziele einzelner Agglomerationsprogramme werden nachfolgend bei den entsprechenden Analysen genauer erläutert, da eine Auflistung sämtlicher verschiedener Zielkomplexe der diversen Programme den Rahmen dieser Arbeit sprengen würde.

Die grenzüberschreitende Zusammenarbeit wird im «Europäischen Rahmenübereinkommen über die grenzüberschreitende Zusammenarbeit zwischen Gebietskörperschaften» (Madrider Übereinkommen) von 1980 thematisiert. Dieses Rahmenabkommen wurde von Mitgliedstaaten[15] des Europarates geschlossen, um eine engere Verbindung und Zusammenarbeit der Staaten sicherzustellen.[16] Im Fokus stehen dabei insbesondere die Zusammenarbeit in den Bereichen «der Regional-, Stadt- und Landentwicklung, dem Umweltschutz, der Verbesserung der öffentlichen Infrastruktur und der Dienstleistungen für den Bürger».[17] Das Madrider Übereinkommen definiert die grenzüberschreitende Zusammenarbeit als «jede Abstimmung mit dem Ziel der Stärkung und Weiterentwicklung der nachbarschaftlichen Beziehungen zwischen den Gebietskörperschaften von zwei oder mehr Vertragsparteien sowie der Abschluss der dazu erforderlichen Vereinbarungen».[18]

Das Abkommen will die grenzüberschreitende Zusammenarbeit und das Abschliessen von Vereinbarungen und Abkommen der Regionen und Gemeinden fördern. Die Vertragsparteien verpflichten sich hierfür dazu, die Zusammenarbeit ihrer eigenen Gebietskörperschaften mit denen der anderen Vertragsparteien zu erleichtern.[19] Die Vereinbarungen sind unter den jeweiligen innerstaatlichen rechtlichen Voraussetzungen der Vertragsparteien im Bereich der auswärtigen Angelegenheiten und internationalen Beziehungen abzuschliessen.[20]

1996 unterzeichneten die Schweiz, Deutschland, Frankreich und Luxemburg das «Karlsruher Abkommen über die grenzüberschreitende Zusammenarbeit zwischen Gebietskörperschaften und örtlichen öffentlichen Stellen», welches die im Madrider Übereinkommen festgelegten Grundsätze der grenzüberschreitenden Zusammenarbeit konkretisiert. Der schweizerische Bundesrat hat das Abkommen im Namen der Kantone Solothurn, Basel-Stadt, Basel-Landschaft, Aargau und Jura abgeschlossen. Das Karlsruher Abkommen sieht für die Erleichterung der grenzüberschreitenden Zusammenarbeit vor, dass die Gebietskörperschaften und öffentlichen Stellen sogenannte Kooperationsvereinbarungen miteinander ab-

---

[15] 39 Staaten ratifiziert/beigetreten, 2 Staaten unterzeichnet ohne Ratifikation; Internet: https://www.coe.int/de/web/conventions/full-list?module=signatures-by-treaty&treatynum=106 (Abruf 26.05.2022).
[16] Präambel Abschnitt 2 des Madrider Übereinkommen.
[17] Präambel Abschnitt 5 des Madrider Übereinkommen.
[18] Art. 2 Abs. 1 Madrider Übereinkommen.
[19] Art. 1 Madrider Übereinkommen.
[20] Art. 3 Abs. 4 Madrider Übereinkommen.

schliessen können.[21] Diese Vereinbarungen sollen den verschiedenen Akteuren die Möglichkeit geben, Entscheidungen aufeinander abzustimmen, Leistungen zu erbringen und öffentliche Einrichtungen zu betreiben. Die Vereinbarungen können des Weiteren auch die Schaffung von Einrichtungen mit oder ohne eigene Rechtspersönlichkeit vorsehen.[22] Die konkreten Voraussetzungen für eine solche Kooperationsvereinbarung werden in Art. 4 Karlsruher Abkommen geregelt. Insbesondere hervorzuheben ist, dass auch hier die innerstaatlichen rechtlichen Vorschriften und Verfahren einzuhalten sind.[23]

Letztlich ist auch die «Verordnung des Europäischen Parlaments und des Rates vom 5. Juli 2006 über den Europäischen Verbund für territoriale Zusammenarbeit (EVTZ)» für die grenzüberschreitende Zusammenarbeit relevant. Die Verordnung sieht vor, dass die Mitgliedstaaten der EU einen grenzüberschreitenden Verbund einrichten können, um einen besseren sozialen, wirtschaftlichen und territorialen Zusammenhang sicherzustellen.[24] Ein solcher EVTZ wird von Parteien von mind. einem EU-Mitgliedstaat und einem anderen EU-Mitgliedstaat oder angrenzenden Nicht-EU-Staat gegründet.[25] Der EVTZ besitzt eine eigene Rechtspersönlichkeit und kann im Namen seiner Mitglieder handeln. Mitglieder eines EVTZ können nach Art. 3 Abs. 1 EVTZ-Verordnung die Mitgliedstaaten[26], regionale Gebietskörperschaften[27], lokale Gebietskörperschaften[28] und Einrichtungen des öffentlichen Rechts[29] sein. Besonders für die Grenzkantone kann die Mitgliedschaft in einem EVTZ vorteilhaft sein.

Die eben behandelten Völker- und europarechtlichen Grundlagen beziehen sich auf die grenzüberschreitende Zusammenarbeit in allgemeiner Weise. Es gibt einige rechtliche Grundlagen[30], welche die internationale Raumplanung betreffen, jedoch sind diese für die Thematik von Agglomerationsprogrammen nicht von Relevanz und werden deshalb nicht weiter besprochen.

---

[21] Art. 3 Abs. 1 Karlsruher Abkommen.
[22] Art. 3 Abs. 2 Karlsruher Abkommen.
[23] Art. 4 Abs. 1 Karlsruher Abkommen.
[24] Erwägung 1 EVTZ-Verordnung.
[25] Art. 3 Abs EVTZ-Verordnung.
[26] Art. 3 Abs. 1 lit. a EVTZ-Verordnung.
[27] Art. 3 Abs. 1 lit. b EVTZ-Verordnung.
[28] Art. 3 Abs. 1 lit. c EVTZ-Verordnung.
[29] Art. 3 Abs. 1 lit. d EVTZ-Verordnung.
[30] Vgl. Übereinkommen vom 7. November 1991 zum Schutz der Alpen (Alpenkonvention); Übereinkommen über Feuchtgebiete, insbesondere als Lebensraum für Wasser- und Watvögel, von internationaler Bedeutung.

B. Rechtsgrundlagen der Zusammenarbeit aus Sicht der Schweiz

Um einen umfassenden Überblick der rechtlichen Grundlagen für grenzüberschreitende Agglomerationsprogramme zu erhalten, müssen verschiedenste schweizerische Gesetzestexte konsultiert werden. So soll in dieser Arbeit systematisch vorgegangen werden und zuerst die bundesrechtlichen Vorgaben betrachtet werden. Des Weiteren werden die kantonalen und kommunalen Vorschriften aus der Region des Agglomerationsprogramms Basel analysiert. Es werden die rechtlichen Vorschriften für die allgemeine grenzüberschreitende Zusammenarbeit in Betracht gezogen, jedoch fokussiert sich diese Arbeit insbesondere auf die rechtlichen Voraussetzungen für grenzüberschreitende Zusammenarbeit im Raumplanungsbereich (Agglomerationsprogramme).

1. Bundesrechtliche Grundlagen

Die grenzüberschreitende Zusammenarbeit wird durch die schweizerische Bundesverfassung (BV) in mehreren Artikeln thematisiert.[31] Bereits in der Präambel der BV wird die «Solidarität und Offenheit gegenüber der Welt» festgehalten. In Art. 5 Abs. 4 BV wird in ganz allgemeiner Weise das Verhältnis der Schweiz zum Völkerrecht erläutert. Der Artikel hält fest, dass sowohl der Bund wie auch die Kantone das Völkerrecht zu beachten haben.[32]

Die auswärtigen Beziehungen werden in Art. 54 BV thematisiert. Der Begriff der «auswärtigen Angelegenheiten» lässt sich als «Vorgänge mit grenzüberschreitender Dimension, welche Beziehungen – seien es rechtliche, seien es tatsächliche – zwischen der Schweiz und anderen Völkerrechtsubjekten bzw. zwischen schweizerischen und ausländischen, internationalen oder supranationalen Behörden begründen, verändern, aufheben oder feststellen» beschreiben.[33] Nach Art. 54 Abs. 1 BV sind «die auswärtigen Angelegenheiten [...] Sache des Bundes». Nach h.L. handelt es sich dabei um eine ausschliessliche Bundeskompetenz.[34] Es sind hierbei jedoch auch andere Artikel der BV zu betrachten. So hält Art. 56 Abs. 1 BV fest, «Die Kantone können in ihren Zuständigkeitsbereichen mit dem Ausland Verträge schliessen». In der praktischen Umsetzung bedeutet dies, dass die Kan-

---

[31] Vgl. Art. 54 BV, Art. 55 BV, Art. 56 BV.
[32] BSK BV-Epiney, Art. 5 N 76; OFK BV-Biaggini, Art. 5 N 26.
[33] OFK BV-Biaggini, Art. 54 N 3.
[34] OFK BV-Biaggini, Art. 54 N 7; SGK BV-Ehrenzeller/Portmann/Pister, Art. 54 N 7.

tone völkerrechtliche Verträge mit dem Ausland schliessen können[35], sofern der Bund in diesem Bereich seine Kompetenz nicht geltend macht, die Verträge «den Interessen des Bundes sowie den Rechten anderer Kantone nicht zuwiderlaufen»[36] und der Bund vor Vertragsabschluss informiert wurde[37]. Gestützt auf Art. 56 BV dürfen die Kantone auch andere Arten der grenzüberschreitenden Zusammenarbeit, abgesehen der Völkerrechtlichen Verträge, mit dem Ausland pflegen.[38] So dürfen die Kantone «gemeinsame Planungen, Naturschutzmassnahmen, Verkehrsprojekte usw. anpacken oder u.U. Zweckverbände gründen».[39]

Die Raumplanung wird auf Verfassungsebene in Art. 75 BV angesprochen. Raumplanung versteht sich als die «vorausschauende Lösung der räumlichen Konflikte, die sich aus der Begrenztheit des Raums und den vielschichtigen, ständig steigenden Anforderungen an diesen ergeben».[40] Der Begriff «Raum» umfasst insbesondere den Boden. Der Boden wird in Art. 75 Abs. 1 BV explizit erwähnt, jedoch wird mit dem «Raum» auch der Luftraum und der Untergrund gemeint.[41] Ziel der Raumplanung ist die Koordination raumwirksamer Massnahmen.[42] Klassischerweise wird die Raumplanung durch sogenannte Raum-, Richt-, Nutzungs- und Sachpläne sichergestellt.[43]

Gemäss Art. 75 Abs. 1 Satz 1 BV verfügt der Bund im Bereich der Raumplanung über eine Grundsatzgesetzgebungskompetenz. Er ist dazu verpflichtet die grundlegenden Rechtsvorschriften über die Raumplanung zu erlassen.[44] Der Bund hat jenes zu regeln, «was von landesweiter Bedeutung ist, was gesamtschweizerischer Harmonisierung bedarf oder wo es Mindestvorschriften allgemein braucht».[45] Der Bund hat entsprechend das «Raumplanungsgesetz» (RPG) und die «Raumplanungsverordnung» (RPV) erlassen. Die Grundsatzgesetzgebungskompetenz bedeutet jedoch auch, dass der Bund sich in der Dichte der Regelungen zurückzuhalten und den Kantonen Handlungsspielräume offenzulassen hat.[46] Art. 75 Abs. 1 Satz 2 BV hält fest, dass die eigentliche Raumplanung den Kantonen

---

[35] OFK BV-Biaggini, Art. 56 N 3.
[36] Art. 56 Abs. 2 BV.
[37] Art. 56 Abs. 2 BV.
[38] SGK BV-Pister, Art. 56 N 13.
[39] SGK BV-Pister, Art. 56 N 13.
[40] BSK BV-Griffel, Art. 75 N 17.
[41] SGK BV-Ruch, Art. 75 N 17; BSK BV-Griffel, Art. 75 N 17.
[42] BSK BV-Griffel, Art. 75 N 29.
[43] BSK BV-Griffel, Art. 75 N 29 ff.
[44] BSK BV-Griffel, Art. 75 N 25; SGK BV-Ruch, Art. 75 N 28; OFK BV-Biaggini, Art. 75 N 3.
[45] SGK BV-Ruch, Art. 75 N 28.
[46] BSK BV-Griffel, Art. 75 N 25.

obliegt. Dies bedeutet konkret, dass die Kantone festlegen, «welche Zuständigkeiten dem Kanton und welche den Gemeinden zukommen».[47] Die Kantone haben ein kantonales Raumplanungsgesetz zu erlassen.[48]

Der Bund wird gemäss Art. 75 Abs. 2 BV dazu verpflichtet, die Bestrebungen der Kantone zu koordinieren und die Zusammenarbeit zu fördern. Diese Koordination beinhaltet insbesondere, dass die Zusammenarbeit auch über Kantons- und Landesgrenzen überschreitend möglich ist.[49] Wie bereits dargelegt ist die grenzüberschreitende Zusammenarbeit mit dem Ausland grundsätzlich Sache des Bundes jedoch ist es den Kantonen in ihren Zuständigkeitsbereichen möglich, mit dem Ausland Verträge abzuschliessen.

Aufgrund des Auftrags in Abs. 2 steht es dem Bund frei, die Kantone in verschiedenster Form zu unterstützen. So kann er sie insbesondere finanziell unterstützen.[50] Diese Unterstützung wird i.d.R an Agglomerationsprogramme geknüpft.[51] Agglomerationen gehören grundsätzlich zum Zuständigkeitsbereich der Kantone. 2001 hat der Bund mit dem «Bericht des Bundesrats zur Agglomerationspolitik» die Grundüberlegungen seiner Agglomerationspolitik festgehalten. Er versteht seine Aufgabe in der Agglomerationspolitik nur ergänzend zu den Pflichten der Kantone und Gemeinden.[52] Die Unterstützung des Bundes in den Agglomerationsprogrammen wird daran gekoppelt, dass die Kantone dem Bund ein Agglomerationsprogramm vorlegen, welches «mindestens die Bereiche Verkehr, Umwelt und Siedlung im Zusammenhang behandelt»[53].

Die Agglomerationen werden namentlich in Art. 50 Abs. 3 BV erwähnt. Abs. 3 hält fest, dass der Bund «Rücksicht auf die besondere Situation der Städte und der Agglomerationen sowie der Berggebiete» nimmt. Weiter relevant ist Art. 48 BV, welcher festhält, dass Kantone miteinander Verträge schliessen und gemeinsame Organisationen oder Einrichtungen schaffen können. Dies ist für die Kantone von besonderem Interesse, da sich Agglomerationen auch über Kantonsgrenzen bilden können.[54] Schlussendlich wurde mit dem Art. 46 Abs. 2 BV eine rechtliche Grundlage gelegt, um das zielorientierte Arbeiten an Programmen zwischen dem Bund und den Kantonen zu ermöglichen. Es kann vereinbart werden, dass die

---

[47] SGK BV-Ruch, Art. 75 N 34.
[48] SGK BV-Ruch, Art. 75 N 34.
[49] SGK BV-Ruch, Art. 75 N 40.
[50] SGK BV-Ruch, Art. 75 N 39; BSK BV-Griffel, Art. 75 N 35.
[51] BSK BV-Griffel, Art. 75 N 35.
[52] Agglomerationspolitik des Bundes (2001), 5.
[53] Agglomerationspolitik des Bundes (2001), 58.
[54] Vgl. Agglomeration Basel, St. Gallen-Rheintal und Grand Gènve.

Kantone Programme durchführen, um das Bundesrecht umzusetzen. Durch den nationalen Finanzausgleich (NFA) kann der Bund die Kantone finanziell bei der Ausführung von Zielen und Programmen unterstützen.[55]

2. Agglomerationspolitik

Wie bereits erwähnt, basiert die Agglomerationspolitik des Bundes hauptsächlich auf dem Bericht von 2001. Ein Gesetz, welches die Agglomerationspolitik konkret regelt, gibt es nicht. Vielmehr versteht der Bund die Agglomerationspolitik als Querschnittsaufgabe, welche sich aus verschiedenen Bundeserlassen ergibt.[56] Nachfolgend wird auf die für die Agglomerationspolitik relevanten Bundesgesetze und Verordnungen eingegangen.

Auf Gesetzesebene ist das Raumplanungsgesetz zu beachten. Art. 7 RPG regelt die «Zusammenarbeit der Behörden» in der Raumplanung. Die Raumplanung verlangt nach einer guten Zusammenarbeit der verschiedenen betroffenen Akteure, um wirksam zu sein. Diese Zusammenarbeit hat zum Ziel, dass bereits bestehende und zukünftige Planungskonflikte vermieden werden können und eine verträgliche praktische Umsetzung der Projekte sichergestellt wird. Dieser Grundsatz wird in Art. 2 Abs. 1 RPG festgehalten und in Art. 7 RPG als Pflicht der Kantone statuiert.[57]

Gemäss Art. 7 RPG sind die Kantone dazu gehalten, die Zusammenarbeit mit dem Bund und ihren Nachbarkantonen zu suchen, soweit sich ihre Aufgabenbereiche berühren.[58] Die Pflicht zur Zusammenarbeit «erstreckt sich somit [nur] auf jene in die Richtplanung einbezogenen raumwirksamen Tätigkeiten, die Schnittstellen zu Planungen des Bundes und der Nachbarkantone aufweisen».[59] Nach Art. 2 Abs. 3 der Raumplanungsverordnung (RPV) liegen solche Schnittstellen vor, «wenn diese [Tätigkeiten] einander ausschliessen, behindern, bedingen oder ergänzen».[60] Die Raumplanung erfolgt hierbei nicht durch mehrere Gebietskörperschaften gemeinsam, vielmehr bleiben sie in der Ausarbeitung der Planung selbständig.[61] Die Zusammenarbeit besteht aus «der aktive(n) Mithilfe in der Erarbeitung von Lösungen, welche die unterschiedlichen Interessen aufeinander

---

[55] Bericht des Bundes 16+, 37.
[56] Bericht des Bundes 16+, 38.
[57] SHK RPG-WALDMANN/HÄNNI, Art. 7 N 4.
[58] Art. 7 Abs. 1 RPG.
[59] SHK RPG-WALDMANN/HÄNNI, Art. 7 N 7.
[60] Art. 2 Abs. 3 RPV.
[61] SHK RPG-WALDMANN/HÄNNI, Art. 7 N 9.

abstimmen».[62] Bei der Zusammenarbeit mit dem Bund tritt dieser als Körperschaft, die Kantone hingegen als direkte Partner auf. Falls Gemeinden eines Kantons direkt von der Raumplanung betroffen sind, können diese auch in die Kooperation einbezogen werden. Sie nehmen dabei jedoch immer die Stellung als Gebietskörperschaft eines Kantons ein.[63]

Nach Art. 7 Abs. 3 RPG wird klar, dass die raumplanerischen Tätigkeiten auch Landesgrenzen überschreiten können. Dementsprechend werden die Grenzkantone in Art. 7 Abs. 3 RPG dazu angehalten, die Zusammenarbeit mit «den regionalen Behörden des benachbarten Auslandes, soweit sich ihre Massnahmen über die Grenzen auswirken» zu suchen. Da die Schweiz nicht ausländische Behörden zur Zusammenarbeit verpflichten kann, handelt es sich hierbei nicht um eine Pflicht der Grenzkantone. Anders als beim Binnensachverhalt sollen die Grenzkantone jedoch den Kontakt mit den ausländischen Behörden bereits aufnehmen, wenn sich die raumplanerischen Tätigkeiten auf das Ausland auswirken könnten. Es genügt folglich, dass «die Planungen in einem Kanton geeignet sind, Wirkungen über die Landesgrenzen hinaus zu entfalten».[64] Die zuständige ausländische Behörde ergibt sich jeweils aus dem Staatsrecht des betroffenen Landes.[65] Aus dem schweizerischen Recht lässt sich lediglich ableiten, dass die Kantone ohne die Vermittlung des Bundes direkt mit den ausländischen Behörden in Kontakt treten können und mit diesen auch Verträge abschliessen dürfen oder gemeinsame Institutionen schaffen können, solange die Voraussetzungen aus Art. 55 ff. BV eingehalten werden.[66]

Auch die Finanzierung von Agglomerationsprogrammen ergibt sich aus dem Querschnitt verschiedener Bundesgesetze. Die Finanzierung von Agglomerationsprogrammen bezieht sich in erster Linie auf die verkehrlichen Massnahmen der Agglomerationsprogramme. Das Programm Agglomerationsverkehr (PAV) des Bundes soll diejenigen Agglomerationsprogramme, welche ihre Siedlungs- und Verkehrsentwicklung wirksam aufeinander abstimmen finanziell unterstützen.[67] Hierbei sind verschiedene Gesetzestexte zu beachten.

Relevant sind insbesondere das «Bundesgesetz über den Fonds für die Nationalstrassen und den Agglomerationsverkehr» (NAFG), das «Bundesgesetz über die

---

[62] SHK RPG-Waldmann/Hänni, Art. 7 N 9.
[63] SHK RPG-Waldmann/Hänni, Art. 7 N 14.
[64] SHK RPG-Waldmann/Hänni, Art. 7 N 20.
[65] SHK RPG-Waldmann/Hänni, Art. 7 N 20.
[66] SHK RPG-Waldmann/Hänni, Art. 7 N 23; SGK BV-Pister, Art. 56 N 13.
[67] Internet: https://www.are.admin.ch/are/de/home/mobilitaet/programme-und-projekte/pav.html (Abruf 26.05.2022)

Verwendung der zweckgebundenen Mineralölsteuer und weiterer für den Strassen- und Luftverkehr zweckgebundener Mittel» (MinVG), die «Verordnung über die Verwendung der zweckgebundenen Mineralölsteuer und weiterer für den Strassenverkehr zweckgebundener Mittel» (MinVV) und die «Verordnung des UVEK über das Programm Agglomerationsverkehr» (PAVV). Diese Texte halten fest, unter welchen Bedingungen Agglomerationsprogramme finanzielle Unterstützung vom Bund erhalten können.

Art. 5 Abs. 1 lit. b NAFG besagt, dass dem Fonds Beiträge für Massnahmen zur Verbesserung des Agglomerationsverkehr entnommen werden können. Diese Beiträge können gemäss Art. 7 Abs. 1 lit. b NAFG alle vier Jahre gesprochen werden. Der Bund leistet nach Art. 17a Abs. 1 MinVG «Beiträge an Verkehrsinfrastrukturen, die zu einem effizienteren und nachhaltigeren Gesamtverkehrssystem in Städten und Agglomerationen führen». Die PAVV, das MinVG und die MinVV enthalten weitere Voraussetzungen, welche von den Agglomerationsprogrammen erfüllt werden müssen, um für den Agglomerationsverkehr finanzielle Mittel vom Bund zu erhalten.[68] Geprüft werden diese Voraussetzungen vom Bundesamt für Raumentwicklung (ARE) unter Einbezug des Bundesamtes für Strassen, des Bundesamtes für Verkehr und des Bundesamtes für Umwelt.[69] Die Agglomerationsprogramme, welche finanzielle Unterstützung erhalten möchten, müssen einen ausführlichen Bericht einreichen, der die Voraussetzung nach der PAVV erfüllt. Der Beitrag des Bundes kann bis zu 50% der anrechenbaren Kosten betragen.[70]

Die Raumentwicklung und Planung ist wichtiger Bestandteil der Regionalpolitik. Das «Bundesgesetz über Regionalpolitik» ist Teil der Neuen Regionalpolitik (NRP) des Bundes. Das Gesetz sieht die finanzielle Förderung von Initiativen, Programmen und Projekten mit innovativem Charakter vor.[71] Von dieser Förderung sind jedoch die Agglomerationen Zürich, Basel, Bern, Lausanne und Genf aufgrund ihrer Grösse ausgenommen.[72]

Es kann nach Art. 6 des Bundesgesetzes über Regionalpolitik auch die grenzüberschreitende Zusammenarbeit gefördert werden. Es werden hierbei jedoch keine finanziellen Hilfen für Bauprojekte ausgezahlt.[73]

---

[68] Vgl. Art. 1 ff. PAVV; Art. 17c & 17d MinVG und Art. 19 & 24 MinVV.
[69] Art. 10 PAVV.
[70] Art. 17d Abs. 1 MinVG.
[71] Art. 4 Bundesgesetz über Regionalpolitik.
[72] Art. 1 Abs. 1 lit. a VRP.
[73] Art. 6 Abs. 3 Bundesgesetz über Regionalpolitik.

Seit dem 20. Dezember 2012 gibt es überdies die «Vereinbarung zwischen dem Bund, den Kantonen sowie den Städten und Gemeinden zur Fortsetzung der Tripartiten Agglomerationskonferenz» (TK). Die TK hat zum Ziel die Zusammenarbeit zwischen dem Bund, den Kantonen, den Städten und den Gemeinden zu fördern.[74]

Letztlich sind diverse Politikbereiche in der Agglomerationspolitik zu beachten. Folgende Bundespolitiken sind dabei von Relevanz: Raumplanung, Verkehrspolitik, Wohnungspolitik, Sozialpolitik, Umweltpolitik, Agrarpolitik, Energiepolitik und die Finanzpolitik.[75]

3. Kantonale und kommunale Grundlagen

Es werden nachfolgend nur auf diejenigen kantonalen Grundlagen eingegangen, welche für die betrachteten Agglomerationsprogramme relevant sind.

Wie bereits beschrieben, dürfen die Kantone nach Art. 56 BV völkerrechtliche Verträge oder andere Arten der Zusammenarbeit mit dem Ausland vereinbaren. Zum Vertragsabschluss befugt sind auf schweizerischer Seite die Kantone. Die Verträge können von einem einzelnen Kanton oder auch von mehreren Kantonen getragen werden.[76] Als ausländische Vertragspartner kommen Subjekte mit völkerrechtlicher Vertragsfähigkeit wie ausländische Staaten sowie auch regionale Gebietskörperschaften, wie einzelne Bundesländer eines Staates, in Frage.[77] Insbesondere relevant für die grenzüberschreitende Zusammenarbeit ist ebenso, dass die Kantone gemäss Art. 56 Abs. 3 BV mit untergeordneten ausländischen Behörden direkt verkehren können. Von diesem Begriff werden unter anderem «Behörden auf lokaler Ebene, Regierungen und Verwaltungen von Gliedstaaten» umfasst.[78]

Die Kantonsverfassung des Kantons Basel-Stadt (KV BS) hält bereits in Art. 3 die Kantons- und länderübergreifende Zusammenarbeit fest. So sollen die Behörden des Kantons Basel-Stadt danach streben, eine Verstärkung der Zusammenarbeit zu erzielen. Dazu wird eine Zusammenarbeit der kantonalen Behörden den Gemeinden der Agglomeration und der Region Oberrhein vorgesehen.[79] In Abs. 2

---

[74] Art. 1 lit. a TK.
[75] Bericht des Bundes 16+, 35 f.
[76] SGK BV-Pister, Art. 56 N 15.
[77] OFK BV-Biaggini, Art. 56 N 5; SGK BV-Pister, Art. 56 N 18.
[78] Botschaft neue BV, 233.
[79] Art. 3 Abs. 1 KV BS.

wird spezifisch auf die grenzüberschreitende Zusammenarbeit eingegangen: «Die Behörden des Kantons Basel-Stadt sind bestrebt, mit Behörden des In- und Auslandes in der Agglomeration und Region Vereinbarungen abzuschliessen, gemeinsam Institutionen zu schaffen und den gegenseitigen Lastenausgleich zu ordnen». Im Kanton Basel-Landschaft sieht der Art. 3 der Kantonsverfassung die interkantonale und regionale Zusammenarbeit mit den angrenzenden Kantonen und dem Ausland vor. Auch der Kanton Solothurn hält in Art. 2 Abs. 1 der Kantonsverfassung (KV SO) eine Zusammenarbeit mit anderen Kantonen fest.

Im Kanton Basel-Stadt wird die grenzüberschreitende Zusammenarbeit in der Raumplanung im Zweckartikel des Bau- und Planungsgesetz (BPG BS) thematisiert. Dieser besagt, dass das BPG BS «der Wahrung und Förderung der städtebaulichen Qualität und einer nachhaltigen Siedlungsentwicklung, eingebettet in die grenzüberschreitende Agglomeration» dient.[80] Seit dem 1. Januar 2021 wird in Art. 93a BPG BS explizit festgehalten, dass der Kanton ein Agglomerationsprogramm ausarbeitet. Abs. 2 bietet dem Kanton die explizite rechtliche Grundlage sich «dazu mit anderen Kantonen zusammenschliessen oder sich an privat- oder öffentlich-rechtlichen Organisationen beteiligen oder solche zu gründen, die ein Agglomerationsprogramm erarbeiten».[81] Der Kanton Basel-Landschaft (BL) regelt die Agglomerationsprogramme analog in Art. 11a RBG BL. Die praktische Umsetzung des Agglomerationsprogramms in der Region Basel wird in Kapitel IV. erläutert.

Es ist zu beachten, dass bei der Raumplanung auch die Gemeinden in die Planungsprozesse einbezogen werden müssen. Insbesondere stehen den Gemeinden und der Bevölkerung die demokratischen Mitwirkungsrechte zu.[82]

C. Rechtsgrundlagen der Zusammenarbeit aus der Sicht Deutschlands

Die in dieser Arbeit behandelte grenzüberschreitende Zusammenarbeit setzt eine gemeinsame Landesgrenze voraus. Aus diesem Grund wird folgend auf die rechtlichen Voraussetzungen aus Sicht von Deutschland und denjenigen Bundesländern oder Landkreise eingegangen, welche im Raum Basel eine gemeinsame Grenze haben (Baden-Württemberg und Lörrach). Gemäss Aufgabenstellung

---

[80] Art. 1 Abs. 1 lit. b BPG BS.
[81] Art. 93a Abs. 2 BPG BS.
[82] Vgl. Art. 3 Abs. 5 BPG BS; Art. 64 BGS SO; weitere Ausführungen zu den Mitwirkungsrechten in Kapitel III. A.

wird nicht auf die rechtlichen Voraussetzungen aus Sicht von Frankreich eingegangen.

Im deutschen Grundgesetz (GG) wird in Art. 30 GG die Zuständigkeit für die Ausübung staatlicher Aufgaben geregelt. Gemäss Art. 30 GG ist dies grundsätzlich Aufgabe der Länder. Der Art. 32 Abs. 1 GG sieht die Pflege der Beziehung zu auswärtigen Staaten als Sache des Bundes (D) vor. Die Länder sind jedoch, soweit sie für die Gesetzgebung zuständig sind, dazu befugt, mit der Zustimmung der Bundesregierung Verträge mit auswärtigen Staaten zu schliessen.[83] Das Grundgesetz macht keine inhaltlichen Vorgaben über die grenzüberschreitende Zusammenarbeit und mögliche Kooperationsformen. Es wird lediglich die «grenznachbarschaftliche Zusammenarbeit» der Bundesländer in Art. 24 GG thematisiert.[84] Nach Art. 24 Abs. 1 GG ist es dem Bund (D) möglich, die Hoheitsrechte auf zwischenstaatliche Einrichtungen zu übertragen. Die Länder können laut Art. 24 Abs. 1a GG mit «Zustimmung der Bundesregierung Hoheitsrechte auf grenznachbarschaftliche Einrichtungen übertragen». Dabei versteht man unter grenznachbarschaftlichen Einrichtungen Gebilde die völkerrechtlich oder im nationalen Recht einer Vertragspartei verankert sind.[85]

Auf Landesebene ist das Bundesland Baden-Württemberg für das Agglomerationsprogramm Basel relevant. Der Vorspruch der Bundesverfassung des Bundeslandes Baden-Württemberg enthält ein Bekenntnis zur Förderung der grenzüberschreitenden Zusammenarbeit.[86] Der Vorspruch wurde 1995 ergänzt, um der «europäischen Integration, dem Europa der Regionen und der grenzüberschreitenden Zusammenarbeit Rechnung zu tragen».[87] Die demokratische Volksvertretung im Landeskreis Lörrach ist der Kreistag.[88] «Der Kreistag, Hauptorgan des Kreises, legt die Grundsätze für die Verwaltung des Landkreises fest und entscheidet über alle wichtigen Angelegenheiten des Landkreises, soweit nicht der Landrat kraft Gesetzes zuständig ist.»[89] Der Kreistag muss bei der politischen Beschlussfassung des Agglomerationsprogrammes der neu entwickelten Generation zustimmen und die Verwaltung dazu ermächtigen die entsprechenden Schritte für die konkrete Umsetzung zu ergreifen.[90]

---

[83] Art. 32 Abs. 3 GG.
[84] NIEDOBITEK, N 52.
[85] NIEDOBITEK, N 24.
[86] Vorspruch der BWVerf.
[87] NIEDOBITEK, N 57.
[88] Art. 71 BWVerf.
[89] Internet: https://www.loerrach-landkreis.de/de/Politik-Ziele/Kreistag (Abruf 26.05.2022)
[90] Politische Beschlussfassung AP4, 18.

Die Raumplanung wird in Deutschland auf Bundesebene im Raumordnungsgesetz (ROG) geregelt. Das Gesetzt regelt «durch Raumordnungspläne, durch raumordnerische Zusammenarbeit und durch Abstimmung raumbedeutsamer Planungen» den Gesamtraum Deutschland.[91] Umgesetzt und konkretisiert wird die Raumplanung ähnlich wie in der Schweiz auf Länderebene.[92] Hierfür werden ein «Raumordnungsplan für das Landesgebiet (landesweiter Raumordnungsplan)»[93] und «Raumordnungspläne für die Teilräume der Länder (Regionalpläne)»[94] aufgestellt. In Baden-Württemberg ist dies konkret der Landesentwicklungsplan.[95]

III. Organisationsformen grenzüberschreitender Agglomerationsprogramme

Vorliegendes Kapital beschäftigt sich zunächst mit den Anforderungen des Bundes an grenzüberschreitende Agglomerationsprogramme und danach mit den potenziellen Organisationsformen[96] insbesondere den Trägerschaften grenzüberschreitender Agglomerationsprogrammen.

A. Anforderungen des Bundes

Zur Methodik und der organisationalen Ausgestaltung eines Agglomerationsprogramms ist anzumerken, dass der Bund den Agglomerationen darin grundsätzlich einen gewissen Spielraum lässt. Gewisse Grundanforderungen müssen die Agglomerationsprogramme jedoch in jedem Fall erfüllen. Diese sind:[97]

– Grundanforderung 1: Partizipation gewährleisten
– Grundanforderung 2: Bestimmung einer Trägerschaft
– Grundanforderung 3: Analyse von Ist-Zustand und Entwicklungstrends sowie Identifikation von Stärken, Schwächen, Chancen, Risiken und Handlungsbedarf

---

[91] Art. 1 Abs. 1 ROG.
[92] Hauptbericht AP4, 22.
[93] Art. 13 Abs. 1 Ziff. 1 ROG.
[94] Art. 13 Abs. 1 Ziff. 2 ROG.
[95] Hauptbericht AP4, 22.
[96] Unter Organisationformen werden in vorliegender Arbeit die juristischen Trägerschaften bzw. Rechtsformen grenzüberschreitender Agglomerationsprogramme nach Schweizerischem Recht verstanden.
[97] ARE (2015), 25 ff.

- Grundanforderung 4: Entwicklung von Massnahmen in allen Bereichen, in Kohärenz zu Zukunftsbild, Teilstrategien und Priorisierung
- Grundanforderung 5: Beschreibung und Begründung der prioritären Massnahmen
- Grundanforderung 6: Umsetzung und Controlling gesichert

Die Ausgangspunkte der Erarbeitung eines Agglomerationsprogramms sind zunächst eine Analyse des Ist-Zustands, der Entwicklungstrends sowie die Erarbeitung des Zukunftsbildes. Mit dem Zukunftsbild gelingt eine Auslegeordnung sämtlicher Leitlinien der anzustrebenden langfristigen Entwicklung von Siedlung und Verkehr. Daraufhin wird mithilfe einer SWOT-Analyse der Handlungsbedarf in den einzelnen Themenbereichen identifiziert. Durch verschiedene Teilstrategien wird festgelegt, wie die einzelnen Zielsetzungen des Zukunftsbildes in den Themenbereichen erreicht werden sollen. Schlussendlich werden die Massnahmen hergeleitet (vgl. zum Ablauf Abbildung 1).[98]

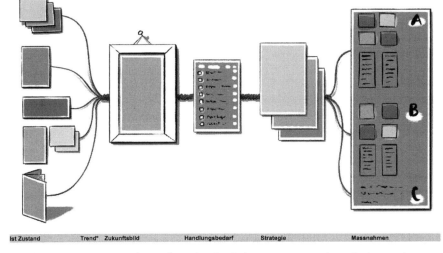

Abbildung 1: Organisationaler Aufbau des Erarbeitungsprozesses eines Agglomerationsprogrammes
Quelle: AP Rheintal 4. Generation, 7.

Nachdem das Agglomerationsprogramm eingegeben wurde, wird es vom Bund geprüft.[99] In einem ersten Schritt wird evaluiert, ob die Grundanforderungen er-

---

[98] LEYPOLDT, S. 101; ARE (2015), S. 25 ff.
[99] Vgl. zum detaillierten Ablauf der Prüfung auch ARE (2015), 53 ff.

füllt sind. Danach befasst sich die Prüfstelle mit der Mitfinanzierbarkeit[100] jeder einzelnen Massnahme. In einem dritten Schritt wird die Gesamtwirkung des entsprechenden Agglomerationsprogramms anhand vier Wirkungskriterien ermittelt. Dabei handelt es sich um folgende:[101]

– WK1: Qualität des Verkehrssystems verbessert
– WK2: Siedlungsentwicklung nach innen gefördert
– WK3: Verkehrssicherheit erhöht
– WK4: Umweltbelastung und Ressourcenverbrauch vermindert

Mit der Gesamtwirkung wird schlussendlich der Beitragssatz je Agglomerationsprogramm bestimmt.[102]

Zur Grundanforderung 1 ist folgendes hervorzuheben: Dabei geht es im Besonderen darum, dass «die von der Entwicklung der Agglomeration betroffenen Akteure, d.h. die Gebietskörperschaften (Gemeinden, regionale Körperschaften und Kantone) einerseits und die Bevölkerung andererseits, auf angemessene Weise an der Ausarbeitung, Umsetzung und Überarbeitung des Agglomerationsprogramms sowie den wichtigsten zugrunde liegenden Studien und Planungen beteiligt [werden]».[103] Die Art der (demokratischen) Partizipation hängt vor allem auch von der Struktur der Trägerschaft ab.

Im Zusammenhang mit der demokratischen Legitimation der Projekte stehen die Projektträger[104] in der Verantwortung. Diese werden in den Planungs-, Genehmigungs-, Einspracheverfahren etc. tätig. Die Agglomerationsprogramme selbst sehen keine konkrete Beteiligung der Bevölkerung vor. Sie müssen jedoch kompatibel mit den kantonalen Richtplänen, oder beispielsweise dem französischen Richtplan und dem Regionalplan in Deutschland sein. Diese werden von den Parlamenten genehmigt, wobei es Referendumsmöglichkeiten gibt und einzelne Bürger Einsprache erheben könnten. Die Agglomerationsprogramme kennen trotzdem zwei Verfahren: Einerseits wird eine Behördenvernehmlassung des Programms durchgeführt – eineinhalb Jahre bevor es beim Bund eingegeben wird. Dabei wird es an alle Kantone und Kommunen zur Stellungnahme verschickt. Andererseits werden diverse, grössere Veranstaltungen für politische Funktionäre und Wirtschaftsvertreter organisiert. Grundsätzlich komme es aber auf die Grösse

---

[100] Vgl. zur Mitfinanzierbarkeit von Massnahmen im Detail ARE (2015), 48 f.
[101] Vgl. LEYPOLDT, 101; im Detail siehe ARE (2015), 40 ff.
[102] ARE (2015), 67 f.
[103] ARE (2015), 25.
[104] Alle, die planen und bauen, wie bspw. Kantone, Gemeinden, Kommunen, Landkreise etc.

des Agglomerationsprogramms an. Natürlich kann ein Programm mit einer Beteiligung von lediglich sechs Gemeinden eine viel grössere Partizipation herstellen, als es grösseren Agglomerationsprogrammen jemals gelingen würde.[105]

B. Potenzielle Organisationsformen

«Sämtliche am Agglomerationsprogramm beteiligten Akteure (Kantone, Gemeinden, ggf. regionale Körperschaften) treten gegenüber dem Bund mit einer Stimme auf und bezeichnen eine gemeinsame Ansprechstelle als Ansprechpartner für den Bund (Trägerschaft).»[106] Die Trägerschaft sorgt für «eine effiziente und koordinierte Erarbeitung des Agglomerationsprogrammes» und kann dem Bund nachweisen, dass sämtliche zuständigen Organe der beteiligten Gemeinwesen dem Agglomerationsprogramm zugestimmt und sich zur Umsetzung des Programms verpflichtet haben.[107] Nach Art. 23 MinVV sind die Trägerschaften verantwortlich für die Planung und Umsetzung der Agglomerationsprogramme. Der Bund verfolgt hierbei das Ziel, dass *eine* Trägerschaft pro Agglomeration die Prozessführerschaft innehat.[108]

In diesem Zusammenhang stellt sich die Frage, welche Rechtsformen für die konkrete Ausgestaltung solcher Trägerschaften möglich sind.

Im transnationalen Kontext bietet es sich an, das Karlsruher Übereinkommen über die grenzüberschreitende Zusammenarbeit zu Rate zu ziehen.[109] Dieses wurde zur Förderung der Schaffung von grenzüberschreitenden Gremien zwischen der Schweiz, Deutschland, Frankreich und Luxemburg abgeschlossen. Das Übereinkommen nennt folgende mögliche Organisationsformen:

---

[105] Interviewpartner, persönliches Interview, Videocall, 25.04.2022.
[106] ARE (2015), 27.
[107] ARE (2015), 27.
[108] ARE (2015), 27.
[109] Vgl. hierzu die voranstehenden Ausführungen zu den rechtlichen Rahmenbedingungen: So gibt es neben dem Karlsruher Übereinkommen noch die EU-EVTZ-Verordnung (Bildung europäischen Verbunds der territorialen Zusammenarbeit) und das Zusatzprotokoll zum Madrider Übereinkommen (Bildung eines «Verbunds für Euroregionale Zusammenarbeit») als völkerrechtliche Grundlagen. Im Rahmen der EU-EVTZ-Verordnung wären Gründungsmitglieder D/F, CH-Mitglieder könnten (seit 2013) beitreten, Sitz wäre aber in einem EU-Mitgliedsstaat (vgl. Art. 1 b (5) der Verordnung (EU) Nr. 1302/2013). Das Zusatzprotokoll zum Madrider Übereinkommen bietet nicht mehr Möglichkeiten als das Karlsruher Übereinkommen. Diese beiden völkerrechtlichen Grundlagen werden deshalb vorliegend ausgeblendet.

- Kooperationsvereinbarung, sprich eine rein vertragliche Zweckverbindung (Art. 3 f.);[110]
- Einrichtung ohne Rechtspersönlichkeit (Art. 9);
- Einrichtung mit Rechtspersönlichkeit (Art. 10) und
- Grenzüberschreitende örtliche Zweckverbände (Art. 11).

Zur Wahl einer geeigneten Rechtsform sollten zuerst die mit der Trägerschaft zu erreichenden Ziele genauer definiert werden. Dabei stellt eine zentrale Frage insbesondere dar, ob die Trägerschaft in der Lage sein sollte, eigene Rechte und Pflichten zu begründen (juristische Person mit Rechtspersönlichkeit). Sofern dies zu bejahen ist, käme bereits vorgängig eine rein vertragliche Zweckverbindung als Trägerschaft aufgrund der fehlenden Rechtsfähigkeit bzw. eine Ausgestaltung in der Form einer Rechtsgemeinschaft nicht in Frage. In einem solchen Fall bleiben somit lediglich die Körperschaften[111] und Anstalten[112] übrig.

Gemäss dem Interviewpartner, war der einzige Grund, weshalb man sich zu Beginn nur vertraglich aneinandergebunden habe, weil man noch nicht dazu bereit gewesen sei, eine trinationale Organisation zu bilden. Ausserdem seien die Probleme bei rein vertraglichen Zweckverbindungen vielfältig. Einerseits fehle es als kantonaler Angestellter an der Unabhängigkeit und Neutralität in der Arbeit für das entsprechende Programm. Auch bestehe keinerlei Überblick über die finanziellen Beiträge für und Kosten des grenzüberschreitenden Agglomerationsprogramms (Stichwort: finanzielle Transparenz). Der Wechsel zu einer juristischen Person bedeute auch ein Wechsel zu einem professionellen Unternehmen. Ausserdem kam mit der 2. Generation der Entscheid vom Bund, dass Verkehrsachsen bspw. Tramlinien ins Ausland finanziert werden. Aus diesem Grund entstand seitens der Kantone das Bedürfnis, dass auch das Ausland sich an den Kosten beteilige. Eine direkte Mitfinanzierung von schweizerischen Staatsangestellten war jedoch nicht möglich.[113]

---

[110] Eine solche Kooperationsvereinbarung ist vergleichbar mit der einfachen Gesellschaft nach Schweizerischem Recht (Erreichung eines gemeinsamen Zweckes mit gemeinsamen Kräften oder Mitteln).

[111] Gesellschaften mit eigener Rechtspersönlichkeit – Körperschaften – sind 1. die Aktiengesellschaft (Art. 620 ff. OR), 2. die Kommandit-AG (Art. 764 ff. OR), 3. die GmbH (Art. 772 ff. OR), 4. die Genossenschaft (Art. 828 ff. OR), 5. der Verein (Art. 60 ff. ZGB) und der Vollständigkeit halber 6. die Investmentgesellschaft mit variablem (SICAV, Art. 36 ff. KAG) und 7. mit festem Kapital (SICAF, Art. 110 ff. KAG).

[112] Zu den Anstalten zählen neben den öffentlich-rechtlichen auch die privatrechtlichen, welche als Stiftungen i.S.v. Art. 80 ff. ZGB bezeichnet werden.

[113] Interviewpartner, persönliches Interview, Videocall, 25.04.2022.

Was die Anstalten anbelangt: Eine von mehreren Akteuren initiierte öffentlich-rechtliche Anstalt wirkt angesichts dessen, dass in den meisten Fällen Kantone und ausländische Staaten einen harmonisierten Gesetzgebungsprozess abwickeln müssten, ebenso von vornherein als eine umständliche Lösung. Auf der anderen Seite kann eine privatrechtliche Stiftung zwar relativ einfach begründet werden, jedoch ist sie sehr starr und wenig anpassungsfähig. Ausserdem steht in den meisten Fällen auch kein effektives Stiftungskapital zur Verfügung, sondern die Stiftung wäre von Beiträgen der Stifter abhängig. Dies würde sie im Umkehrschluss weitestgehend zu einer körperschaftlich gesteuerten Organisation verkommen lassen.[114]

Diese Überlegungen führen zum Schluss, dass in den meisten Fällen die Trägerschaft direkt als eine Körperschaft auszugestalten ist, die von ihren Mitgliedern getragen und gesteuert wird. Körperschaften haben insbesondere den Vorteil, dass sie in den meisten Fällen mit Mehrheitsbeschluss entscheiden können. Sie können Rechte und Pflichten begründen und führen einen selbständigen Finanzhaushalt. Im Rahmen der grenzüberschreitenden Agglomerationsprogramme müssen wesentliche (politische) Fragen einstimmig ausgehandelt werden, weshalb eine möglichst einfache und konsistente Führungshierarchie benötigt wird.[115]

In der breiten Praxis etablierte sich aus diesen Gründen zur Bewirtschaftung von Planungen und von Fragen koordinativer Natur als Trägerschaft grenzüberschreitender Agglomerationsprogramme der Verein nach Schweizerischem Recht (Art. 60 ff. ZGB). Dieser kennt nur wenige rechtliche Vorgaben, ermöglicht eine flexible Ausgestaltung der Organisation und kann weitgehend ohne formelle Akte gegründet werden.[116]

Die (Rechts-)Verbindlichkeit des Agglomerationsprogramms wird i.S.v. Art. 23 Abs. 2 MinVV als gewährleistet erachtet, sobald die Trägerschaft nachweisen kann, dass die (intern) zuständigen Organe der beteiligten Gemeinwesen[117] dem Programm nicht nur zugestimmt haben, sondern sich diese Organe auch verpflichtet haben, «den (intern) zuständigen Organen die für die Umsetzung des

---

[114] So auch Hauptbericht AP3, 16 f.
[115] LEYPOLDT, 17.
[116] LEYPOLDT, 17 f., der weiterhin anmerkt, dass die ideelle Zielsetzung von Vereinen nicht als Hinderungsgrund angesehen wurde, insbesondere auch angesichts der Aktivitäten der Trägerschaft, durch welche keine Gewinnorientierung angestrebt wird. Deshalb lässt sich festhalten, dass im Gegensatz zum Rest der Körperschaften – wie beispielsweise der Aktiengesellschaft – der Verein erst recht die aktuell sachgerechteste Rechtsform für grenzüberschreitende Agglomerationsprogramme darstellt.
[117] Bspw. beim Verein wären das die zuständigen Organe der jeweiligen Mitglieder.

Agglomerationsprogramms nötigen Beschlüsse zu beantragen (z.B. mittels Beibringung eines entsprechenden Gemeinderatsbeschlusses)».[118]

IV. Bestehendes Agglomerationsprogramm in Basel

A. Agglo Basel

Das Agglomerationsprogramm Basel ist das einzige trinationale Agglomerationsprogramm in der Schweiz. Die Agglomeration umfasst gemäss dem aktuellen Stand 168 Kommunen. Mit 101 Kommunen befindet sich in der Schweiz die grösste Anzahl an Kommunen, 43 liegen im Südelsass und weitere 24 in Südbaden. Insgesamt umfasst die Agglomeration Basel ca. 881 000 Personen. Die Kernstadt Basel ist die bevölkerungsreichste, gefolgt von den deutschen Kommunen Lörrach, Rheinfelden (Baden) (D) und Weil am Rhein.[119]

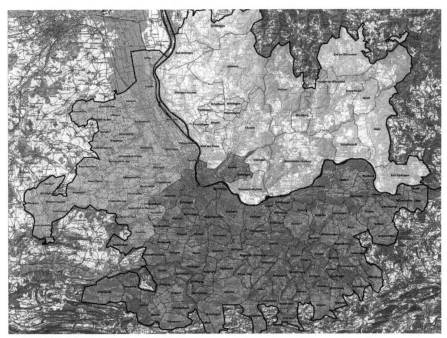

Abbildung 2: Perimeter Agglomerationsprogramm Basel
Quelle: Abschnitt: Perimeter, Agglomerationsprogramm Basel, <https://www.aggloprogramm.org/de/agglomerationsprogramm.html>, zuletzt besucht am 26. Mai 2022.

---

[118] ARE (2015), 27.
[119] Abschnitt: Perimeter, Agglomerationsprogramm Basel, <https://www.aggloprogramm.org/de/agglomerationsprogramm.html>, zuletzt besucht am 26. Mai 2022.

1. Trägerschaft und Organisation Agglo Basel

Die 1. Generation des Agglomerationsprogramms Basel wurde von den Kantonen Basel-Stadt und Basel-Landschaft erarbeitet. Es bestand dabei jedoch keine eigentliche Trägerschaft des Programmes. Die Kantone Solothurn und Aargau wurden teilweise in die Arbeit involviert, waren aber nicht offiziell Teil des Programmes. Auch das angrenzende Ausland wurde in beratender Funktion an den Prozessen beteiligt.[120]

Um dem Bund eine klare Anlaufstelle für das Programm und die ersten finanziellen Beiträge zu bieten, wurde 2010 in der 2. Generation mit einem Vertragswerk zwischen den Kantonen Basel-Landschaft, Basel-Stadt, Solothurn und Aargau eine einfache Gesellschaft begründet.[121] Diese vier Kantone bildeten durch eine Vereinbarung neu die Trägerschaft für das Agglomerationsprogramm, wobei jedoch auf eine rechtlich selbständige Trägerschaft verzichtet wurde.[122] Die ausländischen Ansprechpartner hatten zu diesem Zeitpunkt formell keine Mitspracherechte, beteiligten sich jedoch an der inhaltlichen Ausarbeitung des Programmes und wurden informell in die Trägerschaft integriert.[123] Mit einer weiteren Vereinbarung wurde die Organisation der Geschäftsstelle des Programmes geregelt.[124]

Da die ausländischen Partner nur informell in die Trägerschaft involviert waren, fehlte es an einem formalen und finanziellen Einbezug des Auslandes. Dies wurde von allen beteiligten Parteien als ungenügend betrachtet, weshalb die Suche nach einer neuen Lösung der Trägerschaft eingeleitet wurde.[125] Dieser Prozess stellte sich aufgrund der trinationalen grenzüberschreitenden Zusammenarbeit als herausfordernd dar.[126] Es wurden in diesem Prozess verschiedene in Kapitel 3.2 aufgezeigte Möglichkeiten einer Trägerschaft besprochen.

Per 1. Juli 2014 wurde der Verein «Agglo Basel» nach Schweizerischem Recht gegründet, um grenzüberschreitende Projekte und Interessen in der trinationalen Region Basel zu verfolgen. Mit der Gründung des Vereins «Agglo Basel» wurde eine Grundlage geschaffen, mit welcher der Verein dem Bund gegenüber auftreten und in diesem Zusammenhang auch von dessen finanziellen Unterstützung

---

[120] Hauptbericht AP4, 27; LEYPOLDT, S. 102.
[121] LEYPOLDT, S. 102.
[122] Vgl. Kapitel 3; sowie LEYPOLDT, S. 102.
[123] Hauptbericht AP4, 27, LEYPOLDT, S. 102
[124] LEYPOLDT, S. 102
[125] Hauptbericht AP4, 27, LEYPOLDT, S. 103
[126] Hauptbericht AP4, 27, LEYPOLDT, S. 103

profitieren kann.[127] Der Landkreis Lörrach und die Saint-Louis Agglomeration sind aufgrund der oben dargelegten rechtlichen Möglichkeiten bei der grenzüberschreitenden Zusammenarbeit auch aktive Mitglieder im Verein. Gemäss Art. 33 der Statuten des Vereins Agglo Basel erhebt der Verein pro Aufgabenbereiche Mitgliederbeiträge. Die Mitgliederbeiträge orientieren sich dabei an der Einwohnerzahl und der wirtschaftlichen Leistungsfähigkeit und können für die ausländischen Partner angepasst werden.[128] Seit 2014 hat sich der Verein zur trinationalen Koordinationsstelle für die Verkehrs- und Siedlungsplanung in der Agglomeration Basel entwickelt.[129]

Zur gleichen Zeit wurde Agglo Basel damit beauftragt, «ein abgestimmtes Angebotskonzept für die trinationale S-Bahn Basel mit Horizont 2030 zu erarbeiten»[130]. 2016 wurde die Trägerschaft von Agglo Basel um drei weitere Mitglieder ergänzt und der Vereinszweck so erweitert, dass auch die Weiterentwicklung der trinationalen S-Bahn Teil des Aufgabenbereiches von Agglo Basel wurde.[131] Der Verein Agglo Basel gliedert sich heute in die zwei Aufgabenbereiche, das «Agglomerationsprogramm» (Aggloprogramm) und die S-Bahn (trireno).[132] Es wird zurzeit darüber diskutiert, ob die heutige Trägerschaft den Ansprüchen an das Agglomerationsprogramm gerecht wird. Aus diesem Grund wird geprüft, wie die Trägerschaft weiterentwickelt werden könnte.[133] Dieses Problemfeld wird in Kapitel III und VI vertieft angesprochen.

Der Verein Agglo Basel umfasst in der 4. Generation aktuell neun Gebietskörperschaften. Dazu gehören die Kantone Basel-Stadt, Basel-Landschaft, Aargau, Jura & der Kanton Solothurn, das Bundesland Baden-Württemberg und der Landkreis Lörrach, die Saint-Louis Agglomération und die Region Grand Est. Nicht alle Parteien sind Teil beider Aufgabenbereiche des Vereines. Die Organisation des Vereines lässt sich wie folgt darstellen:

---

[127] Vgl. Kapitel Agglomerationspolitik.
[128] Art. 34 Statuten Agglo Basel.
[129] Leypoldt, S. 98.
[130] Hauptbericht AP4, 28.
[131] Hauptbericht AP4, 28.
[132] Hauptbericht AP4, 28.
[133] Hauptbericht AP4, 35.

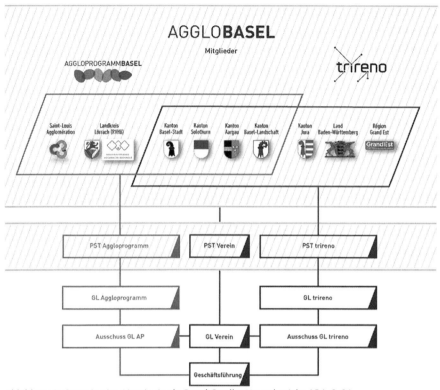

Abbildung 3: Organisation Verein Agglo Basel Quelle: Hauptbericht AP4, S. 31

2. Arbeitsweise des Agglomerationsprogrammes

Die Erarbeitung des Programmes basiert auf einer Analyse des Ist-Zustandes und einem Zukunftsbild. Das Zukunftsbild des Programmes bildet die Landschaftsträume ab[134] und es werden die «anzustrebende Siedlungsentwicklung strukturiert und zentrale Komponenten des Verkehrssystems sowie grössere geplante Netzergänzungen dargestellt».[135] Erarbeitet wird das Zukunftsbild von den Vertretern der neun Gebietskörperschaften und kann entsprechend die Interessen aller Beteiligten Parteien bestmöglich vereinen.

Das Zukunftsbild und die Entwicklung des Agglomerationsprogrammes basiert auf einem Leitsatz und zwei Grundsätzen, aus denen sich die Ziele ableiten lassen.[136]

---

[134] LEYPOLDT, S. 101; Hauptbericht AP4, 218.
[135] Abschnitt: Zukunftsbild, Agglomerationsprogramm Basel, <https://www.agglopro gramm.org/de/agglomerationsprogramm.html>, zuletzt besucht am 26. Mai 2022.

Der Leitsatz des Programmes ist der folgende: «Das Agglomerationsprogramm stärkt die polyzentrische Struktur der Agglomeration Basel mit vielfältigen, qualitativ hochstehenden Siedlungs- und Zentrenstrukturen, einem darauf abgestimmten, nachhaltigen Transportsystem und einer fingerartigen Grünraumstruktur.»[137] Die Abstimmung von Siedlung und Verkehr wird von den Grundsätzen konkretisiert. Der Grundsatz 1 sieht die Förderung einer qualitätsvollen Siedlungsentwicklung nach innen vor.[138] Grundsatz 2 will die «Mobilität ermöglichen und auf nachhaltige Angebote lenken».[139]

Das Zukunftsbild des Aggloprogrammes hält die Leitlinien der langfristigen Siedlungs- und Verkehrsentwicklung fest. Durch den Vergleich zur Ist-Zustand Analyse werden die Handlungsbedarfe in den verschiedenen Teilgebieten und Projekten aufgezeigt. Entsprechend kann festgelegt werden, wie die Ziele des Zukunftsbildes in den jeweiligen Teilgebieten erreicht werden können. Hierfür werden spezifische Massnahmen für Siedlung, Verkehr und Landschaft getroffen, welche in drei verschiedene Kategorien (A, B & C) nach ihrer Wirksamkeit und zeitlichen Priorität aufgeteilt sind.[140] In der 4. Generation hat der Verein A-Massnahmen im Umfang von CHF 1.2 Mrd. und B-Massnahmen im Umfang von CHF 508 Mio. beantragt.[141]

3. Planungsinstrumente

Die konkrete Umsetzung der Massnahmen, welche aufgrund des Zukunftsbildes erarbeitet werden, findet auf der kommunalen Ebene in den Korridoren statt.[142] Das Agglomerationsprogramm Basel lässt sich in neun Korridore und die Kernstadt unterteilen. So umfasst das Programm die Korridore Kandertal, Oberrhein, Wiesental, Hochrhein, Ergolztal/Frenkentäler, Birstal, Leimental, Laufental/Thierstein, Saint-Louis Agglomération und die Kernstadt.

---

[136] Hauptbericht AP4, 218.
[137] Hauptbericht AP4, 218
[138] Hauptbericht AP4, 218
[139] Hauptbericht AP4, 218
[140] LEYPOLDT, S. 101
[141] Hauptbericht AP4, XXIII
[142] Abschnitt: Korridore, Agglomerationsprogramm Basel, <https://www.aggloprogramm.org/de/korri- dore.html>, zuletzt besucht am 26. Mai 2022.

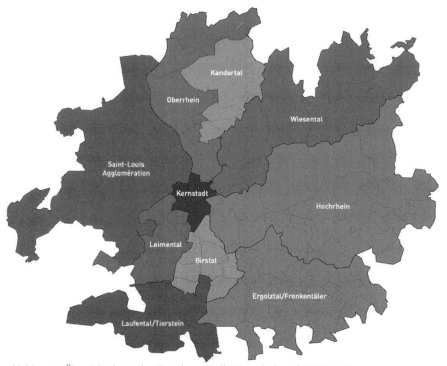

Abbildung 4: Übersichtskarte der Korridore Quelle: Korridorbericht AP4, S. 12.

Die Korridore verteilen sich über die Landesgrenzen hinweg und umfassen eine unterschiedliche Anzahl von Kommunen. Durch die Arbeit in den Korridoren lassen sich die Massnahmen und das Zukunftsbild auf regionaler und kommunaler Ebene verankern und stellen eine breitere Akzeptanz in den Kommunen und der Bevölkerung sicher. Jeder Korridor ist mit unterschiedlichen Herausforderungen in den Bereichen Siedlung, Verkehr und Landschaft konfrontiert und kann die besten Lösungsmöglichkeiten für sich sicherstellen.[143] Die meisten Korridore haben in den vergangenen Jahren eigene Organisationsformen, auf schweizerischer Seite meistens Vereine, entwickelt.[144]

---

[143] Korridorbericht AP4, S. 13.
[144] Abschnitt: Korridore, < https://www.aggloprogramm.org/de/korridore.html>, zuletzt besucht am 26. Mai 2022.

V. Vergleich mit anderen Agglomerationsprogrammen

In diesem Kapitel werden drei weitere Agglomerationsprogramme, das AP St.Gallen-Bodensee sowie das AP Rheintal und das AP Grand Genève vorgestellt. Davon sind zwei grenzüberschreitend (AP Rheintal und AP Grand Genève) und eines auf die Schweiz begrenzt (St.Gallen–Bodensee). Diese Agglomerationsprogramme werden vorgestellt und hinsichtlich ihrer Organisationsstruktur, Grösse, Zielsetzung, Massnahmen und Kosten verglichen, um daraus Schlüsse zu ziehen.

Der Bund unterstützt im Rahmen des PAV die Agglomerationsprogramme finanziell in den Bereichen Verkehrs- und Siedlungsentwicklung. Seit 2007 können die Agglomerationen im Vierjahresrhythmus ihre Programme einreichen. Diese werden dann vom Bund geprüft und gegebenenfalls Bundesbeiträge gewährt. Die jedes vierte Jahr eingereichten Agglomerationsprogramme werden in Generationen unterteilt, die Umsetzung der Programme in dritter Generation begann 2019.[145] Die Einreichfrist für Programme der vierten Generation endete am 15. September 2021, wobei 32 Agglomerationsprogramme eingereicht wurden. Das heisst, dass 70% der Agglomerationen der Schweiz, sowie Gebiete der Nachbarländer, am PAV in der 4. Generation teilnehmen.[146]

In diesem Kapitel werden die Programme Stand 3. und 4. Generation verglichen.

A. St. Gallen-Bodensee (rein schweizerisch)

1. Allgemeines und Perimeter

Das Agglomerationsprogramm St.Gallen-Bodensee ist ein rein schweizerisches Programm und laut eigenen Angaben schweizweit eines der erfolgreichsten.[147] Die Agglomeration umfasst gemäss dem Bundesamt für Statistik (BFS) 27 Gemeinden aus den drei Kantonen St.Gallen, Appenzell Ausserrhoden und Thurgau. Bereits 2004 haben sich die drei Kantone, sowie der Grossteil der beteiligten Gemeinden und Städte zu einer Kooperation zusammengeschlossen. Mit einem Um-

---

[145] Internet: https://www.are.admin.ch/are/de/home/mobilitaet/programme-und-projekte/pav.html#:~:text=Mit%20dem%20Programm%20Agglomerationsverkehr%20(PAV,und%20Siedlungsentwicklung%20wirkungsvoll%20aufeinander%20abstimmen (Abruf 26.05.2022)
[146] Internet: https://www.are.admin.ch/are/de/home/mobilitaet/programme-und-projekte/pav.html#:~:text=Mit%20dem%20Programm%20Agglomerationsverkehr%20(PAV,und%20Siedlungsentwicklung%20wirkungsvoll%20aufeinander%20abstimmen (Abruf 26.05.2022)
[147] AP St.Gallen-Bodensee, Hauptbericht 3. Generation, 3.

setzungshorizont von 2019–2022 befindet sich das AP St.Gallen-Bodensee momentan am Ende der 3. Generation. Die 4. Generation des Agglomerationsprogramms soll 2024–2028 umgesetzt werden.[148]

Nach der Einteilung des Bundesamts für Statistik (BFS) stellen St.Gallen, Arbon-Rohrschach und Amriswil-Romanshorn je eine Agglomeration dar. Durch ihre funktionalen Verknüpfungen werden sie allerdings im Agglomerationsprogramm zusammengefasst.[149]

Der Kanton Appenzell Innerrhoden gehört dem Agglomerationsprogramm nicht an, ist aber als assoziierter Partner wichtig, leistet einen Pauschalbeitrag und ist in den Gremien involviert.[150] In der dritten Generation wurde das AP um die Agglomeration Amriswil-Romanshorn erweitert.[151]

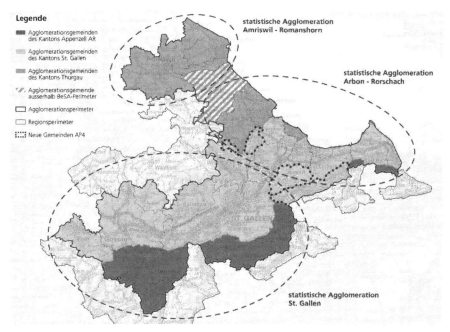

Abbildung 5: Perimeter Agglomeration 2016
Quelle: mrs partner ag in AP St.Gallen-Bodensee, Hauptbericht 3. Generation, 5.

---

[148] Internet: https://www.regio-stgallen.ch/agglomerationsprogramm/traegerschaft.html (Abruf 26.05.2022)
[149] AP St.Gallen-Bodensee, Hauptbericht 3. Generation, 5.
[150] AP St.Gallen-Bodensee, Hauptbericht 3. Generation, 8.
[151] AG St.Gallen-Bodensee, Hauptbericht 3. Generation, 9.

2. Organisation und Finanzierung

Organisiert ist das AP St.Gallen-Bodensee als Leistungs- bzw. Kooperationsvereinbarung zwischen den beteiligten Kantonen, Gemeinden und Städten. Das Entscheidungsgremium ist der Lenkungsausschuss, der aus 5 Regierungsvertretern aus den Mitgliedskantonen, den Präsidenten der Mitgliedsgemeinden sowie einem beratenden Vertreter aus Appenzell Innerrhoden besteht.[152] Überdies gibt es einen Fachausschuss, der aus den Fachstellen Raumentwicklung, Öffentlicher Verkehr, Tiefbau und Wirtschaft der Mitgliedskantone sowie -gemeinden besteht. Das dritte Gremium ist die Programmleitung, die sich aus den Ämtern für Raumentwicklung der drei Kantone zusammensetzt. Der Lenkungsausschuss, der Fachausschuss und die Programmleitung bilden die Geschäftsstelle.[153]

Essenziell dabei ist der Verein Regio, der aus 45 Gemeinden und Städten aus den drei Kantonen Aargau, St.Gallen und Thurgau und vier Organisationen besteht. Unter den vier Mitgliedsorganisationen ist auch die Universität St.Gallen.[154] Das Ziel der Regio ist die Verwirklichung von Potenzial zur erfolgreichen Entwicklung der Region. Die Strategie lässt sich in drei Handlungsfelder aufteilen: «Regionale Einzigartigkeit stärken», «Erfolgreiches Zusammenwirken fördern» und «Wettbewerbsfähige Rahmenbedingungen mitgestalten».[155]

Die Mitglieder des Agglomerationsprogramms zahlen jährliche Beiträge, die sich an der Einwohnerzahl pro Gemeinde bemessen. Jeder Kanton beteiligt sich mit zwei Dritteln des Betrags, den seine jeweiligen Agglomerationsgemeinden leisten.[156] Der Lenkungsausschuss bestimmt jährlich über die Höhe der Finanzbeiträge, in den vorgängigen Generationen waren die Beiträge jährlich zwischen 80 Rappen und 1 Franken pro Einwohner angesetzt.[157]

---

[152] AP St.Gallen-Bodensee, Hauptbericht 3. Generation, 7–8.
[153] AP St.Gallen-Bodensee, Hauptbericht 3. Generation, 8.
[154] Internet: https://www.regio-stgallen.ch/ueber-die-regio/mitglieder.html (Abruf 26.05.2022)
[155] Regio Appenzell-AR-Bodensee-St.Gallen, Zukunftsbild Regio, 2.
[156] AP Bodensee-St.Gallen, Hauptbericht 3. Generation, 8.
[157] AP St.Gallen-Bodensee, Hauptbericht 3. Generation, 8.

3. Zielsetzung und Massnahmen

Die Zielsetzung der AP St.Gallen-Bodensee ist vor allem die optimale Abstimmung der Siedlungs- und Verkehrsentwicklung über kantonale und Gemeindegrenzen hinweg. Der kurze und knappe Leitspruch ist: «Eine kompakte, grüne und clever-mobile Agglomeration».[158] Für das AP in der 3. Generation wurde 2016 ein zukünftiges Strukturbild erstellt.[159] Um diese Zielsetzungen zu erreichen, hat die Agglo insgesamt über 80 Massnahmen in den Teilbereichen Siedlung, Landschaft und Verkehr veranschlagt.[160] Besonders die Verbesserung der Erreichbarkeitssituation im Grossraum St.Gallen ist ein wichtiger Eckpfeiler, da diese im Vergleich mit anderen Schweizer Siedlungsgebieten unterdurchschnittlich ist.[161]

B. Agglomerationsprogramm Rheintal (grenzüberschreitend)

1. Allgemeines und Perimeter

Das Agglomerationsprogramm Rheintal umfasst den Kanton St.Gallen, das Land Vorarlberg (AUT) sowie die beteiligten Gemeinden und Städte aus diesem Gebiet.

Der Verein Agglomeration Rheintal hat das AP in der 4. Generation im September 2021 beim Bund eingereicht. Im Moment prüft der Bund das AP und entscheidet ob und wieviel finanzielle Unterstützung gewährleistet werden kann.[162]

Zum Agglomerationsprogramm gehören 12 schweizerische und zehn österreichische Gemeinden. Der Perimeter des AP wurde enger gefasst als der Perimeter des Bundesamts für Statistik.

---

[158] AP St.Gallen-Bodensee, Hauptbericht, 3. Generation, 3.
[159] Regio Appenzell-AR-Bodensee-St.Gallen, Zukunftsbild Regio, 4.
[160] Internet: https://www.regio-stgallen.ch/agglomerationsprogramm/traegerschaft.html (Abruf 26.05.2022)
[161] AP St.Gallen-Bodensee, Hauptbericht, 3. Generation, 12.
[162] Internet: https://www.agglomeration-rheintal.org/de/agglomerationsprogramm.html (Abruf 26.05.2022)

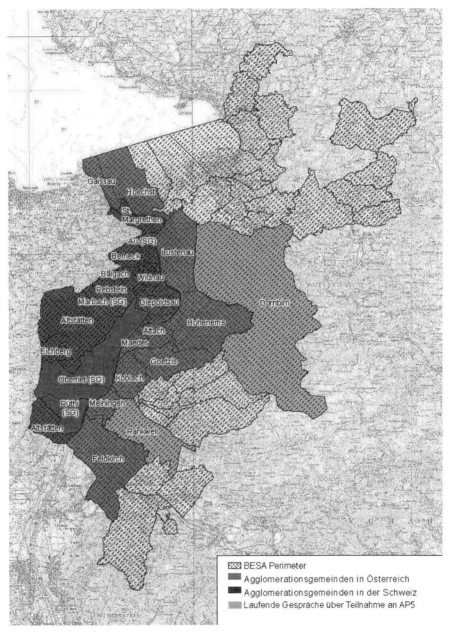

Abbildung 6: Perimeter Agglomeration Rheintal und BESA Perimeter
Quelle: AP Rheintal, Hauptbericht 4. Generation, 13.

2. Organisation und Finanzierung

Der Verein Agglomeration Rheintal wurde 2016 gegründet und bildet die Trägerschaft des Agglomerationsprogramms. Das Gremium, welches Entscheidungen trifft, ist die Vereinsversammlung, die sich aus Vertretern der 22 Mitgliedsgemeinden und der Kantons- und Landesvertretung zusammensetzt. Die Organisation umfasst einen Vorstand, der die Projektleitung übernimmt, sowie eine Geschäftsstelle und ein Projektteam, das für die operative Abwicklung verantwortlich ist. Der Vorstand besteht aus Vertretern der Gemeinden sowie der Leitung des Amts für Raumentwicklung und Geoinformation (AREG), der Leitung der Abteilung Raumplanung und Baurecht Voralberg und ein beisitzendes Projektteam.[163]

Überdies gibt es einen Fachausschuss und eine sogenannte «Agglokonferenz». Die Konferenz sorgt für eine Einbindung und angemessene Information der verschiedenen Anspruchsgruppen, sodass ihnen die Möglichkeit zur Mitwirkung gegeben wird. In den einzelnen Teilprojekten werden Fachausschüsse gebildet, um die fachliche Expertise im jeweiligen Gebiet sicherzustellen.

Die Kostenaufteilung wird zwischen den Mitgliedern vorgenommen. Jeweils ein Viertel wird vom Kanton St.Gallen bzw. dem Land Vorarlberg übernommen. Weitere 25% übernehmen die Gemeinden des St.Galler Rheintals und das restliche Viertel wird von den Gemeinden von Vorarlberg übernommen. Unter den Gemeinden wird die Aufteilung proportional zu der Einwohneranzahl vorgenommen.[164]

3. Zielsetzung und Massnahmen

Agglo Rheintal hat das Ziel, die Unterstützung des Bundes im Rahmen des PAV zu erhalten. Der Leitspruch, welcher auf der Webseite zu finden ist, lautet «gemeinsam für eine enkeltaugliche Zukunft».[165] Das Agglomerationsprogramm in 4. Generation umfasst die drei Teilbereiche Siedlung, Verkehr und Landschaft. Bei der Festlegung der Zielsetzung orientiert sich Agglo Rheintal an den verschiedenen Planungsinstrumenten der zwei Länder[166] sowie an der vom Bund vorgegebenen Agenda 2030. Es gibt drei Hauptthemen, auf die sich das Agglo Rheintal konzentriert: Siedlung, Mobilität und Landschaft. Im Bereich Siedlung sollen unter anderem die Siedlungen begrenzt, die Verdichtung gezielt gelenkt und auf den Verkehr

---

[163] AP Rheintal, Hauptbericht 4. Generation, 16.
[164] AP Rheintal, Hauptbericht 4. Generation, 17.
[165] Internet: https://www.agglomeration-rheintal.org/ (Abruf 26.05.2022)
[166] AP Rheintal, Hauptbericht 4. Generation, 22.

abgestimmt werden.[167] Überdies sollen die Siedlungsqualität und das Wohnraumangebot erhöht werden.[168] Beim Aspekt Verkehr sollen beispielsweise Ortsdurchfahrten und -zentren aufgewertet, die Trennwirkung reduziert und die Koexistenz der Verkehrsmittel gefördert werden. Im Bereich Landschaft und Freiraum sollen unter anderem die Rheinlandschaft aufgewertet, die Grünverbindungen freigehalten und die Biodiversität erhöht werden.[169]

Aus diesen erkannten Bereichen mit Handlungsbedarf werden Massnahmen hergeleitet. Die Massnahmen sind in verschiedene Horizonte gegliedert, wobei A- und B-Massnahmen beitragsberechtigt sind.[170] Die Siedlungs- und Landschaftsmassnahmen des AP4 werden als Eigenleistungen aufgeführt, da sie nicht beitragsberechtigt sind. Insgesamt werden im Massnahmenband für das AP in 4. Generation rund 60 Massnahmen aufgeführt.

C. Agglomeration franco valdo genevois (grenzüberschreitend)

1. Allgemeines und Perimeter

Das Agglomerationsprogramm Grand Genève erstreckt sich über den Grossraum Genf und das grenznahe Ausland. Die drei Haupteinheiten sind der Kanton Genf, der Bezirk Nyon im Kanton Waadt und die Metropolitan Division des französischen Genevois. Das Agglomerationsprogramm erstreckt sich über zwei Länder, Schweiz und Frankreich, zwei Schweizer Kantone Genf und Waadt und der französischen Verwaltungsregion Auvergne-Rhône-Alpes, die sich wiederum in weitere Regionen und Gemeinden aufteilen. Die acht Mitglieder sind die Schweizerische Eidgenossenschaft, die Republik und Kanton Genf zusammen mit Kanton Waadt, der Bezirk Nyon, die französische Republik, die Verwaltungsregion Auvergne-Rhône-Alpes, dessen Departements Haute-Savoie und Ain, und weitere Agglomerationsgemeinschaften und Gemeinden. Diese acht Partner sind schon seit 2013 in einem lokalen Verbund für grenzüberschreitende Zusammenarbeit zusammengeschlossen.[171]

Der Raum der gesamten Agglomeration umfasst 1'995 km² und über 1 Millionen Einwohner sowie mehr als 500'000 Arbeitsplätze.[172]

---

[167] AP Rheintal, Hauptbericht 4. Generation, 177.
[168] AP Rheintal, Hauptbericht 4. Generation,187.
[169] AP Rheintal, Hauptbericht 4. Generation, 177.
[170] AP Rheintal, Massnahmenband 4. Generation, 7.
[171] PA Grand Genève, Rapport Principal de 4ᵉ Génération, 28.
[172] PA Grand Genève, Rapport Principal de 4ᵉ Génération, 40.

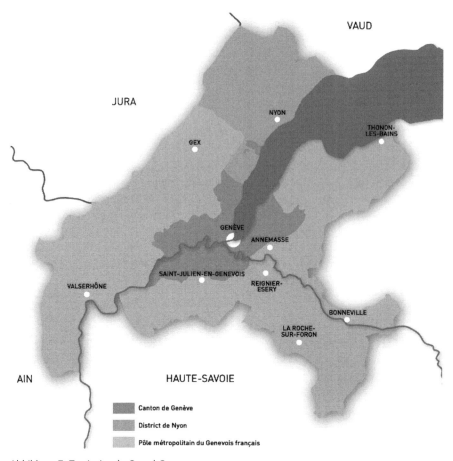

Abbildung 7: Territoire du Grand Geneve
Quelle: AP Grand Genève, Rapport Principal de 4e Génération, 29.

2. Organisation und Finanzierung

Die Rechtsform der seit 2008 zusammengeschlossenen acht Mitglieder ist ein grenzüberschreitender örtlicher Zweckverband gemäss Art. 11 des Karlsruher Abkommens. Der Zweckverband ist eine juristische Person des öffentlichen Rechts.[173]

Die grenzüberschreitende Zusammenarbeit in diesem Lebensraum wird seit 1973 aufgebaut, als das *Comité régional franco-genevois* (CRFG) gegründet wurde.[174]

---

[173] Art. 11 Abs. 2 KÜ.
[174] PA Grand Genève, Rapport Principal de 4e Génération, 27.

Nach der Lancierung der Agglomerationspolitik des Bundes im Jahr 2001 fand die erste Sitzung des «Comité de pilotage d'agglomération» statt, in dem die Partner aus Frankreich, Waadt und Genf zusammenkamen. Im Jahr 2013 formalisierten sie ihren Willen, unter einer einzigen juristischen Einheit zusammenzuarbeiten: dem Grossraum Genf.[175]

Seit 2019 ist die lokale Gruppierung GLCT (franz. *groupement local de coopération transfrontalière*) als assoziierte regionale Körperschaft Unterzeichner der Leistungsvereinbarung des Agglomerationsprogramms Grossraum Genf. Sie ergänzt bzw. erweitert damit das Engagement der Kantone Genf und Waadt.[176]

Geleitet wird das Agglomerationsprogramm von der Versammlung des GLCT, die sich aus 12 schweizerischen und 12 französischen Mitgliedern zusammensetzt. Der Vorstand besteht aus acht aus der Versammlung ausgewählten Mitgliedern.[177]

Es gibt drei thematische Arbeitsgruppen GTT (franz. *Groupes de travail thématiques*) für Mobilität, Raumplanung und ökologischen Wandel, um eine enge Zusammenarbeit mit den jeweils zuständigen Abgeordneten zu ermöglichen.[178] Überdies wird die Agglomeration in acht Planungsperimeter unterteilt (franz. *Périmètres d'aménagement coordonnés d'agglomération* (PACA)). Die Planungsperimeter sind regionale politische Instanzen, die die Bewältigung der lokal spezifischen Herausforderungen erleichtern und die Mitwirkung der lokalen Akteure ermöglichen.

Die Zivilgesellschaft der Agglomeration ist durch das Agglomerationsforum vertreten, welches Stellungnahmen und Empfehlungen abgibt. Für das AP 4. Generation wurde eine eigene Kommission errichtet.[179]

3. Zielsetzung und Massnahmen

Das übergeordnete Ziel des AP Grand Genève in der vierten Generation ist die «Konsolidierung und Stärkung der Netzwerke im Grossraum Genf und Vorbereitung auf künftige Entwicklungen».[180] Dabei werden drei Teilbereiche, Mobilität, Urbanisierung und Umwelt-Landschaft genauer definiert. Im letzteren Bereich

---

[175] PA Grand Genève, Rapport Principal de 4e Génération, 27–28.
[176] PA Grand Genève, Rapport Principal de 4e Génération, 28.
[177] PA Grand Genève, Rapport Principal de 4e Génération, 27.
[178] PA Grand Genève, Rapport Principal de 4e Génération, 27.
[179] PA Grand Genève, Rapport Principal de 4e Génération, 27.
[180] PA Grand Genève, Rapport Principal de 4e Génération, 12.

soll unter anderem auf die Herausforderungen, die der Klimawandel mit sich bringt, eingegangen werden.

Ein Eckpfeiler des AP in 4. Generation ist die Optimierung des Léman-Express (die S-Bahn am Genfersee im Grossraum Genf), durch die Stärkung des Zubringerverkehrs zu den Bahnhöfen, der Konsolidierung der öffentlichen Verkehrsnetze und der Langsamverkehrsmittel sowie der Neugestaltung des Strassenraums zugunsten des Velo- und Fussverkehrs.[181]

D. Vergleich mit AP Basel

Gemessen an der Grösse, hier Mitglieder- und Einwohnerzahl des AP, ist lediglich Grand Genève mit Agglo Basel vergleichbar. Was hier auffällt, ist, dass Grand Genève als grenzüberschreitender örtlicher Zweckverband organisiert ist. Agglo Basel steht dieser Organisationsform kritisch gegenüber (siehe VI. B. 3.). Ein weiterer bemerkenswerter Unterschied ist die Höhe des beantragten Bundesbeitrags, wobei das AP Basel in der 4. Generation knapp doppelt so viel Budget angemeldet hat. Die AP St.Gallen-Bodensee und Rheintal sind sich grössenmässig ähnlich und deutlich kleiner als Agglo Basel. Hier fällt noch auf, dass das grenzüberschreitende AP Rheintal als Verein und das innerschweizerische AP St.Gallen-Bodensee lediglich als Kooperation organisiert ist.

	Basel	St.Gallen-Bodensee	Rheintal	Grand Genève
Mitglieder	3 Länder 5 Kantone 168 Kommunen	3 Kantone 27 Gemeinden	1 Kanton und 1 Bundesland 22 Gemeinden	2 Länder > 200 Gemeinden
Beteiligung Bund in CHF	1,22 Mrd. (beantragt)	130 Mio. (3. Generation)	75 Mio. (beantragt)	520 Mio. (beantragt)
Einwohner	881'000	250'000	197'000	> 770'000
Organisationsstruktur	Verein	Kooperation	Verein	grenzüberschreitender örtlicher Zweckverband

Tabelle 1: Vergleich der Agglomerationsprogramme
Quelle: Eigene Darstellung

---

[181] PA Grand Genève, Rapport Principal de 4ᵉ Génération, 255.

VI. Mehrwert eines Agglomerationsprogramms und aktueller Handlungsbedarf

Dieses Kapitel soll nun aufbauend auf den Ergebnissen unserer Recherche, die aktuellen Problemfelder, insbesondere der Agglomeration Basel beleuchten und mögliche Handlungsempfehlungen aufzeigen.

A. Mehrwert

Abgesehen von den Problemstellungen und den Herausforderungen, welche grenzüberschreitende Agglomerationsprogramme mit sich bringen, generieren sie dennoch eine Vielzahl von Mehrwerten.[182]

Ein zentrales Argument für grenzüberschreitende Agglomerationsprogramme liegt im *Grundsatz des haushälterischen Umgangs mit Ressourcen*. Darunter fallen die gegenseitige Abstimmung, die Nutzung von Synergien und der schonungsvolle Umgang mit Natur und Landschaft. Durch gegenseitige Abstimmungen können insbesondere Redundanzen vermieden, Ergänzungen gefördert sowie finanzielle Einsparungen ermöglicht werden. Letzteres indem unnötige oder unnötig hohe Investitionen vermieden werden. Ergänzend kann auch die Verwaltung geschont werden, «indem Vertrauen gewonnen, Hemmschwellen gesenkt, Transparenz erhöht und Informationsflüsse intensiviert werden», was zu einer effektiveren Nutzung der vorhandenen Instrumente und Institutionen beiträgt.[183]

Ein weiterer Mehrwert, welcher für die Intensivierung grenzüberschreitender Zusammenarbeit spricht, ist die *Stärkung des regionalen Profils*. Dies kann durch die Abstimmung der raumplanerischen Konzepte benachbarter Länder sichergestellt werden, um damit insbesondere gegenläufige Entwicklungen zu verhindern. Auch können Phänomene, welche mehr als nur nationale Territorien betreffen, wie bspw. Luftverschmutzungen, effektiver angegangen werden. Die koordinierte Zusammenarbeit ermöglicht eine klarere bauliche Profilierung der Siedlungsentwicklung, wodurch weitere Entwicklungen in Richtung eines «gesichtslosen Siedlungsbandes» vermieden werden können. Das bedingt einer Etablierung gemeinsamer räumlicher und funktionaler Zielvorstellungen, die zur effektiveren Nutzung der vorhandenen Agglomerationspotenziale führen.[184]

---

[182] Es handelt sich nachfolgend um keine abschliessende Aufzählung.
[183] Meier, 218 f.
[184] Meier, 219.

Zusätzlich kann ein «*Mainstreaming grenzüberschreitender Kooperation, insbesondere in Bezug auf Austausch und gegenseitige Abstimmung*» bzw. Koordination erreicht werden.[185] Mit einer integrativen Aufnahme von Austausch- und Abstimmungsprozessen in den internen Prozessen der Planungsfachstellen und anderen relevanten Stellen soll sichergestellt werden, dass gegenseitige, zielgerichtete Koordinationsprozesse möglichst früh errichtet werden können und die Reaktionsfähigkeit der Fachstellen tunlichst schnell ausfällt.[186]

Ein weiteres Ziel für die Entwicklung der grenzüberschreitenden Zusammenarbeit in der Raumplanung stellt die «politische Sicherung ihrer Legitimation und Kontinuität dar».[187] Durch die Verstärkung der Legitimation wird auch die generelle Wahrnehmung und der Stellenwert der Raumplanung gestärkt, womit eine langfristige Effektivität der grenzüberschreitenden Zusammenarbeit sichergestellt werden kann. Dafür müssen sich alle Beteiligte an Abmachungen halten bzw. diese umsetzen, damit nicht nach kurzer Zeit (kurzfristige) Eigeninteressen überhandnehmen. Ebenfalls ist eine möglichst breite Akzeptanz und stabile Umsetzungsmechanismen in den politischen Regionen zu etablieren. In diesem Sinne wird im Zusammenhang mit der Sensibilisierung sowohl der Akteure in Politik und Verwaltung als auch der Bevölkerung für die Thematik der Raumplanung/-entwicklung, das Ziel eines bewussten Umgangs mit Raum und Ressourcen etabliert.[188]

B. Problemstellung Organisationsform und Lösungsmöglichkeiten

Im Kapitel 3 wurden die möglichen Organisationsformen eines Agglomerationsprogramms bereits aufgezeigt und erörtert. Im folgenden Abschnitt soll nun insbesondere auf die Herausforderungen des Vereins, die Optionen und Vor- und Nachteile eines möglichen Organisationsformwechsels des AP Basels eingegangen werden.

Seit der 3. Generation 2014 ist die Trägerschaft des AP Basel als Verein ausgestaltet.[189] Gemäss Interviewpartner[190] besteht aktuell folgende Problematik: Sobald

---

[185] MEIER, 221.
[186] MEIER, 221.
[187] MEIER, 221.
[188] MEIER, 221.
[189] AP Basel, Hauptbericht 4. Generation, S. 28.
[190] Interviewpartner, persönliches Interview, Videocall, 25.04.2022.

ein Projekt[191] nicht mehr realisiert werden kann[192], können die dafür veranschlagten Leistungseinheiten[193] auch nicht mehr beim Bund abgerufen werden. Der Bund hat jedoch festgelegt, dass Ersatzmassnahmen definiert werden können. Sofern ein anderes, ähnliches Projekt vorhanden ist, können die finanziellen Mittel für jenes Projekt freigegeben werden. Mit einer Trägerschaft in Form des Vereins entscheidet aktuell allein dieser, welche Leistungseinheiten in welche Kommune bzw. an welche Ersatzmassnahme gehen – ohne Parlaments- oder Regierungsratsbeschluss.

Eine weitere Problematik, die den Verein als Organisationsform an seine Grenzen bringt, ist der Ausgleich von Bundesbeiträgen zwischen den Mitgliedern. Mit Art. 21a der MinVV hat der Bund am 01. Januar 2018 sogenannte pauschale Massnahmen eingeführt. Durch diese Regelung können kleinere Massnahmen[194] zusammengefasst werden und es braucht für das gesamte Paket[195] nur eine Leistungsvereinbarung mit dem Bund. Aufgrund unterschiedlicher Kosten der Projekte[196] kommt es teilweise zu einer Über- bzw. Unterfinanzierung der Projekte. Nun ist der Verein Agglo Basel dazu bemächtigt, Gelder von überfinanzierten Massnahmen auf andere zu verschieben, auch grenzüberschreitend. Das gibt dem Verein sehr viel Entscheidungsfreiheit, die in keiner Weise demokratisch legitimiert ist und wiederum durch keinen Beschluss auf Parlaments- oder Regierungsebene gestützt wird. Auch dieser Aspekt spricht für das Bedürfnis der Agglo Basel, ihre Organisation öffentlich-rechtlich zu verankern.[197]

Ausserdem strebe der Bund im Rahmen der Agglomerationsprogramme der 6. Generation an, diese Leistungseinheiten ganz zu streichen. Sprich, den Agglomerationsprogrammen soll zukünftig ein Pauschalbeitrag über sämtliche Projekte hinweg zugesprochen werden. Aus diesen Gründen befinde man sich aktuell in der Diskussion um eine öffentlich-rechtliche Trägerschaft als Zukunftsmodell, um

---

[191] Im Rahmen eines Agglomerationsprogramms eingereichte Massnahme, welche vom Bund gemäss Art. 21a MinVV mit pauschalen Beiträgen unterstützt wird.
[192] Weil beispielsweise keine finanziellen Mittel mehr vorhanden sind, oder es eine Volksinitiative gegen die Umsetzung gab.
[193] Sprich jene Leistungseinheiten, welche vom Bund für ein Projekt gemeldet wurden.
[194] Kleinere Massnahmen sind Massnahmen, die mit bis zu 5 Millionen Investitionsvolumen veranschlagt sind.
[195] Agglo Basel hatte rund 80 Massnahmen für die 3. Generation des Programms aufgeführt.
[196] Einen Fahrradweg in der Schweiz zu bauen, kostet mehr als in Frankreich oder Deutschland.
[197] Interviewpartner, persönliches Interview, Videocall, 25.04.2022.

den Gebrauch dieser finanziellen Beiträge mit einer nachhaltigen, dringend notwendigen, demokratischen Legitimation sicherzustellen.

In diesem Zusammenhang haben sich folgende drei Modelle herauskristallisiert:[198]

- Modell 1: Selbständige (kantonale) Anstalt in CH-Kanton, vertragliche Anbindung der übrigen Akteure
- Modell 2: Interkantonale Körperschaft (Konkordat) nach CH-Recht, Beitritt der ausländischen Partner
- Modell 3: Grenzüberschreitender örtlicher Zweckverband nach dem Karlsruher Übereinkommen

Intern wird bereits über eine Änderung der Rechtsform diskutiert, insbesondere eine öffentlich-rechtliche Verankerung ihrer Organisation. Die zur Diskussion stehenden Modelle werden untenstehend genauer beschrieben:

1. Selbständige (kantonale) Anstalt

Eine mögliche Weiterentwicklung der Rechtsform ist die Gründung einer selbstständigen kantonalen Anstalt in einem Schweizer Kanton, hier würde sich aufgrund des Sitzes und seiner Rolle im AP der Kanton Basel anbieten. An diese kantonale Anstalt werden die Partner mit Verträgen angebunden. Im Detail würde das bedeuten, dass die übrigen Akteure eine einfache Gemeinschaft bilden und einen Leistungsvertrag mit der Anstalt abschliessen. Das Entscheidungsorgan würde die *Regierungskonferenz* darstellen, über welches die vertraglichen Partner mitwirken können.

2. Interkantonale Körperschaft

Als zweite diskutierte Möglichkeit kommt die Gründung einer interkantonalen Körperschaft, eines sogenannten Konkordats, infrage. Die ausländischen Partner würden nach den Vorschriften des Schweizer Rechts beitreten. Vorteilhaft bei dieser Ausgestaltung ist, dass das Konkordat ähnlich wie der bestehende Verein ausgestaltet werden kann, aber öffentlich-rechtlich verankert ist. Diese Option wird derzeit von Agglo Basel favorisiert. Vorteile sehen die Vertreter des AP vor allem in der Ähnlichkeit zum Verein, der Gleichberechtigung der Mitglieder und

---

[198] Interviewpartner, persönliches Interview, Videocall, 25.04.2022.

in der «hohen Identifikation» der Partner mit der Organisationsform, welche zu einem klaren Aussenauftritt führt.[199]

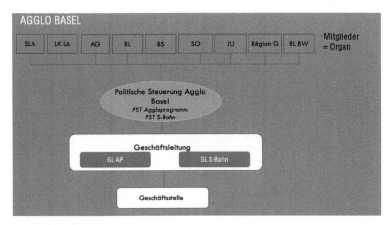

Abbildung 8: Grafische Darstellung Modell 2
Quelle: Agglo Basel, Statutenanpassung und Rechtsform Agglo Basel: Stand der Gespräche, Folie.49

3. Grenzüberschreitender örtlicher Zweckverband nach Karlsruher Abkommen

Die dritte Option ist die Gründung eines grenzüberschreitenden örtlichen Zweckverbands. Diese Organisationsform ist durch das Karlsruher Abkommen in Art. 11 definiert und auf grenzüberschreitende Zusammenarbeit ausgelegt. Dadurch ergeben sich Vorteile im Aussenauftritt und in der Legitimation und Etablierung der Organisationsform gegenüber den ausländischen Partnern. Ferner ist auch die Übertragung von Zuständigkeiten sowie die Fällung von Mehrheitsentscheiden möglich. Nachteile stellen hingegen die hohen Anforderungen und der damit verbundene Aufwand bei der Gründung sowie die geringe Flexibilität dar. Auch die Unterstellung unter die zwingenden Vorgaben des Karlsruher Abkommens werden seitens der Agglo Basel als negativ bewertet.[200]

---

[199] Agglo Basel, Statutenanpassung und Rechtsform Agglo Basel: Stand der Gespräche, 55.
[200] Agglo Basel, Statutenanpassung und Rechtsform Agglo Basel: Stand der Gespräche, Folie 56.

4. Vorteile des Vereins als Organisationsform

Ein gewichtiger Vorteil des Vereins ist, dass diese Organisationsform grösstenteils in den Rechtsordnungen der angrenzenden Nachbarländer bekannt und verankert ist. Bezüglich Agglo Basel ist der Verein im schweizerischen, im französischen sowie im deutschen Recht ohne entscheidende Unterschiede definiert.[201]

Bei einer Vereinsform, die nur im Schweizer Recht bekannt ist, bspw. dem Konkordat, stellt sich die Frage nach der Beitrittsmöglichkeit, bzw. dem -verfahren ausländischer Partner.[202] Darüber hinaus müsste für die ausländischen Partner vermutlich erhebliche Aufklärungsarbeit geleistet werden.

C. Formalisierte Austauschplattform unter den Agglomerationen

Wie sich vor allem in den durchgeführten Interviews herauskristallisierte, besteht Handlungsbedarf hinsichtlich des Austauschs zwischen den einzelnen Agglomerationsprogrammen.

Eine Schweizer Konferenz, in der es unter anderem um die für die AP relevanten Themen geht, ist die Bau-, Planungs- und Umweltdirektoren-Konferenz (BPUK). Gemäss der Statuten ist die BPUK «ein Verbindungsorgan zwischen den Regierungsmitgliedern aller schweizerischen Kantone, die für einen oder mehrere der Bereiche Raumplanung und Raumentwicklung, Strasse/Verkehr, Bau, Umwelt, öffentliches Beschaffungswesen verantwortlich sind»[203].

2019 wurde auch eine *Nationale Mobilitätskonferenz* ins Leben gerufen, an der sich verschiedene Stakeholder der Verkehrspolitik über die Zukunft des Schweizer Verkehrs austauschen und Lösungen zu aktuellen Problemen präsentieren.[204] Veranstaltet wird die Konferenz unter anderem vom Bundesamt für Raumentwicklung, dem Bundesamt für Verkehr, dem Generalsekretariat des Eidgenössischen Departementes für Umwelt, Verkehr, Energie und Kommunikation (UVEK) und vom Bundesamt für Strassen (ASTRA). Eingeladen werden auch Vertreter der verschiedenen Agglomerationsprogramme.[205]

---

[201] Interviewpartner, persönliches Interview, Videocall, 25.04.2022.
[202] Interviewpartner, persönliches Interview, Videocall, 25.04.2022.
[203] Art. 1 Statuten Bau-, Planungs- und Umweltdirektoren-Konferenz.
[204] Internet: https://www.are.admin.ch/are/de/home/mobilitaet/strategie-und-planung/mobilitaet/mobilitatskonferenz2019.html (Abruf 27.05.2022)
[205] Internet: https://www.are.admin.ch/are/de/home/mobilitaet/strategie-und-planung/mobilitaet.html (Abruf 27.05.2022)

An diesen Anlässen können sich die AP mit relevanten Stakeholdern austauschen und Ideen erarbeiten. Was aber noch fehlt, ist eine formalisierte Austauschplattform unter den Agglomerationen. Im Moment findet der Informationsaustausch lediglich informell und nur bei Auftreten von Problemen oder Fragen statt.[206] Eine Austauschplattform könnte bspw. in Form einer jährlichen Konferenz, zu der alle Agglomerationsprogramme und deren Stakeholder eingeladen werden, etabliert werden.

VII. Fazit

Die vorliegende Arbeit hatte zum Ziel, die Möglichkeiten grenzüberschreitend aufeinander abgestimmter deutsch-schweizerischer Siedlungsentwicklung und Verkehrsplanung im Rahmen der Agglomerationsprogramme aufzuzeigen. Dazu wurden zunächst die relevanten rechtlichen Rahmenbedingungen und die einschlägigen Organisationsformen dargelegt. Im zweiten Teil der Arbeit wurden konkrete Beispiele analysiert, miteinander verglichen und zu guter Letzt Problemfelder bzw. aktuelle Handlungsfelder formuliert.

Dabei hat sich gezeigt, dass grenzüberschreitende Zusammenarbeit ganz allgemein durch ein Spannungsverhältnis zwischen politischen Grenzen und zugehörigen Hoheitsbereichen einerseits und engen funktionalen Verflechtungen und gegenseitigen Abhängigkeiten andererseits geprägt ist; die zentrale Herausforderung ist der «rechtlich und organisational zersplitterte Raum», in welchem Agglomerationsprogramme agieren.[207]

Diese Arbeit kommt zum Schluss, dass Handlungsbedarf in Bezug auf die Umgestaltung der Organisationsform besteht und dieser in der nahen Zukunft noch zunehmen wird. Potenzial für Verbesserung wurde hinsichtlich des Informationsaustauschs unter den Agglomerationsprogrammen erkannt.

Die Herausforderungen, die der zersplitterte Raum und die rechtlichen und politischen Differenzen in der grenzüberschreitenden Zusammenarbeit mit sich bringen, werden die Arbeit der Agglomerationsprogramme weiterhin prägen.

---

[206] Interviewpartner, persönliches Interview, Videocall, 25.04.2022.
[207] Interviewpartner, persönliches Interview, Videocall, 25.04.2022.

Lea Amort / Livia Lüdin / Alessandro Massaro

Literaturverzeichnis

Die folgenden Werke werden, falls nicht auf einen anderen Zitierhinweis hingewiesen wird, mit Nachnamen des Autors und der Seitenzahl oder Randnummer zitiert (AUTOR, Rz./S ...)

BIAGGINI GIOVANNI BV Kommentar, Bundesverfassung der Schweizerischen Eidgenossenschaft (2. A. Zürich 2017) (zit. OFK BV-BIAGGINI, Art ... N ...)

CAESAR BEATE/EVRARD ESTELLE Planungskulturelle Vielfalt in Grenzräumen – Theoretische und methodische Ansätze zur grenzüberschreitenden Raumplanung, in: Weber Florian/Wille Christian/Caesar Beate/Hollstegge Julian (Hrsg.), Geographien der Grenzen (Wiesbaden 2020) S. 95–116

EHRENZELLER BERNHARD/SCHINDLER BENJAMIN/SCHWEIZER RAINER J./VALLENDER KLAUS A. (HRSG.) Die Schweizerische Bundesverfassung, St. Galler Kommentar, Bd. I & II (3. A. Zürich/St. Gallen 2014) (zit. SGK BV-BEARBEITER, Art ... N ...)

GESCHÄFTSSTELLE AGGLO BASEL Agglomerationsprogramm Basel 4. Generation, Teil 1: Hauptbericht (Aarau/Basel/Liestal/Lörrach/Saint-Louis/Solothurn, 16. April 2021) S. 1–430(zit. Hauptbericht AP4, S ...)

GESCHÄFTSSTELLE AGGLO BASEL Agglomerationsprogramm Basel, 3. Generation, Teil 1: Hauptbericht (Aarau/Basel/Liestal/Lörrach/Saint-Louis/Solothurn, 24. Oktober 2016) S. 1-389 (zit. Hauptbericht AP3, S ...)

GESCHÄFTSSTELLE AGGLO BASEL Agglomerationsprogramm Basel 4. Generation, Teil 5: Korridorbericht (Aarau/Basel/Liestal/Lörrach/Saint-Louis/Solothurn, 16. April 2021) S. 1–174(zit. Korridorbericht AP4, S ...)

GESCHÄFTSSTELLE AGGLO BASEL Agglomerationsprogramm Basel 4. Generation, Teil 6: Politische Beschlussfassung (Aarau/Basel/Liestal/Lörrach/Saint-Louis/Solothurn, 16. April 2021) S. 1-129 (zit. Politische Beschlussfassung AP4, S ...)

GESCHÄFTSSTELLE AGGLO BASEL Agglo Basel, Statutenanpassung und Rechtsform Agglo Basel: Stand der Gespräche, (Basel 04. September 2020) (zit. Agglo Basel, Statutenanpassung und Rechtsform Agglo Basel: Stand der Gespräche, Folie ...)

GESCHÄFTSSTELLE AGGLO ST.GALLEN-BODENSEE Agglomerationsprogramm St. Gallen-Bodensee, 3. Generation, Umsetzungshorizont 2019–2022, Hauptbericht (St. Gallen, 15. November 2016) (zit. AP St.Gallen-Bodensee, Hauptbericht 3. Generation, S.)

GRAND GENÈVE (AGGLOMÉRATION FRANCO-VALDO-GENEVOIS) Projet d'Agglomération de 4e Génération Grand Genève Rapport principal (Genf, Juni 2021) (zit. PA, Grand Genève, Rapport principal de 4e Génération, S ...)

HARTZ ANDREA/DAMM GERD-RAINER/KÖHLER STEFAN Grossräumige grenzüberschreitende Verflechtungsräume, Raumforschung und Raumordnung, 2010, 68(6), S. 499–513

LEYPOLDT PATRICK Agglo Basel – Koordinationsdrehscheibe der trinationalen Agglomeration Basel- Die Agglomerationspolitik des Bundes, das Instrument der Agglomerationsprogramme und die Trägerschaft für den Raum Basel, REGIO BASILIENSIS 58/2, 2017, S. 97–106

MEIER JOSIANE Rücken an Rücken oder Hand in Hand? – Ein Plädoyer für grenzüberschreitende Raumplanung im Alpenrheintal, Liechtenstein Politische Schriften, Bd. 48, 2011

NIEDOBITEK MATTHIAS Verfassungsrechtliche Grundlagen der Grenzüberschreitenden Zusammenarbeit in Deutschland in: Tschudi Hans Martin/Schindler Benjamin/Ruch Alexander/Jakob Eric/Friesecke Manuel (Hrsg.), Die Grenzüberschreitende Zusammenarbeit der Schweiz, Band 8 – Juristisches Handbuch zur Grenzüberschreitenden Zusammenarbeit von Bund und Kantonen (Zürich/St. Gallen 2014) S. 171 ff

NIENABER BIRTE Grenze als überwindbares Phänomen in der Raumplanung? in: Heintel Martin/Musil Robert/Weixlbaumer Norbert (Hrsg.), Grenzen (Wiesbaden 2018) S. 161–179

OBKIRCHER STEFAN Raumentwicklung in Grenzregionen – Bedeutung und Wirkung von Planungsleitbildern und Governance-Prozessen (Bielefeld 2017)

VEREIN AGGLOMERATION RHEINTAL Agglomerationsprogramm Rheintal 4. Generation, Teil 1a: Hauptbericht (o.O., 21. August 2021) (zit. AP Rheintal, Hauptbericht 4. Generation, S . . .)

WALDMANN BERNHARD/BELSER EVA MARIA/EPINEY ASTRID (HRSG.) Basler Kommentar Bundesverfassung (1. A. Basel 2015) (zit. BSK BV-BEARBEITER, Art . . . N . . .)

WALDMANN BERNHARD/HÄNNI PETER Raumplanungsgesetz, Bundesgesetz vom 22. Juni 1979 über die Raumplanung (RPG) (Bern 2006) (zit. SHK RPG-BEARBEITER, Art . . . N . . .)

Materialienverzeichnis

Agglomerationspolitik des Bundes – Bericht des Bundesrates vom 19. Dezember 2001 (zit. Agglomerationspolitik des Bundes (2001), S . . .)

Bundesamt für Raumentwicklung (ARE), Weisung über die Prüfung und Mitfinanzierung der Agglomerationsprogramme der dritten Generation, Bundesamt für Raumentwicklung, Bern 2015, S. 1-85 (zit. ARE (2015), S . . .)

Der Schweizerische Bundesrat, Agglomerationspolitik des Bundes 2016+, Für eine kohärente Raumentwicklung Schweiz, Bericht vom 18. Februar 2015 (zit. Bericht des Bundes 16+, S . . .)

Botschaft über eine neue Bundesverfassung vom 20. November 1996, BBl 1997 I 1 (zit. Botschaft neue BV, S . . .)

Abbildungsverzeichnis

Abbildung 1: Organisationaler Aufbau des Erarbeitungsprozesses eines Agglomerationsprogrammes
Abbildung 2: Perimeter Agglomerationsprogramm Basel
Abbildung 3: Organisation Verein Agglo Basel
Abbildung 4: Übersichtskarte der Korridore
Abbildung 5: Perimeter Agglomeration 2016
Abbildung 6: Perimeter Agglomeration Rheintal und BESA Perimeter
Abbildung 7: Territoire du Grand Geneve
Abbildung 8: Grafische Darstellung Modell 2

Grenzüberschreitende Zusammenarbeit in Hafenkooperationen

Jana Gesine Wildberger/Yannick Wohlhauser/
Serge von Steiger

Inhaltsübersicht

I. Grundlegendes 595
    A. Einleitende Bemerkungen zur grenzüberschreitenden
       Zusammenarbeit 595
    B. Einleitende Bemerkungen zu Hafenkooperationen 596
    C. Historische Gesamtbetrachtung 598
       1. Historie des rechtlichen Regelwerkes zur Rheinschifffahrt 598
       2. Historie der Schweizerischen Rheinhäfen im Besonderen 601

II. Internationaler Rechtsrahmen und Akteure 602
    A. Internationaler Rechtsrahmen der grenzüberschreitenden
       Zusammenarbeit 603
       1. Völkerrechtliche Verträge 603
          a. Madrider Übereinkommen 603
          b. Karlsruher Übereinkommen 604
       2. Bundesstaatsrechtliche Kompetenzregelung zum Abschluss
          völkerrechtlicher Verträge 605
    B. Zentralkommission der Rheinschifffahrt 605
       1. Internationale Organisation als regulatorischer Hauptplayer .. 606
       2. Aktuelle Entwicklungen und politischer Diskurs 607

III. Nationaler Rechtsrahmen und Akteure 609
    A. Nationaler Rechtsrahmen der Schweizer Schifffahrt 609
       1. Regelung der Schifffahrt auf bundesverfassungsrechtlicher
          Ebene 609
       2. Regelung der Schifffahrt auf bundesgesetzlicher Ebene 609
       3. Interkantonaler Rechtsrahmen der Schweizer Schifffahrt 610
          a. Interkantonale Vereinbarung zwischen den Kantonen
             Basel-Stadt, Basel-Landschaft und Aargau in Rheinschiff-
             fahrts- & Hafenangelegenheiten 610

  b. Rheinhafenvertrag zwischen den Kantonen Basel-Landschaft und Basel-Stadt 611
 B. Die Schweizerischen Rheinhäfen (SRH) 611
  1. Zum Institut der Anstalt des öffentlichen Rechts im Allgemeinen 611
  2. Die Schweizerischen Rheinhäfen als Anstalt des öffentlichen Rechts 613
   a. Zweck, Hauptaufgaben und Kompetenzen 613
   b. Organisation 615
    i. Verwaltungsrat 615
    ii. Geschäftsleitung 616
    iii. Revisionsstelle 616
   c. Aufsichts- und Mitwirkungsrechte der Vertragskantone . . . 617
 C. Nationaler Rechtsrahmen in Deutschland 617
  1. Deutsche Rheinhäfen und thematische Abgrenzung 617
  2. Rechtlicher Rahmen 619
   a. Die Rechtsverhältnisse eines öffentlichen Hafens in Deutschland 620
    i. Verwaltung der Bundeswasserstrassen 620
    ii. Errichtung und Betrieb eines Hafens 620
   b. Prinzip der Kommunalen Selbstverwaltung 621
    i. Europäisches Recht 621
    ii. Deutsches innerstaatliches Recht 622
 D. Die Rheinhafengesellschaft Weil am Rhein GmbH als privatrechtliches Unternehmen mit öffentlicher Beteiligung 623
  1. Zweck, Hauptaufgaben und Kompetenzen 624
   a. Aufgabenbereich 624
   b. Unternehmen in Privatrechtsform 624
  2. Organisation und Aufsicht 625
   a. Vertretung der Gemeinde 625
   b. Prüfung, Offenlegung und Beteiligungsbericht 625
  3. Exkurs: Selbstständige Kommunalanstalt 626
   a. Errichtung und Kompetenzen 626
   b. Organe der selbständigen Kommunalanstalt 626
IV. Grenzüberschreitende Zusammenarbeit der Rheinhäfen 627
 A. Ausgangslage: Kooperation in grenzüberschreitenden Institutionen 627
  1. Grenzüberschreitende Kooperationsformen 629
  2. Kooperation im Wandel der Zeit 630
 B. Kooperationen und Projekte grenzüberschreitender Zusammenarbeit 632

1. Projekt CODE 24 632
2. Connecting Citizen Ports 21 (CCP21) 633
3. Upper Rhine Ports 634
4. RPIS 4.0 – Smart Community System for Upper Rhine Ports ... 636
5. LNG Masterplan for Rhine-Main-Danube 636
   C. Logistikcluster Basel 637
V. Abschliessende Bemerkungen 638
   A. Diskussion der Ergebnisse 638
   B. Ausblick und Fazit 640

Literaturquellen 642

Internetquellen 645

Materialienverzeichnis 645

Abbildungsverzeichnis 646

I. Grundlegendes

A. Einleitende Bemerkungen zur grenzüberschreitenden Zusammenarbeit

In unserer sich rasant verändernden Welt erfordern aktuelle Entwicklungen wie Pandemiebekämpfung, Umweltschutz oder Terrorismusbekämpfung eine intensivierte Interaktion zwischen den Staaten.[1] Die Folgen der Globalisierung wie auch der Internationalisierung und Europäisierung als Entwicklungen auf der Makroebene ziehen einen Bedeutungszuwachs einer überstaatlichen Aktionsfläche nach sich.[2] Dennoch bleiben (politische) Grenzen ein trennendes Element. In

---

[1] Vgl. hierzu KMENT MARTIN, 54 ff., der – nebst den elementaren Grundprinzipien der 'Souveränen Gleichheit der Staaten' sowie des 'Zwischenstaatlichen Interventionsverbotes' – auch das verhältnismässig junge Gebot der 'Zwischenstaatlichen Zusammenarbeit' als *conditio sine qua non* für das dauerhafte Gedeihen und friedliche Nebeneinander von unabhängigen Staaten sieht.

[2] Vgl. KMENT MARTIN, 51. Eine einheitliche Begriffsdefinition der «grenzüberschreitenden Zusammenarbeit» existiert nicht, vgl. WEIGEL ALIX, 5. Der Begriff der grenzüberschreitenden Zusammenarbeit kann aber als die Zusammenarbeit bzw. Kooperation zwischen mind. zwei Partnern aus mind. zwei verschiedenen Staaten durch eine freiwillige, abgestimmte Aktion, die auf ein Ziel ausgerichtet ist und unter rechtlichen Rahmenbedingungen abläuft, umschrieben werden, s. KREUTER-KIRCHHOF CHARLOTTE, 512; s.a. KMENT MARTIN, 65. Die vorliegende Arbeit versteht «grenzüberschreitende Zusammenarbeit» in Anlehnung an diese Definition.

Grenzräumen, insb. in grenzüberschreitenden Stadtregionen, gilt es demnach, charakteristische Grenzprobleme der Regionalentwicklung zu überwinden.³ In welcher Intensität hierbei grenzüberschreitende regionale Zusammenarbeit möglich ist, hängt u.a. von den rechtlichen Spielräumen ab, welche auf nationalstaatlicher Ebene festgelegt werden.⁴ Die Oberrheinregion⁵ ist Abbild dieser Entwicklungen – so wird etwa der Wohn- und Wirtschaftsraum Basel durch Grenzen zerschnitten. Es stellt sich insofern die Frage, inwieweit durch grenzüberschreitende Kooperationen Nachteile der Grenzregionen verringert und zugleich deren Vorteile gestärkt werden können.⁶ Die sich im Zuge der Globalisierung intensivierenden wirtschaftlichen Verflechtungen lassen sich in der Oberrheinregion indes auch am regionalen Güterverkehrsaufkommen aufzeigen: Dieses hat in der Vergangenheit an grosser Bedeutung gewonnen und soll bis ins Jahr 2025 nochmals um weitere 34% steigen.⁷

B. Einleitende Bemerkungen zu Hafenkooperationen

Noch immer werden 95% der Ferngütertransporte im Welthandel auf dem Seeweg abgewickelt.⁸ Den europäischen Seehäfen – insb. den Häfen von Rotterdam

---

3   SCHNEIDER-SLIWA RITA, 206, nennt als typische Grenzprobleme u.a. Unterbrüche der Netzinfrastruktur, räumlich segmentierte Arbeits- und Gütermärkte sowie die suboptimale Ausnutzung von *«economies of scale und economies of scope»*, aber auch wachsende Sozialprobleme durch steigende Mobilität; ferner zu den durch Grenzprobleme verursachten Kosten s.a. FREY RENÉ L., 2.
4   FREY RENÉ L., 7.
5   Für den bezeichneten geografischen Raum werden indes vielerlei Ausdrücke verwendet, vgl. hierzu etwa FREY RENÉ L., 2, der u.a. die Ausdrücke «Dreiländereck», «Regio-TriRhena», «Trinationale Agglomeration Basel Tab», «Regio Basiliensis», «Metropolitanregion Basel» aufführt. Die vorliegende Arbeit spricht nachfolgend von der «Oberrheinregion» und meint damit in Anlehnung an RÖTHLINGSHÖFER FLORIAN et al., Zusammenarbeitsmodelle, 79, das Gebiet Oberrhein, welches die Länder DE, FR und die CH umfasst.
6   FREY RENÉ L., 1 f.
7   RÖTHLINGSHÖFER FLORIAN et al., Zusammenarbeitsmodelle, 82 f. Das Güterverkehrsaufkommen stieg zwischen 1998 und 2005 bereits um 14% auf 414,7 Mio. Tonnen an. Die Verkehrsleistung wird gem. Prognose bis 2025 ebenfalls um 55% zunehmen.
8   RÖTHLINGSHÖFER FLORIAN et al., Zusammenarbeitsmodelle, 15; EMMENEGGER MARK/GRASS MICHAEL, 30, weisen darauf hin, dass das Wachstum im Güterverkehr europaweit v.a. auf der Strasse stattgefunden hat. Im Schiffsverkehr findet ein Strukturwandel hin zu einer höheren Wertigkeit statt, was sich in der Abnahme des Anteils des Schiffsverkehrs (mengenmässig in den Jahren von 1988 bis 2015 um -2.2% p.a.) am Gesamtimport ausdrückt.

und Antwerpen – kommt bei der Abwicklung der im Rahmen der weltwirtschaftlichen Entwicklungen erhöhten Seeverkehrsvolumina eine grosse Bedeutung zu, welche sich wiederum auf die Binnenhäfen am Oberrhein rückwirken.[9] So beläuft sich die Prognose für den Verkehrsträger Binnenschiff im Güterverkehrsaufkommen auf eine Zunahme von rund 25 % bis ins Jahr 2025, wobei sich die Verkehrsleistung der Binnenschifffahrt bis ins Jahr 2025 voraussichtlich um bis zu 47 % erhöhen wird (dies entspricht einer Zunahme von 20,5 Mia. tkm).[10]

In der Schweiz beschränkt sich der Schiffsgüterverkehr aufgrund des fehlenden direkten Zugangs zu Hochseegewässern fast ausschliesslich auf die über den Rhein abgewickelte Binnenschifffahrt. Der Rhein stellt dabei die Anbindung an die Nordsee dar, was ihn für den Aussenhandel der Schweiz zum «Tor zur Welt» macht.[11] Auch hier ist auf die grosse Bedeutung des Güterverkehrs hinzuweisen: Im Jahr 2021 wurden 5,41 Mio. Tonnen Güter über die Rheinhafenterminals umgeschlagen,[12] was 12 % aller Schweizer Importe entspricht.[13] Die Hafenwirtschaft ist ein verlässlicher und agiler Partner in den Logistikketten der Welt,[14] die SRH sind Verkehrsdrehscheibe am Güterverkehrskorridor Basel-Rotterdam-Genua.[15] Umso bedeutsamer ist deshalb die Gestaltung der rechtlichen Rahmenbedingungen für die grenzüberschreitende Zusammenarbeit der Häfen in verschiedenen Kooperationsformen und Projekten. So bemerkte auch der ehemalige Generalsekretär der ZKR Jeanne-Marie Woehrling: *«Die internationale Schifffahrt vom Rhein bis zum Meer kann sich nur dann frei entwickeln, wenn sie nicht bei jedem Grenzübergang anderen Vorschriften unterliegt».*[16]

Vor diesem Hintergrund beschäftigt sich die vorliegende Arbeit mit dem Thema ‹Hafenkooperationen› und konkret mit der Frage, in welchen Kooperationsformen und vor welchem rechtlichen Hintergrund die grenzüberschreitende Zusammenarbeit der Rheinhäfen erfolgt. In einem ersten Schritt wird hierfür der inter-

---

[9] RÖTHLINGSHÖFER FLORIAN et al., Zusammenarbeitsmodelle, 24.
[10] RÖTHLINGSHÖFER FLORIAN et al., Zusammenarbeitsmodelle, 82 f.
[11] Vgl. BUNDESRAT, Schifffahrtspolitik in der Schweiz, 7684; s.a. HOFMANN ERIK/LAMPE KERSTIN/ALLEMANN KATHRIN, 2, wonach die SRH die für die Schweiz relevanten Güterumschlagsplätze bilden, welche nach PAUK M., 117, eine Funktion als «Tor zur Welt» wahrnehmen.
[12] SRH, Jahresbericht 2021, 6.
[13] Internet: https://port-of-switzerland.ch/rheinhaefen/ueber-uns/hafenstandorte/?location=Hafen-Kleinhueningen (Abruf 17.05.2022).
[14] SRH, Jahresbericht 2021, 6.
[15] Internet: https://www.bav.admin.ch/bav/de/home/verkehrsmittel/schiff/rheinschifffahrt.html (Abruf 24.05.2022).
[16] WOEHRLING JEANNE-MARIE, 3.

nationale bzw. nationale Rechtsrahmen für die Rheinhäfen in der Schweiz und in Deutschland beleuchtet.[17] In einem zweiten Schritt wird sodann auf die grenzüberschreitende Zusammenarbeit der Rheinhäfen eingegangen und anhand konkreter aktueller Beispiele von Kooperationen und Projekten illustriert. Zum Schluss erfolgt eine Ergebnisdiskussion, ein Ausblick auf die Zukunft sowie ein Fazit.

C. Historische Gesamtbetrachtung

Die grenzüberschreitende Zusammenarbeit der Schweiz und insb. der SRH ist in einem Geflecht von völkerrechtlichen Verträgen und historischen Entwicklungen zwischenstaatlicher Verhältnisse eingebettet. Um eine gesamtheitliche Betrachtung der grenzüberschreitenden Zusammenarbeit in der Oberrheinregion und deren heutigen Kooperationsformen vornehmen zu können, ist es notwendig, den Blick zunächst auf die Vergangenheit zu richten. Zu diesem Zweck wird im Zuge des folgenden Kapitels zunächst eine historische Gesamtbetrachtung in Bezug auf das rechtliche Regelwerk der Rheinschifffahrt wie auch in Bezug auf die SRH im Besonderen vorgenommen.

1. Historie des rechtlichen Regelwerkes zur Rheinschifffahrt

Güter und Personen werden auf dem Rhein transportiert, seit Menschen an seinem Ufer siedeln.[18] Der Handelsverkehr auf dem Landweg vom südlichen Europa an den Rhein und danach mit Schiffen auf dem Wasserweg nach Norden nahm im Laufe der Zeit stetig zu und stärkte die Bedeutung von Basel als Handels- und Umschlagplatz.[19] Mit der historischen und internationalen Entwicklung der Rheinschifffahrt waren mit der Zeit auch Versuche verbunden, die Transportwege zu sichern und den Gütertransport auf dem Rhein zu regulieren. Durch völkerrechtliche Verständigung haben die verschiedenen Nationen inzwischen eine dauernde Rechtsordnung völkerrechtlicher Art als Grundlage geschaffen, die eine wirkungsvolle Zusammenarbeit – trotz politischer Wirren und Kämpfe – erst ermöglicht.[20]

---

[17] Diese Arbeit beschäftigt sich ausschliesslich mit der grenzüberschreitenden Zusammenarbeit zwischen den Rheinhäfen der Schweiz und Deutschland.
[18] LÜEM BARBARA, 13 f. Allgemein gelten Wasserwege als die ältesten Handels- und Transportwege der Menschheit. Die Rheinschifffahrt bei Basel ist bspw. seit der Römerzeit belegt, s. EMMENEGGER MARK/GRASS MICHAEL, 5.
[19] LÜEM BARBARA, 13.
[20] REUTLINGER ROBERT P., 1160.

Die ersten Regeln für den Schiffsverkehr auf dem Rhein entsprangen dem Octroi-Vertrag zwischen Frankreich und dem Heiligen Römischen Reich Deutscher Nation von 1804, der mit der Neuordnung der Zölle auf der Wasserstrasse sowie allgemeinen Grundsätzen für Handel und Schifffahrt eine internationale Administration für den Rhein aufstellte.[21] Obwohl dieser Octroi-Vertrag seine Gültigkeit auch im Falle eines Krieges zwischen den Vertragsparteien behalten sollte, verlor er mit dem Einmarsch der gegen Napoleon I. verbündeten Mächte am Rhein im Jahr 1813 seine faktische Gültigkeit. Deshalb sollte mit dem Wiener Kongress zu Beginn des 19. Jahrhunderts eine neue Rechtsordnung für die Rheinschifffahrt beschlossen werden.[22]

Indem die für den Rhein erlassenen Bestimmungen auf die übrigen internationalen Gewässer ausgedehnt wurden, brachte der Wiener Kongress ein neues, freiheitliches Binnenschifffahrtsrecht. In völkerrechtlich konkreter Form setzte sich der Gedanke der freien Rheinschifffahrt im Pariser Friedensvertrag vom 30. Mai 1814 durch.[23] U.a. sah die Schlussakte des Wiener Kongresses die Schaffung von internationalen Flusskommissionen vor.[24] So wurde die Zentralkommission für die Rheinschifffahrt (ZKR) eingesetzt, welche eine neue Rechtsordnung für den Rhein beschliessen sollte.[25] Die Verwaltungsstruktur gem. Octroi-Vertrag wurde dabei von der ZKR weitgehend übernommen.[26] Jedenfalls entstanden im Rahmen des Wiener Kongresses Ansätze zu Formen einer internationalen Zusammenarbeit, die noch heute bestehen.[27]

---

[21] MARRO PIERRE-YVES, N 3.22; TÖLLE ISABEL, 40; s.a. REUTLINGER ROBERT P., 1161. Mit besagtem Vertrag wurden die Rheinzölle abgeschafft und durch eine neue Abgabe für die finanzielle Entschädigung der deutschen Fürsten für ihren Gebietsverlust auf der linken Rheinseite – den «Octroi» – ersetzt, TÖLLE ISABEL, 39 f.

[22] Zum Ganzen THIEMEYER GUIDO/TÖLLE ISABEL, 183.

[23] REUTLINGER ROBERT P., 1162.

[24] S. Art. 108 ff. Wiener Kongressakte sowie deren vier Reglemente im Anhang 16; vgl. hierzu MARRO PIERRE-YVES, N 3.18.

[25] TÖLLE ISABEL, 42; THIEMEYER GUIDO/TÖLLE ISABEL, 185. Die Flusskommissionen stellten nach MARRO PIERRE-YVES, N 3.32 f. erste permanente Formen der zwischenstaatlichen Zusammenarbeit dar, um grenzüberschreitende Sachverhalte im gegenseitigen Interesse zu regeln. Dabei wurden den Flusskommissionen auch Kompetenzen eingeräumt, die traditionell den Staaten vorbehalten waren bzw. es immer noch sind (wie etwa die Befugnis zum Erlass von Normen oder zur Wahrnehmung von Rechtsprechungsfunktionen).

[26] THIEMEYER GUIDO/TÖLLE ISABEL, 178.

[27] MARRO PIERRE-YVES, N 3.17. So besteht etwa die ZKR noch heute, auch wenn ihre Rechtsgrundlage (Mainzer Akte sowie Mannheimer Akte) mehrfach geändert wurde, MARRO PIERRE-YVES, N 3.20. Sie wird als älteste internationale Organisation bezeichnet, THIEMEYER GUIDO/TÖLLE ISABEL, 178, wobei internationale Organisationen nach MARRO PIERRE-YVES, N 2.28 ff. insb. folgende Merkmale aufweisen: (i) völkerrechtliche

Die Mitglieder der ZKR beschäftigten sich seit jeher mit der Aushandlung einer umfassenden und detaillierteren Rechtsordnung für die Rheinschifffahrt. Diese Bestrebungen wurden in der Mainzer Rheinschifffahrtsordnung von 1831 (Mainzer Akte) festgehalten,[28] welche den Rhein zur freien Wasserstrasse erklärte.[29] Die Schweiz war kein Vertragspartner der Mainzer Akte, diese garantierte in Art. 4 jedoch ausdrücklich die freie Durchfuhr von Waren in die Schweiz, die von der See herkamen.[30] Nach zahlreichen Abänderungen und Ergänzungen der Mainzer Akte wurde diese unter Zustimmung der Vertragsstaaten Baden, Frankreich, Bayern, den Niederlanden und Preussen überarbeitet und mündete in der revidierten Rheinschifffahrtsakte vom 17. Oktober 1868 (Mannheimer Akte), welche noch heute als Grundlage der freien Schifffahrt auf dem Rhein gilt.[31] Die Mannheimer Akte legt zwei fundamentale Grundsätze fest: (i) die Freiheit der Schifffahrt für Schiffe aller Nationen und (ii) die vollkommene Gleichbehandlung für die zur Rheinschifffahrt gehörigen Schiffe aller Uferstaaten.[32] Die Mannheimer Akte stellt weiter die heutige Rechtsgrundlage der ZKR dar.[33]

Nach Ende des Ersten Weltkrieges änderten die Bestimmungen des Versailler Friedensvertrages vom 28. Juni 1919 (Versailler Vertrag) die Zusammensetzung der ZKR grundlegend. Die Aufgabe des Uferstaatenprinzips führte zur formellen Anerkennung der Schweiz als Rheinanliegerstaat und liessen ihr damit alle Rechte auf die freie Schifffahrt und die Gleichbehandlung zu Teil kommen.[34] Der freie Zugang zum Meer war der Schweiz somit gesichert.[35]

Grundlage, (ii) institutionelles Element i.S.e. internen Organisation sowie (iii) Abgrenzungsmerkmal gegenüber den Mitgliedern, welches häufig in Form einer eigenen Rechtspersönlichkeit und der Selbstständigkeit der Organisation besteht.

[28] THIEMEYER GUIDO/TÖLLE ISABEL, 186.
[29] LÜEM BARBARA, 29.
[30] REUTLINGER ROBERT P., 1162.
[31] Ihren Namen hat die Mannheimer Akte gem. REUTLINGER ROBERT P., 1163, deshalb bekommen, weil der Sitz der ZKR im Jahr 1860 von Mainz nach Mannheim verlegt wurde. Interessant ist ebenfalls, dass die ZKR ihre Gründung fiskalischen Gründen (dem Octroi, s. vorne FN 21) verdankt, ihre Existenz jedoch aus Schifffahrtsinteressen gerechtfertigt hat und diese demnach auch nach der Einführung der Schifffahrtsfreiheit weiter halten konnte, TÖLLE ISABEL, 50 f.
[32] Art. 1 ff. Mannheimer Akte.
[33] Die ZKR beschäftigt sich mit der Durchführung der Akte, der Überwachung der Einhaltung der Freiheitsrechte und der Erhaltung der Schiffbarkeit des Rheins. Ebenso wurde es durch die Berufungskammer der ZKR möglich, dass gegen Urteile eines am Strom gelegenen Rheinschifffahrtsgerichtes in erstinstanzlich anhängig gewesenen Zivil- und Strafsachen an die ZKR appelliert werden konnte, REUTLINGER ROBERT P., 1164 f.
[34] Vgl. TÖLLE ISABEL, 52.
[35] LÜEM BARBARA, 28; vgl. ferner auch REUTLINGER ROBERT P., 1165 sowie TÖLLE ISABEL, 52.

Am 4. Mai 1936 wurde ein «Modus Vivendi» unterzeichnet, der diejenigen Bestimmungen der Rheinschifffahrtsakte als anwendbar erklärte, in welchen die Uferstaaten übereinstimmten.[36] Parallel dazu entstanden nach Ende des Zweiten Weltkrieges eine Vielzahl an internationalen Organisationen und Zusammenschlüssen.[37] Auch die ZKR trat am 20. November 1945 in Form einer Not- und Übergangslösung in Straßburg erneut zusammen.[38]

Seit 1950 ist die Mannheimer Akte inklusive Änderungen des Versailler Vertrages die Rechtsgrundlage der freien Rheinschifffahrt in Frankreich, Deutschland und den Niederlanden. Für die Schweiz und Grossbritannien bleibt der «Modus Vivendi» in Kraft. Die Mannheimer Akte ist heute die praktische, materielle Grundlage der Zusammenarbeit der Vertragsstaaten.[39]

Am 20. November 1963 unterzeichnete die Schweiz ein Übereinkommen zur Revision der Revidierten Rheinschifffahrtsakte von 1868. Dieses hatte zum Ziel, Gleichberechtigung aller Vertragspartner in den Mittelpunkt zu rücken sowie die Rechtsprechungsbefugnisse der ZKR durch die Garantie der richterlichen Unabhängigkeit zu verstärken.[40]

2. Historie der Schweizerischen Rheinhäfen im Besonderen

Die erste Basler Hafenanlage wurde zwischen 1906 und 1911 in St. Johann gebaut.[41] Ab 1912 wurden hier jährlich rund 100 000 Tonnen Güter umgeschlagen. Infolgedessen wurde bereits im Jahr 1914 die Planung einer weiteren Hafenanlage in Basel Kleinhüningen in Auftrag gegeben. Diese Bemühungen wurden durch Ausbruch des Ersten Weltkrieg zwar zwischenzeitlich unterbrochen;[42] infolge der Anerkennung der Schweiz als Rheinanliegerstaat im Versailler Vertrag erhielt die schweizerische Rheinschifffahrt aber einen erneuten Aufschwung, woraufhin die Arbeiten am geplanten Hafenbecken Kleinhüningen schliesslich im

---

[36] REUTLINGER ROBERT P., 1165.
[37] Zu nennen sind namentlich die Wirtschaftskommission der Vereinten Nationen (UN-ECE), die Organisation für wirtschaftliche Zusammenarbeit in Europa (OEEC), die Europäische Verkehrsministerkonferenz (ECMT) sowie der Europarat, TÖLLE ISABEL, 54.
[38] TÖLLE ISABEL, 56.
[39] REUTLINGER ROBERT P., 1166.
[40] Vgl. REUTLINGER ROBERT P., 1166.
[41] Internet: https://www.logistikcluster-regionbasel.ch/logistikstandort/facts-figures/die-schweizerischen-rheinhaefen/ (Abruf 23.05.2022); die Basler Schifffahrt wurde indes erstmals im Jahr 1209 in einer Koblenzer Zollverordnung als eigenständiger Wirtschaftszweig erwähnt, vgl. LÜEM BARBARA, 14.
[42] LÜEM BARBARA, 28.

Jahr 1919 wieder aufgenommen wurden.[43] Beschleunigt wurde dieser Aufschwung indes auch durch den Bau des französischen Grand Canal d'Alsace: Je weiter der Bau des Kanals fortgeschritten war, desto höher waren auch die Tonnagezahlen im Basler Hafen.[44]

Für die Schaffung eines Schweizer Seerechts waren es erneut die Ereignisse eines Krieges, die die Entwicklungen vorantrieben. Als die Landesversorgung zu Beginn des Zweiten Weltkrieges von Charterladeräumen auf Schiffen unter ausländischer Flagge abhängig war, veranlasste der Bundesrat im Jahr 1941 die Schaffung eines Schweizer Seerechtes und die Einrichtung eines eigenen Seeschiffregisters. Das Notrecht von 1941 wurde im Jahr 1953 durch das neue Seeschifffahrtsrecht ersetzt, wodurch Basel zum Heimathafen wurde.[45]

Nachdem ein Teil der ältesten Basler Hafenanlage in St. Johann in Vereinbarung zwischen dem Kanton Basel-Stadt und der Novartis Pharma AG im Jahr 2005 an letztere veräussert und ab 2010 zurückgebaut wurde,[46] umfassen die SRH Stand heute die drei Hafenareale Basel Kleinhüningen, Birsfelden und Muttenz-Au.[47]

II. Internationaler Rechtsrahmen und Akteure

Dieser Teil der Arbeit soll Aufschluss darüber geben, in welchem internationalen Rechtsrahmen grenzüberschreitendes Handeln stattfindet und durch welche internationalen Akteure dieses geprägt wird. Hierfür wird zunächst der internationale Rechtsrahmen als Grundlage der grenzüberschreitenden Zusammenarbeit auf gesamtschweizerischer Ebene beleuchtet, wobei die grenzüberschreitende Zusammenarbeit der Schweiz sowohl auf internationalem Recht als auch auf Bundes- und kantonalem Recht beruht.[48] Sodann wird auf das für die schweizerische Rheinschifffahrt verbindliche internationale Rheinregime eingegangen, welches historisch bedingt massgeblich von der ZKR geprägt wird.

---

[43] Pauk M., 114; s.a. Internet: https://www.bzbasel.ch/meinung/kommentare-bz/wie-endlich-mehr-schiffe-nach-basel-kamen-ld.1528269 (Abruf 17.05.2022).
[44] Lüem Barbara, 28; Internet: https://www.bzbasel.ch/meinung/kommentare-bz/wie-endlich-mehr-schiffe-nach-basel-kamen-ld.1528269 (Abruf 17.05.2022).
[45] Bundesrat, Schifffahrtspolitik der Schweiz, 7693; Lüem Barbara, 94 f.
[46] Internet: https://www.tiefbauamt.bs.ch/baustellen-und-projekte/abgeschlossene-baustellen-projekte/st_johann_rueckbau-hafen.html (Abruf 19.05.2022).
[47] Hofmann Erik/Lampe Kerstin/Allemann Kathrin, 2.
[48] S. Internet: https://www.eda.admin.ch/eda/de/home/aussenpolitik/europapolitik/beziehungen-zu-europaeischen-staaten/grenzueberschreitendezusammenarbeit/rechtsgrundlagen.html (Abruf 26.05.2022).

A. Internationaler Rechtsrahmen der grenzüberschreitenden Zusammenarbeit

1. Völkerrechtliche Verträge

Völkerrechtliche Verträge als internationale, dem Völkerrecht unterstehende Vereinbarungen zwischen zwei oder mehreren Völkerrechtssubjekten sind das klassische Instrument der grenzüberschreitenden Zusammenarbeit.[49]

a. Madrider Übereinkommen

Das Europäische Rahmenübereinkommen über die grenzüberschreitende Zusammenarbeit zwischen Gebietskörperschaften vom 21. Mai 1980 (Madrider Übereinkommen) bildet den Grundstein für die grenzüberschreitende Zusammenarbeit in Europa. Das Madrider Übereinkommen strebt die Schaffung eines allgemeinen Rechtsrahmens für die Kooperation lokaler, regionaler und nationaler Akteure an.[50] Mit dem Beitritt verpflichtete sich die Schweiz, die grenzüberschreitende Zusammenarbeit zu erleichtern und zu fördern.[51] Die grenzüberschreitende Zusammenarbeit erfolgt im Rahmen der im innerstaatlichen Recht festgelegten Zuständigkeit der beteiligten Gebietskörperschaften.[52] Da das Madrider Übereinkommen als solches noch keine Rechtsgrundlage für das Tätigwerden kommunaler Gebietskörperschaften über die Landesgrenzen hinweg darstellt,[53] bedarf es weiterer zwischenstaatlicher Verträge, um das Madrider Übereinkommen umzusetzen.[54] Dies wurde mittels Zusatzprotokollen erfüllt.[55]

Das erste Zusatzprotokoll verpflichtet die unterzeichnenden Staaten, das Recht der Gebietskörperschaften anzuerkennen und unter gewissen Voraussetzungen Vereinbarungen über die grenzüberschreitende Zusammenarbeit zu schliessen,[56] welche innerhalb der jeweiligen innerstaatlichen Rechtsordnung Verbindlichkeit

---

[49] Art. 56 Abs. 1 BV; Hänni/Borter, BSK BV, Art. 56 N 22 f.
[50] Art. 1 Madrider Übereinkommen.
[51] Dies ergibt sich aus Art. 1 des Madrider Übereinkommen sowie aus den von der Schweiz ratifizierten Zusatzprotokolle (Zusatzprotokoll vom 9. November 1995; Zusatzprotokoll vom 5. Mai 1998; Zusatzprotokoll vom 16. November 2009).
[52] Art. 2 Madrider Übereinkommen.
[53] Kommunale Gebietskörperschaften gelten bekanntlich nicht als Völkerrechtssubjekte, Vgl. Weigel Alix, 23 f.
[54] Vgl. Weigel Alix, 22 f.
[55] Zusatzprotokoll vom 9. November 1995; Zusatzprotokoll vom 5. Mai 1998; Zusatzprotokoll vom 16. November 2009.
[56] Art. 1 des Zusatzprotokoll vom 9. November 1995.

erlangen.[57] Weiter ergibt sich aus dem ersten Zusatzprotokoll die Kompetenz der Gebietskörperschaften, mittels Vereinbarung Einrichtungen mit oder ohne Rechtspersönlichkeit einsetzen zu können.[58] Das zweite Zusatzprotokoll weitet den Anwendungsbereich des Madrider Übereinkommens *mutatis mutandis* auf die transregionale Zusammenarbeit aus.[59] Das dritte Zusatzprotokoll führt sodann mit dem Verbund für euroregionale Zusammenarbeit (VEZ) eine Kooperationsform der grenzüberschreitenden Zusammenarbeit ein.[60]

b. Karlsruher Übereinkommen

Am 23. Januar 1996 wurde das Übereinkommen zwischen dem Schweizerischen Bundesrat, der Regierung der Bundesrepublik Deutschland, der Regierung der französischen Republik und der Regierung des Grossherzogtums Luxemburg über die grenzüberschreitende Zusammenarbeit zwischen Gebietskörperschaften und örtlichen öffentlichen Stellen (Karlsruher Übereinkommen) vom Bundesrat unterzeichnet, welches das Madrider Übereinkommen konkretisiert.[61] Zweck des Übereinkommens ist es, die grenzüberschreitende Zusammenarbeit zwischen deutschen, französischen, luxemburgischen und schweizerischen Gebietskörperschaften und örtlichen öffentlichen Stellen im Rahmen ihrer Befugnisse und unter Beachtung des innerstaatlichen Rechts und der völkerrechtlichen Verpflichtungen der Vertragsparteien zu erleichtern und zu fördern.[62] In Art. 2 Abs. 2 und Art. 6 des Karlsruher Übereinkommens wird ausdrücklich festgehalten, dass nur der Abschluss von nicht völkerrechtlichen Verträgen erlaubt ist und die Kooperation nach Art. 1 Abs. 1 sowie Art. 3 Abs. 1 Karlsruher Übereinkommen nur möglich ist, soweit nach dem innerstaatlichen Recht eine Zuständigkeit für den fraglichen Sachbereich besteht. Funktioniert die regionale grenzüberschreitende Zusammenarbeit nur dann, wenn sich auch der Bund daran beteiligt, sind die Kantone entsprechend auf Genehmigungen, Bewilligungen und die Vermittlung zu Zentralregierungen durch den Bund angewiesen.[63]

---

[57] Art. 2 des Zusatzprotokoll vom 9. November 1995.
[58] Art. 3 des Zusatzprotokoll vom 9. November 1995.
[59] Art. 1 des Zusatzprotokoll vom 5. Mai 1998.
[60] Art. 1 Abs. 1 des Zusatzprotokoll vom 16. November 2009.
[61] Die Schweiz ist dem Karlsruher Übereinkommen im Namen der Kantone Solothurn, Basel-Stadt, Basel-Landschaft, Aargau, Jura, Schaffhausen, Bern, Neuenburg, Waadt, Genf und Wallis beigetreten.
[62] Art. 1 Karlsruher Übereinkommen.
[63] Vgl. Kolarov Ana, 237.

2. Bundesstaatsrechtliche Kompetenzregelung zum Abschluss völkerrechtlicher Verträge

Die auswärtigen Angelegenheiten[64] werden in Art. 54 BV exklusiv dem Bund zugewiesen.[65] Der Bund hat bei der Ausübung seiner Kompetenz Rücksicht auf die Zuständigkeiten der Kantone zu nehmen und hat die Interessen der Kantone zu wahren.[66] Den Kantonen selbst kommt in Bezug auf die grenzüberschreitende Zusammenarbeit die Kompetenz zu, in ihrem Zuständigkeitsbereich Verträge mit dem Ausland abzuschliessen, was eine beschränkte Völkerrechtssubjektivität der Kantone impliziert.[67] Im Vordergrund dieser kantonalen Staatsverträge stehen insb. konkrete Fragen des nachbarlichen Verhältnisses.[68] Schliessen Kantone völkerrechtliche Verträge ab, ist für deren Aushandlung regelmässig der Bund zuständig. Solche Verträge werden jedenfalls zum Bestandteil des kantonalen Rechts, wobei der vertragsschliessende Kanton regelmässig für die Durchführung des völkerrechtlichen Vertrages verantwortlich ist. Gegenüber dem Ausland binden völkerrechtliche Verträge grundsätzlich aber nur den Bund.[69]

B. Zentralkommission der Rheinschifffahrt

Nach dem Wiener Kongresses bildeten sich Formen der internationalen Zusammenarbeit, die noch heute fortbestehen.[70] So wird die ZKR als älteste internationale Organisation bezeichnet.[71] Ihr kommt heute zum einen die Bedeutung als

---

[64] Auswärtige Angelegenheiten liegen dabei nach EPINEY ASTRID, BSK BV, Art. 54 N 17 vor, wenn es zumindest um die Beziehung zu anderen Völkerrechtssubjekten geht – ein grenzüberschreitender Bezug allein reicht hingegen nicht aus.

[65] BIAGGINI GIOVANNI, OFK BV, Art. 56 N 3. Die Kompetenz des Bundes aus Art. 54 Abs. 1 BV ist eine umfassende, die unabhängig von der internen Kompetenzverteilung zwischen Bund und Kantonen besteht. Es handelt sich bei der Staatsvertragskompetenz des Bundes weiter um eine ausschliessliche Bundeskompetenz mit nachträglich derogatorischer Wirkung, vgl. HÄNNI PETER/BORTER EMANUEL, BSK BV, Art. 56 N 9 sowie EPINEY ASTRID, BSK BV, Art. 54 N, 20 f.

[66] Art. 54 Abs. 3 BV.

[67] Art. 65 Abs. 1 BV. Der Wortlaut «*in ihrem Zuständigkeitsbereich*» verweist dabei auf die in Art. 3 BV umschriebene subsidiäre allgemeine Zuständigkeit der Kantone, vgl. HÄNNI PETER/BORTER EMANUEL, BSK BV, Art. 56 N 8.

[68] HÄNNI PETER/BORTER EMANUEL, BSK BV, Art. 56 N 5.

[69] HÄNNI PETER/BORTER EMANUEL, BSK BV, Art. 56 N 24.

[70] S. grundlegend TÖLLE ISABEL, 42 ff. Zur Entstehung der ZKR sowie zur Definition der staatlichen Kooperationsform der internationalen Organisation s. vorne Kap. I.C.1. und insb. FN 27.

[71] THIEMEYER GUIDO/TÖLLE ISABEL, 178.

diplomatische Konferenz zu, zum anderen wirkt sie in der Funktion als internationale Organisation mit eigenen Befugnissen.[72]

1. Internationale Organisation als regulatorischer Hauptplayer

Im Bereich der Rheinschifffahrt wird der internationale Rechtsrahmen insb. durch die ZKR in ihrer Rolle als regulatorischer Hauptplayer gestaltet.[73] Die ZKR hat ihre Grundlage in der staatlichen, grenzüberschreitenden Zusammenarbeit, wie sie sich seit dem Wiener Kongress entwickelt hat.[74] Die Mannheimer Akte stellt weiter die heutige Rechtsgrundlage der ZKR dar.[75] Durch ihre Rechtspersönlichkeit kommt der ZKR die Kompetenz zum Erlass von Verordnungen zu, welche die Rheinschifffahrt für alle Mitgliedsstaaten verbindlich regulieren.[76] Die Entscheidungsinstanz der ZKR ist das Plenum, welches zweimal jährlich tagt. Entscheide werden nach dem Prinzip der Einstimmigkeit getroffen, wobei jedem Staat eine Stimme zukommt.[77] Im Plenum gefasste Beschlüsse sind für die Mitgliedsstaaten bindend und gleichzeitig und gleichsetzend in das nationale Recht zu übersetzen.[78] Da die Vorschriften internationales Recht darstellen, stehen sie auf der Stufe eines Bundesgesetzes, obwohl sie gemeinhin nur den Titel «Ordnung» oder «Verordnung» tragen.[79] Die Einzelvorschriften der ZKR bilden so ein untrennbares, geschlossenes Regelungswerk für die Rheinschifffahrt.[80]

---

[72] S. Internet: https://www.ccr-zkr.org/11030100-de.html (Abruf 22.05.2022).
[73] BUNDESRAT, Schifffahrtspolitik der Schweiz, 7694.
[74] S. grundlegend TÖLLE ISABEL, 42 ff.
[75] Die ZKR beschäftigt sich mit der Durchführung der Akte, der Überwachung der Einhaltung der Freiheitsrechte und der Erhaltung der Schiffbarkeit des Rheins. Ebenso wurde es durch die Berufungskammer der ZKR möglich, dass gegen Urteile eines am Strom gelegenen Rheinschifffahrtsgerichtes in erstinstanzlich anhängig gewesenen Zivil- und Strafsachen an die ZKR appelliert werden konnte, REUTLINGER ROBERT P., 1164 f.
[76] BUNDESRAT, Schifffahrtspolitik der Schweiz, 7697. Die ZKR verfügt für den Rhein unterhalb von Basel über die ausschliessliche Kompetenz zum Erlass von Vorschriften für die Binnenschifffahrt. Die Vorschriften gelten jedoch grundsätzlich nur für die Schiffe selbst, erstrecken sich somit weder auf den Uferbereich noch auf die Hafenanlagen, vgl. Interview mit Florian Röthlingshöfer vom 27. April 2022.
[77] WOEHRLING JEANNE-MARIE, 4.
[78] Vgl. WOEHRLING JEANNE-MARIE, 4.
[79] REUTLINGER ROBERT P., 1184.
[80] REUTLINGER ROBERT P., 1169.

2. Aktuelle Entwicklungen und politischer Diskurs

Wie aufgezeigt ist die ZKR für die Schweiz von enormer Bedeutung. Die Mitgliedschaft in der ZKR garantiert durch den in der Mannheimer Akte verankerten Grundsatz der Schifffahrtsfreiheit den Zugang zur Nordsee.[81] Das Einstimmigkeitsprinzip der ZKR garantiert der Schweiz weiter, bei Rheinangelegenheiten mit den anderen Mitgliedsstaaten der ZKR mitreden und mitbestimmen zu können.[82] Vier der fünf Mitgliedstaaten der ZKR sind Mitgliedsstaaten der EU. Die ZKR hat sich demnach als Institution im rechtlichen Umfeld der Gemeinschaftskompetenzen der EU zu behaupten.[83] Die Frage nach der Beziehung zwischen der ZKR und der EU und der Verteilung ihrer Kompetenzen stellt sich indes schon seit geraumer Zeit,[84] insb. auch im Hinblick auf die fachliche und alleinige Gesetzgebungskompetenz der ZKR.[85] In der Schweiz werden die Bestrebungen der EU, die Schifffahrt im Rahmen der Integration des EU-Binnenmarktes zu regulieren und zu harmonisieren, angesichts der Bedeutung der ZKR für die Schweiz kritisch beäugt.[86] Befürchtet wird insb., dass sich die Ansiedlung der Kompetenzen der ZKR bei der EU-Kommission nachteilig auf die Rechtssicherheit für die Schweiz auswirkt.[87] Aus Sicht der Schweiz soll demnach an der ZKR als bewährte internationale Organisation festgehalten werden – nicht zuletzt auch aufgrund der vorhandenen Fachkompetenz in der ZKR sowie der geförderten Zusammenarbeit der Mitgliedsstaaten in den Plena der ZKR. Dies befähigt die ZKR, Entscheidungen zu treffen und diese inner vergleichsweise kurzer Zeit in Kraft zu setzen.[88]

Es ist aufzuführen, dass sich die Situation aus völkerrechtlicher Sicht eindeutig gestaltet. Die Mannheimer Akte als völkerrechtliche Rechtsgrundlage der ZKR ist

---

[81] BUNDESRAT, Schifffahrtspolitik in der Schweiz, 7697.
[82] Der Schweiz kommt faktisch ein Vetorecht zu, welches in Art. 46 der Mannheimer Akte verankert ist, vgl. DÜRLER RETO, 2; s. ferner BUNDESRAT, Schifffahrtspolitik in der Schweiz, 7697.
[83] REUTLINGER ROBERT P., 1172.
[84] WOEHRLING JEANNE-MARIE, 8 f.; vgl. Interview mit Florian Röthlingshöfer vom 27. April 2022.
[85] BUNDESRAT, Schifffahrtspolitik in der Schweiz, 7697.
[86] Vgl. Interview mit Florian Röthlingshöfer vom 27. April 2022.
[87] Verschiedene Medien berichteten über das Harmonisierungsvorhaben der EU bezüglich Rheinschifffahrt und äusserten sich kritisch hierzu, statt vieler Internet: https://telebasel.ch/2022/03/21/eu-will-die-schifffahrt-auf-dem-rhein-harmonisieren/?channel=8950 (Abruf 24.05.2022); s. auch Interview mit Florian Röthlingshöfer vom 27. April 2022.
[88] Vgl. Interview mit Florian Röthlingshöfer vom 27. April 2022; WOEHRLING JEANNE-MARIE, 8.

verbindlich für deren Mitgliedsstaaten. Die EU ist kein Vertragspartner der Mannheimer Akte. Ihre völkerrechtliche Entstehung datiert vor den Römischen Verträgen, weshalb die Vorgaben der ZKR durch die Mitgliedsstaaten der EU einzuhalten sind. Aus politischer Perspektive werden jedoch Kompetenzfragen angestellt.[89]

Um einen Dialog in diesem Spannungsfeld zu ermöglichen, wird die Zusammenarbeit zwischen der EU und der ZKR bereits seit längerer Zeit gefördert. Die im Jahr 2003 angestrebte gegenseitige Anerkennung der Institutionen im jeweiligen Beobachterstatus wurde zwar nicht umgesetzt.[90] Immerhin wurde aber die Basler Erklärung verabschiedet – ein Statement der Mitgliedsstaaten der ZKR, welches eine Vertiefung der institutionellen Zusammenarbeit zwischen der ZKR und der EU im Bereich der Binnenschifffahrt anstrebt und die Bedeutung der ZKR unterstreicht. In der Basler Erklärung wird auch das EU-Projekt NAIAIDES zur nachhaltigen Stärkung der Binnenschifffahrt von den Mitgliedsstaaten der ZKR begrüsst.[91] Weiter wurde am 22. Mai 2013 die Verwaltungsvereinbarung über einen Rahmen für die Zusammenarbeit zwischen dem Sekretariat der ZKR und der Generaldirektion Mobilität und Verkehr der Europäischen Kommission (GD MOVE) unterzeichnet. Diese neue Form der Zusammenarbeit bezweckte eine Effizienzsteigerung der jeweiligen Aufgaben.[92] Durch Beschluss der ZKR im Juni 2015 wurde sodann ein Europäischer Ausschuss für die Ausarbeitung von Standards im Bereich der Binnenschifffahrt (CESNI) eingerichtet, welcher den gemeinsamen Willen zur Zusammenarbeit zum Ausdruck brachte.[93] Der CESNI ist das Gefäss, in welchem die politischen Diskussionen ausgetragen werden und der Harmonisierungsprozess zwischen ZKR und EU durchgeführt wird.[94]

---

[89] Vgl. Interview mit Florian Röthlingshöfer vom 27. April 2022.
[90] DÜRLER RETO, 5.
[91] S. Internet: https://www.admin.ch/gov/de/start/dokumentation/medienmitteilungen.msg-id-5119.html (Abruf 24.05.2022).
[92] DÜRLER RETO, 7.
[93] S. Internet: https://www.cesni.eu/de/ueber-cesni/ (Abruf 15.05.2022).
[94] Interview mit Florian Röthlingshöfer vom 27. April 2022.

III. Nationaler Rechtsrahmen und Akteure

A. Nationaler Rechtsrahmen der Schweizer Schifffahrt

1. Regelung der Schifffahrt auf bundesverfassungsrechtlicher Ebene

Auf bundesverfassungsrechtlicher Ebene findet die Schifffahrt in Art. 87 BV wie folgt Erwähnung: *«Die Gesetzgebung über den Eisenbahnverkehr, die Seilbahnen, die Schifffahrt sowie über die Luft- und Raumfahrt ist Sache des Bundes.»* Art. 87 BV begründet damit eine umfassende Gesetzgebungskompetenz des Bundes im Bereich der Schifffahrt,[95] die zufolge der wohl herrschenden Lehre konkurrierender Natur ist.[96] Durch Art. 87 BV wird der Bund nicht nur zur Gesetzgebung, sondern auch zum Vollzug im Bereich der Schifffahrt berufen.[97]

2. Regelung der Schifffahrt auf bundesgesetzlicher Ebene

Die wichtigsten ausführenden Bundesgesetze im Bereich der Schifffahrt sind das Binnenschifffahrtsgesetz (BSG), das Gütertransportgesetz (GüTG) sowie das Seeschifffahrtsgesetz.[98]

Mit Blick auf die Rheinschifffahrt von besonderer Relevanz ist das Binnenschifffahrtsgesetz. Es ordnet die Schifffahrt auf schweizerischen Gewässern einschliesslich der Grenzgewässer (Art. 1 Abs. 1 BSG) und bestimmt, dass die Gewässerhoheit den Kantonen zusteht, wobei Bundesrecht vorbehalten bleibt (Art. 3 Abs. 1 BSG). Das BSG enthält namentlich Bestimmungen über den Bau und Betrieb von Hafenanlagen (Art. 8 f. BSG)[99], über die Anforderungen an Schiffe und

---

[95] Statt vieler BIAGGINI GIOVANNI, OFK BV, Art. 87 N 2; zur sachlichen Begriffsumschreibung von 'Schifffahrt' s. LENDI MARTIN/UHLMANN FELIX, SGK BV, Art. 87 N 38, wonach Schifffahrt i.S.v. Art. 87 BV *«die Personen- und die Güter- resp. die See-, die Binnen- und die Flussschifffahrt»* erfasst.

[96] So BIAGGINI GIOVANNI, OFK BV, Art. 87 N 2; **a.A.** AUBERT JEAN-FRANÇOIS, Comm., Art. 87 N 2, der die Bundeskompetenz in Art. 87 BV als ausschliessliche Kompetenz qualifiziert.

[97] LENDI MARTIN/UHLMANN FELIX, SGK BV, Art. 87 N 6; BIAGGINI GIOVANNI, OFK BV, Art. 87 N 2.

[98] BIAGGINI GIOVANNI, OFK BV, Art. 87 N 11.

[99] Für den Bau den Bau und Betrieb von Hafen-, Umschlags- und Landungsanlagen für Schiffe des Bundes und öffentlicher Schifffahrtsunternehmen wird eine Plangenehmigung des Bundesamtes für Verkehr benötigt (Art. 8 Abs. 1 BSG); alle übrigen Anlagen unterstehen der Aufsicht der Kantone (Art. 8 Abs. 4 BSG).

Schiffsführer (Art. 10 ff. BSG), über Verkehrsregeln (Art. 22 ff. BSG) sowie über Haftung und Versicherung (Art. 30a ff. BSG). Hinsichtlich die internationale Rheinschifffahrt enthält das BSG in den Art. 28 ff. besondere Bestimmungen, welche die Schifffahrtspolizei, die Verkehrswirtschaft sowie die Zuständigkeit kantonaler Behörden auf den Rheingewässern näher regeln. Das BSG sowie die internationalen Vereinbarungen und Ausführungsvorschriften werden grundsätzlich durch die Kantone vollzogen (vgl. Art. 58 Abs. 1 BSG), wobei interkantonale Vereinbarungen über die gemeinsame Organisation der Behörden vorbehalten bleiben (Art. 58 Abs. 4 BSG).

3. Interkantonaler Rechtsrahmen der Schweizer Schifffahrt

Als Grundlage für die interkantonale Zusammenarbeit bzw. interkantonale Vereinbarungen dient Art. 48 Abs. 1 BV, wonach die Kantone miteinander «*Verträge schliessen sowie gemeinsame Organisationen und Einrichtungen schaffen* [können]. *Sie können namentlich Aufgaben von regionalem Interesse gemeinsam wahrnehmen.*»[100] Auch im Bereich der Rheinschifffahrt spielt die interkantonale Zusammenarbeit eine Rolle, wobei mit Blick auf die vorliegende Thematik insb. die folgenden interkantonalen Vereinbarungen zu erwähnen sind:

a. Interkantonale Vereinbarung zwischen den Kantonen Basel-Stadt, Basel-Landschaft und Aargau in Rheinschifffahrts- & Hafenangelegenheiten

In Vollziehung des Binnenschifffahrtgesetzes, insb. des Art. 58 BSG, schlossen die Kantone Basel-Stadt, Basel-Landschaft und Aargau am 10. Juni 1997 eine interkantonale Vereinbarung in Rheinschiffahrts- und Hafenangelegenheiten ab. Damit wurde zum einen die Zusammenarbeit in Rheinschiffahrts- und Hafenangelegenheiten geregelt, wobei namentlich die Hafenanlagen der Kantone nach dem Grundsatz grösstmöglicher Parität verwaltet und betrieben werden sollen.[101] Zum anderen wurde der gemeinsame Vollzug der vom Bund erlassenen schifffahrtsrechtlichen Vorschriften für die Rheinstrecke zwischen Basel und Rheinfelden festgelegt; hierbei haben die Kantone Basel-Landschaft und Aargau ihre Zuständigkeiten im Vollzug bundesrechtlicher Rheinschifffahrtsvorschriften der Rheinschifffahrtsdirektion Basel übertragen.[102]

---

[100] Allgemein zum Institut der interkantonalen Zusammenarbeit s. BIAGGINI GIOVANNI, OFK BV, Art. 48 N 1 ff.; SCHWEIZER RAINER J./ABDERHALDEN URSULA, SGK BV, Art. 48 N 1 ff.
[101] Art. 5 Abs. 2 Interkantonale Vereinbarung in Rheinschiffahrts- & Hafenangelegenheiten.
[102] Art. 1 Interkantonale Vereinbarung in Rheinschiffahrts- & Hafenangelegenheiten.

b. Rheinhafenvertrag zwischen den Kantonen Basel-Landschaft und Basel-Stadt

Als weitere Form der Zusammenarbeit in Rheinschifffahrts- & Hafenangelegenheiten haben die Kantone Basel-Landschaft und Basel-Stadt am 20. Juni 2006 den Rheinhafenvertrag abgeschlossen.[103] Mit dem Rheinhafenvertrag wurden die Rheinschifffahrtsdirektion Basel und die Rheinhäfen des Kantons Basel-Landschaft zu einer Anstalt des öffentlichen Rechts zusammengelegt unter dem Namen «Schweizerische Rheinhäfen» (SRH). Auf die SRH ist im Folgenden näher einzugehen.

B. Die Schweizerischen Rheinhäfen (SRH)

Bei den SRH handelt es sich um ein paritätisch und nach unternehmerischen Grundsätzen geführtes Unternehmen mit Sitz in Birsfelden, welches das Rechtskleid einer Anstalt des öffentlichen Rechts mit eigener Rechtspersönlichkeit trägt.[104]

1. Zum Institut der Anstalt des öffentlichen Rechts im Allgemeinen

Anders als das Zivilrecht kennt das öffentliche Recht keinen Numerus clausus von Organisationsformen für juristische Personen; vielmehr handelt es sich bei den gängigen Verwaltungsträgern (wie namentlich der Anstalt des öffentlichen Rechts) um dogmatische Idealtypen, von denen der Gesetzgeber abweichen kann.[105] Ungeachtet dessen handelt es sich bei der Anstalt des öffentlichen Rechts gemeinhin um eine Verwaltungseinheit, *«zu der ein Bestand von Personen und Sachen durch Rechtssatz technisch und organisatorisch zusammengefasst ist und die für eine bestimmte Verwaltungsaufgabe dauernd den Anstaltsbenützern zur Verfügung steht.»*[106]

---

[103] Der Staatsvertrag über die Zusammenlegung der Rheinhäfen von Basel-Stadt und Basel-Landschaft wurde im Rahmen der Volksabstimmung in Basel-Landschaft vom 17. Juni 2007 mit gut 81% angenommen, vgl. Internet: https://abstimmungen.bl.ch/vote/staatsvertrag-ueber-die-zusammenlegung-der-rheinhaefen-von-basel-stadt-und-basel-landschaft/entities (Abruf 17.05.2022).

[104] Vgl. Art. 1 Rheinhafenvertrag.

[105] TSCHANNEN PIERRE/ZIMMERLI ULRICH/MÜLLER MARKUS, § 7 N 1.

[106] Statt vieler HÄFELIN ULRICH/MÜLLER GEORG/UHLMANN FELIX, § 20 N 1314; s.a. TSCHANNEN PIERRE/ZIMMERLI ULRICH/MÜLLER MARKUS, § 7 N 4, wonach die Anstalt des öffentlichen

Die Anstalt des öffentlichen Rechts beruht auf öffentlich-rechtlicher Grundlage und stellt einen Fall der sachlichen Dezentralisation dar.[107] War die Anstalt des öffentlichen Rechts ursprünglich die klassische Organisationsform für die Erbringung kollektiver Dienste im Sozialstaat, existieren heute eine Vielzahl Anstalten des öffentlichen Rechts mit Bewirtschaftungs-, Überwachungs- und Zulassungsaufgaben.[108]

In der Lehre wird gemeinhin zwischen selbstständigen und unselbstständigen Anstalten des öffentlichen Rechts differenziert, wobei erstere im Gegensatz zu letzteren mit eigener Rechtspersönlichkeit ausgestattet sind.[109] Aus dem Rheinhafenvertrag geht hervor, dass die SRH über eine eigene Rechtspersönlichkeit verfügen[110] und somit als selbstständige Anstalt des öffentlichen Rechts zu qualifizieren sind. Als solche handelt es sich bei den SRH um eine juristische Person des öffentlichen Rechts i.S.v. Art. 52 Abs. 2 ZGB, die selbst Trägerin von Rechten und Pflichten ist, über ein eigenes Vermögen verfügt und für ihre Verbindlichkeiten haftet.[111]

Nicht zu verwechseln mit der Rechtspersönlichkeit einer Anstalt des öffentlichen Rechts ist ihre Autonomie bzw. ihr Mass an Entscheidungsfreiheit: Dieses richtet sich für die einzelnen Anstalten des öffentlichen Rechts nach dem jeweiligen Sachgesetz, wobei der Gesetzgeber den Grad an zugestandener Entscheidungsfreiheit nahezu beliebig abstufen kann.[112] Die Autonomie einer Anstalt des öffentlichen Rechts äussert sich – soweit das Sachgesetz keine entsprechenden Vorgaben enthält – namentlich im Recht zur Regelung organisatorischer Fragen, in der Befugnis, unternehmerische Entscheidungen zu treffen oder in einem eigenen Personal- und Beschaffungswesen.[113] Anzumerken ist im Übrigen, dass Autonomie und Rechtspersönlichkeit nicht zwingend Hand in Hand gehen – so können

---

Rechts als Verwaltungsträger folgende Merkmale aufweist: (i) von einem oder mehreren Gemeinwesen getragen, (ii) organisatorisch ausgegliedert und rechtsfähig, (iii) mit persönlichen und sachlichen Mitteln ausgestattet, (iv) mit einer gewissen Autonomie versehen, (v) zur dauernden Erfüllung einer Aufgabe des Trägergemeinwesens bestimmt.

[107] HÄFELIN ULRICH/MÜLLER GEORG/UHLMANN FELIX, § 20 N 1316 ff.
[108] Zum Ganzen TSCHANNEN PIERRE/ZIMMERLI ULRICH/MÜLLER MARKUS, § 7 N 5 f.
[109] HÄFELIN ULRICH/MÜLLER GEORG/UHLMANN FELIX, § 20 N 1320 ff.
[110] Vgl. Art. 1 Abs. 2 Rheinhafenvertrag.
[111] HÄFELIN ULRICH/MÜLLER GEORG/UHLMANN FELIX, § 20 N 1320 ff; vgl. auch TSCHANNEN PIERRE/ZIMMERLI ULRICH/MÜLLER MARKUS, § 7 N 9.
[112] TSCHANNEN PIERRE/ZIMMERLI ULRICH/MÜLLER MARKUS, § 7 N 11.
[113] HÄFELIN ULRICH/MÜLLER GEORG/UHLMANN FELIX, § 20 N 1326; TSCHANNEN PIERRE/ZIMMERLI ULRICH/MÜLLER MARKUS, § 7 N 19.

sowohl selbstständige als auch unselbstständige Anstalten des öffentlichen Rechts «autonom» sein.[114]

2. Die Schweizerischen Rheinhäfen als Anstalt des öffentlichen Rechts

a. Zweck, Hauptaufgaben und Kompetenzen

Die SRH wurden von den Kantonen Basel-Stadt und Basel-Landschaft *«zum Zweck der Förderung der Grossschifffahrt als ökologischem Verkehrsträger von nationaler Bedeutung und des verkehrsträgerübergreifen den Betrieb von Hafenanlagen»* gegründet.[115] Hierzu wurden den SRH u.a. die drei in Art. 3 Rheinhafenvertrag näher bezeichneten Hafengebiete an den Hafenstandorten Kleinhüningen, Birsfelden und Muttenz zur Nutzung überlassen.[116]

Gem. Art. 5 Rheinhafenvertrag sind die SRH für die Entwicklung, Bewirtschaftung und Vermarktung dieser drei Hafengebiete verantwortlich. Zu diesem Zweck können die SRH die Hafengebiete im Auftrag und in Vertretung der Vertragskantone durch die Vergabe von Baurechten, den Abschluss von Miet- und Pachtverträgen oder als Verkehrs- und andere Nebenflächen nutzen.[117] Zulässig ist dabei die Nutzung zu industriellen und gewerblichen Zwecken, insb. für die gewerbliche Schifffahrt, den Güterumschlag sowie die Logistik.[118]

Mit Blick auf die Entwicklung, Bewirtschaftung und Vermarktung der Hafengebiete von besonderer Bedeutung für die SRH ist Art. 6 Rheinhafenvertrag. Mit dieser Bestimmung wird den SRH die Kompetenz eingeräumt, vorbehältlich der Genehmigung durch die Regierungen der Vertragskantone Tochterunternehmen zu gründen und sich an anderen Häfen, insb. an den ausländischen Oberrheinhäfen sowie an Unternehmen der Binnenschifffahrts- und Logistikbranche zu be-

---

[114] TSCHANNEN PIERRE/ZIMMERLI ULRICH/MÜLLER MARKUS, § 7 N 12; HÄFELIN ULRICH/MÜLLER GEORG/UHLMANN FELIX, § 20 N 1325 f.
[115] Art. 1 Abs. 1 Rheinhafenvertrag.
[116] Art. 2 Abs. 2 Rheinhafenvertrag; explizit ausgenommen von der Nutzung wurde dabei die in Art. 2 Abs. 3 Rheinhafenvertrag aufgezählte Infrastruktur; vgl. ferner Art. 2 Abs. 1 Rheinhafenvertrag, wonach das Grundeigentum an den Hafengebieten bei den Vertragskantonen verbleibt.
[117] Art. 5 Abs. 3 Rheinhafenvertrag.
[118] Art. 5 Abs. 4 Rheinhafenvertrag; insgesamt waren per Frühling 2022 rund 80 private Unternehmen mit rund 3'000 Beschäftigten im Hafengebiet der SRH angesiedelt, vgl. Internet: https://port-of-switzerland.ch/hafenfirmen/(Abruf: 19.05.2022).

teiligen.[119] Diese auf den ersten Blick politisch brisant anmutende Kompetenz[120] ist historisch bedingt. So war der Kanton Basel-Stadt bereits vor Gründung der SRH an der Rheinhafengesellschaft Weil am Rhein beteiligt – und mit Art. 6 Rheinhafenvertrag wurde dem «neuen Gefäss» SRH die Kompetenz eingeräumt, diese Beteiligung weiterhin zu halten.[121] Vor dem Hintergrund, dass die fragliche Beteiligung der SRH an der Rheinhafengesellschaft Weil am Rhein seit dem Jahr 2017 nicht mehr existiert,[122] zeigt sich die Bedeutung des Art. 6 Rheinhafenvertrag für die SRH heute v.a. anhand des Bestrebens, die Entwicklung grenzüberschreitender digitaler Infrastrukturen voranzutreiben.[123] Als Beispiel hierfür zu nennen ist namentlich das «RheinPorts Information System» (RPIS): Diese elektronische Verkehrsmanagementplattform wird von der RheinPorts GmbH betrieben – einer Gesellschaft nach deutschem Recht, an welcher nebst den SRH auch die Häfen von Mulhouse (CCI Alsace Eurométropole [Ports de Mulhouse]) und Duisburg (Duisburger Hafen AG [duisport]) beteiligt sind.[124] Mit Art. 6 Rheinhafenvertrag wird demgegenüber nicht das Verfolgen einer expansiven Wachstumspolitik der SRH bezweckt (etwa durch die Übernahme ausländischer Rheinhäfen)[125] – zumal

---

[119] Ferner können die SRH Vertreter in die Gremien von Unternehmen entsenden, unabhängig davon, ob es sich um Tochterunternehmen, Beteiligungen oder Drittunternehmen handelt, vgl. Art. 6 Abs. 2 Rheinhafenvertrag.

[120] So könnte von aussen durchaus der Eindruck entstehen, dass mit Art. 6 Abs. 1 Rheinhafenvertrag dem Trägergemeinwesen letztlich die Möglichkeit eingeräumt wird, über die Gründung von Tochtergesellschaften und Beteiligung an ausländischen Oberrheinhäfen seine internationale Position zu stärken und seinen Einfluss zu vergrössern – gewissermassen i.S.e. «Hintertüre zur Macht»; grundlegend HERREN MADELEINE, Hintertüren zur Macht, *passim*.

[121] Interview mit Florian Röthlingshöfer vom 27. April 2022; s. hierzu auch RÖTHLINGSHÖFER FLORIAN et al., Zusammenarbeitsmodelle, 136: «*Im Jahr 1996 haben die Rheinschifffahrtsdirektion Basel und die Rheinhafengesellschaft Weil am Rhein eine Intensivierung ihrer Zusammenarbeit beschlossen. Als Basis fungiert neben einer 38-prozentigen Beteiligung des Kantons Basel-Stadt am Gesellschaftskapital der Rheinhafengesellschaft Weil am Rhein ein Kooperationsvertrag, in dem die Zusammenarbeit im Einzelnen fixiert wird. In erster Linie zielt die Kooperation auf eine koordinierte Infrastrukturplanung sowie eine Konzentration gewisser Umschlagaktivitäten an einem Hafenstandort. Rückwirkend zum 1.1.2008 übernehmen die SRH als Nachfolgerin des Kantons Basel-Stadt die Beteiligung.*»

[122] Vgl. Internet: https://www.dvz.de/rubriken/land/binnenschifffahrt/detail/news/schweizerischen-rheinhaefen-verkaufen-beteiligung-an-rhg-weil-am-rhein.html (Abruf 24.05.2022).

[123] Interview mit Florian Röthlingshöfer vom 27. April 2022.

[124] Vgl. Internet: https://port-of-switzerland.ch/digitale-zukunft-rheinports-gmbh-und-die-duisburger-hafen-ag-buendeln-expertise/ (Abruf 18.05.2022).

[125] Vgl. hierzu auch Interview mit Florian Röthlingshöfer vom 27. April 2022.

die Kompetenz zur Gründung von Tochtergesellschaften und zur Beteiligung an Unternehmen der Binnenschifffahrts- und Logistikbranche ohnehin unter Vorbehalt der Genehmigung durch die Regierungen der Vertragskantone steht.[126]

Nebst den Aufgaben im Zusammenhang mit der Hafenbewirtschaftung fungieren die SRH – vorbehältlich der Zuständigkeiten der Regierungen und der Parlamente der Vertragskantone – auch als Vertreter der Vertragskantone in Rheinschifffahrts- und Hafenangelegenheiten.[127] In diesem Rahmen wurde den SRH – ausgenommen der in Art. 4 Abs. 2 lit. a–f aufgezählten Bestimmungen – auch der Vollzug des basellandschaftlichen Rheinhafengesetzes übertragen.[128] Im Übrigen kommen den SRH verschiedene hoheitliche Aufgaben zu: So sind sie Rheinschifffahrts- und Hafenpolizeibehörde auf dem Gebiet der Vertragskantone,[129] können als Anstalt des öffentlichen Rechts Verfügungen erlassen[130] und haben – je nach kantonaler Regelung – die Kompetenz zur Erhebung von Ordnungsbussen.[131]

b. Organisation

Die Organe der SRH sind der Verwaltungsrat, die Geschäftsleitung sowie die Revisionsstelle – im Einzelnen:

i. Verwaltungsrat

Der Verwaltungsrat ist das oberste Führungsorgan der SRH – er und seine Mitglieder tragen die oberste unternehmerische Verantwortung.[132] Der Verwaltungsrat der SRH setzt sich aus Persönlichkeiten aus den Bereichen der Wirtschaft und Politik zusammen und besteht aus fünf Mitgliedern.[133] Jeder Vertragskanton entsendet je ein Mitglied; die drei übrigen Mitglieder werden durch übereinstimmende Beschlüsse der Regierungen der Vertragskantone gewählt.[134] Die von den Vertragskantonen entsandten Mitglieder des Verwaltungsrats haben ein Vetorecht bei der Beschlussfassung bezüglich der folgenden Bereiche: Budget, Jahresrech-

---

[126] Vgl. Art. 36 Abs. 1 lit. d Rheinhafenvertrag, s. hierzu unten C.II.2.3.
[127] Art. 4 Abs. 1 Rheinhafenvertrag.
[128] Vgl. Art. 4 Abs. 2 Rheinhafenvertrag.
[129] Vgl. Art. 8 Rheinhafenvertrag; zur Auslagerung polizeilicher Aufgaben an die SRH s. ferner MOHLER MARKUS, 13 ff.
[130] Vgl. Art. 9 Rheinhafenvertrag.
[131] Vgl. Art. 10 Rheinhafenvertrag.
[132] Art. 15 Abs. 1 Rheinhafenvertrag; für eine nicht abschliessende Aufzählung der Aufgaben des Verwaltungsrates s. Art. 15 Abs. 2 Rheinhafenvertrag.
[133] Art. 12 Abs. 1 Rheinhafenvertrag.
[134] Art. 12 Abs. 2 Rheinhafenvertrag.

nung, Investitionen sowie Areal- und Nutzungskonzepte.[135] Jeder Vertragskanton kann das von ihm entsandte Verwaltungsratsmitglied jederzeit abberufen; die übrigen Mitglieder des Verwaltungsrates können je derzeit durch übereinstimmende Beschlüsse der Regierungen der Vertragskantone abberufen werden.[136] Der Präsident des Verwaltungsrates wird durch übereinstimmende Beschlüsse der Regierungen der Vertragskantone bestimmt.[137]

ii. Geschäftsleitung

Die Geschäftsleitung ist das geschäftsführende Organ der SRH und fasst die wichtigen hoheitlichen und kommerziellen Beschlüsse.[138] Die Mitglieder der Geschäftsleitung treffen die erforderlichen Massnahmen zur Erreichung der Unternehmensziele, zur Umsetzung der Beschlüsse des Verwaltungsrats sowie zur Einhaltung des genehmigten Budgets.[139]

Die Geschäftsleitung besteht aus der Direktorin bzw. dem Direktor sowie weiteren Personen, von denen eine als stellvertretende Direktorin bzw. stellvertretender Direktor zeichnet.[140] Die Direktorin bzw. der Direktor ist gegenüber den weiteren Mitgliedern der Geschäftsleitung weisungsbefugt.[141] Das Geschäftsreglement regelt die Kompetenzaufteilung zwischen der Direktorin bzw. dem Direktor und der Geschäftsleitung sowie die Arbeitsteilung innerhalb der Geschäftsleitung.[142]

iii. Revisionsstelle

Zur Beurteilung der ordentlichen Geschäftsführung sowie der Jahresrechnung und der Bilanz wird bei den SRH jährlich eine Revision durchgeführt.[143] Die Revisionsstelle wird von den Regierungen der Vertragskantone bestimmt und berichtet an den Verwaltungsrat der SRH.[144]

---

[135] Art. 13 Rheinhafenvertrag.
[136] Art. 12 Abs. 5 Rheinhafenvertrag; näher zur Organisation des Verwaltungsrates s. Art. 14 Rheinhafenvertrag.
[137] Art. 12 Abs. 3 Rheinhafenvertrag.
[138] Art. 16 Abs. 1 und Art. 17 Abs. 1 Rheinhafenvertrag.
[139] Art. 17 Abs. 2 Rheinhafenvertrag; für eine nicht abschliessende Aufzählung der Aufgaben der Direktorin bzw. des Direktors. Art. 17 Abs. 3 Rheinhafenvertrag.
[140] Art. 16 Abs. 1 Rheinhafenvertrag.
[141] Art. 16 Abs. 2 Satz 1 Rheinhafenvertrag.
[142] Art. 16 Abs. 2 Satz 2 Rheinhafenvertrag.
[143] Art. 18 Abs. 1 Rheinhafenvertrag.
[144] Art. 36 Abs. 1 lit. c und Art. 18 Abs. 2 Rheinhafenvertrag.

c. Aufsichts- und Mitwirkungsrechte der Vertragskantone

Die Oberaufsicht über die SRH wird durch die sog. Interparlamentarische Geschäftsprüfungskommission ausgeübt, welche aus fünf Parlamentsmitgliedern jedes Vertragskantons besteht – damit bleibt das Oberaufsichtsrecht der Parlamente der Vertragskantone gewährleistet.[145]

Den Regierungen der Vertragskantone stehen im Rahmen der gemeinsamen Aufsicht über die SRH die Befugnis zur Genehmigung des Jahresberichts und der Jahresrechnung zu.[146] Insb. obliegt den Regierungen der Vertragskantone auch die Genehmigung der Gründung von Tochtergesellschaften und Beteiligungen i.S.v. Art. 6 Rheinhafenvertrag.[147], [148]

Im Übrigen besteht für die SRH die Pflicht, dem zuständigen Departement bzw. der zuständigen Direktion sowie den Finanzkontrollen der Vertragskantone alle im Rahmen der Aufsicht notwendigen Auskünfte zu erteilen und, wo erforderlich, Einsicht in den Betrieb und die finanziellen Verhältnisse, einschliesslich Budget und Jahresrechnung zu gewähren.[149]

C. Nationaler Rechtsrahmen in Deutschland

1. Deutsche Rheinhäfen und thematische Abgrenzung

Die Berücksichtigung und Darstellung sämtlicher (Ober-)Rheinhäfen würde den Rahmen dieser Arbeit sprengen.[150] Auf eine abschliessende Gesamtbetrachtung wird deshalb verzichtet. Für die grenzüberschreitende Zusammenarbeit zwischen den Schweizer und Deutschen (sowie Französischen) Binnenhäfen sind insb. die Häfen des Oberrheins von Bedeutung (s. Abb. 1). In diesem Zusammenhang sei

---

[145] Vgl. Art. 37 f. Rheinhafenvertrag; für die einzelnen Aufgaben und Befugnisse der Interparlamentarischen Geschäftsprüfungskommission s. Art. 39 Rheinhafenvertrag.
[146] Art. 36 Abs. 1 lit. a und b Rheinhafenvertrag.
[147] Art. 36 Abs. 1 lit. a und b Rheinhafenvertrag.
[148] Für die Gründung einer Tochtergesellschaft oder das Eingehen einer Beteiligung durch die SRH würde zunächst die Geschäftsleitung der SRH die nötigen Dokumente und Strategien ausarbeiten und dies anschliessend dem Verwaltungsrat der SRH zur Genehmigung vorlegen. Falls der Verwaltungsrat der SRH zustimmt, wird das entsprechende Projekt zuhanden der Kantonsregierungen überwiesen, welche daraufhin – vorbehältlich des Beschlusses der anderen Kantonsregierung – jeweils Beschluss fassen würden, s. zum Ganzen Interview mit Florian Röthlingshöfer vom 27. April 2022.
[149] Art. 36 Abs. 3 Rheinhafenvertrag.
[150] Vgl. Abb. 1.

hervorzuheben, dass sich der Rhein in vier Abschnitte aufgliedert. Namentlich in den Alpenrhein, den Oberrhein, den Mittelrhein sowie den Niederrhein (vgl. Abb. 2). Die in der vorliegenden Arbeit behandelten grenzüberschreitenden Kooperationen und Projekte (vgl. Kapitel IV.B.) erstrecken sich in erster Linie auf den Oberrhein. Zur Veranschaulichung des Status eines Deutschen Rheinhafens und den damit zusammenhängenden rechtlichen Fragen wird nachfolgend die Rheinhafengesellschaft Weil am Rhein mbH näher beleuchtet. Es sei darauf hingewiesen, dass die Ergebnisse der rechtlichen Analyse nicht analog auf alle Deutsche Rheinhäfen angewendet werden können. Damit erfolgt im Rahmen dieser Arbeit keine einheitliche abschliessende Beurteilung des Status aller Deutschen Rheinhäfen.

Rheinkilometer	Ort	Hafen
149	Rheinfelden (Baden), CH	Rheinhafen Rheinfelden
167–170	Basel, CH	Schweizerische Rheinhäfen
170	Weil am Rhein, DE	Rheinhafen Weil am Rhein
260	Neuf-Brisach, FR	Port Rhénan Colmar/Neuf-Brisach
288	Strassburg, FR	Port Autonome de Strasbourg
297	Kehl, DE	Häfen Kehl
359	Karlsruhe, DE	Rheinhäfen Karlsruhe
365,77	Wörth am Rhein, DE	Häfen Wörth
385,77	Germersheim, DE	Rheinhafen Germersheim
399	Speyer, DE	Häfen Speyer
421,4	Ludwigshafen, DE	Ludwigshafener Rheinhafen
417–427	Mannheim, DE	Hafen Mannheim
443	Worms, DE	Hafen Worms
461–466	Gernsheim, DE	Häfen Gernsheim
500	Mainz, DE	Zoll- und Binnenhafen Mainz
506	Wiesbaden, DE	Schiersteiner Hafen

Abb. 1: Oberrheinhäfen (stromabwärts sortiert).

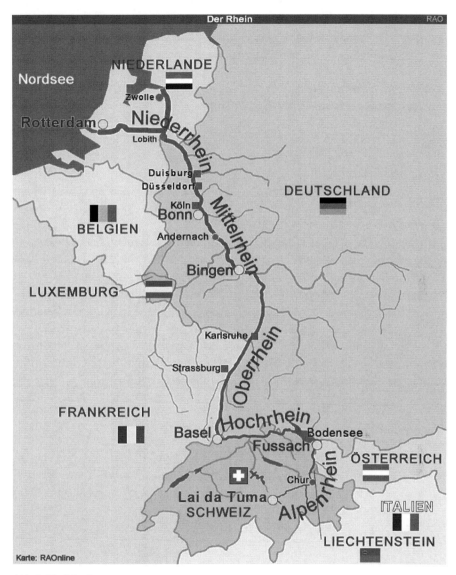

Abb. 2: Rheinkarte

2. Rechtlicher Rahmen

Im Rahmen dieses Kapitels werden die rechtlichen Grundlagen für den Bestand und die Organisation der Rheinhäfen in Deutschland näher erläutert. Dabei wird insb. das Zusammenspiel von europäischem und deutschem Recht beleuchtet.

Weiter werden die innerstaatlichen Bestimmungen und Voraussetzungen für die kommunale Selbstverwaltung diskutiert. Anhand der Rheinhafengesellschaft Weil am Rhein mbH als privatrechtlich organisiertes Unternehmen mit öffentlichrechtlicher Beteiligung wird beispielhaft aufgezeigt, inwieweit eine Gebietskörperschaft von ihrer Organisationsautonomie Gebrauch machen kann und welche Implikationen daraus abgeleitet werden können.[151]

a. Die Rechtsverhältnisse eines öffentlichen Hafens in Deutschland

i. Verwaltung der Bundeswasserstrassen

Gem. Art. 89 GG ist der Bund für die Verwaltung der Bundeswasserstrassen zuständig. Er hat die Kompetenz zur Verwaltung der Bundeswasserstrassen, soweit sie im Gebiet eines Landes liegen, diesem Land auf Antrag als Auftragsverwaltung übertragen. Bei der Verwaltung, dem Ausbau und dem Neubau hat der Bund die Bedürfnisse der Landeskultur und der Wasserwirtschaft im Einvernehmen mit den Ländern zu wahren. Nach § 1 Abs. 1 und 2 des deutschen Bundeswasserstrassengesetz (WaStrG)[152] konstituieren sich die Bundeswasserstrassen aus den Seewasserstrassen und den dem allgemeinen Verkehr dienenden Binnenwasserstrassen.[153] Der Umfang der Verwaltungskompetenz des Bundes beschränkt sich auf die reine Verkehrsverwaltung.[154] Aus Art. 30 GG fliesst, dass die Behörden der Bundesländer für alle anderen Massnahmen zuständig sind, welche nicht zu den vom Bund wahrzunehmenden Verwaltungsaufgaben gehören.

ii. Errichtung und Betrieb eines Hafens

Soweit die Erfüllung der Verwaltungsaufgaben des Bundes nicht beeinträchtigt wird, können die Bundesländer das Eigentum an den Seewasserstrassen und an den angrenzenden Mündungstrichtern der Binnenwasserstrassen unentgeltlich nutzen. Den Ländern steht es zu, bspw. auch Hafenanlagen zu errichten, sofern die Nutzung öffentlichen Interessen dient. Die von den Ländern errichteten Hafenflächen und Bauwerke fallen in ihr Eigentum.[155]

---

[151] In diesem Zusammenhang wird insb. auch das Landes- und Gemeinderecht von Baden-Württemberg berücksichtigt.
[152] Die gesetzliche Grundlage für den Erlass des WaStrG ergibt sich aus Art. 74 Abs. 1 Nr. 21 GG.
[153] REMMERT BARBARA, BeckOK GG, Art. 89 N 7 ff.
[154] BVerwGE DBI 2002, 566; BVerfGE 21, 312 (320) = NJW 1967.
[155] Vgl. § 1 Abs. 5 WaStrG; § 9 WHG.

Mit dem Wassergesetz für Baden-Württemberg (WG) ergänzt das Land die Regelungen des WHG. § 82 Abs. 2 lit. f i.V.m. § 80 Abs. 2 Nr. 2 WG statuiert, dass das Regierungspräsidium für die Errichtung, den Betrieb und die Änderung von Hafen- und Umschlaganlagen sachlich zuständig ist. In der Baden-Württembergischen Verordnung des Verkehrsministeriums über Häfen, Lade- und Löschplätze (Hafen VO) werden die Vorschriften und Anforderungen der Häfen näher bestimmt.[156]

b. Prinzip der Kommunalen Selbstverwaltung

i. *Europäisches Recht*

Auf europäischer Ebene gewährleistet die Europäische Charta der kommunalen Selbstverwaltung vom 15. Oktober 1985 die politische, verwaltungsmässige und finanzielle Unabhängigkeit der Gebietskörperschaften.[157] Die Charta verpflichtet die Vertragsparteien,[158] diese völkerrechtlichen Grundregeln einzuhalten und verkörpert damit den politischen Willen, ein demokratisches Europa auf allen Stufen der territorialen Verwaltung sicherzustellen.[159] Mit anderen Worten wird die kommunale Selbstverwaltung als massgebender Grundstein für eine echte Demokratie angesehen.[160]

Die Charta besteht aus drei Teilen. Der erste Teil enthält materielle Bestimmungen und legt die Grundsätze der kommunalen Selbstverwaltung dar.[161] Diese statuieren u.a., dass die kommunale Selbstverwaltung einer verfassungsrechtlichen oder gesetzlichen Grundlage bedarf (Art. 2). Weiter werden die Grundsätze für

---

[156] Weitere relevante Vorschriften: Rheinschifffahrtspolizeiverordnung (RheinSchPV), Binnenschifffahrtenstrassen-Ordnung (BinSchStrO), Verordnung über die Beförderung gefährlicher Güter auf dem Rhein (ADNR) und Verordnung des Ministeriums für Wirtschaft, Mittelstand und Verkehr über die Schifffahrt auf dem Rhein zwischen Rheinfelden und Basel vom 12. März 1976.

[157] Das BVerfGE definiert Gebietskörperschaften als *«Körperschaften des öffentlichen Rechts, bei denen sich die Mitgliedschaft aus dem Wohnsitz im Gebiet der Körperschaft ergibt und die mit Gebietshoheit ausgestattet sind»*. Vgl. BVerfGE 52: 117 f.; in diesem Sinne werden nach deutschem Recht alle territorialbezogenen Erscheinungsformen des Staates – d.h. Bund, Länder und Gemeinden – unter den Begriff der Gebietskörperschaft subsumiert; vgl. KELLER STEPHAN, 758; in der Schweiz gehören der Bund, die Kantone und die Gemeinden zu den Gebietskörperschaften.

[158] Die Charta wurde insgesamt von 47 Staaten ratifiziert. Darunter sind auch Deutschland und die Schweiz, vgl. Europäische Charta der kommunalen Selbstverwaltung.

[159] MEYER KILIAN, 116 ff.

[160] COUNCIL OF EUROPE, 4 ff.

[161] Vgl. Art. 1–11 Europäische Charta der kommunalen Selbstverwaltung.

Art und Umfang der Befugnisse der kommunalen Gebietskörperschaften festgelegt. In Teil II werden die von den Parteien eingegangen Verpflichtungen näher umschrieben.[162] Die institutionellen Besonderheiten der einzelnen Mitgliedstaaten sollen dabei in einem realistischen Gleichgewicht zu den wesentlichen Grundsätzen der Charta stehen. Den Vertragsparteien wird damit die Möglichkeit eingeräumt, gewisse Bestimmungen der Charta auf ihrem Hoheitsgebiet nicht anzuwenden.[163] Die in der Charta niedergelegten Grundsätze der kommunalen Selbstverwaltung gelten prinzipiell für alle Ebenen oder Arten von Gebietskörperschaften der Mitgliedstaaten.[164] Der letzte Teil der Charta enthält Schlussbestimmungen.[165]

ii. Deutsches innerstaatliches Recht

Das kommunale Selbstverwaltungsrecht wird in Art. 28 Abs. 2 des GG geregelt. Adressaten sind sämtliche Träger der öffentlichen Gewalt.[166] Der Schutzbereich der Selbstverwaltungsgarantie erstreckt sich auf alle Angelegenheiten der örtlichen Gemeinschaft.[167] Überdies gewährleistet Art. 28 Abs. 2 GG die eigenverantwortliche Führung der Geschäfte innerhalb dieses Aufgabenbereichs.[168] Insb. geschützt werden die gemeindlichen Hoheitsrechte.[169] Dazu gehören die Gebietshoheit,[170] die Planungshoheit,[171] die Organisationshoheit,[172] die Personalhoheit[173] sowie die Finanzhoheit.[174] Im Kontext dieser Arbeit ist in erster Linie die Organisationshoheit von Bedeutung. Diese umfasst u.a. die Befugnis, aus der vom Gesetzgeber zur Verfügung gestellten Organisationsformen auszuwählen, um eine einzelne Verwaltungsaufgabe wahrzunehmen.[175] Mit anderen Worten räumt das Selbstverwaltungsrecht den Gemeinden die Kompetenz ein, die eigene Verwal-

---

[162] Vgl. Art. 12–14 Europäische Charta der kommunalen Selbstverwaltung.
[163] Botschaft zur Europäischen Charta der kommunalen Selbstverwaltung, 90 ff.; COUNCIL OF EUROPE, 3.
[164] Bestimmte Sonderfälle können berücksichtigt werden und werden infolgedessen nicht vom Anwendungsbereich der Charta erfasst. Vgl. COUNCIL OF EUROPE, 3.
[165] Vgl. Art. 15 ff. Europäische Charta der kommunalen Selbstverwaltung.
[166] JARASS HANS D./PIEROTH BODO, Art. 28 N 20 f.
[167] Vgl. BVerfGE 79, 127/146; 83, 37/54.
[168] Vgl. BVerfGE 119, 331/362; 137, 108 N 116 f.
[169] Vgl. BVerfGE 138, 1 N 59.
[170] Vgl. BVerfGE 52, 95/118.
[171] Vgl. BVerfGE 56, 298/310.
[172] Vgl. BVerfGE 91, 228/236 ff.
[173] Vgl. BVerfGE 17, 172/182; 91, 228/245; 119, 331/362.
[174] Vgl. BVerfGE 125, 141/1599; 71, 25/36.
[175] JARASS HANS D./PIEROTH BODO, Art. 28 N 32.

tung nach freiem Ermessen auszugestalten und selbstverantwortlich Organisationsentscheidungen zu treffen. Die gemeindliche Selbstverwaltung nach Art. 28 Abs. 2 GG gilt nicht unbeschränkt. Eingriffe in das Selbstverwaltungsrecht können von Gesetzes wegen bestehen oder sind zu rechtfertigen, sofern diese dem Grundsatz der Verhältnismässigkeit genügen.[176]

Für jedes Bundesland existieren zusätzliche Bestimmungen, die die kommunale Selbstverwaltung nochmals explizit statuieren und weitergehend regeln.[177] So wird bspw. in Art. 71 Abs. 1 Landesverfassung Baden-Württemberg den Gemeinden das Recht auf Selbstverwaltung nochmals von Gesetzes wegen zugesprochen. Weiter regelt § 102 ff. Gemeindeordnung für Baden-Württemberg (GemO) die Zulässigkeit für die Errichtung, die Übernahme sowie die Beteiligung von wirtschaftlichen Unternehmen. Diese Bestimmungen sind Ausfluss der kommunalen Organisationsautonomie und ermöglichen den Gemeinden im Rahmen ihrer Selbstverwaltung, eigene Verwaltungs- und Organisationsentscheidungen zu treffen.[178]

D. Die Rheinhafengesellschaft Weil am Rhein GmbH als privatrechtliches Unternehmen mit öffentlicher Beteiligung

In diesem Kapitel wird die Rechtsform der Rheinhafengesellschaft Weil am Rhein näher erläutert. Nachfolgend wird aufgezeigt, weshalb die Rheinhafengesellschaft als privatrechtliche GmbH mit öffentlicher Beteiligung organisiert ist, welche Hauptaufgaben und Kompetenzen ihr zustehen und inwiefern sie beaufsichtigt wird.

---

[176] Vgl. BVerfGE 79, 127/143; 110 370/402; 125, 141/167.
[177] In diesem Zusammenhang wird spezifisch auf die gesetzlichen Bestimmungen des Bundeslands Baden-Württemberg näher eingegangen, da die Rheinhafengesellschaft Weil am Rhein mbH diesem Land zuzuordnen ist. Die nachfolgende Darstellung des Baden-Württembergischen Landesrechts ist dabei nicht als vollständig und abschliessend zu verstehen, sondern verfolgt den Zweck, dem Leser einen Überblick über die verschiedenen gesetzlichen Bestimmungen zu ermöglichen.
[178] Weitere einschlägige Rechtsquellen sind: Landkreisordnung für Baden-Württemberg (LKrO), Gesetz über kommunale Zusammenarbeit (GKZ).

1. Zweck, Hauptaufgaben und Kompetenzen

a. Aufgabenbereich

Der Aufgabenbereich der Rheinhafengesellschaft Weil am Rhein mbH erstreckt sich einerseits auf die Hafenverwaltung und andererseits auf den Umschlagbetrieb des Hafens inkl. dessen Planung und Ausbau.[179] Darunter fallen insb. die Be- und Entladung von Schiffen, die Lagerung von Waren sowie der Abtransport der angelieferten Waren. Die GmbH ist zudem berechtigt, Zweigniederlassungen zu errichten und Unternehmen ähnlicher Geschäftszweige sowie Beteiligungen an solchen Unternehmen zu erwerben.[180] Der Hafen ist als Gesellschaft mit beschränkter Haftung i.S.v. § 13 ff. GmbH Gesetz (GmbHG) ausgestaltet und die Stadt Weil am Rhein hält insgesamt 90,03 % des Stammkapitals.[181] Die Führung des Hafens Weil am Rhein in Form eines privatrechtlich organisierten wirtschaftlichen Unternehmens, bringt mehrere Vorteile mit sich. So kann durch die Auslagerung der Hafenverwaltung in eine Rechtsform des Privatrechts eine effiziente Wirtschaftsführung unter gleichzeitiger Wahrung der öffentlichen Gemeindeinteressen gewährleistet werden. Den Gemeindeorganen stehen mehrere Vertretungs- und Einflussmöglichkeiten zu, wodurch allfällige mit der Auslagerung verbundene Risiken minimiert werden können.[182]

b. Unternehmen in Privatrechtsform

Damit die Gemeinde Weil am Rhein die Hafenverwaltung als wirtschaftliches Unternehmen errichten konnte, mussten mehrere Voraussetzungen erfüllt werden. § 102 Abs. 1 GemO statuiert, dass die Gemeinde ungeachtet der Rechtsform ein wirtschaftliches Unternehmen nur errichten, übernehmen, wesentlich erweitern oder sich daran beteiligten darf, wenn: (i) der öffentliche Zweck das Unternehmen rechtfertigt; (ii) das Unternehmen nach Art und Umfang in einem angemessenen Verhältnis zur Leistungsfähigkeit der Gemeinde und zum voraussichtlichen Bedarf steht; und (iii) bei einem Tätigwerden ausserhalb der kommunalen Daseinsvorsorge der Zweck nicht ebenso gut und wirtschaftlich durch einen privaten Anbieter erfüllt wird oder erfüllt werden kann. Weiter sind gem. § 102 Abs. 3 GemO wirtschaftliche Unternehmen so zu führen, dass der öffentliche Zweck erfüllt wird. Zudem sollen sie einen Ertrag für den Haushalt der Gemeinde abwerfen.

---

[179] S. Internet: http://rheinhafen-weil.de/unternehmen/ueber-uns/ (Abruf 17.05.2022).
[180] Stadt Weil am Rhein, Beteiligungsbericht, 42.
[181] Stadt Weil am Rhein, Beteiligungsbericht, 43.
[182] Stadt Weil am Rhein, Beteiligungsbericht, Vorwort.

Für die Errichtung eines Unternehmens in einer Rechtsform des Privatrechts, sind zusätzliche Anforderungen zu beachten: (i) das Unternehmen muss seine Aufwendungen zu mind. 25 % mit Umsatzerlösen decken; (ii) im Gesellschaftsvertrag muss sichergestellt werden, dass der öffentliche Zweck des Unternehmens erfüllt wird; (iii) die Gemeinde verfügt über einen angemessenen Einfluss im Aufsichtsrat; (iv) die Haftung der Gemeinde wird auf einen ihrer Leistungsfähigkeit angemessenen Betrag begrenzt und (v) bei einer Beteiligung i.S.v. § 53 des Gesetzes über die Grundsätze des Haushaltsrechts und der Länder (HGrG) wird im Gesellschaftsvertrag oder in der Satzung die Bestimmungen von § 103 Abs. 1 Nr. 5 GemO sichergestellt.[183]

2. Organisation und Aufsicht

a. Vertretung der Gemeinde

§ 104 Abs. 1 GemO statuiert, dass der Bürgermeister die Gemeinde an der Gesellschafterversammlung vertritt und weitere Vertreter in den Aufsichtsrat entsenden kann.[184] Zusammen mit dem Aufsichtsrat konstituieren die Geschäftsführung und die Gesellschafterversammlung die Organe der Rheinhafengesellschaft. Die von der Gemeinde entsandten Mitglieder des Aufsichtsrats haben gem. § 104 Abs. 3 GemO bei ihrer Tätigkeit auch die besonderen Interessen der Gemeinde zu berücksichtigen.

b. Prüfung, Offenlegung und Beteiligungsbericht

Sofern die Gemeinde im Umfang von § 53 HGrG an einem privatrechtlich organisierten Unternehmen beteiligt ist, hat sie den Beschluss über die Feststellung des Jahresabschlusses, den Prüfbericht und den Lagebericht ortsüblich bekannt zu geben.[185] Weiter hat die Gemeinde dem Gemeinderat der Stadt Weil am Rhein sowie der Öffentlichkeit im Rahmen eines Beteiligungsberichtes eine ausführliche Zusammenstellung von den Beteiligungen an Unternehmen mit Rechtsform des Privatrechts zu erstellen.[186] Der Beteiligungsbericht muss folgende Sachverhalte

---

[183] Vgl. § 103 Abs. 1 GemO.
[184] Aus dem Beteiligungsbericht von 2018 wird ersichtlich, dass der Aufsichtsrat der Rheinhafengesellschaft Weil am Rhein mbH von drei Gemeinderäten, dem Oberbürgermeister (Vorsitzender) sowie einem Betriebswirten mit beratender Funktion besteht, vgl. Stadt Weil am Rhein, Beteiligungsbericht, 44.
[185] Vgl. § 105 Abs. 1 GemO.
[186] Grundsätzlich sind nur jene Unternehmen zu erfassen, an denen die Gemeinde unmittelbar oder mit mehr als 50 % mittelbar beteiligt ist, vgl. § 105 Abs. 2 GemO.

darstellen: (i) den Gegenstand des Unternehmens, die Beteiligungsverhältnisse, die Besetzung der Organe und die Beteiligung des Unternehmens; (ii) den Stand der Erfüllung des öffentlichen Zwecks des Unternehmens; und (iii) für das jeweilige Geschäftsjahr die Grundzüge des Geschäftsverlaufs, die Lage des Unternehmens, die Kapitalzuführungen und -entnahmen durch die Gemeinde, die wichtigsten Kennzahlen der Vermögens-, Finanz-, und Ertragslage des Unternehmens sowie die gewährten Gesamtbezüge der Mitglieder der Geschäftsführung und des Aufsichtsrates.[187] Der Beteiligungsbericht hat u.a. die Funktion eines Nachschlagewerks für die Stadträtinnen und Stadträte im Hinblick auf die Beteiligungsverwaltung.[188]

3. Exkurs: Selbstständige Kommunalanstalt

a. Errichtung und Kompetenzen

Wie bereits erläutert, können die Gemeinden im Rahmen ihres kommunalen Selbstverwaltungsrechts die Organisation ihrer Verwaltung frei festlegen. Die Gemeinde Weil am Rhein hätte sich auch dafür entscheiden können, den Hafen als selbständige Kommunalanstalt in der Rechtsform einer rechtsfähigen Anstalt des öffentlichen Rechts auszugestalten.[189] § 1 des Baden-Württembergischen Gesetzes über die Eigenbetriebe der Gemeinden (EigBG) statuiert, dass die Führung eines Unternehmens oder einer Einrichtung als Eigenbetrieb möglich ist, sofern deren Art und Umfang eine selbständige Wirtschaftsführung rechtfertigen. Der selbständigen Kommunalanstalt können einzelne oder alle mit einem bestimmten Zweck zusammenhängenden Aufgaben ganz oder teilweise übertragen werden.[190] Die Rechtsverhältnisse der selbständigen Kommunalanstalt werden dabei gem. § 102a Abs. 3 GemO in der Anstaltssatzung geregelt. Die selbständige Kommunalanstalt wird durch die Gemeinde in ihrer Aufgabenerfüllung

b. Organe der selbständigen Kommunalanstalt

Die Organe der selbständigen Kommunalanstalt konstituieren sich gem. § 102b Abs. 1 GemO aus dem Vorstand und dem Verwaltungsrat. Der Vorstand ist für die Leitung verantwortlich und vertritt die selbständige Kommunalanstalt nach aussen. Er wird vom Verwaltungsrat auf höchstens fünf Jahre bestellt. Das Anstel-

---

[187] Vgl. § 105 Abs. 2 GemO.
[188] Stadt Weil am Rhein, Beteiligungsbericht, Vorwort.
[189] Vgl. § 102a Abs. 1 GemO.
[190] Vgl. § 102a Abs. 2 GemO.

lungsverhältnis lässt sich im Rahmen des Privatrechts oder als Beamtenverhältnis ausgestalten.[191] Dem Verwaltungsrat kommt eine überwachende Funktion zu und er ist für die Beaufsichtigung die Geschäftsführung des Vorstands verantwortlich. Insb. entscheidet er über den Erlass von Satzungen i.S.v. § 102a Abs. 5 GemO. U.a. ist er auch für die Feststellung des Wirtschaftsplans und des Jahresabschlusses zuständig. Die Ergebnisverwendung und die Entscheidung über das Halten von Beteiligungen an anderen Unternehmen liegen ebenfalls in der Kompetenz des Verwaltungsrates.[192] Der Gemeinderat verfügt über die Weisungsbefugnis über den Verwaltungsrat, wobei der Bürgermeister Vorsitzender des Verwaltungsrates ist.[193]

IV. Grenzüberschreitende Zusammenarbeit der Rheinhäfen

Die nachfolgenden Ausführungen sollen einen Überblick über den rechtlichen Rahmen für grenzüberschreitende Zusammenarbeit durch die Rheinhäfen geben. Zu diesem Zweck wird in einem ersten Schritt zunächst erläutert, in welchen Kooperationsformen grenzüberschreitende Zusammenarbeit allgemein erfolgen kann. In einem zweiten Schritt soll sodann durch die Beschreibung bestehender und künftiger Kooperationen und Projekte zwischen den Rheinhäfen[194] ein Aktualitäts- und Praxisbezug geschaffen werden.

A. Ausgangslage: Kooperation in grenzüberschreitenden Institutionen

In der Oberrheinregion begegnen sich mit Deutschland und der Schweiz zwei Staaten mit unterschiedlichen Systemen in Hinblick auf deren Rechtssysteme, Kompetenzverteilung, Hierarchien, Verantwortungsträger, Prozesse und Grundlagen des öffentlichen Handelns.[195] Die divergierenden nationalen Rechts- und Verwaltungssysteme führen hierbei zu grenzbezogenen Schwierigkeiten – so ist

---

[191] Vgl. § 102b Abs. 2 GemO.
[192] Vgl. § 102b Abs. 3 GemO.
[193] Vgl. § 102b Abs. 4 GemO.
[194] Während sich die Ausführungen im vorhergehenden Kapiteln auf die SRH sowie die Rheinhafengesellschaft Weil am Rhein fokussiert wurde, sollen die folgenden Ausführungen ebenfalls die weiteren Rheinhäfen einbeziehen. Zur Begriffsbestimmung der Rheinhäfen dieser Arbeit s. Abb. 1.
[195] Vgl. WEIGEL ALIX, 10 für Deutschland und Frankreich.

das Zusammentreffen zweier unterschiedlicher Rechtssysteme an einer Binnengrenze mit rechtlichen Unsicherheiten verbunden und führt unter Umständen zu zusätzlichen Kosten.[196] Dass die Schweiz kein Mitgliedsstaat der EU ist, wirkt indes zusätzlich erschwerend.[197] Selbstredend hat das Scheitern des institutionellen Rahmenabkommens noch zu einer zusätzlichen Verschärfung mit Blick auf die zu klärenden politischen Fragestellungen geführt.[198]

Erneut lässt sich die gegenwärtige Entwicklung grenzüberschreitender Zusammenarbeit nicht ohne historische Betrachtung erklären. Um zu vermeiden, dass sich die Oberrheinregion nach dem Zweiten Weltkrieg zur Randregion entwickelt, wurde der Grundstein der Zusammenarbeit öffentlicher Körperschaften im Jahr 1963 mit der Gründung der «Regio Basiliensis» gelegt. Deutschland entwickelte in der Folge mit der Freiburger «Regio Gesellschaft» im Jahr 1985 eine Schwesterorganisation.[199] Ab 1975 nahm als Dachorganisation der verschiedenen behördlichen Bestrebungen in der Oberrheinregion die «Oberrheinkonferenz» ihre Tätigkeit auf – und zwar in den Bereichen Wirtschaft, Verkehr, Energie und Umwelt, Raumordnung, Kultur sowie Gesundheit und Drogenfragen.[200] Eine Regierungskommission ist seither als Organ der Oberrheinkonferenz beauftragt, Empfehlungen an die Vertragsparteien auszuarbeiten und sich nachbarschaftlichen Fragen anzunehmen.[201] Als jüngste grenzüberschreitende Institutionen zu nennen sind der «Oberrheinrat» sowie die «Nachbarschaftskonferenz der Trinationen Agglomeration Basel». Diese wirken beide als eine Art grenzüberschreitendes Parlament von Gewählten mit unterschiedlichem Perimeter und ohne Entscheidungskompetenzen. Ergebnis der Kooperationsbemühungen sind jedenfalls zahlreiche Projekte mit dem Ziel, die lokale Zivilbevölkerung und die Lokalwirtschaft durch grenzüberschreitende Zusammenarbeit im alltäglichen Handeln zu unterstützen.[202]

---

[196] EUROPÄISCHE KOMMISSION, EU-Grenzregionen, 9.
[197] FREY RENÉ L., 3.
[198] Vgl. Interview mit Florian Röthlingshöfer vom 27. April 2022.
[199] Zum GANZEN FREY RENÉ L., 8.
[200] FREY RENÉ L., 9.
[201] KOLAROV ANA, 237 ff.; HÄNNI PETER/BORTER EMANUEL, BSK BV, Art. 56 N 22. Der Oberrheinkonferenz gehören die beiden Basel, die französische Region Elsass und Teile der deutschen Bundesländer Rheinland-Pfalz und Baden-Württemberg an.
[202] Für eine ausführliche tabellarische Übersicht von Beispielen grenzüberschreitender Kooperationen s. FREY RENÉ L., 10.

1. Grenzüberschreitende Kooperationsformen

Die Schweiz ist eingebunden in ein dichtes Netzwerk von Organismen der regionalen grenzüberschreitenden Zusammenarbeit.[203] Die Kooperation in den grenzüberschreitenden Regionen kann dabei von unterschiedlicher Intensität und Form sein.[204] Kooperationsstrukturen und Organisationsformen sind wichtig für die effektive Ausgestaltung grenzüberschreitender Zusammenarbeit.[205] Auf der Rechtsgrundlage des Madrider Übereinkommens sowie der im Anschluss daran abgeschlossenen Zusatzprotokolle und insb. auch durch das Karlsruher Übereinkommen haben sich in den vergangenen Jahrzehnten verschiedene Möglichkeiten der Institutionalisierung grenzüberschreitender Kooperationen entwickelt.[206]

Weil eine Vielzahl von Handlungs- und Kooperationsformen existiert, ist es häufig schwierig, die grenzüberschreitenden Beziehungen zwischen Staaten normativ zu qualifizieren.[207] Schematisch kann bspw. zwischen staatlicher und nichtstaatlicher grenzüberschreitender Zusammenarbeit differenziert werden. Durch diese Unterteilung werden jedoch nicht alle Kooperationsformen erfasst.[208] Nebst der klassischen Kooperationsform des völkerrechtlichen Vertrags bestehen zahlreiche weitere aussenpolitische Instrumente der grenzüberschreitenden Kooperation. Das Spektrum reicht von losen Kontakten bis hin zur Zusammenarbeit in gemeinsamen Institutionen oder Konferenzen.[209] Es sind ebenfalls Mischformen möglich,

---

[203] Hänni Peter/Borter Emanuel, BSK BV, Art. 56 N 30.
[204] Kolarov Ana, 237 f. nennt eine Spannweite der Kooperationsformen von Informationsaustausch in Arbeitsgemeinschaften ohne rechtliche Struktur bis zu Arbeitsgemeinschaften mit rechtlicher Struktur und der Ermächtigung, verbindliche Vereinbarungen treffen zu können.
[205] Vgl. Röthlingshöfer Florian et al., Zusammenarbeitsmodelle, 134; Vgl. MOT, Rechtsinstrumente, 3.
[206] Röthlingshöfer Florian et al., Zusammenarbeitsmodelle, 134. Zu den Rechtsgrundlagen der grenzüberschreitenden Zusammenarbeit der Schweiz s. ausführlich Kapitel IV.B.I.
[207] Kolarov Ana, 234; vgl. ferner Pallangst Karina M., 354.
[208] Marro Pierre-Yves, N 2.24 f.
[209] Hänni Peter/Borter Emanuel, BSK BV, Art. 56 N 22. Die Bedeutung dieser offiziellen und inoffiziellen Kontakten mit benachbarten Ämtern und Körperschaften auf institutionalisierter oder Ad-hoc-Basis ist dabei im Vergleich mit jener der völkerrechtlichen Verträge besonders hervorzuheben. Dies rührt daher, dass Absprachen und Kontakte im informellen Rahmen flexibler gehandhabt werden können als im Rahmen starrer völkerrechtliche Verträge, Hänni Peter/Borter Emanuel, BSK BV, Art. 56 N 3 ff.

wie bspw. der gemeinsame Betrieb eines Unternehmens durch verschiedene Staaten oder staatliche Entitäten.[210]

Nachfolgend werden einige, für die grenzüberschreitende Zusammenarbeit der Rheinhäfen bedeutsame Kooperationsformen kurz umschrieben.[211] In jüngster Zeit an Bedeutung gewonnen hat insb. die Kooperationsform der Europäischen Verbünde für territoriale Zusammenarbeit (EVTZ) als Sonderform speziell für europäische Kooperationen.[212] Während Vereine oder Zweckverbände auf dem jeweiligen Landesrecht aufbauen, wurde mit dem EVTZ erstmals ein Instrument zur Zusammenarbeit auf gemeinschaftlicher Ebene ins Leben gerufen, das mit eigener Rechtspersönlichkeit ausgestattet ist.[213] Für Schweizer Kantone ist dies besonders interessant mit Blick auf die Gründung nachbarschaftlicher Kooperationsmöglichkeiten.[214] Ebenfalls zu erwähnen ist sodann die Kooperation durch Beteiligung an (privatwirtschaftlichen) Unternehmungen.[215]

2. Kooperation im Wandel der Zeit

Die Zielsetzungen der Kooperationen und Projekte sind – unabhängig der rechtlichen Ausgestaltung der Kooperation – meist ähnlich: Die territoriale Zusammen-

---

[210] MARRO PIERRE-YVES, N 2.25. Zu nennen ist hier das Beispiel des EuroAirports Basel-Mulhouse, welcher seine Rechtsgrundlage im Französisch-Schweizerischen Staatsvertrag über den Bau und Betrieb des Flughafens Basel-Mülhausen in Blotzheim vom 4. Juli 1949 (SR 0.748.131.934.92) hat und somit als internationale öffentlich-rechtliche Unternehmung einen binationalen Status hat, s. RÖTHLINGSHÖFER FLORIAN et al., Zusammenarbeitsmodelle, 136.

[211] Als weitere wichtige Strukturen bzw. Rechtsinstrumente der grenzüberschreitenden Zusammenarbeit werden der grenzüberschreitende örtliche Zweckverband, die Europäische wirtschaftliche Interessenvertretung (EWIV), die öffentlich-rechtliche Interessengemeinschaft sowie die lokale gemischtwirtschaftliche Gesellschaft genannt, vgl. RÖTHLINGSHÖFER FLORIAN et al., Zusammenarbeitsmodelle, 134; ausführlich zum rechtlichen Rahmen der grenzüberschreitenden Zusammenarbeit für die französischen Grenzen s. MOT, Rechtsinstrumente, 7 ff.

[212] S. Internet: https://www.eda.admin.ch/eda/de/home/aussenpolitik/europapolitik/beziehungen-zu-europaeischen-staaten/grenzueberschreitendezusammenarbeit/rechtsgrundlagen.html (Abruf: 26.05.2022). Ein Beispiel einer EVTZ ist das Projekt CODE 24, s. nachfolgend Kap. D.II.1.

[213] PALLANGST KARINA M., 355.

[214] S. Internet: https://www.eda.admin.ch/eda/de/home/aussenpolitik/europapolitik/beziehungen-zu-europaeischen-staaten/grenzueberschreitendezusammenarbeit/rechtsgrundlagen.html (Abruf 26.05.2022).

[215] RÖTHLINGSHÖFER FLORIAN et al., Zusammenarbeitsmodelle, 135.

arbeit soll erleichtert und gefördert werden, insb. aus regionaler Perspektive.[216] Dies ist notwendig, um die Nachteile von Grenzregionen zu verringern und unausgeschöpfte Potentiale zu aktivieren. Auf Ebene des Individuums soll die Lebensqualität gewährleistet werden. Dies kann regional bzw. lokal am besten durchgeführt werden.[217]

Während es also als sinnvoll erachtet werden kann, Grenzen «von unten her» zu überwinden, werden die rechtlichen Handlungsspielräume «oben» gesteckt.[218] Regionale Kooperation hat in einem Rahmen stattzufinden, der auf nationaler Ebene gesetzt wird.[219] Werden Angelegenheiten nicht in den direkt betroffenen Regionen wie Basel oder Lörrach geregelt, sondern zentral in Bern oder Berlin, ist die Trennwirkung der Grenzen in der Oberrheinregion nach wie vor zu spüren. Kultur, Rechts- und Verwaltungsunterschiede erschweren die Durchsetzung von Projekten.[220] Der Umstand, dass die Schweiz im Unterschied zu den angrenzenden Ländern der Oberrheinregion kein Mitgliedstaat der EU ist, wirkt zusätzlich hemmend.[221]

Im Rahmen der sog. Globalisierung ist abzusehen, dass sich die Rolle des Staates verändert. Bislang stellte er im internationalen Verhältnis die Erfüllung von Aufgaben und die Vollstreckung von hoheitlicher Anordnung sicher und war somit der wichtigste Akteur bei der Lösung grenzüberschreitender Probleme. Zudem gewährt der Staat die Funktionsfähigkeit der internationalen Organisationen.[222] In den durch die Globalisierung, Internationalisierung und Europäisierung hervorgerufenen Veränderungen befindet sich der Staat in einem Strukturwandel.[223] Vom Staat wird sowohl Autonomie als auch Offenheit gefordert, während er als nachhaltiger Akteur zugunsten nationaler, regionaler und globaler Grundwerte auf internationaler Ebene unverzichtbar bleibt.[224] Auch wenn die Rolle der Regionen weiter erstarken wird,[225] vermögen internationale Organisationen und global agierende Akteure den Staat in seiner Gewährleistungs-, Ausführungs- und Vollstreckungsfunktion – gerade in Kontakt mit den Bürgern auf Ebene der Verwal-

---

[216] S. sogleich die Ausführungen zum Projekt CODE 24, Kapitel IV.B.1.; vgl. auch FREY RENÉ L., 10.
[217] Zum Ganzen s. FREY RÉNÉ L., 13.
[218] FREY RENÉ L., 9.
[219] Vgl. FREY RÉNÉ, 13.
[220] FREY RENÉ L., S. 13, S. 10.
[221] FREY RENÉ L., S. 13, S. 10.
[222] Vgl. KMENT MARTIN, 51 f.
[223] RHINOW RENÉ, AJP 2017, 783.
[224] RHINOW RENÉ, AJP 2017, 791.
[225] Vgl. KMENT MARTIN, 51 f.

tung – nicht abzulösen. Der staatlich instrumentale Rahmen ist und bleibt für die Aufgabenbewältigung und die Problemlösung im internationalen Kontext essenziell.[226]

B. Kooperationen und Projekte grenzüberschreitender Zusammenarbeit

Im Rahmen dieses Kapitels werden einige aktuelle und abgeschlossene grenzüberschreitende Projekte mit Bezug zu den Rheinhäfen näher vorgestellt. Beleuchtet wird zum einen das grossangelegte europäische Projekt CODE 24 und zum anderen wird nachfolgend auf verschiedene transnationale Projekte eingegangen, an denen die SRH direkt mitgewirkt haben.

1. Projekt CODE 24

Beim Projekt CODE 24 handelt es sich um ein abgeschlossenes EU-Förderprogramm, welches im Zusammenhang mit der europäischen Strategieinitiative INTERREG IVB Nordwesteuropa entwickelt wurde. Im Zentrum des fünfjährigen Projektes (2010–2015) stand die Verknüpfung von wirtschaftlicher Entwicklung mit Raum-, Verkehrs-, und Umweltplanung entlang des Verkehrskorridors Rhein-Alpen (TEN-V-Kernnetzkorridor). U.a. bezweckte das Förderprogramm mittels strategischer Verkehrsinfrastrukturprojekte, die Kapazitäten auf Strecken und in Knotenpunkten zu steigern und gleichzeitig den Strassenverkehr zu entlasten.[227] Die Entwicklung der Binnenhäfen war für die Bewältigung dieser Zielsetzungen zentral. Durch den Ausbau der Verbindungen zu den Häfen Genua und Rotterdam mit den europäischen Binnenhäfen konnten effiziente und flexible Transportketten geschaffen werden. Zudem wurden erhebliche Zeiteinsparungen realisiert und die Umweltbelastung wurde durch die Integration des Schienenverkehrs erheblich reduziert.

Im Anschluss an das Projekt CODE 24 wurde – gestützt auf die EU-Verordnung über den Europäischen Verbund für territoriale Zusammenarbeit (EVTZ-VO) – die «Interregionale Allianz für den Rhein-Alpen-Korridor EVTZ» geschaffen. Die gemeinsame Gründung der EVTZ ist Ausfluss der hervorragenden nachhaltigen grenzüberschreitenden Zusammenarbeit und veranschaulicht die Bedeutung der

---

[226] KMENT MARTIN, 49 f.
[227] EGTC, Korridor, 1 ff.

internationalen Partnerschaft im Rhein-Alpen-Gebiet.[228] Bei der «Interregionalen Allianz für den Rhein-Alpen-Korridor EVTZ» handelt es sich um eine juristische Person[229] nach europäischem Gesellschaftsrecht.[230] Der Verbund verfügt über eine eigene Rechtspersönlichkeit und erleichtert den Mitgliedern die Umsetzung grenzüberschreitender Massnahmen in ihren Regionen.[231] Für die Gründung einer EVTZ – welche sich aus Gebietskörperschaften verschiedener Staaten konstituiert – ist kein international ratifiziertes Abkommen vonnöten.[232] Im Zentrum der Allianz steht die *«Erleichterung und Förderung der territorialen Kooperation zwischen den Mitgliedern sowie die gemeinsame Stärkung und Koordinierung der integrierten Raumentwicklung entlang des multimodalen Rhein-Alpen-Korridors aus regionaler und lokaler Perspektive.»*[233] Art. 7 Abs. 4 EVTZ-VO statuiert, dass einer EVTZ keine hoheitlichen Aufgaben übertragen werden dürfen. Vielmehr müssen die übertragenen Aufgaben gem. Art. 7 Abs. 2 EVTZ-VO in den Zuständigkeitsbereich der einzelnen Mitglieder fallen.

2. Connecting Citizen Ports 21 (CCP21)

Das Projekt Connecting Citizen Ports 21 wurde im Jahr 2010 von sieben europäischen Binnenhäfen initiiert.[234] Die Häfen stellten fest, dass sie jeweils mit denselben Herausforderungen konfrontiert waren. Der Wettbewerb auf dem globalen Logistikmarkt setzte die Binnenhäfen zunehmend unter Druck. Gefragt waren neue innovative logistische und räumliche Konzepte, um die Anbindung an das europäische Wasserstrassennetzwerk weiterhin zu gewährleisten. Mit dem auf vier Jahre angelegten Projekt Connecting Citizen Ports 21 bestrebten die zusammengeschlossenen Rheinhäfen, die Konnektivität und den nachhaltigen Verkehr durch die Optimierung der Güterlogistik zu fördern. Weiter stand der Ausbau der nachhaltigen räumlichen Entwicklung im Zentrum der Zusammenarbeit. Die grenzüberschreitende Kooperation CCP21 führte zu einer Einsparung an externen

---

[228] EGTC, Wesentliche Ergebnisse, 1 ff.
[229] Die Verordnung hält allerdings nicht fest, ob die Rechtspersönlichkeit einer EVTZ öffentlich-rechtlicher oder privatrechtlicher Natur ist, vgl. WEIGEL ALIX, 30.
[230] Vgl. Art. 1 Abs. 3 und 4 EVTZ-VO.
[231] WEIGEL ALIX, 28 f.
[232] BRAUN ELKE, 205.
[233] Art. 4.1 der Übereinkunft des Europäischen Verbunds für territoriale Zusammenarbeit «Interregional Alliance for the Rhine-Alpine-Corridor EVTZ».
[234] Die Partnerschaft konstituiert sich aus den folgenden Mitgliedern: SRH, Rheinhafen Basel-Mühlhausen-Weil, Hafenbehörde Lüttich, Brüsseler Hafen, Provinz Utrecht, Häfen von Lille und den Häfen von Paris.

Kosten und machte die Häfen insgesamt wettbewerbsfähiger. Die Bündelung von Wissen und der gemeinsame Erfahrungsaustausch ermöglichte einen transnationalen Lernprozess, der massgeblich zum Wachstum der Binnenschifffahrt beigetragen hat.[235]

Im Unterschied zu anderen grenzüberschreitenden Projekten haben die beteiligten Häfen im Rahmen von CCP21 keine gemeinsame Rechtsform konstituiert. Stattdessen haben die sieben Binnenhäfen die finanziellen, rechtlichen und organisatorischen Belange der Kooperation in einem Partnerschaftsvertrag *(partnership agreement)* festgehalten. Durch die vertragliche Regelung der Zusammenarbeit sollten insb. Komplikationen in der Implementierungsphase vermieden werden.[236]

3. Upper Rhine Ports

2012 haben sich neun Häfen des Oberrheins – u.a. auch die SRH – zusammengeschlossen, mit dem Zweck, den trinationalen Hafenstandort zu fördern (vgl. Abb. 3). Mit Unterstützung der EU wurde eine gemeinsame Strategie unter dem Namen «Upper Rhine Ports» entwickelt, welche seit 2015 implementiert ist. Im Rahmen der grenzüberschreitenden Zusammenarbeit bereiten sich die kooperierenden Oberrheinhäfen auf die Veränderungen im multimodalen Güterverkehr in den kommenden zwei Jahrzehnten vor. Im Zentrum der Strategie steht der Ausbau und die Förderung des nachhaltigen Transports und Verkehrs in Europa. U.a. sollen 30% der Transporte auf die Schiene und das Wasser verlegt werden, um so erhebliche CO_2-Einsparungen zu erzielen.[237]

Das Gebiet um den Oberrhein verfügt über ein hohes infrastrukturelles und logistisches Angebot und nimmt damit eine wichtige Rolle als Drehkreuz des Kernnetzes der TEN-T ein. Die strategische Kooperation hat sich zum Ziel gesetzt, die grenzüberschreitenden Angebote in der Oberrheinregion auszubauen und zu fördern. Durch die Vervielfachung der Verbindungen zwischen den Häfen sollen die Logistikketten optimiert und Effizienzsteigerungen in den Bereichen der Binnenschifffahrt sowie des Schienenverkehrs generiert werden. Eine integrierte Entwicklungsstrategie ermöglicht den Partnern der Upper Rhine Ports, von Synergien zu profitieren und damit die allgemeine Attraktivität des trinationalen Standorts

---

[235] S. Internet: http://www.citizenports.eu/de/ (Abruf 22.05.2022).
[236] S. Internet: http://www.citizenports.eu/de/ (Abruf 22.05.2022).
[237] S. Internet: http://www.upper-rhine-ports.eu/de/upper-rhine-ports-de/qui-sommes-nous.html (Abruf 20.05.2022).

zu steigern. Durch eine verstärkte Vernetzung der Logistikprozesse können die Häfen flexibler und schneller auf die Bedürfnisse der Stakeholder reagieren.[238]

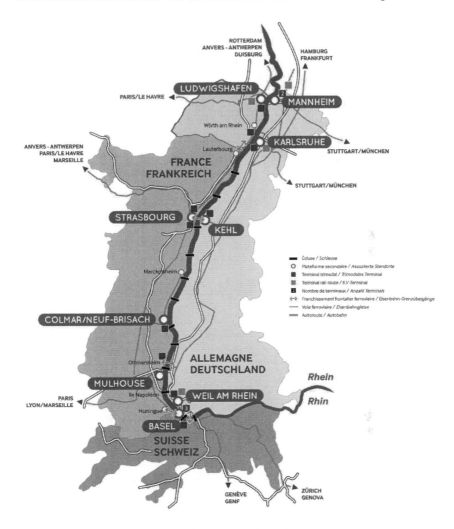

Abb. 3: Karte des Oberrheins mit den Upper Rhine Ports

Nachfolgend werden zwei grenzüberschreitende Praxisprojekte näher vorgestellt, um die Bedeutung und Implikationen der internationalen Zusammenarbeit im Bereich der Rheinhäfen zu veranschaulichen.

---

[238] S. Internet: http://www.upper-rhine-ports.eu/de/upper-rhine-ports-de/qui-sommes-nous.html (Abruf 20.05.2022).

4. RPIS 4.0 – Smart Community System for Upper Rhine Ports

Aufbauend auf dem oben vorgestellten Projekt Connecting Citizen Ports 21 wurde zwischen 2015–2018 die Upper Rhine Traffic Information Plattform (RPIS) entwickelt. Dabei handelt es sich um eine Verkehrsmanagement-Plattform für den Containerverkehr auf dem Oberrhein, welche von der RheinPorts GmbH betrieben wird – einer Gesellschaft nach deutschem Recht, an welcher u.a. auch die SRH beteiligt sind.[239]

Im Rahmen des Umsetzungsvorhabens RPIS 4.0 wird die bestehende Plattform erneuert und optimiert. Das Projekt bezweckt in erster Linie die Ausweitung und Integration der Plattform auf die gesamte Logistikkette, um dadurch die Wettbewerbsfähigkeit des multimodalen Verkehrs zu steigern. Das Projekt startete am 1. Mai 2019 und endete am 30. April 2022. Finanziert wurde das Vorhaben zu 50% durch den EFRE-Fonds über das INTERREG V A-Programm Oberrhein/Rhin Supérieur und die restlichen 50% wurden durch die projekt-beteiligten Häfen eigenfinanziert.[240]

5. LNG Masterplan for Rhine-Main-Danube

Zwischen 2013 und 2015 haben die SRH, die Hafengesellschaft Mannheim und der Port autonome de Strasbourg zusammen eine Studie über die Einführung von Liquefied Natural Gas (LNG) durchgeführt. Im Unterschied zu gasförmigem Erdgas kann das durch Kühlung verflüssigte Methangas über weite Distanzen und aus Fördergebieten, die nicht ans internationale Transportnetz angeschlossen sind, transportiert werden. Mit dem Projekt LNG Masterplan for Rhine-Main-Danube wurden die Grundlagen für den Ausbau eines kontinentalen LNG-Versorgungsnetzes innerhalb der europäischen Verkehrskorridore geschaffen.[241] In den vergangenen Jahren wurde allerdings von einem weiteren Ausbau der LNG Infrastruktur abgesehen, da es sich bei LNG um einen fossilen Energieträger handelt. In Anbetracht der klimapolitischen Zielsetzungen wurden Investitionen in LNG deshalb immer weniger attraktiv.[242]

Angesichts der aktuellen Situation in der Ukraine hat der Bundesrat in der Medienmitteilung vom 4. März 2022 neue Massnahmen für die Gasversorgungssicher-

---

[239] Näher zur RheinPorts GmbH s. bereits oben Kap. III.D.1.a.
[240] S. Internet: http://www.upper-rhine-ports.eu/de/upper-rhine-ports-de/qui-sommes-nous.html (Abruf 22.05.2022).
[241] S. Internet: http://www.lngmasterplan.eu/ (Abruf 17.05.2022).
[242] Vgl. Interview mit Florian Röthlingshöfer vom 27. April 2022.

heit ergriffen. U.a. schuf er die Voraussetzungen für eine rasche Beschaffung von LNG-Terminalkapazitäten.[243] Das Thema LNG gewinnt infolgedessen für die SRH wieder an Bedeutung. Bspw. könnten auf dem Areal der Schweizerhalle LNG-Terminals eingerichtet werden, um das LNG von dort aus in das lokale Gasnetz einzuspeisen.[244] Jedenfalls veranschaulicht die gegenwärtige Lage rund um den Ukraine-Krieg und der damit verbundene potentielle Gasversorgungsengpass einmal mehr die Rolle der SRH mit Blick auf die Versorgungssicherheit in der Schweiz.

C. Logistikcluster Basel

Bei der Region am Dreiländereck Deutschland-Schweiz-Frankreich handelt es sich um eine wirtschaftlich hochentwickelte Region, welche drei Länder und zwei Sprachen umfasst.[245] Durch die zunehmende Globalisierung und den internationalen Standortwettbewerb sind Regionen wie die Oberrheinregion geprägt von Standortpolitik. Es ist für die Region überlebenswichtig, mobile Produktionsfaktoren wie qualifizierte Arbeitskräfte, Kapital, Know-how und Informationen effektiv und effizient bereitzustellen. Darin sind Regionen, die bestimmte Cluster bereitstellen, im Vorteil.[246] Die SRH sind mit den Lager- und Silokapazitäten sowie den multimodalen Umschlagterminals von grosser Bedeutung für den Logistikstandort Basel.[247] Der Logistikcluster Basel setzt sich zum Ziel, die Verbindung zwischen der Logistik, den Verladenden, der Politik und der Gesellschaft zu stärken um diese Standortvorteile langfristig zu erhalten.[248] Die aktuellen Entwicklungen verdeutlichen dies: Kürzlich unterzeichneten die SRH, der Logistikcluster Basel und der Hafen Rotterdam ein Memorandum of Understanding für eine weitere Zusammenarbeit.[249] Diese Bestrebungen werden in Zusammenarbeit mit Unter-

---

[243] S. Internet: https://www.admin.ch/gov/de/start/dokumentation/medienmitteilungen.msg-id-87463.html (Abruf 17.05.2022).
[244] Vgl. Interview mit Florian Röthlingshöfer vom 27. April 2022.
[245] FREY RENÉ L., 3 f.
[246] FREY RENÉ L., 3 f. Es kann bspw. differenziert werden zwischen geographischen Clustern (Infrastruktur) oder funktionale Clustern (räumliche Konzentration hochwertiger Dienstleistungen).
[247] Logistikcluster Basel, Strategie 2021–2023, 9 f.; nebst den SRH sind auch die Verkehrs- und Logistikinfrastrukturen wie die Strassen- und Schienennetze sowie der EuroAirport als Bedeutungsträger des Logistikstandorts Basel zu erwähnen.
[248] Logistikcluster Basel, Strategie 2021–2023, 9 f., wobei der Logistikcluster auch Kooperationspartnerschaften mit weiteren Institutionen und Netzwerken unterhält.
[249] S. Internet: https://port-of-switzerland.ch/schweizerische-rheinhaefen-und-rotterdam-erneuern-kooperation/ (Abruf 27.05.2022).

nehmen, Infrastrukturbetrieben und den Behörden der Region angestossen und vorangetrieben. Der Logistikcluster Basel ist in Form eines Public Private Partnership (PPP) zwischen den beiden Basel, Branchen- und Wirtschaftsverbänden, dem EuroAirport und den SRH ausgestaltet.[250]

Ein PPP kann als Problemlösungsansatz umschrieben werden, der eine neue Qualität der Arbeitsteilung zwecks Planung, Bau, Finanzierung und Betrieb einer Infrastruktur oder Dienstleistung zwischen Staat und Privaten herbeiführt.[251] Der Staat spielt in dieser öffentlich-privaten Kooperation weiterhin eine aktive Rolle, sei es als Leistungsbereitsteller oder als Mitwirkender in der Leistungserbringung.[252] Allgemein kann ein PPP als neuer, auf partnerschaftlicher Zusammenarbeit basierender Ansatz der Arbeitsteilung zwischen Staat und Privaten zur besseren und effizienteren Erfüllung komplexer öffentlicher Aufgaben umschrieben werden.[253] Beim Logistikcluster Basel kommt dies durch die Finanzierung zum Ausdruck. Die beiden Kantone Basel-Stadt und Basel-Landschaft finanzieren je einen Drittel, die privatwirtschaftlichen Vertreter der regional tätigen Branchenverbände (wie es die SRH sind), finanzieren ebenfalls einen Drittel.[254] Die Region Basel verfügt mit dem Logistikcluster über ein behördenverbindliches Konzept, in welchem die Bedürfnisse und Anliegen der Logistikbranche direkt eingeflossen sind, was schweizweit einmalig ist.[255]

V. Abschliessende Bemerkungen

A. Diskussion der Ergebnisse

Die Rheinschifffahrt hat eine traditionsreiche Geschichte. Die geografische Lage am Rhein als Handels- und Transportweg macht Basel seit jeher zu einem bedeutsamen Handelsplatz. Die SRH sind von grosser Bedeutung für den Aussenhandel der Schweiz und haben als territorialer Anknüpfungspunkt für die Rheinschiff-

---

[250] Logistikcluster Basel, Strategie 2021–2023, 9.
[251] BOLZ URS, 568.
[252] BOLZ URS, 568.
[253] Vgl. BOLZ URS, 568 f.
[254] Logistikcluster Basel, Strategie 2021–2023, 9. Vertreter der Wirtschaft sind Stand 2021: Handelskammern beider Basel, SRH, Schweizerische Vereinigung für Schifffahrt und Hafenwirtschaft, SPEDLOGSWISS Nordwestschweiz, ASTAG Sektion Nordwestschweiz, EuroAirport, Handelskammer Tessin, Verband öffentlicher Verkehr, Verband der verladenden Wirtschaft, Schweizerische Vereinigung für die Berufsbildung in der Logistik.
[255] Logistikcluster Basel, Strategie 2021–2023, 5.

fahrt die Funktion als «Tor zur Welt». Eine Vielzahl historischer Ereignisse zwischen den Rheinanliegerstaaten beeinflusste die Entwicklung der Oberrheinregion und wirkte prägend auf die grenzüberschreitende Zusammenarbeit in dieser Region. Zu erwähnen ist insb. die staatliche grenzüberschreitende Zusammenarbeit durch internationale Organisationen wie der ZKR, die sich seit dem Wiener Kongress gebildet hat und bis heute fortbesteht.

Die heutigen SRH bestehen aus den Hafenarealen Basel Kleinhüningen, Birsfelden und Muttenz-Au. Bei den SRH handelt es sich um eine Anstalt des öffentlichen Rechts mit eigener Rechtspersönlichkeit. Wie dargestellt richtet sich das Mass an Autonomie bzw. Entscheidungsfreiheit bei Anstalten des öffentlichen Rechts allgemein nach dem jeweiligen Sachgesetz. Ob und inwiefern die SRH als Anstalt des öffentlichen Rechts grenzüberschreitende Kooperationen mit ausländischen Häfen und Gesellschaften eingehen dürfen, bestimmt sich folglich primär anhand des Rheinhafenvertrags – genauer anhand dessen Art. 6: Dieser räumt der SRH nämlich die Kompetenz ein, vorbehältlich der Genehmigung durch die Regierungen der Vertragskantone Tochterunternehmen zu gründen und sich an anderen Häfen, insb. an den ausländischen Oberrheinhäfen sowie an Unternehmen der Binnenschifffahrts- und Logistikbranche zu beteiligen. Damit wird den SRH grundsätzlich ermöglicht, grenzüberschreitend unternehmerisch tätig zu werden und zu diesem Zweck auch entsprechende Tochtergesellschaften zu gründen bzw. Beteiligungen einzugehen.

Das Deutsche GG weist dem Bund die Kompetenz für die Verkehrsverwaltung der Bundeswasserstrassen zu. Die Behörden der Bundesländer sind für sämtliche Massnahmen zuständig, welche nicht zu den vom Bund wahrzunehmenden Verwaltungsaufgaben gehören. Die Errichtung und der Betrieb von Hafenanlagen fallen infolgedessen in den Zuständigkeitsbereich der Bundesländer. Das verfassungsmässig verankerte Prinzip der kommunalen Selbstverwaltung statuiert weiter, dass die Gemeinden im Rahmen ihrer Selbstverwaltung eigene Verwaltungs- und Organisationsentscheidungen treffen dürfen. Gestützt auf das kommunale Selbstverwaltungsrecht kann die Gemeinde Weil am Rhein frei über die Organisationsform des Hafens Weil am Rhein entscheiden. Die Rheinhafengesellschaft Weil am Rhein ist in Form einer privatrechtlichen GmbH mit öffentlicher Beteiligung organisiert. Ihr Aufgabenbereich erstreckt sich zum einen auf die Hafenverwaltung und zum anderen auf den Umschlagbetrieb des Hafens inkl. dessen Planung und Ausbau. Die Stadt Weil am Rhein hält insgesamt 90,03 % am Stammanteil der Rheinhafengesellschaft und der Aufsichtsrat konstituiert sich aus dem Oberbürgermeister sowie Vertretern des Gemeinderates.

Die deutsch-schweizerisch grenzüberschreitende Zusammenarbeit wird – auf Grundlage des internationalen Rechtsrahmens (insb. der völkerrechtlichen Verträge des Madrider Übereinkommens und seiner Zusatzprotokolle wie auch Karlsruher Übereinkommens) – durch zahlreiche grenzüberschreitende Kooperationsformen ermöglicht. Für die grenzüberschreitende Zusammenarbeit der Rheinhäfen ist die Kooperationsform des EVTZ relevant. Aus dem vorgestellten Projekt CODE 24 ging die Interregionale Allianz für den Rhein-Alpen-Korridor EVTZ hervor. Als weitere Kooperationsform ist die Beteiligung der SRH an der RheinPorts GmbH auf Grundlage des Art. 6 Rheinhafenvertrags zu erwähnen. Die Beteiligung steht sinnbildlich für das Bestreben der SRH, die Entwicklung grenzüberschreitender digitaler Infrastrukturen voranzutreiben. So wurde im Rahmen der RheinPorts GmbH die elektronische Verkehrsmanagementplattform 'RheinPorts Information System' in Kollaboration mit anderen Rheinhäfen entwickelt.

Insgesamt gestaltet sich die rechtliche Einordnung der Handlungs- und Kooperationsformen aufgrund deren Vielzahl und Unterschiede als schwierig. Die Zielsetzung der beleuchteten Kooperationen und Projekte ist jedoch stets in der Erleichterung und Förderung der territorialen Zusammenarbeit zu sehen. Dass grenzüberschreitende Kooperationen – insb. in Zeiten der Globalisierung, Internationalisierung und Europäisierung – unentbehrlich sind für die wirtschaftliche Weiterentwicklung und die Standortpolitik von Grenzregionen wie des Oberrheins, ist unbestritten.

Sodann erscheint klar, dass grenzüberschreitende Problematiken idealerweise durch regionale Kooperationen angegangen werden, sind doch die Individuen in den Grenzgebieten direkt betroffen. Grenzüberschreitendes Handeln regionaler Kooperationen hat jedoch in rechtlichen Handlungsspielräumen zu erfolgen, welche von den jeweiligen Staaten von «oben» gestaltet werden. Es stellt sich daher bei der Auseinandersetzung mit der grenzüberschreitenden Zusammenarbeit nicht nur die Frage des rechtlichen Dürfens einzelner Akteure, sondern auch die Frage nach der künftigen Rolle des Staates.

B. Ausblick und Fazit

In Anbetracht der klimapolitischen Ziele werden Investitionen in fossile Energieträger immer weniger lukrativ. Stattdessen wird die Bedeutung von erneuerbaren, CO_2-neutralen Energien weiter zunehmen. Die Unternehmen in Hafenarealen der SRH sind potenzielle Verbraucher grüner Energiequellen wie bspw. Wasserstoff. Der Energiebedarf kann dabei nicht durch die reine Stromproduktion gedeckt werden, auch wenn die Mobilitäts- und Industriesysteme zunehmend elektrifiziert werden. Auch die Schifffahrt wird künftig Wasserstoff als Treibstoff verwenden. Grosse Seeredereien wie bspw. MSC bestellen bereits heute Seeschiffe, die mit aus Wasserstoff gewonnenem grünem Methanol angetrieben werden.[256]

Den SRH kommt im Zuge dieser Entwicklungen eine wichtige Rolle als Importeur von Energieträger wie grünem Methanol zu. Es gilt, sich auf diese Rolle vorzubereiten. Im vergangenen Jahr ist die SRH deshalb eine strategische Partnerschaft mit dem Energieunternehmen VARO Energy Holding AG,[257] der Tanklagergesellschaft AVIA AG[258] und der IWB Energie AG[259] eingegangen. Zusammen wollen die Partner die Produktion und insb. die Verteilung, Speicherung und den Einsatz von Wasserstoff vorantreiben. Auf den Hafenarealen Birsfelden und Muttenz soll der erste Wasserstoff-Hub der Schweiz errichtet werden. In einer gemeinsamen Absichtserklärung haben die Partner die Vision «H2-Hub Schweiz» definiert und lanciert.[260] Mit der Errichtung eines Wasserstoffökosystems im Hafengebiet will die SRH eine Schlüsselrolle in der Wasserstoffwirtschaft der Schweiz einnehmen. Auch hier gilt es festzuhalten: ohne Kooperation – sei es mit den angrenzenden Staaten oder der Wirtschaft – wird dieses Unterfangen nur schwer realisierbar sein.[261]

Die SRH sind mit Blick auf die Versorgungssicherheit von grosser nationaler Bedeutung. Im Gegensatz zu anderen Infrastrukturen wie den Nationalstrassen, dem nationalen Eisenbahnnetz oder den nationalen Flughäfen ist der Hafenbetrieb nicht Aufgabe des Bundes. Folglich hat er praktisch keine Möglichkeit, um auf die Infrastruktur der SRH Einfluss zu nehmen. Der Bund könnte einzig den kantonalen Richtplan unterbinden, was allerdings eine vergleichsweise schwache Einflussmöglichkeit darstellt. Angesichts der bedeutenden nationalen Aufgabe der SRH vertreten die Kantone Basel-Land und Basel-Stadt die Auffassung, dass eine verstärkte Mitwirkung des Bundes angezeigt ist.[262] Infolgedessen unterzeichneten sie im Jahr 2017 zusammen mit den SRH und dem Bundesamt

---

[256] Vgl. Interview mit Florian Röthlingshöfer vom 27. April 2022.
[257] S. Internet: https://varoenergy.com/de/ (Abruf 27.05.2022).
[258] S. Internet: https://avia.ch/ (Abruf 27.05.2022).
[259] S. Internet: https://www.iwb.ch/ (Abruf 27.05.2022).
[260] S. Internet: https://port-of-switzerland.ch/in-den-rheinhaefen-soll-der-erste-wasserstoff-hub-der-schweiz-entstehen/ (Abruf 26.05.2022).
[261] Vgl. Interview mit Florian Röthlingshöfer vom 27. April 2022.
[262] Interview mit Florian Röthlingshöfer vom 27. April 2022.
S. hierzu ferner Internet: https://www.newsd.admin.ch/newsd/message/attachments/49773.pdf (Abruf 27.05.2022).

für Verkehr eine Absichtserklärung zur Weiterentwicklung der Rheinhäfen.[263] Unter anderem beinhaltet die Erklärung eine Finanzierungsbeteiligung des Bundes am Bau eines dritten Hafenbeckens in Basel-Kleinhüningen. Im Rahmen der Vereinbarung wird zudem an möglichen Beteiligungsformen des Bundes an den Hafeninfrastrukturen gearbeitet. Die Umsetzung soll im Verlauf der nächsten Jahre erfolgen. Durch eine Beteiligung des Bundes an der neu gegründeten Hafeninfrastruktur-Gesellschaft könnte er sich fortan direkt an der Finanzierung beteiligen und die Entwicklung der SRH strategisch mitbeeinflussen.

Das voran genannte Bestreben veranschaulicht einmal mehr das komplexe Umfeld, indem sich die SRH bewegen. Die grenzüberschreitende Zusammenarbeit sowie die internationalen Kooperationen bewegen sich in einem dynamischen Umfeld und entwickeln sich stetig weiter. Abschliessend kann festgehalten werden, dass der langfristige Erfolg der Rheinhäfen unabdingbar an eine nachhaltige und zukunftsorientierte Zusammenarbeit geknüpft ist.

Literaturquellen

Aubert Jean-François/Mahon Pascal, Petit commentaire de la Constitution fédérale de la Confédération suisse du 18 avril 1999, Zürich 2003 [zit. Bearbeiter, Comm., Art. . . . N . . .].

Biaggini Giovanni, Orell Füssli Kommentar zur Bundesverfassung der Schweizerischen Eidgenossenschaft, 2. Aufl., Zürich 2017 [zit. Biaggini Giovanni, OFK BV, Art. . . . N . . .].

Bolz Urs, Public Private Partnership (PPP), ZBl 105/2004, in: Schindler Benjamin/Biaggini Giovanni/Auer Christoph/Rüssli Markus/Haag Stephan/Turnherr Daniela (Hrsg.), Schweizerisches Zentralblatt für Staats- und Verwaltungsrecht, 561–596 [zit. Bolz Urs].

Braun Elke, Zehn Jahre Europäische Verbünde für territoriale Zusammenarbeit – Zum Recht der europäischen Verbünde für territoriale Zusammenarbeit, in: Neue Zeitschrift für Verwaltungsrecht, 4/2017, 205–208 [zit. Braun Elke].

EGTC, INTERREG IVB NWE Project CODE 24: Ein Korridor – eine Strategie, 2014, 1–8 [zit. EGTC, Korridor].

EGTC, INTERREG IVB NWE Project CODE 24: Wesentliche Ergebnisse, 2014, 1–28 [zit. EGTC, Wesentliche Ergebnisse].

Ehrenzeller Bernhard/Schindler Benjamin/Schweizer Rainer J./Vallender Klaus A. (Hrsg.), St. Galler Kommentar zur schweizerischen Bundesverfassung, 3. Aufl., Zürich 2014 [zit. Bearbeiter, SGK BV, Art. . . . N . . .].

---

[263] S. hierzu ferner <https://www.newsd.admin.ch/newsd/message/attachments/49773.pdf>, zuletzt abgerufen am 27. Mai 2022.

Epping Volker/Hillgruber Christian (Hrsg.), Beck'scher Online-Kommentar zum Grundgesetz, 29. Aufl., München 2016 [zit. Bearbeiter, BeckOK GG, Art. ... N ...].

Häfelin Ulrich/Müller Georg/Uhlmann Felix, Allgemeines Verwaltungsrecht, 5. Aufl., Zürich/Basel/Genf 2006 [zit. Häfelin Ulrich/Müller Georg/Uhlmann Felix, § ... N ...].

Herren Madeleine, Hintertüren zur Macht. Internationalismus und modernisierungsorientierte Aussenpolitik in Belgien, der Schweiz und den USA 1865–1914, München 2000 [zit. Herren Madeleine, Hintertüren zur Macht].

Hofmann Erik/Lampe Kerstin/Allemann Kathrin, Die Schweizer Binnenschifffahrt in: Logistik & Fördertechnik, 1/2012, 2 f. [zit. Hofmann Erik/Lampe Kerstin/Allemann Kathrin].

Jarass Hans. D/Pieroth Bodo, Grundgesetz für die Bundesrepublik Deutschland: GG, Kommentar, 16. Aufl., München 2020 [zit. Jarass Hans A./Pieroth Bodo, Art. ... N ...].

Keller Stephan, Gebietskörperschaft, ARL – Akademie für Raumforschung und Landesplanung (Ed.): Handwörterbuch der Stadt- und Raumentwicklung, Hannover 2018, 757–760 [zit. Keller Stephan].

Kment Martin, Grenzüberschreitendes Verwaltungshandeln, Transnationale Elemente deutschen Verwaltungsrechts, in: Jus Publicum, Bd. 194, Tübingen 2010 [zit. Kment Martin].

Kolarov Ana, Der koordinierte Pluralismus in der schweizerischen Aussenpolitik, Die völkerrechtliche Vertragsschlussfähigkeit der schweizerischen Kantone in verfassungsgeschichtlicher Perspektive, in: ZStöR – Zürcher Studien zum öffentlichen Recht, Bd./Nr. 226, Zürich 2015, 233–247 [zit. Kolarov Ana].

Kreuter-Kirchhof Charlotte, Neue Kooperationsformen im Umweltvölkerrecht. Die Kyoto Mechanismen, Schriften zum Umweltrecht Bd. 139, Berlin 2005 [zit. Kreuter-Kirchhof Charlotte].

Lüem Barbara, Die Schweizer Rhein- und Hochseeschifffahrt, Basel 2003 [zit. Lüem Barbara].

Marro Pierre-Yves, Rechtsstellung internationaler Organisationen, Grundlagen und Grenzen ihrer Sonderstellung, Zürich/St. Gallen 2021 [zit. Marro Pierre-Yves].

Meyer Kilian, Gemeindeautonomie im Wandel – Eine Studie zu Art. 50 Abs. 1 BV unter Berücksichtigung der Europäischen Charta der Gemeindeautonomie, Diss., St. Gallen 2011 [zit. Meyer Kilian].

Mohler Markus, Auslagerung polizeilicher Aufgaben an eine Anstalt öffentlichen Rechts am Beispiel der Schweizerischen Rheinhäfen (SRH) – Rechtliche und praktische Problemstellungen, in: Seferovic Goran/Sprecher Franziska/Tiefenthal Jürg Marcel/Vogel Stefan/Zimmerlin Sven (Hrsg.), Sicherheit & Recht 1/2009, 13–27 [zit. Mohler Markus].

Pallangst Karina M., Ausgewählte grenzüberschreitende Kooperationsformen und die INTERREG-Förderung in Europa, in: Pallangst Karina M./Hartz Andrea/Caesar Beate (Hrsg.), Border Futures – Zukunft Grenze – Avenir Frontière: Zukunftsfähigkeit grenzüberschreitender Zusammenarbeit, Verlag der ARL – Akademie für Raumforschung und Landesplanung, Hannover 2018, 353–361 [zit. Pallangst Karina M.].

Pauk M., Die Rheinhäfen beider Basel, in: Die Unternehmung, Schweizerische Zeitschrift für Betriebswirtschaft, Organisation und modernes Förderwesen 4/1958, 113–117 [zit. Pauk M.].

Reutlinger Robert P., Basel und das Rheinregime, in: Buser Denise (Hrsg.), Neues Handbuch des Staats- und Verwaltungsrechts des Kantons Basel-Stadt, Basel 2008, 1157 ff. [zit. Reutlinger Robert P.].

Rhinow René, Vom Nationalstaat zum integrativen Verfassungsstaat, AJP 2017, 780–791 [zit. Rhinow René, AJP 2017].

Röthlingshöfer Florian/Thiel Holger/Mohr Frédéric/Ninnemann Jan/Deutsch Rüdiger/Bingelli Dunja/Kovari/Thomas (Pöyry Infra, UniConsult, sapartners/Feld 4): Rhein-Ports Basel – Mulhouse – Weil, Untersuchung prozessbeeinflussender Faktoren möglicher Zusammenarbeitsmodelle, Projekt Nr. 35328 vom 30. Mai 2008 [zit. Röthlingshöfer Florian et al., Zusammenarbeitsmodelle].

Schäfer Barbara, Bundeswasserstrassengesetz, Nomos Bundesrecht Erläuterungen, 3. Online-Aufl., 2017 [zit. Bearbeiter, Nomos BR WaStrG, § ... N ...].

Schneider-Sliwa Rita, Verflechtungsraum Basel. Von der Regio-Idee zur Trinationalen Metropole Oberrhein, in: Heintel Martin/Musil Robert/Weixlbaumer Norbert (Hrsg.), Grenzen. Theoretische, konzeptionelle und praxisbezogene Fragestellungen zu Grenzen und deren Überschreitungen, Wiesbaden 2018 [zit. Schneider-Sliwa Rita].

Thiemeyer Guido/Tölle Isabel, Supranationalität im 19. Jahrhundert? Die Beispiele der Zentralkommission für die Rheinschifffahrt und des Octroivertrages 1804–1851, Journal of European Integration History 17/2011, 177–196 [zit. Thiemeyer Guido/Tölle Isabel].

Tölle Isabel, Integration von Infrastrukturen in Europa im historischen Vergleich, in: Heinrich-Franke Christian/Thiemeyer Guido (Hrsg.), Historische Dimensionen Europäischer Integration, Band 6: Binnenschifffahrt (Rheinschifffahrt), Bd. 25, Baden-Baden 2016 [zit. Tölle Isabel].

Tschannen Pierre/Zimmerli Ulrich/Müller Markus, Allgemeines Verwaltungsrecht, 4. Aufl., Bern 2014 [zit. Tschannen Pierre/Zimmerli Ulrich/Müller Markus, § ... N ...].

Waldmann Bernhard/Belser Eva Maria/Epiney Astrid (Hrsg.), Basler Kommentar zur Schweizerischen Bundesverfassung, Basel 2015 [zit. Bearbeiter, BSK BV, Art. ... N ...].

Weigel Alix, Perspektiven zur rechtlichen Flexibilisierung der grenzüberschreitenden Zusammenarbeit am Oberrhein, in: Tschudi Hans Martin/Schindler Benjamin/Errass Christoph/Frey Michael (Hrsg.), SzGZ – Schriften zur Grenzüberschreitenden Zusammenarbeit, Bd./Nr. 15, St. Gallen 2019, 21–48 [zit. Weigel Alix].

Internetquellen

Dürler Reto, Die ZKR und die EU: eine komplexe Beziehung, Referat von Reto Dürler anlässlich der parlamentarischen Gruppe Schifffahrt vom 28. Februar 2017, abrufbar unter <http://www.svs-ch.ch/sites/default/files/referat_duerler_280217.pdf >, zuletzt abgerufen am 24. Mai 2022 [zit. Dürler Reto].

Emmenegger Mark/Grass Michael, Die volkswirtschaftliche Bedeutung der Schweizerischen Rheinhäfen, Studie im Auftrag von Port of Switzerland vom 23. Dezember 2016, abrufbar unter <https://port-of-switzerland.ch/wp-content/uploads/2019/05/BAKBASEL_SRH_Bedeutung-Rheinhäfen.pdf>, zuletzt abgerufen am 17. Mai 2022 [zit. Emmenegger Mark/Grass Michael].

Frey René L., Kooperation in Grenzregionen: am Beispiel der Basler Dreiländerregion, Basel 2012, abrufbar unter <https://www.regbas.ch/de/assets/File/downloads/Kooperation_in_Grenzregionen_6Jun12.pdf>, zuletzt abgerufen am 19. Mai 2022 [zit. Frey René L.].

Krämmerei der Stadt Weil am Rhein, Beteiligungsbericht 2018, abrufbar unter <https://www.weil-am-rhein.de/site/weil-am-rhein-2020/get/params_E-1912035087/2537545/07_Beteiligungsbericht%202018.pdf>, zuletzt abgerufen am 24. Mai 2022 [zit. Stadt Weil am Rhein, Beteiligungsbericht].

Logistikcluster Region Basel, Strategie 2021–2023, abrufbar unter <https://www.logistikcluster-regionbasel.ch/ueber-uns/strategie-2021-2023/>, zuletzt abgerufen am 21. Mai 2022 [zit. Logistikcluster Basel, Strategie 2021–2023].

Mission Opérationelle Transfrontalière (MOT), Rechtlicher Rahmen der grenzüberschreitenden Zusammenarbeit, Rechtsinstrumente im Dienste der grenzüberschreitenden Projekte, 2013, abrufbar unter <http://www.espaces-transfrontaliers.org/fileadmin/user_upload/documents/Documents_MOT/Etudes_Publications_MOT/Rechtlicher_Rahmen_der_grenzuberschreitenden_Zusammenarbeit_DE.f>, zuletzt abgerufen am 24. Mai 2022 [zit. MOT, Rechtsinstrumente].

Schweizerische Rheinhäfen, Jahresbericht 2021, abrufbar unter <https://port-of-switzerland.ch/rheinhaefen/mediencenter/jahresberichte-flyer/>, zuletzt abgerufen am 17. Mai 2022 [zit. SRH, Jahresbericht 2021].

Woehrling Jeanne-Marie, Die Zentralkommission für die Rheinschifffahrt, 200 Jahre Geschichte, 1–10, abrufbar unter <https://www.ccr-zkr.org/files/histoireCCNR/09_note-litteraire-ccnr-dec-2008_de.pdf>, zuletzt abgerufen am 24. Mai 2022 [zit. Woehrling Jeanne-Marie].

Materialienverzeichnis

Botschaft zur Europäischen Charta der kommunalen Selbstverwaltung vom 19. Dezember 2003, BBl 2004 79 [zit. Botschaft zur Europäischen Charta der kommunalen Selbstverwaltung].

Bundesrat, Bericht über die Schifffahrtspolitik der Schweiz vom 14. Oktober 2009 [zit. Bundesrat, Schifffahrtspolitik der Schweiz].

Council of Europe, Explanatory Report to the European Charter of Local Self-Government, European Treaty Series – No. 122 [zit. Council of Europe].

Europäische Charta der kommunalen Selbstverwaltung vom 15. Oktober 1985, abrufbar unter <https://www.coe.int/de/web/impact-convention-human-rights/european-charter-of-local-self-government#/>, zuletzt abgerufen am 26. März 2022 [zit. Europäische Charta der kommunalen Selbstverwaltung].

Europäische Kommission, Mitteilung der Kommission an den Rat und das Europäische Parlament. Stärkung von Wachstum und Zusammenhalt in den EU-Grenzregionen, COM (2017) 534/F1 – DE, 2017 [zit. Europäische Kommission, EU-Grenzregionen].

Gemeinsamer Bericht der Regierungsräte der Kantone Basel-Stadt und Basel-Landschaft betreffend Staatsvertrag, «Zusammenlegung der Rheinschifffahrtsdirektion Basel und der Rheinhäfen des Kantons Basel-Landschaft (Rheinhafen-Vertrag)» vom 13./20. Juni 2006 [zit. Gemeinsamer Bericht zum Rheinhafenvertrag].

Abbildungsverzeichnis

Abb. 1   Oberrheinhäfen (stromabwärts sortiert), eigene Darstellung in Anlehnung an <https://rheindex.ultramarin.nl/KM/kmx/rhein_km1xx.html>, zuletzt abgerufen am 26. März 2022, 22.

Abb. 2   Rheinkarte, abrufbar unter <https://www.raonline.ch/pages/edu/st2/wawa_rhein01001.html#start, zuletzt abgerufen 26.03.2022>, zuletzt abgerufen am 27. April 2022, 23.

Abb. 3   Karte des Oberrheins mit den Upper Rhine Ports, abrufbar unter <http://www.upper-rhine-ports.eu/de/upper-rhine-ports-de/qui-sommes-nous.html>, zuletzt abgerufen am 18. April 2022, 38.

Grenzüberschreitende Übertragungsnetze

Aktuelle Herausforderungen im Bereich der Übertragungsnetze und mögliche Lösungsansätze

Myrjam Rufener / Raphaela Roth / Fabio Capuano

Inhaltsübersicht

- I. Einleitung und Fragestellung 649
- II. Analyse 650
    - A. Grundsätzliches 650
        1. Technische Grundlagen: Elektrischer Strom 650
        2. Aufbau des Stromnetzes 652
            - a. Die sieben Netzebenen 652
            - b. Das europäische Verbundnetz 653
    - B. Kompetenzverteilung im Strombereich 654
        1. Verfassungs- und bundesrechtliche Vorgaben in der Schweiz (BV 89–91) 654
        2. Kompetenzverteilung innerhalb der EU 657
    - C. Strommarkt Schweiz – EU 658
        1. Vergleich Strommarkt Schweiz – EU 659
            - a. Strommarkt Schweiz: Teilliberalisierter Markt und Liberalisierungsbestrebungen 659
            - b. Strommarkt in der EU: Europäischer Liberalisierungsprozess 660
        2. Bilaterale Beziehungen Schweiz – EU im Strombereich 662
        3. Akteure der Stromwirtschaft 664
            - a. Stromproduzenten/-erzeuger 664
            - b. Übertragungsnetzbetreiber 665
            - c. Aufsichtsbehörden 665
            - d. Verteilnetzbetreiber/Stromversorgungsunternehmen 666
            - e. Endverbraucher 667
            - f. Broker/Direktvermarkter 668
            - g. Akteure auf europäischer Ebene 669

D. Aktuelle Herausforderungen und Probleme 671
   1. Grenzüberschreitende Steuerung und Verwaltung von
      Stromkapazitäten 671
      a. EU: Kapazitätsberechnungsregionen und Flow-Based
         Market Coupling 671
      b. Schweiz: Kapazitätsberechnung gemäss altem Modell 674
   2. Erneuerbare Energien und die «70%-Regel» 677
      a. Pariser Klimaabkommen 677
      b. Energiestrategie 2050 677
      c. Energiestrategie der EU 679
      d. Vergleich der Energiepolitik in der Schweiz und in der EU . . 681
   3. Mitwirkungsmöglichkeiten der Schweiz in EU-Gremien und
      Teilmärkten 682
      a. Regelenergie und Regelleistungsmärkte 683
      b. ACER 684
      c. ENTSO-E 686
   4. Zwischenfazit 687
E. Herangehensweise zur Lösung dieser Herausforderungen 689
   1. Bedeutung und Funktion des Stromabkommens 689
      a. Inhalt des Stromabkommens 690
      b. Interessen der Verhandlungspartner 693
      c. Zwischenfazit 695
   2. Weitere mögliche Lösungsalternativen 696
      a. Autarkie 696
      b. Privatrechtliche Verträge zwischen den Übertragungs-
         netzbetreibern 699
      c. Technisches Stromabkommen Schweiz – EU 701
III. Fazit 702
Literaturverzeichnis 705
Materialienverzeichnis 711
Erlassverzeichnis 712
Rechtsprechungsverzeichnis 714
Abbildungsverzeichnis 714

I. Einleitung und Fragestellung

«Viel Strom für Italien fliesst durch die Schweiz. Das ist nur ein Beispiel dafür, wie sinnvoll eine Zusammenarbeit in der Stromversorgung ist. Es wäre unsinnig, uns auf diesem Feld zu piesacken, statt zu kooperieren.»[1]

IGNAZIO CASSIS, Schweizer Bundespräsident und Vorsteher des Eidgenössischen Departement für auswärtige Angelegenheiten (EDA)

Mit einleitendem Zitat antwortete Ignazio Cassis nach dem Scheitern des Rahmenabkommens Ende Mai 2021 gegenüber der Frankfurter Allgemeine auf die Frage, ob mit der damit verbundenen Stilllegung der Verhandlungen zum bilateralen Stromabkommen die Versorgungssicherheit der Schweiz gefährdet sei. Die Frage der Stromversorgungssicherheit der Schweiz ist aktueller denn je und bildet sowohl in den Medien als auch auf dem politischen Parkett Gegenstand von Diskussionen.

Die vorliegende Arbeit widmet sich der Frage, wie sich die rechtlichen und politischen Aspekte der Übertragungsnetze im Vergleich zwischen der EU und der Schweiz gestalten, welche Bedeutung diesen Aspekten im Bereich der grenzüberschreitenden Zusammenarbeit zukommt und welche Auswirkungen ein Stromabkommen zwischen der Schweiz und der EU in diesem Kontext hätte. Dabei fokussiert sich die Arbeit bewusst auf die Netzebene der Übertragungsnetze. Da es sich bei dieser Thematik vor allem um eine gesamteuropäische Frage handelt, werden die länderspezifischen Aspekte der EU-Mitgliedstaaten grundsätzlich aussen vor gelassen und der Fokus auf die Ebene der Schweiz und der EU gelegt. Zudem werden weitere Aspekte, wie beispielsweise der Bau oder die Finanzierung von neuen Übertragungsnetzen, nicht behandelt, da dies den Rahmen der vorliegenden Arbeit sprengen würde.

Die Ergebnisse der Arbeit basieren auf verschiedenen Experteninterviews mit hochrangigen Mitarbeitern der Swissgrid, des Bundesamtes für Energie (BFE) und der TransnetBW sowie intensiver Literaturarbeit. Dabei muss hervorgehoben werden, dass die Verfügbarkeit aktueller Informationen, insbesondere zu den Alternativen zum Stromabkommen, trotz der hohen Relevanz der Thematik, lediglich in bescheidenem Umfang vorhanden sind.

Das erste Kapitel gibt eine kurze Einführung in die physikalischen Grundlagen der Elektrizität und den Aufbau des Stromnetzes in der Schweiz sowie in Europa. In Kapitel zwei wird die Kompetenzverteilung im Strombereich sowohl in der

---

[1] RITTER, 6.

Schweiz als auch innerhalb der EU thematisiert. Kapitel drei widmet sich zunächst den Strommärkten in der Schweiz und der EU und vergleicht diese. Anschliessend werden die bilateralen Beziehungen im Strombereich thematisiert, bevor die relevanten Akteure der Stromwirtschaft, primär aus Schweizer Sicht, erläutert werden. Die aktuellen Herausforderungen und Probleme werden im vierten Kapitel aufgegriffen. Dabei fokussiert sich die Arbeit auf die Aspekte der grenzüberschreitenden Verwaltung und Steuerung von Stromkapazitäten, die Rahmenbedingungen und Strategien zur Förderung erneuerbarer Energien sowie die Mitwirkungsmöglichkeiten der Schweiz in EU-Gremien. Im letzten Kapitel werden mögliche Lösungsalternativen, für die in Kapitel vier besprochenen Herausforderungen diskutiert. Neben dem Stromabkommen werden auch die Autarkie, privatrechtliche Verträge und ein rein technisches Stromabkommen kritisch beleuchtet.

II. Analyse

A. Grundsätzliches

Zum besseren Verständnis der vorliegenden Arbeit soll das nachfolgende Kapitel eine kurze Einführung in die physikalischen Grundlagen der Elektrizität geben. Anschliessend wird der grundsätzliche Aufbau des Stromnetzes in der Schweiz thematisiert und auf überstaatlicher Ebene verortet.

1. Technische Grundlagen: Elektrischer Strom

Strom gehört zu den sogenannten Sekundärenergieträgern und entsteht durch die Umwandlung von Primärenergieträgern wie beispielsweise Erdgas, Wasserkraft oder Sonnenstrahlung oder durch andere Sekundärenergieträger wie Diesel oder Briketts.[2]

Vereinfacht ausgedrückt ist Strom die flussartige Bewegung von geladenen Teilchen (Elektronen) durch einen Leiter.[3] Der Strom fliesst im Netz entsprechend den physikalischen Gesetzen. Besonders erwähnenswert ist die Kirchhoff'sche Regel, welche besagt, dass der Strom den Weg des geringsten Widerstandes wählt.[4] Aufgrund der physikalischen Regeln lassen sich im eng vermaschten Stromnetz zwei Arten von Stromflüssen unterscheiden: die geplanten und die ungeplanten

---

[2] Föhse, Nationale Netzgesellschaft, N 42.
[3] Würfel, 66.
[4] Tipler/Mosca, 837 ff.

Stromflüsse. Zu den geplanten Flüssen gehören die getätigten Handelstransaktionen. Davon spricht man, wenn beispielsweise Frankreich Strom nach Italien verkauft und der Strom direkt über die Grenze zwischen den beiden Länder fliesst.[5] Allerdings fliesst aufgrund von physikalischen Regeln nur ein Teil des Stroms direkt über die Grenze zwischen Frankreich und Italien.

Der Rest des Stroms wählt gemäss der Kirchhoff'schen Regel den Weg des geringsten Widerstandes. «Die Differenz zwischen dem Handelsfluss und dem physikalischen Stromfluss bezeichnet man als ungeplante Flüsse,»[6] welche sich nie vollständig verhindern lassen. Die ungeplanten Flüsse lassen sich wiederum in Transitflüsse und in Ringflüsse (en.: Loop Flow) unterteilen.[7]

Strom kann auf zwei unterschiedliche Arten fliessen: entweder als Gleichstrom[8] oder als Wechselstrom. Von Wechselstrom spricht man, wenn die Elektronen ihre Bewegungsrichtung periodisch ändern.[9] Die Frequenz, ausgedrückt in Hertz (Hz), gibt dabei an, wie oft die Elektronen ihre Bewegungsrichtung pro Sekunde ändern.[10] Weltweit hat sich in der Stromversorgung das Wechselstromsystem durchgesetzt, wobei in Europa die Standardfrequenz 50 Hz beträgt, in Nordamerika und Teilen von Japan 60 Hz.[11]

Mangels Speicherungsmöglichkeiten der elektrischen Energie im Stromnetz und zur Sicherstellung der Stabilität der Frequenz, müssen Stromerzeugung resp. Einspeisung und Verbrauch stets im Gleichgewicht sein.[12] «Ist der Verbrauch elektrischer Leistung geringer als die Produktion, so ist die Frequenz höher; ist der Verbrauch grösser als die Produktion, so ist die Frequenz tiefer.»[13] Bereits kleine Abweichungen vom Sollwert müssen ausgeglichen werden. Dies geschieht in der Regel, indem die Stromproduktion an den aktuellen Verbrauch angepasst wird.[14] Hierzu benötigt es vor allem Regelenergie.[15] In der Schweiz ist die Übertragungs-

---

[5] Swissgrid, 70%-Kriterium, 2.
[6] Swissgrid, 70%-Kriterium, 2.
[7] Für genauere Ausführungen zu den beiden Arten von ungeplanten Flüssen siehe SWISSGRID, 70%-Kriterium, 2.
[8] Vgl. TIPLER/MOSCA, 847: Von Gleichstrom spricht man, wenn die Elektronen in eine Richtung fliessen.
[9] Vgl. TIPLER/MOSCA, 968.
[10] TIPLER/MOSCA, 424.
[11] Swissgrid, Frequenz.
[12] ElCom Regelenergie, 3.
[13] Swissgrid, Frequenz.
[14] ElCom Regelenergie, 3.
[15] Auf die Märkte zur Beschaffung von Regelenergie wird unten unter II.D.3.a. eingegangen.

netzbetreiberin (ÜNB) Swissgrid für die Sicherstellung der Netzstabilität und die Bereitstellung der Regelenergie zuständig (Art. 20 Abs. 2 lit. a–c StromVG).

Für den Abruf von Regelenergie setzt die Swissgrid vorrangig Elektrizität aus erneuerbarer Energie ein, wobei die Beschaffung von Regelenergie auch grenzüberschreitend erfolgen kann (Art. 26 Abs. 1 und 2 StromVV). Gelingt die Stabilisierung der Frequenzstörung nicht, kann es zu grossflächigen Stromausfällen kommen.[16]

2. Aufbau des Stromnetzes

Das nachfolgende Kapitel gibt einen kurzen Überblick über den Aufbau des Stromnetzes in der Schweiz. Nachdem die wesentlichen Begriffe definiert wurden, wird der Blick über die Landesgrenzen hinaus, auf das europäische Verbundsystem gerichtet.

a. Die sieben Netzebenen

Die Stromnetze in der Schweiz erstrecken sich über eine Gesamtlänge von rund 210'205 Kilometern, wobei sich das Netz in sieben Netzebenen gliedern lässt.[17] Diese sieben Netzebenen lassen sich in die Ebenen mit den eigentlichen Stromnetzen (Netzebenen 1, 3, 5 und 7) und die Transformationsebenen (Netzebenen 2, 4 und 6) unterteilen. Bei den Stromnetzen wird grundsätzlich zwischen dem Übertragungsnetz und den Verteilnetzen unterschieden. Das Übertragungsnetz bildet die höchste Spannungsebene (Netzebene 1) und dient der Übertragung von Elektrizität über grössere Distanzen im Inland sowie dem Verbund mit den ausländischen Netzen (Art. 4 Abs. 1 lit. h StromVG). Es wird mit einer Spannung von 220 bzw. 380 kV betrieben, wobei der Betrieb auf gesamtschweizerischer Ebene der nationalen Netzgesellschaft Swissgrid obliegt (Art. 18 Abs. 1 & 2 StromVG).[18]

Die Ebenen 2, 4 und 6 sind Transformationsebenen, welche den Strom auf die nächsttiefere Ebene transformieren, indem sie die Spannung reduzieren.[19]

---

[16] Babs, Stromausfall, 1.
[17] ElCom, Tätigkeitsbericht 2020, 21.
[18] Zu den weiteren Aufgaben der Übertragungsnetzbetreiber siehe unten II.C.3.b.
[19] Swissgrid, Netztechnologien.

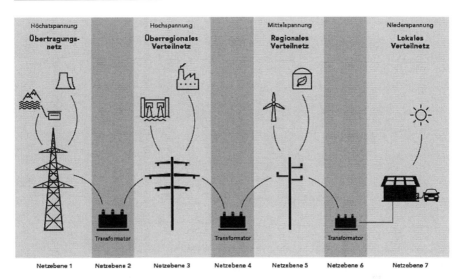

Abbildung B-1: Die 7 Netzebenen in der Schweiz (Quelle: Axpo, Weg).

Die Ebenen 3, 5 und 7 stellen die Verteilnetze dar. Als Verteilnetze gelten gemäss Art. 4 Abs. 1 lit. i StromVG Elektrizitätsnetze mit hoher, mittlerer oder niederer Spannung zum Zwecke der Belieferung von Endverbrauchern oder Elektrizitätsversorgungsunternehmen. Das Verteilnetz wird in der Schweiz von rund 630 Netzbetreibern betrieben.[20]

b. Das europäische Verbundnetz

Die nationalen Übertragungsnetze der europäischen Länder sind über Grenzkuppelstellen (Interkonnektoren) verbunden und zum europäischen Verbundnetz zusammengeschlossen.[21] Dieser Zusammenschluss ermöglicht beispielsweise den grenzüberschreitenden Stromhandel. Der Grundstein für das europäische Verbundnetz wurde bereits 1958 mit dem Stern von Laufenburg geschaffen. Damals wurden die Stromnetze von Deutschland, Frankreich und der Schweiz auf der 220 kV Spannungsebene in einer Schaltanlage zusammengeschaltet.[22] Das schweizerische Übertragungsnetz ist über 41 Grenzleitungen mit seinen Nachbarstaaten verbunden und bildet ebenfalls Bestandteil des europäischen Verbundnetzes,[23] dem grössten synchronen Stromnetz der Welt.[24] Innerhalb

---

[20] ElCom, Tätigkeitsbericht 2020, 22.
[21] Bundesnetzagentur.
[22] Swissgrid, Stern von Laufenburg.
[23] Continental Europe Synchronous Area (CESA).
[24] Swissgrid, Schweizer Übertragungsnetz; ENTSO-E, synchronisation.

des europäischen Verbundnetzes beträgt die synchronisierte Standardfrequenz 50 Hertz.

B. Kompetenzverteilung im Strombereich

1. Verfassungs- und bundesrechtliche Vorgaben in der Schweiz (BV 89–91)

Im Zentrum der verfassungsrechtlichen Vorgaben im Bereich des Stroms stehen die Artikel 89 bis 91 der Bundesverfassung (BV), welche die nationale Kompetenzzuteilung im Energiebereich verankern. Dabei hat insbesondere Art. 89 Abs. 1 BV programmatischen Charakter, welcher die Ziele der Schweizer Energiepolitik im Bereich der Energieversorgung und des Energieverbrauchs normiert. So sollen sich Bund und Kantone im Rahmen ihrer Zuständigkeiten für eine ausreichende, breit gefächerte, sichere, wirtschaftliche und umweltverträgliche Energieversorgung sowie für einen sparsamen und rationellen Energieverbrauch einsetzen. Art. 90 BV überträgt dem Bund die umfassende Bundeskompetenz im Bereich der Kernenergie.[25]

Vorliegend steht Art. 91 Abs. 1 BV im Fokus, welcher eine umfassende Kompetenz des Bundes im Bereich des Transports und der Lieferung von elektrischer Energie statuiert. Eine umfassende Bundeskompetenz erstreckt sich nach Art. 91 Abs. 2 BV zudem auf die Beförderung flüssiger oder gasförmiger Brenn- und Treibstoffe.[26]

Art. 91 Abs. 1 BV hat die möglichst sichere, gleichmässige und preisgünstige Versorgung des Landes mit elektrischer Energie zum Ziel.[27] Die Bundeskompetenz erfasst sowohl Erstellung, Betrieb und Instandhaltung der Netze als auch die Regelung des Netzzugangs sowie der geltenden Marktordnung und Tarifsetzung.[28] Damit soll es dem Bund in Abweichung vom Grundsatz der Wirtschaftsfreiheit gemäss Art. 94 BV möglich sein, ein vollständiges oder teilweises Monopol der Elektrizitätsübertragung zu errichten. Dieses muss er nicht zwingend selbst bewirtschaften. Das Monopol lässt sich mittels Konzession auf Dritte übertragen.

---

[25] Hettich/Rechsteiner, S. 718, N 40 f.
[26] BSK BV-Kern, Art. 91, N 4, 20; Hettich/Rechsteiner, S. 718, N 42.
[27] Biaggini, BV Komm., Art. 91, N 2.
[28] BSK BV-Kern, Art. 91, N 4; vgl. betreffend Aufbau des Stromnetzes oben II.A.2. der vorliegenden Arbeit.

Ferner formt der Bund mittels Tarifvorschriften, Regelungen für die Unternehmen der Elektrizitätswirtschaft, Vorschriften im Bereich der Versorgungssicherheit sowie einer Beförderungspflicht von Strom für Dritte, die geltende Strom-Marktordnung.[29]

Als Ausfluss der umfassenden Gesetzgebungskompetenz des Bundes in Art. 91 Abs. 1 BV entstand das Elektrizitätsgesetz (EleG), welches insbesondere Vorschriften zur Gefahrenabwehr enthält. Das Eidgenössische Starkstrominspektorat nimmt wichtige Vollzugs- und Kontrollaufgaben, insbesondere im Bereich der Schwachstrom- und Starkstromanlagen, wahr.[30]

Vor allem europäische Liberalisierungsbestrebungen im Bereich der Elektrizitätsversorgung haben in der Schweiz zu einer Neuregelung der Elektrizitätsmarkt-Gesetzgebung geführt. Art. 91 Abs. 1 BV dient dabei, wie oben geschildert, aufgrund seiner offenen Formulierung als Grundlage zum Erlass einer Marktordnung. Mit der Revision des Elektrizitätsmarktgesetzes wurde eine Marktöffnung angestrebt, wobei das Gesetz allerdings im Jahr 2002 in der Referendumsabstimmung abgelehnt wurde. Im Zuge des geplanten EU-Strombinnenmarkts und unter dem Eindruck des Blackouts in Italien im Jahr 2003 wurde das Stromversorgungsgesetz (StromVG) und die dazugehörige ausführende Stromversorgungsverordnung (StromVV) erlassen. Das StromVG sieht eine schrittweise Marktöffnung vor, wobei mit der Schaffung einer privatrechtlichen nationalen Netzgesellschaft als Betreiberin und Eigentümerin des Übertragungsnetzes der gesamtschweizerische Wettbewerb in den nachgelagerten Märkten ermöglicht werden soll.[31]

Mit der Schaffung der Swissgrid AG als nationale Übertragungsnetzbetreiberin und -eigentümerin ist ein rechtliches Monopol geschaffen worden, welches die vorhergehenden faktischen Monopole der integrierten historischen Elektrizitätswerke ersetzt.[32] Dies wird von der h.L. als zulässig erachtet, wobei einige Autoren dies zuweilen als kritisch ansehen.[33] Das Bundesgericht hat sich bislang nicht ausdrücklich zur Zulässigkeit eines Monopols der Übertragungsnetzbetreiberin geäussert, in einem Entscheid mit Bezug auf Art. 91 Abs. 1 von einer «Sache des Bundes» gesprochen. Nach dieser Formulierung wäre typischerweise auch ein Monopol im Bereich der Energieversorgung zulässig.[34]

---

[29] Botsch. EMG, 7463; Botsch. EleG und StromVG, 1674; HETTICH/RECHSTEINER, S. 718, N 42.
[30] BIAGGINI, BV Komm., Art. 91, N 5.
[31] BIAGGINI, BV Komm., Art. 91, N 6.
[32] BSK BV-KERN, Art. 91, N 5.
[33] BSK BV-KERN, Art. 91, N 5; SG-Komm./SCHAFFHAUSER/UHLMANN, Art. 91 BV, N 4; kritisch: BIAGGINI, BV Komm., Art. 91, N 3.

Die meisten Kantone sind heute an Elektrizitätsversorgungsunternehmen (EVU) – somit an der Stromproduktion – direkt oder indirekt beteiligt, wobei allerdings das StromVG den unternehmerischen Spielraum der EVU rechtlich begrenzt.[35] Kantonale Kompetenzen zur Gesetzgebung im Strombereich bestehen heute nur noch da, wo das Stromversorgungsrecht entsprechende Vorbehalte enthält, zumal der Bund seine nachträglich derogatorische Bundeskompetenz im Bereich der Stromversorgungsgesetzgebung voll ausschöpft.[36] Die Kantone und Gemeinden haben daneben bedeutende Aufgaben beim Vollzug des StromVG. So können Kantone und Gemeinden Konzessionen im Zusammenhang mit der Energieproduktion und Verteilung ohne Ausschreibung erteilen. (Art. 3a StromVG) Die Kantone haben ferner gemäss dem StromVG die Aufgabe, die Netzgebiete der auf ihrem Gebiet tätigen Netzbetreiber festzulegen und die Zuteilung von Netzgebieten mit Leistungsaufträgen zu verbinden (Art. 5 Abs. 1 und Abs 2 StromVG). Die Kantone stellen ferner sicher, dass alle Endkunden durch Netzbetreiber angeschlossen werden können.

Der Bund bezieht die Kantone zudem mit ein, wenn Massnahmen zur Sicherung der Versorgungssicherheit getroffen werden müssen, sofern diese mittel- oder langfristig gefährdet sein sollte (Art. 9 StromVG). Die Kantone und Gemeinden sind ferner direkt oder indirekt an der Mehrheit des Kapitals und der Stimmrechte der Swissgrid AG beteiligt und die Kantone nehmen im Verwaltungsrat der nationalen Netzgesellschaft mit zwei Vertretern oder Vertreterinnen Einsitz (Art. 18 Abs. 3 und Abs. 8 StromVG).

Weiter sind die Kantone in verschiedenen Feldern tätig, die die Energiepolitik mitprägen. Sie verfügen über die Wasservorkommen (Art. 76 BV), regeln den Energieverbrauch von Gebäuden (Art. 89 Abs. 4 BV), schützen Natur und Landschaften (Art. 73 BV) und sind im Rahmen der Raumentwicklung (Art. 75 BV) tätig.[37]

Im Rahmen der Versorgungssicherheit und dem rationellen Energieverbrauch erfüllen der Bund und die Kantone damit eine Verbundaufgabe. Sie sind nach Art. 44 ff. BV verpflichtet, zusammenzuwirken. Wobei – vereinfacht ausgedrückt – der Bund die Energiemärkte regelt und die Kantone (inkl. der Gemeinden und Städte) an wesentlichen Versorgungsinfrastrukturen beteiligt sind und die Wasserkraft regeln.[38] Da fast die gesamte schweizerische Stromwirtschaft, namentlich

---

[34] BGer 1C_36/2011, 08.02.2012, E. 3.1.
[35] EnDK, Leitlinien, 6.
[36] Föhse, Grundversorgung, 1237 f.; vgl. auch BGE 138 I 454 E. 3.6.3.
[37] Vgl. EnDK, Leitlinien, 5.
[38] EnDK, Leitlinien, 5; Bösch, 4 f.

die Elektrizitätsversorgungsunternehmen, im Eigentum der Kantone ist, üben diese bedeutenden Einfluss auf die Politik aus.[39]

Der Bund ist demgegenüber – nebst den erwähnten Kompetenzen in Art. 89 bis 91 BV – hauptsächlich für die Energieaussenpolitik zuständig (Art. 54 bis 56 BV). Dabei muss der Bund die Kantone bei der Aussenpolitik gemäss Art. 55 BV anhören. Aufgrund der wachsenden Bedeutung der aussenpolitischen Einflüsse im Zuge der zunehmenden Anpassung der nationalen Energiepolitik könnte gemäss der Konferenz Kantonaler Energiedirektoren (EnDK) die Mitwirkung der Kantone zunehmend marginalisiert werden. Daher stellt die EnDK eine Art Instrument zur Bündelung kantonaler Positionen zur Energiepolitik dar.[40]

2. Kompetenzverteilung innerhalb der EU

Gemäss Art. 4 Abs. 2 Bst. i AEUV handelt es sich beim Bereich der Energie um eine geteilte Zuständigkeit zwischen der Union und ihren Mitgliedstaaten. Sowohl die Union als auch die Mitgliedstaaten können in diesem Bereich gesetzgeberisch tätig werden. Allerdings können die Mitgliedstaaten ihre Kompetenz nur wahrnehmen, sofern und soweit die Union ihre Zuständigkeit nicht ausgeübt hat (Art. 2 Abs. 2 AEUV). Die Kompetenz der EU im Bereich der Energiepolitik kann sich aus unterschiedlichen Normen ergeben. Auf die wichtigsten soll nachfolgend kurz eingegangen werden.

Im Bereich der Energie stellt Art. 194 AEUV die wohl wichtigste Kompetenzgrundlage der EU dar, weil diese Bestimmung die energiepolitischen Ziele der Union normiert. Der Begriff der Europäischen Energiepolitik soll dabei umfassend verstanden werden und umfasst daher «sämtliche Stationen der Energiewirtschaft (Erzeugung, Übertragung, Verteilung, Verbrauch) wie auch sämtliche Energieträger und Rohstoffe [...]».[41] Zu den Zielen gehören beispielsweise die Sicherstellung des Funktionierens des Energiemarkts (Bst. a) sowie die Gewährleistung der Energieversorgungssicherheit (Bst. b). Die Handlungsermächtigung des Rates und des Europäischen Parlamentes beschränkt sich allerdings auf den Erlass von denjenigen Massnahmen, welche zur Erreichung der Zielsetzungen des Art. 194 Abs. 1 AEUV erforderlich sind.

Eine weitere wichtige Kompetenznorm bildet Art. 114 AEUV, welche auf die Errichtung und das Funktionieren des EU-Binnenmarktes abzielt. Das Ziel des ge-

---

[39] Vgl. Interviewpartner 1.
[40] Vgl. EnDK, Leitlinien, 5 f.
[41] WINKLER/BAUMGART/ACKERMANN, Teil I, N 73; Beck-Komm./BINGS, Art. 194 AEUV, N 1.

meinsamen EU-Binnenmarktes wird bereits in Art. 3 Abs. 3 UAbs. 1 EUV verankert. Art. 114 Abs. 1 AEUV sieht eine Gesetzgebungskompetenz der Union vor, um die Vorschriften der Mitgliedstaaten zu harmonisieren. Der Energiebinnenmarkt wird von Art. 114 AEUV ebenfalls erfasst, weshalb die EU gestützt auf diese Norm Vorschriften über den Energiesektor erlassen kann.[42]

Ferner sind die Normen in Art. 170 ff. AEUV betreffend die transeuropäischen Netze von zentraler Bedeutung. Gemäss Art. 170 Abs. 2 AEUV zielt die Tätigkeit der Union auf die Förderung des Verbunds und der Interoperabilität der einzelstaatlichen Netze sowie des Zugangs zu diesen Netzen ab. Dabei stehen ihr als zentrales Gestaltungselement Leitlinien zur Verfügung.[43] Die Union kann gemäss dem Wortlaut von Art. 170 AEUV zum Auf- und Ausbau transeuropäischer Netze lediglich *beitragen*. «Damit verbleiben die wesentliche Kompetenz zum Ausbau der Stromnetze, nämlich die Planung, die Errichtung und weiterhin die Unterhaltung und der Betrieb der Energienetze, bei den Mitgliedstaaten».[44]

Die in Art. 191 ff. AEUV verankerten Vorschriften über die Umwelt, sind im Bereich der energiepolitischen Massnahmen ebenfalls zentral. Gestützt auf Art. 192 AEUV hat die EU beispielsweise die Erneuerbare-Energien-Richtlinie 2009/28/EG erlassen.[45]

Hat die EU im Bereich der Elektrizität Verordnungen erlassen, so gelten diese unmittelbar auch in den Mitgliedstaaten. Soweit die EU in einem Bereich lediglich Richtlinien erlassen hat, sind diese von den Mitgliedstaaten in innerstaatliches Recht umzusetzen.

C. Strommarkt Schweiz – EU

Im vorliegenden Kapitel wird zunächst der Strommarkt in der Schweiz mit demjenigen in der EU verglichen. Anschliessend werden die bilateralen Beziehungen der Schweiz und der EU im Strombereich thematisiert, bevor im letzten Schritt die zahlreichen Akteure auf dem Strommarkt grob umrissen werden.

---

[42] WINKLER/BAUMGART/ACKERMANN, Teil I, N 90.
[43] Die Union hat von dieser Kompetenz beispielsweise beim Erlass der TEN-E Verordnung Gebrauch gemacht.
[44] WINKLER/BAUMGART/ACKERMANN, Teil I, N 100.
[45] WINKLER/BAUMGART/ACKERMANN, Teil I, N 103.

1. Vergleich Strommarkt Schweiz – EU

a. Strommarkt Schweiz: Teilliberalisierter Markt und Liberalisierungsbestrebungen

2007 wurde das StromVG verabschiedet, welches bereits damals zum Ziel hatte, einen wettbewerbsorientierten Elektrizitätsmarkt zu schaffen (Art. 1 Abs. 1 StromVG). Der Strommarkt sollte dabei schrittweise geöffnet werden. Seit 2009 ist der Strommarkt in der Schweiz teilliberalisiert, die vollständige Marktöffnung hingegen steht derzeit noch aus. Der teilliberalisierte Strommarkt ermöglicht es den Grossverbrauchern mit einem Verbrauch von mehr als 100 MWh, ihren Stromlieferanten selbst auszuwählen. Dies entspricht 0.6 % aller Endverbraucher in der Schweiz.[46] Ihnen steht das Recht zu, jedes Jahr bis zum 31. Oktober zu entscheiden, ob sie die Grundversorgung verlassen wollen und ihren Stromversorger auf dem freien Markt selbst auswählen wollen (Art. 11 Abs. 2 StromVV). Entscheidet sich ein Grossverbraucher dafür, die Grundversorgung zu verlassen, kann er später nicht mehr in die regulierte Grundversorgung zurückkehren (Art. 11 Abs. 2 StromVV i.V.m. Art. 6 StromVG).

Endverbraucher, welche nicht unter den Begriff der Grossverbraucher fallen, befinden sich von Gesetzes wegen in der Grundversorgung, welche von einem staatlich bezeichneten Energielieferanten befriedigt wird (Art. 5 Abs. 1 StromVG). Eine freie Lieferantenwahl besteht jedoch nicht. Allerdings hat der Bundesrat 2021 die Botschaft zum Bundesgesetz über eine sichere Stromversorgung mit erneuerbaren Energien verabschiedet.[47] Die Vorlage beinhaltet unter anderem die Revision des Energiegesetzes und des Stromversorgungsgesetzes. Im Rahmen der Revision des StromVG strebt der Bundesrat die vollständige Marktöffnung an, welche unter anderem dazu führen wird, dass alle Endverbraucher ihren Stromlieferanten frei wählen können (Art. 6 nStromVG). Konkret soll den kleineren Endverbrauchern[48] das Recht zustehen, entweder in der Grundversorgung zu bleiben oder ihren Stromlieferanten auf dem freien Markt zu wählen. Ein Rückwechsel in die Grundversorgung ist für die kleinen Endverbraucher, im Gegensatz zu den Grossverbrauchern, möglich.

Mit der Umsetzung der vollständigen Marktöffnung würde die Schweiz eine von mehreren Voraussetzungen für die weitere Zusammenarbeit der EU im Strom-

---

[46] ElCom, Tätigkeitsbericht 2020, 34.
[47] Das Geschäft wurde im Rat noch nicht behandelt, Internet: <https://www.parlament.ch/de/ratsbetrieb/suche-curia-vista/geschaeft?AffairId=20210047> (Abruf 11.05.2022).
[48] Gemeint sind Endverbraucher mit einem Stromverbrauch von weniger als 100 MWh pro Jahr.

bereich schaffen, denn die vollständige Marktöffnung war und ist auch weiterhin eine Voraussetzung für das Stromabkommen zwischen der Schweiz und der EU.[49]

b. Strommarkt in der EU: Europäischer Liberalisierungsprozess

In Art. 3 Abs. 3 EUV verpflichtet sich die Europäische Union zur Errichtung eines Binnenmarktes, wozu auch die Errichtung eines Energiebinnenmarktes gehört. Der Binnenmarkt ist gekennzeichnet durch die Verwirklichung der in Art. 26 Abs. 2 AEUV genannten Grundfreiheiten und einen unverfälschten Wettbewerb. Um die Zielsetzung des europäischen Energiebinnenmarktes zu erreichen, hat die EU seit 1996 Massnahmen verabschiedet, wobei der europäische Liberalisierungsprozess im Bereich des Elektrizitätsmarktes im Wesentlichen durch fünf Energiebinnenmarktpakete geprägt ist. Auf die einzelnen Pakete und deren Bedeutung wird nachfolgend eingegangen, wobei lediglich die Aspekte des Elektrizitätsmarktes thematisiert werden.[50]

In einem ersten Schritt wurde 1996 die Liberalisierungsrichtlinie (sog. erstes Energiebinnenmarktpaket) für den Strommarkt erlassen.[51] Die Richtlinie zielte insbesondere auf die Entflechtung der Energieversorgungsunternehmen sowie die Einräumung von Zugangsrechten an Dritte ab (Art. 13 ff. und Art. 16 ff. RL 96/92/EG).[52] Im ersten Binnenmarktpaket waren «Entflechtungsvorschriften [...] lediglich in schwacher Form enthalten.»[53] Die Richtlinie verpflichtete die Mitgliedstaaten zur buchhalterischen und organisatorischen Entflechtung der Elektrizitätsunternehmen (Art. 14 Abs. 3 und Art. 15 Abs. 1 RL 96/92 EG). Gemäss Art. 27 RL 96/92/EG wurden die Mitgliedstaaten verpflichtet, die erforderlichen Rechts- und Verwaltungsvorschriften bis Mitte Februar 1999 in Kraft zu setzen. Die Marktöffnung schritt in einigen Mitgliedstaaten allerdings nur sehr langsam voran, weshalb Wettbewerbsverzerrungen zu befürchten waren. Die EU beschloss deshalb im Jahre 2003 die Verabschiedung des zweiten Energiebinnenmarktpaketes, welches unter anderem Beschleunigungsrichtlinien enthielt.[54]

---

[49] Vgl. Antwort des BR vom 14.12.2015, Internet: <https://www.parlament.ch/de/rats betrieb/suche-curia-vista/geschaeft?AffairId=20155632> (Abruf 21.03.2022).
[50] Aufgrund der thematischen Fokussierung der vorliegenden Arbeit werden im Rahmen des europäischen Liberalisierungsprozesses lediglich die Aspekte des Elektrizitätsbinnenmarktes beleuchtet. Die Liberalisierung des Gasmarktes wird bewusst ausgeklammert.
[51] RL 96/92/EG.
[52] WINKLER/BAUMGART/ACKERMANN, Teil II, N 6.
[53] WINKLER/BAUMGART/ACKERMANN, Teil II, N 6.
[54] REICHERT/VOSSWINKEL, 14.

Das zweite Energiebinnenmarktpaket umfasst im Bereich der Elektrizität die Richtlinie zum Elektrizitätsbinnenmarkt[55], die Verordnung über Netzzugangsbedingungen für den grenzüberschreitenden Stromhandel[56] sowie den Beschluss der Kommission zur Einsetzung der Gruppe der europäischen Regulierungsbehörden für Elektrizität und Erdgas (ERGEG).[57] Die EU setzte mit dem zweiten Energiebinnenmarktpaket thematisch vier Schwerpunkte. Dazu gehören gemäss Winkler/Baumgart/Ackermann erstens die Einführung eines komplexen Entflechtungsregimes, zweitens die Verschärfung der Regelungen zum Netzzugang, drittens die Verpflichtung der Mitgliedstaaten zur Schaffung einer nationalen Regulierungsbehörde und viertens die Gewährleistung der freien Anbieterwahl für sämtliche Endkunden (Art. 21 Abs. 1 Bst. b und c RL 2003/54/EG).[58] Im Rahmen des Entflechtungsregimes ging es insbesondere um die operationelle Entflechtung sowohl von Übertragungs- als auch von Verteilnetzbetreibern (vgl. Art. 10 und 15 RL 2003/54/EG). Art. 15 RL 2003/54/EG ordnete zudem die rechtliche Entflechtung (sog. *legal unbundling*) an.

Das dritte Energiebinnenmarktpaket wurde im April 2009 angenommen. Das Paket legte den Grundstein für die Umsetzung des Energiebinnenmarktes[59] wobei die thematischen Schwerpunkte des zweiten Pakets weitgehend beibehalten wurden.[60] Die Richtlinie 2009/72/EG[61] legte die Grundsätze für die weitere Entflechtung der Übertragungsnetze und der Übertragungsnetzbetreiber fest (vgl. Art. 9 und 14 RL 2009/72/EG). «Das Modell der rechtlichen Entflechtung wird ersetzt durch die Modelle der eigentumsrechtlichen Entflechtung *(Ownership Unbundling).*»[62] Für die Verteilnetzbetreiber gilt weiterhin die rechtliche und organisatorische Entflechtung (Art. 26 RL 2009/72/EG).

Zudem wurden im Zuge des dritten Energiebinnenmarktpaketes die europäische Agentur für die Zusammenarbeit der Energieregulierungsbehörden (ACER) sowie die ENTSO-E, der Europäische Verbund der Übertragungsnetzbetreiber (Strom), geschaffen.[63]

---

[55] RL 2003/54/EG.
[56] EU-VO 1228/2003.
[57] Beschluss der Kommission 2003/796/EG.
[58] WINKLER/BAUMGART/ACKERMANN, Teil II, N 7.
[59] Europäisches Parlament, Energiebinnenmarkt.
[60] WINKLER/BAUMGART/ACKERMANN, Teil II, N 9.
[61] RL 2009/72/EG.
[62] WINKLER/BAUMGART/ACKERMANN, Teil II, N 9.
[63] Siehe hierzu die Ausführungen in II.C.3.g.

Im Juni 2019 wurde das vierte Energiebinnenmarktpaket, das *Clean Energy Package*[64], angenommen. «Zwar treten Liberalisierungsbestrebungen hinter den [...] Klimaschutzaspekt der Reform zurück. Dennoch bleibt eine Fortführung des Liberalisierungskurses durchaus erkennbar, hin zu einem immer stärker integrierten Energiebinnenmarkt».[65] Die Richtlinie über den Elektrizitätsbinnenmarkt[66] dient insbesondere der Schaffung eines vollkommen vernetzten Elektrizitätsbinnenmarktes, auf dem die Einspeisung von Elektrizität aus erneuerbaren Quellen, der freie Wettbewerb und die Versorgungssicherheit gefördert werden (Art. 1 RL 2019/944). Das bestehende Entflechtungsregime für Übertragungsnetz- und Verteilnetzbetreiber wird weitestgehend beibehalten (Art. 43 RL 2019/944).

Die Verordnung über den Elektrizitätsbinnenmarkt[67] unterstützt insbesondere die Dekarbonisierung der Energiewirtschaft der EU, baut Hemmnisse für den grenzüberschreitenden Elektrizitätshandel ab und ermöglicht die Energiewende in der EU.[68] Die Verordnung über die Risikovorsorge[69] stärkt die Risikovorsorge, «indem die Zusammenarbeit zwischen den Übertragungsnetzbetreibern in der EU und Nachbarländern mit der ACER gefördert wird.»[70]

Im Juli 2021 veröffentlichte die EU den ersten Teil des Pakets «Umsetzung des europäischen Grünen Deals» (fünftes Energiebinnenmarktpaket). Mit dem Paket wird angestrebt, die Emissionen bis 2030 um mindestens 55% gegenüber dem Stand von 1990 zu senken und Europa bis 2050 klimaneutral zu machen.[71]

2. Bilaterale Beziehungen Schweiz – EU im Strombereich

Seit 2007 hat die Schweiz mit der EU über ein bilaterales Stromabkommen verhandelt.[72] Dabei handelt es sich um ein Marktzugangsabkommen, welches unter anderem darauf abzielte, die Versorgungssicherheit zu gewährleisten. Die Absicherung der Versorgungssicherheit wäre insbesondere für die Schweiz von grundlegender Bedeutung gewesen, da sie seit über zehn Jahren nicht in der

---

[64] dt.: «Saubere Energie für alle Europäer».
[65] WINKLER/BAUMGART/ACKERMANN, Teil II, N 10.
[66] RL 2019/944.
[67] EU-VO 2019/943.
[68] Europäisches Parlament, Energiebinnenmarkt; Art. 1 EU-VO 2019/943.
[69] EU-VO 2019/941.
[70] Europäisches Parlament, Energiebinnenmarkt.
[71] Detailliertere Ausführungen zur Energiestrategie der EU finden sich in unten II.D.2.c.
[72] BFE, Energieverhandlungen.

Lage ist, ihren Strombedarf im Winter eigens durch die inländische Produktion zu decken und entsprechend im Winterhalbjahr auf Stromimporte angewiesen ist.[73] Das Stromabkommen sollte den «grenzüberschreitenden Stromhandel regeln, die Sicherheitsstandards harmonisieren, den freien Marktzugang absichern sowie eine Mitwirkung der Schweiz in den verschiedenen Gremien garantieren.»[74]

In den Schlussfolgerungen des Rates der EU hielt dieser bereits 2012 und 2014 fest, dass «eine Voraussetzungen für die weitere Entwicklung eines bilateralen Ansatzes [...] die Schaffung eines gemeinsamen institutionellen Rahmens (sei) und [...] dass ohne einen solchen Rahmen keine weiteren Abkommen über die Beteiligung der Schweiz am Binnenmarkt geschlossen werden».[75] Die Schweiz und die EU nahmen die Verhandlungen für den Abschluss eines Institutionellen Rahmenabkommens (InstA) im Mai 2014 auf.

Nach der Annahme der Volksinitiative «Gegen Masseneinwanderung» suspendierte die EU im April 2015 die Verhandlungen über ein Stromabkommen, um die Umsetzung der Masseneinwanderungsinitiative abwarten zu können.[76] Ende 2015 wurden die Verhandlungen über das InstA wieder aufgenommen. Der Entwurf zum InstA sah unter anderem vor, dass sämtliche künftigen Marktzugangsabkommen wie beispielsweise ein Stromabkommen, unter den Anwendungsbereich des InstA fallen würden. Damit hätten die im InstA-Entwurf enthaltenen Grundsätze, beispielsweise betreffend die staatliche Beihilfe sowie die dynamische Rechtsübernahme, ins Stromabkommen übernommen werden müssen.[77]

Am 26. Mai 2021 hat der Bundesrat beschlossen, das InstA nicht abzuschliessen und die Verhandlungen zu beenden. Damit ist auch der Abschluss eines Stromabkommens kurz- und mittelfristig nicht zu erwarten. Langfristig bleibt der Abschluss eines Stromabkommens das Ziel des Bundesrates.[78] Der Abschluss des Rahmenabkommens wäre insbesondere deshalb wichtig gewesen, weil die Vorschriften der Strommärkte der Schweiz und der EU seit dem dritten Energiebinnenmarktpaket[79] zunehmend auseinanderdriften.[80] Als Folge davon ergeben sich

---

[73] BFE, Elektrizitätsstatistik, 34.
[74] UVEK, Europäischer Strommarkt.
[75] Rat der Europäischen Union, Schlussfolgerungen 2014, N 44.
[76] EDA, Verhandlungen InstA, 14.
[77] EDA, Verhandlungen InstA, 20 ff.
[78] BFE, Energieverhandlungen.
[79] Zu den Ausführungen zum dritten Energiebinnenmarktpaket siehe oben II.C.1.b.
[80] SPICKER, Versorgungssicherheit, 12.

wachsende Unterschiede im anwendbaren Recht und der Ausschluss der Schweiz aus Gremien und Prozessen nimmt zu.

3. Akteure der Stromwirtschaft

Im Bereich der Produktion, des Transports, der Überwachung und auch im Bereich des Konsums von Strom sind die unterschiedlichsten Akteure aktiv. Zu nennen sind beispielsweise die Stromproduzenten, die Netzbetreiber und die Endverbraucher. Nachfolgend soll zunächst auf die wichtigsten Akteure in der Schweiz und in Deutschland eingegangen werden, wobei dort eine thematische Gegenüberstellung erfolgt (II.C.3.). Dabei steht Deutschland exemplarisch für die EU. Eine trennscharfe Zuordnung ist teilweise nicht möglich. Anschliessend werden die wichtigsten Akteure auf europäischer Ebene thematisiert (II.C.3.g.).

a. Stromproduzenten/-erzeuger

In der Schweiz gehören die Axpo Holding AG, Alpiq Holding AG, BKW Energie AG und die Repower AG zu den vier grössten Stromproduzenten.[81] Die Axpo beispielsweise, betreibt gemeinsam mit ihren Partnern über 100 Kraftwerke in der Schweiz. Dazu gehören Wasserkraft-, Kernkraft-, Windkraftwerke sowie Biomasse-, Holz-, Photovoltaik-Kraftwerke.[82]

In Deutschland gehören RWE, E.ON, Vattenfall und EnBW zu den vier grössten Stromerzeugern. «Daneben gibt es eine Vielzahl mittelgrosser Produzenten, vor allem lokale oder regionale Stadtwerke.»[83]

Die Elektrizitätsproduktion erfolgte im Jahre 2020 in der Schweiz zu 58.1% aus Wasserkraftwerken[84], 32.9% der Produktion entfielen auf Kernkraftwerke[85], 4.0% auf konventionell-thermische Kraft- und Fernheizkraftwerke und 5.0% auf erneuerbare Energien, wie beispielsweise Photovoltaik- oder Windenergieanlagen.[86] Im Gegensatz dazu setzte sich der im Jahre 2020 in Deutschland produ-

---

[81] BRUNNER, 2.
[82] Für eine Übersicht über den Axpo Kraftwerkspark in der Schweiz siehe im Internet: <https://www.axpo.com/ch/de/ueber-uns/portraet/standorte.html> (Abruf 21.03.2022).
[83] EHA, Abschn. 5.
[84] Unterteilt in Laufwasser- und Speicherkraftwerke.
[85] In der Schweiz sind gibt es fünf Kernkraftwerke: Beznau 1 und 2, Mühleberg (ausser Betrieb), Gösgen und Leibstadt. Siehe hierzu ENSI: Kernkraftwerke, abrufbar im Internet unter <https://www.ensi.ch/de/themen/kernkraftwerke-schweiz/> (Abruf 18.03.2022).
[86] BFE, Gesamtenergiestatistik, Tab. 24.

zierte Strom wie folgt zusammen: 52.9% entfielen auf konventionelle Energieträger wie Kohle, Kernenergie und Erdgas, 47.1% stammten aus erneuerbaren Energieträgern wie beispielsweise Windkraft, Photovoltaik und Biogas.[87]

b. Übertragungsnetzbetreiber

Wie bereits in II.A.2.a dargelegt, dient das Übertragungsnetz der Übertragung von Elektrizität über grosse Distanzen sowohl im Inland als auch im Verbund mit den ausländischen Netzen (Art. 4 Abs. 1 lit. h StromVG).

Das Übertragungsnetz wird auf gesamtschweizerischer Ebene von der nationalen Netzgesellschaft Swissgrid, einer Monopolistin, betrieben (Art. 18 Abs. 1 StromVG). Bei der Swissgrid handelt es sich um eine privatrechtliche Aktiengesellschaft, deren Aktien vorwiegend von der BWK Netzbeteiligung AG, der Axpo Power AG und der Axpo Solutions AG gehalten werden.[88] Die Swissgrid ist Eigentümerin des von ihr betriebenen Übertragungsnetzes und sorgt dauernd für einen diskriminierungsfreien, zuverlässigen und leistungsfähigen Betrieb des Übertragungsnetzes als wesentliche Grundlage für die sichere Versorgung der Schweiz (Art. 18 Abs. 1 und 2 StromVG; Art. 20 Abs. 1 StromVG).

Zu den konkreten Aufgaben der Swissgrid gehören gemäss Art. 20 Abs. 2 StromVG unter anderem die Überwachung des Übertragungsnetzes (lit. a), das Bilanzmanagement (lit. b) sowie die Sicherstellung des stabilen Netzbetriebs (lit. c).

Im Gegensatz zur Schweiz bestehen in Deutschland gleich vier Übertragungsnetzbetreiber. Gemäss § 3 Bst. 10*a* EnWG sind dies die 50Hertz Transmission GmbH, Amprion GmbH, TenneT TSO GmbH und die TransnetBW GmbH.[89] Die genannten ÜNB sind gemäss § 11 EnWG verpflichtet, ein sicheres, zuverlässiges und leistungsfähiges Energieversorgungsnetz diskriminierungsfrei zu betreiben, zu warten und bedarfsgerecht zu optimieren, zu verstärken und auszubauen. Der gesetzliche Auftrag wird in § 12 ff. EnWG weiter konkretisiert.

c. Aufsichtsbehörden

In der Schweiz übernimmt die ElCom, die unabhängige staatliche Regulierungsbehörde im Elektrizitätsbereich, die Aufsicht über die Swissgrid. Die ElCom über-

---

[87] Destatis, Stromerzeugung 2021.
[88] Swissgrid, Corporate Governance; Die genaue Zusammensetzung des Aktionärskreises inklusive der prozentualen Beteiligung kann im Internet abgerufen werden: <https://www.swissgrid.ch/de/home/about-us/company/governance.html#aktionare>.
[89] Zur geographischen Aufteilung der Regelzonen in Deutschland, Internet: <https://www.netzentwicklungsplan.de/de/wissen/uebertragungsnetz-betreiber>.

wacht die Einhaltung des StromVG, trifft die dazu nötigen Entscheide und erlässt Verfügungen (Art. 22 Abs. 1 StromVG). Zu ihren detaillierten Aufgaben gehören gemäss Art. 22 Abs. 2 StromVG unter anderem der Entscheid in Streitigkeiten betreffend Netzzugang (lit. a), die Überwachung der Sicherheit der Stromversorgung und des Zustands der Stromnetze (Abs. 3) sowie die Beaufsichtigung des Stromgrosshandels (Art. 26*a* ff. StromVV).

Anders als in der Schweiz bestehen in Deutschland Regulierungsbehörden sowohl auf nationaler Ebene als auch auf Ebene der Bundesländer. Die Aufgaben der Regulierungsbehörden werden durch die Bundesnetzagentur und die Landesregulierungsbehörden wahrgenommen (§ 54 Abs. 1 EnWG).

Die Aufgabenteilung zwischen der Bundesnetzagentur und den Landesregulierungsbehörden ergibt sich aus § 54 EnWG, wobei die Landesregulierungsbehörden gemäss § 54 Abs. 2 EnWG insbesondere zuständig sind für die Überwachung der Vorschriften zur Entflechtung (Ziff. 4) sowie die Überwachung der Vorschriften zur Systemverantwortung der Betreiber von Energieversorgungsnetzen (Ziff. 5). Reichen die Elektrizitätsnetze über das Gebiet eines Bundeslandes hinaus, bzw. sind mehr als 100'000 Kunden an das Netz angeschlossen, so ist die Bundesnetzagentur zuständig (§ 54 Abs. 2 EnWG *e contrario*).

d.   Verteilnetzbetreiber/Stromversorgungsunternehmen

Wie bereits ausgeführt, gelangt der Strom von den Stromproduzenten über die Verteilnetze zu den Endkunden.[90] Die Stromversorgung der Endkunden wird in der Schweiz von rund 630 Netzbetreibern sichergestellt.[91] 70% davon sind allerdings reine Verteilunternehmen, welche selbst keinen Strom produzieren, sondern diesen lediglich über die Stromnetze zu den Kunden transportieren.[92] In der Schweiz bezeichnen die Kantone die Netzgebiete der auf ihrem Gebiet tätigen Netzbetreiber (Art. 5 Abs. 1 StromVG). Im Kanton Basel-Land beispielsweise, hat der Regierungsrat gemäss § 25 Abs. 1 EnG BL[93] die Netzebenen 3, 5 und 7 aufgeteilt und den Netzbetreibern die Netzgebiete zugewiesen.[94] Die Netzbetreiber sind gemäss Art. 5 Abs. 2 StromVG verpflichtet, in ihrem Netzgebiet alle Endverbraucher innerhalb der Bauzone und ganzjährig bewohnte Liegenschaften

---

[90] Vgl. II.A.2.a.
[91] ElCom, Tätigkeitsbericht 2020, 22.
[92] Axpo, Strommarkt.
[93] Energiegesetz des Kantons Basel-Landschaft vom 16.06.2016, in Kraft seit: 01.01.2017 (SGS 490).
[94] Die genaue Aufteilung der Netzgebiete auf die einzelnen Energieversorgungsunternehmen kann im Internet unter <https://geoview.bl.ch/> abgerufen werden.

und Siedlungen ausserhalb der Bauzone sowie alle Elektrizitätserzeuger an das Elektrizitätsnetz anzuschliessen. Zudem obliegt den Verteilnetzbetreibern namentlich die Gewährleistung eines sicheren, leistungsfähigen und effizienten Netzes (Art. 8 Abs. 1 lit. a StromVG).

In Deutschland müssen Energieversorgungsunternehmen, welche Haushaltskunden mit Energie beliefern, die Aufnahme und Beendigung der Tätigkeit bei der Regulierungsbehörde anzeigen (§ 5 EnWG). Aktuell sind in Deutschland knapp 900 Elektrizitätsunternehmen aktiv, welche Haushaltskunden beliefern und sich nach § 5 EnWG gemeldet haben.[95]

e. Endverbraucher

Bei den Endverbrauchern, d.h. denjenigen Kunden, welche gemäss der Definition von Art. 4 Abs. 1 lit. b StromVG Elektrizität für den eigenen Verbrauch kaufen, wird grundsätzlich zwischen Grossverbrauchern und Haushalten sowie kleinen Betrieben unterschieden. Als Grossverbraucher gelten Endverbraucher mit einem Jahresverbrauch von mehr als 100 MWh pro Jahr. Wie bereits unter II.C.1.a ausgeführt, befinden sich Endverbraucher, welche nicht unter den Begriff des Grossverbrauchers fallen, von Gesetzes wegen in der Grundversorgung. Ein Wechsel des Stromlieferanten ist aufgrund der lediglich teilweisen Liberalisierung des Strommarktes in der Schweiz noch nicht möglich.

Das deutsche EnWG spricht anstelle von Endverbrauchern von Letztverbrauchern. Gemeint sind damit natürliche oder juristische Personen, die Energie für den eigenen Verbrauch kaufen (§ 3 Bst. 25 EnWG). Speziell erwähnt wird der Begriff des Haushaltskunden. Als solche gelten im Sinne des EnWG Letztverbraucher, die Energie überwiegend für den Eigenverbrauch im Haushalt oder für den einen Jahresverbrauch von 10 000 Kilowattstunden nicht übersteigenden Eigenverbrauch für berufliche, landwirtschaftliche oder gewerbliche Zwecke kaufen (§ 3 Bst. 22 EnWG). Aufgrund der Strommarktliberalisierung kann jeder Letztverbraucher seinen Stromlieferanten wechseln (§ 20a EnWG). Auch in Deutschland besteht eine Grundversorgungspflicht der Energieversorgungsunternehmen für Haushaltskunden (§ 36 ff. EnWG).[96]

---

[95] Eine Liste der Elektrizitätsversorgungsunternehmen kann im Internet abgerufen werden: <https://www.bundesnetzagentur.de/DE/Vportal/Energie/KuendigungLieferantenwechsel/Lieferantenwechsel/start.html>.

[96] Im Rahmen der Grundversorgung von Haushaltskunden ist zudem die Verordnung über Allgemeine Bedingungen für die Grundversorgung von Haushaltskunden und die Ersatzversorgung mit Elektrizität aus dem Niederspannungsnetz (Stromgrundversorgungsverordnung – StromGVV) zu beachten.

f. Broker/Direktvermarkter

Im Bereich des Stromhandels muss unterschieden werden zwischen dem Erwerb der Energie an sich und dem Erwerb der Transportkapazität. Die Stromhandelsgeschäfte werden «auf verschiedenen europäischen Strombörsen sowie bilateral über Broker-Plattformen (OTC-Handel, sog. «Over the Counter») abgewickelt».[97] Der Handel mit Strom ist deshalb so komplex, weil er nicht nur durch kommerzielle, sondern auch durch physikalische Aspekte bestimmt wird.[98]

Im Rahmen des OTC-Handels schliessen die Verkäufer direkt mit den Abnehmern Verträge ab. Der Verkauf findet also ausserbörslich statt. «Beim OCT-Handel schliessen die Parteien individuell ausgehandelte Verträge ab».[99]

Der Börsenhandel findet auf europäischer Ebene vor allem an der europäischen Energiebörse (European Energy Exchange – EEX) statt.[100] Der Strom wird an der EEX entweder auf dem Spotmarkt (sog. EPEX SPOT) oder auf dem Terminmarkt gehandelt. Auf dem EPEX-Spotmarkt wird der kurzfristige Stromhandel getätigt. Darunter fällt der sog. Day-Ahead-Handel[101] und der sog. Intraday-Handel[102]. Beim Spotmarkt geht es insbesondere um die Absicherung des Volumenrisikos, d.h. der Absicherung des Gleichgewichts von Erzeugung und Verbrauch. Auf dem EEX-Terminmarkt werden die lang- und mittelfristigen Produkte gehandelt. Dies sind insbesondere Futures und Optionen. Der Terminmarkt dient der frühen Abdeckung prognostizierter Versorgungsbedürfnisse und der Absicherung des Preisrisikos.[103]

Bei der Allokation der grenzüberschreitenden Transportkapazität werden zwei Verfahren unterschieden, die explizite und die implizite Auktion. Bei den expliziten Auktionen erfolgt der Handel von Energie und Transportkapazität getrennt, bei der Impliziten erfolgt er gemeinsam.[104] Die Versteigerung grenzüberschreitender Transportkapazitäten erfolgt mit Hilfe der Auktionsplattform JAO (Joint Allocation Office). Innerhalb der EU soll für den Day-Ahead und den Intraday-Markt die Kapazität gemäss EU-Verordnung 2015/1222 anhand der impliziten Methode vergeben werden (E. 13). In diesem Zusammenhang wird auch vom sogenannten

---

[97] VSE, Strommarkt.
[98] Swissgrid, Engpassmanagement.
[99] FÖHSE, Nationale Netzgesellschaft, N 73.
[100] Next Kraftwerke AT.
[101] Unter Day-Ahead-Handel wird der Handel von Strom für den Folgetag verstanden.
[102] Unter Intraday-Handel wird der Handeln von Strom verstanden, der noch am gleichen Tag geliefert wird.
[103] ORIFICI, 5.
[104] Swissgrid, Market Coupling, 3.

Market Coupling gesprochen.[105] Die Schweiz ist nicht Teil dieser Marktkopplung. Die Vergabe der Kapazitäten erfolgt daher im expliziten Verfahren. Einzig an der Grenze zwischen der Schweiz und Italien findet für den Intraday-Handel das implizite Verfahren Anwendung.[106]

g. Akteure auf europäischer Ebene

Auf europäischer Ebene sind insbesondere die ACER, die ENTSO-E, der CEER sowie die TSCNET von grosser Bedeutung. Die Akteure sowie deren Aufgaben und die Rolle der Schweiz in den entsprechenden Gremien, werden nachfolgend genauer erläutert.

Im Rahmen des dritten Energiebinnenmarktpaketes wurde 2009 die ACER, die Agentur für die Zusammenarbeit der Energieregulierungsbehörden, gestützt auf die EU-Verordnung 713/2009 geschaffen.[107] Die ACER wirkt namentlich an der Erarbeitung von Vorschriften für europäische Netze mit und koordiniert die Arbeit der nationalen Regulierungsbehörden. Zudem beobachtet sie die Aufgabenerfüllung der ENTSO-E[108] und erstattet darüber Bericht (Art. 32 Abs. 1 EU-VO 2019/943).

Hierzu gibt die ACER Stellungnahmen und Empfehlungen ab. Bis 2021 hatte die ElCom einen Beobachterstatus bei ACER. Nach dem Abbruch der Verhandlungen über das InstA wurde die entsprechende Vereinbarung vonseiten der EU-Agentur gekündigt.[109]

Die Geschichte der ENTSO-E, respektive ihrer Vorgängerverbände UCPTE[110] und UCTE[111], geht bis 1951 zurück. An der Gründung der UCPTE waren acht Länder, darunter die Schweiz, beteiligt.[112] Neben der UCPTE entstanden fünf weitere Verbände zur koordinierten Zusammenarbeit der Übertragungsnetzbetreiber. 2009 wurden die sechs Vorgängerorganisationen unter den nach belgischem Recht geschaffenen Verband der ENTSO-E zusammengefasst. Die Gründung der ENTSO-E

---

[105] Market Coupling bedeutet, dass der Handel von Energie und der Handel für die Übertragungskapazitäten zu einem einzigen integrierten Strommarkt zusammengeschlossen werden. Auf die Marktkopplung wird unten unter II.D.1. ausführlich eingegangen.
[106] TERNA.
[107] EU-VO 713/2009.
[108] European Network Transmission System Operators for Electricity (dt.: Europäischer Verbund der Übertragungsnetzbetreiber Strom).
[109] FORSTER, Abschn. 2.
[110] Union for the Coordination of Production and Transmission of Electricity.
[111] Union for the Coordination of Transmission of Electricity.
[112] UCPTE/UCTE, 10.

war im Rahmen des dritten Energiebinnenmarktpaketes vorgesehen (Art. 5 EU-VO 714/2009).[113]

In der ENTSO-E werden 42 Übertragungsnetzbetreiber aus 35 Ländern zusammengefasst.[114] Das Ziel dieser Zusammenarbeit auf Unionsebene ist die Vollendung und das Funktionieren des Elektrizitätsbinnenmarktes und des zonenübergreifenden Handels zu fördern und die optimale Verwaltung, den koordinierten Betrieb und die sachgerechte technische Weiterentwicklung des europäischen Stromübertragungsnetzes sicherzustellen (Art. 28 Abs. 1 EU-VO 2019/943). Zu den Mitgliedern der ENTSO-E gehört auch die Swissgrid, welche die Interessen der Schweiz in diesem Gremium vertritt. Im Zuge des Brexit ist Grossbritannien aus der ENTSO-E ausgetreten, der Schweiz droht nun bis Ende 2022 der Ausschluss.

Die Aufgaben der ENTSO-E erstrecken sich unter anderem auf die Ausarbeitung von Netzkodizes, die Vorlage eines unionsweiten Netzentwicklungsplans sowie die Verabschiedung von Empfehlungen zur Koordinierung der technischen Zusammenarbeit zwischen der Union und den Übertragungsnetzbetreibern in Drittländern (Art. 30 Abs. 1 EU-VO 2019/943).

Weiter von Relevanz ist der CEER[115], der Verband der europäischen Regulierungsbehörden im Energiebereich, welcher im März 2000 gegründet wurde.[116] Gemäss eigenen Angaben fungiert der CEER als Plattform für die Zusammenarbeit, den Informationsaustausch und den Austausch von Best-Practice-Standards.[117] Er verfolgt das Ziel der Schaffung eines einheitlichen, effizienten und nachhaltigen Energiebinnenmarktes. Die Schweiz ist nicht Mitglied bei der CEER, hat aber seit 2012 einen Beobachterstatuts, der von der ElCom wahrgenommen wird.[118]

Die TSCNET[119] und die CORESO[120] sorgen seit 2008 für die Sicherheit der Stromnetze in Mitteleuropa. Dabei handelt es sich um zwei von insgesamt sechs sogenannten Regional Security Coordinators (RSCs) in Europa.[121] Die TSCNET

---

[113] EU-VO 714/2009.
[114] ENTSO-E, Annual Report, 2; Stand der Mitgliederzahl gemäss Jahresbericht 2020.
[115] Council of European Energy Regulators.
[116] KÜHLING/RASBACH/BUSCH, Kap. 10, N 34.
[117] Ceer.
[118] ElCom, CEER.
[119] Transmission System Operator Security Cooperation.
[120] COoRdination of Electricity System Operators.
[121] Neben der TSC bestehen in Europa das Security Coordination Centre (SCC), die Nordic RSC, die Baltics RSC und die Southeast Electricity Network Coordination Center (SEleNe CC). Für eine Übersichtskarte der 6 RSCs siehe im Internet: <https://www.entsoe.eu/assets/graphics/content/entso-e_map_RSCs_200414.jpg> (Abruf 18.03.2022).

ist eine Kooperation von 14 Übertragungsnetzbetreibern aus zwölf europäischen Staaten, wobei die Interessen der Schweiz von der Swissgrid vertreten werden.[122]

Bei CORESO ist die Swissgrid nicht Mitglied. «Zu den wesentlichen Aufgaben von TSCNET zählt die koordinierte Netzsicherheitsanalyse, Kapazitätsberechnungen, Unterstützung bei kritischen Netzsituationen sowie die Zusammenführung aller relevanten Netzdaten».[123]

D. Aktuelle Herausforderungen und Probleme

1. Grenzüberschreitende Steuerung und Verwaltung von Stromkapazitäten

Das vorliegende Kapitel geht auf die Frage ein, wie Stromkapazitäten grenzüberschreitend verwaltet und gesteuert werden können. Dazu werden die Kapazitätsberechnungsregionen auf europäischer Ebene thematisiert und anschliessend die Situation in der Schweiz beleuchtet. Es wird insbesondere dargelegt, ob und wie die Schweiz an der Kapazitätsberechnung ihrer europäischen Partner mitwirken kann.

a. EU: Kapazitätsberechnungsregionen und Flow-Based Market Coupling

Unter dem Begriff der grenzüberschreitenden Übertragungskapazität wird die «maximale Leistung in Megawatt verstanden, welche die Übertragungsnetzbetreiber für den kommerziellen grenzüberschreitenden Handel zur Verfügung stellen können. Die physikalischen Grenzen der Netzelemente wie Leitungen und Transformatoren bestimmen, wie viel Übertragungskapazität für den internationalen Stromhandel an den Grenzen vorhanden ist.»[124]

Auf europäischer Ebene wird die Kapazitätsberechnung in sogenannten Kapazitätsberechnungsregionen vorgenommen. Der Begriff der Kapazitätsberechnungsregion (Capacity Calculation Region CCR) bezeichnet dabei das geografische Gebiet, in dem die koordinierte Kapazitätsberechnung vorgenommen wird (Art. 2 Ziff. 3 EU-VO 2015/1222).[125]

---

[122] Zur genauen Mitgliederübersicht siehe im Internet: <https://www.tscnet.eu/about/> (Abruf 18.03.2022).
[123] GUST.
[124] Swissgrid, 70%-Kriterium.
[125] EU-VO 2015/1222.

In Europa bestehen insgesamt acht Kapazitätsberechnungsregionen.[126] Für die Schweiz sind die Region CORE[127] und die Region Italy North[128] von grösster Bedeutung.

Für die Kapazitätsberechnung innerhalb der Regionen sieht die EU-Verordnung 2015/1222, auch CACM[129] genannt, den lastflussbasierten Ansatz, sog. Flow-Based Market Coupling (FBMC), als Zielmodell für den Day-Ahead und den Intraday-Handel vor (Art. 20 Ziff. 1 EU-VO 2015/1222). Das FBMC wurde bereits 2015 im Rahmen des dritten Energiebinnenmarktpakets in der Region Central Western Europe (CWE) eingeführt. Aufgrund eines Zusammenschlusses mit der Region Central Eastern Europe (CEE) entstand 2016 die CORE-Region. In der CORE-Region soll der Ansatz des FBCM 2022 eingeführt werden. Für die Region Italy North gilt eine Sonderregelung für die Einführung des Flow-Based Market Couplings gemäss Art. 20 Abs. 3 EU-VO 2015/1222.

«Market Coupling bedeutet, dass die getrennten Märkte für den Handel von Energie und die dafür notwendigen Transportkapazitäten zu einem integrierten Energiemarkt zusammengeschlossen oder eben gekoppelt werden.»[130] Dabei gibt es unterschiedliche Arten, wie Märkte gekoppelt werden können.[131] Das Ziel der Marktkopplung ist die Schaffung eines gesamteuropäischen Marktes sowie die effiziente Vergabe der verfügbaren Übertragungskapazitäten zwischen den beteiligten Ländern, bei gleichzeitiger Optimierung der Wohlfahrt.[132]

Im Ergebnis führt die Marktkopplung zu einer Angleichung der Preise innerhalb der beteiligten Länder (sog. Preiskonvergenz).[133] Zudem bietet die Marktkopplung den Vorteil, dass die Grenzkuppelstellen[134] effizienter genutzt werden können. Zusätzlich erhöht die Marktkopplung die Versorgungssicherheit.[135]

---

[126] In Europa bestehen folgende Kapazitätsberechnungsregionen: Nordic, Hansa, Core, Italy North, Greece – Italy, South West Europe, Baltic, South East Europe. Vgl. hierzu Internet: <https://www.entsoe.eu/bites/ccr-map/> (Abruf 21.03.2022).
[127] Die Region Core umfasst folgende Staaten: Frankreich, Belgien, Niederlande, Luxemburg, Deutschland, Polen, Tschechien, Österreich, Slowenien, Ungarn, Rumänien, Kroatien und Slowakei.
[128] Die Region Italy North umfasst die Grenzkapazitäten zwischen folgenden Staaten: Frankreich, Italien, Österreich und Slowenien.
[129] CACM steht für «Capacity Allocation and Congestion Management» und stellt den ersten europäische Netzkodex für Strom dar, der im August 2015 in Kraft trat.
[130] Swissgrid, Market Coupling, 1.
[131] TenneT, Marktintegration, 9.
[132] TenneT, Marktintegration, 8.
[133] Orifici, 11.
[134] Zum Begriff der Grenzkuppelstellen siehe oben II.A.2.b..
[135] Orifici, 11; TenneT, Marktintegration, 8.

Unter dem von der EU vorgesehenen, lastflussbasierten Ansatz, wird eine Methode der Kapazitätsberechnung verstanden, bei der die Energieaustausche zwischen Gebotszonen durch die Energieflussverteilungsfaktoren und die auf den kritischen Netzelementen verfügbaren Margen begrenzt werden (Art. 2 Ziff. 9 EU-VO 2015/1222). In einem ersten Schritt werden die «verfügbaren Kapazitäten der kritischen Netzelemente durch die Übertragungsnetzbetreiber bestimmt («Pre-Coupling»)».[136] Im Anschluss daran, fasst ein Algorithmus «an den Strombörsen gehandelte Gebote sowie die zur Verfügung stehenden Übertragungskapazitäten zusammen und berechnet [...] den optimalen Zuschlag an Handelsgeboten.»[137]

Das Flow-Based Market Coupling bringt drei wesentliche Optimierungen mit sich: Erstens wird bei der Berechnung der Übertragungskapazität nicht auf eine Landesgrenze abgestellt, sondern es wird jede einzelne Grenzleitung zwischen den Ländern berücksichtigt.

Zweitens erfolgt die Berechnung der Übertragungskapazität nicht bilateral zwischen zwei Ländern, sondern auf multinationaler Ebene innerhalb einer ganzen Region. Drittens werden bei der Berechnung nicht nur die Leitungskapazitäten berücksichtigt, sondern zusätzlich die bereits feststehenden Handelstransaktionen, was eine implizite Auktion ermöglicht.[138]

Ziel des FMCB ist es, «die grenzüberschreitenden Kapazitäten zu erhöhen, den Wettbewerb zwischen den Anbietern zu fördern, die Netzsicherheit zu erhöhen und die Preise in den Ländern anzugleichen.»[139] Europaweit soll eine Wohlfahrtsoptimierung stattfinden.

---

[136] Österreichische Energieagentur AEA, 4.
[137] Österreichische Energieagentur AEA, 4.
[138] Interviewpartner 2; zum Begriff der impliziten Auktion vgl. oben II.C.3.f.
[139] FINCK, 174.

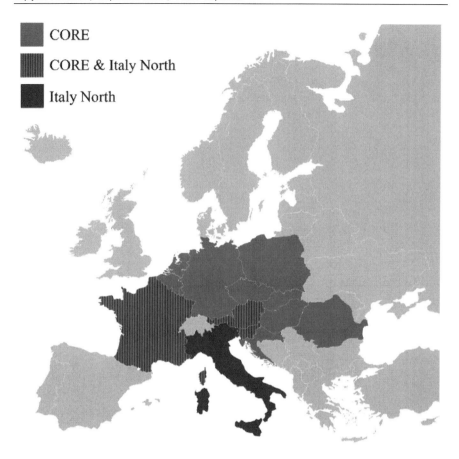

Abbildung B-2: Kapazitätsberechnungsregionen CORE und Italy North (Quelle: eigene Darstellung).

b. Schweiz: Kapazitätsberechnung gemäss altem Modell

Für die Schweiz muss zwischen der Nord- und der Südgrenze unterschieden werden. Die Berechnung mit Deutschland, Frankreich und Österreich wird bilateral geregelt. Die Swissgrid bestimmt die Grenzkapazität, welche für den Handel mit den genannten Ländern zur Verfügung steht, aufgrund des NTC-Konzepts. Die Net Transfer Capacity (NTC) definiert die Höhe der «kommerziell nutzbaren Grenzkapazitäten unter Berücksichtigung der Netzsicherheit.»[140] Die NTC wird von den Übertragungsnetzbetreibern der Schweiz, Deutschland, Frankreich und

---

[140] BFE, Stromnetzplanung, 25.

Österreich basierend auf Szenarien[141] berechnet. Um die grenzüberschreitende Kapazität pro Grenze zu definieren, stimmen sich die beteiligten Übertragungsnetzbetreiber bilateral ab. Dabei tauschen sie, vereinfacht gesagt, die berechneten NTC-Werte aus und versuchen diese an ihrer gemeinsamen Grenze anzugleichen. Im Allgemeinen wird dabei der jeweils niedrigere NTC- Wert gewählt, um die Netzstabilität zu gewährleisten.[142]

Im Verhältnis zur Kapazitätsberechnungsregion Italy North gilt die Schweiz als «technische Gegenpartei». Dies bedeutet, dass die Grenze im Süden zwischen der Schweiz und Italien genauso behandelt wird, wie die anderen Grenzen innerhalb der Region Italy North.[143] Für die Berechnung der verfügbaren Grenzkapazität wird derzeit noch die Methode der koordinierten NTC-Berechnung (CNTC) angewendet. Diese Methode beruht auf dem Grundsatz, dass ein maximaler Austausch von Energie zwischen angrenzenden Gebotszonen ex-ante geprüft und festgelegt wird (Art. 2 Ziff. 8 EU-VO 2015/1222).[144]

Dass die Schweiz in die CCR Italy North einbezogen wird, ist auf die historisch gemeinsame Entwicklung der Prozesse und Methoden zur Berechnung der grenzüberschreitenden Kapazität zurückzuführen.

Sie mündete in den Ende 2021 von der Swissgrid unterzeichneten privatrechtlichen Vertrag.[145] Dieser Vertrag bringt allerdings nur eine kurzfristige Regelung mit sich, denn einerseits muss der Vertrag nach jeweils 12 Monaten von den zuständigen Regulierungsbehörden neu genehmigt werden[146] und andererseits ist der Zusammenschluss der beiden Regionen CORE und Italy North geplant, was neue Verträge bedingen würde.[147]

Wie aus den obigen Ausführungen hervorgeht, ist die Schweiz selbst nicht Teil der Kapazitätsberechnungsregionen und sowohl vom Intraday als auch vom Day-Ahead Market Coupling ausgeschlossen. Dies obwohl die Swissgrid die Voraussetzungen für die Teilnahme der Schweiz an der Marktkopplung bereits per Ende

---

[141] z.B. Ausserbetriebnahme von Kernkraftwerken oder Netzelementen sowie erwartetes Handelsszenario.
[142] Van den Bergh/Boury/Delarue, 2.
[143] ENTSO-E, Report, 36.
[144] Für eine ausführlichere Erläuterung der Funktionsweise der CNTC-Methode kann auf folgende Literatur verwiesen werden: EU-Kommission: Asset Study on Cross-border transmission capacity calculation – Analysis of the key parameters, 2018, 10–12.
[145] Swissgrid, Vertrag.
[146] Die Genehmigungspflicht ergibt sich implizit aus anderen EU-Verordnungen (z.B. Art. 6 Abs. 3 EU-VO 2017/1485) und den Network Codes.
[147] Swissgrid, Vertrag.

2014 geschaffen hatte, die Teilnahme aber von der europäischen Kommission untersagt wurde.[148] Die Einführung der Marktkopplung für die Schweiz hängt vom Abschluss der entsprechenden politischen Vereinbarungen ab. Die Mitwirkung der Schweiz in den Kapazitätsberechnungsregionen und der Marktkopplung ohne vertragliche Vereinbarung ist gemäss Art. 1 Abs. 4 EU-VO 2015/1222 nur dann möglich, wenn die Schweiz die wichtigsten Bestimmungen der Rechtsvorschriften der Union für den Strommarkt umsetzt und ein zwischenstaatliches Stromabkommen besteht. Bis zu einer allfälligen Vereinbarung gehen die Kapazitätsberechnungsregionen (fälschlicherweise) davon aus, dass das schweizerische Stromnetz unlimitiert sei, d.h. über unbeschränkte Kapazitäten verfüge, was Gefahren für die Netzsicherheit und damit die Versorgungssicherheit der Schweiz birgt.[149] Konkret geht man davon aus, dass es zunehmend zu ungeplanten Lastflüssen durch das Schweizer Übertragungsnetz kommt.[150]

Diese ungeplanten Stromflüsse führen zu sogenannten Netzengpässen[151] im Schweizer Übertragungsnetz, was die Netzstabilität und die Importfähigkeit der Schweiz gefährdet.[152] Bei Gefährdung der Netzstabilität muss die Swissgrid Massnahmen ergreifen, um das Netz stabil zu halten (Art. 20 Abs. 2 lit. c StromVG). Neben betrieblichen Massnahmen (z.B. Schalthandlungen) steht auch der sogenannte Redispatch zur Beseitigung von Netzengpässen zur Verfügung.[153] In einem Redispatchfall greift «Swissgrid in die Einsatzplanung der Kraftwerke ein und weist diese an, mehr oder weniger Strom zu produzieren.»[154] Diese Stabilisierungsmassnahmen sind nicht nur kostspielig, sondern es wird auch beispielsweise Energie aus Wasserkraft eingesetzt, welche dann nicht mehr für die Stromversorgung der Endverbraucher zur Verfügung steht, was aus Versorgungssicht problematisch ist.[155]

Weiter hat die fehlende Teilnahme am FBMC negative Auswirkungen auf die Schweizer Stromunternehmen. Der Stromhandel ist nicht nur mit mehr Aufwand, sondern auch mit höheren Kosten verbunden.[156] Zudem ist das volkswirtschaftliche Optimum (Wohlfahrtsoptimierung) durch die fehlende Teilnahme der

---

[148] Swissgrid, Market Coupling, 2.
[149] TAMI, 8.
[150] TAMI, 6.
[151] Unter einem Netzengpass wird eine potenzielle Überlastung eines Netzelementes oder eines Transformators verstanden. Bleibt ein Engpass über einen längeren Zeitraum erhalten, kann die Stromleitung im Extremfall schmelzen; vgl. Interviewpartner 2.
[152] ElCom, Studie Stromversorgungssicherheit, 4.
[153] ElCom, Studie Stromversorgungssicherheit, 4.
[154] ElCom, Studie Stromversorgungssicherheit, 4.
[155] ElCom, Studie Stromversorgungssicherheit, 4.
[156] ElCom, Studie Stromversorgungssicherheit, 4.

Schweiz noch nicht erreicht, resp. könnte durch die Teilnahme der Schweiz noch besser optimiert werden.[157]

Die oben ausgeführten Problematiken könnten beispielsweise durch den Abschluss eines Stromabkommens beseitigt oder durch ein rein technischen Abkommens mindestens vorübergehend minimiert werden. Auf die konkreten Lösungsalternativen wird später unter II.E eingegangen.

2. Erneuerbare Energien und die «70%-Regel»

a. Pariser Klimaabkommen

Mit dem Pariser Klimaabkommen, welches Ende 2015 in Paris verabschiedet wurde, haben sich alle Staaten erstmals zur Reduktion der Treibhausgasemissionen verpflichtet. Es handelt sich dabei um ein rechtlich verbindliches Instrument unter dem Rahmenübereinkommen der Vereinten Nationen über Klimaänderungen (Klimakonvention, UNFCCC). Das Abkommen statuiert gemeinsame Grundsätze für alle Staaten: So soll durch sukzessive Reduktion die durchschnittliche globale Erwärmung im Vergleich zur vorindustriellen Zeit auf deutlich unter 2 Grad Celsius begrenzt werden, wobei ein maximaler Temperaturanstieg von 1.5 Grad Celsius angestrebt wird. Weiter ist eine Pflicht aller Staaten vorgesehen, alle 5 Jahre ein national festgelegtes Reduktionsziel für Treibhausgasemissionen einzureichen. Die Schweiz hat das Übereinkommen von Paris am 6. Oktober 2017 ratifiziert.[158] Sowohl die schweizerische Energiestrategie 2050 als auch die europäische Energiepolitik, auf welche nachfolgend eingegangen wird, sind auf die Erfüllung und Einhaltung dieser internationalen Verpflichtungen ausgerichtet.[159]

b. Energiestrategie 2050

Unter dem Eindruck der Nuklearkatastrophe in Fukushima beauftragte der Bundesrat 2011 das Eidgenössische Departement für Umwelt, Verkehr, Energie und Kommunikation die bestehende Energiestrategie zu überprüfen und zu aktualisieren.[160] Im Frühling 2012 stellte das BFE erste Massnahmen zu einer Energiestrategie 2050 vor. Im Zuge dieser Strategie sollte zunächst eine Revision des Energiegesetzes sowie weiterer Erlasse vorgenommen werden.[161]

---

[157] Interviewpartner 4.
[158] BAFU, Paris; Klimaabkommen, Geltungsbereich am 23.02.2021.
[159] Botsch. Energiestrategie 2050, 7746.
[160] BFE, Energiestrategie.
[161] MÜLLER, 637.

Im November 2012 reichte die Grüne Partei die Volksinitiative «Für den geordneten Ausstieg aus der Atomenergie (Atomausstiegsinitiative)» ein.

Im September 2013 verabschiedete der Bundesrat dann die Botschaft zum sog. Massnahmenpaket I zur Revision des Energierechts, des Stromversorgungsgesetzes und weiterer Bundesgesetze sowie als indirekter Gegenvorschlag zur Atomausstiegsinitiative.[162] Insbesondere wurde dabei der Grundsatzentscheid für einen schrittweisen Ausstieg aus der Kernenergie gefällt.[163] Im Fokus der Energiestrategie 2050 steht eine Reduktion der Endenergie und des Stromverbrauchs, eine Erhöhung des Anteils an erneuerbaren Energien und Wasserkraft sowie eine energiebedingte Senkung der CO_2-Emissionen, ohne allerdings dabei die Versorgungssicherheit und die preiswerte Energieversorgung zu gefährden.[164]

Bei Erreichen der Ziele dürfte sich die Förderung erneuerbarer Energien im Grundsatz vorteilhaft für die Versorgungssicherheit erweisen, da die Schweiz dadurch weniger abhängig wäre von Stromimporten. Zudem könnten auch klimapolitische Ziele, wie etwa im Rahmen des Pariser Klimaabkommens, verfolgt werden, da die Stromproduktion aus erneuerbaren Energien frei von CO_2 (Wind oder Photovoltaik) bzw. CO_2-neutral (z.B. Biomasse) wäre. Aufgrund des geplanten Ausstiegs aus der Kernenergie wäre ohne Ausbau der erneuerbaren Energien eine vermehrte Nutzung fossiler Brennstoffe notwendig.[165]

Mit dem Inkrafttreten der Revision des EnG im Rahmen des ersten Massnahmenpakets der Energiestrategie 2050 im Jahr 2018 wurden konkrete Zielsetzungen für das Jahr 2035 und kurzfristige Ziele für das Jahr 2020 hinsichtlich den Ausbau der Elektrizität aus erneuerbaren Energien (Art. 2 EnG) und den Verbrauch (Art. 3 EnG) festgelegt. So soll etwa der Stromverbrauch pro Kopf bis 2025 um 13% gesenkt werden.[166]

Weiter soll die durchschnittliche Produktion von Elektrizität aus erneuerbaren Energien, ausgenommen aus Wasserkraft, im Jahr 2020 bei mindestens 4400 GWh und im Jahr 2035 bei mindestens 11'400 GWh liegen (Art. 2 Abs. 1 EnG). Im Jahr 2020 lag die durchschnittliche Produktion von Elektrizität aus erneuerbaren Energien bereits bei rund 4700 GWh.[167]

---

[162] MÜLLER, S. 637; Chronologie Energiestrategie, 2.
[163] Botsch. Energiestrategie 2050, 7565.
[164] STÖCKLI/MARXER, 1008; vgl. auch Botsch. Energiestrategie 2050, 7565.
[165] SCCER CREST, 2 f.; STÖCKLI/MARXER, 1008 f.
[166] Botsch. Energiestrategie 2050, 7565; STÖCKLI/MARXER, 1009.
[167] BÜRGI.

Die Energiestrategie und damit der Umbau des Energiesystems stellt allerdings eine Herausforderung für die Energienetze dar. So ist die zunehmende Stromerzeugung durch erneuerbare Energien volatiler, während der Verbrauchszuwachs, etwa durch E-Mobility und Wärmepumpen, wächst. Daher müssen Energienetze sowie Energiespeicher ausgebaut und modernisiert werden, damit die für die Versorgungssicherheit entscheidende Waage zwischen Angebot und Nachfrage gehalten werden kann.[168] Die Stromnetze bilden damit ein Kernelement zur Umsetzung der Energiestrategie 2050. Zu diesem Zweck erliess der Bund die eigenständige «Strategie Stromnetze». Mit der damit einhergehenden Revision des Elektrizitätsgesetzes, des StromVG, der StromVV und weiterer Verordnungen im Jahr 2019, wurden die Voraussetzungen für den erforderlichen Netzumbau und -ausbau geschaffen.[169] Allerdings hat sich die Modernisierung des Übertragungsnetzes in den vergangenen Jahrzehnten verlangsamt. Der Netzausbau verläuft schleppend, insbesondere da langwierige Genehmigungsverfahren sowie Verzögerungen aufgrund von Einsprachen und Prozessen die Realisierung von Projekten verlangsamt.[170]

Insgesamt stellt der schleppende Netzausbau, die Volatilität der eigens produzierten Strommenge infolge der Förderung erneuerbarer Energien und die prognostizierte Zunahme des Stromverbrauchs ein Risiko für die Versorgungssicherheit der Schweiz dar.

c. Energiestrategie der EU

Wie bereits in II.B.2 geschildert, stellt Art. 194 AEUV die Kompetenzgrundlage der EU hinsichtlich energiepolitischer Ziele der Union dar.

Darauf gestützt bilden die allgemeinen politischen Rahmenbedingungen der integrierten Klima- und Energiepolitik, die der Europäische Rat im Oktober 2014 annahm, die gegenwärtige Energiepolitik der EU. Dieser Europäische Klima- und Energierahmen 2030 sah bislang als Zielvorgabe vor, dass bis 2030 die Treibhausgasemissionen um mindestens 40% im Vergleich zu 1990 gesenkt werden, der Anteil erneuerbarer Energieträger beim Energieverbrauch auf 32% erhöht wird, die Energieeffizienz um 32.5% gesteigert wird und der Verbundgrad der EU-Stromnetze mindestens 15% betragen soll.[171] Im Zuge dieser Zielvorgaben wurde 2015 die Energieunion gegründet, die zum Ziel hat, für Haushalte und Unternehmen in der EU «eine sichere, nachhaltige, wettbewerbsfähige und erschwing-

---

[168] Botsch. Energiestrategie 2050, 7634; Swissgrid, Strategisches Netz.
[169] Botsch. Energiestrategie 2050, 7601.
[170] Swissgrid, Strategisches Netz.
[171] Europäisches Parlament, Energiepolitik.

liche Energieversorgung» bereitzustellen.[172] Der Anteil der Energie aus erneuerbaren Quellen wurde im Dezember 2018 mit der neuen Richtlinie «RED-II» (RL 2018/2001), als das verbindliche Gesamtziel der EU für 2030, auf mindestens 32% erhöht.[173]

Mit dem fünften Energiebinnenmarktpaket, dem «European Green Deal»[174], wurden 2021 zahlreiche EU-Rechtsakte im Bereich Klima und Energie aktualisiert. Dabei wurde das angestrebte Ziel noch weiter angehoben: Mit der Umsetzung des europäischen grünen Deals sollen die Treibhausgasemissionen bis 2030 um mindestens 55% gegenüber dem Stand von 1990 gesenkt werden und die EU bis 2050 CO_2-neutral werden.[175] In der Folge werden erneuerbare Energien als volatile Stromquelle stark ausgebaut, während Kohle- und Kernkraftwerke abgestellt werden. Die Veränderung im Produktionsmix verändert die Stromflüsse im europäischen Stromnetz.

Während konventionelle Stromerzeuger eine gewisse Trägheit im Netz bewirken und ursprünglich im Verbundnetz genügend flexible Erzeugung von Strom zur Verfügung stand, reagiert das Netz durch den Wegfall von konventionellen Stromerzeugern empfindlicher auf Störungen. Dies hat, nebst den oben geschilderten Problematiken infolge der eigenen Energiestrategie der Schweiz, weiteren negativen Einfluss auf die Netzsicherheit und Versorgungssicherheit in der Schweiz.[176]

Für die Energiepolitik der EU ist weiter das «Clean Energy Package»[177] von Bedeutung. Es enthält acht Legislativvorschläge im Bereich Governance, Gestaltung des Strommarkts, Energieeffizienz, erneuerbare Energie und Regelungen für die ACER.[178] Für die Schweiz ist dabei die im Paket enthaltene sog. «70%-Regel» von besonderer Bedeutung. Diese verpflichtet die europäischen Übertragungsnetzbetreiber, bis spätestens 2025, mindestens 70% der grenzüberschreitenden Übertragungskapazität dem Handel zur Verfügung zu stellen (Art. 16 Abs. 8 Bst. a EU-VO 2019/943). Aufgrund der 70%-Regel in Zusammenspiel mit der flussbasierten Marktkoppelung in den EU-Staaten ist von einem verstärkten Handel zwischen den EU-Ländern auszugehen. Aufgrund physikalischer Gesetze fliesst der gehandelte Strom in der Regel nicht direkt zwischen den am Handel beteiligten

---

[172] Europäisches Parlament, Energiepolitik; Mitteilung der Kommission.
[173] Europäisches Parlament, Energiepolitik.
[174] Vgl. zum fünften Energiebinnenmarktpaket auch oben II.C.1.b.
[175] Europäisches Parlament, Energiepolitik.
[176] ElCom, Studie Stromversorgungssicherheit, 5; VSE, Systemstress.
[177] In der deutschen Fassung: «Saubere Energie für alle Europäer»; vgl. zum vierten Energiebinnenmarktpaket oben II.C.1.b.
[178] Europäisches Parlament, Energiepolitik.

Ländern, sondern er sucht sich den Weg des geringsten Widerstandes (Kirchhoff'sches Gesetz[179]). Dieser Weg kann auch über Länder wie die Schweiz führen, welche am Handel nicht beteiligt sind. Wird die Schweiz nicht in die Kapazitätsberechnung einbezogen, ist gemäss der Swissgrid mit einer massiven Zunahme der bereits heute erheblichen ungeplanten Stromflüsse durch die Schweiz zu rechnen. Diese ungeplanten Stromflüsse führen wiederum zu Netzengpässen, welche das Eingreifen der Swissgrid erforderlich machen.[180]

Zudem wird durch die 70%-Regel der EU die Importfähigkeit der Schweiz voraussichtlich massiv beschnitten. Einerseits «verstopfen» ungeplante Flüsse die grenzüberschreitenden Leitungen in der Schweiz, sodass weniger Stromimport möglich ist.[181] Andererseits ist davon auszugehen, dass die Nachbarstaaten ihre Grenzkapazität zur Schweiz einseitig limitieren, um das 70%-Kriterium für den Handel innerhalb der EU erfüllen zu können.[182] Langfristig könnten zwar, wie oben geschildert, die erneuerbaren Energien die Versorgungssicherheit erhöhen, allerdings kommt erschwerend hinzu, dass das erste Massnahmenpaket der Energiestrategie 2050 zunächst zu einer verstärkten Importabhängigkeit der Schweiz führt.[183] Die Abnahme der Importfähigkeit ist, insbesondere vor dem Hintergrund, dass die Schweiz ihren Strombedarf in den Wintermonaten nicht eigenständig durch die inländische Produktion decken kann und auf Importe angewiesen ist, besonders problematisch.[184]

Umso wichtiger wäre eine Partizipation der Schweiz am EU-Strombinnenmarkt. Dafür müsste allerdings zunächst der zweite Liberalisierungsschritt hinsichtlich der vollen Marktöffnung vollzogen werden. Hierbei zeigt sich allerdings ein Paradoxon: Es wird von verschiedenen Kreisen befürchtet, dass die volle Marktöffnung die Umsetzung der Schweizer Energiestrategie gefährden könnte.[185]

d. Vergleich der Energiepolitik in der Schweiz und in der EU

Nach dieser kursorischen Durchsicht zeigt sich, dass die Schweiz und die EU grundsätzlich eine autonome Energie- und Klimapolitik haben. Aufgrund der wei-

---

[179] Zum Kirchhoff'schen Gesetz siehe oben II.A.1.
[180] Swissgrid, 70%-Kriterium, 3; zur aktuellen Methodik der Kapazitätsberechnung siehe oben II.D.1.; zur Problematik der Zunahme ungeplanter Stromflüsse siehe oben II.D.1.b.
[181] VSE, Systemstress.
[182] VSE, Systemstress.
[183] Hettich/Walther/Schreiber, 54.
[184] Zur ungenügenden Stromproduktion im Winter siehe oben II.C.2.
[185] Hettich/Walther/Schreiber, 54.

testgehend gleichen Herausforderungen sind die Ziele im Grundsatz die gleichen. Ferner bringt das Pariser Klimaübereinkommen die Schweiz und die EU in ihrer Klimapolitik langfristig auf einen Nenner, da sie sich zur Klimaneutralität bis 2050 verpflichtet haben.[186]

Insbesondere mit den erneuerbaren Energien und der Energieeffizienz hat die EU Richtlinien, in der sie sich sehr starke sektorielle Ziele vorgibt, während die Schweiz viel weniger regulatorisch tätig ist. In der Schweiz sieht einzig das Energiegesetz derart messbare Ausbauziele für Wasserkraft und erneuerbare Energien vor.[187]

Auch wenn die Ziele und Herausforderungen der Schweiz und der EU bei den erneuerbaren Energien im Grunde die gleichen sind, driften die Regularien der Schweiz und der EU auseinander. Insbesondere mit der Implementierung des vierten Binnenmarktpakets und den darin festgelegten Regularien für den Netz- und Marktbetrieb entfernt sich die EU immer weiter von Schweizerischen Regularien, wodurch die Versorgungssicherheit in der Schweiz zunehmend gefährdet ist.[188] Die gefährdete Versorgungssicherheit in Kombination mit dem fehlenden Stromabkommen und dem gegenwärtig schleppenden Netzausbau stellt für den diskriminierungsfreien, zuverlässigen und leistungsfähigen Betrieb des Übertragungsnetzes, wie in Art. 20 Abs. 1 StromVG normiert, eine Herausforderung dar. Selbst bei starkem Ausbau von erneuerbaren Energien, welche zur Winterproduktion beitragen, bleibt die Importfähigkeit ein wichtiger Faktor für die Versorgungssicherheit. Durch die 70%-Regel wird diese massiv gefährdet. Die Beibehaltung der Importfähigkeit, sei es in Form eines Stromabkommens oder einer allfälligen Alternative, ist damit für die Schweiz entscheidend.[189]

3. Mitwirkungsmöglichkeiten der Schweiz in EU-Gremien und Teilmärkten

Wie bereits unter II.C.3.g ausgeführt, hatte die Schweiz vor 2021 die Möglichkeit, sich in zahlreiche EU-Gremien einzubringen – sei es als Beobachterin oder als Mitglied. Zudem konnte sie sich an unterschiedlichen Plattformen zur Beschaffung von Regelenergie beteiligen. Die Beteiligung der Schweiz an diesen Plattformen wird nachfolgend zuerst diskutiert. In einem nächsten Schritt soll vor allem auf

---

[186] Interviewpartner 1.
[187] Interviewpartner 1.
[188] VSE, Systemstress.
[189] Stellungnahme Swissgrid, Revision EnG, 5 f.

die Bedeutung der Teilnahme der Schweiz an ACER und der ENTSO-E eingegangen werden.

a. Regelenergie und Regelleistungsmärkte

Die Energieeinspeisung und der Verbrauch müssen zu jeder Zeit übereinstimmen, weil es sonst zu Frequenzschwankungen kommt.[190] Um Schwankungen im Stromnetz auszugleichen, wird Regelenergie eingesetzt.[191] In der Schweiz ist die Swissgrid gemäss Art. 20 Abs. 2 lit. b StromVG für die Sicherstellung von Regelenergie verantwortlich.

Der Einsatz von Regelenergie erfolgt im europäischen Verbundnetz in einem dreistufigen Verfahren. Sinkt die Frequenz im Übertragungsnetz beispielsweise aufgrund eines Kraftwerkausfalls, wird innerhalb von 30 Sekunden die Primärregelenergie aktiviert. Diese dient der schnellen Stabilisierung des Netzes und wird europaweit automatisch aktiviert. Innerhalb von fünf Minuten muss dann die Sekundärregelenergie zur Verfügung stehen. Diese wird automatisch durch den «zentralen Netzregler bei Swissgrid aktiviert und [...] wird typischerweise von Wasserkraftwerken erbracht.»[192] Die Aktivierung der Tertiärregelenergie erfolgt nach einer Viertelstunde manuell durch Swissgrid, sofern die Primär- und die Sekundärregelung nicht ausreichen.

Auf europäischer Ebene sieht die EU-Verordnung 2017/2195 Vorschriften für die Funktionsweise der Regelreservemärkte vor. Die genannte Verordnung umfasst insbesondere Bestimmungen für die Beschaffung von Regelenergie und der Aktivierung der Regelarbeit (EU-VO 2017/2195, E. 5).

Die EU-Verordnung 2017/2195 sieht in Art. 1 Abs. 6 vor, dass die Schweiz in die europäischen Plattformen für Regelarbeit einbezogen werden kann, wenn die Schweiz entweder die wesentlichen Bestimmungen des Unionsrechts für den Strommarkt in Schweizer Recht umgesetzt hat und ein zwischenstaatliches Abkommen für die Zusammenarbeit im Elektrizitätsbereich besteht oder wenn der Ausschluss der Schweiz zu ungeplanten physischen Leistungsflüssen durch die Schweiz führen könnte, die die Systemsicherheit der Region gefährden. Der Entscheid über die Beteiligung der Schweiz an den oben aufgeführten Plattformen obliegt der Kommission auf Grundlage einer Stellungnahme der ACER und der ENTSO-E (Art. 1 Abs. 7 EU-VO 2017/2195).

---

[190] Vgl. oben II.A.1.
[191] Swissgrid, TERRE, 2.
[192] Swissgrid, TERRE, 2.

Nach dem Abbruch der Verhandlungen über das Institutionelle Rahmenabkommen (InstA) ist die Teilnahme der Schweiz an den oben dargestellten Plattformen gefährdet. Während der Ausschluss aus der PRL-Kooperation aktuell denkbar ist, strebt die Generaldirektion Energie (GD ENER) bei den anderen Kooperationen einen Ausschluss an.

Dies obwohl sich sowohl die ENTSO-E im Jahre 2017 als auch die ACER[193] im Jahre 2018 positiv über die Teilnahme der Schweiz an den oben dargestellten Plattformen geäussert hatten und deren Bedeutung für die Netzsicherheit betont hatten.[194] Gegen den Ausschluss aus dem TERRE-Projekt hat Swissgrid am 26. Februar 2021 Klage beim EuGH eingereicht.[195]

Für die Schweiz ist die Teilnahme an den Regelleistungsmärkten aus zwei Gründen zentral. Einerseits kann dadurch die jederzeitige Verfügbarkeit der Regelreserven sichergestellt werden und andererseits kann verhindert werden, dass die Kosten für die Beschaffung von Regelenergie steigen.[196] Swissgrid geht bei einem Ausschluss von den internationalen Kooperationen für Regelenergie gar davon aus, dass sie ihren gesetzlichen Auftrag zur Bereitstellung von Regelenergie nicht erfüllen kann (Art. 20 Abs. 2 lit. b StromVG).[197]

b. ACER

Die Beteiligung von Drittländern an ACER war bereits in Art. 31 EU-VO 713/2009 vorgesehen und ist derzeit in Art. 43 EU-VO 2019/942 explizit geregelt. Für die Partizipation von Drittländern an ACER sieht Art. 43 Abs. 1 EU-VO 2019/942 vor, dass sich Drittländer beteiligen können, die mit der Union Abkommen geschlossen haben und die die einschlägigen Vorschriften des Unionsrechts im Bereich

---

[193] «The Agency generally agrees with all TSOs' assessment [...] that the full participation of Switzerland in the European platforms for the exchange of standard products for balancing energy could be an efficient solution to help remove possible congestion problems in the Swiss network and increase the efficiency of the Swiss cross-zonal capacity calculation and allocation, as well as the overall operational security in the region. At the same time, the Agency finds it important that, in such a case, Switzerland implements all the requirements of the EB Guideline and other related provisions [...].»

[194] ElCom, Tätigkeitsbericht 2020, 63; Unserer Information zufolge liegt eine aktuellere Stellungnahme vor, in der sich die ACER gegenteilig äussert. Diese Stellungnahme ist allerdings aufgrund von laufenden Verfahren nicht öffentlich zugänglich.

[195] Klage, eingereicht am 26.03.2021 – Swissgrid/Kommission (Rechtssache T-127/21).

[196] ZUMWALD/FRANK, 13.

[197] SPICKER, Versorgungssicherheit, 21.

Energie [...] sowie die einschlägigen Vorschriften in den Bereichen Umwelt und Wettbewerb übernommen haben und anwenden.

Zur Beteiligung von Drittländern bedarf es einer Vereinbarung (E. 44 EU-VO 2019/942). Auf der Grundlage eines Memorandum of Understanding (MoU) hatte die ElCom von 2015 bis 2021 einen Beobachterstatus bei ACER. Dieses MoU wurde nach dem Abbruch der Verhandlungen über das InstA vonseiten der EU-Agentur gekündigt.[198] Wie die weitere Zusammenarbeit zwischen ACER und der ElCom aussieht, muss von der ElCom in nächster Zeit definiert werden.[199] Die ACER hat wahrscheinlich ein Interesse daran, dass die Zusammenarbeit mit der ElCom weitergeführt werden kann, musste die Vereinbarung aber wohl aufgrund des politischen Drucks der EU-Kommission kündigen.[200]

Der Beobachterstatus bei ACER bringt zahlreiche Vorteile mit sich. Dazu gehören die Teilnahme an Diskussionen und verschiedenen Arbeitsgruppen sowie der Zugang zu Informationen, wobei die ElCom den gleichen Zugang zu Informationen hatte, wie die Aufsichtsbehörden der EU-Mitgliedstaaten.[201] Die ElCom bezeichnete die ACER als «wichtiges Gefäss zur Wahrnehmung der grenzüberschreitenden Koordinierungsaufgaben.»[202] Die Möglichkeit an den technischen Diskussionen mitzuwirken, sind von grossem strategischen Wert, weil sie einen gewissen Einfluss auf die Entwicklung der Regulierungsvorschriften in der EU ermöglichen.[203] Aus Sicht der ACER ist die Einflussnahme der ElCom allerdings sehr gering. Nach eigenen Angaben berücksichtigt die ACER «bei der Wahrnehmung ihrer Aufgaben [...] die nationalen Besonderheiten der EU-Mitgliedstaaten, nicht aber diejenigen der Schweiz. Zudem fehle es der ElCom an einer langen Tradition der Zusammenarbeit in ACER.»[204] Ferner ist die Teilnahme an gewissen Institutionen wie beispielsweise dem Regulierungsrat (Board of Regulators) und dem Beschwerdeausschuss (Board of Appeal), den EU-Mitgliedstaaten vorbehalten.

Die Nichtteilnahme am Regulierungsrat schränkt die Einflussnahme der ElCom auf die europäische Regulierung stark ein. Überdies hat die Schweiz, auch bei direkter Betroffenheit durch die Entscheidungen der ACER, keinen Zugang zum Beschwerdeausschuss.[205]

---

[198] FORSTER, Abschn. 2.
[199] Interviewpartner 1.
[200] Interviewpartner 1.
[201] HETTICH et al., Europeanization, 55.
[202] ElCom, Newsletter.
[203] HETTICH et al., Europeanization, 55.
[204] HETTICH et al., Europeanization, 55.
[205] HETTICH et al., Europeanization, 56.

c. ENTSO-E

Wie bereits unter II.C.3.g ausgeführt, gehörte die Schweiz zu den Gründungsmitgliedern der ENTSO-E. Die Interessen der Schweiz werden von der Swissgrid vertreten, wobei die Schweiz derzeit den Status als Mitglied mit Stimmrechten hat.[206] Eine Ausnahme besteht bei sog. All-TSO-Prozessen, wo es um die Anwendung von Network Codes geht.[207] Swissgrid droht allerdings bis Ende 2022 der Ausschluss aus der ENTSO-E.[208] Über den Ausschluss der Mitglieder aus der ENTSO-E entscheidet gemäss Art. 15 Abs. 2 Bst. a ENTSOE-Satzung die Versammlung der Mitglieder. Die möglichen Ausschlussgründe sind in Art. 12 ENTSOE-Satzung geregelt. Gemäss Art. 12 Abs. 3 ENTSOE-Satzung ist der Ausschluss oder die Suspendierung unter anderem dann möglich, wenn ein Staat, in dem ein Mitglied tätig ist, rechtlich nicht zur Anwendung der europäischen Regelungen[209] verpflichtet ist oder wenn die Vorschriften mit erheblicher Verzögerung umgesetzt werden. Dieser Ausschlussgrund zielt nach Ansicht von Hettich *et al.* auf die «grundsätzliche Kompatibilität der rechtlichen Rahmenbedingungen der Mitglieder mit dem europäischen Elektrizitätswirtschaftsrecht ab.»[210] Solange die Swissgrid zumindest faktisch innerhalb der europäischen Regelungen agiert, erschiene ein Ausschluss als formalistisch und würde dem Zweck der ENTSO-E zuwiderlaufen.[211]

Im Falle von Art. 12 Abs. 3 ENTSOE-Satzung entscheidet die Mitgliederversammlung allerdings «following an opinion of the European Commission». Damit stellt der oben erläuterte Ausschlussgrund politisch eine Gefahr dar.

Die Mitgliedschaft bei der ENTSO-E ist für die Schweiz aus vielerlei Gründen zentral. Die ENTSO-E ist zum Beispiel gemeinsam mit der ACER für die Ausarbeitung von Netzkodizes, unter anderem im Bereich der Netzsicherheit und -zuverlässigkeit, zuständig und bestimmt damit die (technischen) Entwicklungen im Strombereich wesentlich mit (Art. 30 Abs. 1 Bst. a i.V.m. Art. 59 Abs. 1 Bst. a EU-VO 2019/943). Ein Ausschluss der Schweiz aus der ENTSO-E würde dazu führen, dass sich die Schweiz nicht mehr aktiv an der Ausarbeitung und Weiterentwicklung der technischen Regeln beteiligen könnte und damit ihr Einfluss auf die künftige

---

[206] Art. 15, Tab. 1, ENTSOE-Satzung.
[207] Interviewpartner 4.
[208] Interviewpartner 1.
[209] Explizit erwähnt werden die EU-VO 714/2009 (aufgehoben und ersetzt durch die EU-VO 2019/943) sowie die Richtlinie 2009/72/EG (aufgehoben und ersetzt durch die Richtlinie 2019/944).
[210] Hettich/Walther/Schreiber, 41.
[211] Hettich/Walther/Schreiber, 41.

Strommarktentwicklung in Europa schwinden würde. Weiter würde der Ausschluss der Schweiz dazu führen, dass sie von den Entscheidungen der ENTSO-E erst im Nachhinein erfahren würde, was zu technischen Problemen führen könnte.

4. Zwischenfazit

Wie aus den vorangegangenen Kapiteln ersichtlich wurde, münden alle dargestellten Problemfelder in einer grossen Problematik: Der Gefährdung der Versorgungssicherheit der Schweiz.

Die fehlerhafte respektive fehlende Berücksichtigung der Schweiz bei der Berechnung der grenzüberschreitenden Übertragungskapazitäten im Rahmen des Flow-Based Market Couplings, führen zu einem Anstieg der ungeplanten Stromflüsse. Aufgrund dieser ungeplanten Stromflüssen kommt es zu Netzengpässen im Schweizer Übertragungsnetz, was wiederum die Netzstabilität und die Importfähigkeit der Schweiz gefährdet und das kostspielige Eingreifen der Swissgrid erforderlich macht.[212] Zudem führt der Ausschluss der Schweiz aus der Regelenergieplattform «TERRE» und der mögliche Ausschluss aus weiteren Regelenergieplattformen, zu einer geringeren Netzstabilität sowie höheren Beschaffungskosten für Regelenergie.

Die Zunahme der Stromproduktion aus erneuerbaren Energien in ganz Europa führt zu einer Veränderung des Strommixes und zu arbiträreren Stromflüssen. Diese schwankende Produktion geht mit einer höheren Nachfrage nach Strom und einem schleppend verlaufenden Netzausbau einher. Die Problematik der gefährdeten Versorgungssicherheit wird durch das Auseinanderdriften der Energiepolitiken der EU und der Schweiz weiter verstärkt. Durch die 70%-Regel kommt es zur Zunahme von noch mehr ungeplanten Flüssen im Schweizer Übertragungsnetz und einer voraussichtlichen Beschneidung der Import- und Exportfähigkeit der Schweiz. Insbesondere im Winterhalbjahr, wenn die Schweiz auf Stromimporte angewiesen ist, kann sich dies negativ auf die Versorgungssicherheit auswirken.[213] Aufgrund der fehlenden Mitwirkung in Gremien wie der ACER und des drohenden Ausschlusses aus der ENTSO-E, bleiben die Interessen der Schweiz bei technischen Regelungen auf europäischer Ebene weitestgehend unberücksichtigt – dies, obwohl die Schweiz im europäischen Verbundnetz eine zentrale Stellung einnimmt.

---

[212] Siehe die Ausführungen oben II.D.1.b.
[213] Swissgrid, 70%-Kriterium, 3.

Die Gefährdung der Versorgungssicherheit wirkt sich auch ökonomisch aus: Gemäss Simulationen einer Studie des Schweizerischen Nationalfonds ist anzunehmen, dass aufgrund von sog. Redispatch-Massnahmen[214] zur Stabilisierung des Schweizer Stromnetzes auch die Kosten steigen und das Preisgefälle für eine MWh zwischen der Schweiz und der EU ab 2025 ohne Stromabkommen zunimmt, was für einen Familienhaushalt einen Aufpreis von rund 100 Franken bedeutet.[215] Gesamthaft werden die Kosten eines ausbleibenden Stromabkommens auf 120 Millionen Schweizer Franken pro Jahr geschätzt.[216] Solange die Schweiz von der gleichberechtigten Teilnahme an den europäischen Marktplattformen ausgeschlossen ist, kann die aufgrund ihrer flexiblen Einsetzbarkeit gewichtige Wasserkraft der Schweiz ökonomisch nur ungenügend genutzt werden.[217]

Zudem unterliegen die Grosshandelspreise ohne Stromabkommen grossen Schwankungen und könnten insbesondere in einem «trockenen» Jahr, während dem die Wasserkraft weniger ertragsreich ist, sehr hoch ausfallen.[218]

Nebst der höheren Kosten für den Endverbraucher wird im Zusammenhang mit der Gefährdung der Schweizer Stromversorgungssicherheit medial auch die Gefahr eines «Blackouts» thematisiert.[219] Auch auf parlamentarischer Ebene wird der Begriff des Blackouts gelegentlich verwendet.[220] Angefacht wurde die Diskussion rund um Blackouts insbesondere durch eine Studie im Auftrag der ElCom und dem BFE zur Stromversorgungssicherheit der Schweiz im Jahre 2025.

Unter einem Blackout wird ein Netzzustand verstanden, bei dem der Betrieb eines Teils oder des gesamten Übertragungsnetzes eingestellt ist.[221] Es wird davon ausgegangen, dass ein solches Ereignis einmal in 30 Jahren eintritt (sog. Eintrittswahrscheinlichkeit).[222] Demgegenüber ist von einer sog. Strommangellage die Rede, wenn die Nachfrage nach elektrischer Energie wegen zu geringen Produktions-, Übertragungs- und bzw. oder Importkapazitäten während mehreren

---

[214] Zum Begriff der Redispatch-Massnahmen vgl. oben II.D.1.b.
[215] VAN BAAL et al., 40; vgl. auch DÜMMLER, Abschn. 3.
[216] BARMETTLER/MILLISCHER, 5.
[217] DÜMMLER, Abschn. 3.
[218] Frontier Economics, 36.
[219] Vgl. exemplarisch den 20-Minuten-Artikel vom 19.10.2021 mit dem Titel: «Darum droht der Schweiz ein Strom-Blackout».
[220] Vgl. exemplarisch die Interpellation von Martin Bäumle (15.4219) mit dem Titel: «Blackout. Hat Swissgrid bzw. haben ihre Vorgänger in den letzten Jahren geschlafen?».
[221] Art. 3 Abs. 2 UAbs. 22 EU-VO 2017/1485.
[222] Gefährdungsdossier Stromausfall, 10.

Tagen, Wochen oder auch Monaten das verfügbare Angebot übersteigt.[223] Der Begriff des Blackouts wird demnach häufig in falschem Zusammenhang verwendet. Vielmehr von Relevanz sind im Zusammenhang mit der Versorgungssicherheit die sog. Strommangellagen.

Die vorerwähnte Studie ergab, dass im Jahr 2025 ohne Kooperation zwischen der Schweiz und der EU, allerdings unter voller Umsetzung des Flow-Based Market Couplings und der 70%-Regel auf EU-Ebene, in einer definierten Stresssituation, in der die Kernkraftwerke Beznau I und II sowie ein Drittel der französischen Kernkraftwerte nicht verfügbar sind, der Schweiz zu wenig Strom zur Verfügung steht.

In dieser Strommangellage könnte der inländische Strombedarf während 47 Stunden nicht mehr gedeckt werden. Unter extremen Annahmen, etwa bei zusätzlichen Produktionsausfällen, könnte die Versorgung bis zu 500 Stunden unterbrochen sein. Somit bestünde ohne Stromabkommen und gänzlich ohne Kooperation mit der EU bis im Jahre 2025 ein verstärktes Risiko für Strommangellagen.[224]

Inwiefern die Gefährdung der Versorgungssicherheit durch mögliche Handlungsalternativen entschärft werden kann und welche Rolle dabei das Stromabkommen spielt, wird im nachfolgenden Kapitel behandelt.

E. Herangehensweise zur Lösung dieser Herausforderungen

Im vorliegenden Kapitel werden die Bedeutung und Funktion eines Stromabkommens thematisiert sowie weitere mögliche Lösungsalternativen präsentiert und bewertet.

1. Bedeutung und Funktion des Stromabkommens

Vor mehr als 60 Jahren wurde mit dem Stern von Laufenburg der Grundstein für das europäische Verbundnetz geschaffen. Die Motivation für diesen technischen Verbund war das Interesse der beteiligten Länder, die technische Verfügbarkeit von Strom und damit die Versorgungssicherheit insgesamt zu stärken.[225] Dieses Ziel liegt auch dem europäischen Elektrizitätsbinnenmarkt der EU zu Grunde.[226] Vor dem Hintergrund des Blackouts in Italien im Jahr 2003 sowie einer Gross-

---

[223] FAQ Strommangellage, 1.
[224] ElCom, Studie Stromversorgungssicherheit, 10.
[225] Siehe zum Stern von Laufenburg auch oben II.A.2.b.; HETTICH/WALTHER/SCHREIBER, 5.
[226] HETTICH/WALTHER/SCHREIBER, 5.

störung in Westeuropa im Jahr 2006 wurden sodann auch die Verhandlungen zwischen der Schweiz und der EU im Jahr 2007 betreffend eines Stromabkommens aufgenommen, um die Versorgungssicherheit in einem liberalisierten Umfeld zu sichern und den gegenseitigen freien Marktzugang zu vereinbaren.[227] Wie in II.C.2 geschildert wird das Stromabkommen aufgrund des Scheiterns des InstA in nützlicher Frist nicht zu Stande kommen. Nichtdestotrotz werden im Folgenden die Interessenlagen der Schweiz und der EU beleuchtet und der mögliche Inhalt des Stromabkommens schematisch aufgezeigt, um in der Folge die Bedeutung des Stromabkommens abschätzen und mögliche Alternativen zum Stromabkommen diskutieren zu können.

a. Inhalt des Stromabkommens

Das Stromabkommen hat inhaltlich insbesondere eine Anpassung an den europäischen Rechtsrahmen im Bereich der Energie bzw. im Strommarkt zum Ziel. Es sei an dieser Stelle allerdings darauf hingewiesen, dass bis dato kein Entwurf des Stromabkommens, weder seitens der EU noch seitens der Schweiz, öffentlich abrufbar ist. Das Stromabkommen wurde bis 2018 auf Grundlage des dritten Energiebinnenmarktpaketes der EU verhandelt, wobei einige zentrale Fragen in der letzten Verhandlungsrunde 2018 offengelassen wurden. Die Verhandlungen für ein Stromabkommen wurden im Juli 2018 auf Eis gelegt, da die EU deren Fortführung an Fortschritte beim Institutionellen Abkommen knüpft.

Seit Abbruch der Verhandlungen ist in der EU ab 2019 das «Clean Energy Package» (viertes Binnenmarktpaket) in Kraft getreten, welches insbesondere die 70%-Regel[228] vorsieht. Aufgrund der veränderten rechtlichen Rahmenbedingungen in der EU würde eine erneute Aufnahme der Verhandlungen über ein Stromabkommen folglich eine Anpassung des Schweizer Verhandlungsmandats bedingen, welches im Jahr 2010 letztmals ausgeweitet wurde. Die Anpassung des Mandats soll allerdings erst erfolgen, falls sich die EU für eine Wiederaufnahme der Stromverhandlungen bereit erklärt.[229] Insofern kann im Folgenden der Inhalt des Stromabkommens nur schematisch unter Bezugnahme auf die Verhandlungsgrundlage vor Inkrafttreten des vierten Binnenmarktpakets dargestellt werden.

---

[227] HETTICH/RECHSTEINER, S. 716, N 34; HETTICH/WALTHER/SCHREIBER, 5.
[228] Siehe zum «Clean Energy Package» oben II.C.1.b., II.D.2.b..; siehe zur 70%-Regel oben II.D.2.c.
[229] Interpellation Burkart; vgl. auch EDA, Informationsblatt, 1.

Bis zur Sistierung der Verhandlungen sollte das bilaterale Stromabkommen insbesondere Anpassungen an das dritte Energiebinnenmarktpaket der EU umfassen. Regelungen des dritten Energiebinnenmarktpakets wurden im StromVG bereits autonom nachvollzogen, wie etwa die Entflechtung der Übertragungs- und Verteilnetzbetreiber.[230] Die Schweiz hat im Juni 2021 die Botschaft zum Bundesgesetz über eine sichere Stromversorgung mit erneuerbaren Energien verabschiedet.

Mit der darin enthaltenen Revision des Energiegesetzes und des Stromversorgungsgesetzes sollen die Ziele der Energiestrategie 2050 erreicht werden. Dabei ist auch eine vollständige Marktöffnung vorgesehen.[231] Mit der Strommarktöffnung würde die Schweiz somit eine wichtige Voraussetzung zum Abschluss eines Stromabkommens erfüllen.[232] Der Bundesrat betont aber, dass das Bundesgesetz über eine sichere Stromversorgung mit erneuerbaren Energien nie als Umsetzungsvorlage für ein Stromabkommen gedacht war. Dennoch dürfte auf der Hand liegen, dass für die Schweiz weiterhin immanente Interessen am Abschluss eines Stromabkommens bestehen.[233]

Im Rahmen der Verhandlungen zum Stromabkommen wurden insbesondere die Langzeitlieferverträge zwischen Frankreich und der Schweiz, eine Entgeltregelung für die Nutzung des Schweizer Netzes sowie die flankierende Gesetzgebung der EU hinsichtlich Umweltschutz, staatlichen Beihilfen und Wettbewerb thematisiert. Zudem wurde ein Anschluss des CO_2-Emissionshandelssystems der Schweiz an das der EU angestrebt.[234] Weiter war vorgesehen, dass im Rahmen des dritten Energiebinnenmarktpakets verbindliche europäische Netzkodizes geschaffen werden, etwa in den Bereichen Netzbetrieb, Netzanschluss, Engpassmanagement und Regelenergie, um den Elektrizitäts- (und Gas-)binnenmarkt organisatorisch und technisch umzusetzen.[235]

Der erste Netzkodex für Strom ist die CACM-Verordnung[236], welche im Jahr 2015 verabschiedet wurde und verbindliche Vorschriften für die Kapazitätsvergabe und das Engpassmangagment festlegt. Auf Grundlage der CACM-Verordnung wurde im August 2015 erstmals das Flow-Based Market Coupling eingeführt.[237] Mangels

---

[230] HETTICH/WALTHER/SCHREIBER, 8 f.
[231] Botsch. sichere Stromversorgung, 3.
[232] Botsch. Energiestrategie 2050, 7583.
[233] Botsch. sichere Stromversorgung, 9.
[234] HETTICH/WALTHER/SCHREIBER, 7 f.
[235] HETTICH/WALTHER/SCHREIBER, 10 f.
[236] Siehe zum Begriff der CACM-Verordnung oben II.D.1.a.
[237] Siehe zum Begriff und den Vorteilen des Flow-Based Market Couplings oben II.D.1.a.

Stromabkommen war und ist die Schweiz nicht Teil dieser Marktkopplung.[238] Ursprüngliches Ziel war der volle Marktzugang zwischen der EU und der Schweiz, wobei dieser durch das Stromabkommen abgesichert worden wäre.

Dies hätte allerdings einer Übernahme der Regeln, insbesondere der totalrevidierten Strommarktverordnung[239] und der Strommarktrichtlinie[240] des EU-Strombinnenmarkts bedingt.[241] Welche negativen Implikationen die Nichtteilnahme der Schweiz an der Marktkopplung für die Schweizerische Stromversorgung hat, wurde in II.D.1.b geschildert.

Weiter sah das Stromabkommen Regelungen über die Einbindung der Schweiz in das Projekt für den Transeuropäischen Netzausbau (TEN)[242] vor. Das vorrangige Ziel des TEN-Projektes ist die Beseitigung aller Netzengpässe an den EU-Binnengrenzen und zur Schweiz, um den Energiebinnenmarkt verwirklichen zu können.[243]

Gegenstand der Verhandlungen bildete auch die Verordnung über die Integrität und Transparenz des Energiegrosshandelsmarktes (REMIT)[244], welche bspw. das Verbot von Insiderhandel und Marktmanipulation an den Grosshandelsmärkten sowie die Einführung eines europäischen Marktmonitorings enthält.[245] Umgesetzt wird die REMIT-Verordnung von der ACER. Ohne Stromabkommen wird die ElCom von der ACER nicht über auffällige Verhaltensweisen und Handelspraktiken der Marktteilnehmer in Kenntnis gesetzt.[246]

Letztlich war auch die EU-Richtlinie zur Förderung von Energie aus erneuerbaren Quellen Bestandteil der Verhandlungen. Die Richtlinie schreibt den EU-Mitgliedsstaaten vor, innerstaatlich ein Ziel für den Anteil an erneuerbaren Energien am Brutto-Endenergieverbrauch festzulegen. Dies deckt sich grundsätzlich mit der Stossrichtung der schweizerischen Energiestrategie 2050.[247]

---

[238] HETTICH/WALTHER/SCHREIBER, 9f; vgl. zudem Art. 1 Abs. 4 EU-VO 2015/1222.
[239] EU-VO 2019/943.
[240] RL 2019/944.
[241] EDA, Informationsblatt, 1; HETTICH/WALTHER/SCHREIBER, 8.
[242] Es handelt sich beim TEN um ein länderübergreifendes Infrastrukturvorhaben im Bereich des Energietransports, des Verkehrs und der Telekommunikation im Rahmen der EU, vgl. HETTICH/WALTHER/SCHREIBER, 12 f.
[243] HETTICH/WALTHER/SCHREIBER, 12 f.
[244] Engl. für «Regulation on wholesale Energy Market Integrity and Transparency»; EU-VO 1227/2011.
[245] EDA, Informationsblatt, 2.
[246] HETTICH/WALTHER/SCHREIBER, 8, 14–16.
[247] EDA, Informationsblatt, 2; RL 2009/28/EG.

Im Rahmen des Stromabkommens sollte ferner die Teilnahme der ElCom in der ACER sowie die Mitgliedschaft der Swissgrid in der ENTSO-E verbindlich geregelt werden, was der Schweiz die Möglichkeit geben würde, die Entwicklungen des europäischen Strommarkts proaktiv mitgestalten zu können.[248]

b. Interessen der Verhandlungspartner

Aus dem geschilderten Inhalt des Stromabkommens geht hervor, dass dieses für die Schweiz weitreichende, grundsätzlich positive Regelungen enthält. Der Bundesrat erklärte bereits im Jahr 2014, dass ein Stromabkommen zu einer erhöhten Investitionssicherheit führen, die Einbindung der Schweizer Wasserkraft in Europa erleichtern und damit die Versorgungssicherheit erhöhen würde. Ein gesicherter Zugang zum Strombinnenmarkt würde der Schweiz ermöglichen, ihre zentrale Netzfunktion inmitten Europas gewinnbringend zu nutzen. So prognostizierte man bereits damals, dass ohne Stromabkommen der Marktzugang schwieriger, teurer und die technische Abwicklung komplizierter würde, was Kosten für die Schweizer Volkswirtschaft verursachen würde.[249]

Für die Schweiz steht grundsätzlich das Interesse an der Umsetzung der Energiestrategie 2050 und damit auch an der Stärkung der Versorgungssicherheit und der Festigung der Stellung als zentraler Dreh- und Angelpunkt im europäischen Verbundnetz im Fokus. Zudem soll auch die Mitsprachemöglichkeit bei Regelungen und Netzkodizes der Union durch das Stromabkommen gewährleistet sein. Fehlt ein Stromabkommen, wird die Schweiz seitens der EU, wie ein Drittstaat behandelt.[250] Das Stromabkommen würde ferner durch die regulatorische Sicherheit die Investitionskosten in die erneuerbaren Energien senken, den Schweizer Elektrizitätsproduzenten mögliche Geschäftsfelder eröffnen und auf technischer Ebene liesse sich die Problematik ungeplanter Stromflüsse durch neue Koordinationsmöglichkeiten bewältigen.

Dies würde die Kosten für die Schweizer Volkswirtschaft senken.[251] Zu bedenken ist zudem, dass die Schweiz vor dem Hintergrund des Atomausstiegs stärker abhängig ist von Stromimporten im Winter. Die Einbindung in den Strombinnenmarkt durch ein allfälliges Stromabkommen und den dadurch verstärkten Handel, würde gemäss THALER/HOFMANN mehr «dreckiger», CO_2-intensiver Strom importiert werden. Dadurch würde sich zumindest kurzfristig, vor dem Hintergrund

---

[248] EDA, Informationsblatt, 2.
[249] Bericht Strommarktöffnung, 13.
[250] Vgl. zum Ganzen: HETTICH/WALTHER/SCHREIBER, 7.
[251] BALLINARI; THALER/HOFMANN, 7; HETTICH et al., Europeanization, 101.

dass die EU sich ebenfalls hohe Ziele hinsichtlich Dekarbonisierung im Zuge des European Green Deals gesteckt hat, der CO_2-Fussabdruck des Schweizer Strommix verschlechtern.[252]

Ohne Stromabkommen liegt das Kernproblem aus Sicht der Schweiz darin, dass sie zwar physikalisch stark in das europäische Verbundsystem eingebunden ist, aber auf Ebene der Netzsicherheit und auf kommerzieller Ebene immer stärker abgeschnitten ist. Dabei ist die Schweiz im Strombereich stärker von der EU abhängig als umgekehrt.[253] Letztlich müssen für die Schweiz die physikalische und die kommerzielle Welt übereinstimmen.[254] Insofern sieht sich die Schweiz in einem Zwiespalt: Mit dem Stromabkommen wäre die Fortsetzung einer liberalen Wirtschaftspolitik gewährleistet, allerdings würde dies den Abschluss des InstA bedingen, was wiederum einen Verlust von Souveränität bedeuten würde.

Hinsichtlich der Interessenlage der EU ist festzuhalten, dass in erster Linie die Verwirklichung des Strombinnenmarktes zur Verbesserung der technischen Versorgungssicherheit, zur Ausgleichung von Preisschwankungen durch Stärkung des Wettbewerbs sowie Ausgleichseffekte für die Einspeisung aus erneuerbaren Energien im Vordergrund steht. Dabei soll schwerpunktmässig die Energieaussenpolitik gestärkt und die Integration der Energiemärkte der Nachbarländer ausserhalb der EU gefördert werden. Hierfür hat die EU den Abschluss eines Stromabkommens mit der Schweiz als zentrale Folgemassnahme festgelegt.[255]

Die EU sieht im Elektrizitätsbereich das Ziel vor, bis 2030 mindestens 15% der Erzeugungskapazitäten der Mitgliedsstaaten in Verbünde zu integrieren (Verbundgrad).[256] Die Schweiz hat als geografisch und elektrizitätswirtschaftlich wichtiges Stromtransitland eine entscheidende Stellung zur Erreichung des angestrebten Verbundgrades von 15%.[257] Insbesondere aufgrund der grenznahen Lage der Schweiz zu Italien, ergibt sich für die Schweiz eine gewisse Verhandlungsstellung, denn ohne Miteinbezug der Schweiz kann Italien nicht gänzlich in den EU-Strombinnenmarkt integriert werden.[258]

Weiter wird häufig vorgebracht, die EU hätte ein Interesse an der Schweiz als «Batterie Europas» aufgrund ihrer Pumpspeicher-Kraftwerke. Gemäss Swissgrid

---

[252] THALER/HOFMANN, 7.
[253] Interviewpartner 3.
[254] Interviewpartner 1.
[255] HETTICH/WALTHER/SCHREIBER, 6; EUROPÄISCHE KOMMISSION, EU-Energiepolitik, 4, 8.
[256] Siehe zum anvisierten Verbundgrad oben II.D.2.c.
[257] HETTICH/WALTHER/SCHREIBER, 6.
[258] BALLINARI.

muss deren Bedeutung nüchtern betrachtet werden.²⁵⁹ Die Abhängigkeit der EU von den Schweizer Pumpspeicher-Kraftwerken ist Schätzungen zufolge bis im Jahr 2025 aufgrund flexibler Kraftwerke in Europa und dem internationalen Stromhandel nicht sehr gross. Vielmehr steht der Schweizer Produktion aus Wasserkraft kostengünstige Konkurrenz aus EU-Mitgliedstaaten gegenüber.²⁶⁰ Allerdings könnte insbesondere das vierte Energiebinnenmarktpaket eine Bewegung in die politisch verfahrene Situation bringen: Sowohl die Schweiz als auch die EU haben im «European Green Deal» und der Energiestrategie 2050 sehr ähnliche Ziele vorgesehen, darunter etwa die CO_2-Neutralität bis 2050.²⁶¹ Das Erreichen der Ziele der Energiestrategie 2050 ist gemäss Hettich *et al.* zwar nicht abhängig vom Zustandekommen eines Stromabkommens,²⁶² allerdings könnte es beiden Parteien durch Kooperation gelingen, ihre Ziele einfacher zu erreichen. In dieser Hinsicht spielt die Schweiz als Stromtransitland mit ihrer Wasserkraft für die EU eine nicht zu unterschätzende Rolle.²⁶³

c. Zwischenfazit

Vor dem Hintergrund der in Kapitel IV geschilderten Herausforderungen kann festgehalten werden, dass der Verbleib im Status Quo keine Möglichkeit darstellt. Die geschilderten Problematiken, wie zunehmende Netzinstabilität und unsichere Versorgungssicherheit, werden sich im Verlauf der Zeit nicht selbst lösen, sondern zunehmend weiter perpetuieren. Es konnte vorliegend aufgezeigt werden, dass das Stromabkommen alle aufgezeigten Problematiken einer Lösung zuführen würde und daher wohl als Lösung der ersten Wahl bezeichnet werden kann.

Auf politischer Ebene sieht sich die Schweiz allerdings in einem Dilemma zwischen der Beibehaltung der Souveränität im Bereich der Energie und hinsichtlich der institutionellen Fragen des InstA einerseits, und den Folgen des zunehmenden Ausschlusses vom EU-Strombinnenmarkt andererseits konfrontiert.²⁶⁴ Ihr Gegenspieler, die EU, bewegt sich daneben in einem hoch formalisierten Energiebinnenmarkt. Nebst diesem hohen Formalisierungsgrad schränkt auch der Brexit den Verhandlungsspielraum ein, weshalb Ausnahmeregelungen und ein massgeschneidertes bilaterales Abkommen unwahrscheinlich sind.²⁶⁵ Vor diesem ver-

---

[259] Vgl. auch Interviewpartner 3.
[260] SWISSGRID, Bericht zum strategischen Netz 2025, 95.
[261] BALLINARI.
[262] HETTICH *et al.*, Europeanization, 92.
[263] BALLINARI.
[264] HETTICH *et al.*, Europeanization, 94.
[265] HETTICH *et al.*, Europeanization, XII; vgl. auch Interviewpartner 3.

fahrenen politischen Hintergrund sollen im Folgenden mögliche Alternativen zu einem Stromabkommen diskutiert werden.

2. Weitere mögliche Lösungsalternativen

Im Rahmen der weiteren möglichen Lösungsalternativen werden die Autarkie, die privatrechtlichen Verträge zwischen den Übertragungsnetzbetreibern und das rein technische Stromabkommen zwischen der Schweiz und der EU thematisiert.

a. Autarkie

Bis 2050 sollen alle Schweizer Ein- und Mehrfamilienhäuser genügend Strom produzieren, um ihren Eigenbedarf vollständig zu decken. Was vermeintlich nach einer Illusion tönt, soll gemäss einer Studie der ETH möglich sein. Hierzu sei eine vollständige Elektrifizierung der Haushalte nötig, wobei jedes Haus über einen eigenen Energiespeicher verfügen müsste. Die Autoren der Studie setzen dabei insbesondere auf Photovoltaik-Anlagen. Dies wäre allerdings kostspielig: Für ein Einfamilienhaus mit vier Bewohnern wäre für die Umstellung auf ein vollständig elektrifiziertes Haus mit Kosten von 33'000 bis 48'000 Franken pro Person zu rechnen. Die Autoren der Studie wenden allerdings selbst ein, dass ein Übergang vom jetzigen Zustand hin zu landesweit elektrisch eigenständigen Häusern aus Kostengründen nicht zu erwarten sei. Der Ausbau der Solarkraft und die Elektrifizierung an sich sei allerdings wichtiger als die vollständige Autarkie der Schweiz.[266]

Dabei muss beim Begriff der Autarkie differenziert werden: Einerseits wird von der «lastgerechten Autarkie» gesprochen, wenn zu keinem Zeitpunkt Energie von aussen ins autarke System eingeführt wird. Die Grenzen dieses Systems werden dabei selbst definiert. Eine Energieabgabe, etwa ein allfälliger Überschuss, kann aber nach aussen abgegeben werden. Andererseits wird auch von der «bilanziellen Autarkie» gesprochen. Ein Energieaustausch, etwa durch Importe und Exporte, zwischen System und Umwelt ist erlaubt, sofern über einen bestimmten Betrachtungszeitraum die Bilanz unter dem Strich nicht negativ ausfällt. Diese Variante kann als wesentlich machbarer und pragmatischer bezeichnet werden.[267]

Heute basiert die Schweizer Elektrizitätsversorgung auf einem System der bilanziellen Autarkie, wobei durch Import, Export und Tauschverträge die Versorgungssicherheit gewährleistet ist. Der Netzbetrieb der Schweiz basiert hingegen auf einer lastgerechten Autarkie, da das System immer in der Waage

---

[266] KELLER; vgl. auch GSTÖHL/PFENNINGER, 20 f.
[267] DEUTSCHLE et al., 155.

gehalten werden muss. Hierfür werden gegenwärtig die Systemgrenzen im europäischen Verbundnetz gezogen, sodass etwa zur Frequenz- und Spannungshaltung eine Notunterstützung durch Reserven ausländischer Übertragungsnetzbetreiber möglich ist.

Würde die Systemgrenze hingegen an den Grenzen der Schweiz gezogen, also im Falle einer Entkoppelung vom europäischen Verbundnetz, wäre ein massiver Ausbau an Betriebsmitteln notwendig, um eigenständig die Frequenz und Spannung halten zu können. Dies würde erhebliche Kostenfolgen nach sich ziehen.[268] Eine Autarkie im Sinne einer völligen Unabhängigkeit vom europäischen Verbundnetz ist damit eine Illusion.[269] Auch Hettich *et al.* erachten die Energie- bzw. Stromautarkie i.S. einer physischen Entkoppelung der Schweizer Strominfrastruktur vom europäischen Energiesystem als «weit hergeholtes Szenario», welches weder seitens der EU noch seitens der Schweiz auf politischer Ebene verfolgt wird. Die Stromautarkie wäre für sich ein schwer erreichbares und insbesondere teures Unterfangen, weshalb die Autarkie keine Alternative zum Stromabkommen darstellt.[270] Demgegenüber scheint, in Einklang mit den Autoren der oben erwähnten ETH-Studie, die Erhöhung des Selbstversorgungsgrades weitaus zielführender zu sein, wobei insbesondere die Energieverfügbarkeit über das Jahr entscheidend ist.[271] Ein angemessener Autarkiegrad erhöht gemäss der ElCom zudem den Verhandlungsspielraum beim Abschluss einer allfälligen technischen Vereinbarung im Bereich der Kapazitätsberechnung.[272]

So sieht bereits das Bundesgesetz über eine sichere Stromversorgung mit erneuerbaren Energien vor, dass auch nach Ausstieg aus der Kernenergie die bisherige Selbstversorgungsfähigkeit der Schweiz erhalten bleiben soll. Einerseits soll eine strategische Energiereserve eingerichtet werden, welche die Verfügbarkeit von Energie Ende Winter absichert.

Diese Reserve kommt erst dann zum Einsatz, wenn die Marktmechanismen versagen. Damit dient die Energiereserve dazu, Energie für ausserordentliche und nicht voraussehbare kritische Knappheitssituationen bereit zu halten.[273]

Dabei sollen, sofern sie technisch dafür geeignet sind, alle möglichen Anbieter von Speicherkraftwerken, Speichern oder abschaltbaren Lasten, die an das

---

[268] SPICKER, Sicht Swissgrid, 19 f.
[269] SPICKER, Sicht Swissgrid, 21.
[270] HETTICH *et al.*, Europeanization, 91 f.
[271] SPICKER, Sicht Swissgrid, 17, 21.
[272] ElCom, Versorgungssicherheit im Winter, 4.
[273] Botsch. sichere Stromversorgung, 2 f., 24.

Schweizer Übertragungsnetz angeschlossen sind, an der Reserve teilnehmen können.[274] Andererseits soll zusätzlich bis 2040 der Ausbau klimaneutraler Erzeugungskapazität im Umfang von 2 TWh, die im Winter sicher abrufbar und klimaneutral ist, finanziell unterstützt werden. Ziel ist es, prioritär grosse Speicherkraftwerke zu bauen, wobei dies mit einem «Winterzuschlag» bei den Stromkonsumenten finanziert werden soll. Dies ist heute im StromVG zur Vorbeugung von Versorgungssicherheitsdefiziten vorgesehen.[275] Durch die Kombination dieser Massnahmen soll die Versorgungssicherheit gestärkt werden, sodass die gegenwärtige Selbstversorgungsfähigkeit von rund 22 Tagen im Jahresmittel auch längerfristig erreicht werden kann.[276] Um diese Ziele auch fristgerecht zu erreichen, schlägt der Bund vor, das Energiegesetz mit weiteren Vorschriften zu ergänzen, welche die Beschleunigung und Vereinfachung des Verfahrens für die bedeutendsten Wasserkraft- und Windenergieanlagen zum Ziel haben.[277] Zudem hat der Bundesrat bereits die Weichen für Gaskraftwerke gestellt. Sollte sich abzeichnen, dass bis spätestens 2030 das Ausbauziel von 2 TWh bis 2040 mit der Grosswasserkraft nicht erreicht werden kann bzw. sich bereits früher Probleme abzeichnen, soll es technologieoffene Ausschreibungen für zusätzliche Kapazitäten geben. Insofern wäre damit auch der Bau von Gaskombikraftwerken möglich, sofern diese das Ziel der Klimaneutralität erfüllen.[278] Der Bau neuer Kernkraftwerke ist hingegen – sofern sich die Meinung des Stimmvolkes nicht grundlegend ändert – unter der Energiestrategie 2050 nicht möglich.[279]

Vor dem Hintergrund der Gefährdung der Versorgungssicherheit[280] sowie aufgrund der vorgesehenen, vor allem längerfristig orientierten Instrumente im Bundesgesetz über eine sichere Stromversorgung mit erneuerbaren Energien, welche bis 2025 noch keine Wirkung entfalten, hat die ElCom dem Bundesrat den Vorschlag unterbreitet, Vorbereitungsarbeiten für konkrete Massnahmen nach Artikel 9 StromVG mit Zeithorizont ab 2025 an die Hand zu nehmen. Im Juni 2021 hat der Bundesrat sodann die ElCom aufgefordert, ein «Konzept Spitzenlast-Gaskraftwerk» zu erarbeiten.[281] Dieses beinhaltet den gestaffelten Bau von zwei bis drei Gaskraftwerken mit einer Leistung von insgesamt bis zu 1000 MW. Die

---

[274] Botsch. sichere Stromversorgung, 25.
[275] Botsch. sichere Stromversorgung, 2 f., 21.
[276] Botsch. sichere Stromversorgung, 21.
[277] Bericht Änderung EnG, 2.
[278] Botsch. sichere Stromversorgung, 23.
[279] THALER/HOFMANN, 7.
[280] Vgl. hierzu oben II.D.4.
[281] ElCom, Konzept Spitzenlast-Gastkraftwerk, 3.

Gaskraftwerke sollen als Ergänzung der Wasserkraftreserve dienen. Dabei dürfen die Reserven nur in Ausnahmesituationen zum Einsatz gelangen, wenn die Nachfrage auf dem Strommarkt zeitweise nicht mehr gedeckt werden kann.[282]

Der Bundesrat hat an seiner Sitzung vom 16. Februar 2022 in der Folge entschieden, als erste Massnahme zur Sicherung der Versorgungssicherheit in Knappheitssituationen bereits auf den Winter 2022/2023 eine Wasserkraftreserve einzurichten. Dabei ist vorgesehen, dass Speicherkraftwerksbetreiber gegen Entgelt eine gewisse Menge Energie zurückbehalten, die bedarfsweise abgerufen wird. Diese Wasserkraftreserve soll per Verordnung eingeführt werden und mit der vorgesehenen Regel im Rahmen der gegenwärtigen Revision des Stromversorgungsgesetzes abgelöst werden. Weiter soll als zweite Versicherungslösung das UVEK umgehend die Vorbereitungsarbeiten i.S. einer Dimensionierung sowie einer Technologie- und Standortwahl für eine allfällige Ausschreibung von zwei bis drei Reserve-Gaskraftwerken aufnehmen. Dabei wird das UVEK parallel die gesetzlichen Bestimmungen erarbeiten, die in der laufenden Revision des Stromversorgungsgesetzes unterbreitet werden sollen, mit denen die Klimaneutralität des Betriebs der Reserve-Gaskraftwerke, etwa durch den Einsatz CO_2-freier Brennstoffe oder durch Kompensation, gewährleistet wird.[283]

Vor dem Hintergrund des eben Geschilderten kann festgehalten werden, dass eine Autarkie der Schweiz keine realistische Alternative zum Stromabkommen darstellt. Allerdings spielt die Erhöhung des Selbstversorgungsgrads eine wichtige Rolle, zumal dies einerseits die Interdependenzen mit der EU verringert und andererseits die Verhandlungsposition der Schweiz bei Gesprächen über ein allfälliges technisches Abkommen hinsichtlich der Kapazitätsberechnungen stärkt.

b. Privatrechtliche Verträge zwischen den Übertragungsnetzbetreibern

Als weitere Möglichkeit ist der Abschluss privatrechtlicher Verträge zwischen Swissgrid und den europäischen Übertragungsnetzbetreibern der Regionen CORE und Italy North zu diskutieren.

Das Ziel von solchen Vereinbarungen wäre die Sicherstellung der technischen Netzsicherheit, allerdings ohne Marktintegration der Schweiz.[284] Die Verträge würden unter anderem die Aspekte der Berechnung der Übertragungskapazität regeln und die FBMC-Transitflüsse durch die Schweiz beschränken, was die Netz-

---

[282] ElCom, Konzept Spitzenlast-Gastkraftwerk, 4 f.
[283] Bundesrat, Medienmitteilung Versorgungssicherheit.
[284] SPICKER, Sicht Swissgrid, 22.

sicherheit erhöht.[285] Ein solches Szenario der vertraglich abgesicherten, technischen Zusammenarbeit zwischen der Schweiz und der EU, wurde auch in der Studie «Stromversorgungssicherheit Schweiz 2025» analysiert. Die Studie kam zum Schluss, dass solche privatrechtlichen Verträge die Netz- und Versorgungssicherheit in der Schweiz verbessern würden und dass die Versorgungssicherheit im Jahr 2025 gesichert wäre.[286]

Allerdings bringen solche Verträge einige Herausforderung mit sich. Zunächst bestehen für solche Verträge keine gesetzlichen Grundlagen, was die Verträge gerichtlich anfechtbar macht. Relevante Fragestellungen wie beispielsweise die Kostentragung, die Haftung oder auch die Rechtsübernahme sind vorwiegend politischer Natur und erschweren nach Angaben von Swissgrid die technische Kooperation.[287]

Weiter setzt der Abschluss solcher Verträge sowohl Einstimmigkeit der Übertragungsnetzbetreiber voraus als auch die Zustimmung sämtlicher Regulierungsbehörden der betroffenen Länder, jeweils binnen 12 Monaten. Die Ablehnung kann dabei auch aus sachfremden Gründen erfolgen[288]. Zudem sind solche «Verträge nicht von regulatorischen Änderungen in einem EU-Vertragsstaat geschützt und der Swissgrid fehlt das innerstaatliche Recht, internationale Anforderungen bei anderen Akteuren in der Schweiz (beispielsweise Verteilnetzbetreibern) durchzusetzen und riskiert damit vertragsbrüchig zu werden.»[289] Des Weiteren bedarf der bereits bestehende Vertrag[290] zwischen Swissgrid und Italy North ebenfalls dann einer Erneuerung, wenn der geplante Zusammenschluss zwischen CORE und Italy North vollzogen wird. Dies dürfte den Abschluss eines neuen Vertrages erheblich erschweren. Das Zustandekommen des Vertrags zwischen Swissgrid und Italy North ist vor allem auf die enge, historisch bedingte Zusammenarbeit zwischen Swissgrid und dem italienischen Übertragungsnetzbetreiber Terna, zurückzuführen. Es war schliesslich die italienische Regulierungsbehörde, welche die anderen drei beteiligten Regulatoren von der Genehmigung des Vertrages zu überzeugen vermochte.[291] Gegenüber den Übertragungsnetzbetreibern und Regulatoren der CORE-Länder fehlt diese enge historische Verbindung. Swissgrid schätzt die Wahrscheinlichkeit des Abschlusses von privatrechtlichen Verträ-

---

[285] ElCom, Studie Stromversorgungssicherheit, 12.
[286] ElCom, Studie Stromversorgungssicherheit, 15 f.
[287] SPICKER, Sicht Swissgrid, 22.
[288] Dies ergibt sich implizit aus anderen EU-Verordnungen und den Network Codes.
[289] SPICKER, Sicht Swissgrid, 22.
[290] Vgl. hierzu oben II.D.1.b.
[291] Interviewpartner 2.

gen auf ca. 50%, spricht aber gleichzeitig von einer «komplexen, aufwendigen und ineffizienten Übergangslösung».[292]

Privatrechtliche Verträge zwischen den Übertragungsnetzbetreibern stellen damit lediglich eine Übergangslösung dar, welche «mit hohem Aufwand und hohen Hürden für die Umsetzung verbunden sind».[293]

Solche privatrechtlichen Verträge dienen im Wesentlichen der Netzsicherheit, sind aber langfristig keine Alternative. Einerseits führt die Genehmigungspflicht solcher Vereinbarungen in der EU zu einer erheblichen Unsicherheit und andererseits ist der Abschluss von neuen Verträgen nach dem Zusammenschluss der beiden Regionen CORE und Italy North höchst unwahrscheinlich, vor allem aufgrund der fehlenden (engen) historischen Beziehungen.

c. Technisches Stromabkommen Schweiz – EU

Eine weitere denkbare Möglichkeit stellt ein rein technisches Stromabkommen zwischen der Schweiz und der EU dar. Ein solches forderte auch die Mitte-Fraktion mittels Motion im Dezember 2021.[294] Konkret beauftragt die Motion den Bundesrat, ein technisches Abkommen mit der EU resp. mit den Mitgliedstaaten auszuhandeln. Swissgrid betrachtet das rein technische Abkommen als notwendig, sieht darin allerdings lediglich eine Übergangslösung, welche primär die Netzsicherheits- und Netzbetriebsaspekte regeln würde und folgende Ziele verfolgt: «Adäquate Berücksichtigung der Schweiz bei der Kapazitätsberechnung, (uneingeschränkte) Teilnahme an den für die Netzsicherheit essenziellen EU-Regelenergieplattformen (TERRE, MARI, PIACASSO), Reduktion der ungeplanten Flüsse und Sicherstellung der maximal möglichen Importkapazitäten.»[295] Beim geforderten technischen Abkommen handelt es sich nicht um ein Marktzugangsabkommen, allerdings können die Marktzugangsfragen nicht vollständig losgelöst werden. Der Einbezug ins Flow-Based Market Coupling stellt beispielsweise eine Art Marktzugang dar. Um mit der EU eher eine Einigung zu finden, bestünde die Möglichkeit, die wirtschaftlichen Vorteile, welche der Schweiz aufgrund der Teilnahme am FBMC entstehen, der EU zurückzuerstatten.[296]

Ob eine solche Lösung in der EU Anklang finden würde, ist unklar. Das Abkommen würde dennoch primär die technische, nicht aber die politische Integration der

---

[292] SPICKER, Sicht Swissgrid, 22.
[293] BOBST et al., 13.
[294] Mo. Die Mitte; Die Motion wurde im Rat noch nicht behandelt.
[295] SPICKER, Sicht Swissgrid, 29.
[296] Interviewpartner 2.

Schweiz absichern. Institutionelle Fragen wären beim rein technischen Stromabkommen nur dort zu klären, wo sie sich im Strombereich konkret stellen oder wenn andere Sektoren von den Lösungen im Strombereich potenziell betroffen wären.[297] Darunter fallen beispielsweise die Regelungen für die Streitbeilegung oder der Umfang der dynamischen Rechtsübernahme. Bobst *et al.* gehen davon aus, dass die Schweiz um «eine gewisse Dynamisierung der Rechtsübernahme [...] kaum herumkommen wird – netzsicherheitsrelevante Veränderungen sollten einerseits von der Schweiz mitbestimmt werden können, andererseits braucht es konsistente Regeln auch in Drittstaaten.»[298] Die Kompetenz zum Abschluss eines solchen technischen Stromabkommens steht in der Schweiz dem Bundesrat zu. Er ist gemäss Art. 24 StromVG berechtigt unter Vorbehalt von Art. 7*a* Abs. 2 RVOG internationale Vereinbarungen, die in den Anwendungsbereich des StromVG fallen, abzuschliessen. In der EU steht die Kompetenz zum Abschluss eines technischen Stromabkommens der Union zu (Art. 216 AEUV).[299]

Wie bereits unter II.C.2 ausgeführt, hat die EU allerdings bereits 2012 klar gemacht, dass sie ohne institutionelles Rahmenabkommen nicht bereit ist, weitere Marktzugangsabkommen mit der Schweiz zu schliessen. Da es sich beim rein technischen Stromabkommen nicht um ein Marktzugangsabkommen handelt, ist die vorgängige Klärung des institutionelles Rahmens grundsätzlich nicht erforderlich. Von der EU gibt es allerdings seit längerem kein Signal, dass sie bereit wäre, ein solches technisches Stromabkommen abzuschliessen.[300] Der Abschluss eines rein technischen Stromabkommens scheint daher aufgrund von politischen Differenzen unwahrscheinlich.

III. Fazit

Vorliegende Arbeit widmete sich der Frage, wie sich die rechtlichen und politischen Aspekte der Übertragungsnetze im Vergleich zwischen der EU und der Schweiz gestalten, welche Bedeutung diesen Aspekten im Bereich der grenzüberschreitenden Zusammenarbeit zukommt und welche Auswirkungen ein Stromabkommen zwischen der Schweiz und der EU in diesem Kontext hätte.

In der Schweiz liegt die Kompetenz im Bereich der Übertragungsnetze hauptsächlich beim Bund, demgegenüber liegt in der EU im Energiebereich eine geteilte Zu-

---

[297] BOBST *et al.*, 15.
[298] BOBST *et al.*, 15.
[299] Vgl. hierzu: Beck-Komm./MÖGELE, Art. 216 AEUV, N 13–48.
[300] Interviewpartner 1.

ständigkeit vor. Die Kantone üben aufgrund der Eigentümerstruktur der Energieversorgungsunternehmen einen bedeutenden Einfluss auf die Politik aus und sind in verschiedenen Feldern tätig, die die Energiepolitik mitprägen. Ein Vergleich der Strommärkte in der Schweiz und in der EU hat gezeigt, dass der Markt in der EU seit längerem vollständig liberalisiert ist, in der Schweiz zum aktuellen Zeitpunkt lediglich teilliberalisiert, wobei die vollständige Marktöffnung in naher Zukunft vorgenommen werden soll.

Die geltenden Rechtsvorschriften im Bereich der Strommärkte driften in der Schweiz und der EU zunehmend auseinander. Beispielsweise werden in der EU die Stromkapazitäten grenzüberschreitend anhand des Flow-Based Market Coupling verwaltet und gesteuert, was zahlreiche Optimierungen mit sich bringt. Die Schweiz ist von der Teilnahme ausgeschlossen und leidet aufgrund des FBMC unter zunehmenden ungeplanten Stromflüssen, welche die Netzstabilität gefährden. Diese Problematik wird sich in naher Zukunft aufgrund der Einführung der 70%-Regel weiter verschärfen. Die wachsenden Unterschiede führen daher zu immer ernster werdenden Problematiken.

Zudem fördert die EU den Ausbau erneuerbarer Energien, was eine Veränderung im Produktionsmix und damit der Stromflüsse im europäischen Stromnetz zur Folge hat. Zugleich verfolgt die Schweiz ihre Energiestrategie 2050, die ebenfalls eine Förderung erneuerbarer Energien vorsieht. Mit dem schleppenden Netzausbau, der Volatilität der eigens produzierten Strommenge infolge der Förderung erneuerbarer Energien und der prognostizierten Zunahme des Stromverbrauchs wird die Versorgungssicherheit der Schweiz weiter gefährdet.

So ergab eine Studie, dass im Jahr 2025 ohne Kooperation zwischen der Schweiz und der EU in einer definierten Stresssituation der Schweiz zu wenig Strom zur Verfügung steht. Ferner gestaltet sich die Kommunikation zwischen der Schweiz und der EU, spätestens seit Abbruch der Verhandlungen über das InstA zunehmend schwieriger: zum einen verlor die ElCom ihren Beobachterstatus bei der ACER, zum anderen droht Swissgrid bis Ende 2022 der Ausschluss aus der ENTSO-E. Insgesamt lassen sich zwei grobe Tendenzen erkennen: Einerseits nehmen die Unterschiede im anwendbaren Recht zu und andererseits lässt sich der Ausschluss der Schweiz aus Gremien und Prozessen beobachten.

Ohne Stromabkommen liegt das Kernproblem aus Sicht der Schweiz darin, dass sie zwar physikalisch stark in das europäische Verbundsystem eingebunden ist, aber auf Ebene der Netzsicherheit und auf kommerzieller Ebene immer stärker abgeschnitten ist. Unseres Erachtens befindet sich die Schweiz in der Folge in einem Dilemma: Einerseits würde das Stromabkommen die Gewährleistung der Versorgungssicherheit ermöglichen, andererseits wäre dazu ein Wiederaufnahme der Verhandlungen und ein Abschluss des InstA erforderlich, was wiederum einen Verlust von Souveränität bedeuten würde.

In vorliegender Arbeit wurden sodann mögliche Alternativen zum Stromabkommen analysiert. Dabei konnte dargelegt werden, dass die Autarkie der Schweiz keine realistische, machbare Lösung darstellt. Auch privatrechtliche Verträge zwischen den Übertragungsnetzbetreibern stellen keine valide, langfristige Lösung dar, sondern eignen sich höchstens als Übergangslösung, um die Netzsicherheit zumindest kurzfristig zu sichern. Ein technisches Stromabkommen wird von Seiten der Swissgrid als notwendig erachtet, stellt aber gleichzeitig lediglich eine Übergangslösung dar. Allerdings machen politische Differenzen ein technisches Stromabkommen mit der EU unwahrscheinlich. Letztlich konnte das Stromabkommen als einzige Möglichkeit identifiziert werden, die aufgezeigten Problematiken längerfristig zu lösen.

Als Übergangslösung zur kurzfristigen Sicherung der Versorgungssicherheit ist unseres Erachtens die Erhöhung des Selbstversorgungsgrades in Kombination mit privatrechtlichen Verträgen zwischen den Übertragungsnetzbetreibern denkbar. Als langfristige Lösung bleibt aber das Stromabkommen entscheidend.

Als Kompensation für den Verlust an Souveränität durch das Stromabkommen kann die Schweiz im Gegenzug die EU-Energiepolitik bis zu einem gewissen Grad mitgestalten und durch die Teilnahme an Gremien und Entscheidprozessen stärkeren Einfluss nehmen.[301]

Der Schweiz und der EU bleibt aufgrund gegenseitiger, wenn auch unterschiedlich starker Abhängigkeiten, nichts anders übrig, als in den gegenseitigen Dialog zu treten. «Der Strom macht [...] an keinen politischen Grenzen halt oder hört auf zu fliessen».[302] Deshalb ist es, gerade im Strombereich, aber auch in den anderen Bereichen erforderlich, dass die Schweizer Regierung im Umgang mit der EU eine klare Strategie erarbeitet.[303] Nach dem Abbruch der Verhandlungen liegt der Ball zur Aufnahme eines Gesprächs mit der EU nun bei der Schweiz. Dabei wird es allerdings nicht genügen – wie Ignazio Cassis im einleitenden Zitat schilderte – sich darauf zu verlassen, dass es von der EU aufgrund der Sinnhaftigkeit der Zusammenarbeit unsinnig wäre, die Schweiz auf dem Feld des Stroms zu piesacken, statt zu kooperieren. Schliesslich ist es die Aufgabe von beiden Seiten, allenfalls auch unter Zugestehen von Kompromissen, die politische verfahrene Situation aufzulösen.

---

[301] Vgl. auch THALER/HOFMANN, 8.
[302] Interviewpartner 4.
[303] Interviewpartner 3.

Literaturverzeichnis

Axpo: Zahlen und Fakten zum Strommarkt, Der Schweizer Strommarkt <https://www.axpo.com/ch/de/ueber-uns/medien-und-politik/strommarkt-schweiz.html> (besucht am 18.03.2022) (zit. Strommarkt).

Axpo: Der Weg des Stroms, <https://www.axpo.com/ch/de/ueber- uns/magazin.detail.html/magazin/energiemarkt/der-weg-des-stroms.html> (besucht am 28.02.2022) (zit. Weg).

BALLINARI YVES: Thaler – «Status Quo ohne Stromabkommen nicht haltbar», <https://www.energate-messenger.ch/news/200607/thaler-status-quo-ohne-stromabkommen-nicht-haltbar-> vom 27.02.2020 (besucht am 25.04.2022).

BARMETTLER STEFAN/MILLISCHER SVEN: «Jedes Jahr hat einen Preis», Handelszeitung vom 16.08.2019, <https://www.uvek.admin.ch/dam/uvek/de/dokumente/dasuvek/Interview% 20Handelszeitung%20Stromabkommen.pdf.download.pdf/Interview%20Handelszeitung%20Stromabkommen.pdf> (besucht am 10.05.2022).

BIAGGINI GIOVANNI: BV Kommentar Bundesverfassung der Schweizerischen Eidgenossenschaft, Orell Füssli Kommentar (2. Aufl., Zürich 2017) (zit. BV-Komm., Art., N.).

BOBS KURT et al.: Task Force «Elektrizität» – Whitepaper Stromsystem Schweiz Europa, Allianz Kompass/Europa vom 10.09.2021, <https://kompasseuropa.ch/wp-content/uploads/2021/09/Whitepaper_TF_Elektrizitaet.pdf> (besucht am 14.04.2022).

BRUNNER FLORIAN: «Strommix 2020», Umweltbelastung aus der Stromproduktion der vier grössten Schweizer Stromversorger 2020, Kurzstudie vom Juli 2021, <https://energiestiftung.ch/files/energiestiftung/publikationen/pdf/20210705_E_Kurzstudie_Stro mmix_2020.pdf> (besucht am 18.03.2022).

Bundesamt für Bevölkerungsschutz (BABS): Stromausfall, Katastrophen und Notlagen Schweiz 2020/Gefährdungsdossier vom November 2020, <https://www.babs.admin.ch/de/aufgabenbabs/gefaehrdrisiken/natgefaehrdanalyse/gefaehrddossier.html => Bereich Technik => Stromausfall> (besucht am 04.05.2022) (zit. Stromausfall).

Bundesamt für Energie (BFE): Energiestrategie 2050: Chronologie vom 18. Januar 2018,<https://www.bfe.admin.ch/bfe/de/home/politik/energiestrategie-2050.exturl.html/aHR0cHM 6Ly9wdWJkYi5iZmUuYWRtaW4uY2gvZGUvcHVibGljYXRpb25/Rpb24vZG93bmxvYWQvODI5 Mw==.html> (besucht am 15.03.2022) (zit. Chronologie Energiestrategie).

Dass.: Energieverhandlungen Schweiz – EU, <https://www.bfe.admin.ch/bfe/de/home/versorgung/stromversorgung/energieverhandlungen-schweiz-eu.html> (besucht am 04.04.2022) (zit. Energieverhandlungen.).

Dass.: Schweizerische Elektrizitätsstatistik 2020 (Bern 2021) (zit. Elektrizitätsstatistik.). Dass.: Schweizerische Gesamtenergiestatistik 2020 (Bern 2021) (zit. Gesamtenergiestatistik.).

Dass.: Szenariorahmen 2030/2040 für die Stromnetzplanung (24.11.2021), <https://www.bfe.admin.ch/bfe/de/home/versorgung/stromversorgung/stromnetze/netzentwicklung-strategie-stromnetze/szenariorahmen.html> (besucht am 08.04.2022) (zit. Stromnetzplanung).

Dass.: Was ist die Energiestrategie2050?, <https://www.bfe.admin.ch/bfe/de/home/politik/energiestrategie-2050/was-ist-die-energiestrate gie-2050.html> (besucht am 15.03.2022) (zit. Energiestrategie).

Bundesamt für Umwelt (BAFU): Das Übereinkommen von Paris, <https://www.bafu.admin.ch/bafu/de/home/themen/klima/fachinformationen/klima– internationa les/das-uebereinkommen-von-paris.html> (besucht am 06.04.2022) (zit. Paris).

Bundesamt für wirtschaftliche Landesversorgung (BWL)/Verband Schweizerischer Elektrizitätsunternehmen (VSE)/Organisation für Stromversorgung in ausserordentlichen Lagen (OSTRAL): FAQ Strommangellage, <https://www.ostral.ch/de/media/2740/download> (besucht am 08.04.2022) (zit. FAQ Strommangellage).

Bundesnetzagentur: Grenzüberschreitender Stromhandel, <https://www.smard.de/page/home/wiki- article/446/548> (besucht am 02.05.2022).

Bundesrat: Versorgungssicherheit: Bundesrat richtet ab dem nächsten Winter eine Wasserkraftreserve ein und plant Reserve-Kraftwerke, Medienmitteilung vom 17.02.2022, <https://www.admin.ch/gov/de/start/dokumentation/medienmittei lungen.msg-id-87202.html# downloads> (besucht am 11.05.2022) (zit. Medienmitteilung Versorgungssicherheit).

BÜRGI REMO: Die Kernelemente der Energiestrategie 2050, Energie-Experten vom 16.02.2022, <https://www.energie-experten.ch/de/detail/die-kernelemente-de r-energiestrategie-2050.html> (besucht am 06.04.2022).

BÖSCH LORENZ: Die EnDK und die Energiepolitik der Kantone, Einführung, Referat anlässlich des WBK für Baufachleute der ALB – CH vom 6. Und 7. November 2012, <https://www.agroscope.admin.ch/dam/agroscope/de/dokumente/aktuell/Ver anstaltungen/wbk-baufachtagung/2012/01-boesch.pdf.download.pdf/Bauta gung_2012_01_Boesch_D.pdf> (besucht am 08.04.2022).

CEER: About CEER – Council of European Energy Regulators, <https://www.ceer.eu/eer_about> (besucht am 21.03.2022).

Competence Center for Research in Energy, Society and Transition (SCCER CREST): Was kommt nach der kostendeckenden Einspeisevergütung (KEV): Fördern, Lenken, Abwarten?, White Paper 3, Januar/2017 (zit. SCCER CREST).

DEUTSCHLE JÜRGEN et al.: Energie-Autarkie und Energie-Autonomie in Theorie und Praxis, Zeitschrift für Energiewirtschaft 3/2015, S. 151 ff.

DÜMMLER PATRICK: Verlust an energiepolitischer Souveränität, Unbequeme Folgen des Bundesratsentscheids für die Schweizer Stromwirtschaft, avenir suisse vom 26.05.2021, <https://www.avenir-suisse.ch/verlust-an-energiepolitischer-sou veraenitaet/> (besucht am 21.03.2022).

EHRENZELLER BERNHARD et al. (Hrsg.): Die Schweizerische Bundesverfassung, St. Galler Kommentar (3. Aufl. Zürich 2014) (zit. SG-Komm./BEARBEITER/IN Art., N.).

Eidgenössische Elektrizitätskommission (ElCom): ElCom erlangt Beobachterstatus bei CEER, <https://www.elcom.admin.ch/elcom/de/home/dokumentation/medien mitteilung en.msg-id- 43151.html> (besucht am 21.03.2022) (zit. CEER).

Dies.: Konzept Spitzenlast-Gaskraftwerk zur Sicherstellung der Netzsicherheit in ausserordentlichen Notsituationen, Bericht zuhanden Bundesratvom 30.11.2021, <https://www.elcom.admin.ch/elcom/de/home/dokumentation/berichte-und-st udien.html => Konzept Spitzenlast-Gaskraftwerk> (zit. Konzept Spitzenlast-Gastkraftwerk).

Dies.: Newsletter 2/2016 der ElCom vom 25. Februar 2016, https://www.elcom.admi n.ch/elcom/de/home/dokumentation/newsletter.html => Newsletter 02/2016> (besucht am 28.04.2022) (zit. Newsletter).

Dies.: Regelleistung und Regelenergie 2019 – Bericht der ElCom vom Juni 2020 (zit. Regelenergie).

Dies.: Stromversorgungssicherheit Schweiz 2025 – Studie vom Oktober 2021 (zit. StudieStromversorgungssicherheit).

Dies.: Tätigkeitsbericht der ElCom 2020 (zit. Tätigkeitsbericht 2020).

Dies.: Versorgungssicherheit im Winter – Faktenblatt zu den Importrisiken vom Juni 2021 (zit. Versorgungssicherheit im Winter).

Eidgenössisches Departement für auswärtige Angelegenheiten (EDA): Bericht betreffend die Verhandlungen über ein institutionelles Abkommen zwischen der Schweiz und der EU vom 26. Mai 2021 (zit. Verhandlungen InstA).

Dass.: Informationsblatt Strom vom September 2020 (zit. Informationsblatt).

Eidgenössisches Departement für Umwelt, Verkehr, Energie und Kommunikation (UVEK): Europäischer Strommarkt, <https://www.uvek.admin.ch/uvek/de/home/ energie/europaeischer-strommarkt.html> (besucht am 17.03.2022) (zit. Europäischer Strommarkt).

Energie-Handels-Gesellschaft mbH & Co. KG (EHA): Der Strommarkt in Deutschland – Überblick, Akteure & Marktrollen, EHA vom 13.07.2020, <https://www.eha.net/ blog/details/strommarkt- deutschland.html> (besucht am 08.04.2022).

Entso-E: Annual Report 2020 (zit. Annual Report).

Dies.: Articles of Association vom 30.09.2014, <https://eepublicdownloads.entsoe. eu/clean- documents/General%20ENTSO-E%20documents/General%20ENTSO-E %20documents/14093 0_Articles_of_Association.pdf > (zit. Art., Abs., ENTSOE-Satzung).

Dies.: Continental Europe successful synchronisation with Ukraine and Moldova power systems vom 16.03.2022, <https://www.entsoe.eu/news/2022/03/16/con tinental-europe-successful-synchroni sation-with-ukraine-and-moldova-power-systems> (besucht am 08.04.2022) (zit. synchronisation).

Dies.: ENTSO-E report on capacity calculation and allocation 2021vom 19.07.2021, <https://www.entsoe.eu/news/2021/07/19/entso-e-releases-two-2021-market-monitoring- reports/=> ENTSO-E Market Report 2021> (besucht am 08.04.2022) (zit. Report).

Europäisches Parlament: Energiebinnenmarkt, Kurzdarstellung zur Europäischen-Union, <https://www.europarl.europa.eu/factsheets/de/sheet/45/energiebinnenmarkt>(besucht am 17.03.2022) (zit. Energiebinnenmarkt.).

Dass.: Energiepolitik – allgemeine Grundsätze, Kurzdarstellung zur Europäischen Union, <https://www.europarl.europa.eu/factsheets/de/sheet/68/energiepolitik-allgemeine-grundsatze> (besucht am 17.03.2022) (zit. Energiepolitik).

FINCK RAFAEL: Impact of Flow Based Market Coupling on the European Electricity Markets, Sustainability Management Forum 11/2021, S. 173 ff.

FÖHSE KATHRIN: Die rechtliche Ausgestaltung der nationalen Netzgesellschaft im Stromversorgungsgesetz (StromVG), Zürich/St.Gallen 2014 (zit. FÖHSE, Nationale Netzgesellschaft).

FÖHSE MARTIN: Grundversorgung mit Strom – ein Überblick zu Rechtsverhältnissen und Zuständigkeiten, AJP 2018, S. 1235 ff. (zit. FÖHSE, Grundversorgung).

FORSTER CHRISTOF: Ein weiterer Nadelstich der EU: Die Schweiz ist bei den europäischen Strom- Regulatoren nicht mehr erwünscht, NZZ vom 13.09.2021, <https://www.nzz.ch/schweiz/weiterernadelstich-der-eu-gegen-die-schweiz-beim-strom-ld.1644869?reduced=true> (besucht am 21.03.2022).

Frontier Economics: Analyse Stromzusammenarbeit CH-EU – Schlussbericht (September 2021) (zit. Frontier Economics).

GSTÖHL URSIN/PFENNINGER STEFAN: Energy self-sufficient households with photovoltaics and electric vehicles are feasible in temperate climate, PLOS ONE vom 04.03.2020.

GUST STEPHANIE: Frühwarnsystem im europäischen Stromnetz, ZfK 06/2018, S. 9.

HETTICH PETER et al.: Europeanization of the Swiss Energy System, in: Abegg Andreas/Heselhaus Sebastian/Hettich Peter/Reich Johannes (Hrsg.): Schriften zum Energierecht 13 (Zürich/St.Gallen 2020) (zit. Europeanization).

HETTICH PETER/RECHSTEINER STEFAN: Energie, in: Tschudi Hans Martin et al. (Hrsg.): Die Grenzüberschreitende Zusammenarbeit der Schweiz, Juristisches Handbuch zur Grenzüberschreitenden Zusammenarbeit von Bund und Kantonen (Zürich/St.Gallen 2014), S. 707 ff.

HETTICH PETER/WALTHER SIMONE/SCHREIBER TSCHUDIN SABINE: Schweiz ohne Stromabkommen, (Zürich/St.Gallen 2015).

KELLER MICHAEL: Energieautarke Schweizer Haushalte bis 2050? ETH Zürich News vom 04.03.2020, <https://ethz.ch/de/news-und-veranstaltungen/eth-news/news/2020/03/energieautarke-schweizer-haushalte.html> (besucht am 02.04.2022).

KÜHLING JÜRGEN/RASBACH WINFRIED/BUSCH CLAUDIA, Energierecht (4. Aufl., Baden-Baden 2018).

MÜLLER RETO PATRICK: Energiewende – Neue Politik in altem Kleid? Verfassungsrechtliche Aspekte eines Ausstiegs aus der Kernenergie, ZBl 114/2013, S. 635 ff.

Next Kraftwerke AT: EEX & EXAA – wie funktionieren die Strombörsen?, <https://www.next-kraftwerke.at/wissen/strommarkt/eex-exaa> (besucht am 25.03.2022).

ORIFICI DAVIDE: Stromhandel in der Schweiz – gestern, heute und morgen, Referat vom 06.03.2019, <https://www.strom.ch/system/files/media/documents/EP EXSPOT_Stromhandel_gestern_heute_morgen_20190306.pdf> (besucht am 25.03.2022).

Österreichische Energieagentur (AEA): Mehr Transparenz für den Stromhandel im Flow-Based Market Coupling vom Juli 2020, <https://oesterreichsenergie.at/file admin/user_upload/Oesterreichs_Energie/Publikationsdatenbank/Studien/202 0/Mehr_Transparenz_f%C3%BCr_de n_Stromhandel_im_FBMC_2020.pdf> (besucht am 27.03.2022).

Rat der Europäischen Union: Schlussfolgerungen des Rates zu einem homogenen erweiterten Binnenmarkt und den Beziehungen der EU zu nicht der EU angehörenden westeuropäischen Ländern vom 16.12.2014 (zit. Schlussfolgerungen 2014).

REICHERT GÖTZ/VOSSWINKEL JAN S.: Die Energiepolitik der Europäischen Union, Centrum für Europäische Politik (CEP) vom September 2010, <https://www.cep.eu/Stu dien/cepKompass_Energiepolitik/cepKompass_EU-Energiepoli tik.pdf> (besucht am 16.03.2022).

RITTER JOHANNES: «Die Schweiz ist halt so», Außenminister Ignazio Cassis (FDP) über das Aus für das Rahmenabkommen mit der EU und warum er sich bisweilen wie Harry Potter fühlt, Frankfurter Allgemeine Zeitung vom 29.05.2021, <https:// www.genios.de/presse-archiv/artikel/FAZ/20210529/-die-schweiz-ist-halt-so-aus senmini/FD2202105296251323.html> (besucht am 06.05.2022).

SPICKER JÖRG: Versorgungssicherheit – Sicht Swissgrid (18.03.2022) (zit. Sicht Swissgrid).

Ders.: Versorgungssicherheit ohne Stromabkommen? Präsentation vom 11.11.2021, <https://suisse-en-europe.ch/wp-content/uploads/2021/11/211111-GV-La-Suiss e-en-Europe-final.pdf>, (besucht am 14.03.2022) (zit. Versorgungssicherheit).

Statistisches Bundesamt (Destatis): Stromerzeugung 2021 – Anteil konventioneller Energieträger deutlich gestiegen, <https://www.destatis.de/DE/Presse/Pressemit teilungen/2022/03/PD22_116_43312.html> (besucht am 18.03.2022) (zit. Stromerzeugung 2021).

STÖCKLI ANDREAS/MARXER LUKAS: Rechtliche Grundlagen der Förderung erneuerbarer Energien unter besonderer Berücksichtigung des Einspeisevergütungssystems nach dem neuen Energiegesetz, in: Boillet Véronique/Favre Anne-Christine/Martenet Vincent (Hrsg.), Le droit public en mouvement – Mélanges en l'honneur du Professeur Etienne Poltier (Genf etc. 2020), S. 1007 ff.

STREINZ RUDOLF (Hrsg.): Beck'sche Kurz-Kommentare, EUV/AEUV (3. Aufl., München 2018) (zit. Beck- Komm./BEARBEITER/IN, Art., N.).

Swissgrid: Balancing Roadmap Schweiz vom April 2018, <https://www.swissgrid.ch/ dam/swissgrid/about-us/newsroom/publications/balancing-roadmap-ch-de.pdf> (besucht am 13.03.2022) (zit. Roadmap).

Dies.: Bericht zum strategischen Netz 2025(2015) <https://www.swissgrid.ch/dam/ swissgrid/projects/strategic-grid/sg2025-technical-report- de.pdfhtml> (besucht am 31.03.2022) (zit. Bericht zum strategischen Netz 2025).

Dies.: Corporate Governance, <https://www.swissgrid.ch/de/home/about-us/company/gover nance.html#aktionare> (besucht am 09.05.2022) (zit. Corporate Governance).

Dies.: Engpassmanagement, <https://www.swissgrid.ch/de/home/operation/market/congestion- mgmt.html> (besucht am 25.03.2022 unter) (zit. Engpassmanagement).

Dies.: Factsheet 70% Kriterium der EU vom Januar 2022, <https://www.swissgrid.ch/dam/swissgrid/about-us/newsroom/positions/20220112-Factsheet-70-Prozent-Kriterium-de.pdf> (besucht am 24.03.2022) (zit. 70%-Kriterium).

Dies.: Factsheet TERRE – Europäische Plattform für die gemeinsame Vorhaltung von Regelleistung vom April 2021, <https://www.swissgrid.ch/dam/swissgrid/about- us/newsroom/positions/210421-Factsheet-TERRE-de.pdf> (besucht am 25.03.2022) (zit. TERRE).

Dies.: Frequenz, <https://www.swissgrid.ch/de/home/operation/regulation/frequency.html> (besucht am 21.03.2022) (zit. Frequenz).

Dies.: Market Coupling (2015), <https://www.swissgrid.ch/dam/swissgrid/operation/regulation/market/market-coupling-de.pdf> (zit. Market Coupling).

Dies.: Netztechnologien <https://www.swissgrid.ch/de/home/operation/power-grid/technologies.html> (besucht am 07.04.2022) (zit. Netztechnologien).

Dies.: Schweizer Übertragungsnetz, <https://www.swissgrid.ch/de/home/operation/power-grid/swiss- power-grid.html> (besucht am 08.04.2022) (zit. Schweizer Übertragungsnetz).

Dies.: Stern von Laufenburg, <https://www.swissgrid.ch/de/home/operation/power-grid/star-of- laufenburg.html> (besucht am 02.05.2022) (zit. Stern von Laufenburg).

Dies.: Strategisches Netz <https://www.swissgrid.ch/de/home/projects/strategic-grid.html> (besucht am 31.03.2022) (zit. Strategisches Netz).

Dies.: Swissgrid unterzeichnet Vertrag mit der Kapazitätsberechnungsregion Italy North, <https://www.swissgrid.ch/de/home/newsroom/newsfeed/20220107-01.html> (besucht am 25.03.2022) (zit. Vertrag).

Dies.: Swissgrid-Stellungnahme zur Revision des Energiegesetzes,<https://www.swissgrid.ch/dam/swissgrid/about-us/newsroom/newsfeed/2020/200709-Swiss grid-Stellungnahme-Energiegesetz-de.pdf> (besucht am 22.04.2022) (zit. Stellungnahme Swissgrid, Revision EnG, S.).

TAMI RENATO: Referat am Stromkongress 2018 vom 16.01.2018.

TenneT: Marktintegration – Kopplung der europäischen Strommärkte vom Dezember 2010 (zit.Marktintegration).

Terna: Go-Live of implicit intraday auctions on Swiss-Italian border vom 11.04.2019, <https://www.terna.it/en/electric-system/publications/operators-news/detail/go-live-of-implicit-intraday-auctions-on-swiss-italian-border-20190410> (besucht am 14.03.2022).

THALER PHILIPP/HOFMANN BENJAMIN: The impossible energy trinity: Energy security, sustainability, and sovereignty in cross-border electricity systems, Political Geography 94/2022.

TIPLER PAUL A./MOSCA GENE: Physik für Studierende der Naturwissenschaften und Technik (8. Aufl., Berlin 2019).

Union for the Coordination of Production and Trans•mission of Electricity (UCPTE)/ Union for the Co- ordination of Transmission of Electricity (UCTE): The 50 Year Success Story – Evolution of a European Interconnected Grid (Brüssel 2009) (zit. UCPTE/UCTE).

VAN BAAL PAUL et al: The Swiss energy transition and the relationship with Europe (Lausanne 2019).

VAN DEN BERGH KENNETH/BOURY JONAS/DELARUE ERIK: The Flow-Based Market Coupling in Central Western Europe – concepts and definitions vom November 2015.

Verband schweizerischer elektrizitätsunternehmen (VSE): Der Systemstress nimmt zu (22.04.2021), <https://www.strom.ch/de/nachrichten/der-systemstress-nimmt-zu> (besucht am 14.03.2022) (zit. Systemstress).

Ders.: Strommarkt, <https://www.strom.ch/de/energiewissen/produktion-und-handel/strommarkt#:~:text=Strom%20wird%20auf%20verschiedenen%20europ%C3% A4ischen,wird%20dabei%20gekauft%20und%20verkauft> (besucht am 14.03.2022) (zit. Strommarkt).

WALDMANN BERNHARD/BELSER EVA MARIA/EPINEY ASTRID (Hrsg.): Basler Kommentar, Bundesverfassung (1. Aufl., Basel 2015) (zit. BSK BV-BEARBEITER/IN, Art., N.).

WINKLER DANIELA/BAUMGART MAX/ACKERMANN THOMAS: Europäisches Energierecht (Baden- Baden 2021).

WÜRFEL PHILIP: Unter Strom – Die neuen Regeln der Stromwirtschaft (2. Aufl., Wiesbaden 2017). ZUMWALD YVES/FRANK MICHAEL: Braucht die Schweiz ein Stromabkommen?, Präsentation vom 30.05.2018.

Materialienverzeichnis

Europäische Union (EU)

Paket zur Energieunion, Mitteilung der Kommission an das Europäische Parlament, den Rat, den Europäischen Wirtschafts- und Sozialausschuss, den Ausschuss der Regionen und die Europäische Investitionsbank: Rahmenstrategie für eine krisenfeste Energieunion mit einer zukunftsorientierten Klimaschutzstrategie, COM (2015) 080 endg. vom 25.02.2015 (zit. Mitteilung der Kommission).

Schweiz

Bundesbeschluss über die zweite Etappe der Strommarktöffnung, Erläuternder Bericht zur Vernehmlassungsvorlage vom Oktober 2014, <https://www.newsd.admin.ch/newsd/message/attachments/36804.pdf> (zit. Bericht Strommarktöffnung).

Botschaft zum Elektrizitätsmarktgesetz (EMG) vom 07.06.1999, BBl 1999 7370 ff. (zit. Botsch. EMG).

Botschaft zur Änderung des Elektrizitätsgesetzes (EleG) und zum Bundesgesetz über die Stromversorgung (StromVG) vom 03.12.2004, BBl 2005 1611 ff. (zit. Botsch. EleG und StromVG).

Botschaft zum ersten Massnahmenpaket der Energiestrategie 2050 (Revision des Energierechts) und zur Volksinitiative «Für den geordneten Ausstieg aus der Atomenergie (Atomausstiegsinitiative) vom 04.09.2013, BBl 2013 7561 ff. (zit. Botsch. Energiestrategie 2050).

Botschaft zum Bundesgesetz über eine sichere Stromversorgung mit erneuerbaren Energien vom 18.06.2021, BBl 2021 1666 ff. (zit. Botsch. sichere Stromversorgung)

Konferenz Kantonaler Energiedirektoren (EnDK), Energiepolitische Leitlinien, Beschluss der EnDK- Generalversammlung vom 04.05.2012 (zit. Leitlinien).

Interpellation Burkart (21.3226) «Stromversorgungssicherheit im Winter» vom 17.03.2021 (zit. Interpellation Burkart).

Motion Mitte-Fraktion (21.4500) «Verhandlung zwischenstaatlicher technischer Vereinbarungen im Bereich Strom» vom 16.12.2021 (zit. Mo. Die Mitte).

Vorentwurf zur Änderung des Energiegesetzes, Erläuternder Bericht zur Vernehmlassungsvorlage vom 02.02.2022, abgerufen von <https://www.newsd.admin.ch/newsd/message/attach ments/70143.pdf> (besucht am 02.05.2022) (zit. Bericht Änderung EnG).

Erlassverzeichnis

Europäische Union (EU)

Die Sortierung der Erlasse der EU erfolgt gegliedert nach hierarchischer Stellung.

Vertrag über die Europäische Union, ABl. C 326 vom 26.10.2012, S. 13 ff.

Vertrag über die Arbeitsweise der Europäischen Union, ABl. C 326 vom 26.10.2012, S. 47 ff. Verordnung (EG) Nr. 1228/2003 des Europäischen Parlaments und des Rates vom 26.06.2003 über die

Netzzugangsbedingungen für den grenzüberschreitenden Stromhandel, ABl. L 176 vom 15.07.2003, S. 1 ff.

Verordnung (EG) Nr. 713/2009 des Europäischen Parlaments und des Rates vom 13.07.2009 zur Gründung einer Agentur für die Zusammenarbeit der Energieregulierungsbehörden, ABl. L 211 vom 14.08.2009, S. 1 ff.

Verordnung (EG) Nr. 714/2009 des Europäischen Parlaments und des Rates vom 13.07.2009 über die Netzzugangsbedingungen für den grenzüberschreitenden Stromhandel, ABl. L 211 vom 14.08.2009, S. 15 ff.

Verordnung (EU) Nr. 1227/2011 des Europäischen Parlaments und des Rates vom 25.10.2011 über die Integrität und Transparenz des Energiegroßhandelsmarkts, ABl. L 326, vom 08.12.2011, S. 1 ff.

Verordnung (EU) 2015/1222 der Kommission vom 24.07.2015 zur Festlegung einer Leitlinie für die Kapazitätsvergabe und das Engpassmanagement, ABl. L 197 vom 25.07.2015, S. 24 ff.

Verordnung (EU) 2017/1485 der Kommission vom 02.08.2017 zur Festlegung einer Leitlinie für den Übertragungsnetzbetrieb, ABl. L 220 vom 25.08.2017, S. 1 ff.

Verordnung (EU) 2017/2195 der Kommission vom 23.11.2017 zur Festlegung einer Leitlinie über den Systemausgleich im Elektrizitätsversorgungssystem, ABl. L 312 vom 28.11.2017, S. 6 ff.

Verordnung (EU) 2019/941 des Europäischen Parlaments und des Rates vom 05.06.2019 über die Risikovorsorge im Elektrizitätssektor, ABl. L 158 vom 14.06.2019, S. 1 ff.

Verordnung (EU) 2019/942 des Europäischen Parlaments und des Rates vom 05.06.2019 zur Gründung einer Agentur der Europäischen Union für die Zusammenarbeit der Energieregulierungsbehörden, ABl. L. 158 vom 14.06.2019, S. 22 ff.

Verordnung (EU) 2019/943 des Europäischen Parlaments und des Rates vom 05.06.2019 über den Elektrizitätsbinnenmarkt, ABl. L 158 vom 14.06.2019, S. 54 ff.

Richtlinie 96/92/EG des Europäischen Parlaments und des Rates vom 19.12.1996 betreffend gemeinsame Vorschriften für den Elektrizitätsbinnenmarkt, ABl. L 27 vom 30.01.1997, S. 20 ff.

Richtlinie 2003/54/EG des Europäischen Parlaments und des Rates vom 26.06.2003 über gemeinsame Vorschriften für den Elektrizitätsbinnenmarkt, ABl. L 176 vom 15.07.2003, S. 37 ff.

Richtlinie 2009/28/EG des Europäischen Parlaments und des Rates vom 23.04.2009 zur Förderung der Nutzung von Energie aus erneuerbaren Quellen, ABl. L 140 vom 05.06.2009, S. 16 ff.

Richtlinie 2009/72/EG des Europäischen Parlaments und des Rates vom 13.07.2009 über gemeinsame Vorschriften für den Elektrizitätsbinnenmarkt, ABl. L 211 vom 14.08.2009, S. 55 ff.

Richtlinie (EU) 2018/2001 des Europäischen Parlaments und des Rates vom 11. Dezember 2018 zur Förderung der Nutzung von Energie aus erneuerbaren Quellen, ABl. L 328 vom 21.12.2018, S. 82 ff.

Richtlinie (EU) 2019/944 des Europäischen Parlaments und des Rates vom 05.06.2019 mit gemeinsamen Vorschriften für den Elektrizitätsbinnenmarkt, ABl. L 158 vom 14.06.2019, S. 125 ff.

Beschluss der Kommission 2003/796/EG vom 11.11.2003 zur Einsetzung der Gruppe der europäischen Regulierungsbehörden für Elektrizität und Erdgas, ABl. L 296 vom 14.11.2003, S. 34 f.

Schweiz

Bundesverfassung der Schweizerischen Eidgenossenschaft (BV) vom 18.04.1999 (SR 101).

Bundesgesetz betreffend die elektrischen Schwach- und Starkstromanlagen (Elektrizitätsgesetz, EleG) vom 24.06.1902 (SR 734.0).

Bundesgesetz über die Stromversorgung (Stromversorgungsgesetz, StromVG) vom 23.03.2007 (SR 734.7).

Regierungs- und Verwaltungsorganisationsgesetz (RVOG) vom 21.03.1997 (SR 172.010). Stromversorgungsverordnung (StromVV) vom 14.03.2008 (SR 734.71).

Übereinkommen von Paris vom 12.12.2015 (SR 0.814.012).

Deutschland

Energiewirtschaftsgesetz vom 07.07.2005 (BGBl. I S. 1970, 3621), das zuletzt durch Artikel 1 des Gesetzes vom 26.04.2022 (BGBl. I S. 674) geändert worden ist.

Rechtsprechungsverzeichnis

Urteil des Bundesgerichts vom 08.02.2012, BGer 1C_36/2011. Urteil des Bundesgerichts vom 27.10.2012, BGE 138 I 454.

Abbildungsverzeichnis

Abbildung B-1: Die 7 Netzebenen in der Schweiz
Abbildung B-2: Kapazitätsberechnungsregionen CORE und Italy North

Grenzüberschreitende Herstellung und Nutzung von Wasserstoff

Fabio Cavelti/Pascal Käser

Inhaltsübersicht

I. Einleitung 716
   A. Hintergrund und Problemstellung der Arbeit 716
   B. Forschungsfrage und Methodik 717
   C. Theoretische Grundlagen 717
      1. Herstellung, Transport und Lagerung von Wasserstoff 717
      2. Chancen und Risiken der Wasserstofftechnologie 719
      3. Grenzüberschreitende Zusammenarbeit im Allgemeinen sowie im Energie- und Wassersektor 720

II. Status Quo in Europa 725
   A. Wasserstoff-Ökosystem in der Schweiz 725
      1. Herstellung und Lagerung von Wasserstoff 726
         a. Genehmigungsverfahren von Wasserstoffinfrastruktur . . . 726
         b. Sicherheitsbestimmungen 726
            i. Die Kennzeichnung von Wasserstoff 727
            ii. Schutz vor Störfällen 728
      2. Transport, Verteilung und Nutzung von Wasserstoff 729
         a. Gasnetzverwendung 729
         b. Gasnetzinfrastruktur und Regulierung 730
         c. Infrastruktur: Pipelines und Tankstellennetz 733
         d. Nutzung von Wasserstoff 734
            i. Anwendungsspektrum Verkehr 735
            ii. Anwendungsspektrum Wärmemarkt 737
      3. Thematik der Sektorenkopplung 738
   B. Wasserstoff-Ökosystem in der EU und spezifisch in Deutschland . . 740
      1. Themeneinordnung im rechtlichen Kontext 740
         a. Europäische Ebene 740
         b. Deutschland 741
      2. Herstellung und Lagerung von Wasserstoff 742
         a. Genehmigungsverfahren von Wasserstoffinfrastruktur . . . 742

                b. Sicherheitsbestimmungen 742
                    i. Die Kennzeichnung von Wasserstoff 743
                    ii. Schutz vor Störfällen 744
            3. Transport, Verteilung und Nutzung von Wasserstoff 744
                a. Gasnetzverwendung 744
                b. Gasnetzinfrastruktur und Regulierung 745
                c. Infrastruktur: Pipelines und Tankstellen 745
                d. Nutzung von Wasserstoff 746
                    i. Anwendungsspektrum Verkehr 747
                    ii. Anwendungsspektrum Wärmemarkt 748
            4. Thematik der Sektorenkopplung 748
        C. Ergebnisse zum Rechtsvergleich Status Quo 749
    III. Handlungsbedarf für die Zukunft 749
        A. Über Sinn und Unsinn von Regulierung und Koordination 750
        B. Allgemeine Ansprüche an Regulierung 751
        C. Ansatz für weiteres Vorgehen 751
        D. Konkrete Vorschläge 753
        E. Zur Struktur der grenzüberschreitenden Zusammenarbeit 755
    IV. Fazit 756
    Literaturverzeichnis 757
    Materialienverzeichnis 760

I. Einleitung

A. Hintergrund und Problemstellung der Arbeit

Wasserstoff besitzt das Potenzial, einen relevanten Beitrag zum Dekarbonisierungsprozess der Schweiz und Deutschland beizutragen und insbesondere auch auf das Erreichen der gesetzten Klimaschutz- und CO_2-Reduktionsziele hinzuwirken.[1] Das Fundament dieses Entwicklungsprozesses liegt in erster Linie in der technologischen Entwicklung und hohen zu tätigenden Investitionen in diesem Bereich.[2] Aus einer zweiten Optik erscheint jedoch entscheidend, dass die recht-

---

[1] KOBER/BAUER, Perspectives on Power-to-X, 20; BFE, Positionspapier, 2; ROEB ET AL., Wasserstoff, 5 f.; CMS, Facing the Future of Hydrogen, 6; SCHREIBER, Rechtsrahmen einer Wasserstoffwirtschaft, 331 f.; HYDROGEN COUNCIL/MCKINSEY & COMPANY, Hydrogen Insights Report, 4.
[2] HYDROGEN COUNCIL/MCKINSEY & COMPANY, Hydrogen Insights Report, 4.

lichen Bestimmungen in den tangierten Bereichen optimale Rahmenbedingungen und Incentivierungen für die Förderung einer grenzüberschreitenden Marktentwicklung bieten.

B. Forschungsfrage und Methodik

Vor diesem Hintergrund soll, anhand einer qualitativen Herangehensweise, untersucht werden, inwiefern gegenwärtig ein Regulierungsrahmen in der Schweiz und Deutschland (partiell auch in der EU) im Bereich der Wasserstoffinfrastruktur bereits Bestand hat. Untersuchungsgegenstand sind insbesondere Genehmigungsverfahren für den Bau von Infrastruktur sowie Regelungen betreffend den grenzüberschreitenden Transport und die Verteilung von Wasserstoff als Teil der öffentlichen Energieversorgung. Dabei liegt auch ein Analysefokus auf der Anreizwirkung der bestehenden Regelungen für die grenzüberschreitende Zusammenarbeit zwischen der Schweiz und Deutschland (mit besonderem Fokus auf den Landkreis Lörrach). Die Arbeit fokussiert insbesondere auf die Verwendung von aus erneuerbaren Quellen produziertem Wasserstoff und beschränkt die Hauptanalyse auf die Transportopportunitäten via Pipelineinfrastruktur.

Aufbauend auf den gewonnenen Erkenntnissen formuliert die Arbeit verschiedene Handlungsvorschläge zur optimalen Weiterentwicklung des Status Quo.

C. Theoretische Grundlagen

1. Herstellung, Transport und Lagerung von Wasserstoff

In molekularer Form hat Wasserstoff in der Natur kein Vorkommen, sondern ist grundsätzlich an Sauerstoff oder Kohlenstoffe gebunden.[3] Demnach kann Wasserstoff aus Erdöl, Kohle, Erdgas, Biomasse oder auch direkt aus Wasser gewonnen werden.[4] Wesentlich ist, dass sich die verschiedenen Varianten zur Herstellung von Wasserstoff gravierend betreffend den Ausstoss von Kohlendioxid unterscheiden.[5] Aus diesem Grund wird Wasserstoff in verschiedene Kategorien eingestuft, welche Aufschluss über den bei der Herstellung verursachten Negativeinfluss auf die Umwelt geben.[6]

---

[3] BULLMANN/GOLLNICK/SCHORPP, Wasserstoff DIHK-Faktenpapier, 4 f.; ROEB ET AL., Wasserstoff, 8.
[4] BULLMANN/GOLLNICK/SCHORPP, Wasserstoff DIHK-Faktenpapier, 5 ff.
[5] ROEB ET AL., Wasserstoff, 7 f.
[6] HORNG/KALIS, Wasserstoff Farbenlehre, 8 ff.

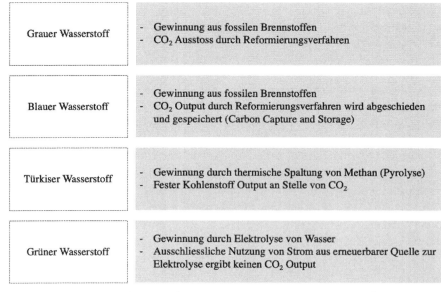

Abbildung 1: Eigene Darstellung in Anlehnung an IKEM, Wasserstoff-Farbenlehre[7]

Derzeit wird Wasserstoff primär durch die CO_2 intensive Reformierung von Erdöl bzw. Erdgas hergestellt.[8] Darüber hinaus gibt es mit der Biomassevergärung und der Elektrolyse zwei weitere Herstellungsmethoden, welche insbesondere durch die Klimaneutralität beträchtliches Zukunftspotential aufweisen.[9] Hierbei ist zu erwähnen, dass diese beiden Verfahren aus ökonomischer Betrachtungsperspektive derzeit – im Vergleich zu den herkömmlichen, umweltschädlichen Verfahren – einen schweren Stand haben.[10]

So besteht das Kostenprofil der Herstellung von Wasserstoff im Elektrolyseverfahren insbesondere aus den Investitionskosten, der Effizienz der Energie, den Elektrizitätskosten sowie der Anlageeinsatzdauer pro Jahr.[11] In diesem Bereich wird jedoch aufgrund des aktuellen Forschungsbestrebens für die Zukunft ein markant

---

[7] HORNG/KALIS, Wasserstoff Farbenlehre, 8 ff.
[8] BULLMANN/GOLLNICK/SCHORPP, Wasserstoff DIHK-Faktenpapier, 4 ff.; ENCON, Potentialatlas für Wasserstoff, 3.
[9] BULLMANN/GOLLNICK/SCHORPP, Wasserstoff DIHK-Faktenpapier, 5 f.
[10] KOBER/BAUER, Perspectives Power-to-X, 17 f.; Wasserstoff DIHK-Faktenpapier, 5.
[11] HYDROGEN COUNCIL/MCKINSEY & COMPANY, Hydrogen Insights Report, 5 ff.; Zur Rolle der variablen Kostenstruktur der Input-Faktoren (Strom) für die Produktion von grünem Wasserstoff im Vergleich zu Photovoltaik: INTERVIEWPARTNER 4, Interview 2022, Rn. 8.

tieferes Kostenprofil erwartet, wobei auch mit dem Volumen verbundene *Economies of Scale* genutzt werden können.[12] Eine relevante Erkenntnis bietet die Tatsache, dass die weltweit vielversprechendsten Produktionsorte auf eher abgelegenere Lagen, die reich an erneuerbare Ressourcen sind, fallen.[13] Auf der anderen Seite besteht das höchste Nachfragepotential in Regionen, die stark industrialisiert und dichter bewohnt sind.[14]

Eines der wichtigsten Elemente betrifft die Lagerung und den Transport von Wasserstoff.[15] Dadurch kann Wasserstoff in grossen Volumen hergestellt und über weitreichende Strecken transportiert werden. Wasserstoff kann durch verschieden Varianten, die Potential aufweisen, transportiert werden: Es kann Wasserstoff in Gasform durch Pipelines transportiert werden, durch die Bindung an Ammoniak, in liquider Form (LH2) sowie durch flüssige organische Wasserstoffträger.[16]

2. Chancen und Risiken der Wasserstofftechnologie

Als positiv kann hervorgehoben werden, dass Wasserstoff auf saubere Verbrennung ausgerichtet werden kann, wobei einzig Wasser und Energie freigesetzt werden und sich kein CO_2-Ausstoss manifestiert.[17] Dabei ermöglicht Wasserstoff im Grundsatz die Koppelung diverser Energiesektoren (Strom, Wärmeversorgung, Industrie sowie Mobilität).[18] Wasserstoff hat die Eigenschaft mehr Energie pro Gewichtseinheit als der überwiegende Teil der anderen Brennstoffe zu speichern. Weiter ist der Anwendungsbereich relativ breit, da Wasserstoff sowohl als Brennstoff, als Energieträger zum Transport sowie zur Speicherung eingesetzt werden

---

[12] Wobei die Kosten für die Elektrolyse mit zunehmender Anlagegrösse nur leicht abnehmen sollen: Sperr/Rohrer, Perspektiven von Power-to-Gas in der Schweiz, 9 f.; zu Kostenüberlegungen: Hydrogen Council/McKinsey & Company, Hydrogen Insights Report, 5 ff.; zur Relevanz von *Economies of Scale:* Interviewpartner 4, Interview 2022, Rn. 8.
[13] Für eine Übersicht der attraktivsten Produktionsörtlichkeiten der Wasserstoffproduktion, wozu insbesondere die Maghreb-Region in Nordafrika gehört: Weichenhain, Roland Berger hydrogen transportation, 7 f.
[14] Weichenhain, Roland Berger hydrogen transportation, 4.
[15] Insbesondere zur Relevanz der Transportinfrastruktur von Wasserstoff: Weichenhain, Roland Berger hydrogen transportation, 4 ff.
[16] Weichenhain, Roland Berger hydrogen transportation, 8 ff.
[17] BFE, Positionspapier, 3; Bullmann/Gollnick/Schorpp, Wasserstoff DIHK-Faktenpapier, 5 f.
[18] Sperr/Rohrer, Perspektiven von Power-to-Gas in der Schweiz, 5; Allianz, Chancen und Risiken bei der Energiewende, 3.

kann.[19] Im Gesamten kann Wasserstoff einen wichtigen Teil zur unumgänglichen Dekarbonisierung der (schweren/chemischen) Industrie beitragen sowie potenziell auch im Wärme- und Verkehrsmarkt eine interessante Rolle spielen.[20]

Auf der Gegenseite bestehend auch gewisse Nachteile und Risiken. So besteht zum heutigen Zeitpunkt der überwiegende Teil der Produktion aus nicht erneuerbaren Quellen. Der weitergehende Infrastrukturaufbau sowie die Produktion von CO_2 neutralem (grünem Wasserstoff sind kostenintensiv, wobei zukünftige Kostensenkungen nicht leicht prognostizierbar sind.[21] Des Weiteren weist Wasserstoff volumenbetrachtet eine geringe Energiedichte unter Atmosphärendruck auf und ist aus diesem Grund kostenintensiv in Transport und Lagerung.[22] Es besteht auch ein verhältnismässig hoher Energieverlust bei der Umwandlung von elektrischem Strom zu Wasserstoff und vice versa.[23] Im Allgemeinen wird für die Weiterentwicklung und Kommerzialisierung breitere gesellschaftliche Akzeptanz benötigt, wobei auch die Wertschöpfungs- und Lieferketten von der Herstellung bis zur Verwendung beim Endnutzer vereinfacht und weiterer Koordination bedürfen.[24]

3. Grenzüberschreitende Zusammenarbeit im Allgemeinen sowie im Energie- und Wassersektor

Einleitend ist der Begriff «Zusammenarbeit» an sich zu betrachten. Gemäss Duden wird dieser auch gleichgesetzt mit «Gemeinschaftsarbeit» oder «Kooperation». Im Kontext einer grenzüberschreitenden Zusammenarbeit ist jedoch zu beachten, dass hierbei die Staaten die völkerrechtlichen Hauptakteure darstellen.[25] Diese richten sich bei der Ausgestaltung der jeweiligen nationalen Rechts-

---

[19] BULLMANN/GOLLNICK/SCHORPP, Wasserstoff DIHK-Faktenpapier, 5 f.; SPERR/ROHRER, Perspektiven von Power-to-Gas in der Schweiz, 5, 7; BMWi, Wasserstoffstrategie, 1 f.
[20] KOBER/BAUER, Perspectives on Power-to-X, 12; TESKE/RÜDISÜLI ET AL., Potenzialanalyse Power-to-Gas, 45; ALLIANZ, Chancen und Risiken bei der Energiewende, 3; CMS, Facing the Future of Hydrogen, 9; andere Auffassung, wonach Wasserstoff für Transport und Wärme der falsche Weg sei: PATT, ETH Zukunftsblog (2021).
[21] ALLIANZ, Chancen und Risiken bei der Energiewende, 3; BFE, Positionspapier, 3f; SPERR/ROHRER, Perspektiven von Power-to-Gas in der Schweiz, 9f; KOBER/BAUER, Perspectives on Power-to-X, 18.
[22] TESKE/RÜDISÜLI ET AL., Potenzialanalyse Power-to-Gas, 159; INTERVIEWPARTNER 1, Interview 2022, Rn. 5; ALLIANZ, Chancen und Risiken bei der Energiewende, 3.
[23] ALLIANZ, Chancen und Risiken bei der Energiewende, 3.
[24] ALLIANZ, Chancen und Risiken bei der Energiewende, 3.
[25] ODENDAHL KERSTIN, in: TSCHUDI/SCHINDLER/RUCH/JAKOB/FRIESECKE, Die Grenzüberschreitende Zusammenarbeit der Schweiz, 4.

ordnung, wie auch dem Abschluss völkerrechtliche Verträge, häufig nach den Vorgaben aus völkerrechtlichen Rahmenverträgen oder entwickeln diese gemeinsam über internationale Organisationen.[26] Eine exemplarische Definition der grenzüberschreitenden Zusammenarbeit liefert hierbei ODENDAHL: *«Die Zusammenarbeit von staatlichen Behörden aller Ebenen sowie Akteuren der Wirtschaft oder Zivilgesellschaft aus verschiedenen Staaten mit gemeinsamer Grenze zur Lösung von nachbarschaftlichen Problemen und/oder zur Stärkung und Weiterentwicklung der nachbarschaftlichen Beziehungen.»*[27]

Aus geographischer Perspektive der Schweiz erscheint eine Zusammenarbeit über die Landesgrenze hinweg als sinnvoll.[28] Mit Bezug zum Dreiländereck Deutschland, Frankreich und Schweiz zeigt sich, dass die Schweiz 572 Kilometer an Frankreich sowie 346 Kilometer an Deutschland angrenzt.[29] Umso wichtiger erscheint die Gründung verschiedenster Foren, welche einen Ideenaustausch sowie die gegenseitige Kommunikation ermöglichen sollen.[30]

Im Bereich der Rechtsgrundlagen sind insbesondere die Konventionen zu erwähnen. Von besonderer Wichtigkeit sind hierbei das Madrider Übereinkommen[31] wie auch die Europäische Charta der kommunalen Selbstverwaltung[32].[33] Ziel des Ersteren ist es, die Grenzüberschreitende Zusammenarbeit zwischen den Gebietskörperschaften oder Behörden der Vertragsparteien zu erleichtern (vgl. Art. 1 Madrider Übereinkommen). Die Europäische Charta der kommunalen Selbstverwaltung orientiert sich wiederum daran, die Kompetenzen der Kommunen zu stärken (vgl. Art. 3 Abs. 1, Art. 4 Abs. 2, Art. 10 Abs. 1 und 3 Europäische Charta der kom-

---

[26] ODENDAHL KERSTIN, in: TSCHUDI/SCHINDLER/RUCH/JAKOB/FRIESECKE, Die Grenzüberschreitende Zusammenarbeit der Schweiz, 4.
[27] ODENDAHL KERSTIN, in: TSCHUDI/SCHINDLER/RUCH/JAKOB/FRIESECKE, Die Grenzüberschreitende Zusammenarbeit der Schweiz, 4, 5.
[28] Vgl. FRIESECKE MANUEL, in: TSCHUDI/SCHINDLER/RUCH/JAKOB/FRIESECKE, Die Grenzüberschreitende Zusammenarbeit der Schweiz, 109.
[29] FRIESECKE MANUEL, in: TSCHUDI/SCHINDLER/RUCH/JAKOB/FRIESECKE, Die Grenzüberschreitende Zusammenarbeit der Schweiz, 109.
[30] Vgl. FRIESECKE MANUEL, in: TSCHUDI/SCHINDLER/RUCH/JAKOB/FRIESECKE, Die Grenzüberschreitende Zusammenarbeit der Schweiz, 112.
[31] Europäisches Rahmenübereinkommen über die grenzüberschreitende Zusammenarbeit zwischen Gebietskörperschaften (Madrider Übereinkommen) vom 21.05.1980 (SR 0.131.1).
[32] Europäische Charta der kommunalen Selbstverwaltung vom 15.10.1985 (SR 0.102).
[33] ODENDAHL KERSTIN, in: TSCHUDI/SCHINDLER/RUCH/JAKOB/FRIESECKE, Die Grenzüberschreitende Zusammenarbeit der Schweiz, 7.

munalen Selbstverwaltung). Daneben gibt es noch weitere Instrumente wie Empfehlungen[34], politische Erklärungen[35], Entscheidungen etc.[36]

Im Lichte der grenzüberschreitenden Zusammenarbeit im Energiebereich zeigt sich insbesondere, dass sich diese in Form unternehmerischer Initiative gut etablieren kann.[37] Die Schaffung eines europäischen Strommarktes führte zwar zu einer Verrechtlichung auf europäischer Ebene, jedoch auch dazu, dass die Schweiz als Drittstaat zu einem hohen Grad von diesem Prozess ausgeschlossen wurde.[38] Dies wiederum führte dazu, dass wichtige Parameter des Netzbetriebs rein privatrechtlich geregelt werden.[39] Als Rechtsgrundlagen dienen hierfür einerseits internationale Vereinbarungen[40] sowie andererseits verfassungs- und bundesrechtliche Vorgaben.[41] Die Bundesverfassung[42] regelt in Art. 89 die nationale Kompetenzaufteilung und Aufgabenzuweisung im Energiebereich, Art. 90 BV die innerstaatliche Kompetenzabgrenzung im Kernenergiebereich sowie eine umfassende, nachträgliche derogatorische Bundeskompetenz und Art. 91 BV die Regelungskompetenz des Bundes hinsichtlich der Lieferung und des Transports elektrischer Energie.[43] Diese rechtlichen Grundlagen wurden wiederum in unterschiedlichen Bereichen durch verschiedene Gesetze konkretisiert.[44] Zu nennen wären hier insbesondere das Bundesgesetz über die Stromversorgung[45] im

---

[34] ODENDAHL KERSTIN, in: TSCHUDI/SCHINDLER/RUCH/JAKOB/FRIESECKE, Die Grenzüberschreitende Zusammenarbeit der Schweiz, 11.
[35] ODENDAHL KERSTIN, in: TSCHUDI/SCHINDLER/RUCH/JAKOB/FRIESECKE, Die Grenzüberschreitende Zusammenarbeit der Schweiz, 12.
[36] ODENDAHL KERSTIN, in: TSCHUDI/SCHINDLER/RUCH/JAKOB/FRIESECKE, Die Grenzüberschreitende Zusammenarbeit der Schweiz, 13.
[37] HETTICH PETER/RECHSTEINER STEFAN, in: TSCHUDI/SCHINDLER/RUCH/JAKOB/FRIESECKE, Die Grenzüberschreitende Zusammenarbeit der Schweiz, 708.
[38] HETTICH PETER/RECHSTEINER STEFAN, in: TSCHUDI/SCHINDLER/RUCH/JAKOB/FRIESECKE, Die Grenzüberschreitende Zusammenarbeit der Schweiz, 708.
[39] HETTICH PETER/RECHSTEINER STEFAN, in: TSCHUDI/SCHINDLER/RUCH/JAKOB/FRIESECKE, Die Grenzüberschreitende Zusammenarbeit der Schweiz, 708.
[40] HETTICH PETER/RECHSTEINER STEFAN, in: TSCHUDI/SCHINDLER/RUCH/JAKOB/FRIESECKE, Die Grenzüberschreitende Zusammenarbeit der Schweiz, 711.
[41] HETTICH PETER/RECHSTEINER STEFAN, in: TSCHUDI/SCHINDLER/RUCH/JAKOB/FRIESECKE, Die Grenzüberschreitende Zusammenarbeit der Schweiz, 718.
[42] Bundesverfassung der Schweizerischen Eidgenossenschaft (BV) vom 18.04.1999 (SR 101).
[43] HETTICH PETER/RECHSTEINER STEFAN, in: TSCHUDI/SCHINDLER/RUCH/JAKOB/FRIESECKE, Die Grenzüberschreitende Zusammenarbeit der Schweiz, 718.
[44] HETTICH PETER/RECHSTEINER STEFAN, in: TSCHUDI/SCHINDLER/RUCH/JAKOB/FRIESECKE, Die Grenzüberschreitende Zusammenarbeit der Schweiz, 719.
[45] Bundesgesetz über die Stromversorgung (StromVG) vom 23.03.2007 (SR 734.7).

Stromsektor, das Bundesgesetz über die Nutzbarmachung der Wasserkraft[46] im Wasserkraftsektor sowie das Bundesgesetz über Rohrleitungsanlagen zur Beförderung flüssiger oder gasförmiger Brenn- oder Treibstoffe im Bereich der flüssigen oder gasförmigen Brenn- und Treibstoffe wie Erdöl oder Erdgas[47].[48]

Daneben spielen verschiedene Akteure wie die European Network of Transmission System Operators für Electricity und Agency for the Cooperation of Energy Regulators (ENTSO-E)[49] oder die Hochrheinkommission (HKR)[50] eine wichtige Rolle, um die Zusammenarbeit und Koordination grenzüberschreitend herbeizuführen.[51]

Resultierend aus diesen verschiedenen Formen und Lösungen stellt sich damit einhergehend die Frage, wie sich die aktuelle Situation im Bereich des Wasserstoffs darstellt bzw. ob dieser aufstrebende Bereich bereits reguliert wurde und falls ja, wie diese Regulierungen aussehen sowie ob allenfalls noch Verbesserungspotential besteht.

Am 11. Mai 2022 organisierte die OSZE-Turkmenistan eine gemeinsame Sitzung, um einen Fahrplan im Bereich des Wasserstoffes zu besprechen.[52] Die OECD wiederum hat einen Beitrag hinsichtlich des aktuellen Standes von Wasserstoff ausgearbeitet.[53] Dieser erwähnt, ergänzend zu den Bemühungen in Forschung und Entwicklung, mögliche Richtlinien, die die einzelnen Staaten umsetzen können, um den Grundstein für den Einsatz von grünem Wasserstoff zu legen. Diese wären: 1. Die Unterstützung von Forschung und Entwicklung, um insbesondere die Kosten für Elektrolyseure zu senken, 2. die Versorgung mit erneuerbarem Strom zu fördern, 3. eine attraktive Preisgestaltung von grünem Wasserstoff und die Abschaffung von Subventionen für fossile Brennstoffe, 4. die Förderung internatio-

---

[46] Bundesgesetz über die Nutzbarmachung der Wasserkräfte (WRG) vom 22.12.1916 (SR 721.80).
[47] Bundesgesetz über Rohrleitungsanlagen zur Beförderung flüssiger oder gasförmiger Brenn- oder Treibstoffe (RLG) vom 4.10.1963 (SR 746.1).
[48] Vgl. Hettich Peter/Rechsteiner Stefan, in: Tschudi/Schindler/Ruch/Jakob/Friesecke, Die Grenzüberschreitende Zusammenarbeit der Schweiz, 719, 721, 722.
[49] Hettich Peter/Rechsteiner Stefan, in: Tschudi/Schindler/Ruch/Jakob/Friesecke, Die Grenzüberschreitende Zusammenarbeit der Schweiz, 723.
[50] Hettich Peter/Rechsteiner Stefan, in: Tschudi/Schindler/Ruch/Jakob/Friesecke, Die Grenzüberschreitende Zusammenarbeit der Schweiz, 725.
[51] Hettich Peter/Rechsteiner Stefan, in: Tschudi/Schindler/Ruch/Jakob/Friesecke, Die Grenzüberschreitende Zusammenarbeit der Schweiz, 723, 725.
[52] OSCE Centre in Ashgabat, Newsroom.
[53] Cammeraat/Dechezleprêtre/Lalanne, Innovation and Industrial Policies for Green Hydrogen, 3.

naler Standards zu Reduktion von Rechtsunsicherheit und 5. die Betrachtung von blauem Wasserstoff als kurzfristige Übergangslösung.[54]

Die Schweiz wie auch deren Nachbarstaaten haben eine Vielzahl völkerrechtlicher Instrumente geschaffen, um deren grenzüberschreitende Zusammenarbeit zu ermöglichen (vgl. das Madrider Übereinkommen). Besonders wichtig sind hierbei die untereinander abgeschlossenen Verträge, welche häufig die Umsetzung des durch die Europaratskonventionen geschaffenen Rechtsrahmens darstellen.[55] Als wichtige Umsetzungsverträge des Madrider Übereinkommens in der Region Schweiz, Deutschland und Frankreich gelten insbesondere das Karlsruher[56] wie auch das Basler Übereinkommen[57].[58] Ersteres wurde, gemäss Art. 1 des Karlsruher Übereinkommens, zwischen der Schweiz, Deutschland, Frankreich und Luxemburg abgeschlossen und beabsichtigt die Erleichterung und Förderung der grenzüberschreitenden Zusammenarbeit. Kooperationsvereinbarungen können dabei im Rahmen der jeweiligen Zuständigkeitsbereiche abgeschlossen werden (Art. 3 Abs. 1 Karlsruher Übereinkommen). Weiter können Einrichtungen (Art. 8 Karlsruher Übereinkommen) der grenzüberschreitenden Zusammenarbeit mit (Art. 10 Karlsruher Übereinkommen) oder ohne Rechtspersönlichkeit (Art. 9 Karlsruher Übereinkommen) sowie auch grenzüberschreitende örtliche Zweckverbände erstellt werden (vgl. Art. 11 ff. Karlsruher Übereinkommen).

Das Basler Übereinkommen stellt gemäss seiner Präambel eine Konkretisierung sowohl des Madrider wie auch des Karlsruher Übereinkommens dar. Dieses wurde zwischen der Schweiz, Deutschland und Frankreich geschlossen (vgl. Präambel Basler Übereinkommen). Es sieht gemäss Art. 1 Abs. 1 zur Förderung der grenzüberschreitenden Zusammenarbeit eine Regierungskommission für den

---

[54] CAMMERAAT/DECHEZLEPRÊTRE/LALANNE, Innovation and Industrial Policies for Green Hydrogen, 3.
[55] ODENDAHL KERSTIN, in: TSCHUDI/SCHINDLER/RUCH/JAKOB/FRIESECKE, Die Grenzüberschreitende Zusammenarbeit der Schweiz, 18.
[56] Übereinkommen zwischen der Regierung der Bundesrepublik Deutschland, der Regierung der Französischen Republik, der Regierung des Grossherzogtums Luxemburg und dem Schweizer Bundesrat, handelnd im Namen der Kantone Solothurn, Basel-Stadt, Basel-Landschaft, Aargau und Jura, über die grenzüberschreitende Zusammenarbeit zwischen Gebietskörperschaften und örtlichen öffentlichen Stellen (Karlsruher Übereinkommen) vom 23.01.1996 (nicht in SR veröffentlicht).
[57] Vereinbarung zwischen dem Schweizerischen Bundesrat, der Regierung der Bundesrepublik Deutschland und der Regierung der Französischen Republik über die grenzüberschreitende Zusammenarbeit im Raum Oberrhein (Basler Übereinkommen) vom 21.09.2000 (SR 0.131.21).
[58] ODENDAHL KERSTIN, in: TSCHUDI/SCHINDLER/RUCH/JAKOB/FRIESECKE, Die Grenzüberschreitende Zusammenarbeit der Schweiz, 18.

Oberrhein vor. Diese wiederum stützt sich zur Erfüllung ihrer Aufgaben auf die Oberrheinkonferenz (Art. 3 Abs. 1 Basler Übereinkommen). Die Kommission arbeitet Empfehlungen an die Parteien aus und bereitet gegebenenfalls Entwürfe von Übereinkünften vor (Art. 4 Abs. 2 Basler Übereinkommen).

Viel wichtiger erscheint bei der Thematik des Wasserstoffes das Pentalaterale Energieforum bestehend aus den Ländern Deutschland, Frankreich, Belgien, Niederlande, Luxemburg, Österreich und der Schweiz.[59] Dieses hat zum Zweck die Kooperation der Wasserstoff-Förderung zu stärken. Doch auch hier ist zu beachten, dass erst langfristige Visionen entwickelt werden sollen und die politische Erklärung keine Rechte und Pflichten unter internationalem Recht schafft.[60]

Als Zwischenfazit ergibt sich, dass bislang noch keine nennenswerten (verbindlichen) Abkommen hinsichtlich des Wasserstoffes geschlossen wurden. Umso mehr stellt sich damit einhergehend die Frage, ob auf nationaler Ebene in der Schweiz und in Deutschland schon Regulierungen bestehen sowie ob die EU hierbei bereits Grundsätze definiert hat, welche auch spezifische Fragen der grenzüberschreitenden Zusammenarbeit regeln.

II. Status Quo in Europa

Zur Ermittlung möglicher Probleme und Lösungen ist hierbei zuerst eine Analyse der Ausgangslage vorzunehmen. Diese gliedert sich in eine Betrachtung der Regulierung der Schweiz, der EU sowie Deutschlands und damit einhergehenden grenzüberschreitenden Fragen.

A. Wasserstoff-Ökosystem in der Schweiz

Mit Bezug zur Thematik Wasserstoff gilt es festzuhalten, dass es in der Schweiz kein «Wasserstoffgesetz» an sich gibt. Vielmehr stellt sich folglich die Frage, ob anderweitige Gesetze und Verordnung für zentrale Fragen zur Anwendung kommen und diese zu klären vermögen.

---

[59] Vgl. Interpellation Riniker.
[60] Vgl. Dazu Joint Political Declaration.

1. Herstellung und Lagerung von Wasserstoff

a. Genehmigungsverfahren von Wasserstoffinfrastruktur

Grundsätzlich ist es relevant, dass bei Projektbeginn die Eckdaten der geplanten Wasserstoff-Produktionsanlage möglichst klar definiert sind, da sich spätere Änderungen verkomplizierend und kostenerhöhend auswirken.[61] Der Projektentwurf (Bauplan) soll sicherstellen, dass das gesamte Projekt den Anforderungen aus dem Produktesicherheitsgesetz[62], der Produktesicherheitsverordnung[63] sowie der Druckgeräteverordnung[64] genügt. Über eine Vorinformation an die zuständige Gemeinde ist das Baugenehmigungsverfahren i.d.R. durch Einreichung der umfänglichen Baueingabe an die kantonal zustände Baubewilligungsbehörde im ordentlichen Verfahren einzuleiten.[65] Aktuell sind einige Projekte im Gange, die eine physische Nähe zu einem Kraftwerk aufweisen, wobei einige davon grenznahe Infrastrukturen sind.[66] Gemäss Medienmitteilung sind im *Projekt Eglisau-Glattfelden* dabei die erforderlichen Bewilligungen von Seiten der Schweizer Behörden eingeholt worden, allerdings sind im Einzelfall auch die Gegebenheiten des Deutschen Genehmigungsverfahrens, wie untenstehend beschrieben, einzubeziehen.[67] Auf der anderen Seite bestehen jedoch auf der (lokalen) Produktionsseite in der Schweiz mehrere Projekte ohne grenzüberschreitenden Bezug.[68]

b. Sicherheitsbestimmungen

Ein weiterer von diversen relevanten Aspekten bildet die Sicherheit.[69] Dies insbesondere vor dem Hintergrund, dass die Technologie «Wasserstoff» in der breiten Gesellschaft partiell als gefährdend eingestuft wird. Es sind wohl einige Men-

---

[61] H2 Energy, Aufbau von Wasserstoff-Produktionsanlagen, 2 ff.
[62] Bundesgesetz über die Produktesicherheit (PrSG) vom 12.06.2009 (SR 930.11).
[63] Verordnung über die Produktesicherheit (PrSV) vom 10.05.2010 (SR 930.111).
[64] Verordnung über die Sicherheit von Druckgeräten (DGV) vom 25.11.2015 (SR 930.114).
[65] Anwendbare Ausführungen zum Aufbau von Wasserstoff-Tankstellen bei Cabalzer/Rohrer, Leitfaden Wasserstoff-Tankstellen, Abschnitt 6.
[66] Zur Strategie des Aufbaus von Wasserstoff-Infrastrukturen in physischer Nähe von bestehenden Kraftwerken: Interviewpartner 3, Interview 2022, Rn. 9.; Beispielhaft ist das Wasserstoff-Projekt der Axpo beim Wasserkraftwerk Eglisau-Glattfelden: Medienmitteilung vom 15.04.2021.
[67] Medienmitteilung Axpo startet Wasserstoff-Ausbau in der Schweiz vom 15.04.2021.
[68] So bspw. das gemeinsame Projekt der EW Höfe, Alpiq und SOCAR Energy in Freienbach (SZ): Medienmitteilung von EW Höfe und Alpiq vom 28.06.2021; weiter auch das Projekt der Hydrospider beim Wasserkraftwerk Gösgen der Alpiq.
[69] Schreiber, Rechtsrahmen einer Wasserstoffwirtschaft, 334.

schen durch das Zeppelinunglück «Hindenburg» geprägt und voreingenommen.[70] In diesem Zusammenhang muss festgehalten werden, dass Wasserstoff bereits seit geraumer Zeit im Bereich der chemischen Industrie aktiv verwendet wird und in diesem Segment u.a. durch die hohe Sicherheit heraussticht.[71] Wie nachstehend gezeigt wird, finden die langjährigen Erfahrungen mit Wasserstoff als Energieträger und die Gespräche zu den Sicherheitsbedenken auch Eingang in den einschlägigen Bestimmungen.

i.   Die Kennzeichnung von Wasserstoff

Ein Leitfaden[72] verschiedenster kantonaler Umweltfachstellen sowie der Gebäudeversicherung des Kantons Zürich veranschaulichen die relevanten Fragestellungen in Bezug auf die Lagerung und Zubereitung gefährlicher Stoffe.[73] Als gefährliche Stoffe gelten gemäss diesem Stoffe, Zubereitungen (Gemische) und Gegenstände (fest, flüssig und gasförmig), welche dabei unter anderem die Gesundheit oder das Leben von Menschen gefährden können und eine oder mehrere gefährliche Eigenschaften aufweisen.[74] Dies dürfte bei Wasserstoff, welches ein hoch entzündbares Gas darstellt und das mit Sauerstoff oder Chlor explosionsartige Gemische bildet, vorliegen.[75] Als wichtigste Klassierungssysteme für gefährliche Stoffe in der Schweiz gelten die Transportvorschriften nach ADR/RID sowie für den Bereich des Chemikalienrechts das GHS/CLP[76].[77] Bei Letzterem handelt es sich hierbei um sogenannten Classification, Labelling and Packaging-Vorgaben. Geregelt werden diese wiederum auf europäischer Ebene in der Verordnung (EG) Nr. 1272/2008. Auch auf EU-Ebene wird Wasserstoff als gefährlicher Stoff beurteilt (vgl. Anhang VI Tabelle 3.1 Index-Nr. 001-001-00-9). Darauf wiederum nimmt der Gesetzgeber in der Chemikalienverordnung[78] Bezug in Art. 3 i.V.m.

---

[70] NAJJAR, Hydrogen safety, 10717; Vgl. SCHREIBER, Rechtsrahmen einer Wasserstoffwirtschaft, 334.
[71] NAJJAR, Hydrogen safety, 10717.
[72] UMWELTFACHSTELLEN DER KANTONE AG ET AL., Lagerung gefährlicher Stoffe.
[73] UMWELTFACHSTELLEN DER KANTONE AG ET AL., Lagerung gefährlicher Stoffe, 6.
[74] UMWELTFACHSTELLEN DER KANTONE AG ET AL., Lagerung gefährlicher Stoffe, 6.
[75] UMWELTFACHSTELLEN DER KANTONE AG ET AL., Lagerung gefährlicher Stoffe, 8.
[76] Vorliegend wird weiter auf die CLP-Verordnung eingegangen, da diese in der Schweiz, trotz Ablösung durch das GHS, aktuell weiterhin mehrheitlich verwendet werden dürfte. Vgl. hierzu UMWELTFACHSTELLEN DER KANTONE AG ET AL., Lagerung gefährlicher Stoffe, 14.
[77] UMWELTFACHSTELLEN DER KANTONE AG ET AL., Lagerung gefährlicher Stoffe, 14.
[78] Verordnung über den Schutz vor gefährlichen Stoffen und Zubereitungen (ChemV) vom 5.06.2015 (SR 813.11).

Anhang 2 Art. 1 ChemV, welche das Chemikaliengesetz[79] in verschiedensten Bereichen konkretisiert (vgl. Art. 3 Abs. 2 ChemG). Dieser europäische Bezug erscheint gerade mit Blick auf grenzüberschreitende Vorhaben zwischen der Schweiz und Deutschland (Lörrach) als positiv. Wasserstoff muss also u.a. entsprechend verpackt und gekennzeichnet werden (Art. 5 Abs. 1 ChemG i.V.m. Art. 5 Abs. 1 ChemV). Zudem ist die Erstellung eines entsprechenden Sicherheitsdatenblatts zu beachten (Art. 5 Abs. 1 ChemV i.V.m. Anhang 2 Art. 3 ChemV).[80]

ii. Schutz vor Störfällen

Zum Schutz der Bevölkerung und der Umwelt vor schweren Schädigungen wurde die StFV[81] basierend auf dem Umweltschutz-[82] sowie dem Gewässerschutzgesetz[83] erlassen (vgl. Präambel StFV). Diese gilt unter anderem für Betriebe, welche im Bereich des Wasserstoffes die Mengenschwelle von 5'000 kg überschreiten (Art. 1 Abs. 2 lit. a i.V.m. Anhang 1.1 Ziff. 3 Nr. 27 StFV). Zudem ist die Störfallverordnug im Bereich der Rohrleitungsanlagen nach der Rohrleitungsverordnung[84] zu beachten (Art. 1 Abs. 2 lit. f i.V.m. Anhang 1.3 StFV). Die Störallverordnung sieht bei Brenn- und Treibstoff transportierenden Rohrleitungen vor, dass diese ebenso unter die Störfallverordnung fallen, soweit sie, nebst anderen Voraussetzungen, einen Betriebsdruck von 5 Bar überschreiten (Anhang 1.3 StFV). Als Konsequenz muss der Inhaber Rohrleitungsanlage (sowie auch eines Betriebs oder Verkehrsweges) alle zur Verminderung des Risikos geeigneten Massnahmen treffen (Art. 3 Abs. 1 StFV). Sollte ein Störfall eintreten, so muss dieser unverzüglich bekämpft und der Meldestelle gemeldet werden (Art. 11 Abs. 2 lit. a StFV). Die Kantone haben die Störfallvorsorge bei der Richt- und Nutzungsplanung zu berücksichtigen (Art. 11a Abs. 1 StFV). Die Vollzugsbehörde definiert hierbei beim angrenzenden Bereich einen Risikobereich (Art. 11a Abs. 2 StFV). Sollte dieser später angepasst werden, müsste hierfür eine Risikobeurteilung bei der Vollzugsbehörde eingeholt werden (Art. 11a Abs. 3 StFV).

Es kann entsprechend festgehalten werden, dass bereits verschiedenste Sicherheitsvorschriften für den Bereich des Wasserstoffs bestehen. Diese beziehen sich

---

[79] Bundesgesetz über den Schutz vor gefährlichen Stoffen und Zubereitungen (ChemG) vom 15.12.2000 (SR 813.1).
[80] UMWELTFACHSTELLEN DER KANTONE AG ET AL., Lagerung gefährlicher Stoffe, 15.
[81] Verordnung über den Schutz vor Störfällen (StFV) vom 27.02.1991 (SR 814.012).
[82] Bundesgesetz über den Umweltschutz (USG) vom 7.10.1983 (SR 814.01).
[83] Bundesgesetz über den Schutz der Gewässer (GSchG) vom 24.01.1991 (SR 814.20).
[84] Verordnung über Rohrleitungsanlagen zur Beförderung flüssiger oder gasförmiger Brenn- oder Treibstoffe (RLV) vom 26.06.2019 (SR 746.11).

auf die Kennzeichnung vom Wasserstoff als gefährlichen Wasserstoff wie auch der präventiven Störfallvorsorge.

2. Transport, Verteilung und Nutzung von Wasserstoff

a. Gasnetzverwendung

Wasserstoff kann auf verschiedenste Arten transportiert werden.[85] Mit Blick auf internationale Strategien, wie bspw. das geplante europäische Wasserstoffnetz «Hydrogen Backbone»[86] oder direkten Kooperationen zwischen der Schweiz und der Grenzregion Lörrach, stellt sich nichtsdestotrotz die Frage ob (und in welcher Form) Wasserstoff via Rohrleitungen transportiert werden kann. Hinsichtlich des Transports von Wasserstoff ist dessen Einspeisung in das Gasnetz ein immer wieder thematisiertes Thema.[87] Insbesondere mit Blick auf eine bereits bestehende Infrastruktur erscheint deren Nutzung nicht als abwegig. In der Schweiz sieht hierbei die G 18 Richtlinie des Schweizerischen Vereins des Gas- und Wasserfaches (SVGW) eine Beschränkung von 2 % Wasserstoff im Gasnetz vor.[88] Zu betonen ist jedoch, dass laufend Forschung betrieben wird, die einen höheren Wasserstoffanteil vorsieht.[89] Insofern befindet sich dieser Bereich noch in der Entwicklung, wodurch eine abschliessende Beurteilung hierzu aktuell nicht vorgenommen werden kann.[90]

Problematisch[91] erscheint in diesem Kontext jedoch, dass es sich beim SVGW um einen privatrechtlichen Verein handelt.[92] Dieser dürfte als Fachverband in diesem Bereich zwar über einen spezifischen Kenntnisstand verfügen, auf der anderen Seite ist die demokratische Legitimation hierbei kritisch zu betrachten.[93]

Art. 178 Abs. 3 der BV[94] garantiert, dass Verwaltungsaufgaben durch Gesetz an Organisationen des privaten Rechts übertragen werden können, welche ausser-

---

[85] Zu einer genaueren Umschreibung der Transportmöglichkeiten siehe Teil 1 des vorliegenden Beitrags.
[86] WANG/VAN DER LEUN/PETERS/BUSEMAN, European Hydrogen Backbone.
[87] Beispielhaft das Postulat Candinas; INTERVIEWPARTNER 4, Interview 2022, Rn. 26.
[88] BORDENET/HAFNER, Fachartikel.
[89] BORDENET/HAFNER, Fachartikel.
[90] INTERVIEWPARTNER 4, Interview 2022, Rn. 10 ff.
[91] SCHREIBER, Rechtsrahmen einer Wasserstoffwirtschaft, 334.
[92] Informationen zum Verein unter: <https://www.svgw.ch/%C3%BCber-uns/der-verein/>, abgerufen am 20.04.2022
[93] HÄNGGELI, Die Übertragung von Rechtsetzungsbefugnissen auf Private, 2.
[94] Bundesverfassung der Schweizerischen Eidgenossenschaft (BV) vom 18.04.1999 (SR 101).

halb der Bundesverwaltung stehen. Eine formelle gesetzliche Grundlage ist damit grundsätzlich notwendig, soweit es sich um eine wichtige und grundlegende Bestimmung handelt (vgl. Art. 164 Abs. 1 lit. e und g BV). Die Übertragung von Rechtssetzungsbefugnissen wiederum bedarf grundsätzlich einer verfassungsrechtlichen Grundlage.[95] Eine solche liegt jedoch im Energiebereich nicht vor (vgl. Art. 91 Abs. 1 BV).

b. Gasnetzinfrastruktur und Regulierung

Einleitend ist hier zu betonen, dass es bis heute keinen einheitlichen gesamtschweizerischen Rahmen für einen funktionstüchtigen Wettbewerb im Bereich der Gashandels gibt.[96] Das Rohrleitungsgesetz aus dem Jahre 1963 enthält lediglich eine Transportpflicht (Art. 13 RLG). Rechtsunsicherheiten zur Abwicklung der Transportpflicht führten im Jahr 2012 zur sogenannten Verbändevereinbarung. Diese wiederum regelt jedoch nur den Netzzugang für Gaslieferungen an grosse Industrieketten.[97] Die Koordinationsstelle Durchleitung ist für die Koordinierung der Durchleitungsgesuche zuständig.[98]

Ein neues Gasversorgungsgesetz ist hierbei in Entwicklung, welches einheitliche und klare Regeln für den Gasmarkt schaffen soll.[99] Dabei zeigt sich, dass diese Ähnlichkeiten mit dem StromVG[100] aufweist.[101]

Das StromVG definiert in Art. 4 Abs. 1 lit. d den Begriff Netzzugang als das Recht auf Netznutzung bei freier Lieferantenwahl. In Art. 6 Abs. 1 führt es dahingehend weiter die Lieferpflicht aus und erklärt in Abs. 2, dass als feste Endverbraucher die Haushalte und Endvebraucher gelten, die einen Jahresverbrauch von weniger als 100 MWh pro Verbrauchsstätte haben.

Der Entwurf des Gasversorgungsgesetzes wiederum sieht in Art. 7 vor, dass der Endverbraucher dann die freie Lieferantenwahl hat, wenn der Jahresverbrauch an der entsprechenden Verbrauchsstätte mindestens 100 MWh beträgt. Entsprechend hat man sich hierbei am gleichen Grenzwert orientiert. Dies ist insofern in-

---

[95] EIDGENÖSSISCHE ELEKTRIZITÄTSKOMMISSION ElCom, Rechtsnatur von Richtlinien, 1.
[96] <https://www.bfe.admin.ch/bfe/de/home/versorgung/gasversorgung/gasversorgungsgesetz.html> abgerufen am 25.04.2022.
[97] Weitere Ausführungen diesbezüglich unter: <https://www.bfe.admin.ch/bfe/de/home/versorgung/gasversorgung/gasversorgungsgesetz.html> abgerufen am 25.04.2022.
[98] CONRAD NICOLE, Gasmarktliberalisierung, 7.
[99] Vgl. Entwurf Bundesgesetz über die Gasversorgung (E-GasVG).
[100] Bundesgesetz über die Stromversorgung (StromVG) vom 23.03.2007 (SR 734.7).
[101] SCHREIBER, Rechtsrahmen einer Wasserstoffwirtschaft, 343.

teressant, als dass der durchschnittliche Stromverbrauch eines Haushalts wesentlich tiefer liegt als der im Gasbereich.[102] Aus diesem Grund wird vereinzelt ein höherer Grenzwert postuliert, sollte an der Teilmarktliberalisierung anstatt der vollständigen Marktöffnung festgehalten werden.[103]

Weiter sieht das GasVG in Art. 5 Abs. 1 eine Entflechtung des Netzbetriebs von den übrigen Geschäftsbereichen vor, um Quersubventionierungen zu verhindern. Ähnlich äussert sich hier im Strombereich Art. 10 Abs. 1 StromVG.

Im Bereich des Wasserstoffes wiederum wären die Beimischungsgrenzen nach der SVWG-Richtlinie G 18 zu beachten, da nach Art. 12 E-GasVG der Netzzugang verweigert werden kann, sollte das einzuspeisende Gas eine ungenügende Qualität aufweisen. Hierdurch würde sich damit auch ein Zugang für die Wasserstoffwirtschaft zum Erdgasnetz ergeben.[104]

Fraglich wiederum ist die Anwendbarkeit des Rohrleitungsgesetzes[105] für eine allfällige Wasserstoffinfrastruktur. Dieses findet gemäss Art. 1 Abs. 1 RLG Anwendung auf Rohrleitungen zur Beförderung von Erdöl, Erdgas oder anderen vom Bundesrat bezeichneten flüssigen oder gasförmigen Brenn- oder Treibstoffen sowie auf die dem Betrieb dienen Einrichtungen wie Pumpen und Speicher. Darunter fallen ausserdem auch, mit Ausnahmen, Rohrleitungen, welche die Landesgrenze kreuzen (Art. 1 Abs. 2 lit. b RLG). Da Wasserstoff jedoch als gasförmiger Brenn- und Treibstoff eingeordnet werden kann, dürfte damit auch auf diesen das RLG Anwendung finden.[106] Offener hierzu äussert sich die E-GasVG, da der Begriff des «Gases» nicht näher definiert wird.[107]

Weiter ist damit bei Wasserstoffleitungen zu beachten, dass diese im Falle von Art. 1 Abs. 2 RLG und damit auch bei der Kreuzung der Landesgrenze, nur mit einer Plangenehmigung der Aufsichtsbehörde erstellt oder geändert werden können. Das Plangenehmigungsverfahren würde sich hierbei nach dem VwVG[108] richten, soweit das RLG in Art. 2 Abs. 2 nicht davon abweicht. Mit der Plangenehmigung werden gemäss Art. 2 Abs. 3 RLG sämtliche nach Bundesrecht notwendigen

---

[102] Vgl. ENERGIESCHWEIZ, Stromverbrauch, 3; <https://www.bosch-thermotechnology.com/de/de/wohngebaeude/wissen/heizungsratgeber/gasheizung/gasverbrauch/> abgerufen am 25.04.2022.
[103] ECONOMIESUISSE, Vernehmlassung Gasversorgung, 4.
[104] SCHREIBER, Rechtsrahmen einer Wasserstoffwirtschaft, 343.
[105] Bundesgesetz über Rohrleitungsanlagen zur Beförderung flüssiger oder gasförmiger Brenn- oder Treibstoffe (RLG) vom 4.10.1963 (SR 746.1).
[106] SCHREIBER, Rechtsrahmen einer Wasserstoffwirtschaft, 340.
[107] Erläuternder Bericht BR, 14.
[108] Bundesgesetz über das Verwaltungsverfahren (VwVG) vom 20.12.1968 (SR 172.021).

Bewilligungen erteilt. Das Plangenehmigungsgesuch ist mit den erforderlichen Unterlagen dabei beim Bundesamt einzureichen (Art. 21 Satz 1 RLG). Bei kleineren Projekten besteht zudem die Möglichkeit eines vereinfachten Verfahrens (vgl. Art. 24 ff. RLG). Unter weiteren Voraussetzungen wird danach gemäss Art. 30 RLG die Betriebsbewilligung durch das Bundesamt ausgestellt.

Rohrleitungen, welche jedoch einen Betriebsdruck von 5 bar oder kleiner haben und deren Aussendurchmesser 6 cm oder kleiner ist, fallen nicht unter Art. 1 Abs. 2 lit. a RLG und unterstehen damit der kantonalen Aufsicht (Art. 41 ff. RLG). Bau und Betrieb von Rohrleitungsanlagen bedürften somit, mit Vorbehalt von Art. 16 Abs. 1 RLG, damit einer Bewilligung der Regierung oder der von ihr bezeichneten Stelle (Art. 42 Abs. 1 RLG).

So oder so ist die Unternehmung verpflichtet, vertraglich Transporte für Dritte zu übernehmen, wenn sie technisch möglich und wirtschaftlich zumutbar sind, und wenn der Dritte eine angemessene Gegenleistung anbietet (Art. 13 Abs. 1 RLG). Damit liegt ein Gasnetzzugang vor, der auch demjenigen nach Art. 13 StromVG ähnelt.[109] Hierbei ist jedoch zu betonen, dass das RLG einen vertraglichen Konsens voraussetzt, wodurch im Endeffekt ein Kontrahierungszwang besteht.[110] Da Wasserstoff auch unter das RLG fällt, wäre somit der Netzzugang auch bei dessen Einspeisung einschlägig.[111]

Einhergehend mit dem Kontrahierungszwang wie auch der Verbändevereinbarung stellen sich auch kartellrechtliche Fragen,[112] da ein natürliches Monopol bei der Netzinfrastruktur der Gasversorger vorliegt.[113] Die Netzbetreiber sind grundsätzlich in der Lage, Monopolrenten abzuschöpfen und die Marktmacht auf benachbarte Märkte auszudehnen.[114] Die WEKO hat hierbei verschiedene Vorabklärungen eröffnet, um zu untersuchen, ob ein missbräuchliches Verhalten der Netzbetreiber vorliegt.[115] Die Verfügung der WEKO vom 25. Mai 2020[116] gegen die Energie Wasser Luzern Holding AG sowie der Erdgas Zentralschweiz AG hat Signalwirkung in diesem Bereich. Beide verweigerten die Belieferung über die

---

[109] SCHREIBER, Rechtsrahmen einer Wasserstoffwirtschaft, 340.
[110] CONRAD NICOLE, Gasmarktliberalisierung, 7.
[111] SCHREIBER, Rechtsrahmen einer Wasserstoffwirtschaft, 340.
[112] SCHREIBER, Rechtsrahmen einer Wasserstoffwirtschaft, 341.
[113] RÜTSCHI CHRISTIAN/SCHNYDER VON WARTENSEE, ZENO, Gasmarkt.
[114] RÜTSCHI CHRISTIAN/SCHNYDER VON WARTENSEE, ZENO, Gasmarkt.
[115] RÜTSCHI CHRISTIAN/SCHNYDER VON WARTENSEE, ZENO, Gasmarkt.
[116] Weitere Ausführungen diesbezüglich finden sich unter der WEKO-Untersuchung 32-0263.

Erdgasnetze an die Endkunden durch Dritte.[117] Dieser Entscheid weist damit Ähnlichkeiten zu einer Netzzugangsverweigerung im Strombereich auf.[118] Beiden Unternehmen wurde eine marktbeherrschende Stellung nach Art. 4 Abs. 2 Kartellgesetz[119] eingeräumt und eine unzulässige Verhaltensweise nach Art. 7 Abs. 2 lit. a i.V.m. Art. 7 Abs. 1 in der Verfügung der WEKO vom 25. Mai 2020 geahndet.[120]

Mit Blick auf den Wasserstoff dürfte sich wiederum die Frage der technischen Möglichkeit stellen. Die Transportpflicht entfällt nach Art. 13 Abs. 1 RLG, soweit eine solche technisch nicht möglich ist. Hierfür wäre die SVGW-Richtlinie G 18 einschlägig, welche jedoch nur für die Schweiz gilt. Sollte also bspw. Wasserstoff durch Rohrleitungen grenzüberschreitend nach Deutschland (über Lörrach) transportiert werden, bestünde unter Umständen die Problematik der technischen Unmöglichkeit.[121]

c. Infrastruktur: Pipelines und Tankstellennetz

Beim Aufbau einer Wasserstoffinfrastruktur könnte der öffentlichen Hand zukünftig eine entscheidende Rolle zukommen.[122] In der Politik wird dieses Thema aktuell immer wieder diskutiert. Zu nennen wäre hier beispielsweise die Motion «Zur Vereinfachung des Aufbaus der Infrastruktur für Wasserstoffmobilität».[123] Der BR führte hierzu aus, dass er den Aufbau eines flächendeckenden Netzes an Wasserstofftankstellen durch private Akteure unterstütze.[124] Aktuell befindet sich der BR jedoch noch an der Ausarbeitung einer umfassenden Auslegeordnung der künftigen Wasserstoffinfrastruktur basierend auf dem angenommenen Postulat von NR Candinas.[125] Zudem hat der Bund den Leitfaden zum Aufbau der Wasserstofftankstellen unterstützt.[126] Dieser definiere das Genehmigungsverfahren klar. Für einzelne Bereiche, wie bspw. die Brandschutzvorkehrungen, sind jedoch die

---

[117] Weitere Ausführungen diesbezüglich finden sich unter der WEKO-Untersuchung 32-0263.
[118] Vgl. BGE 129 II 497.
[119] Kartellgesetz (KG) vom 6.10.1995 (SR 251).
[120] Weitere Ausführungen diesbezüglich finden sich unter der WEKO-Untersuchung 32-0263.
[121] SCHREIBER, Rechtsrahmen einer Wasserstoffwirtschaft, 342.
[122] SCHREIBER, Rechtsrahmen einer Wasserstoffwirtschaft, 353.
[123] Motion Egger.
[124] Beispielhaft hierzu die Antwort des BR zur Motion Egger.
[125] Postulat Candinas.
[126] CABALZER/ROHRER, Leitfaden Wasserstoff-Tankstellen.

Kantone zuständig. Bevor weitere Schritte eingeleitet werden, will der BR zuerst die Ergebnisse des Postulatberichts abwarten.[127]

Der Leitfaden zum Aufbau von Wasserstofftankstellen gliedert den Genehmigungsprozess in verschiedene Schritte.[128] Insgesamt gliedert er sich in 12 Teile und sieht unter anderem die Kontaktierung der CE-Stelle sowie die Absprache mit der Gemeinde bzw. Baubewilligungsbehörde und in einem späteren Schritt der Feuerwehr vor. Es bedarf dem Erhalt einer Baubewilligung.[129]

Eine erst kürzliche erschienene Motion hat die Thematik nochmals aufgegriffen, um Massnahmen zur Förderung und Entwicklung von Wasserstoff seitens des BR vorzuschlagen.[130] Die Fördermassnahmen sollten dabei unter anderem auf die Infrastrukturen und Anlagen abzielen, die für den Import und Vertrieb von Wasserstoff benötigt werden. Der Bundesrat verwies hierbei wieder auf bereits eingegangene Forderungen.[131]

Für den breitflächigen Transport sowie insbesondere auch für den grenzüberschreitenden Transit und Import erscheint – neben anderweitig möglichen Transportvarianten – die Abwicklung, auch aufgrund von Volumenüberlegungen, über ein Pipelinenetz unumgänglich.[132] Die Gesetzgebung über Rohrleitungen zur Beförderung flüssiger oder gasförmiger Brenn- und Treibstoffe ist Sache des Bundes gemäss Art. 91 Abs. 2 BV. Dies ist, wie obenstehend, erläutert anfänglich über die Einspeisung von Wasserstoff ins Gaspipelinenetz denkbar, gleichwohl bestehen diverse Diskussionen über den zukünftigen Aufbau eines Wasserstoffpipelinenetzes, wobei hier grenzüberschreitende Infrastrukturprojekte zwischen der Schweiz und Deutschland wichtiger Bestandteil sind.[133]

d. Nutzung von Wasserstoff

Die Regulierung des Wasserstoffes steckt, wie bereits obenstehend aufgezeigt, noch in den Kinderschuhen. So erstaunt es nicht, dass auf politischer Ebene mehr rechtliche Rahmenbedingungen gefordert werden, die eine schrittweise Entwicklung einer sauberen heimischen Wasserstoffwirtschaft gewährleistet.[134] Im Zu-

---

[127] Beispielhaft hierzu die Antwort des BR zur Motion Egger.
[128] CABALZER/ROHRER, Leitfaden Wasserstoff-Tankstellen, 4.
[129] CABALZER/ROHRER, Leitfaden Wasserstoff-Tankstellen, 4.
[130] Motion Müller.
[131] Beispielhaft hierzu die Antwort des BR zur Motion Müller.
[132] INTERVIEWPARTNER 4, Interview 2022, Rn. 22.
[133] WEICHENHAIN, Roland Berger hydrogen transportation, 8 f.
[134] Beispielhaft hierzu das Postulat Candinas.

sammenhang mit sauberen Prozessen wird hierbei insbesondere der «grüne Wasserstoff» angesprochen.[135] Insofern gilt es abzuklären, ob nichtsdestotrotz bereits Anreize für die Nutzung von Wasserstoff bestehen und wie diese aussehen.

Die SVGW-Richtlinie G13 äussert sich gemäss Art. 1 zur Aufbereitung und Einspeisung von erneuerbaren Gasen aus Biomasse oder anderen erneuerbaren Energieträgern. Art. 3 wiederum umschreibt den erneuerbaren Wasserstoff. Bei diesem handelt es sich um Wasserstoff, welcher aus Biomasse oder anderen erneuerbaren Energieträgern hergestellt wurde. Hinsichtlich der Anlagen besagt Art. 5.3 lit. b, dass solche, die erneuerbaren Wasserstoff mittels Elektrolyse herstellen, ausschliesslich erneuerbaren Wasserstoff verwenden dürfen. Sollte hierfür der direkte Anschluss von bspw. Windparks vorausgesetzt werden, dürfte dies den Gebrauch stark einschränken.[136]

Um hierbei auf europäischer Ebene eine Vereinheitlichung zu ermöglichen, wurde 2016 der European Renewable Gas Registry gegründet, welcher einen grenzüberschreitenden Transfer von Zertifikaten von erneuerbaren Gasen zwischen den Mitgliedsregistern ermöglichen soll.[137] Die Schweiz ist hierbei über den Verband der Schweizer Gaswirtschaft vertreten.[138]

i. *Anwendungsspektrum Verkehr*

Die Anwendung von Wasserstoff wird in vielen Bereichen thematisiert. Dazu gehört auch die Wasserstoffanwendung im Verkehr. Zu möglichen Fördermassnahmen äusserte sich der Bundesrat zu einer Interpellation[139]: In der Schweiz werden Anreize zur Nutzung von grünem Wasserstoff dahingehend gefördert, dass Brennstoffzellenfahrzeuge an die Flottengrenze bei den Emissionsvorschriften angerechnet werden, dass eine Befreiung von der Schwerverkehrsabgabe sowie der Mineralölsteuer vorliegt und eine Kompensationspflicht für Treibstoffimporteure besteht. Auf die einzelnen Aspekte ist hierbei einzugehen.

Hinsichtlich der Flottengrenze ist das CO_2-Gesetz einschlägig. Dieses bezweckt gemäss Art. 1 Abs. 1 die Verminderung der Treibhausgase. Art. 10 Abs. 1 sieht bei Personenwagen bis 2020 eine Verminderung auf 95 g CO_2/km vor und Abs. 2 bei

---

[135] Vgl. Motion Suter.
[136] SCHREIBER, Rechtsrahmen einer Wasserstoffwirtschaft, 346.
[137] Weitere Informationen zum Zweck der European Renewable Gas Registry: <https://www.ergar.org/>, abgerufen am 2.05.2022.
[138] Umfassende Informationen zu den einzelnen Mitgliedern unter: <https://www.ergar.org/members/>, abgerufen am 2.05.2022.
[139] Interpellation Riniker.

Sattelschleppern bis 3,5 t 147 g CO_2/km. Bei Importeuren und Herstellern wiederum wird von Abs. 3 auf Art. 11 verwiesen.

Gemäss Art. 11 Abs. 1 CO_2-Gesetz wird bei Importeuren und Herstellern eine individuelle Zielvorgabe berechnet. Deren Berechnung wiederum bezieht sich auf die Neuwagenflotte. Präzisiert wird Zielvorgabe durch die CO_2-Verordnung, welche unter dem Geltungsbereich von Art. 17 Abs. 1 die individuelle Zielvorgabe in Art. 28 regelt und für deren Berechnung auf Anhang 4a verweist. Art. 13 Abs. 1 CO_2-Gesetz i.V.m. Art. 29 CO_2-Verordnung wiederum regelt die Sanktionsbeträge unter Berücksichtigung von Anhang 5 der CO_2-Verordnung wie auch Artikel 8 der Verordnung (EU) 2019/631 sowie dem Wechselkurs gemäss Abs. 2. Zudem gilt es eine Kompensation von Treibstoffen nach Art. 26 CO_2-Gesetz zu beachten.

Damit einhergehend gilt es die Schwerverkehrsabgabe zu betrachten. Das Schwerverkehrsabgabegesetz[140] bezweckt nach Art. 1 Abs. 1 die Wegekosten sowie die Kosten zulasten der Allgemeinheit zu decken. Die Abgabe wird hierbei für im In- und Ausland immatrikulierten schweren Fahrzeugen erhoben (Art. 3 SVAG) wobei nach der Schwerverkehrsabgabeverordnung[141] das Gesamtgewicht 3,5 Tonnen übersteigen muss (Art. 2 Abs. 1 SVAV). Fahrzeuge die dabei dieser Abgabe unterliegen, müssen beim Grenzübertritt die vom BAZG bezeichnetet Grenzübergangsstellen benützen (Art. 6 SVAV).

Die Abgabe bemisst sich dabei gemäss Art. 6 Abs. 1 nach dem höchstzulässigen Gewicht des Fahrzeugs sowie den gefahrenen Kilometern. Für ausländische Fahrzeuge richtet sich dabei das höchstzulässige Gesamtgewicht, vorbehaltlich abweichender staatsvertraglicher Regelungen, nach dem schweizerischen Strassenverkehrsrecht (Art. 13 Abs. 1 SVAV).

In Bezug auf die Wasserstofffahrzeuge gibt es hierbei zu beachten, dass diese gemäss Art. 3 Abs. 1 lit. j SVAV von der Abgabepflicht ausgenommen. Damit wären auch Fahrzeuge mit einem Wasserstoff-Brennstoffzellenbetrieb ausgenommen, nach dem Wortlaut hingegen nicht Wasserstoffverbrennungsmotoren.[142]

Weiter erhebt der Bund gemäss Art. 1 Abs. 1 Mineralölsteuergesetz[143] eine Mineralölsteuer auf Erdöl, anderen Mineralölen, Erdgas und den bei ihrer Verarbei-

---

[140] Bundesgesetz über eine leistungsabhängige Schwerverkehrsabgabe (SVAG) vom 19.12.1997 (SR 641.81).
[141] Verordnung über eine leistungsabhängige Schwerverkehrsabgabe (SVAV) vom 6.03.2000 (SR 641.811).
[142] SCHREIBER, Rechtsrahmen einer Wasserstoffwirtschaft, 348.
[143] Mineralölsteuergesetz (MinöStG) vom 21.06.1996 (SR 641.61).

tung gewonnen Produkten sowie auf Treibstoffen sowie einen Mineralölsteuerzuschlag auf Treibstoffen.

Art. 2 Abs. 2 MinöStG definiert hierbei Treibstoffe, welche unter das MinöStG fallen. Lit. j. sieht hierbei andere Waren vor, die unvermischt oder vermischt zu Treibstoffen bestimmt sind oder als Treibstoffe verwendet werden. Somit würde grundsätzlich auch Wasserstoff als Treibstoff zählen, der unter das MinöStG fällt. Dabei gilt es jedoch zu beachten, dass Art. 12 Abs. 1 MinöStG Steuererleichterungen für biogene Treibstoffe vorsieht, soweit ein Gesuch gestellt wird und sie unter anderem vom Anbau der Rohstoffe bis zu ihrem Verbrauch erheblich weniger Treibhausgasemissionen als fossiles Benzin erzeugen (lit. a). Art. 19b i.V.m. Anhang 2 der MinöStV sieht für Biowasserstoff ein vollständiges entfallen der Steuer vor, was wiederum einen Anreiz für diesen setzen würde. Diese Befreiung hat zeitliche Geltung bis Ende des Jahres 2023.[144]

Art. 2 Abs. 3 lit. d MinöStG definiert die biogenen Treibstoffe, wobei der Bundesrat diese zu bezeichnen hat (Art. 2a). Hierbei ist zu beachten, dass biogener Treibstoff als Treibstoff definiert wird, der aus Biomasse oder anderen erneuerbaren Energieträgern hergestellt wird. Art. 19a lit. f Mineralölsteuerverordnung[145] führt hierzu genauer aus, dass als Biowasserstoff Wasserstoff aus Biomasse oder anderen erneuerbaren Energieträgern gilt.

Hierzu äussert sich wiederum die SVGW-Richtlinie 13 in Artikel 5.1.4 hinsichtlich der Einspeisung erneuerbarer Gase als Treibstoff: Die Herstellung von erneuerbaren Gasen zur Verwendung als Treibstoff (Biogene Treibstoffe) unterliegt der Mineralölsteuergesetzgebung: Wer somit erneuerbare Gas als Treibstoff herstellt und in ein Erdgasnetz einspeist, muss nach Art. 3 i.V.m. Art. 27 MinöStG von der OZD als Herstellungsbetrieb bewilligt sein.

ii. Anwendungsspektrum Wärmemarkt

Wie bereits erwähnt sollen mit dem CO_2-Gesetz die Treibhausgasemissionen reduziert werden. Hierbei erwähnt werden auch Brennstoffe (Art. 1 Abs. 1 CO_2-Gesetz). Art. 2 Abs. 1 CO_2-Gesetz definiert hierbei als Brennstoffe fossile Energieträger wodurch «grüner Wasserstoff» somit nicht mitumfasst wäre. Damit wäre ein Anreiz geschaffen, um Wasserstoff zur Heizung zu verwenden.

Hinsichtlich der Zuständigkeit ist im Bereich des Energieverbrauchs innerhalb von Gebäuden zu beachten, dass hierfür vor allem die Kantone zuständig sind (Art. 89

---

[144] ANGELE, Regulatorische Rahmenbedingungen.
[145] Mineralölsteuerverordnung (MinöStV) vom 20.11.1996 (SR 641.611).

Abs. 4 BV). Entsprechend gibt es hierfür «Mustervorschriften der Kantone im Energiebereich». Hierbei handelt es sich um ein von den Kantonen gemeinsam errichtetes «Gesamtpaket» energierechtlicher Vorschriften im Gebäudebereich.[146] Dieses wiederum spricht jedoch erneuerbare Gase überhaupt nicht an.[147] Insofern besteht hier noch erhebliches Potential mit Verweis auf die Nutzung von Wasserstoff. Besteht doch im Gebäudebereich noch erhebliches Potential den CO_2-Ausstoss zu reduzieren.[148]

Am 13. Juni 2021 wurde das totalrevidierte CO_2-Gesetz von der Schweizer Bevölkerung abgelehnt.[149] Dieses sah unter anderem vor, dass im Gebäudebereich weniger Heizöl und Erdgas verbraucht wird. So hätten Neubauten keine CO_2-Emissionen aus fossilen Brennstoffen mehr verursachen dürfen. Bestehende Gebäude hätten wiederum CO_2 ausstossen dürfen. Bei diesen hätte eine CO_2-Obergrenze bestanden, wenn deren Heizung ausgewechselt worden wäre.[150]

3. Thematik der Sektorenkopplung

In der Schweiz zeigt sich aktuell hinsichtlich verschiedenster Energieträger, dass diese in unterschiedlichen Gesetzen in diverser Ausprägung formuliert wurden. So wird die Stromversorgung im StromVG geregelt, das Erdgas wiederum nur sehr schwach im RLG. Den Wasserstoff wiederum wollte man verstärkt in das abgelehnte CO_2-Gesetz aufnehmen. Mit Blick auf die vielseitige Nutzung von Wasserstoff würden dadurch verschiedenste Regularien angesprochen im Lichte eines unklaren Anwendungsspielraumes. Weiter ist zu bedenken, dass dem Klimawandel mit verschiedensten Technologien entgegnet werden soll.[151]

Insofern stellt sich die Frage, wie solchen sektorspezifischen Regulierungen begegnet werden kann. Insbesondere mit Blick auf den Wasserstoff, welcher sowohl in der Speicherung von Strom, zum Transport über die Gasnetze wie auch für den Strassenverkehr eingesetzt werden soll.

---

[146] KONFERENZ KANTONALER ENERGIEDIREKTOREN, Mustervorschriften, 8.
[147] SCHREIBER, Der Rechtsrahmen einer Wasserstoffwirtschaft, 350.
[148] Vgl. <https://www.bfe.admin.ch/bfe/de/home/effizienz/gebaeude.html>, abgerufen am 4.05.2022.
[149] Vgl. dazu in VONPLON DAVID, Co²-Gesetz; <https://www.uvek.admin.ch/uvek/de/home/uvek/abstimmungen/co2-gesetz.html#:~:text=Um%20den%20Treibhausgas%2DAusstoss%20zu,CO2%2DGesetz%20bleibt%20ii%20Kraft>, abgerufen am 4.05.2022.
[150] BGE/BAFU, Gebäude und Mobilität, S. 1.
[151] Vgl. BUNDESRAT, Klimastrategie, 23.

Wie bereits ausgeführt besteht in verschiedenen Bereichen die Problematik der natürlichen Monopole. Im Elektrizitätsbereich muss zwar nach Art. 13 StromVG der Netzzugang gewährleistet werden. In anderen Bereichen der Wertschöpfungskette kann jedoch weiterhin ein Wettbewerb bestehen.[152] Um Quersubventionierungen zu verhindern untersagt Art. 10 Abs. 1 solche zwischen dem Netzbetrieb und übrigen Tätigkeitsbereichen. Die hierbei angestrebte Entflechtung hat Auswirkungen auf die Informationsvermittlung (Art. 10 Abs. 2 i.V.m. Art. 12 StromVG) wie auch die Buchhaltung (Art. 10 Abs. 3 i.V.m. Art. 11 StromVG). Ähnlich äussert sich das E-GasVG. Es sieht in Art. 5 Abs. 1 vor, dass keine Quersubventionen zwischen der regulierten Versorgung, der Ersatzversorgung und dem Messwesen einerseits und den übrigen Geschäftsbereichen andererseits vorgenommen werden darf. Abs. 2 äussert sich wiederum zu den Informationen und Abs. 3 zur buchhalterischen Entflechtung.

Hierbei dürfte sich jedoch die Frage stellen, ob eine solche Entflechtung auch bestünde bzw. bestehende Regulierungen auch anwendbar sind, wenn Unternehmen nebst dem Strom- auch im Gasbereich Handel treiben würden, sind doch bereits heute verschiedene Unternehmen in unterschiedlichen Bereichen aktiv.[153] Das neue GasVG orientiert sich wiederum «nur» an der vertikalen Entflechtung[154] und spricht sich im horizontalen Bereich alleine gegen Preisabsprachen nach Art. 9 Abs. 2 E-GasVG bei Verbundunternehmen aus[155]. Eine weite Auslegung wäre somit beim Wortlaut «übrige Geschäftsbereiche» (Art. 5 Abs. 1 E-GasVG) sowie «übrige Tätigkeitsbereiche» (Art. 10 Abs. 1 StromVG) angezeigt, um bspw. durch sektorübergreifende Quersubventionierungen die Preise künstlich zu senken und damit den Wettbewerb zu verzerren. Diese Problematik könnte sonst auch Auswirkungen auf den Wasserstoffmarkt haben, sollten Power-to-Gas Anlagen durch Gas- oder Stromnetzverteilbetreiber betrieben werden.[156]

---

[152] SCHREIBER, Der Rechtsrahmen einer Wasserstoffwirtschaft, 344.
[153] Vgl. Alpiq Gashandel: <https://www.alpiq.ch/energiehandel/energiehandel/gashandel>; Alpiq Stromhandel: <https://www.alpiq.ch/energiehandel/energiehandel/stromhandel>, beide abgerufen am 5.05.2022.
[154] Vgl. Erläuternder Bericht BR, 19.
[155] Vgl. Erläuternder Bericht BR, 37.
[156] Vgl. SCHREIBER, Der Rechtsrahmen einer Wasserstoffwirtschaft, 345.

B. Wasserstoff-Ökosystem in der EU und spezifisch in Deutschland

In einem zweiten Schritt soll nun geklärt werden, ob rechtliche Grundlagen und Genehmigungsverfahren in der EU sowie spezifisch für Deutschland im Bereich der Wasserstoffinfrastruktur bestehen, und falls ja, wie diese aussehen. Dabei soll insbesondere beim Verhältnis dieser beiden Länder ein Fokus auf Lörrach gelegt werden. Dies gilt auch für die Frage, welche Vorschriften für den grenzüberschreitenden Transport und die Verteilung von Wasserstoff als Teil der öffentlichen Energieversorgung bestehen sowie, ob grenzüberschreitende Gasnetze genutzt werden können.

1. Themeneinordnung im rechtlichen Kontext

Da ein Stopp des Klimawandels nur in einem internationalen Kontext erreicht werden kann und es sich bei der Kreisstadt Lörrach um einen Standort mit starkem Grenzbezug handelt, ist eine rechtliche Einordung in verschiedene nationale und internationale Rechtsordnungen unabdingbar.[157]

a. Europäische Ebene

Auf europäischer Ebene bildet der sogenannte «Green Deal»[158] die zentrale Grundlage für weitere Entwicklungen im Bereich der erneuerbaren Energien. Dieser wiederum wird als Wachstumsstrategie gesehen, durch die im Jahre 2050 keine Netto-Treibhausgasemissionen mehr freigesetzt werden sollen und eine Abkoppelung des Wirtschaftswachstums von der Ressourcennutzung entsteht. Hierbei soll auch Wasserstoff zum Zuge kommen, welcher als sauberer Wasserstoff zu den Schwerpunktbereichen gehören soll.[159] Weiter macht sich die EU für eine intelligente Infrastruktur stark, worunter auch Wasserstoffnetze fallen sollen.[160] Die Wasserstoffnutzung soll hierbei im Rahmen verschiedenster Instrumente von «Horizont Europa» unterstützt werden.[161] Ein wichtiger Baustein bildet die Wasserstoffstrategie der EU[162], welche den Green Deal[163], die neue

---

[157] Vgl. Anschaulich hierzu die Mitteilung Kommission Grüner Deal, 3.
[158] Mitteilung Kommission Grüner Deal, 2.
[159] Mitteilung Kommission Grüner Deal, 10.
[160] Mitteilung Kommission Grüner Deal, 7, 8.
[161] Mitteilung Kommission Grüner Deal, 22.
[162] Mitteilung Kommission Wasserstoffstrategie, 1.
[163] Mitteilung Kommission Grüner Deal, 1.

Industriestrategie für Europa[164] und den Aufbauplan[165] der Kommission präzisieren soll. Die EU möchte hierbei eine Dekarbonisierung verschiedener Wirtschaftszweige schrittweise durch sauberen Wasserstoff erreichen.[166] Diese wird ergänzt durch die Strategie zur Erneuerung des Energiesystems.[167] Bei beiden handelt es sich um Visionen.[168] Ziel ist es dabei, konkrete Massnahmen, politischer und legislativer Natur auf EU-Ebene vorzuschlagen, wodurch schrittweise ein neues integriertes Energiesystem gestaltet werden soll. Dadurch soll erreicht werden, den unterschiedlichen Ausgangspositionen der Mitgliedsstaaten Rechnung zu tragen.[169]

Mit Blick auf den konkreten Nutzen ist jedoch zu berücksichtigen, dass die Technologie noch in den Kinderschuhen steckt. Noch heute warten verschiedenste Interessenvertreter aus der Wirtschaft auf klare Signale seitens der EU.[170] Umso wichtiger scheint hierbei, wie andere Nationen auf diese unklare Ausgangslage reagieren.

b. Deutschland

Auch Deutschland hat bereits eine eigene Wasserstoffstrategie ausgearbeitet.[171] Diese soll einen Handlungsrahmen für die künftige Erzeugung wie auch den Transport, die Nutzung sowie die Weiterverwendung bilden. Damit einhergehend soll auch entsprechende Innovationen und Investitionen gefördert werden.[172] Inhalt der Wasserstoffstrategie bilden die Schritte zur Erreichung der Klimaziele, die Schaffung neuer Wertschöpfungsketten für die deutsche Wirtschaft sowie der Weiterentwicklung der internationalen Zusammenarbeit.[173]

Deutschland war bis vor kurzem selbst noch von einer sehr starken Rechtsunsicherheit in Bezug auf Wasserstoff geprägt. Ein Rechtsrahmen im Bereich des Wasserstoffes war noch nicht ausgereift.[174] Darauf hatte der Deutsche Bundestag am

---

[164] Mitteilung Kommission Industriestrategie, 1.
[165] Mitteilung Kommission Perspektiven, 1.
[166] Mitteilung Kommission Wasserstoffstrategie, 3.
[167] Mitteilung Kommission Förderung, 1.
[168] Mitteilung Kommission Wasserstoffstrategie, 3.
[169] Mitteilung Kommission Förderung, 2.
[170] So bspw. die Ausführungen von Seiten eines Produktionsunternehmens: INTERVIEWPARTNER 2, Interview 2022, Rn. 10.
[171] BMWi, Wasserstoffstrategie.
[172] BMWi, Wasserstoffstrategie, 5.
[173] BMWi, Wasserstoffstrategie, 5.
[174] KAPPES CHRISTIANE, Rechtsrahmen, 1; CMS, Facing the Future of Hydrogen, 98.

16. Juli 2021 reagiert, indem er das Energiewirtschaftsgesetz[175] (EnWG) änderte und damit auch verschiedene EU-Richtlinien, wie bspw. der Richtlinie des Europäischen Parlaments und des Rates vom 11. Dezember 2018 zur Förderung der Nutzung von Energie aus erneuerbarer Quellen nachkam.[176] Die Regelungen geltend jedoch nur übergangsweise bis zur Verabschiedung entsprechender europäischer Vorgaben.[177] Zur Schaffung eines heimischen Marktes für die Produktion und Nutzung von Wasserstoff wurde weiter eine nationale Wasserstoffstrategie[178] geschaffen.[179] Eine Änderung des Klimaschutzgesetzes zieht zudem das Ziel der Klimaneutralität auf 2045 vor.[180] Nichtsdestotrotz ist zu beachten, dass bislang kein Gesetz die Wertschöpfungskette für Wasserstoff abdeckt.[181]

2. Herstellung und Lagerung von Wasserstoff

a. Genehmigungsverfahren von Wasserstoffinfrastruktur

Im Allgemeinen besteht in der EU und in Deutschland kein spezifisches Genehmigungsverfahren für Wasserstofferzeugungsanlagen, wobei gerade die Einordnung von Elektrolyseuren im relevanten Zulassungsrecht gewisse Fragen offenlässt.[182] Relevant ist die konkrete Verwendungsart der Produktionsanlage bei der Beantwortung der Frage nach dem einschlägigen Zulassungsrecht. Dabei entscheidet sich die Notwendigkeit einer teils komplexen Baugenehmigung nach der Grundlage in § 35 BauGB bzw. einer allfälligen immissionsschutzrechtlichen Genehmigung oder einer Planfeststellung, welche allesamt unterschiedliche Verfahrensausprägungen und zeitliche Dauer aufweisen.[183]

b. Sicherheitsbestimmungen

Das EnWG äussert sich hinsichtlich der Frage der Sicherheit. Es sieht vor, dass Energieanlagen so zu errichten und betreiben sind, dass die technische Sicherheit

---

[175] Gesetz über die Elektrizitäts- und Gasversorgung (EnWG).
[176] Vgl. Beschluss Bundestag EnWG, 1.
[177] Von Burchard Friedrich, Ganssauge Niklas, Wasserstoff.
[178] Vgl. BMWi, Wasserstoffstrategie.
[179] Von Burchard Friedrich, Ganssauge Niklas, Wasserstoff.
[180] Von Burchard Friedrich, Ganssauge Niklas, Wasserstoff.
[181] Von Burchard Friedrich, Ganssauge Niklas, Wasserstoff.
[182] Nebel, Planung und Genehmigung von Wasserstoffanlagen, 4 ff.; Bullmann/Gollnick/Schorpp, Wasserstoff DIHK-Faktenpapier, 12 ff.
[183] Nebel, Planung und Genehmigung von Wasserstoffanlagen, 9.; NOW, Genehmigungsleitfäden, 5; Bullmann/Gollnick/Schorpp, Wasserstoff DIHK-Faktenpapier, CMS, Facing the Future of Hydrogen, 98.

gewährleistet ist. Vorbehaltlich anderer Rechtsvorschriften sind dabei die allgemein anerkannten Regeln der Technik zu beachten (§ 41 Abs. 1 EnWG). Dabei wird gemäss § 41 Abs. 2 EnWG die Einhaltung dieser vermutet, wenn bei Anlagen zur Erzeugung, Fortleitung und Abgabe von Gas und Wasserstoff die technischen Regeln des Deutschen Vereins des Gas- und Wasserfaches e.V. eingehalten worden sind. Bei Anlagen oder Bestandteilen von Anlagen jedoch, die nach den Standards anderer Mitgliedsstaaten der EU oder des EWR hergestellt oder in Verkehr gebracht wurden, wird die Einhaltung der allgemeinen Regeln der Technik vermutet (§ 41 Abs. 3 EnWG). Hinsichtlich Drittländern wie der Schweiz äussert sich die einschlägige Bestimmung jedoch nicht.

i.   Die Kennzeichnung von Wasserstoff

In Deutschland kommt der Kennzeichnung von Wasserstoff ein gewisser Stellenwert zu. So müssen Wasserstofffahrzeuge eine äussere Kennzeichnung aufweisen.[184]

Auch hier besteht ein Chemikaliengesetz, welches gefährliche Stoffe und gefährliche Gemische regelt. Dieses verweist in § 3 Abs. 1 Ziff. 1 hinsichtlich physikalischer Gefahren oder Gesundheitsgefahren auf Anhang I Teil 2 und 3 der Verordnung (EG) Nr. 1272/2008. Ziff. 2 bezüglich der Umweltgefährlichkeit auf Anhang I Teil 4 und 5. Diese wiederum bestimmt in Teil 2 Ziff. 2.1.1.1 als physikalische Gefahren explosive Stoffe, welcher in Ziff. 2.1.1.2 zusätzlich präzisiert werden und, wie bereits dargelegt, bei Wasserstoff vorliegt.

Die Einstufung, Kennzeichnung Verpackung von Stoffen und Gemischen richtet sich dabei grundsätzlich nach § 13 Abs. 1 Chemikaliengesetz (ChemG). Dieses wiederum verweist auf die EU-Verordnung Nr. 1272/2008. Diese wiederum verweist hinsichtlich der Kennzeichnung auf das GHS[185], welches auch von Deutschland implementiert wurde.[186]

Hersteller oder Importeure wiederum, die Stoffe oder Gemische in den Verkehr bringen, haben diese wiederum nach § 14 ChemG einzustufen. Dieses wiederum verweist in Abs. 1 Ziff. 3 Lit. A hinsichtlich der Verpackung gefährlicher Stoffe auf Verordnungen der Bundesregierung. Die Gefahrenstoffverordnung verweist hierbei hinsichtlich der Einstufung, Kennzeichnung und Verpackung gefährlicher

---

[184] DWV, Wasserstoff-Sicherheits-Kompendium, 30.
[185] Vgl. hinsichtlich der Kennzeichnung nach GHS: <https://unece.org/transportdangerous-goods/ghs-pictograms>, abgerufen am 10.05.2022.
[186] <https://unece.org/transportdangerous-goods/regionalcountry-level?accordion=0>, abgerufen am 10.05.2022.

Stoffe wiederum in § 4 Abs. 1 auf die EU-Verordnung Nr. 1272/2008 (welche wiederum in Ziff. 4 auf das GHS verweist). Ergänzend wird lediglich festgehalten, dass die Kennzeichnung von Stoffen, die in Deutschland in Verkehr gebracht werden nach Abs. 3 in deutscher Sprache erfolgen müssen. Geeignete Sicherheitsinformationen oder ein Sicherheitsdatenblatt sind nach Abs. 4 zudem bei unverpackten gefährlichen Stoffen beizufügen.

ii.   Schutz vor Störfällen

Auch in Deutschland gibt es Regulierungen im Bereich der Störfälle. Die zwölfte Verordnung zur Durchführung des Bundes-Immissionsschutzgesetzes gilt hierbei als Störfall-Verordnung. Dieses differenziert jedoch gemäss § 1 Abs. 1 nach Betriebsbereichen der unteren und oberen Klasse. Für letztere gelten dabei zusätzliche Vorschriften. Dabei ist jedoch zu beachten, dass diese Differenzierung nach Abs. 1 dann nicht zur Anwendung kommt, wenn Einrichtungen nach der Richtlinie 2012/18/EU Art. 2 Abs. 2 Unterabs. 1 mitumfasst sind. Diese regelt dort jedoch in lit. c den Transport gefährlicher Stoffe via Strasse, Schiene etc. sowie in lit. d über Rohrleitungen. Als gefährliche Stoffe gelten nach der EU-Richtlinie gemäss Art. 3 Ziff. 10 diejenigen Stoffe, welche im Anhang I Teil 1 und 2 aufgelistet sind, worunter bei Teil 2 unter Ziffer 15 auch Wasserstoff fällt. Somit gelten die Bestimmungen der Störfall-Verordnung unabhängig der jeweiligen Klasse bei Wasserstoff.

Um Störfälle zu verhindern, hat der Betreiber gemäss § 3 Abs. 1 Störfall-Verordnung nach Art und Ausmass der Gefahren die erforderlichen Vorkehrungen zu treffen. Dabei müssen insbesondere Brände und Explosionen verhindert werden (§ 4 Abs. 1 Störfall-Verordnung). Weiter muss unter anderem ein Konzept zur Verhinderung von Störfällen gemäss § 8 ausgearbeitet werden.

3.   Transport, Verteilung und Nutzung von Wasserstoff

a.   Gasnetzverwendung

Auch in Deutschland wird die Einspeisung von Wasserstoff in Gasnetze thematisiert. In Pilotprojekten wird beispielsweise untersucht, ob mehr Wasserstoff als die gemäss DVGW-Regelwerk aktuell vorhergesehenen 10 %[187] eingespeist werden können.[188] Der Deutsche Verein des Gas- und Wasserfaches ist ein Verein,

---

[187] <https://www.dvgw.de/leistungen/regeln-und-normen, abgerufen am 12.05.2022; vgl. DVGW, Wasserstoff-Beimischung – Sicherheit in ihrem Zuhause, 2.
[188] TENGE STEPHAN, BRANDES ANGELA, Pilotprojekt, 70.

der wie der SGWV in der Schweiz auch entsprechende Regelwerke erlässt. Insofern stellt sich die bereits genannte Problematik der fehlenden demokratischen Legitimation der Regulierungen auch hier. Steht doch den Ländern nach Art. 70 Abs. 1 des Grundgesetzes[189] das Recht der Gesetzgebung zu soweit dieses Grundgesetz nicht dem Bunde Gesetzgebungsbefugnisse verleiht.

b. Gasnetzinfrastruktur und Regulierung

Das Gesetz über die Elektrizitäts- und Gasversorgung (Energiewirtschaftsgesetz – EnWG) beabsichtigt die Versorgung der Allgemeinheit mit Elektrizität, Gas und Wasserstoff gemäss § 1 Abs. 1.[190] Dabei soll auch nach § 1 Abs. 3 das europäische Gemeinschaftsrecht berücksichtigt werden. Der Betrieb eines Energieversorgungsnetzes kann dabei nur durch Genehmigung der nach Landesrecht zuständigen Behörde vorgenommen werden. Hierbei ist, auch für die die Gasnetzbetreiber, zudem auch zu beachten, dass diese gemäss § 11 Abs. 1 ihr Energieversorgungsnetz diskriminierungsfrei zu betreiben haben, soweit dies wirtschaftlich möglich ist.

Weiter gilt für die Betreiber von Fernleitungs- wie auch Gasverteilernetzen, dass diese zu einer sicheren Energieversorgung beizutragen haben (§ 16a i.V.m. 15 EnWG). Zudem haben sie gemäss § 17 Abs. 1 einen Netzanschluss zu gewähren, ausser dies wäre aus technischen oder wirtschaftlichen Gründen nicht möglich (Abs. 2).

Bezüglich der Nutzung von Gasinfrastruktur für Wasserstoff gilt es zu beachten, dass eine behördliche Zulassung für die Errichtung, die Änderung und den Betrieb einer Gasversorgungsleitung für Erdgas inklusive der für den Betrieb notwendigen Anlagen gemäss § 43l Abs. 4 auch als Zulassung für den Transport von Wasserstoff gelten. Zu beachten ist hierbei nur, dass diese in ein Planfeststellungsverfahren integriert wurden und die Anlagen keine nach dem Bundes-Immissionsschutzgesetz genehmigungsbedürftigen Anlagen sind.

c. Infrastruktur: Pipelines und Tankstellen

Wie in der Zielsetzung erwähnt (§ 1 Abs. 1 EnWG) orientiert sich das Gesetz zusehends an erneuerbaren Energien. Eindrücklich ersichtlich ist dies hinsichtlich der Regulierung von ausschliesslichen Wasserstoffnetzen. Diese werden bereits bei der Begriffsdefinition angesprochen. So definiert § 3 Ziff. 39a EnWG Wasserstoffnetze als ein Netz zur Versorgung von Kunden ausschliesslich mit Wasserstoff.

---

[189] Grundgesetz für die Bundesrepublik Deutschland (Grundgesetz) vom 23.05.1949.
[190] Weitere Ausführungen in: CLIFFORD CHANCE, Focus on Hydrogen, 1 ff.

Dieses stehe grundsätzlich zur Versorgung jedes Kunden offen. Dabei können die Betreiber von Wasserstoffnetzen gemäss § 28j Abs. 3 EnWG der Bundesnetzagentur erklären, dass ihre Wasserstoffnetze nach dem dort regulierten Teil unterfallen sollen. Dies führt gemäss § 28j Abs. 4 EnWG zur Pflicht, dass Betreiber dieser Infrastruktur verpflichtet werden untereinander zusammenzuarbeiten um eine betreiberübergreifende Leitungsinfrastruktur sowie deren Nutzung durch Dritte zu realisieren. Hierbei äussert sich das EnWG auch hinsichtlich der Umstellung der Erdgasinfrastruktur zur Wasserstoffnetzinfrastruktur in § 28p Abs. 4 EnWG. Hierbei muss nachgewiesen werden, dass die Erdgasinfrastruktur aus dem Fernleitungsnetz herausgenommen werden kann.

Auch in Deutschland gibt es hinsichtlich der Wasserstofftankstellen einen Leitfaden.[191] Dieser wurde von der «NOW Nationale Organisation Wasserstoff- und Brennstoffzellentechnologie» erstellt. Sie ist unter anderem verantwortlich für die Umsetzung des Nationalen Innovationsprogramms Wasserstoff- und Brennstoffzellentechnologie (NIP) der Bundesregierung.[192] Hierbei gliedert sich der Leitfaden bei Errichtung und Betrieb einer öffentlichen H2-Tankstelle in 12 Schritte. Dazu gehört auch wieder der Austausch mit einer Genehmigungsbehörde.[193] Zudem bildet ein Kick-off Meeting mit den Stakeholdern einen Bestandteil[194] und ein Gespräch mit dem ZÜS-Gutachter um die Funktionsweise der H2-Tankstelle vollständig zu verstehen.[195]

d. Nutzung von Wasserstoff

In Deutschland zeigt man sich offen hinsichtlich der Nutzung von Wasserstoff in verschiedensten Bereichen. Dies zeigt sich bereits dadurch, dass seit den 1980er-Jahren die Forschung und Entwicklung von Wasserstoff gefördert wird.[196] Weiter hat man mit verschiedensten Akteuren zusammengearbeitet, um günstige Voraussetzungen für den Markteintritt zu schaffen.[197] Wasserstoff soll unter anderem als Kraftstoff wie auch zur Wärmeerzeugung genutzt werden können.[198]

---

[191] NOW GMBH, Genehmigungsleitfaden.
[192] NOW GMBH, Genehmigungsleitfaden, 3.
[193] BULLMANN/GOLLNICK/SCHORPP, Wasserstoff DIHK-Faktenpapier, 12 f.; NOW GMBH, Genehmigungsleitfaden, 5, 6.
[194] NOW GMBH, Genehmigungsleitfaden, 7.
[195] NOW GMBH, Genehmigungsleitfaden, 5.
[196] BMVI, Regierungsprogramm, 3.
[197] BMVI, Regierungsprogramm, 3.
[198] Vgl. BMVI, Regierungsprogramm, 5.

i.   Anwendungsspektrum Verkehr

Um die Energiewende im Verkehr zu erreichen, ist die Nutzung verschiedenster Technologien notwendig. Mit dem Regierungsprogramm Wasserstoff- und Brennstoffzellentechnologie 2016–2026 fördert die Bundesregierung die Umsetzung des nationalen Strategierahmens und damit einhergehend der EU-Richtlinie 2014/94/EU, welche den Aufbau der Infrastruktur für alternative Kraftstoffe regelt. Verschiedene Partnerschaften sollen hierbei die Entwicklung von grünem Wasserstoff im Strassenverkehr fördern. So gibt es bspw. die Industrie-Partnerschaft «Clean Energy Partnership» bestehend aus Vertretern verschiedenster Branchen, welche sich für Lösungen und Standards im Bereich der grünen Mobilität mit Wasserstoff engagieren.[199] Deutschland möchte weiter Wasserstoff in verschiedensten Verkehrsbereichen nutzen. Daher wird dessen Nutzung auch für Busse, Schiffe, Züge und Flugzeuge thematisiert und erforscht.[200] Es stellt sich jedoch in diesem Kontext die Frage, ob ein entsprechender regulatorischer Rahmen hierfür Anreize setzt.

Die europäische Richtlinie 1999/62/EG regelt die Erhebung von Gebühren bei schweren Kraftfahrzeugen. Diese sieht in Ziff. 7 vor, dass strassenschonende und umweltfreundliche Fahrzeuge durch angepasste Steuern und Gebühren gefördert werden sollen. Weiter verpflichtet die Richtlinie nach Art. 2 lit. b zur Erhebung einer Maut. Deutschland regelt diese in § 1 des Gesetzes über die Erhebung von streckenbezogenen Gebühren für die Benutzung von Bundesautobahnen und Bundesstrassen (BFStrMG). Der Maut unterliegen dabei nach Abs. 1 Fahrzeuge oder Fahrzeugkombinationen, welche einerseits für den Güterverkehr bestimmt sind oder verwendet werden und deren Gesamtgewicht mindestens 7.5 Tonnen beträgt. Befreit von der Maut werden gemäss Abs. 2 Ziff. 7 BFStrMG elektrisch betriebene Fahrzeuge im Sinne von § 2 Ziff. 1 des Elektromobilitätsgesetzes. Letzteres regelt in der genannten Bestimmung, dass Brennstoffzellenfahrzeuge elektrisch betriebene Fahrzeuge im Sinne dieses Gesetzes sind. Ein Brennstoffzellenfahrzeug wird dahingehend definiert, dass dieses ausschliesslich aus Brennstoffzellen und einer elektrischen Antriebsmaschine bestehen, wodurch auch diese von der Maut befreit würden, was einen entsprechenden Anreiz setzt.

---

[199] Für weitere Informationen zum Industrie-Partnerschaft unter: <https://cleanenergy partnership.de/>, Abgerufen am 13.05.2022.
[200] Vgl. BMVI, Regierungsprogramm, 9, 10.

ii. Anwendungsspektrum Wärmemarkt

Ein hoher Gesamtwirkungsgrad kann bei stationären Brennstoffzellensystemen mit der Kraft-Wärme-Kopplung (KWK) erreicht werden.[201] Zur Förderung dieser Technologie sollen mit einem Technologieeinführungsprogramm (TEP) weitere Marktanreize gesetzt werden. Es sieht vor, dass beim Kauf einer neuen Brennstoffzellen-KWK-Anlage ein Grundbetrag, nebst leistungsabhängigem Betrag, von 5'700 Euro bezuschusst werden soll.[202] Ziel ist es damit, bis 2023 die Installation von bis zu 75'000 Anlagen zu unterstützen.[203] Deutschland möchte dadurch die Stückzahlen steigern, die Kosten reduzieren und die Wettbewerbsfähigkeit der KWK-Anlagen verbessern.[204] Zusätzlich wird beabsichtigt, die Forschung und Entwicklung im Bereich der industriellen Kraft und Wärmekopplung fortzusetzen.

Weiter besteht ein Gebäudeenergiegesetz, welches nach § 1 Abs. 1 einen sparsamen Einsatz von Energie in Gebäuden anstrebt. Damit einhergehend sollen zunehmend erneuerbare Energien hierfür genutzt werden. Es gilt gemäss § 2 GEG für Gebäude die unter anderem geheizt werden sollen und deren Anlagen und Einrichtungen zur Heizung. Es sieht unter anderem Höchstwerte des Jahres-Primärenergiebedarfs für die Heizung neu zu errichtender Gebäude vor (§ 15 Abs. 1 GEG). Zudem besteht die Möglichkeit von Fördermitteln durch den Bund bei der Benutzung erneuerbarer Energie für die Erzeugung von Wärme gemäss § 89 Abs. 1 GEG. Problematisch erscheint hierbei, dass Wasserstoff in nicht unter die erneuerbaren Energien des GEG fällt (§ 3 Abs. 2).

4. Thematik der Sektorenkopplung

Wie bereits erwähnt regelt das EnWG in § 1 Abs. 1 die Versorgung der Allgemeinheit mit Elektrizität, Gas und Wasserstoff. Wodurch diese Energieträger einheitlich in einem Gesetz bereits zusammengefasst werden. Weiter äussert es sich hinsichtlich der Entflechtung. Es sieht in § 6 Abs. 1 vor, dass vertikal integrierte Energieversorgungsunternehmen zur Gewährleistung von Transparenz sowie diskriminierungsfreier Ausgestaltung und Abwicklung des Netzbetriebs verpflichtet werden. Hinsichtlich der horizontalen Entflechtung äussert es sich hingegen nicht.

---

[201] BMVI, Regierungsprogramm, 12.
[202] MITZEL JENS, FRIEDRICH ANDREAS, Brennzellen, 125.
[203] MITZEL JENS, FRIEDRICH ANDREAS, Brennzellen, 125.
[204] BMVI, Regierungsprogramm, 12.

C. Ergebnisse zum Rechtsvergleich Status Quo

Abschliessend zeigt sich, dass sowohl Deutschland wie auch die Schweiz im Bereich der Sicherheit, insbesondere mit Bezug auf Störfälle und die Kennzeichnung von Wasserstoff, verschiedenste Regulierungen erlassen haben, welche die Sicherheit im Umgang mit diesem Stoff gewährleisten sollen. Zudem bestehen auch bereits erste Leitfäden, die den Aufbau von Wasserstofftankstellen ermöglichen sollen. Wenig fortgeschritten ist dagegen der rechtliche Rahmen im Bereich des Verkehrs wie auch zur Wärmeerzeugung. Weiter muss festgehalten werden, dass die Schweiz im Bereich der Regulierung von Gas- wie auch von Wasserstoffnetzen hinsichtlich der Rohrleitungen noch nicht sehr ausgeprägt gehandelt hat. Insofern befindet sich Deutschland, und damit auch Lörrach, in einer besseren Ausgangsposition. Mit Blick auf die grenzüberschreitende Zusammenarbeit bleibt festzuhalten, dass diese in beiden Ländern bis jetzt eher schwach forciert wurde und die weitere Entwicklung abzuwarten bleibt. Insbesondere im Bereich der Entwicklung von rechtlichen Rahmenbedingungen zum grenzüberschreitenden Verkehr von Wasserstoff dürfte damit noch Verbesserungspotential bestehen.

III. Handlungsbedarf für die Zukunft

Wie die vorhergehende rechtsvergleichende Analyse des aktuellen Regulierungsstands aufzeigt, besteht gegenwärtig noch viel Unklarheit und wenig Vereinheitlichung. Dies insbesondere im Rahmen von grenzüberschreitenden Fragestellungen. Diese Ausgangslage gibt Anlass zur Ausformulierung verschiedener vereinheitlichender Handlungsvorschläge in Bezug auf die zukünftige Entwicklung des regulatorischen Rahmens der grenzüberschreitenden Wasserstoffwirtschaft zwischen der Schweiz und Deutschland.

Es wurde einleitend aufgezeigt, dass sich der Wasserstoffmarkt in den Grundzügen einer breiteren Anwendung befindet und wir uns im Stadium der weitergehenden Kommerzialisierung befinden.[205] Vor diesem Hintergrund stellt sich die Frage nach dem allgemeinen Bedarf an (sektor-)spezifischer staatlicher Regulierung des noch jungen Marktes.[206]

---

[205] INTERVIEWPARTNER 1, Interview 2022, Rn. 7.
[206] So ist auch die Effektivität und Funktionsweise von privater Selbstregulierung vorgängig zu betrachten, da diese auch gewisse Vorteile mit sich bringen kann: INTERVIEWPARTNER 3, Interview 2022, Rn. 14 f.

A. Über Sinn und Unsinn von Regulierung und Koordination

Regulierung ist im Grundsatz ein politisches Werkzeug, das zur Behebung eines Marktversagens eingesetzt wird.[207] Im Falle der Netzinfrastruktur wird das Marktversagen im Allgemeinen durch das Vorhandensein eines natürlichen Monopols bestimmt. Infrastrukturen müssen reguliert werden, wenn folgende Bedingungen zutreffen: Kontrolle der Einrichtung durch einen Monopolisten; Unfähigkeit des Wettbewerbers, diese praktisch oder in zumutbarer Weise zu duplizieren; Missbrauch einer marktbeherrschenden Stellung in Form der Verweigerung des Zugangs von Wettbewerbern zu der Einrichtung.[208]

Die Regulierung wird insbesondere dann angewandt, wenn das allgemeine Wettbewerbsrecht nicht ausreicht, um den möglichen Missbrauch einer beherrschenden Stellung zu bekämpfen.[209] Nach dem Wettbewerbsrecht ist die missbräuchliche Ausnutzung einer marktbeherrschenden Stellung verboten und wird nur im Nachhinein durch Geldbussen und/oder Verpflichtungen des marktbeherrschenden Unternehmens geahndet.[210] In netzgebundenen Wirtschaftszweigen wird das Risiko des Missbrauchs einer marktbeherrschenden Stellung jedoch im Allgemeinen als zu hoch angesehen, als dass es allein mit dem allgemeinen Wettbewerbsrecht angegangen werden könnte, da die nachträglichen Korrekturmassnahmen eher zu langsam sind.[211] Wird daher davon ausgegangen, dass der Eigentümer/Betreiber eines Wasserstoffnetzes eine marktbeherrschende Stellung innehat, die zu einem Missbrauch führen könnte, ist eine Regulierung erforderlich, da der Monopolist potenziellen Wettbewerbern den Marktzugang verwehren und/oder unfaire Preise verlangen könnte.[212]

---

[207] Zur Regulierungstheorie als Wegweiser für Neuregulierungen: SCHEIDEGGER, Regulierung, 4.
[208] Eingehendere Ausführung zum Gedankenansatz der Wasserstoffregulierung: ACER, Regulatory White Paper, 2 ff.
[209] ACER, Regulatory White Paper, 2 ff.
[210] So bspw. Der Regelungsgehalt des Schweizer Kartellgesetzes (KG) sowie des Deutschen Gesetzes gegen Wettbewerbsbeschränkungen (GWB).
[211] ACER, Regulatory White Paper, 2 ff
[212] So auch SCHEIDEGGER, Regulierung, 4.

B. Allgemeine Ansprüche an Regulierung

Grundsätzlich soll der Anspruch an Regulierung so ausgelegt werden, dass sich auf dieser Grundlage ein funktionsfähiger Markt etablieren kann.[213] Durch die geschaffenen regulatorischen Bedingungen soll sich der Markt im Vergleich zum unregulierten Zustand positiver entwickeln und insbesondere faire und transparente Wettbewerbsbedingungen schaffen.[214] So sind entsprechende Standards und Definitionen für Marktgüter zu entwickeln, welche in erster Linie auf Konsistenz und Rechtssicherheit ausgerichtet sind. Dadurch soll sich ein Fundament bilden, welches optimale Bedingungen und Anreizstrukturen für Investitionen zur Weiterentwicklung des Marktes liefert.[215]

C. Ansatz für weiteres Vorgehen

Unter den geschilderten Gesichtspunkten erscheint es in erster Linie als sinnvoll, dass ein schrittweiser Ansatz mit verschiedenen Milestones für die Regulierung von Wasserstoff gewählt wird, welcher im Einklang mit der Marktentwicklung und der Infrastruktur steht.[216] Die Notwendigkeit von Regulierungsmassnahmen für die Wasserstoffnetzinfrastruktur wird davon abhängen, wie sich der Wasserstoffsektor entwickeln wird (einschliesslich des Bedarfs an Wasserstofftransport).[217] Insbesondere dann, wenn das Wasserstoffnetz Merkmale eines natürlichen Monopols aufweist und als wesentliche Einrichtung betrachtet werden kann, bei der Wasserstofferzeuger und -verbraucher Zugang zu einer schwer zu duplizierenden Wasserstofftransportmöglichkeit benötigen, besteht ein strukturelles Risiko des Missbrauchs von Marktmacht, das angegangen werden müsste.[218]

Weiter erscheint es zielführend, wenn die Anwendung eines dynamischen Regulierungskonzepts auf der Grundlage einer wiederkehrenden Marktbeobachtung.[219] Dies beinhaltet eine Bewertung der Marktstruktur und insbesondere der Marktbedingungen, die das Risiko des Missbrauchs einer marktbeherrschenden

---

[213] GIE, Regulation of Hydrogen Infrastructure, 7; Weitergehende Überlegungen aus der Sicht eines privaten Marktakteurs: INTERVIEWPARTNER 3, Interview 2022, Rn. 8 f.
[214] Insbesondere zur Abwägung von Kosten und Nutzen: SCHEIDEGGER, Regulierung, 4.
[215] So auch die Ansichten aus der Perspektive eines Investitionsunternehmens: INTERVIEWPARTNER 4, Interview 2022, Rn. 9 f., 11 ff.
[216] So auch die Sichtweise der EU: ACER, Background Paper, 12.
[217] INTERVIEWPARTNER 3, Interview 2022, Rn. 17 f.
[218] ACER, Background Paper, 11.
[219] ACER, Background Paper, 11; GIE, Regulation of Hydrogen Infrastructure, 7.

Stellung durch Eigentümer von Wasserstoffnetzen erhöhen.[220] Die nationalen Regulierungsbehörden sollten überwachen, wann eine mögliche Regulierung von Wasserstoffnetzen auf der Grundlage vorab festgelegter EU-weiter Grundsätze in Angriff genommen werden sollte.

Die Rahmenbedingungen der Regulierungsgrundsätze sollten jedoch möglichst rasch geklärt werden.[221] Dies insbesondere um (potenziellen) Investoren mehr (Planungs-)Sicherheit zu geben.[222] Es sollte Klarheit darüber herrschen, wann die Regulierung – in Abhängigkeit von den Ergebnissen der Überwachungsmassnahmen – in Kraft treten soll und welche allgemeinen Grundsätze für die künftige europäische Regulierung der Wasserstoffsektoren gelten (insbesondere Entflechtung, Zugang Dritter, Transparenz, Nichtdiskriminierung, Überwachung und Aufsicht).[223]

Weiter sollte ein Augenmerk auf die Evaluation der Vorteile der Umnutzung von Gasanlagen für den Wasserstofftransport liegen. Die Regulierungsbehörden erkennen an, dass die Umnutzung von Gasanlagen für den Wasserstofftransport sowohl für Gas- als auch für Wasserstoffendverbraucher von Vorteil sein kann.[224] Dies sollte von Fall zu Fall durch Kosten-Nutzen-Analysen und unter Berücksichtigung aller relevanten Faktoren bewertet werden. Beispielsweise besteht die Gefahr eines Lock-In-Effekts[225] bei der Nutzung der Gasnetzinfrastruktur, welche ihre Kapazitätsgrenzen[226] im Falle von enormem Anstieg im Transportvolumen von Wasserstoff hat, da diesfalls eher dedizierte Wasserstoffpipelines gefragt wären und dies sodann zu zusätzlichen Kosten bei zu später Umstellung führen kann.[227] In einem ersten Schritt könnte die nationalen Entwicklungspläne der Gasnetzbetreiber erweitert werden, um Anlagen zu ermitteln, die auf Wasserstoff umgestellt werden könnten.

---

[220] Die Meinung vertretend, dass gerade in der Aufbauphase des Wasserstoffmarktes Transparenz und Fairness oberste Priorität geniessen muss: HUBER, Interview 2022, Rn. 17 ff.; weitere Ausführungen in ACER, Background Paper, 11.
[221] GIE, Regulation of Hydrogen Infrastructure, 10.
[222] ACER, Background Paper, 14; INTERVIEWPARTNER 3, Interview 2022, Rn. 9 f., 11 ff.; INTERVIEWPARTNER 2, Interview 2022, Rn. 17 ff.
[223] Ebenfalls als Befürworter der Schaffung einer Rahmenordnung: GIE, Regulation of Hydrogen Infrastructure, 7 ff.
[224] ACER, Regulatory White Paper, 3 f.
[225] Der Lock-In-Effekt kann darin gesehen werden, dass die Staaten potenziell zu kurzfristig auf die Nutzung der Gasinfrastruktur setzen und Gelder investiert werden, obschon ein selbständiges Netz erforderlich wäre. Aufgrund der bereits getätigten Investitionen kommt man weniger einfach wieder davon weg bzw. investiert in die Erweiterung.
[226] Vgl. dazu die Ausführungen in Abschnitt 2 des vorliegenden Beitrags zur Verwendung und Regulierung der Gasnetzinfrastruktur in der Schweiz sowie in der EU/Deutschland.
[227] INTERVIEWPARTNER 2, Interview 2022, Rn. 22, 24 ff.

D. Konkrete Vorschläge

Weitergehende Investitionen und das Wachstum des Wasserstoffmarktes werden in erster Linie von der Nachfrageseite getrieben. Steigt die Nachfrage steigt auch das zu produzierende Volumen, was in vielen Bereichen zur Nutzung von Skaleneffekten führt, wodurch der Markteintritt für unterschiedliche Marktteilnehmer an Attraktivität gewinnt.[228] Dies legt nahe, dass in der Schweiz und Deutschland die aktive Nutzung und Nachfrage von Wasserstoff durch Anreizstrukturen stärker begünstigt werden soll.

Durch die stärkere Verschärfung von CO_2-Emissionsvorschriften und effektive Kostenüberwälzung auf die Emissionsverursacher kann ein Anreiz zum Umstieg auf Emissionsfreie Energieträger gesetzt werden.[229] Sobald grenzüberschreitend ein grösseres Volumen an Wasserstoff transportiert wird, muss zwingend ein einheitlicher Produktdefinition (Farbenlehre) bestehen, da diese einen direkten Einfluss auf die Prüfung der gesetzten Umweltstandards haben.[230]

Auf der Grundlage einer zunehmenden Nachfrage steigt der Bedarf an Produktionsmöglichkeiten. In diesem Zusammenhang vertreten wir jedoch die Auffassung, dass eine umfassende grenzüberschreitende Vereinheitlichung der bestehenden Prozesse zur Errichtung von Wasserstoffproduktionsanlagen keiner direkte Priorisierung bedürfen. Gleichwohl soll darauf geachtet werden, dass die Genehmigungsverfahren zum Aufbau von Wasserstoffproduktionsanlagen keine zu grossen Divergenzen zwischen der Schweiz und Deutschland mit sich bringen, da dies anderenfalls das weitere Wachstum der Nutzung von Wasserkraft für die Wasserstoffherstellung in der Rheinregion hemmen könnte. Da durch die Marktgegebenheiten v.a. dort (grossvolumig) produziert wird, wo die Inputfaktoren aufgrund von ausreichendem Vorhandensein günstig sind, kommt der Grenzregion Schweiz und Deutschland im Vergleich zu anderen Regionen (v.a. im Ausland) eine weniger prominente Bedeutung zu.[231] Grüne Produktion wird zukünftig gerade in der Schweiz und auch in Deutschland zu einem grossen Teil einen loka-

---

[228] INTERVIEWPARTNER 2, Interview 2022, Rn. 8, 17.
[229] BFE, Positionspapier, 8.; Betreffend die korrekte Abwälzung von Externalitäten auf die Endverursacher und die Relevanz für den Wasserstoffinfrastrukturmarkt: INTERVIEWPARTNER 4, Interview 2022, Rn. 15.; INTERVIEWPARTNER 3, Interview 2022, Rn. 7 f.
[230] INTERVIEWPARTNER 2, Interview 2022, Rn. 15.
[231] Für eine Übersicht der Attraktivsten Produktionsörtlichkeiten für die Wasserstoffproduktion, wozu insbesondere die Maghreb-Region in Nordafrika gehört: WEICHENHAIN, Roland Berger hydrogen transportation, 7 f.; INTERVIEWPARTNER 3, Interview 2022, Rn. 5.

len Bedarf decken. Insbesondere Deutschland präsentiert sich vornehmlich als Nachfragerland aufgrund der starken Industrie.[232]

Darauf aufbauend ergibt sich jedoch der wohl grösste Haupthandlungsbedarf in der grenzüberschreitenden Koordination des Transports.[233] Die Transportfragen sind das komplexe Schlüsselelement, welche die Verbindung des Angebots mit der Nachfrage gewährleistet.[234] So hat zum einen der Staat in gemeinsamer Absprache die weitergehende Erforschung- und Entwicklung von kosten- und energieeffizenten sowie sicheren Transportmöglichkeiten zu unterstützen. Ein wichtiger Bestandteil ist die Schaffung einer Rahmenordnung für grenzüberschreitende Standards für den Transport von Wasserstoff. Dabei stehen v.a. vereinheitlichte Sicherheitsstandardüberlegungen, Produkte- und Qualitätsdefinitionen sowie Umweltstandards im Vordergrund.[235]

Im Bereich der Sicherheitsstandards besteht kein überwiegender Handlungsbedarf. Dies v.a. auch, da die Schweiz ihre Vorgaben am europäischen Rahmen orientiert. Sobald grenzüberschreitend ein grösseres Volumen an Wasserstoff transportiert wird, sollte aber zwingend eine einheitlicher Produktdefinition (Farbenlehre) bestehen, welche auch entsprechenden Bezug zur den Qualitätsstandards nehmen soll.

Auf der Grundlage des definierten Produkts gestaltet sich v.a. bei der (initialen) Verwendung des Gasnetzes zum Transport von Wasserstoff eine grenzüberschreitende Verwendung als schwierig. Hierbei müssten die einzuspeisenden Grenzwerte grenzüberschreitend vereinheitlich werden, sofern die gemeinsame Strategie (Gasnetze nutzen zu wollen) festgelegt ist.[236] Alternativ bzw. darauf aufbauend besteht grosser Koordinationsbedarf für den Infrastrukturaufbau von dedizierten Wasserstoffpipelines, die für den zukünftigen Transport von grossem Volumen sehr wahrscheinlich notwendig sind. Dies auch vor dem Hintergrund der enormen Kosten- und Zeitintensität.[237] Hierbei muss der Fokus auf der Vereinheitlichung des Bau- und Genehmigungsverfahrens liegen, wobei im Allgemeinen

---

[232] INTERVIEWPARTNER 2, Interview 2022, Rn. 3.
[233] WEICHENHAIN, Roland Berger hydrogen transportation, 25 f.; INTERVIEWPARTNER 3, Interview 2022, Rn. 11.
[234] INTERVIEWPARTNER 3, Interview 2022, Rn. 11.
[235] So auch in: WEICHENHAIN, Roland Berger hydrogen transportation, 25 f.; ACER, Background Paper, 16.
[236] Zur Relevanz der Koordination: INTERVIEWPARTNER 3, Interview 2022, Rn. 11.
[237] Zu Überlegungen betreffend die Nutzung von Gasinfrastrukturen im Vergleich zum Aufbau von dedizierten Wasserstofftransportinfrastrukturen: INTERVIEWPARTNER 4, Interview 2022, Rn. 12.

die Bedingungen und Marktteilnehmerregulierung in der Schweiz und Deutschland gemeinschaftlich angegangen werden sollte, da somit gleichermassen Anreize für private Investitionen kreiert werden können. Die Attraktivitätsförderung (Renditeperspektive) erscheint aus privater Sicht unumgänglich, da diese Unternehmen wohl einen überwiegenden Teil der benötigten Gelder investieren werden.

E. Zur Struktur der grenzüberschreitenden Zusammenarbeit

Mit Blick auf die aufgeführten Handlungsvorschläge und die beschriebenen Themenfelder mit starkem grenzüberschreitendem Bezug erscheinen einige Gedanken zur Strukturierung der zukünftigen Zusammenarbeit als sinnvoll.

Wichtig ist u.E. die Erkenntnis, dass eine kooperative Zusammenarbeit zwischen den Staaten bzw. Grenzregionen der Schweiz und Deutschland bei der weiteren Konzeptionierung der Regelwerke für eine Wasserstoffwirtschaft nicht ausreicht.[238] Vielmehr muss sichergestellt werden, dass der Puls der Forschungen, Entwicklung und Kommerzialisierung in den Regulierungsprozess dynamisch eingebunden werden. Dies kann sichergestellt werden, indem eine Plattform (Hub-Struktur) geschaffen wird, bei welcher staatliche sowie privatwirtschaftliche Akteure aus unterschiedlichen Bereichen der Wasserstoff-Ökosysteme (so z.B. auch Vertreter der Nachfragerseite) zusammengebracht werden und wiederkehrend an einer optimalen Regulierungsstrategie arbeiten.[239] Des Weiteren besteht so auch ein beträchtliches Synergiepotential für die aktive Zusammenarbeit von Unternehmen der jeweiligen Staaten (etwa in Form von Joint Ventures), um auch Infrastruktur gemeinsam zu nutzen.[240]

Wie die vorangehenden Ausführungen gezeigt haben, entwickelt sich der Wasserstoffmarkt bei weiterem Wachstum schnell zu einem grenzüberschreitenden Phänomen. Insbesondere auf den Grenzregionen der Schweiz und Deutschland (Lörrach) liegt in diesem Zusammenhang das Augenmerk. Der Standort des Landkreises Lörrach im Dreiländereck könnte für die Etablierung eines Hubs sehr ge-

---

[238] Ähnliche Aussagen zur staatlichen Koordination von Regulierungsprozessen im Energiemarkt zwischen Gesetzgeber, Aufsichtsbehörden und Privatwirtschaft: INTERVIEWPARTNER 4, Interview 2022, Rn. 13 ff.
[239] Zur Relevanz des Einflusses von privaten Akteuren, welche in Hub-Strukturen auch Synergiepotenzial erkennen und nutzen können: WEICHENHAIN, Roland Berger hydrogen transportation, 25 f.
[240] Zur Entstehung von Wasserstoff-Hubs für die gemeinsame Nutzung von Infrastruktur: CMS, Facing the Future of Hydrogen, 10.

eignet sein. Im Sinne der organisationsrechtlichen Struktur erscheint eine eher lose Struktur im Vergleich zur Strukturierung über eine juristische Person in unseren Augen als geeigneter, da somit Prozesse flexibler gestaltet werden können.

IV. Fazit

Die Analysen der Arbeit haben gezeigt, dass Wasserstoff im Zusammenhang mit der Energiewende sowohl in der Schweiz als auch in Deutschland eine wichtige Rolle spielen kann. Dafür sind abgesehen von der Weiterentwicklung des technischen Fundaments rechtliche Rahmenbedingungen zwingend, wobei hier insbesondere der grenzüberschreitenden Koordination einen grossen Stellenwert beigemessen werden muss.

Sowohl die Schweiz als auch Deutschland haben bestehende Regelwerke, welche mindestens partiell auf den Bereich Wasserstoff anwendbar sind. Gleichwohl bestehen für diverse wichtige Subbereiche weder auf nationaler noch auf grenzüberschreitender Ebene spezifische Regelungen.

Diesbezüglich zeigen die Erkenntnisse der Arbeit, dass v.a. im kostenintensiven Bereich des Wasserstofftransports grenzüberschreitende Koordination für die zukünftigen Entwicklungen wegweisend ist. Nicht zuletzt auch zur Schaffung von regulatorischer Sicherheit für die private Investorenseite. Gerade weil viele Entwicklungsschritte noch in der ungewissen Zukunft liegen und die effektive Etablierung des Wasserstoffmarktes noch bevorsteht, ist es wichtig, dass ein flexibler regulatorischer Rahmen zwischen der Schweiz und Deutschland (dadurch auch Lörrach) geschaffen wird. Um zu verhindern, dass divergierende Ansätze gewählt werden, ist entscheidend, dass sich die Schweiz und Deutschland (sowie weitere europäische Länder) in einem ersten Schritt zusammen koordinieren und sodann die Rahmenbedingungen und Standards – in Zusammenarbeit mit privaten Akteuren – ausarbeiten.

Vor diesem Hintergrund kann der Region Lörrach sowie weiteren grenznahen Gebieten eine wichtige Rolle zukommen, indem diese die grenzübergreifende Koordination aktiv vorantreiben.

Wir blicken mit Spannung auf die weiteren Entwicklungen.

Literaturverzeichnis

Allianz Global Corporate & Specialty SE, Allianz Risk Consulting – Die Wasserstoff-Industrie: Chancen und Risiken bei der Energiewende, 2021 (zitiert: Allianz, Chancen und Risiken bei der Energiewende)

Angele Hans-Christian, Regulatorische Rahmenbedingungen für H2, Aqua & Gas, Plattform für Wasser, Gas und Wärme, Ausgabe vom 15. März 2021 (zitiert: Angele, Regulatorische Rahmenbedingungen)

Bordenet Bettina/Hafner Matthias, Erhöhter H2-Gehalt im Verteilnetz, Fachartikel vom 2. März 2021, abgerufen am 27. Mai 2022 unter <https://www.aquaetgas.ch/energie/gas/20210302_ag3_erh%C3%B6hter-h2-gehalt-im-schweizer-verteilnetz/> (zitiert: Bordenet/Hafner, Fachartikel)

Bundesamt für Energie (BFE), Wasserstoffmobilität in der Schweiz (Positionspapier), 2016 (zitiert: BFE, Positionspapier)

Bundesamt für Energie (BGE)/Bundesamt für Umwelt (BAFU), Gebäude und Mobilität, Ittigen 2021 (zitiert: BGE/BAFU, Gebäude und Mobilität)

Bundesministerium für Verkehr und digitale Infrastrukturen (BMVI), Regierungsprogramm Wasserstoff- und Brennstoffzellentechnologie 2016–2026 – von der Marktvorbereitung zu wettbewerbsfähigen Produkten, 2016 (zitiert: BMVI, Regierungsprogramm)

Bundesministerium für Wirtschaft und Energie (BMWi), Die Nationale Wasserstoffstrategie, Berlin 202 (zitiert: BMWi, Wasserstoffstrategie)

Bundesrat, Langfristige Klimastrategie der Schweiz, 2021 (zitiert: Bundesrat, Klimastrategie)

Bullmann Till/Gollnick Christian/Schorpp Julian, Deutscher Industrie- und Handelskammertag (DIHK), Wasserstoff DIHK-Faktenpapier, 2020 (zitiert: Bullmann/Gollnick/Schorpp, Wasserstoff DIHK-Faktenpapier)

Cabalzer Urs/Rohrer Heinz, Leitfaden zum Aufbau von Wasserstoff-Tankstellen: Genehmigungsprozess in der Schweiz, Dübendorf/Rickenbach 2019 (zitiert: Cabalzer/Rohrer, Leitfaden Wasserstoff-Tankstellen)

Cammeraat Emile/Dechezleprêtre Antoine/Lalanne Guy, Innovation and Industrial Policies for Green Hydrogen, 2022 (zitiert: Cammeraat/Dechezleprêtre/Lalanne, Innovation and Industrial Policies for Green Hydrogen)

Cerniauskas Simonas/Chavez Junco Antonio Jose/Grube Thomas/Robinius Martin/Stolten Detlef, Options of Natural Gas Pipeline Reassignment for Hydrogen: Cost Assessment for a Germany Case Study, Jülich 2020 (zitiert: Cerniauskas et al., Natural Gas Pipeline Reassignment)

Clifford Chance, Focus on Hydrogen: Germany implements first pure hydrogen midstream regulation and introduces definition for green hydrogen, 2021 (zitiert: Clifford Chance, Focus on Hydrogen)

CMS Legal Services, Facing the Future of Hydrogen: An International Guide, 2021 (zitiert: CMS, Facing the Future of Hydrogen)

Conrad Nicole, Gasmarktliberalisierung in der Schweiz: Gesetzliche Rahmenbedingungen der Transportpflicht und Konfliktlösung, Winterthur 2016 (zitiert: Conrad Nicole, Gasmarktliberalisierung)

Eidgenössische Elektrizitätskommission ElCom, Rechtsnatur von Richtlinien und Branchendokumenten, 2010 (zitiert: Eidgenössische Elektrizitätskommission ElCom, Rechtsnatur von Richtlinien)

ENCON.Europe GmbH, Potentialatlas für Wasserstoff, Analyse des Marktpotentials für Wasserstoff, der mit erneuerbarem Strom hergestellt wird, im Raffineriesektor und im zukünftigen Mobilitätssektor, 2018 (zitiert: ENCON, Potentialatlas für Wasserstoff)

EnergieSchweiz, Stromverbrauch eines typischen Haushalts, Ittigen 2021 (zitiert: EnergieSchweiz, Stromverbrauch)

European Union Agency for the Cooperation of Energy Regulators (ACER), When and How to Regulate Hydrogen Networks? European Green Deal Regulatory White Paper Series, 2021 (zitiert: ACER, Regulatory White Paper)

Gas Infrastructure Europe (GEI), Regulation of Hydrogen Infrastructure: GIE Position Paper, 2020 (zitiert: GEI, Regulation of Hydrogen Infrastructure)

European Union Agency for the Cooperation of Energy Regulators (ACER), Background Paper on Possible Regulation of Hydrogen Networks, 2021 (zitiert: ACER, Background Paper)

H2 Energy, Informationssammlung zum Aufbau von Wasserstoff-Produktionsanlagen, 2019 (zitiert: H2 Energy, Aufbau von Wasserstoff-Produktionsanlagen)

Horng Pauline/Kalis Michael, Wasserstoff – Farbenlehre, Rechtswissenschaftliche und rechtspolitische Kurzstudie, Institut für Klimaschutz, Energie und Mobilität (IKEM), 2020(zitiert: Horng/Kalis, Wasserstoff Farbenlehre)

Hydrogen Council/McKinsey & Company, Hydrogen Insights Report, 2021 (zitiert: Hydrogen Council/McKinsey & Company, Hydrogen Insights Report)

Kappes Christiane, Rechtsrahmen für die Genehmigung von Wasserstoffinfrastruktur, CMS-Blog von 2020, abgerufen am 27. Mai 2022 unter <https://cms.law/de/deu/insight/wasserstoff/rechtsrahmen-fuer-die-genehmigung-von-wasserstoff-infrastruktur> (zitiert: Kappes Christiane, Rechtsrahmen)

Kober Tom/Bauer Chrisitan (Hrsg.), Perspectives on Power-to-X Technologies in Switzerland, White Paper, Villigen 2019 (zitiert: Kober/Bauer, Perspectives on Power-to-X)

Konferenz Kantonaler Energiedirektoren, Mustervorschriften der Kantone im Energiebereich (MuKEn), Bern 2018 (zitiert: Konferenz Kantonaler Energiedirektoren, Mustervorschriften)

Mitzel Jens, Friedrich Andreas, Wasserstoff und Brennzellen, Brennstoff Wärme Kraft (BWK) Bd. 69, 2017 (zitiert: Mitzel Jens, Friedrich Andreas, Brennzellen)

Najjar Yousef S.H., Hydrogen safety: The road toward green technology, International Journal of Hydrogen Energy (38, 25), 2013 (zitiert: Najjar, Hydrogen safety)

Nationale Organisation Wasserstoff- und Brennstoffzellentechnologie (NOW), Genehmigungsleitfäden für Wasserstoff-Stationen, 2020 (zitiert: NOW, Genehmigungsleitfäden)

Nebel Julian Asmus, Mission Hydrogen GmbH, Wasserstoff und Recht: Planung und Genehmigung von Wasserstoffanlagen, 2021 (zitiert: Nebel, Planung und Genehmigung von Wasserstoffanlagen)

NOW GmbH, Genehmigungsleitfaden für Wasserstoff-Stationen, Berlin 2013 (zitiert: NOW GmbH, Genehmigungsleitfaden)

OSCE Centre in Ashgabat, Roadmap for the development of green hydrogen energy discussed at OSCE-organized roundtable in Turkmenistan, Newsroom vom 11. Mai 2022, abgerufen am 27. Mai 2022 unter <https://www.osce.org/centre-in-ashgabat/518064> (zitiert: OSCE Centre in Ashgabat, Newsroom)

Patt Anthony, Wasserstoff für Transport und Wärme ist der falsche Weg, Zukunftsblog der ETH Zürich vom 24. November 2021, abgerufen am 29. April 2022 unter <https://ethz.ch/de/news-und-veranstaltungen/eth-news/news/2021/11/wasserstoff-fuer-transport-und-waerme-ist-der-falsche-weg.html> (zitiert: Patt, ETH Zukunftsblog)

Roeb Martin et al., Wasserstoff als ein Fundament der Energiewende (Teil 1), Deutsches Zentrum für Luft- und Raumfahrt, 2020 (zitiert: Roeb et al., Wasserstoff)

Rütschi Christian/Schnyder von Wartensee, Zeno, Klare Regeln im Gasmarkt, Die Volkswirtschaft (DV), 2019 (zitiert: Rütschi Christian/Schnyder von Wartensee, Zeno, Gasmarkt)

Scheidegger Eric, Von der Last und vom Nutzen der Regulierung, Die Volkswirtschaft, Ausgabe vom 1. Januar 2014 (zitiert: Scheidegger, Regulierung)

Schenuit Carolin/Heuke Reemt/Paschke Jan, Deutsche Energie-Agentur (Dena) GmbH (Hrsg.), Potenzialatlas Power to Gas, Klimaschutz umsetzen, erneuerbare Energien integrieren, regionale Wertschöpfung ermöglichen, Berlin 2016 (zitiert: Dena, Potenzialatlas Power to Gas)

Schreiber Markus, Der Rechtsrahmen einer Wasserstoffwirtschaft, Umweltrecht in der Praxis (URP), 2021 (zitiert: Schreiber, Rechtsrahmen einer Wasserstoffwirtschaft)

Sperr Nadia/Rohrer Jürg, ZHAW Zürcher Hochschule für Angewandte Wissenschaften (Hrsg.), Perspektiven von Power-to-Gas in der Schweiz, in: Schriftenreihe erneuerbare Energien, Bodenökologie und Ökotechnologie, Winterthur 2018 (zitiert: Sperr/Rohrer, Perspektiven von Power-to-Gas in der Schweiz)

Tenge Stephan, Brandes Angela, Erstmals 20 Prozent Wasserstoff im deutschen Gasnetz: Pilotprojekt nimmt Arbeit auf, DVGW energie | wasser-praxis, 2019 (zitiert: Tenge Stephan, Brandes Angela, Pilotprojekt)

Teske Sinan/Rüdisüli Martin/Bach Christian/Schilhauer Tilman, ZHAW Zürcher Hochschule für Angewandte Wissenschaften (Hrsg.), Potenzialanalyse Power-to-Gas in der Schweiz, Bericht Empa und Paul-Scherrer-Institut, Dübendorf/Villigen 2019 (zitiert: Teske/Rüdisüli et al., Potenzialanalyse Power-to-Gas)

Tschudi Hans Martin/Schindler Benjamin/Ruch Alexander/Jakob Eric/Friesecke Manuel (Hrsg.), Die Grenzüberschreitende Zusammenarbeit der Schweiz: Juristisches Handbuch zur Grenzüberschreitenden Zusammenarbeit vom Bund und Kantonen, in: Schriften zur Grenzüberschreitenden Zusammenarbeit, Zürich/St. Gallen 2014 (zitiert: Autor, in: Tschudi/Schindler/Ruch/Jakob/Friesecke, Die Grenzüberschreitende Zusammenarbeit der Schweiz)

Umweltfachstellen der Kantone AG et al, Lagerung gefährlicher Stoffe: Leitfaden für die Praxis, Frauenfeld 2018 (zitiert: Umweltfachstellen der Kantone Umweltfachstellen der Kantone AG et al, Lagerung gefährlicher Stoffe)

Von Burchard Friedrich, Ganssauge Niklas, Wasserstoff: Energieträger der Zukunft, CMS-Blog von 2022, abgerufen am 27. Mai 2022 unter <https://cms.law/de/deu/insight/wasserstoff/rechtsrahmen-fuer-die-genehmigung-von-wasserstoff-infrastruktur> (zitiert: Von Burchard Friedrich, Ganssauge Niklas, Wasserstoff)

Vonplon David, Das Nein zum CO_2-Gesetz ist ein Hammerschlag für die Politik, NZZ-Artikel vom 13. Juni 2021, abgerufen am 27. Mai 2022 unter <https://www.nzz.ch/meinung/die-ablehnung-des-co2-gesetzes-ist-ein-hammerschlag-fuer-die-politik-ld.1630192?reduced=true> (zitiert: Vonplon David, CO_2-Gesetz)

Wang Anthony/Van der Leun Kees/Peters Daan/Buseman Maud, European Hydrogen Backbone: How a dedicated hydrogen infrastructure can be created, Utrecht 2020 (zitiert: Wang Anthony/Van der Leun Kees/Peters Daan/Buseman Maud, European Hydrogen Backbone)

Weichenhain Uwe, Hydrogen transportation: The key to unlocking the clean hydrogen economy, Roland Berger, 2021 (zitiert: Weichenhain, Roland Berger hydrogen transportation)

Wettbewerbskommission WEKO, WEKO öffnet Gasmarkt in der Zentralschweiz, Bern 2020 (zitiert: Wettbewerbskommission WEKO, Gasmarkt)

Zoller Schepers Regula, Grenzüberschreitende Zusammenarbeit am Oberrhein: Analyse der politischen Strukturen, Prozesse und Leistungen in grenzüberschreitenden Kooperationsorganen, Bamberg 1998 (zitiert: Zoller Schepers, Grenzüberschreitende Zusammenarbeit am Oberrhein)

Materialienverzeichnis

Beschluss des Bundestags betreffend das Gesetz zur Umsetzung der unionsrechtlichen Vorgaben und zur Regelung reiner Wasserstoffnetze im Energiewirtschaftsrecht vom 16. Juli 2021, Bundesgesetzblatt 2021 Teil I Nr. 47 (zitiert: Beschluss Bundestag EnWG)

Economiesuisse, Revision des Bundesgesetzes über die Gasversorgung, Vernehmlassung, 2020 (zitiert: Economiesuisse, Vernehmlassung Gasversorgung)

Erläuternder Bericht des Bundesrates zur Vernehmlassungsvorlage über das Gasversorgungsgesetz vom September 2019 (zitiert: Erläuternder Bericht BR)

Interpellation Riniker (21.3326) «Zögerlicher Umgang mit Wasserstofftechnologien beim Bund» vom 18. März 2021 (zitiert: Interpellation Riniker)

Joint Political Declaration of the Pentalateral Energy Forum on the Role of Hydrogen to decarbonize the Energy System in Europe vom 11. Mai 2020 (zitiert: Joint Political Declaration)

Mitteilung der Kommission an das Europäische Parlament, den Europäischen Rat, den Rat, den Europäischen Wirtschafts- und Sozialausschuss und den Ausschuss der Regionen über den europäischen Grünen Deal vom 11. Dezember 2019, COM(2019) 640 final (zitiert: Mitteilung Kommission Grüner Deal)

Mitteilung der Kommission an das Europäische Parlament, den Europäischen Rat, den Rat, den Europäischen Wirtschafts- und Sozialausschuss und den Ausschuss der Regionen über die Förderung einer klimaneutralen Wirtschaft: Eine EU-Strategie zur Integration des Energiesystems vom 8. Juli 2020, COM(2020) 299 final (zitiert: Mitteilung Kommission Förderung)

Mitteilung der Kommission an das Europäische Parlament, den Europäischen Rat, den Rat, den Europäischen Wirtschafts- und Sozialausschuss und den Ausschuss der Regionen über die Stunde Europas – Schäden beheben und Perspektiven für die nächste Generation eröffnen vom 27. Mai 2020, COM(2020) 456 final (zitiert: Mitteilung Kommission Perspektiven)

Mitteilung der Kommission an das Europäische Parlament, den Europäischen Rat, den Rat, den Europäischen Wirtschafts- und Sozialausschuss und den Ausschuss der Regionen über eine neue Industriestrategie für Europa vom 10. März, COM(2020) 102 final (zitiert: Mitteilung Kommission Industriestrategie)

Mitteilung der Kommission an das Europäische Parlament, den Europäischen Rat, den Rat, den Europäischen Wirtschafts- und Sozialausschuss und den Ausschuss der Regionen über eine Wasserstoffstrategie für ein klimaneutrales Europa vom 8. Juli 2020, COM (2020) 301 final (zitiert: Mitteilung Kommission Wasserstoffstrategie)

Motion Egger (21.3272) «Vereinfachung des Aufbaus der Infrastruktur für Wasserstoffmobilität» vom 18. März 2021 (zitiert: Motion Egger)

Motion Müller (22.3376) «Strategie für Wasserstoff in der Schweiz» vom 1. April 2022 (zitiert: Motion Müller)

Motion Suter (20.4406) «Grüne Wasserstoffstrategie für die Schweiz» vom 3. Dezember 2020 (zitiert: Motion Suter)

Postulat Candinas (20.4709) «Wasserstoff. Auslegeordnung und Handlungsoptionen für die Schweiz» vom 18. Dezember 2020 (zitiert: Postulat Candinas)

Windparks in Grenzregionen

Simona De Santis / Fiona Lustenberger

Inhaltsübersicht

I.	Einleitung	764
II.	Definition Windpark	765
	A. Rechtliche Definition Schweiz	765
	B. Rechtliche Definition Deutschland	766
III.	Politische Rahmenbedingungen	768
	A. Politische Rahmenbedingungen Schweiz	768
	B. Politische Rahmenbedingungen Deutschland	769
IV.	Rechtliche Rahmenbedingungen	770
	A. Rechtliche Rahmenbedingungen Schweiz	770
	B. Rechtliche Rahmenbedingungen Deutschland	772
	1. Klimaschutz	772
	2. Umweltrecht	774
	3. Windenergie	775
V.	Genehmigungsverfahren Schweiz	776
	A. Raumplanungsverfahren	776
	1. Im Allgemeinen	776
	2. Im Kanton Schaffhausen	778
	B. Baubewilligungsverfahren	778
	1. Im Allgemeinen	778
	2. Im Kanton Schaffhausen	780
	C. Mitspracherechte	781
VI.	Genehmigungsverfahren Deutschland	783
	A. Voraussetzungen	783
	B. Bauplanungsrecht	784
	C. Planungsrechtliche Steuerung	785
	D. UVP-Pflicht	786
	E. Mitspracherechte	787
	1. Grenzüberschreitende Öffentlichkeitsbeteiligung	788

VII. Grenzüberschreitende Zusammenarbeit 789
   A. Aarhus-Konvention 789
      1. Zugang zu Umweltinformationen 790
      2. Öffentlichkeitsbeteiligung 791
      3. Zugang zu Gerichten 792
   B. Espoo-Konvention 792
      1. Umsetzung im Schweizer Recht 793
      2. Umsetzung im deutschen Recht 794
   C. Hürden und Lösungsansätze 795
      1. Grenzüberschreitendes Abkommen 796
      2. Pragmatisierung des Schweizer Rechts 797
VIII. Fazit und Ausblick 798
Literaturverzeichnis 799
Materialienverzeichnis 800

I. Einleitung

Kaum eine Form von erneuerbarer Energie ist so häufig Streitgespräch wie Windräder. Obschon sie keine neue Erfindung sind, und schon vor hunderten von Jahren Wind für die Energieproduktion benutzt wurde, sind sie bis heute noch nicht wirklich in der Gesellschaft toleriert. Nicht nur die Gesellschaft, sondern auch die Politik und die Gesetzgebung wirken in manchen Bereichen erschreckend schleppend. Das Spannende an Diskussionen über Windenergieanlagen ist, dass es sich häufig um einen Interessenkonflikt im selben Interessenfeld handelt. Nicht selten werden von Umweltorganisationen Einsprachen erhoben, beispielsweise aufgrund des Artenschutzes. Die allgemeine gesellschaftliche Akzeptanz von Windenergieanlagen und der Gesetzeslage verlangsamen den Bauprozess, auch die Lage der Windparks selbst spielt oftmals eine Rolle.

Windparks in Grenzregionen sind zahlreich. Dies liegt daran, dass das Windpotenzial an exponierten Standorten tendenziell grösser ist, als an anderen Stellen und Landesgrenzen aufgrund historischer Gegebenheiten oft entlang Hügel- und Gebirgskämmen verlaufen, welche dem Wind stark ausgesetzt sind. Eine gute grenzüberschreitende Zusammenarbeit bei der Realisierung von Windenergieprojekten ist aufgrund der erheblichen, landesübergreifenden Auswirkungen solch grenznaher Vorhaben fundamental. Da es zum Zeitpunkt der Verfassung dieser Arbeit keine bilateralen Abkommen in diesem Bereich gibt, kann es vorkommen, dass ein Vorhaben jahrelang auf Eis gelegt wird, da keine Übereinstimmung gefunden werden konnte.

Besonders interessant für das vorliegende Thema ist die Grenzregion des Kantons Schaffhausen und des Bundeslands Baden-Württemberg, da dort schon mehrere Windparks in Grenznähe realisiert wurden oder sich zurzeit in der Planungsphase befinden. Aus diesem Grund liegt der Fokus dieser Arbeit auf der grenzüberschreitenden Zusammenarbeit dieser beiden Länder. Zunächst wird die deutsche und Schweizer Rechtslage, sowie allfällige Unterschiede und Gemeinsamkeiten, in einem inländischen Kontext, aufgezeigt. Dies erlaubt eine genaue Identifizierung möglicher Hürden bei landesübergreifender Zusammenarbeit zwischen Behörden. In einem zweiten Schritt werden die existierenden Instrumente der grenzüberschreitenden Zusammenarbeit erläutert und mögliche Probleme deren Anwendung aufgezeigt. In einem letzten Schritt werden Lösungsvorschläge entwickelt, welche eine einfachere und effiziente Zusammenarbeit zwischen der Schweiz und Deutschland erlauben würde.

II. Definition Windpark

A. Rechtliche Definition Schweiz

Die Begrifflichkeiten zur Windenergie werden in der Schweiz im Konzept Windenergie des Bundes für Behörden, sowie Organisationen und Personen des öffentlichen und privaten Rechts, soweit diese mit der Wahrnehmung öffentlicher Aufgaben betraut sind, nach Art. 13 RPG i.V.m. Art. 22 RPV verbindlich definiert. Als Windpark wird ein Ensemble von mindestens drei örtlich, konzeptionell beziehungsweise funktional zusammenhängenden Windturbinen bezeichnet.[1] Eine Windturbine ist definiert als eine einzelne Windenergieanlage, welche die kinetische Energie der anströmenden Luft zur Bewegung der Flügel (Rotorblätter) nutzen.[2] Die auf diese Weise erzeugte mechanische Energie wird sodann von einem Generator in elektrische Energie umgewandelt.[3]

Windräder werden dem Richtplan des Kantons Schaffhausen zufolge hinsichtlich ihrer Anlagehöhe, bemessen von Turmfuss bis zur Rotorblattspitze, grundsätzlich in zwei Kategorien unterteilt.[4] Windenergieanlagen bis 30 Meter in Anlagehöhe werden als Kleinwindenergieanlagen, solche grösser als 30 Meter als Grosswind-

---

[1] S. https://www.are.admin.ch/are/de/home/raumentwicklung-und-raumplanung/strategie-und-planung/konzepte-und-sachplaene/konzepte/konzept-windenergie.html (Abruf 25.03.2022).
[2] *Ibidem.*
[3] *Ibidem.*
[4] Richtplan SH, Kapitel 4, S.13.

energieanlagen, bezeichnet.[5] Grund für diese Unterscheidung ist, dass Windkraftanlagen ab einer Gesamthöhe von 30 Metern einer Planungspflicht nach Art. 2 RPG unterliegen.[6]

Kleinwindenergieanlagen, wie auch Mikrowindenergieanlagen als Spezialfall der Kleinwindenergieanlage,[7] sind im grenzüberschreitenden Kontext unbeachtlich, da für diese eine Planungspflicht gemäss Art. 2 RPG verneint wird.[8] Sie werden in der vorliegenden Arbeit nicht weiter thematisiert.

B. Rechtliche Definition Deutschland

Die rechtliche Definition eines Windparks in Deutschland gestaltet sich etwas komplizierter als in der Schweiz. Dies liegt zum einen daran, dass Windkraftwerke explizit normiert sind und zum anderen, dass sich dieser Begriff über die Jahre und auch mit der Rechtsprechung über den Weg der Auslegung oft geändert hat. Es ist daher hilfreich, die Entwicklung des Begriffs historisch aufzurollen. Des weiteren geht es in diesem Kapitel lediglich um eine grobe Zuordnung der einzelnen Begriffe. Eine vertiefte Auseinandersetzung mit der konkreten Anwendung des Rechts folgt in Kapitel 4.2.[9]

Das BImSchG kannte in den späten 90er Jahren den Begriff der Windenergieanlagen (kurz: WEA). Konkreter wurde es im Jahr 2001, als der Begriff der Windfarm seinen Eingang in die 4. BImSchV gefunden hat. Unter einer Windfarm verstand man damals eine Ansammlung von drei oder mehr WEA, wobei nicht geklärt wurde, ob diese alle unter demselben Betreiber laufen müssen. Ein solcher Betreiberbezug wurde jedoch in den Normtext interpretiert, was zu einer Vielzahl von Problemen führte. Das BVerwG vereinfachte die ganze Situation ebenfalls nicht, als es 2004 in einem Urteil entschied, dass eine Windfarm auch dann bestehe, wenn die WEA von unterschiedlichen Betreibern geführt werden.[10]

---

[5] *Ibidem.*
[6] S. https://www.are.admin.ch/are/de/home/raumentwicklung-und-raumplanung/strategie-und-planung/konzepte-und-sachplaene/konzepte/konzept-windenergie.html (Abruf 25.03.2022).
[7] Leitfaden Kleinwindenergieanlagen SH, S. 5.
[8] S. https://www.are.admin.ch/are/de/home/raumentwicklung-und-raumplanung/strategie-und-planung/konzepte-und-sachplaene/konzepte/konzept-windenergie.html (Abruf 25.03.2022).
[9] AGATZ, S.6.
[10] BVerwG 4 C 9.03, 30.06.04.

Um die Rechtssituation einheitlicher zu gestalten, änderte der Gesetzgeber Mitte 2005 sowohl das BImschG als auch die BImSchV und normierte den Betreiberbezug. Parallel zur Einführung des Windfarmbegriff 2001 in die 4. BImSchV wurde auch das UVPG an die UVP-RL der EU angepasst. Nach UVPG galt eine Ansammlung von drei oder mehr WEA *unabhängig des Betreibers* als Windfarm. Diese ähnlichen, jedoch in einem essenziellen Punkt unterschiedlichen Bestimmungen sorgen für einige Schwierigkeiten in der Praxis, wie sich im Kapitel zu den Genehmigungsverfahren (vgl. unten VI.D.) noch zeigen wird.[11]

Die von badenova gemachte Definition, gemäss derer ein Windpark *«eine Ansammlung von mindestens drei Windrädern oder Windkraftanlagen an einem Ort»* ist welche *«technisch oder organisatorisch eine Einheit»* bilden und *«der Erzeugung von Strom aus Windkraft»* dienen[12] entspricht dem status quo der BImSchV Gesetzgebung, welche zuletzt 2013 geändert wurde. Teil dieser Änderung war, dass man den Begriff der Windfarm durch «Anlagen zur Nutzung von Windenergie mit x Anlagen»[13] ersetzte.[14]

Zusammenfassend lässt sich sagen, dass auch im Jahr 2022 noch zwei verschiedene Begriffe der Windfarm existieren, auch wenn letztere in der BImschV nicht mehr so genannt wird. Auf der einen Seite gibt es die WEA-Gruppen nach BImschV, welche einen Betreiberbezug aufweisen müssen und die Windfarm nach UVPG, welche Betreiberunabhängig als solche gilt. Die einzige Gemeinsamkeit, welche diese Begriffe aufweisen, ist die Kennzahl drei.[15]

Bevor jedoch ausführlicher in die bau-und planungsrechtlichen Bereiche im Zusammenhang mit dem Bau eines Windparks eingegangen wird, soll zuerst ein Gesamtbild der unterschiedlichen Rahmenbedingungen, sowohl rechtlich wie auch politisch, der beiden Länder gezeichnet werden.

---

[11] AGATZ, S. 6.
[12] S. https://www.badenova.de/energie-lexikon/windpark/ (Abruf 15.05.2022).
[13] Ziff. 1.6 des Anhangs zur 4. BImSchV.
[14] AGATZ, S. 6.
[15] AGATZ, S. 7.

III. Politische Rahmenbedingungen

A. Politische Rahmenbedingungen Schweiz

Infolge des Reaktorunglücks von Fukushima im Jahr 2011 beschlossen Bundesrat und Parlament noch im selben Jahr, schrittweise aus der Kernenergie auszusteigen und die Energiestrategie langfristig den geänderten Umständen anzupassen.[16] Der Bund sieht zudem in der am 1. Januar 2018 in Kraft getretenen Energiestrategie 2050 Massnahmen zur erhöhten Produktion von Elektrizität aus erneuerbaren Energien, darunter auch die Windenergie, vor (vgl. Art. 2 EnG).[17] Im Rahmen dieser Strategie erarbeitete er ein gesamtschweizerisches Konzept zur Windenergie i.S.v. Art. 13 RPG, um Interessenkonflikten mit anderen sich auf den Raum auswirkenden (Schutz-) Interessen entgegenzuwirken.[18] Weiter hält der Bundesrat in der Strategie Nachhaltige Entwicklung 2030 Ziele zum Ausbau von erneuerbaren Energien fest.[19]

Auch auf kantonaler Ebene werden Energieziele gesetzt. So hat etwa der Regierungsrat des Kantons Schaffhausen Ausbauziele für die Stromproduktion aus erneuerbaren Energien, darunter auch die Windenergie, gutgeheissen.[20] Weiter, will der Kanton Schaffhausen bis im Jahr 2035 keinen Strom aus Kernkraftwerken mehr benötigen, den Gesamtverbrauch von fossilen Brenn- und Treibstoffen reduzieren, dies um nur ein Paar der strategischen Zielsetzungen im Bereich der Energie zu nennen.[21]

In der Bevölkerung zeigt sich im Allgemeinen eine Befürwortung erneuerbarer Energien. Laut dem St. Galler Kundenbarometer erneuerbarer Energien 2021 sprachen sich 94% der Befragten dafür aus, dass Schweizer Energieversorger im Inland mehr in erneuerbare Energien investieren sollten.[22] In starken Kontrast zu diesem Ergebnis steht der wachsende lokale Widerstand der Bevölkerung gegen Windenergieprojekte. Eine Studie des Instituts für Wirtschaft und Ökologie der Universität St. Gallen zeigt, dass Windenergie gemischte Gefühle hervorruft und

---

[16] Energiestrategie 2050, S. 1.
[17] Vgl. BBl 2013 7561, S. 7594 ff.
[18] BBl 2013 7561, S. 7627 f.
[19] S. https://www.are.admin.ch/are/de/home/nachhaltige-entwicklung/strategie/sne.html (Abruf 28.03.2022).
[20] Richtplan SH, Kapitel 4, S. 1.f.
[21] Richtplan SH, Kapitel 4, S. 1.f.
[22] S. https://iwoe.unisg.ch/wp-content/uploads/Kuba2021_Technical_Presentation_final.pdf 2021 (Abruf am 25.03.2022)

wurde lediglich von 51% der Befragten positiv assoziiert.[23] Oft wurde Windenergie mit negativen Auswirkungen auf Landschaft und Tierwelt sowie Verursachung von Lärm verbunden. Dabei handelt es sich eher um die erwarteten, als um die tatsächlich wahrgenommenen, Auswirkungen der Windenergie, da die meisten Personen weit weg von den heute bestehenden Windenergieanlage wohnen und diese demzufolge weder sehen noch hören können.

B. Politische Rahmenbedingungen Deutschland

> «Die Kluft zwischen dem, was aus wissenschaftlicher Sicht notwendig ist und dem, was die Bundesregierung auf den Tisch gelegt hat, kann das Paket nicht überbrücken».

Dies waren die Worte von Christoph Heinrich, Vorstand Naturschutz beim WWF Deutschland, zum am 9. Oktober 2019 vom Bundeskabinett verabschiedeten Klimaschutzgesetz und Klimaprogramm 2030.[24] Ziel des Klimaprogrammes 2030 ist es, die Treibhausgasemissionen um 55% zu senken.[25] Im Juni 2021 hat die Bundesregierung das neue Bundes-Klimaschutzgesetz (KSG) erlassen, in welchem sie neu eine Treibhausgassenkung von 65% bis 2030 als verbindlich erklärte. Des Weiteren muss bis 2045 die Treibhausgasneutralität erreicht werden.[26] Mittels diesem Gesetz sind somit die Klimaziele aus dem Programm 2030 nicht nur gesetzlich normiert und verpflichtend, sondern sogar noch verschärft worden. Das KSG setzt dadurch auch die neuen europäischen Klimaschutzziele um.

> «Jetzt erst recht! Bis 2045 wollen wir ein klimaneutrales Industrieland sein. Das machen wir für den Klimaschutz. Gleichzeitig gewinnen wir so Unabhängigkeit – ökonomisch und politisch».[27]

Diese Worte gab Bundeskanzler Olaf Scholz Anfangs April bei einer Befragung im Bundestag zur Antwort und widerspiegelt dadurch die allgemeine Wende in Sachen Toleranz von Windrädern. Vor Kurzem hat die Bundesregierung ein 99-seitiges «Klimaschutz-Sofortprogramm 2022» erlassen, welches sicherstellen soll, dass die Ziele des Klimagesetzes 2030 eingehalten werden. Im Bereich «Energie»

---

[23] Mixed feelings on wind energy, S. 11.
[24] S. https://www.wwf.de/2019/oktober/nachsitzen-vorprogrammiert (Abruf 27.03.2022)
[25] S. https://www.bundesregierung.de/resource/blob/974430/1679914/e01d6bd855f09bf05cf7498e06d0a3ff/2019-10-09-klima-massnahmen-data.pdf?download=1 (Abruf 29.03.2022)
[26] S. https://www.bundesregierung.de/resource/blob/974430/1679914/e01d6bd855f09bf05cf7498e06d0a3ff/2019-10-09-klima-massnahmen-data.pdf?download=1 (Abruf 29.03.2022)
[27] S. https://www.bundesregierung.de/breg-de/themen/klimaschutz (Abruf 05.04.2022)

soll unter Anderem dafür gesorgt werden, dass mindestens 2% der Landesfläche für Windenergie reserviert werden soll. Hierzu sollen noch entsprechende Gesetze folgen, welche länderspezifische Flächenziele enthalten.[28]

Die Umsetzung dieser Ziele könnte der erste Test sein für die Klimapolitik der Ampelkoalition, die nächsten Monate werden es zeigen.

IV. Rechtliche Rahmenbedingungen

A. Rechtliche Rahmenbedingungen Schweiz

Das schweizerische Rechtssystem sowie die verfassungsrechtliche Kompetenzordnung sind geprägt durch den Föderalismus und wirken sich auch auf die zahlreichen Rechtsbereiche, welche bei der Realisierung eines Windenergieprojekts berücksichtig werden müssen, aus. Im Rahmen der Windenergie ist das föderalistische System insbesondere im Bereich der Raumplanung, wo die Kompetenzaufteilung auf die drei staatlichen Ebenen stark ausgeprägt ist, von Bedeutung.

Die Bundesverfassung hält in Art. 3 BV i.V.m. Art. 42 BV fest, dass der Bund nur über die ihm durch die BV zugewiesenen Zuständigkeiten und Kompetenzen verfügt. Dies resultiert in einer subsidiären Generalkompetenz der Kantone.[29] Folglich fallen alle Staatsaufgaben in den Kompetenzbereich der Kantone, sofern sie nicht via Bundesverfassung dem Bund übertragen wurden.[30] Eine Kompetenzvermutung zugunsten der Kantone wird durch Art. 3 BV jedoch nicht begründet.[31] Vielmehr muss bei jeder Kompetenzbestimmungen der BV nach den allgemeinen Regeln ausgelegt werden, da eine Auslegung auch implizite, respektive stillschweigende Bundeskompetenzen hervorbringen kann.[32] Bund und Kantone haben sich zudem an das Gebot der schonenden Kompetenzausübung zu halten.[33] In Bezug auf die Kompetenzen der Gemeinden, können die Kantone ihnen nach Art. 50 BV eine solche einräumen, sofern dem Kanton die Zuständigkeit nach der verfassungsrechtlichen Kompetenzordnung selbst zusteht.

---

[28] S. https://www.sueddeutsche.de/politik/klimaschutz-ampelkoalition-sofortprogramm (Abruf 29.03.2022).
[29] SGK BV-Rainer, Art. 3 BV N 10.
[30] OFK-Biaggini, Art. 3 BV N 7.
[31] BSK BV-Biaggini, Art. 3 BV N 16.
[32] SGK BV-Rainer, Art. 3 BV N 10.
[33] OFK-Biaggini, Art. 44 BV N 8.

Die Energiepolitik der Schweiz ist in Art. 89 BV verankert. Art. 89 Abs. 1 BV ist eine Programmnorm, welche energiepolitische Ziele für Bund und Kantone festhält, ohne spezifisch Kompetenzen zuzuweisen.[34] Im Bereich der Nutzung von einheimischen und erneuerbaren Energien begründet Art. 89 Abs. 2 BV eine verpflichtende, konkurrierende Grundsatzgesetzgebungskompetenz des Bundes, von welcher er durch die Schaffung des neuen Energiegesetzes EnG vom 30. September 2016 gebraucht gemacht hat.[35] Aus Art. 89 Abs. 5 BV lässt sich der Grundsatz einer auf Koordination und wechselseitige Abstimmung ausgelegte Energiepolitik ableiten, womit die in Art. 89 Abs. 1 BV verankerten Ziele auf der Ebene der Kompetenzausübung umgesetzt werden.[36] Dieser Grundsatz wird vor allem in Art. 2 und Art. 4 Abs. 2 EnG verwirklicht.[37]

Im Bereich der Raumplanung, geregelt in Art. 75 BV, beschränkt sich die Zuständigkeit des Bundes gemäss Abs. 1 auf die Festlegung der Grundsätze der Raumplanung, was er mit dem Erlass des Raumplanungsgesetzes RBG getan hat.[38] Die Raumplanung selbst obliegt nach Art. 75 Abs. 1 Satz 2 BV den Kantonen. Durch die Kompetenznorm von Art. 75 Abs. 1 BV wird die Gesetzgebungskompetenz des Bundes im Bereich des Baurechts ausgeschlossen, sofern es sich nicht um an sich baurechtliche Belange handelt, die mit den Grundsätzen der Raumplanung unmittelbar verknüpft sind.[39] So etwa die Baubewilligungspflicht und die Voraussetzungen der Erteilung einer Baubewilligung.[40] Nähere Ausführungen zur Raumplanungs- und Baubewilligungsverfahren folgen im Kapitel 5 Genehmigungsverfahren Schweiz.

Die Windkraftnutzung kann mit den gesetzlichen Bestimmungen in diversen Bereichen des Umweltschutzes in Konflikt stehen. Der Umweltschutz liegt im Gegensatz zur Raumplanung in umfassender, konkurrierender Gesetzgebungskompetenz des Bundes so Art. 74 Abs. 1 BV.[41] Soweit das Gesetz nichts anderes vorsieht, sind die Kantone für die Umsetzung der Bundesbestimmungen zuständig, so Art. 74 Abs. 3 BV.

Hinsichtlich des Natur- und Heimatschutzes, geregelt in Art. 78 BV, liegen die Zuständigkeiten sowohl bei den Kantonen als auch beim Bund. Nach Art. 78 Abs. 1

---

[34] SGK BV-Schaffhauser/Uhlmann, Art. 89 BV N 6.
[35] OFK-Biaggini, Art. 89 BV N 5.
[36] SGK BV-Schaffhauser/Uhlmann, Art. 89 BV N 20.
[37] SGK BV-Schaffhauser/Uhlmann, Art. 89 BV N 20.
[38] CR-Haag, Art. 75 BV N 30.
[39] SGK BV-Ruch, Art. 75 BV N 25.
[40] SGK BV-Ruch, Art. 75 BV N 25.
[41] CR-Favre, Art. 74 BV N 14; OFK-Biaggini, Art. 74 BV N 3.

BV sind zwar primär die Kantone zuständig, jedoch nimmt der Bund umfassende Kompetenzen in Abs. 2–5 des gleichen Artikels war.

B. Rechtliche Rahmenbedingungen Deutschland

Rund um den Bau eines Windparks kommen einige gesetzliche Regelungen ins Spiel. Zum einen geht es ganz allgemein um den Umweltschutz und die Klimaziele, welche mittels erneuerbarer Energien erreicht werden sollen. Zum anderen kommen Windpark spezifisch noch Bau-und Planungsvorschriften dazu. In einigen Punkten überschneiden sich die Themenbereiche auch. So dient beispielsweise die Einhaltung gewisser Bauvorschriften auch dem Umweltschutz, respektive ermöglichen dessen Rechtsmittel bei Nichteinhaltung gegen Bauvorhaben vorzugehen.

Interessanterweise ergibt sich gerade im Bereich der Windenergie diesbezüglich ein Interessenkonflikt im selben «Zielsegment», dem Umweltschutz. So argumentieren die Befürworter damit, dass erneuerbare Energien (wie auch Windkraft eine ist) der Klimakrise entgegenwirken und eine Energiewende den Zielen des Umweltschutzes entsprechen. Gegner auf der anderen Seite stützen sich jedoch gerade auf Normen aus dem Umweltschutz, um Bauvorhaben künftiger Windenergieanlagen zu stoppen oder den Betrieb bestehender einzustellen. Diese Arbeit konzentriert sich auf die Bau-und Genehmigungsrechtlichen Herausforderungen. Um diese jedoch in einem späteren Kapitel genauer aufzeigen zu können, werden in diesem Kapitel die Grundpfeiler der jeweiligen Rechtsgebiete aufgezeigt.

1. Klimaschutz

Deutschland unterzeichnete, wie viele andere Staaten auch, am 22. April 2016 das Pariser Klimaabkommen der Vereinten Nationen.[42] Dieses Abkommen wurde für die Zeit nach 2020 verabschiedet und ist rechtlich verbindlich.[43] Ziel des Abkommens ist es, die durchschnittliche globale Erwärmung unter zwei Grad Celsius zu begrenzen und ein maximaler Temperaturanstieg von 1,5 Grad Celsius erstrebenswert ist. Des Weiteren verpflichten sich die unterzeichnenden Staaten, alle

---

[42] S. https://www.umweltbundesamt.de/themen/klima-energie/internationale-eu-klimapolitik/uebereinkommen-von-paris#ziele-des-ubereinkommens-von-paris-uvp/ (Abruf 29.3.2022).

[43] S. https://unfccc.int/process-and-meetings/the-paris-agreement/the-paris-agreement (Abruf 29.03.2022).

fünf Jahre ein national festgelegtes Reduktionsziel vorzuweisen und zu begründen. Wichtig ist hier hervorzuheben, dass lediglich das Vorweisen der Zielsetzung verbindlich ist, nicht jedoch die Erreichung des Zieles respektive die Umsetzung nationaler Massnahmen oder die Berichterstattung/deren Überprüfung.[44]

Bereits im November 2016 verabschiedete die deutsche Bundesregierung den Klimaschutzplan 2050. Das langfristige Ziel ist es, bis 2050 weitgehend treibhausgasneutral zu werden. Dazu gehört auch das Mindestziel, bis 2030 die Treibhausgase um mindestens 55% gegenüber 1990 zu senken.[45] Noch einen Schritt weiter geht die Bundesregierung 2021 mit der Änderung des Klimaschutzgesetzes, welche man als Reaktion auf den Beschluss des BVerfG vom 29. April 2021 werten kann.[46] Der erste Senat kam zum Schluss, dass das KSG 2019 nicht mit den Grundrechten vereinbar ist mangels hinreichender Massgaben für die weitere Emissionsreduktion ab dem Jahr 2031.[47] Das KSG 2019 enthielt lediglich die Verpflichtung einer Reduktion der Treibhausemissionen um 55% bis zum Jahr 2030. Damit der Staat jedoch seinen Schutzpflichten, welche aus Art. 20a GG entstehen, nachkommen kann und so auch die Freiheitsrechte zukünftiger Generationen schützen kann, müssen diese Massnahmen auch nach 2030 noch weitergeführt werden.[48]

Das KSG 2021 hebt die Zielvorgaben für weniger CO_2-Emissionen um 10% an, das neue Minderungsziel bis 2030 entspricht nun also 65%. Weiter wurde ein zweites Minderungsziel von 80% bis 2040 und die komplette Treibhausgasneutralität bis 2045 normiert. Wie die konkrete Umsetzung gelingt und was geschieht bei einem allfälligen Scheitern wird sich jedoch erst noch zeigen. Übergreifende Rechtsgebiete, wie auch das Klimaschutzrecht eines ist, dienen jedoch jetzt bereits schon als wichtige Klammer und ermöglichen, das heterogene Normengeflecht der Umweltschutznormen unter eine systematische Regelung zu bringen. Dadurch können übergeordnete Verfahren und Schutzziele kohärent geregelt werden.[49]

---

[44] S. https://www.bafu.admin.ch/bafu/de/home/themen/klima/fachinformationen/klima–internationales/das-uebereinkommen-von-paris.html (Abruf 29.03.2022).
[45] S. https://www.bmuv.de/themen/klimaschutz-anpassung/klimaschutz/nationale-klimapolitik/klimaschutzplan-2050 (Abruf 21.04.2022)
[46] S. https://www.bundesregierung.de/breg-de/themen/klimaschutz/klimaschutzgesetz-2021-1913672 (Abruf 15.05.2022).
[47] S. https://www.bundesverfassungsgericht.de/SharedDocs/Pressemitteilungen/DE/2021/bvg21031.html (Abruf 29.04.2022).
[48] *Ibidem.*
[49] S. https://www.umweltbundesamt.de/themen/nachhaltigkeit-strategien-internationales/umweltrecht (Abruf 02.04.2022)

2. Umweltrecht

Sämtliche Normen, welche dem Umweltschutz dienen fallen unter das Rechtsgebiet des Umweltrechts, wobei anlagen-, umweltmedien- und stoffbezogenen Schutzgesetze, sowie höherrangige Umweltnormen (wie bspw. das Umweltvölkerrecht oder einschlägige Bestimmungen des EU-Rechts) den Kernbereich bilden. Umweltrechtliche Normen lassen sich jedoch längst nicht mehr nur in Gesetzen finden, derer ursprünglicher Zweck der Umweltschutz war. Immer häufiger werden umweltrechtliche Normen auch in Gesetze integriert, derer Zweck ein anderer war, wie bspw. im Landwirtschafts-, Verkehrs- oder auch Bau-und Planungsrecht.

Besonders wichtig, auch im Zuge dieser Arbeit, sind die aus dem Umweltrecht entstehenden Beteiligungsrechte. Durch eine breite Öffentlichkeitsbeteiligung kann die staatliche Entscheidungsgrundlage ausgewogener gestaltet werden und führt somit nicht nur zu besseren Lösungen, sondern auch transparenteren, was wiederum die gesellschaftliche Akzeptanz erhöht.[50] Bereits aus dem Verwaltungsverfahren entstehen der Öffentlichkeit allgemeine Beteiligungsrechte bei Verwaltungsentscheidungen – diese allgemeinen Rechte wurden im Umweltrecht weiterentwickelt und verstärkt. Dies besonders aufgrund der höherrangigen Arhus- und Espoo-Konvention aber auch auf Bundesebene, bspw. durch das Bundes-Immissionsschutzgesetz und die Öffentlichkeitsbeteiligungsrichtlinie. Auf die Einzelheiten der jeweiligen Mitspracherechte wird in Kap. VI.E. noch genauer eingegangen.[51]

Ebenfalls zentral ist der Rechtsschutz. Dieser kommt zunächst allgemein immer dann zum Tragen, wenn eine Person geltend macht, dass sie durch staatliches Handeln in ihren Rechten verletzt wurde. Eine Besonderheit des Umwelt-und Naturschutzrechts ist es, dass auch Umweltverbände vor dem Verwaltungsgericht klagen können. Die Umweltverbandsklage findet sich im Umwelt-Rechtsbehelfsgesetz und im Bundesnaturschutzgesetz.[52] Auf die einzelnen Voraussetzungen für die Anerkennung sowie allfällige Schwierigkeiten, welche diesem Rechtsbehelf inhärent sind, wird ebenfalls in Kap.V.C. resp. VI.E. vertieft Bezug genommen, zuvor werden jedoch noch die für die Errichtung eines Windparks zentralen rechtlichen Rahmenbedingungen vorgestellt.

---

[50] S. https://www.umweltbundesamt.de/themen/nachhaltigkeit-strategien-internationales/umweltrecht/beteiligungsrechte (Abruf 02.04.2022)
[51] *Ibidem.*
[52] Gesetz über ergänzende Vorschriften zu Rechtsbehelfen in Umweltangelegenheiten nach der EG-Richtlinie 2003/35/EG und Gesetz über Naturschutz und Landschaftspflege.

3. Windenergie

Da in den letzten Jahren die gesetzlichen Regelungen, allgemein wie auch spezifisch die Windkraft betreffend, sehr umfangreich geworden sind, kann mittlerweile von einem eigenen Rechtsgebiet gesprochen werden. Dieser Abschnitt widmet sich den rechtlichen Grundlagen, welche insbesondere beim Bau von Windanlagen an Land von Bedeutung sind und dient, genauso wie die vorangegangenen, als grober Überblick für die später folgenden Vertiefungskapitel.

Eine erste wichtige Differenzierung nebst dem Standort, Offshore oder Onshore, ist die Gesamthöhe der Anlage, da diese das jeweilige Genehmigungsverfahren bestimmt. Handelt es sich bei der WEA um eine Anlage mit einer Gesamthöhe über 50 m so findet das immissionsschutzrechtliche Genehmigungsverfahren Anwendung. Hier liegt die Besonderheit darin, dass die darin erteilte Genehmigung alle anderen öffentlich-rechtlichen Vorschriften (wie bspw. die des Bauplanungsrechts) konzentriert. Die Errichtung von Kleinwindanlagen wird durch das Baugenehmigungsverfahren des jeweiligen Bundeslandes geregelt, diese Anlagen sind jedoch im Sinne dieser Arbeit nicht weiter relevant.

Eine weitere Unterscheidung, auf die in Kap. II.B. bereits hingewiesen wurde, ist die Anzahl der WEA. Zum einen bestimmt sich danach, ob die Genehmigung im förmlichen oder vereinfachten Verfahren beantragt werden muss. Zum anderen kommt, ab einer Anzahl von mehr als drei WEA, neben dem BImSchG auch das Gesetz über die Umweltverträglichkeitsprüfung zur Anwendung.[53]

Ein weiteres elementares Element ist die Raumordnung und Flächennutzungsplanung, da WEA im Aussenbereich bauplanungsrechtlich privilegiert sind und somit grundsätzlich zulässig, sofern von den kommunalen oder regionalen Planungsträgern keine planerische Steuerung über Vorrang-und Eignungsgebiete vorgenommen wurde.[54] Daher widmen sich die folgenden Kapitel den bauplanungs- und baurechtlichen Vorschriften der einzelnen Länder.

---

[53] S. https://www.erneuerbare-energien.de/EE/Redaktion/DE/Dossier/windenergie-an-land.html?cms_docId=72880 (Abruf 30.4.2022).
[54] *Ibidem.*

V. Genehmigungsverfahren Schweiz

A. Raumplanungsverfahren

1. Im Allgemeinen

In der Schweiz findet Raumplanung auf allen drei staatlichen Stufen, also auf Bundes-, Kantons- und Gemeindesebene, statt. Eine Planungspflicht erstreckt sich gemäss Art. 2 RPG auf «raumwirksame Aufgaben». Raumwirksam sind nach Art. 1 Abs. 1 RPV zur Erfüllung staatliche Aufgaben angestrengten Tätigkeiten, welche «die Nutzung des Bodens oder die Besiedlung des Landes verändern oder dazu bestimmt sind, die jeweilige Nutzung des Bodens oder die jeweilige Besiedlung des Landes zu erhalten»[55]. Wie bereits in Kapitel 2.1. aufgeführt, unterstellt der Bund Windkraftanlagen ab 30 Meter Gesamthöhe aufgrund ihrer Raumwirksamkeit einer Planungspflicht gemäss Art. 2 RPG.[56]

Die wichtigsten Raumplanungsinstrumente des Bundes stellen Konzepte und Sachpläne i.S.v. Art. 13 RPG dar. Der Bund erarbeitet Sachpläne nur in jenen Sachbereichen, in welchen er eine umfassende Zuständigkeit verfügt.[57] Sachpläne weisen einen ähnlichen Detaillierungsgrad wie die kantonalen Richtpläne auf.[58] Konzepte sind weniger konkret und können auch in Bereichen blosser Teilzuständigkeit des Bundes erarbeitet werden. Sowohl die Sachpläne als auch die Konzepte sind ausführlich in Art. 14 ff. RPV geregelt. Bezogen auf die Planung von Windenergieanlagen erstellte der Bund das Konzept Windenergie, damit die Kantone bei der Planung von solchen Anlagen die Bundesinteressen wahrnehmen können.[59]

Als das zentrale Raumplanungsinstrument in der Schweiz gilt der kantonale Richtplan, geregelt in Art. 6-12 RPG und Art. 4-13 RPV. Kantonale Richtpläne enthalten Planungen für alle raumwirksamen Sachbereiche und binden auch Bund und Nachbarskantone in die Planung mit ein.[60] Sie unterliegen gemäss Art. 11 Abs. 1

---

[55] Vgl. Art. 1 Abs. 1 RPV.
[56] S. https://www.are.admin.ch/are/de/home/raumentwicklung-und-raumplanung/strategie-und-planung/konzepte-und-sachplaene/konzepte/konzept-windenergie.html (Abruf 25.03.2022).
[57] Leitfaden Richtplanung, S. 77.
[58] Leitfaden Richtplanung, S. 77.
[59] S. https://www.are.admin.ch/are/de/home/raumentwicklung-und-raumplanung/strategie-und-planung/konzepte-und-sachplaene/konzepte/konzept-windenergie.html (Abruf 25.03.2022).
[60] Griffel/Liniger/Rausch/Thurnherr, S. 4.

RPG einer Genehmigung durch den Bundesrat. Art. 8 Abs. 2 und Art. 8b RPG beziehungsweise Art. 10 Abs. 1 EnG zufolge bedürfen Windenergieanlagen eine Grundlage im kantonalen Richtplan. Um die Anforderungen von Art. 8 Abs. 2 RPG zu erfüllen, müssen Vorhaben zur Windkraftnutzung im kantonalen Richtplan im Koordinationsstand «Festsetzung» durch den Bund genehmigt worden sein.[61] Raumplanerisch speziell bezüglich Windenergienutzung ist, dass die Kantone nach Art. 10 EnG i.V.m. Art. 6 Abs. 2 und 3 und Art. 8b RPG verpflichtet sind in ihren Richtplänen Potenzialgebiete für Windenergieanlagen festzulegen. Dasselbe gilt auch für die Wasserkraft.

Drittes, hier erwähntes Planungsinstrument ist der Nutzungsplan, mit welchem das Gemeinwesen die zulässige Nutzung von Grundstücken verbindlich festlegt.[62] Die Pläne regeln Art, Aufgabe, Ort und Mass der Bodennutzung.[63] Sie sind gemäss Art. 21 Abs. 1 RPG allgemeinverbindlich. Für den Erlass von Nutzungsplänen sind in allen Kantonen, mit Ausnahme von Genf, die Gemeinden zuständig.[64] Vorhaben, die zu erhöhten Nutzungskonflikten führen, oder führen können, unterliegen einer besonderen Planungspflicht, etwa in einem Sondernutzungsplan, welches erlaubt das Vorhaben umfassend und gesamtheitlich zu beurteilen. Windenergieanlagen werden aufgrund ihrer Lärmimmissionen in der Regel in speziellen Zonen ausserhalb der Bauzone erstellt und bedürfen für die zonenkonforme Realisierung eine Sondernutzungsplanung oder eine gleichwertige Grundlage im Rahmennutzungsplan.[65]

Bei der Planung von Windenergieanlagen erfolgt die Berücksichtigung von kantonalen, regionalen und lokalen Schutzobjekten i.S.v. Art. 18b NHG sowie anderer kantonaler Bestimmungen durch die jeweiligen Planungsträger.[66]

---

[61] BGer 1C_346/2014, 26.10.2016, E. 2.8.
[62] Praxiskommentar RPG: Nutzungsplanung, Art. 14 RPG N 6, S. 232 f.
[63] Praxiskommentar RPG: Nutzungsplanung, Art. 14 RPG N 6, S. 232 f.
[64] Praxiskommentar RPG: Nutzungsplanung, Art. 14 RPG N 31, S. 250.
[65] S. https://www.are.admin.ch/are/de/home/raumentwicklung-und-raumplanung/strategie-und-planung/konzepte-und-sachplaene/konzepte/konzept-windenergie.html (Abruf 25.03.2022).
[66] S. https://www.are.admin.ch/are/de/home/raumentwicklung-und-raumplanung/strategie-und-planung/konzepte-und-sachplaene/konzepte/konzept-windenergie.html (Abruf 25.03.2022).

2. Im Kanton Schaffhausen

Der Kanton Schaffhausen legte gemäss Vorgaben des Bundes in seinem Richtplan im Sinne einer Positivplanung Gebiete, sog. Windpotenzialgebiete fest, wo Windenergieanlagen erstellt werden dürfen.[67] Damit eine Bewilligung für Grosswindanlagen erteilt werden kann, ist neben einer Festsetzung der Standorte im Richtplan eine Zone in der kommunalen Nutzungsplanung notwendig.[68] Das bedeutet, dass die Gemeinden im Rahmen des Nutzungsplanungsverfahrens eine Zone für Windkraftanlagen und die dazugehörigen Bestimmungen in der Bauordnung festlegen.[69] Die Bauordnung enthält neben dem Zweck der Zone auch Vorschriften zu Nutzung, Gestaltung der Umgebung, Gestaltung der Bauten und Anlagen, Rückbau, Erschliessung, Rodung, Wanderwege, Gewässerschutz sowie Umweltverträglichkeitsprüfung (UVP). Anhand konkreter Analagenstandorte ist dafür zu sorgen, dass die Koordinierung mit Parallelverfahren wie UVP oder Rodungsverfahren gewährleistet ist.[70] Für Windenergieanlagen im Wald muss die Anlage aus technischer Sicht auf den Standort angewiesen und das Interesse der Elektrizitätserzeugung muss grösser als dasjenige der Walderhaltung sein.[71] Zudem ist eine Rodungsbewilligung notwendig.[72] Die Nutzungsplanung der Gemeinden ist im Kanton Schaffhausen in Art. 6 ff. BauG-SH geregelt, wobei es den Gemeinden freisteht, in ihren jeweiligen Bauordnungen weitere Vorschiften i.S.v. Art. 7 BauG-SH aufzustellen.

B. Baubewilligungsverfahren

1. Im Allgemeinen

In der Schweiz herrscht grundsätzlich ein Bauverbot, welches nur mittels einer Bewilligung beseitigt werden kann.[73] Die Baubewilligung ist somit Voraussetzung, damit eine Baute rechtmässig erstellt werden kann.[74] Dieser Grundsatz findet sich auch in Art. 22 Abs. 1 RPG. Für die eigentliche Windenergieanlage, namentlich Fundament, Mast und Rotor sowie für dessen Erschliessung ist eine Baubewil-

---

[67] Richtplan SH, Kapitel 4, S.7.
[68] Richtplan SH, Kapitel 4, S. 9.
[69] Richtplan SH, Kapitel 4, S. 9.
[70] Richtplan SH, Kapitel 4, S. 9.
[71] Richtplan SH, Kapitel 4, S. 9.
[72] Richtplan SH, Kapitel 4, S. 9.
[73] Praxiskommentar RPG: Baubewilligung, Art. 22 RPG N 9, S. 73.
[74] Praxiskommentar RPG: Baubewilligung, Art. 22 RPG N 9, S. 73.

ligung nach kantonalem Recht notwendig.[75] Zuständig für das Baubewilligungsverfahren sind in den meisten Kantonen die Gemeinden.[76] Teilweise wird die Bewilligungszuständigkeit aufgeteilt zwischen Kanton und Gemeinden, oder liegt ausschliesslich bei den kantonalen Behörden.[77] Vorbehalten bleiben abweichende Regelungen für Zuständigkeit und Verfahren in anderen Bundesgesetzen.[78] Windenergieanlagen fallen nicht unter diesen Vorbehalt. Zu beachten ist, dass Windkraftanlagen in der Regel ausserhalb der Bauzone errichtet werden, womit nach Art. 25 Abs. 3 RPG die Zustimmung der kantonalen Behörde notwendig ist.

Neben der Baubewilligung für die Anlage selbst sind noch weitere bewilligungspflichtige Aspekte zu berücksichtigen. Windenergieanlagen mit einer Höhe ab 60 Meter sind gemäss Art. 63 ff. VIL melde- und bewilligungspflichtige Luftfahrthindernisse. Nach Art. 63 lit. a VIL ist die Bewilligung beim BAZL einzuholen. Für den elektrischen Teil der Anlage ist neben der Baubewilligung nach kantonalem Recht auch eine Plangenehmigung des eidgenössischen Starkstrominspektorats ESTI erforderlich.[79] Ist die Errichtung einer Windenergieanlage mit einer Rodung von über 5000 m^2 verbunden, muss nach Art. 6 Abs. 2 lit. a WaG das BAFU dazu angehört werden.[80]

Art. 10a Abs. 2 USG unterstellt Anlagen, welche Umweltbereiche erheblich belasten können, einer Umweltverträglichkeitsprüfung (UVP), mit dem Ziel, die Einhaltung der Vorschriften über den Schutz der Umwelt voraussichtlich nur mit projekt- oder standortspezifischen Massnahmen sicherzustellen. Die UVP bildet für sich allein kein in einem selbständigen Entscheid mündendes Verfahren, sondern wird in ein Verfahren eingebettet in welchem generell über das Vorhaben entschieden wird.[81] Bestimmt wird dieses sog. massgebliche Verfahren durch die UVPV und das kantonale Recht. Nach Art. 10a Abs. 3 USG kann der Bundesrat Schwellenwerte festlegen, ab denen die Prüfung durchzuführen ist. Von dieser Kompetenz hat er mit dem Erlass der Verordnung über die Umweltverträglich-

---

75 S. https://www.are.admin.ch/are/de/home/raumentwicklung-und-raumplanung/strategie-und-planung/konzepte-und-sachplaene/konzepte/konzept-windenergie.html (Abruf 25.03.2022) Windenergie, S. 40.
76 GRIFFEL/LINIGER/RAUSCH/THURNHERR, S. 57.
77 GRIFFEL/LINIGER/RAUSCH/THURNHERR, S. 57.
78 Praxiskommentar RPG: Baubewilligung, Art. 25 RPG N 3, S. 162; z.B. Art. 18 EBG.
79 S. https://www.are.admin.ch/are/de/home/raumentwicklung-und-raumplanung/strategie-und-planung/konzepte-und-sachplaene/konzepte/konzept-windenergie.html (Abruf 25.03.2022); vgl. u.a. Art. 16 ff. EleG und VPeA.
80 Vgl. Vollzugshilfe Rodungen und Rodungsersatz, Anhang 5.
81 UVP-Handbuch, Modul 3, S. 4.

keitsprüfung (UVPV) gebraucht gemacht. Der Bundesrat unterstellt nach Anh. Nr. 21.8 UVPV Windenergieanlagen ab einer Leistung von 5 Megawatt einer UVP, dessen Verfahren durch das kantonale Recht zu bestimmen ist. Eine solche Leistung wird heute von drei bis fünf grossen Windenergieanlagen und somit nur von Windparks erreicht.[82] Inhalt der Prüfung ist es, so Art. 3 Abs. 1 UVPV, festzustellen, ob das Vorhaben den Vorschriften über den Schutz der Umwelt entspricht. Das Prüfungsergebnis bildet nach Art. 3 Abs. 2 UVPV sodann eine Entscheidungsgrundlage für die Genehmigung, Bewilligung oder Konzessionierung des Vorhabens sowie für weitere Bewilligungen zum Schutz der Umwelt. Grundlage der UVP bildet der Umweltverträglichkeitsbericht (UVB), geregelt in Art. 10b ff. USG und Art. 7 ff. UVPV. Zweck der UVB ist es, alle Fragen bezüglich, ob das Vorhaben der Umweltschutzgesetzgebung entspricht, sprich mit welchen Massnahmen es umweltverträglich realisiert werden kann insoweit zu beantworten, dass die Behörden dies beurteilen und prüfen können.[83]

2. Im Kanton Schaffhausen

Die zuständige Behörde für die Erteilung einer Baubewilligung ist im Kanton Schaffhausen gemäss Art. 56 Abs. 1 BauG-SH grundsätzlich der Gemeinderat. Diese Regelung wird in den jeweiligen kommunalen Bauordnungen wiederholt. So etwa in Art. 5 Abs. 2 BauO der Gemeinde Hemishofen, wo sich zurzeit das Projekt «Chroobach Windenergie» in der Planungsphase befindet.[84] Bei der Errichtung von Windenergieanlagen ausserhalb der Bauzone ist die zuständige Behörde i.S.v. Art. 25 Abs. 2 RPG gemäss Art. 57 lit. a BauG-SH das kantonale Baudepartement. Sie ist direkt für die Erteilung der Ausnahmebewilligung für Bauvorhaben ausserhalb der Bauzonen zuständig, nicht wie in anderen Kantonen, wo die Bewilligungszuständigkeit bei den Gemeinden belassen, jedoch von der Zustimmung der kantonalen Behörde abhängig gemacht wird.[85] Welche Vorhaben einer Bewilligungspflicht unterliegen, richtet sich nach Art. 54 Abs. 5 BauG-SH[86], ausschliesslich nach kantonalem Recht.

Im Kanton Schaffhausen wird die Prüfung der Umweltverträglichkeit im EG USG sowie in der kantonalen Umweltschutzverordnung (USGV) geregelt. Gemäss Art. 4 Abs. 1 EG USG ist die Koordinationsstelle für Umweltschutz die federfüh-

---

[82] UVP-Handbuch, Modul 2, S. 6.
[83] UVP-Handbuch, Modul 5, S. 12.
[84] S. https://chroobach.ch/projektueberblick/windenergie-chroobach (Abruf 25.03.2022)
[85] Praxiskommentar RPG: Baubewilligung, Art. 25 RPG N 34, S. 180.
[86] Vgl. auch Art. 4 Abs. 2 BauO der Gemeinde Hemishofen.

rende Umweltschutzfachstelle i.S.v. Art. 12 ff. UVPV im UVP-Verfahren. Das massgebliche Verfahren und die damit zuständige Behörde ist wie von Art. 5 f. EG USG vorgeschrieben, auf dem Verordnungsweg bestimmt worden. Nach § 8 Abs. 1 USGV wird das massgebliche Verfahren im Anhang der Verordnung geregelt. In Anh. Nr. 21.8 USGV ist für Windenergieanlagen als zuständige Behörde das Baudepartement und als massgebliche Verfahren das Baubewilligungsverfahren festgelegt.

C. Mitspracherechte

Im Rahmen der Realisierung einer Windenergieanlage gibt es sowohl im Raumplanungs- als auch im Baubewilligungsverfahren die Möglichkeit der Mitsprache. Grundsätzlich gilt im öffentlichen Recht das Territorialitätsprinzip.[87] Nach diesem ist das schweizerische öffentliche Recht grundsätzlich nur auf Sachverhalte anwendbar, die sich in der Schweiz zutragen.[88] Daraus lässt sich ableiten, dass Personen, die von ihren Mitspracherechten Gebrauch machen wollen, dies nach Schweizer Rechtslage tun müssen, unabhängig von ihrer Staatsbürgerschaft und ihrem Wohnort.

Art. 4 Abs. 1 und 2 RPG zufolge, hat die mit Planungsaufgaben betraute Behörde für eine geeignete Mitwirkung der Bevölkerung bei Plänen nach dem RPG, also bei Sach-, Richt- und Nutzungsplanung, zu sorgen. Ähnlich dem Vernehmlassungsverfahren ist die Mitwirkung i.S.v. Art. 4 RPG eine blosse Möglichkeit der politischen Einflussnahme und ihr kommt keine rechtlich bindende Wirkung zu.[89] Bei der Raumplanung auf Bundesebene durch Konzepte und Sachpläne ist der Adressatenkreis gemäss Art. 22 RPV auf Behörden, sowie auf mit der Wahrnehmung öffentlicher Aufgaben betraute Organisationen und Personen des öffentlichen und privaten Rechts, die nicht der Verwaltung angehören, beschränkt. Eine Anfechtung des Sachplans ist durch die Bevölkerung e contrario nicht möglich. Ausführungen zu Mitspracherechten bei kantonalen Richtplänen und kommunalen Nutzungsplänen wird nachfolgend am Beispiel des Kantons Schaffhausen illustriert.

Der Richtplanentwurf ist im Kanton Schaffhausen gemäss § 1 BauV-SH in allen Gemeinden während Auflagefrist von 60 Tagen öffentlich aufzulegen, in welcher jedermann sich beim Baudepartement zum Entwurf äussern kann. Daraufhin ver-

---

[87] BGE 133 II 331, E. 6.1.
[88] BGE 133 II 331, E. 6.1.
[89] Praxiskommentar RPG: Baubewilligung, Art. 4 RPG N 7, S. 5.

fasst das Baudepartement nach § 2 BauV-SH einen öffentlich zugänglichen Bericht zu den Stellungnahmen der Bevölkerungen und den Ergebnissen der Anhörungen nach Art. 4 Abs. 2 BauG, woraufhin der Regierungsrat über die vorgebrachten Einwendungen entscheidet und den bereinigten Richtplanentwurf erlässt. Sofern kein anderes Rechtsmittel zur Verfügung steht, bejaht das Bundesgericht eine Anfechtung des Richtplans direkt anschliessend an dessen Festsetzung durch die Gemeinden als Trägerinnen der kommunalen Planungshoheit.[90] Richtpläne gelten der bundesgerichtlichen Rechtsprechung zufolge hinsichtlich ihrer Anfechtbarkeit als Erlasse i.S.v. Art. 82 lit. b BGG, was zu Anwendbarkeit der Vorinstanzenregelung gemäss Art. 87 BGG führt, wonach die Pflicht der Kantone in ihrer Gesetzgebung ein Rechtsmittel vorzusehen entfällt.[91] Das Schaffhauser Recht sieht nach Art. 16 VRG-SH e contrario i.V.m. Art. 44 Abs. 1 lit. d JG-SH kein Rechtsmittel gegen die Richtplanfestsetzung vor. Demnach kann die Richtplanfestsetzung unmittelbar von einer Gemeinde beim Bundesgericht angefochten werden.

Anders ist die Rechtslage bezüglich der Mitspracherechte bei kommunalen Nutzungsplänen und im Baubewilligungsverfahren. Hier werden diese Rechte schon durch Art. 33 RPG garantiert. Etwa müssen Art. 33 Abs. 1 RPG zufolge Nutzungspläne öffentlich aufgelegt werden und es werden in Abs. 2 und 3 des gleichen Artikels Mindestanforderungen an den kantonalen Rechtsschutz in Bezug auf Nutzungspläne und Baubewilligungen gestellt.

Die Änderung von Nutzungsplänen im regulären Verfahren als auch das Baubewilligungsverfahren kennen weitgehend das gleiche Mitwirkungsverfahren. Gemäss Art. 11 Abs. 1 BauG-SH sind bei Zonenplanänderungen die entsprechenden Planungsunterlagen mit den dazugehörigen Vorschriften während einer Einwendefrist von 30 Tagen öffentlich aufzulegen. Art. 11 Abs. 2 BauG-SH zufolge kann jedermann Einwendungen erheben. Der folgende Beschluss über die Änderungen des Zonenplans ist nach Art. 11 Abs. 3 BauG-SH für 20 Tage öffentlich aufzulegen, welches der Rekursfrist, geregelt in Art. 20 Abs. 1 VRG-SH, entspricht. Rekursberechtigt ist nach Art. 11 Abs. 5 BauG-SH nur, wer von der Änderung berührt ist und ein schutzwürdiges Interesse an der Änderung des Beschlusses oder an dessen Aufhebung dartut. Ähnlich verhält es sich bei Bau- und Ausnahmegesuchen. Hier beträgt gemäss Art. 61 Abs. 4 BauG-SH die Auflagefrist 20 Tage, oder 30 Tage bei Baugesuchen, die der Umweltverträglichkeitsprüfung unterliegen. Im Fall der Windenergie, also für Baugesuche für ein Windpark mit einer Leistung von mehr als 5 Megawatt.[92] Innert dieser Frist kann gemäss Art. 62 Abs. 1 BauG-SH jeder-

---

[90] BGE 136 I 265, E. 1.1.
[91] BGE 136 I 265, E. 1.1.
[92] UVP-Handbuch, Modul 2, S. 6.

mann Einwendungen erheben. Im Unterschied zum Verfahren bei Änderungen von Nutzungsplänen, muss nach Art. 63 Abs. 1 BauG-SH zuerst Einwendung erhoben worden sein, da ansonsten das Rekursrecht verwirkt. Fällt der Entscheid der Baubewilligungsbehörde positiv aus, können Berechtigte innert 20 Tagen Rekurs beim Regierungsrat erheben. Zum Rekurs berechtigt ist, so Art. 18 Abs. 1 VRG-SH, wer durch die angefochtene Anordnung berührt ist und ein schutzwürdiges Interesse an ihrer Änderung oder Aufhebung dartut. Weiter darf das Rekursrecht nicht durch den Verzicht auf Einwendungen verwirkt sein.

In der Schweiz können auch als juristische Personen konstituierte Verbände unter drei möglichen Szenarien Beschwerde führen.[93] Erstens sind sie zur Beschwerde legitimiert, um, wie eine natürliche Person, ihre eigenen Interessen zu wahren, sofern sie in ihren eigenen schutzwürdigen Interessen besonders berührt sind.[94] Zweitens können sie mittels der sog. Egoistischen Verbandsbeschwerde ihre Beschwerde im Interesse ihrer Mitglieder erheben. Drittens besteht nach Art. 48 Abs. 2 VwVG und Art. 89 Abs. 2 lit. d die Möglichkeit der Beschwerde, wenn ein Gesetzt ihnen dieses Recht einräumt, was als ideelle Verbandsbeschwerde bezeichnet wird.[95] An dem spezialgesetzlichen Beschwerderecht gemäss Art. 89 Abs. 2 lit. d BGG ist, dass es kein Nachweis der Voraussetzungen nach Art. 89 Abs. 1 lit. b und c BGG bedarf, somit keine Erforderlichkeit eines besonderen schutzwürdigen Interesses an der Aufhebung oder der Änderung des angefochtenen Entscheids besteht.[96] Ein aktuelles praktisches Rechtsschutzinteresse, dass es also um einen konkreten Fall geht und nicht bloss um eine abstrakte Rechtsfrage, bleibt jedoch Voraussetzung.[97]

VI. Genehmigungsverfahren Deutschland

A. Voraussetzungen

Das BImSchG gilt gemäss § 2 Abs. 1 Nr. 1 für die Errichtung und den Betrieb von Anlagen., womit der Regelungsschwerpunkt auf genehmigungsbedürftigen Anlagen liegt. Letztere sind in der 4. BImSchV katalogisiert. Gemäss § 1 Abs. 1 der 4. BImSchV bedürfen die im Anhang 1 genannten Anlagen einer Genehmigung, soweit den Umständen nach zu erwarten ist, dass sie länger als während der

---

[93] Wiederkehr/Kaspar, N 2100.
[94] *Ibidem.*
[95] *Ibidem.*
[96] BGE 138 V 339, E. 2.3.1; HK BGG-Von Werdt, N 96.
[97] BGE 136 II 101, E. 1.1; HK-BGG-Von Werdt, N 96.

zwölf Monate die auf die Inbetriebnahme folgen an demselben Ort betrieben werden. Die WEA befinden sich in Ziff. 1.6 des ersten Anhangs. Gemäss Ziff. 1.6.1 wird die Genehmigung für Anlagen mit 20 oder mehr Windkraftanlagen im förmlichen Verfahren erteilt, darunter im vereinfachten. Weiter ist im förmlichen Verfahren noch in Verfahren mit oder ohne UVP zu unterscheiden.[98] Der zentrale und einzige Unterschied zwischen dem förmlichen und dem vereinfachten Verfahren ist die Durchführung einer frühen Öffentlichkeitsbeteiligung, da diese beim vereinfachten Verfahren nicht zwingend beigezogen werden muss. Dies kann, im Anbetracht der Tatsache, dass Projekte mit 20 WEA des gleichen Betreibers eher selten sind, auf den ersten Blick stossend wirken. Es steht den Betreibern jedoch nach § 19 Abs. 3 BImSchG frei zu bestimmen, ob das Genehmigungsverfahren anstelle des vereinfachten als förmliches durchgeführt werden soll. Auf die Mitsprache-und Beteiligungsrechte wird jedoch in Kap. VI.E. noch genauer eingegangen, insbesondere wie sich diese im grenzüberschreitenden Rahmen zeigen.

Die Voraussetzungen für die immissionsschutzrechtliche Genehmigung finden sich in § 6 BImSchG und gelten unabhängig davon, ob die Genehmigung im förmlichen oder vereinfachten Verfahren erteilt wird.[99] Es handelt sich hierbei um eine «gebundene Entscheidung» und keinen Ermessensentscheid, d.h., sobald die formellen und materiellen Voraussetzungen gegeben sind, muss die Genehmigung erteilt werden.[100] Im Rahmen dieser Arbeit wird jedoch nur auf die Voraussetzung aus § 6 Abs. 1 Nr. 2 BImSchG eingegangen, da sich diese auf die Konformität mit weiteren öffentlich-rechtlichen Normen bezieht. Durch diese Voraussetzung erhält die Genehmigung ihren, im Gegensatz zu der Schweiz, übergreifenden Charakter.[101] Für diese Arbeit fallen besonders die bauplanungsrechtlichen Anforderungen ins Gewicht. In den folgenden Kapiteln werden diese daher genauer aufgezeigt.

B. Bauplanungsrecht

Wie auch in der Schweiz, liegt die Planungshoheit bei den Kommunen, da der Bund nur eine Rahmenkompetenz besitzt, obschon er die höchste hierarchische Stufe darstellt. Ebenfalls identisch wie in der Schweiz gilt auch in Deutschland das Prinzip, je weiter unten (hierarchisch gesehen) sich ein Plan auf der Pyramide befindet, desto detaillierter ist er. Daher ist die Raumplanung auf Bundesebene –

---

[98] AGATZ, S. 12.
[99] BImSchG Komm.-JARASS, § 6, BImschG, Rz. 1
[100] *Ibidem*, Rz. 45.
[101] *Ibidem*, Rz. 23.

die Bundesraumordnung- die abstrakteste Planungsebene. Auf dieser Ebene werden die grundsätzlichen Richtlinien für die Raumordnung festgelegt, welche jedoch kein verbindliches Planwerk darstellen.[102] Auf Landesebene werden eben diese Ziele und Grundsätze, sowie darüber hinausgehende, detaillierte, Leitlinien in den Landesentwicklungsplan aufgenommen. [103] Die Regionalplanung wiederum konkretisiert die Vorgaben der Landesentwicklungsplanung. Gleichzeitig werden Planungen und Wünsche der Kommunen berücksichtig – oftmals bilden Vertreter der Kommunen die Regionalverbände-, wodurch eine fachübergreifende und überörtliche Planung und Koordination auf regionaler Ebene gelingt.[104] Die detaillierteste Planung findet sich, wie auch in der Schweiz, auf kommunaler Ebene. Die Kommunen haben eine gesetzliche Verpflichtung die Fläche «*für Entwicklung und andere Vorhaben zu steuern und zu kontrollieren*»[105] welche sie mittels der Bauleitplanung umsetzen.

Die kommunale Bauleitplanung ist zweistufig und besteht auf erster Stufe aus dem Flächennutzungsplan, welcher die Art der baulichen Nutzung für das gesamte Gemeindegebiet definiert und nur für die Behörden verbindlich ist. Auf zweiter Stufe befindet sich der Bebauungsplan. Dieser ist rechts-und allgemeinverbindlich und regelt, jeweils für Teilflächen der Gemeinde, die Art und das Mass der baulichen Nutzung.

C. Planungsrechtliche Steuerung

Für Windanlagen über 50m Gesamthöhe bedarf es einer Genehmigung nach dem BImSchG.[106] Gemäss § 6 Abs. 1 Nr. 2 wird eine Genehmigung erteilt, wenn keine anderen öffentlich-rechtlichen Vorschriften der Errichtung und dem Betrieb der Anlage entgegenstehen. Das Planungsrecht ist für den Bau von WEA daher von besonderer Bedeutung, da mittels der planungsrechtlichen Steuerung von der Privilegierung für WEA, welche sich in § 35 BauGB finden lässt, abgewichen werden kann.[107] Gemäss § 35 Abs. 1 Nr. 5 BauGB gehören WEA zu den im Aussenbereich privilegierten Vorhaben was zur Folge hat, dass sie bauplanungsrechtlich grundsätzlich zulässig sind. Derselbe Paragraph legt jedoch in Abs. 3 auch die Rechtsgrundlage für die Steuerung durch Regional- oder Flächennutzungspläne

---

[102] ELGENDY/NOLLET/SCHOLL, S. 23.
[103] *Ibidem*, S. 26.
[104] *Ibidem*.
[105] *Ibidem*, S. 28.
[106] Vgl. Anhang 1 Ziff. 1.6 4. BImSchV.
[107] AGATZ, S. 325.

vor, welche mittels Regional-oder Flächennutzungspläne auf sog. Konzentrationszonen beschränkt werden können.[108] Da die Flächennutzungspläne den Vorgaben der Regionalplanung angepasst sein müssen, muss eine Gemeinde welche Windenergiekonzentrationszonen ausweist, die in den Regionalplänen ausgewiesenen Flächen übernehmen. [109]

Eine Ausweisung von Windenergiekonzentrationszonen bezweckt, dass diese ausserhalb der festgelegten Gebiete nicht mehr zulässig sind- sie dient somit dem Gegenteil der normalen Bauleitplanung, welche grundsätzlich die Grundlage für die Zulässigkeit unzulässiger Anlagen schafft.[110] Das Baurecht ausserhalb der festgelegten Zone wird somit ausgeschlossen, der Plan trifft jedoch keine Entscheidung über die Zulässigkeit von WEA innerhalb der Zonen – hierfür ist das Genehmigungsverfahren zuständig.

D. UVP-Pflicht

Bedarf die Anlage zusätzlich einer UVP, wie das bei WEA ab einer Anzahl von 20 Pflicht ist, so ist die Auswirkung bei der Erteilung der Genehmigung zu beachten.[111] Die Berücksichtigung muss jedoch im Rahmen der Anforderungen des BImSchG erfolgen, da die Anforderungen des UVPG in materieller Hinsicht nicht höher gestellt sind als die de BImSchG, da dieses auch den integrierten Umweltschutz rechtlich verankert hat.[112] Wie bereits Anfangs erwähnt, ist in der Anlage 1 UVPG von *Windfarmen* die Rede, was die Zusammenfassung einzelner WEA voraussetzt. Hier stellen sich rechtlich zwei bedeutende Fragen, nämlich die des räumlichen Zusammenhangs und die des Betreiberbezugs.[113]

Im Jahr 2003 hat das BVerwG in einem Grundsatzurteil definiert, dass Windfarmen nicht erst durch Kumulation einzelner Vorhaben entstehen, sondern von vorn herein als Mehrheit von WEA definiert ist und als eigenes Vorhaben im Sinne des UVPG gilt, bei dem jedoch keine Betreiberidentität verlangt ist.[114] Durch das Wegfallen des Betreiberbezugs (welcher für WEA-Gruppen im Sinne des BImSchG verlang ist) entstand eine grosse Diskrepanz zwischen dem Antragsgegenstand im Genehmigungsverfahren und der Windfarm im Sinne des UVPG, obschon die UVP

---

[108] *Ibidem.*
[109] AGATZ, S. 327.
[110] *Ibidem*, S. 328.
[111] BImSchG Komm.-JARASS, § 10 BImSchG Rz. 121.
[112] *Ibidem.*
[113] AGATZ, S. 28.
[114] BVerwG 4 C 9.03.30.06.2004.

kein selbständiges Verfahren sondern selbst Verfahrensbestandteil des BImSchG-Verfahrens ist.[115] Besondere Relevanz hat dies für die Fälle, bei denen es um den Zubau von einzelnen Anlagen geht.

Gemäss § 2 Abs. 5 UVPG sind Windfarmen drei oder mehr WEA, deren Einwirkungsbereich sich überschneide und die in einem funktionalen Zusammenhang stehen. Ist eines dieser Kriterien nicht erfüllt, so ist die betroffene WEA automatisch kein Teil der Windfarm und fällt somit auch nicht unter das UVPG, und darf auch nicht hinzugezählt werden.[116]

E. Mitspracherechte

Wie bereits im Kap. IV.B.2. erwähnt, wurden die allgemeinen Verfahrensbeteiligungsrechte im Umweltschutz weiter verstärkt.[117] Je nach Fachgebiet kommen der Öffentlichkeit durch das jeweilige Verfahren mehr oder weniger Mitspracherechte zu. Im Unterschied zu der Schweiz bspw. kennt einzig das förmliche Immissionsschutzgenehmigungsverfahren die Öffentlichkeitsbeteiligung.[118] Wann welches Verfahren greift, entscheidet sich nach der BImSchV resp. nach der 1. Anlage des UVPG. Hier kommt die anfangs bereits angesprochene Diskrepanz der Begriffe WEA-Gruppe und Windfarm zutragen, Gemäss Ziff. 1. 6 der 4. BImSchV fallen WEA-Gruppen mit 20 und mehr WEA-Anlagen *(mit Betreiberbezug)* in das förmliche, darunter in das vereinfachte Verfahren. Als Betreiber gilt derjenige, welcher die tatsächliche Sachherrschaft über die WEA-Anlage hat, dieser kann eine natürliche oder juristische Person sein.[119] Für die Feststellung, ob eine Betreibereinheit vorliegt, kann sich an der Definition aus Ziff. 3. 2 Abs. 2 VV 4. BImSchV orientiert werden. Liegt zwischen mehreren Betreibern keine Gesellschaft vor, so ist die Einheit klar auszuschliessen, liegt zwischen den einzelnen Personen ein Abhängigkeitsverhältnis, so muss ausfindig gemacht werden, ob die beherrschende Person allenfalls unter den Betreiberbegriff fallen könnte.[120] Grundsätzlich lässt sich sagen, dass WEA dann zusammengefasst werden können, wenn sie von einem einheitlichen Betreiber geführt werden und sie «sich innerhalb derselben bauleitplanerisch ausgewiesenen Fläche befinden oder sich die

---

[115] AGATZ, S. 29.
[116] AGATZ, S. 30.
[117] S. https://www.umweltbundesamt.de/themen/nachhaltigkeit-strategien-internationales/umweltrecht/beteiligungsrechte (Abruf am 03.04.2022)
[118] AGATZ, S. 64.
[119] *Ibidem*, S. 8.
[120] Vgl. *Ibidem*, S. 9 ff. für weitere Ausführungen zu detaillierten Abgrenzungsfragen.

Einwirkungsbereiche in Bezug auf die Schutzgüter des § 1 BImSchG überschneiden».[121] Windparks mit über 20 WEA sind jedoch eher eine Seltenheit, wodurch die meisten in das vereinfachte Genehmigungsverfahren fallen. Ist eine Windfarm[122] (im Sinne des UVPG *ohne Betreiberbezug*) UVP-pflichtig, so fällt sie automatisch ins förmliche Verfahren.[123] Es kommt jedoch häufig vor, dass Betreiber freiwillig in das förmliche Verfahren wechseln, um spätere allfällige Klagen zu verhindern.[124]

Wird eine Genehmigung im förmlichen Verfahren erteilt, muss die zuständige Behörde gemäss § 10 Abs. 3 BImSchG i.V.m § 10 Abs. 1 9. BImSchV die Antragsunterlagen, nachdem der Antrag im Amtsblatt oder Internet veröffentlich worden ist, einen Monat lang bei der Genehmigungsbehörde und der Standortgemeinde öffentlich auflegen. Ist die Anlage UVP-pflichtig, so müssen die Unterlagen ggfls. auch noch bei weiteren betroffenen Gemeinden aufgelegt werden.[125] Die Unterlagen enthalten Angaben über die Auswirkungen auf Allgemeinheit und Nachbarschaft. Es handelt sich hierbei um eine «Jedermann-Beteiligung», d.h. dass nicht nur jedermann Einsicht erhalten kann, sondern auch Einwendungen erheben kann. Eine Besonderheit ergibt sich noch für förmliche Verfahren, welche eine UVP-Pflicht vorsehen- hier gilt eine gesetzlich vorgeschriebene Einwendungsfrist von einem Monat und die Vorhaben und erteilten Genehmigungen müssen zusätzlich im UVP-Portal des Landes bekannt gemacht werden.[126]

Wie auch in der Schweiz haben anerkannte Umweltvereinigungen (vgl. § 3 UmwRG) ein Mitspracherecht, obschon dies nicht explizit im BImSchG normiert wurde. Gemäss einem Urteil des OVG Münster jedoch sind Umweltverbände als Teil der Öffentlichkeit anzusehen, womit auch für diese – wie in der Schweiz – die Präklusionswirkung eintritt im Fall verspäteter Einwendung.[127]

1. Grenzüberschreitende Öffentlichkeitsbeteiligung

Grundsätzlich gilt auch im Bereich des Genehmigungsverfahren das Territorialitätsprinzip, d.h das auf WEA welche auf deutschem Boden stehen nur das deutsche Recht angewandt werden darf, resp. dessen Rechtsbehelfe. Das Terri-

---

[121] *Ibidem*, S. 10.
[122] Vgl. VI.D.
[123] AGATZ, S. 12.
[124] *Ibidem*.
[125] *Ibidem*. S. 64.
[126] *Ibidem*, 65.
[127] OVG Münster 8 D 10/08.AK.

torialitätsprinzip bedeutet jedoch nicht, dass die betroffene Öffentlichkeit aus grenznahen Staaten keinen Rechtsschutz hat. Im Ausland wohnende Nachbarn haben also den sich aus deutschem Recht ergebenden Schutzanspruch in Genehmigungsverfahren.[128]

In gewissen Rechtsbereichen ist jedoch auch eine grenzüberschreitende Informationspflicht resp. Beteiligungsrechte gesetzlich normiert. So sind bspw. Gemäss § 11a 9. BImSchV in Nachbarstaaten lebende Personen und Behörden zu informieren und haben ein Recht auf Stellungnahme sofern diese Anlagen im Nachbarstaat umweltrechtliche Auswirkungen haben.[129] Ähnlich sieht es das UVPG in § 56 vor in Bezug auf die Öffentlichkeitsbeteiligung bei der UVP deutscher Anlagen mit Auswirkungen auf das Ausland. Das Pendant zur grenzüberschreitenden Öffentlichkeitsbeteiligung für den Fall, dass Deutschland der betroffene Nachbarstaat ist, findet sich in § 58 UVPG.

VII. Grenzüberschreitende Zusammenarbeit

Bei der Planung von Windenergieanlagen ist eine grenzüberschreitende Betrachtungsweise und die Zusammenarbeit zwischen den Nachbarländern, im vorliegenden Fall zwischen den Grenzkantonen und Grenzbundesländern unabdingbar. Dies insbesondere im Hinblick darauf, dass zurzeit in der Grenzregion Schaffhausen und Baden-Württemberg zahlreiche Windparks bereits existierten oder geplant sind. Nachfolgend werden die massgebenden Abkommen und die im jeweiligen Landesrecht normierte grenzüberschreitende Zusammenarbeit thematisiert.

A. Aarhus-Konvention

Die Aarhus-Konvention wurde 1998 beschlossen, um die Beteiligung der Zivilgesellschaft im Umweltschutz zu stärken und ist die erste internationale Vereinbarung, dank derer jede Person Rechte im Umweltschutz erhält.[130] Sie regelt jedoch, im Gegensatz zur Espoo-Konvention, keine grenzüberschreitenden Fragen, sondern gibt den Vertragsstaaten Mindestvorgaben für das jeweilige Landesrecht.

---

[128] OVG Münster 8 A 2016/11 vom 29.01.13.
[129] JARASS, Probleme, S. 643.
[130] BEYER et. al, S. 7.

Im ersten Artikel der Konvention werden gerade diese Ziele genannt, namentlich, dass jede Vertragspartei das Recht auf Zugang zu Informationen, Öffentlichkeitsbeteiligung an Entscheidungsverfahren und auf Zugang zu Gerichten in Umweltangelegenheiten gewährleistet.[131] Dies sind auch die «drei Säulen» oder auch Mindeststandards, welche die Konvention den Vertragsstaaten vorgibt, wobei über den self-executing Charakter der Aarhus-Konvention das jeweilige Landesrecht entscheidet. Im Folgenden werden nun die drei Säulen im Zusammenhang mit der Windenergie aufgezeigt.

1. Zugang zu Umweltinformationen

Der Zugang zu Informationen ist besonders wichtig und der Grundstein, um spätere Mitwirkungsrechte effizient ausüben zu können. Daher hat grundsätzlich jedermann, ohne eine besondere Rechtfertigung oder eines besonderen Interesses das Recht auf Zugang zu Informationen. Unter den Begriff der Umweltinformation fällt praktisch jede Information mit Umweltbezug, das deutsche Umweltinformationsgesetz führt in einer Liste eine genauere Definition auf, was alles darunterfällt.[132] Verfügt die beantragte Stelle nicht über die Informationen, so muss sie den Antrag an die kompetente Stelle weiterreichen und die antragsstellende Person darüber unterrichtet werden oder ihr muss zumindest mitgeteilt werden, wo sie die verlangten Informationen erhalten kann.[133] Es gilt jedoch zu beachten, dass die aus der Aarhus-Konvention abgeleitete Informationspflicht nur die Herausgabe der Informationen umfasst, nicht jedoch deren Beschaffung oder Anfertigung neuer Datensätze. Sind solche also nicht vorhanden, besteht kein Anspruch.[134] Das Abkommen verpflichtet die Vertragsstaaten aber sicherzustellen, dass informationspflichtige Stellen aktuelle Umweltdaten haben. Zudem müssen die informationspflichtigen Stellen die Bevölkerung auch proaktiv und systematisch über die Umwelt informieren.

Bezüglich der Form gibt es keine Vorschriften, inhaltlich muss der Antrag jedoch hinreichend genau erkennen lassen, nach welchen Informationen gefragt wird. Ist der Antrag zu ungenau, so kann die antragstellende Person innert Monatsfrist, nach Mitteilung über den mangelhaften Antrag, diesen genauer fassen. Hierbei muss die informationspflichtige Stelle auch behilflich sein.[135]

---

[131] Vgl. Art. 1 Aarhus-Konvention.
[132] Vgl. Art. 2 Abs. 3 UIG.
[133] BEYER et. al, S. 13.
[134] *Ibidem*.
[135] *Ibidem*.

Beim Informationsanspruch handelt es sich jedoch nicht um ein absolutes Recht, unter bestimmten Voraussetzungen darf der Anspruch auch abgelehnt werden. Diese Bedingungen bedürfen jedoch einer gesetzlichen Grundlage und müssen genau definiert sein.[136] Mögliche Gründe für eine Ablehnung können bspw. das Nichtvorhandensein einer Information, unbestimmte (trotz Nachbesserungsfrist) oder offensichtlich missbräuchliche Anträge sein oder dass die Bekanntgabe nachteilige Auswirkungen auf internationale Beziehungen etc. hätte.[137] Das alleinige Vorliegen eines solchen Grundes berechtigt die informationspflichtige Stelle jedoch noch nicht zu Ablehnung, zuerst muss die Behörde eine Interessenabwägung zwischen dem Grund und dem öffentlichen Interesse an der Herausgabe Information und den durch den Ablehnungsgrund geschützten Rechten vornehmen. Diese Abwägung muss dann auch im Ablehnungsentscheid entsprechend begründet werden. Anträge, welche sich auf Auskünfte im Bezug auf Emissionen beziehen, sind hierbei besonders geschützt, diese Anträge dürfen nicht aufgrund von personenbezogenen Daten oder der Gefahr der Offenlegung von Betriebs- oder Geschäftsgeheimnissen abgelehnt werden. Gegen einen allfälligen Ablehnungsentscheid kann die antragstellende Person verwaltungsintern mittels Einspruch und später über den gerichtlichen Weg vorgehen.[138]

2. Öffentlichkeitsbeteiligung

Die zweite Säule der Aarhus-Konvention bildet die Beteiligung der Öffentlichkeit an umweltrelevanten Tätigkeiten.[139] Unter solche Tätigkeiten fallen unter Anderem auch die Zulassungen für Windfarmen.[140] Die betroffene Öffentlichkeit soll demnach über die Planung, das Vorhaben und ihre Mitwirkungsrechte informiert werden. Sind persönliche Interessen betroffen, so sind diese Personen auch darüber zu unterrichten, wie über die Zulassung des Vorhabens entschieden wurde und wie sie sich einbringen können. Die Öffentlichkeit soll zudem auch die Möglichkeit haben Stellungnahmen abzugeben, welche in den Entscheid einfliessen sollen.

Wie bereits in den Kap. VI. ff. erörtert, setzt das BImSchG in seinem Anlagezulassungsverfahren diese Anforderungen um. Die Öffentlichkeit soll jedoch nicht nur bei einzelnen Vorhaben miteinbezogen werden, vielmehr sollen ihre Anliegen

---

[136] *Ibidem.* S. 14.
[137] Vgl. § 8 u. § 9 UIG.
[138] BEYER et al., S. 16.
[139] Vgl. Art. 6 Aarhus-Konvention.
[140] BEYER et al., S. 22.

auch bei der Ausarbeitung von umweltbezogenen Plänen und Programmen miteinbezogen werden, da viele Entscheidungen, die für die spätere Zulassung von Bedeutung sind, bereits im Vorfeld bei der Entwicklung von Programmen und Plänen getroffen werden. Beispielhaft sind hierfür die Bebauungs-und Flächennutzungspläne, in denen wichtige Vorentscheide getroffen werden. So kann die Gemeinde in ihrer Planung Konzentrationszonen für WEA erlassen und somit die grundsätzliche Privilegierung aufheben. Daher wird bei der Erstellung von Bebauungsplänen die Öffentlichkeit frühzeitig über die allgemeinen Ziele und den Zweck der Planung informiert. Zu diesen Ideen kann sich die Öffentlichkeit äussern und je nachdem werden die Unterlagen daraufhin überarbeitet. Zu diesen überarbeiteten Plänen hat die Öffentlichkeit erneut Gelegenheit sich zu äussern.[141]

Als Letztes regelt die Aarhus-Konvention auch noch die Berücksichtigung der Stellungnahmen der Öffentlichkeit in Bezug auf den Erlass allgemeiner Bestimmungen durch Behörden, welche erhebliche Auswirkungen auf die Umwelt haben können.[142]

3. Zugang zu Gerichten

Nachdem die erste und zweite Säule die Grundpfeiler für die Informationen und Beteiligungsrechte gesetzt haben (also das «Was?»), beantwortet und regelt die dritte Säule der Aarhus-Konvention sämtliche Fragen in Bezug auf das «Wie?». Dabei verfolgt sie im Wesentlichen zwei Ziele: die Einhaltung der Bestimmungen der ersten beiden Säulen (durch die Garantie, dass man die Informationsrechte auch gerichtlich durchsetzen kann) und dem besseren Vollzug des Umweltrechts, indem Bürgerinnen und Bürger, sowie anerkannte Umweltvereinigungen, umweltrelevante Handlungen und Unterlassungen von Behörden und Privaten gerichtlich überprüfen lassen können.[143]

B. Espoo-Konvention

Die Espoo-Konvention wurde am 25. Februar 1991 zur Förderung der Zusammenarbeit bei der Umweltverträglichkeitsprüfung im grenzüberschreitenden Rahmen in der finnischen Stadt Espoo abgeschlossen. Es soll eine Rechtsgrundlage für das grenzüberschreitende Informations-, Konsultations- und Mitwirkungsverfahren

---

[141] *Ibidem*, 26.
[142] *Ibidem*, 29.
[143] *Ibidem*.

betreffend der Bewilligung von Analgen, welche voraussichtlich erhebliche grenzüberschreitende Auswirkungen haben, bilden.[144] Bei welchen Vorhaben die Konvention zur Anwendung gelangt, ist in Anhang 1 der Konvention aufgeführt. Gemäss Anh. 1 Abs. 22 Espoo-Konvention fallen auch grössere Anlagen zur Windenergienutzung zur Stromerzeugung (Windfarmen) in den Anwendungsbereich der Konvention. Die Espoo-Konvention stellt in Art. 2 Abs. 2 i.V.m. Ang. 1 gewisse Anforderungen an die UVP der Ursprungspartei und statuiert in Abs. 3, dass diese Anforderungen erfüllt werden müssen, bevor über die Genehmigung eines in Anh. I aufgelisteten Vorhaben entscheiden wird. Weiter muss nach Art. 2 Abs. 4 betroffene Partei über das Vorhaben in Kenntnis gesetzt werden. Es handelt sich somit um eine geregelte Informationspflicht. Zeitpunkt der Benachrichtigung ist gemäss Art. 3 Abs. 1 spätestens im Moment der Information der eigenen Öffentlichkeit über das Vorhaben.

Neben Informationspflichten regelt die Espoo-Konvention auch die Möglichkeiten der grenzüberschreitenden Mitwirkung. Die Öffentlichkeit der Ursprungspartei, sowie jene der betroffenen Partei erhalten Art. 2 Ziff. 6 zufolge die Möglichkeit bei den Vorhaben an den jeweiligen Verfahren zur UVP teilzuhaben. Die Definition von Öffentlichkeit ist in Art. 1 Abs. 10 Espoo-Konvention normiert. Weiter steht der betroffenen Partei nach Art. 3 Ziff. 3 Espoo-Konvention die Möglichkeit offen, am Verfahren der UVP mitzuwirken. Bejaht die betroffene Partei eine solche Mitwirkung entstehen in Art. 3 Ziff. 5 und 6 Espoo-Konvention normierte grenzüberschreitende Pflichten zur Zusammenarbeit der beiden Parteien. Darunter fallen die Übermittlung von Informationen von der Ursprungspartei an die betroffene Partei (Ziff. 5) und vice versa (Ziff. 6). Auch das Resultat der UVP wird gemäss Art. 4 Abs. 2 Espoo-Konvention an die betroffene Partei übermittelt, worauf Beratungen zwischen den Parteien nach Art. 5 Espoo-Konvention folgen, bevor abschliessend die Ursprungspartei endgültig über das Vorhaben entscheidet. Schlussendlich ist in Art. 6 Abs. 2 Espoo-Konvention vorgesehen, dass auch die endgültige Entscheidung der betroffenen Partei übermittelt wird.

1. Umsetzung im Schweizer Recht

Da nach schweizerischem Recht keine konträr dazu lautenden Bestimmungen existieren ist die Espoo-Konvention im zwischenstaatlichen Verkehr unmittelbar anwendbar.[145] Die Ausübung von Rechten und Pflichten nach der Espoo-Konvention bei Vorhaben mit grenzüberschreitender Auswirkung sind auch in Art. 6a

---

[144] BBl 1995 IV 397, S. 398.
[145] BBl 1995 IV 397, S. 398 ff.

UVPV normiert.¹⁴⁶ Zudem wird dadurch geregelt, welche Behörden in der Schweiz für Angelegenheiten im Rahmen der Konvention zuständig sind.¹⁴⁷

Neben der Espoo-Konvention und deren Präzisierung durch Art. 6a UVPV werden die Grenzkantone in der Schweiz in Art. 7 Abs. 3 RPG dazu angehalten, die Zusammenarbeit mit den regionalen Behörden des benachbarten Auslands zu suchen, sofern sich ihre Massnahmen grenzüberschreitend auswirken können. Diese Bestimmung bindet als Landesrecht aber allein die inländischen Behörden.¹⁴⁸ Diese Pflicht trifft auch der Bund, soweit sein Vorhaben raumwirksam ist, grenzüberschreitende Auswirkungen hat und nicht durch den örtlich betroffenen Kanton im Rahmen seiner Richtplanung aufgegriffen wird.¹⁴⁹ Es wird lediglich die «Suche» der Zusammenarbeit postuliert. Somit müssen die Grenzkantone das benachbarte Ausland über ihre raumwirksamen Tätigkeiten informieren, es zu Planentwürfen konsultieren und ihm die aktive Mitarbeit an gemeinsamen Lösungen anbieten.¹⁵⁰ Die ausländischen Behörden haben Anspruch auf die Erfüllung dieser Pflichten. Ob und inwieweit sie vom Angebot der Kooperation Gebrauch machen wollen, steht ihnen jedoch frei.

Weiter ist die Erfassung von grenzüberschreitenden Umweltbelastungen laut Bundesgericht eine aus dem völkerrechtlichen Gewohnheitsrecht entspringende Pflicht. Dies in Anbetracht des Grundsatzes, dass kein Staat auf seinem Territorium Aktivitäten vornehmen, dulden oder fördern darf, die auf dem Gebiet eines Nachbarstaates zu erheblichen Beeinträchtigungen der Umwelt führen würde.¹⁵¹

2. Umsetzung im deutschen Recht

Im deutschen Recht wurden die Anforderung der Espoo-Konvention im 1. Abschnitt des 5. Teils des UVPG übernommen.¹⁵² Dieser beginnt mit § 54 UVPG, welcher die Benachrichtigungspflicht eines anderen Staates regelt, für den Fall, dass ein UVP-pflichtiges Vorhaben erhebliche grenzüberschreitende Umweltauswirkungen haben kann oder wenn ein anderer Staat um Benachrichtigung ersucht. Eine solche Benachrichtigung dient der Klärung der Frage, ob eine grenzüber-

---

146   Kommentar USG-GRIFFEL/RAUSCH, Vorbem- zu Art. 10a–10d USG N 17.
147   EPINEY/FRUGER/HEUCK, S. 35.; UVP-Handbuch, Modul 1, S. 6.
148   Praxiskommentar RPG: Richt- und Sachplanung, Art. 7 RPG N 30, S. 221.
149   Praxiskommentar RPG: Richt- und Sachplanung, Art. 7 RPG N 34, S. 222 f.
150   Praxiskommentar RPG: Richt- und Sachplanung, Art. 7 RPG N 30, S. 221.
151   BGE 124 II 293, E. 18c.
152   Komm. Umweltrecht-ROHMER/VON LANDMANN, § 54 UVPG Rz. 2.

schreitende UVP durchgeführt werden muss. Wichtig ist es hier hervorzuheben, dass es sich in § 54 lediglich um eine *Benachrichtigungspflicht*, nicht aber um eine *Beteiligungspflicht* handelt. Eine solche entsteht gemäss § 54 Abs. 5 erst dann, wenn vom benachbarten Staat eine solche gewünscht wird. Für den Fall einer Beteiligungspflicht regeln die § 55–57 in welchem Masse diese zu erfolgen hat, des Weiteren gelten die allgemeinen Verfahrensregeln des UVPG (insb. Bzgl. Datenschutz und Geheimhaltung).[153] Gemäss § 55 UVPG gibt es drei Arten von Informationen, welche bei inländischen Vorhaben an den benachbarten Staat zuzuleiten sind: der Inhalt der Bekanntmachung, der UVP-Bericht und sonstige entscheidungserhebliche Berichte und Empfehlungen nach § 19 Abs. 1. Der andere Staat ist zudem über die Dauer des Genehmigungsverfahren zu unterrichten und ihm ist durch die zuständige deutsche Behörde eine Frist zur Stellungnahme anzusetzen, welche mindestens derer entspricht, die den deutschen beteiligten Behörden angesetzt wurde.[154]

Weiter unterscheidet das UVPG im Bereich der grenzüberschreitenden UVP in Beteiligungspflicht bei inländischen (vgl. § 55) und bei ausländischen Vorhaben (vgl. § 58 UVPG). Wenn die zuständige deutsche Behörde von einem ausländischen UVP-pflichtigen Vorhaben Benachrichtigung erhält, ersucht sie (sofern diese Angaben nicht bereits der Benachrichtigung beigefügt wurden) die zuständige Behörde des anderen Staates um die Beschreibung des Vorhabens und um Angaben dessen Umwelteinwirkungen in Deutschland.

C. Hürden und Lösungsansätze

Die Hauptschwierigkeiten bei der grenzüberschreitenden Zusammenarbeit liegen im Territorialitätsprinzip und den verschiedenen Auslegungen der Begriffe bspw. der Espoo-Konvention, insbesondere dann, wenn es um die Koordination der Verfahren geht. Windenergieanlagen stehen sehr oft in Grenznähe und so kann es vorkommen, dass einzelne Anlagen, welche nur 350 Meter voneinander entfernt sind, unter zwei komplett verschiedene Reglemente für Bau, Planung und Umweltrecht realisiert wurden. Die Idee, das Territorialitätsprinzip aufzuheben scheint unvorstellbar und wäre so auch nicht gewünscht. Im Rahmen der grenzüberschreitenden Zusammenarbeit bei Windparks wäre viel eher eine Aufweichung des Prinzips angezeigt, was überdies auch keine Neuheit wäre.

---

[153] Komm. Umweltrecht-ROHMER/VON LANDMANN, § 54 UVPG Rz. 4.
[154] Komm. Umweltrecht-ROHMER/VON LANDMANN, § 55 UVPG Rz. 1.

Der Vertrag von Aachen, welcher 2019 zwischen Deutschland und Frankreich geschlossen wurde setzt einen neuen Rahmen für dezentrale Zusammenarbeit.[155] Der Vertrag widmet sich im 4. Kapitel explizit der regionalen *und* grenzüberschreitenden Zusammenarbeit und bezieht sich dabei primär auf die Grenzregionen. Besonders interessant ist Art. 13 Abs. 2 des Vertrages. Dieser besagt, dass beide Staaten «unter Achtung der jeweiligen Verfassungsrechtlichen Regeln der beiden Staaten sowie im Rahmen des Rechts der Europäischen Union die Gebietskörperschaften der Grenzregionen [...] mit angemessenen Kompetenzen, zweckgerichteten Mitteln und beschleunigten Verfahren aus, um Hindernisse bei der Umsetzung grenzüberschreitender Vorhaben,[...] zu überwinden. Sofern kein anderes Instrument es ihnen ermöglicht, Hindernisse dieser Art zu überwinden, können auch angepasste Rechts- und Verwaltungsvorschriften einschließlich Ausnahmeregelungen vorgesehen werden. In diesem Fall kommt es beiden Staaten zu, einschlägige Rechtsvorschriften einzubringen.».[156] Es ist insbesondere der letzte Teil des zweiten Absatzes, welcher in der grenzüberschreitenden Zusammenarbeit eine Neuerscheinung ist, da er qualitativ neue Mechanismen in Aussicht stellt. Es wird daher auch von einer substanziellen Experimentierklausel gesprochen, welche faktisch zu einer Rechtsangleichung führen könnte.[157]

1. Grenzüberschreitendes Abkommen

In Anbetracht der grossen Unterschiede der Verfahrensgestaltung zwischen Deutschland und der Schweiz, könnte ein solches bilaterales Abkommen eine Hilfestellung bieten. Gemäss Art. 56 Abs. 1 BV dürfen die Kantone in ihren Zuständigkeitsbereichen mit dem Ausland Verträge schliessen, und man verweist somit auf die subsidiäre Generalkompetenz der Kantone aus Art. 3 BV.[158] Die Kantone haben insofern eine subsidiäre Kompetenz, als dass sie nur in den Bereichen Verträge schliessen können, in denen der Bund noch nicht selbst einen Vertrag geschlossen hat.[159] Wichtig wäre jedoch vor allem auch, dass dieses Abkommen zwischen allen Kantonen einheitlich ausgestaltet ist. Ein solches Abkommen könnte sich demnach an dem Vertrag von Achen orientieren. Es wäre zudem sinnvoll, mittels eines Abkommens Begriffe der Espoo-Konvention einheitlich auszulegen, da diese häufig sehr offen gestaltet sind. Vergleicht man dann die Unterschiede gerade im Bereich der UVP-Pflicht, welche in der Schweiz bereits ab

---

[155] MARCHETTI, S. 8.
[156] Vgl. Art. 13 Abs. 2 Vertrag von Aachen.
[157] MARCHETTI, S. 12 ff.
[158] BSK BV-HÄNNI/BORTER Rz. 8.
[159] BSK BV-HÄNNI/BORTER Rz. 9.

einer Anzahl von 3–5 WEA greift, während in Deutschland erst ab 20 WEA ein Vorhaben UVP-pflichtig ist, wäre es sicherlich sinnvoll, sich auf eine gemeinsame Auslegung der Espoo-Konvention im Bereich der Informationspflicht zu einigen.[160]

2. Pragmatisierung des Schweizer Rechts

Für die Realisierung eines Windenergieprojekts ist in der Schweiz zurzeit mit einem Zeithorizont von mindestens 10 Jahren zu rechnen. Dies ist im Anbetracht von der vom Hersteller versprochenen Laufzeit einer Windenergieanlage von ca. 25 Jahren eine überproportional lange Zeit. In Deutschland werden solche Projekte deutlich schneller realisiert. Dies liegt mitunter daran, dass eine Öffentlichkeitsbeteiligung erst ab 20 Anlagen vorgeschrieben ist.[161] Zur Förderung der Windenergie, wäre eine Verabschiedung eines grosszügigeren Schwellenwerts seitens des Bundesrats in der UVPV, jedoch kein effektives Mittel, da die Öffentlichkeitsbeteiligung in der Schweiz nicht von der UVP-Pflichtigkeit der Anlagen abhängig ist. Ein erster Ansatz wäre sicher eine genauere Normierung der (inländischen und grenzüberschreitenden) Rechtslage bezüglich Windenergieanlagen, so wie es im deutschen Recht vorzufinden ist. So wäre eine Präzisierung der aus der Espoo-Konvention resultierenden Pflichten, wie es das deutsche Recht in § 54 UVPG ff.[162] getan hat, sicherlich sinnvoll.

Ein weiteres Korrektiv könnte sich aus der Anpassung von Fristen ergeben. So könnte dem erhöhten Aufwand bei grenzüberschreitenden Verwaltungsabläufen Rechnung getragen werden, indem bei grenzüberschreitenden Vorhaben etwas längere Fristen gesetzt werden, wie sonst bei inländischen Vorhaben.[163] Dadurch könnte gegebenenfalls verhindert werden, dass im einen Land bereits sämtliche Stellungnahmen eingegangen und geprüft sind, während im anderen das Verfahren erst begonnen hat.

---

[160] Vgl. oben V.B.1. und IV.D.
[161] BImSchG Komm.-JARASS, § 10 BImSchG Rz. 121.
[162] Vgl. oben VII.B.2.
[163] Komm. Umweltrecht-ROHMER/VON LANDMANN, § 55 UVPG Rz. 1.

VIII. Fazit und Ausblick

Windenergie wird in der heutigen Zeit immer wichtiger. Die generelle politische und gesellschaftliche Akzeptanz hat dementsprechend in den letzten Jahren ebenfalls zugenommen, ist jedoch – wenn man die vielen Einsprachen sieht- noch lange nicht an einem Punkt, von dem man sagen kann, dass Windenergie als erneuerbare Energiequelle bei der Bevölkerung angekommen ist. Im Zuge dieser Arbeit wurden die bau- und planungsrechtlichen Details eines Windparks in den Ländern Deutschland (und dem Bundesland Baden-Württemberg) und Schweiz (und dem Kanton Schaffhausen) aufgezeigt und verglichen. Hier lassen sich auf den ersten Blick riesige Unterschiede feststellen. Im deutschen Umweltrecht haben Windenergieanlagen schon länger eigens für sie zugeschnittene Normen während in der Schweiz alles über das allgemeine Baubewilligungsverfahren oder die Sondernutzungsplanung läuft. Auch gehen in Deutschland die Verfahren tendenziell schneller voran, da ein förmliches Verfahren erst ab 20 WEA eintritt und im vereinfachten Verfahren keine Öffentlichkeitsbeteiligung möglich ist. Hierüber lässt sich natürlich streiten, ob es effektiv die gesellschaftliche Akzeptanz in Deutschland ist, welche den Bau von WEA vorantreibt, oder einfach die fehlende Möglichkeit der Beteiligung. Auf gesetzlicher Ebene jedenfalls, und somit auch ein Zeichen der politischen Akzeptanz, erfahren die Windenergieanlagen bauplanungsrechtlich eine Privilegierung in Form einer Art Negativplanung. Ein solcher Schritt wäre grundsätzlich auch in der Schweiz wünschenswert, da es die Verfahren verkürzen könnte, indem einige Einsprachemöglichkeiten, und die damit verbundene mögliche jahrelange Blockierung einer Bewilligung, wegfallen würden.

Hier zeigt sich auch bereits die Hauptschwierigkeit der grenzüberschreitenden Zusammenarbeit auf, nämlich die der Verfahrenskoordination. Zwar kennen die jeweiligen Länder verwaltungsrechtliche Normen, welche die inländischen Verfahren koordinieren – grenzüberschreitend wird es jedoch häufig komplexer. So läuft ein und dasselbe Verfahren zweimal, bspw. wenn es um Stellungnahmen und Einsprachen eines Bauvorhabens in Grenznähe geht. Diese Verfahren haben jeweils andere Fristen, andere Gestaltungsmöglichkeiten und spielen sich in anderen Akzeptanzräumen ab. In der Schweiz wird daher mit ca. 10 Jahren gerechnet, bis eine Genehmigung steht – in Deutschland mit etwa 3 Jahren. Hinzu kommt noch das Territorialitätsprinzip, welches sich nur sehr schwer aufweichen lässt. Hier kämen einzig bilaterale Lösungen in Frage. So könnten wir uns als potenziellen Lösungsansatz grenzüberschreitende Abkommen zwischen den Ländern sowie zwischen den Bundesländern und Kantonen vorstellen, in denen Begriffe der Espoo-Konvention einheitlich ausgelegt und die Verfahren stärker koordiniert werden. Ein solches Abkommen wäre trotz der, aufgrund des Windpotentials limitierten

Anzahl von Windenergiestandorten eine sinnvolle Lösung, da Windenergie sicherlich im Zuge der Energiewende ausgebaut wird und bestehende Windparks eine auf ca. 25 Jahre limitierte Laufzeit haben, bevor sie ersetzt oder abgebaut werden müssen. Eine periodische Anwendung des Abkommens wäre somit garantiert.

Literaturverzeichnis

Aemisegger Heinz/Moor Pierre/Ruch Alexander/Tschannen Pierre, Praxiskommentar RPG: Richt- und Sachplanung, Interessenabwägung, Zürich 2019 (zit. Praxiskommentar RPG: Richt- und Sachplanung).

Aemisegger Heinz/Moor Pierre/Ruch Alexander/Tschannen Pierre, Praxiskommentar RPG: Baubewilligung, Rechtsschutz und Verfahren, Zürich 2020 (zit. Praxiskommentar RPG: Baubewilligung).

Aemisegger Heinz/Moor Pierre/Ruch Alexander/Tschannen Pierre, Praxiskommentar RPG: Nutzungsplanung, Zürich 2016 (zit. Praxiskommentar RPG: Nutzungsplanung).

Agatz Monika, Windenergie Handbuch, 18. A., Gelsenkirchen, 2020.

BAFU: UVP-Handbuch, Richtlinie des Bundes für die Umweltverträglichkeitsprüfung, Bern 2009 (zit. UVP-Handbuch), Art. 10b Abs. 2 USG und Art. 10 Abs. 1 UVPV.

BAFU: Vollzugshilfe Rodungen und Rodungsgesetz, Voraussetzungen zu Zweckentfremdung von Waldareal und Regelung des Ersatzes, Bern 2014 (zit. Vollzugshilfe Rodungen und Rodungsgesetz).

Beyer Peter/Charlier Isabelle/Lamfried Daniel/Mutert Tina, in: Umweltbundesamt (Hrsg.), Beteiligungsrechte im Umweltschutz, Was bringt Ihnen die Aarhus-Konvention?, Dessau-Rosslau 2018.

BFE: Energiestrategie 2050: Chronologie vom 18.01.2018 (zit. Energiestrategie 2050).

Biaggini Giovanni, Bundesverfassung der Schweizerischen Eidgenossenschaft, Kommentar, 2. A., Zürich 2017.

BSK BV-Biaggini, in: Waldmann Bernhard/Belser Eva Maria/Epiney Astrid (Hrsg.), Bundesverfassung, Basler Kommentar, Basel 2015 (zit. BSK BV-Verfasser), Art. 3 BV.

Cousse Julia/Wüstenhagen Rolf/Schneider Nina, Mixed feelings on wind energy: Affective imagery and local concern driving social acceptance in Switzerland, St. Gallen 2020 (zit. Mixed feelings on wind energy).

EJPD: Der kantonale Richtplan, Leitfaden für die Richtplanung, Richtlinien nach Art. 8 RPV, Bern 1997 (zit. Leitfaden Richtplanung).

Elgendy Harry/Nollet Markus/Scholl Bernd, in: Schriftenreihe des Instituts für Städtebau und Landesplanung (Hrsg.), Raumplanung in Deutschland- formeller Aufbau und zukünftige Aufgaben, Band 35, Universität Karlsruhe (TH), Karlsruhe 2007.

Epiney Astrid/Fruger David/Heuck Jennifer, «Umweltplanungsrecht» in der Europäischen Union und Implikationen für das schweizerische Recht, Zu den Vorgaben des EU-Rechts in den Bereichen UVP, SUP, IVU, Gewässer- und Naturschutz und dem Anpassungsbedarf des schweizerischen Umweltrechts im Falle der Verbindlichkeit des einschlägigen EU-Rechts, Zürich 2001.

CR-BV Favre in: Martenet Vincent/Dubey Jaques (Hrsg.),Constitution fédérale, Commentaire romand, (zit. CR-BV-Verfasser) Art. 75, Basel 2021.

Griffel Alain/Rausch Heribert, Kommentar zum Umweltschutzgesetz, Ergänzungsband zur 2. Auflage, Zürich 2011 (zit. Kommentar USG-Griffel/Rausch) Vorbem. zu Art. 10a–10d USG N 17.

Griffel Alain/Liniger Hans u./Rausch Heribert/Thurnherr Daniela, Fachhandbuch öffentliches Baurecht, Expertenwissen für die Praxis, Zürich 2016.

Jarass Hans D., Bundesimmissionsschutzgesetz: BImSchG Kommentar, 13. A., München 2020 (zit. BImSchG Komm.-Jarass), § 6 ff. BImSchG.

Jarass Hans D., Probleme der extraterritorialen Geltung verwaltungsrechtlicher Gesetze am Beispiel des neuen Geldwäschegesetzes in: Aebele Roland (Hrsg.) Recht der internationalen Wirtschaft, RIW 2017, Frankfurt a.M 2017.

Kanton Schaffhausen, Leitfaden Kleinwindenergieanlagen, Schaffhausen, Stand April 2021 (zit. Leitfaden Kleinwindenergieanlagen SH).

Kanton Schaffhausen, Richtplan Schaffhausen, Schaffhausen, Stand September 2021 (zit. Richtplan SH).

Marchetti Andreas, Durchbruch für die dezentrale deutsch-französische Zusammenarbeit? Perspektiven nach dem Vertrag von Achen, in: Visions franco-allemands, Nr. 30, Ifri 2020.

Rohmer/Von Landmann in: Beckmann Martin/Durner Wolfgang/Mann Thomas/Röckinghausen Marc (Hrsg.) Umweltrecht Kommentar, Bd. 1, 96. Ergänzungsauflage, München 2021 (zit. Komm. Umweltrecht- Rohmer/Von Landman) § 55 ff. UVPG.

SGK-BV Ruch in: Ehrenzeller Bernhard/Schindler Benjamin/Schweizer Rainer J./Vallender Klaus A. (Hrsg.), Die schweizerische Bundesverfassung, St. Galler Kommentar, 3. Aufl., Zürich et al. 2014 (zit. SGK BV-Verfasser) Art. 75 BV.

Von Werdt Nicolas, in Seiler Hansjörg/von Werdt Nicolas/Güngerich Andreas/Oberholzer Niklaus (Hrsg.), Bundesgerichtsgesetz (BGG), Bundesgesetz über das Bundesgericht, Handkommentar, Bern 2015 (zit. HK BGG- Von Werdt) Art. 89 BGG.

Wiederkehr René/Kaspar Plüss, Praxis des öffentlichen Verfahrensrechts, Eine systematische Analyse der Rechtsprechung, Bern 2020.

Materialienverzeichnis

Botschaft über die Ratifizierung des UNO/ECE-Übereinkommens über die Umweltverträglichkeitsprüfung im grenzüberschreitenden Rahmen vom 5. September 1995, BBl 1195 IV 397

Botschaft zum ersten Massnahmenpaket der Energiestrategie 2050 (Revision des Energierechts) und zur Volksinitiative «für den geordneten Ausstieg aus der Atomenergie (Atomausstiegsinitiative)» vom 4. September 2013, BBl 2013 7561

Grenzüberschreitende geothermische Wärmenetze

Jasmina Reiser / Viviane Dubacher

Inhaltsübersicht

Abstract	803
I. Einleitung	803
II. Definition, Relevanz und Akzeptanz von Geothermie	804
A. Definition von Geothermie	804
B. Energiepolitik der Schweiz	805
C. Energiepolitik von Deutschland	807
D. Vergleich der beiden Energiepolitiken	809
E. Akzeptanz Geothermie	810
1. Schweiz	810
2. Deutschland	812
3. Vergleich der Akzeptanz	813
III. Geothermische Anlage in Riehen (CH)/Lörrach (D)	813
IV. Rechtliche Grundlage und Rolle der EU, Staat, Kanton/Bundesland, Gemeinden und (privaten) Energiedienstleistern	816
A. Rechtliche Grundlagen und Rollen der unterschiedlichen Akteure in der Schweiz	816
1. Bundeskompetenzen	816
2. Kantonale Kompetenzen	817
3. Kompetenzen der Gemeinden und (privater) Energiedienstleister	818
4. Kompetenzen der Gemeinde und der (privaten) Energiedienstleister beim Fernwärmenetz in Riehen	820
B. Rechtliche Grundlagen und Rollen der unterschiedlichen Akteure in Deutschland	821
1. Kompetenzen der EU	821
2. Bundeskompetenzen	822
3. Landes- und kommunale Kompetenzen	823

4. Kompetenzen der Gemeinde und der (privaten) Energiedienstleister beim Fernwärmenetz in Lörrach 824
V. Regelung der grenzüberschreitenden geothermischen Wärmenetze . . . 825
   A. Möglichkeiten grenzüberschreitender kommunaler Zusammenarbeit 825
   B. Grenzüberschreitende Regelung beim Fernwärmenetz Riehen/Lörrach 826
VI. Haftung bei grenzüberschreitenden geothermischen Wärmenetzen . . 829
   A. Haftung in der Schweiz 829
   B. Haftung in Deutschland 831
   C. Vergleich der beiden Haftungsregimes 832
   D. Haftung im Praxisbeispiel Riehen/Lörrach 833
VII. Unterhalt und Betrieb 835
   A. Schweiz 835
   B. Deutschland 837
   C. Vergleich der Regelungen betreffend Unterhalt und Betrieb 838
   D. Unterhalt und Betrieb im Praxisbeispiel 838
VIII. Subventionen 839
   A. Schweiz 839
   B. Deutschland 841
   C. Vergleich der Subventionen in Deutschland und der Schweiz 843
   D. Subventionen im Praxisbeispiel 843
IX. Zukünftiges Potenzial grenzüberschreitender Geothermie 844
   A. Wärmelieferung aus Deutschland in die Schweiz 844
   B. Verbindungsnetz zwischen deutschen Gemeinden 845
X. Hindernisse für die grenzüberschreitende Geothermie 845
   A. Politik 845
   B. Finanzen 846
   C. Regularien wie beispielsweise Zoll 847
XI. Handlungsempfehlungen für die grenzüberschreitende Zusammenarbeit 847
XII. Fazit 849
Literaturverzeichnis 850
Erlassverzeichnis 855
Rechtsprechungsverzeichnis 856
Abbildungsverzeichnis 857

Abstract

Gegenstand der vorliegenden Arbeit ist die Untersuchung von grenzüberschreitenden geothermischen Wärmenetzen hinsichtlich der Regelungen im grenzüberschreitenden Kontext insbesondere in Bezug auf Haftung, Unterhalt und Betrieb sowie Subventionen. In diesem Zusammenhang wird das Praxisbeispiel in Riehen/Lörrach genauer beleuchtet. Im Ergebnis ist festzuhalten, dass es sich um eine sehr pragmatisch ausgestaltete Zusammenarbeit handelt, die nur zwischen zwei Vertragsparteien besteht. Allerdings stehen dem Vorantreiben von weiteren grenzüberschreitenden geothermischen Wärmenetzen zahlreiche Hürden wie etwa die Preisunterschiede, anderweitige politische Priorisierungen und unterschiedliche Regularien im Weg.

I. Einleitung

Die folgende Arbeit setzt sich mit grenzüberschreitenden geothermischen Wärmenetzen auseinander. Mit der Ratifizierung des Pariser Abkommens haben sich sowohl die Schweiz[1] als auch die Europäische Union (EU)[2] zum Ziel gesetzt, den globalen Temperaturanstieg in diesem Jahrhundert deutlich unter 2 Grad Celsius über dem vorindustriellen Niveau zu halten (Art. 2 Abs. 1 lit. a Pariser Abkommen). In diesem Zusammenhang werden auf Schweizer, EU und deutscher Ebene Massnahmen getroffen, um die Umstellung von fossilen Brennstoffen auf erneuerbare Energiequellen voranzutreiben. Da Tiefengeothermie eine grüne Wärmequelle darstellt, ist diese Energiequelle in dazu geeigneten Regionen von höchster Relevanz. Da etwa auch in den Grenzgebieten der Schweiz und Deutschland die Möglichkeit von geothermischer Wärmeerzeugung besteht, können durch grenzüberschreitende Energieprojekte Synergien erzeugt werden. Dieser Mobilität von Energie stehen jedoch nationale Vorschriften gegenüber.

Dieser Beitrag erforscht die rechtlichen Rahmenbedingungen von grenzüberschreitenden geothermischen Wärmenetzen. Dabei werden zuerst grundsätzliche Themen der Energiepolitik behandelt. Danach wird insbesondere Bezug auf die Haftung, den Unterhalt und Betrieb sowie die zur Verfügung gestellten Subventionen im grenzüberschreitenden Kontext genommen. Sodann wird im Sinne eines Praxisbezugs das grenzüberschreitende Wärmenetz zwischen Riehen und Lörrach beleuchtet. In diesem Zusammenhang werden die Ergebnisse der Inter-

---

[1] BUNDESAMT FÜR UMWELT, Das Übereinkommen von Paris.
[2] EUROPÄISCHER RAT, Pariser Klimaschutzabkommen.

views mit den beiden Vertragsparteien diskutiert. Anschliessend wird das zukünftige Potenzial grenzüberschreitender Geothermie untersucht. Zum Schluss wird mit Handlungsempfehlungen und einem Fazit zum rechtlichen Rahmen für grenzüberschreitende geothermische Wärmenetze abgeschlossen.

II. Definition, Relevanz und Akzeptanz von Geothermie

Zwecks eines besseren Verständnisses der Ausführungen in dieser Arbeit folgt als Erstes eine kurze Erläuterung des Begriffs Geothermie und seinen verschiedenen Arten, bevor dann in einem zweiten Teil auf die Relevanz und Akzeptanz der Geothermie als Wärmeerzeugungsmethode eingegangen wird.

A. Definition von Geothermie

Unter Geothermie – sie wird auch Erdwärme genannt – ist die in Form von Wärme gespeicherte Energie unterhalb der Erdoberfläche zu verstehen. Je nach Tiefe der Bohrung in die Erdkruste, mit welcher diese Energie an die Oberfläche gebracht werden will, wird von untiefer, mitteltiefer oder tiefer Geothermie gesprochen. Unter die erste Kategorie fallen insbesondere die Erdsonden, welche damit klar von der für diese Arbeit relevante Geothermie abzugrenzen ist. Die mitteltiefe und tiefe Geothermie unterscheidet sich in der Tiefe der Bohrung. Bei der mitteltiefen Geothermie wird zwischen 500 bis 3'000 Meter tief in die Erdkruste gebohrt, wobei ab 3'000 Meter Tiefe von Tiefengeothermie gesprochen wird. Nebst der Tiefe gilt es auch in Bezug auf die Art der Geothermie eine Unterscheidung zu treffen bei mitteltiefer und tiefer Geothermie. Bei mitteltiefer Geothermie kommt lediglich die sogenannte hydrothermale Geothermie in Frage. Dabei wird das in Aquiferen gespeicherte Wasser, welches eine Temperatur von rund 90–100 Grad Celsius aufweist, an die Erdoberfläche gepumpt und so etwa zur Versorgung von Nah- und Fernwärmenetzen genutzt. Im Gegensatz dazu nutzt die petrothermale Methode (auch hydraulisches Fracking genannt) nicht das Wasser im Untergrund, sondern das heisse Grundgestein. Dieses wird durch gezielte Bohrungen aufgebrochen. Durch die dabei entstehenden Risse wird dann kaltes Wasser gepumpt, welches sich dadurch erhitzt. Dieses erwärmte Wasser wird danach wieder an die Erdoberfläche gepumpt und so ebenfalls zur Wärmeversorgung genutzt.[3]

---

[3] Zum Ganzen: BUNDESAMT FÜR ENERGIE, Geothermie; GEOTHERMIE SCHWEIZ, Wir stehen auf Energie!

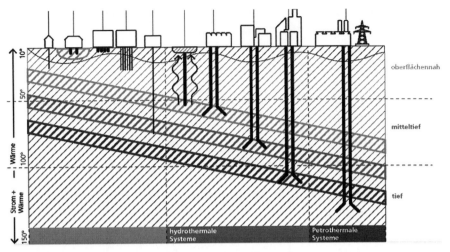

Abbildung 1: Darstellung der einzelnen Arten von Geothermie[4]

Um die Wichtigkeit von solchen geothermischen Anlagen und deren Erzeugung erneuerbarer Energie einordnen zu können, ist ein Blick sowohl auf die schweizerische als auch auf die deutsche Energiepolitik notwendig. Im Folgenden wird deshalb zuerst auf die energiepolitische Strategie der Schweiz eingegangen, bevor in einem zweiten Schritt die deutsche Energiepolitik umrissen wird.

B. Energiepolitik der Schweiz

Seit dem Jahr 1990 ist die schweizerische Energiepolitik in Art. 89 in der Bundesverfassung (BV) verankert, woraufhin alle Kantone eigene Energiegesetze erlassen haben und am 1. Januar 1999 schliesslich das erste bundesweite Energiegesetz (EnG)[5] in Kraft trat. Aktuell wird in der Schweiz die Energiestrategie 2050 verfolgt. Ursprung dieser Strategie war die Reaktorkatastrophe von Fukushima im Jahr 2011, worauf der Bundesrat und das Parlament den schrittweisen Ausstieg der Schweiz aus der Kernenergie beschlossen haben. Hinzu kommen tiefgreifende Veränderungen im internationalen Energieumfeld, welche schliesslich zu einem Umbau des Schweizer Energiesystems führten. Vor diesem Hintergrund wurde das Schweizer Energiegesetz umfassend revidiert und am 27. Mai 2017 vom Schweizer Stimmvolk angenommen. Im Kern umfasst die Revision nebst der Senkung des Energieverbrauchs und der Erhöhung der Energieeffizienz insbeson-

---

[4] GEOTHERMIE SCHWEIZ, Wir stehen auf Energie!
[5] Energiegesetz vom 30. September 2016 (EnG; SR 730.0).

dere die Förderung der erneuerbaren Energien. Letzteres soll die Abhängigkeit von importierten fossilen Energien reduzieren und gleichzeitig die einheimischen erneuerbaren Energien stärken. Nebst dem Effekt, dass dadurch Arbeitsplätze und Investitionen innerhalb der Schweiz geschaffen werden, wird langfristig ohnehin davon ausgegangen, dass die erneuerbaren Energiequellen beinahe die gesamte weltweite Energieversorgung sicherstellen wird, weshalb das Bedürfnis besteht, ihren Ausbau rasch voranzutreiben.[6]

Geothermie ist folglich ein zentraler Bestandteil zur Verfolgung der Energiestrategie 2050. Denn es handelt sich um eine unerschöpfliche, saubere und kontinuierliche Energiequelle, die CO_2-frei ist und 24 Stunden während 365 Tagen im Jahr lokale Energie liefern kann.[7] So wurden etwa im Jahr 2020 rund vier Terawattstunden (TWh) Wärme aus der Erde entnommen, was 5,5% der benötigten Raumwärme in der Schweiz bedeutet.[8] Dies wiederum hat zur Folge, dass 351'800 Tonnen weniger Erdöl benötigt werden, was sich auf die CO_2-Emissionen auswirkt: Insgesamt wurden durch die Verwendung von Geothermie im Jahr 2020 1'111'740 Tonnen weniger CO_2 ausgestossen.[9] Zudem braucht eine Geothermie-Anlage wenig Platz.[10]

Die Wichtigkeit der Schaffung geothermischer Anlagen in der Schweiz spiegelt sich auch im Umstand wider, dass seit dem Inkrafttreten des revidierten Energiegesetzes am 1. Januar 2018 Projekte zur direkten Nutzung der Geothermie für die Wärmebereitstellung und Stromproduktion Geothermie-Erkundungsbeiträge erhalten (Art. 33 EnG). Damit soll ein Anreiz gesetzt werden, die wenig bekannten tiefen Untergründe, welche aber zur Entwicklung der mitteltiefen und tiefen Geothermie notwendig sind, zu erforschen. Denn das geothermische Potenzial in der Schweiz ist gemäss Angaben des Bundesamts für Energie sehr gross.[11]

Die gesamtschweizerische Energiepolitik wird von den einzelnen Kantonen noch konkretisiert. Im Kanton Basel-Stadt, welcher für diese Arbeit zentral ist, wird etwa auf effiziente Energienutzung und die Förderung erneuerbarer Energien gesetzt. Der Richtwert des CO_2-Ausstosses ist bei der Erreichung der Energiestrategie eine wichtige Kennzahl. Das vom Kanton Basel-Stadt formulierte Ziel ist dabei, dass bis 2050 der CO_2-Ausstoss pro Einwohnerin/Einwohner höchstens eine Tonne beträgt. Zum Vergleich: Der CO_2-Ausstoss pro Einwohnerin/Einwohner im

---

[6] Zum Ganzen: UVEK, Energiestrategie 2050; BUNDESAMT FÜR ENERGIE, Energiepolitik.
[7] BUNDESAMT FÜR ENERGIE, Geothermie.
[8] GEOTHERMIE SCHWEIZ, Mehr als 4 TWh geothermische Wärme pro Jahr.
[9] GEOTHERMIE SCHWEIZ, Mehr als 4 TWh geothermische Wärme pro Jahr.
[10] BUNDESAMT FÜR ENERGIE, Geothermie.
[11] Zum Ganzen: BUNDESAMT FÜR ENERGIE, Geothermie.

Kanton Basel-Stadt betrug 2018 noch rund 3,51 Tonnen. Um dieses Ziel zu erreichen, wird etwa die Installation von erneuerbar betriebenen Energieanlagen mit Förderbeiträgen des Kantons unterstützt. Zudem trat im Jahr 2017 das revidierte Energiegesetz des Kantons Basel-Stadt (EnG/BS)[12] in Kraft, welches regelt, dass fossile Heizungen nur noch dann möglich sind, wenn eine erneuerbare Heizung technisch nicht möglich oder wirtschaftlich nicht zumutbar ist (§ 7 EnG/BS). Folglich steigt die Bedeutung erneuerbarer Wärmeerzeugungsanlagen immens an.[13]

Zusammengefasst kann festgehalten werden, dass die Energiepolitik der Schweiz darauf abzielt, die Abhängigkeit fossiler Energien sowie die CO_2-Emissionen zu reduzieren. Vielmehr soll auf erneuerbare Energien, wie etwa die Geothermie, abgestützt werden, um den Wärmebedarf der Schweiz abzudecken.

C. Energiepolitik von Deutschland

Um das Umfeld der deutschen Energiepolitik genauer verstehen zu können, bedarf es zunächst eines Blickes in die Energiestrategie der EU. Die Europäische Kommission der EU hat sich verpflichtet, die Treibhausgasemissionen bis 2050 um 80–95% im Vergleich zum Niveau im Jahr 1990 zu senken. In diesem Zusammenhang wurden von der Kommission in zahlreichen Bereichen Vorschriften erlassen, um ihre internationalen Verpflichtungen zum Klimawandel zu erfüllen. Diesbezüglich haben die EU-Länder verbindliche Emissionsziele für wichtige Wirtschaftssektoren festgelegt, um die Treibhausgasemissionen erheblich zu reduzieren.[14]

Artikel 194 AEUV[15] erklärt einige Bereiche der Energiepolitik zur geteilten Zuständigkeit und signalisiert damit eine Entwicklung hin zu einer gemeinschaftlichen Energiepolitik. Dennoch behält jeder Mitgliedstaat sein Recht, «die Bedingungen für die Nutzung seiner Energieressourcen, seine Wahl zwischen verschiedenen Energiequellen und die allgemeine Struktur seiner Energieversorgung zu bestimmen».

Angesichts der Verpflichtungen der EU, ihre Klimaziele im Einklang mit dem Pariser Abkommen zu erhöhen, billigten die Staats- und Regierungschefs der EU im

---

[12] Energiegesetz des Kantons Basel-Stadt vom 16. November 2016 (SG 772.100).
[13] Zum Ganzen: AMT FÜR UMWELT UND ENERGIE, Energie; KANTON BASEL-STADT, CO_2-Emissionen.
[14] Zum Ganzen: EUROPEAN COMMISSION, Energy roadmap 2050.
[15] Vertrag über die Arbeitsweise der Europäischen Union vom 13. Dezember 2007 (AEUV).

Dezember 2020 ein verbindliches EU-Ziel für eine nationale Netto-Reduktion der Treibhausgasemissionen um mindestens 55% bis 2030 gegenüber 1990.[16] Im April 2021 erzielten der Rat und das Parlament eine vorläufige Einigung über das Europäische Klimagesetz, welches im Juni 2021 angenommen wurde.[17] Mit dem Europäischen Klimagesetz werden politische Zusagen in rechtsverbindliche Auflagen umgewandelt.[18] Das Europäische Klimagesetz legt EU-weite Ziele für die Klimaneutralität bis 2050 fest und enthält die aktualisierten Emissionsreduktionsziele für 2030.[19] Ferner sieht es Mechanismen vor, mit denen alle EU-Länder auf dem Zielkurs gehalten werden, indem regelmässig über die Fortschritte berichtet wird und Instrumente zum Aufholen von Rückständen zur Verfügung stehen.[20] Die EU-Klima- und Energiepolitik hat somit direkte Auswirkungen auf die deutsche Klimaschutzpolitik.

Die Energiewirtschaft in Deutschland gehört gemäss Art. 74 Abs. 1 Nr. 11 des Grundgesetzes für die Bundesrepublik Deutschland (GG/DE)[21] zur konkurrierenden Gesetzgebung. Auf Bundesebene wirken zur Gestaltung der Energiepolitik zwei Ministerien mit: das Bundesministerium für Wirtschaft und Energie (BMWi) und das Bundesministerium für Umwelt, Naturschutz, und nukleare Sicherheit (BMU). Das BMWi setzt die politischen Rahmenbindungen für den Ausbau von erneuerbaren Energien, während das BMU die Rahmenbedingungen setzt, um die Klimaschutzziele zu erreichen. Dabei haben die Bundesländer einen eigenen Gestaltungsspielraum. Sie können bei Bundesgesetzgebungen mitwirken und bei nicht zustimmungspflichtigen Gesetzen Einspruch erheben. Das Energiekonzept der Bundesregierung, das Aktionsprogramm Klimaschutz[22] und der Klimaschutzplan 2050[23] verankern die Klimaschutzziele Deutschlands. Die Bundesrepublik verfolgt das Ziel, die deutsche Wirtschaft zur weltweit energieeffizientesten Volkswirtschaft zu formen und den Primärenergieverbrauch bis 2050 gegenüber 2008 zu halbieren.[24] Gleichzeitig trägt dieses Ziel zur Erreichung des EU-Energie-

---

[16] EUROPÄISCHER RAT, Tagung des Europäischen Rates (10. und 11. Dezember 2020)– Schlussfolgerungen, 5.
[17] EUROPÄISCHER RAT, Rat beschliesst Europäisches Klimagesetz.
[18] Ebd.
[19] EUROPÄISCHER RAT, Rat beschliesst Europäisches Klimagesetz.
[20] Ebd.
[21] Grundgesetz für die Bundesrepublik Deutschland vom 29. September 2020 (GG).
[22] BUNDESMINISTERIUM FÜR UMWELT, NATURSCHUTZ, NUKLEARE SICHERHEIT UND VERBRAUCHERSCHUTZ, Aktionsprogramm Klimaschutz.
[23] BUNDESMINISTERIUM FÜR UMWELT, NATURSCHUTZ, NUKLEARE SICHERHEIT UND VERBRAUCHERSCHUTZ, Der Klimaschutzplan 2050 – Die deutsche Klimaschutzlangfriststrategie.
[24] BUNDESMINISTERIUM FÜR WIRTSCHAFT UND ENERGIE, Energieeffizienz-Strategie 2050, 9.

effizienzziels von mindestens 32,5% gegenüber einer zugrunde gelegten Referenzentwicklung bis 2030 gemäss EU-Richtlinien 2018/2002 bei.

Das Umweltbundesamt untersucht, wie man die Ziele hin zu einer nachhaltigen Entwicklung, sowie einer treibhausneutralen und ressourcenschonenden Lebensweise erreichen kann.[25] In der RESCUE-Studie hält das Umweltbundesamt fest, dass sich die Tiefengeothermie in Deutschland noch in einem frühen Entwicklungsstadium befindet.[26] Im Allgemeinen sieht die Studie eine potenzielle Wärmeerzeugung von maximal 6,8 TWh/a von Geothermieheizwerken vor im Vergleich zu 1,2 TWh im Jahr 2017.[27] Vergleichsmässig wurde im selben Jahr ein gesamter Endenergieverbrauch Wärme in Deutschland von ca. 1'361,6 TWh gemessen.[28] Daran ist deutlich erkennbar, dass die Tiefengeothermie in Deutschland nur eine untergeordnete Rolle spielt, da sie nur einen geringen Anteil zum bundesweiten Wärmebedarf beitragen wird.

Das Klimaschutzgesetz Baden-Württemberg[29] konkretisiert die Klimaschutzziele für die Jahre 2030 und 2040. Der Fokus liegt dabei auf der Reduktion von Treibhausgasen um 65% gegenüber 1990 und das Erreichen der Netto-Treibhausgasneutralität (vgl. § 3 und § 4 KSG BW/DE). In den Klimaschutzzielen wird nicht auf die Tiefengeothermie eingegangen. Im Vergleich dazu wird in anderen Bundesländern wie etwa Bayern in der Tiefengeothermie eine grosse Chance für die Energiewende gesehen.[30] Gemäss dem Bayerischen Staatsministerium für Wirtschaft, Landesentwicklung und Energie gibt es in Bayern das Potenzial, 30% der Wärme durch Geothermie abzudecken.[31]

D. Vergleich der beiden Energiepolitiken

Die Schweiz hat sich zum Ziel gesetzt, bis 2050 25% des gesamten schweizerischen Wärmebedarfs mit geothermischer Wärme abzudecken. Die Erwartung für den Wärmebedarf für Gebäude und Industrie im Jahr 2050 liegt bei rund 70 TWh

---

[25] UMWELTBUNDESAMT, CLIMATE CHANGE – Wege in eine ressourcenschonende Treibhausneutralität – RESCUE – Studie, 5.
[26] Ebd., 127.
[27] Ebd., 126.
[28] AGEB AG ENERGIEBILANZEN E.V., Anwendungsbilanzen zur Energiebilanz Deutschland, 33.
[29] Klimaschutzgesetz Baden-Württemberg vom 23. Juli 2013 (KSG BW/DE).
[30] BAYERISCHES STAATSMINISTERIUM FÜR WIRTSCHAFT, LANDESENTWICKLUNG UND ENERGIE, Tiefengeothermie.
[31] Ebd.

pro Jahr, wovon folglich rund 17,5 TWh aus geothermischer Wärmeproduktion stammen sollen. Aktuell beträgt der Anteil geothermischer Wärme bei 4 TWh pro Jahr. Damit sind gut 22,8 % des Ziels von 17,5 TWh im Jahr 2050 erreicht.[32]

Im Vergleich zur Schweiz setzt Deutschland momentan keinen Fokus auf die Geothermie, um die Energieziele zu erreichen, der Anteil an Tiefengeothermie und der geplante Anteil ist verschwindend klein. Trotzdem muss angefügt werden, dass gewisse Länder wie Bayern vermehrt auf die Geothermie setzen, um die Energieziele zu erreichen.

E. Akzeptanz Geothermie

Obwohl das Potenzial von Geothermie zur Erreichung von Energiestrategien insbesondere in der Schweiz als hoch eingestuft wird, sind in Bezug auf die Akzeptanz dieser Methode seitens der Bevölkerung noch einige Hürden zu überwinden. Im Folgenden folgt deshalb ein kurzer Überblick über die aktuell bestehende Haltung der Bevölkerung gegenüber geothermischen Anlagen.

1. Schweiz

Die Schweiz gilt als weltweit führend, wenn es um die Dichte von Wärmepumpen in einzelnen Haushalten geht. Obwohl dies nicht als geothermische Anlagen gewertet wird, beeinflusst es auch die Akzeptanz gegenüber Geothermie-Projekten. Auf einer nationalen Ebene wird die Haltung gegenüber der Nutzung von Erdwärme als positiv eingestuft, denn Umfragen zufolge unterstützen rund 55 % der Schweizer Bevölkerung die Nutzung von Erdwärme zur Wärmeerzeugung. Allerdings kann aufgrund des Föderalismus in der Schweiz von einer nationalen Akzeptanz nicht auf die Akzeptanz in Einzelfällen bzw. bei einzelnen geothermischen Projekten geschlossen werden. Um die Diskussionen rund um die Haltung der Bevölkerung gegenüber der Geothermie besser verstehen zu können, gilt es insbesondere auf zwei Geschehnisse in der Vergangenheit hinzuweisen. Zum einen wurde im Jahr 2006 beim Projekt «Deep Heat Mining» in Basel ein Erdbeben der Stärke 3,2 auf der Richterskala ausgelöst aufgrund der Injektion von Kaltwasser in die Erdkrustenschicht. Vor diesem Ereignis war etwa die Schweizer Medienberichterstattung ausschliesslich auf die Vorteile der Geothermie in Bezug auf die Erreichung von Energiezielen gerichtet. Danach allerdings wurde die geother-

---

[32] Zum Ganzen: GEOTHERMIE SCHWEIZ, Geothermie deckt mindestens einen Viertel des Schweizer Wärmebedarfs.

mische Wärmeerzeugung in Frage gestellt und insbesondere die Erdbebengefahr medial ausführlich diskutiert, was auch dazu führte, dass andere geothermische Projekte sistiert wurden. Auch das Erdbeben der Stärke 3,5, welches 2013 durch ein Projekt in St. Gallen erzeugt wurde, hatte starken Einfluss auf die Haltung der Schweizer Bevölkerung. Jedoch waren die Auswirkungen des zweiten Erdbebens auf die Schweizer Bevölkerung geringer als noch in Basel. Dies liegt hauptsächlich daran, dass die lokale Kommunikation gegenüber der betroffenen Bevölkerung und die Strategie zum Einbezug der Bevölkerung deutlich besser war als noch einige Jahre zuvor in Basel. So wurde vorgängig über das Projekt abgestimmt und mit einem Resultat von 82,9 % Ja-Stimmen angenommen, was die starke lokale Unterstützung untermalt. Auch dass der Bund trotz des erfolglosen Projekts in St. Gallen dennoch die Hälfte der Kosten übernommen hat, sendete ein starkes Zeichen an die Schweizer Bevölkerung, dass die Gemeinden – und schliesslich die Steuerzahlenden – mit den Kosten für ein solches geothermisches Projekt, selbst wenn es erfolglos ist, nicht allein gelassen werden.[33]

Aktuell kann die Haltung der Schweizer Bevölkerung am Projekt «geo2riehen» beobachtet werden.[34] Bei der «geo2riehen» handelt es sich um ein zweites Geothermieprojekt der WVR, welche das Wärmeangebot aus Tiefengeothermie in der Gemeinde Riehen ausweiten soll.[35] Hierzu wurden im Winter 2022 Bevölkerungsanlässe und Besuchstage durchgeführt.[36] Wie der Interviewpartner 1 erläutert hat, steht weiterhin noch die Frage der Erdbeben im Raum – insbesondere auch, weil das Projekt 2006 geografisch ähnlich gelegen war und noch in vielen Köpfen vorhanden ist.[37] Jedoch können solche Zweifel der lokalen Bevölkerung schnell beseitigt werden, indem erläutert wird, dass es sich um eine andere Methode (nicht mehr hydraulisches Fracking, bei welchem Risse in der Erdkrustenschicht erzeugt werden müssen) handelt, bei welchem im Grundsatz mit keinen Erdbeben gerechnet werden muss.[38] Zudem wird der Bevölkerung von Riehen vor Augen geführt, dass keine vergleichbar guten Möglichkeiten zur Wärmeerzeugung in ihrer Region besteht und bisher auch die bestehende Anlage in Riehen einwandfrei und ohne grösseren Probleme funktioniert.[39] Diese Ausführungen tragen massgeblich dazu bei, dass die Bevölkerung der Gemeinde Riehen trotz den Ereig-

---

[33] Zum Ganzen: EJDERYAN/RUEF/STAUFFACHER, Entanglement of Top-Down and Bottom-Up: Sociotechnical Innovation Pathways of Geothermal Energy in Switzerland, 4-13.
[34] ERDWÄRMERIEHEN, geo2riehen.
[35] Ebd.
[36] Ebd.
[37] INTERVIEWPARTNER 1.
[38] INTERVIEWPARTNER 1.
[39] Ebd.

nissen in den Jahren 2006 und 2013 positiv einem weiteren geothermischen Projekt gegenübersteht und die Akzeptanz weitgehend besteht.[40]

2. Deutschland

Wenngleich die Geothermie bislang keine grossen Unfälle oder Ereignisse mit Todesopfern verursacht hat, gibt es in Deutschland immer wieder Akzeptanzdiskussionen und Bürgerinitiativen, die sich gezielt gegen die Geothermie einsetzen. In diesem Zusammenhang wird oft auf den Fall in der Gemeinde Staufen im Breisgau im Land Baden-Württemberg verwiesen.[41]

Im September 2007 wurden in Staufen sieben Erdwärmesonden bis zu 140 Meter Tiefe gebohrt.[42] Kurze Zeit später wurden an mehreren Immobilien in der Altstadt Risse festgestellt. Vor Beginn der Sanierungsmassnahmen im Jahre 2009 stieg der Boden in einem bestimmten Gebiet der Altstadt konstant um bis zu 11 Millimeter pro Monat an.[43] Durch geodätische Messungen konnte im Nachgang nachgewiesen werden, dass eine Hebung des Untergrundes die Ursache für die Schäden war.[44] Für die gesellschaftliche Akzeptanz von Geothermie ist der Fall Staufen von herausragend negativer Bedeutung.[45] Die Stuttgarter Zeitung schrieb: «Für die Geothermiebranche ist Staufen fast so verheerend wie Fukushima für die Atomenergie».[46] Das hängt auch mit der medialen Berichterstattung zusammen, dabei wird Staufen oft zur Illustration für Diskussionen im Zusammenhang mit Tiefengeothermie verwendet, obwohl Staufen damit nicht vergleichbar ist.[47]

Im Allgemeinen ist die Akzeptanz in Deutschland relativ tief. Eine Befragung der Agentur für erneuerbare Energien im Jahr 2021 ergab, dass nur 30% der Befragten einer Geothermie-Anlage in der Umgebung des eigenen Wohnorts positiv gegenüber eingestellt wären. Dabei ist anzufügen, dass es sich bei diesem Wert um eine grobe Tendenz handelt, da die Anzahl der Befragten mit Geothermie-Vorerfahrung relativ gering war.[48]

---

[40] Ebd.
[41] Zum Ganzen: BUNDESVERBAND GEOTHERMIE, Akzeptanz.
[42] STAUFEN – FAUSTSTADT IM BREISGAU, Hebungsrisse.
[43] STAUFEN – FAUSTSTADT IM BREISGAU, Hebungsrisse.
[44] Ebd.
[45] BUNDESVERBAND GEOTHERMIE, Staufen – Geothermieprojekt.
[46] STUTTGARTER ZEITUNG, Eine Stadt in Bewegung.
[47] BUNDESVERBAND GEOTHERMIE, Staufen – Geothermieprojekt.
[48] Zum Ganzen: AGENTUR FÜR ERNEUERBARE ENERGIEN, Akzeptanzumfrage 2021: Klimapolitik – Bürger*innen wollen mehr Erneuerbare Energien

Des Weiteren sind die Interviewpartner 2 der Meinung, dass die Bevölkerung allgemein kritisch eingestellt ist gegenüber neuen Energieanlagen, dies beispielsweise auch gegenüber der Windenergie. Allgemein sei die Abneigung momentan jedoch nicht allzu gross. Ausserdem ist die korrekte und intensive Kommunikation bei der Geothermie enorm wichtig.[49]

3. Vergleich der Akzeptanz

Aus den vorgehend gemachten Ausführungen wird deutlich, dass sowohl in der Schweiz als auch in Deutschland die Akzeptanz der Bevölkerung gegenüber der Geothermie stark von vergangenen Ereignissen abhängt. Zudem unterscheidet die Bevölkerung in beiden Ländern nicht zwischen den unterschiedlichen Arten von Geothermie, obwohl dies insbesondere in Bezug auf die Erdbebengefahr eine grosse Rolle spielen würde. Infolgedessen ist sowohl in Deutschland als auch in der Schweiz Aufklärungsarbeit der Bevölkerung bezüglich Geothermie zu leisten, was aktuell auch gemacht wird. Schliesslich kann ausgeführt werden, dass die bereits seit 1994 bestehende Geothermie-Anlage in Riehen (vgl. oben III.) einen grossen Beitrag dazu leistet, dass die Bevölkerung in der Umgebung der geothermischen Wärmeerzeugung eher positiv gegenübersteht.[50]

III. Geothermische Anlage in Riehen (CH)/Lörrach (D)

Wie bereits vorangehend angeschnitten, steht in Riehen (Kanton Basel-Stadt) seit 1994 eine geothermische Anlage, die ihre Wärme in ein Fernwärmenetz in Riehen und seit 1997 auch in Lörrach (Stadtteil Stetten Süd, Baden-Württemberg, Deutschland) einspeist.[51] Diese Anlage und das grenzüberschreitende Fernwärmenetz sind zentral für die Ausführungen in den nachfolgenden Kapiteln. Dieses geothermische Wärmenetz ist gleichzeitig das einzige grenzüberschreitende zwischen Deutschland und der Schweiz. Konkret erstreckt sich das Fernwärmenetz über das nachfolgend dargestellte Gebiet:

---

[49] Zum Ganzen: INTERVIEWPARTNER 2.
[50] INTERVIEWPARTNER 1.
[51] CONIM AG, Wärmeverbund Riehen AG: «ökonomische Analyse einer direkten Nutzung der Geothermie für die Wärmebereitstellung», 7.

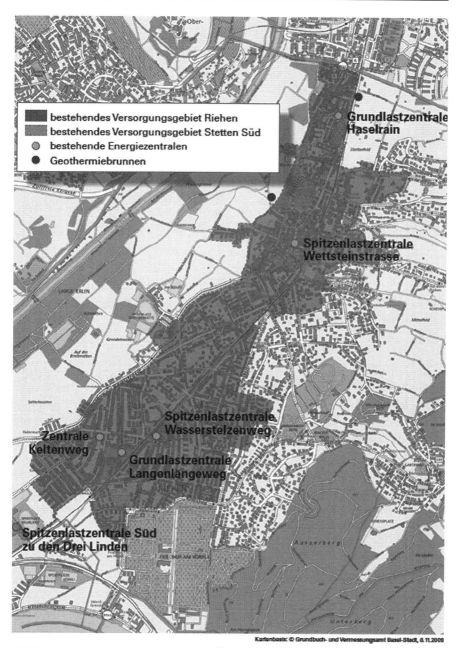

Abbildung 2: Fernwärmenetz Riehen/Lörrach[52]

---

[52] WÄRMEVERBUND RIEHEN AG, Geschäftsbericht 2018, 30.

Die Geothermie-Anlage selbst, welche 1994 in Betrieb genommen wurde, befindet sich auf dem Gemeindegebiet von Riehen, folglich auf Schweizer Seite, und besteht aus einem Entnahmebrunnen mit einer Tiefe von rund 1'547 Metern, einer Wärmekopplungsanlage und dem Rückgabebrunnen mit einer Tiefe von rund 1'247 Metern.[53] Anhand der Tiefe der Bohrung ist erkennbar, dass es sich hierbei um mitteltiefe, hydrothermale Geothermie handelt. An der in Riehen betriebenen Anlage ist speziell, dass sie die Erdwärme durch Entnahme von Wasser aus dem unterirdischen Reservoir nutzt und dieses direkt in das Fernwärmenetz einspeist und damit die Kunden beliefert.[54] Die geothermische Anlage steht aktuell im Eigentum der WVR, die im Jahr 2009 gegründet wurde.[55] Die WVR ist ein Zusammenschluss von drei vorbestehenden Wärmeverbunden in der Gemeinde Riehen, um das Abnehmernetz zu vergrössern, denn es handelt sich bei der Geothermie um eine kostenintensive Technologie.[56]

Die WVR ist eine privatrechtlich organisierte Gesellschaft, die den öffentlichen Zweck des Betriebs eines Wärmeverbundes, der Nutzung von Geothermie und des Anbietens damit zusammenhängender Dienstleistungen innehat.[57] Die WVR steht allerdings ihrerseits im Eigentum der Gemeinde Riehen (Aktienkapitalanteil von 50%) und der Industriellen Werke Basel[58] (IWB; Aktienkapitalanteil von 50%) und ist folglich ausschliesslich in den Händen öffentlich-rechtlicher Trägerschaft.[59]

Auf deutscher Seite wird das Wärmenetz von der badenovaWÄRMEPLUS GmbH & Co. KG (badenovaWÄRMEPLUS), eine 100% Tochter der badenova AG & Co. KG[60], betrieben. Die badenovaWÄRMEPLUS wurde 2007 gegründet und ist seitdem für die Projektierung, den Bau und den Betrieb von Wärmeanlagen und -netzen verantwortlich.[61] Dabei gehört die Muttergesellschaft zu 100% Gemeinden und kommunalen Stadtwerken, dementsprechend ist auch auf deutscher Seite ausschliesslich die öffentliche Hand beteiligt.[62]

---

53 ERDWÄRMERIEHEN, Unsere Wärmeproduktionsanlagen.
54 WÄRMEVERBUND RIEHEN AG, Geschäftsbericht 2018, 3.
55 ERDWÄRMERIEHEN, Wärmeverbund Riehen AG.
56 INTERVIEWPARTNER 1.
57 HANDELSREGISTER KANTON BASEL-STADT, Wärmeverbund Riehen AG.
58 Bei der IWB handelt es sich um eine selbständige öffentlich-rechtliche Anstalt des Kantons Basel-Stadt, die die Erfüllung öffentlicher Aufgaben unter anderem in den Bereichen Elektrizität, Erdgas, Fernwärme, Trinkwasser und thermischer Kehrichtverwertung bezweckt (HANDELSREGISTER KANTON BASEL-STADT, IWB Industrielle Werke Basel).
59 ERDWÄRMERIEHEN, Wärmeverbund Riehen AG.
60 BADENOVAWÄRMEPLUS, Wir über uns.
61 Ebd.
62 BADENOVA, Geschäftsbericht 2020, 15.

IV. Rechtliche Grundlage und Rolle der EU, Staat, Kanton/Bundesland, Gemeinden und (privaten) Energiedienstleistern

Im Folgenden wird nun der rechtliche Rahmen von Anlagen zur Erzeugung von erneuerbaren Energien, zu welcher die Geothermie gehört, zuerst in der Schweiz und danach in Deutschland aufgezeigt. Dabei steht insbesondere die Analyse der Rollen der staatlichen Akteure, wie etwa Staat, Kantone/Bundesländer und Gemeinden sowie den (privaten) Energiedienstleistern im Vordergrund. Da sich diese Arbeit nicht auf den Bau von geothermischen Anlagen, sondern vielmehr auf den Unterhalt und Betrieb von solchen konzentriert, werden die Kompetenzen in Bezug auf den Bau nur oberflächlich beschrieben.

A. Rechtliche Grundlagen und Rollen der unterschiedlichen Akteure in der Schweiz

1. Bundeskompetenzen

Eingangs gilt es festzuhalten, dass der Bund nur für diejenigen Bereiche zuständig ist, für die ihm die Bundesverfassung eine Kompetenz zuweist (Art. 3 BV). Mit anderen Worten besteht eine subsidiäre Generalkompetenz zugunsten der Kantone. Inwiefern die Gemeinden wiederum autonom sind, bestimmt sich nach kantonalem Recht (Art. 50 Abs. 1 BV).

Die Geothermie tangiert unterschiedliche Rechtsbereiche der Schweiz, wobei der Bund nur punktuell über einzelne Kompetenzen verfügt.[63] *Art. 74 BV*, der Umweltartikel, eröffnet ihm die Möglichkeit, insbesondere Verbote, Gebote und Finanzhilfen zu erlassen, um Mensch und Umwelt vor schädlichen oder lästigen Einwirkungen zu schützen (Abs. 1).[64] Diesbezüglich wird dem Bund eine umfassende Gesetzgebungskompetenz mit nachträglich derogatorischer Wirkung eingeräumt, was für die Kantone bedeutet, dass sie grundsätzlich so lange für die gesetzliche Regelung im Umweltbereich zuständig sind, als der Bund von seiner Kompetenz nicht abschliessend Gebrauch gemacht hat.[65] Allerdings ist das eidgenössische Umweltrecht sehr verdichtet, weshalb es nicht überraschen vermag, dass selbstständiges materielles Umweltrecht der Kantone selten ist; die Kantone beschrän-

---

[63] BUNDESRAT, Potenzial von Fernwärme- und Fernkälteanlagen, 14.
[64] Ebd.
[65] MORELL/VALLENDER, St. Galler Kommentar zu Art. 74 BV, N 10.

ken sich hauptsächlich auf die Regelung des Vollzuges, wie etwa die Umweltverträglichkeitsprüfung.[66]

Zusätzlich zu Art. 74 BV fällt die Regelung bezüglich Geothermie unter die Energiepolitik *(Art. 89 BV)*. Demnach verfügt der Bund in Bezug auf die Nutzung der erneuerbaren Energien eine Grundsatzgesetzgebungskompetenz (Art. 89 Abs. 2 BV). Daneben betrifft der Bau von geothermischen Anlagen auch die Raumplanung, welche in *Art. 75 Abs. 1 BV* verankert ist und ebenfalls eine Grundsatzkompetenz des Bundes statuiert. Diese hat der Bund durch den Erlass des Raumplanungsgesetzes (RPG)[67] umgesetzt.[68] Folglich beziehen sich die Kompetenzen des Bundes lediglich darauf, *Grundsätze im Bereich der Geothermie zu regeln*, ohne aber eine Möglichkeit zu haben, die Erdwärme nutzen zu können[69] oder Regelungen zum Bau oder Betrieb der Infrastruktur zu erlassen.[70] Denn im Grundsatz ist in der Schweiz die Energieversorgung Sache der Energiewirtschaft (Art. 6 Abs. 2 EnG). Der Bund – mithilfe der Kantone – hat folglich lediglich geeignete staatliche Rahmenbedingungen zu schaffen, um es der Energiewirtschaft zu ermöglichen, diese Energieversorgung im Gesamtinteresse optimal erfüllen zu können. Bundesverfassungsrechtlich wird aber nicht weiter konkretisiert, inwiefern der Bund sich selbst an der Energiewirtschaft beteiligen kann oder soll. Allerdings besteht eine lange Tradition des staatlichen Engagements im Energiebereich – welches aber oftmals durch die Kantone und Gemeinden ausgeführt wird.[71]

Schliesslich gilt es noch zu erwähnen, dass – wie vorangehend bereits ausgeführt – der Bund die Kompetenz hat, *Geothermie-Erkundungsbeiträge* zur direkten Nutzung der Geothermie für die Wärmebereitstellung und Stromproduktion auszuzahlen und damit Einfluss auf die Entwicklung von geothermischen Projekten nehmen kann (Art. 33 EnG).

2. Kantonale Kompetenzen

Die Kantone haben in Bezug auf geothermische Anlagen unterschiedliche Kompetenzen und Pflichten. Da die Wärmeerzeugung – wie vorangehend ausgeführt –

---

[66] Ebd.
[67] Bundesgesetz über die Raumplanung vom 22. Juni 1979 (Raumplanungsgesetz; SR 700).
[68] ABEGG/SEFEROVIC, Steuerungsdefizite staatlicher Gesetzgebung im Bewilligungsverfahren, 141.
[69] Ebd., 141–142.
[70] BUNDESRAT, Potenzial von Fernwärme- und Fernkälteanlagen, 14.
[71] BGE 138 I 454 E. 3.6.2.; SCHAFFHAUSER/UHLMANN, St. Galler Kommentar zu Art. 89 BV, N 8.

primär der Energiewirtschaft überlassen wird, kommen den Kantonen insbesondere in Bezug auf den Bau resp. die Bewilligung des Baus einer geothermischen Anlage wichtige Kompetenzen zu. So haben sie etwa die Kompetenz, gemäss Art. 8 Abs. 2 RPG Projekte mit gewichtigen Folgen für Raum und Umwelt in den Richtplan aufzunehmen und dabei den Energiedienstleistern spezifische Vorgaben zu machen. Zudem sind kommunale Nutzungspläne, welche auch die geothermischen Anlagen darin aufzeigen, dem für die Raumplanung zuständigen Departement zur Genehmigung vorzulegen (§ 114 Abs. 1 Bau- und Planungsgesetz des Kantons Basel-Stadt [BPG/BS][72] i.V.m. Art. 26 Abs. 1 RPG).

Wie bereits im Rahmen der Energiestrategie des Kantons Basel-Stadt aufgeführt (vgl. oben II.B.), hat der Kanton die Möglichkeit, direkte Vorschriften in Bezug auf die Ausgestaltung der Wärmeversorgung der Hauseigentümerinnen und Hauseigentümer zu machen. So hat er die Vorschrift gemacht, dass beim Ersatz eines Wärmeerzeugers in bestehenden Bauten ein solcher einzubauen ist, der erneuerbare Energie nutzt, sofern dies technisch und wirtschaftlich möglich ist (vgl. § 7 EnG/BS). Ist der Einbau eines Systems basierend auf erneuerbarer Energie nicht möglich, darf das alternative System nicht mehr als 80% fossiler Energie für den massgebenden Heizenergiebedarf verwenden (§ 19 Abs. 2 Verordnung zum Energiegesetz des Kantons Basel-Stadt [EnV/BS][73]. Folglich obliegen dem Kanton Basel-Stadt nebst den Kompetenzen in Bezug auf den Bau einer geothermischen Anlage insbesondere die Kompetenzen, verbindliche Vorschriften gegenüber Hauseigentümerinnen und Hauseigentümer zu gestalten, sofern er nicht selbst das geothermische Fernwärmenetz betreibt. Sollte er dies selbst tun oder sich massgeblich an einem privaten Energiedienstleister beteiligen, kann auf die nachfolgenden Ausführungen betreffend Kompetenzen der Gemeinden und (privaten) Energiedienstleister verwiesen werden.

3. Kompetenzen der Gemeinden und (privater) Energiedienstleister

Ähnlich wie den Kantonen kommen den Gemeinden in Bezug auf den Bau resp. der Bewilligung des Baus einer geothermischen Anlage zahlreiche Kompetenzen wie namentlich die Ortsplanung (vgl. § 103 Abs. 1 und § 104 Abs. 2 BPG/BS), die Gestaltung von Sondernutzungsplänen (vgl. § 101 BPG/BS) oder etwa den Erlass

---

[72] Bau- und Planungsgesetz des Kantons Basel-Stadt vom 17. November 1999 (SG 730.100).
[73] Verordnung zum Energiegesetz vom 1. Oktober 2017 (Energieverordnung; SG 772.110).

von Vorschriften über die Nutzung des tiefen Untergrundes zu.[74] Nebst ihrer Einflussnahme auf der Stufe des Baus einer geothermischen Anlage können sie auch direkt bei den (privatrechtlich organisierten) Energiedienstleistern ansetzen und damit die Wärmeversorgung beeinflussen.

Wie bereits vorangehend im Bereich der Bundeskompetenz ausgeführt, wird die Energieversorgung in der Schweiz oftmals der Energiewirtschaft überlassen, die aus privatrechtlich organisierten Energiedienstleistern besteht. Die in der Schweiz gestaltete Netzinfrastruktur verleiht den Energiedienstleistern schliesslich eine natürliche Monopolmacht, weshalb sie mangels spezialgesetzlicher Regelungen dem Kartellgesetz (KG)[75] und dem Preisüberwachungsgesetz (PüG)[76] unterstehen.[77] Wenn aber das Energieversorgungsunternehmen in die Verwaltung der Gemeinde integriert ist oder wenn vorgesehen ist, dass die Preise behördlich festgesetzt oder genehmigt werden, kommt der Preisüberwachung lediglich ein Empfehlungsrecht zu (Art. 14 PüG).[78]

Zudem sind die (privaten) Energiedienstleister im Bereich der von ihnen angebotenen Konditionen an das öffentliche Interesse an einem einwandfreien Betrieb zu wirtschaftlich angemessenen Konditionen gebunden. Auch kann oftmals die Standortgemeinde einen wesentlichen Einfluss auf die Energieunternehmen ausüben, was die Rolle der Energiedienstleister verkleinert. Namentlich führt eine Eigentümerstrategie der Standortgemeinde, wenn also etwa die Gemeinde sich dem Bau und Betrieb der geothermischen Wärmenetze annimmt bzw. (mindestens) zu einem gewissen Anteil Eigentümerin der Netze und Anlage wird, bereits zu einem hohen Einfluss auf die Energiedienstleister. Doch selbst wenn die Gemeinde nicht als Eigentümerin an den Energiedienstleistern im Gemeindegebiet beteiligt ist, kann sie etwa durch die Erteilung von Sondernutzungskonzessionen Einfluss auf die Unternehmenstätigkeit nehmen und beispielsweise die Konzessionen mit Bedingungen und Auflagen versehen. Alternativ dazu kann das Rechtsverhältnis zwischen Energiedienstleister und Standortgemeinde auch in einem zusätzlichen Zusammenarbeitsvertrag oder Leistungsauftrag geregelt werden.[79]

---

[74] ABEGG/SEFEROVIC, Steuerungsdefizite staatlicher Gesetzgebung im Bewilligungsverfahren, 142.
[75] Bundesgesetz über Kartelle und andere Wettbewerbsbeschränkungen vom 6. Oktober 1995 (Kartellgesetz; SR 251).
[76] Preisüberwachungsgesetz vom 20. Dezember 1985 (SR 942.20).
[77] BUNDESRAT, Potenzial von Fernwärme- und Fernkälteanlagen, 17.
[78] Ebd.
[79] Zum Ganzen: BUNDESRAT, Potenzial von Fernwärme- und Fernkälteanlagen, 18.

4. Kompetenzen der Gemeinde und der (privaten) Energiedienstleister beim Fernwärmenetz in Riehen

Anschliessend an diesen theoretischen Überblick über die Kompetenzverteilung zwischen Bund/Kanton/Gemeinde/(private) Energiedienstleister ist nun von Bedeutung, wie im konkreten Fall auf Schweizer Seite die Aufgaben und Kompetenzen verteilt werden.

Im Bereich der Raumplanung hat die Gemeinde Riehen die Kompetenz der Ortsplanung inne: Sie kann etwa anordnen, in welcher Zone eine geothermische Anlage gebaut werden soll. Zudem kann die Gemeinde Riehen gemäss Interviewpartner 1 ausnahmsweise und nur bei grossen Liegenschaften im Rahmen eines Bebauungsplans den Antragsteller verpflichten, dass das Gebäude an das Wärmenetz angeschlossen werden muss.[80] Obwohl die Gemeinde Riehen selbst keine Baubewilligung erteilen darf, ist sie im entsprechenden Verfahren anzuhören, weshalb ihr sowohl in Bezug auf den Bau von neuen geothermischen Anlagen als auch auf die Vergrösserung des Fernwärmenetzes und die Auslastung der geothermischen Anlage eine wichtige Rolle zukommt.

Wie vorangehend bereits ausgeführt, steht die WVR zur Hälfte im Eigentum der Gemeinde Riehen. Dies hat zur Folge, dass die Gemeinde Riehen einen wesentlichen Einfluss auf die Tätigkeit der (privatrechtlich organisierten) WVR nehmen kann. Konkret wird gemäss Aktionärbindungsvertrag der Präsident der WVR von der Gemeinde gestellt, was wiederum nach sich zieht, dass der Stichentscheid bei der Gemeinde Riehen liegt. Zudem hat die Gemeinde Riehen eine Eignerstrategie[81] für die WVR verabschiedet, welche dem Verwaltungsrat der WVR als Leitplanke für strategische Entscheide dient und zudem bei sämtlichen Sitzungen der WVR zu berücksichtigen ist.[82] Diese ist insbesondere wichtig, weil die operative Führung der WVR von der IWB übernommen wird.[83] Man hat dies so geregelt, da die IWB über viel mehr Erfahrung in Bezug auf Fernwärmenetze verfügt.[84] Folglich erbringt die IWB fast alle Leistungen für die WVR, namentlich Betriebsführung, Ablesen, Verrechnungen, Buchhaltung, Controlling und die Geschäftsführung.[85]

---

[80] INTERVIEWPARTNER 1.
[81] GEMEINDE RIEHEN, Eignerstrategie der Gemeinde Riehen für die Wärmeverbund Riehen AG.
[82] INTERVIEWPARTNER 1.
[83] Ebd.
[84] Ebd.
[85] Ebd.

Da die WVR in staatlichem Eigentum steht (50% Gemeinde Riehen, 50% IWB als öffentlich-rechtliche Gesellschaft des Kantons Basel-Stadt), werden ihr trotz ihres privatrechtlichen Charakters auch Pflichten eines öffentlichen Unternehmens auferlegt. Darunter fällt etwa die Pflicht zur Ausschreibung gemäss dem kantonalen Beschaffungsgesetz.[86]

Schliesslich wird im vorliegenden Fall der Handlungsspielraum der WVR als Energiedienstleisterin durch den Teilrichtplan Energie des Kantons Basel-Stadt geprägt. So wird der WVR etwa vorgeschrieben, dass sie in Bezug auf das grenzüberschreitende Fernwärmenetz zu regelmässigem Informationsaustausch mit der Energiefachstelle der Stadt Lörrach und des dortigen Wärmeverbundes verpflichtet sind.[87]

Obwohl also die Energieversorgung in der Schweiz im Grundsatz der Energiewirtschaft überlassen wird, ist die WVR als solche Energiedienstleisterin in verschiedenen Bereichen eingeschränkt: Die Gemeinde Riehen kann im Rahmen der Ortsplanung festlegen, wo eine geothermische Anlage überhaupt gebaut werden darf. Zudem steht die WVR gänzlich in staatlichem Eigentum, was sich durch die Eignerstrategie (Gemeinde Riehen) und die Geschäftsführung (IWB als Kanton Basel-Stadt) auswirkt. Es kann folglich zusammengefasst werden, dass in diesem konkreten Fall kein Raum für private Energiedienstleister mehr besteht, da der Betrieb des Fernwärmenetzes inkl. Gewinnung der Wärme mittels geothermischer Anlage ausschliesslich in staatlicher Hand liegt, wobei die Gemeinde Riehen ihrerseits auch durch kantonale Vorgaben eingeschränkt wird.

B. Rechtliche Grundlagen und Rollen der unterschiedlichen Akteure in Deutschland

1. Kompetenzen der EU

Im Energiebereich steht die EU vor Herausforderungen wie der zunehmenden Importabhängigkeit, der begrenzten Diversifizierung, den hohen und schwankenden Energiepreisen, der wachsenden weltweiten Energienachfrage, den Sicherheitsrisiken für Erzeuger- und Transitländer, den wachsenden Bedrohungen durch den Klimawandel, der Dekarbonisierung, den langsamen Fortschritten bei der Energieeffizienz, den Herausforderungen durch den wachsenden Anteil erneuerbarer Energien und der Notwendigkeit einer grösseren Transparenz, einer weiteren In-

---

[86] Zum Ganzen: Ebd.
[87] KANTON BASEL-STADT, Kantonaler Richtplan, Teilrichtplan Energie, 91.

tegration und Vernetzung der Energiemärkte. Im Zentrum der EU-Energiepolitik steht eine Vielzahl von Massnahmen, die darauf abzielen, einen integrierten Energiemarkt, die Sicherheit der Energieversorgung und einen nachhaltigen Energiesektor zu erreichen.[88]

Gemäss Art. 194 AEUV fallen gewisse Bereiche der Energiepolitik in die geteilte Zuständigkeit, somit hat die EU die Möglichkeit eine gemeinsame Energiepolitik anzustreben. Gemäss Art. 194 Abs. 2 AEUV haben die Mitgliedsstaaten jedoch weiterhin das Recht (1) die Bedingungen für die Nutzung der Energieressourcen (2) die Wahl zwischen den verschiedenen Energiequellen und (3) die allgemeine Struktur der Energieversorgung zu bestimmen. Des Weiteren haben die Mitgliedsstaaten gemäss Art. 2 Abs. 2 S.2 AEUV eine Rechtsetzungsbefugnis, falls keine abschliessende Regelung auf unionsrechtlicher Ebene besteht.

2. Bundeskompetenzen

Entsprechend der grundgesetzlichen Kompetenzverteilung gemäss Art. 70 ff. GG/DE bedarf der Bund zur Überwindung der grundsätzlichen Gesetzgebungskompetenz der Länder nach Art. 70 Abs. 1 GG/DE einer ausdrücklichen Kompetenzzuweisung für die gesetzgeberische Tätigkeit. Für das Umwelt- und Klimaschutzrecht respektive das Recht der erneuerbaren Energien gibt es im Katalog des Grundgesetzes keine ausdrückliche Gesetzgebungskompetenz des Bundes. Die Rechte für die Energiewirtschaft (Art. 74 Abs. 1 Nr. 11 GG/DE) und das Klimaschutzrecht (Art. 74 Abs. 1 Nr. 24 GG/DE) sind konkurrenzierende Rechte, somit eröffnen sich in diesem Bereich Freiräume für die Länder, insoweit das Bundesrecht dies zulässt (Art. 72 Abs. 1 GG/DE). Jedoch kann der Bund für eine einheitliche Regelung sorgen, wenn es zur Wahrung der gesamtstaatlichen Interessen erforderlich ist.

Besondere Bedeutung für die Förderung der umweltneutralen Erzeugung von Wärme kommt dem Gebäudeenergiegesetz (GEG/DE)[89] zu. Gemäss Art. 1 Abs. 1 GEG/DE ist der Zweck des Gesetzes, die Nutzung von erneuerbaren Energien zur Erzeugung von Wärme für den Gebäudebetrieb zu fördern. Die Gesetzgebungskompetenz des Bundes ergibt sich hierbei aus Art. 74 Absatz 1 Ziff. 11 und 24 GG/DE, denn das GEG/DE bezieht sich im Allgemeinen auf die Energiewirtschaft.

---

[88] Zum Ganzen: EUROPÄISCHES PARLAMENT, Energiepolitik – allgemeine Grundsätze.
[89] Gebäudeenergiegesetz vom 1. November 2020 (GEG).

Relevant für die Nutzung von Geothermie-Anlagen ist ausserdem das Bundesberggesetz (BbergG/DE)[90]. Dieses Gesetz regelt die Aufsuchung und Gewinnung von Rohstoffen. Dies ist für die Geothermie relevant, da Erdwärme als bergfreier Bodenschatz eingestuft wird. Auch in diesem Bereich ergibt sich die Gesetzgebungskompetenz des Bundes aus Art. 74 Abs. 1 Ziff. 11 GG/DE, namentlich dem Recht der Wirtschaft.

3. Landes- und kommunale Kompetenzen

Nebst den Regelungen auf der Ebene der EU und des Bundes enthält die nationale Energiewende in Deutschland auch Regelungen auf Landes- und kommunaler Ebene. Beispielsweise haben gewisse Länder Klimaschutzgesetze erlassen, so auch das Land Baden-Württemberg mit dem Klimaschutzgesetz Baden-Württemberg. Kommunalrechtlich wurden Satzungen zur Steuerung der Errichtung von Erzeugungsanlagen für erneuerbare Energien erstellt.

Das GEG/DE regelt die Geothermie nicht abschliessend, was den Bundesländern erhebliche Freiheiten einräumt. So haben die Länder die Möglichkeit, einen Anschluss- und Benutzungszwang für Fernwärmenetze zu erlassen (§ 109 GEG/DE) und insgesamt eine umfassende Kompetenz, in eine landesweite Versorgungsplanung für Fernwärme zugunsten von Netzstrukturen der öffentlichen Wärmeversorgung einzusteigen und dabei beispielsweise den Kommunen Vorgaben zu machen.

In Baden-Württemberg ist das Erneuerbare-Wärme-Gesetz (EWärmeG/DE)[91] in Kraft. Dies verpflichtet Eigentümerinnen und Eigentümer von Gebäuden, welche vor 1. Januar 2009 errichtet wurden, erneuerbare Energien einzusetzen, sobald die Heizungsanlage des Gebäudes ausgetauscht wird. Dabei ist das EWärmeG/DE technologieoffen gestaltet. Das Land hat folglich die Kompetenz, direkt einen Einfluss zu nehmen auf die Gestaltung der Gebäude.

Für die Nutzung der Geothermie im Land Baden-Württemberg werden bergrechtliche Konzessionen zur Aufsuchung und Gewinnung von der Landesbergbaudirektion erteilt.[92] Diese Kompetenz ergibt sich aus § 3 Abs. 1 BbergG/DE. Um anschliessend Wärmenetze zu bauen und bei Bedarf auszubauen, werden Gestattungsverträge mit den Gemeinden abgeschlossen. Durch solche Verträge

---

[90] Bundesberggesetz vom 1. Januar 1982.
[91] Erneuerbare-Wärme-Gesetz vom 1. Januar 2010 (EWärmeG).
[92] BADEN-WÜRTTEMBERG – REGIERUNGSPRÄSIDIUM FREIBURG – LANDESAMT FÜR GEOLOGIE, ROHSTOFFE UND BERGBAU, Zuständigkeit für Tiefenbohrungen.

gewähren die Gemeinden das Recht, ihre Grundstücke für den Bau von Fernwärmeleitungen zu nutzen.[93]

4. Kompetenzen der Gemeinde und der (privaten) Energiedienstleister beim Fernwärmenetz in Lörrach

Im Anschluss an den theoretischen Überblick zur Kompetenzverteilung in Deutschland wird in diesem Abschnitt auf den konkreten Fall in Lörrach eingegangen.

Wie bereits in Kapitel III. erwähnt, ist die badenovaWÄRME*PLUS* eine Tochtergesellschaft der Badenova. Das Unternehmen ist privatrechtlich organisiert, jedoch ist ausschliesslich die öffentliche Hand beteiligt. Die Stadt Lörrach hält 4,1% der Aktien der Muttergesellschaft.[94] Somit kann sie beschränkt auf die internen Richtlinien des Konzerns Einfluss nehmen.

Die Stadt Lörrach kann die Entwicklung der Geothermie beeinflussen, in dem sie Projekte ausschreibt. Bei der Bewerbung ist die badenovaWÄRME*PLUS* jedoch dem freien Wettbewerb ausgesetzt. Sobald ihr ein Projekt zugeteilt wird, werden die einzelnen Bestandteile öffentlich ausgeschrieben. Da es sich bei der badenovaWÄRME*PLUS* aber um ein privates Unternehmen handelt, ist sie freier in der Vergabe als die öffentliche Hand und unterliegt lediglich konzerninternen Richtlinien, auf welche die Stadt Lörrach aufgrund der Minderheitsaktionärsstellung wiederum Einfluss nehmen kann. Gemäss internen Richtlinien müssen bspw. mindestens drei Angebote eingeholt werden.[95]

In Bezug auf den Bau und Ausbau des Wärmenetzes kann die Stadt Lörrach die Projekte durch das Abschliessen von Gestattungsverträgen beeinflussen. Auch für das Wärmenetz in Lörrach hat die badenovaWÄRME*PLUS* einen Gestattungsvertrag mit der Stadt abgeschlossen.[96]

Zusammengefasst kann folglich festgehalten werden, dass einerseits die Gemeinde durch die öffentlichen Ausschreibungen einen Einfluss auf die geothermische Wärmeversorgung der badenovaWÄRME*PLUS* nehmen kann, dieser aber andererseits durch die privatrechtliche Organisation der badenovaWÄRME*PLUS* und die Minderheitsbeteiligung der Gemeinde eingeschränkt wird. Insofern ist

---

[93] Fricke Norman: Gestattungsentgelte in der Fernwärmewirtschaft.
[94] Badenova, Gesellschafter und Anteile.
[95] Zum Ganzen: Interviewpartner 2.
[96] Zum Ganzen: Interviewpartner 2.

der Einfluss der Gemeinde auf Schweizer Seite höher einzustufen als auf deutscher Seite.

V. Regelung der grenzüberschreitenden geothermischen Wärmenetze

Im Allgemeinen stehen den Ländern verschiedene Möglichkeiten zu grenzüberschreitenden Regelungen zur Verfügung. Im Folgenden werden zuerst die einzelnen Optionen grenzüberschreitender kommunaler Zusammenarbeit aufgezeigt, bevor genauer auf die bestehende Regelung in Bezug auf das Fernwärmenetz in Riehen/Lörrach eingegangen wird.

A. Möglichkeiten grenzüberschreitender kommunaler Zusammenarbeit

Zum einen besteht die Möglichkeit der lediglich *informellen (faktischen) Zusammenarbeit*, wobei diese ohne spezielle Rechtsgrundlage oder vertragliche Vereinbarung stattfindet. Oftmals ist diese Form der Zusammenarbeit lediglich ein Vorstadium zu einer institutionalisierten bzw. rechtlich fundierten Kooperation. Als Beispiele können hier etwa der regelmässige persönliche Erfahrungsaustausch von Kommunalpolitikerinnen und -politiker, Expertengremien zur gemeinsamen Planung und Abstimmung geplanter Fachprojekte sowie die Interessensgemeinschaften als rechtsformlose Zusammenschlüsse genannt werden. Die informelle Zusammenarbeit wird oftmals dann gewählt, wenn Unsicherheit darüber besteht, die rechts- und verfassungsmässige juristische Einkleidung zu wählen. Ferner kann damit juristischer Aufwand umgangen werden und etwa der Unterbruch von solchen Beziehungen ist problemlos möglich. Handelt es sich aber um ein grösseres und langfristiges grenzüberschreitendes Projekt, das hohe Kosten verursacht, ist von der informellen Zusammenarbeit abzuraten, da tiefe Verbindlichkeit ständige Unsicherheit hervorruft.[97]

Daneben besteht auch die Zusammenarbeit mit erhöhtem Institutionalisierungsgrad. Darunter fallen etwa *Kooperationsvereinbarungen* nach Art. 3 Abs. 1 Karlsruher Übereinkommen (KaÜ)[98]. Demnach können lokale Gebietskörperschaften und örtliche öffentliche Stellen solche gegenseitigen Verträge unterhalb der

---

[97] Zum Ganzen: STORBECK, Grenzüberschreitende kommunale Zusammenarbeit, 32.
[98] Karlsruher Übereinkommen vom 23. Januar 1996.

Ebene des Völkerrechts schliessen. Es handelt sich hierbei um eine eigenständige Form der Zusammenarbeit und ist damit geeignet zur Umsetzung von Projekten, die keiner gesonderten Rechtsperson als Träger benötigen. Durch die Verankerung der Kooperationsvereinbarung in einem Dachstaatvertrag, hier dem Karlsruher Übereinkommen, erhält diese grenzüberschreitende Zusammenarbeit wie etwa bei Euroregionen und Eurodistrikten eine erhöhte Rechtsverbindlichkeit. Des Weiteren zeugt auch die Zusammenarbeit nach dem Europäischen Verbund für territoriale Zusammenarbeit *(EVTZ)* von erhöhtem Institutionalisierungsgrad. Dabei handelt es sich um eine eigenständige Rechtsform für ein grenzüberschreitendes Tätigwerden in der EU, wobei auch die Zusammenarbeit zwischen einem EU-Mitgliedstaat und einem Nicht-EU-Mitgliedstaat, wie etwa der Schweiz, unter diesem Verbund möglich ist. Der EVTZ basiert auf der EVTZ-Verordnung der EU (EVTZ-VO)[99]. Zentral an der grenzüberschreitenden Zusammenarbeit gemäss der EVTZ-VO ist, dass dabei der EVTZ eine eigene Rechtssubjektivität zukommt, die unabhängig von seinen Mitgliedern ist. Die Ziele eines EVTZ sind die Erleichterung und Förderung der territorialen Zusammenarbeit, um den wirtschaftlichen, sozialen und territorialen Zusammenhalt zu stärken.[100]

Wenn die grenzüberschreitende Zusammenarbeit aber nicht darauf abzielt, auf einer ganzen Reihe von Gebieten grenzüberschreitend zusammenzuarbeiten, sondern etwa lediglich ein gemeinsames Projekt zu realisieren ist, bietet sich die *einzelvertragliche Zusammenarbeit* an. Insbesondere auch zur Erfüllung von einzelnen Aufgaben, die beispielsweise energiewirtschaftlicher oder infrastruktureller Natur sind, kann es sinnvoll sein, die grenzüberschreitende Zusammenarbeit in einem Einzelvertrag zu lösen.[101]

B. Grenzüberschreitende Regelung beim Fernwärmenetz Riehen/Lörrach

Um die grenzüberschreitende Regelung im konkreten Fall Riehen/Lörrach genauer verstehen zu können, gilt es deren Entstehung und Entwicklung zu betrachten. Wie vorangehend ausgeführt, wurde die geothermische Anlage in Riehen im

---

[99] Verordnung (EG) Nr. 1082/2006 des Europäischen Parlaments und des Rates vom 5. Juli 2006 über den Europäischen Verbund für territoriale Zusammenarbeit (EVTZ).
[100] Zum Ganzen: WEIGEL, Perspektiven zur rechtlichen Flexibilisierung der grenzüberschreitenden Zusammenarbeit am Oberrhein, 27–29; STORBECK, Grenzüberschreitende kommunale Zusammenarbeit, 32–35; EUROPÄISCHES PARLAMENT, Europäische Verbünde für territoriale Zusammenarbeit (EVTZ).
[101] Zum Ganzen: STORBECK, Grenzüberschreitende kommunale Zusammenarbeit, 7.

Jahr 1994 in Betrieb genommen. Rund drei Jahre später kam von deutscher Seite die Anfrage bezüglich Lieferung von geothermischer Wärme nach Lörrach. So kam es, dass ab dem Jahr 1997 in den Sommermonaten überschüssige Wärme zu einem kompetitiven Preis nach Deutschland geliefert wurde. Beide Vertragsparteien profitierten von dieser Abmachung: Auf deutscher Seite konnte man auf günstige Weise grüne Energie beziehen und gleichzeitig konnte die Gemeinde Riehen überschüssige Wärme abgeben. Denn zu diesem Zeitpunkt ging es insbesondere darum, die geothermische Anlage auch im Sommer auszulasten; der Profit war dabei nachrangig. Festgehalten wurde diese Abmachung im sogenannten Wärmeliefervertrag zwischen der WVR und der deutschen Abnehmerin. Dabei handelt es sich nicht etwa um eine besondere Vereinbarung, sondern dieser Vertrag ist im Grundsatz identisch mit sämtlichen Verträgen, welche die WVR mit ihren Abnehmenden hat.[102]

Wie ausgeführt, wurde ursprünglich ein äusserst tiefer Preis für die Wärmelieferung vereinbart, da die Gemeinde Riehen ihrerseits anfangs froh war um die Abnahme von Wärme in den Sommermonaten. Allerdings stieg die Nachfrage an geothermische Wärme auf Schweizer Seite, welche einen höheren Preis zu zahlen bereit waren, weshalb die tiefen Preiskonditionen seitens der WVR nicht mehr zu halten waren. Da der ursprünglich vereinbarte Wärmeliefervertrag im Jahr 2020 ohnehin auslief, kommunizierte die WVR gegenüber der deutschen Partei, dass in Zukunft die Preisgestaltung nach ordentlichen Preiskonditionen zu erfolgen sei. Der Preis wird vom Verwaltungsrat der WVR basierend auf der Eignerstrategie der Gemeinde Riehen festgelegt, wobei einfach die Gesamtkosten auf alle Bezüger verteilt werden. Die deutsche Partei war mit dieser Art der Berechnung, welche sich einerseits klar von der deutschen Praxis unterscheidet (die mit Preisleitformeln arbeitet) und andererseits zu einer Verdoppelung des ursprünglichen Preises geführt hätte, nicht einverstanden. So kam es, dass man davon abgesehen hat, einen neuen grenzüberschreitenden Wärmeliefervertrag zu vereinbaren.[103]

Als die WVR dann per Ende 2020 den Übergang zum deutschen Fernwärmenetz an der Grenze definitiv verschliessen wollte, gab es von deutscher Seite Widerstand. Die Begründung war, dass die deutsche Partei für den Fall eines Ausfalls der Wärmeversorgungsanlagen auf deutscher Seite notfallmässig auf die Wärmelieferung der WVR angewiesen sei. Vor diesem Hintergrund wurde ein neuer Vertrag zwischen der WVR und der deutschen Partei ausgehandelt, welcher seit 2021 in Kraft ist. Dieser umfasst allerdings keine regelmässige Wärmelieferung nach

---

[102] Zum Ganzen: INTERVIEWPARTNER 1.
[103] Zum Ganzen: Ebd.

Deutschland mehr, sondern soll bloss sicherstellen, dass die deutsche Partei im Falle von technischen Problemen oder Wartungsarbeiten an ihren Anlagen auf die Wärmelieferung der WVR zurückgreifen kann. Bis heute wurde das Netz der WVR allerdings von der deutschen Partei noch nicht beansprucht.[104]

Vor dem Hintergrund der vorangehend ausgeführten Regelungsmöglichkeiten bei der grenzüberschreitenden Zusammenarbeit wird deutlich, dass es sich hierbei um eine einzelvertragliche Zusammenarbeit handelt. Dies ist unseres Erachtens auch sinnvoll, da die grenzüberschreitende Zusammenarbeit sich lediglich auf den Bezug geothermischer Wärme bezieht und folglich keinen komplexen Sachverhalt mit sich bringt.

Nebst dem Wärmeliefervertrag zwischen der WVR und der Partei auf deutscher Seite musste auch mit dem Zoll eine Vereinbarung geschlossen werden. Denn durch das Fernwärmenetz wird heisses Wasser nach Deutschland exportiert. Folglich hat die WVR in jedem Quartal dem Zoll gegenüber zu deklarieren, wie viel Wärme exportiert und verkauft wurde; die WVR bezahlt jedoch keine Zollabgaben für den Wiederimport des kalten Wassers. Da es sich allerdings um das erste grenzüberschreitende geothermische Fernwärmenetz handelt, und zwar heisses Wasser nach Deutschland exportiert, aber kurz darauf das etwas kältere Wasser wieder in die Schweiz eingeführt wird, mussten die bestehenden Zollvereinbarungen sowohl bei der Verwaltung Berlin als auch in Bern angepasst werden.[105]

Diese Ausführungen machen deutlich, dass die Regelungen zur Zusammenarbeit in Bezug auf das grenzüberschreitende geothermische Fernwärmenetz einfach gehalten sind und stets nach konstruktiven Lösungen, die für beide Vertragsparteien passend sind, gesucht wird. Die einzelvertragliche Zusammenarbeit erleichtert es ungemein, dass nicht zahlreiche Behörden mit involviert sind, sondern die Zusammenarbeit schlicht gehalten wird, was schliesslich auch Konfliktpotenzial reduziert und das Vorantreiben grenzüberschreitender Projekte erleichtert.

---

[104] Zum Ganzen: Ebd.
[105] INTERVIEWPARTNER 1.

VI. Haftung bei grenzüberschreitenden geothermischen Wärmenetzen

Wie bereits vorangehend in Bezug auf die Akzeptanz von geothermischen Anlagen ausgeführt, besteht insbesondere bei der Erstellung von Geothermie-Anlagen die Gefahr von seismischen Auswirkungen. Doch auch beim Betrieb und Unterhalt von geothermischen Anlagen können Haftungsfragen eine wichtige Rolle spielen. Im Folgenden wird der Fokus auf die möglichen Haftungsfälle beim Betrieb und Unterhalt einer geothermischen Anlage gelegt. Dazu wird in einem ersten Schritt auf die unterschiedlichen Haftungsgrundlagen in der Schweiz und in Deutschland eingegangen, um einen Vergleich zwischen den zwei verschiedenen Haftungsregimes ziehen zu können. In einem zweiten Schritt wird eruiert, welche Haftungsfragen sich im konkreten Fall des grenzüberschreitenden Wärmenetzes ergeben und wie in der grenzüberschreitenden Praxis mit den Differenzen der Haftungsregimes umgegangen wird.

A. Haftung in der Schweiz

Im Grundsatz müssen Tiefengeothermieprojekte im Sinne des Umweltrechts so geplant werden, dass möglichst keine schädlichen Immissionen auftreten.[106] Zudem gilt in der Schweiz der Grundsatz «casum sentit dominus», wonach der Geschädigte einen Schaden selbst zu tragen hat, es sei denn, er kann ihn auf einen Ersatzpflichtigen abwälzen.[107] Möglichkeiten zur Abwälzungen aufgrund einer gesetzlich geregelten Haftungsnorm bestehen in Bezug auf Schäden, die von einer geothermischen Anlage und deren Wärmenetz ausgehen, jedoch sowohl im Privatrecht als auch im öffentlichen Recht und Strafrecht.

Im Bereich des Privatrechts besteht etwa die *Umwelthaftung gemäss Art. 59a USG*. Geothermische Anlagen fallen – obwohl sie nicht explizit in Art. 59a USG genannt sind – in Verbindung mit Art. 7 Abs. 7 USG unter diese Haftung.[108] Es handelt sich dabei um eine Gefährdungshaftung, weshalb weder ein Verschulden des Schädigers noch eine Ordnungswidrigkeit vorzuliegen hat.[109] Vielmehr greift diese Haftung bereits, wenn sich die relevante Gefahr verwirklicht.[110] Nebst den

---

[106] Lienin, Regelungsvorschlag zum Umgang mit Schäden der Tiefengeothermie, 136.
[107] Rey/Wildhaber, Ausservertragliches Haftpflichtrecht, N 20.
[108] Lienin, Regelungsvorschlag zum Umgang mit Schäden der Tiefengeothermie, 136.
[109] Niklaus/Knecht, Kommentar zur Art. 59a USG, N 2.
[110] Ebd.

allgemeinen Haftungsvoraussetzungen des Schadens, Widerrechtlichkeit und der Kausalität, welche sich nach der Definition gemäss Art. 41 Abs. 1 OR richten, haftet der Inhaber einer Anlage dann, wenn die Anlage eine besondere Gefahr für die Umwelt darstellt und sich diese Gefahr schliesslich verwirklicht.[111] Die besondere Gefahr liegt bei geothermischen Anlagen darin, dass auch bei Anwendung aller Sorgfalt ein Restrisiko besteht, also dass etwa Erdbeben entstehen können oder Gasaustritte möglich sind.[112]

Nebst der Umwelthaftung ist aus privatrechtlicher Perspektive die *Grundeigentümerhaftung nach Art. 679 ZGB* möglich. Wenn nämlich Grundeigentümerinnen und Grundeigentümer ihr Eigentumsrecht überschreiten, kann eine geschädigte Person etwa auf Beseitigung der Schädigung oder Schadenersatz klagen. Bei der Grundeigentümerhaftung handelt es sich um eine Kausalhaftung, wonach folglich kein Verschulden der schädigenden Person vorausgesetzt ist. Aktivlegitimiert ist bei dieser Haftung ein breiter Kreis. Es sind also nicht bloss direkte Nachbarinnen und Nachbarn klageberechtigt, sondern grundsätzlich jede geschädigte Person, die nicht in einer rein zufälligen Beziehung zum von einer unzulässigen Überschreitung der Eigentümerbefugnisse betroffenen Grundstück steht.[113]

In öffentlich-rechtlicher Hinsicht stellt sich die Frage der *Staatshaftung*. Diese wäre für die geschädigten Personen insbesondere deshalb interessant, weil die Kantone als Haftpflichtige sicher zahlungsfähig sind. Wenn eine privatrechtliche Unternehmung Inhaberin einer geothermischen Anlage ist, ist die Staatshaftung allerdings nicht anwendbar, da die Energieversorgung – wie vorangehend ausgeführt – Aufgabe der Energiewirtschaft ist (vgl. Art. 6 Abs. 2 EnG) und folglich keine genuin öffentliche Aufgabe mehr sein kann. Aufgrund des Legalitätsprinzips kommt eine subsidiäre Staatshaftung bei privatrechtlichen Unternehmen nur dann in Frage, wenn es eine ausdrückliche gesetzliche Grundlage dazu gibt. In einzelnen Kantonen, etwa dem Kanton Thurgau, wird eine solche diskutiert, aber zum heutigen Zeitpunkt besteht schweizweit noch keine solche gesetzliche Grundlage.[114]

Handelt es sich im Gegensatz dazu aber um eine privatrechtliche Unternehmung, die ausschliesslich in staatlichem Eigentum steht und einen öffentlichen Zweck

---

[111] Niklaus/Knecht, Kommentar zur Art. 59a USG, N 8-13.
[112] Lienin, Regelungsvorschlag zum Umgang mit Schäden der Tiefengeothermie, 136.
[113] Zum Ganzen: Lienin, Regelungsvorschlag zum Umgang mit Schäden der Tiefengeothermie, 136.
[114] Zum Ganzen: Lienin, Regelungsvorschlag zum Umgang mit Schäden der Tiefengeothermie, 137–138.

verfolgt, trifft die öffentlichen Träger der Unternehmung aufgrund ihrer Verantwortung für die öffentlichen Aufgabenerfüllung eine Art Garantenstellung.[115]

Schliesslich greift jedoch die lex-specialis-Theorie: Selbst wenn also ein Kanton oder ein Gemeinwesen mit einem Grundstück oder als Anlageninhaber an einem Geothermieprojekt beteiligt wäre, würden die privatrechtlichen Haftungstatbestände, namentlich Umwelthaftung und Grundeigentümerhaftung, der Staatshaftung vorgehen.[116]

Zuletzt gilt es noch die Möglichkeit des Straftatbestandes der *Sachbeschädigung gemäss Art. 144 StGB* zu diskutieren. Dabei hat ein Schaden an beweglichen oder unbeweglichen Sachen vorzuliegen, an denen fremde Eigentums-, Gebrauchs- oder Nutzungsrechte bestehen.[117] Nebst den objektiven Kriterien hat in subjektiver Hinsicht ein Vorsatz der/des Täterin/Täters vorzuliegen.[118] Bislang wurde die Strafbarkeit diesbezüglich allerdings von den Gerichten noch nicht bejaht. Insbesondere hat das Bundesgericht entschieden, dass nicht ausreichend dargelegt sei, inwiefern überhaupt strafrechtlich relevantes Verhalten vorliegen solle.[119] Schliesslich wird in der Literatur auch diskutiert, ob etwa Schäden aufgrund von Erdbeben im Zusammenhang mit geothermischen Anlagen nicht als allgemein toleriertes Risiko einzustufen sei und folglich gar nicht strafrechtlich zurechenbar sein können, sofern sich der Betreibende der Anlage an die verfügten Auflagen und Bedingungen hält.[120] Insofern ist wohl eine strafrechtliche Verfolgung von Schäden, die von geothermischen Anlagen ausgehen, zu verneinen.

B. Haftung in Deutschland

Die Haftung in Deutschland bezieht sich insbesondere auf Bohrrisiken. Beispiele solcher Gefahren sind etwa die Absenkung des Grundwasserspiegels, die Verunreinigung von Grund- und Oberflächenwasser sowie Baugrundreaktionen. Aufgrund der in Kapitel II.E. b). erwähnten Schäden in der Gemeinde Staufen hat das Umweltministerium von Baden-Württemberg zusätzlich die Risiken in Zusammenhang mit Geothermie neu bewertet. Daraus resultierte der im Jahr 2011 eingeführte Leitfaden zur Qualitätssicherung von Erdwärmesonden. Unter anderem

---

[115] ABEGG/FREI, Kriterien für die Wahl der Rechtsform öffentlicher Unternehmen, 48–49.
[116] Ebd., 138.
[117] SCHLEGEL, Kommentar zu Art. 144 StGB, N 2.
[118] Ebd., N 4.
[119] BGer 1C_823/2013 vom 12. November 2013, E. 3.
[120] LIENIN, Regelungsvorschlag zum Umgang mit Schäden der Tiefengeothermie, 140.

wurde eine Mindestdeckungssumme von 5 Mio. EUR für die Betriebshaftpflicht des Bauunternehmens eingeführt.[121]

Bei einer bestehenden Anlage und bestehendem Netz obliegt ein kommerzieller Unternehmer primär dem Betreiberrisiko. Dieses Risiko ergibt sich primär durch Verunreinigungen aufgrund von einem Austritt der Wärmetauschflüssigkeit. Hierbei besteht ein Haftungsrisiko im Zusammenhang mit Art. 906 des Bürgerlichen Gesetzbuches (BGB/DE)[122], die Zuführung unwägbarer Stoffe und Art. 1004 BGB/DE, der Beseitigungs- und Unterlassungsanspruch. Zudem kommt eine Haftung gemäss Art. 6 des Umweltschadengesetzes (USchadG/DE)[123] in Frage. Dieser Artikel regelt die Sanierungspflicht. Die verantwortliche Partei muss bei einem eingetretenen Umweltschaden die erforderlichen Schadensbegrenzungsmassnahmen vornehmen und Sanierungsmassnahmen ergreifen.

Für Fernwärmekundinnen und -kunden besteht ein gewisser Schutz durch die Fernwärme-Versorgungsbedingungen-Verordnung (AVBFernwärmeV/DE)[124]. Diese Verordnung enthält gesetzliche vorformulierte allgemeine Versorgungsbedingungen, die privatwirtschaftliche Versorgende in ihren Lieferbeziehungen zugrunde legen müssen. Dazu gehören Regelungen zur Haftung, wonach gemäss Art. 6 AVB FernwärmeV/DE die versorgende Partei in bestimmten Fällen haftet, wenn für die Kundinnen und Kunden Schäden aufgrund einer Unterbrechung der Fernwärmeversorgung oder durch Unregelmässigkeiten in der Belieferung entstehen.

C. Vergleich der beiden Haftungsregimes

Wie aufgezeigt werden konnte, wird die Haftungsproblematik sowohl in der Schweiz als auch in Deutschland auf verschiedenen Ebenen geregelt. Zum einen müssen umweltrechtliche Aspekte betrachtet werden, zum anderen die Grundeigentümerhaftung, die Staatshaftung sowie die Sachbeschädigung. Diese Thematik ist in beiden Ländern stark reglementiert, wobei auch gewisse Unterschiede in Bezug auf die einzelnen Haftungsvoraussetzungen bestehen. Allgemein ist jedoch anzufügen, dass die Haftung im Bereich des Baus von geothermischen Anlagen und Wärmenetzen, auf welches diese Arbeit nicht im Detail eingeht, einschneidender geprägt ist.

---

[121] Zum Ganzen: BADEN-WÜRTTEMBERG – MINISTERIUM FÜR UMWELT, KLIMA UND ENERGIEWIRTSCHAFT, Leitlinien Qualitätssicherung Erdwärmesonden.
[122] Bürgerliches Gesetzbuch vom 1. Januar 1900 (BGB).
[123] Umweltschadengesetz vom 1. September 2021 (USchadG).
[124] Fernwärme-Versorgungsbedingungen-Verordnung vom 20. Juni 1980 (AVBFernwärmeV).

D. Haftung im Praxisbeispiel Riehen/Lörrach

Nachdem aufgezeigt wurde, wie die Haftung in Bezug auf geothermische Anlagen in den beiden Ländern geregelt ist, stellt sich im Folgenden die Frage, welche Haftungsfragen sich am konkreten Beispiel des geothermischen Wärmenetzes der WVR stellen. Die Problematiken können grob in zwei Bereiche eingeteilt werden: in den Bau der Geothermie-Anlage und in den Betrieb des Fernwärmenetzes. Aufgrund der Konzentration dieser Arbeit auf den zweiten Aspekt wird die Haftungsproblematik betreffend Bau der Geothermie-Anlage lediglich als praxisrelevanten Exkurs abgehandelt.

In Bezug auf den *Bau* der geothermischen Anlage stellt sich insbesondere aufgrund vergangener Projekte die Frage der Haftung für Schäden, die durch Erdbeben während des Bohrungsvorganges erzeugt werden. Vorab gilt es allerdings festzuhalten, dass es sich sowohl bei der bestehenden Anlage in Riehen als auch bei der geplanten Anlage im Rahmen des Projekts «geo2riehen» um hydrothermale Geothermie-Anlagen handelt. Im Gegensatz zur Methode des Frackings besteht beim Bau solcher Anlage nur eine sehr geringe Wahrscheinlichkeit, dass überhaupt ein Erdbeben ausgelöst wird. Weil eben dieses Risiko minimal ist, ist das Ziel, den Bau im Rahmen des «geo2riehen»-Projekts mit einer Betriebshaftpflichtversicherung abzudecken. Dies wurde bereits bei den Messungen so gehandhabt, wobei mit Blick auf grenzüberschreitende Problematiken anzufügen gilt, dass diese Versicherung auch für Schäden auf deutschem Grund aufgekommen wäre. Auch in Deutschland würden die Interviewpartner den Bau von Anlagen durch Bergschadensversicherungen abdecken. Obwohl die zukünftigen Bohrungen weiter weg von der deutschen Grenze sein werden, als es die aktuell bereits bestehende Anlage ist, will man sich mit einer solchen Versicherung absichern. Nebst der Absicherung durch den Abschluss einer Betriebshaftpflichtversicherung führte der Interviewpartner 1 aus, dass im Falle von Schäden bei den Bauarbeiten der neuen Anlage subsidiär auch die Gemeinde Riehen bzw. der Kanton Basel-Stadt schadenersatzpflichtig wären, da die WVR einen öffentlichen Zweck verfolgt und die neue Anlage zudem eine behördenverbindliche Auflage gemäss dem Teilrichtplan Energie Kanton Basel-Stadt ist. Dies bedeutet namentlich, dass die WVR gemäss diesem Teilrichtplan öffentlich-rechtlich dazu verpflichtet ist, die Anlage zu bauen. Der Interviewpartner 1 führte allerdings auch aus, dass betreffend eine grenzüberschreitende Regelung noch nichts Konkretes besteht, also auch beim damaligen Bau der Anlage im Jahr 1994 keine grenzüberschreitende Absicherung in Bezug auf Haftung gemacht wurde. Denn schliesslich hat das Beispiel Staufen (D) aufgezeigt, wie schwierig es ist, solche Fälle zu klären.[125]

---

[125] Zum Ganzen: INTERVIEWPARTER 1 und 2.

Bezüglich des *Betriebs* des Fernwärmenetzes und den damit zusammenhängenden Leitungen stellen sich für die WVR nicht viele Haftungsfragen. Auf Schweizer Seite gab es lediglich einige Fälle, bei denen Tiefbauunternehmen die Leitungen der WVR beschädigt haben; allerdings liegt die Haftung dann nicht bei der WVR, sondern bei den Tiefbauunternehmen. In einem grenzüberschreitenden Kontext besteht die Vereinbarung zwischen der WVR und der deutschen Vertragspartei, dass zweitere bei Bauvorhaben auf deutschem Staatsgebiet dazu verpflichtet ist, gegenüber den Bauenden klar zu kommunizieren, wo sich die Leitungen des Fernwärmenetzes befinden. Falls es dennoch zu einem Leck kommen würde, wäre die WVR befugt, gegenüber der deutschen Vertragspartei eine Pflichtverletzung geltend zu machen. Dieser Fall ist aber seit Inbetriebnahme des grenzüberschreitenden Fernwärmenetzes 1997 noch nie eingetreten.[126]

Ähnlich wie die der Interviewpartner 1 führten die Interviewpartner 2 zur Haftungsproblematik aus, dass sich die Gesellschaft beim Betrieb des Wärmenetzes auf deutscher Seite in einer relativ gefahrlosen Materie bewege. Falls es jedoch ein Projekt gäbe, bei dem man ein grösseres Haftungspotenzial eingehen würde, würde dies separat versichert werden.[127]

Schliesslich besteht noch die Möglichkeit, dass die Nichteinhaltung von Verordnungen zu einem Haftungsfall führen könnte. Darunter ist Folgendes zu verstehen: Sowohl in der Schweiz als auch in Deutschland bestehen verschiedene Verordnungen, die der Umsetzung der jeweiligen Energiepolitik dienen. Wenn also etwa in Deutschland eine neue Verordnung in Kraft treten würde, welche dazu führen würde, dass die Wärmeherstellung der WVR damit nicht mehr kompatibel wäre, könnte dies zu einem Haftungsfall führen. Allerdings schätzt die WVR dieses Risiko als gering ein, da aktuell die Verordnungs- und damit Regulierungsdichte in Bezug auf Geothermie in der Schweiz höher ist als in Deutschland. Zudem würde eine solche Veränderung der Vorschriften auf deutscher Seite in einem gewissen Masse voraussehbar sein, was wiederum dazu führen würde, dass die WVR wohl den Wärmeliefervertrag künden und zwischenzeitlich eine Lösung mit den zuständigen Behörden suchen würde. Denn dieser Vertrag kann mit einer Frist von sechs Monaten gekündigt werden.[128]

Im Rahmen der Haftung gilt es auch noch auf das Risikomanagementsystem der WVR, welches von der Gemeinde Riehen durch die Eignerstrategie vorgeschrieben ist, hinzuweisen. In diesem System wurden von einem Drittanbieter die zwölf

---

[126] Zum Ganzen: INTERVIEWPARTNER 1.
[127] Zum Ganzen: INTERVIEWPARTNER 2.
[128] Zum Ganzen: Ebd.

grössten Risiken beim Betrieb der Geothermie-Anlage eruiert. Für jedes Risiko wurden zur Minimierung gezielte Massnahmen eingeführt, welche jährlich analysiert werden. Zudem wird im Zweijahresrhythmus ein Workshop veranstaltet, um potenzielle neue Risiken zu identifizieren.[129] Damit möchte man also Haftungsfälle vorbeugen.

Wie vorangehend ausgeführt, bestehen zwar Unterschiede in Deutschland und der Schweiz in Bezug auf die Haftungsthematik bei geothermischen Anlagen. In der Praxis ist aber die Haftungsfrage als weniger zentral einzustufen, als dies vielleicht aus theoretischer Perspektive der Fall ist. Vielmehr sorgt man mit dem Abschluss von spezifischen Betriebshaftpflichtversicherungen, vorbeugendem Risikomanagement und in Bezug auf Erdbeben ungefährlicheren Anlagen – also etwa hydrothermale statt petrothermale Anlagen – dafür, dass ein allfälliger Haftungsfall vermieden wird.

VII. Unterhalt und Betrieb

Nach dem Aufbau eines Fernwärmenetzes stellt sich die Frage, wer für den Unterhalt und Betrieb zuständig ist. Insbesondere ist dabei fraglich, ob eine Partei für das Schweizer und deutsche Netz insgesamt zuständig ist und welche Rolle die Hauseigentümerinnen und Hauseigentümer dabei einnehmen. In Bezug auf den Unterhalt und Betrieb des Fernwärmenetzes ist zentral, dass das Fernwärmenetz der Schweiz in Riehen getrennt von demjenigen auf der deutschen Seite in Stetten-Süd zu betrachten ist. So treffen sich die beiden Netze direkt an der Grenze, jede Partei ist aber für jeweils ihre Seite zuständig betreffend Unterhalt und Betrieb.[130] Im Folgenden wird deshalb zuerst auf die Regelungen in der Schweiz und in Deutschland eingegangen, bevor dann ausgeführt wird, welche Punkte trotz der strikten Trennung der beiden Fernwärmenetze grenzüberschreitend von Relevanz sind.

A. Schweiz

In der Schweiz gilt im Grundsatz, dass die Leitungen zur Versorgung dem Eigentümer des Werks gehören, von dem sie ausgehen (vgl. Art. 676 Abs. 1 ZGB). Wenn es sich um private Leitungen handelt, statuiert Art. 676 Abs. 2 ZGB des Weiteren, dass es zur Errichtung solcher Leitungen einer entsprechenden Dienstbarkeit be-

---

[129] Zum Ganzen: Ebd..
[130] INTERVIEWPARTNER 1.

darf, damit das Akzessionsprinzip durchbrochen werden darf. Liegen aber keine privaten Leitungen vor, sondern solche, die der Erfüllung einer öffentlichen Aufgabe dienen, dann sind keine Dienstbarkeiten notwendig, damit Leitungen auf privatem Grund verlegt werden können. Der Grund liegt darin, dass solche Leitungen nicht dem Privatrecht – und damit Art. 676 Abs. 2 ZGB –, sondern öffentlichem kantonalem Recht unterstehen.[131]

So kann gemäss § 7 Abs. 1 der Ausführungsbestimmungen der IWB Industrielle Werke Basel betreffend die Abgabe von Fernwärme[132] Privatareal für Leitungen in Anspruch genommen werden, wodurch die erforderlichen Rechte durch Enteignung erworben werden können. Die so verlegten Leitungen stehen dann weiterhin im Eigentum des Fernwärmenetzbetreiber, denn Anlageteile gehen nicht in das Eigentum des Benützenden des Fernwärmenetzes, also etwa der Hauseigentümerinnen und Hauseigentümer, über (vgl. § 15 Abs. 2 der Ausführungsbestimmungen der IWB Industrielle Werke Basel betreffend die Abgabe von Fernwärme). Folglich ist der Fernwärmenetzbetreibende aufgrund des Eigentums am Netz dazu verpflichtet, für den geeigneten Unterhalt zu sorgen (vgl. § 16 Abs. 1 der Ausführungsbestimmungen der IWB Industrielle Werke Basel betreffend die Abgabe von Fernwärme). Beim Betrieb und Unterhalt des Fernwärmenetzes muss zwischen verschiedenen Teilen des Netzes unterschieden werden: Es gibt das Versorgungsnetz und die Anschlussleitungen sowie die Hausinstallationen. Ersteres bezeichnet diejenigen Leitungen, die in der Regel auf öffentlichem Grund bestehen und schliesslich für die Speisung der Anschlussleitungen bestimmt sind (vgl. § 11 Abs. 2 und 3 der Ausführungsbestimmungen der IWB Industrielle Werke Basel betreffend die Abgabe von Fernwärme). Der Unterhalt und Betrieb sowie die damit zusammenhängenden Kosten an diesem Versorgungsnetz obliegen dem Fernwärmenetzbetreiber (vgl. §§ 12 und 16 der Ausführungsbestimmungen der IWB Industrielle Werke Basel betreffend die Abgabe von Fernwärme). Auch für die Anschlussleitungen, also diejenigen Leitungen, die vom Versorgungsnetz bis zu den Absperrventilen am Haus reichen (vgl. § 17 der Ausführungsbestimmungen der IWB Industrielle Werke Basel betreffend die Abgabe von Fernwärme), gilt, dass die Arbeiten daran und die damit zusammenhängenden Kosten vom Fernwärmenetzbetreiber zu übernehmen sind (vgl. §§ 18 Abs. 1 und 23 der Ausführungsbestimmungen der IWB Industrielle Werke Basel betreffend die Abgabe von Fernwärme). Im Gegensatz dazu sind Arbeiten und Kosten an den Haus-

---

[131] Zum Ganzen: HAUSER, Leitungen zwischen privatem und öffentlichem Sachenrecht, 234.
[132] Ausführungsbestimmungen der IWB Industrielle Werke Basel betreffend die Abgabe von Fernwärme (SG 772.600).

installationen, namentlich alle dem Wärmebezug dienenden Anlageteile nach den Absperrventilen, von den Hauseigentümerinnen und Hauseigentümer zu übernehmen, wobei der Fernwärmenetzbetreibende diese kontrollieren kann (vgl. §§ 24, 25, 26 und 27 der Ausführungsbestimmungen der IWB Industrielle Werke Basel betreffend die Abgabe von Fernwärme). Zusammenfassend trägt der Fernwärmenetzbetreibende die Arbeiten und Kosten bezüglich des Versorgungsnetzes und der Anschlussleitungen, während die Hauseigentümerinnen und Hauseigentümer als Fernwärmebezügerinnen und Fernwärmebezüger alle Arbeiten und Kosten nach den Absperrventilen zu übernehmen haben.

Obwohl die vorstehend aufgeführten Ausführungsbestimmungen für die IWB gelten, sind sie auch analog auf die WVR anwendbar. Denn der Interviewpartner 1 führte ebenfalls auf, dass der Unterhalt und Betrieb des Fernwärmenetzes bis zu den Absperrarmaturen der WVR obliegt und danach in der Verantwortung des Wärmebezügers liegt.[133]

B. Deutschland

Der Verein Deutscher Ingenieure e.V. (VDI) hat Richtlinien zur thermischen Nutzung des Untergrundes von eingekoppelten Wärmepumpanlagen erlassen. Für die Planung und den Unterhalt von oberflächennahen Geothermie-Anlagen ist dieser Leitfaden für Wärmenetzbetreibende zentral.[134]

Die Richtlinien der VDI enthalten Richtwerte für den jährlichen Unterhalt von geothermischen Wärmeanlagen und Wärmenetzen, welche Wärmenetzbetreibende als Eigentümerinnen und Eigentümer der Wärmeanlagen und Wärmenetzen einhalten sollten. Die prozentuale jährliche Investition in Bezug auf die ursprünglich getätigte Investitionssumme ist wie folgt: 1% pro Jahr für Wärmenetze; 2–3% pro Jahr für Heizkessel; und 10% pro Jahr für Mess-, Steuerungs- und Regelungstechnik.

Wie die Interviewpartner 2 ausführen, müssen bei den Wärmenetzen unter anderem die Schieber getätigt und gewartet, Entlüftungen begangen und bei Leckwarnungen reagiert werden. Dabei ist die Wartung nicht konstant, sondern erhöht sich tendenziell mit dem Alter des Wärmenetzes. Da Netze meist unter der Strasse gebaut werden, ist es äusserst kostenintensiv, wenn die Strasse aufgerissen oder Leitungen eingefroren werden müssen. Bei guter Qualität des Netzes ist

---

[133] INTERVIEWPARTNER 1.
[134] BUNDESVERBAND GEOTHERMIE, Die neue VDI-Richtlinie 4640 Blatt 2 für oberfächennahe Geothermie.

es jedoch möglich, dass die ersten 10–20 Jahre keine grösseren Schäden entstehen; wenn die ganze Anlage aber saniert werden muss, entstehen sehr hohe Kosten.[135]

C. Vergleich der Regelungen betreffend Unterhalt und Betrieb

Beim Unterhalt und Betrieb von Wärmenetzen gibt es erhebliche Unterschiede zwischen der Schweiz und Deutschland. In Deutschland sind die jährlichen Wartungsausgaben aufgrund der Richtlinien der VDI klar nachvollziehbar. Im Gegensatz dazu ist es in der Schweiz nicht notwendig, jährlich eine bestimmte Summe in den Unterhalt des Fernwärmenetzes zu investieren.

D. Unterhalt und Betrieb im Praxisbeispiel

Der Standard des Fernwärmenetzes auf Schweizer und deutscher Seite ist fast identisch. Die Leitung führt von Riehen bis zum Heizkraftwerk auf deutscher Seite, dieser Abschnitt des Netzes wurde mit dem BRANDES-System gebaut, welches auch auf Schweizer Seite verwendet wurde. Ab dem Heizkraftwerk, nach der hydraulischen Trennung, wurde das Fernwärmenetz in Lörrach mit einem anderen System gebaut. Die Aufteilung der Zuständigkeit in Bezug auf Unterhalt und Betrieb wurde an der Landesgrenze festgesetzt. Die WVR ist auf Schweizer Boden zuständig und die badenovaWÄRME*PLUS* auf deutschem Boden. Dabei investiert die badenovaWÄRME*PLUS* jährlich mindestens den vom VDI vorgeschriebenen Betrag. Neben dem Betrieb, der Instandhaltung, Betriebsoptimierung und Energiebeschaffung verfügt die badenovaWÄRME*PLUS* auch über einen 24-Stunden-Bereitschaftsdienst, um Störungen zu beseitigen. Im Gegensatz zur badenovaWÄRME*PLUS* investiert die WVR keinen jährlichen Fixbetrag in den Unterhalt des Wärmenetzes und schätzt die Kosten für Unterhalt und Betrieb im Allgemeinen als sehr niedrig ein.[136]

---

[135] INTERVIEWPARTNER 2.
[136] INTERVIEWPARTNER 1 und 2.

VIII. Subventionen

Nachdem eingangs aufgeführt wurde, welchen Stellenwert die Geothermie in der Schweiz und in Deutschland hat, soll nun dargelegt werden, inwiefern sich dieser Stellenwert auch in der Bereitstellung von Subventionen niederschlägt.

A. Schweiz

Die Förderung von geothermischen Anlagen und Wärmenetzen ist sowohl auf Bundes- als auch auf kantonaler Ebene geregelt. Auf *Ebene des Bundes* ist in Art. 34 Abs. 2 des CO_2-Gesetzes[137] und Art. 112 ff. CO_2-Verordnung[138] vorgesehen, dass Projekte zur Nutzung der Geothermie für die Wärmebereitstellung unterstützt werden können. Diese Unterstützung wird auch «Geothermie-Erkundungsbeiträge» genannt und ist im Grundsatz in Art. 33 EnG geregelt und wird zudem in der CO_2-Gesetzgebung konkretisiert (vgl. Art. 33 Abs. 3 EnG). Der Betrag entspricht höchstens 60 % der anrechenbaren Investitionskosten des Projekts (Art. 33 Abs. 1 EnG i.V.m. Art. 112 Abs. 2 CO_2-Verordnung) und darf 30 Mio. CHF nicht übersteigen (Art. 34 Abs. 2 CO_2-Gesetz). Diese Beiträge werden insbesondere für die Prospektion und Erschliessung von Geothermie-Reservoiren ausbezahlt (Art. 112 Abs. 1 CO_2-Verordnung). Es bedarf eines entsprechenden Gesuches beim Bundesamt für Energie (BFE), welches zur Prüfung des Gesuches und des Projekts ein unabhängiges Expertengremium aus bis zu sechs Fachpersonen beizieht (Art. 113 Abs. 3 CO_2-Verordnung). Die ausbezahlten Beiträge können gemäss Art. 113b CO_2-Verordnung i.V.m. Art. 28–30 des Subventionsgesetzes (SuG)[139] zurückgefordert werden, wenn etwa mit dem Betrieb der Anlage Gewinne erwirtschaftet werden, welche die Subventionen im Nachhinein unnötig erscheinen lassen oder das Projekt anderweitig genutzt und damit ein Gewinn erzielt wird. Nebst diesen Beiträgen setzt das CO_2-Gesetz in Art. 34 auch den Anreiz für Unternehmen, indem sie durch den Anschluss an ein Fernwärmenetz einen Anspruch auf Rückerstattung der CO_2-Abgabe erlangen können.[140]

---

[137] Bundesgesetz über die Reduktion der CO_2-Emissionen vom 23. Dezember 2011 (CO_2-Gesetz; SR 641.71).
[138] Verordnung über die Reduktion der CO_2-Emissionen vom 30. November 2021 (CO_2-Verordnung; SR 641.711).
[139] Bundesgesetz über Finanzhilfen und Abgeltungen vom 5. Oktober 1990 (Subventionsgesetz; SR 616.1).
[140] BUNDESRAT, Potenzial von Fernwärme- und Fernkälteanlagen, 19.

Art. 50 lit. c EnG sieht des Weiteren vor, dass der Bund Massnahmen zur Nutzung von Abwärme und ihrer Verteilung in thermischen Netzen unterstützen kann.[141] Diese Unterstützung erfolgt in erster Linie über die Globalbeiträge an Kantone (Art. 34 Abs. 3 CO_2-Gesetz). Die Voraussetzung für die Auszahlung von Globalbeiträgen an die Kantone ist, dass diese über eigene Förderprogramme im Bereich der erneuerbaren Energie und Energieeffizienz verfügen (Art. 34. Abs. 3 lit. a CO_2-Gesetz).[142]

Die Förderungsmassnahmen im *Kanton Basel-Stadt* werden im kantonalen Energiegesetz festgehalten (EnG/BS). In § 20 wird explizit festgehalten, dass Förderbeiträge für Anlagen zur Gewinnung von erneuerbarer Energie – etwa also auch für geothermische Anlagen – ausbezahlt werden. Für grössere Anlagen zur Nutzung erneuerbarer Energien werden gemäss § 24 Abs. 1 EnG/BS die kantonalen Beiträge individuell festgesetzt. Zudem werden gemäss § 23 Abs. 1 EnG/BS auch Beiträge an Hauseigentümerinnen und Hauseigentümer ausbezahlt, die sich Anlagen mit erneuerbarer Energie anschliessen. Dieser Beitrag umfasst rund 10% bis 40% der Investitionskosten.

Im Rahmen der kantonalen Förderbeiträge gilt es anzufügen, dass in der Stadt Basel im Jahr 2021 eine Motion Dominique König-Lüdin und Konsorten verabschiedet wurde. Diese hat zum Inhalt, dass in der Stadt Basel durch die IWB der Ausbau von Wärmenetzen vorangetrieben und gefördert werden soll.[143] Dazu sollen gemäss Aussagen des Interviewpartners 1 Defizitgarantien und Darlehen als Mechanismen herbeigezogen werden.[144] Insgesamt handelt es sich dabei um einen Zuspruch von rund 460 Mio. CHF für den Ausbau der Wärmenetze.[145] Wie erwähnt, gilt diese Motion ausschliesslich für die Stadt Basel (und folglich nicht für die Gemeinden Riehen und Bettingen, welche ebenfalls zum Kanton Basel-Stadt gehören). Allerdings hat der Regierungsrat des Kantons Basel-Stadt anerkannt, dass die Postulate der Motion König-Lüdin auch die Gemeinde Riehen und damit die WVR betreffen.[146] Folglich ist vorgesehen, dass das Modell, welches gemäss der Motion für die IWB zum Ausbau des Wärmenetzes gilt, für die WVR in ähnlicher

---

[141] Ebd.
[142] BUNDESRAT, Potenzial von Fernwärme- und Fernkälteanlagen, 20.
[143] REGIERUNGSRAT DES KANTONS BASEL-STADT, Motion Dominique König-Lüdin und Konsorten betreffend «Ausbau Fern- und Wärmenetze», 4.
[144] INTERVIEWPARTNER 1.
[145] Ebd.
[146] REGIERUNGSRAT DES KANTONS BASEL-STADT, Ratschlag betreffend Ausbau der leitungsgebundenen Wärmeversorgung durch die IWB sowie Bericht zur Motion Dominique König-Lüdin und Konsorten betreffend Ausbau Fern- und Wärmenetze, 37.

Weise Anwendung finden soll.[147] Aktuell ist allerdings noch keine konkrete Lösung für die Gemeinde Riehen ausgearbeitet worden.

B. Deutschland

Die deutsche Regierung stellt jährlich beträchtliche Mittel zur Forschung und Entwicklung von Geothermie bereit. Dem BMWi ist die Erhöhung der Bekanntheit und Akzeptanz genauso wichtig wie die Reduzierung von Energieerzeugungskosten. Deshalb haben die Zuschüsse das Ziel das Fündigkeitsrisiko von Reservoirs zu reduzieren und die anfallenden Kosten zu minimieren, um es attraktiver für Investoren zu gestalten.[148] Im Jahr 2019 wurden 25 Forschungsprojekte mit einer Summe von 24,10 Mio. EUR bewilligt; diese beziehen sich jedoch nicht ausschliesslich auf die geothermische Wärmenutzung.[149]

Grössere, förderungswürdige Projekte unterstützt das KfW im Rahmen des «Erneuerbare Energien – Premium Tiefengeothermie»-Programms. Die Unterstützung wird in Form von zinsgünstigen Darlehen und Tilgungszuschüssen an Unternehmen, Genossenschaften, Privatpersonen, Landwirte und Kommunen erteilt. Das Förderprogramm wird vom Bundesministerium für Wirtschaft und Klimaschutz finanziert.[150]

Die Voraussetzung für die Förderung ist, dass es sich um eine Anlage mit einer Bohrtiefe von mehr als 400 Metern handelt und das Thermalfluid eine Temperatur von mindestens 20 Grad Celsius und einer Wärmeleistung von mindestens 0,3 MWh aufweist. Ausserdem ist zu beachten, dass die Förderung nur für Anlagen, die überwiegend der Deutschen Bundesrepublik dienen, gewährt werden. Wenn diese Voraussetzungen erfüllt sind, können Antragssteller bis zu 25 Mio. EUR pro Vorhaben erhalten, wobei bis zu 80% der förderfähigen Nettoinvestitionskosten als Darlehen finanziert werden. Abweichend kann ein zweckgebundenes Rahmendarlehen mit Tilgungszuschuss beantragt werden.[151]

---

[147] Ebd.
[148] BUNDESANZEIGER, Bekanntmachung Bundesministerium für Wirtschaft und Energie, Förderbekanntmachung Angewandte nichtnukleare Forschungsförderung im 7. Energieforschungsprogramm «Innovationen für die Energiewende».
[149] BUNDESMINISTERIUM FÜR WIRTSCHAFT UND ENERGIE, Bundesbericht Energieforschung 2020, 36.
[150] KFW, Merkblatt – Erneuerbare Energien «Premium», 1.
[151] Zum Ganzen: Ebd, 4.

Für den Ausbau von Wärmenetzen, welche Wärme mittels Tiefengeothermie-Anlagen erzeugen, gewährt die KfW EUR 60 pro errichteten Meter bis zu einem Maximalbetrag von 1,5 Mio. EUR. Zusätzlich können je EUR 1'800 pro Hausübergabestation gefördert werden, solange kein kommunaler Anschlusszwang besteht.[152]

Die Bundesregierung hat das Ziel, bis 2030 den Anteil erneuerbarer und klimaneutraler Wärmequellen in den Wärmenetzen auf 30% auszuweiten. In diesem Zusammenhang wurde vom BMWi die Bundesförderung effiziente Wärmenetze (BEW) entworfen. Gemäss der Eröffnungsbilanz Klimaschutz wird das BMWi die Bundesförderung unmittelbar nach der beihilferechtlichen Genehmigung in Kraft setzen und ihre Finanzierung aufstocken.[153]

Innerhalb der geplanten Laufzeit soll eine Gesamtinvestition von 690 Mio. EUR getätigt werden. Dabei wurden die Förderbeiträge in vier Kategorien unterteilt, d.h. Machbarkeitsstudie, Realisierung, Informationsmassnahmen und Capacity Building. In einem ersten Schritt sollen Machbarkeitsstudien mit bis zu 60% der förderfähigen Ausgaben und einer Summe von maximal EUR 600'000 unterstützt werden. In einem zweiten Schritt sollen die förderfähigen Ausgaben mit bis zu 50% bezuschusst werden, mit einem Maximalbetrag von 15 Mio. EUR. Zusätzlich können Massnahmen zur Kundengewinnung im jeweiligen Gebiet mit bis zu 80% der förderfähigen Kosten und maximal EUR 200'000 gewährt werden. Kosten für Hochschulen, Forschungs- und Wissenschaftseinrichtungen im Rahmen nichtwirtschaftlicher Tätigkeiten in Kooperation mit Antragsteller unter der Kategorie «Realisierung» werden mit einem Zuschuss von maximal 1 Mio. EUR unterstützt.[154]

Mit der Förderung von Einzelmassnahmen nach dem BEG subventioniert der Bund zudem den Anschluss an ein Wärmenetz. Dabei ist der Fördersatz vom Prozentsatz an erneuerbarer Energie des Wärmenetzes abhängig. Zusätzlich kann durch eine Ersetzung einer Ölheizung oder energetische Sanierungsmassnahme der Prozentsatz der Förderung erhöht werden.[155]

---

[152] Zum Ganzen: Ebd, 9.
[153] Zum Ganzen: BUNDESMINISTERIUM FÜR WIRTSCHAFT UND KLIMASCHUTZ, Pressemitteilung, Habeck legt Eröffnungsbilanz Klimaschutz vor «Müssen Geschwindigkeit der Emissionsminderung verdreifachen.».
[154] Zum Ganzen: BUNDESMINISTERIUM FÜR WIRTSCHAFT UND AUSFUHRKONTROLLE, Energie, Energieeffizienz, Bundesförderung für effiziente Wärmenetze (Wärmenetzsystem 4.0).
[155] Zum Ganzen: BUNDESAMT FÜR WIRTSCHAFT UND ENERGIE, Richtlinie für die Bundesförderung für effiziente Gebäude – Einzelmassnahmen (BEG EM).

C. Vergleich der Subventionen in Deutschland und der Schweiz

Die Schweiz und Deutschland unterscheiden sich klar in ihrer Förderung der Geothermie. Während in der Schweiz sowohl der Bau und Betrieb der Anlage als auch des Wärmenetzes gefördert werden, beschränkt sich die Förderung in Deutschland auf den Bau der Anlage. Dies führt dazu, dass der Anreiz, eine Geothermie-Anlage zu bauen, geringer ist als in der Schweiz.

D. Subventionen im Praxisbeispiel

Im Praxisbeispiel Riehen/Lörrach wurde der WVR bei der Gründung des Wärmeverbundes 4 Mio. CHF zugesprochen. Dies mit der Auflage, dass nach fünf Jahren, sollte sie einen hohen Gewinn erzielen, ein Teil des Betrags zurückgezahlt werden müsste. Im Jahr 2014 wurde eine Standortanalyse gemacht, bei welcher die WVR darlegen konnte, dass die Anlage keinen hohen Gewinn abgeworfen hatte. Darauffolgend wurden 3 Mio. CHF definitiv zugesprochen und entschieden, dass man über die verbleibende 1 Mio. CHF fünf Jahre später befinden werde. Im Jahr 2019 wurde auch die 1 Mio. CHF definitiv zugesprochen.[156]

Für das neue Projekt «geo2riehen» bezahlt der Bund 60% der Erkundungskosten (vgl. Art. 34 Abs. 2 CO_2-Gesetz). Dies wurde aufgrund eines Gesuchs der WVR zugesprochen.[157]

Gemäss Verwaltungsrat der WVR kann sie Netzerweiterungen nur tätigen, wenn die Haushalte schriftlich eine Bestellung für Wärmeabnahmen getätigt haben. Es gibt jedoch Gebiete, bei denen es noch nicht möglich ist für die Eigentümerschaften, solch einer Wärmenutzung zuzustimmen. In solchen Fällen bürgt das Amt für Energie und Umwelt des Kantons Basel-Stadt. Diese Subventionen werden einzeln beim Kanton beantragt.[158]

Der Interviewpartner 1 führte aus, dass die Liegenschaftseigentümerinnen und -eigentümer für den Anschluss ans Wärmenetz Subventionen beantragen können. Beispielsweise könnte der Bau eines Anschlusses CHF 25'000 kosten, davon wird CHF 10'000 als Anschlussbeitrag der/dem Eigentümerin/Eigentümer verrechnet. Die/der Eigentümerin/Eigentümer kann sich rund die Hälfte, d.h. CHF 5'000, vom Amt für Umwelt und Energie zurückerstatten lassen. Früher wurden diese

---

[156] Zum Ganzen: INTERVIEWPARTNER 1.
[157] Zum Ganzen: Ebd.
[158] Zum Ganzen: BUNDESAMT FÜR WIRTSCHAFT UND ENERGIE, Richtlinie für die Bundesförderung für effiziente Gebäude – Einzelmassnahmen (BEG EM), 7.

Subventionen an die WVR bezahlt, um günstige Anschlüsse zu ermöglichen, neu wird es direkt mit dem Eigentümer abgewickelt.[159]

Der badenovaWÄRME*PLUS* wurden gemäss Aussagen der Interviewpartner 2 bisher keine Förderbeiträge in Bezug auf die grenzüberschreitende Wärmenetzanlage in Lörrach zur Verfügung gestellt.[160]

IX. Zukünftiges Potenzial grenzüberschreitender Geothermie

Das Gebiet, welches für die geothermische Wärmeerzeugung geeignet ist, macht keinen Halt an der Grenze. Aus diesem Grund bergen grenzüberschreitende geothermische Wärmenetze vor dem Hintergrund der Erreichung von Energiestrategien ein grosses Potenzial.

A. Wärmelieferung aus Deutschland in die Schweiz

Diese Arbeit hat sich primär mit der Wärmelieferung aus der Schweiz an Deutschland auseinandergesetzt. Es gäbe jedoch auch das Potenzial, Wärme aus Deutschland zu beziehen.

In Bezug auf das Praxisprojekt gab es wiederholt Momente, in denen es sinnvoll gewesen wäre, Wärme von Deutschland an die Schweiz zu liefern, wie die Interviewpartner 2 ausgeführt haben. Aufgrund der Energieziele der Schweiz war es in der Vergangenheit jedoch nicht möglich, diese Option weiterzuverfolgen. Die badenovaWÄRME*PLUS* hat momentan in der Grenzregion zu Riehen keine Wärmenetze, die mit geothermischer oder anderer erneuerbarer Wärme versorgt werden. Die potenzielle Wärmelieferung aus Deutschland würde somit primär Wärme aus dem Blockheizkraftwerk (BKW) umfassen; die WVR kann aber nur erneuerbare Energie annehmen. Allgemein hat Deutschland momentan erst ca. 15 % erneuerbare Wärme, im Fall Lörrach sind es sogar 0 %. Es ist davon auszugehen, dass sich dieser Prozentsatz in der Zukunft stark verändern wird, da beide Länder strikte Energieziele verfolgen (vgl. oben II.).[161]

---

[159] Zum Ganzen: INTERVIEWPARTNER 1.
[160] INTERVIEWPARTNER 2.
[161] Zum Ganzen: INTERVIEWPARTNER 2.

Im Allgemeinen ist anzumerken, dass beide Vertragsparteien gemäss Aussagen der Interviewpartner 1 und 2 einer Wärmelieferung aus Deutschland positiv gegenüberstehen und die technischen Voraussetzungen gegeben wären.[162] Auch hat der Gemeinderat und der Teilrichtplan Energie des Kantons Basel-Stadt klare Auflagen an die WVR gemacht, den Kontakt mit den Parteien in Lörrach aufrechtzuerhalten und weiterzuverfolgen.[163]

B. Verbindungsnetz zwischen deutschen Gemeinden

Das Wärmenetz in der Gemeinde Riehen ist mittlerweile stark ausgebaut und wird durch das Projekt «geo2riehen» noch erweitert. Die WVR sieht dabei die Möglichkeit, dass das bestehende Netz auf Schweizer Boden als Verbindung zwischen den deutschen Gemeinden verwendet werden könnte. Somit könnte Wärme etwa von Grenzach-Wyhlen nach Lörrach über das Schweizer Netz geliefert werden.[164]

Auch die deutsche Vertragspartei steht einem allfälligen Verbindungsnetz offen gegenüber, da sie stets auf der Suche nach Optimierungen und Ausschöpfungen von technischen Möglichkeiten sind.[165]

X. Hindernisse für die grenzüberschreitende Geothermie

Der Ausschöpfung des Potenzials grenzüberschreitender Geothermie stehen auch einige Hindernisse bei der Zusammenarbeit entgegen.

A. Politik

In der politischen Agenda ist die grenzüberschreitende Zusammenarbeit je nach Region verschieden hoch angeordnet. In Riehen und Lörrach, welche Grenzregionen darstellen, ist es ein zentrales Thema. So gibt es verschiedene Verbände, die sich dem Thema widmen. Ein Beispiel ist der gemeinnützige Verein Trion-

---

[162] INTERVIEWPARTNER 1 und 2.
[163] KANTON BASEL-STADT, Kantonaler Richtplan, Teilrichtplan Energie, 91.
[164] INTERVIEWPARTNER 1.
[165] INTERVIEWPARTNER 2.

climate e.V, ein deutsch-französisch-schweizerisches Netzwerk für Energie- und Klimaakteure.[166]

Trotzdem ist die grenzüberschreitende Zusammenarbeit aus politischer Sicht nicht hürdenfrei, insbesondere in Bezug auf die Geothermie. Aufgrund des Vorfalls in Staufen und dem Erdbeben in Basel (vgl. oben II.) wird die geothermische Frage nicht nur von der breiten Bevölkerung, sondern auch von der Politik kritisch hinterfragt. Im Praxisbeispiel wollte man etwa für den Bau der «geo2riehen» Messungen in vier Gemeinden auf deutschem Boden durchführen.[167] Durch die ablehnende Einstellung der Politik und den damit zusammenhängenden komplizierten Bewilligungsverfahren beschränkte man sich schliesslich auf die Messung in einer einzigen deutschen Gemeinde.[168] Diese Abneigung trübt die Beziehungen der Parteien und erschwert den periodischen Austausch. Langfristig ist dies von grosser Bedeutung, da grenzüberschreitende Infrastrukturprojekte nur durch gegenseitiges Interesse und Goodwill vorangetrieben werden können.

B. Finanzen

Bei der Preisgestaltung von geothermischer Wärme unterscheidet sich die Praxis der beiden Länder. Die WVR berechnet den Preis basierend auf der Eignerstrategie der Gemeinde Riehen.[169] Dabei werden die Gesamtkosten auf alle Wärmebezüger verteilt.[170] In Deutschland wird der Preis gemäss Aussage der Interviewpartner 2 nach Preisgleitformeln berechnet, welche von Indexen abhängen.[171] Im Praxisbeispiel hängt die Berechnung des Wärmepreises vom Heizöl-Index ab, d.h. wenn der Heizöl-Index fällt, dann fällt auch der Wärmepreis. Zu Beginn der Zusammenarbeit der WVR und der badenovaWÄRME*PLUS* führte dies zu Konfusionen auf deutscher Seite.[172] Zusätzlich unterscheiden sich die CO_2-Abgaben und die Währungskurse können den Preis stark beeinflussen.[173] Diese Faktoren haben zur Folge, dass grosse Preisdifferenzen entstehen können, welche sich negativ auf die Zusammenarbeit auswirken. Dies resultierte etwa im Auslaufenlassen des ur-

---

[166] TRION-CLIMATE E.V., Netzwerk.
[167] INTERVIEWPARTNER 1.
[168] Ebd.
[169] Ebd.
[170] Ebd.
[171] INTERVIEWPARTNER 2.
[172] INTERVIEWPARTNER 1.
[173] INTERVIEWPARTNER 2.

sprünglich bestandenen Wärmeliefervertrags zwischen der WVR und der badenovaWÄRME*PLUS*.[174]

C. Regularien wie beispielsweise Zoll

Technisch gibt es grosses Potenzial für die grenzüberschreitende Wärmelieferung. Dem stehen aber viele Regularien wie beispielsweise Genehmigungen, Dienstbarkeiten, Haftungsfragen und Gesellschaftsgründungen gegenüber, welche die Zusammenarbeit erschweren. Im Praxisbeispiel musste zu Beginn des Projektes eine Zollanmeldung getätigt werden.[175] Es stellte sich heraus, dass das Recht den Import und kurz nachfolgenden Export von Wasser nicht vorgesehen hatte und somit kein passendes Formular vorhanden war.[176] Der Formalismus, welcher folgte, um die Formulare bei den Zollbehörden in Bern und Berlin anzupassen, stellte eine enorme Hürde dar.[177]

XI. Handlungsempfehlungen für die grenzüberschreitende Zusammenarbeit

Anhand der vorstehenden Ausführungen betreffend Potenzial und Hindernissen sowie den Erkenntnissen aus den Interviews lassen sich einige Handlungsempfehlungen ableiten, um das Potenzial grenzüberschreitender geothermischer Wärmenetze ausschöpfen zu können.

Als Erstes müssten die *politischen Rahmenbedingungen* in Grenzregionen aufeinander abgestimmt werden, damit neue Projekte nicht dazu führen, dass zuerst in den unterschiedlichen Ländern die politische Akzeptanz dafür geschaffen werden muss. Diesbezüglich könnte allenfalls die Gründung eines entsprechenden Vereins im Sinne einer Interessengemeinschaft für neue Geothermieprojekte dazu beitragen, durch Lobbying die notwendige Aufmerksamkeit in der Politik auf dieses Problem zu lenken und damit die grenzüberschreitende Zusammenarbeit voranzutreiben.

Des Weiteren gilt es, die Preis- und Währungsunterschiede zu überwinden. Dazu bedarf es einer gewissen Flexibilität auf beiden Seiten der Grenze, damit nicht der

---

[174] Ebd.
[175] INTERVIEWPARTNER 1.
[176] Ebd.
[177] INTERVIEWPARTNER 2.

Wille besteht, nur die eigene Berechnungsmethode durchzusetzen, sondern eine Kompromissbereitschaft besteht, die *Preisberechnung* im grenzüberschreitenden Kontext differenziert anzusetzen. In Bezug auf die Währungsunterschiede ist eine Lösung schwierig zu finden. Allerdings wäre eine Möglichkeit, dass die Vertragsparteien nur in ihrer Landeswährung bezahlen.

Diese *Flexibilität* ist nicht nur im Bereich der Preisfestsetzung erforderlich, sondern generell in der grenzüberschreitenden Zusammenarbeit, insbesondere in Bezug auf unterschiedliche Regularien. Wie in den vorstehenden Kapiteln aufgeführt, bestehen in allen Bereichen – beispielsweise bei der Haftung, Unterhalt und Betrieb sowie den Subventionen – Differenzen in den verschiedenen Ländern. Diese Regularien und etwa damit zusammenhängende Genehmigungsverfahren oder Zollformulare verlangsamen die grenzüberschreitende Zusammenarbeit und können die Parteien gar davor abschrecken, eine solche Zusammenarbeit in Erwägung zu ziehen. Damit aber das dort vorhandene Potenzial genutzt werden kann, braucht es flexiblere Lösungen, die im Einzelfall in grenzüberschreitenden Projekten angewendet werden können. Denn speziell für die Ausschöpfung des geothermischen Potenzials, das abhängig davon ist, ob der Erdboden für die geothermische Wärmeerzeugung geeignet ist und keinen Halt an der Grenze macht, kann eine funktionierende grenzüberschreitende Zusammenarbeit von zentraler Bedeutung sein.

Zudem ist auch der regelmässigen und klaren *Kommunikation* zwischen den zuständigen Behörden im grenzüberschreitenden Kontext eine enorme Wichtigkeit zuzuordnen. Denn nur wenn man weiss, welche Bedürfnisse oder Hindernisse auf der anderen Seite der Grenze bestehen, kann reagiert und ein entsprechendes Projekt weiter vorangetrieben werden. Die notwendige Kommunikation betrifft allerdings nicht nur die Beziehung der zuständigen Behörden, sondern auch diejenige gegenüber der wohnhaften Bevölkerung. Wie in Kapitel II. ausgeführt, ist die Gewinnung der Akzeptanz der Bevölkerung gegenüber der Geothermie von zentraler Bedeutung, damit solche Projekte überhaupt zustande kommen können. Hier bedarf es einer grenzüberschreitenden Zusammenarbeit, damit die Behörden auf beiden Seiten der Grenze koordiniert dieselben Informationen mit derselben Vehemenz an die Bevölkerung weitergeben.

Schliesslich sind auch *Subventionen* der beiden Länder so auszugestalten, dass sie auch für grenzüberschreitende Projekte beantragt werden können, selbst wenn damit ein Teil der erzeugten Wärme nicht dem jeweiligen Land zugutekommt. Denn schliesslich profitieren beide Länder von einem solchen grenzüberschreitenden geothermischen Wärmenetz – sei es in Bezug auf die Gewinnung geothermischer und damit erneuerbarer Wärme oder bloss in Bezug auf die generell verbesserte Zusammenarbeit mit einem Nachbarland.

XII. Fazit

Dieser Beitrag hat gezeigt, dass die geothermische grenzüberschreitende Zusammenarbeit einfach und pragmatisch ausgestaltet werden kann. Nach den obigen Ausführungen wird deutlich, dass es sich beim grenzüberschreitenden Fernwärmenetz in Riehen und Lörrach um eine einzelvertragliche grenzüberschreitende Zusammenarbeit handelt, die aufgrund von technischen Bedürfnissen, namentlich der Verwendung von überschüssig erzeugter Wärme in den Sommermonaten, entstanden ist. In Bezug auf die ausgeführten Punkte betreffend Haftung sowie Unterhalt und Betrieb wird deutlich, dass die Zusammenarbeit in einem grenzüberschreitenden Kontext trotz der Unterschiede der beiden Länder sehr pragmatisch ausgestaltet ist. So ist etwa im Bereich des Unterhalts und des Betriebs jede Vertragspartei lediglich für ihre Seite zuständig. Auch der Umstand, dass sich die aktuell bestehende grenzüberschreitende Zusammenarbeit ausschliesslich auf die WVR und die badenovaWÄRME*PLUS* als Vertragsparteien beschränkt, vereinfacht die Kommunikation und trägt massgeblich zum Gelingen dieser Zusammenarbeit bei. Die Einfachheit der grenzüberschreitenden Zusammenarbeit hängt auch damit zusammen, dass Geothermie insbesondere in Deutschland noch ein Nischenbereich im Bereich der Wärmeerzeugung darstellt, weshalb grenzüberschreitend keine rechtlichen Grundlagen für eine Zusammenarbeit bestehen. Deshalb wird die Zusammenarbeit den einzelnen Vertragsparteien überlassen.

Dennoch bestehen bei der grenzüberschreitenden Zusammenarbeit in Bezug auf geothermische Fernwärmenetze auch zahlreiche Hürden, die der Nutzung des grundsätzlich vorhandenen technischen Potenzials im Wege stehen. So erschweren etwa Preisunterschiede, komplizierte und unterschiedliche Regularien sowie differenzierende politische Zielsetzungen das Vorantreiben grenzüberschreitender geothermischer Wärmenetze zwischen Deutschland und der Schweiz. Dem könnte unter anderem mit Subventionen, die auch für den Aufbau von grenzüberschreitenden Wärmenetzen verwendet werden können, entgegengewirkt werden. Schliesslich kommt insbesondere in Deutschland aus politischer Sicht der geothermischen Wärmeerzeugung kein allzu grosses Potenzial zu. Demnach treten geothermische Wärmenetze – und folglich speziell solche grenzüberschreitenden Projekte – eher in den Hintergrund, wenn es darum geht, die Energiestrategie umzusetzen. Damit aber die technischen Möglichkeiten, welche durch grenzüberschreitende geothermische Wärmenetze bestehen, ausgeschöpft werden können, bedarf es einer Priorisierung von Geothermie auf Bundesebene. Am Beispiel des Bundeslandes Bayern, wo bereits heute fast 50'000 Haushalte mit geothermischer Wärme versorgt werden[178], wird deutlich, dass die Geothermie auch in Deutschland einen wichtigen Anteil zur grossflächigen Wärmeversorgung beitragen kann und solche Projekte erfolgreich sind. Dadurch werden sie auch mittels entsprechender Kommunikation von der breiten Bevölkerung eher akzeptiert und vergangene Ereignisse, wie etwa Staufen, treten in den Hintergrund. Die allgemeine Priorisierung von Geothermie als Möglichkeit zur Wärmeversorgung in Deutschland würde den Grundstein dazu legen, auch die technischen Möglichkeiten im Bereich der grenzüberschreitenden Geothermie zu nutzen. Denn schliesslich braucht es für das Vorantreiben solcher grenzüberschreitenden Projekte nicht nur die technische Expertise, sondern vor allem die entsprechende politische Grundlage, den Willen einzelner Akteure sowie die Akzeptanz der Bevölkerung.

Literaturverzeichnis

ABEGG ANDREAS/SEFEROVIC GORAN, Steuerungsdefizite staatlicher Gesetzgebung in Bewilligungsverfahren der tiefen Geothermie, in: Seferovic et. al. (Hrsg.), Sicherheit & Recht 3/2019, S. 140–152 (Zürich/St. Gallen 2019).

AGEB AG ENERGIEBILANZEN E.V., Anwendungsbilanzen zur Energiebilanz Deutschland, <https://ag-energiebilanzen.de/wp-content/uploads/2020/10/ageb_20v_v1.pdf> (Abruf 20. April 2022).

AGENTUR FÜR ERNEUERBARE ENERGIEN, Akzeptanzumfrage 2021: Klimapolitik – Bürger*innen wollen mehr Erneuerbare Energien, <https://www.unendlich-viel-energie.de/themen/akzeptanz-erneuerbarer/akzeptanz-umfrage/akzeptanzumfrage-2021-klimapolitik-%e2%80%93-buergerinnen-wollen-mehr-erneuerbare-energien> (Abruf 27. April 2022).

AMT FÜR UMWELT UND ENERGIE, Energie, <https://www.aue.bs.ch/energie.html> (Abruf 14. April 2022).

BADENOVA, Geschäftsbericht 2020, <https://www.badenova.de/downloads/unternehmen/aktuelles-presse/publikationen/geschaefts-finanzbericht/geschaeftsbereicht-2020.pdf> (Abruf 25. April 2020).

BADENOVA, Gesellschafter und Anteile, <https://www.badenova.de/ueber-uns/wir-sind/gesellschaft/anteilseigner/> (Abruf 24. Mai 2022).

BADENOVAWÄRME*PLUS*, Wir kümmern uns darum, <https://www.badenovawaermeplus.de/anlagenbau-betrieb/anlagenbetrieb/> (Abruf 22. April 2022).

BADENOVAWÄRME*PLUS*, Wir über uns, <https://www.badenovawaermeplus.de/ueber-uns/> (Abruf 26. April 2022).

---

[178] BAYERISCHES STAATSMINISTERIUM FÜR WIRTSCHAFT, LANDESENTWICKLUNG UND ENERGIE, GEOTHERMIE – Energie aus dem Erdinnern.

BADEN-WÜRTTEMBERG – MINISTERIUM FÜR UMWELT, KLIMA UND ENERGIEWIRTSCHAFT, Leitlinien Qualitätssicherung Erdwärmesonden, <https://um.baden-wuerttemberg.de/fileadmin/redaktion/m-um/intern/Dateien/Dokumente/5_Energie/Erneuerbare_Energien/Geothermie/LQS_EWS/190601_Leitlinien_Qualitaetssicherung_Erdwaermesonden.pdf.pdf> (Abruf 23. April 2022).

BADEN-WÜRTTEMBERG – REGIERUNGSPRÄSIDIUM FREIBURG – LANDESAMT FÜR GEOLOGIE, ROHSTOFFE UND BERGBAU, Zuständigkeit für Tiefenbohrungen, <https://www.lgrb-bw.de/bergbau/zustaendigkeiten_der_landesbergdirektion/zustaendigkeiten_fuer_tiefbohrungen> (Abruf 24. Mai 2022).

BAYERISCHES STAATSMINISTERIUM FÜR WIRTSCHAFT, LANDESENTWICKLUNG UND ENERGIE, Geothermie – Energie aus dem Erdinnern, <https://www.energieatlas.bayern.de/thema_geothermie.html> (Abruf 11. Mai 2022).

BAYERISCHES STAATSMINISTERIUM FÜR WIRTSCHAFT, LANDESENTWICKLUNG UND ENERGIE, Tiefengeothermie, <https://www.stmwi.bayern.de/energie/erneuerbare-energien/tiefengeothermie/> (Abruf 15. Mai 2022).

BOMMER ET. AL. (Hrsg.), Kriterien für die Wahl der Rechtsform öffentlicher Unternehmen, Zeitschrift für juristische Weiterbildung und Praxis (Bern 2020) (zit. Abegg/Frei, S. 37–51).

BUNDESAMT FÜR ENERGIE, Energiepolitik, <https://www.bfe.admin.ch/bfe/de/home/politik/energiepolitik.html> (Abruf 14. April 2022).

BUNDESAMT FÜR ENERGIE, Geothermie, <https://www.bfe.admin.ch/bfe/de/home/versorgung/erneuerbare-energien/geothermie.html> (Abruf 14. April 2022).

BUNDESAMT FÜR UMWELT, Das Übereinkommen von Paris, <https://www.bafu.admin.ch/bafu/de/home/themen/klima/fachinformationen/klima–internationales/das-uebereinkommen-von-paris.htmll> (Abruf 14. Mai 2022).

BUNDESAMT FÜR WIRTSCHAFT UND ENERGIE, Richtlinie für die Bundesförderung für effiziente Gebäude – Einzelmassnahmen (BEG EM), <https://www.deutschland-machts-effizient.de/KAENEF/Redaktion/DE/PDF-Anlagen/BEG/bundesfoerderung-f%C3%BCr-effiziente-gebaeude-einzelmassnahmen-20210916.pdf?__blob=publicationFile&v=4> (Abruf 24. Mai 2022).

BUNDESANZEIGER, Bekanntmachung Bundesministerium für Wirtschaft und Energie, Förderbekanntmachung Angewandte nichtnukleare Forschungsförderung im 7. Energieforschungsprogramm «Innovationen für die Energiewende», <https://www.bmwk.de/Redaktion/DE/Downloads/B/bekanntmachung-forschungsfoerderung-im-7-energieforschungsprogramm.pdf?__blob=publicationFile&v=3> (Abruf 27. März 2022).

BUNDESMINISTERIUM FÜR UMWELT, NATURSCHUTZ, NUKLEARE SICHERHEIT UND VERBRAUCHERSCHUTZ, Aktionsprogramm Klimaschutz, <https://www.bmuv.de/themen/klimaschutz-anpassung/klimaschutz/nationale-klimapolitik/aktionsprogramm-klimaschutz#:~:text=Das%20Bundeskabinett%20hat%20am%203,Ziel%20aller%20Bundesregierungen%20seit%202002.> (Abruf 15. Mai 2022).

BUNDESMINISTERIUM FÜR UMWELT, NATURSCHUTZ, NUKLEARE SICHERHEIT UND VERBRAUCHERSCHUTZ, Der Klimaschutzplan 2050 – Die deutsche Klimaschutzlangfriststrategie,

<https://www.bmuv.de/themen/klimaschutz-anpassung/klimaschutz/nationale-klimapolitik/klimaschutzplan-2050> (Abruf 15. Mai 2022).

BUNDESMINISTERIUM FÜR WIRTSCHAFT UND AUSFUHRKONTROLLE, Energie, Energieeffizienz, Bundesförderung für effiziente Wärmenetze (Wärmenetzsystem 4.0), <https://www.bafa.de/DE/Energie/Energieeffizienz/Waermenetze/waermenetze_node.html> (Abruf 27. März 2022).

BUNDESMINISTERIUM FÜR WIRTSCHAFT UND ENERGIE, Bundesbericht Energieforschung 2020, <https://www.ptj.de/lw_resource/datapool/systemfiles/agent/ptjpublications/B2A7D273F91B3984E0537E695E862CD0/live/document/bundesbericht-energieforschung-2020.pdf> (Abruf 27. März 2022).

BUNDESMINISTERIUM FÜR WIRTSCHAFT UND ENERGIE, Energieeffizienz-Strategie 2050, <https://www.bmwk.de/Redaktion/DE/Publikationen/Energie/energieeffiezienzstrategie-2050.pdf?__blob=publicationFile&v=12> (Abruf 27. März 2022).

BUNDESMINISTERIUM FÜR WIRTSCHAFT UND KLIMASCHUTZ, Pressemitteilung, Habeck legt Eröffnungsbilanz Klimaschutz vor «Müssen Geschwindigkeit der Emissionsminderung verdreifachen.», <https://www.bmwk.de/Redaktion/DE/Pressemitteilungen/2022/01/20220111-habeck-legt-eroffnungsbilanz-klimaschutz-vor.html> (Abruf 27. März 2022).

BUNDESRAT, Potenzial von Fernwärme- und Fernkälteanlagen, Bericht des Bundesrates in Erfüllung des Postulates 19.4051, FDP-Liberale Fraktion, 18. September 2019, <https://www.newsd.admin.ch/newsd/message/attachments/69676.pdf> (Abruf 14. April 2022).

BUNDESVERBAND GEOTHERMIE, Akzeptanz, <https://www.geothermie.de/bibliothek/lexikon-der-geothermie/a/akzeptanz.html> (Abruf 27. April 2022).

BUNDESVERBAND GEOTHERMIE, Die neue VDI-Richtlinie 4640 Blatt 2 für oberflächennahe Geothermie, <https://www.geothermie.de/aktuelles/nachrichten/news-anzeigen/news/die-neue-vdi-richtlinie-4640-blatt-2-fuer-oberflaechennahe-geothermie.html#:~:text=Die%20VDI%204640%20ist%20die,dem%20Stand%20der%20Technik%20entsprach.> (Abruf 22. Mai 2022).

BUNDESVERBAND GEOTHERMIE, Staufen – Geothermieprojekt, <https://www.geothermie.de/bibliothek/lexikon-der-geothermie/s/staufen-geothermieprojekt.html> (Abruf 27. April 2022).

CONIM AG, Wärmeverbund Riehen AG: «ökonomische Analyse einer direkten Nutzung der Geothermie für die Wärmebereitstellung», <https://conim.ch/oekonomische-analyse-der-direkten-nutzung-der-geothermie/> (Abruf 14. April 2022).

EHRENZELLER BERNHARD ET AL. (Hrsg.), Die schweizerische Bundesverfassung, St. Galler Kommentar (3.A. Zürich/St. Gallen 2014) (zit. Morell/Vallender, Art. 74; zit. Schaffhauser/Uhlmann, Art. 89).

EJDERYAN OLIVIER/RUEF FRANZISKA/STAUFFACHER MICHAEL, Entanglement of Top-Down and Bottom-Up: Sociotechnical Innovation Pathways of Geothermal Energy in Switzerland, The Journal of Environment & Development, Januar 2020, S. 99-122.

ERDWÄRMERIEHEN, geo2riehen, <https://www.erdwaermeriehen.ch/erdwaerme-riehen/geo2riehen.html> (Abruf 15. Mail 2022).

ERDWÄRMERIEHEN, Unsere Wärmeproduktionsanlagen, <https://www.erdwaermeriehen.ch/erdwaerme-riehen/ueber-uns/unsere-anlagen.html> (Abruf 14. April 2022).

ERDWÄRMERIEHEN, Wärmeverbund Riehen AG, <https://www.erdwaermeriehen.ch/erdwaerme-riehen/ueber-uns/waermeverbund-riehen-ag.html> (Abruf 14. April 2022).

EUROPÄISCHER RAT, Pariser Klimaschutzabkommen, <https://www.consilium.europa.eu/de/policies/climate-change/paris-agreement/#:~:text=Das%20%C3%9Cberein kommen%20von%20Paris%20ist,L%C3%A4nder%20haben%20das%20%C3%9Cbereinkommen%20ratifiziert.> (Abruf 14. Mai 2022).

EUROPÄISCHER RAT, Rat beschliesst Europäisches Klimagesetz, <https://www.consilium.europa.eu/de/press/press-releases/2021/06/28/council-adopts-european-climate-law/> (Abruf 24. Mai 2022).

EUROPÄISCHER RAT, Tagung des Europäischen Rates (10. und 11. Dezember 2020) – Schlussfolgerungen, <https://www.consilium.europa.eu/media/47346/1011-12-20-euco-conclusions-de.pdf> (Abruf 24. März 2022).

EUROPÄISCHES PARLAMENT, Energiepolitik – allgemeine Grundsätze, <https://www.europarl.europa.eu/factsheets/de/sheet/68/energiepolitik-allgemeine-grundsatze> (Abruf 5. April 2022).

EUROPÄISCHES PARLAMENT, Europäische Verbünde für territoriale Zusammenarbeit (EVTZ), <https://www.europarl.europa.eu/factsheets/de/sheet/94/europaische-verbunde-fur-territoriale-zusammenarbeit-evtz-> (Abruf 14. April 2022).

EUROPEAN COMMISSION, Energy roadmap 2050, European Union, <https://doi.org/10.2833/10759>.

FISCHER WILLI/LUTERBACHER THIERRY (Hrsg.), Haftpflichtkommentar, Kommentar zu den schweizerischen Haftpflichtbestimmungen (Zürich/St. Gallen 2016) (zit. Niklaus/Knecht, S. 1940–1948).

FRICKE NORMAN: Gestattungsentgelte in der Fernwärmewirtschaft, <https://www.agfw.de/securedl/sdl-eyJ0eXAiOiJKV1QiLCJhbGciOiJIUzI1NiJ9.eyJpYXQiOjE2NTMzNjg5MjYsImV4cCI6MTY1MzQ1ODkyNiwidXNlciI6MCwiZ3JvdXBzIjpbMCwtMV0sImZpbGUiOiJmaWxlYWRtaW5cL3VzZXJfdXBsb2FkXC9aWNC9ZWNodFwvQXVmc2F0ZOel9Gcmlja2VfVfR2VzdGF0dHVuZ3NlbnRnZWx0ZV9SZEUxMC0yMDA5XzMyOWZmLnBkZiIsInBhZ2UiOjM0Nn0.oivvXVtvVQrnpAqBWss3As2ym5PxbpgsUO_AvM82N9E/Aufsatz_Fricke_Gestattungsentgelte_RdE10-2009_329ff.pdf> (Abruf 24. Mai 2022).

GEMEINDE RIEHEN, Eignerstrategie der Gemeinde Riehen für die Wärmeverbund Riehen AG, <https://www.riehen.ch/sites/default/files/documents/eignerstrategie-wvr-final_1.pdf> (Abruf 15. April 2022).

GEOTHERMIE SCHWEIZ, Geothermie deckt mindestens einen Viertel des Schweizer Wärmebedarfs, <https://geothermie-schweiz.ch/waermepotenzial/> (Abruf 5. Mai 2022).

GEOTHERMIE SCHWEIZ, Mehr als 4 TWh geothermische Wärme pro Jahr, <https://geothermie-schweiz.ch/geothermie/statistik/> (Abruf 14. April 2022).

GEOTHERMIE SCHWEIZ, Wir stehen auf Energie!, <https://geothermie-schweiz.ch/geothermie/geothermie-uebersicht/> (Abruf 5. Mai 2022).

HANDELSREGISTER KANTON BASEL-STADT, IWB Industrielle Werke Basel, <https://bs.chregister.ch/cr-portal/auszug/auszug.xhtml?uid=CHE-108.955.038> (Abruf 14. April 2022).

HANDELSREGISTER KANTON BASEL-STADT, Wärmeverbund Riehen AG, <https://bs.chregister.ch/cr-portal/auszug/auszug.xhtml?uid=CHE-115.116.712> (Abruf 14. April 2022).

HUSER MEINRAD, Leitungen zwischen privatem und öffentlichem Sachenrecht, Schweizerische Zeitschrift für Beurkundungs- und Grundbuchrecht, Heft 4 Juli/August 2016, S. 221–251.

INTERVIEWPARTNER 1.

INTERVIEWPARTNER 2.

KANTON BASEL-STADT, CO2-Emissionen, <https://www.umweltberichtbeiderbasel.bs.ch/indikatoren/indikatoren-uebersicht/8-klima/co2-emissionen.html> (Abruf 14. April 2022).

KANTON BASEL-STADT, Kantonaler Richtplan, Teilrichtplan Energie, <https://www.aue.bs.ch/energie/gebaeude-energie/energierichtplan.html> (Abruf 14. April 2022).

KFW, Merkblatt – Erneuerbare Energien «Premium», <https://www.kfw.de/PDF/Download-Center/F%C3%B6rderprogramme-(Inlandsf%C3%B6rderung)/PDF-Dokumente/6000002410_M_271_281_272_282.pdf> (Abruf 27. März 2022).

LIENIN DANIEL, Regelungsvorschlag zum Umgang mit Schäden der Tiefengeothermie, in: Seferovic et. al. (Hrsg.), Sicherheit & Recht 3/2021, S. 130–141 (Zürich/St. Gallen 2021).

REGIERUNGSRAT DES KANTONS BASEL-STADT, Motion Dominique König-Lüdin und Konsorten betreffend «Ausbau Fern- und Wärmenetze» (Basel 2018).

REGIERUNGSRAT DES KANTONS BASEL-STADT, Ratschlag betreffend Ausbau der leitungsgebundenen Wärmeversorgung durch die IWB sowie Bericht zur Motion Dominique König-Lüdin und Konsorten betreffend Ausbau Fern- und Wärmenetze (Basel 2020).

REY HEINZ/WILDHABER ISABELLE, Ausservertragliches Haftpflichtrecht (5.A. Zürich 2018).

SCHLEGEL STEPHAN, Schweizerisches Strafgesetzbuch Handkommentar (4.A. Bern 2020) (zit. Art. 144, S. 437–440).

STAUFEN – FAUSTSTADT IM BREISGAU, Hebungsrisse, <https://www.staufen.de/unsere+stadt/hebungsrisse> (Abruf 27. April 2022).

STORBECK DANIEL, Göttinger Schriften zum Öffentlichen Recht, Grenzüberschreitende kommunale Zusammenarbeit, Band 9 (Göttingen 2016).

STUTTGARTER ZEITUNG, Eine Stadt in Bewegung, <https://www.stuttgarter-zeitung.de/inhalt.die-geothermie-katastrophe-in-staufen-eine-stadt-in-bewegung.23172c5d-6aae-4a91-b131-5ae603c1a372.html> (Abruf 27. April 2022).

TRION-CLIMATE E.V., Netzwerk, <https://trion-climate.net/> (Abruf 14. Mai 2022).

Umweltbundesamt, CLIMATE CHANGE – Wege in eine ressourcenschonende Treibhausneutralität – RESCUE – Studie, <https://www.umweltbundesamt.de/sites/default/files/medien/1410/publikationen/rescue_studie_cc_36-2019_wege_in_eine_ressourcenschonende_treibhausgasneutralitaet_auflage2_juni-2021.pdf> (Abruf 27. März 2022).

UVEK, Energiestrategie 2050, <https://www.uvek.admin.ch/uvek/de/home/energie/energiestrategie-2050.html> (Abruf 14. April 2022).

Wärmeverbund Riehen AG, Geschäftsbericht 2018, <https://www.erdwaermeriehen.ch/dam/jcr:c08bc2ae-2e0b-455b-9d47-eacbaff80661/WVR_Geschaeftsbericht_2018.pdf> (Abruf 14. April 2022).

Weigel Alix, Perspektiven zur rechtlichen Flexibilisierung der grenzüberschreitenden Zusammenarbeit am Oberrhein, in: Tschudi et. al. (Hrsg.), SzGZ – Schriften zur grenzüberschreitenden Zusammenarbeit, Band Nr. 15 (Zürich/St. Gallen 2019).

Erlassverzeichnis

Nationale Gesetze und Verordnungen

Bundesverfassung der Schweizerischen Eidgenossenschaft vom 18. April 1999 (SR 101)

Bundesgesetz betreffend die Ergänzung des Schweizerischen Zivilgesetzbuches (Fünfter Teil: Obligationenrecht) vom 30. März 1911 (SR 220)

Bundesgesetz über den Umweltschutz vom 7. Oktober 1983 (Umweltschutzgesetz, SR 814.01)

Bundesgesetz über die Raumplanung vom 22. Juni 1979 (Raumplanungsgesetz; SR 700)

Bundesgesetz über die Reduktion der CO_2-Emissionen vom 23. Dezember 2011 (CO_2-Gesetz; SR 641.71)

Bundesgesetz über Finanzhilfen und Abgeltungen vom 5. Oktober 1990 (Subventionsgesetz; SR 616.1)

Bundesgesetz über Kartelle und andere Wettbewerbsbeschränkungen vom 6. Oktober 1995 (Kartellgesetz; SR 251)

Energiegesetz vom 30. September 2016 (SR 730.0)

Preisüberwachungsgesetz vom 20. Dezember 1985 (SR 942.20)

Schweizerisches Strafgesetzbuch vom 21. Dezember 1937 (SR 311.0)

Schweizerisches Zivilgesetzbuch vom 10. Dezember 1907 (SR 210)

Verordnung über die Reduktion der CO2-Emissionen vom 30. November 2021 (CO_2-Verordnung; SR 641.711)

Kantonale Gesetze und Verordnungen

Bau- und Planungsgesetz des Kantons Basel-Stadt vom 17. November 1999 (SG 730.100)

Energiegesetz des Kantons Basel-Stadt vom 16. November 2016 (SG 772.100)

Ausführungsbestimmungen der IWB Industrielle Werke Basel betreffend die Abgabe von Fernwärme (SG 772.600)

Deutsche Gesetze und Landesrecht

Bürgerliches Gesetzbuch vom 1. Januar 1900 (BGB)

Bundesberggesetz vom 1. Januar 1982

Fernwärme-Versorgungsbedingungen-Verordnung vom 20. Juni 1980 (AVBFernwärmeV)

Gebäudeenergiegesetz vom 1. November 2020 (GEG)

Grundgesetz für die Bundesrepublik Deutschland vom 29. September 2020 (GG)

Umweltschadengesetz vom 1. September 2021 (USchadG)

Erneuerbare-Wärme-Gesetz vom 1. Januar 2010 (EWärmeG)

Klimaschutzgesetz Baden-Württemberg vom 23. Juli 2013 (KSG BW)

Europäisches und internationales Recht

Karlsruher Übereinkommen vom 23. Januar 1996

Paris Agreement vom 12. Dezember 2015

Richtlinie (EU) 2018/2002 des Europäischen Parlaments und des Rates vom 11. Dezember 2018 zur Änderung der Richtlinie 2012/27/EU zur Energieeffizienz (Text von Bedeutung für den EWR) (EU-Richtlinien 2018/2002)

Verordnung (EG) Nr. 1082/2006 des Europäischen Parlaments und des Rates vom 5. Juli 2006 über den Europäischen Verbund für territoriale Zusammenarbeit (EVTZ)

Verordnung (EU) Nr. 2021/1119 des Europäischen Parlaments und des Rates vom 30. Juni 2021 zur Schaffung des Rahmens für die Verwirklichung der Klimaneutralität und zur Änderung der Verordnungen (EG) Nr. 401/2009 und (EU) 2018/1999 (Europäisches Klimagesetz)

Vertrag über die Arbeitsweise der Europäischen Union vom 13. Dezember 2007 (AEUV)

Rechtsprechungsverzeichnis

BGE 138 I 454

BGer 1C_823/2013 vom 12. November 2013

Abbildungsverzeichnis

Abbildung 1:   Darstellung der einzelnen Arten von Geothermie
Abbildung 2:   Fernwärmenetz Riehen/Lörrach

Grenzüberschreitende Telekommunikation

Susanne Fricker / Veronika Vukojevic

Inhaltsübersicht

I.	Einleitung	860
II.	Grundlagen	861
	A. Telekommunikation in der Schweiz	861
	1. Begriff und Entwicklung	861
	2. Nationaler Rechtsrahmen	864
	3. Mobilfunkversorgung	867
	B. Telekommunikation in Deutschland	868
	1. Begriff und Entwicklung	868
	2. Nationaler Rechtsrahmen	871
	3. Mobilfunkversorgung	873
III.	Akteure und internationale Rechtsgrundlagen	873
	A. Akteure auf Bundesebene	874
	B. Akteure auf Privatebene	875
	C. Internationale Rechtsgrundlagen	876
	1. Europäischer Rechtsrahmen	876
	2. Bedeutung des europäischen Rechtsrahmens für die Schweiz	878
	3. Supranationaler Rechtsrahmen	880
IV.	Ländervergleich Schweiz – Deutschland	880
	A. Roaming	881
	1. Aktuelle Problemfelder	881
	2. Politische und rechtliche Entwicklungen	883
	B. 5G-Netze	885
	1. Aktuelle Problemfelder	885
	2. Politische und rechtliche Entwicklungen	886
	C. Frequenzverwaltung	889
V.	Handlungsvorschläge	890
	A. Bilaterales Abkommen im Bereich der Telekommunikation	890
	B. Festlegung von Preisobergrenzen zur Erhebung von Roaming-Gebühren	892
	C. Harmonisierung der Frequenzverwaltung	895

VI. Zusammenfassung und Auswertung der Ergebnisse 897
Literaturverzeichnis 899
Materialienverzeichnis 904
Erlass- und Rechtsprechungsverzeichnis 905

I. Einleitung

Ein Leben ohne Mobiltelefon ist heutzutage kaum vorstellbar. Dies lässt sich auf beachtliche sowie rasante Entwicklungen des Telekommunikationsmarktes zurückführen. Zugleich verleiht die Globalisierung dem Bereich eine signifikante Bedeutung und führt dazu, dass eine grenzüberschreitende Zusammenarbeit unausweichlich erscheint. Dabei treffen zahlreiche Akteure aufeinander, welche unterschiedliche Interessen verfolgen.

Für die Schweiz ergeben sich aufgrund unterschiedlicher Faktoren einige Herausforderungen im Bereich der Telekommunikation. Eine Kooperation mit den anliegenden Staaten spielt eine wesentliche Rolle bei der Bewältigung verschiedener Schwierigkeiten. Besonders das internationale Roaming steht dabei häufig im Mittelpunkt der politischen Diskussionen. Die vorliegende Arbeit befasst sich v.a. mit dem Verhältnis zum Nachbarland Deutschland und untersucht vor diesem Hintergrund folgende Forschungsfragen:

> *Welche Grundlagen gelten für grenzüberschreitenden Mobilfunk im Verhältnis Deutschland-Schweiz? Wie sieht dazu der europäische und nationale Rechtsrahmen aus? Gibt es die rechtliche Möglichkeit, im deutsch-schweizerischen Verhältnis Roaming zu verhindern?*

Zur Beantwortung der Forschungsfragen erfolgte eine umfangreiche Literaturrecherche sowie Interviews mit Experten auf diesem Gebiet. Dabei wird das Thema fortlaufend von der Telekommunikation im Allgemeinen auf den Mobilfunksektor eingeschränkt. Neben der Analyse der Problemfelder bzgl. der 5G-Netze und der Frequenzverwaltung liegt das Hauptaugenmerk auf dem internationalen Roaming. Folglich werden im zweiten Kapitel zuerst die Grundlagen erläutert. Dabei wird auf die Entwicklung des Telekommunikationssektors und den sich daraus ergebenden nationalen Rechtsrahmen sowohl in der Schweiz als auch in Deutschland näher eingegangen. In einem nächsten Schritt werden die unterschiedlichen Akteure sowie internationalen Rechtsgrundlagen dargelegt. Danach folgt im Rahmen eines Ländervergleichs zwischen der Schweiz und Deutschland eine Analyse von drei ausgewählten Problemfeldern im Bereich des Mobilfunks. Zuletzt werden Handlungsvorschläge ausgearbeitet, um den Herausforderungen des grenzüberschreitenden Mobilfunks besser begegnen zu können, bevor im sechsten Kapitel die Ergebnisse zusammengefasst und bewertet werden.

II. Grundlagen

In diesem Kapitel werden zunächst die Grundlagen der Telekommunikation sowohl aus schweizerischer als auch aus deutscher Sicht erläutert. Dabei wird der Begriff der Telekommunikation erklärt und dessen wesentliche Bedeutung in beiden Staaten aufgezeigt. In einem weiteren Schritt wird zuerst die technische und gesetzliche Entwicklung bzgl. der für diese Arbeit relevanten Themen beschrieben. Aus dieser hat sich der gegenwärtige nationale Rechtsrahmen der beiden Länder ergeben, der anschliessend ebenfalls beleuchtet wird. Abschliessend soll die Mobilfunkversorgung der Staaten dargelegt werden. Damit werden die grenzüberschreitenden Aspekte vorerst noch aussen vorgelassen. Ausserdem wird im Rahmen dieses Kapitels die Materie vom allgemeinen Telekommunikationsmarkt hin zum Thema Mobilfunk eingeschränkt, da sich insbesondere das vierte und fünfte Kapitel darauf fokussieren.

A. Telekommunikation in der Schweiz

1. Begriff und Entwicklung

Begriff und Bedeutung

«Der Begriff Telekommunikation bezeichnet das elektrische, magnetische, optische oder anderwärtiges elektromagnetische Senden oder Empfangen von Informationen über Leitungen oder Funk mittels technischen Geräten, Leitungen oder Einrichtungen (sog. Telekommunikationsanlagen).»[1] Da sich diese Definition weitgehend mit derjenigen des Fernmeldewesens deckt, werden die beiden Begriffe häufig synonym verwendet. Schliesslich ist die Telekommunikation auch im FMG geregelt. Der Gehalt definiert sich allerdings fortlaufend neu durch den Stand der Technik. Des Weiteren ist zu erwähnen, dass es sich dabei um die Übertragung von Informationen und Daten handelt, die nicht für die Allgemeinheit bestimmt sind.[2] Aus einer historischen Betrachtung der Rechtsprechung geht aus-

---

[1] BUNDESAMT FÜR BEVÖLKERUNGSSCHUTZ (BABS), Telekommunikation [Faktenblatt], Bern 2010; Art. 3 lit. c FMG.

[2] Ehrenzeller Bernhard et al. (Hrsg.), Die Schweizerische Bundesverfassung, St. Galler Kommentar, Bd. II, 3. A., Zürich/St.Gallen 2014 (zit. SGK BV/BEARBEITER, Art., Rz.),

serdem hervor, dass die Bundesbehörden bereits seit langer Zeit die Auffassung vertreten, dass neue technische Mittel der Nachrichtenübertragung bewusst in die fernmeldetechnischen Regelungen aufzunehmen sind.[3]

Der Telekommunikation kommt in der heutigen Gesellschaft eine erhebliche Bedeutung zu. Sie dient einerseits der Verwirklichung wichtiger Grundrechte, wie z.B. die für einen demokratischen Staat unabdingbaren Meinungsäusserungs- und Informationsfreiheit. Dies ist essenziell für die Ausbildung der individuellen Identität einer Person und die zwischenmenschlichen Beziehungen. Andererseits stellt die Telekommunikation das Mittel zur Erreichung von sozial- und staatspolitischen Zielen dar und trägt zur Sicherstellung des Angebots notwendiger Leistungen in einer Gesellschaft bei.[4]

Entwicklung

Der Bereich der Telekommunikation galt ursprünglich als ein natürliches Monopol. Früher war der Staat der Auffassung, dass nur er in der Lage sei, den versorgungspolitischen Auftrag der Gewährung der Telekommunikation sicherzustellen und dementsprechend wurde dieser Bereich verstaatlicht. Zu dieser Ansicht haben auch gewisse staats- und sicherheitspolitische Aspekte sowie Fiskalinteressen beigetragen. Folglich wurde das Fernmeldewesen zuerst einer Verwaltungseinheit und danach einer öffentlich-rechtlichen Anstalt (der PTT) übertragen.[5] Allerdings änderte sich diese Situation aufgrund des rasant aufkommenden technischen Fortschritts. Insbesondere für die Entwicklung der Telekommunikation stellte die Erfindung des Modems einen Durchbruch dar. Dieses ermöglichte fortan die Umwandlung von analogen in digitale Signale und somit ebenfalls die Übertragung von Daten über das Telefonnetz. Seit diesem Zeitpunkt haben weitere Erfindungen und die Digitalisierung insgesamt dazu beigetragen, dass die Bereitstellung von Telekommunikationsdienstleistungen nicht mehr über separate Netze abgewickelt werden mussten. Es kam zu einer Konvergenz der Netze und zusätzlich bahnten sich immer neuere Breitbandtechnologien an bis hin zur heute

---

Art. 92, Rz. 5; BIAGGINI GIOVANNI, OFK-Orell Füssli Kommentar, Bundesverfassung der Schweizerischen Eidgenossenschaft, 2. A., Zürich 2017 (zit. OFK BV/BIAGGINI, Art., Rz.), Art. 92, Rz. 5.

[3] BGE 105 Ib 389 E. 2a.
[4] SGK BV/HETTICH (FN 2), Art. 92, Rz. 14.
[5] AMGWERD MATTHIAS/SCHLAURI SIMON, Telekommunikation, in: Biaggini Giovanni/Häner Isabelle/Saxer Urs/Schott Markus (Hrsg.), Fachhandbuch Verwaltungsrecht, Zürich 2015, 201 ff., Rz. 6.1.

vorherrschenden optischen Glasfasertechnik. Diese erlaubten es, die Übertragungskapazitäten in den herkömmlichen Netzen zu vervielfachen.[6]

Ausserdem entwickelte sich gleichzeitig die funkbasierte Mobiltelefonie. Im Jahre 1987 etablierte sich das NATEL als Mobilfunknetz der ersten Generation (1G). Ihren Durchbruch schaffte die Mobiltelefonie allerdings im Jahre 1993 mit einer neuen Technologie und demzufolge mit der zweiten Generation (2G). Das ständig wachsende Bedürfnis nach schneller Übertragung der Daten führte zur Entwicklung neuer Generationen.[7] Zurzeit wird bereits an der Entwicklung der fünften Generation (5G) gearbeitet. In der EU[8] bspw. soll eine politische Einigung zwischen dem Europäischen Parlament, dem Rat und der Kommission über die Koordination der neuen Technologie eine grenzüberschreitende Anwendung ermöglichen und die Einführung des 5G-Kommunikationsnetzes vereinfachen.[9]

Im Zuge der technologischen Fortschritte und zahlreicher neuer Erfindungen wurde vermehrt eine Reform des Telekommunikationsmarktes gefordert, um das Potenzial der Technik auszuschöpfen. Diese Bestrebungen wurden zusätzlich durch wirtschaftliche Anreize sowie die Globalisierung der Märkte auch in Dienstleistungsbereichen begünstigt. Aus diesem Grund kam es in der Schweiz zur Liberalisierung des Telekommunikationsmarktes. Dies erfolgte zunächst mit Hilfe des FMG 1992 durch die Öffnung des Marktes für erweiterte Dienstleistungen, die nicht zu den Grunddiensten gehörten. Da der Gesetzgeber weiterhin der Ansicht war, dass der sozial- und verteilungspolitische Versorgungsauftrag durch den Staat am besten gewährleistet werden kann, blieb dessen Monopolstellung im Netzbereich und bei Sprachdiensten erhalten.[10]

Allerdings wurde durch die schnell fortschreitenden Entwicklungen in der Technologie ersichtlich, dass diese Auffassung nicht mehr realistisch ist. Dementsprechend kam es mit dem späteren FMG 1998 zu einer vollständigen Marktöffnung. Somit wurde das Telefonie- und Netzmonopol von einem Konzessionssystem abgelöst, das an dessen Stelle getreten ist und sich bis heute bewährt hat. Zusätzlich wurde die ComCom als sektorspezifische und unabhängige Regulierungsbehörde eingesetzt. Die historische Anbieterin des Bundes im Telekommunikationsbereich (PTT), die als öffentlich-rechtliche Anstalt ausgestaltet war, wurde durch das TUG

---

[6] AMGWERD/SCHLAURI (FN 5), Rz. 6.2 f.
[7] AMGWERD/SCHLAURI (FN 5), Rz. 6.5.
[8] III.C.1.
[9] BAUMGARTNER TOBIAS/HEINRICH ULRIKE I., Kommunikation und Medien, in: Kellerhals Andreas/Baumgartner Tobias (Hrsg.), Wirtschaftsrecht Schweiz – EU Überblick und Kommentar 2016/17, Zürich 2017, 95 f.
[10] AMGWERD/SCHLAURI (FN 5), Rz. 6.6 f.

in eine spezialgesetzliche Aktiengesellschaft umgewandelt und ist seither bekannt als die Firma Swisscom AG. Mit Art. 6 Abs. 1 TUG wurde gesetzlich vorgeschrieben, dass der Bund Mehrheitsaktionär bleiben muss. Das FMG 2007 eröffnete schliesslich die Möglichkeit, dass auch andere Anbieterinnen das kupferbasierte Anschlussnetz mitbenutzen dürfen.[11]

Aufgrund weiterer grosser technologischer Entwicklungen im Bereich der Telekommunikation entstand das Bedürfnis nach einer erneuten Revision des FMG. Dementsprechend trat am 1. Januar 2021 die neue Fassung des FMG in Kraft. Der Revision lagen unterschiedliche Anliegen zugrunde, darunter z.B. die Stärkung des Wettbewerbs beim Erbringen von Fernmeldedienstleistungen, ein ausreichender Schutz der Benutzerinnen und Benutzer vor Missbrauch oder Regelungen bzgl. des internationalen Roaming.[12]

2. Nationaler Rechtsrahmen

Kompetenzordnung

Grundsätzlich besitzt der Bund nach Art. 54 Abs. 1 BV eine umfassende Kompetenz für auswärtige Angelegenheiten und damit auch für sämtliche Aktivitäten ausserhalb des schweizerischen Territoriums. Darunter kann auch der Telekommunikationssektor subsumiert werden.[13] Im Bereich des Fernmeldewesens erteilt Art. 92 Abs. 1 BV dem Bund eine umfassende Gesetzgebungskompetenz. Die Mehrheit der Lehre vertritt die Auffassung, dass es sich um eine ausschliessliche Kompetenz handelt und diese somit eine ursprünglich derogatorische Wirkung innehat.[14] Daraus ergibt sich, dass eine kantonale Kompetenz im Bereich des Fernmeldewesens nie bestanden hat und diese auch auf keine Art und Weise den Kantonen delegiert werden kann. Durch diese Kompetenzregelung wird erneut

---

[11] AMGWERD/SCHLAURI (FN 5), Rz. 6.7.
[12] Botschaft des Bundesrates an die Bundesversammlung betreffend Revision des Fernmeldegesetzes vom 6. September 2017, BBl 2017 6559 ff. (zit. Botsch. Revision FMG), 6560 f.
[13] BIAGGINI GIOVANNI/HAAS JULIA, Verfassungsrechtliche Grundlagen der Grenzüberschreitenden Zusammenarbeit in der Schweiz, in: Tschudi Hans Martin/Schindler Benjamin/Ruch Alexander/Jakob Eric/Friesecke Manuel (Hrsg.), Die Grenzüberschreitende Zusammenarbeit der Schweiz – Juristisches Handbuch zur Grenzüberschreitenden Zusammenarbeit von Bund und Kantonen, Zürich 2014, Rz. 17 ff.
[14] SGK BV/HETTICH (FN 2), Art. 92, Rz. 4; AMGWERD/SCHLAURI (FN 5), Rz. 6.38; a.M. OFK BV/BIAGGINI (FN 2), Art. 92, Rz. 3 mit der Auffassung, es handle sich um eine konkurrierende Kompetenz mit nachträglich derogierender Wirkung.

ersichtlich, dass der Telekommunikation eine wichtige Bedeutung sowohl in der Gesellschaft als auch in der Wirtschaft zukommt.[15]

In Art. 92 Abs. 2 BV wird dem Staat lediglich die Verantwortung für die Grundversorgung im Fernmeldewesen erteilt. An dieser Stelle ist zu erwähnen, dass die Mobilfunkversorgung der Bevölkerung davon nicht erfasst ist.[16] Abgesehen von diesem Grundversorgungsauftrag enthält die Verfassung inhaltlich keine weiteren Vorgaben zur Ausgestaltung der Telekommunikation. Insbesondere wird auch der Begriff des Fernmeldewesens nicht weiter bestimmt. Somit wird dies dem gesetzgeberischen Ermessen überlassen und es entsteht ein grosser Gestaltungsspielraum in diesem Bereich. Daraus ergeben sich verschiedene Regelungsbereiche, die von Art. 92 Abs. 1 BV erfasst sein können, wie z.B. die Sicherstellung eines wirksamen Wettbewerbs und eines diskriminierungsfreien Marktzugangs. Allerdings wird dieses Ermessen durch verfassungsrechtliche Vorgaben (wie z.B. dem Grundversorgungsauftrag) sowie durch internationale Entwicklungen und Vorgaben, die insbesondere zu einer Liberalisierung des Telekommunikationsmarktes führen, begrenzt.[17]

Marktzugang

In Art. 1 Abs. 2 lit. c FMG wird unter anderem die Ermöglichung eines wirksamen Wettbewerbs beim Erbringen von Fernmeldediensten als Zweck des Erlasses definiert. Damit spricht sich der Gesetzgeber für den Wettbewerb als geeigneten Koordinationsmechanismus für diesen Bereich aus. Das Fernmelderecht setzt somit auf eine liberale Marktordnung. Dies kommt insbesondere durch Art. 11 FMG zum Ausdruck. Gemäss dieser Bestimmung werden die marktbeherrschenden Unternehmen dazu verpflichtet, ihre Infrastruktur auch anderen Anbieterinnen zu gewissen Bedingungen zur Verfügung zu stellen. Aus diesen Überlegungen geht hervor, dass der Staat mit den Regelungen zur Telekommunikation die Absicht verfolgt, von einer ursprünglichen Monopolstellung hin zu einem freien Wettbewerb zu gelangen.[18]

Mit dem aktuellen FMG hat sich der Gesetzgeber dazu entschieden, das vorherige Meldesystem für Anbieterinnen von Fernmeldediensten abzuschaffen. Stattdessen sieht Art. 4 FMG i.V.m. Art. 3 FDV lediglich eine Registrierung beim BAKOM

---

[15] AMGWERD/SCHLAURI (FN 5), Rz. 6.38.
[16] BUNDESAMT FÜR UMWELT (BAFU) ET AL., Leitfaden Mobilfunk für Gemeinden und Städte, Bern 2010 (zit. Leitfaden Mobilfunk), 18.
[17] SGK BV/HETTICH (FN 2), Art. 92, Rz. 7 ff.; OFK BV/BIAGGINI (FN 2), Art. 92, Rz. 6.
[18] AMGWERD/SCHLAURI (FN 5), Rz. 6.50 f.

vor, wenn für die Erbringung der Leistungen spezifische Ressourcen benötigt werden.[19] Diese Entscheidung resultierte aus dem Umstand, dass sich in der Praxis herausgestellt hat, dass das Meldesystem nur schwer umsetzbar ist. Ausserdem hätte eine vollständige Durchsetzung der Meldepflicht zu unverhältnismässigen Kosten und Aufwendungen v.a. für das BAKOM geführt.[20] Damit spricht sich der Gesetzgeber stärker für die Liberalisierung des Telekommunikationsmarktes aus.[21] Mittlerweile gibt es eine beträchtliche Anzahl an privaten Marktteilnehmerinnen im Telekommunikationsmarkt, die dazu beitragen, dass die Fernmeldedienste vom Markt in guter Qualität, insgesamt preiswert und auch flächendeckend gewährleistet werden.[22]

Lediglich im Bereich der Grundversorgung (gestützt auf Art. 14 f. FMG) und des Funks (gestützt auf Art. 22a f. FMG) werden Konzessionen vergeben.[23] Die Grundversorgung in der Schweiz erfolgt im Bereich der Telekommunikation durch die Swisscom AG. Dies resultiert daraus, dass diese die einzige Telekomanbieterin mit der entsprechenden Kapazität ist, die ein Interesse daran gezeigt hat, die Grundversorgung zu übernehmen. Aus diesem Grund entschied die ComCom, die bereits bestehende Konzession bis zum Jahr 2022 zu verlängern.[24]

Internationales Roaming

Gemäss der schweizerischen Gesetzgebung können Mobilfunkanbieterinnen frei darüber entscheiden, ob sie Roaming-Gebühren erheben. Da mit der Revision des FMG diesbezüglich kein Verbot eingeführt wurde, ist dies aus fernmelderechtlicher Sicht weiterhin erlaubt. Umgekehrt besteht auch keine Pflicht zur Erhebung von Roaming-Gebühren. Dementsprechend gilt dabei die Privatautonomie. Allerdings sind die Bestimmungen zum internationalen Roaming in Art. 12a^{bis} FMG sowie Art. 10a ff. FDV zu beachten.[25]

Auf Gesetzesstufe wird der Bundesrat in Art. 12a^{bis} Abs. 1 FMG dazu ermächtigt, Massnahmen zur Förderung des Wettbewerbs sowie zur Verhinderung von unverhältnismässig hohen Endkundentarifen zu treffen. In lit. a bis d dieser Norm

---

[19] Botsch. Revision FMG (FN 12), 6587.
[20] Botsch. Revision FMG (FN 12), 6566.
[21] Botsch. Revision FMG (FN 12), 6591.
[22] SGK BV/Hettich (FN 2), Art. 92, Rz. 16.
[23] SGK BV/Hettich (FN 2), Art. 92, Rz. 11.
[24] Baumgartner/Heinrich (FN 9), 108; Eidgenössische Kommunikationskommission (ComCom), Die Grundversorgung im Telekombereich soll bei Swisscom bleiben [Medienmitteilung], Bern 2016 (zit. Grundversorgung im Telekombereich).
[25] Interviewpartner.

werden, impliziert durch den Begriff «namentlich», in einer nicht abschliessenden Auflistung konkrete Massnahmen festgehalten.[26] Diese Bestimmung wurde hauptsächlich dazu eingeführt, um dem Bundesrat zu ermöglichen, korrigierend in den Markt eingreifen zu können, wenn dieser droht zu versagen. Aufgrund der Bedeutung des internationalen Roaming und dem wenig ausgeprägten Wettbewerb im Bereich des Mobilfunks in der Schweiz, wurde eine solche Kompetenz des Bundesrates als notwendig erachtet.[27] Mit Art. 12a^{bis} Abs. 2 FMG wird sichergestellt, dass der Bund bzw. das BAKOM den Markt in diesem Bereich hinreichend beobachten und analysieren können. Demzufolge wurde eine gesetzliche Grundlage geschaffen, die es erlaubt, die benötigten Informationen bei den Mobilfunkanbieterinnen erheben zu dürfen. Dies trägt dazu bei, dass das BAKOM die Kundinnen und Kunden transparent und öffentlich über unterschiedliche Roaming-Angebote informieren kann.[28] Weiter werden den Mobilfunkanbieterinnen in Art. 10a ff. FDV einige Pflichten bzgl. ihrer Angebote im Bereich des internationalen Roaming auferlegt und die Ausgestaltung der Beziehungen zu den Kundinnen und Kunden hinsichtlich einzelner Aspekte genauer konkretisiert.

3. Mobilfunkversorgung

Aufgrund der Liberalisierung des Telekommunikationsmarktes erfolgt die Mobilfunkversorgung der Bevölkerung durch private Unternehmen, die eine entsprechende Konzession dafür besitzen. Diese verleiht einerseits das Recht, Mobilfunkdienste anzubieten und ein gewisses Frequenzspektrum zu nutzen. Andererseits werden die Konzessionärinnen dazu verpflichtet, die zugeteilten Frequenzen gemäss den Vorgaben zu nutzen sowie Mobilfunkdienste tatsächlich schweizweit anzubieten. Daraus ergibt sich, dass die Mobilfunkanbieterinnen sowohl bei der Erbringung der Dienste sowie Festlegung der Preise als auch beim Bau der Netzinfrastruktur zueinander im Wettbewerb stehen.[29] Somit sorgt der Markt durch das klassische Zusammenspiel von Nachfrage und Angebot dafür, dass ein hoher Qualitätsstandard eingehalten werden kann. Die Mobilfunkanbieterinnen müssen sich darum bemühen, ihre Angebote stetig zu verbessern, um konkurrenzfähig zu bleiben.[30]

---

[26] HEINRICH ULRIKE I., Kommunikation und Medien/II. Bedeutung für die Schweiz, in: Kellerhals Andreas/Baumgartner Tobias (Hrsg.), Wirtschaftsrecht Schweiz – EU Überblick und Kommentar 2017/18, Zürich 2018, 100; Botsch. Revision FMG (FN 12), 6561.
[27] Botsch. Revision FMG (FN 12), 6619.
[28] Botsch. Revision FMG (FN 12), 6621.
[29] BAFU ET AL. (FN 16), Leitfaden Mobilfunk, 17.
[30] BAFU ET AL. (FN 16), Leitfaden Mobilfunk, 18.

Die Frequenzen sind ein knappes öffentliches Gut und dementsprechend muss dafür ein angemessenes Entgelt entrichtet werden. Aus diesem Grund erfolgt deren Vergabe in der Schweiz durch die ComCom im Rahmen einer Auktion.[31] Für die 3G und 4G Mobilfunkfrequenzen erhielten die Swisscom AG, Sunrise AG und Salt Mobile SA eine Konzession.[32] Im Jahre 2019 konnten diese drei Mobilfunkanbieterinnen auch jeweils neue Frequenzen für die 5G-Technologie ersteigern.[33]

Da der Ausbau der Mobilfunknetze im öffentlichen Interesse liegt, dürfen die Mobilfunkanbieterinnen nicht in diskriminierender Weise behandelt werden und es muss Chancengleichheit herrschen. Für die Erstellung von Mobilfunkanlagen wird demnach in Art. 36 Abs. 1 FMG ausdrücklich geregelt, dass Enteignungsrechte erteilt werden können. Diese Grundlage legt die Pflicht auf, die Mitbenutzung der Standorte der Anlagen für andere Konzessionärinnen zu ermöglichen. Diese wiederum werden dazu angehalten, die Standorte zu nutzen, solange die Kapazitäten ausreichen und keine technischen, rechtlichen oder wirtschaftlichen Gründe dagegensprechen. In der Praxis zeigt sich allerdings, dass eine solche Konzentration auf wenige Standorte schwer umsetzbar ist.[34]

B. Telekommunikation in Deutschland

1. Begriff und Entwicklung

Begriff und Bedeutung

Anders als in der Schweiz, enthält das Telekommunikationsrecht in Deutschland eine gesetzliche Bestimmung, die den Begriff definiert. Gemäss § 3 Nr. 59 TKG ist die Telekommunikation «der technische Vorgang des Aussendens, Übermittelns und Empfangens von Signalen mittels Telekommunikationsanlagen». Genauer definiert das deutsche BVerfG die Telekommunikation als «technische[n] Vorgang des Aussendens, Übermittelns und Empfangens von Nachrichten jeglicher Art in der Form von Zeichen, Sprache, Bildern oder Tönen mittels technischer Einrichtungen oder Systeme, die als Nachrichten identifizierbare elektromagnetische oder optische Signale senden, übertragen, vermitteln, empfangen, steuern oder

---

[31] EIDGENÖSSISCHE KOMMUNIKATIONSKOMMISSION (COMCOM), Mobilfunkfrequenzen für 5G in der Schweiz vergeben [Medienmitteilung], Bern 2019 (zit. Mobilfunkfrequenzen für 5G).
[32] BAFU ET AL. (FN 16), Leitfaden Mobilfunk, 19.
[33] COMCOM (FN 31), Mobilfunkfrequenzen für 5G.
[34] BAFU ET AL. (FN 16), Leitfaden Mobilfunk, 19.

kontrollieren».[35] Während sich in der schweizerischen Gesetzgebung der Begriff des Fernmeldewesens durchsetzen konnte, wurde dieser in der deutschen Gesetzgebung im Jahre 1994 durch denjenigen der Telekommunikation ersetzt.[36] Dieser sollte dabei als Fortführung des damaligen Begriffs des Fernmeldewesens verstanden werden.[37]

Die Telekommunikation zählt zu den Bereichen, die als Daseinsvorgabe beschrieben werden. Sie stellt ein klassisches und äusserst wichtiges Element der öffentlichen Aufgaben dar. Ihr kommt nicht zuletzt auch in der Wirtschaft eine grosse Bedeutung zu. Ausserdem ist sie essenziell für viele Betätigungen im alltäglichen Leben einer Person, insbesondere für die grundrechtliche Dimension der Kommunikation. Die Mobilfunkanbieterinnen schaffen durch ihre Aktivitäten grundlegende Infrastrukturen, die eine Entfaltung des Wettbewerbs in diesem Sektor ermöglichen und fördern.[38]

Entwicklung

In Deutschland herrschte ebenfalls die Auffassung vor, dass das Fernmeldewesen eine öffentliche Aufgabe darstellt, welche allein vom Staat erbracht werden sollte. Der Bund war zugleich Regulierer sowie Anbieter der Leistungen im Bereich der Telekommunikation. Private Unternehmen hatten damals keine Befugnisse in dieser Branche.[39] Aufgrund der rasanten technologischen Fortschritte, einer wachsenden Internationalisierung und einem damit einhergehenden politischen Druck entstand das starke Bedürfnis nach einer Reform des Fernmeldewesens in Deutschland und allgemein in den Mitgliedstaaten der EU. Mit der Zeit erliess die EU eine grössere Anzahl weiterer Massnahmen, welche die vollständige Liberalisierung des europäischen Telekommunikationssektors bezweckten. Das Monopol der damaligen DBP wurde somit durch drei aufeinanderfolgende Postreformen aufgehoben und eine Öffnung des Marktes errichtet.[40]

---

[35] BVerfG [K], NJW 2016, 3508, Rz. 26.
[36] JARASS HANS/PIEROTH BODO, Grundgesetz für die Bundesrepublik Deutschland Kommentar, 14. A., München 2016 (zit. Komm. GG Jarass & Pieroth/BEARBEITER, Art., Rz.), Art. 73, Rz. 26.
[37] GRÖPL CHRISTOPH/WINDTHORST KAY/VON COELLN CHRISTIAN, Grundgesetz Studienkommentar, 4. A., München 2020 (zit. StuKo GG/BEARBEITER, Art., Rz.), Art. 73, Rz. 49.
[38] GRAMLICH LUDWIG/MANGER-NESTLER CORNELIA, Die «Europäisierung» von Aufsichts- und Regulierungsstrukturen im Telekommunikations-, Finanz- und Energiesektor – im Konflikt mit WTO-Recht?, SZIER 2012, 201 ff., 233 f.
[39] HOLZNAGEL BERND/ENAUX CHRISTOPH/NIENHAUS CHRISTIAN, Telekommunikationsrecht: Rahmenbedingungen – Regulierungspraxis, 2. A., München 2006, Rz. 20 f.
[40] HOLZNAGEL/ENAUX/NIENHAUS (FN 39), Rz. 22 f.

Mit der ersten Reform wurde zunächst lediglich der Bereich der Endgeräte und der Firmennetze sowie ein Teil des Satelliten- und Mobilfunks für den freien Wettbewerb geöffnet. Die bedeutendsten Sektoren des Fernmeldewesens blieben im Monopolbereich der damaligen DBP. Allerdings wurde diese in drei selbständige öffentliche Unternehmen gespalten und dabei entstand unter anderem die DBP Telekom. Die operativen Geschäfte wurden nun von privaten Unternehmen getätigt. Gleichzeitig wurde das BMPT gegründet, welches für die Hoheitsaufgaben sowie die Aufsicht über die privaten Unternehmen zuständig war.[41] Im Rahmen der zweiten Reform wurden bedeutende Änderungen des GG vorgenommen. Zu nennen sind insbesondere die Änderung der Gesetzgebungskompetenz oder die Aufgaben- und Organisationsprivatisierung. Die DBP Telekom wurde überführt in die privatrechtlich ausgestaltete Deutsche Telekom AG. Mit dieser Reform fand dementsprechend eine Privatisierung statt, die keine weitere Liberalisierung zur Folge hatte, da die Monopolrechte unangetastet blieben.[42]

Schliesslich wurde mit der dritten Reform das erste TKG in Deutschland erlassen. Dadurch wurden sämtliche verbliebene Monopolrechte des Bundes aufgehoben und eine vollständige Liberalisierung des Telekommunikationsbereichs erzielt. Ausserdem wurde die RegTP gegründet, die mit der Umsetzung des TKG beauftragt wurde. Schliesslich sah das TKG eine Lizenzpflicht vor und enthielt insbesondere an marktbeherrschende Unternehmen gerichtete Regulierungen.[43] Das TKG wurde im Jahre 2004 im Rahmen neuer europarechtlicher Vorgaben revidiert. Dabei wurde das Ziel verfolgt, den europäischen Rechtsrahmen zu erneuern und zu harmonisieren. Ausserdem sollten damit in der Vergangenheit gemachte Erfahrungen aus der telekommunikationsrechtlichen Praxis berücksichtigt und in die Gesetzesordnung aufgenommen werden.[44] Zusätzlich wurde die Regulierungsbehörde umbenannt in die BNetzA.[45]

Kürzlich wurde das TKG nochmals revidiert, um den Entwicklungen im Telekommunikationssektor Rechnung zu tragen. Diese Reform erfolgte hauptsächlich aufgrund des Bedürfnisses, das Gesetz zu modernisieren und eine neue europarechtliche Richtlinie umzusetzen. Unter anderem soll auch der Wettbewerb nachhaltig und wirksam gestärkt und telekommunikationsrechtliche Vorschriften zusam-

---

[41] HOLZNAGEL/ENAUX/NIENHAUS (FN 39), Rz. 25 ff.
[42] HOLZNAGEL/ENAUX/NIENHAUS (FN 39), Rz. 31 ff.
[43] HOLZNAGEL/ENAUX/NIENHAUS (FN 39), Rz. 39 ff.
[44] HOLZNAGEL/ENAUX/NIENHAUS (FN 39), Rz. 47 ff.
[45] HEUN SVEN-ERIK, A. Einführung: Grundlagen und Struktur des TKG, Marktzutritt und Übergangsrecht, in: Heun Sven-Erik (Hrsg.), Handbuch Telekommunikationsrecht, 2. A., Köln 2007, Rz. 1.

mengefasst werden.[46] Das neue TKG ist schliesslich am 01. Dezember 2021 in Kraft getreten.[47]

2. Nationaler Rechtsrahmen

Als Mitgliedstaat der EU gelten für Deutschland, im Gegensatz zur Schweiz, die europarechtlichen Bestimmungen. Aus diesem Grund müssen die darin enthaltenen Vorgaben eingehalten werden. Darauf wird in Kapitel III.C näher eingegangen. Dieses Kapitel konzentriert sich daher zunächst auf die Grundsätze und Regelungen in Deutschland.

Kompetenzordnung

Im GG wird die Beziehung zu ausländischen Staaten in allgemeiner Weise in Art. 32 GG geregelt. Nach dessen Abs. 1 ist die grenzüberschreitende Zusammenarbeit grundsätzlich Sache des Bundes. Allerdings hält Abs. 3 fest, dass die Länder Verträge mit dem Ausland schliessen dürfen, soweit es sich um Angelegenheiten handelt, die in ihre Gesetzgebungszuständigkeit fallen. Dabei ist jedoch vorerst die Zustimmung der Bundesregierung einzuholen.[48]

Durch Art. 73 Abs. 1 GG wird dem Bund eine ausschliessliche Zuständigkeit zur Regelung gewisser Bereiche übertragen. In Nr. 7 wird auch die Telekommunikation genannt. Damit erhält der Bund in diesem Bereich eine Ermächtigung zur förmlichen Gesetzgebung.[49] Art. 71 GG gibt Auskunft darüber, was eine ausschliessliche Gesetzgebungskompetenz bedeutet. Demnach besitzt diese zunächst eine Sperrwirkung für die Länder. Weiter wird ein Gesetzgebungsrecht und keine -pflicht des Bundes statuiert. Ausserdem existiert keine typspezifische Kompetenzaus-

---

[46] Siehe dazu Gesetzentwurf der Bundesregierung vom 01. Januar 2021 zur Umsetzung der Richtlinie (EU) 2018/1972 des Europäischen Parlaments und des Rates vom 11. Dezember 2018 über den europäischen Kodex für die elektronische Kommunikation (Neufassung) und zur Modernisierung des Telekommunikationsrechts (Telekommunikationsmodernisierungsgesetz), Drucksache 29/21 (zit. Gesetzesentwurf TKG).
[47] Siehe dazu TKG.
[48] Niedobitek Matthias, Verfassungsrechtliche Grundlagen der Grenzüberschreitenden Zusammenarbeit in Deutschland, in: Tschudi Hans Martin/Schindler Benjamin/Ruch Alexander/Jakob Eric/Friesecke Manuel (Hrsg.), Die Grenzüberschreitende Zusammenarbeit der Schweiz – Juristisches Handbuch zur Grenzüberschreitenden Zusammenarbeit von Bund und Kantonen (Zürich 2014), Rz. 5.
[49] Kämmerer Jörn Axel/Kotzur Markus (Hrsg.), Grundgesetz Kommentar, Bd. 2, Artikel 70–146, 7. A., München 2021 (zit. Komm. GG Von Münch & Kunig/Bearbeiter, Art., Rz.), Art. 73, Rz. 2.

Übungsregel und schliesslich wird den Ländern trotzdem eine Möglichkeit zur Gesetzgebung durch die Ermächtigung in einem einfachen Bundesgesetz gegeben.[50]

Marktzugang

Das erste TKG aus dem Jahre 1996 schaffte die staatlichen Monopolbereiche in der Telekommunikation gänzlich ab und ordnete entsprechend der europarechtlichen Vorgaben die vollständige Liberalisierung der Märkte in diesem Sektor an. Es sah eine Lizenzpflicht einerseits für die Betreibung von Telekommunikationsdienstleistungen und andererseits für selbst betriebene Sprachtelefondienste vor.[51] Erst mit der Neuerung und dementsprechend mit dem zweiten TKG des Jahres 2004 ist diese entfallen. Ersetzt wurde die Lizenzpflicht durch eine Meldepflicht, die aufgrund einer europäischen Richtlinie vorgeschrieben wurde. Damit beschränkte sich die Aufsicht im Telekommunikationsbereich auf Meldepflichten und die allgemeine Überwachung des Marktes durch die BNetzA.[52] Fortan ist zur Meldung verpflichtet, wer gewerbsmässig öffentliche Telekommunikationsnetze betreibt oder solche Dienste für die Öffentlichkeit erbringt. Ausserdem muss jede Aufnahme, Änderung sowie Beendigung der Tätigkeit gemeldet werden. Nach erfolgtem Marktzutritt gelten die Rechte und Pflichten des TKG für die Marktteilnehmerinnen.[53] Während die Meldepflicht in der Schweiz mit dem neuen FMG abgeschafft wurde, wird diese im revidierten TKG nun in § 5 geregelt.

Internationales Roaming

Da Deutschland Mitglied der EU ist, gelten in Bezug auf das internationale Roaming die europarechtlichen Regelungen, allen voran die Verordnung über Einheitspreise (RLAH).[54] Aus diesem Grund ist an dieser Stelle auf das Kapitel III.C. zu verweisen.

---

[50] Huber Peter M./Voßkuhle Andreas (Hrsg.), Grundgesetz Kommentar, Bd. 2, Artikel 20–82, 7. A., München 2018 (zit. Komm. GG v. Mangoldt, Klein & Starck/BEARBEITER, Art., Rz.), Art. 73, Rz. 1.
[51] HOLZNAGEL/ENAUX/NIENHAUS (FN 39), Rz. 41.
[52] HEUN (FN 45), Rz. 24.
[53] HOLZNAGEL/ENAUX/NIENHAUS (FN 39), Rz. 203.
[54] Siehe Verordnung (EU) 2015/2120 des Europäischen Parlaments und des Rates vom 25. November 2015 über Massnahmen zum Zugang zum offenen Internet und zur Änderung der Richtlinie 2002/22/EG über den Universaldienst und Nutzerrechte bei elektronischen Kommunikationsnetzen und -diensten sowie der Verordnung (EU) Nr. 531/2012 über das Roaming in öffentlichen Mobilfunknetzen in der Union (zit. Verordnung RLAH).

3. Mobilfunkversorgung

In Deutschland erfolgt die Mobilfunkversorgung der Bevölkerung aufgrund der Liberalisierung des Telekommunikationsmarktes ebenfalls durch private Mobilfunknetzbetreiberinnen, welche eine entsprechende Lizenz dafür benötigen. Diese werden durch die BNetzA vergeben. Seit der Versteigerung der 5G-Frequenzen im Jahr 2019 sind die Deutsche Telekom AG, Vodafone GmbH, TelefónicaS.A. und neu 1&1 Drillisch AG die vier Mobilfunknetzbetreiberinnen, welche die entsprechenden Lizenzen besitzen. Somit ergibt sich das Angebot der Mobilfunkdienstleistungen sowie der Ausbau der Mobilfunknetze auch in Deutschland aus der vorherrschenden Wettbewerbssituation auf dem Markt. Allerdings wird die Nutzung der Frequenzen an gewisse Versorgungsauflagen geknüpft, welche die Mobilfunknetzbetreiberinnen zu erfüllen haben. Diese Vorgaben beinhalten insbesondere bestimmte Richtwerte, die bis zu einem festgelegten Zeitpunkt erreicht werden sollten. Die Einhaltung unterliegt schliesslich auch der Überprüfung durch die BNetzA.[55]

Der Ausbau der Mobilfunknetze als öffentliches Anliegen kennzeichnet sich insbesondere durch die Geschäftsmodelle der Mobilfunknetzbetreiberinnen, die Versorgungsauflagen, die Kooperationsbereitschaft und -intensität der Mobilfunkanbieterinnen sowie durch Mobilfunkförderprogramme der Bundesländer.[56] Ausserdem haben sich die deutschen Mobilfunknetzbetreiberinnen nach dem Mobilfunkgipfel im Jahr 2018 dafür ausgesprochen, gewisse Zusagen bis zu einem bestimmten Zeitpunkt umzusetzen. Diese Versorgungsverpflichtungen wurden schliesslich am 05. September 2019 im Rahmen eines Vertrages verbindlich festgehalten.[57]

III. Akteure und internationale Rechtsgrundlagen

Die Globalisierung und Internationalisierung spielen im Bereich der Mobilfunkversorgung eine grosse Rolle. Dies hat zur Konsequenz, dass ein erhöhter Koordinationsbedarf herrscht und dass das Gebiet der Mobilfunkversorgung nicht isoliert betrachtet werden darf, sondern im Gesamtkontext des internationalen Verhält-

---

[55] MINISTERIUM DES INNEREN, FÜR DIGITALISIERUNG UND KOMMUNEN BADEN-WÜRTTEMBERG (IM BW), Mobilfunk – Die Grundlagen.
[56] BUNDESMINISTERIUM FÜR DIGITALES UND VERKEHR (BMDV), Mobilfunkstrategie der Bundesregierung, 2019 (zit. Mobilfunkstrategie), 8.
[57] BMDV (FN 56), Mobilfunkstrategie, 11.

nisses.⁵⁸ Es sollen deshalb nachfolgend die wichtigsten Akteure der Schweiz im Bereich der Mobilfunkversorgung, sowohl auf Staats- als auch Privatebene, aufgezeigt werden. Weiter soll der europäische und supranationale Rechtsrahmen, die damit einhergehenden Entwicklungen sowie die sich daraus ergebenden Einflüsse auf den Schweizer Mobilfunksektor erläutert werden. Wenn hier von grenzüberschreitender Zusammenarbeit gesprochen wird, ist es wichtig zu verstehen, dass dieser Begriff vorliegend weit ausgelegt wird. Damit soll einerseits der direkte Informationsaustausch mit den Nachbarländern angesprochen werden, andererseits aber auch die Orientierung der Schweiz an internationalen Regelungen und Regulierungen. Darüber hinaus stehen die privaten Mobilfunkanbieterinnen in einer geschäftlichen Beziehung zu ausländischen Anbieterinnen, was in einem weiten Sinn ebenfalls als Zusammenarbeit verstanden werden kann.

A. Akteure auf Bundesebene

Im schweizerischen Kontext sind verschiedene Bundesbehörden an der nationalen und internationalen Zusammenarbeit beteiligt. So sind dies etwa der Bundesrat, die Departemente EDA und UVEK und die ComCom. Als wichtigste operative Behörde kann hier zudem das BAKOM genannt werden, welches auf internationaler Ebene die Interessen der Schweiz vertritt.⁵⁹ Im grenzüberschreitenden Kontext ist für die Schweiz die Zusammenarbeit mit Regulierungsbehörden, aber auch mit internationalen Organisationen von grosser Bedeutung. So ist das BAKOM Mitglied von über zwanzig internationalen Organisationen sowie von über hundert Expertengruppen. Diese decken verschiedene Zuständigkeitsbereiche ab: Telekommunikation, Radio und Fernsehen, Frequenzmanagement, Normierung und Einführung neuer Technologien.⁶⁰

Im Regulierungsbereich ist hier besonders das IRG zu nennen. Die Mitgliedschaft ermöglicht es der Schweiz, aktiv an der Regulierung und Weiterentwicklung des Telekombereichs im europäischen Kontext mitzuwirken. Als wichtige internationale Organisationen sind unter anderem die ITU, die CEPT und die OECD hervorzuheben. Daneben ist auch die Kooperation mit dem Europarat und der EU von

---

[58] HOLTZ PATRICK, Telekommunikation, in: Tschudi Hans Martin/Schindler Benjamin/Ruch Alexander/Jakob Eric/Friesecke Manuel (Hrsg.), Die Grenzüberschreitende Zusammenarbeit der Schweiz – Juristisches Handbuch zur Grenzüberschreitenden Zusammenarbeit von Bund und Kantonen, Zürich 2014, 792.
[59] HOLTZ (FN 58), 792.
[60] BUNDESAMT FÜR KOMMUNIKATION (BAKOM), Internationale Aktivitäten, Biel (zit. Internationale Aktivitäten).

Bedeutung.⁶¹ Diese Zusammenarbeit ermöglicht es der Schweiz, ihre Interessen im internationalen Kontext zu vertreten, Erfahrungen auszutauschen und konstruktive Lösungen zu erarbeiten. Neben diesen Aktivitäten auf multinationaler Ebene sucht die Schweiz auch den bilateralen Informations- und Meinungsaustausch, insbesondere mit den Nachbarländern.⁶² Es bestehen zudem zwei bilaterale Abkommen im Bereich der Telekommunikation mit der EU.⁶³

B. Akteure auf Privatebene

Neben den erwähnten Akteuren auf Bundesebene ist die internationale Zusammenarbeit auch auf privatrechtlicher Ebene von Bedeutung. Wie bereits erläutert, wird die Versorgung im Mobilfunksektor durch private Mobilfunkanbieterinnen sichergestellt.⁶⁴ Ziel soll es sein, die Bevölkerung mit qualitativ hochwertigen Fernmeldediensten zu versorgen. Das BAKOM übt dabei die Aufsicht über die Anbieterinnen aus und fungiert gleichzeitig als Informations- und Beschwerdestelle für Konsumentinnen und Konsumenten.⁶⁵ Schweizer Mobilfunkanbieterinnen beteiligen sich an der grenzüberschreitenden Zusammenarbeit, indem sie mit ausländischen Anbieterinnen Verträge abschliessen. Besonders im Bereich der Datennutzung von Mobilfunkgeräten, d.h. im Bereich des internationalen Roaming, ist diese Zusammenarbeit von besonderer Bedeutung.⁶⁶ Mobilfunkanbieterinnen nehmen darüber hinaus auch als Interessensvertreterinnen der Wirtschaft an Konferenzen oder Vernehmlassungen zu neuen Gesetzen und Regulierungen teil.⁶⁷

---

61 HOLTZ (FN 58), 792 ff.
62 BAKOM (FN 60), Internationale Aktivitäten.
63 HOLTZ (FN 58), 797; Siehe Abkommen vom 21. Juni 1999 zwischen der Schweizerischen Eidgenossenschaft und der Europäischen Gemeinschaft über die gegenseitige Anerkennung von Konformitätsbewertungen, Kapitel 7. Funkanalgen und Telekommunikationsendgeräte (SR 0.946.526.81) (zit. Abkommen Anerkennung Konformitätsbewertungen); Abkommen vom 11. Oktober 2007 zwischen der Schweizerischen Eidgenossenschaft und der Europäischen Gemeinschaft im audiovisuellen Bereich zur Festlegung der Voraussetzungen und Bedingungen für die Beteiligung der Schweizerischen Eidgenossenschaft am Gemeinschaftsprogramm MEDIA 2007 (SR 0.784.405.226.8) (zit. Abkommen MEDIA).
64 I.A.3.
65 BUNDESAMT FÜR KOMMUNIKATION (BAKOM), Aufsicht, Biel 2017 (zit. Aufsicht).
66 NEUHETZKI THORSTEN, International Roaming: Welche Gebühren fallen an?, Inside digital vom 18. April 2022, Kap. 1.
67 Siehe z.B. BUNDESAMT FÜR KOMMUNIKATION (BAKOM), Vernehmlassung zur Revision des FMG: Zusammenfassung der Ergebnisse und Stellungnahmen, Biel 2016 (zit. Vernehmlassung).

Weiter üben auch unabhängige Stellen und die Lehre einen Einfluss auf den Mobilfunksektor aus. Hier kann bspw. die Stiftung für Konsumentenschutz oder der Preisüberwacher der WEKO genannt werden. V.a. durch Stellungnahmen und Gutachten zu aktuellen Themen nehmen sie einen wichtigen Stellenwert ein.[68]

C. Internationale Rechtsgrundlagen

1. Europäischer Rechtsrahmen

Da die Vernetzung bei der grenzüberschreitenden Zusammenarbeit sehr wichtig ist, gilt es bei der Ausgestaltung und Koordination für die Schweiz, neben dem nationalen Recht, auch den europäischen Rechtsrahmen zu beachten. Der Telekommunikationsbereich ist ein Wirtschaftssektor, welcher starker internationaler Regulierung bedarf. Dies vornehmlich im Bereich der drahtlosen und somit grenzüberschreitenden Kommunikation. Die ersten Anläufe einer gemeinsamen Regulierung des Telekommunikationssektors reichen bis in die 1980er Jahre zurück. Ziel der zu Beginn der 1990er Jahren erlassenen Richtlinien war die Liberalisierung der bis anhin staatlich beherrschten Monopole. 2002 wurden die Bestimmungen schliesslich durch einen neuen Rechtsrahmen ersetzt, welcher v.a. die Stärkung und Aufrechterhaltung des Wettbewerbes zum Gegenstand hatte. Der Binnenmarkt für die elektronische Kommunikation sowie der Verbraucherschutz und die Nutzungsrechte sollten gefördert werden. Mit den Änderungen im Jahr 2009 wurden weitere marktspezifische Entwicklungen berücksichtigt, so etwa die vermehrte Liberalisierung der Frequenzverwaltung und die Stärkung der Endnutzerrechte.[69]

Wenn die Entwicklungen der jüngsten Zeit betrachtet werden, sind zwei Aspekte besonders hervorzuheben. Mit einer 2015 erlassenen Verordnung des Europäischen Parlamentes und Rates, welche 2017 ergänzt wurde, entstanden neue Regeln im Zusammenhang mit der Mobilfunknutzung.[70] Ziel war die Regulierung von Roaming in öffentlichen Mobilfunknetzen in der EU. Endnutzer sollten so in der Lage sein, in nichtdiskriminierender Art, namentlich mit gleicher Geschwindigkeit,

---

[68] Siehe dazu z.B. STIFTUNG FÜR KONSUMENTENSCHUTZ, Streit um Roaming-Limiten geht weiter: Telekom-Anbieter lehnen Branchenvereinbarung ab, Bern 2021 (zit. Roaming-Limiten); WETTBEWERBSKOMMISSION (WEKO), A 2 1. Jahresbericht des Preisüberwachers, RPW 2019/5, 1397 ff., 1410 f.
[69] INSTITUT FÜR EUROPÄISCHES MEDIENRECHT E. V. (EMR), Telekommunikationsrecht (Saarbrücken).
[70] Siehe dazu Verordnung RLAH (FN 54).

auf Internetdienste ihrer Wahl zuzugreifen. So wurde erstmalig der Begriff der Netzneutralität im EU-Recht verankert. Des Weiteren wurden Roaming-Gebühren innerhalb der EU abgeschafft (RLAH).[71] Die Roaming-Verordnung gilt jedoch nur bis zum 30. Juni 2022. Wie das europäische Parlament nun in einer Pressemitteilung erklärte, soll die Regelung für das Roaming zu Inlandspreisen bis zum Jahr 2032 verlängert und sogar verbessert werden. Insbesondere soll die Transparenz für Dienste, durch welche Zusatzkosten anfallen können, gefördert werden. Ebenfalls sollen Massnahmen zum Schutz vor ungewollten Kosten, welche bspw. durch Roaming in Grenznähe zur Schweiz entstehen können, verbessert werden.[72]

Ebenfalls erwähnenswert ist die neue EU-Richtlinie 2018/1972 vom 11. Dezember 2018, mit welcher ein europäischer Kodex für die elektronische Kommunikation geschaffen werden soll.[73] Es wird beabsichtigt, ein komplexes Regelwerk neuer bzw. revidierter Vorschriften für den Telekommunikationssektor als Teil eines Paketes von Telekommunikationsgesetzen zu errichten. Vordergründig sollte damit die Konnektivität und die Nutzung von Netzen mit sehr hoher Kapazität gefördert werden, den Interessen der Bürgerinnen und Bürger der EU Rechnung getragen sowie der Wettbewerb gestärkt werden. Investitionen, insbesondere in 5G-Netze, sollten ebenfalls gesteigert werden, damit die Idee eines digitalen und vernetzten Europas erreicht werden kann.[74] Die Frist zur Umsetzung der Richtlinie in nationales Recht endete für die Mitgliedstaaten am 21. Dezember 2020.[75] Deutschland hat am 23. Juni 2021 ein Gesetz zur Umsetzung der Richtlinie erlassen, welches am 01. Dezember 2021 in Kraft getreten ist.[76]

Die EU sieht sich in Konkurrenz mit den USA und China, welche ihre Mobilfunktechnologie stetig ausbauen und somit als strategische Rivalen im Kampf zur Vor-

---

[71] Zusammenfassend dazu AMT FÜR VERÖFFENTLICHUNGEN DER EUROPÄISCHEN UNION, Zugang zum offenen Internet und Roam-like-at-home [Zusammenfassung], 2019 (zit. RLAH).
[72] BRESSEM STEFANIE, EU verlängert Roaming mit Verbesserungen. Was ist neu im EU-Roam-Like-At-Home Ab 1.7.2022?, 2022.
[73] Sieh dazu Richtlinie (EU) 2018/1972 des Europäischen Parlaments und des Rates vom 11. Dezember 2018 über den europäischen Kodex für die elektronische Kommunikation (Neufassung) (zit. Richtlinie europäischer Kodex).
[74] Zusammenfassend dazu AMT FÜR VERÖFFENTLICHUNGEN DER EUROPÄISCHEN UNION, Europäischer Kodex für die elektronische Kommunikation [Zusammenfassung], 2019 (zit. Europäischer Kodex).
[75] EUROPÄISCHE KOMMISSION, Neue EU-Telekommunikationsvorschriften: Kommission leitet Vertragsverletzungsverfahren gegen 24 Mitgliedstaaten wegen Nichtumsetzung neuer EU-Telekommunikationsvorschriften ein [Pressemitteilung], Berlin 2021.
[76] Siehe dazu TKG.

herrschaft des Technologiemarktes gelten. Es ist deshalb ein Kernanliegen der EU, ein geeintes Europa und international anerkannte Sicherheits- und Regelungsstandards einzuführen, um das globale Wettrennen für sich zu entscheiden. Die Digitalisierung und Vernetzung werden erheblich vorangetrieben, allen voran der Aufbau von 5G-Netzen. Diese stellen einen wichtigen Baustein zur Verwirklichung der angestrebten «Gigabit-Gesellschaft» bis 2025 dar.

Ziel ist es, sämtliche städtische und ländliche Regionen, Schienennetze und Hauptverkehrsstrassen mit drahtloser Kommunikation zu versorgen.[77]

2. Bedeutung des europäischen Rechtsrahmens für die Schweiz

Auch wenn für die Schweiz als Drittstaat das europäische Unionsrecht nicht unmittelbar verpflichtend ist, so muss dieses im vorliegenden Kontext dennoch erwähnt werden. Gerade im Bereich der Mobilfunkversorgung ist es für die Schweiz wichtig, sich an der europäischen Gesetzgebung zu orientieren. Sie verfolgt in diesem Zusammenhang dreierlei Strategien. Zum einen kann sie das europäische Recht direkt übernehmen, z.B. durch den Abschluss von bilateralen oder multilateralen Abkommen. Wie bereits erwähnt[78], bestehen im Bereich der Telekommunikation zurzeit zwei bilaterale Abkommen mit der EU.[79]

Zum anderen übt der europäische Rechtsrahmen im Sinne einer indirekten Europäisierung Einfluss auf die nationale Gesetzgebung aus. Dies geschieht auf dem Wege des autonomen Nachvollzuges von europäischem Recht. So erfolgte bspw. die Liberalisierung des Telekommunikationsbereichs in der Schweiz in weiten Teilen synchron mit der oben beschriebenen Entwicklung in Europa.[80] In seinen Botschaften zu Erlassentwürfen legt der Bundesrat zudem regelmässig die Kompatibilität mit europäischem Recht gemäss Art. 141 Abs. 2 lit. a ParlG dar. Diese Prüfung schafft einen erhöhten Rechtfertigungsgrund bei allfälligen Abweichun-

---

[77] ADEMI FATLUM, 4. Telekommunikation, in: Farman Darius/Vogel Franziska (Hrsg.), Der bilaterale Weg: Wie weiter mit einem überholten Betriebssystem?, foraus, Zürich 2020, 37 ff., 37 ff.
[78] III.A.
[79] HETTICH PETER, VIII. Teil Bereichsverfassungen – Partie VIII Constitutions thématiques/9 Infrastrukturverfassung, in: Diggelmann Oliver/Hertig Randall Maya/Schindler Benjamin (Hrsg.), Verfassungsrecht der Schweiz Bd. III/Droit constitutionnel suisse Vol. III, Verfassungsorgane Verfahren Bereichsverfassungen/Organes constitutionnels Procédures Constitutions thématiques, Zürich – Basel – Genf 2020, 2283 ff., Rz. 8.
[80] II.A.1. & II.B.1. & III.C.1.

gen. Nach der Rechtsprechung des Bundesgerichts[81] ist autonom nachvollzogenes EU-Recht zudem europarechtkonform auszulegen.[82] In der Botschaft zur Revision des FMG vom 06. September 2017 hat sich der Bundesrat im Sinne der rechtsvergleichenden Methode zur Europakompatibilität geäussert. Dabei nimmt er explizit Bezug auf die Entwicklung der elektronischen Kommunikation in Europa sowie auf die bereits erwähnten Richtlinien und Verordnungen bzgl. Roaming, Netzneutralität und dem europäischen Kodex für die elektronische Kommunikation. Er ist zum Schluss gekommen, dass das Schweizer Recht nicht vollständig kompatibel mit dem Unionsrecht ist. Das Ziel der Revision sollte zwar nicht sein, den schweizerischen Rechtsrahmen vollständig an aktuelle oder zukünftige Entwicklungen im EU-Recht anzupassen, dennoch sollten diese sorgfältig geprüft werden. Insbesondere in Zeiten der Globalisierung sei es wichtig, die Lösungsansätze der EU zu analysieren und allenfalls zu adaptieren.[83]

Als dritte Strategie besteht auch die Möglichkeit, europäische Regelungen (bewusst) nicht zu übernehmen und andere Vorschriften zu erlassen, die bestimmte Bereiche anders regeln oder den schweizerischen Verhältnissen besser entsprechen.[84] Bspw. war der Dienstleistungsbereich, inklusive der Telekommunikation, Gegenstand der Verhandlungen zur Bilateralen II. Ziel war der diskriminierungsfreie Zugang zu Dienstleistungsmärkten, was im Ergebnis auch die umfassende Übernahme des Acquis Communautaire durch die Schweiz bedeutet hätte. Aufgrund von Differenzen wurden die Verhandlungen im Jahr 2003 in gegenseitigem Einvernehmen sistiert.[85] Als jüngeres Beispiel kann auch das Scheitern der Verhandlungen über ein Rahmenabkommen zwischen der Schweiz und der EU genannt werden. Ziel des Institutionellen Abkommens war es, den Zugang der Schweiz zum europäischen Binnenmarkt zu sichern und dessen Ausbau zu verbessern. Aufgrund unüberwindbarer Differenzen hat der Bundesrat schliesslich beschlossen, die Verhandlungen abzubrechen und das Rahmenabkommen nicht zu unterzeichnen.[86]

Weiter engagiert sich die Schweiz, wie bereits erwähnt, in vielen internationalen Organisationen und sucht den Meinungs- und Informationsaustausch insbesondere auch mit den Nachbarländern. Durch diese Vernetzung wird die Koordination des Telekommunikationsbereichs mit dem europäischen Raum weiter geför-

---

[81] Siehe dazu z.B. BGE 131 II 13 E. 8.2 & BGE 132 II 47 E. 2.
[82] HETTICH (FN 79), Rz. 8.
[83] Botsch. Revision FMG (FN 12), 6601 f.
[84] HETTICH (FN 79), Rz. 8.
[85] AMGWERD/SCHLAURI (FN 5), Rz. 6.37.
[86] BUNDESRAT, Das Institutionelle Abkommen Schweiz-EU wird nicht abgeschlossen [Medienmitteilung], Bern 2021 (zit. Institutionelle Abkommen).

dert. Die internationale Zusammenarbeit stellt einen wichtigen Schritt zur Harmonisierung mit dem europäischen Recht sowie dessen Standards dar.[87]

3. Supranationaler Rechtsrahmen

Neben dem erwähnten europäischen Rechtsrahmen ist für die Schweiz, gleichermassen aber auch für die EU, ein weiteres Abkommen von Bedeutung. Im Sinne eines supranationalen Regelwerkes sind besonders die Marktzugangsrechte des GATS zu wahren. Das GATS bildet eine der drei Säulen des multilateralen Handelssystem der WTO. Es ist grundsätzlich auf alle Dienstleistungssektoren und alle Erbringungsarten im Dienstleistungsbereich anwendbar und ist auch im Bereich der grenzüberschreitenden Telekommunikation von Bedeutung. Es sind Regeln, namentlich die Verpflichtung zur Meistbegünstigung und die Prinzipien der Verhältnismässigkeit und Transparenz bei Regulierungen sowie weitere Wettbewerbsregeln, für den Dienstleistungssektor festgelegt. Die Anhänge des Abkommens enthalten unter anderem Präzisierungen und spezifische Bestimmungen für den Telekommunikationsbereich, welcher z.B. regulatorische Prinzipien für den Zugang zu öffentlichen Telekommunikationsnetzen und -diensten enthält. Die Schweiz hat sich namentlich zur weitgehenden Öffnung der Telekommunikationsmärkte verpflichtet. Somit kommt der WTO bei der weltweiten Liberalisierung des Telekommunikationssektors eine wichtige Rolle zu.[88]

IV. Ländervergleich Schweiz – Deutschland

In diesem Kapitel soll ein Ländervergleich zwischen der Schweiz und Deutschland bzw. der EU als Ganzes im Bereich des Mobilfunksektors vorgenommen werden. In Kapitel IV.A. und IV.B. soll insbesondere erörtert werden, welche Unterschiede sich im Bereich des Roaming und des 5G-Ausbaus finden lassen und wo sich für die Schweiz allenfalls Verbesserungspotenziale ergeben. Dabei sollen auch die rechtlichen und politischen Entwicklungen in die Analyse miteinbezogen werden. Weiter wird im Kapitel IV.C. aufgezeigt, welche spezifische Problemstellung sich in den Grenzgebieten im Bereich der Frequenzverwaltung ergeben kann. Somit sollen in diesem Kapitel mögliche Problemfelder und aktuelle Entwicklungen in der Schweiz und Deutschland im Bereich des Mobilfunks dargelegt werden.

---

[87] III.A.
[88] AMGWERD/SCHLAURI (FN 5), Rz. 6.36; Siehe weiter STAATSSEKRETARIAT FÜR WIRTSCHAFT (SECO), WTO/GATS, Bern 2021.

A. Roaming

1. Aktuelle Problemfelder

Unter dem Begriff des internationalen Roaming wird die Nutzung eines Gerätes mit einer SIM-Karte im Ausland verstanden. Dadurch wird ermöglicht, auch im Ausland mit einem Gerät zu telefonieren, SMS zu versenden und zu empfangen oder das Internet zu nutzen. Vereinfacht gesagt: Roaming ist immer dann aktiv, wenn das Mobilfunkgerät mit einem ausländischen Mobilfunknetz verbunden ist.[89] Schweizer Mobilfunkkundinnen und -kunden zahlen bei Auslandsaufenthalten, im Vergleich zu EU-Bürgerinnen und EU-Bürgern, deutlich höhere Roaming-Tarife. Abhängig vom Land, dem Gebrauch des Gerätes und dem Abonnement kann dies u.U. zu hohen Rechnungen und bösen Überraschungen führen. Im Gegensatz zu der EU[90] gilt für die Schweiz der Grundsatz RLAH nicht.[91]

Zurzeit müssen Schweizer Mobilfunkanbieterinnen mit mehreren ausländischen Anbieterinnen Verträge abschliessen, um die Nutzung von Roaming im Ausland für Schweizer Konsumentinnen und Konsumenten, und umgekehrt für EU-Bürgerinnen und EU-Bürger in der Schweiz, zu gewährleisten. Die Nutzung von ausländischen Netzen verursacht für die Mobilfunkanbieterinnen Kosten, welche wiederum auf die Konsumentinnen und Konsumenten abgewälzt werden. Bspw. bezahlt die deutsche Vodafone Kundschaft für die Datennutzung EUR 0,20 pro 50kB und für einen Anruf aus der Schweiz nach Deutschland EUR 1,21 pro Minute, während die Nutzung in den übrigen EU-Vertragsstaaten den nationalen Bedingungen entspricht. Dies führt dazu, dass die Schweiz im Mobilfunkbereich im Vergleich zum Ausland an Attraktivität verliert und dadurch auch der Wirtschafts- und Tourismusstandort Schweiz negativ beeinflusst wird.[92]

Durch die Revision des FMG im Frühling 2019 wollte der Gesetzgeber mit der Einführung von Art. 12a^{bis} FMG dieser unbefriedigenden Situation entgegenwirken und eine gesetzliche Grundlage zur Regulierung von Roaming-Diensten einführen. In der FDV wurden verschiedentlich Änderungen zur besseren Regulierung des Roaming eingeführt. So müssen etwa Daten-Roaming-Pakete sowie Optionen für das Telefonieren im Ausland mindestens ein Jahr gültig sein. Weiter sind Telefongespräche im Ausland nun sekundengenau und nicht, wie bis anhin, minuten-

---

[89] Düsterhöft Arne, Roaming-Gebühren. Im Ausland günstig mit dem Handy telefonieren und surfen, 2022, Kap. 1.
[90] III.C.1.
[91] Ademi (FN 77), 40.
[92] Ademi (FN 77), 40.

genau abzurechnen. Zudem müssen Konsumentinnen und Konsumenten, bevor sie das Roaming im Ausland benutzen können, eine einmalige Roaming-Limite festlegen können, um sog. «Bill-Shocks» zu vermeiden.[93]

Die Stiftung für Konsumentenschutz begrüsst diese Änderungen, doch gehen ihnen die Bestimmungen der revidierten FDV zu wenig weit. Es wird insbesondere bemängelt, dass die Preise für Schweizer Konsumentinnen und Konsumenten für die Datennutzung im Ausland seit Jahren massiv überhöht sind. Weiter kritisieren sie, dass die Mobilfunkanbieterinnen die Regelung, in welcher die Konsumentinnen und Konsumenten ihre Roaming-Limite selbst bestimmen können, nicht richtig umsetzen. Lediglich Neukundinnen und Neukunden können diese eigenständig festlegen, während für die bestehende Kundschaft die voreingestellte Limite von im Schnitt CHF 100.00 gilt. Auch wenn diese durch die Konsumentinnen und Konsumenten selbst abgeändert werden können, wird befürchtet, dass von dieser Option zu wenig Gebrauch gemacht wird und die Benutzerinnen und Benutzer dennoch in teure Gebührenfallen tappen.[94]

Wie sich gezeigt hat, besteht zurzeit keine nationale Regelung, welche das internationale Roaming verhindert. Dies kann deshalb im Moment nur durch Vereinbarungen zwischen inländischen und ausländischen Mobilfunkanbieterinnen geregelt werden.[95] Die Anbieterinnen stellen diesbezüglich verschiedene Möglichkeiten für Nutzerinnen und Nutzer zur Verfügung. So werden Abonnemente angeboten, welche ein gewisses Datenvolumen im Ausland inkludieren, jedoch auch teurer sind. Diese lohnen sich nur für Personen, welche oft privat oder geschäftlich verreisen und somit auf eine erhöhte Datennutzung im Ausland angewiesen sind. Für Grenzgängerinnen und Grenzgänger könnten solche Angebote möglicherweise attraktiv sein. Daneben besteht die Möglichkeit, fixe Datenpakete zu kaufen, welche die Nutzung bis zu einer bestimmten Menge ermöglichen.[96]

Bedeuten diese Änderungen nun für die Kundinnen und Kunden der Mobilfunkanbieterinnen bessere Angebote und tiefere Kosten? Nicht unbedingt. Die Online-Vergleichsdienste Dschungelkompass und Moneyland haben die neuen Roaming-Gebühren der grössten Mobilfunkanbieterinnen Swisscom AG, Sunrise AG und Salt SA unter die Lupe genommen. Im Ergebnis kamen sie zum Schluss, dass

---

[93] Botsch. Revision FMG (FN 12), 6619 ff.
[94] STIFTUNG FÜR KONSUMENTENSCHUTZ, Hinterzimmer-Deal mit BAKOM: So wollen Swisscom, Salt & Co. beim Roaming weiter abkassieren, Bern 2021 (zit. Hinterzimmer-Deal).
[95] ADEMI (FN 77), 40.
[96] SCHURTER DANIEL, Schluss mit Abzocke? Das musst du über die neuen Roaming-Gebühren wissen, watson vom 28. Juni 2021.

die Roaming-Angebote verbessert wurden und Kundinnen und Kunden teilweise weniger bezahlen müssen. Gleichzeitig lassen sich erhebliche Unterschiede zwischen den Anbieterinnen finden und je nach Anbieterin können sich die Roaming-Gebühren sogar erhöhen.[97] So bemängelte bspw. die Stiftung für Konsumentenschutz die massiv überteuerten Standard-Tarife von Salt SA für die Datennutzung im Ausland.[98]

Auch Deutsche Mobilfunkanbieterinnen bieten teilweise Abonnemente an, welche das Roaming in der Schweiz inkludieren. Als weitere Möglichkeit könnte ein Smartphone genutzt werden, welches die Möglichkeit bietet, zwei SIM-Karten in einem Gerät zu nutzen. So könnte je ein Abonnement in Deutschland und der Schweiz abgeschlossen werden, was u.U. kostengünstiger ausfällt.[99]

2. Politische und rechtliche Entwicklungen

Das internationale Roaming ist ein häufig diskutiertes Thema in vielerlei Hinsicht. Sowohl auf Bundesebene als auch auf regionaler Ebene gab es in der Vergangenheit Vorstösse mit dem Ziel, die Erhebung von Roaming-Gebühren abzuschaffen. Diese Anliegen häuften sich namentlich seit der Einführung der RLAH-Verordnung in der EU. Als Beispiel kann die Schweizer Delegation des Oberrheinrates mit ihrer Forderung, am Oberrhein kein Roaming entstehen zu lassen, genannt werden. Mit Blick auf das Ziel, einen einheitlichen Telekommunikationsraum Oberrhein zu errichten, wird insbesondere auf die negativen wirtschaftlichen Folgen verwiesen, welche sich durch unterschiedliche grenzüberschreitende Tarife ergeben. In einem Brief wird Bundespräsidentin Leuthard dazu aufgefordert, sich auf politischer Ebene verstärkt für die Beseitigung der Roaming-Gebühren zu bemühen. Zudem soll auf die Mobilfunkanbieterinnen eingewirkt werden, damit diese ihre Roaming-Preise reduzieren.[100]

Bundespräsidentin Leuthard betonte in ihrer Antwort, dass die RLAH-Verordnung für die Schweiz nicht gültig sei und zum damaligen Zeitpunkt auch keine gesetzliche Grundlage für die Festlegung der Roaming-Preise existierte.[101] Weiter wurde

---

[97] SCHURTER (FN 96).
[98] STIFTUNG FÜR KONSUMENTENSCHUTZ, Überrissene Roaming-Tarife, Kosten-Fallen, Rechtsmissachtung: Konsumentenschutz fordert Kurswechsel bei Salt, Bern 2021 (zit. Salt).
[99] SEEGER DANIEL, Günstiger Handyvertrag für Grenzgänger in der Schweiz, 2022.
[100] VON WARTBURG CHRISTIAN, Schreiben Oberrheinrat an Bundespräsidentin. Keine Unterschiede beim Roaming am Oberrhein, Basel 2017 (zit. Schreiben ORR).
[101] LEUTHARD DORIS, Antwort. Roaming, Bern 2017 (zit. Antwort).

auf die vielen Vorstösse in der Politik verwiesen.[102] Der Grund für die Ablehnung der Motionen bestand in der bevorstehenden Revision des FMG, mit welcher der Bundesrat Massnahmen bzgl. der Roaming-Preise überprüfen sollte.[103] Seit Inkrafttreten des revidierten FMG gab es erneut parlamentarische Vorstösse in diesem Bereich. Diese werden unten in Kapitel V näher erläutert.

Da sich das Interesse auf staatlicher Ebene zur Verhinderung von Roaming-Gebühren nicht durchsetzen konnte, werden vermehrt private Lösungen gesucht. Als innovative Lösung soll an dieser Stelle das Modell des Vereins «Freifunk Dreiländereck» vorgestellt werden. Ziel ist es, ein offenes, schnelles und freies WLan im Dreiländereck Schweiz, Frankreich und Deutschland zu errichten. Die Idee des Freifunk-Netzes wird von Freiwilligen aufgebaut und betrieben, welche sich für den offenen und freien Internetzugang einsetzen. Das Angebot richtet sich gleichermassen an Privatpersonen, als auch an Unternehmen. Um bei der Initiative mitzumachen und so Freifunk anzubieten, ist ein Internetzugang die einzige Voraussetzung. Danach muss lediglich eine Investition von einmalig EUR 30.00 bzw. CHF 35.00 für die Einrichtung eines Freifunk Routers getätigt werden. Nach der Installation des Routers, gewährt der Besitzer anderen Personen die Nutzung eines Teils der Übertragungskapazität des privaten Internetanschlusses. Gemäss den Initianten und Initiantinnen sollen dadurch keine Einschränkungen für den Besitzer entstehen. Ebenso sollen dadurch keine Sicherheitsrisiken entstehen, da der Datenverkehr verschlüsselt über VPN erfolgt. Über das Netzwerk «Freifunk» kann eine direkte und kostenlose Verbindung mit dem Internet entstehen. Der Verein verfolgt ein soziales Engagement, wodurch aber letztlich auch die Standortattraktivität der Region gefördert werden soll. Diese Initiative stellt eine innovative Lösung zur Verbesserung von Mobilfunkempfang und Vermeidung von teuren Roaming-Gebühren in Grenzgebieten dar. Es werden keine neuen Infrastrukturen benötigt und die Kosten halten sich, im Vergleich zum weitreichenden Nutzen, in Grenzen.[104]

Als Kernproblem des internationalen Roaming kann eruiert werden, dass Schweizer Konsumentinnen und Konsumenten, im Gegensatz zu deutschen bzw. euro-

---

[102] Vgl. Motion Schneider-Schneiter (17.3476) «Tschüss, Roaming-Insel Schweiz! Abschaffung zur Sicherung des Wirtschafts-, Handels- und Tourismusstandortes Schweiz» vom 15. Juni 2017 (zit. Mo. Schneider-Schneiter, Roaming-Insel); Motion Buttet (17.3498) «Mobiltelefonie. Geben wir der Schweiz ihre Wettbewerbsfähigkeit zurück!» vom 15. Juni 2017 (zit. Mo. Buttet); Motion Wyss (11.3524) «Schluss mit überrissenen Handy-Gebühren im Ausland» vom 15. Juni 2011 (zit. Mo. Wyss); etc.
[103] LEUTHARD (FN 101), Antwort.
[104] Für weitere Informationen siehe FREIFUNK DREILÄNDERECK E.V, Homepage.

päischen Konsumentinnen und Konsumenten, benachteiligt werden. Dies liegt insbesondere daran, dass in der Schweiz der Grundsatz RLAH nicht gilt. In Grenzgebieten oder für Konsumentinnen und Konsumenten, welche oft ins Ausland verreisen, bleibt daher nur die Option, das Roaming auszuschalten, Abonnemente mit inkludiertem Datenvolumen abzuschliessen oder Datenpakete zu kaufen. Wie sich jedoch gezeigt hat, befinden sich die letztgenannten Möglichkeiten weiterhin auf einem hohen Preisniveau und es bestehen Unterschiede zwischen den Anbieterinnen. Da auf politischer Ebene zurzeit keine Verhinderung der Roaming-Gebühren erreicht werden kann, werden vermehrt private Innovationen lanciert. Es kann deshalb geschlussfolgert werden, dass sich im Bereich des Roaming für die Schweiz, trotz einiger Verbesserungen durch die Revision des FMG, verglichen mit Deutschland bzw. mit der EU Verbesserungspotenziale ergeben.

B. 5G-Netze

1. Aktuelle Problemfelder

Wie bereits erläutert, verfolgt die EU eine Strategie zur Förderung und zum Ausbau eines digitalen Binnenmarktes. Die Digitalisierung und Vernetzung, allen voran der Ausbau von 5G-Netzwerken, stellen einen wichtigen Bestandteil der festgelegten Ziele dar.[105] Insbesondere hat auch die Corona Pandemie erneut verdeutlicht, wie wichtig eine vernetzte Gesellschaft im heutigen Zeitalter ist. Dafür begleitet das 5G-Observatorium seit 2018, im Auftrag der europäischen Kommission, die Entwicklung rund um den neuen Mobilfunkstandard in Europa und stellt sicher, dass die gesteckten Ziele auch international umgesetzt werden. Laut dem Report des Observatoriums sind, Stand Januar 2022, in allen 27 Mitgliedstaaten 5G-Dienste aktiv und für Nutzende erreichbar. Während im Jahr 2020 nur drei Mitgliedstaaten 5G-Frequenzen bereitstellten und die Corona Pandemie in vielen EU-Staaten die Frequenzvergaben drosselte, wurde nun die Vernetzung erneut vorangetrieben. Während die Netzwerkabdeckung im Jahr 2020 erst bei 30% lag, konnte diese im Jahr 2021 auf 62% verdoppelt werden.[106] Dennoch liegt die EU, im Vergleich zu den USA und Südkorea, hinten.[107] Deutschland steht beim Ausbau der 5G-Netze dennoch gut da. Laut der deutschen BNetzA sind, Stand Oktober 2021, 53% der Landesfläche von mindestens einer Mobilfunkanbieterin mit 5G

---

[105] III.C.1.
[106] BUNDESMINISTERIUM FÜR DIGITALES UND VERKEHR (BMDV), Mobilfunkstrategie und 5G-Netzausbau. Europa macht mobil: der 5G-Aktionsplan der EU, Berlin (zit. 5G-Netzausbau).
[107] ADEMI (FN 77), 37.

versorgt. Ziel sei es, bis zum Jahr 2030 alle Haushalte und besiedelten Gebiete mit 5G abzudecken.[108]

In der Schweiz gestaltet sich der Ausbau und die Entwicklung von einem flächendeckenden 5G-Netzwerk eher schleppend. Schweizer Mobilfunkanbieterinnen können sich dabei nicht eigenständig an die Regelungen der EU anpassen, sondern müssen sich an den nationalen Rechtsrahmen halten.[109] Auch wenn, Stand Februar 2022, bereits 36% der Schweizer Bevölkerung ein 5G-Gerät nutzt, gestaltet sich der Infrastrukturausbau langsam. Der 5G-Ausbau wird in der Schweiz insbesondere durch kantonale und regionale Moratorien gebremst. Zurzeit bestehen gemäss asut 3'000 hängige Baugesuche, welche nicht behandelt werden, wodurch der Netzausbau verlangsamt wird.[110]

2. Politische und rechtliche Entwicklungen

Wenn die politischen Entwicklungen des 5G-Ausbaus betrachtet werden, fällt auf, dass auch auf politischer Ebene das langsame Vorgehen bemängelt wird. So weist eine eingereichte Interpellation der FDP vom 17. Juni 2021 darauf hin, dass sich die 5G-Vernetzung nur langsam entwickelt. Dass viele Kantone die Baubewilligungsgesuche nicht behandeln, liegt unter anderem an der Angst vor dem politischen Druck, welcher auf der Unsicherheit vor den gesundheitlichen Folgen der Strahlung beruht. Es wird zudem erwähnt, dass gemäss Umfragen die Skepsis gegenüber dem 5G-Ausbau in der Schweiz höher ist als in Deutschland oder Österreich. Dies sei unter anderem auf eine ungenügende Aufklärung und Information der Öffentlichkeit zurückzuführen. Ausserdem ist es problematisch, dass im Rahmen der Versteigerung der neuen Frequenzen und der Zulassung von 5G die Forschungsarbeiten nicht genügend ausgereift waren. Der Bundesrat weist in seiner Antwort darauf hin, dass das BAFU am 23. Februar 2021 eine Vollzugshilfe für den Umgang mit adaptiven Antennen, welche für den 5G-Ausbau genutzt werden, veröffentlicht hat. Diese soll den Behörden Klarheit bei der Berechnung verschaffen und so die Rechtssicherheit erhöhen. Bei adaptiven Antennen wird das Signal auf einen räumlich begrenzten Bereich in die Richtung der Nutzenden fokussiert. Dadurch wird

---

[108] BMDV (FN 106), 5G-Netzausbau.
[109] ALONSO HUG TERESA/GALL CORINA, Die digitalen Grenzen öffnen. Der digitale Binnenmarkt eröffnet Europas digitaler Wirtschaft neue Chancen – und der Schweiz?, Avenir suisse vom 25. Oktober 2021.
[110] SCHWEIZERISCHER VERBAND FÜR TELEKOMMUNIKATION (ASUT), Rasante Zunahme der 5G-Nutzung – 36% der Bevölkerung verwenden 5G-Geräte [Medienmitteilung], Bern 2022 (zit. 5G-Nutzung).

nicht mehr ein ganzer Sektor befeldet, wodurch ein effizienter und sparsamer Umgang gewährleistet werden kann.[111] Weiter wurde bereits am 22. April 2020 beschlossen, die vorgeschlagenen Begleitmassnahmen der Arbeitsgruppe «Mobilfunk und Strahlung» umzusetzen. Darunter fällt auch die verbesserte Aufklärung der Öffentlichkeit und die fortlaufende Aktualisierung des Wissensstands im 5G-Ausbau. Auf kantonaler und kommunaler Ebene wird der Informationsaustausch ebenfalls stetig gesucht, um dem genannten Problem der Verfahrensverzögerung entgegenzuwirken. Letztlich soll so der Ausbau eines leistungsfähigen 5G-Netzes unter Einhaltung des Schutzniveaus gewährleistet werden.[112] Am 17. Dezember 2021 hat der Bundesrat schliesslich entschieden, einzelne Elemente der erwähnten Vollzugshilfe in der NISV zu verankern und auf diese Art die Rechtssicherheit zu erhöhen.[113] Diese sind per 01. Januar 2022 in Kraft getreten. Basierend darauf haben nun die Kantone, unter der Führung der BPUK, neue Mobilfunkempfehlungen verabschiedet, welche am 01. April 2022 in Kraft getreten sind. Diese sollen vereinfachte Bewilligungsverfahren für bestimmte Antennen garantieren.[114]

In einer kürzlich behandelten Motion vom 09. Mai 2022 der Nationalrätin Ursula Schneider Schüttel wird zudem erwähnt, dass die Auswirkungen der 5G-Millimeterwellen auf den Menschen und die Natur zu wenig erforscht sind. Deren Nutzung sollte deshalb erst erlaubt werden, wenn die Konsequenzen genügend geklärt und die nötigen Schutzmassnahmen getroffen sind. In der Antwort von Bundesrätin Simonetta Sommaruga wird erklärt, dass die Nutzung von adaptiven Antennen klar von der Nutzung der Millimeterwellen abzutrennen ist. Weiter wird verdeutlicht, dass es zurzeit keinen Zeitplan für die Nutzung von Millimeterwellen gibt. Insbesondere sollen aus der Zulassung des 5G-Ausbaus, bei welchem im Zeitpunkt der Versteigerung die Informationslage zu dürftig war, die nötigen Lehren gezogen werden. Deshalb sind die nötigen Forschungsarbeiten im Vornherein zu tätigen, bevor eine mögliche Zulassung geprüft wird.[115]

---

[111] WITSCHI RES, Adaptive Antennen. Elektromagnetische Felder je nach Bedarf, Worblaufen 2020.
[112] Interpellation Wicki (21.3803) «5G. Behördenkommunikation und öffentliche Wahrnehmung» vom 17. Juni 2021 (zit. Interpellation Wicki).
[113] BUNDESAMT FÜR UMWELT (BAFU), Adaptive Antennen: Der Bundesrat schafft Klarheit und erhöht die Rechtssicherheit, Biel 2021 (zit. Adaptive Antennen).
[114] SCHWEIZERISCHER VERBAND FÜR TELEKOMMUNIKATION (ASUT), Kantone beschliessen neue Empfehlungen für Mobilfunkanlagen [Medienmitteilung], Bern 2022 (zit. Mobilfunkanlagen).
[115] Motion Schneider Schüttel (20.3586) «Mobilfunkanlagen mit 5G-Technologie. Konsequenzen der Millimeterwellen auf die Natur und den Menschen» vom 09. Mai 2022 (zit. Mo. Schneider Schüttel).

Neben den erwähnten Verfahrensverzögerungen und der öffentlichen Unsicherheit bzgl. der Gesundheitsrisiken gestaltet sich die Signalstärke für die Mobilfunkkundschaft in der Schweiz schlechter als in den Nachbarländern Deutschland, Frankreich und Italien. Dies zeigen aktuelle Messungen von Opensignal. Dadurch wird das Nutzungserlebnis in der Schweiz beeinträchtigt, weil die Übertragungsrate von Daten verlangsamt wird. Als Grund werden die strikten Vorgaben bzgl. der Grenzwerte der Strahlung von Sendemasten genannt. Diese sind in der Schweiz bspw. zehnmal tiefer als in den Ländern der EU. Deshalb kann das Potenzial von 5G nicht voll ausgeschöpft werden und die Schweiz fällt im Ländervergleich zurück.[116]

Letztlich hat der Abbruch der Verhandlungen um ein Rahmenabkommen mit der EU eine Teilnahme der Schweiz am digitalen Binnenmarkt und an der Forschung verkompliziert oder gar verhindert. Auch wenn die Schweiz weiterhin betont, dass sie den Dialog mit der EU sucht, sind die Nachteile nicht von der Hand zu weisen. Als jüngeres Beispiel kann der Ausschluss der Schweiz aus der EU-Regulationsbehörde für Telekommunikation (dem BEREC) genannt werden. Bisher durfte die Schweiz als Beobachterin an den Sitzungen teilnehmen und konnte so von wichtigen Themen wie Netzneutralität, Roaming und 5G-Sicherheit profitieren. Durch das Scheitern des Rahmenabkommens zwischen der Schweiz und der EU wurden sie aus dieser Organisation ausgeschlossen.[117]

Zusammenfassend kann festgehalten werden, dass die Schweiz das Potenzial hätte, eine weltweite Führungsrolle beim Ausbau von 5G einzunehmen. Jedoch gestaltet sich die Entwicklung der 5G-Vernetzung, insbesondere aufgrund von Verzögerungen bei den Bewilligungsverfahren und der öffentlichen Unsicherheit, eher schleppend. Die strengen Vorgaben bzgl. der Grenzwerte im Bereich der 5G-Versorgung lassen die Schweiz im Vergleich ebenfalls zurückfallen. Der Ausschluss aus dem BEREC wirkt sich für die Schweiz zudem nachteilig aus, da sie nun nicht mehr von diesem wichtigen Austausch profitieren kann.

---

[116] METTLER JON, Neue Messungen zur Mobilfunktechnologie. Schweizer 5G-Netz schneidet im europäischen Vergleich schlecht ab, Tagesanzeiger vom 12. Mai 2022.
[117] ADEMI (FN 77), 37. Siehe weiter MÄDER LUKAS, Schweiz wegen des fehlenden Rahmenabkommens aus der europäischen Telekom-Behörde ausgeschlossen, NZZ vom 21. Februar 2019.

C. Frequenzverwaltung

In Grenzgebieten gestaltet sich der Mobilfunkempfang oft problematisch. Hier besteht die Gefahr, dass sich Mobilfunkgeräte mit dem ausländischen Mobilfunknetzwerk verbinden, wenn dessen Signal besser ist. Dies liegt daran, dass Mobilfunksignale nicht an der Landesgrenze Halt machen, sondern u.U. bis zu 20 Kilometer in das Landesinnere strahlen können.[118] Die Mitgliedstaaten der EU sind dabei an die Richtlinien des Europäischen Parlaments und des Rates gebunden und müssen diese in nationales Recht umsetzen. Diese Mindestanforderungen gilt es einzuhalten, es können jedoch striktere nationale Limiten festgelegt werden.[119] In der Schweiz sind die Grenzwerte, verglichen mit den Nachbarländern, viel strikter und dies führt zu verstärkter Überlappung von inländischem und ausländischem Mobilfunk. Wenn das internationale Roaming nicht im Handyvertrag inkludiert ist, sollte deshalb das Roaming in Grenznähe ausgeschaltet werden, um nicht in eine Kostenfalle zu tappen. Dies kann aber wiederum dazu führen, dass sich der Empfang verschlechtert und das ist insbesondere für Anwohnerinnen und Anwohner in Grenznähe ärgerlich.[120]

Im Bereich des Mobilfunks ist deshalb die Verwaltung und Vergabe von Frequenzen von grosser Bedeutung. Gemäss eigener Angaben des BAKOM sind v.a. in Grenzgebieten die Regelungen bzgl. der Frequenzverwaltung zu beachten.[121] Bei Frequenzen, darunter fallen auch Mobilfunkfrequenzen, handelt es sich um eine beschränkt verfügbare Ressource. Damit deren Nutzung sichergestellt werden kann, muss eine geeignete Frequenzverwaltung sichergestellt sein. Art. 25 Abs. 1 FMG enthält aus diesem Grund einen direkten Auftrag an das BAKOM, geeignete Massnahmen zur Gewährleistung einer effizienten und störungsfreien Nutzung zu ergreifen. Als rechtliche Grundlage dient dabei das NaFZ, welches im nationalen Bereich die Frequenzzuweisung regelt. Eine geeignete Frequenzverwaltung darf aber nicht an der Grenze enden, sondern muss auch auf internationaler Ebene geregelt werden.[122] Auf diesen Punkt wird im Kapitel V.C. näher eingegangen.

Zusammengefasst kann festgehalten werden, dass die Frequenzverwaltung national, gerade in Grenzgebieten aber auch aus internationaler Sicht, wichtig ist. In

---

[118] ALTERMATT SVEN, Kostenfalle. Roaming-Falle: Ausländische Antennen senden über 20 Kilometer weit in die Schweiz, Aargauer Zeitung vom 29. Juni 2020.
[119] RWTH AACHEN, Grenzwerte im internationalen Vergleich, Aachen.
[120] ALTERMATT (FN 89).
[121] Interviewpartner.
[122] BUNDESAMT FÜR KOMMUNIKATION (BAKOM), Prinzipien der Frequenzverwaltung. Swiss National Frequency Allocation Plan [Bericht], Biel 2021 (zit. Frequenzverwaltung), 4.

Grenznähe zeigt sich, dass ausländische Mobilfunkanlagen in die Schweiz strahlen können. Sofern diese ein besseres Signal aufweisen, kann es vorkommen, dass sich das Mobilfunkgerät mit diesem Signal verbindet, obwohl sich das Gerät noch in der Schweiz befindet. Ein Grund dafür sind unter anderem die strengeren Regeln bzgl. der Grenzwerte für die Mobilfunkanlagen in der Schweiz. Um diese Probleme anzugehen, ist die internationale Frequenzverwaltung von essenzieller Bedeutung.

V. Handlungsvorschläge

In diesem Kapitel werden für die vorher besprochenen Problemfelder, die sich im Bereich des Mobilfunks grenzüberschreitend ergeben, drei konkrete Handlungsvorschläge präsentiert. Durch diese soll eine Möglichkeit aufgezeigt werden, den Schwierigkeiten bzgl. den einzelnen Problemfeldern besser zu begegnen. Dabei werden die Empfehlungen erörtert und aktuelle Entwicklungen in die Analyse einbezogen.

A. Bilaterales Abkommen im Bereich der Telekommunikation

Eine Möglichkeit für die Schweiz, im Bereich der Telekommunikation mit Deutschland zu kooperieren, ergibt sich aus dem Abschluss eines Abkommens mit der EU bzgl. unterschiedlicher relevanter Themen in diesem Sektor. Durch eine Zusammenarbeit könnten gemeinsame Interessen besser verfolgt werden. Da alle Beteiligten den gleichen Herausforderungen gegenüberstehen, könnte eine rechtlich geregelte Vereinbarung zur Kooperation für die zukünftigen Entwicklungen von Vorteil sein. Sämtliche Parteien könnten von den jeweiligen Stärken der anderen profitieren.[123]

Für die Schweiz wäre diese Kooperation insbesondere im Bereich der in der EU weiter fortgeschrittenen Entwicklungen bzgl. der 5G-Netze von Vorteil, damit sie den Anschluss an die neue Technologie nicht verpasst. Bspw. könnte sie von den einheitlichen Regelungen, der Überwachung durch das 5G-Observatorium etc. profitieren. Ausserdem könnte durch die Zusammenarbeit die Sicherheit und Umsetzung dieses Projekts gestärkt werden. Da sich ähnliche politische und technologische Probleme für beide Parteien ergeben und die EU durch ihre wichtige Stel-

---

[123] ADEMI (FN 77), 9 & 38 f.

lung in Europa sowie ihrer globalen Macht von erheblicher Bedeutung ist, erweist sich eine grenzüberschreitende Zusammenarbeit für die Schweiz als sinnvoll.[124]

Die Schweiz dürfte wohl auch daran interessiert sein, ihren Beobachterstatus im BEREC wiederzuerlangen. Der Bundesrat schätzt die Folgen des Ausschlusses aus der europäischen Telekom-Behörde als gering ein. Die Versorgung der Schweiz mit Telekommunikationsleistungen ist nicht unmittelbar davon betroffen. Es geht dadurch allerdings ein wertvoller Informationsaustausch mit der EU im Fernmeldebereich verloren, was zu bedauern ist.[125] Die Schweiz besitzt derzeit kein derartiges Abkommen mit der EU, weshalb ein solches im Bereich der Telekommunikation auch eine Grundlage für die erneute Teilnahme mit Beobachterstatus darstellen könnte.[126]

In der Schweiz sind keine gesetzlich geregelten Preisobergrenzen bzgl. des internationalen Roaming festgelegt. Die in der EU geltende Reglung (RLAH) könnte für die Schweiz lediglich im Rahmen eines bilateralen Abkommens übernommen werden. Dadurch könnte sich die Schweiz von ihrer derzeitigen Position als Roaming-Insel lösen und somit ihre Standortattraktivität in touristischer sowie wirtschaftlicher Hinsicht erhöhen. Damit würde dem Anliegen einer grenzenlosen und eng verknüpften Telekommunikation in Europa Rechnung getragen werden.[127] Zudem könnte der Bundesrat die Mobilfunkanbieterinnen dazu verpflichten, die sich aus dem Abkommen ergebenden Vorteile an die Konsumentinnen und Konsumenten weiterzugeben. Eine solche Kompetenz ergibt sich gestützt auf Art. 12a^{bis} Abs. 1 lit. c FMG.[128]

Da zurzeit ein Abkommen mit der EU unwahrscheinlich erscheint, könnte gegebenenfalls eines mit Deutschland angestrebt werden. Die Schweiz und Deutschland pflegen vielfältige Beziehungen und sind aufgrund eines regen Austausches in jeglicher Hinsicht eng miteinander verbunden. So bestehen über 200 Abkommen zwischen den beiden Staaten und es finden regelmässig bilaterale Treffen statt. Ausserdem herrscht ein lebhafter Austausch bzgl. der Zusammenarbeit in multilateralen Gremien sowie aktuellen internationalen Fragen.[129]

---

[124] ADEMI (FN 77), 9 & 39 ff.
[125] Fragestunde. Frage Nussbaumer (19.5155) «Mitwirkung in der EU-Regulationsbehörde zur Telekommunikation» vom 12. März 2019 (zit. Fragestunde Nussbaumer); HEINRICH (FN 26), 86.
[126] ADEMI (FN 77), 41.
[127] ADEMI (FN 77), 40 f.
[128] Botsch. Revision FMG (FN 12), 6619 f.
[129] EIDGENÖSSISCHES DEPARTEMENT FÜR AUSWÄRTIGE ANGELEGENHEITEN (EDA), Bilaterale Beziehungen Schweiz – Deutschland, 2022.

Im Rahmen einer parlamentarischen Fragestunde des Jahres 2019 äusserte sich der Bundesrat unter anderem zum Thema Abkommen mit der EU im Telekommunikationsbereich. Dabei wurde zunächst erläutert, dass es durchaus Fälle gibt, in denen die Roaming-Tarife für ausländische Touristen bereits denjenigen in der EU entsprechen. Dies resultiert aus kommerziellen Überlegungen der Mobilfunkanbieterinnen und ergibt sich nicht etwa durch ein Abkommen. Im revidierten FMG wird die Möglichkeit einer internationalen Vereinbarung mit der EU zwar vorgesehen, diese bezieht sich allerdings auf die Festlegung von Preisobergrenzen, worauf im nächsten Kapitel näher eingegangen wird. Ein solches Abkommen auf der Grundlage von Art. 12a^{bis} Abs. 1 lit. c FMG würde sich dementsprechend lediglich auf die Grosshandelstarife zwischen den Mobilfunkanbieterinnen beziehen.[130]

B. Festlegung von Preisobergrenzen zur Erhebung von Roaming-Gebühren

Einen weiteren Handlungsvorschlag in Bezug auf die Problemstellungen stellt die gesetzliche Festlegung von Preisobergrenzen für die Erhebung von Roaming-Gebühren dar. Dabei kann zwischen der Regelung aufgrund einer internationalen Vereinbarung und einer unilateralen durch den Bundesrat bestimmten Preisobergrenze unterschieden werden.

Festlegung einer Preisobergrenze basierend auf einer internationalen Vereinbarung:

Mit Art. 12a^{bis} Abs. 1 lit. c FMG wurde eine Norm in die Schweizer Rechtsordnung eingeführt, welche dem Bund explizit die Kompetenz erteilt, Preisobergrenzen im Rahmen einer internationalen Vereinbarung festzulegen. Damit soll dem Anliegen, übermässig hohe Endkundenpreise in Bezug auf internationales Roaming zu bekämpfen, entsprochen werden. Ausserdem wird damit dem Bundesrat die Befugnis erteilt, in den Markt einzugreifen, wenn dieser nicht funktioniert und sich das Preisniveau bzgl. des internationalen Roaming nicht an dasjenige der EU anpasst. Mit einem solchen Abkommen würde die Möglichkeit bestehen, die sowohl in der Schweiz als auch in der EU geltenden Grosshandelstarife gegenseitig

---

[130] Fragestunde. Frage Riklin (19.5102) «Roaming und Stromhandel. Wie teuer wird es ohne Abkommen mit der EU?» vom 06. März 2019 (zit. Fragestunde Riklin); Interviewpartner.

zu bestimmen und potenziell zu mindern.[131] Trotz Kritik im Rahmen des Vernehmlassungsverfahrens fiel die Entscheidung zugunsten dieser Option, Preisobergrenzen festlegen zu können, aus. Damit sprach sich der Bundesrat für diese Möglichkeit aus. Diese sei durchaus in der Lage, das Problem der vergleichsweisen hohen Roaming-Preise zu lösen.[132]

Wenn der Bundesrat seine Kompetenz wahrnimmt, würde er dadurch in die Rechte und Pflichten der Mobilfunkanbieterinnen eingreifen. Insbesondere würden deren Handlungsspielräume begrenzt werden und deren Umsätze höchstwahrscheinlich zurückgehen. Allerdings ist aus Erfahrungen der EU damit zu rechnen, dass die Kosten trotzdem gedeckt werden. Weiter wird in den Ausführungen zu Art. 12a^{bis} Abs. 1 FMG der Botschaft zur Revision dieses Gesetzes ausgeführt, dass keine Abschwächung der Verhandlungspositionen gegenüber ausländischen Mobilfunkanbieterinnen entstehen würde.[133] Somit lässt sich eine gewisse positive Haltung zur Festlegung von Preisobergrenzen aufgrund von internationalen Vereinbarungen erkennen, welche nun auch umgesetzt werden sollte.

Unilaterale Festlegung einer Preisobergrenze durch den Bundesrat:

Schliesslich stellt sich die Frage, ob gestützt auf Art. 12a^{bis} Abs. 1 FMG eine einseitige Festlegung von Preisobergrenzen durch den Bundesrat ebenfalls möglich ist. Dies kann nur im Rahmen einer Auslegung der Norm beurteilt werden. Gemäss STÖCKLI und JOLLER ist die unilaterale Festlegung einer Preisobergrenze durch den Bundesrat möglich. Angesichts verschiedener Auslegungsergebnisse könnte eine einseitige Festlegung durch den Bundesrat im Rahmen eines offenen Verständnisses als eine in der Liste von Art. 12a^{bis} Abs. 1 FMG nicht explizit aufgeführte Massnahme erfasst sein. Diese Möglichkeit erscheint entsprechend als nicht unmittelbar ausgeschlossen.[134]

Abschliessend stellt demnach die gesetzliche Festlegung von Preisobergrenzen für die Erhebung von Roaming-Gebühren einen weiteren Handlungsvorschlag zur Lösung der Problemstellung dar. Dabei könnte diese Massnahme entweder durch ein internationales Abkommen oder möglicherweise einseitig durch den Bundesrat umgesetzt werden.

---

[131] Botsch. Revision FMG (FN 12), 6571 & 6589.
[132] Botsch. Revision FMG (FN 12), 6601.
[133] Botsch. Revision FMG (FN 12), 6672 ff.
[134] STÖCKLI ANDREAS/JOLLER ELISABETH, Einseitige Festlegung einer Obergrenze für Roaminggebühren durch den Bundesrat?, AJP 2020, 454 ff., 454 ff.

Stellungnahme Bundesrat

Im Parlament gab es immer wieder Bestrebungen, etwas gegen die überhöhten Roaming-Preise zu unternehmen. Erst kürzlich wurde der Bundesrat, angelehnt an das Rechtsgutachten von STÖCKLI und JOLLER, dazu aufgefordert, die erwünschten Preisobergrenzen einseitig festzulegen. Begründet wurde dieses Anliegen insbesondere mit der durch die Pandemie beschleunigten und weiter fortschreitenden Digitalisierung sowie mit der zumindest vorerst geringen Wahrscheinlichkeit einer Ausweitung der bilateralen Verträge mit der EU. In der Antwort des Bundesrates wird klar ersichtlich, dass dieser die Auffassung vertritt, das Parlament habe ihm mit Art. 12a^{bis} Abs. 1 lit. c FMG keine Kompetenz zur unilateralen Festlegung von Preisobergrenzen überlassen. Diese Bestimmung beziehe sich explizit auf das Mittel der internationalen Vereinbarung und ist abhängig von dessen Existenz. Die Ermöglichung der einseitigen Festlegung von Preisobergrenzen für die Erhebung von Roaming-Gebühren würde eine erneute Revision des FMG erfordern und kann nicht durch den Bundesart auf Verordnungswegen erfolgen.[135]

In den parlamentarischen Diskussionen wurde diese Debatte aufgenommen und im Rahmen einer weiteren Motion darauf reagiert. Dabei wird der Bundesrat nun damit beauftragt, im Zusammenhang mit einer Änderung des FMG Preisobergrenzen für die Erhebung von Roaming-Gebühren tatsächlich einseitig festzulegen. Der Grund für diese Aufforderung liegt darin, dass der Markt in dieser Hinsicht seit langer Zeit versagt und insbesondere die Tourismusbranche und die Grenzgebiete stark darunter leiden. Des Weiteren werden die positiven Effekte, die durch die vorgeschlagene Massnahme erreicht werden könnten, sowohl für Kunden und Kundinnen aus der Schweiz als auch für ausländische Besucher aufgezeigt. Einerseits könnten sich die Mobilfunkanbieterinnen in der Schweiz bei ihren Verhandlungen mit den gesetzlich bestimmten Preisobergrenzen als Argument gegen übertriebene Vorstellungen für die Nutzung von ausländischen Mobilfunknetzen wehren. Andererseits müssten auch die schweizerischen Mobilfunkanbieterinnen die Tarife für die Nutzung der eigenen Netze durch ausländische Personen senken.[136]

Der Bundesrat entgegnet diesen Forderungen mit einigen Gegenargumenten, welche aufzeigen sollen, weshalb die einseitige Festlegung von Preisobergrenzen

---

[135] Motion Schneider-Schneiter (21.3661) «Überhöhte Roaming-Gebühren müssen endlich abgeschafft werden» vom 09. Juni 2021 (zit. Mo. Schneider-Schneiter, Überhöhte Roaming-Gebühren).

[136] Motion Birrer-Heimo (21.4627) «Preisobergrenzen für das internationale Roaming» vom 17. Dezember 2021 (zit. Mo. Birrer-Heimo).

abzulehnen sei. Zunächst wird ausgeführt, dass der Bund keinen Einfluss auf die Verhandlungen der Mobilfunkanbieterinnen untereinander nehmen kann, da diese auf privatrechtlichem Wege erfolgen. Die vereinbarten Tarife ergeben sich insbesondere durch die Verhandlungsmacht der Mobilfunkunternehmen, auf welche eine gesetzliche Festlegung von Preisobergrenzen keine Auswirkungen hätte. Denn die Roaming-Preise, welche die Personen im jeweiligen Ausland zu bezahlen haben, liegen in der Verantwortung der Mobilfunkanbieterinnen in deren Heimatland. Es ist den Mobilfunknetzbetreiberinnen überlassen, welche Beträge diese ihrer Kundschaft für Reisen nach Deutschland bzw. in die Schweiz verrechnen. Deshalb kann der Bundesrat auf ebendiese Tarife nicht einwirken, weil sie nur durch ein Abkommen mit dem jeweiligen Staat geregelt werden können.[137]

Weiter wird erläutert, wie durch eine unilaterale Festlegung von Preisobergrenzen für das internationale Roaming die Wettbewerbssituation bzgl. des Angebots in diesem Bereich gefährdet werden könnte. Die Preisobergrenzen würden sich hauptsächlich auf die Kundschaft der Schweizer Mobilfunkanbieterinnen, welche sich im Ausland befindet, auswirken. Dadurch würde das Risiko entstehen, dass die ausgehandelten Tarife nicht angemessen berücksichtigt werden und sich kleinere Mobilfunkunternehmen aus dem Roaming-Geschäft zurückziehen müssten, weil sie keine ausreichenden Gewinne realisieren könnten. Zuletzt wird betont, dass mit dem revidierten FMG unterschiedliche Plichten für die Mobilfunkanbieterinnen eingeführt wurden. Aus diesem Grund möchte der Bundesrat mit der Prüfung weiterer Regulierungen zuwarten, bis das BAKOM die Gelegenheit dazu erhält, die Wirksamkeit dieser neuen Massnahmen zu analysieren.[138]

C. Harmonisierung der Frequenzverwaltung

In Kapitel IV.C. wurde erläutert, dass in Grenzgebieten die internationale Frequenzverwaltung ein wichtiges Instrumentarium für die störungsfreie Nutzung von Frequenzen darstellt. In den internationalen Arbeitsgruppen CEPT und ITU werden aus diesem Grund gemeinsam Grundlagen erarbeitet, die eine harmonisierte Nutzung von Frequenzressourcen ermöglichen sollen. Insbesondere ist hier das RR der ITU zu nennen, welches weltweit Frequenzen zuweist und als völkerrechtlicher Vertrag verbindlich ist für alle ITU-Mitgliedstaaten. Die Schweiz, aber auch ihre Nachbarländer, gehören der ITU an. Weiter sind die Ergebnisse

---

[137] Mo. Birrer-Heimo (FN 107).
[138] Mo. Birrer-Heimo (FN 107).

der WRC der ITU, welche durch den Bundesrat ratifiziert werden müssen, sowie angenommene Beschlüsse der CEPT für die Schweiz verbindlich und üben dementsprechend Einfluss auf das NaFZ aus bzw. dienen als Vorgaben. Der ITU-R, eine Unterorganisation der Vereinten Nationen, veranstaltet diese Konferenzen periodisch alle 3 bis 4 Jahre. Ziele der WRC sind unter anderem die Sicherstellung eines gleichberechtigten Zugangs zum Frequenzspektrum für alle Staaten, Vermeidung von grenzüberschreitenden Funkstörungen und Harmonisierung der Frequenznutzung. Die Schweiz beteiligt sich in den verschiedenen Arbeitsgruppen und versucht durch eigene Untersuchungen die Harmonisierung und die effiziente Nutzung voranzutreiben. Es sollen insbesondere nationale Interessen, durch die Teilnahme in den internationalen Gremien, in den Harmonisierungsprozess eingebracht werden.[139]

Als wichtiger Schritt in jüngster Zeit kann hierbei der Beschluss des Bundesrates vom 08. November 2017 genannt werden, welcher durch eine Anpassung des NaFZ der mobilen Kommunikation neue Frequenzbänder zuteilt. Dieser Beschluss beruht auf der Entscheidung der WRC der ITU aus dem Jahr 2015 (WRC-15) und sollte in erster Linie die 5G-Vernetzung ermöglichen.[140] Vom 29. Januar bis 07. Februar 2019 wurden die neuen Mobilfunkfrequenzen schliesslich von der ComCom in einer nationalen Auktion an die bisherigen Betreiberinnen Salt SA, Sunrise AG und Swisscom AG vergeben.[141] Die WRC im Jahr 2019 (WRC-19) hatte zum Ergebnis, dass die Frequenznutzung auf globaler Ebene weiter koordiniert wird. Daher wurden die nötigen Ressourcen reserviert, um dem Entstehen innovativer Funkdienste gerecht zu werden. Die Frequenzen dürfen auf nationaler Ebene somit nur für die festgelegten Zwecke vergeben werden oder es muss auf deren Nutzung verzichtet werden, wenn dadurch die Funkdienste eines anderen Landes gestört werden.[142]

Es kann somit festgehalten werden, dass die internationale Frequenzverwaltung für den Mobilfunksektor essenziell ist. Die Harmonisierung wird dabei durch internationale Gremien stetig vorangetrieben und verbessert, wobei sich die

---

[139] BAKOM (FN 93), Frequenzverwaltung, 4 f.; Siehe weiter BUNDESAMT FÜR KOMMUNIKATION (BAKOM), Harmonisierung der Frequenznutzung – Ergebnisse der WRC-19. researchXchange der Berner Fachhochschule, Biel 2020 (zit. Harmonisierung Frequenznutzung), 4 ff.
[140] BUNDESRAT, Neue Frequenzbänder für die 5G-Einführung in der Schweiz [Medienmitteilung], Bern 2017 (zit. Neue Frequenzbänder).
[141] BUNDESAMT FÜR KOMMUNIKATION (BAKOM), Mobilfunkfrequenzen für 5G in der Schweiz vergeben, Biel 2019 (zit. Mobilfunkfrequenzen).
[142] BUNDESAMT FÜR KOMMUNIKATION (BAKOM), Weltfunkkonferenz: Frequenzzuteilung für globale Dienste, Biel 2020 (zit. WRC).

Schweiz an dieser Zusammenarbeit engagiert beteiligt. Damit soll letztlich der effiziente Umgang und der gleichberechtigte Zugang dieser knappen Ressource gewährleistet werden. Folglich zeigt sich, dass die Frequenzverwaltung nicht isoliert betrachtet werden darf. Nur durch Zusammenarbeit und Harmonisierung im internationalen Verhältnis können sich Vorteile für die einzelnen Staaten und auch für die Schweiz ergeben.

VI. Zusammenfassung und Auswertung der Ergebnisse

Abschliessend sollen in diesem Kapitel die wichtigsten Erkenntnisse der Recherche zusammengefasst werden. Zudem soll versucht werden, die eingangs erwähnten Fragestellungen, im Sinne eines Gesamtfazits, zu beantworten. Da diese nicht losgelöst voneinander zu betrachten sind, werden jeweils die wichtigsten Aspekte hervorgehoben. Weiter sollen die so erlangten Erkenntnisse objektiv und kritisch bewertet werden.

Aus rechtlicher Sicht ist vorab zu erwähnen, dass sich die Entstehung des Telekommunikationssektor im Allgemeinen und des Mobilfunksektors im Speziellen in der Schweiz und in Deutschland relativ simultan entwickelt haben. Sowohl in der Schweiz als auch in Deutschland besteht bei der Kompetenzordnung eine ausschliessliche Bundeskompetenz im ganzen Fernmeldebereich. Während früher eine staatliche Monopolstellung vorherrschte, wurde der Mobilfunksektor stetig liberalisiert, bis der Markt schliesslich vollständig geöffnet wurde. Heute kennen wir den Mobilfunkmarkt als offenen Wettbewerb, in welchen der Staat kaum regulatorisch eingreift. Die Mobilfunkversorgung wird dabei vollständig von den Mobilfunkanbieterinnen erbracht. Als wichtige europäische Entwicklungen der jüngsten Zeit können die RLAH-Verordnung und die Verordnung über den europäischen Kodex für die elektronische Kommunikation genannt werden. Das EU-Recht ist für die Schweiz zwar nicht unmittelbar verpflichtend, doch kann es im Sinne einer indirekten Europäisierung Einfluss auf die Schweizer Gesetzgebung nehmen.

Weiter konnten wir durch unsere Analyse eruieren, dass sich die grenzüberschreitende Zusammenarbeit im Mobilfunkbereich zwischen der Schweiz und Deutschland, aber auch im gesamten europäischen bzw. globalen Kontext, primär durch einen Informations- und Meinungsaustausch ergibt. Hierbei ist erneut hervorzuheben, dass unser Verständnis von Zusammenarbeit sehr weit gefasst ist. So ist insbesondere die Mitwirkung in internationalen Organisationen und Regulierungsbehörden zu erwähnen. Ebenfalls besteht eine privatrechtliche Zusammenarbeit zwischen inländischen und ausländischen Mobilfunkanbieterinnen. Diese ist bspw. im Bereich der Datennutzung, d.h. dem Roaming, sehr wichtig, damit

Kundinnen und Kunden ihr Mobiltelefon auch im Ausland uneingeschränkt nutzen können. Darüber hinaus ist zu betonen, dass es keine eigentliche grenzüberschreitende Mobilfunkversorgung im deutsch-schweizerischen Verhältnis gibt. Jedes Land ist ausschliesslich für die eigenen Netzstrukturen zuständig. So gibt es bspw. keine gemeinsam genutzte Infrastruktur oder gemeinschaftliche Projekte auf staatlicher Ebene.

Beim Vergleich zwischen der Schweiz und Deutschland im Bereich des Mobilfunks, konnten wir drei wichtige Problemfelder erkennen: Das Roaming, der 5G-Ausbau und die Frequenzverwaltung. Es hat sich gezeigt, dass sich für die Schweiz in den beiden erst genannten Punkten Verbesserungspotenziale ergeben. So stellt sich insbesondere die Frage, wie Roaming im deutsch-schweizerischen Verhältnis verhindert werden kann. Als Lösungsvorschlag sehen wir hier ein bilaterales Abkommen mit der EU oder mit Deutschland als sinnvollste Lösung an. Weiter würde die Festlegung von Preisobergrenzen ein weiteres Instrumentarium zur Regulierung der Roaming-Gebühren darstellen. Im Bereich der Frequenzverwaltung können sich v.a. in Grenzgebieten spezifische Problemstellungen ergeben, so etwa die störungsfreie Nutzung. Um diesen Aspekten zu begegnen, ist die Harmonisierung der Frequenzverwaltung nicht nur im bilateralen, sondern auch im globalen Verhältnis, essenziell. Dies wird primär durch die gemeinsam erarbeiteten Grundlagen in den internationalen Organisationen ITU und CEPT erreicht.

Durch unsere Recherche und die mit Experten geführten Gespräche waren wir sehr erstaunt darüber, dass ein derartig technologisch entwickelter Markt praktisch keine Regelungen bzgl. grenzüberschreitender Zusammenarbeit aufweist. Insbesondere weil die Telekommunikation für die internationale Vernetzung einen enormen Stellenwert einnimmt, ist verwunderlich, dass dieser Bereich in der Schweiz fast nur national geregelt wird. So konnten wir nur auf Privatebene, hier sei bspw. der Freifunk Dreiländereck genannt, Bemühungen zur Verhinderung von Roaming-Gebühren in Grenzgebieten entdecken. Auf staatlicher Ebene fehlen diese gänzlich. Bspw. gibt es keine grenzüberschreitende Infrastruktur, wie wir das aus anderen Bereichen wie dem Verkehr, der Energie und der Gesundheit kennen. Die Schweiz argumentiert hier, dass der Mobilfunksektor liberalisiert sei und es deshalb keine staatlichen Regulierungen braucht. Auf europäischer Ebene wurde, namentlich mit der RLAH-Verordnung, regulatorisch eingegriffen und dies hat sich bis jetzt bewährt. In diesem Sinne erachten wir es als wichtig, gerade im Bereich der Roaming-Gebühren, nicht nur auf den freien Wettbewerb abzustellen, sondern den Nutzen der Kundinnen und Kunden zu verbessern. Ein Abkommen würden wir hier als die beste und sinnvollste Lösung erachten. Es darf abzuwarten sein, ob sich eine solche Entwicklung in naher Zukunft tatsächlich ergibt.

Literaturverzeichnis

Ademi Fatlum: 4. Telekommunikation, in: Farman Darius/Vogel Franziska (Hrsg.), Der bilaterale Weg: Wie weiter mit einem überholten Betriebssystem?, foraus (Zürich 2020) 37 ff. Abgerufen von: www.foraus.ch/publications/der-bilaterale-weg-wie-weiter-mit-einem-ueberholten-betriebssystem/.

Alonso Hug Teresa/Gall Corina: Die digitalen Grenzen öffnen. Der digitale Binnenmarkt eröffnet Europas digitaler Wirtschaft neue Chancen – und der Schweiz?, Avenir suisse vom 25. Oktober 2021. Abgerufen von: <https://www.avenir-suisse.ch/die-digitalen-grenzen-oeffnen/>.

Altermatt Sven: Kostenfalle. Roaming-Falle: Ausländische Antennen senden über 20 Kilometer weit in die Schweiz, Aargauer Zeitung vom 29. Juni 2020. Abgerufen von: <https://www.aargauerzeitung.ch/schweiz/roaming-falle-auslandische-antennen-senden-uber-20-kilometer-weit-in-die-schweiz-ld.1233408>.

Amgwerd Matthias/Schlauri Simon:Telekommunikation, in: Biaggini Giovanni/Häner Isabelle/Saxer Urs/Schott Markus (Hrsg.), Fachhandbuch Verwaltungsrecht (Zürich 2015) 201 ff.

Amt für Veröffentlichungen der Europäischen Union: Europäischer Kodex für die elektronische Kommunikation [Zusammenfassung] (2019) (zit. Europäischer Kodex). Abgerufen von: <https://eur-lex.europa.eu/legal-content/DE/TXT/?uri=LEGISSUM:4379983>.

Amt für Veröffentlichungen der Europäischen Union: Zugang zum offenen Internet und Roam-like-at-home [Zusammenfassung] (2019) (zit. RLAH). Abgerufen von: <https://eur-lex.europa.eu/legal-content/DE/TXT/HTML/?uri=LEGISSUM:4371625>.

Baumgartner Tobias/Heinrich Ulrike I.: Kommunikation und Medien, in: Kellerhals Andreas/Baumgartner Tobias (Hrsg.), Wirtschaftsrecht Schweiz – EU Überblick und Kommentar 2016/17 (Zürich 2017).

Biaggini Giovanni: OFK-Orell Füssli Kommentar, Bundesverfassung der Schweizerischen Eidgenossenschaft (2. A. Zürich 2017) (zit. OFK BV/Biaggini, Art., Rz.).

Biaggini Giovanni/Haas Julia: Verfassungsrechtliche Grundlagen der Grenzüberschreitenden Zusammenarbeit in der Schweiz, in: Tschudi Hans Martin/Schindler Benjamin/Ruch Alexander/Jakob Eric/Friesecke Manuel (Hrsg.), Die Grenzüberschreitende Zusammenarbeit der Schweiz – Juristisches Handbuch zur Grenzüberschreitenden Zusammenarbeit von Bund und Kantonen (Zürich 2014).

Bressem Stefanie: EU verlängert Roaming mit Verbesserungen. Was ist neu im EU-Roam-Like-At-Home Ab 1.7.2022? (2022). Abgerufen von: <https://www.smartphonefreunde.de/news/eu-will-roaming-mit-verbesserungen-verlaengern/>.

Bundesamt für Bevölkerungsschutz (BABS): Telekommunikation [Faktenblatt] (Bern 2010).

Bundesamt für Kommunikation (BAKOM): Internationale Aktivitäten (Biel) (zit. Internationale Aktivitäten). Abgerufen von: <https://www.bakom.admin.ch/bakom/de/home/das-bakom/internationale-aktivitaeten.html>.

Bundesamt für Kommunikation (BAKOM): Vernehmlassung zur Revision des FMG: Zusammenfassung der Ergebnisse und Stellungnahmen (Biel 2016) (zit. Vernehmlassung). Abgerufen von: <https://www.bakom.admin.ch/bakom/de/home/das-bakom/organisation/rechtliche-grundlagen/vernehmlassungen/vernehmlassung-zur-revision-des-fmg.html>.

Bundesamt für Kommunikation (BAKOM):Aufsicht (Biel 2017) (zit. Aufsicht). Abgerufen von: <https://www.bakom.admin.ch/bakom/de/home/telekommunikation/aufsicht.html>.

Bundesamt für Kommunikation (BAKOM): Mobilfunkfrequenzen für 5G in der Schweiz vergeben (Biel 2019) (zit. Mobilfunkfrequenzen). Abgerufen von: <https://www.bakom.admin.ch/bakom/de/home/frequenzen-antennen/vergabe-der-mobilfunkfrequenzen/mobilfunkfrequenzen-5G-vergeben.html>.

Bundesamt für Kommunikation (BAKOM): Weltfunkkonferenz: Frequenzzuteilung für globale Dienste (Biel 2020) (zit. WRC). Abgerufen von: <https://www.bakom.admin.ch/bakom/de/home/das-bakom/medieninformationen/bakom-infomailing/bakom-infomailing-52/cmr-19.html>.

Bundesamt für Kommunikation (BAKOM): Harmonisierung der Frequenznutzung – Ergebnisse der WRC-19. researchXchange der Berner Fachhochschule (Biel 2020) (zit. Harmonisierung Frequenznutzung). Abgerufen von: <https://www.bfh.ch/dam/jcr:4aec32ab-d173-4646-8e27-d332c6988b65/Harmonisierung%20der%20Funknutzung%20Ergebnisse%20der%20WRC-19_bfh.pdf>.

Bundesamt für Kommunikation (BAKOM): Prinzipien der Frequenzverwaltung. Swiss National Frequency Allocation Plan [Bericht] (Biel 2021) (zit. Frequenzverwaltung). Abgerufen von: <https://www.bakom.admin.ch/bakom/de/home/frequenzen-antennen/nationaler-frequenzzuweisungsplan/spektrum-strategie.html>.

Bundesamt für Umwelt (BAFU) et al.: Leitfaden Mobilfunk für Gemeinden und Städte (Bern 2010) (zit. Leitfaden Mobilfunk). Abgerufen von: <https://www.bafu.admin.ch/bafu/de/home/themen/elektrosmog/publikationen-studien/publikationen/leitfaden-mobilfunk-gemeinden-staedte.html>.

Bundesamt für Umwelt (BAFU): Adaptive Antennen: Der Bundesrat schafft Klarheit und erhöht die Rechtssicherheit (Biel 2021) (zit. Adaptive Antennen). Abgerufen von: <https://www.bafu.admin.ch/bafu/de/home/themen/recht/mitteilungen.msg-id-86469.html>.

Bundesministerium für Digitales und Verkehr (BMDV): Mobilfunkstrategie der Bundesregierung (2019) (zit. Mobilfunkstrategie). Abgerufen von: <https://www.bmvi.de/SharedDocs/DE/Anlage/DG/Digitales/Mobilfunkstrategie.pdf?__blob=publicationFile>.

Bundesministerium für Digitales und Verkehr (BMDV): Mobilfunkstrategie und 5G-Netzausbau. Europa macht mobil: der 5G-Aktionsplan der EU (Berlin) (zit. 5G-Netzausbau). Abgerufen von: <https://www.deutschland-spricht-ueber-5g.de/informieren/netzausbau/europa-macht-mobil-der-5g–aktionsplan-der-eu/>.

Bundesrat: Neue Frequenzbänder für die 5G-Einführung in der Schweiz [Medienmitteilung] (Bern 2017) (zit. Neue Frequenzbänder). Abgerufen von: <https://www.admin.ch/gov/de/start/dokumentation/medienmitteilungen.msg-id-68689.html>.

Bundesrat: Das Institutionelle Abkommen Schweiz-EU wird nicht abgeschlossen [Medienmitteilung] (Bern 2021) (zit. Institutionelle Abkommen). Abgerufen von: <https://www.admin.ch/gov/de/start/dokumentation/medienmitteilungen.msg-id-83705.html>.

Düsterhöft Arne: Roaming-Gebühren. Im Ausland günstig mit dem Handy telefonieren und surfen (2022). Abgerufen von: <https://www.finanztip.de/handyvertrag/roaming/>.

Ehrenzeller Bernhard et al. (Hrsg.): Die Schweizerische Bundesverfassung, St. Galler Kommentar, Bd. II (3. A. Zürich/St.Gallen 2014) (zit. SGK BV/Bearbeiter, Art., Rz.).

Eidgenössisches Departement für auswärtige Angelegenheiten (EDA):Bilaterale Beziehungen Schweiz – Deutschland (2022). Abgerufen von: <https://www.eda.admin.ch/eda/de/home/vertretungen-und-reisehinweise/deutschland/bilatereale-beziehungenschweizdeutschland.html>.

Eidgenössische Kommunikationskommission (ComCom): Die Grundversorgung im Telekombereich soll bei Swisscom bleiben [Medienmitteilung] (Bern 2016) (zit. Grundversorgung im Telekombereich). Abgerufen von: <https://www.admin.ch/gov/de/start/dokumentation/medienmitteilungen.msg-id-64965.html>.

Eidgenössische Kommunikationskommission (ComCom): Mobilfunkfrequenzen für 5G in der Schweiz vergeben [Medienmitteilung] (Bern 2019) (zit. Mobilfunkfrequenzen für 5G). Abgerufen von: <https://www.comcom.admin.ch/comcom/de/home/dokumentation/medieninformationen.msg-id-73916.html>.

Europäische Kommission: Neue EU-Telekommunikationsvorschriften: Kommission leitet Vertragsverletzungsverfahren gegen 24 Mitgliedstaaten wegen Nichtumsetzung neuer EU-Telekommunikationsvorschriften ein [Pressemitteilung] (Berlin 2021). Abgerufen von: <https://germany.representation.ec.europa.eu/news/neue-eu-telekommunikationsvorschriften-kommission-leitet-vertragsverletzungsverfahren-gegen-24-2021-02-04_de>.

Freifunk Dreiländereck e.V.: Homepage. Abgerufen von: <https://freifunk-3laendereck.net/>.

Gramlich Ludwig/Manger-Nestler Cornelia: Die «Europäisierung» von Aufsichts- und Regulierungsstrukturen im Telekommunikations-, Finanz- und Energiesektor – im Konflikt mit WTO-Recht?, SZIER 2012, 201 ff.

Gröpl Christoph/Windthorst Kay/von Coelln Christian: Grundgesetz Studienkommentar (4. A. München 2020) (zit. StuKo GG/Bearbeiter, Art., Rz.).

Heinrich Ulrike I.: Kommunikation und Medien/II. Bedeutung für die Schweiz, in: Kellerhals Andreas/Baumgartner Tobias (Hrsg.), Wirtschaftsrecht Schweiz – EU Überblick und Kommentar 2017/18 (Zürich 2018).

Hettich Peter: VIII. Teil Bereichsverfassungen – Partie VIII Constitutions thématiques/9 Infrastrukturverfassung, in: Diggelmann Oliver/Hertig Randall Maya/Schindler Benjamin (Hrsg.), Verfassungsrecht der Schweiz Bd. III/Droit constitutionnel suisse

Vol. III, Verfassungsorgane Verfahren Bereichsverfassungen/Organes constitutionnels Procédures Constitutions thématiques (Zürich – Basel – Genf 2020) 2283 ff.

Heun Sven-Erik: A. Einführung: Grundlagen und Struktur des TKG, Marktzutritt und Übergangsrecht, in: Heun Sven-Erik (Hrsg.), Handbuch Telekommunikationsrecht (2. A. Köln 2007).

Holtz Patrick: Telekommunikation, in: Tschudi Hans Martin/Schindler Benjamin/Ruch Alexander/Jakob Eric/Friesecke Manuel (Hrsg.), Die Grenzüberschreitende Zusammenarbeit der Schweiz -Juristisches Handbuch zur Grenzüberschreitenden Zusammenarbeit von Bund und Kantonen (Zürich 2014).

Holznagel Bernd/Enaux Christoph/Nienhaus Christian: Telekommunikationsrecht: Rahmenbedingungen – Regulierungspraxis (2. A. München 2006).

Huber Peter M./Voßkuhle Andreas (Hrsg.): Grundgesetz Kommentar, Bd. 2, Artikel 20–82 (7. A. München 2018) (zit. Komm. GG v. Mangoldt, Klein & Starck/Bearbeiter, Art., Rz.).

Institut für Europäisches Medienrecht e.V. (EMR): Telekommunikationsrecht (Saarbrücken). Abgerufen von: <https://emr-sb.de/themen/telekommunikationsrecht/>.

Jarass Hans D./Pieroth Bodo: Grundgesetz für die Bundesrepublik Deutschland Kommentar (14. A. München 2016) (zit. Komm. GG Jarass & Pieroth/Bearbeiter, Art., Rz.).

Kämmerer Jörn Axel/Kotzur Markus (Hrsg.): Grundgesetz Kommentar, Bd. 2, Artikel 70-146 (7. A. München 2021) (zit. Komm. GG Von Münch & Kunig/Bearbeiter, Art., Rz.).

Leuthard Doris: Antwort. Roaming (Bern 2017) (zit. Antwort). Abgerufen von: <https://www.oberrheinrat.org/de/service/news/newsleser/schweizer-delegation-will-keine-unterschiede-beim-roaming-mit-antwort-der-schweizer-regierung-vom-17-juli-2017.html>.

Mäder Lukas: Schweiz wegen des fehlenden Rahmenabkommens aus der europäischen Telekom-Behörde ausgeschlossen, NZZ vom 21. Februar 2019. Abgerufen von: <https://www.nzz.ch/schweiz/telekom-schweiz-von-eu-regulierungsbehoerde-ausgeschlossen-ld.1460722?reduced=true>.

Mettler Jon: Neue Messungen zur Mobilfunktechnologie. Schweizer 5G-Netz schneidet im europäischen Vergleich schlecht ab, Tagesanzeiger vom 12. Mai 2022. Abgerufen von: <https://www.tagesanzeiger.ch/schweizer-5g−netz-schneidet-im-europaeischen-vergleich-schlecht-ab-00293157933?idp=OneLog&new_user=yes>.

Ministerium des Inneren, für Digitalisierung und Kommunen Baden-Württemberg (IM BW): Mobilfunk – Die Grundlagen. Abgerufen von: <https://im.badenwuerttemberg.de/de/digitalisierung/mobilfunk-und-5g/mobilfunk-die-grundlagen/>.

Neuhetzki Thorsten:International Roaming: Welche Gebühren fallen an?, Inside digital vom 18. April 2022. Abgerufen von: <https://www.inside-digital.de/roaming/ausserhalb-der-eu>.

Niedobitek Matthias: Verfassungsrechtliche Grundlagen der Grenzüberschreitenden Zusammenarbeit in Deutschland, in: Tschudi Hans Martin/Schindler Benjamin/Ruch Alexander/Jakob Eric/Friesecke Manuel (Hrsg.), Die Grenzüberschreitende Zusammenarbeit der Schweiz – Juristisches Handbuch zur Grenzüberschreitenden Zusammenarbeit von Bund und Kantonen (Zürich 2014).

RWTH Aachen: Grenzwerte im internationalen Vergleich (Aachen). Abgerufen von: <https://www.emf-portal.org/de/cms/page/home/more/limits/limit-values-compared-internationally>.

Schurter Daniel: Schluss mit Abzocke? Das musst du über die neuen Roaming-Gebühren wissen, watson vom 28. Juni 2021. Abgerufen von: <https://www.watson.ch/digital/schweiz/852158186-neue-roaming-regeln-und-ausland-tarife-fuer-schweizer-handy-user>.

Schweizerischer Verband für Telekommunikation (asut): Kantone beschliessen neue Empfehlungen für Mobilfunkanlagen [Medienmitteilung] (Bern 2022) (zit. Mobilfunkanlagen). Abgerufen von: https://www.asut.ch/asut/media/id/2475/type/document/20220307_mm_Mobilfunkempfehlungen_de.pdf>.

Schweizerischer Verband für Telekommunikation (asut): Rasante Zunahme der 5G-Nutzung – 36% der Bevölkerung verwenden 5G-Geräte [Medienmitteilung] (Bern 2022) (zit. 5G-Nutzung). Abgerufen von: <https://asut.ch/asut/media/id/2473/type/document/20220224_mm_Rasante+Zunahme+der+5G-Nutzung.pdf>.

Seeger Daniel: Günstiger Handyvertrag für Grenzgänger in der Schweiz (2022). Abgerufen von: <https://www.xn–grenzgnger-spezialisten-07b.de/ratgeber/guenstiger-handyvertrag-fuer-grenzgaenger/>.

Staatssekretariat für Wirtschaft (SECO): WTO/GATS (Bern 2021). Abgerufen von: <https://www.seco.admin.ch/seco/de/home/Aussenwirtschaftspolitik_Wirtschaftliche_Zusammenarbeit/Wirtschaftsbeziehungen/handel_mit_dienstleistungen/wto_gats.html>.

Stiftung für Konsumentenschutz: Streit um Roaming-Limiten geht weiter: Telekom-Anbieter lehnen Branchenvereinbarung ab (Bern 2021) (zit. Roaming-Limiten). Abgerufen von: <https://www.konsumentenschutz.ch/medienmitteilungen/streit-um-roaming-limiten-geht-weiter-telekom-anbieter-lehnen-branchenvereinbarung-ab/>.

Stiftung für Konsumentenschutz: Hinterzimmer-Deal mit BAKOM: So wollen Swisscom, Salt & Co. beim Roaming weiter abkassieren (Bern 2021) (zit. Hinterzimmer-Deal). Abgerufen von: <https://www.konsumentenschutz.ch/medienmitteilungen/hinterzimmer-deal-mit-bakom-so-wollen-swisscom-salt-co-beim-roaming-weiter-abkassieren/>.

Stiftung für Konsumentenschutz: Überrissene Roaming-Tarife, Kosten-Fallen, Rechtsmissachtung: Konsumentenschutz fordert Kurswechsel bei Salt (Bern 2021) (zit. Salt). Abgerufen von: <https://www.konsumentenschutz.ch/medienmitteilungen/ueberrissene-roaming-tarife-kosten-fallen-rechtsmissachtung-konsumentenschutz-fordert-kurswechsel-bei-salt/>.

Stöckli Andreas/Joller Elisabeth: Einseitige Festlegung einer Obergrenze für Roaminggebühren durch den Bundesrat?, AJP 2020, 454 ff.

Von Wartburg Christian: Schreiben Oberrheinrat an Bundespräsidentin. Keine Unterschiede beim Roaming am Oberrhein (Basel 2017) (zit. Schreiben ORR). Abgerufen von: <https://www.oberrheinrat.org/de/service/news/newsleser/schweizer-delegation-will-keine-unterschiede-beim-roaming-mit-antwort-der-schweizer-regierung-vom-17-juli-2017.html>.

Wettbewerbskommission (WEKO):A 2 1. Jahresbericht des Preisüberwachers, RPW 2019/5, 1397 ff.

Witschi Res: Adaptive Antennen. Elektromagnetische Felder je nach Bedarf (Worblaufen 2020). Abgerufen von: https://www.swisscom.ch/de/about/news/2020/07/20-adaptive-antennen.html#ms-multipageStep-newsletter>.

Materialienverzeichnis

Botschaft des Bundesrates an die Bundesversammlung betreffend Revision des Fernmeldegesetzes vom 6. September 2017, BBl 2017 6559 ff. (zit. Botsch. Revision FMG).

Fragestunde. Frage Nussbaumer (19.5155) «Mitwirkung in der EU-Regulationsbehörde zur Telekommunikation» vom 12. März 2019 (zit. Fragestunde Nussbaumer).

Fragestunde. Frage Riklin (19.5102) «Roaming und Stromhandel. Wie teuer wird es ohne Abkommen mit der EU?» vom 06. März 2019 (zit. Fragestunde Riklin).

Gesetzentwurf der Bundesregierung vom 01. Januar 2021 zur Umsetzung der Richtlinie (EU) 2018/1972 des Europäischen Parlaments und des Rates vom 11. Dezember 2018 über den europäischen Kodex für die elektronische Kommunikation (Neufassung) und zur Modernisierung des Telekommunikationsrechts (Telekommunikationsmodernisierungsgesetz), Drucksache 29/21 (zit. Gesetzesentwurf TKG).

Motion Birrer-Heimo (21.4627) «Preisobergrenzen für das internationale Roaming» vom 17. Dezember 2021 (zit. Mo. Birrer-Heimo).

Motion Buttet (17.3498) «Mobiltelefonie. Geben wir der Schweiz ihre Wettbewerbsfähigkeit zurück!» vom 15. Juni 2017 (zit. Mo. Buttet).

Motion Schneider-Schneiter (17.3476) «Tschüss, Roaming-Insel Schweiz! Abschaffung zur Sicherung des Wirtschafts-, Handels- und Tourismusstandortes Schweiz» vom 15. Juni 2017 (zit. Mo. Schneider-Schneiter, Roaming-Insel).

Motion Schneider-Schneiter (21.3661) «Überhöhte Roaming-Gebühren müssen endlich abgeschafft werden» vom 09. Juni 2021 (zit. Mo. Schneider-Schneiter, Überhöhte Roaming-Gebühren).

Motion Schneider Schüttel (20.3586) «Mobilfunkanlagen mit 5G-Technologie. Konsequenzen der Millimeterwellen auf die Natur und den Menschen» vom 09. Mai 2022 (zit. Mo. Schneider Schüttel).

Interpellation Wicki (21.3803) «5G. Behördenkommunikation und öffentlche Wahrnehmung» vom 17. Juni 2021 (zit. Interpellation Wicki).

Motion Wyss (11.3524) «Schluss mit überrissenen Handy-Gebühren im Ausland» vom 15. Juni 2011 (zit. Mo. Wyss).

Erlass- und Rechtsprechungsverzeichnis

Erlasse

Abkommen vom 21. Juni 1999 zwischen der Schweizerischen Eidgenossenschaft und der Europäischen Gemeinschaft über die gegenseitige Anerkennung von Konformitätsbewertungen, Kapitel 7. Funkanlagen und Telekommunikationsendgeräte (SR 0.946.526.81) (zit. Abkommen Anerkennung Konformitätsbewertungen).

Abkommen vom 11. Oktober 2007 zwischen der Schweizerischen Eidgenossenschaft und der Europäischen Gemeinschaft im audiovisuellen Bereich zur Festlegung der Voraussetzungen und Bedingungen für die Beteiligung der Schweizerischen Eidgenossenschaft am Gemeinschaftsprogramm MEDIA 2007 (SR 0.784.405.226.8) (zit. Abkommen MEDIA).

Abkommen zur Errichtung der Welthandelsorganisation (GATS) vom 15. April 1994 (SR 0.632.20).

Bundesgesetz über die Bundesversammlung (Parlamentsgesetz, ParlG) vom 13. Dezember 2002 (SR 171.10).

Bundesgesetz über die Organisation der Telekommunikationsunternehmung des Bundes (Telekommunikationsunternehmungsgesetz, TUG) vom 30. April 1997 (SR 784.11).

Bundesverfassung der Schweizerischen Eidgenossenschaft (BV) vom 18. April 1999 (SR 101).

Fernmeldegesetz (FMG) vom 30. April 1997 (SR 784.10).

Gesetz zur Umsetzung der Richtlinie (EU) 2018/1972 des Europäischen Parlaments und des Rates vom 11. Dezember 2018 über den europäischen Kodex für die elektronische Kommunikation (Neufassung) und zur Modernisierung des Telekommunikations-rechts (Telekommunikationsmodernisierungsgesetz, TKG) vom 23. Juni 2021 (BGBl. I, 2021, Nr. 35, 1858).

Grundgesetz für die Bundesrepublik Deutschland (GG) vom 23. Mai 1949 (BGBl. I, 1949, 1).

Richtlinie (EU) 2018/1972 des Europäischen Parlaments und des Rates vom 11. Dezember 2018 über den europäischen Kodex für die elektronische Kommunikation (Neufassung) (zit. Richtlinie europäischer Kodex).

Verordnung (EU) 2015/2120 des Europäischen Parlaments und des Rates vom 25. November 2015 über Massnahmen zum Zugang zum offenen Internet und zur Änderung der Richtlinie 2002/22/EG über den Universaldienst und Nutzerrechte bei elektronischen Kommunikationsnetzen und -diensten sowie der Verordnung (EU) Nr. 531/2012 über das Roaming in öffentlichen Mobilfunknetzen in der Union (zit. Verordnung RLAH).

Verordnung über den Schutz vor nichtionisierender Strahlung (NISV) vom 23. Dezember 1999 (SR 814.710).

Verordnung über Fernmeldedienste (FDV) vom 9. März 2007 (SR 784.101.1).

Rechtsprechung

BGE 131 II 13
BGE 132 II 47
BGE 105 Ib 389
BVerfG [K], NJW 2016

Abkürzungsverzeichnis

%	Prozent
§	Paragraph
1. ZP	Zusatzprotokoll zum Europäischen Rahmenübereinkommen über die grenzüberschreitende Zusammenarbeit zwischen Gebietskörperschaften vom 9. November 1995 (SR 0.131.11)
A.	Auflage
a.A.	anderer Ansicht
a.a.O.	am angeführten Ort
a.M.	anderer Meinung
Aarhus-Konvention	Übereinkommen über den Zugang zu Informationen, die Öffentlichkeitsbeteiligung an Entscheidungsverfahren und den Zugang zu Gerichten in Umweltangelegenheiten vom 25. Juni 1998 (SR 0.814.07)
AB	Amtliches Bulletin
Abb.	Abbildung
AB-EBV	Ausführungsbestimmungen zur Eisenbahnverordnung vom 15. Dezember 1983 (SR 742.141.11)
Abkommen von 2004	Abkommen zwischen der Schweizerischen Eidgenossenschaft, der Europäischen Union und der Europäischen Gemeinschaft über die Assoziierung dieses Staates bei der Umsetzung, Anwendung und Entwicklung des Schengen-Besitzstands vom 26. Oktober 2004 (SR 0362.31)
Abkommen von 1961	Abkommen zwischen der Schweiz und Frankreich über die nebeneinanderliegenden Grenzabfertigungsstellen und die Grenzabfertigung während der Fahrt vom 8. Juli 1961 (SR 0.631.252.943.5)
ABl.	Amtsblatt der Europäischen Union
Abs.	Absatz/Absätze
Abschn.	Abschnitt
ACER	Agency for the Cooperation of Energy Regulators (dt.: Agentur für die Zusammenarbeit der Energieregulierungsbehörden)
ADR	Übereinkommen über die internationale Beförderung gefährlicher Güter auf der Strasse
AEG/DE	(Deutsches) Allgemeines Eisenbahngesetz vom 27. Dezember 1993 (BGBl. I S. 2378, 2396; 1994 I S. 2439), das zuletzt durch Artikel 10 des Gesetzes vom 10. September 2021 (BGBl. I S. 4147) geändert worden ist

AETR	Europäisches Übereinkommen über die Arbeit des im internationalen Strassenverkehr beschäftigten Fahrpersonals, abgeschlossen am 1. Juli 1970, SR 0.822.725.22
AEUV	(EU-)Vertrag über die Arbeitsweise der Europäischen Union (konsolidierte Fassung) gemäss Bekanntmachung im Amtsblatt der Europäischen Union 2012/C 326 S. 47 ff.
AG	Aktiengesellschaft = SA
AG	Kanton Aargau
AIG	Bundesgesetz vom 16. Dezember 2005 über die Ausländerinnen und Ausländer und über die Integration (Ausländer- und Integrationsgesetz, AIG; SR 142.20)
AJP	Aktuelle juristische Praxis (Zürich)
Anh.	Anhang
AOK	Allgemeine Ortskrankenkasse
AP	Agglomerationsprogramm
ArbZG	Arbeitszeitgesetz vom 6. Juni 1994 (Zuletzt geändert am 22. Dezember 2020) (BGBl. I S. 1170, 1171)
ARE	Bundesamt für Raumentwicklung
AREG	Amt für Raumentwicklung und Geoinformation Kanton St. Gallen
ArG	Bundesgesetz vom 13. März 1964 über die Arbeit in Industrie, Gewerbe und Handel (Arbeitsgesetz, ArG; SR 822.11)
ARPV	Verordnung über die Abgeltung des regionalen Personenverkehrs vom 11. November 2009 (SR 745.16)
Art.	Artikel (im Singular oder Plural)
ARV 1	Verordnung vom 19. Juni 1995 über die Arbeits- und Ruhezeit der berufsmässigen Motorfahrzeugführer und -führerinnen (Chaffeurverordnung, ARV 1; SR 822.221)
AS	Amtliche Sammlung
AS	Ausbauschritt
ASTRA	Bundesamt für Strassen
asut	Schweizerischer Verband der Telekommunikation
ATLAS	Automatisiertes Tarif- und Lokales Zollabwicklungssystem
Aufl.	Auflage
AVBFernwärmeV/DE	Fernwärme-Versorgungsbedingungen-Verordnung vom 20. Juni 1980
AZG	Bundesgesetz vom 8. Oktober 1971 über die Arbeit in Unternehmen des öffentlichen Verkehrs (Arbeitszeitgesetz, AZG; SR 822.21)

AZGV	Verordnung vom 29. August 2018 über die Arbeit in Unternehmen des öffentlichen Verkehrs (Verordnung zum Arbeitszeitgesetz, AZGV; SR 822.211)
BABS	Bundesamt für Bevölkerungsschutz
BAdegVO	Verordnung des Sozialministeriums und des Umweltministeriums über die Qualität und die Bewirtschaftung der Badegewässer (Badegewässerverordnung) vom 16. Januar 2008 (BW)
BAFU	Bundesamt für Umwelt
BAG	Bundesamt für Gesundheit
BAKOM	Bundesamt für Kommunikation = OFCOM
Basel Bad Bf.	Basel Badischer Bahnhof
BauG	Gesetz über Raumentwicklung und Bauwesen
BauGB	Baugesetzbuch in der Fassung der Bekanntmachung vom 3. November 2017 (BGBl. I S. 3634), das zuletzt durch Artikel 2 des Gesetzes vom 26. April 2022 (BGBl. I S. 674) geändert worden ist
BauG-SH	Gesetz über die Raumplanung und das öffentliche Baurecht im Kanton Schaffhausen vom 1. Dezember 1997 (SHR 700.100)
BauO	Bauordnung der Gemeinde Hemishofen vom 21. Oktober 2008
BauV-SH	Verordnung vom Baugesetz vom 15. Dezember 1998 (SHR 700.101)
BAV	Bundesamt für Verkehr
BAZG	Bundesamt für Zoll- und Grenzsicherheit
BAZL	Bundesamt für Zivilluftfahrt
BBBW	Bundesbau Baden-Württemberg
BbergG/DE	Bundesberggesetz vom 1. Januar 1982
BBG	Bundesgesetz über die Berufsbildung vom 13. Dezember 2002 (SR 412.10), Stand am 1. April 2022
BBl	Bundesblatt der Schweizerischen Eidgenossenschaft
BBL	Bundesamt für Bauten und Logistik
Bd.	Band
BDW	Bundesverband Deutscher Wasserkraftwerke
BE	Kanton Bern
BeckOK	Beck'sche Online-Kommentare
BEREC	Body of European Regulator for Electronic Communications
Beschaffungsgesetz BS	Gesetz über öffentliche Beschaffungen (Beschaffungsgesetz) vom 20. Mai 1999 (SG 914.100) (BS)
betr.	betreffend
BEV	Bundeseisenbahnvermögen

BeV	Verordnung zum Gesetz über öffentliche Beschaffungen vom 11. April 2000 (SG 914.110) (BS)
BEW	Bundesförderung effiziente Wärmenetze
Bf.	Bahnhof
BFE	Bundesamt für Energie
BFS	Bundesamt für Statistik
BFStrMG	Gesetz über die Erhebung von streckenbezogenen Gebühren für die Benutzung von Bundesautobahnen und Bundesstrassen (Deutschland)
BGB	Bürgerliches Gesetzbuch in der Fassung der Bekanntmachung vom 2. Januar 2002 (Zuletzt geändert am 21. Dezember 2021) (BGBl. I S. 42, ber. S. 2909, 2003, S. 738)
BGBl	Bundesgesetzblatt (Deutschland)
BGBM	Bundesgesetz über den Binnenmarkt (Binnenmarktgesetz) vom 6. Oktober 1995 (SR 943.02)
BGE	Entscheidungen des Schweizerischen Bundesgerichts
BGer	Schweizerisches Bundesgericht
BGF	Bundesgesetz über die Fischerei (BGF) vom 21. Juni 1991 (SR 923.0)
BGG	Bundesgesetz über das Bundesgericht (Bundesgerichtsgesetz) vom 17. Juni 2005 (SR 173.110)
BGH	Bundesgerichtshof
BGÖ	Bundesgesetz über das Öffentlichkeitsprinzip der Verwaltung (Öffentlichkeitsgesetz, BGÖ) vom 17. Dezember 2004 (SR 152.3)
BGS SO	Planungs- und Baugesetz vom 03.12.1978, BGS 711.1
BHO/DE	Bundeshaushaltsordnung vom 19. August 1969 (DE)
BIF	Bahninfrastrukturfonds
BIFG	Bahninfrastrukturfondsgesetz
BilatAbk	Abkommen zwischen der Schweizerischen Eidgenossenschaft und der Europäischen Gemeinschaft über bestimmte Aspekte des öffentlichen Beschaffungswesens vom 21. Juni 1999 (SR 0.172.052.68)
BImA	Bundes-Anstalt für Immobilien-Aufgaben
BImAG	Gesetz über die Bundesanstalt für Immobilienaufgaben vom 9. Dezember 2004
BimSchG	Bundes-Immissionsschutzgesetz in der Fassung der Bekanntmachung vom 17. Mai 2013 (BGBl. I S. 1274; 2021 I S. 123), das zuletzt durch Artikel 1 des Gesetzes vom 24. September 2021 (BGBl. I S. 4458) geändert worden ist

BImSchV	Verordnung zur Durchführung des Bundes-Immissionsschutzgesetzes
BKB	Beschaffungskonferenz des Bundes
BKW	Blockheizkraftwerk
BL	Kanton Basel-Landschaft
BImSchG	Gesetz zum Schutz vor schädlichen Umwelteinwirkungen durch Luftverunreinigungen, Geräusche, Erschütterungen und ähnliche Vorgänge (Bundes-Immissionsschutzgesetz – BImSchG) vom 15. März 1974 (BGBl. I S. 1274)
BMDV	Bundesministerium für Digitales und Verkehr
BMF	Bundesministerium für Finanzen
BMPT	Bundesministerium für Post und Telekommunikation
BMUV und BMU	Bundesministerium für Umwelt, Naturschutz, nukleare Sicherheit und Verbraucherschutz
BMV	Bundesministerium für Digitales und Verkehr
BMVI	Bundesministerium für Verkehr und digitale Infrastrukturen
BMWi	Bundesministerium für Wirtschaft und Energie
BMWK	Bundesministerium für Wirtschaft und Klimaschutz
BNatSchG	Gesetz über Naturschutz und Landschaftspflege (Bundesnaturschutzgesetz – BNatSchG) vom 29. Juli 2009 (BGBl. I S. 2542)
BNetzA	deutsche Bundesnetzagentur
BOKraft/DE	(Deutsche) Verordnung über den Betrieb von Kraftfahrunternehmen im Personenverkehr vom 21. Juni 1975 (BGBl. I S. 1573), die zuletzt durch Artikel 1 des Gesetzes vom 16. April 2021 (BGBl. I S. 822) geändert worden ist
BOStrab/DE	(Deutsche) Straßenbahn-Bau- und Betriebsordnung vom 11. Dezember 1987 (BGBl. I S. 2648), die zuletzt durch Artikel 1 der Verordnung vom 1. Oktober 2019 (BGBl. I S. 1410) geändert worden ist
Botsch.	Botschaft
BPG/BS	Bau- und Planungsgesetz des Kantons Basel-Stadt vom 17. November 1999 (SG 730.100)
BPUK	Schweizerische Bau-, Planungs- und Umweltdirektoren-Konferenz
BR	Baurecht
BR	Bundesrat
BS	Kanton Basel-Stadt
BSG	Bundesgesetz über die Binnenschifffahrt vom 3. Oktober 1975 (Binnenschifffahrtsgesetz; SR 747.201)
BSK/BSK BV	Basler Kommentar zur Bundesverfassung
Bsp.	Beispiel

bspw.	beispielsweise
Bst.	Buchstabe
BSV	Bundesamt für Sozialversicherung
BV	Bundesverfassung der Schweizerischen Eidgenossenschaft vom 18. April 1999 (SR 101)
BVB	Basler Verkehrs-Betriebe
BVB-OG/BS	(Baselstädtisches) Organisationsgesetz der Basler Verkehrsbetriebe vom 10. März 2004 (SG 953.100)
BVD BS	Bau- und Verkehrsdepartement des Kantons Basel-Stadt
BVerfG	Deutsches Bundesverfassungsgericht
BVers	Bundesversammlung
BVerwG	Bundesverwaltungsgericht
BVWP	Bundesverkehrswegeplan
BW	Bundesland Baden-Württemberg
BWK	Brennstoff-Wärme-Kraft
BWL	Bundesamt für wirtschaftliche Landesversorgung
BWVerf	Verfassung des Landes Baden-Württemberg vom 11. November 1953, (GBl. S. 173)
BZ	basellandschaftliche Zeitung
bzgl.	bezüglich
BzTV-N/BW	Bezirkstarifvertrag für die kommunalen Nahverkehrsbetriebe Baden-Württemberg vom 13. November 2001 in der Fassung des 11. Änderungstarifvertags vom 31.10.2020
bzw.	beziehungsweise
ca.	circa
CACM	Capacity Allocation and Congestion Management
CCP21	Connecting Citizen Ports 21
CCR	Capacity Calculation Region
CE	Conformité Européenne
CEE	Central Eastern Europe
CEER	Council of European Energy Regulators (dt.: Europäische Vereinigung der nationalen Energie-Regulierungsbehörden)
CEN	Europäisches Komitee für Normung
CEPT	Europäische Konferenz der Verwaltungen für Post und Telekommunikation
CESA	Continental Europe Synchronous Area
CESNI	Comité européen pour l'élaboration des standards dans le domaine de la navigation intérieure

CH	Confoederatio Helvetica/Schweiz/Schweizerische Eidgenossenschaft
ChemG	Bundesgesetz über den Schutz vor gefährlichen Stoffen und Zubereitungen vom 15. Dezember 2000 (SR 813.1)
ChemG	Gesetz zum Schutz vor gefährlichen Stoffen (Deutschland)
ChemV	Verordnung über den Schutz vor gefährlichen Stoffen und Zubereitungen vom 5. Juni 2015 (SR 813.11)
CHF	Schweizer Franken
CIV	Anhang A zum COTIF: Einheitliche Rechtsvorschriften für den Vertrag über die internationale Eisenbahnbeförderung von Personen
CLP	Classification, Labeling and Packaging of Substances and Mixtures
CO2	Kohlenstoffdioxid/Kohlendioxid
CO2-Gesetz	Bundesgesetz über die Reduktion der CO2-Emissionen vom 23. Dezember 2011 (CO2-Gesetz; SR 641.71)
CO2-Verordnung	Verordnung über die Reduktion der CO2-Emissionen vom 30. November 2021 (CO2-Verordnung; SR 641.711)
ComCom	Eidgenössische Kommunikationskommission
COTIF	Übereinkommen über den internationalen Eisenbahnverkehr in der Fassung des Änderungsprotokolls vom 3. Juni 1999 (SR 0.742.403.12)
CR	Commentaire romand
CRFG	franz. Comité régional franco-genevois
Cst.	Constitution fédérale
CWE	Central Western Europe
Dr.	Doktor
D	Deutschland
d.h.	das heisst
DB	Deutsche Bahn AG
DBP	Deutsche Bundespost
DE	Bundesrepublik Deutschland
Dena	Deutsche Energie Agentur
ders./dies./dass.	derselbe (Autor)/dieselbe(n) (Autorin, Autorinnen oder Autoren)/dasselbe
DGV	Verordnung über die Sicherheit von Druckgeräten vom 25. November 2015 (SR 930.114)
DIHK	Deutscher Industrie- und Handelskammertag
DIN	Deutsches Institut für Normung

Diss.	Dissertation
DJSG	Departement für Justiz, Sicherheit und Gesundheit
Dr.	Doktor
DRG	Diagnostic Related Groups
DSG	Bundesgesetz über Datenschutz vom 19. Juni 1992 (SR 235.21), Stand am 1. März 2019
DVGW	Deutscher Verein des Gas- und Wasserfaches
e.V.	eingetragener Verein
E.	Erwägung
EBA	Eisenbahn-Bundesamt
Ebd.	Ebenda
EBG	Eisenbahngesetz vom 20. Dezember 1957 (742.101)
EBM	einheitlicher Bewertungsmassstab
EBV	Verordnung über Bau und Betrieb der Eisenbahnen (Eisenbahnverordnung) vom 23. November 1983 (SR 742.141.1)
EDA	Eidgenössisches Departement für auswärtige Angelegenheiten
EEG	Gesetz für den Ausbau erneuerbarer Energien (Erneuerbare-Energien-Gesetz – EEG) vom 21. Juli 2014 (BGBl. I S. 1066)
EEX	European Energy Exchange
EFD	Eidgenössisches Finanzdepartement
EFTA	Europäische Freihandelsassoziation
EG	Europäische Gemeinschaft
E-GasVG	Entwurf über das Bundesgesetz über die Gasversorgung
EGBGB	Einführungsgesetz zum Bürgerlichen Gesetzbuche in der Fassung der Bekanntmachung vom 21. September 1994 (Zuletzt geändert am 21. Dezember 2021) (BGBl. I S. 2494, ber. 1997, S. 1061)
EG-USG	Gesetz über die Einführung des Bundesgesetzes über Umweltschutz vom 22. Januar 2007 (SHR 814.100)
EHA	Energie-Handels-Gesellschaft
EHIC	European Health Insurance Card
EigBG	Gesetz über die Eigenbetriebe der Gemeinden in der Fassung der Bekanntmachung vom 8. Januar 1992 (Eigenbetriebsgesetz)
EJPD	Eidgenössisches Justiz- und Polizeidepartement
ElCom	Eidgenössische Elektrizitätskommission
EleG	Bundesgesetz betreffend die elektrischen Schwach- und Starkstromanlagen vom 24. Juni 1902 (SR 734.0)

EMPA	Eidgenössische Materialprüfungs- und Forschungsanstalt
EnDK	Konferenz Kantonaler Energiedirektoren
EnG	Energiegesetz vom 30. September 2016 (SR 730.0)
EnG/BS	Energiegesetz des Kantons Basel-Stadt vom 16. November 2016 (SG 772.100)
ENP	europäische Nachbarschaftspolitik
ENSI	Eidgenössisches Nuklearsicherheitsinspektorat
EntG	Bundesgesetz über die Enteignung (Enteignungsgesetz) vom 20. Juni 1930 (SR 711)
ENTSO-E	European Network of Transmission System Operators for Electricity (dt.: Verband Europäischer Übertragungsnetzbetreiber für Strom)
EnWG	Energiewirtschaftsgesetz (Deutschland)
EPEX	European Power Exchange, Europäische Strombörse
ERGEG	Europäische Regulierungsbehörde für Elektrizität und Erdgas
ERA	Europäische Eisenbahnagentur
Espoo-Konvention	Übereinkommen über die Umweltverträglichkeitsprüfung im grenzüberschreitenden Rahmen vom 25. Februar 1991 (SR 0.814.06)
ESTI	Eidgenössisches Starkstrominspektorat
et al.	et alia/alii/aliae (und weitere)
etc.	et cetera
ETCS	European Train Control System
ETH	Eidgenössische Technische Hochschule
EU	Europäische Union
EuGH	Europäischer Gerichtshof
EUR	Euro
EU-Richtlinie 2011/24/EU	Richtlinie 2011/24/EU des Europäischen Parlaments und des Rates vom 9. März 2011 über die Ausübung der Patientenrechte in der grenzüberschreitenden Gesundheitsversorgung (Aktuelle konsolidierte Fassung 01/01/2014) (ABl. L 88 vom 4.4.2011, S. 45–65)
EUV	Vertrag über die Europäische Union
EU-Verord. 1082/2006	Verordnung (EG) Nr. 1082/2006 des Europäischen Parlaments und des Rates vom 5. Juli 2006 über den Europäischen Verbund für territoriale Zusammenarbeit (EVTZ) (Aktuelle konsolidierte Fassung 22.06.2014) (ABl. L 210, 31.7.2006, S. 19–24)

EU-Verord. 1302/2013	Verordnung (EU) Nr. 1302/2013 des Europäischen Parlaments und des Rates vom 17. Dezember 2013 zur Änderung der Verordnung (EG) Nr. 1082/2006 über den Europäischen Verbund für territoriale Zusammenarbeit (EVTZ) im Hinblick auf Präzisierungen, Vereinfachungen und Verbesserungen im Zusammenhang mit der Gründung und Arbeitsweise solcher Verbünde (ABl. L 347 vom 20.12.2013, S. 303–319)
EU-Verord. 883/2004	Verordnung (EG) Nr. 883/2004 des Europäischen Parlaments und des Rates vom 29. April 2004 zur Koordinierung der Systeme der sozialen Sicherheit (Text von Bedeutung für den EWR und die Schweiz) (Aktuelle konsolidierte Fassung 31/07/2019) (SR 0.831.109.268.1) (ABl. L 166, 30.4.2004, S. 1–123)
EU-Verord. 987/2009	Verordnung (EG) Nr. 987/2009 des Europäischen Parlaments und des Rates vom 16. September 2009 zur Festlegung der Modalitäten für die Durchführung der Verordnung (EG) Nr. 883/2004 über die Koordinierung der Systeme der sozialen Sicherheit (Text von Bedeutung für den EWR und die Schweiz) (Aktuelle konsolidierte Fassung 01/01/2018) (SR 0.831.109.268.11) (ABl. L 284, 30.10.2009, S. 1–42)
EU-VO	Verordnung der Europäischen Union
EVTZ	Europäische Verbund für territoriale Zusammenarbeit
	EVTZ-ÄndVO Verordnung (EU) Nr. 1302/2013 des Europäischen Parlaments und des Rates vom 17. Dezember 2013 zur Änderung der Verordnung (EG) Nr. 1082/2006 über den Europäischen Verbund für territoriale Zusammenarbeit (EVTZ)
EVTZ-VO	Verordnung (EG) Nr. 1082/2006 des Europäischen Parlaments und des Rates vom 5. Juli 2006 über den Europäischen Verbund für territoriale Zusammenarbeit (EVTZ)
EVU	Eisenbahnverkehrsunternehmen
EVU	Elektrizitätsversorgungsunternehmen
EWärmeG/DE	Erneuerbare-Wärme-Gesetz vom 1. Januar 2010, Deutschland
EWG	Europäische Wirtschaftsgemeinschaft
EWR	Europäischer Wirtschaftsraum
f./ff.	folgend(e)/fortfolgend(e)
FAQ	Frequently Asked Questions
FBA	Fernstrassen-Bundesamt
FBMC	Flow-Based Market Coupling
FDP	Freie Demokratische Partei
FDP	Freisinnig-Demokratische Partei der Schweiz
FDV	Verordnung über Fernmeldedienste
FFH	Flora-Fauna-Habitat

FFH-RL	Richtlinie 92/43/EWG des Rates vom 21. Mai 1992 zur Erhaltung der natürlichen Lebensräume sowie der wildlebenden Tiere und Pflanzen (Flora-Fauna-Habitat-Richtlinie – FFH-RL) (ABl. L 206 vom 22. Juli 1992, S. 7)
FGSV	Forschungsgesellschaft für Strassen- und Verkehrswesen
FHB	Fachhandbuch Öffentliches Baurecht
	Finanzhaushaltgesetz/BS Gesetz über den kantonalen Finanzhaushalt (Finanzhaushaltgesetz) vom 14. März 2012 (SG 610.100) (BS)
Flughafen Staatsvertrag	Französisch-schweizerischer Staatsvertrag über den Bau und Betrieb des Flughafens Basel-Mülhausen in Blotzheim vom 4. Juli 1949 (In Kraft seit 25. November 1950) (SR 0.748.131.934.92)
FMG	Fernmeldegesetz
FN	Fussnote(n)
foraus	Forum Aussenpolitik
FPersV/DE	(Deutsche) Fahrpersonalverordnung vom 27. Juni 2005 (BGBl. I S. 1882), die zuletzt durch Artikel 1 der Verordnung vom 8. August 2017 (BGBl. I S. 3158) geändert worden ist
FR	Frankreich
Frontex	Europäische Agentur für Grenz- und Küstenwache
FRP	Finanzierungs- und Realisierungsplan
FStrG	Bundesfernstrassengesetz
FVG	Gesetz über die Finanzverwaltung vom 30. August 1971 vom 4. April 2006 (BGBl. I S. 846, 1202),
FZA	Abkommen zwischen der Schweizerischen Eidgenossenschaft einerseits und der Europäischen Gemeinschaft und ihren Mitgliedstaaten anderseits über die Freizügigkeit vom 21. Juni 1999 (Stand am 15. Dezember 2020) (SR 0.142.112.681)
GA	Generalabonnement
GAF	Gesetz über die wirkungsorientierte Steuerung von Aufgaben und Finanzen
GATS	General Agreement on Trade in Services (Abkommen zur Errichtung der Welthandelsorganisation)
GAV	Gesamtarbeitsvertrag
GBl.	(Baden-Württemberger) Gesetzblatt
GDBS	Gesundheitsdepartement des Kantons Basel-Stadt
GD ENER	Generaldirektion Energie der EU-Kommission
GD MOVE	Generaldirektion Mobilität und Verkehr der Europäischen Kommission
GE	Kanton Genf

GEG	Gesetz zur Einsparung von Energie und zur Nutzung erneuerbarer Energien zur Wärme- und Kälteerzeugung in Gebäuden (Deutschland) vom 1. November 2020
gem.	gemäss
GemO	Gemeindeordnung für Baden-Württemberg (Gemeindeordnung) vom 1. Dezember 1999 (BW)
GesG	Gesundheitsgesetz (GesG) vom 21. September (Stand 1. Januar 2021) (SG 300.100)
GG	Grundgesetz für die Bundesrepublik Deutschland vom 23. Mai 1949 (BGBl. S. 1)
gGmbH	gemeinnützige Gesellschaft mit beschränkter Haftung
ggü.	gegenüber
GHS	Global harmonisiertes System zur Einstufung und Kennzeichnung von Chemikalien
GLCT	Groupement local de coopération transfrontalière
GmbH	Gesellschaft mit beschränkter Haftung
GmbHG	Gesetz betreffend die Gesellschaften mit beschränkter Haftung vom 20. April 1892
GöZ	Grenzüberschreitender örtlicher Zweckverband
GPA	Revidiertes Übereinkommen über das öffentliche Beschaffungswesen, abgeschlossen am 15. April 1994, SR 0.632.231.422
GPA-WTO	WTO-Übereinkommen über das öffentliche Beschaffungswesen vom 1. Januar 1996
Grenzkodex	Verordnung 2016/399 des Europäischen Parlaments und des Rates vom 9. März 2016 über einen Gemeinschaftskodex für das Überschreiten der Grenzen durch Personen (Schengener Grenzkodex)
GSchG	Bundesgesetz über den Schutz der Gewässer (Gewässerschutzgesetz, GSchG) vom 24. Januar 1991 (SR 814.20)
GTT	Groupes de travail thématiques
GüTG	Bundesgesetz über den Gütertransport durch Bahn- und Schifffahrtsunternehmen vom 25. September 2015 (Gütertransportgesetz; SR 742.41)
GVFG	Gesetz über Finanzhilfen des Bundes zur Verbesserung der Verkehrsverhältnisse der Gemeinden (Gemeindeverkehrsfinanzierungsgesetz) (DE)
GVK	Gesetzliche Krankenversicherung
GVP	Generalverkehrsplan
GWB/DE	(Deutsches) Gesetz gegen Wettbewerbsbeschränkungen in der Fassung der Bekanntmachung vom 26. Juni 2013 (BGBl. I S. 1750, 3245), das zuletzt durch Artikel 10 Absatz 2 des Gesetzes vom 27. Juli 2021 (BGBl. I S. 3274) geändert worden ist

GWB/DE	Gesetz gegen Wettbewerbsbeschränkungen vom 26. Juli 1998 (DE)
GZA	Gemeinschaftszollanlage
H	Wasserstoff
h.L.	herrschende Lehre
Habil.	Habilitation
Hafen VO	Verordnung des Verkehrsministeriums über Häfen, Lade- und Löschplätze vom 10. Januar 1983
HaftPflG/DE	(Deutsches) Haftpflichtgesetz in der Fassung der Bekanntmachung vom 4. Januar 1978 (BGBl. I S. 145), das zuletzt durch Artikel 9 des Gesetzes vom 17. Juli 2017 (BGBl. I S. 2421) geändert worden ist
HAVE/REAS	Zeitschrift für Haftpflicht-, Privat- und Sozialversicherungsrecht, Zürich
Hbf.	Hauptbahnhof
HGB	Handelsgesetzbuch vom 1. Januar 1900 (Zuletzt geändert am 10. August 2021) (RGBl. I S. 219)
HGrG	Gesetz über die Grundsätze des Haushaltsrechts des Bundes und der Länder vom 19. August 1969
HK BGG	Handkommentar zum Bundesgesetz über das Bundesgericht
HKR	Hochrheinkommission
HMG	Bundesgesetz über Arzneimittel und Medizinprodukte (Heilmittelgesetz, HMG) vom 15. Dezember 2000 (Stand am 1. Januar 2022) (SR 812.12)
HOIA	Honorarordnung für Architekten und Ingenieure
Hrsg.	Herausgeber(in)
HSG	Universität St. Gallen
Hz	Hertz
i.c.	in casu
i.d.R.	in der Regel
i.e.S.	im engeren Sinne
i.S.	im Sinne
i.S.e.	im Sinne einer
i.S.v.	im Sinne von
i.V.m	in Verbindung mit
Ibid.	Ibidem
ICE	Intercity-Express
IK	Infrastrukturkonzession
IKEM	Institut für Klimaschutz, Energie und Mobilität

InfrGG	Infrastrukturgesellschaftserrichtungsgesetz
inkl.	inklusive
insb.	insbesondere
InstA	Institutionelles Rahmenabkommen
Interkantonale Vereinbarung in Rheinschifffahrts- und Hafenangelegenheiten	Interkantonale Vereinbarung zwischen den Kantonen Basel-Stadt, Basel-Landschaft und Aargau in Rheinschifffahrts- und Hafenangelegenheiten vom 24. Juni 1997 (SG BS 955.700).
INTERREG	Programme zur grenzübergreifenden Zusammenarbeit in Europa
IPRG	Bundesgesetz über das Internationale Privatrecht (IPRG) vom 18. Dezember 1987 (Stand 1. Januar 2022) (SR 291)
IRG	Independent Regulators Group (Gruppe der unabhängigen Regulierungsbehörden)
IRP	Investitionsrahmenpläne
ISB	Infrastrukturbetreiberin
ISOS	Inventar der schützenswerten Ortsbilder der Schweiz
iSv	im Sinne von
IT	Informationstechnologie
ITU	International Telecommunication Union (Internationale Fernmeldeunion)
ITU-R	International Telecommunication Union, Radiocommunication Sector
iur.	Rechtswissenschaften
IVöB 2019	Interkantonale Vereinbarung über das öffentliche Beschaffungswesen vom 15. November 2019, SAR 150.960 [Kanton Aargau]
IVöB	Interkantonale Vereinbarung über das öffentliche Beschaffungswesen vom 15. März 2001, SG 914.500 [Kanton Basel-Stadt]
IWB	Industrielle Werke Basel
JAO	Joint Allocation Office
JG-SH	Justizgesetz vom 9. November 2009 (SHR 173.200)
Jh.	Jahrhundert
JU	Jura
jur. Person	juristische Person
Kap.	Kapitel

Karlsruher Übereinkommen	Übereinkommen zwischen der Regierung der Bundesrepublik Deutschland, der Regierung der Französischen Republik, der Regierung des Grossherzogtums Luxemburg und dem Schweizerischen Bundesrat, handelnd im Namen der Kantone Solothurn, Basel-Stadt, Basel-Landschaft, Aargau und Jura, über die grenzüberschreitende Zusammenarbeit zwischen Gebietskörperschaften und örtlichen öffentlichen Stellen (SG 119.100)
KaÜ	Karlsruher Übereinkommen vom 23. Januar 1996
kB	Kilobyte
KFöB	Kantonale Fachstelle für öffentliche Beschaffungen des Kantons Basel-Stadt
KfW	Kreditanstalt für Wiederaufbau
KG	Kommanditgesellschaft
KG	Bundesgesetz über Kartelle und andere Wettbewerbsbeschränkungen vom 6. Oktober 1995 (Kartellgesetz; SR 251)
Kg	Kilogramm
KHG	Gesetz zur wirtschaftlichen Sicherung der Krankenhäuser und zur Regelung der Krankenhauspflegesätze (Krankenhausfinanzierungsgesetz – KHG) in der Fassung der Bekanntmachung vom 10. April 1991 (Zuletzt geändert am 18. März 2022) (BGBl. I S. 886)
KHRG	Gesetz zum ordnungspolitischen Rahmen der Krankenhausfinanzierung ab dem Jahr 2009 (Krankenhausfinanzierungsreformgesetz) vom 25. März 2009 (zur Änderung des KHG) (BGBl. I S. 534)
Komm.	Kommentar/Kommission
KONUS	Kostenlose Nutzung von Bus und Bahn im Schwarzwald
KonzVgV/DE	(Deutsche) Konzessionsvergabeverordnung vom 12. April 2016 (BGBl. I S. 624, 683), die zuletzt durch Artikel 6 des Gesetzes vom 10. Juli 2018 (BGBl. I S. 1117) geändert worden ist
KPFV	Verordnung über Konzessionen, Planung und Finanzierung der Eisenbahninfrastruktur vom 14. Oktober 2015 (SR 742.120)
KritV	Kritische Vierteljahresschrift für Gesetzgebung und Rechtswissenschaft
KrPflAPrV	Ausbildungs- und Prüfungsverordnung für die Berufe in der Krankenpflege vom 10. November 2003 (Zuletzt geändert am 15. August 2019) (BGBl. I S. 2263)
KrPflG	Gesetz über die Berufe in der Krankenpflege vom 16. Juli 2003 (Zuletzt geändert am 15. August 2019) (BGBl. I: 2003 S. 1442)
KSG BW/DE	Klimaschutzgesetz Baden-Württemberg vom 23. Juli 2013
KSG/DE	Bundes-Klimaschutzgesetz vom 12. Dezember 2019 (DE)
KV BS	Verfassung des Kantons Basel-Stadt vom 23.03.2005, SG 111.100

KV SO	Verfassung des Kantons Solothurn vom 8. Juni 1986, BGS 111.1
kV	Kilovolt
KVG	Bundesgesetz über die Krankenversicherung (KVG) vom 18. März 1994 (Stand am 1. Januar 2022) (SR 832.10)
KVV	Verordnung über die Krankenversicherung (KVV) vom 27. Juni 1995) (Stand am 1. Januar 2022) (SR 832.102)
KWK	Kraft-Wärme-Kopplung
LGVFG/BW	Gesetz über Zuwendungen des Landes zur Verbesserung der Verkehrsverhältnisse der Gemeinden (Landesgemeindeverkehrs-finanzierungsgesetz) vom 20. Dezember 2010 (BW)
LH2	Flüssigwasserstoff
LHO/BW	Landeshaushaltsordnung für Baden-Württemberg vom 19. Oktober 1971 (BW)
lit.	Litera
LKHG	Landeskrankenhausgesetz Baden-Württemberg (LKHG) in der Fassung vom 29. November 2007 (Zuletzt geändert am 14. Mai 2022) (GB. 2008, 13)
LKW	Lastkraftwagen
LNG	Liquefied Natural Gas
LPH	Leistungsphasen
LplG	Landplanungsgesetz
LSVA	Leistungsabhängige Schwerverkehrsabgabe
LTMG/BW	(Baden-Württemberger) Tariftreue- und Mindestlohngesetz für öffentliche Aufträge in Baden-Württemberg vom 16. April 2013 (GBl. S. 50), das zuletzt durch Artikel 15 des Gesetzes vom 21. November 2017 (GBl. S. 597, 606) geändert worden ist
LugÜ	Übereinkommen über die gerichtliche Zuständigkeit und die Anerkennung und Vollstreckung von Entscheidungen in Zivil- und Handelssachen, abgeschlossen am 30. Oktober 2007, SR 0.275.12
LVA	Abkommen zwischen der Schweizerischen Eidgenossenschaft und der Europäischen Gemeinschaft über den Güter- und Personen-verkehr auf Schiene und Strasse (Landesverkehrsabkommen) vom 21. Juni 1999 (SR 0.740.72)
LVwVfG/BW	Verwaltungsverfahrensgesetz für Baden-Württemberg (Landes-verwaltungsverfahrensgesetz) vom 12. April 2005 (BW)
LZB	Linienzugbeeinflussung
m.a.W.	mit anderen Worten
m.E.	meines Erachtens
M.Sc.	Master of Science

Madrider Übereinkommen	Europäisches Rahmenübereinkommen über die grenzüberschreitende Zusammenarbeit zwischen Gebietskörperschaften vom 21. Mai 1980 (SR 0.131.1)
Mainzer Akte	Mainzer Rheinschifffahrtsordnung von 1831
Mannheimer Akte	Revidierte Rheinschifffahrts-Akte zwischen Baden, Bayern, Frankreich, Hessen, den Niederlanden und Preussen vom 17. Oktober 1868 (SR 0.747.224.101)
max.	maximal
MBA	Master of Business Administration
MDR	Monatsschrift für Deutsches Recht
MEA	Multilaterale Umweltabkommen
MedBG	Bundesgesetz über die universitären Medizinalberufe vom 23. Juni 2006 (Stand am 1. Januar 2022) (SR 811.11)
Mia.	Milliarden
min./mind.	mindestens
MinöStG	Mineralölsteuergesetz vom 21. Juni 1996 (SR 641.61)
MinöStV	Mineralölsteuerverordnung vom 20. November 1996 (SR 641.611)
MinVG	Bundesgesetz über die Verwendung der zweckgebundenen Mineralölsteuer und weiterer für den Strassen- und Luftverkehr zweckgebundener Mittel vom 22. März 1985, SR. 725.116.2
MinVV	Verordnung über die Verwendung der zweckgebundenen Mineralölsteuer und weiterer für den Strassenverkehr zweckgebundener Mittel vom 7. November 2007, SR. 725.116.21
Mio.	Million(en)
Mo.	Motion
MoeVe	Modernisierung des Verbrauchs- und Verkehrssteuervollzugs der Zollverwaltung
MoU	Memorandum of Understanding
Mrd.	Milliarde(n)
MVZ	Medizinisches Versorgungszentrum
MW	Megawatt
MWh	Megawattstunde(n)
MWSTG	Bundesgesetz vom 12. Juni 2009 über die Mehrwertsteuer (Mehrwertsteuergesetz, MWSTG; SR 641.20)
N	(Rand-)Nummer, Randnote, Randziffer
NAF	Nationalstrassen- und Agglomerationsverkehrsfonds
NAFG	Bundesgesetz über den Fonds für die Nationalstrassen und den Agglomerationsverkehr vom 30. September 2016 (SR 725.13)
NaFZ	Nationaler Frequenzzuweisungsplan

nat. Person	natürliche Person
NATEL	Nationales Auto-Telefon
NatSchG	Naturschutzgesetz
NE	Kanton Neuenburg
NEB	Netzbeschluss
NFA	Nationaler Finanzausgleich
NHG	Bundesgesetz über den Natur- und Heimatschutz vom 1. Juli 1966 (SR 451)
NISV	Verordnung über den Schutz vor nichtionisierender Strahlung
NJW	Neue juristische Wochenschrift
NNTV	Notifizierte Nationale Technische Vorschriften
NOW	Nationale Organisation Wasserstoff- und Brennstoffzellentechnologie
NR	Nationalrat
Nr.	Nummer
NSG	Nationalstrassengesetz
NSV	Nationalstrassenverordnung
NTC	Net Transfer Capacity (dt.: Netztransferkapazität)
NZB	Netzzugangsbewilligung
NZV	Eisenbahn-Netzzugangsverordnung vom 25. November 1998 (NZV; SR 742.122)
NZZ	Neue Zürcher Zeitung
o.ä.	oder ähnliche
o.J.	ohne Jahresangabe
oec.	Wirtschaftswissenschaften
OECD	Organization for Economic Cooperation and Development (Organisation für wirtschaftliche Zusammenarbeit und Entwicklung)
ÖffBetG	Gesetz über die Öffentlichkeitsbeteiligung in Umweltangelegenheiten nach der EG-Richtlinie 2003/35/EG (Öffentlichkeitsbeteiligungsgesetz – ÖffBetG) vom 9. Dezember 2006 (BGBl. I S. 2819)
OFK	Orell Füssli Kommentar
OG/BS	Gesetz betreffend die Organisation des Regierungsrates und der Verwaltung des Kantons Basel-Stadt (Organisationsgesetz) vom 22. April 1976 (SG 153.100)
OHG	Offene Handelsgesellschaft
OKV	Obligatorische Krankenversicherung
OLG	Oberlandgericht

ÖPNV	Öffentlicher Personennahverkehr
ÖPNVG/BW	Gesetz über die Planung, Organisation und Gestaltung des öffentlichen Personennahverkehrs vom 8. Juni 1995 (BW)
ÖPP	Öffentlich-private Partnerschaften
ÖPSV	Öffentlicher Strassenpersonennahverkehr
OR	Bundesgesetz betreffend die Ergänzung des Schweizerischen Zivilgesetzbuches (Fünfter Teil: Obligationenrecht) vom 30. März 1911 (SR 220)
ORK	Oberrheinkonferenz
OSCE	Organization for Security and Cooperation in Europe
ÖSpG	Gesetz über die öffentlichen Spitäler des Kantons Basel-Stadt vom 16. Februar 2011 (Stand am 1. Januar 2012) (SG 331.100)
OTC	Over the Counter
ÖV	Öffentlicher Verkehr
ÖVG/BS	(Basel-Städtisches) Gesetz über den öffentlichen Verkehr vom 10. März 2004, SG 951.100
OV-UVEK	Organisationsverordnung für das Eidgenössische Departement für Umwelt, Verkehr, Energie und Kommunikation
OZD	Oberzolldirektion
p.a.	pro anno (pro Jahr)
Para.	Paragraph
ParlG	Parlamentsgesetz
PartGG	Gesetz über Partnerschaftsgesellschaften Angehöriger Freier Berufe (Partnerschaftsgesellschaftsgesetz – PartGG) vom 25. Juli 1994 (Zuletzt geändert am 10. August 2021) (BGBl. IS. 1744)
Patientenrechtegesetz	Gesetz zur Verbesserung der Rechte von Patientinnen und Patienten vom 20. Februar 2013 (BGBl. I S. 277)
PAV	Programm Agglomerationsverkehr
PAVV	Verordnung des UVEK über das Programm Agglomerationsverkehr vom 20. Dezember 2019 (SR 725.116.214)
PBefG/DE	Personenbeförderungsgesetz vom 21. März 1961 (DE)
PBefZuVO/BW	(Baden-Württemberger) Verordnung der Landesregierung und des Verkehrsministeriums über personenbeförderungsrechtliche Zuständigkeiten vom 15. Januar 1996 (GBl. S. 75), die zuletzt durch Art. 187 der Verordnung vom 23. Februar 2017 (GBl. S. 99, 120) geändert worden ist
PBG	Bundesgesetz über die Personenbeförderung (Personenbeförderungsgesetz) vom 20. März 2009 (SR 745.1)
PBK	Personenbeförderungskonzession

Pendlerfonds-verordnung/BS	Verordnung über den Pendlerfonds vom 18. Dezember 2012 (SG 780.300) (BS)
Periodic	Periodische Sammelanmeldung
Personaldekret	Dekret zum Personalgesetz vom 8. Juni 2000 (Personaldekret/BL; SGS 150.1)
Personal-gesetz/BS	(Basel-Städtisches) Personalgesetz vom 17. November 1999, SG 162.100
Ph.D.	Doctor of Philosophy
PPP	Public Private Partnership
PRL	Primärregelleistung
Prof.	Professor/-in
PrSG	Bundesgesetz über die Produktesicherheit vom 12. Juni 2009 (SR 930.11)
PrSV	Verordnung über die Produktesicherheit vom 10. Mai 2010 (SR 930.111)
PTT	Post-, Telefon- und Telegrafenbetriebe
PüG	Preisüberwachungsgesetz vom 20. Dezember 1985 (SR 942.20)
PWE/h	Personenwageneinheiten pro Stunde
PZB	punktuelle Zugbeeinflussung
RBG BL	Raumplanungs- und Baugesetz vom 08.01.1998, SGS 400, (Basel-Landschaft)
RDV	Verordnung über Ausstellung von Reisedokumenten für ausländische Personen vom 14. November 2012 (Stand am 12. März 2022) (SR. 143.5)
RegG/DE	Gesetz zur Regionalisierung des öffentlichen Personennahverkehrs (Regionalisierungsgesetz) vom 27. Dezember 1993 (DE)
RegTP	Regulierungsbehörde für Telekommunikation und Post
REMIT	Regulation on wholesale Energy Market Integrity and Transparency
resp.	respektive
RGBl.	Reichsgesetzblatt
Rheinhafen-vertrag	Staatsvertrag über die Zusammenlegung der Rheinschifffahrtsdirektion Basel und der Rheinhäfen des Kantons Basel-Landschaft zu einer Anstalt öffentlichen Rechts mit eigener Rechtspersönlichkeit unter dem Namen «Schweizer Rheinhäfen» («Ports Rhénans Suisses», «Swiss Rhine Ports») vom 20. Juni 2006, Stand am 1. Januar 2008 (Rheinhafenvertrag; SG 955.400)
RID	Règlement concernant le transport international ferroviaire de marchandises dangereuses, Ordnung über die internationale Eisenbahnbeförderung gefährlicher Güter

RL 2009/81/EG	Richtlinie 2009/81/EG des Europäischen Parlaments und des Rates vom 13. Juli 2009 über die Koordinierung der Verfahren zur Vergabe bestimmter Bau-, Liefer- und Dienstleistungsaufträge in den Bereichen Verteidigung und Sicherheit und zur Änderung der Richtlinien 2004/17/EG und 2004/18/EG
RL 2011/92/EU	Richtlinie 2011/92/EU des Europäischen Parlaments und des Rates vom 13. Dezember 2011 über die Umweltverträglichkeitsprüfung bei bestimmten öffentlichen und privaten Projekten
RL 2014/23/EU	Richtlinie 2014/23/EU des Europäischen Parlaments und des Rates vom 26. Februar 2014 über die Konzessionsvergabe
RL 2014/24/EU	(EU-)Richtlinie 2014/24/EU des Europäischen Parlaments und des Rates vom 26. Februar 2014 über die öffentliche Auftragsvergabe und zur Aufhebung der Richtlinie 2004/18/EG
RL 2014/25/EU	(EU-)Richtline 2014/25/EU des Europäischen Parlaments und des Rates vom 26. Februar 2014 über die Vergabe von Aufträgen durch Auftraggeber im Bereich der Wasser-, Energie- und Verkehrsversorgung sowie der Postdienste und zur Aufhebung der Richtlinie 2004/17/EG
RL 2014/52/EU	Richtlinie 2014/52/EU des Europäischen Parlaments und des Rates vom 16. April 2014 zur Änderung der Richtlinie 2011/92/EU über die Umweltverträglichkeitsprüfung bei bestimmten öffentlichen und privaten Projekten
RL	Richtlinie
RLAH	Roam-like-at-Home
RLG	Bundesgesetz über Rohrleitungsanlagen zur Beförderung flüssiger- oder gasförmiger Brenn- oder Treibstoffe vom 4. Oktober 1963 (SR 746.1)
RLV	Verordnung über Rohrleitungsanlagen zur Beförderung flüssiger- oder gasförmiger Brenn- oder Treibstoffe vom 26. Juni 2019 (SR 746.11)
Rn.	Randnummer/Randnote
ROG	Raumordnungsgesetz
Rom-I-VO	Verordnung (EG) Nr. 593/2008 des Europäischen Parlaments und des Rates vom 17. Juni 2008 über das auf vertragliche Schuldverhältnisse anzuwendende Recht (Rom I) vom 17. Juni 2008 (ABL. L 177 vom 04. Juli 2008, S. 6-16)
ROV	Raumordnungsverfahren
RoV	Raumordnungsverordnung
RPAV	Richtlinien Programm Agglomerationsverkehr
RPG	Bundesgesetz über die Raumplanung (Raumplanungsgesetz, RPG) vom 22. Juni 1979 (SR 700)
RPIS	RheinPorts Information System

RPV	Raumplanungsverordnung (RPV) vom 28. Juni 2000 (SR 700.1)
RR	Radio Regulations (Radio Reglement)
RSCs	Regional Security Coordinators
RVL	Regio Verkehrsverbund Lörrach
RVOG	Regierungs- und Verwaltungsorganisationsgesetz vom 21. März 1997 (SR 172.010)
Rz.	Randziffer(n)
S.	Seite(n)
s.	siehe
s.o.	siehe oben
SBB	Schweizerische Bundesbahnen
SBFI	Staatssekretariat für Bildung, Forschung und Innovation
SBG	Südbadenbus GmbH
SE	Societas Europaea
SECO	Staatssekretariat für Wirtschaft
Seeschifffahrtsgesetz	Bundesgesetz über die Seeschifffahrt unter der Schweizer Flagge vom 23. September 1953 (SR 747.30)
SektVO/DE	Verordnung über die Vergabe von öffentlichen Aufträgen im Bereich des Verkehrs, der Trinkwasserversorgung und der Energieversorgung (Sektorenverordnung) vom 12. April 2016 (DE)
SEV	Sammlung Europäische Verträge
SFSV	Spezialfinanzierung Strassenverkehr
SG	Kanton St. Gallen
SG	Systematische Gesetzessammlung
SGB V	Sozialgesetzbuch (SGB) Fünftes Buch (V) – Gesetzliche Krankenversicherungen – vom 20. Dezember 1988 (Zuletzt geändert am 18. März 2022) (BGBl. I S. 2477 2482)
SGK	St. Galler Kommentar zur Schweizerischen Bundesverfassung
SH	Kanton Schaffhausen
SHK	Stämpflis Handkommentar
SHR	Schaffhauser Rechtsbuch
SIA	Schweizerischer Ingenieur- und Architektenverein
SiBe	Sicherheitsbescheinigung
SIM	Subscriber Identity Module (Teilnehmer-Identitätsmodul)
SLS	Stiftung Landschaftsschutz
SMS	Short Message Service (Kurznachrichtendienst)
SN	Schweizer Normierung
SNB	Schweizerische Nationalbank

SO	Kanton Solothurn
sog.	sogenannt(e)
SPD	Sozialdemokratische Partei Deutschlands
SPNV	Schienenpersonennahverkehr
SPNV-Leistung	Schienenpersonennahverkehr-Leistung
SR	Systematische Sammlung des Bundesrechts
SRF	Schweizer Radio und Fernsehen
SRH	Schweizerische Rheinhäfen
StAG	Bundesgesetz über die Stauanlagen (Stauanlagengesetz, StAG) vom 1. Oktober 2010 (SR 721.101)
STEP	Strategisches Entwicklungsprogramm Bahninfrastruktur
STEP	Strategisches Entwicklungsprogramm Nationalstrassen
StFV	Verordnung über den Schutz von Störfällen vom 27. Februar 1991 (SR 814.012)
StGB	Schweizerisches Strafgesetzbuch vom 21. Dezember 1937 (SR 311.0)
StR	Steuer Revue
StrG	Strassengesetz
StrG-BE	Strassengesetz Bern
StrG-BL	Strassengesetz Basel-Landschaft
StrG-SG	Strassengesetz-St. Gallen
StromVG	Bundesgesetz über die Stromversorgung vom 23. März 2007 (SR 734.7)
StromVV	Stromversorgungsverordnung
STUG	Bundesgesetz vom 20. März 2009 über die Zulassung als Strassentransportunternehmen (STUG; SR 744.10)
StuKo	Studienkommentar
StVG/DE	(Deutsches) Straßenverkehrsgesetz in der Fassung der Bekanntmachung vom 5. März 2003 (BGBl. I S. 310, 919), das zuletzt durch Artikel 1 des Gesetzes vom 12. Juli 2021 (BGBl. I S. 3108) geändert worden ist
SuG	Bundesgesetz über Finanzhilfen und Abgeltungen vom 5. Oktober 1990 (Subventionsgesetz; SR 616.1)
SUP	strategische Umweltprüfung
SVAG	Bundesgesetz über eine leistungsabhängige Schwerverkehrsabgabe vom 19. Dezember 1997 (SR 641.81)
SVAV	Verordnung über eine leistungsabhängige Schwerverkehrsabgabe vom 6. März 2000 (SR 641.811)
SVG	Strassenverkehrsgesetz vom 19. Dezember 1958 (SVG; SR 741.01)

SVGW	Schweizerischer Verein des Gas- und Wasserfaches
SVÜ	Übereinkommen über das auf Strassenverkehrsunfälle anzuwendende Recht, abgeschlossen am 4. Mai 1971, SR 0.741.31
SWEG	Südwestdeutsche Landesverkehrs-GmbH
SWOT	Strengths, Weaknesses, Opportunities und Threats
SWV	Schweizerischer Wasserwirtschaftsverband
SZ	Kanton Schwyz
SzE	Schriften zum Energierecht
SzGZ	Schriften zur Grenzüberschreitenden Zusammenarbeit
SZIER	Swiss Review of International and European Law
SzU	Schriftenreihe zum Umweltrecht
t	Tonne
Tab.	Tabelle
TEN	Transeuropäischen Netzausbau
TEN-E	Trans-European Networks for Energy
Ten-T	Trans-European Transport Network
TEP	Technologieeinführungsprogramm
TERN	transeuropäisches Strassennetz
TERRE	Trans European Replacement Reserves Exchange
TG	Kanton Thurgau
TK	Vereinbarung zwischen dem Bund, den Kantonen sowie den Städten und Gemeinden über die Tripartite Konferenz (TK) vom 28. Oktober 2020
TKG	Telekommunikationsgesetz
tkm	Tonnenkilometer
TMO	Trinationale Metropolregion Oberrhein
TNW	Tarifverbund Nordwestschweiz
TrG	Bundesgesetz vom 29. März 1950 über die Trolleybusunternehmen (Trolleybus-Gesetz, TRG; SR 744.21)
TSCNET	Transmission System Operator Security Cooperation (dt.: Sicherheitskooperation der Übertragungsnetzbetreiber)
TSI-Normen	Technische Spezifikationen für die Interoperabilität
TUG	Telekommunikationsunternehmungsgesetz
TVöD	Tarifvertrag für den öffentlichen Dienst
TVS	Schweizerische Trassenvergabestelle
TWh	Terawattstunde(n)
u.	und
u.a.	unter anderem

U.E.	unseres Erachtens
u.U.	unter Umständen
UAbs.	Unterabsatz
UBA	Umweltbundesamt
UCPTE	Union pour la coordination de la production et du transport de l'électricité
UCTE	Union for the Coordination of Transmission of Electricity
UIG	Umweltinformationsgesetz (UIG) vom 22. Dezember 2004 (BGBl. I S. 1643)
UKZ	Unionszollkodex
UmwRG	Gesetz über ergänzende Vorschriften zu Rechtsbehelfen in Umweltangelegenheiten nach der EG-Richtlinie 2003/35/EG
ÜNB	Übertragungsnetzbetreiber
UNFCCC	United Nations Framework Convention on Climate Change
Unterabs.	Unterabsatz
URP	Umweltrecht in der Praxis
USA	United States of America (Vereinigte Staaten von Amerika)
USG	Bundesgesetz über den Umweltschutz (Umweltschutzgesetz) vom 7. Oktober 1983 (SR 814.01)
usw.	und so weiter
UVEK	Eidgenössisches Departement für Umwelt, Verkehr, Energie und Kommunikation
UVgO/DE	Verfahrensordnung für die Vergabe öffentlicher Liefer- und Dienstleistungsaufträge unterhalb der EU-Schwellenwerte (Unterschwellenvergabeordnung) vom 2. Februar 2017 (DE)
UVP	Umweltverträglichkeitsprüfung
UVPG	Gesetz über die Umweltverträglichkeitsprüfung (UVPG) vom 12. Februar 1990 (BGBl. I S. 540)
UVP-RL	Richtlinie 2011/92/EU des Europäischen Parlaments und des Rates vom 13. Dezember 2011 über die Umweltverträglichkeitsprüfung bei bestimmten öffentlichen und privaten Projekten
UVPV	Verordnung über die Umweltverträglichkeitsprüfung vom 19. Oktober 1988 (SR 814.011)
UVwG	Umweltverwaltungsgesetz (UVwG) vom 25. November 2014 (GBl. 2014, S. 592)
UZH	Universität Zürich
v.a.	vor allen
VD	Kanton Waadt
VDI	Verein Deutscher Ingenieure e.V.

Vereinbarung von 2011	Vereinbarung zwischen dem Eidgenössischen Finanzdepartement der Schweizerischen Eidgenossenschaft und dem Bundesministerium der Finanzen der Bundesrepublik Deutschland über die Errichtung nebeneinanderliegender Grenzabfertigungsstellen am Grenzübergang Kreuzlingen/Konstanz-Autobahn vom 30. Mai 2011 (SR 0.631.252.913.696.5)
Verordnung Ärzte BS	Verordnung betreffend die Anstellungsbedingungen der Assistenzärztinnen und Assistenzärzte und der Oberärztinnen und Oberärzte an staatlichen Spitälern und in Dienststellen der kantonalen Verwaltung vom 9. September 2003 (SG 162.820)
Verordnung von 2012	Verordnung über Massnahmen zur Bekämpfung der Covid-19-Epidemie im Bereich des internationalen Personenverkehrs vom 23. Juni 2012 (SR 818.101.27), Stand am 21. März 2022
Versailler Friedensvertrag	Versailler Friedensvertrag vom 28. Juni 1919
Versailler Vertrag	Verwaltungsvereinbarung über einen Rahmen für die Zusammenarbeit zwischen dem Sekretariat der Zentralkommission für die Rheinschifffahrt und der Generaldirektion Mobilität und Verkehr der Europäischen Kommission vom 22. Mai 2013
Vertrag von 1999	Vertrag zwischen der Schweizerischen Eidgenossenschaft und der Bundesrepublik Deutschland über die grenzüberschreitende polizeiliche und justitielle Zusammenarbeit vom 27. April 1999 (SR 0.360.136.1)
Vertrag von Lissabon	Vertrag von Lissabon zur Änderung des Vertrags über die Europäische Union und des Vertrags zur Gründung der Europäischen Gemeinschaft vom 13. Dezember 2007 (In Kraft seit 1. Dezember 2009)
VEV	Verordnung vom 15. August 2018 über die Einreise und Visumerteilung (VEV; SR 142.204)
VG	Bundesgesetz über die Verantwortlichkeit des Bundes sowie seiner Behördenmitglieder und Beamten vom 14. März 1958 (SR 170.32), Stand am 1. Januar 2020
VGer	Verwaltungsgericht
VGG	Bundesgesetz über das Bundesverwaltungsgericht (Verwaltungsgerichtsgesetz) vom 17. Juni 2005 (SR 173.32)
vgl.	vergleiche
Vgl.	Vergleich
VgV	Verordnung über die Vergabe öffentlicher Aufträge (Vergabeverordnung) vom 12. April 2016 (DE)
VIL	Verordnung über die Infrastruktur der Luftfahrt vom 23. November 1994 (SR 748.131.1)

VILB	Verordnung über das Immobilienmanagement und die Logistik des Bundes vom 5. Dezember 2008 (SR 172.010.21), Stand am 1. Januar 2022
VKL	Verordnung über die Kostenermittlung und die Leistungserfassung durch Spitäler, Geburtshäuser und Pflegeheime in der Krankenversicherung (VKL) vom 3. Juli 2002 (Stand am 1. Januar 2009) (SR 832.04)
VM	Ministerium für Verkehr
VO 1370/2007	(EU-)Verordnung (EG) Nr. 1370/2007 des Europäischen Parlaments und des Rates vom 23. Oktober 2007 über öffentliche Personenverkehrsdienste auf Schiene und Strasse und zur Aufhebung der Verordnungen (EWG) Nr. 1991/69 und (EWG) Nr. 1107/70 des Rates
VO 561/2006	(EU-)Verordnung (EG) Nr. 561/2006 des Europäischen Parlaments und des Rates vom 15. März 2006 zur Harmonisierung bestimmter Sozialvorschriften im Strassenverkehr und zur Änderung der Verordnungen (EWG) Nr. 3821/85 und (EG) Nr. 2135/98 des Rates sowie zur Aufhebung der Verordnung (EWG) Nr. 3820/85 des Rates
VO	Verordnung
VöB	Verordnung über das öffentliche Beschaffungswesen vom 12. Februar 2020 (SR 172.056.11)
VOB/A/DE	Vergabe- und Vertragsordnung für Bauleistungen – Teil A: Allgemeine Bestimmungen für die Vergabe von Bauleistungen vom 21. Januar 2019 (DE)
VöB/BS	Verordnung zum Gesetz über öffentliche Beschaffungen (Beschaffungsverordnung) vom 11. April 2000 (SG 914.110) (BS)
VOL/A/DE	Vergabe- und Vertragsordnung für Leistungen – Teil A vom 20. November 2009 (DE)
Vorbem.	Vorbemerkung
VÖV UTP	Verband öffentlicher Verkehr/Union des transports publics/Unione dei trasporti pubblici
VPB	Verordnung vom 4. November 2009 über die Personenbeförderung (VPB; SR 745.11)
VPeA	Verordnung über das Plangenehmigungsverfahren für elektrische Anlagen vom 2. Februar 2000 (SR 734.35)
VPVE	Verordnung über das Plangenehmigungsverfahren für Eisenbahnanlagen vom 2. Februar 2000 (SR 742.142.1)
VRG-SH	Gesetz über den Rechtsschutz in Verwaltungssachen vom 20. September 1971 (SHR 172.200)
VRöB	Vergaberichtlinien zur Interkantonalen Vereinbarung über das öffentliche Beschaffungswesen vom 15. März 2001

VRP	Verordnung über Regionalpolitik vom 28. November 2007, SR. 901.021
VRV	Verkehrsregelnverordnung
VS	Kanton Wallis
VSE	Verband Schweizerischer Elektrizitätsunternehmen
VSS	Verband der Strassen- und Verkehrsfachleute
VSVgV/DE	Vergabeverordnung für die Bereiche Verteidigung und Sicherheit zur Umsetzung der Richtlinie 2009/81/EG des Europäischen Parlaments und des Rates vom 13. Juli 2009 über die Koordinierung der Verfahren zur Vergabe bestimmter Bau-, Liefer- und Dienstleistungsaufträge in den Bereichen Verteidigung und Sicherheit und zur Änderung der Richtlinien 2004/17/EG und 2004/18/EG) (Vergabeverordnung Verteidigung und Sicherheit) vom 12. Juni 2012 (DE)
VwG/BW	Landesverwaltungsgesetz vom 14. Oktober 2008 (BW)
VwVfg	Verwaltungsverfahrensgesetz vom 25. Mai 1976 (DE)
VwVG	Bundesgesetz über das Verwaltungsverfahren (Verwaltungsverfahrensgesetz) vom 20. Dezember 1968 (SR 172.021)
WaG	Bundesgesetz über den Wald vom 4. Oktober 1991 (SR 921.0)
WaStrG	Bundeswasserstrassengesetz vom 2. April 1968
WBG	Bundesgesetz über den Wasserbau (WBG) vom 21. Juni 1991 (SR 721.100)
WEA	Windenergieanlage
WEKO	Wettbewerbskommission
WG	Wassergesetz für Baden-Württemberg vom 3. Dezember 2013
WHG	Wasserhaushaltsgesetz (WHG) vom 31. Juli 2009 (BGBl. I S. 2585)
WRC	World Radiocommunication Conference (Weltfunkkonferenz)
WRG	Bundesgesetz über die Nutzbarmachung der Wasserkräfte (Wasserrechtsgesetz, WRG) vom 22. Dezember 1916 (SR 721.80)
WRRL	Richtlinie 2000/60/EG des Europäischen Parlaments und des Rates vom 23. Oktober 2000 zur Schaffung eines Ordnungsrahmens für Maßnahmen der Gemeinschaft im Bereich der Wasserpolitik
WRV	Verordnung über die Nutzbarmachung der Wasserkräfte (Wasserrechtsverordung, WRV) vom 2. Februar 2022 (SR 721.801)
WTO	World Trade Organization (Welthandelsorganisation)
WVR	Wärmeverbund Riehen AG
WWF	World Wide Fund For Nature
WZV	Verordnung über die Berechnung des Wasserzinses (WZV) vom 12. Februar 1918 (SR 721.831)

z.B.	zum Beispiel
ZB.	Zum Beispiel
ZBl	Schweizerisches Zentralblatt für Staats- und Verwaltungsrecht
ZE	Zugelassener Empfänger
ZfK	Zeitung für kommunale Wirtschaft
ZfV	Zeitschrift für Verkehrswissenschaft
ZG	Zollgesetz vom 18. März 2005 (ZG; SR 631.0)
ZGB	Schweizerisches Zivilgesetzbuch vom 10. Dezember 1907 (SR 210)
ZHAW	Zürcher Hochschule für Angewandte Wissenschaften
Ziff.	Ziffer(n)
zit.	zitiert
ZKR	Zentralkommission für die Rheinschifffahrt
Zollabkommen	Abkommen zwischen der Schweizerischen Eidgenossenschaft und der Bundesrepublik Deutschland über die Errichtung nebeneinanderliegender Grenzabfertigungsstellen und die Grenzabfertigung in Verkehrsmitteln während der Fahrt, abgeschlossen am 1. Juni 1961, SR 0.631.252.913.690
Zollkodex	(EU-)Verordnung (EU) Nr. 952/2013 des Europäischen Parlaments und des Rates vom 9. Oktober 2013 zur Festlegung des Zollkodex der Union
ZollV	Zollverordnung vom 23. Dezember 1993
ZollVG	(Deutsches) Zollverwaltungsgesetz vom 21. Dezember 1992 (BGBl. I S. 2125, 1993 I S. 2493), das zuletzt durch Artikel 6 Absatz 6 des Gesetzes vom 5. Juli 2021 (BGBl. I S. 2274) geändert worden ist
ZRL	Zweckverband Regio-S-Bahn 2030
ZTG	Zolltarifgesetz vom 9. Oktober 1986 (ZTG; SR 532.10)
ZV	Zollverordnung vom 1. November 2006 (ZV; SR 631.01)
ZV	Zugelassener Versender

Diese Publikation wurde unterstützt von:

Universitätsspital Basel

Swissgrid AG

Schriften zur Grenzüberschreitenden Zusammenarbeit

Bd. 1   Regina Derrer/Simon Thummel
Die trinationale Regio-S-Bahn Basel
2009. XVI, 230 Seiten, broschiert, CHF 58.–

Bd. 2   Joachim Beck/Anne Thevenet/Charlotte Wetzel (Hrsg.)
Europa ohne Grenzen – 15 Jahre gelebte Wirklichkeit am Oberrhein
L'Europe sans frontière – 15 ans de réalités dans le Rhin Supérieur
2009. XII, 174 Seiten, broschiert, CHF 49.–

Bd. 3   Kerstin Odendahl/Hans Martin Tschudi/Andreas Faller (Hrsg.)
Grenzüberschreitende Zusammenarbeit im Gesundheitswesen
Ausgewählte Rechtsfragen am Beispiel des Basler Pilotprojekts
2010. XXIII, 521 Seiten, broschiert, CHF 78.–

Bd. 4   Karl-Heinz Lambertz (Hrsg.)
Die Grenzregionen als Labor und Motor kontinentaler Entwicklungen in Europa
Berichte und Dokumente des Europarates sowie Reden zur grenzüberschreitenden Zusammenarbeit in Europa
2010. X, 261 Seiten, broschiert, CHF 59.–

Bd. 5   Eric Jakob/Manuel Friesecke/Joachim Beck/Margot Bonnafous (Hrsg.)
Bildung, Forschung und Innovation am Oberrhein – Formation, recherche et innovation dans la région du Rhin supérieur
2011. XX, 588 Seiten, broschiert, CHF 98.–

Bd. 6   Benjamin Schindler/Hans Martin Tschudi/Martin Dätwyler (Hrsg.)
Die Schaffung eines trinationalen Rheinhafens Basel-Mulhouse-Weil
2012. XII, 105 Seiten, broschiert, CHF 39.–

Bd. 7   Benjamin Schindler/Hans Martin Tschudi (Hrsg.)
Umwelt und Verkehr im Bodenseeraum
2013. XVII, 407 Seiten, broschiert, CHF 72.–

Bd. 8   Hans Martin Tschudi/Benjamin Schindler/Alexander Ruch/
Eric Jakob/Manuel Friesecke (Hrsg.)
Die Grenzüberschreitende Zusammenarbeit der Schweiz
Juristisches Handbuch zur Grenzüberschreitenden Zusammenarbeit von Bund und Kantonen
2014. XL, 867 Seiten, gebunden, CHF 128.–

Bd. 9   Thomas Pfisterer
Die Kantone mit dem Bund in der EU-Zusammenarbeit
Art. 54 Abs. 3, 55 und 56 BV und deren Anwendung auf die bilateralen Verträge
2014. XLVII, 165 Seiten, broschiert, CHF 58.–

Bd. 10 Joachim Beck/Fabrice Larat (Hrsg.)
Transnationale Verwaltungskulturen in Europa / Les cultures administratives transnationales en Europe
Bestandesaufnahme und Perspektiven / Etat des lieux et perspectives
2015. VII, 347 Seiten, broschiert, CHF 78.–

Schriften zur Grenzüberschreitenden Zusammenarbeit

Bd. 11   Walter Schneider/Josef Seidler/Sebastian Seidler (Hrsg.)
Die Ansiedlung von Unternehmen in Deutschland
Ein Leitfaden
2015. XVII, 247 Seiten, broschiert, CHF 68.–

Bd. 12   Elisabeth Simoes/Ralf T. Münnich
Pflege und Pflegebedürftigkeit als gesamtgesellschaftliche Aufgabe
Eine grenzüberschreitende Studie Deutschland – Schweiz
2016. XXXI, 268 Seiten, broschiert, CHF 78.–

Bd. 13   Christoph Errass/Hans Martin Tschudi (Hrsg.)
Büsingen – Eine deutsche Exklave
Grenzüberschreitende Fragestellungen
2017. IX, 187 Seiten, broschiert, CHF 58.–

Bd. 14   Christoph Errass/Manuel Friesecke/Benjamin Schindler (Hrsg.)
Arbeitsmarkt Schweiz – EU
Rechtliche Aspekte der grenzüberschreitenden beruflichen Mobilität
2019. IX, 301 Seiten, broschiert, CHF 72.–

Bd. 15   Alix Weigel
Perspektiven zur rechtlichen Flexibilisierung der grenzüberschreitenden Zusammenarbeit am Oberrhein
2019. XXI, 132 Seiten, broschiert, CHF 48.–

Bd. 16   Joel Günthardt
Switzerland and the European Union – The implications of the institutional framework and the free movement of persons for the mutual recognition of professional qualifications with regard to the case law of the legal and selected health professions
2021. XXVIII, 132 Seiten, broschiert, CHF 108.–

Bd. 17   Viola Schmidt
Bürgerbeteiligung als ein Erfolgsfaktor der deutschen Energiewende?
Eine Untersuchung der Bürgerbeteiligungsmodelle unter rechtlichen, politischen und soziologischen Aspekten in Deutschland und Frankreich
2020. XXI, 215 Seiten, broschiert, CHF 62.–

Bd. 18   Frédérique Berrod / Michael Frey
Art. 13 Abs. 2 des Vertrags von Aachen – Möglichkeiten, Grenzen und Anwendung in der Praxis
Article 13, par. 2, du traité d'Aix-la-Chapelle – possibilités, limites et applications pratiques
2023. VII, 148 Seiten, broschiert, CHF 56.–